# Weltentwicklungsbericht 1995

# Arbeitnehmer *im* Weltweiten Integrations- prozess

Die englische Originalfassung dieses Berichts publizierte die Weltbank unter dem Titel *World Development Report 1995* bei Oxford University Press

Copyright © 1995 Internationale Bank für Wiederaufbau und Entwicklung/WELTBANK
1818 H Street, N.W., Washington, D.C. 20433 U.S.A.

Erste Auflage, August 1995

Alle Rechte vorbehalten. Diese Publikation darf ohne vorherige Genehmigung der Weltbank weder vollständig noch auszugsweise reproduziert, auf Datenträgern erfaßt oder in jeglicher Form oder Art übertragen werden, sei es elektronisch, mechanisch, durch Fotokopie, Tonbandaufzeichnung oder auf andere Weise.

Das Titelbild zeigt *Eight Builders (Acht Bauarbeiter)*, 1982, von Jacob Lawrence, reproduziert mit freundlicher Genehmigung des Künstlers und der Francine Seders Galerie. Das Original des Kunstwerks ist Teil der Kollektion Seattle City Light Portable Works, verwaltet von der Kunstkommission der Stadt Seattle. Photographiert von Steve Young.

Dieser Bericht ist eine Arbeit des Mitarbeiterstabes der Weltbank, und die hierin vertretenen Ansichten stimmen nicht notwendigerweise mit den Auffassungen des Exekutivdirektoriums oder der von ihm vertretenen Länder überein. Die Weltbank übernimmt keine Garantie für die Richtigkeit der in dieser Veröffentlichung enthaltenen Daten und lehnt jegliche Verantwortung für Konsequenzen irgendwelcher Art, die sich aus deren Verwendung ergeben, ab. Mit den Grenzen, Farben, Denominierungen und anderen Informationen, die in den Karten dieses Berichts verwendet werden, verbindet die Weltbank keinerlei Urteil über den rechtlichen Status irgendwelcher Gebiete und ebensowenig eine Bekräftigung oder Anerkennung irgendwelcher Grenzen.

ISBN 0-8213-2894-8

Für die Weltbank vertrieben von:

UNO-Verlag
Poppelsdorfer Allee 55, D-53115 Bonn

Gerold & Co.
Graben 31, A-1011 Wien

Librairie Payot
6, rue Grenus, CH-1211 Genève 11

# Vorwort

ARBEIT – SICHER, PRODUKTIV UND FÜR DIE Umwelt verträglich – ist überall der Schlüssel zum wirtschaftlichen und sozialen Fortschritt. Die Weltbank hat bei der Beratung der Regierungen und bei der von ihr verfolgten Politik seit langem den entscheidenden Stellenwert der Arbeit betont. Diese stellt mehr dar als ein rein ökonomisches Problem, sie ist ein Kernpunkt der menschlichen Entwicklung. Deshalb ist die Arbeit ein überaus wichtiges Thema für diesen achtzehnten jährlichen *Weltentwicklungsbericht*. Er widmet sich den Einkommen, die die Arbeitnehmer beziehen, den Risiken, mit denen sie konfrontiert werden, und den Bedingungen, unter denen sie arbeiten. Es ist unvermeidlich, daß die Arbeit für diejenigen, die nicht arbeiten – die Kinder, die Alten und die Nichtarbeitsfähigen – nahezu genauso entscheidende Implikationen hat, wie für die Beschäftigten selbst.

Besonders aktuell wird dieser Bericht durch die wachsende Bedeutung zweier ausgeprägter weltweiter Trends: Einerseits der Rückgang des Staatsinterventionismus auf den Märkten und andererseits die zunehmende Integration auf den Gebieten des Handels, des Kapitalverkehrs und des Informations- und Technologieaustausches. In einem derartigen Klima tiefgreifender Veränderungen stehen grundlegende Entscheidungen über Löhne und Arbeitsbedingungen unter dem Einfluß eines weltweiten Wettbewerbsdrucks. Die rauhe Wirklichkeit eines globalen Marktes bedeutet, daß politische Fehler hart bestraft werden – durch Wechselkursbewegungen, Veränderungen der Marktanteile und letztendlich durch Schwankungen der Beschäftigung und der Lohnniveaus.

Einige begreifen den neuen weltweiten Markt als Quelle der Chancen, wo Fleiß und Energie rasche Belohnung bringen; andere betrachten die Veränderungen als eine Bedrohung der Sicherheit, und in Teilen der Industrie- wie der Entwicklungsländer ist der Protektionismus noch längst nicht überwunden.

Dieser Bericht hat vier Hauptaussagen:

Erstens betont er, basierend auf früheren Untersuchungen – vor allem auf dem *Weltentwicklungsbericht 1990* –, die Vorteile für die Arbeitnehmer in allen Ländern, insbesondere für die Armen, die von einem produktivitätssteigernden Wirtschaftswachstum ausgehen, das durch solide Investitionen in Sachkapital und in die Gesundheit und Ausbildung der Bevölkerung stimuliert wird.

Zweitens kann eine erhöhte Integration der Länder, auch durch Wanderungsbewegungen, gleichzeitig für die Arbeitnehmer in armen wie in reichen Ländern von Vorteil sein. Dem Staat kommt dabei jedoch die wichtige Aufgabe zu, denjenigen Arbeitnehmern zu helfen, die durch Veränderungen der Handelsstrukturen und der Kapitalströme negativ in Mitleidenschaft gezogen werden. Dies umfaßt nicht nur die Bereitstellung eines sozialen Sicherheitsnetzes, sondern auch Hilfe zur Vorbereitung der Arbeitnehmer auf die Veränderungen.

Drittens ist in vielen Ländern die Arbeitsmarktpolitik dazu mißbraucht worden, die Inhaber sicherer Arbeitsplätze auf Kosten der Arbeiter in den ländlichen und informellen Sektoren sowie der Arbeitslosen zu begünstigen. Den Regierungen kommt eine besondere Verantwortung bei der Festlegung der gesetzlichen und regulatorischen Rahmenbedingungen zu, innerhalb welcher die Gewerkschaften und Unternehmen agieren können, und sie müssen sicherstellen, daß von diesen Rahmenbedingungen positive Beiträge auf die Entwicklung ausgehen. Der Staat muß auch Mindeststandards festlegen und Ausbeutung und Diskriminierung verhindern. Erfolgreiche arbeitsmarktpolitische Maßnahmen stehen im Einklang mit den Märkten und vermeiden es, bestimmten Gruppen von Arbeitnehmern auf Kosten der Ärmsten spezielle Schutzrechte und Privilegien zu gewähren.

Viertens profitieren die Arbeitnehmer letztendlich von wirtschaftlichen Reformen, wenn die Staaten sich von der zentralen Planwirtschaft in Richtung auf marktwirtschaftliche Systeme bewegen und vom Protektionismus hin zur Öffnung nach außen. Die Reform kann jedoch schmerzhaft sein, da Beschäftigung und Löhne häufig vorübergehend sinken und die Arbeitnehmer von alten Arbeitsplätzen auf neue wechseln müssen. Hier besteht für den Staat die Notwendigkeit, die Arbeitnehmer und ihre Familien in solchen Zeiten des Übergangs tatkräftig zu unterstützen.

Es ist ein Ziel dieses Berichts, eine breite und kenntnisreiche Debatte über diese oft umstrittenen Fragen in Gang zu setzen. Ein weiteres, noch wichtigeres Ziel besteht darin, politische Veränderungen anzuregen, die die Schaffung von mehr Arbeitsplätzen der erforderlichen Qualität ermöglichen. Arbeit ist letztendlich das einzige Fundament, auf dem Staaten und Völker dauerhafte Erfolge aufbauen können.

James D. Wolfensohn
Präsident der Weltbank

1. Juni 1995

Dieser Bericht wurde unter Leitung von Michael Walton von einer Arbeitsgruppe verfaßt, der Arup Banerji, Alejandra Cox Edwards, Ishac Diwan, Hafez Ghanem, David Lindauer, Ana Revenga und Michal Rutkowski angehörten. Die Arbeitsgruppe wurde unterstützt von Vinod Ahuja, Deon Filmer, Praveen Kumar, Claudio E. Montenegro, Sarbajit Sinha und Zhi Wang. Der Chefredakteur war Edward Balls. Die Arbeit wurde unter der allgemeinen Leitung von Michael Bruno durchgeführt.

Viele andere Personen innerhalb und außerhalb der Bank gaben hilfreiche Hinweise und lieferten Beiträge (siehe Anmerkungen zu den verwendeten Quellen). Die Abteilung für internationale Wirtschaft erstellte den statistischen Anhang und war für die Kennzahlen der Weltentwicklung verantwortlich. Zum Produktionsstab des Berichts gehörten Amy Brooks, Kathryn Kline Dahl, Geoffrey Eaton, Stephanie Gerard, Audrey Heiligman, Cathe Kocak, Jeffrey N. Lecksell, Hugh Nees, Kathy Rosen, Beatrice Sito, Tracey A. Smith und Michael Treadway. Die Gestaltung erfolgte durch Brian Noyes von der Zeitschriften-Gruppe. Die technischen Mitarbeiter wurden von Rebecca Sugui geleitet, zu ihnen gehörten Daniel Atchison, Elizabeth V. de Lima und Michael Geller. Trinidad S. Angeles und später Maria D. Ameal waren als Verwaltungsbeamte tätig.

Die Vorbereitung dieses Berichts wurde durch Hintergrundpapiere und durch Beiträge von Teilnehmern bei den Beratungstreffen erheblich unterstützt. Die Namen der Teilnehmer an den Beratungstreffen werden in den Anmerkungen zu den verwendeten Quellen aufgeführt.

# Inhaltsverzeichnis

Definitionen und Anmerkungen zu den Daten   VIII

Überblick   1

   1   Einführung: Eine Welt im Arbeitsprozeß   11

*Teil Eins*
## Welche Entwicklungsstrategien nützen den Arbeitnehmern?   19
   2   Wirtschaftswachstum und Arbeitserträge   20
   3   Haushalte, Wachstum und Beschäftigung   28
   4   Politik und die Struktur der Arbeitsnachfrage   37
   5   Humankapital für die Entwicklung   43
   6   Märkte, Arbeit und Ungleichheit   50

*Teil Zwei*
## Internationale Integration – Chance oder Bedrohung für Arbeitskräfte?   59
   7   Die Entstehung des globalen Arbeitsmarktes   60
   8   Der Wandel der internationalen Arbeitsteilung   65
   9   Kapitalmobilität – Segen oder Fluch?   72
  10   Internationale Wanderungsbewegungen   77

*Teil Drei*
## Wie sollte der Staat in die Arbeitsmärkte eingreifen?   83
  11   Staatliche Politik und Arbeitsstandards   84
  12   Die Rolle der Gewerkschaften   96
  13   Der Umgang mit der Einkommensunsicherheit   105
  14   Der Staat als Arbeitgeber   111

*Teil Vier*
## Wie kann die Wirtschaftspolitik den Arbeitskräften in Zeiten des Umbruchs helfen?   117
  15   Strukturen der Reform   118
  16   Gewinner und Verlierer   124
  17   Veränderung der Beschäftigungsstrukturen   130

*Teil Fünf*
## Die Perspektiven für Arbeitnehmer im einundzwanzigsten Jahrhundert   139
  18   Wirtschaftspolitische Optionen und die Perspektiven für die Arbeitnehmer   140

Anmerkungen zu den verwendeten Quellen   150

Anhang: Internationale Arbeitsstatistiken   169

Kennzahlen der Weltentwicklung   179

## Sonderbeiträge

1    Eine Welt im Arbeitsprozeß   2
1.1  Wie kann man die Reallöhne in einzelnen Ländern vergleichen?   14
3.1  Was versteht man unter Arbeitslosigkeit?   34
4.1  Bestimmungsgründe für eine geringe Arbeitsnachfrage in der Landwirtschaft: Der Fall Kolumbiens   41
5.1  Um wieviel erhöht die Ausbildung die Löhne?   47
6.1  Deuten niedrigere Löhne für Frauen auf Diskriminierung hin?   54
7.1  Sind die ärmeren Länder im Begriff, die reicheren einzuholen?   64
8.1  Wie werden ungelernte Arbeitskräfte in Industrieländern vom Handel mit Entwicklungsländern beeinflußt?   67
8.2  Heckscher-Ohlin, Qualifikationen und komparativer Vorteil   70
14.1 Inwieweit trifft das „Chef/Untergebenen-Problem" auf den öffentlichen Dienst zu?   113
16.1 Wissen wir, wie stark sich die Wohlfahrt der Haushalte in Perioden starken Wandels verringert?   127
17.1 Wie effektiv sind öffentliche Umschulungsprogramme?   134

## Schaubilder

1    Reallöhne in der Industrie   4
2    Wachstumsraten des BIP und des Kapitalbestands pro Arbeitnehmer   5
3    Reallohnwachstum in der Industrie und Exportorientierung   6
4    Reallöhne pro Kopf in vier Ländern mit umfassenden Reformen   8
1.1  Die weltweite Erwerbsbevölkerung nach Sektoren und Einkommensgruppen der Länder   12
1.2  Verdienste in ausgewählten Berufen in sieben Städten   13
1.3  Wachstum des BIP pro Arbeitnehmer nach Regionen   16
2.1  Reallohnentwicklung in Ghana, Malaysia und Polen   21
2.2  Wachstumsraten des BIP pro Kopf und der Reallöhne in der Landwirtschaft und Industrie   23
2.3  BIP je Arbeitnehmer und Anteil der Erwerbstätigen an der Lohnbeschäftigung außerhalb der Landwirtschaft   24
2.4  Akkumulation von Sach- und Humankapital und Wachstum des BIP je Arbeitnehmer   25
2.5  Wachstumsraten des BIP und der Erwerbsbevölkerung nach Regionen   27
3.1  Erwerbsquoten nach Alter und Geschlecht   29
3.2  Beschäftigungsstatus der Erwerbsbevölkerung nach Geschlecht und Alter in Malaysia   31
3.3  BIP pro Kopf und Arbeitslosigkeit   35
4.1  Sektorale Verteilung der Beschäftigung nach den Einkommensniveaus der Länder   37
4.2  Wertschöpfung je Arbeitnehmer und sektorale Verteilung der Beschäftigung in Malaysia und der Republik Korea   38
4.3  BIP je Arbeitnehmer und die Größe des städtischen informellen Sektors   42
5.1  Erzielte Ausbildung und Wachstum des BIP pro Kopf in Südostasien   45
6.1  Lohnunterschiede zwischen Universitäts- und Grundschulabsolventen   52
7.1  Internationale Transport- und Kommunikationskosten   62
7.2  Handel, Kapitalverkehr und Migration in Industrie-, Entwicklungs- und Übergangsländern   63
8.1  Wachstumsraten der realen Löhne im Verarbeitenden Gewerbe und der Exporte   66
11.1 Mindestlohn und BSP pro Kopf   90
11.2 Befolgung nationaler Arbeitsstandards durch Kleinbetriebe   91
12.1 Anteil der Erwerbspersonen, die Mitglied einer Gewerkschaft sind, in ausgewählten Ländern   99
12.2 Reallöhne der Bergleute in Indien   100

14.1 Beschäftigung in der Regierung und der öffentlichen Verwaltung   112
14.2 Unterschiede bei den Verdiensten im staatlichen und privaten Sektor von Ägypten und Ghana   114
15.1 Zunahme des Handels und der Beschäftigung im privaten Sektor in ausgewählten Reformländern   121
15.2 Sektorale Verteilung der Beschäftigung in China und Rußland   122
16.1 Einkommensungleichheit und Wirtschaftswachstum in Lateinamerika und in den ehemaligen Planwirtschaften   125
17.1 Der Mindestlohn als Bruchteil des Durchschnittslohnes in ausgewählten Reformländern   133
18.1 Aktuelle und projektierte Löhne und Beschäftigungsanteile, nach Region und Ausbildungsstand   144

## Texttabellen

1.1 Das weltweite Arbeitskräftepotential nach Einkommensgruppen der Länder und nach Regionen   11
2.1 Bevölkerung im erwerbsfähigen Alter nach dem Beschäftigungsstatus in Ghana, Malaysia und Polen   20
2.2 Verdienste in ausgewählten Berufen in Malaysia   22
4.1 Veränderungen der Verdienste in der Industrie und der Beschäftigung in stark geschützten und exportorientierten Volkswirtschaften   39
6.1 Durchschnittliche Schuljahre unterschiedlicher Einkommensgruppen (gemessen am Pro-Kopf-Einkommen, eingeteilt in fünf 20-Prozent-Gruppen) in ausgewählten Entwicklungsländern   51
8.1 Schätzungen für die bis zum Jahr 2005 eintretenden Veränderungen von Löhnen und Preisen aufgrund des Abkommens der Uruguay-Runde   68
9.1 Verschuldung, Aktienkursentwicklung und Löhne in den fünf größten lateinamerikanischen Schuldnerländern   75
10.1 Die im Ausland geborene Weltbevölkerung nach Regionen   78
11.1 Arten der staatlichen Intervention auf den Arbeitsmärkten   85
11.2 Lohnbeschäftigung als Anteil an der Gesamtbeschäftigung, nach Sektoren und Einkommensgruppen der Länder   86
11.3 Anteile männlicher und weiblicher Arbeitnehmer an der Beschäftigung außerhalb des Lohnsektors   88
11.4 Verhältnis der Löhne ausgewählter Industrieberufe in der Stadt zu den Löhnen auf dem Lande   91
11.5 Durchsetzung von Gesundheits- und Sicherheitsstandards bei US-Firmen mit beziehungsweise ohne gewerkschaftliche Organisation, nach Unternehmensgröße   94
12.1 Wirkung der gewerkschaftlichen Organisierung auf produktivitätssteigernde Maßnahmen von Unternehmen in Malaysia   97
12.2 Gewerkschaftliche Lohnzuschläge in ausgewählten Ländern   98
12.3 Arten der Arbeitsorganisationen in der Republik Korea   101
13.1 Verbreitung und Höhe privater Transferzahlungen in ausgewählten Ländern   116
15.1 Merkmale der vier wichtigsten Reformstrukturen   118
15.2 Reallöhne und Arbeitslosigkeit in vier Reformländern in Lateinamerika und Afrika südlich der Sahara   119
15.3 Reallöhne und Arbeitslosigkeit in fünf ehemaligen Planwirtschaften   120
16.1 Die Auswirkungen von Reformen auf die Arbeitnehmer in den vier Hauptreformstrukturen   128
17.1 Wirtschaftspolitische Maßnahmen zur Erleichterung der Beschäftigungsumstrukturierung   132
18.1 Den Projektionen zugrundeliegende Annahmen   141
18.2 Projektionen des Wachstums des BIP pro Kopf und der Exporte, nach Regionen   142
18.3 Lohnprojektionen für ungelernte Arbeiter und Facharbeiter, nach Regionen   142

## Anhang-Tabellen

A-1 Arbeitskräfteangebot   170
A-2 Struktur der Beschäftigten   173
A-3 Wachstum der Produktion pro Kopf und der Löhne   175
A-4 Ratifizierung grundlegender ILO-Konventionen   176

# Definitionen und Anmerkungen zu den Daten

**Ausgewählte Fachausdrücke aus diesem Bericht**

*Das Arbeitskräftepotential (Erwerbspersonenzahl) und seine Komponenten.* Das *Arbeitskräftepotential* eines Landes besteht aus dem Teil der *Bevölkerung im erwerbsfähigen Alter* (von fünfzehn bis vierundsechzig Jahren), der eine Beschäftigung ausübt oder eine Beschäftigung sucht. Es umfaßt die *Arbeitslosen* (diejenigen, die Arbeit suchen, aber keine finden), berücksichtigt aber nicht die *stille Reserve* (diejenigen, die es aufgegeben haben, nach Arbeit zu suchen) sowie die sonstigen Personen, die weder arbeiten noch eine Arbeit suchen (Familienmitglieder, die Kinder betreuen, sowie Studenten, Ruheständler, arbeitsunfähige Personen und sonstige). *Unterbeschäftigung* wird zwar in der Fachliteratur unterschiedlich definiert, bedeutet in diesem Bericht jedoch, daß eine Beschäftigung in einem bestimmten Zeitraum weniger Stunden umfaßt, als der Arbeitnehmer wünscht. Die *Erwerbsquote* ist der prozentuale Anteil des Arbeitskräftepotentials an der Bevölkerung im erwerbsfähigen Alter. Die *Beschäftigtenzahl (Arbeitskräfte)* umfaßt alle Personen, die tatsächlich arbeiten, sei es im formellen oder informellen Sektor, also die Erwerbspersonen abzüglich der Arbeitslosen. Der *formelle Sektor* besteht aus denjenigen staatlichen oder privaten Unternehmen, die Arbeitnehmer mit Arbeitsverträgen einstellen und den Arbeitsgesetzen und -reglements unterworfen sind. Zum Zwecke empirischer Analysen ist der formelle Sektor so definiert, daß er alle nicht-landwirtschaftlichen Unternehmen umfaßt, die Arbeitskräfte als Lohnempfänger beschäftigen.

*Aktive Arbeitsmarktpolitik.* Diese Maßnahmen sollen dazu beitragen, die Arbeitslosen wieder in die Arbeitswelt einzugliedern und die Bedingungen für die Beschäftigten zu verbessern; sie umfassen Hilfen bei der Arbeitsplatzsuche und der Ausbildung sowie Schritte zur Schaffung von Arbeitsplätzen und unterscheiden sich von *passiven Maßnahmen,* die darauf abzielen, den Lebensstandard der Arbeitslosen durch Gewährung von finanziellen Hilfen oder sonstigen Vergünstigungen zu stützen.

*Affirmatives Handeln.* Vorzugsbehandlung bei der Einstellung von Personen, die in der Vergangenheit bei der Arbeitsplatzsuche diskriminiert wurden.

*Bereinigung mit Hilfe von Kaufkraftparitäten (KKP).* Die zu Forschungszwecken vorgenommene Bereinigung von Daten über die Geldeinkommen von Arbeitnehmern, um die tatsächliche Kaufkraft einer örtlichen Währungseinheit beim Kauf von Gütern und Diensten im eigenen Währungsgebiet wiederzugeben; dies kann mehr oder weniger sein als das, was eine Einheit der gleichen Währung für entsprechende Güter und Dienste im Ausland zu aktuellen offiziellen Wechselkursen kaufen kann. KKP-bereinigte Einkommen sind für den Vergleich der Lebensstandards der Arbeitnehmer in verschiedenen Ländern nützlich. In diesem Bericht sind Daten, die in „internationalen Preisen" ausgewiesen sind, KKP-bereinigt.

*Einkommenspolitik.* Jeder von der Regierung unternommene Versuch, den Anstieg der Löhne und Gehälter in Grenzen zu halten, üblicherweise zu dem Zweck, die Inflation zu dämpfen oder Beschäftigungsniveaus aufrechtzuerhalten.

*Humankapital.* Das fachliche Können und die Fähigkeiten, die beim einzelnen oder den Beschäftigten insgesamt vorhanden sind; teilweise erworben durch verbesserte Gesundheit und Ernährung, Erziehung und Ausbildung.

*Koalitionsfreiheit.* Die Freiheit der Arbeitnehmer, Gewerkschaften oder andere Organisationen zu bilden oder ihnen beizutreten, deren Zweck es ist, ihre Macht bei den Tarifverhandlungen zu stärken.

# DEFINITIONEN UND ANMERKUNGEN

*Rentenversicherungssysteme* werden nach zwei Grundmustern unterschieden. *Umlageverfahren* sind staatlich geregelte Vereinbarungen, bei denen die Zahlungen an die Rentner und Pensionäre aus laufenden Einnahmen erfolgen, wodurch ein Einkommenstransfer zu Lasten der gegenwärtig Arbeitenden begründet wird. Bei *Kapitaldeckungsverfahren* werden im Gegensatz dazu die Versicherungsleistungen aus dem Kapitalvermögen geleistet, das aus Beitragszahlungen in der Vergangenheit akkumuliert worden ist; sie sind daher ein zeitlicher „Transfer" von einer Generation an sich selbst.

*Sonderwirtschaftszone.* Ein abgegrenztes geographisches Gebiet, innerhalb dessen für den Export produzierende Unternehmen von den Abgaben auf importierte Vorleistungen und oft von bestimmten heimischen Regulierungsvorschriften befreit sind.

*Tarifverhandlungen.* Verhandlungen zwischen einer Gewerkschaft (oder anderen Vertretern der Arbeitnehmer) und den Arbeitgebern zur Festlegung der Lohnhöhe und der sonstigen Arbeitsbedingungen.

## Ländergruppen

Für operationale und analytische Zwecke verwendet die Weltbank das Bruttosozialprodukt (BSP) pro Kopf als Hauptkriterium für die Einstufung einzelner Länder. Jedes Land wird entweder als Land mit niedrigem Einkommen, Land mit mittlerem Einkommen (unterteilt in solche der unteren und der oberen Kategorie) oder als Land mit hohem Einkommen klassifiziert. Zusätzlich werden auch andere analytische Gruppen gebildet, basierend auf Regionen, Exporten und dem Stand der Auslandsschulden.

Die Zusammensetzung der Länder in jeder Einkommensgruppe kann von einer Ausgabe zur anderen variieren, da das BSP pro Kopf im Laufe der Zeit Veränderungen unterliegt. Sobald die Zusammensetzung für die jeweilige Ausgabe festgelegt ist, basieren alle historischen Angaben auf der gleichen Ländergruppe. Die im diesjährigen Bericht auf Basis der Klassifizierung nach Einkommen verwendeten Ländergruppen sind folgendermaßen definiert:

*Länder mit niedrigem Einkommen* sind jene, deren BSP pro Kopf im Jahr 1993 695 Dollar oder weniger betrug.

*Länder mit mittlerem Einkommen* sind jene, deren BSP pro Kopf im Jahr 1993 mehr als 695 Dollar, aber weniger als 8.626 Dollar betrug; des weiteren wird unterschieden zwischen der unteren und oberen Kategorie der Länder mit mittlerem Einkommen, wobei die Trennungslinie bei einem BSP pro Kopf von 2.785 Dollar im Jahr 1993 gezogen wurde.

*Länder mit hohem Einkommen* sind jene, deren BSP pro Kopf im Jahr 1993 8.626 Dollar oder mehr betrug.

Die *Welt* umfaßt alle Länder, einschließlich der Länder mit weniger als 1 Million Einwohner oder derjenigen, über die nur wenig Daten vorliegen. Diese werden in den Haupttabellen nicht einzeln ausgewiesen, sie sind aber in Tabelle 1a in den Technischen Erläuterungen zu den Kennzahlen der Weltentwicklung aufgeführt.

Die in den Kennzahlen der Weltentwicklung verwendeten Einkommenskriterien können sich von denen im Textteil des Berichts unterscheiden.

Die Gruppierung der Länder nach Einkommen spiegelt nicht notwendigerweise den Entwicklungsstand wider. (In den Kennzahlen der Weltentwicklung wurden die Länder mit hohem Einkommen, die von den Vereinten Nationen oder von ihren eigenen Behörden als Entwicklungsländer eingestuft wurden, mit dem Symbol † gekennzeichnet.) Die Verwendung des Ausdrucks „Länder" in bezug auf Volkswirtschaften beinhaltet kein Urteil der Weltbank über den rechtlichen oder anderweitigen Gebietsstatus.

Länder, die zu regionalen Gruppierungen gehören, welche in diesem Bereich verwendet werden, sind in der Anhangtabelle A-1 aufgeführt.

## Angaben zu den Daten

*Dollar* sind US-Dollar zu jeweiligen Preisen, falls nicht anders angegeben.

*Zuwachsraten* basieren auf realen Größen und wurden, falls nicht anders angegeben, anhand der Methode kleinster quadratischer Abweichungen errechnet. Hinsichtlich der Einzelheiten dieser Methode siehe die Technischen Erläuterungen zu den Kennzahlen der Weltentwicklung.

*Das Zeichen /* in Daten, wie „1990/91", bedeutet, daß der Zeitraum weniger als zwei Jahre umfassen kann, jedoch zwei Kalenderjahre berührt und sich auf ein Erntejahr oder ein Berichtsjahr oder ein Fiskaljahr bezieht.

*Das Zeichen ..* in Tabellen bedeutet „nicht verfügbar".

*Das Zeichen –* in Tabellen bedeutet „nicht zutreffend". (In den Kennzahlen der Weltentwicklung wird ein Leerzeichen für „nicht zutreffend" verwendet.)

*Die Zahlen* 0 oder 0,0 in Tabellen und Schaubildern bedeuten „Null oder weniger als die Hälfte der jeweiligen Einheit" und nicht genauer bekannt.

Der Stichtag für alle Angaben in den Kennzahlen der Weltentwicklung ist der 30. April 1995.

Die Zahlen, die im vorliegenden Bericht für Vergangenheitswerte ausgewiesen werden, können von denen früherer Berichte abweichen, da sie laufend aktualisiert werden, sobald bessere Angaben und Daten verfügbar sind, aufgrund des Übergangs auf ein neues Basisjahr bei realen Preisangaben oder aufgrund von Veränderungen in der Länderzusammensetzung bei den Einkommens- und analytischen Gruppen.

Sonstige wirtschaftliche und demographische Begriffe sind in den Technischen Erläuterungen zu den Kennzahlen der Weltentwicklung definiert.

## Abkürzungen und Kurzwörter

**ADI** Ausländische Direktinvestition
**ASEAN** Vereinigung Südostasiatischer Staaten (Association of South East Asian Nations). Dazu gehören Brunei, Indonesien, Malaysia, die Philippinen, Singapur und Thailand.
**BIP** Bruttoinlandsprodukt
**BSP** Bruttosozialprodukt
**CMEA** Rat für Gegenseitige Wirtschaftshilfe (Council of Mutual Economic Assistance), das Handelssystem des ehemaligen kommunistischen Blocks
**GATT** Allgemeines Zoll- und Handelsabkommen (General Agreement on Tariffs and Trade)
**ILO** Internationale Arbeitsorganisation (International Labour Office)
**KKP** Kaufkraftparität (siehe „Ausgewählte Fachausdrücke aus diesem Bericht")
**NAFTA** Nordamerikanisches Freihandelsabkommen (North American Free Trade Agreement)
**NIES** Schwellenländer (Newly industrializing economies)
**NSO** Nichtstaatliche Organisation
**OECD** Organisation für wirtschaftliche Zusammenarbeit und Entwicklung (Organization for Economic Cooperation and Development). Mitgliedsländer sind: Australien, Belgien, Dänemark, Deutschland, Finnland, Frankreich, Griechenland, Großbritannien, Irland, Island, Italien, Japan, Kanada, Luxemburg, Mexiko, Neuseeland, die Niederlande, Norwegen, Österreich, Portugal, Schweden, die Schweiz, Spanien, die Türkei und die Vereinigten Staaten.
**UNICEF** Kinderhilfswerk der Vereinten Nationen (United Nations Children's Fund)
**UNIDO** Organisation der Vereinten Nationen für Industrielle Entwicklung (United Nations Industrial Development Organization)

# Überblick

DUONG IST EIN VIETNAMESISCHER KLEINbauer, der sich abplagt, um seine Familie zu ernähren. Er verdient bei achtunddreißig Arbeitsstunden in den Reisfeldern den Gegenwert von 10 Dollar pro Woche, ganztägig arbeitet er aber nur in sechs Monaten des Jahres – außerhalb der Saison kann er sehr wenig verdienen. Seine Frau und vier Kinder arbeiten mit ihm auf den Feldern, die Familie kann es sich jedoch nur leisten, ihre zwei jüngsten Kinder zur Schule zu schicken. Duongs elfjährige Tochter bleibt zu Hause, um bei der Hausarbeit zu helfen, während sein dreizehnjähriger Sohn als Straßenhändler in der Stadt arbeitet. Allen Kriterien zufolge lebt Duongs Familie in Armut. Arbeiter wie Duong, die in Ländern mit niedrigem und mittlerem Einkommen in einem landwirtschaftlichen Familienbetrieb arbeiten, machen rund 40 Prozent des Arbeitskräftepotentials der ganzen Welt aus.

•••

*Hoa ist eine junge vietnamesische Stadtbewohnerin, die zum ersten Mal einen relativen Wohlstand erlebt. In Ho Chi Minh-Stadt verdient sie den Gegenwert von 30 Dollar pro Woche, wofür sie achtundvierzig Stunden in einer Bekleidungsfabrik arbeitet – einem Joint Venture mit einer französischen Firma. Sie arbeitet hart für ihren Lebensunterhalt und wendet darüber hinaus viel Zeit auf, um für ihre drei Kinder zu sorgen; ihr Mann arbeitet als Hausmeister. Hoas Familie hat jedoch einen wesentlich höheren Lebensstandard als Duongs Familie und ist, nach vietnamesischen Begriffen, verhältnismäßig wohlhabend. Alles spricht für die Erwartung, daß sie und ihre Kinder auch weiterhin einen wesentlich höheren Lebensstandard haben werden, als es ihre Eltern hatten. Lohnempfänger wie Hoa, die im formellen Sektor der Länder mit niedrigem und mittlerem Einkommen arbeiten, machen etwa 20 Prozent des weltweiten Arbeitskräftepotentials aus.*

•••

*Françoise ist eine Immigrantin vietnamesischer Herkunft in Frankreich, die bis spät in die Nacht als Kellnerin arbeitet, um über die Runden zu kommen. Sie bringt den Gegenwert von 220 Dollar pro Woche nach Hause, nach Steuerabzug und einschließlich der Trinkgelder, bei fünfzig Arbeitsstunden. Nach französischen Begriffen ist sie arm. Rechtlich gesehen ist Françoise eine Gelegenheitsarbeiterin und hat daher keine Arbeitsplatzsicherheit; ihr geht es jedoch in Frankreich viel besser als es in Vietnam der Fall gewesen wäre. Ihr Lohn ist fast achtmal so hoch wie der von Hoa in Ho Chi Minh-Stadt. Françoise und andere Beschäftigte im Dienstleistungssektor der Industrieländer machen etwa 9 Prozent des weltweiten Arbeitskräftepotentials aus.*

•••

*Jean-Paul ist ein fünfzigjähriger Franzose, dessen Beschäftigungsaussichten trübe sind. Zehn Jahre lang hat er in einer Bekleidungsfabrik in Toulouse gearbeitet und den Gegenwert von 400 Dollar pro Woche nach Hause gebracht – das Zwölffache des Durchschnittslohns in der Bekleidungsindustrie von Vietnam. Nächsten Monat aber wird er seinen Arbeitsplatz verlieren, wenn die Fabrik schließt. Die Arbeitslosenunterstützung wird den Schock abmildern, aber seine Chancen, an einem neuen Arbeitsplatz sein früheres Gehalt wieder zu erreichen, sind gering. Franzosen in Jean-Pauls Alter, die ihren Arbeitsplatz verlieren, werden wahrscheinlich länger als ein Jahr arbeitslos bleiben, und Jean-Paul ermutigt seinen Sohn, in der Schule fleißig zu lernen, damit er auf eine Fachhochschule gehen und Computerkurse absolvieren kann. Gewerbliche Arbeitnehmer in den Industrieländern machen nicht mehr als 4 Prozent des weltweiten Arbeitskräftepotentials aus.*

•••

Diese vier Familien – zwei leben in Vietnam, zwei in Frankreich – weisen sehr unterschiedliche Lebensstandards und Zukunftserwartungen auf. Die Beschäftigungs- und Lohnperspektiven in Toulouse und in Ho Chi Minh-Stadt sind Welten voneinander entfernt, auch wenn, wie es hier der Fall ist, die Einkommen um die unterschiedlichen Lebenshaltungskosten bereinigt werden. Der Lohn an der Armutsgrenze, den Françoise erhält, würde Hoa mit Sicherheit ein deutlich besseres Leben erlauben. Und ein Großteil der Beschäftigten auf der Welt arbeitet wie Duong außerhalb des Lohn- und Gehaltssektors in landwirtschaftlichen Familienbetrieben und im informellen Sektor, wobei sie im allgemeinen sogar noch niedrigere Arbeitseinkommen erzielen (vgl. Sonderbeitrag 1). Aber die Lebensverhältnisse der Arbeiter in verschiedenen Teilen dieser Welt sind in wachsendem Maße miteinander verflochten. Französische Verbraucher kaufen die Erzeugnisse, die aus Hoas Arbeit hervorgehen, und Jean-Paul glaubt, daß es Hoas Niedriglöhne sind, die ihm seinen Arbeitsplatz wegnehmen, während zugewanderte Arbeitskräfte wie Françoise den ganzen Zorn von Jean-Paul fühlen. In der Zwischenzeit müht sich Duong ab, um Ersparnisse zu bilden, damit seine Kinder eine Ausbildung

## Sonderbeitrag 1   Eine Welt im Arbeitsprozeß

Für die meisten Haushalte, die armen wie die wohlhabenden, stellen die Arbeitseinkommen die entscheidende Bestimmungsgröße für ihre Lebensumstände dar. Von den 2,5 Milliarden Menschen, die weltweit eine produktive Tätigkeit ausüben, leben über 1,4 Milliarden in armen Ländern, die als Länder mit einem jährlichen Pro-Kopf-Einkommen von unter 695 Dollar im Jahr 1993 definiert sind. Weitere 660 Millionen leben in Ländern mit mittlerem Einkommen, und der Rest, etwa 380 Millionen, leben in Ländern mit hohem Einkommen, das bedeutet ein jährliches Pro-Kopf-Einkommen von über 8.626 Dollar im Jahr 1993. Zwischen diesen drei weitgefaßten Länderkategorien bestehen große Unterschiede hinsichtlich der Beschäftigungsstrukturen. In armen Ländern arbeiten 61 Prozent der Beschäftigten in der Landwirtschaft, hauptsächlich in landwirtschaftlichen Familienbetrieben, während 22 Prozent in den ländlichen nicht-landwirtschaftlichen und in städtischen informellen Sektoren arbeiten, und 15 Prozent haben formelle Lohnverträge, im wesentlichen in Arbeitsverhältnissen im städtischen Industrie- und Dienstleistungsbereich. In Ländern mit mittlerem Einkommen arbeiten rund 29 Prozent auf Bauernhöfen, 18 Prozent im ländlichen und städtischen informellen Sektor und 46 Prozent in einer lohnabhängigen Beschäftigung in der Industrie und im Dienstleistungsbereich. In reichen Ländern besitzt die Mehrheit der Arbeitnehmer einen Arbeitsplatz im formellen Sektor, und zwar rund 4 Prozent in der Landwirtschaft, 27 Prozent in der Industrie und 60 Prozent im Dienstleistungsbereich. Ungefähr 120 Millionen Arbeitnehmer auf der Welt sind arbeitslos. Arbeiter in Ländern mit niedrigem Einkommen dominieren die weltweite Beschäftigtenzahl in der Landwirtschaft, sie machen aber auch, kraft ihrer bloßen Zahl, fast die Hälfte der Industriearbeiter und etwa ein Drittel der Arbeitslosen in der Welt aus (siehe Schaubild).

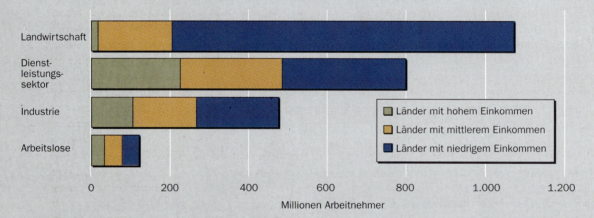

**Das weltweite Arbeitskräftepotential nach Sektoren und Einkommensniveaus der Länder.** Die Daten sind für 1995 geschätzt aufgrund einer Länderauswahl für jede Einkommensgruppe. Quelle: Schätzungen des Mitarbeiterstabs der Weltbank auf Basis folgender Quellen: EBRD 1994; ILO 1986 mit aktualisierten Daten der ILO; ILO, verschiedene Jahre, sowie Länderangaben.

erhalten, das Land verlassen und in die Stadt ziehen können, wo ausländische Unternehmen neue Arbeitsplätze mit besseren Löhnen anpreisen.

Für die Weltwirtschaft sind dies revolutionäre Zeiten. Der Weg zu marktwirtschaftlichen Entwicklungen in vielen Entwicklungsländern und ehemaligen Staatshandelsländern, die Öffnung internationaler Märkte und deutliche Erleichterungen beim weltweiten Austausch von Waren, Kapital und Ideen bedeuten für Milliarden von Menschen sowohl neue Chancen als auch neue Risiken. Im Jahr 1978 lebte rund ein Drittel der Arbeitskräfte der Welt in Ländern mit zentraler Wirtschaftsplanung. Mindestens ein weiteres Drittel lebte in Ländern, die wegen protektionistischer Handels- und Investitionsschranken nur eine geringe Verknüpfung mit der internationalen Verflechtung aufwiesen. Wenn die jüngsten Trends anhalten, dürften bis zum Jahr 2000 weniger als 10 Prozent der Arbeitnehmer in solchen Ländern leben, die von den Weltmärkten weitgehend abgeschottet sind.

Es ist jedoch nie leicht, sich an schnelle Veränderungen anzupassen. Sowohl in reichen als auch in armen Ländern gibt es Ängste vor steigender Unsicherheit, da technologische Veränderungen, wachsende internationale Verflechtungen und der Abbau traditioneller Gemeinschaftsstrukturen die Arbeitsplätze, die Löhne und die Systeme der Altersvorsorge zu gefährden scheinen. Auch haben Wirtschaftswachstum und zunehmende Integration das Problem der weltweiten Armut und der Mangelerscheinungen nicht lösen können. Tatsächlich könnte die Zahl der Armen noch weiter steigen, da die weltweite Erwerbspersonenzahl von derzeit 2,5 Milliarden innerhalb von dreißig Jahren auf schätzungsweise 3,7 Milliarden steigen wird. Die Masse der mehr als eine Milliarde von einem Dollar oder weniger pro Tag lebenden Menschen hängt, wie Duong und seine Familie, von den erbärmlich niedrigen Erträgen harter Arbeit ab. In vielen Ländern haben die Arbeitnehmer keine Interessenvertretung und arbeiten unter ungesunden, gefährlichen oder entwürdigenden Arbeitsbedingungen. Etwa 120 Millionen weltweit sind außerdem arbeitslos und weitere Millionen haben die Hoffnung aufgegeben, eine Arbeit zu finden.

Doch Befürchtungen, daß die Zunahme des internationalen Handels und der Investitionen sowie verringerte staatliche Eingriffe die Beschäftigung gefährden, sind im wesentlichen grundlos. In vielen Ländern konnten die Arbeitnehmer große Verbesserungen erzielen, insbesondere in solchen Ländern, die die globalen Trends akzeptierten, sich effizient auf den Weltmärkten engagierten und überzogene staatliche Interventionen vermieden. Trotz einer Verdoppelung der weltweiten Beschäftigtenzahl im Verlauf der letzten drei Jahrzehnte hat sich weltweit die Produktivität des Arbeitnehmers im Durchschnitt verdoppelt.

Dieser Bericht kommt zu dem Ergebnis, daß die Probleme niedriger Einkommen, schlechter Arbeitsbedingungen und unsicherer Verhältnisse, die viele Arbeitnehmer auf der ganzen Welt betreffen, wirkungsvoll mit Hilfe solcher Methoden angepackt werden können, die die Armut verringern und die regionale Ungleichheit reduzieren. Um dies durchzusetzen, sind eine solide Politik im Inland und ein günstiges internationales Umfeld erforderlich. Das heißt, die Regierungen müssen

- eine marktwirtschaftlich orientierte Wachstumspolitik verfolgen, die eine schnell steigende Nachfrage nach Arbeitskräften schafft und die Steigerung der beruflichen Qualifikation der Arbeitskräfte sowie eine Zunahme der Produktivität fördert;
- die neuen Chancen nutzen, die sich im internationalen Rahmen bieten, indem sie sich für den Außenhandel öffnen und Kapital anziehen – jedoch die Umschichtungen in den Griff bekommen, die internationale Veränderungen manchmal zur Folge haben;
- ein Rahmenwerk für eine Arbeitsmarktpolitik schaffen, die die informellen und ländlichen Arbeitsmärkte einbezieht, Lohntarifverhandlungen im formellen Sektor fördern, den Schwachen Schutz gewährt und Verzerrungen verhindert, die zur Begünstigung von relativ bessergestellten Arbeitern führen, und
- versuchen dafür zu sorgen, daß in denjenigen Ländern, die sich mit dem Übergang zu mehr marktwirtschaftlich orientierten und international integrierten Entwicklungsstrukturen abmühen, der Übergang so schnell wie möglich und ohne große oder dauerhafte Kosten für den Faktor Arbeit vor sich geht.

### Entwicklungsstrategie und Arbeitnehmer

*In einer Gruppe exportorientierter ostasiatischer Länder stiegen die Löhne in der Industrie zwischen 1970 und 1990 real gerechnet um 170 Prozent, während die Beschäftigung in der Industrie um 400 Prozent zunahm. Die Löhne landwirtschaftlicher Arbeiter in Indien stiegen um 70 Prozent. In einer Gruppe lateinamerikanischer Staaten wuchsen die Löhne in der Industrie in dieser Zeit aber nur um 12 Prozent, und in vielen Ländern Afrikas südlich der Sahara gingen sie zurück.*

...

Wirtschaftliches Wachstum ist für Arbeitnehmer günstig. Dies traf lange Zeit für diejenigen Arbeitnehmer zu, die in den jetzt zu den reichen Ländern der Welt zählenden Ländern leben, und es war in den letzten Jahrzehnten auf besonders augenfällige Weise richtig für die Schwellenländer Ostasiens. Wachstum reduzierte die Armut durch höhere Beschäftigung, steigende Arbeitsproduktivität und höhere Reallöhne (Schaubild 1). Das Wachstum verringert tendenziell auch die Armut und die Ungleichheit, einschließlich der zwischen Männern und Frauen. Die Befürchtung, daß das Wachstum in erster Linie das Kapital begünstigt, wenig Arbeitsplätze schafft und die Löhne nicht steigen läßt, ist für die derzeitigen Länder mit niedrigem und mittlerem Einkommen unbegründet. Die Arbeitnehmer in Vietnam gehören jetzt zu den ärmsten in der Welt. Wenn sie dem Weg des Erfolges anderer ostasiatischer Länder folgen, könnten sie in etwa einem Jahrzehnt eine Verdoppelung ihrer Arbeitseinkommen erreichen.

Eine marktwirtschaftlich orientierte Entwicklung, die Unternehmen und Arbeitnehmer ermutigt, in Sachkapital, neue Technologien und berufliche Fertigkeiten zu investieren, ist der geeignetste Weg, um Wachstum und einen steigenden Lebensstandard der Arbeitnehmer zu erzielen. Länder, die dagegen versucht haben, den Arbeitern dadurch zu helfen, daß sie die Investitionen zu Lasten der Landwirtschaft und zugunsten der Industrie steuerten, Arbeitsplätze in Prestigesektoren der Industrie von internationaler Konkurrenz abschirmten, Lohnzuwächse verordneten oder überflüssige Arbeitsplätze im staatlichen Sektor schufen, haben langfristig gesehen Schiffbruch erlitten – sei es in Lateinamerika, in der ehemaligen Sowjetunion oder anderswo. Was die Beschäftigten eines Landes am dringendsten benötigen, ist eine wachsende Nachfrage nach ihren Leistungen, verbunden mit hohen Investitionsniveaus in den Bereichen Schulwesen, Ausbildung, Straßen und Maschinen. Dies funktionierte dort am besten, wo, wie in Ostasien, der Staat die internationalen Märkte besonders für die Ausweitung der Exporte sinnvoll nutzte und die landwirtschaftlichen

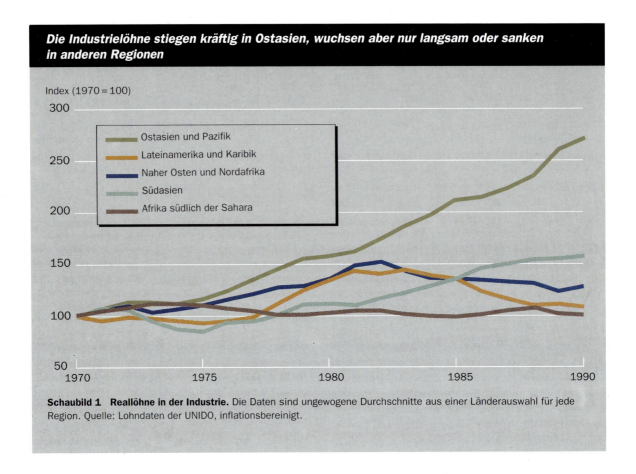

**Schaubild 1 Reallöhne in der Industrie.** Die Daten sind ungewogene Durchschnitte aus einer Länderauswahl für jede Region. Quelle: Lohndaten der UNIDO, inflationsbereinigt.

Familienbetriebe kräftig unterstützte. Der öffentliche Sektor in diesen Ländern förderte das wirksame Funktionieren der Märkte durch Schaffung solider makroökonomischer Rahmenbedingungen zum Sparen und Investieren sowie durch die Unterstützung des Wachstums der ökonomischen Infrastruktur und der Sozialleistungen.

Investitionen in die Ausbildung, Gesundheit und Ernährung der Arbeitnehmer sind der Schlüssel zu deren Wohlfahrt, wie auch zum ökonomischen Erfolg. Einige Länder haben jedoch schlechte Resultate erzielt, obwohl sie in das Schulwesen investiert hatten. Investitionen – sei es in Sachkapital oder Humankapital – können das Wachstum nicht garantieren (Schaubild 2). Die ehemaligen Staatshandelsländer in Europa und Zentralasien bilden ein Extrembeispiel für hohe Investitionen, die zunächst zur Stagnation und schließlich zum drastischen Rückgang der Arbeitseinkommen führten.

Marktwirtschaftlich orientiertes, die Arbeitsnachfrage erhöhendes Wachstum tendiert auch dazu, die Ungleichheit zu verringern – innerhalb der Länder und zwischen den Regionen –, vorausgesetzt, der Staat sorgt für breit angelegte Investitionen in die beruflichen Fähigkeiten der Menschen und in die sonstigen Aktivposten, die deren Chancen bestimmen. Es ist richtig, daß die Staatshandelsländer ein hohes Maß an Gleichheit erreichten und sich jetzt generell mit einer gewissen Zunahme an Ungleichheit konfrontiert sehen. Aber die Strategie der ostasiatischen Länder – die landwirtschaftlichen Familienbetriebe zu unterstützen, gespaltene Arbeitsmärkte zu vermeiden und ein kräftiges Wachstum der Beschäftigung im formellen Sektor durch Exportförderung zu begünstigen – erzielte ein schnelles Wachstum bei verringerter Armut und weniger Ungleichheit. Die meisten Länder Lateinamerikas wiesen lange Zeit eine sehr ungleiche Einkommensverteilung auf, und in der Mehrzahl der Fälle ist es immer noch so, wobei der Landbesitz deutlich in den Händen einiger weniger konzentriert ist und die Entwicklung des Wachstums die Arbeitskräfte benachteiligt.

Ungleichheiten zwischen Männern und Frauen, zwischen ethnischen Bevölkerungsgruppen und zwischen geographischen Regionen sind besonders hartnäckig. Frauen arbeiten oft mehr, verdienen aber weniger als Männer, weil sie stärker mit der Hausarbeit belastet sind, weniger gut ausgebildet sind oder einen schlechteren Zugang zu besser bezahlten Arbeitsplätzen haben. Bestimmte indische Kasten werden auf niedrigbezahlte Arbeit beschränkt. Arme Regionen, wie der Bundesstaat Chiapas in Mexiko, bleiben in der Regel relativ arm, selbst wenn die Wirtschaft insgesamt expandiert. Einige dieser Gruppen zählen zu den Gewinnern im Entwicklungsprozeß (insbesondere nehmen üblicherweise die Lohndifferenzen zwischen Männern und Frauen ab), andere aber werden übergangen. Denen zu helfen, die zurückbleiben, ist eines der schwierigsten Probleme für die Politik, und zwar gleichermaßen in den armen wie in den reichen Ländern. Rein ökonomisch gesehen könnten Investitionen zugunsten dieser Menschen unergiebig sein, da sie alt sind, sozial ungeeignet für die Arbeit oder an rückständige Regionen gebunden sind, doch die Sorge um ihre elende Lage und die gesellschaftliche Solidarität verlangen, daß die Politik auch sie erreicht. Je länger Menschen hinter der allgemeinen Entwicklung zurückbleiben, desto schwieriger wird es, den sich selbst fortsetzenden Generationenzyklus der Armut zu durchbrechen.

### Beschäftigung in einer zusammenwachsenden Welt

*Der Anteil der Industrieprodukte an den Exporten der Entwicklungsländer stieg zwischen 1960 und 1990 von 20 Prozent auf 60 Prozent. Auf Länder mit niedrigem und mittlerem Einkommen entfallen schon fast 80 Prozent der weltweit in der Industrie Beschäftigten.*

•••

Der internationale Austausch von Gütern, Dienstleistungen, Kapital und Menschen bringt für die meisten Arbeitnehmer neue Chancen mit sich. Dort, wo sich die Exporte schnell erhöht haben, stiegen auch die Reallöhne – um durchschnittlich 3 Prozent im Jahr (Schaubild 3). Ausländische Direktinvestitionen, die derzeit 30 Prozent der Kapitalzuflüsse in die Länder mit niedrigem oder mittlerem Einkommen ausmachen, schaffen viele neue Arbeitsplätze: 60 Prozent des weltweiten Wachstums der Beschäftigung in multinationalen Unternehmen entfiel im Zeitraum von 1985 bis 1992 auf diese Länder. Die internationalen Wanderungsbewegungen, wenngleich sie bis jetzt als Antriebskraft für den Wandel weniger bedeutend sind als der Außenhandel oder die Investitionen, brachten in der Regel Einkommensgewinne für diejenigen mit sich, die das Land verließen, bedeuteten höhere Überweisungen an die Daheimgebliebenen und eine Zunahme der Produktion von Gütern und Dienstleistungen in den Gastländern.

Viele Arbeitnehmer, vor allem auf den Bauernhöfen, in den Fabriken und im Dienstleistungssektor Asiens, haben aus der internationalen Integration große Vorteile gezogen. Für einige mag es jedoch den Anschein haben, als ob die weltweite Integration ihre Anfälligkeit gegenüber den stark schwankenden internationalen Verhältnissen erhöht hätte; andere – vor allem Menschen, die in Afrika südlich der Sahara leben – bleiben von den Chancen der internationalen Märkte weitgehend abgeschottet. Und in den Industrieländern gibt es eine kleine, aber lautstarke Minderheit, die befürchtet, daß sie durch die Einführung neuer Technologien, das Wachstum des internationalen Handels und die die nationalen Grenzen überschreitenden Bewegungen von Kapital und Menschen Verluste erleiden wird.

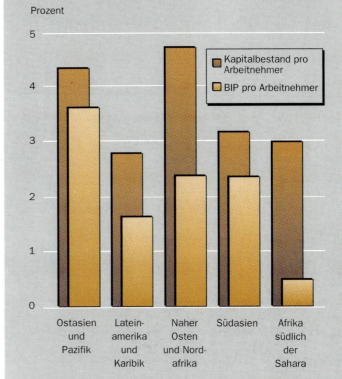

**Schaubild 2 Wachstumsraten des BIP und des Kapitalbestands pro Arbeitnehmer.** Die Daten sind Jahresdurchschnitte für den Zeitraum 1960 bis 1990. Quelle: ILO 1986 mit aktualisierten Daten der ILO; Nehru und Dhareshwar 1991; Daten der Weltbank.

Einige Arbeitnehmer werden tatsächlich Nachteile erleiden, wenn sie sich in schrumpfenden Industriezweigen befinden und ihnen die Flexibilität zum Wechsel fehlt. Allerdings sind der internationale Handel, die Zuwanderungen und die Kapitalströme nur zum Teil für die Probleme verantwortlich, mit denen sich die freigesetzten Arbeitnehmer in Frankreich oder ungelernte männliche Arbeiter in den Vereinigten Staaten konfrontiert sehen, die seit Jahrzehnten sinkende Löhne hinnehmen mußten, selbst als die Löhne von College-Absolventen fortgesetzt stiegen. Wichtiger ist jedoch, daß Handels- oder Kapitalrestriktionen kein effizienter Weg zur Lösung dieses Problems sind – eine bessere Strategie besteht darin, die beruflichen Fähigkeiten der heimischen Arbeitskräfte zu verbessern oder ihren Wechsel zu anderen Arbeitsplätzen zu erleichtern, immer im Hinblick auf eine enge Verbindung zur Weltwirtschaft. Die internationalen Wanderungsbewegungen werden demgegenüber in gewissem Umfang immer kontrolliert. Soweit

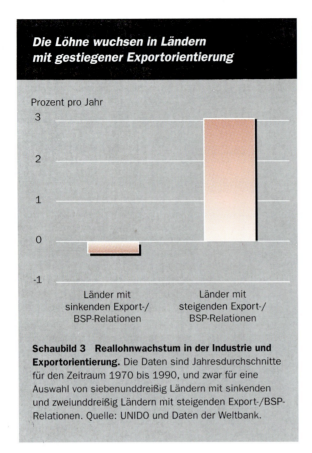

**Die Löhne wuchsen in Ländern mit gestiegener Exportorientierung**

Schaubild 3  **Reallohnwachstum in der Industrie und Exportorientierung.** Die Daten sind Jahresdurchschnitte für den Zeitraum 1970 bis 1990, und zwar für eine Auswahl von siebenunddreißig Ländern mit sinkenden und zweiunddreißig Ländern mit steigenden Export-/BSP-Relationen. Quelle: UNIDO und Daten der Weltbank.

## Arbeitsmarktpolitik

*Obwohl 90 Prozent der Entwicklungsländer über Sozialversicherungssysteme in irgendeiner Form verfügen, werden davon bestenfalls die Arbeitnehmer im formellen Sektor erfaßt, die gerade 15 Prozent der Beschäftigten in den Ländern mit niedrigem Einkommen und 45 Prozent in denen mit mittlerem Einkommen ausmachen.*

• • •

Arbeitsmarktpolitische Maßnahmen in den Ländern mit niedrigem und mittlerem Einkommen betreffen nicht die Mehrheit derjenigen Arbeitnehmer, die, wie Duong in Vietnam, im landwirtschaftlichen oder im informellen Sektor arbeiten. Dies sind die ärmsten Arbeitnehmer – oft verdienen sie weniger als die Hälfte dessen, was ein Beschäftigter im formellen Sektor verdient – und deshalb auch diejenigen, die am ehesten schutzbedürftig sind. Darüber hinaus werden Arbeitsschutzbestimmungen oft in vielen Unternehmen, die eigentlich als Teil des modernen Sektors gelten, nicht durchgesetzt (siehe Schaubild 11.2 in Kapitel 11).

Soll dies nun bedeuten, daß der Staat in Ländern mit niedrigem und mittlerem Einkommen nicht in den Arbeitsmarkt eingreifen soll, weil die Maßnahmen doch nicht diejenigen erreichen, die am meisten Hilfe brauchen, und weil die Regulierungsmaßnahmen nicht durchgeführt werden? Die Antwort lautet: nein. Staatliches Handeln kann kommunale Vereinbarungen ergänzen und die Wohlfahrt der Arbeiter im informellen Sektor durch Verbesserungen des Umfelds, in dem sie arbeiten, erhöhen. Im formellen Sektor sind staatliche Eingriffe manchmal erforderlich, um die Marktergebnisse zu verbessern, die Gerechtigkeit zu stärken und die schwachen Arbeitnehmer zu schützen.

Arbeitnehmer im informellen und landwirtschaftlichen Sektor müssen oft unter gefährlicheren und unsichereren Verhältnissen arbeiten als ihre Kollegen im formellen Bereich. Verbesserte Arbeitsbedingungen werden am ehesten nicht durch Gesetzgebung, sondern durch direkte staatliche Maßnahmen erreicht, die das Arbeitsumfeld und die Gesundheit der Arbeitnehmer betreffen, und zwar in Bereichen wie Wasserversorgung und Kanalisationswesen, Straßen und Entwässerungsanlagen in Städten und deren Umgebung sowie im Bereich einer gesunden Umwelt. Die Ausrottung der Flußblindheit (Onchozerkose) in großen Teilen Westafrikas bewirkte eine gewaltige Reduzierung menschlichen Leidens und eine enorme Zunahme des Arbeitsangebots. Informelle Vereinbarungen über Einkommensabsicherungen können durch staatliche Transferprogramme ergänzt werden, wobei öffentliche Arbeitsprojekte in der Regel die beste Transfermethode für arbeitsfähige Männer und Frauen sind. Im indischen Bundesstaat Maharashtra wurde den landwirtschaftlichen Arbeitern über viele Jahre hinweg Arbeit in staatlichen Arbeitsprojekten zu den örtlichen Lohntarifen garantiert.

dies der Verringerung von Konflikten dient und dabei gleichzeitig die Grundrechte der Einwanderer gewahrt bleiben, kann dies in der Tat im Interesse der Aufrechterhaltung eines moderaten Niveaus der internationalen Wanderungsströme liegen.

Auf jeden Fall strömt das Kapital nun schneller über die Grenzen, trotz der intensiven Bemühungen einiger nationaler Regierungen, dessen Bewegungen zu kontrollieren. Aber weit davon entfernt, die nationalen Regierungen hilflos werden zu lassen, verstärken die internationalen Kapitalbewegungen den Einfluß der nationalen Politik auf die Ergebnisse der Arbeit, wobei eine solide Politik reich belohnt, eine unsolide aber hart bestraft wird. Schnellere und umfassendere Kapitalströme und eine verstärkte Öffnung der Handelsbeziehungen machen die nationale Politik für die Arbeitnehmer immer wichtiger. Erfolg bewirkt weiteren Erfolg, da gute makroökonomische und strukturelle Politiken der Schlüssel dafür sind, Kapital anzuziehen oder im Lande zu halten und die für die Schaffung wettbewerbsfähiger Arbeitsplätze bei steigenden Löhnen notwendige Produktivität zu erreichen. Wenn jedoch die Politik versagt, ziehen sich Portfolio-Investitionen und inländische Ersparnisse zurück, und die Arbeitskräfte tragen die Konsequenzen.

Für den formellen Sektor sind Lohntarifverhandlungen zwischen Unternehmen und unabhängigen Gewerkschaften ein effizienter Weg, um die Löhne und Arbeitsbedingungen festzulegen. Die Regierungen haben aber oft die Gewerkschaften unterdrückt, wie bis in die achtziger Jahre in der Republik Korea, oder den Lohnfindungsprozeß politisiert, wie heutzutage in Bangladesch. Manchmal haben sie, wie in Indonesien, auf den Druck der Forderung nach unabhängigen Gewerkschaften direkt mit der Einführung von Normen, wie beispielsweise Mindestlöhnen, reagiert, möglicherweise zu Lasten der Beschäftigung. Der Staat muß die Regeln für die Arbeitgeber-Arbeitnehmer-Verhandlungen festlegen, wobei er im einzelnen die Rechte der Arbeitnehmer und Unternehmen fixiert, Mechanismen zur Konfliktlösung festlegt und grundlegende Gesundheits- und Sicherheitsbestimmungen, die die Gewerkschaften kontrollieren können, bekanntgibt. Dort, wo sich die Gewerkschaften lediglich auf einen kleinen Prozentsatz der Beschäftigten stützen, wie es in den meisten Ländern mit niedrigem und mittlerem Einkommen der Fall ist, erbringen dezentralisierte Lohnverhandlungen unter den Bedingungen wettbewerbsorientierter Absatzmärkte die besten Resultate. Nach dieser Maxime wurde lange Zeit in Japan und Hongkong vorgegangen, und sie findet derzeit Anwendung in Chile und Korea.

Direkte staatliche Eingriffe sind sinnvoll, um das Problem der Kinderarbeit in den Griff zu bekommen sowie in sonstigen Fällen, wo der Marktmechanismus nachteilige Ergebnisse hervorbringen könnte, wie die Diskriminierung von Frauen. Gesetzgeberische Schritte allein erwiesen sich jedoch als ineffektiv. Sie müssen durch andere Maßnahmen ersetzt werden, wie eine kostengünstige Schulbildung und verbesserten Zugang für Frauen zu Arbeitsplätzen im formellen Sektor. Indien hat solide Gesetze zum Schutz gegen Kinderarbeit, trotzdem arbeiten Millionen von Kindern, oft unter gefährlichen Bedingungen. Kinderarbeit ist zum Teil eine Auswirkung der Armut. Es ist aber nicht nötig, auf eine Reduzierung der Armutsrate zu warten, um gegen die lebensbedrohenden und entwürdigenden Aspekte der Kinderarbeit vorzugehen. In der Stadt Pagsanjan auf den Philippinen wurde durch eine Bürgeraktion die Kinderprostitution drastisch eingeschränkt. In Brasilien, Indien und auf den Philippinen verbessern örtliche Initiativen mit staatlicher Unterstützung den Gesundheitsstatus der arbeitenden Kinder und bieten ihnen bessere Ausbildungschancen.

Die Regierungen müssen auch den politischen Rahmen für die staatliche Beschäftigung setzen. Viele Beschäftigte im öffentlichen Sektor arbeiten hart und produktiv. Aber in zahlreichen Ländern mit niedrigem und mittlerem Einkommen, vor allem in Afrika südlich der Sahara und im Nahen Osten, hat die Qualität des öffentlichen Dienstes nachgelassen, weil dessen Ethos durch die Kombination einer Überbesetzung mit Personal, unzureichender Bezahlung und schwacher politischer Führung zerstört worden ist. Die Wiederherstellung angemessener Besoldungsniveaus und die Verringerung der Zahl der staatlich Bediensteten sind häufig grundlegende Reformen, die mit Verbesserungen bei der Einstellung, Beförderung und Zuverlässigkeit der Staatsbediensteten, Lehrer, Krankenschwestern und politisch Verantwortlichen Hand in Hand gehen sollten. Mit der Neudefinition der Rolle des Staates wird es um so wichtiger, daß die Regierungen in denjenigen Bereichen effizient sind, wo sie direkt Verantwortung tragen.

Wenn es im internationalen Kontext sinnvoll ist, die Rechte der Arbeitnehmer zur Bildung von Gewerkschaften und zum Abschluß von Tarifverträgen zu unterstützen sowie für eine Verminderung der Kinderarbeit einzutreten – sollten diese Prinzipien dann mit internationalen Handelsabkommen verknüpft werden, mit Sanktionen im Falle ihrer Verletzung? Befürworter einer Verknüpfung unterscheiden zwischen „Grundnormen", die in den Augen vieler ähnlich den Grundrechten sind und die Arbeitskosten nicht direkt erhöhen, sowie den sonstigen Standards, wie Mindestlöhnen, die eine direkte Funktion des Entwicklungsniveaus sind. Eine derartige Trennung ist vernünftig, und vieles spricht dafür, die Grundnormen als internationales Anliegen anzusehen. Es ist jedoch am besten, multilaterale Handelsabkommen auf direkt außenhandelsbezogene Probleme zu beschränken, um zu verhindern, daß protektionistische Interessen derartige Verknüpfungen zur Verringerung des Handels mißbrauchen, den die Arbeiter in Ländern mit niedrigem und mittlerem Einkommen für eine Steigerung ihrer Einkommen aber benötigen. Wie die Geschichte der Handelsreformen zeigt, können auch gutgemeinte und vernünftig geplante, diskretionäre handelspolitische Maßnahmen für protektionistische Zwecke in Beschlag genommen werden.

## Organisatorische Handhabung wichtiger Veränderungen

*Von den weltweit 2,5 Milliarden Arbeitnehmern leben 1,4 Milliarden in Ländern, die mit dem Übergang vom Staatsinterventionismus, von hoch-protektioniertem Handel oder zentraler Planung kämpfen.*

•••

Viele Entwicklungsländer und Reformländer mühen sich mit einer oder mit beiden der zwei Hauptveränderungen innerhalb ihrer Entwicklungsstrategien ab: dem Weg vom Protektionismus zur stärkeren Integration in die internationalen Märkte und von massiven staatlichen Interventionen zu einer Marktwirtschaft, in der der Staat bei der Verteilung der Ressourcen eine geringere Rolle spielt. Diese Veränderungen können eine beträchtliche arbeitsmarktpolitische Dimension aufweisen. Ihre Hauptcharakteristika sind eine beschleunigte Vernichtung unrentabler Arbeitsplätze sowie die Schaffung neuer. Der Prozeß wird oft von einer gesamtwirtschaftlichen Abschwächung und einem scharfen Einbruch bei der allgemeinen Nachfrage nach Arbeitskräften begleitet. Kurzfristig spüren die Arbeitnehmer häufig die schmerzhaften Auswirkungen, wenn die Reallöhne sinken, die Arbeitslosigkeit steigt und die Beschäftigung sich auf informelle Aktivitäten verlagert. In Argentinien, Bolivien, Chile und Mexiko fielen die Reallöhne um ein Drittel oder mehr, bevor sie sich wieder erholten. In Bulgarien, Polen, Rumänien, Rußland und der Tschechischen Republik sanken die Reallöhne im ersten Jahr des Reformprozesses zwischen 18 und 40 Prozent; in einigen Ländern, wie Bulgarien und Polen, stieg die Arbeitslosigkeit von vernachlässigbar niedrigen Niveaus auf 15 Prozent oder mehr. In Ghana und China jedoch erhöhten sich die Löhne während des Anpassungsprozesses, und die Arbeitslosigkeit blieb niedrig.

Wirtschaftliche Reformen können für die einen Arbeitnehmer Chancen bieten, aber für andere schmerzliche Wirkungen haben. Auch die bestgeplanten Reformen bringen kurzfristig Gewinner und Verlierer hervor. Die Wirtschaft so schnell wie möglich auf den neuen Wachstumspfad überzuleiten, ist der Schlüssel zur Minimierung der Lasten und der sozialen Anpassungskosten; entscheidend sind daher die gesamtwirtschaftliche Stabilität und die Glaubwürdigkeit des gesamten Reformvorhabens. In dieser Hinsicht schnitten Länder wie Chile und Estland relativ günstig ab und erreichten einen Wiederanstieg der Löhne und der Beschäftigung – oder sind im Begriff, dies zu tun. Im Gegensatz dazu haben Weißrußland und Venezuela versagt

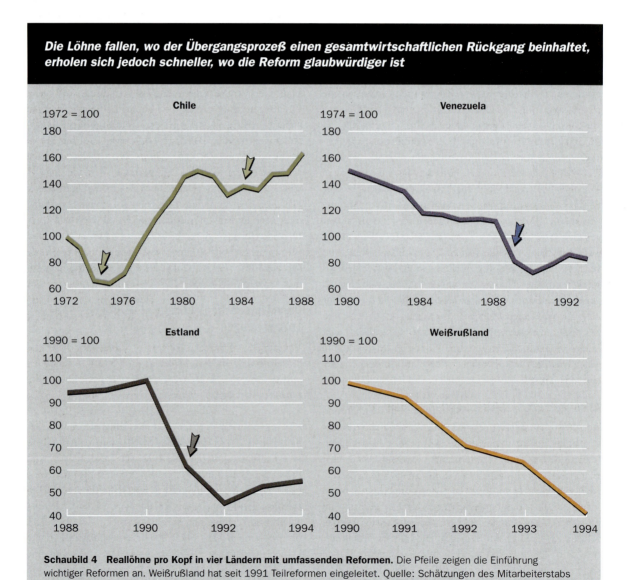

**Schaubild 4   Reallöhne pro Kopf in vier Ländern mit umfassenden Reformen.** Die Pfeile zeigen die Einführung wichtiger Reformen an. Weißrußland hat seit 1991 Teilreformen eingeleitet. Quelle: Schätzungen des Mitarbeiterstabs der Weltbank.

und mußten bei den Löhnen und der Beschäftigung Einbrüche oder eine Stagnation hinnehmen (Schaubild 4).

Ist die Strategie eines graduellen Reformprozesses für die Arbeitnehmer besser? Wo die Ausgangslage einen allmählichen Abbau der Arbeitsplätze erlaubt, ohne die Reform, die zur Schaffung neuer Arbeitsplätze nötig ist, zu gefährden, dort ist ein Gradualismus sinnvoll. China ist ein Beispiel für die Richtigkeit dieser Behauptung, aber dieses Land verfügte über einen großen Spielraum für eine Ausweitung der Arbeitsplätze, zuerst in der Landwirtschaft und dann in der halbprivaten Industrie, was dazu beitrug, die Kosten für den relativ ineffizient arbeitenden Staatssektor zu finanzieren. In den meisten anderen Ländern wird der graduelle Ansatz entweder wegen gesamtwirtschaftlicher Ungleichgewichte oder wegen der Kosten ineffizienter Sektoren zu einem Fehlstart.

Einzelwirtschaftliche Maßnahmen, welche die Mobilität und die Einkommen der Arbeitnehmer tangieren, können eine wichtige Rolle spielen, und zwar sowohl indem sie das gesamte Tempo der Reform beeinflussen, als auch durch die Sicherung der Wohlfahrt der Arbeitnehmer während der Übergangsperiode. Eine gute Politik wird im allgemeinen auf drei Gebieten aktiv werden: bei der Erhöhung der Mobilität, der Verringerung der Einkommensunsicherheit und der Ausrüstung der Arbeitnehmer für den Wandel. Diese Maßnahmen ergänzen sich in hohem Umfang. Mit einer höheren Mobilität werden oft Maßnahmen einhergehen, die es gestatten, daß der Abbau von Arbeitsplätzen seinen Lauf nimmt, einschließlich umfangreicher Entlassungen im öffentlichen Sektor. In vielen Ländern sind Maßnahmen notwendig, um die Ansprüche auf Sozialleistungen vom Beschäftigungsstatus zu trennen und die Wohnungsmärkte zu liberalisieren. Es ist aber auch wichtig, die Bedürfnisse derjenigen im Auge zu behalten, die Gefahr laufen, hohe Einkommensrückgänge zu erleiden. Hier können Einkommenstransfers eine wichtige Rolle spielen. Umschulungsmaßnahmen können für bestimmte Gruppen von Arbeitnehmern hilfreich sein, stellen aber wohl kaum ein Allheilmittel dar.

## Auseinanderentwicklung oder Zusammenwachsen

Rund 99 Prozent der etwa 1 Milliarde Arbeitnehmer, die im Verlauf der nächsten dreißig Jahre zum weltweiten Arbeitskräftepotential hinzukommen dürften, werden in Ländern leben, die heute zu den Staaten mit niedrigem und mittlerem Einkommen zählen. Einige Gruppen relativ armer Arbeitnehmer haben in den vergangenen dreißig Jahren große Fortschritte erreicht – besonders in Asien. Es existiert jedoch kein weltweiter Trend in Richtung auf eine Konvergenz zwischen reichen und armen Arbeitnehmern. Tatsächlich existieren Risiken, dahingehend, daß Arbeitnehmer in ärmeren Ländern weiter zurückfallen, da niedrigere Investitionen und unzureichende berufliche Ausbildung zu einer Ausweitung der Divergenzen führen. Einige Arbeitnehmer, vor allem in Afrika südlich der Sahara, könnten zunehmend an den Rand gedrängt werden. Und in Ländern mit wirtschaftlichem Wachstum könnten diejenigen, die an der allgemeinen Prosperität nicht teilhaben, dauerhaft Verluste hinnehmen müssen, womit über Generationen ein Zyklus der Vernachlässigten in Gang käme.

Das Risiko ist beträchtlich, daß die Ungleichheit zwischen reich und arm im Laufe der kommenden Jahrzehnte, bei wachsender Armut, steigen wird. Das muß aber nicht der Fall sein, wenn die Länder sich für die richtige internationale und nationale Politik entscheiden. Die Aufrechterhaltung offener Handelsbeziehungen, die Verhinderung von Verdrängungseffekten bei Investitionen in anderen Ländern durch Fiskaldefizite der reichen Länder und das Erreichen hoher und stabiler Wachstumsraten in Ländern mit hohem Einkommen wird die weltweite Nachfrage hoch halten und dazu beitragen, jeglichen protektionistischen Druck zu verhindern, der in reichen Ländern aus dauerhaft hoher Arbeitslosigkeit entstehen könnte. Von noch größerer Wichtigkeit sind eine nationale Politik, die ein arbeitsplatzschaffendes Wachstum fördert – und eine solide Arbeitsmarktpolitik.

Regierungen und Arbeitnehmer sind dabei, die Anpassung an eine sich verändernde Welt zu vollziehen. Das Erbe der Vergangenheit kann die Veränderung schwierig oder abschreckend machen. Jedoch ist die Realisierung einer neuen Arbeitswelt, in der alle Gruppen von Arbeitnehmern an der Dynamik steigender Einkommen, besserer Arbeitsbedingungen und erhöhter Arbeitsplatzsicherheit teilhaben, im wesentlichen eine Frage der Wahl der richtigen Politik – im internationalen und im nationalen Rahmen. Zur richtigen Wahl politischer Alternativen zählt, die Märkte für neue Chancen zu nützen, sich um diejenigen zu kümmern, die schwach sind oder vernachlässigt werden, sowie Bedingungen für die Arbeitnehmer zu schaffen, daß sie ihren Arbeitsplatz frei wählen und ihre Arbeitsbedingungen aushandeln sowie bessere Ausbildungschancen für ihre Kinder nutzen können. Duong, Hoa, Françoise und Jean-Paul – und Millionen Arbeitnehmer wie sie – haben alle ein starkes Interesse an einer guten Wirtschaftspolitik. Sie und ihre Familien müssen mit deren Folgen leben.

# KAPITEL 1

# Einführung: Eine Welt im Arbeitsprozeß

DIE WELTWEITE ERWERBSPERSONENZAHL ist in den letzten Jahrzehnten beträchtlich gestiegen. Im Jahr 1995 bildeten schätzungsweise 2,5 Milliarden Männer und Frauen im erwerbsfähigen Alter das Arbeitskräftepotential der Welt, fast doppelt so viele wie im Jahr 1965. Schätzungen prognostizieren einen weiteren weltweiten Anstieg um 1,2 Milliarden bis zum Jahr 2025. Diese Expansion wies überdies eine geographische Verzerrung auf. Seit 1965 hat sich das Wachstum des Arbeitskräfteangebots nach Regionen sehr unterschiedlich entwickelt: Von 40 Prozent in den Ländern mit hohem Einkommen bis zu 93 Prozent in Südasien und 176 Prozent im Nahen Osten und Nordafrika. Und 99 Prozent des prognostizierten Wachstums der Erwerbspersonen von der Gegenwart bis zum Jahr 2025 wird in den Staaten stattfinden, die heute zu den Ländern mit niedrigem und mittlerem Einkommen zählen (Tabelle 1.1).

Das schnelle Wachstum des Arbeitskräftepotentials mit seiner starken Konzentration auf die ärmeren Regionen scheint die Aufgabe, den Lebensstandard der Armen dieser Welt zu heben, hoffnungslos zu machen – wenn nicht unmöglich. Doch werden die verhängnisvollen und düsteren Prophezeiungen – von Überbevölkerung, Massenarbeitslosigkeit und verstärkter Armut – von den in den letzten Jahrzehnten erzielten Ergebnissen nicht gestützt. Trotz dieses noch nie dagewesenen Anstiegs des Arbeitskräfteangebots geht es dem durchschnittlichen Arbeitnehmer heute besser als vor dreißig Jahren.

Es kann jedoch nicht garantiert werden, daß die ärmsten Arbeiter ihren Lebensstandard steigern können. Am wachsenden Wohlstand der letzten Jahrzehnte hat nicht jeder teilgenommen – vielmehr haben viele Länder und sogar ganze Regionen nur geringe Zuwächse in ihren Pro-Kopf-Einkommen erzielt. Ungleichheiten, sowohl zwischen den Regionen als auch innerhalb der Länder, bleiben ein signifikantes Merkmal der Weltwirtschaft. Einer Schätzung zufolge war das durchschnittliche Pro-Kopf-Einkommen in den reichsten Ländern im Jahr 1870 elfmal so groß wie in den ärmsten; dieses Verhältnis stieg auf 38 im Jahr 1960 und 52 im Jahr 1985.

**Auf Länder mit niedrigem Einkommen entfällt ein wachsender Teil des weltweiten Arbeitskräftepotentials**

Tabelle 1.1  Das weltweite Arbeitskräftepotential nach Einkommensgruppen der Länder und nach Regionen

| | Millionen Arbeitnehmer[a] | | | Prozentsatz | | |
|---|---|---|---|---|---|---|
| Einkommensgruppe oder Region | 1965 | 1995 | 2025 | 1965 | 1995 | 2025 |
| Welt | 1.329 | 2.476 | 3.656 | 100 | 100 | 100 |
| *Einkommensgruppe* | | | | | | |
| Länder mit hohem Einkommen | 272 | 382 | 395 | 21 | 15 | 11 |
| Länder mit mittlerem Einkommen | 363 | 658 | 1.020 | 27 | 27 | 28 |
| Länder mit niedrigem Einkommen | 694 | 1.436 | 2.241 | 52 | 58 | 61 |
| *Region* | | | | | | |
| Afrika südlich der Sahara | 102 | 214 | 537 | 8 | 9 | 15 |
| Ostasien und Pazifik | 448 | 964 | 1.201 | 34 | 39 | 33 |
| Südasien | 228 | 440 | 779 | 17 | 18 | 21 |
| Europa und Zentralasien | 180 | 239 | 281 | 14 | 10 | 8 |
| Naher Osten und Nordafrika | 29 | 80 | 204 | 2 | 3 | 6 |
| Lateinamerika und Karibik | 73 | 166 | 270 | 5 | 6 | 7 |
| OECD-Länder mit hohem Einkommen | 269 | 373 | 384 | 20 | 15 | 10 |

a. Im Alter von fünfzehn bis vierundsechzig Jahren.
**Quelle:** ILO 1986 mit aktualisierten Daten der ILO.

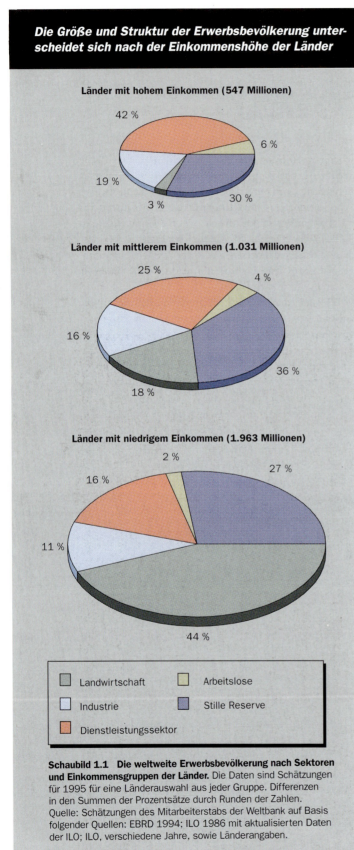

**Schaubild 1.1 Die weltweite Erwerbsbevölkerung nach Sektoren und Einkommensgruppen der Länder.** Die Daten sind Schätzungen für 1995 für eine Länderauswahl aus jeder Gruppe. Differenzen in den Summen der Prozentsätze durch Runden der Zahlen. Quelle: Schätzungen des Mitarbeiterstabs der Weltbank auf Basis folgender Quellen: EBRD 1994; ILO 1986 mit aktualisierten Daten der ILO; ILO, verschiedene Jahre, sowie Länderangaben.

Wird dieses Muster eines steigenden, aber ungleich verteilten Wohlstands weiterhin bestehen? Zwei systematische Veränderungen innerhalb der Volkswirtschaften der Welt beeinflussen die Aussichten für den Faktor Arbeit bis ins nächste Jahrtausend. Dies ist einmal die sich ändernde Rolle des Staates, hauptsächlich als Reaktion auf frühere Fehler von Regierungen, die Wohlfahrt durch staatliches Handeln zu verbessern. Diese Veränderung ist am deutlichsten am Verschwinden des Sozialismus nach sowjetischem Muster sichtbar, aber der staatliche Aktionismus wird in nahezu allen Ländern der Welt einer kritischen Prüfung unterzogen. Die zweite Veränderung besteht darin, daß die Märkte ständig stärker integriert worden sind, sowohl zwischen den Nationen als auch innerhalb der Länder. Dieser Trend zur Globalisierung wurde gefördert durch enorme Fortschritte im Verkehrswesen, im Kommunikationswesen und in der industriellen Technologie sowie vor allem durch die Öffnung der nationalen Märkte hin zum internationalen Handel. Die Länder, welche die größten Vorteile für ihre Arbeitnehmer erreichten, hatten sich frühzeitig entschieden, die international sich bietenden Chancen zu nutzen und bei der Allokation der Ressourcen verstärkt auf die Marktkräfte statt auf den Staat zu vertrauen.

Dieser Bericht untersucht, welche Bedeutung eine stärker marktorientierte und wirtschaftlich integrierte Welt für den Arbeitnehmer hat. Wir konzentrieren uns dabei auf vier Fragen: Welche Entwicklungsstrategien sind am besten geeignet, die Einkommen und Arbeitsbedingungen der Arbeitnehmer zu verbessern? Ist die wachsende Integration eine Chance oder eine Bedrohung für die Arbeitnehmer, insbesondere für diejenigen in den ärmsten Regionen der Welt? Welche Rolle sollte die nationale Arbeitsmarktpolitik bei der Verbesserung der Ergebnisse auf den Arbeitsmärkten spielen: bei der Effizienz der Märkte, der Einkommensgerechtigkeit, der Arbeitsplatz- und Einkommenssicherheit und den Arbeitsplatznormen? Wie können die Länder die Bedürfnisse des Faktors Arbeit berücksichtigen, wenn sie den Übergang von der zentralen Planung oder von einem geschlossenen zu einem sich internationalen Transaktionen öffnenden Markt vornehmen? Dieses Kapitel faßt die Diskussion zusammen, indem es die großen Unterschiede hinsichtlich Beschäftigung und Löhnen in der Welt aufzeigt und den Einfluß, den die Politik darauf hat.

## Lohn- und Beschäftigungsresultate

Die ökonomischen Zielsetzungen der Haushalte sind überall die gleichen: Die Familien wollen ihre grundlegenden Bedürfnisse befriedigen, ihren Lebensstandard verbessern, die Risiken, denen sie in einer unsicheren Welt ausgesetzt sind, in den Griff bekommen und die Chancen für ihre Kinder erhöhen. Die Möglichkeiten, diese Ziele durch Arbeit zu erreichen, variieren jedoch stark in Regionen mit unterschiedlichen Entwicklungsstadien. Mehr als die

Hälfte der Weltbevölkerung im erwerbsfähigen Alter, etwa 2 Milliarden Menschen, leben in Ländern mit niedrigem Einkommen, wo sich das Pro-Kopf-Einkommen 1993 auf jährlich weniger als 695 Dollar belief. Weitere 40 Millionen ältere Arbeitnehmer und nach Berichten 50 bis 60 Millionen Kinder arbeiten ebenfalls. Wegen der weitverbreiteten Untererfassung könnte die Kinderarbeit tatsächlich um mehrere zehn Millionen höher sein.

Rund ein Drittel der Bevölkerung im erwerbsfähigen Alter in den Ländern mit niedrigem Einkommen übt keine Beschäftigung aus, einige, weil sie die Schule besuchen, Kinder großziehen oder sich um ihre Familien kümmern und andere, weil sie nicht arbeiten können oder keine Arbeit finden (Schaubild 1.1). Die Mehrheit übt jedoch eine Beschäftigung aus, und ihre niedrigen Arbeitseinkommen, nicht aber die Arbeitslosigkeit, sind die Hauptursache ihrer Armut. Von denen, die Arbeit haben, sind fast sechs von zehn in der Landwirtschaft beschäftigt. Von den übrigen sind fast 50 Prozent mehr im Dienstleistungssektor tätig als in der Industrie (Bergbau, verarbeitende Industrie, Bauwirtschaft und Versorgungsunternehmen). Nur rund 15 Prozent der Erwerbspersonen verdienen ihren Lebensunterhalt im formellen Bereich der Wirtschaft, der aus den lohnzahlenden nichtlandwirtschaftlichen Privatunternehmen und dem öffentlichen Sektor besteht.

Die Situation in den Ländern mit hohem Einkommen ist auffallend anders. Auch dort zählt rund ein Drittel der Bevölkerung im erwerbsfähigen Alter nicht zum Arbeitskräftepotential oder ist arbeitslos. Nahezu alle anderen jedoch, rund 350 Millionen, arbeiten für Lohn. Der Dienstleistungssektor beschäftigt mehr als sechs von zehn Arbeitnehmern, nahezu doppelt so viele wie in der Industrie. Die Landwirtschaft beschäftigt 3 Prozent der Erwerbspersonen. Es wird geschätzt, daß etwa 30.000 Kinder arbeiten. Die Erwerbssituation in den Ländern mit mittlerem Einkommen liegt zwischen derjenigen in den Ländern mit niedrigem und hohem Einkommen. Vierzig Prozent aller Menschen im erwerbsfähigen Alter sind nicht beschäftigt, etwa ein Drittel arbeitet im formellen Sektor (das heißt, sie arbeiten als reguläre, lohnabhängige Beschäftigte in der Industrie oder

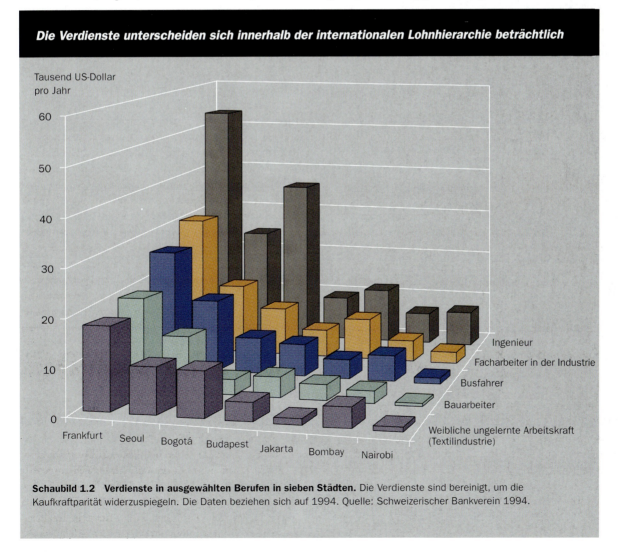

**Schaubild 1.2 Verdienste in ausgewählten Berufen in sieben Städten.** Die Verdienste sind bereinigt, um die Kaufkraftparität widerzuspiegeln. Die Daten beziehen sich auf 1994. Quelle: Schweizerischer Bankverein 1994.

im Dienstleistungsbereich), etwa ein Fünftel arbeitet in der Landwirtschaft, und die übrigen gehen in irgendeiner Form einer informellen Beschäftigung nach. Über 7 Millionen Kinder sind offiziell als arbeitend gemeldet.

Weltweit beläuft sich die Arbeitslosigkeit – die üblicherweise definiert wird als die Zahl derjenigen, die Arbeit suchen, aber nicht finden – auf rund 3 Prozent der Bevölkerung im erwerbsfähigen Alter (etwa 5 Prozent des Arbeitskräftepotentials), wenngleich Unterschiede in den nationalen Definitionen sowie Erfassungsprobleme diese Schätzung ungenau machen. Die Arbeitslosigkeit ist oft in Ländern mit hohem Einkommen höher, aber mit steigendem Einkommen, zunehmender Verstädterung und tiefgreifenden ökonomischen Reformprozessen stieg sie in einer großen Anzahl von Ländern mit niedrigem oder mittlerem Einkommen stärker an.

So wie die Beschäftigungschancen zwischen Ländern und Regionen beträchtlich variieren, ist dies auch bei den Löhnen der Fall (Schaubild 1.2). Bereinigt um die Unterschiede in der Kaufkraft der Währungen sind die Verdienste von Ingenieuren in Frankfurt (Deutschland) sechsundfünfzigmal höher als die ungelernter Textilarbeiterinnen in Nairobi, Kenia (Sonderbeitrag 1.1). Ein Teil dieser Differenz kann auf die in jeder nationalen Wirtschaft vorhandene berufsbedingte Lohnstruktur zurückgeführt werden – das Lohnverhältnis von Ingenieuren zu Textilarbeiterinnen ist acht zu eins in Nairobi und drei zu eins in Frankfurt. Und ein Teil ist auf internationale Lohnunterschiede für vergleichbare Arbeit zurückzuführen – die Lohnrelation von deutschen und kenianischen Ingenieuren beträgt sieben zu eins und die von deutschen und kenianischen Textilarbeiterinnen achtzehn zu eins. Die 40 Prozent der Weltbevölkerung im erwerbsfähigen Alter, die in landwirtschaftlichen Familienbetrieben und im informellen Sektor arbeiten, verdienen normalerweise sogar weitaus weniger als ungelernte Arbeiter in der Stadt – wenn ihre Arbeitseinkommen dem Gesamtbild zugerechnet würden, wäre die Differenz bei den Verdiensten, sowohl national als auch international, noch größer.

Neben diesen Unterschieden bei Löhnen und Beschäftigung zwischen den Ländern gibt es *innerhalb* der Länder beträchtliche Unterschiede zwischen Männern und Frauen. In den meisten Gesellschaften arbeiten die Frauen mehr Stunden für weniger Geld. Frauen sind überproportional stark zu Hause engagiert, kümmern sich um die Kinder und versorgen den Haushalt – Tätigkeiten, für die es keinen

### Sonderbeitrag 1.1  Wie kann man die Reallöhne in einzelnen Ländern vergleichen?

Inwieweit geht es Arbeitnehmern in einem Land besser als ihren Kollegen in einem anderen? Diese Frage stellt sich häufig beim Blick auf Daten im länderübergreifenden Vergleich, aber der Vergleich von Arbeitnehmerverdiensten in verschiedenen Ländern kann kompliziert sein, weil diese jeweils in heimischer Währung gezahlt werden. Die naheliegende Lösung besteht darin, die Löhne in eine gemeinsame Währung umzurechnen, in der Regel in US-Dollar. Bis in die jüngste Zeit wurden dazu in aller Regel die offiziellen Wechselkurse benutzt. Die auf diese Weise berechneten Dollarlöhne geben jedoch nicht adäquat den Lebensstandard der Arbeitnehmer wieder, weil die Preise der konsumierten Güter von Land zu Land unterschiedlich sind. Die Preise für nichthandelbare Güter, insbesondere für Wohnen oder für persönliche Dienstleistungen, sind sehr unterschiedlich, weil sie von den örtlichen Nachfrage- und Angebotsbedingungen bestimmt werden.

Um diese Probleme in den Griff zu bekommen, werden in diesem Bericht für Lohnvergleiche Wechselkurse verwendet, die um die Kaufkraftparitäten (KKP) bereinigt sind, hierdurch wird der Preis für den gleichen Korb von Waren und Dienstleistungen in den einzelnen Ländern gleichgesetzt. Beispielsweise mißt der KKP-bereinigte Wechselkurs der indischen Rupie den Betrag, der in Indien in Rupien aufgewendet werden müßte, um einen ausgewählten Korb von handelbaren und nichthandelbaren Gütern zu kaufen, der in den Vereinigten Staaten einen Dollar kostet. Dieser Ansatz berücksichtigt nicht die Unterschiede bei den Gütern des Warenkorbs, die die Arbeitnehmer in verschiedenen Ländern vermutlich konsumieren; trotzdem ermöglichen die mit Hilfe von KKP-bereinigten Wechselkursen in Dollar umgerechneten Löhne eine bessere Schätzung der Menge der Güter und Dienstleistungen, welche die Arbeiter in verschiedenen Ländern kaufen können. (Während KKP-bereinigte Wechselkurse somit eine bessere Basis für Wohlstandsvergleiche bieten, bleiben die offiziellen Wechselkurse für die Beurteilung der internationalen Wettbewerbsfähigkeit eines Landes besser geeignet.)

Die Verwendung von Kaufkraftparitäten statt der offiziellen Wechselkurse beeinflußt die in Schaubild 1.2 dargestellten Ergebnisse erheblich. Ärmere Länder weisen im allgemeinen größere Korrekturen auf, weil ihre nichthandelbaren Güter und Dienstleistungen billiger sind. Beispielsweise verdiente 1994 ein Busfahrer in Seoul (Korea) zum offiziellen Wechselkurs 12.800 Dollar pro Jahr. Ein Busfahrer in Bombay (Indien) verdiente 1.700 Dollar, ebenfalls zum offiziellen Wechselkurs gerechnet. Geht es dem Koreaner wirklich mehr als siebenmal besser als dem Inder? In KKP-Dollar umgerechnet sieht man, daß ihre Verdienste 15.600 Dollar beziehungsweise 5.590 Dollar betrugen. In Kaufkraftparitäten gerechnet ging es dem Koreaner nicht ganz dreimal so gut wie seinem indischen Kollegen, weil die Preise der nichthandelbaren Güter in Bombay viel niedriger waren als in Seoul.

Marktwert gibt. In vielen Ländern erhalten Frauen eine schlechtere Ausbildung, sind bei guten Arbeitsplätzen häufig unterrepräsentiert und verdienen in der Regel sogar bei gleicher Arbeit weniger als Männer. Diese Unterschiede können aus kulturellen Normen resultieren, sie führen jedoch zur Ungleichheit der Geschlechter und zu einer ineffizienten Nutzung der menschlichen Ressourcen einer Gesellschaft.

## Warum einige Arbeitnehmer besser abschnitten als andere

Warum bestehen von Land zu Land so große Unterschiede hinsichtlich der Beschäftigung und der Verdienste und damit auch der Lebensstandards? Warum beschäftigt die Landwirtschaft in Ländern mit hohem Einkommen so wenig Männer und Frauen, aber mehr als die Hälfte der Erwerbspersonen in Ländern mit niedrigem Einkommen? Und warum besteht eine so starke Streuung bei den Verdiensten, sowohl hinsichtlich der beruflichen Tätigkeiten innerhalb eines Landes als auch bei denjenigen Arbeitnehmern, die ähnliche Tätigkeiten ausüben, aber in verschiedenen Ländern leben?

Unterschiede in den Arbeitsmarktergebnissen könnten hauptsächlich auf die Arbeitsproduktivität zurückgeführt werden – Menge und Wert des Beitrags des Faktors Arbeit zur Produktion. Wenn die Produktion je Beschäftigten hoch ist, wird ein kleiner Teil der Beschäftigten in der Landwirtschaft tätig sein, weil die Nachfrage des Landes nach Nahrungsmitteln entweder von einer kleinen Anzahl hochproduktiver inländischer Bauern befriedigt werden kann oder durch einen gewinnbringenden Austausch der von hochproduktiven Arbeitern im industriellen Sektor oder im Dienstleistungsbereich hergestellten Erzeugnisse gegen im Ausland erzeugte Nahrungsmittel. Bezüglich der beruflichen Tätigkeiten verdienen Ingenieure deshalb mehr als Textilarbeiter, weil der Marktwert der Jahresarbeit für die Konstruktion einer Maschine, die Textilien herstellt, viel größer ist als der Wert der Menge Tuch, die in einem Jahr von dem die Maschine bedienenden Arbeiter hergestellt wird. Innerhalb der Berufe reflektieren die Lohndifferenzen zwischen den Ländern das durchschnittliche Niveau der *landesweiten Produktivität*. Wenn ein Busfahrer in Seoul dreimal so viel verdient wie ein Busfahrer in Bombay, dann nicht deshalb, weil der Koreaner beim Busfahren dreimal besser ist. Statt dessen folgt aus dem höheren Niveau der Arbeitsproduktivität und somit auch der Einkommen in der koreanischen Gesamtwirtschaft, daß der Busfahrer einerseits ausreichend entlohnt werden muß, damit er einen Bus fährt, anstatt etwas anderes für seinen Lebensunterhalt zu tun, während andererseits die Verbraucher in Seoul bereit und in der Lage sind, für eine Busfahrt mehr zu bezahlen als Verbraucher in Bombay.

In einer Marktwirtschaft werden die Unterschiede bei den Löhnen und der Beschäftigung auf dem Arbeitsmarkt bestimmt, wo die Haushalte, die ihre Arbeit anbieten, mit den Arbeitgebern, die diese nachfragen, zusammentreffen. Wo der Markt den Preis und die Menge des Arbeitseinsatzes bestimmt, muß sich die Arbeitsproduktivität erhöhen, damit die Löhne steigen und die Beschäftigungschancen erweitert werden können. Dies wiederum erfordert eine Erhöhung der Produktionskapazitäten; das heißt, Arbeitgeber und Haushalte müssen Ersparnisse mobilisieren, um Investitionen in Sachkapital, neue Technologien und in berufliche Fähigkeiten der Arbeitnehmer zu finanzieren. Mit der gestiegenen Produktivität sind die Arbeitgeber in der Lage, höhere Löhne zu zahlen und sehen sich auch dazu gezwungen, ersteres wegen der gestiegenen Menge an Gütern und Dienstleistungen, die jeder Arbeiter als Gegenleistung produziert; letzteres, weil die Arbeitgeber um die Arbeitskräfte konkurrieren müssen, die innerhalb eines großen Bereichs von Aktivitäten zunehmend produktiver werden.

In den Ländern mit niedrigem und mittlerem Einkommen spiegeln die Unterschiede bei den heutigen Verdiensten zwischen den einzelnen Ländern die Veränderungen in den letzten zwei oder drei Jahrzehnten wider. Vor fünfunddreißig Jahren ähnelten sich beispielsweise die Einkommen von Busfahrern in Seoul, Bogotá, Jakarta, Bombay und Nairobi mehr als heute. Einige dieser Städte liegen in Ländern, die starke Veränderungen bei der Nachfrage nach ihrer Produktion und bei der Produktivität ihrer Beschäftigten erfuhren, was ihnen ein beträchtliches Wachstum der Arbeitseinkommen ermöglichte (Schaubild 1.3).

Die größten Erfolge zeigten sich in Ostasien, wo sich das BIP pro Arbeiter von 1965 bis 1993 mehr als verdreifachte, sowie in Südasien, wo sich die durchschnittliche Arbeitsproduktivität in derselben Periode verdoppelte. Annähernd zwei Drittel der Bevölkerung im erwerbsfähigen Alter in den Ländern mit niedrigem und mittlerem Einkommen leben in Regionen, wo sich die Arbeitsproduktivität seit 1980 erhöht hat. In Afrika, Lateinamerika, dem Nahen Osten und in den Reformländern Europas und Zentralasiens – auf die zusammen rund 30 Prozent der Weltbevölkerung im erwerbsfähigen Alter entfallen – ist jedoch das Produktionswachstum in den letzten dreizehn Jahren zurückgegangen, und in vielen dieser Länder wurde das Wachstum der Arbeitsproduktivität negativ. Tatsächlich hat sich der Schrumpfungsprozeß in den neunziger Jahren in allen diesen Regionen verstärkt, Lateinamerika ausgenommen. In der Erklärung, warum einige Länder Erfolg haben und andere nicht, liegt der Schlüssel zum Verständnis dafür, wie die Welt ihre wachsende Beschäftigtenzahl produktiv absorbieren kann.

## Drei Szenarien

Das schnelle Wachstum der Produktion je Beschäftigten in Ländern wie der Republik Korea, Indonesien und, in letzter Zeit, China ließ die Einkommen der Arbeitnehmer und Selbständigen kräftig steigen, verbunden mit einem raschen Zustrom von Arbeitern aus der Landwirtschaft in produk-

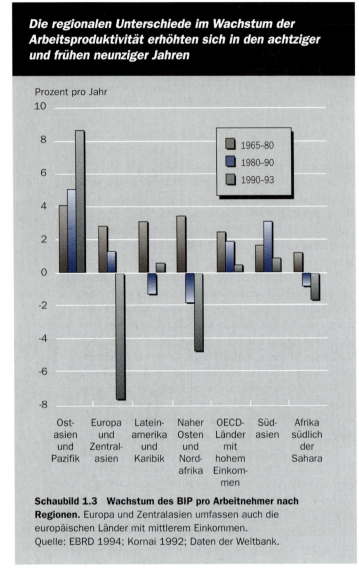

**Schaubild 1.3 Wachstum des BIP pro Arbeitnehmer nach Regionen.** Europa und Zentralasien umfassen auch die europäischen Länder mit mittlerem Einkommen.
Quelle: EBRD 1994; Kornai 1992; Daten der Weltbank.

tivere Beschäftigungen im Industrie- und Dienstleistungsbereich. Alle diese ostasiatischen Länder investierten kräftig in Sach- und Humankapital – wobei besonderes Gewicht auf die Entwicklung der menschlichen Ressourcen in der gesamten Bevölkerung gelegt wurde. Der Schlüssel zur Erhöhung der Beschäftigung in hochproduktiven Bereichen, sei es in der Grundstoffindustrie oder im Verarbeitenden Gewerbe, war das effiziente Engagement auf den internationalen Märkten. Zu dieser Strategie gehörte eine starke Förderung der Landwirtschaft, besonders von landwirtschaftlichen Familienbetrieben, und eine scharfe Trennung zwischen Beschäftigten im modernen Sektor und in der Landwirtschaft wurde im allgemeinen vermieden. Eine starke Exportorientierung reduzierte ökonomische Marktrenten, und die Beschäftigungspolitik hat privilegierte Gruppen von Arbeitnehmern nicht begünstigt. Der Zustand der Sozialbeziehungen in Ostasien ist weniger beneidenswert: Viele Länder legten den Gewerkschaften Beschränkungen auf und erlebten gewalttätige Auseinandersetzungen bei Arbeitskämpfen. Es gibt jedoch keinen Grund zu der Annahme, daß derartige Restriktionen für den wirtschaftlichen Erfolg in Ostasien erforderlich waren.

In Afrika südlich der Sahara, im Nahen Osten und in Südasien verfolgten die meisten Länder, wenn auch in unterschiedlichem Ausmaß, binnenwirtschaftlich orientierte Entwicklungsstrategien, die bestimmte Industriezweige schützten und die Landwirtschaft vernachlässigten. Diese Strategien begünstigten einen begrenzten Kreis von „Insidern" – Vermögensbesitzer und Arbeitnehmer, die im protektionierten Sektor arbeiteten. Bemühungen zur Aufrechterhaltung dieser privilegierten Arbeitnehmerpositionen gründeten sich oft auf institutionell abgesicherte Eingriffe – Entlassungsverbote in Lateinamerika oder gewerkschaftlicher Zwang zur Einstellung nicht benötigter Arbeitskräfte im öffentlichen Dienst in Südasien und Afrika südlich der Sahara – anstatt auf eine Erhöhung der Arbeitsnachfrage oder eine Produktivitätssteigerung. Die Konsequenzen bestanden in einem langsamen Wachstum der Arbeitskräftenachfrage, vor allem in den hauptsächlich vom Inlandsmarkt abhängigen Industriebereichen, sowie in einem relativ großen Abstand zwischen den Arbeitnehmern im formellen Sektor und denen, die in den weniger privilegierten ländlichen und informellen Sektoren arbeiten. Einige wenige Länder, insbesondere in Südasien, konnten durch eine effiziente Förderung der landwirtschaftlichen Familienbetriebe und die Anwendung neuer Technologien für die Arbeiter in der Landwirtschaft große Gewinne verbuchen. Aber sogar dort waren die Gewinne für die Arbeitskräfte beträchtlich niedriger, als sie es gewesen wären, wenn die Industrie hätte durchstarten können.

Die Staatshandelsländer, besonders in Europa und Zentralasien, waren für Jahrzehnte Beispiele für ein Wirtschaftsmodell, das sich als Antithese zu dem Modell der Marktwirtschaft in den Industrieländern mit hohem Einkommen verstand. Da sie sich selbst als Verfechter der Interessen der Arbeiterschaft sahen, boten sie ihren Arbeitnehmern sowohl steigende Löhne als auch staatlichen Schutz von der Wiege bis zur Bahre – und sahen keinen Grund für freie, unabhängige Gewerkschaften. Wie die Länder in Ostasien investierten sie kräftig in Maschinen und in die berufliche Ausbildung, aber anders als in Ostasien schwächten oder zerstörten sie die landwirtschaftlichen Familienbetriebe und drängten die Arbeiter in die Industrie, statt sie anzulocken – somit folgten sie einem Weg, dessen Entwicklungsstrategie von der heimischen ökonomischen Realität ebenso losgelöst war wie von den internationalen Märkten. Massive Investitionen konnten gravierende Fehlallokationen der Ressourcen und den Mangel an technischer Dynamik nicht wettmachen. Stagnation der Löhne, Knappheiten, ein rückständiger Dienstleistungssektor und mit die schlimmste industrielle

Umweltverschmutzung in der Welt waren Zeichen des Versagens der zentralen Planung für eine dauerhafte Verbesserung der Lebensbedingungen der Arbeiter.

Zwei dieser drei unterschiedlichen Entwicklungspfade sind an ihren zwangsläufigen Endpunkt angelangt. Viele Arbeitnehmer leben schlechter als zwei oder drei Jahrzehnte zuvor. In jüngster Zeit haben protektionistisch orientierte Volkswirtschaften wie auch ehemalige Planwirtschaften wichtige Veränderungen in Richtung auf ein stärkeres Vertrauen in die internationalen und nationalen Märkte durchlaufen. Diese Reformen – teilweise durch starke makroökonomische Schocks erzwungen, teilweise durch eine radikale Kehrtwende in der Politik in Gang gesetzt – brachten in der Regel in der Übergangsperiode, vor dem Wiedereinsetzen des Wachstums, schmerzhafte Veränderungen für die Arbeitnehmer mit sich.

**Der Rahmen dieses Berichts**

Dieser Bericht versucht zu erklären, warum die Arbeitsentgelte in verschiedenen Teilen der Welt so außerordentlich unterschiedlich sein können und wie sinnvolle politische Alternativen wünschenswerte Veränderungen in den Lebensverhältnissen der Arbeitnehmer bewirken. In Teil 1 werden die langfristigen Entwicklungserfahrungen in verschiedenen Ländern unter dem Aspekt ihrer Bedeutung für die Arbeitnehmer untersucht. Die Beziehung zwischen den Bestimmungsgrößen des Wachstums und den politischen Maßnahmen, welche die Arbeitskräftenachfrage und die Entwicklung der menschlichen Ressourcen beeinflussen, wird analysiert. Darüber hinaus wird aufgezeigt, welche Beziehungen zwischen der Ungleichheit und dem Entwicklungspfad bestehen. Teil 1 dieses Berichts kommt zu dem Schluß, daß umfangreiche und breit angelegte Investitionen in Humankapital und Anlagevermögen sowie Vertrauen auf die Märkte ein schnelles und relativ gleichmäßiges Wachstum der Arbeitseinkommen bewirken können. Das politische Problem besteht nicht in einer Laissez-faire-Politik im Gegensatz zu staatlicher Intervention; vielmehr geht es darum, wie wirksames staatliches Handeln erreicht werden kann, das ein effizientes Funktionieren der Märkte unterstützt, produktive Investitionen fördert sowie auf die besonderen Bedürfnisse derjenigen Arbeitnehmer eingeht, die diskriminiert oder sonstwie benachteiligt werden.

Teil 2 beurteilt die Konsequenzen für die Arbeitnehmer, die sich aus den laufenden internationalen Entwicklungen ergeben, wobei besonderer Nachdruck auf die voraussichtliche zukünftige Situation gelegt wird. Die wirtschaftliche Integration schafft einen globalen Arbeitsmarkt, wo die Lohn- und Beschäftigungsentscheidungen des einen Landes in wachsendem Maße durch die Wechselwirkungen mit anderen Ländern beeinflußt werden. Außenhandel, Wanderungsbewegungen und Kapitalströme besitzen jeweils das Potential, die Wohlfahrt der Arbeitnehmer zu verbessern, und zwar besonders in ärmeren Ländern, wobei Außenhandel der bei weitem wichtigste Transmissionsweg ist. Dieses Potential kann jedoch nur im Rahmen einer effizienten nationalen Politik realisiert werden. In einer Welt mobiler Kapitalströme wird der Erfolg gut belohnt, Mißerfolge aber werden hart bestraft. Bei zunehmend freiem Handel werden die Arbeitnehmer in Ländern, die mit der Steigerung der Produktivität ihrer Konkurrenten nicht Schritt halten, geringere Erfolge erzielen.

Teil 3 befaßt sich mit der Bedeutung staatlicher Politik auf den Arbeitsmärkten und untersucht, welche Art von Politik in einer zunehmend offenen und häufig demokratischeren Welt sinnvoll ist. Für eine erfolgreiche marktwirtschaftlich orientierte Strategie muß der Staat arbeitsmarktpolitische Maßnahmen ergreifen, um mit den grundlegenden Rechten der Arbeitnehmer, mit Diskriminierung und Ungleichheit, Einkommenssicherung und der eigenen Rolle des Staates als Arbeitgeber umgehen zu können. Eine derartige Politik muß die Marktgegebenheiten in Rechnung stellen. Statt die Ergebnisse festzulegen, sollten die staatliche Aktivität und Gesetzgebung sowohl die Lösungen des informellen Sektors als auch die zwischen Arbeitnehmern und Arbeitgebern ausgehandelten Ergebnisse des formellen Sektors ergänzen. Staatliche Maßnahmen sollten Arbeitnehmer und Arbeitgeber in die Lage versetzen, miteinander zu verhandeln, und es vermeiden, wenigen Insidern auf Kosten der großen Masse der armen Außenstehenden zu helfen.

In Teil 4 werden die Konsequenzen für die Arbeitnehmer erläutert, die sich aus der Abkehr vom Protektionismus und von zentraler Wirtschaftsplanung ergeben. Die Ausgangslage und die makroökonomische Politik sind für die Entwicklung der Löhne und der Beschäftigung von Bedeutung. Es ist unausweichlich, daß es Gewinner und Verlierer gibt, je schneller aber die Wirtschaft wieder zu wachsen beginnt, desto geringer ist die Zahl der Arbeitnehmer, die dauerhaft Verluste erleiden. Arbeitsmarktpolitische Maßnahmen können die Umstrukturierung erleichtern, und zwar durch die Förderung der Lohnflexibilität und der Arbeitsmobilität, durch Planung von Transferzahlungen für die Opfer des Transformationsprozesses und durch die Einführung von Maßnahmen, die den Arbeitnehmern bei der Suche nach einem Arbeitsplatz helfen können.

Bei einer effizienten Politik besteht in den kommenden Jahrzehnten für die weltweit expandierende Zahl der Erwerbspersonen ein großes Potential für deutliche Zugewinne. Dieses optimistische Resultat ist jedoch nicht garantiert. Wenn die armen Länder keine marktwirtschaftlich orientierte Politik verfolgen, oder wenn der Trend in Richtung auf eine stärkere weltweite Integration durch Protektionismus zum Halten gebracht wird, könnte die Zukunft statt dessen Zeuge eines langsamen Wachstums und zunehmender globaler Ungleichheit sein. Das Schlußkapitel des Berichts untersucht die Folgerungen, die sich nach der Analyse aus den vorangegangenen Kapiteln für die Arbeitnehmer im einundzwanzigsten Jahrhundert ergeben.

# TEIL EINS

## Welche Entwicklungsstrategien nützen den Arbeitnehmern?

MARKTWIRTSCHAFTLICH orientierte Volkswirtschaften haben ein höheres Wachstum als zentralgeplante oder protektionistische Volkswirtschaften erzielt. Wie wirkt sich jedoch das Wachstum auf die Arbeitnehmer aus? Und welche Rolle spielt der Staat bei der Förderung steigender Einkommen für die Arbeitnehmer und ihre Familien? In diesem Teil des Berichts wird der Zusammenhang zwischen der langfristigen wirtschaftlichen Entwicklung und den Einkommen der Arbeitnehmer untersucht. Die Auswirkungen des Wirtschaftswachstums auf die Arbeitnehmer werden in Kapitel 2 und die wechselseitigen Beziehungen zwischen Haushalten und Arbeitsmärkten werden in Kapitel 3 analysiert. In den Kapiteln 4 und 5 wird der Frage nachgegangen, wie ausgewählte Politikmaßnahmen das Wachstum der Arbeitsnachfrage und die Qualität des Arbeitsangebots beeinflussen können. Schließlich wird in Kapitel 6 gefragt, wie die Marktergebnisse auf die Ungleichheiten bei der Verteilung der Wachstumsgewinne einwirken.

# KAPITEL 2

# Wirtschaftswachstum und Arbeitserträge

DIE ARBEITNEHMER PROFITIEREN VOM Wirtschaftswachstum. Länder mit niedrigem und mittlerem Einkommen können auf Dauer nicht in dem notwendigen Umfang wachsen, wenn sie ihre Erwerbsbevölkerung nicht optimal beschäftigen. Diejenigen Staaten, die sich im Entwicklungsprozeß von den nationalen und internationalen Märkten leiten ließen, haben ein anhaltendes Wachstum mit einer zunehmenden Arbeitsnachfrage erzielt. Dagegen sind binnenwirtschaftlich orientierte und zentralgeplante Strategien im allgemeinen gescheitert, sie konnten der gesamten Arbeitnehmerschaft keine nachhaltigen Gewinne bringen. Die Regierungen müssen heute jedoch nicht nur einfach zwischen freien Märkten und staatlichen Interventionen wählen. Vielmehr muß herausgefunden werden, welche Arten staatlicher Interventionen am besten geeignet sind, um die Effizienz der Märkte sicherzustellen, produktive Investitionen in Anlagen, Technologien und Menschen zu fördern sowie benachteiligten Arbeitnehmern zu helfen. Darin besteht die neue Herausforderung für die Entwicklung.

Dieses Kapitel untersucht die Frage, warum einige Entwicklungsländer schneller als andere wachsen, wobei man sich auf drei Länder konzentriert, die in den vergangenen drei Jahrzehnten sehr unterschiedliche Erfolge aufzuweisen hatten. Dabei werden die Bestimmungsgründe des Wachstums und die Bedeutung von Investitionen in Sach- und Humankapital analysiert. Darüber hinaus wird der Frage nachgegangen, ob ein rasches Bevölkerungswachstum tendenziell die Wachstumsraten des BIP pro Kopf drückt und zu einer Verarmung der Bevölkerung führt.

## Wie beeinflussen Entwicklungsstrategien die Arbeitsleistungen?

Ghana, Malaysia und Polen sind typische Länder für ihre Regionen – Afrika südlich der Sahara, Ostasien und Osteuropa. Alle drei Länder verzeichneten in den letzten drei Jahrzehnten eine bedeutende Zunahme ihrer Bevölkerung im erwerbsfähigen Alter. Die Regierungen dieser Staaten begannen jedoch mit sehr unterschiedlichen Entwicklungsstrategien. Daraus resultierten große Unterschiede bei den Wachstumsraten und Arbeitserträgen (Schaubild 2.1).

Ghana war nur schwach in die Weltmärkte integriert und stützte sich bei der Allokation der Ressourcen auf staatliche Interventionen, beispielsweise durch die ausgiebige Nutzung von staatlich betriebenen Börsen zur Vermarktung von Produkten und strikte Devisenkontrollen. Ebenso vertraute Malaysia auf unterschiedliche Interventionsformen, einschließlich des Schutzes staatlicher Unternehmen und eines breiten Umverteilungsprogramms. Malaysias Gesamtstrategie stützte sich jedoch stark auf Marktprozesse; die Kapitalmärkte waren offen, und die Wirtschaft stellte sich dem Wettbewerb nach außen. In Polen wurde der Einsatz der Ressourcen nicht durch den Markt gesteuert, sondern durch zentrale Planungsbehörden. Sie legten Produktionsziele fest und setzten die Einsatzfaktoren ohne Berücksichtigung der

---

**Wachstum und steigende Einkommen erhöhen die Lohnbeschäftigung**

Tabelle 2.1  Bevölkerung im erwerbsfähigen Alter nach dem Beschäftigungsstatus in Ghana, Malaysia und Polen
(Prozentsatz)

| Beschäftigungsstatus | Ghana | | Malaysia | | Polen | |
|---|---|---|---|---|---|---|
| | 1960 | 1989 | 1957 | 1989 | 1955 | 1990 |
| Lohnarbeiter | 14 | 14 | 35 | 42 | 41 | 52 |
| Selbständige | 58 | 59 | 27 | 20 | 32 | 23 |
| Arbeitslose | 4 | 2 | 1 | 3 | 0 | 5 |
| Stille Reserve | 24 | 24 | 37 | 35 | 27 | 20 |

**Quelle:** ILO, verschiedene Jahre; Daten der Untersuchung über die Messung des Lebensstandards in Ghana für 1988 bis 1989; Daten der Untersuchung über das Arbeitskräftepotential von Malaysia 1989; *Statistisches Jahrbuch von Polen* 1993.

realen Opportunitätskosten der Ressourcen ein. Die Teilnahme am Weltmarkt beschränkte sich überwiegend auf den zentral gelenkten Handel mit anderen Planwirtschaften.

In Ghana begann Anfang der sechziger Jahre eine wirtschaftliche Talfahrt, die zwei Jahrzehnte andauerte. Ihr folgte ein größeres Reformprogramm, und Ende der achtziger Jahre setzte eine bescheidene Erholung ein, die bis heute anhält. Zwischen 1960 und 1990 fiel das BIP pro Kopf im Durchschnitt um 1,5 Prozent im Jahr, und die Armut vergrößerte sich. Ghanas Erwerbsbevölkerung verdoppelte sich in diesem Zeitraum von ungefähr 3,5 Millionen auf 7,8 Millionen Menschen. Die Arbeitslosigkeit blieb weiterhin niedrig und betraf nur einen kleinen Prozentsatz der Erwerbspersonen: Die Bevölkerung im erwerbsfähigen Alter war 1989 annähernd ebenso strukturiert wie dreißig Jahre zuvor (Tabelle 2.1). Selbständige Beschäftigung in städtischen und ländlichen Gebieten absorbierte weiterhin mehr als die Hälfte der Erwerbsbevölkerung. Ein weiteres Viertel rechnete nicht zu den Erwerbspersonen – Personen, die sich um die Kinder kümmern, die Schule besuchen oder arbeitsunfähig sind. Nur 14 Prozent der Erwerbsbevölkerung waren in einem Lohnverhältnis beschäftigt, mehr als die Hälfte von ihnen im öffentlichen Sektor. Der Anteil der in privaten Betrieben beschäftigten Lohnempfänger am gesamten Arbeitskräftepotential nahm sogar ab.

Die Wirtschaft Malaysias expandierte in diesem Zeitraum, und die Zahl der in absoluter Armut lebenden Haushalte nahm drastisch ab. Malaysia erreichte ein Wachstum des BSP pro Kopf von 4 Prozent pro Jahr, trotz einer starken Zunahme der Erwerbsbevölkerung von 4,2 Millionen auf 10,4 Millionen Menschen – eine größere und raschere Zunahme als in Ghana. Wie in Ghana änderte sich die Erwerbsquote im Verlauf der Zeit nur wenig, und die Arbeitslosenquote erreichte nur wenige Prozentpunkte. Was sich änderte, war die Zunahme der Beschäftigung in Lohnverhältnissen und der Rückgang der selbständigen Be-

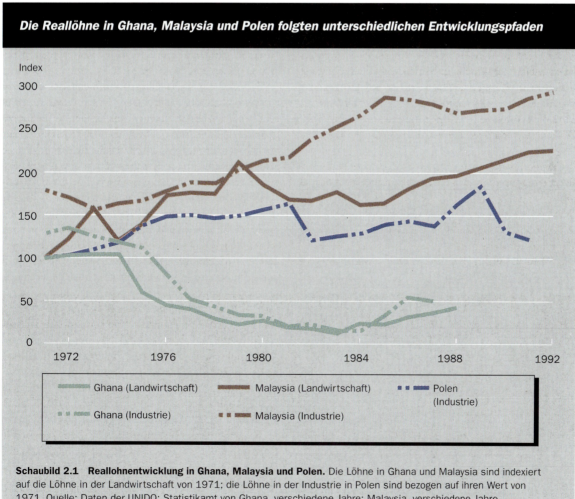

**Schaubild 2.1 Reallohnentwicklung in Ghana, Malaysia und Polen.** Die Löhne in Ghana und Malaysia sind indexiert auf die Löhne in der Landwirtschaft von 1971; die Löhne in der Industrie in Polen sind bezogen auf ihren Wert von 1971. Quelle: Daten der UNIDO; Statistikamt von Ghana, verschiedene Jahre; Malaysia, verschiedene Jahre.

schäftigung, während die Beschäftigung im Industrie- und Dienstleistungssektor stark anstieg (Tabelle 2.1). Im Jahre 1957 arbeitete einer von zwei Beschäftigten auf Plantagen. Bis 1989 war nur noch einer von zehn Arbeitern auf landwirtschaftlichen Plantagen beschäftigt. Die abhängige Lohnbeschäftigung verdreifachte sich zwischen 1957 und 1989, während der Anteil der in der Landwirtschaft beschäftigten Erwerbspersonen von 58 Prozent auf 26 Prozent fiel.

Die Wirtschaft Polens wuchs in den Jahren von 1950 bis 1979 ebenfalls schnell, die Netto-Materialproduktion (BIP ohne die meisten öffentlichen und privaten Dienstleistungen) nahm dabei um 4,1 Prozent pro Jahr zu, und die Investitionen in den Kapitalstock stiegen um 9,7 Prozent. Die Bevölkerung wuchs dagegen langsamer, mit einer Jahresrate von etwa 1,2 Prozent, und es gab keine Arbeitslosigkeit – der Staat garantierte den Arbeitnehmern die Arbeitsplätze. Die Regierung bewegte Tausende von Bauern zum Umzug in die Großstädte und drängte Zehntausende von Frauen zum Eintritt in das Erwerbsleben. Es konnte jedoch kein nachhaltiges Wachstum erzielt werden – das Wachstum basierte hauptsächlich auf einem steigenden Kapitaleinsatz und einer zunehmenden Erwerbspersonenzahl, statt auf einer höheren Kapital- und Arbeitsproduktivität. Die Produktivität schwächte sich Ende der sechziger Jahre ab. Die Aufnahme hoher Auslandsschulden verzögerte jedoch die Krise, bis Polens Wirtschaft schließlich insgesamt stagnierte. Im Jahre 1992 lag das BIP 9 Prozent niedriger als 1980. Insgesamt stieg die Erwerbspersonenzahl zwischen 1955 und 1990 von 17 Millionen auf 25 Millionen. Der Anteil der Lohnempfänger an den Erwerbstätigen hatte zugenommen, ebenso war aber auch die Zahl der Arbeitslosen und der unterhalb der Armutsgrenze lebenden Menschen gestiegen.

Der Anstieg der Löhne spiegelte die gesamte Wirtschaftskraft in allen drei Volkswirtschaften wider. Die durchschnittlichen Reallöhne im Verarbeitenden Gewerbe blieben in Ghana während der sechziger Jahre ungefähr konstant. Als man jedoch in eine Rezession fiel, ging die Kaufkraft der Löhne im Verarbeitenden Gewerbe drastisch zurück: Bis zum Jahre 1984 waren die Reallöhne auf 13 Prozent ihres Niveaus vom vorangegangenen Jahrzehnt gefallen; in der Landwirtschaft brachen die Löhne in der gleichen Weise ein (Schaubild 2.1). Wenn die Haushaltseinkommen genauso stark wie die Reallöhne gefallen wären, wären die meisten Familien Hungers gestorben: Indessen paßten sich die Ghanesen auf verschiedene Weise an die sinkenden Löhne an. Familien mit Landwirtschaft und der Möglichkeit zum Konsum ihrer eigenen Produktion verfügten über einen gewissen Schutz vor wirtschaftlicher Stagnation und hoher Inflation. Arbeitnehmer in den Städten übten mehrere Jobs gleichzeitig aus oder kehrten auf das Land zurück. Einige Familien waren von Transfers anderer Haushalte abhängig. Erst in jüngster Zeit begannen die Löhne im Verarbeitenden Gewerbe im Zusammenhang mit der wirtschaftlichen Erholung wieder zu steigen.

Die Arbeitnehmer in Malaysia haben im Gegensatz dazu von dem Wirtschaftswachstum profitiert: In allen wichtigen Sektoren war ein anhaltender Anstieg der Reallöhne zu beobachten, gleichzeitig fanden mehr Arbeitnehmer eine höher bezahlte und produktivere Beschäftigung. Sowohl die Löhne in der Plantagenwirtschaft als auch die realen Verdienste im Verarbeitenden Gewerbe verdoppelten sich seit den frühen siebziger Jahren. Die meisten in das Arbeitsleben eintretenden Menschen fanden eine Beschäftigung im modernen Industrie- und Dienstleistungssektor der Wirtschaft, wobei die Durchschnittslöhne der Beschäftigten in der Industrie doppelt so hoch waren wie diejenigen von normalen Arbeitern auf den Plantagen. Auch die Personen, die nicht in einem Lohnverhältnis arbeiteten, konnten aus ihrer Tätigkeit bedeutende Einkommenszuwächse erzielen. Die Verdienste der selbständig Beschäftigten, wie Straßenverkäufer, Friseure, Lastwagenfahrer, nahmen ebenso oder sogar noch stärker zu als die Löhne im Verarbeitenden Gewerbe (Tabelle 2.2).

Die Reallöhne in Polen entwickelten sich ebenfalls parallel zu den Veränderungen des Bruttoinlandsprodukts. Das Wachstum der Reallöhne blieb in den siebziger Jahren hoch, sogar höher als in Malaysia. In den achtziger Jahren fielen jedoch die Löhne in Polen, danach stagnierten sie, und die Arbeitslosigkeit nahm in den neunziger Jahren zu. Polen war nicht in der Lage, die in der Vergangenheit erzielten Wohlfahrtsgewinne seiner Arbeitnehmer zu sichern. Die realen Verdienste im Verarbeitenden Gewerbe fielen zwischen 1981 und 1991 um ein Viertel (Schaubild 2.1).

**In Malaysia profitierten die Arbeitnehmer aller Sektoren vom Wachstum**

Tabelle 2.2   Verdienste in ausgewählten Berufen in Malaysia

| Beruf | Verdienste im Jahr 1989 (Industrie = 100) | Jährliche durchschnittliche Wachstumsrate der Verdienste, 1973–89 (Prozent) |
|---|---|---|
| *Lohnarbeiter* | | |
| Allgemeine Plantagenarbeiter | 50 | 3,0 |
| Industriearbeiter | 100 | 3,5 |
| *Selbständige Arbeitnehmer* | | |
| Straßenverkäufer | 111 | 4,4 |
| Friseure | 95 | 4,6 |
| Wäschereibetreiber | 42 | –1,6 |
| Teezubereiter | 64 | 2,5 |
| Lastwagenfahrer | 120 | 4,7 |
| Ladenbesitzer | 138 | 5,6 |

**Quelle:** Untersuchung über das Arbeitskräftepotential von Malaysia für 1973, 1989.

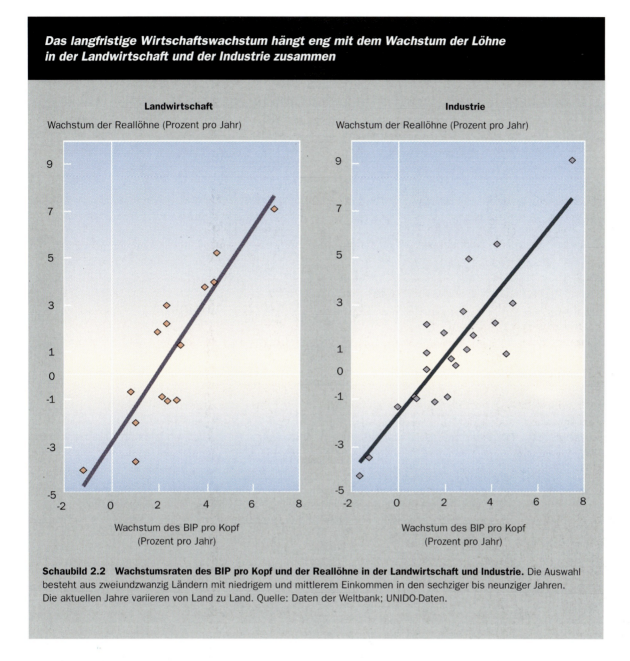

**Schaubild 2.2 Wachstumsraten des BIP pro Kopf und der Reallöhne in der Landwirtschaft und Industrie.** Die Auswahl besteht aus zweiundzwanzig Ländern mit niedrigem und mittlerem Einkommen in den sechziger bis neunziger Jahren. Die aktuellen Jahre variieren von Land zu Land. Quelle: Daten der Weltbank; UNIDO-Daten.

Die Arbeitnehmer in Malaysia profitierten somit vom Wirtschaftswachstum, während die Polen und Ghanesen unter einem Mangel an Wachstum litten. Diese Länder sind keine Einzelfälle. Gesicherte Daten über langfristige Trends der Lohnentwicklung in Ländern mit niedrigem und mittlerem Einkommen sind nicht besonders reichlich vorhanden, aber in denjenigen Ländern, für die Daten verfügbar sind, geht das langfristige Wachstum mit steigenden Reallöhnen in der Landwirtschaft und der Industrie einher (Schaubild 2.2). Dieses Ergebnis ist nicht überraschend: Das BIP mißt die Wertschöpfung aller Produktionsfaktoren – Boden, Arbeit und Kapital –, und die Löhne messen die Wertschöpfung der Arbeit. Wenn das BIP pro Kopf wächst, dann muß die Wertschöpfung je Arbeitnehmer steigen – und in den meisten Fällen müssen die Löhne dann ebenfalls steigen.

Das Wirtschaftswachstum verändert auch den Beschäftigungsstatus der Arbeitnehmer. In armen Ländern arbeiten die meisten Menschen selbständig und relativ unproduktiv in der Landwirtschaft oder im Dienstleistungssektor. Wenn die Länder aber reicher werden, wechseln mehr Arbeitnehmer in produktivere und besser bezahlte Beschäftigungen im

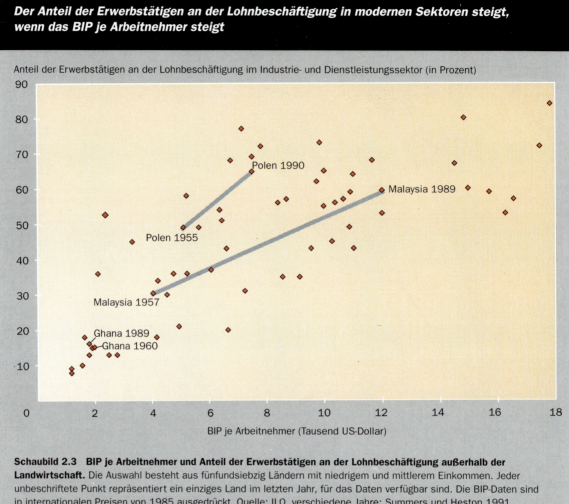

**Schaubild 2.3 BIP je Arbeitnehmer und Anteil der Erwerbstätigen an der Lohnbeschäftigung außerhalb der Landwirtschaft.** Die Auswahl besteht aus fünfundsiebzig Ländern mit niedrigem und mittlerem Einkommen. Jeder unbeschriftete Punkt repräsentiert ein einziges Land im letzten Jahr, für das Daten verfügbar sind. Die BIP-Daten sind in internationalen Preisen von 1985 ausgedrückt. Quelle: ILO, verschiedene Jahre; Summers und Heston 1991.

Industrie- und Dienstleistungssektor (Schaubild 2.3). Dieser Wechsel ist eine direkte Folge des Wachstums, er ebnet aber auch den Weg für weiteres Wirtschaftswachstum und eine Zunahme des Lebensstandards. Der Übergang in formelle Beschäftigungsverhältnisse ist verbunden mit größeren Möglichkeiten zur Spezialisierung und Weiterbildung, einer Poolung von Risiken und einer größeren Einkommenssicherheit.

## Was sind die Ursachen des Wirtschaftswachstums?

Die Vorteile, die Arbeitnehmer in schnell wachsenden Volkswirtschaften genießen, resultieren nicht daraus, daß der Staat Arbeitsplätze im öffentlichen Sektor schafft oder Lohnerhöhungen verordnet. Die Zunahme der Beschäftigungsmöglichkeiten und der Anstieg der Löhne sind das Ergebnis des Wachstums und der Steigerung des Produktionsergebnisses je Arbeitnehmer in der gesamten Wirtschaft. Bei einer auf marktwirtschaftlichen Prinzipien basierenden Entwicklungsstrategie stellen sich solche Ergebnisse aufgrund der Investitionsentscheidungen von Betrieben, Haushalten und Staat ein. Die Suche nach profitableren Beschäftigungen ermutigt die Betriebe – seien es landwirtschaftliche Familienbetriebe, Unternehmen im informellen Sektor oder große Kapitalgesellschaften –, in Ausrüstungen, neue Technologien und die Ausbildung der Arbeitnehmer zu investieren. Um einen höheren Verdienst für die geleisteten Arbeitsstunden zu erzielen, werden die Haushalte in ihr eigenes Humankapital investieren, indem sie eine verbesserte Gesundheit und Ernährung sowie Schulbildung und

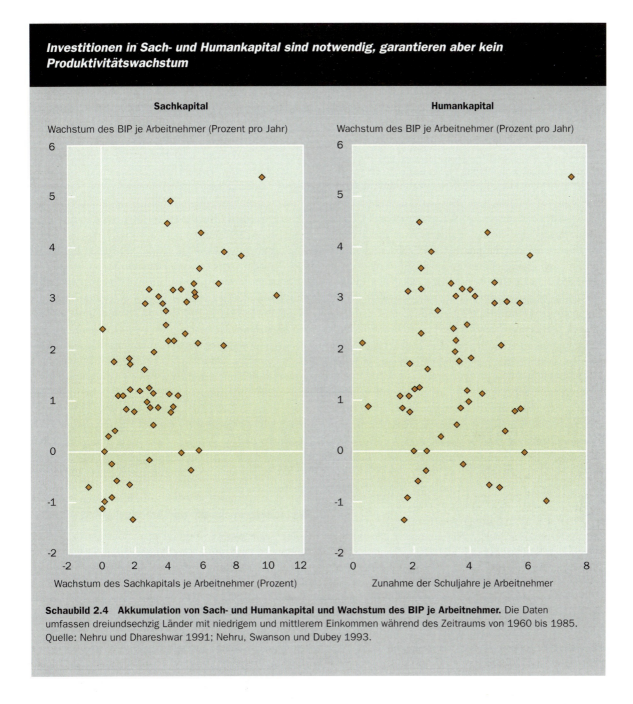

Schaubild 2.4 **Akkumulation von Sach- und Humankapital und Wachstum des BIP je Arbeitnehmer.** Die Daten umfassen dreiundsechzig Länder mit niedrigem und mittlerem Einkommen während des Zeitraums von 1960 bis 1985. Quelle: Nehru und Dhareshwar 1991; Nehru, Swanson und Dubey 1993.

betriebliche Ausbildung anstreben. Der Staat leistet einen direkten Beitrag durch Investitionen in öffentliche Güter, wie den Bau von Straßen auf dem Lande. Eine auf marktwirtschaftlichen Prinzipien beruhende Entwicklungsstrategie bedeutet jedoch vor allem, daß der Staat die Betriebe und Haushalte dazu befähigen muß, die in ihrem eigenen Interesse liegenden Investitionen zu tätigen. Dies kann er beispielsweise dadurch erreichen, daß er die Eigentumsrechte schützt und den Zugang zur Ausbildung sicherstellt.

Der empirische Zusammenhang zwischen Investitionen und Wirtschaftswachstum ist eindeutig. Eine breitere Schulbildung erhöht bei jedem einzelnen die Arbeitsproduktivität und ist mit potentiell höheren Verdienstmöglichkeiten verbunden (Kapitel 5). Insgesamt wiesen diejenigen Länder ein anhaltend hohes Wirtschaftswachstum auf, deren physischer Kapitalstock und deren Humankapital rasch zunahmen. Zwischen 1965 und 1990 stiegen in den wachstumsstarken Volkswirtschaften Ostasiens die Investitionsquoten (im Verhältnis zum BIP) beträchtlich, und zwar von durchschnittlich 22 Prozent im Jahre 1965 auf durchschnittlich 35 Prozent in 1990. Das Humankapital wuchs ebenfalls rasch: Zwischen 1965 und 1990 erhöhte sich die Brutto-

Einschulungsquote für Grundschulen von 92 Prozent auf 102 Prozent, und die Brutto-Einschulungsquote für weiterführende Schulen stieg von 27 Prozent auf 37 Prozent. (Die Brutto-Einschulungsquote umfaßt auch Schüler, die nicht im üblichen Schulalter sind; daher kann sie auf über 100 Prozent der relevanten Bevölkerungsgruppe steigen.) Keine andere Region erreichte eine solche Gesamtstruktur der Investitionen, und keine andere Region erzielte dadurch so hohe Gewinne in Form eines hohen BIP-Wachstums, zunehmender Lohnbeschäftigung und gestiegener Verdienste.

Die Beziehung zwischen Investitionen und Wirtschaftswachstum wird deutlich, wenn man Länderdaten betrachtet. Dabei werden die langfristigen Wachstumsraten des BIP je Arbeitnehmer (1960–85) mit neueren Schätzungen über die Akkumulation von Sachkapital und die Zahl der Schuljahre der Erwerbstätigen verglichen (Schaubild 2.4). Grundlage ist eine Datensammlung für über sechzig Länder mit niedrigem und mittlerem Einkommen, die alle Regionen abdeckt, mit Ausnahme der Transformationsländer in Europa und Zentralasien, für die noch keine vergleichbaren Kennzahlen für die Investitionen verfügbar sind. Die Daten zeigen einen positiven Zusammenhang zwischen den Investitionen und dem Produktionswachstum je Arbeiter.

Rasch wachsende Volkswirtschaften investieren mehr, Investitionen alleine führen aber nicht unbedingt zu einem schnelleren Wachstum – denn es besteht kein automatischer Zusammenhang zwischen Investitionen und Produktivitätswachstum. Viele Volkswirtschaften erhöhten ihre Bestände an Sach- und Humankapital je Arbeitnehmer und verzeichneten dennoch nur ein niedriges oder sogar negatives Produktivitätswachstum. Einige Länder, die regelmäßig mehr als 20 Prozent des BIP investierten – wie China in den siebziger Jahren, die frühere Sowjetunion, Sri Lanka und Tansania – wiesen kein hohes Wirtschaftswachstum auf. Die durchschnittliche Anzahl der Schuljahre der Arbeitnehmer steht auch nur in einem schwachen Zusammenhang mit einem höheren Wirtschaftswachstum. Viele afrikanische Länder weiteten ihr Ausbildungssystem aus, und die durchschnittliche Anzahl der Schuljahre der Erwerbspersonen nahm zu. Dennoch ergaben sich nur geringe Erfolge im Hinblick auf das Wirtschaftswachstum.

Aus der Tatsache, daß die Investitionen nicht automatisch das Produktivitätswachstum erhöhen, ergeben sich zwei weitere Implikationen. Erstens hängt das Wachstum nicht nur davon ab, wie schnell die Einsatzfaktoren akkumuliert werden. Es ist auch abhängig von der Qualität der Einsatzfaktoren, der in ihnen steckenden Technologie und der Effizienz, mit der sie eingesetzt werden. Schnell wachsende Volkswirtschaften investierten nicht einfach nur mehr, sondern sie kombinierten das Sachkapital und die ausgebildeten Arbeitnehmer in einer Weise, daß die Produktion pro Kopf gesteigert wurde. Diese Ergebnisse betonen die kritische Rolle der staatlichen Politik bei der Schaffung eines Umfelds, das *produktive* Investitionen fördert.

Zweitens ist die Beziehung zwischen den Investitionen in Humankapital und dem Produktivitätswachstum viel schwächer als diejenige zwischen Investitionen in Sachkapital und dem Produktivitätswachstum, wie Schaubild 2.4 zeigt. Daraus sollte jedoch nicht der Schluß gezogen werden, daß das Humankapital für das Wachstum weniger bedeutsam ist. Vielmehr haben detaillierte ökonometrische Studien herausgefunden, daß die Investitionsquoten und das ursprüngliche Bildungsniveau robuste Prognosegrößen für das anschließende Wirtschaftswachstum sind. Unter sonst gleichen Bedingungen ist das Potential eines Landes zur Nutzung bestehender Technologien und – damit verbunden – eines rascheren Produktionswachstums um so größer, je besser die Arbeitnehmer ausgebildet sind. Diese Beziehung wird dadurch abgeschwächt, daß die Arbeitnehmer offenbar auch dann dazu bereit sind, in Humankapital zu investieren, wenn sie in einem gestörten Umfeld mit niedrigem Wachstum leben, was private Investitionen in Sachkapital in der Regel abschreckt. Ein Grund dafür besteht darin, daß Sachkapital mobiler ist und leicht bessere Investitionsmöglichkeiten in anderen Regionen oder Ländern finden kann. Ein anderer Grund dürfte sein, daß die Haushalte weiterhin in ihre Ausbildung investieren, da sie einen längeren Investitionshorizont besitzen oder weil öffentliche Subventionen die privaten Ausbildungskosten mindern, so daß sich die privaten Investitionen in die Ausbildung weiter lohnen. Die Haushalte dürften darüber hinaus auch dann in Schulbildung investieren, wenn diese nicht die Arbeitsproduktivität erhöht, da sie auch die anderen Vorteile der Ausbildung schätzen.

## Wirtschaftswachstum und Arbeitsangebot

Führt ein rasches Bevölkerungswachstum zu einer Abschwächung des Wirtschaftswachstums und einer Abnahme des Lebensstandards? Es klingt einleuchtend, daß sich entwickelnde Volkswirtschaften ein Überangebot an Arbeitskräften haben können. Das Wirtschaftswachstum erfordert eine zunehmende Produktivität (in Form eines steigenden Outputs je Arbeitnehmer). Unter sonst gleichen Bedingungen müßte eine Zunahme des Arbeitsangebots somit die Produktivität verringern. Die Bedingungen ändern sich aber. Die Zunahme der Beschäftigtenzahl führt zu einer höheren Produktion, und das Produktionswachstum hängt von der Quantität und der Produktivität aller Einsatzfaktoren ab, einschließlich des Sachkapitals, des Humankapitals, der Technologie und der Zahl der Erwerbspersonen. Das Bevölkerungswachstum hat nicht zwangsläufig negative Auswirkungen auf die Investitionen, noch muß es die Produktivität der Einsatzfaktoren verringern.

Schlechte Ergebnisse des Produktionsfaktors Arbeit dürften kaum mit der Zunahme des Arbeitsangebots zu erklären sein. In den letzten Jahrzehnten können in der Tat die differierenden Wachstumsraten des potentiellen Arbeitsangebots nicht die Unterschiede in den Arbeitsmarktbedingungen von Volkswirtschaften mit niedrigem und mittlerem Einkommen erklären. Im Zeitraum von 1965 bis 1993 waren die Wachstumsraten der Erwerbsbevölkerung in verschiedenen Regionen auffallend ähnlich, sie unterschieden sich nur um wenige Zehntel eines Prozentpunktes. (Die einzige Ausnahme stellen Europa und Zentralasien dar, wo die Geburtenziffern schon in den sechziger Jahren ein niedriges Niveau erreicht hatten.) Die Wachstumsraten des BIP differierten aber sehr stark, wie Schaubild 2.5 zeigt. In Ostasien nahm die Produktion im Durchschnitt um 5 Prozentpunkte pro Jahr stärker zu als die Erwerbspersonenzahl; in Lateinamerika belief sich diese Differenz auf weniger als 1,5 Prozentpunkte, und in Afrika südlich der Sahara wuchs das Arbeitskräftepotential schneller als das BIP. Dort, wo die Wachstumsraten hoch waren, ist der durchschnittliche Output je Arbeitnehmer rasch gestiegen. In Ostasien verdoppelte er sich alle fünfzehn Jahre, in Lateinamerika dauerte es dagegen fünfzig Jahre, und in Afrika südlich der Sahara nimmt die Produktivität sogar ab.

Wirtschaftswachstum und Arbeitsangebot hängen wechselseitig voneinander ab, die Kausalität scheint aber in eine andere Richtung zu laufen, als oft behauptet wird: Das Wirtschaftswachstum führt zunächst zu einer schnelleren Zunahme des Arbeitsangebots und erst später zu einer langsameren Steigerung. Koreas Bevölkerung im erwerbstätigen Alter wuchs in den sechziger und siebziger Jahren mit 2,8 Prozent im Jahr recht stark. Das Wirtschaftswachstum förderte jedoch durch die Ausweitung der Beschäftigungsmöglichkeiten die *Zunahme* des Arbeitsangebots, da die Erwerbstätigenquote der Frauen anstieg. Bei steigenden Einkommen und vermehrten Anstrengungen zur Familienplanung begannen die Haushalte, sich für weniger Kinder zu entscheiden. Als die Geburtenziffer sank, investierten die Familien mehr in ihre Kinder, so daß die durchschnittliche Zahl ihrer Schuljahre anstieg. In einer wachsenden Volkswirtschaft konnten der Staat und die Haushalte zudem mehr Ressourcen für jeden Schüler aufbringen, wodurch die Qualität des Ausbildungssystems von Korea verbessert wurde. Die hohen Wachstumsraten Koreas konnten durch diese Investitionen in das Humankapital aufrechterhalten werden, und sie schlossen den Kreis zwischen Wirtschaftswachstum und Arbeitsangebot. Heute hat Korea, wie viele Nationen in Ostasien, seinen demographischen Übergang von hohen zu niedrigen Geburtenziffern annähernd abgeschlossen. Korea partizipiert am Weltmarkt mit einem Arbeitskräftepotential, das langsam zunimmt, gut ausgebildet ist und zunehmend gut bezahlt wird.

Das Dilemma bleibt aber bestehen: Was soll mit dem zukünftigen Arbeitsangebot in Gebieten geschehen, in denen das Wirtschaftswachstum stagniert und die Bevölkerung anhaltend rasch wächst, wie in weiten Teilen Afrikas und im Nahen Osten? Darauf gibt es keine einfachen Antworten. Es dauert etwa zwanzig Jahre, bis niedrigere Geburtenraten zu einem geringeren Wachstum des Arbeits-

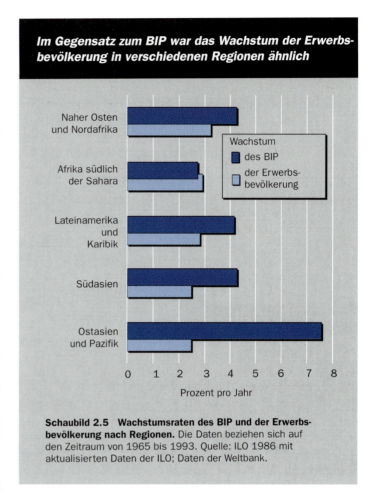

**Schaubild 2.5 Wachstumsraten des BIP und der Erwerbsbevölkerung nach Regionen.** Die Daten beziehen sich auf den Zeitraum von 1965 bis 1993. Quelle: ILO 1986 mit aktualisierten Daten der ILO; Daten der Weltbank.

angebots führen. Kurzfristig kann eine sinkende Geburtenrate sogar das Arbeitsangebot erhöhen, wenn Frauen in das Erwerbsleben eintreten, die sonst ihre Kinder großziehen würden. Will man die Arbeitseinkommen steigern, dann werden die Ressourcen einen höheren Ertrag abwerfen, wenn sie dazu verwendet werden, die Nachfrage nach Arbeitskräften zu fördern – solche Maßnahmen werden die Arbeitserträge weitaus schneller steigern als direkte Versuche, das zukünftige Arbeitsangebot einzudämmen. Ein geringeres Bevölkerungswachstum ist kein Substitut für Anstrengungen zur Erhöhung der Arbeitsnachfrage. Trotzdem sollte sinnvollerweise eine Sozialpolitik verfolgt werden, die zu einer Abnahme der Geburtenrate beiträgt – nämlich durch die Förderung der Ausbildung der Mädchen, Verbesserungen im Status der Frauen sowie Investitionen in die Gesundheit der werdenden Mütter und in die Familienplanung. Solche Interventionen können insofern gerechtfertigt werden, als sie zur Gesundheit und Wohlfahrt des einzelnen und der Familie beitragen.

• • •

Wirtschaftswachstum führt zu höheren Löhnen und ermutigt die Arbeitnehmer, in besser bezahlte und produktivere Beschäftigungen im formellen Sektor zu wechseln, wie es die Erfahrungen von Malaysia zeigen. Der Schlüssel zum Wirtschaftswachstum und zu einer höheren Produktivität liegt in den Investitionen in Sachkapital und in die Menschen – ohne Investitionen stagnieren die Löhne, und der Lebensstandard fällt, wie in Ghana vor den Reformen. Ein wachsender physischer Kapitalstock und eine Zunahme der Schuljahre werden jedoch nicht automatisch zu einem anhaltenden Wachstum führen, wie man in Polen erkannte.

Eine auf dem Markt basierende Entwicklungsstrategie, die die Unternehmen und Haushalte ermutigt, in einer produktiven und gewinnbringenden Weise in die Zukunft zu investieren, kann eine zunehmende Arbeitsnachfrage stützen. Eine solche Strategie wird Länder mit niedrigem und mittlerem Einkommen dazu befähigen, ihre Beschäftigungsmöglichkeiten auszudehnen und die Löhne ihrer oft rasch wachsenden Erwerbspersonenzahl zu erhöhen.

# KAPITEL 3

# Haushalte, Wachstum und Beschäftigung

UNABHÄNGIG VON IHRER RASSE, NATIOnalität oder dem Entwicklungsstadium ihres Landes, verbringen die meisten Menschen den Großteil ihres Lebens damit, für ihren Lebensunterhalt zu arbeiten. Wirtschaftswachstum und ein zunehmendes Pro-Kopf-Einkommen üben dabei einen entscheidenden Einfluß aus, und zwar auf die von den Haushalten ausgeübte Beschäftigung, das erzielte Einkommen, die Aufteilung in Arbeitszeit und Freizeit, die Wahl des Arbeitsbereichs und die Frage der Auswanderung. Zunehmende Arbeitsproduktivität und höhere Reallöhne beeinflussen die Entscheidungen darüber, welches Haushaltsmitglied arbeiten sollte, für wen und in welchem Umfang die Familie in die Ausbildung investiert und wie mit dem Risiko und der Einkommenssicherheit umgegangen wird. Aus Sicht der Arbeitgeber beeinflußt eine höhere Produktivität die Nachfrage nach Arbeitskräften, den Organisationsaufbau in der Produktion und die Art der Arbeitsverträge. Im Zusammenspiel von Arbeitsangebot der Haushalte und Nachfrage der Unternehmer werden die auf dem Arbeitsmarkt beobachteten Ergebnisse erzielt.

Dieses Kapitel skizziert die Veränderungen in den Entscheidungen der Haushalte über die Teilnahme am Erwerbsleben und die Organisation der Beschäftigungsverhältnisse, wie sie sich im Entwicklungsprozeß ergeben. Anschließend wird der Frage nach den Bestimmungsgründen der Arbeitslosigkeit in reichen und armen Ländern nachgegangen.

## Entscheidungen der Haushalte und Arbeitsangebot

Den Haushalten stehen nur begrenzte Ressourcen zur Verfügung, um ihre Ziele zu erreichen. Die Arbeitszeit stellt für die meisten Haushalte die primäre Ressource dar, vor allem in Ländern mit niedrigem und mittlerem Einkommen.

*Teilnahme am Erwerbsleben*

Die Haushalte müssen entscheiden, wie sie ihre gesamte Arbeitszeit zwischen der Arbeit zu Hause und der Beschäftigung am Markt aufteilen. Das Haushaltseinkommen und die Löhne jedes Familienmitglieds werden ihre Entscheidungen beeinflussen. Niedrige Löhne bedeuten nicht immer viele Arbeitsstunden. Die Erfahrungen aus Haushaltsbefragungen in Ghana und Malaysia deuten darauf hin, daß Arbeitnehmer aus Familien der unteren 40-Prozent-Gruppe der Einkommensverteilung im Durchschnitt 15 bis 20 Prozent weniger arbeiteten als Menschen der obersten 20-Prozent-Gruppe. Dies hängt wahrscheinlich damit zusammen, daß ihnen die Beschäftigungsmöglichkeiten fehlen, insbesondere in ländlichen Gebieten. Ab einem bestimmten Punkt steigt das Haushaltseinkommen bei zunehmender Arbeitsproduktivität und steigenden Reallöhnen jedoch so stark, daß die einzelnen sich entscheiden können, weniger zu arbeiten. Einer der Vorteile des anhaltenden Wirtschaftswachstums der Industrieländer mit hohem Einkommen in diesem Jahrhundert war die Abnahme der jährlich geleisteten Arbeitsstunden je Person um fast 40 Prozent, von durchschnittlich 2.690 Stunden im Jahre 1900 auf 1.630 Stunden im Jahre 1986.

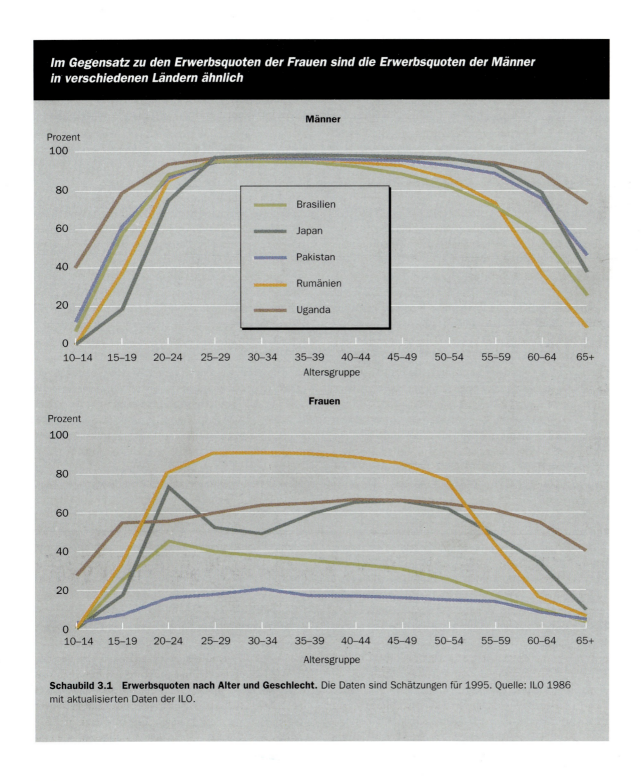

**Schaubild 3.1 Erwerbsquoten nach Alter und Geschlecht.** Die Daten sind Schätzungen für 1995. Quelle: ILO 1986 mit aktualisierten Daten der ILO.

Die Haushalte müssen außerdem darüber entscheiden, welches Familienmitglied welcher Beschäftigung nachgeht. Nach konventioneller Messung arbeiten Männer mehr als Frauen. In den meisten Ländern gehen fast alle Männer zwischen fünfundzwanzig und vierundfünfzig Jahren einer Beschäftigung nach, die direkt der Einkommenserzielung dient, sei es zu Hause, auf einem von der Familie betriebenen Bauernhof beziehungsweise in einem Familienbetrieb oder auf dem Arbeitsmarkt (Schaubild 3.1). Unterschiede in den einzelnen Ländern beschränken sich auf die jungen und alten Menschen. Beispielsweise arbeiten in Uganda verhältnismäßig mehr junge und ältere Männer als in Brasilien. Dies hängt teilweise mit dem unterschiedlichen Einkommensniveau und somit mit der Schulbildung und dem Rentensystem zusammen.

Von den im Arbeitsprozeß stehenden Menschen sind die Jüngeren diejenige Gruppe, die am häufigsten einer Beschäftigung in einem Lohnverhältnis nachgeht. Mit zunehmendem Alter sind die Arbeitnehmer in wachsendem Maße selbständig beschäftigt oder als Unternehmer tätig. Von Arbeitslosigkeit sind am häufigsten junge Arbeiter betroffen (die eher den Arbeitsplatz wechseln). Dies deutet darauf hin, daß die Lohnbeschäftigung für eine Reihe von Personen ein Weg zum Start in das Berufsleben ist, mit dem man ein gewisses Einkommen erzielen, einen Beruf erlernen und etwas sparen kann, um sich schließlich später ein eigenes Geschäft aufzubauen. Schaubild 3.2 bildet die Struktur der Erwerbsbevölkerung in Malaysia ab und zeigt, wie die Verwendung der Zeit in Abhängigkeit von Alter und Geschlecht variiert.

Die übliche Definition von „Arbeit" kennzeichnet die relativen Anstrengungen jedoch nicht richtig, da die für Aktivitäten im Haushalt aufgewendete Zeit, mit Ausnahme in der Landwirtschaft, selten als Arbeit erfaßt wird. In fast allen Gesellschaften übertragen die Haushalte den Frauen den Großteil der Aufgaben, die mit dem Großziehen der Kinder und der Führung des Haushalts verbunden sind. Mikroökonomische Studien fanden oft heraus, daß die Frauen länger arbeiten als die Männer – insbesondere wenn sie auch im Berufsleben stehen.

Die Teilnahme der Frauen am Erwerbsleben ändert sich mit fortschreitender Entwicklung oft in entscheidender Weise. Die Erwerbsquote der Frauen ist tendenziell höher, wenn in einer Volkswirtschaft die Produktion in landwirtschaftlichen Familienbetrieben eine zentrale Stellung einnimmt. Mit dem Wirtschaftswachstum und einer zunehmenden Verstädterung sinkt oft die Erwerbsquote der Frauen, da die Frauen zu Hause bleiben, während die Männer einer Beschäftigung außerhalb des Hauses nachgehen. Bei einer weiteren Zunahme des Pro-Kopf-Einkommens steigt die Erwerbsquote der Frauen wieder an, da sich die Beschäftigungsmöglichkeiten für Frauen am Arbeitsmarkt verbessern. Die unterschiedliche Teilnahme am Erwerbsleben reflektiert außerdem kulturelle und ideologische Unterschiede in den einzelnen Ländern. Um die höhere Erwerbsquote der Frauen in Japan, Rumänien und Uganda im Vergleich zu Brasilien und Pakistan zu erklären, muß eine Kombination von ökonomischen und anderen Faktoren herangezogen werden (Schaubild 3.1).

*Wanderungsbewegungen*

Die Haushalte müssen außerdem entscheiden, wo sie arbeiten. Wanderungsbewegungen – egal ob andauernd oder zeitlich begrenzt, im Inland oder international – spiegeln in einem großen Ausmaß Arbeitsmarktentscheidungen wider: Die Haushaltsmitglieder ziehen dorthin, wo es Arbeit gibt. Bei niedrigen Einkommen sind Mitglieder ländlicher Haushalte oft gezwungen, vorübergehend oder dauerhaft wegzuziehen, um eine bezahlte Arbeit anzunehmen. Die Wanderung reflektiert zudem den Wunsch der Haushalte, ihre Einkommensquellen zu diversifizieren – eine Person wird zur Arbeit in die Stadt geschickt, während die anderen zu Hause bleiben, um auf dem Bauernhof der Familie oder in einem Betrieb in der näheren Umgebung zu arbeiten. Temporäre Wanderungen ergeben sich im allgemeinen aufgrund von Saisonbeschäftigungen, wobei auch die Grenzen des Landes überschritten werden können: Beispiele dafür sind indonesische Farmarbeiter, die nach Malaysia reisen, mexikanische Arbeitnehmer in den Vereinigten Staaten und Arbeiter aus Mosambik in Südafrika.

Aufgrund der wirtschaftlichen Entwicklung nehmen mit der Zeit die Beschäftigungsmöglichkeiten in den Städten zu, wodurch die Arbeitnehmer veranlaßt werden, sich dauerhaft in den Städten niederzulassen. Der Wanderungsprozeß vom Land in die Städte kann durch Politiken verzerrt werden, die die städtischen Regionen gegenüber der Landwirtschaft begünstigen, sei es durch die Schaffung von Arbeitsplätzen oder das Angebot öffentlicher Leistungen oder beides (Kapitel 4). Das Wanderungsverhalten muß in allen Fällen als eine Antwort der Haushalte auf die anderswo bestehenden Möglichkeiten verstanden werden. Dies bedeutet, daß Versuche zur Kontrolle der Wanderungsbewegungen entweder sinnlos oder zu kostspielig sein können.

*Fruchtbarkeit und Schulbildung*

Die Zahl der Kinder, die ein Paar hat, spiegelt zu einem großen Teil die Präferenzen über die gewünschte Größe der Familie wider. In ländlichen Gebieten sind die Kinder armer Haushalte eine wichtige Hilfe für die auf dem Hof verfügbare Arbeit und die Sicherheit im Alter. Bei fortschreitender Entwicklung nimmt die gewünschte Familiengröße ab, da die Beschäftigungsmöglichkeiten und der Marktwert der Arbeitszeit der Frau zunehmen und die Frauen sich für weniger Kinder entscheiden. Zur gleichen Zeit mindern steigende Einkommen den wirtschaftlichen Wert der Kinder in Form ihres Beitrags als Arbeitskräfte und als Ersatz für das öffentliche oder mehr private System zur Sicherung der Einkommen, einschließlich der Altersversorgung.

Bei einem höheren Einkommensniveau entscheiden sich die Eltern für weniger Kinder, investieren aber gleichzeitig bedeutend mehr in sie, insbesondere in Form einer umfassenderen Ausbildung. In den meisten Ländern erhalten die Mädchen eine geringere Ausbildung als die Jungen – dies ist besonders eklatant in Südasien und im Nahen Osten. In manchen Regionen, hauptsächlich in Lateinamerika, erhalten die Mädchen dagegen eine umfassendere Ausbildung. Eine niedrigere Schulbildung von Mädchen spiegelt die geringeren wirtschaftlichen Möglichkeiten der Frauen sowie direkte kulturelle Einflüsse wider. Ein Merkmal der Entwicklung von Ostasien war die rasche Verbesserung der Ausbildung sowohl für Mädchen als auch für Jungen, was der nächsten Generation Vorteile bringt. Gebildetere Mütter wenden im allgemeinen mehr Haushaltsmittel für die Ernährung und die Betreuung ihrer Kinder auf, und sie legen einen gesteigerten Wert auf ihre Ausbildung. Insgesamt führen diese Entscheidungen der Haushalte mit einer zeitlichen Verzögerung von ungefähr fünfzehn bis zwanzig Jahren dazu, daß das Arbeitskräftepotential langsamer wächst und besser ausgebildet ist.

*Der Umgang mit dem Risiko*

Die Haushalte müssen sich zunehmend darüber sorgen, wie sie die Risiken bewältigen, die sich ihnen in den Weg stellen, seien es Mißernten, Arbeitslosigkeit, eine schlechte Gesundheit oder Arbeitsunfähigkeit im Alter. Wenn die Haushalte eine Strategie zur Aufteilung ihrer Arbeitszeit verfolgen, stellt sich auch das Problem, wie sie mit dem Risiko eines vorübergehend oder dauerhaft sinkenden Einkommens umgehen. Selbst arme Arbeiterhaushalte finden Wege, um mit der ökonomischen Unsicherheit umzugehen, und sie sind in der Lage, ihren Konsum weniger schwanken zu lassen als ihr Einkommen. Dies kann durch eine Vielzahl von Maßnahmen erreicht werden – durch eine Neuverteilung der Arbeitszeit, Entscheidungen über Schwangerschaft und Heirat, Sparen, Transfers zwischen den Familienmitgliedern oder der Gemeinschaft sowie durch die Kreditaufnahme. Die Entscheidung über die Zahl der Kinder hängt beispielsweise zum Teil davon ab, wie groß das erwartete Risiko ist, daß einige Kinder sterben, bevor sie erwachsen sind. In diesem Fall wäre die primäre Quelle der Altersversorgung der Eltern gefährdet.

Die dem Haushalt zur Verfügung stehenden Alternativen bestimmen, inwieweit die Allokation der Arbeit von einer Strategie des Risikomanagements abhängig gemacht wird. In Botsuana und anderswo hat man herausgefunden, daß die Entscheidungen der Haushalte über die Allokation der Zeit ihrer Familienmitglieder, d.h., ob sie zu Hause oder in anderen Städten (oder im Ausland) arbeiten, von dem Wunsch nach Reduzierung der Risiken abhängt. Mit fortschreitender wirtschaftlicher Entwicklung tendieren die Haushalte dazu, mehr Zeit für marktorientierte Tätigkeiten aufzuwenden. Dadurch werden arbeitsmarktspezifische

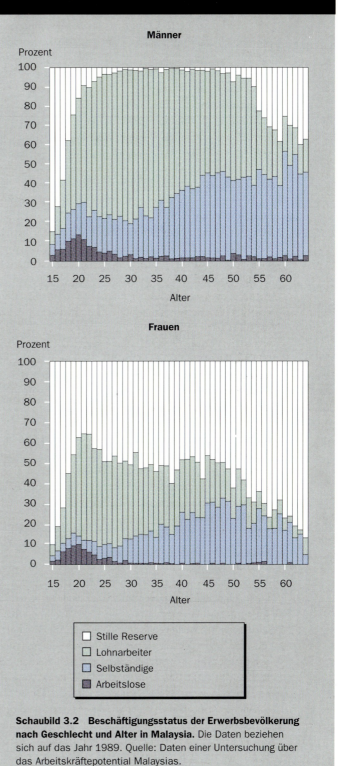

**Schaubild 3.2 Beschäftigungsstatus der Erwerbsbevölkerung nach Geschlecht und Alter in Malaysia.** Die Daten beziehen sich auf das Jahr 1989. Quelle: Daten einer Untersuchung über das Arbeitskräftepotential Malaysias.

Risiken, insbesondere das der Arbeitslosigkeit, vergleichsweise wichtiger.

## Beschäftigungsverhältnisse

Weltweit ist die Hälfte der Erwerbstätigen selbständig oder arbeitet in Familienbetrieben. Wenn jedoch die Volkswirtschaften wachsen, arbeiten mehr Menschen in einem Lohnverhältnis, und es entstehen zunehmend formale, vielfältige und komplexe Beschäftigungsverhältnisse. Typischerweise kommen dann viele Kräfte ins Spiel, um die Anstrengungen zu fördern und zu überwachen, die Risiken zu teilen und Fairneß sicherzustellen. Vereinbarungen, die in einer Entwicklungsstufe gut funktionieren, können sich später als wirkungslos erweisen, wenn sich die Volkswirtschaft weiter entwickelt.

In traditionellen Volkswirtschaften ist der Familienbetrieb, typischerweise ein Bauernhof, die vorherrschende Form der Arbeitsorganisation. Sein Hauptvorteil besteht darin, daß alle Gewinne dem Haushalt selbst zugute kommen, so daß jedes Familienmitglied ein direktes Interesse daran hat, produktiv zu arbeiten. Nachteilig sind die geringe Betriebsgröße und die begrenzten Ressourcen. Wenn der größte Teil der Produktion mit der Landwirtschaft erzielt wird, sind steigende Skalenerträge nicht bedeutsam. Selbst wenn die Vorteile neuer Maschinentechniken anfangs auf größere Betriebseinheiten beschränkt sind, entwickeln sich gewöhnlich Leihmärkte, die es kleinen Farmen erlauben, diese Techniken zu nutzen. Größere landwirtschaftliche Betriebe haben in der Regel einen besseren Zugang zu Krediten. Dieser Vorteil wird jedoch im allgemeinen dadurch ausgeglichen, daß kleine landwirtschaftliche Familienbetriebe eher ihre Anstrengungen verstärken können. Landwirtschaftliche Familienbetriebe und sonstige kleine Betriebe im Familienbesitz bleiben in ärmeren Gesellschaften eine effiziente Form der Arbeitsorganisation für viele Arten der Produktion.

Selbst wenn Bauernhöfe und Betriebe im Familienbesitz dominieren, gibt es gleichzeitig auch andere Arten von Beschäftigungsverhältnissen. Die einfachste Form von Arbeitsverträgen gibt es für Gelegenheitsarbeiter, beispielsweise Obstpflücker, Taxi-Fahrer und Saisonarbeiter. In diesem Segment des Arbeitsmarktes kann die Produktivität leicht gemessen werden, und Stücklöhne sind für Arbeitnehmer und Arbeitgeber als ein „faires" Entlohnungssystem akzeptabel. Die Arbeitsnachfrage ist eine Funktion des Wertes, den ein Arbeiter zur Produktion beiträgt, während das Arbeitsangebot davon abhängt, wie die einzelnen Personen ihre Zeit bewerten (oder was sie anderswo verdienen können). Mit zunehmenden Beschäftigungsmöglichkeiten nimmt dabei die Spezialisierung zu, und oft muß man die Bezahlung für die Leistungen vorher vereinbaren, um sich die Arbeitskräfte zur geeigneten Zeit zu sichern. Entstehende Arbeitsvermittlungsfirmen haben in diesem Zusammenhang eine wichtige Funktion, wie zur Zeit des Booms der Obstindustrie in den achtziger Jahren im Norden Chiles. Diese Firmen waren unbedingt notwendig für eine arbeitsintensive Industrie in einem dünn besiedelten Gebiet. Sie schließen Verträge mit den Farmern, treten als Arbeitsvermittlungseinrichtungen auf und tragen zum Informationsfluß zwischen den Arbeitsmärkten benachbarter Regionen bei.

*Implizite Verträge*

Studien über ländliche Arbeitsmärkte in Entwicklungsländern fanden heraus, daß die Löhne oft durch subtile soziale und wirtschaftliche Kräfte beeinflußt werden. In armen Dörfern werden die Löhne beispielsweise auf einem Niveau festgelegt, das den Arbeitern eine ausreichende Ernährung garantiert, damit sie effektiv arbeiten können. Allgemeiner gesagt, werden die Löhne für eine gegebene Aufgabe in einer Saison festgelegt, und man macht sich Gedanken darüber, was „fair" ist. In Indien haben Studien herausgefunden, daß die Tageslöhne innerhalb eines bestimmten geographischen Gebiets für alle Arbeiter gleichen Geschlechts auffallend übereinstimmen, trotz der individuellen Produktivitätsunterschiede. Die Löhne variieren in Abhängigkeit von den Aufgaben, die saisonspezifisch sind, sie reflektieren aber nicht direkt die Produktivität. Produktivere Arbeiter werden statt dessen tendenziell länger beschäftigt, während weniger produktive Arbeiter in einer flauen Saison weniger Arbeit bekommen. Solche Verträge beinhalten Anreize zur Belohnung besonderer Leistungen sowie oft ein Element zur Teilung von Risiken. Pachtverträge, wobei als Pacht ein Teil der Ernte abgeliefert wird, sind aus den gleichen Gründen populär, sie werden jedoch eher angewendet, wenn die Überwachungskosten hoch sind oder wenn ein schwacher Zusammenhang zwischen dem Arbeitseinsatz und der Produktivität besteht.

*Formelle Verträge*

Bei zunehmenden Pro-Kopf-Einkommen und einer fortschreitenden Industrialisierung sind informelle Vereinbarungen und die Produktion in kleinen Betriebseinheiten weniger sinnvoll. Die meisten Aktivitäten im Verarbeitenden Gewerbe und viele Dienstleistungen sind mit höheren Skalenerträgen verbunden als in der Landwirtschaft, und zwar sowohl in der Produktion als auch im Marketing oder bei der Finanzierung. Außerdem werden die Arbeitnehmer nicht nur dazu eingestellt, eine eng begrenzte Aufgabe zu erfüllen, sondern sie sollen Teil einer koordinierten Anstrengung werden. Sie müssen ausgebildet werden, und man muß ihnen Verantwortung übertragen. Schließlich sind Herausforderungen und Anreize zu schaffen. Die am Arbeitsmarkt erzielten Resultate ergeben sich aus Überlegungen zur Motivierung der Arbeitnehmer und aus der Abwägung von Risiken und sozialen Normen unter Berücksichtigung der Technologie. Dieses Problem wird jedoch zunehmend durch den Abschluß formeller Arbeitsverträge zwischen Arbeitnehmern und Arbeitgebern gelöst.

Formelle Arbeitsverträge bieten typischerweise einen Rahmen für gemeinsame Investitionen der Arbeitgeber und Arbeitnehmer. Die Betriebe schätzen einen bewährten und gut ausgebildeten Mitarbeiterstamm, der die spezifischen Eigenschaften des Produktionsprozesses kennt. Sie wenden daher Mittel auf, um eine Belegschaft zu rekrutieren und auszubilden, die speziell auf ihre Bedürfnisse zugeschnitten ist. Außerdem bieten sie denjenigen Anreize, die zuverlässig arbeiten. Die Arbeitnehmer schätzen dafür die Sicherheit eines regelmäßigen Lohnes. Manche Betriebe zahlen „Effizienzlöhne", die bewußt über dem Marktlohn festgelegt werden. Sie sollen für die Arbeiter die Kosten des Verlusts des Arbeitsplatzes erhöhen und haben den Zweck, gute Mitarbeiter zu gewinnen, sie zu halten und zu motivieren. Formelle Arbeitsverträge müssen mit dem umfassenderen System von gesetzlich vorgeschriebenen Arbeitnehmerrechten in Einklang stehen. Diese gesetzlichen Regelungen bestimmen typischerweise die Arbeitsbeziehungen in modernen Volkswirtschaften, indem sie Mindestanforderungen festlegen, die Mitgliedschaft in Gewerkschaften regeln und die Arbeitsplatzsicherheit garantieren. Zu diesen Fragen kehren wir in Teil Drei des Berichts zurück.

## Arbeitslosigkeit

*Der zweiundfünfzigjährige Maciek war fast die Hälfte seines Lebens in der „Star Truck"-Fabrik in Starachowice (Polen) beschäftigt. Die Fabrik wurde unter einer neuen Leitung umstrukturiert, und er befand sich unter den tausend Arbeitern, die ihren Arbeitsplatz verloren. In seinem Alter und mit seinen begrenzten Fähigkeiten wird Maciek große Schwierigkeiten haben, eine neue Stelle zu finden.*

• • •

*N'golo, ein landloser Bauer, der nahe Korhogo im Norden von Côte d'Ivoire lebt, arbeitet im Durchschnitt fünfzehn Stunden in der Woche. Er würde gerne mehr arbeiten, um den Lebensstandard seiner Familie zu verbessern und die Ausbildung seiner Kinder zu bezahlen. Außer in der Erntezeit gibt es jedoch nicht genug Arbeit.*

• • •

*Zeba bestand vor drei Jahren ihr Examen an der Dhaka Universität in Bangladesch. Fast alle ihrer männlichen Kommilitonen haben eine Arbeitsstelle gefunden. Trotz einer intensiven Suche nach einem Job in Dhaka, Chittagong und ihrer Heimatstadt Khulna hatte Zeba jedoch keine Angebote. Die Arbeitgeber bevorzugen die Einstellung von Männern, da sie glauben, daß sich Männer mehr für ihre Karriere einsetzen.*

• • •

Die Haushalte bieten ihre Arbeitskraft an, und die Arbeitgeber fragen Arbeit nach. Dieses Zusammenspiel und die selbständige Beschäftigung sowie die Produktion im Haushalt bestimmen die Beschäftigung und die Löhne, die wir auf dem Arbeitsmarkt beobachten. Viele arbeitswillige Menschen können jedoch keine Arbeit finden. Die Arbeitslosigkeit nimmt viele Formen an, wie die unterschiedlichen Erfahrungen von Maciek, N'golo und Zeba veranschaulichen. In allen Fällen entstehen für die Menschen Kosten. Die Ursachen von Arbeitslosigkeit sind komplex und stehen oft in keiner Beziehung zur Entwicklungsstufe. Der Unterschied zwischen der Arbeitslosenquote Frankreichs (11,6 Prozent) und Japans (2,5 Prozent) im Jahre 1993 ist sicherlich nicht das Ergebnis differierender Einkommen. Die Entwicklung hat jedoch einen bedeutenden Einfluß darauf, in welcher Form die Arbeitslosigkeit auftritt und wie sie in den offiziellen Statistiken erscheint (Sonderbeitrag 3.1).

In Ländern mit niedrigem Einkommen absorbieren die formelle und die informelle Beschäftigung zusammen gewöhnlich das gesamte Arbeitskräftepotential, vor allem in ländlichen Gebieten. Viele dieser Arbeiter sind allerdings nicht vollzeitbeschäftigt. Manche arbeiten nur zeitweise, sie leisten Überstunden in der Hochsaison in der Landwirtschaft und sind in der übrigen Jahreszeit kaum beschäftigt. Die Produktion in agrarischen Volkswirtschaften ist jedoch dadurch gekennzeichnet, daß offene Arbeitslosigkeit – definiert als diejenigen Menschen ohne Beschäftigung, die eine Arbeit suchen – relativ selten auftritt. Die Mitglieder eines armen Haushalts können es sich nicht leisten, keinen Arbeitsplatz zu haben. Von daher ist es weitverbreitet, daß man sich in der Landwirtschaft Tätigkeiten mit niedriger Produktivität teilt. Obgleich die offene Arbeitslosigkeit niedrig ist, sind die Arbeitskräfte nicht richtig ausgelastet. In Ghana arbeiten die Landarbeiter im Durchschnitt nur 28 Stunden in der Woche, während in Vietnam fast 10 Prozent der Erwerbstätigen weniger als 15 Stunden pro Woche arbeiten, viele von ihnen unfreiwillig. Das Büro für Statistik in Bangladesch schätzte, daß fast 43 Prozent der Erwerbstätigen des Landes im Jahre 1989 nicht vollzeitbeschäftigt waren.

In fast allen Ländern sind die menschlichen Ressourcen nicht ausgelastet – Menschen, die arbeiten wollen, können nicht soviel Arbeit finden, wie sie gerne hätten. In ärmeren ländlichen Gebieten zeigt sich dieses Phänomen vor allem in der Form von saisonaler Unterbeschäftigung. In den Städten manifestiert es sich beispielsweise in einer stillen Reserve, das heißt von Personen, die es aufgegeben haben, nach einer Arbeit zu suchen. (In Südafrika sind insgesamt knapp vierzig Prozent der Schwarzen arbeitslos, fast drei Viertel von ihnen haben es sogar aufgegeben, einen Job zu suchen.)

Im Verlauf des Entwicklungsprozesses und als Reflex der strukturellen Reformen in der Wirtschaft verändert die Arbeitslosigkeit ihr Gesicht, sie wandelt sich von der Unterbeschäftigung zu bestimmten Formen der offenen Arbeitslosigkeit. Dieser Wandel hängt teilweise mit den steigenden Einkommen und der zunehmenden Verstädterung zusammen. Wenn die Länder wachsen und die Einkommen der Haushalte steigen, können es sich einzelne leisten, für eine bestimmte Zeit keine Arbeit zu haben, während sie auf einen neuen Arbeitsplatz warten. Zudem sind modernere Volkswirtschaften im Gegensatz zu Agrarwirtschaften so organisiert, daß man die Arbeit nicht so leicht teilen kann und die Arbeitszeit nicht so leicht anzupassen ist. Selbst Länder mit dem gleichen Einkommensniveau weisen jedoch riesige Unterschiede bei der offenen Arbeitslosigkeit auf. Algerien, Brasilien und Polen haben ein sehr ähnliches Pro-Kopf-Einkommen, die Quoten der offenen Arbeitslosigkeit in diesen Ländern betrugen in den frühen neunziger Jahren jedoch 21,0 Prozent, 3,9 Prozent und 16,0 Prozent (Schaubild 3.3). Um diese Unterschiede zu verstehen, muß man die verschiedenen ökonomischen Kräfte identifizieren, die Arbeitslosigkeit erzeugen.

Offene Arbeitslosigkeit kann durch das Arbeitsangebot oder die Arbeitsnachfrage verursacht werden: Sie kann die

## Sonderbeitrag 3.1 Was versteht man unter Arbeitslosigkeit?

Wer ist arbeitslos? Dazu gehören Landarbeiter in Côte d'Ivoire und landlose Arbeiter in Indien, die in Zeiten wirtschaftlicher Flaute keine Arbeit finden können; polnische Stahlarbeiter und holländische Hafenarbeiter, die ihre Beschäftigung aufgrund von strukturellen Veränderungen in der Nachfrage nach ihren Qualifikationen verloren haben; Mitglieder der unteren Klasse in den Vereinigten Staaten und eine Generation junger Arbeiter in Südafrika, die über keine ausreichenden Fähigkeiten für einen sicheren Arbeitsplatz verfügen oder denen der Zugang zu einer Beschäftigung verweigert wurde; Akademiker in Ägypten und ehemalige Staatsbedienstete in Nicaragua, deren Erwartungen auf einen guten Arbeitsplatz sich nicht erfüllt haben und die von ihrer Familie unterstützt werden, bis sich eine geeignete Beschäftigungsmöglichkeit bietet.

Wie viele sind arbeitslos? Die meisten gemeldeten Arbeitslosenquoten beziehen sich auf den von der Internationalen Arbeitsorganisation (ILO) empfohlenen Standard: Personen ab einem bestimmten Alter, die während eines Referenzzeitraumes (zum Beispiel der vergangenen Woche) ohne Arbeit sind, derzeit für eine Arbeit zur Verfügung stehen und eine Arbeit suchen. Nach dieser Definition machen die Arbeitslosen gewöhnlich einen relativ kleinen Teil der Bevölkerung im erwerbsfähigen Alter aus, obgleich in der Zeit eines akuten Anpassungsprozesses – wie in den dreißiger Jahren in den Vereinigten Staaten, in den frühen achtziger Jahren in Chile und in den neunziger Jahren in Bulgarien – 15 bis 25 Prozent der Erwerbspersonen von Arbeitslosigkeit betroffen sein können.

Umfassendere Maße für die Unterauslastung der Arbeit zeigen eher das wahre Ausmaß der brachliegenden Arbeitszeit. Solche Maße enthalten die stille Reserve – diejenigen, die nicht arbeiten und gerne einer Beschäftigung nachgehen würden, es aber aufgrund mangelnder Beschäftigungsmöglichkeiten aufgegeben haben, nach einer Arbeit zu suchen. Eine andere Gruppe, die nicht als arbeitslos gezählt wird, besteht aus denjenigen, die unfreiwillig einer Teilzeitbeschäftigung nachgehen, weil es nicht mehr Arbeit gibt. Zu dieser Gruppe gehören Arbeitnehmer, die offiziell vollzeitbeschäftigt bleiben, sich aber nicht mehr zum Dienst melden (Chinas Beschäftigte „außerhalb des Dienstes"), oder diejenigen, die auf unbestimmte Zeit in einen unbezahlten Urlaub geschickt worden sind (eine übliche Praxis in der Ukraine). Da das „Vorhandensein" von Arbeit teilweise subjektiv empfunden wird, ist es besonders schwierig, die exakte Größe dieser Gruppen zu schätzen. Wenn aber die stille Reserve und die unterbeschäftigten Arbeitnehmer zu den als arbeitslos gezählten Erwerbspersonen hinzugerechnet werden, steigt das Maß für die Unterauslastung der Arbeit beträchtlich (siehe Tabelle).

### Arbeitslosigkeit und Unterbeschäftigung in ausgewählten Ländern
(In Prozent der Erwerbstätigen)

| Land | Jahr | Arbeitslose | Stille Reserve | Unterbeschäftigte[a] |
|---|---|---|---|---|
| Ghana | 1988–89 | 1,6 | 1,5 | 24,1 |
| Vietnam | 1992–93 | 1,3 | 3,5 | 10,0 |
| Ukraine | 1994 | 0,4 | .. | 14,5 |
| Südafrika[b] | 1993 | 11,9 | 25,5 | 5,5 |
| Spanien | 1985 | 17,3 | 2,6 | 4,5 |
| Vereinigte Staaten | 1991 | 6,8 | 0,9 | .. |

.. Nicht verfügbar.
**Anmerkung:** Die Länder sind in ansteigender Reihenfolge nach ihrem Pro-Kopf-Einkommen aufgelistet. Mit Ausnahme der Ukraine ist die Stille Reserve im Arbeitskräftepotential enthalten.
a. Diejenigen, die fünfzehn Stunden pro Woche oder weniger arbeiten.
b. Nur Afrikaner.
**Quelle:** Für Ghana und Vietnam, Daten einer Studie zur Messung des Lebensstandards; für Südafrika, Daten eines Projektes für Statistiken über Lebensstandard und Entwicklung; für Spanien, „La Encuesta de Condiciones de Vida y Trabajo, 1985"; für die Vereinigten Staaten, Ehrenberg und Smith 1994; für die Ukraine, Arbeitsmarktdynamik in der ukrainischen Wirtschaft im Zeitraum 1992–94: Ergebnisse der Untersuchung über das ukrainische Arbeitskräftepotential ILO-CEET, Budapest 1994, und Statisticheski Bulletin: Rynole Truda v strankh SNE, Moskau 1994.

Entscheidung eines Arbeitnehmers widerspiegeln, der eine angebotene Stelle nicht annimmt und auf eine bessere wartet; sie kann ein Zeichen falscher Erwartungen sein; schließlich kann sie die Folge einer gescheiterten Politik sein oder von Rigiditäten, die die Arbeitsnachfrage im Vergleich zum Arbeitsangebot vermindern. Arbeitslosigkeit wird oft nach ihrem Typ und ihrer Ursache klassifiziert. Friktionelle Arbeitslosigkeit resultiert aus normalen Marktvorgängen.

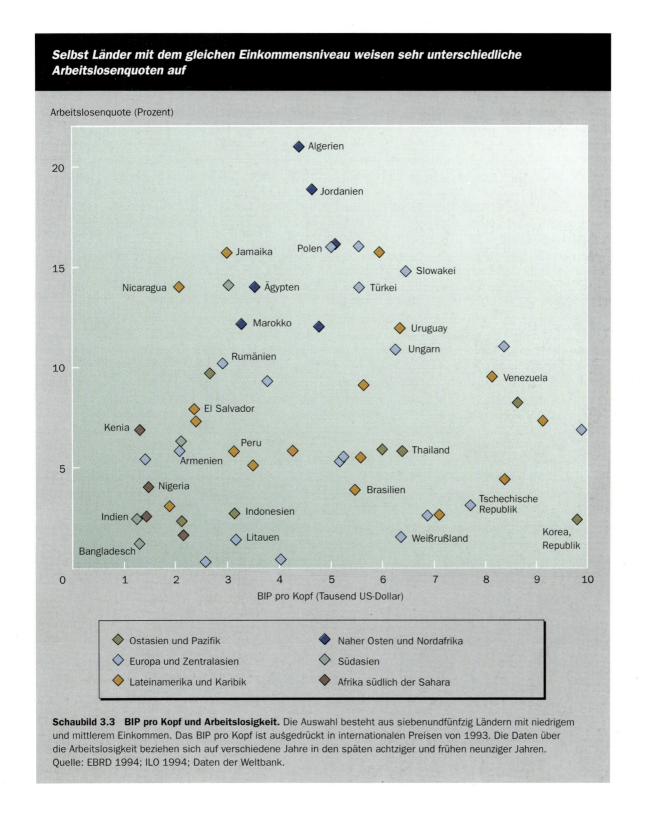

Schaubild 3.3 **BIP pro Kopf und Arbeitslosigkeit.** Die Auswahl besteht aus siebenundfünfzig Ländern mit niedrigem und mittlerem Einkommen. Das BIP pro Kopf ist ausgedrückt in internationalen Preisen von 1993. Die Daten über die Arbeitslosigkeit beziehen sich auf verschiedene Jahre in den späten achtziger und frühen neunziger Jahren.
Quelle: EBRD 1994; ILO 1994; Daten der Weltbank.

Sie ist typischerweise von kurzer Dauer und stellt einen Teil des Suchprozesses dar, bei dem die Arbeitnehmer nach dem richtigen Arbeitsplatz und die Unternehmer nach den geeigneten Arbeitskräften suchen. Die konjunkturelle Arbeitslosigkeit entsteht aufgrund von Schwankungen der gesamtwirtschaftlichen Nachfrage. Obgleich sie manchmal weitverbreitet und schwerwiegend ist, ist sie doch im allgemeinen nur vorübergehend. Konjunkturelle Arbeitslosigkeit kann zu einer Zunahme der langfristigen Arbeitslosigkeit führen, wenn die Arbeitslosen trotz einer anspringenden Wirtschaft Probleme haben, wieder in das Arbeitsleben einzutreten. Strukturelle Arbeitslosigkeit ist verbunden mit wirtschaftlicher Stagnation, schlecht funktionierenden Arbeitsmärkten oder einem Versagen der Politik. Sie hält in der Regel länger an. Sie zu beseitigen, erfordert nicht nur eine Erholung der gesamtwirtschaftlichen Nachfrage. Vielmehr müssen folgende Probleme angegangen werden: unzureichende berufliche Ausbildung, regionale Diskrepanzen zwischen Arbeitsangebot und Arbeitsnachfrage, die Beseitigung starrer Löhne und Beschäftigungspraktiken oder die Verbesserung der Qualifikation der Arbeitnehmer.

Die jüngste Entwicklung der Arbeitslosigkeit bereitet besondere Probleme. Trotz einer beständigen Erholung der Weltwirtschaft ist die offene Arbeitslosigkeit in vielen Ländern gestiegen. In Europa wird das Zusammenspiel mehrerer Faktoren für die anhaltend hohe Arbeitslosigkeit während der achtziger Jahre verantwortlich gemacht: ein schwaches Wachstum der Arbeitsnachfrage, Reallohnstarrheiten angesichts einer sinkenden Nachfrage nach ungelernten Arbeitern, mangelnde Anreize zur Annahme einer Arbeit aufgrund der Leistungen des Wohlfahrtssystems sowie Restriktionen in einigen Dienstleistungssektoren, die das Beschäftigungswachstum dämpfen.

Die Arbeitslosigkeit ist besonders gravierend in vielen ehemaligen Staatshandelsländern. Viele Betriebe, die das erste Mal der Disziplin der Märkte unterworfen wurden, mußten ihre Produktion zurückfahren oder den gesamten Betrieb schließen. In Bulgarien, Ungarn und der Slowakei war die offiziell erfaßte Arbeitslosigkeit bis 1989 vernachlässigbar gering. 1993 waren jedoch alle drei Volkswirtschaften mit einer offenen Arbeitslosigkeit zwischen 12 und 16 Prozent konfrontiert. Nicht alle Transformationsländer mußten jedoch die gleichen Erfahrungen machen. In Weißrußland, der Tschechischen Republik und Rußland verharrte die offene Arbeitslosigkeit auf einstelligen Raten, obwohl in Weißrußland und Rußland viele Arbeitnehmer freigesetzt wurden oder Teilzeitarbeit verrichten.

Während der achtziger Jahre stagnierte das Beschäftigungswachstum in den moderneren Sektoren in vielen armen Ländern aufgrund der Abnahme der gesamtwirtschaftlichen Nachfrage und der Umstrukturierung der öffentlichen Unternehmen. In städtischen Zentren nahm die offene Arbeitslosigkeit zu, da neu in das Arbeitsleben eintretende und freigesetzte Arbeitskräfte keine Arbeit finden konnten. Früher als Luxus angesehen, den sich nur gutsituierte junge Leute leisten konnten, die auf einen Arbeitsplatz in Zukunftsbranchen warteten, sind nun alle sozialen Klassen von Arbeitslosigkeit betroffen.

• • •

Die wirtschaftliche Entwicklung verschafft den Erwerbstätigen neue und sich rasch ändernde Möglichkeiten am Arbeitsmarkt. Der Fortschritt hängt von einer Reihe von Faktoren ab: Von der Bereitschaft und den Fähigkeiten der Haushalte zum Sparen und zum Aufbau ihrer produktiven Ressourcen; von der Bereitschaft der Arbeitgeber, das Zusammenspiel der Produktionsfaktoren so zu organisieren, daß Gewinne aus der Spezialisierung erzielt werden können; und schließlich von der Bereitschaft der Regierungen, diese Anstrengungen zu fördern, anstatt sie zu behindern. Das Wirtschaftswachstum verteuert zunehmend die Arbeitsleistungen. Dadurch werden die Haushalte dazu veranlaßt, alternative Möglichkeiten zur Verwendung ihrer Zeit zu wählen, und die Arbeitgeber sehen sich gezwungen, bessere Methoden zur Organisierung der Produktionsabläufe zu finden. Dieses Zusammenspiel ist aber nicht vollkommen, und oft fühlen sich viele Arbeitnehmer nicht ausgelastet und meinen, daß ihr Einkommen zu niedrig sind.

# KAPITEL 4

# Politik und die Struktur der Arbeitsnachfrage

IM ZUGE DER WIRTSCHAFTLICHEN ENTWICKLUNG verändert sich die Beschäftigungsstruktur dramatisch, und es kommt zu enormen Produktivitätssteigerungen. Die Beschäftigungsstruktur in den traditionellen Industrien wandelt sich, wenn der technische Fortschritt bei steigenden Arbeitskosten die Einführung neuer Verfahren fördert. In der Zwischenzeit nehmen die Beschäftigungsmöglichkeiten in der Industrie und im Dienstleistungssektor zu, während die Beschäftigung in der Landwirtschaft abnimmt und die Arbeitnehmer in die Städte ziehen sowie vom informellen in den formellen Sektor der Wirtschaft wechseln. Die Arbeitnehmer profitierten mehr davon, wenn sich die Produktivitätsverbesserung und der Wandel am Arbeitsmarkt in einem marktwirtschaftlichen Umfeld vollzogen haben. Versuche des Staates, das Tempo der Veränderungen durch den Schutz von Industriezweigen und der formellen Beschäftigung zu beeinflussen, haben sich als nicht tragfähig und oft kontraproduktiv erwiesen. Sie führten zu einer Abschwächung des Wirtschaftswachstums und einer sinkenden Arbeitsnachfrage und förderten das Wachstum des informellen Sektors.

Dieses Kapitel versucht zu erklären, warum das Produktivitätswachstum die Beschäftigungsstrukturen verändert. Danach wird gefragt, wie politische Alternativen das Wachstum der Arbeitsnachfrage und den strukturellen Transformationsprozeß fördern oder behindern können.

## Der Übergang von Tätigkeiten mit niedriger zu solchen mit hoher Produktivität

Produktivitätswachstum und steigende Reallöhne verändern die Funktionsweise einer Volkswirtschaft. Wenn mehr Kapital und technisches Wissen zur Verfügung stehen, ist es für die einzelnen Länder wirtschaftlich sinnvoll, die vorhandene Arbeit in der Weise einzusetzen, daß mehr kapital- und technologieintensive Industriegüter und Dienstleistungen und weniger arbeitsintensive Agrarprodukte hergestellt werden. Der Anteil der in der Landwirtschaft beschäftigten Arbeitnehmer an der gesamten Erwerbsbevölkerung fällt von durchschnittlich 90 Prozent in armen Ländern auf annähernd 5 Prozent in reichen Staaten, wie Schaubild 4.1 zeigt. Der Anteil der Industrie, d.h. des Verarbeitenden Gewerbes, der Bauwirtschaft und des Bergbaus, an der gesamten Beschäftigung steigt von 4 Prozent auf etwa 35 Prozent, und der des Dienstleistungssektors von 6 Prozent auf 60 Prozent. Diese Veränderungen stehen im Zusammenhang mit der in den Kapiteln 2 und 3 diskutierten Zunahme der formellen Beschäftigung. Unterschiedliche Ressourcenausstattungen können jedoch zu größeren Abweichungen von diesem Grundmuster führen. Länder mit einer großen Agrarfläche, wie die Vereinigten Staaten und Neuseeland, bleiben auch im Entwicklungsprozeß effiziente Agrarproduzenten. Diejenigen Länder, die reichlich mit Mineralien ausgestattet sind, wie Indonesien und Venezuela, setzen tendenziell weniger Arbeit in der Verarbeitenden Industrie und mehr im Dienstleistungssektor ein.

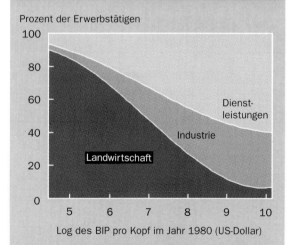

**Schaubild 4.1 Sektorale Verteilung der Beschäftigung nach den Einkommensniveaus der Länder.** Die sektoralen Anteile ergeben sich aus Schätzungen aufgrund einer statistischen Untersuchung von Daten der ILO für 1980.

Steigende Reallöhne fördern außerdem in jedem Sektor arbeitssparende Produktionstechniken, wenn die Arbeitnehmer von Aktivitäten mit niedriger Produktivität zu Beschäftigungen mit höherer Produktivität wechseln. Dies wird deutlich, wenn man die unterschiedliche Organisation der Milchproduktion in Mexiko, Ecuador und Texas betrachtet. In den ländlichen Regionen Mexikos arbeiten arme landwirtschaftliche Familienbetriebe mit einem mageren Kapital und ohne Beschäftigung von Facharbeitern. Sie verdienen nur wenig mehr als ein Subsistenzeinkommen und erzielen lediglich eine Milchproduktion von drei bis vier Litern pro Kuh am Tag. In den Hochländern Ecuadors stellen kleine kommerzielle Milchfarmen für einen Verdienst von 100 Dollar im Monat Arbeitskräfte ein und nutzen eine Reihe von Leistungen am Markt, wie beispielsweise die künstliche Befruchtung. Damit erzielen sie einen Ertrag von dreizehn Litern am Tag für jede Kuh. Texanische Ranchbetriebe stützen sich beim Einsatz von Produktionsmitteln,

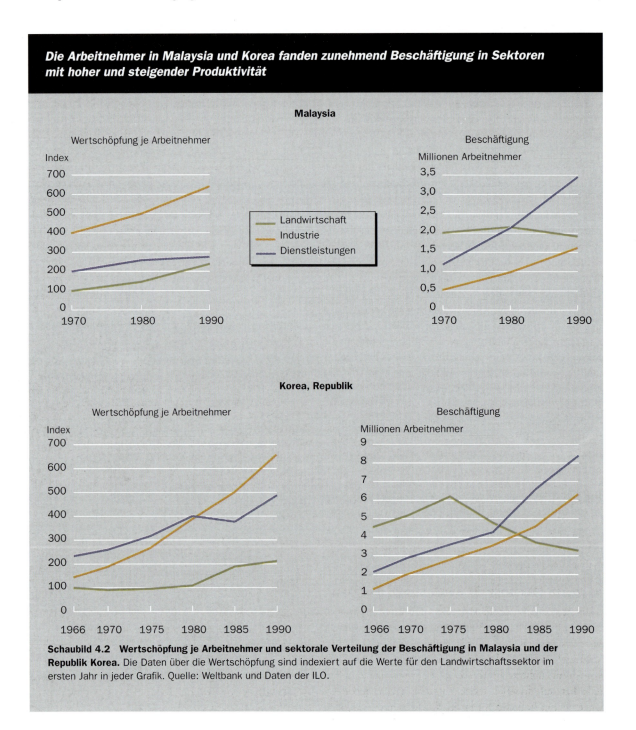

**Schaubild 4.2 Wertschöpfung je Arbeitnehmer und sektorale Verteilung der Beschäftigung in Malaysia und der Republik Korea.** Die Daten über die Wertschöpfung sind indexiert auf die Werte für den Landwirtschaftssektor im ersten Jahr in jeder Grafik. Quelle: Weltbank und Daten der ILO.

wie zusätzlichen Nährstoffen und veterinärmedizinischen Leistungen, sogar noch mehr auf den Markt. Ihre Lohnarbeiter erhalten 1.200 Dollar im Monat, ihre Kühe geben aber 20 oder mehr Liter Milch am Tag.

Wenn Volkswirtschaften wachsen, konkurrieren neue Beschäftigungsmöglichkeiten mit den bestehenden. Steigt die Nachfrage in anderen Branchen, dann wechseln die Arbeitnehmer aus Beschäftigungen mit niedriger Produktivität und niedrigen Löhnen. Schaubild 4.2 skizziert die trendmäßige Entwicklung der Arbeitsproduktivität innerhalb und im Vergleich zwischen den einzelnen Sektoren in Malaysia und der Republik Korea im Verlauf der letzten drei Jahrzehnte. Die beeindruckende Produktivitätsentwicklung in Malaysia spiegelt zum Teil eine Ausweitung der Beschäftigung in den hoch-produktiven Dienstleistungs- und Industriezweigen wider. Daneben ist sie aber auch Reflex von beträchtlichen Produktivitätssteigerungen in der Landwirtschaft bei einer annähernd konstanten Beschäftigtenzahl. Korea hatte noch dramatischere Erfolge aufzuweisen, obgleich die Produktivität in der Landwirtschaft erst dann stieg, als sie Mitte der siebziger Jahre die ersten Arbeiter verlor. In Korea und Malaysia hat eine Untersuchung über die Ursachen des Wachstums der Arbeitsproduktivität herausgefunden, daß ungefähr 60 Prozent der Produktivitätssteigerungen auf die zunehmende Arbeitsproduktivität innerhalb der Sektoren und der größte Teil der restlichen 40 Prozent auf Arbeitskräftewanderungen zwischen den Sektoren zurückzuführen ist.

Das Wachstum der Arbeitsproduktivität, ob innerhalb oder im Verhältnis zwischen einzelnen Sektoren, führt nicht nur zur Schaffung von Arbeitsplätzen; typischerweise gehen auch Arbeitsplätze verloren. Zum Beispiel stieg die Beschäftigung im Verarbeitenden Gewerbe Koreas von gerade etwas über 1 Million im Jahre 1966 auf mehr als 6 Millionen im Jahre 1990. Während dieses Zeitraums stieg der Anteil des Verarbeitenden Gewerbes an der gesamten Beschäftigung von 10 Prozent auf 30 Prozent. Dieser wirtschaftliche Erfolg verteilte sich jedoch nicht gleichmäßig auf die einzelnen Industriezweige und führte oft zu einer Vernichtung von Arbeitsplätzen. Die Beschäftigung in der Sperrholz-Industrie nahm zwischen den Jahren 1970 und 1979 von 23.000 Stellen auf 32.000 Stellen zu, fiel dann aber ab dem Jahr 1980. Die Reallöhne stiegen in diesem Zeitraum rasch und führten zu einem produktivitätssteigernden Transformationsprozeß in dieser Industrie.

## Fehler der Politik, die die Arbeitsnachfrage senken

Allzu oft reflektiert der Wandel der Beschäftigung nicht die vom Markt ausgehenden Veränderungen, sondern ist vielmehr das Resultat staatlicher Bemühungen, den Übergang von Tätigkeiten und Sektoren mit niedriger Produktivität zu solchen mit höherer Produktivität zu beschleunigen. Der Staat hat auf dreierlei Weise versucht, den Wandel zu forcieren: mit Politikmaßnahmen, die die Industrie begünstigen und die Landwirtschaft benachteiligen; mit Politiken, die sich gegen die Arbeitsnachfrage im Agrarsektor richten und schließlich mit regulatorischen Maßnahmen, die darauf abzielen, die Beschäftigung im formellen Sektor attraktiver zu machen. Alle drei Politiken drücken die Arbeitsnachfrage und beeinträchtigen früher oder später das gesamte Wachstum.

*Industriefreundliche Politiken*

In einer großen Reihe von Ländern haben sich Politikmaßnahmen als schlecht erwiesen, die sich auf importsubstituierende Industrien konzentrierten. Sie hatten negative Auswirkungen auf die Beschäftigung in der Industrie, das Wachstum in der Landwirtschaft und die gesamtwirtschaftliche Leistungsfähigkeit (Tabelle 4.1). Indien profitierte beispielsweise von einem stetigen Anstieg der Löhne, die Beschäftigung im Verarbeitenden Gewerbe nahm aber gleichzeitig nur langsam zu. Länder wie Argentinien und Peru oder Ghana und Sambia litten sowohl unter sinkenden Löhnen wie auch unter einem geringen (und im Fall von Argentinien sogar negativen) Beschäftigungswachstum. Der Schutz der Industrie konnte kein dynamisches Wachstum der Einkommen in der Industrie bewirken. Gleichzeitig wurde dadurch der Faktor Arbeit innerhalb des industriellen Sektors benachteiligt. Studien zeigen, daß die Exportindustrien in Ländern mit niedrigem und mittlerem Einkommen gewöhnlich arbeitsintensiver sind als die importsubstituierenden Branchen. Der Exportsektor wird aber in der Regel eher überproportional besteuert als subventioniert. Oft wird das Kapital indirekt subventioniert, und zwar durch einen geringeren Schutz vor importierten Kapitalgütern und

---

**In geschützten Volkswirtschaften stiegen die Verdienste in der Industrie und die Beschäftigung langsamer**

**Tabelle 4.1** Veränderungen der Verdienste in der Industrie und der Beschäftigung in stark geschützten und exportorientierten Volkswirtschaften
(Prozent pro Jahr, 1970–90)

| Land | Reallohn je Arbeitnehmer | Lohnbeschäftigung |
|---|---|---|
| *Stark geschützte Volkswirtschaften* | | |
| Argentinien | –0,9 | –2,5 |
| Ghana | –5,5 | 2,2 |
| Indien | 2,2 | 2,0 |
| Peru | –3,3 | 2,6 |
| Sambia | –0,9 | 2,0 |
| *Exportorientierte Volkswirtschaften* | | |
| Korea, Rep. | 8,2 | 6,6 |
| Malaysia | 2,2 | 8,2 |
| Thailand | 3,0 | 5,1 |

**Quelle:** Banerji, Campos und Sabot, Hintergrundpapier.

durch überbewertete Währungen, die den Faktor Arbeit bei der Industrialisierung zusätzlich benachteiligen. Im Gegensatz dazu förderten die erfolgreichen Volkswirtschaften Ostasiens den Export und verfolgten nur in einem relativ begrenzten Umfang eine industriefreundliche Politik. Die Lohnbeschäftigung nahm in diesen Ländern deutlich stärker zu als die Bevölkerung, und die Löhne im Verarbeitenden Gewerbe stiegen kräftig.

Die „Verhätschelung" der Industrie hat sich für einige wenige Industriezweige als nützlich erwiesen, für das Beschäftigungswachstum in der Industrie war sie jedoch schädlich. Außerdem schadete sie der Landwirtschaft. Unter der Annahme, daß die Landwirtschaft der größte arbeitsintensive Sektor ist, bedeutet dies eine Diskriminierung der Arbeitsnachfrage – und der ärmsten Gruppen unter den Erwerbstätigen. Die Landwirtschaft ist in der Realität oft außerordentlich stark besteuert worden. Eine Studie von 18 Ländern fand heraus, daß sich die gesamte (explizite und implizite) Steuerlast in der Landwirtschaft im Zeitraum von 1960 bis 1984 auf 30 Prozent belief – dies entspricht einem Transfer von 46 Prozent der gesamten jährlichen Wertschöpfung der Landwirtschaft auf andere Sektoren. Dieser Transfer reichte von rund 50 Prozent in Ländern wie Ghana und Sambia, in denen die Landwirtschaft extrem besteuert wird, bis zu 10 bis 20 Prozent in Ländern mit relativ geringer Besteuerung wie Malaysia. Korea und Portugal subventionierten demgegenüber die Landwirtschaft. In den meisten Fällen verkörperten nicht die direkten Steuern die primäre Quelle der Besteuerung – im Schnitt etwa drei Viertel der Gesamtbelastung –, vielmehr resultierte der größte Teil der Steuerlast aus indirekten Auswirkungen des Schutzes der Industrie und der damit verbundenen Überbewertung der Währungen. Die Studie fand heraus, daß eine niedrige Besteuerung der Landwirtschaft zu einem schnelleren Wachstum in diesem Sektor und in der gesamten Volkswirtschaft führte. Da hierdurch der gesamte Entwicklungsprozeß beschleunigt wurde, förderten niedrigere Steuern in der Landwirtschaft paradoxerweise den schnelleren Übergang von der Beschäftigung in der Landwirtschaft zur Beschäftigung in der Industrie und im Dienstleistungssektor.

Ebenso wichtig ist das Muster des technologischen Wandels. Wenn der technologische Fortschritt in einem überwiegend arbeitsintensiven Sektor gering ist, kann dieser Sektor dem gesamten Fortschritt in einem Land hinterherhinken. Dies kann darauf zurückzuführen sein, daß man daran scheitert, neue Techniken zu entwickeln und anzuwenden, wie es in der Landwirtschaft während der industriellen Revolution im Vereinigten Königreich und in den Vereinigten Staaten der Fall war. Dort konzentrierte sich der technische Fortschritt auf die Industrie und die Kommunikationswirtschaft. Dies war ein Grund dafür, daß die Löhne für ungelernte Arbeitskräfte stagnierten, selbst als das gesamtwirtschaftliche Wachstum in diesen Ländern stärker zu steigen begann. Die grüne Revolution hat allerdings die Situation in der Landwirtschaft in den letzten drei Jahrzehnten grundlegend geändert. Da wo die Farmer in der Lage gewesen sind, neue Technologien anzuwenden – vor allem in weiten Teilen Asiens – hat sich ein rascher technologischer Wandel in der Landwirtschaft vollzogen. Dadurch beschleunigte sich das gesamte Einkommenswachstum in der Landwirtschaft, und die Landarbeiter erzielten kräftige Zuwächse durch den direkten Anstieg der Einkommen der landwirtschaftlichen Betriebe und der Löhne in der Landwirtschaft. Eine Studie über die ländliche Entwicklung in Indien fand heraus, daß die Ertragszuwächse infolge des technologischen Wandels zu einer Abnahme der Armut unter der Landbevölkerung von 56 Prozent auf 30 Prozent im Zeitraum von Mitte der siebziger Jahre bis zum Jahr 1990 führten. Die Verminderung der Armut ist sowohl auf eine Zunahme der Gewinne der Landwirtschaftsbetriebe als auch auf einen Anstieg der Löhne in der Landwirtschaft um 70 Prozent zurückzuführen. Viele Studien haben darüber hinaus größere indirekte Auswirkungen in Form eines Wachstums anderer Sektoren auf dem Lande festgestellt, die von einer höheren Nachfrage nach Dienstleistungen, Konsumgütern und Einsatzfaktoren aufgrund gestiegener Agrareinkommen ausging. Damit der technologische Wandel eintritt, muß jedoch das politische Umfeld stimmen. Eine Politik, die die Landwirtschaft gravierend benachteiligte, nicht jedoch das Desinteresse der Bauern, ist der Hauptgrund für ein geringes Produktivitätswachstum in der Landwirtschaft in Afrika südlich der Sahara.

*Beschäftigungsfeindliche Politik in der Landwirtschaft*

Zwischen 1950 und den späten siebziger Jahren war die Agrarpolitik in marktwirtschaftlich orientierten und in zentral geplanten Volkswirtschaften von der Ansicht geprägt, daß die Bauern kaum auf Marktanreize reagieren, daß große landwirtschaftliche Betriebe effizienter sind und daß die größten Hoffnungen des Agrarsektors in der kapitalintensiven Modernisierung liegen. Diese Ansicht hat sich als falsch erwiesen. Einige Volkswirtschaften, vor allem in Ostasien, vermieden nicht nur eine übermäßige Besteuerung des Agrarsektors, sondern unterstützen auch in größerem Maße kleine landwirtschaftliche Einheiten durch die Bereitstellung von Infrastruktur und Dienstleistungen. Eine solche Politik wurde erleichtert durch vorangegangene Landreformen mit einer Umverteilung des Landes (in Korea und Taiwan, China), durch eine Tradition der Produktion in kleinen Farmbetrieben (in Indonesien und Thailand) oder durch einen reibungslosen Übergang zur Produktion in kleinen landwirtschaftlichen Einheiten (in China nach 1978). Diese Volkswirtschaften profitierten von einem raschen Wachstum der Landwirtschaft. Ein weiterer Erfolg bestand darin, daß viele Arbeitnehmer in ländlichen Gebieten in Beschäftigungen außerhalb der Landwirtschaft wechselten.

In vielen Volkswirtschaften befindet sich jedoch ein großer Teil des Landes im Besitz von übermäßig großen und

## Sonderbeitrag 4.1  Bestimmungsgründe für eine geringe Arbeitsnachfrage in der Landwirtschaft: Der Fall Kolumbiens

Kolumbien ist ein Beispiel für ein Land, das die Landwirtschaft besteuert hat, aber dennoch eine respektable Wachstumsrate in der Landwirtschaft infolge der Gewährung einer Reihe von Subventionen erzielte. Kolumbien veranschaulicht aber auch deutlich, wie eine einseitige Ausrichtung der Politik in einem Sektor die Arbeitsnachfrage vermindern kann. Die Armut bleibt in ländlichen Gebieten viel höher als in den Städten, selbst wenn die Armut im ganzen Land abgenommen hat.

Die implizite Steuerquote in der Landwirtschaft Kolumbiens erreichte im Zeitraum von 1960 bis 1984 schätzungsweise 30 Prozent. Dennoch belief sich das Wachstum in der Landwirtschaft in den Jahren 1950 bis 1987 auf durchschnittlich 3,5 Prozent pro Jahr. Der Wachstumspfad Kolumbiens war extrem kapital- und bodenintensiv. Der Kapitalstock wuchs um 2,8 Prozent pro Jahr und das für Landwirtschaft und Viehzucht genutzte Land um 1,4 Prozent. Die Beschäftigung nahm jedoch nur um 0,6 Prozent pro Jahr zu. Steuerbegünstigungen, subventionierte Kredite und die Abschaffung der Landpacht begünstigten ein extrem arbeitssparendes Muster des Wachstums der Landwirtschaft. Eine Reihe von Maßnahmen, die 1936 begannen und 1975 in der *Ley de Aparcería* gipfelten, führten dazu – beabsichtigt oder nicht –, daß die Großgrundbesitzer immer mehr den Anreiz verloren, Land an Bauern zu verpachten. Die Beschäftigung von Farmpächtern, die ihre Pacht in Form eines Teils der Ernte zahlen, und von *colonos* wurde 1968 offiziell verboten. Die Farmbesitzer machten sich auf zwei Wegen unabhängiger von der Arbeit: Zum einen durch die Mechanisierung, gewöhnlich mit subventionierten Krediten, und zum anderen durch den Übergang zur Viehzucht. Die Beschäftigung in der Landwirtschaft ging in den Jahren von 1970 bis 1975 stark zurück – und zwar um 3,9 Prozent pro Jahr.

Während der siebziger Jahre gab es eine Welle von illegalen Farmbesetzungen durch arme Bauern. Diese Möglichkeit zur Aneignung von Land wurde jedoch 1988 verschlossen. Die Armen hatten nur noch die Möglichkeit zur Besetzung von abgelegenem und ökologisch oft schlechtem Land an der Grenze zum Regenwald oder in steilen Hügellandschaften. In vielen Gebieten werden dadurch die Pflanzendecke und der Boden an Bergabhängen abgetragen, und der daraus resultierende Verlust der Feuchtigkeitsspeicher führt zu plötzlich anschwellenden Flußströmen. Obgleich der mangelnde Zugang zu Land und die mangelnden Beschäftigungsmöglichkeiten in landwirtschaftlichen Betrieben in Kolumbien keineswegs die einzige Ursache von Gewalt auf dem Lande sind, wird dadurch ohne Zweifel die Situation verschärft. In denjenigen Provinzen, die am meisten unter der Gewalt leiden, nahmen die von Farmpächtern und *colonos* betriebenen Landflächen zwischen 1960 und 1988 stärker ab als im Landesdurchschnitt.

Kolumbien verabschiedete 1994 ein revidiertes Landreformgesetz, mit dem die Rolle des Marktes bei der Übertragung von Land auf die Armen gestärkt werden sollte. In Frage kommende Bewerber erhalten eine Subvention in Höhe von 70 Prozent, um ein Stück Land zu kaufen, das zum Unterhalt einer Familie ausreicht. Um die restlichen 30 Prozent abzudecken, wird ein Kredit bereitgestellt. Es ist beabsichtigt, daß die subventionierten Bauern sich in Kooperativen zusammenschließen, um den Erwerb von Land mit den Großgrundbesitzern auszuhandeln. Das neue Gesetz verleiht zudem den unrechtmäßigen Landbesetzern von Grenzland Grundstückstitel, und es beinhaltet Maßnahmen zur Verbesserung der Böden von Kommunen, wo überwiegend Einheimische wohnen. Das Gesetz hebt nicht die Beschränkungen für die Landpacht auf, aber es ist ein Schritt in die richtige Richtung.

---

kapitalintensiven landwirtschaftlichen Farmbetrieben, in denen sehr wenig Arbeitskräfte beschäftigt sind, die aber einen bevorzugten Zugang zu Krediten und anderen Subventionen genießen. Halbherzige Landreformen in Lateinamerika, bei denen man versuchte oder damit drohte, Landrechte an Pächter zu vergeben, verschärften nur die Tendenz der Landbesitzer zum Einsatz arbeitssparender Produktionstechniken. Kolumbien ist ein besonders eindrucksvolles Beispiel für die negativen Anreizwirkungen solcher Politiken. Land, auf dem effizient Agrarerzeugnisse angebaut werden könnten, wird statt dessen für die Viehwirtschaft genutzt, da die Politik einseitig die großen Farmbetriebe begünstigt (Sonderbeitrag 4.1). In vielen Ländern des ehemaligen RGW-Blocks ist das Land noch im Besitz von großen landwirtschaftlichen Kollektivbetrieben oder ihren Nachfolgern.

In vielen Staaten sind Privatisierungen, Landreformen oder beides notwendig. Vietnam und Albanien bewegen sich bereits in dieser Richtung, und ein Programm zur Landreform ist in Südafrika auf den Weg gebracht worden. Eine Landreform wird am besten innerhalb eines marktwirtschaftlichen Rahmens durchgeführt, mit freiwilligen Käufern und Verkäufern, anstatt durch Enteignungsmaßnahmen. Damit die Reform funktioniert, können die Armen durch Subventionen unterstützt werden, damit sie eine Farm kaufen und entwickeln können. Darüber hinaus müssen technische Hilfen und Unterstützungen bei der Vermarktung sowie Investitionen in die landwirtschaftliche Infrastruktur von größeren landwirtschaftlichen Betrieben zu kleinen Farmen umgeleitet werden.

*Arbeitsschutzbestimmungen, Dualismus der Arbeit und der informelle Sektor*

Die Veränderungen in der Allokation der Ressourcen, die die produktivitätsfördernde Transformation einer Volkswirtschaft ermöglichen, erfordern ein freies Spiel der wirtschaftlichen Kräfte auf dem Arbeitsmarkt. Politiken, die die Bildung kleiner Gruppen von Arbeitnehmern in hochproduktiven Tätigkeiten begünstigen, haben negative Folgen: Sie führen zu einem Dualismus (in Form einer Segmentierung der Erwerbstätigen in privilegierte und unterprivilegierte Gruppen) und häufig zu einer Abschottung des formellen Sektors vor den Einflüssen des Arbeitsmarktes; beides geht auf Kosten einer Zunahme der Beschäftigung.

Dies passiert häufig, wenn in einem Produktionssektor, der durch eine protektionistische Handelspolitik oder öffentliche Eigentumsverhältnisse vor dem Wettbewerb geschützt wird, staatliche Arbeitsschutzbestimmungen eingeführt werden. Diese sind – oft mit guten Absichten – so gestaltet, daß sie die Arbeitsbedingungen der Erwerbstätigen im formellen Sektor schützen oder unterstützen. Dadurch kann eine kleine Gruppe von relativ privilegierten Arbeitnehmern entstehen, die ein Interesse daran haben, ihren hervorgehobenen Status dauerhaft zu sichern.

In vielen Ländern Lateinamerikas, Südasiens und des Mittleren Ostens garantieren Arbeitsgesetze mit weitreichenden Bestimmungen die Sicherheit der Arbeitsplätze, wodurch Einstellungsentscheidungen praktisch nicht mehr rückgängig gemacht werden können. Daneben sind das System der Arbeitervertretung und die Mechanismen zur Konfliktlösung oft unvorhersehbaren staatlichen Entscheidungen unterworfen, was dazu führt, daß die Betriebe ihre zukünftigen Arbeitskosten noch schwerer abschätzen können. In Indien existiert noch keine geeignete Konkursgesetzgebung, so daß die Schließung von Firmen von diskretionären staatlichen Entscheidungen abhängt und die Anpassung im industriellen Sektor aufgrund von politischen Maßnahmen kompliziert wird. In ähnlicher Weise hat der schwache Zusammenhang zwischen den Beiträgen zur Sozialversicherung und deren Leistungen dazu geführt, daß die Sozialversicherungsbeiträge praktisch in eine Steuer umgewandelt wurden. Dies ermutigt die Arbeitnehmer dazu, durch Änderung ihres Beschäftigungsstatus Steuern zu sparen. Eine Studie des brasilianischen Sozialversicherungssystems fand heraus, daß die Arbeitnehmer so lang wie möglich im informellen Sektor bleiben, und schließlich nur deswegen in ein offizielles Beschäftigungsverhältnis wechseln, um die Anforderungen des Rentenversicherungssystems zu erfüllen.

Die Größe des informellen Sektors in den Städten reicht von ungefähr 75 Prozent des städtischen Arbeitskräftepotentials in Burkina Faso und Sierra Leone bis zu rund einem Viertel in Argentinien. Der informelle Sektor ist in Afrika südlich der Sahara und in Lateinamerika relativ groß. In jeder Region steht die Größe des informellen Sektors in einem negativen Zusammenhang mit der Arbeitsproduktivität (Schaubild 4.3). Die Größe des informellen Sektors hängt jedoch auch von der Politik ab. Übermäßige Steuern und Regulierungen können zu einer Ausdehnung des informellen Sektors führen. Eine vergleichende Studie für El Salvador, Mexiko und Peru fand heraus, daß der informelle Sektor in Mexiko am kleinsten ist, weil dort die Beschäftigten in der formellen Wirtschaft nur geringe Vorteile gegenüber den Arbeitnehmern im informellen Sektor in bezug auf Löhne und gesetzliche Arbeitsplatzgarantien genießen.

Was soll der Staat in Reaktion auf die informelle Beschäftigung tun? Drei Arten von Politikinitiativen machen einen Sinn. Erstens müssen arbeitsfeindliche

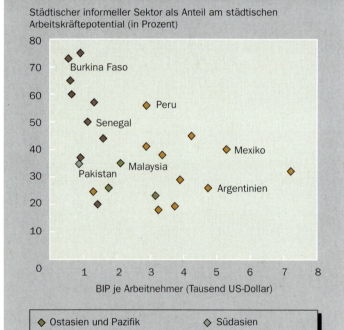

**Schaubild 4.3 BIP je Arbeitnehmer und die Größe des städtischen informellen Sektors.** Die Auswahl besteht aus vierundzwanzig Entwicklungsländern. Die Jahre unterscheiden sich von Land zu Land im Zeitraum 1970 bis 1989. Das BIP je Arbeitnehmer ist ausgedrückt in internationalen Preisen von 1985. Quelle: Banerji, Hintergrundpapier; Summers und Heston 1991.

Bestimmungen beseitigt werden, sowohl in der Landwirtschaft als auch im formellen Sektor. Dadurch würde der Druck auf den informellen Sektor abgeschwächt, der durch Landarbeiter entsteht, die das flache Land verlassen, aber keine Beschäftigung im formellen Sektor finden können. Zweitens müssen die Steuern und Belastungen durch regulatorische Vorschriften für die Beschäftigung im formellen Sektor auf ein moderates und durchsetzbares Niveau begrenzt werden. Drittens gibt es einen gewissen Spielraum für direkte öffentliche Maßnahmen. Er kann vor allem bei der Bereitstellung von öffentlicher Infrastruktur genutzt werden, wodurch vermieden werden kann, daß subventionierte Kredite ausschließlich besonders begünstigten Betrieben zugute kommen. Kleine Betriebe sehen einen mangelnden Zugang zu Krediten als eine Beschränkung an. Die Erfahrung von ostasiatischen Ländern zeigt jedoch, daß sich kleine Betriebe trotz realer Zinsbelastungen in der Größenordnung von 40 Prozent entwickeln können, solange sie Zugang zu Krediten und zu den Märkten haben.

Wie in Kapitel 3 erörtert wurde, gibt es in allen Volkswirtschaften ein breites Spektrum von Beschäftigungsmöglichkeiten, von der selbständigen Beschäftigung im Haushalt bis zur formellen Beschäftigung in einem eingetragenen Unternehmen. Wenn die Arbeitsmarktpolitik die Rolle der Löhne und der Arbeitsbedingungen als Anreize und Marktsignale übersieht, wird sie am Ende den offiziellen Arbeitsmarkt vor den Einflüssen der Marktkräfte abschotten und den zunehmenden Abschluß von formellen Arbeitsverträgen verhindern. Teil Drei diskutiert Standards und Vorkehrungen zur Sicherung der Einkommen, die tragbar sind, von den Beschäftigten als vorteilhaft angesehen und von den Unternehmern nicht als eine unnötige Steuerlast betrachtet werden.

• • •

Wirtschaftswachstum und höhere Reallöhne führen in den einzelnen Sektoren zu steigender Arbeitsproduktivität. Dadurch wechseln die Arbeitnehmer in Sektoren mit höherer Produktivität, wie in die Industrie und den Dienstleistungssektor. Der Staat wird aber unweigerlich scheitern, wenn er versucht, diesen Prozeß dadurch zu beschleunigen, daß er Tätigkeiten mit höherer Produktivität begünstigt. Die Begünstigung der Industrie gegenüber der Landwirtschaft, des Kapitals gegenüber der Arbeit und der Beschäftigung im formellen Sektor gegenüber der Arbeit im informellen Sektor beschleunigen nicht den Übergang zu einer produktiveren Volkswirtschaft mit einer größeren offiziellen Wirtschaft, sondern sie bremsen paradoxerweise diese Transformation.

# KAPITEL 5

# Humankapital für die Entwicklung

IN EINER ZUNEHMEND INTEGRIERTEN UND wettbewerbsorientierten Weltwirtschaft besteht der Schlüssel zum wirtschaftlichen Erfolg in einer Verbesserung der Qualifikation der Arbeitnehmer. Investitionen in Humankapital können den Lebensstandard der Haushalte deutlich erhöhen, indem sie die Chancen vergrößern, die Produktivität steigern, Investitionen in den Kapitalstock anziehen und das Einkommenspotential stärken. Eine bessere Gesundheit, Ernährung und Ausbildung stellen außerdem für sich genommen Werte dar, die die Menschen dazu befähigen, ein erfüllteres Leben zu führen. Die Bedeutung von Investitionen in das Humankapital, insbesondere in die Ausbildung, wird im Hinblick auf das Wirtschaftswachstum und den Wohlstand der Haushalte weltweit erkannt. Diese Erkenntnis hat in den letzten Jahrzehnten überall auf der Welt zu einer beispiellosen Zunahme des Schulunterrichts beigetragen. Gleichwohl führen diese Investitionen nicht immer zu einem schnelleren Wachstum; in einem ungeeigneten Umfeld können Investitionen in das Humankapital auch nur dazu führen, daß Ressourcen verschwendet werden oder brachliegen.

Dieses Kapitel untersucht, warum das Humankapital wichtig ist, warum viele Länder nicht dazu in der Lage waren, die damit verbundenen Gewinne zu ernten, und welche Rolle der Staat spielen kann, wenn er die Haushalte bei ihren Investitionen in das Humankapital unterstützt.

## Was ist Humankapital?

Das Leben von Bauern, Industriearbeitern und Arbeitnehmern im Dienstleistungsgewerbe hängt immer mehr davon ab, inwieweit sie solche grundlegenden Fähigkeiten wie Lesen, Schreiben und Rechnen erwerben können. Zudem müssen sie mehr und mehr speziellere Qualifikationen erlangen, um komplexe Aufgabenstellungen zu bewältigen und die Arbeit anderer zu organisieren. Um diese Fähigkeiten zu erlernen, müssen schon im frühen Lebensalter und während des gesamten Lebens Investitionen in die menschlichen Ressourcen getätigt werden – und zwar Investitionen in die Gesundheit und Ernährung sowie in die Ausbildung und berufliche Qualifikation. Solche Investitionen schaffen das Humankapital, das für eine Steigerung der Arbeitsproduktivität und des wirtschaftlichen Wohlbefindens der Arbeitnehmer und ihrer Familien notwendig ist.

Ein Abbau des Mangels an eiweißreicher Ernährung und ein zunehmender Konsum von Nährstoffen wie Eisen und Jod können die Arbeitsproduktivität erhöhen, indem sie die mentale und physische Leistungsfähigkeit verbessern. Untersuchungen von Farmhaushalten im südlichen Indien und auf der Insel Mindanao auf den Philippinen fanden heraus, daß die Arbeitsleistung eines Arbeiters um so größer ist, je höher sein Körpergewicht bei gegebener Größe (ein Maß für den langfristigen Ernährungsstatus) und je höher die Körpergröße alleine ist (ein Maß für den Ernährungsstatus von Kindern). Der quantitative Einfluß einer besseren Ernährung im frühen Lebensalter auf die zukünftige Produktivität scheint in diesen Fällen mindestens genauso groß zu sein, wie er oft für die Grundschulausbildung genannt wird.

Ausbildung ist unbedingt notwendig, um die individuelle Produktivität zu erhöhen. Die allgemeine Ausbildung verleiht den Kindern Fähigkeiten, die sie später von einem Beruf auf den anderen übertragen können, sowie die grundlegenden intellektuellen Werkzeuge, die für das weitere Lernen notwendig sind. Dadurch können sie eher normale Aufgaben erfüllen, Informationen gewinnen und nutzen sowie neue Technologien und Produktionsverfahren übernehmen. Der Anbau hoch ertragreicher Getreidesorten in China und Indien illustriert diesen Punkt. Nachdem man in Studien die Größe der landwirtschaftlichen Betriebe und andere Produktionsfaktoren untersucht hatte, erkannte man, daß besser ausgebildete Bauern in der chinesischen Provinz Hunan eher produktivere Hybridsorten verwendeten. In Indien wiesen diejenigen Gebiete, in denen relativ wenige Bauern zu Beginn der grünen Revolution eine Grundschulausbildung genossen hatten, ein geringeres Wachstum auf als Gebiete mit der gleichen technologischen Ausstattung, aber besser ausgebildeten Bauern.

Die Berufsausbildung weist eine ähnlich positive Beziehung zur Produktivität auf. Die betriebliche Ausbildung hat in Taiwan (China) zu einem deutlichen Anstieg der Produktion je Arbeiter geführt, wobei die größten Gewinne in den Betrieben entstanden, in denen gleichzeitig in Ausbildung und Technologie investiert wurde. Wie bei der grünen Revolution wirft das menschliche Kapital einen besonders hohen Ertrag ab, wenn es eine Möglichkeit gibt, aus neuen Ideen Vorteile zu ziehen.

Investitionen in das Humankapital ergänzen sich oft sehr gut. Eine angemessene Ernährung und Gesundheit erhöhen die Lernfähigkeit der Kinder. Untersuchungen in vier Dörfern in Guatemala deuten darauf hin, daß die Gabe von eiweißreichen Nahrungszusatzstoffen in der Kindheit dazu führte, daß etwa zehn Jahre später bessere Ergebnisse bei Leistungstests über den Ausbildungsstand erzielt wurden. Verbessert man die allgemeine Schulausbildung in einem Land, erhöht sich die Wahrscheinlichkeit, daß die Arbeitnehmer nach ihrer Schulzeit eine speziellere Berufsausbildung erhalten. In Peru erhielten männliche Arbeitnehmer mit einer Wahrscheinlichkeit von 25 Prozent eher eine Ausbildung durch ihre Arbeitgeber, wenn sie eine etwas über die Grundschule hinausgehende Schulbildung aufwiesen. Bei Abschluß einer weiterführenden Schule stieg diese Wahrscheinlichkeit auf 52 Prozent.

Erhöht man das Humankapital der Arbeitnehmer, so steigt dadurch ihr Potential zur Erzielung von Einkommen. In marktwirtschaftlich orientierten Volkswirtschaften wird ein ausgebildeter Arbeitnehmer nämlich dafür belohnt, daß er dazu in der Lage ist, ein mengenmäßig größeres Produktionsergebnis oder einen am Markt höher bewerteten Output zu erzielen. Die Entlohnung für die schulische Ausbildung und die beruflichen Fähigkeiten beginnt nun in einigen ehemals zentral geplanten Volkswirtschaften gegenüber den Löhnen für ungelernte Arbeitskräfte zu steigen. Dort wurden die Löhne lange Zeit administrativ bestimmt, anstatt die Lohnfindung dem Markt zu überlassen. In Slowenien gab es für ausgebildete Arbeitnehmer mit Berufserfahrung Lohnsteigerungen, als die freigesetzten Marktkräfte begannen, die Lohnstruktur entsprechend den Differenzen in der Arbeitsproduktivität aufzufächern.

## Humankapital: notwendig, aber nicht ausreichend

Besser ausgebildete Menschen sind in der Regel produktiver. So ist es nicht erstaunlich, daß sich die Teilnahme an Ausbildungsmaßnahmen aller Stufen zusammengenommen seit 1960 weltweit verfünffacht hat. Heute leben mehr als fünf von zehn Menschen mit abgeschlossener weiterführender Schulbildung in Ländern mit niedrigem und mittlerem Einkommen; dreißig Jahre früher waren es nur drei von zehn. 1960 konnte nur etwa ein Drittel aller Erwachsenen in Entwicklungsländern lesen und schreiben; 1990 waren es mehr als die Hälfte. Dieser Trend erstreckt sich auf alle Regionen, obwohl die Ergebnisse weiterhin sehr unterschiedlich sind. Weltweit sind die Frauen zunehmend besser ausgebildet, obwohl die Differenzen in der Schulbildung zwischen Männern und Frauen in den meisten

# ENTWICKLUNGSSTRATEGIEN UND ARBEITNEHMER

Regionen weiterhin sehr groß sind.

Warum bleibt das Wirtschaftswachstum trotz eines steigenden Niveaus der Schulbildung und anderer Formen des Humankapitals in vielen Teilen der Welt nur schwer kalkulierbar? Dafür gibt es zwei Gründe. Erstens kann das Humankapital nur unzureichend genutzt werden. Die Schäden, die in einem für das Wirtschaftswachstum ungünstigen Umfeld entstehen, können durch höhere Investitionen in das Humankapital weder kompensiert noch beseitigt werden. Zweitens können die Investitionen in das Humankapital falsch oder von schlechter Qualität sein. Ausgaben für menschliche Ressourcen liefern oft nicht die Quantität, die Qualität oder die Art des Humankapitals, das gebildet werden könnte, wenn die Mittel besser eingesetzt worden wären. Es gibt zahlreiche Beispiele dafür – Nahrungsmittelzusätze, die sich nur wenig auf den Ernährungsstatus der Empfänger auswirken; ein zunehmender Schulbesuch, der die Ergebnisse von standardisierten Leistungstests nur geringfügig verändert; Absolventen staatlicher Ausbildungseinrichtungen, deren neue Kenntnisse am Markt nicht gefragt sind.

Meist ist es ein Problem einer mangelnden Arbeitsnachfrage infolge ungeeigneter Entwicklungsstrategien, wenn die Ausbildung und die vorhandenen Fähigkeiten von Arbeitnehmern nicht richtig genutzt werden. Darauf deuten die Erfahrungen in vielen Regionen hin, wie in Südostasien. Das Arbeitskräftepotential Vietnams und der Philippinen wies in der Vergangenheit schon immer eine höhere Alphabetisierungsrate als andere Länder in der Region auf. Trotzdem sind diese beiden Volkswirtschaften relativ langsam gewachsen, wie Schaubild 5.1 zeigt. Dies hing vor allem damit zusammen, daß beide Länder Entwicklungsstrategien verfolgten, mit denen man nicht in der Lage war, das vorhandene Humankapital vollständig zu nutzen – Vietnam baute auf die Zentralplanwirtschaft, und die Philippinen verfolgten eine Strategie der Importsubstitution. Einige der erfolgreichen Staaten Südostasiens verfügten demgegenüber anfangs über einen relativ niedrigen Humankapitalbestand, verfolgten aber Strategien, mit denen die Ausbildung und die Nachfrage nach Arbeit gleichzeitig zunahmen.

Die Philippinen und Vietnam erzielten gleichwohl einen Ertrag für ihre Investitionen in die menschlichen Ressourcen. Viele ausgebildete Filipinos nutzten ihre Fähigkeiten im Ausland, und ihre Überweisungen nach Hause wurden für die philippinische Wirtschaft die größte Deviseneinnahmenquelle. In Vietnam leisten die vergangenen Investitionen in das Humankapital heute einen bedeutenden Beitrag zur verbesserten wirtschaftlichen Leistung, nachdem das Land nun einen mehr marktwirtschaftlich orientierten Entwicklungsansatz gewählt hat. Die Beispiele Vietnam und Philippinen zeigen aber folgendes: Die zunehmenden menschlichen Fähigkeiten werden nur dann voll ausgeschöpft, wenn gleichzeitig die marktbestimmte Nachfrage nach Fachwissen auf dem Arbeitsmarkt steigt.

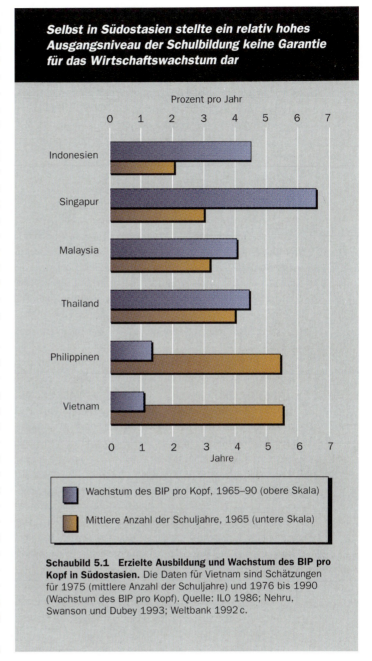

**Schaubild 5.1 Erzielte Ausbildung und Wachstum des BIP pro Kopf in Südostasien.** Die Daten für Vietnam sind Schätzungen für 1975 (mittlere Anzahl der Schuljahre) und 1976 bis 1990 (Wachstum des BIP pro Kopf). Quelle: ILO 1986; Nehru, Swanson und Dubey 1993; Weltbank 1992c.

Ein weiterer Grund dafür, daß sich Investitionen in das Humankapital nicht immer auszahlen, ist die staatliche Bildungspolitik. Dafür gibt es viele Beispiele; an dieser Stelle konzentrieren wir uns auf die Ausbildung. Übermäßige Ausgaben für die Bildungsbehörden und die schulische Infrastruktur anstatt für das Lehrpersonal sowie das Lernmaterial drücken die Quantität und die Qualität der Schulbildung. Das gleiche gilt, wenn die Lehrer schlecht ausgebildet sind und man den Schülern keine hohen Leistungsanforderungen stellt. Schließlich ist das Humankapital in der Regel relativ unproduktiv, wenn die in der Schule erlangten Kenntnisse nicht mit den am Markt bestehenden Möglichkeiten in Einklang stehen oder wenn eine höhere Ausbildung zu Lasten der Schulbildung an Grund- und weiterführenden Schulen geht. In all diesen Fällen muß die Bildungspolitik verbessert werden, damit sichergestellt ist, daß die Ausgaben für die Ausbildung zu produktiven Investitionen in das Humankapital werden.

## Die Unterstützung von Investitionen in das Humankapital

Die Haushalte investieren gerne in eine gute Gesundheit und Ausbildung ihrer Haushaltsmitglieder, da die daraus entstehenden Vorteile einschließlich des wirtschaftlichen Nutzens eines höheren Lebenseinkommens gewöhnlich bei weitem die Kosten überwiegen (Sonderbeitrag 5.1). Oft sind die Investitionen der Haushalte in das Humankapital aber zu gering. In diesem Fall spielt der Staat eine wichtige Rolle, indem er solche Investitionen in das Humankapital fördert.

Die Haushalte sind häufig schlecht informiert über die Erträge des Humankapitals, insbesondere auf den Gebieten Gesundheit und Ernährung. Die staatlich geförderte Erziehung in Gesundheits- und Ernährungsfragen kann sie dazu ermutigen, solche sehr rentablen Investitionen vorzunehmen. Der Staat greift außerdem ein, wenn die Familien dazu bereit sind, in menschliche Ressourcen zu investieren, es aber nicht können, weil die Kreditgeber trotz erwarteter zukünftiger Erträge keine Kredite mehr vergeben. Schließlich kann der Wert von Investitionen in das Humankapital für die Gesellschaft größer sein, als er es für die einzelne Familie ist. Eine gebildetere Gesellschaft ist eher dazu in der Lage, neue Technologien anzunehmen, und die gemeinsame Schulzeit trägt zum Zusammenwachsen einer Nation bei. Um diese sozialen Vorteile zu erzielen, kann der Staat die Anreize für die Haushalte verändern, indem er gezielt die Armen subventioniert oder kostenlos Leistungen bereitstellt, wie im Fall der Grundschulbildung.

Oft sind besondere Anstrengungen notwendig, um den Mädchen entgegen der üblichen Tendenz die gleiche Ausbildung wie den Jungen zu verschaffen. Dies bringt den Frauen nicht nur Vorteile am Arbeitsmarkt, die Ausbildung ist auch eng verknüpft mit niedrigeren Geburtenziffern, einer geringeren Müttersterblichkeit sowie einer besseren Gesundheit, Ernährung und Schulbildung der Kinder. Ohne starke staatliche Eingriffe können diese Vorteile möglicherweise nicht voll realisiert werden. Staatliche Aktivitäten zur Förderung der Akkumulation von Humankapital, insbesondere unter den Armen, sind dann gerechtfertigt, wenn man damit folgende Ziele erreichen will: Bekämpfung der Diskriminierung, Verminderung der Armut und Förderung von Gleichheit.

## Ausbildung als Investition

Produktives Lernen endet nicht mit der Schule. Die meisten Menschen bauen ihre Fähigkeiten während ihres ganzen Arbeitslebens weiter aus, indem sie sich in ihrem Beruf oder in offiziellen Ausbildungszentren weiterbilden. Die Ausbildung stellt sowohl für die Arbeitnehmer als auch für die Arbeitgeber eine Investition dar. Die Arbeitnehmer sind oft bereit, Gebühren für den Besuch von Ausbildungskursen zu tragen, oder sie akzeptieren niedrigere Löhne im Vergleich zu einem Arbeitsplatz ohne berufsbegleitende Ausbildung, in der Erwartung höherer Löhne in der Zukunft. Die Firmen haben ein Interesse, in die Ausbildung ihrer Mitarbeiter zu investieren, da sie häufig Arbeitnehmer mit bestimmten Kenntnissen benötigen. Keine der beiden Seiten ist sich vollständig sicher, daß sie den vollen Ertrag für ihre Investition erhält: Die Mitarbeiter können die Firma verlassen, und der Nutzen ihrer Ausbildung kann einem anderen Arbeitgeber zugute kommen, oder sie können ihren Arbeitsplatz verlieren, ohne daß sie ihre erlernten Kenntnisse auf eine andere Stelle übertragen können. Die Arbeitnehmer und die Arbeitgeber haben Wege gefunden, wie man dieses Problem besser in den Griff bekommt, so daß beide Seiten noch davon profitieren können: Die Unternehmer garantieren die Sicherheit der Arbeitsplätze, um die Fluktuation zu vermindern. Die Arbeitnehmer willigen in Ausbildungsverträge ein, wobei sie dem Arbeitgeber Geld zurückzahlen, wenn sie den Betrieb verlassen, bevor sich die Investition bezahlt gemacht hat. Schließlich können sich die Arbeitnehmer und ihre Arbeitgeber die mit der Ausbildung verbundenen Produktivitätsgewinne teilen.

Da Ausbildung oft eine gute Investition ist, findet der größte Teil der Ausbildungstätigkeit mit einer nur geringen Beteiligung des Staates statt. Der Umfang der Ausbildungsaktivitäten der Betriebe differiert – manchmal sogar sehr stark: Man findet eine unterschiedliche Ausbildung in verschiedenen Ländern, Sektoren und sogar zwischen Firmen innerhalb des gleichen Sektors, in Abhängigkeit von ihrer Größe und den Besitzverhältnissen. 1991 berichteten 24 Prozent der mexikanischen Arbeitnehmer, daß sie irgendeine Form der Ausbildung erhalten, um ihre beruflichen Fähigkeiten zu verbessern; in Japan waren es 37 Prozent. Die Unternehmen in hochtechnologischen Industriezweigen in Indonesien bilden ihre Arbeitnehmer eher aus als Betriebe in weniger fortschrittlichen Branchen. Exportorientierte Unternehmen in der Chemiebranche in Taiwan (China) investieren dreimal eher in die Berufsausbildung als die allein für die heimische Wirtschaft produzierenden Firmen und sechsmal eher als ein durchschnittliches taiwanesisches Unternehmen der Textilindustrie. Exportorientierung, das Tempo des technologischen Wandels, die Ausbildung der Belegschaft und der Einfluß der Konjunkturzyklen sowie die Wachstumsaussichten scheinen alle die Bereitschaft eines Betriebes zur Ausbildung seiner Arbeitnehmer zu bestimmen.

## Sonderbeitrag 5.1 Um wieviel erhöht die Ausbildung die Löhne?

In jedem Land verdienen die Arbeitnehmer mit einer breiteren Ausbildung mehr, als diejenigen mit geringer Ausbildung. Genaue statistische Untersuchungen der in dem Schaubild gezeigten Länder bestätigen sowohl für Männer wie für Frauen einen positiven Zusammenhang zwischen den Löhnen und der Schulbildung. Dieser Zusammenhang fand sich in schnell wachsenden Volkswirtschaften (Indonesien und Thailand) und in Ländern mit einem sinkenden Pro-Kopf-Einkommen (Côte d'Ivoire, Peru und Slowenien).

Die mit der Ausbildung verbundene Lohnprämie schwankt stark und scheint von der relativen Knappheit ausgebildeter Arbeitnehmer abzuhängen – eine höhere Entlohnung gibt es da, wo die Nachfrage hoch (Thailand) oder das Angebot niedrig ist (Côte d'Ivoire), niedrigere Löhne werden dort gezahlt, wo es relativ viele ausgebildete Arbeitnehmer gibt (Slowenien und die Vereinigten Staaten). Die Lohnprämie hängt außerdem vom Ausbildungsniveau ab – bei den im Schaubild erfaßten Ländern mit niedrigem und mittlerem Einkommen ist der Lohnabstand zwischen Absolventen von weiterführenden Schulen und Grundschülern mit einer Ausnahme regelmäßig höher als der Lohnvorteil von Grundschülern gegenüber solchen ohne Schulbildung. Die Lohnprämien für die Ausbildung sind manchmal für Frauen höher als für Männer (beispielsweise in Indonesien, Peru und Thailand). Dies bedeutet nicht, daß die Frauen mehr als die Männer verdienen, sondern nur, daß der wirtschaftliche Ertrag ihrer Ausbildung höher sein kann.

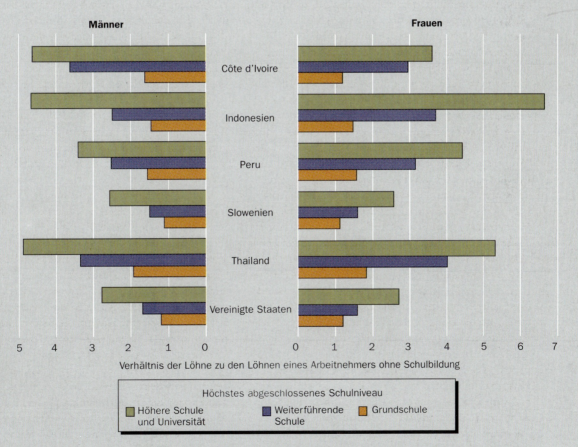

**Lohnprämien für die Ausbildung bei männlichen und weiblichen Arbeitnehmern.** Die Verhältniszahlen sind aus statistischen Schätzungen abgeleitet, die Variablen wie das Alter berücksichtigen. Die Daten beziehen sich auf das Jahr 1986, mit Ausnahme von Thailand (1988–89) sowie Slowenien und Vereinigte Staaten (1991). Quelle: Appleton, Collier und Horsnell 1990; Behrman und Deolalikar 1994; Orazem und Vodopivec 1994; Schultz 1993; Khandker 1991.

Wenn die Ausbildung im Interesse von Arbeitnehmern und Arbeitgebern liegt und in einer Marktwirtschaft auf die jeweils zugrundeliegenden wirtschaftlichen Umfeldbedingungen reagiert, dann stellt sich die Frage, ob der Staat darin einbezogen werden soll. Der Staat sollte in den Arbeitsmarkt eingreifen, wenn Marktversagen oder Marktunvollkommenheiten vorliegen, oder wenn er andere Ziele als die ökonomische Effizienz verfolgt. Genauso wie bei der allgemeinen Ausbildung können die einzelnen aufgrund von Informationsmangel oder einem Versagen der Kreditmärkte zu wenig in ihre Berufsausbildung investieren. Das gleiche passiert, wenn die privaten und sozialen Erträge aufgrund von Spillover-Effekten voneinander abweichen. Zumindest für den Fall der innerbetrieblichen Ausbildung sind viele dieser Probleme jedoch sekundär, jedenfalls im Vergleich zu den Beschränkungen, die die Betriebe von Investitionen in die berufliche Ausbildung abhalten.

Wenn das Qualifikationsniveau am Arbeitsmarkt niedrig ist, dürften die Betriebe trotz der Aussicht auf Erträge, die eine Investition rechtfertigen würden, dennoch zu wenig in die Berufsausbildung investieren. Sie müssen nämlich fürchten, daß ihre Mitarbeiter eine andere Beschäftigung finden werden, sobald sie einmal ausgebildet sind. Es bleibt unklar, wie groß dieses Problem ist. Wo die Erträge für die Ausbildung hoch blieben, wie in der Republik Korea, investierten die Betriebe weiter in die Ausbildung, obwohl während der siebziger und weit bis in die achtziger Jahre hinein oft *jeden Monat* 5 oder 6 Prozent der Beschäftigten im Verarbeitenden Gewerbe das Unternehmen verließen.

Ein Ausbildungsmangel kann außerdem aufgrund von Regulierungen des Arbeitsmarktes entstehen – dazu gehören hohe Mindestlöhne und Laufbahnvorschriften innerhalb von Firmen –, wodurch die Firmen daran gehindert werden, niedrigere Löhne für Auszubildende zu zahlen oder bei den Stellenbesetzungen mit ausgebildeten Arbeitnehmern Beschränkungen unterliegen. In Mexiko wird der Anreiz zur Ausbildung von Arbeitnehmern dadurch gemindert, daß die staatliche Arbeitsgesetzgebung strenge, auf dem Dienstalter basierende Vorschriften für die Beförderung erläßt. Die ideale Lösung bestünde darin, solche Beschränkungen durch die Politik zu beseitigen; scheitert man daran, dann gibt es alternativ dazu unter anderem die Möglichkeit, die Ausbildungskosten der Unternehmer durch eine Kompensationszahlung zu subventionieren.

Weitere Gründe für eine staatliche Beteiligung sind mangelnde Informationen über die benötigten Qualifikationen und das Vorhandensein von Größenvorteilen bei der Ausbildung. Man könnte meinen, daß diese Beschränkungen insbesondere innerhalb des informellen Sektors von Bedeutung wären. Allerdings ist dort eine Ausbildung am Arbeitsplatz üblich, vor allem in Form der traditionellen Lehrlingsausbildung. Eine neuere Studie über Arbeitnehmer in kleinen Betrieben des Verarbeitenden Gewerbes in Ghana fand heraus, daß 44 Prozent der Arbeiter als Lehrlinge in ihrem Fach ausgebildet wurden und daß 52 Prozent der Firmen während der Zeit der Erstellung der Studie Lehrlinge ausbildeten. Studien in anderen Ländern bestätigen, daß ein Defizit an Fachkenntnissen für kleine Betriebe kaum ein größeres Problem darstellt.

Im informellen Sektor mag die Ausbildung für laufende Routinetätigkeiten ausreichen, mangelnde Kenntnisse über Vermarktung und neue Technologien und unzureichende allgemeine betriebswirtschaftliche Kenntnisse können jedoch das Wachstum von Betrieben im informellen Sektor begrenzen. Einen gewissen Erfolg wiesen Ausbildungsangebote auf, die auf kleine Unternehmen und eine Behebung dieser Defizite abzielten. Ein Beispiel dafür ist das „Multiple Support Service Program" in Mexiko (bekannt unter seinem spanischen Akronym CIMO), das technische Hilfe und Ausbildungsleistungen für kleine und kleinste Betriebe bereitstellt. Zahlreiche Fallstudien dokumentieren, daß die an CIMO teilnehmenden Betriebe ihre Produktivität kosteneffizient steigern konnten und eine Zunahme der Beschäftigung und der Gewinne verbuchten. Der Rahmen für eine Kopie und Ausdehnung solcher Programme ist jedoch begrenzt. Viele öffentliche Eingriffe, die auf Kleinstbetriebe abzielen, sind infolge der mit der Verwaltung der Programme verbundenen Ausgaben und der hohen Zahl der Firmenpleiten von kleinen Betrieben sehr kostspielig.

In vielen Ländern nutzt der Staat Ausbildungsaktivitäten, um folgende Probleme zu lösen: ein niedriges Qualifikationsniveau der Erwerbspersonen, hohe Jugendarbeitslosigkeit, Freisetzung von Arbeitskräften im wirtschaftlichen Übergangsprozeß sowie strukturelle Arbeitslosigkeit und Armut unter benachteiligten Arbeitnehmern. Ob jedoch öffentliche Ausgaben für die Ausbildung gerechtfertigt sind, hängt von der zugrundeliegenden Ursache des Problems sowie von den Opportunitätskosten der eingesetzten öffentlichen Ressourcen ab.

Ein niedriges Qualifikationsniveau der Erwerbspersonen scheint weniger daraus zu resultieren, daß der Markt bei der Berufsausbildung versagt, sondern es spiegelt eher eine allgemein niedrige Nachfrage nach Arbeit wider. Das gleiche dürfte für die Jugendarbeitslosigkeit gelten. Für eine staatliche Beteiligung bei der Ausbildung von freigesetzten Arbeitnehmern bestehen jedoch zwingendere Gründe. Werden Arbeitskräfte aufgrund von größeren wirtschaftlichen Umwälzungen oder gesamtwirtschaftlichen Schocks freigesetzt, können staatliche Unterstützungsmaßnahmen zur Umschulung erforderlich werden. Dies ist der Fall, wenn es keine Märkte für solche Schulungsmaßnahmen gibt, wenn die Risiken außerordentlich groß sind und wenn es notwendig ist, die soziale Stabilität zu sichern und die öffentliche Unterstützung für ein umfassendes Reformprogramm zu erhalten. Unglücklicherweise ist der damit verbundene direkte wirtschaftliche Nutzen oft begrenzt (siehe Kapitel 17).

Die innerbetriebliche Berufsausbildung ist normalerweise die kostengünstigste Methode, um das Qualifikationsniveau der Arbeitnehmer zu verbessern. Das staatliche Ausbildungsangebot in öffentlich geförderten Ausbildungszentren und insbesondere in der Berufsausbildung hat sich im Gegensatz dazu in den meisten Ländern als zu teuer erwiesen. Zudem vermittelt es den Auszubildenden häufig nur wenige vermarktungsfähige Kenntnisse. Es müssen Wege gefunden werden, damit sich die öffentlichen Ausbildungseinrichtungen wieder neu an der Nachfrage der Konsumenten und des Marktes orientieren. Oft ist es am besten, öffentliche Mittel von den Ausbildungsanbietern auf die Nachfrageseite des Marktes zu verlagern, so daß die betreffenden Arbeitnehmer in einem wettbewerbsorientierten Umfeld das Ausbildungsangebot alternativer Anbieter in Anspruch nehmen können.

In einigen lateinamerikanischen Ländern hat man einen solchen Weg verfolgt. Dabei wurde den Ausbildungseinrichtungen für die vorberufliche Ausbildung die Finanzierung durch Lohnsteuereinnahmen garantiert, obwohl sie oft nicht in der Lage waren, ihren Absolventen einen Arbeitsplatz zu verschaffen. Mit den richtigen Anreizen haben sich aber viele gleichartige Einrichtungen entwickelt, die jetzt nützliche Ausbildungsangebote direkt an private Betriebe und Einzelpersonen verkaufen. Die Nutzung von Ausbildungsgutscheinen für Arbeitnehmer und Steuergutschriften für Unternehmer in Chile ist ein Beispiel für eine erfolgreiche Reform auf diesem Gebiet. Die Gutscheine werden an bestimmte Zielgruppen verteilt – an junge arbeitslose Arbeiter, in der Regel Frauen. Zur gleichen Zeit werden Rechte zum Angebot von Ausbildungskursen von einer staatlichen Stelle an wettbewerbsorientierte staatliche und private Ausbildungsorganisationen versteigert. Die Deckung ihrer Kosten hängt davon ab, ob eine Mindestzahl von Lehrlingen nach Abschluß der Ausbildung einen Arbeitsplatz findet. Auf diese Weise wird die Last zur Planung eines erfolgreichen Ausbildungsprogramms dorthin verlagert, wo sie hingehört – auf die Ausbildungseinrichtungen.

Private Ausbildungsanbieter treten auch in den im Umbruch befindlichen Volkswirtschaften Osteuropas und Asiens auf, sie lehren beispielsweise Fremdsprachen und Computerkenntnisse sowie Fachwissen im Ausbildungsbereich. Vor den Umwälzungen waren alle Ausbildungseinrichtungen öffentlich, und nur wenige orientierten sich an neuen Qualifikationen, die in einer modernen Marktwirtschaft benötigt werden. Der Staat kann Initiativen des privaten Sektors unterstützen, indem er Beschränkungen für das private Ausbildungsangebot beseitigt: Preiskontrollen für Unterrichtsgebühren, übermäßige Anforderungen bezüglich der Lehrpläne und der Wettbewerb mit subventionierten öffentlichen Einrichtungen beschränken alle das Angebot des privaten Sektors.

• • •

Die Haushalte und Betriebe benötigen ein Umfeld, das vernünftige Entscheidungen über Investitionen in das Humankapital fördert. Was soll der Staat tun? Wo Investitionen unterbleiben, obwohl die privaten Erträge für das Humankapital hoch sind, muß der Staat zunächst versuchen, die Ursachen dafür zu verstehen. Danach müssen die staatlichen Stellen Interventionsmaßnahmen entwerfen und umsetzen, insbesondere Preissetzungsstrategien. Bei der Grundschulbildung ist das kostenlose öffentliche Angebot in der Regel sinnvoll, um Gewinne für die Gesellschaft als Ganzes zu erzielen und um die Armen zu erreichen. Für die meisten anderen Programme zur Förderung der menschlichen Ressourcen ist eine kostenlose Bereitstellung jedoch nicht gerechtfertigt. Vor allem im Bereich der Berufsausbildung sollte sich der Staat mehr auf die Finanzierung und weniger auf das Angebot konzentrieren. Unabhängig von der Art des Eingriffs sollten staatliche Interventionen eine Begünstigung der wenigen Priviligierten vermeiden. Höchste Priorität sollten Investitionen zugunsten der Kinder genießen, da ihre Gesundheit, Ernährung und Ausbildung den Grundstock für die Zukunft einer Nation bilden.

# KAPITEL 6

# Märkte, Arbeit und Ungleichheit

WIRTSCHAFTLICHES WACHSTUM NÜTZT in der Regel der Mehrheit der Bevölkerung eines Landes, da die Volkswirtschaft effizienter wird, mehr Arbeitsplätze geschaffen werden und die Einkommen steigen. Obwohl jedoch die meisten Haushalte gewinnen, bleiben die Unterschiede zwischen Individuen und Gruppen oft bestehen: zwischen Männern und Frauen, zwischen ethnischen Gruppen und natürlich zwischen Haushalten. Außerdem erreicht das Wachstum manche Gruppen überhaupt nicht. Die Behinderten, die wirtschaftlich Benachteiligten und diejenigen, die in armen, zurückbleibenden Regionen leben, gehören zu denen, die am meisten dem Risiko ausgesetzt sind, zurückgelassen zu werden. Da sie nicht den gleichen Zugang zu Vermögenswerten haben – insbesondere zur Ausbildung und beruflichen Qualifikation – und oft unter anderen Behinderungen leiden, wie ethnischer oder sexueller Diskriminierung, dürften diese Gruppen nicht dazu in der Lage sein, die neuen Möglichkeiten zu nutzen, die sich durch den wirtschaftlichen Wandel eröffnen.

Wachstum bedeutet nicht notwendigerweise eine größere Ungleichheit. Langfristiges Wachstum hat oft die Ungleichheit vermindert, beispielsweise in Indonesien, Kolumbien und Malaysia. Außerdem verringert das Wachstum fast immer die Armut, manchmal trotz zunehmender sozialer Unterschiede, wie in Brasilien in den Jahren von 1960 bis 1980. Die Gesellschaften müssen sich aber über die Einkommensverteilung Gedanken machen, und sei es nur deshalb, weil eine gleichere Einkommensverteilung sicherstellt, daß sich die Vorteile des Wachstums gleichmäßiger verteilen und die Armen erreichen.

Dieses Kapitel untersucht die Verteilung der Einkommen, die die Menschen aus ihrer Arbeit erzielen – entweder aus einer Lohnbeschäftigung oder aus einer selbständigen Tätigkeit auf einem Bauernhof oder als Händler. Es untersucht die Dimensionen und die Gründe für anhaltende Einkommensunterschiede zwischen Individuen und Regionen sowie zwischen den Geschlechtern und ethnischen Gruppen. Außerdem wird der Frage nachgegangen, was der Staat tun kann, um die Einkommenschancen zu erweitern und denjenigen zu helfen, die zurückbleiben.

## Was bestimmt die Einkommensunterschiede?

In allen Ländern variieren die den Arbeitnehmern gezahlten Löhne in verschiedenen Sektoren und Beschäftigungen sehr stark. Sogar im ehemaligen sozialistischen Polen lagen im Jahre 1993 die Durchschnittslöhne in den bestbezahlten Berufen – den Ingenieuren und Beschäftigten der Grundstoffindustrie – fast 80 Prozent höher als in den am niedrigsten bezahlten Berufen – den Beschäftigten des Dienstleistungsgewerbes. Qualifizierte Angestellte im Finanzsektor konnten den dreifachen Lohn eines ungelernten Arbeiters im Einzelhandel verdienen. Lohndifferenzen zwischen den einzelnen reflektieren zum großen Teil unterschiedliche Talente und Qualifikationen sowie verschiedene Arbeitsbedingungen oder Berufsanforderungen. Schwierige Berufe oder Beschäftigungen, die in einer risikoreichen oder schmutzigen Umwelt ausgeübt werden, werden wahrscheinlich höher bezahlt als Tätigkeiten mit dem gleichen Anspruchsniveau, die leichter, sicherer und sauberer sind.

Selbst unter Berücksichtigung all dieser Faktoren bleiben jedoch noch Lohnunterschiede bestehen. Sie können nicht beobachtbare individuelle Fähigkeiten, Diskriminierung oder andere Formen von Marktversagen widerspiegeln. Selbst in dem hoch integrierten Arbeitsmarkt der Vereinigten Staaten haben detaillierte Studien über die Lohnunterschiede herausgefunden, daß individuelle Eigenschaften sowie industrie-, beschäftigungs- und betriebsbezogene Faktoren nur zwischen 50 und 70 Prozent der beobachteten Differenzen erklären. Ländervergleiche der Lohnstreuung deuten darauf hin, daß die Ungleichheit zwischen Ländern mit einem ähnlichen Einkommensniveau sehr stark variieren kann, obwohl die Lohndifferenzen tendenziell abnehmen, wenn die Länder wachsen und reicher werden.

Eine auf den Marktkräften basierende Verteilung der Arbeitseinkommen kann mehr oder weniger gleich sein, oder sie kann viele Arbeitnehmer in Armut leben lassen. Zwei Faktoren sind besonders wichtig, um das Ausmaß der Ungleichheit zu bestimmen. Der stärkere Einfluß kommt von der anfänglichen Verteilung der Aktiva, insbesondere hinsichtlich der Ausbildung (Tabelle 6.1). Die ärmsten Mitglieder der Gesellschaft sind gewöhnlich diejenigen, die am wenigsten Zugang zu Land, Krediten und sozialen

## ENTWICKLUNGSSTRATEGIEN UND ARBEITNEHMER

*Zu den Armen zählen gewöhnlich die Menschen mit einem geringen Zugang zur Ausbildung*

Tabelle 6.1  Durchschnittliche Schuljahre unterschiedlicher Einkommensgruppen (gemessen am Pro-Kopf-Einkommen, eingeteilt in fünf 20-Prozent-Gruppen) in ausgewählten Entwicklungsländern

| Land | Niedrigste | Zweite | Dritte | Vierte | Höchste | Insgesamt |
|---|---|---|---|---|---|---|
| Brasilien | 2,1 | 3,1 | 4,3 | 5,7 | 8,7 | 5,2 |
| Costa Rica | 4,8 | 5,6 | 6,2 | 7,1 | 9,4 | 6,8 |
| Guatemala | 1,0 | 1,5 | 2,3 | 3,5 | 7,0 | 3,2 |
| Vietnam[a] | 5,1 | 5,7 | 6,1 | 6,5 | 8,0 | 6,4 |

**Anmerkung:** Die Daten beziehen sich auf alle Personen im Alter von fünfzehn Jahren und darüber.
a. Die Daten beziehen sich auf die Ausgaben, eingeteilt in fünf 20-Prozent-Gruppen.
**Quelle:** Einschätzung der Armut in Vietnam; Psacharopoulos und andere 1993.

Leistungen haben. Zudem besitzen sie weniger von den Fähigkeiten, die es armen Arbeitern ermöglichen würden, in produktivere und besser bezahlte Sektoren zu wechseln. Die Art, in der ähnliche Aktiva in verschiedenen Sektoren und Beschäftigungen entlohnt werden, ist der zweite Bestimmungsfaktor für Einkommensunterschiede. Diese Unterschiede bestehen nicht nur zwischen Arbeitsplätzen im modernen formellen Sektor, sondern auch zwischen den Arbeitserträgen im Lohnsektor und bei selbständiger Beschäftigung sowie zwischen den Erträgen innerhalb der Gruppe der selbständig Beschäftigten.

*Unterschiede in der Ausstattung mit Aktiva*

Einkommensunterschiede zwischen Arbeitnehmern hängen eng zusammen mit einer unterschiedlichen Ausbildung und beruflichen Qualifikation. Der Ausbildungsstand ist der wichtigste Faktor zur Schätzung des individuellen Arbeitseinkommens. In Kombination mit anderen Bestandteilen des Humankapitals, wie der Erfahrung und der ausgeübten Beschäftigung, erklärt die Qualifikation ein Drittel bis zur Hälfte der beobachteten Einkommensunterschiede zwischen Individuen innerhalb von einzelnen Ländern. Es überrascht nicht, daß Maßnahmen, die den Armen eine umfassendere Ausbildung vermitteln, die Lohnunterschiede stark beeinflussen. Die Unterschiede in der Ausbildung sind in Brasilien immer noch wesentlich größer als in Korea und erklären mehr als ein Viertel der sehr viel größeren Einkommensdifferenzen in Brasilien. Die Zunahme der Ausbildung in Kolumbien verminderte die Lohndifferenzen zwischen der oberen und unteren 20-Prozent-Gruppe der Einkommensbezieher, und zwar trotz einer steigenden Nachfrage nach ausgebildeten Arbeitnehmern. Sowohl in Malaysia als auch in Costa Rica waren zunehmende Ausbildungsmöglichkeiten mit einem starken Rückgang der Lohnunterschiede verbunden. Wie Schaubild 6.1 illustriert, reduziert eine Zunahme der Ausbildung tendenziell die Lohndifferenzen. Es gibt aber auch Ausnahmen: In Ländern wie Chile und Mexiko wurden die positiven Auswirkungen einer umfassenderen Ausbildung durch eine starke Verlagerung der Nachfrage zu Lasten von ungelernten Arbeitern zunichte gemacht.

Die Unterschiede zwischen den Einkommen auf dem Land und in der Stadt sind besonders stark ausgeprägt. Ein Großteil dieser Unterschiede hat seinen Ursprung in einer jahrzehntelang betriebenen Politik, die die Städte gegenüber dem Land begünstigte. Obwohl diese Politik in vielen Ländern teilweise oder völlig aufgegeben wurde, wird sie in anderen Ländern – insbesondere in Afrika – weiter verfolgt. Eine gegen ländliche Gegenden gerichtete Politik beinhaltete die Diskriminierung der Landwirtschaft, die durch die Überbewertung der heimischen Währung und den Schutz der Industrie sowie die Besteuerung von Exportgütern entstand. Sie wurde dadurch verschlimmert, daß die Städte bei der Allokation von physischer und sozialer Infrastruktur begünstigt wurden. Zudem hatte eine Bodenpolitik negative Auswirkungen, die den Armen den Landerwerb erschwerte und somit die Möglichkeiten zur selbständigen Beschäftigung stark verminderte. Wenn Kompensationszahlungen für eine solch negative Politik geleistet wurden, profitierten davon zum großen Teil die reicheren, größeren Bauern, während die armen Landarbeiter und die kleinen Bauernhöfe die Hauptlast der Diskriminierung tragen mußten. Wie in Kapitel 4 diskutiert wurde, führte diese einseitige Politik dazu, daß die Arbeiter verfrüht in die Städte zogen, bevor sie hier gewinnbringend beschäftigt werden konnten. Daraufhin sanken die Löhne im städtischen informellen Sektor.

Die Unterschiede können in bemerkenswerter Weise über Generationen anhalten, da die aus dem Sach- und Humankapital herrührenden Vorteile und die Machtpositionen von den Eltern auf die Kinder übertragen werden. Zudem setzen sich kulturelle Normen, die die Unterschiede bewahren, in den Wirtschaftssystemen fest. Um diesen Kreis

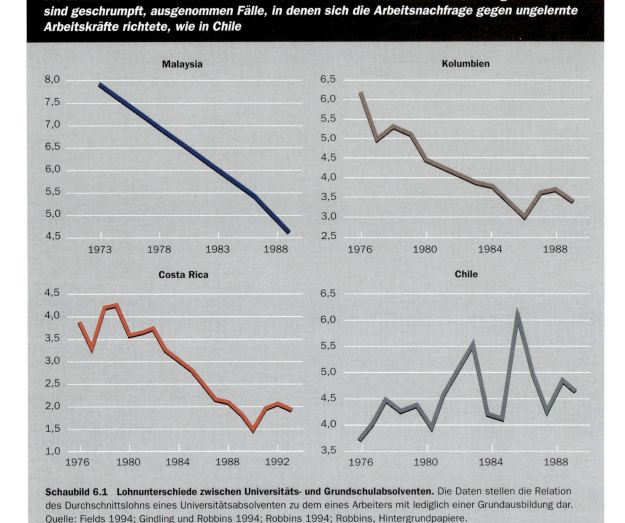

**Schaubild 6.1 Lohnunterschiede zwischen Universitäts- und Grundschulabsolventen.** Die Daten stellen die Relation des Durchschnittslohns eines Universitätsabsolventen zu dem eines Arbeiters mit lediglich einer Grundausbildung dar.
Quelle: Fields 1994; Gindling und Robbins 1994; Robbins 1994; Robbins, Hintergrundpapiere.

der Armut aufzubrechen und die Einkommensunterschiede zu vermindern, ist es notwendig, die Vermögensverteilung zu verändern. Dies ist jedoch nicht leicht zu bewerkstelligen. Außer in Zeiten großer politischer Umwälzungen kam es selten zu größeren Umverteilungen von Land (oder Kapital). In Teilen Ostasiens, wo man kleinen Bauern durch Reformen Land fest in die Hände gab, führte dies zu einem beschleunigten Wachstum der Landwirtschaft, einer zunehmenden Beschäftigung und politischer Stabilität. Da, wo das Land kollektiviert wurde oder wo kleine Bauern keine sicheren Landrechte erhielten, wie in Mexiko, führten die Reformen zu Stagnation und sozialem Elend. Wo große Landflächen nicht ausreichend von Großgrundbesitzern genutzt werden, sind jedoch weitere Landreformen notwendig.

Ein einfacher Weg zur Verminderung der Armut und zu einem Abbau der Einkommensdifferenzen besteht darin, die Verteilung des Humankapitals zu verändern. Im Gegensatz zum Sachkapital oder zu Land kann dies dadurch erreicht werden, daß man den bestehenden Humankapitalbestand erhöht, anstelle ihn umzuverteilen. Ein wichtiger Bestandteil der erfolgreichen Strategien zur Linderung der Armut waren in Ländern wie Indonesien und Kolumbien Investitionen in das *Human*kapital der Armen, in Form von Gesundheitsfürsorge und Ausbildung.

*Unterschiedliche Erträge der Aktiva*

Steigen die Erträge der wenigen Aktiva, die arme Arbeiter besitzen, so wird auch dadurch die Einkommensverteilung stärker beeinflußt. Da das einzige Aktivum der Arbeiter ihre Arbeit ist, bedeutet dies vor allem, daß negative Einflußfaktoren beseitigt werden müssen, die die Arbeitserträge drücken.

Der Übergang zu einem weniger verzerrten und formelleren Arbeitsmarkt kann also eine ausgleichende Funktion ausüben. Wenn es kein Marktversagen wie beispielsweise Diskriminierungen gibt, dann stellt der Arbeitsmarkt sicher, daß ähnlich produktive Arbeiter in vergleichbaren Beschäftigungen eine ähnliche Entlohnung erhalten. Im Ergebnis sind die Erträge bei Lohnbeschäftigung weniger an die anfängliche Ausstattung der Arbeitnehmer mit Ressourcen verknüpft als die Erträge bei selbständiger Beschäftigung.

Die formellen Arbeitsmärkte sind jedoch oft verzerrt und benachteiligen die Armen. In vielen Ländern förderte die Entwicklung der Städte das Wachstum von Gruppen geschützter Arbeitnehmer im formellen Sektor. Außenseiter, einschließlich der meisten Armen in der Landwirtschaft und im städtischen informellen Sektor, haben keinen Zugang zu den hochbezahlten Beschäftigungen mit einer größeren Arbeitsplatzsicherheit und besseren Arbeitsbedingungen, die privilegierte Arbeitnehmer genießen.

## Dimensionen der Einkommensunterschiede

Selbst ohne Verzerrungen können die auf dem Arbeitsmarkt erzielten Ergebnisse aufgrund von Diskriminierungen – beispielsweise gegenüber Frauen oder ethnischen Gruppen – unterschiedlich sein. Die Arbeitsergebnisse können außerdem von regionalen Unterschieden abhängen, die die Haushalte zu Opfern von Zufälligkeiten der Geographie machen. Drei Arten von Unterschieden lassen sich aller Erfahrung nach besonders schwierig durch die Marktkräfte allein lösen: Unterschiede zwischen Männern und Frauen, Unterschiede zwischen ethnischen und sozialen Gruppen und Unterschiede zwischen Regionen.

### Unterschiede zwischen Männern und Frauen

In fast allen Gesellschaften haben die Frauen weniger Macht als die Männer, erhalten weniger für ihre Arbeit und haben eine geringere Kontrolle über die Haushaltsressourcen. Zudem erhalten sie in vielen Ländern eine schlechtere Ausbildung. Frauen haben einen geringeren Zugang zu besser bezahlten Beschäftigungen im formellen Sektor, und sie gehören überdurchschnittlich häufig zu den unbezahlten Arbeitnehmern in den Familien und im informellen Sektor. Wenn Frauen die gleichen Arbeitsmärkte wie Männer nutzen dürfen, werden sie oft diskriminiert.

Obwohl Frauen durchschnittlich weniger Stunden auf dem Arbeitsmarkt tätig sind als Männer, wird dieser Unterschied durch ihre größeren Anstrengungen im Haushalt mehr als ausgeglichen. In fast allen Ländern sind die Frauen für einen überproportionalen Anteil an der Hausarbeit verantwortlich. In Bangladesch hat man herausgefunden, daß Frauen und Männer ungefähr die gleiche Stundenzahl pro Woche arbeiten. Während aber die Männer 90 Prozent ihrer Arbeitszeit für einkommenserzielende Aktivitäten aufwendeten, verwendeten Frauen 80 Prozent ihrer Arbeitszeit für Tätigkeiten im Haushalt. Auch wenn die Frauen außer Haus arbeiten, bleibt diese Arbeitsteilung bestehen. Argentinische Frauen arbeiten im Durchschnitt 73 Stunden in der Woche zu Hause, wenn sie nicht außer Haus beschäftigt sind, und 56 Stunden, wenn sie einem Beruf nachgehen – weitaus mehr als Männer. Diese Unterschiede in der Aufteilung der Arbeit zwischen Männern und Frauen beeinflussen die Machtverteilung innerhalb des Haushalts. Wo die Frauen in der bezahlten Wirtschaft wenig verdienen, haben sie bei der Verteilung des Familieneinkommens und bei strategischen Haushaltsentscheidungen, wie solchen über die Schulbildung, wenig zu sagen. Die Erfahrung zeigt, daß diese Kräfteverteilung schädliche Auswirkungen auf die Kinder hat, insbesondere auf die Töchter.

Die Arbeitsteilung zwischen Männern und Frauen hängt in einem gewissen Umfang mit der dominierenden Rolle der Frauen beim Großziehen der Kinder zusammen. Insbesondere wenn die Lebenserwartung relativ kurz ist und die Fruchtbarkeit hoch, sind die Frauen gewöhnlich einen bedeutenden Teil ihres Arbeitslebens an Aktivitäten im Hause gebunden. Manchmal kann ein Lohnzuschlag für körperliche Kraft, wie er für die meisten ungelernten Arbeiten gezahlt wird, die traditionelle geschlechtsabhängige Arbeitsteilung verstärken. Eine solche Verteilung wird jedoch zunehmend wirkungsloser, wenn die Entwicklung und der technologische Wandel das Arbeitsleben der Frauen verlängern, wenn sie weniger Kinder haben und eine Prämie für ihre Qualifikationen gezahlt wird.

Die unterschiedlichen Arbeitserträge für Männer und Frauen ergeben sich aus zwei Faktoren. Erstens haben die Frauen weniger marktfähige Kenntnisse, da die Frauen in der Schul- und Berufsausbildung benachteiligt werden. Die Benachteiligung bei der Ausbildung ist in Asien und im Nahen Osten gravierend und in Afrika bedeutend, in Lateinamerika und in den Ländern des ehemaligen sowjetischen Blocks ist sie dagegen unbedeutend. Zweitens haben Frauen oft ein engeres Spektrum von Beschäftigungsmöglichkeiten und erreichen somit schlechtere Resultate am Arbeitsmarkt als Männer mit dem gleichen Qualifikationsniveau. In vielen Ländern bleiben die Lohnunterschiede zwischen Männern und Frauen auch nach Berücksichtigung der Unterschiede in Ausbildung und Berufserfahrung bestehen (Sonderbeitrag 6.1). In Indien liegen die Reallöhne der Frauen bei 51 Prozent der Löhne der Männer, und nur 34 Prozentpunkte dieser Kluft können durch unterschiedliche Eigenschaften der Arbeitnehmer erklärt werden. In Kenia sind die Löhne der Frauen nach Korrektur um Qualifikation und Berufserfahrung 18 Prozent niedriger als die der Männer. In Lateinamerika erreichen die Durchschnittslöhne der Frauen 71 Prozent

## Sonderbeitrag 6.1  Deuten niedrigere Löhne für Frauen auf Diskriminierung hin?

Nicht die gesamte beobachtete Kluft zwischen den Löhnen von Männern und Frauen spiegelt notwendigerweise eine Diskriminierung am Arbeitsmarkt wider. Ein niedriger Lohn für Frauen kann in einer bestimmten Volkswirtschaft auch ihre niedrigere Produktivität in einem lohnabhängigen Beschäftigungsverhältnis wiedergeben. In Entwicklungsländern verfügen Frauen oft über eine geringere Schulbildung und weniger Berufserfahrung als Männer, und Schätzungen über die Lohndiskriminierung müssen solche Faktoren berücksichtigen. Eine Methode besteht darin, die Erträge für bestimmte Eigenschaften und Charakteristika, beispielsweise Schulbildung, Berufserfahrung und Beschäftigung, getrennt für Männer und Frauen zu schätzen und dann den beobachteten Lohnunterschied in zwei Teile aufzuspalten. Der erste Teil zeigt die Komponente der Lohndifferenz, die mit den tatsächlich „schlechteren" Eigenschaften und Charakteristika der Frauen im Vergleich zu den Männern zu erklären ist, während der zweite Teil angibt, was Frauen verdienen würden, wenn sie die *gleichen* Eigenschaften wie die Männer in der Volkswirtschaft besäßen. Das zweite Maß deutet auf Diskriminierung hin, wenn die Verdienste der Frauen immer noch niedriger sind als diejenigen der Männer.

Bei der Anwendung dieser Methode zeigen sich in Ländern wie Ecuador, Jamaika und den Philippinen die auffallendsten Ergebnisse. In diesen Ländern verfügen die Frauen im Durchschnitt eigentlich über eine größere Ausbildung und Erfahrung als die Männer, erhalten aber eine 20 bis 30 Prozent geringere Bezahlung. Die Frauen in den genannten Ländern hätten tatsächlich höhere Löhne als die Männer, wenn ihre Beiträge am Arbeitsmarkt gleich bewertet würden.

Bei einer solchen Analyse in Form einer Zerlegung des Lohndifferentials ergeben sich einige Probleme: Verwendet man beispielsweise „Jahre seit dem Ende der Schule" als Maß für die Berufserfahrung, so kann die Art der Berufserfahrung von Frauen falsch erfaßt werden. Grenzt man die Berufsgruppen relativ breit ab, so wird möglicherweise die Tendenz verdeckt, daß Frauen innerhalb der gleichen Berufsgruppe einen niedrigeren Status besitzen als Männer. Dennoch zeigen die Ergebnisse einer breiten Gruppe von Entwicklungsländern klar, daß die Arbeitsmärkte die weiblichen Arbeitnehmer diskriminieren.

---

der durchschnittlichen Löhne der Männer, und nur 20 Prozent der Differenz können durch Unterschiede im Humankapital erklärt werden. Selbst in der ehemaligen Sowjetunion verdienten die Frauen im Durchschnitt 30 Prozent weniger als die Männer. Nicht einmal ein Zehntel dieser Differenz konnte auf ein unterschiedliches Qualifikationsniveau zurückgeführt werden.

Das Wirtschaftswachstum hat den Status der Frauen nur langsam verändert. In den Industrieländern blieben die Unterschiede zwischen Männern und Frauen fast zwei Jahrzehnte lang annähernd stabil, bevor sie sich im Verlauf der letzten dreißig Jahre stark verminderten. Der Übergang von der Landwirtschaft zur Industrie- und Dienstleistungsgesellschaft hat nicht immer einen großen Einfluß auf die Benachteiligung der Frauen im Erwerbsleben gehabt – die Trennung nach Berufsgruppen ist beispielsweise in Rußland immer noch stark und erklärt einen großen Teil der beobachteten Lohnunterschiede zwischen Männern und Frauen. Es besteht jedoch die Hoffnung, daß der Wandel in den Entwicklungsländern schneller kommen wird. Neuere Erfahrungen in sechs Entwicklungsländern Ostasiens, Lateinamerikas und Afrikas südlich der Sahara deuten darauf hin, daß das Wachstum, mit Ausnahme eines Landes, die Löhne der Frauen erhöht und die Lohnunterschiede verringert hat. Die Segmentierung der Beschäftigung hat sich jedoch auf der anderen Seite kaum verändert.

Solche Verzögerungen resultieren aus einer Anzahl von Faktoren. Die größere Macht der Männer in den meisten Gesellschaften bestimmt, ob die Frauen am Erwerbsleben teilnehmen – beispielsweise wenn die Männer es bevorzugen, daß ihre Frauen nicht außerhalb des Haushalts arbeiten. Die Diskriminierung am Arbeitsplatz, die teilweise von kulturellen Normvorstellungen ausgeht, ist weitverbreitet. Außerdem gibt es viele damit zusammenhängende institutionelle und rechtliche Faktoren, die die Nachfrage nach weiblichen Arbeitskräften tendenziell senken, insbesondere für Beschäftigungen im formellen Sektor – beispielsweise kann eine bevormundende Diskriminierung die Frauen davon abhalten, „gefährlichen" Beschäftigungen nachzugehen oder in der Nacht zu arbeiten.

Geringere Möglichkeiten am Arbeitsmarkt vermindern die Anreize zur Ausbildung der Mädchen; dadurch wird ein Teufelskreis geschaffen, da weniger gebildete Frauen in der Regel ihren Töchtern weniger Ausbildung zukommen lassen. Dieser Kreis kann nur schwer durchbrochen werden. Es ist unbedingt notwendig, den Druck und die Anreize zur Ausbildung der Mädchen zu erhöhen. Daneben kann es nützlich sein, die Kinder- und Jugendfürsorge sowie gesetzliche Reformen zu unterstützen. Schließlich sind Maßnahmen wichtig, die die Diskriminierung am Arbeitsplatz abbauen und einen Kostenanstieg bei den Unternehmern infolge der Einstellung von Frauen verhindern; dieser resultiert daraus, daß man die Frauen durch Bevormundung zu schützen versucht (siehe Kapitel 11).

*Unterschiede zwischen ethnischen und sozialen Gruppen*

Einheimische Völker Lateinamerikas, aus Afrika stammende Amerikaner und die Ureinwohner Amerikas in den Vereinigten Staaten, Zigeuner in Mittel- und Osteuropa, Angehörige der niedrigsten Kaste in Indien (der Unberührbaren) sowie Schwarze in Südafrika besitzen gemeinsam einen relativ niedrigen Status am Arbeitsmarkt, was mit ihrer ethnischen Herkunft oder der Gesellschaftsgruppe, in die sie hineingeboren sind, zusammenhängt. Diese Unterschiede bestehen zwischen und nicht innerhalb der Haushalte, trotzdem geht es aber auch hier um Individuen, deren Zukunft von der Zufälligkeit ihrer Geburt bestimmt ist.

Gruppen wie die Indianer in den Anden und die Schwarzen Südafrikas verdienen typischerweise weniger als andere Arbeitnehmer in der gleichen Volkswirtschaft. Männliche Arbeiter der einheimischen Bevölkerung in Bolivien verdienen im Durchschnitt 60 Prozent dessen, was die übrige Bevölkerung verdient. Die Löhne der Guarani sprechenden Einwohner Paraguays betragen 64 Prozent der Löhne der spanisch sprechenden Menschen, und in Brasilien erzielen Schwarze nur die Hälfte der Einkommen von Weißen. Ähnlich wie im Fall von Männern und Frauen spiegelt jedoch nicht die gesamte Lohnkluft eine Diskriminierung wider. Ungefähr 70 Prozent der Einkommensunterschiede zwischen Arbeitnehmern einheimischer und fremder Abstammung in Bolivien können zum Beispiel auf Unterschiede in Schulbildung und Berufserfahrung zurückgeführt werden. Die übrigen 30 Prozent können nicht erklärt werden. Sie spiegeln nicht erklärbare Faktoren wider, wie Unterschiede in den Fähigkeiten oder der Qualität der Ausbildung sowie die Diskriminierung am Arbeitsmarkt.

Jede siebte Person in Indien – ungefähr 2 Prozent der Weltbevölkerung – gehört der Kaste der Unberührbaren an. Die Menschen dieser niedrigsten Kaste sind in Familien hineingeboren, deren traditionelle Beschäftigungen – Durchstöbern von Abfall, Gerben von Leder, Arbeit in der Landwirtschaft – einen geringen Ertrag in bezug auf die Ausbildung oder die erreichten Qualifikationen erzielen. Die Tradition bestimmte gewöhnlich, daß diese Familien nicht ihre Beschäftigungen wechseln konnten – der Sohn eines Straßenkehrers wurde auch ein Straßenkehrer. Diese extreme Unflexibilität des Arbeitsmarktes schaffte für die Mitglieder niedriger Kasten wenig Anreize, sich selbst auszubilden. Die Sitte, den Beruf zu vererben, ist in den letzten Jahren gelockert worden, in den Jahren 1988 und 1989 gehörte jedoch noch ein Drittel der Arbeiter im informellen Sektor des indischen Bundesstaates Bihar den niedrigen Kasten an.

In Südafrika schufen der weiße Kolonialismus und danach die Apartheid aktiv die Unterschiede in der Vermögens- und Machtverteilung zwischen Weißen und Schwarzen. Die Demokratie gab der schwarzen Mehrheit schließlich politische Macht, aber der Regierung stellt sich nun das schwerwiegende Problem, die Ergebnisse der Diskriminierung vieler Jahrzehnte umzukehren, insbesondere im Bereich von Ausbildung und Qualifikation. Für die Bevölkerungsgruppe, die in den siebziger und achtziger Jahren die Schule besuchte, ist die Situation besonders schlimm. Die Schulen für Schwarze hatten in jedem Fall eine schlechte Qualität, zusätzlich leisteten viele Schulkinder aber Widerstand gegen die Apartheid, indem sie die Schule boykottierten. Die meisten treten mit einem starken politischen Bewußtsein in die neue Ära ein, verfügen jedoch über schwache Fähigkeiten, von den zunehmenden wirtschaftlichen Möglichkeiten zu profitieren.

Mitglieder von Gruppen mit geringer wirtschaftlicher, sozialer und politischer Macht sind anfällig für sich selbst verstärkende Zyklen, bei denen eine schlechte Ausbildung und niedrige Erträge am Arbeitsmarkt Rückwirkungen haben auf geringe Anreize zum Aufbau von Humankapital. Solche Teufelskreise machen es zunehmend schwierig, relative – und manchmal absolute – Armut und Entfremdung bei zunehmender wirtschaftlicher Prosperität zu überwinden, an der andere in der Wirtschaft partizipieren. Probleme zwischen den Generationen spielen ebenfalls eine Rolle, insbesondere wenn Gruppen in komplexen Zyklen von Abhängigkeit und Unterlegenheit gefangen sind.

Eine Gruppe, die ausdrücklich die Regierungspolitik genutzt hat, um sich selbst in die wirtschaftliche Machtposition zu setzen, sind die *Bumiputeras* oder die ethnischen Malaien in Malaysia. Wörtlich übersetzt die „Söhne der Erde", waren die meisten *Bumiputeras* den größten Teil dieses Jahrhunderts auf traditionelle landwirtschaftliche Kleinbetriebe und den Reisanbau beschränkt. Selbst wenn sie bei der Unabhängigkeit die ethnische Mehrheit waren und den öffentlichen Sektor kontrollierten, war ihre wirtschaftliche Rolle begrenzt, wobei sich die Industrie und das Finanzwesen zum größten Teil in den Händen der ethnisch chinesischen Mittelklasse befanden. Um ihre Rolle in der Wirtschaft zu vergrößern, führte die malaysische Regierung eine Anzahl von konzertierten Politikmaßnahmen durch, einschließlich einer gezielten und subventionierten Ausbildung und einer bevorzugten Behandlung im wachsenden öffentlichen Sektor. Diese Politiken waren erfolgreich, indem sie den Ausbildungsstand und die Durchschnittseinkommen der *Bumiputeras* erhöhten. Im Ergebnis nahmen die Einkommensunterschiede zwischen den *Bumiputeras* und dem Rest der Bevölkerung, hauptsächlich Chinesen und Indern, deutlich ab: Zwischen den Jahren 1970 und 1984 stieg das Durchschnittseinkommen der *Bumiputeras* 40 Prozent stärker als die Einkommen anderer Gruppen. Diese Politik hat jedoch nicht besonders viel dazu beigetragen, die Einkommensunterschiede insgesamt zu vermindern, weil die Einkommensunterschiede *innerhalb* jeder ethnischen Gruppe gestiegen sind.

*Unterschiede zwischen Regionen*

Die Ungleichheit hat oft auch eine regionale Dimension. Fast alle Länder weisen regionale Unterschiede bei der Ressourcenausstattung, den Einkommen und Wachstumsraten auf, und diese Unterschiede bleiben bekanntlich über die Zeit bestehen. Die relativen Nachteile mancher Regionen sind so extrem, daß sie die Möglichkeiten der dort geborenen Menschen begrenzen. Ein im mexikanischen Bundesstaat Chiapas geborenes Kind hat beispielsweise viel trostlosere Aussichten als ein in Mexiko-Stadt geborenes Kind: Das Kind von Chiapas stirbt mit einer doppelt so hohen Wahrscheinlichkeit vor dem fünften Lebensjahr, schließt mit einer Wahrscheinlichkeit von weniger als die Hälfte die Grundschule ab und lebt zehnmal eher in einem Haus ohne Anschluß an fließendes Wasser. Unter der Annahme, daß er oder sie später nicht auswandert, wird diese Person 20 bis 35 Prozent weniger als ein vergleichbarer Arbeitnehmer in Mexiko-Stadt und 40 bis 45 Prozent weniger als jemand verdienen, der im Norden Mexikos lebt.

Die regionale Entwicklung wird entscheidend von den Ausgangsbedingungen bestimmt. Knappe Ressourcen, eine Vernachlässigung in der Vergangenheit, mangelnde Investitionen und eine Konzentration niedrig qualifizierter Menschen, die sich von der übrigen Bevölkerung in ihrer ethnischen Abstammung unterscheiden können, erklären im Zusammenspiel die zurückbleibende Entwicklung bestimmter Gebiete. Mit einem Pro-Kopf-Einkommen, das 40 Prozent unter dem nationalen Durchschnitt liegt, ist Gansu eine der ärmsten Regionen in China. Die hohe Armut in dieser Region basiert auf einer ungünstigen geographischen Lage, schlechten Böden, die stark erosionsgefährdet sind, wenigem und unregelmäßigem Regen und begrenzten Beschäftigungsmöglichkeiten außerhalb von Bauernhöfen. Die Provinz Chaco in Argentinien weist ein BIP pro Kopf auf, das nur 38 Prozent des nationalen Durchschnitts erreicht. Ein niedriger Ausbildungsstand und eine mangelhafte Infrastruktur, insbesondere im Bereich von Straßen, erklären einen großen Teil dieser Abweichung.

Auch wenn das Wachstum in anderen Teilen der Volkswirtschaft stark ist, kann die Armut in einer Region absolut und relativ gesehen lange Zeit andauern. Der Zusammenbruch der Zuckerwirtschaft im siebzehnten Jahrhundert stürzte beispielsweise den Nordosten Brasiliens in einen Niedergang, von dem er sich niemals vollständig erholt hat. In den Vereinigten Staaten schwand der Reichtum der Kohlebergbau-Region West Virginia mit dem Zusammenbruch der Kohleindustrie und der gestiegenen Bedeutung von Öl und Gas bei der Energieerzeugung. Bis zum heutigen Tag bleibt West Virginia eine der ärmsten Regionen der Vereinigten Staaten. In Thailand konnte die rasche wirtschaftliche Entwicklung nicht die Menschen in den nördlichen, gebirgigen Landesteilen erreichen. Weniger als 30 Prozent ihrer Dörfer besitzen Schulen, und nur 15 Prozent der Menschen dieser Region können Thai lesen und schreiben. Ihr durchschnittliches jährliches Einkommen beträgt weniger als ein Viertel des BSP pro Kopf.

## Was kann man tun, um denjenigen zu helfen, die zurückgeblieben sind?

Ein marktwirtschaftlich orientiertes Wirtschaftswachstum, bei dem die Arbeit effizient genutzt und die Beschäftigung in Lohnverhältnissen in größerem Umfang gefördert wird, kann die Unterschiede überwinden helfen. Eine auf marktwirtschaftlichen Prinzipien basierende Entwicklung allein reicht jedoch kaum aus, um die Ungleichheiten zwischen den Geschlechtern, zwischen ethnischen Gruppen oder zwischen sonst gleichen Menschen zu verringern. Um eine Verbesserung der Einkommensverteilung zu erzielen, muß vor allem die anfängliche berufliche Ausstattung günstiger verteilt werden, insbesondere indem man den Zugang der Armen zur Ausbildung erleichtert. Der Wandel kann durch öffentliche Maßnahmen beschleunigt werden, wenn dadurch die berufliche Ausstattung derjenigen Menschen verbessert wird, denen es am schlimmsten geht, und wenn die Diskriminierung abnimmt. In Industrieländern wie in Entwicklungsländern bleibt es jedoch eine gewaltige Aufgabe, die Probleme der bislang Ausgegrenzten in Angriff zu nehmen. Investitionen in diese Menschen weisen oft einen niedrigen Ertrag auf, entweder weil die Menschen schon alt sind und nur noch relativ wenige Jahre arbeiten können, oder weil ihnen die grundlegenden Kenntnisse fehlen, um in der Arbeitswelt zu bestehen, oder weil sie an rückständige Regionen gebunden sind.

• • •

*Eine dreiundfünfzig Jahre alte Witwe der Kapu-Kaste in dem Dorf Chintapalli von Raole Mandal in Indien lebt allein in einer Lehmhütte. Sie war mit einem älteren, besitzlosen Cousin verheiratet, dessen Tod sie mittellos zurückließ. Sie überlebt mit Garnherstellung. Bei zehn Stunden Arbeit am Tag für 5.000 Meter Garn verdient sie umgerechnet 0,30 Dollar täglich. Ihr Alter, eine schlechte Gesundheit und eine strenge Kastenzugehörigkeit schließen sie von der Teilnahme an anderen bezahlten Tätigkeiten aus.*

• • •

*Ein unterbeschäftigter Arbeiter in der Landwirtschaft, der nahe Tamale in der Savannenregion Ghanas lebt, arbeitet im Schnitt weniger als vier Tage in der Woche. Wenn er beschäftigt ist, erhält er rund 0,80 Dollar am Tag. Während der Baumwollernte gibt es genug Arbeit, aber im Winter sind die Stellen rar. Er, seine Frau und ihre fünf Kinder leben in einer Lehmhütte. Seine Frau und die zehn Jahre alte Tochter helfen, ihren kleinen Gemüsegarten zu bewirtschaften, der die Lebensmittel für das Abendessen der Familie liefert, auch wenn der Vater nicht arbeitet. Die Eltern sorgen sich um die Zukunft ihrer Kinder. Sie würden gerne in ein Gebiet mit besseren Beschäftigungsmöglichkeiten ziehen, können es sich aber nicht leisten, das einzige Vermögen der Familie zu verlieren, ihr kleines Stück Land.*

• • •

Was kann der Staat in Fällen wie diesen tun? Politiken, die den Ausgeschlossenen helfen sollen, müssen verschiedene spezielle Maßnahmen kombinieren, um die arbeitsfähigen Menschen wieder in die Arbeitswelt zu integrieren; sie müssen Transferzahlungen leisten, damit ihr Lebensstandard über einem bestimmten Minimum gehalten wird. Schließlich sind Interventionen notwendig, die auf ihre Kinder abzielen und der nächsten Generation die Möglichkeit geben, der Armut zu entrinnen.

*Zielgerichtete Investitionen*

Die Gesellschaft kann versuchen, benachteiligte Arbeitnehmer wieder in das Arbeitsleben zu integrieren, indem sie Ausbildungsprogramme zum Erwerb grundlegender Fähigkeiten anbietet oder Existenzgründungs-Programme auflegt. Gezielte Ausbildungsprogramme für benachteiligte Gruppen – die darauf abzielen, die Armut zu vermindern, anstatt Arbeitslose umzuschulen – sind in Entwicklungsländern relativ selten, haben aber in der industrialisierten Welt eine längere Tradition. Die Vereinigten Staaten besitzen beispielsweise seit 1964 öffentlich geförderte Hilfsprogramme für benachteiligte Menschen. Viele dieser Programme sind mit Transferleistungen verknüpft gewesen, wie das Programm zur Hilfe für Familien mit Kindern. Diese Programme haben nur einen bescheidenen Erfolg gehabt: Die Ausbildungsleistungen haben manchmal, aber nicht immer, die Einkünfte der Teilnehmer erhöht. Im allgemeinen war die Berufsausbildung für benachteiligte Gruppen in den Vereinigten Staaten bei erwachsenen Frauen sehr viel effektiver als die Hilfe für Männer oder Jugendliche.

Mangel und Armut gehen gewöhnlich Hand in Hand mit einem unzureichenden Zugang zur physischen und sozialen Infrastruktur. Die Aufteilung der Staatsausgaben auf soziale Leistungen geht oft zu Lasten der Armen, insbesondere in ländlichen Gebieten und zurückbleibenden Regionen. Die Folge sind in der Regel unzureichende Kanalisationssysteme und Straßen sowie mangelnde Gesundheits- und Schuleinrichtungen zur Versorgung armer Gemeinden. Eine Umlenkung der öffentlichen Infrastrukturinvestitionen in diese benachteiligten Gebiete zur Herstellung einer ausgewogenen Balance kann entscheidend dafür sein, daß arme Haushalte selbst der Armut entrinnen können. Seit dem Jahre 1988 hat das Solidaritäts-Programm Mexikos armen Gemeinden Mittel zur Finanzierung kleiner Teilprojekte zur Verfügung gestellt, die sich auf Instandsetzung von Schulen, die Verbesserung der Wasserversorgung auf dem Lande sowie die Wiederherstellung und Unterhaltung von Straßen beziehen.

*Transferleistungen*

Manchmal kann es kaum Investitionsmöglichkeiten geben, um den Zurückgebliebenen zu helfen, weder bei der Ausbildung noch im Bereich der Infrastruktur. In diesem Fall sind Politikmaßnahmen zur Linderung der Armut oder Transferleistungen notwendig. Diese Transfers können mit Mechanismen verbunden werden, die eine dauerhaftere Einkommenssicherheit gewährleisten (siehe Kapitel 13), oder sie können Teil spezieller Übergangsmaßnahmen sein (siehe Kapitel 17). Ob dauerhaft oder vorübergehend, die Art des gewählten Sicherheitsnetzes ist in der Regel abhängig vom Volkseinkommen und den Traditionen eines Landes. In Ländern mit niedrigem und mittlerem Einkommen können öffentliche Beschäftigungsprogramme solche Transferleistungen kosteneffizient bereitstellen. In den letzten Jahren haben mehrere Länder mit Ansätzen experimentiert, bei denen man die Armut zu lindern suchte und gleichzeitig die Wiedereingliederung von solchen Personen in den Arbeitsmarkt förderte, die während der Anpassungsperioden freigesetzt worden sind. Ägypten, Bolivien, Honduras, Guinea und Senegal haben beispielsweise alle Sozialfonds eingerichtet, um Aktivitäten zur Erzielung von Einkommen und zur Schaffung von Kleinstunternehmen zu fördern. Diese Fonds finanzieren gewöhnlich kleine Infrastrukturprojekte, technische Hilfe, Ausbildung und kleine Kreditprogramme. Dennoch können nicht alle Arbeitslosen wieder in den Arbeitsmarkt integriert werden. Für diejenigen, die nicht arbeitsfähig sind – beispielsweise wegen hohen Alters oder Behinderung –, sind ergänzende Transferleistungen in Form von Geld oder Lebensmitteln notwendig.

*Die Orientierung auf die nächste Generation*

Effektiver sind jedoch wahrscheinlich Politikmaßnahmen, die darauf abzielen, die Kinder von denen zu erreichen, die zurückgeblieben sind. Um einen von Generation zu Generation sich fortsetzenden Armutskreislauf zu brechen, muß man den Kindern die Möglichkeiten eröffnen, die ihren Eltern entgangen sind. Der Schlüssel dazu sind Investitionen in das Humankapital dieser Kinder. Ausbildung allein reicht jedoch in der Regel nicht aus: Genauso notwendig sind Investitionen in ihre Gesundheit und Ernährung. In Kapitel 5 wurde darauf hingewiesen; frühere Ausgaben des *Weltentwicklungsberichts* untersuchten detailliert die sich ergänzenden Wirkungen zwischen diesen unterschiedlichen Arten von Interventionen: Eine bessere Ernährung und Gesundheit erhöhen die Lernfähigkeit der Kinder in der Schule und steigern ihre Arbeitsproduktivität, wenn sie älter sind.

Eine Reihe von Ländern bemüht sich, die Bereitstellung von sozialen Leistungen für die Armen und ihre Kinder zu verbessern. Das kommunale Programm zur Kinderbetreuung und Ernährung in Kolumbien kümmert sich beispielsweise um Kinder im Vorschulalter; das Programm umfaßt Mahlzeiten und eine Überwachung der Gesundheit. Die teilnehmenden Kinder profitieren von den vorschulischen Lernaktivitäten sowie einer verbesserten Ernährung und Gesundheitsfürsorge, die das Programm bietet. Die Familien

– insbesondere die Mütter – profitieren von der Möglichkeit, einer bezahlten Beschäftigung außerhalb des Hauses nachzugehen. Das mexikanische Programm einer grundlegenden Gesundheitsfürsorge für die nicht versicherte Bevölkerung (PASSPA) stellt sowohl Basisleistungen im Bereich der Gesundheitsfürsorge als auch gezielte Hilfen für eine richtige Ernährung für die nicht sozialversicherten Armen bereit. Das allgemeine Erziehungsprogramm von Bangladesch zielt darauf ab, armen Kindern, insbesondere Mädchen, den gleichen Zugang zu Grundschulen und weiterführenden Schulen zu geben. Es konzentriert sich auf die Ausweitung der Ausbildungsleistungen für arme, unterversorgte Gemeinden, auf die Zunahme des Anteils weiblicher Lehrer und die Ausdehnung eines erfolgreichen Pilotprogramms zur Vergabe von Stipendien an Mädchen. El Salvador experimentiert mit einem gezielten Ernährungsprogramm, das zusätzliche Lebensmittel an Schulkinder verteilt.

...

Die marktwirtschaftliche Entwicklung kann sowohl die Ungleichheit als auch die Armut in Entwicklungsländern reduzieren. Um das Wachstum zu forcieren und die Ungleichheit zu verringern, muß man armen Arbeitern den Zugang zur Ausbildung sichern. Außerdem dürfen die Arbeitsmärkte nicht so stark verzerrt sein, daß die Zunahme der Lohnbeschäftigung im formellen Sektor stagniert. Ungleichheiten bleiben jedoch selbst in wachsenden Volkswirtschaften bestehen, entweder wegen Diskriminierungen in Abhängigkeit von Geschlecht oder ethnischer Herkunft oder weil bestimmte Personen oder Regionen von den Früchten des Wachstums ausgeschlossen sind. Die staatliche Politik sollte, wo immer möglich, gegen Diskriminierung ankämpfen und diese ausgeschlossenen Gruppen in die Gesellschaft zurückführen. An erster Stelle sollte der Staat jedoch sicherstellen, daß die Kinder benachteiligter Haushalte nicht in Armut gefangen bleiben, sondern statt dessen die Chance erhalten, ihr Potential auszuschöpfen.

# TEIL ZWEI

## Internationale Integration – Chance oder Bedrohung für Arbeitskräfte?

DAS LEBEN DER ARBEITNEHMER in der ganzen Welt ist zunehmend durch internationalen Handel, Kapitalströme und Wanderungsbewegungen verbunden. Dies eröffnet neue Möglichkeiten, es werden aber auch Ängste hervorgerufen, daß der internationale Wettbewerb und das ungebunden zirkulierende Kapital Arbeitsplätze kosten oder den Lebensstandard beeinträchtigen könnten. Zudem wird befürchtet, daß einige Gruppen von Arbeitnehmern oder Ländern sogar ganz von den expandierenden internationalen Märkten ausgeschlossen werden könnten. In Kapitel 7 werden die Kanäle skizziert, über welche die Interaktionen in einer zusammenwachsenden Welt stattfinden. In den verbleibenden drei Kapiteln dieses Teils des Berichts untersuchen wir, wie sich Handel, Kapitalverkehr und Wanderungsbewegungen auf die Arbeiter in reichen wie armen Ländern auswirken.

# KAPITEL 7

# Die Entstehung des globalen Arbeitsmarktes

JOE LEBT IN EINER KLEINEN STADT IM SÜDEN *von Texas. Sein alter Arbeitsplatz als Buchhalter in einer Textilfirma, den er viele Jahre lang innehatte, war nicht sehr sicher. Er verdiente 50 Dollar am Tag, Zusagen für eine Beförderung wurden jedoch nie erfüllt, und die Firma ging in Konkurs, als Billigimporte aus Mexiko die Textilpreise drückten. Joe ging wieder aufs College, um Betriebswirtschaft zu studieren. Kürzlich wurde er von einer der neuen Banken in der Umgebung eingestellt. Auch nach Abzug der monatlichen Ratenzahlungen für sein Stipendium lebt er besser als zuvor.*

• • •

*Maria verließ kürzlich ihr Dorf in Zentralmexiko und arbeitet jetzt in einer amerikanischen Firma in Mexikos maquiladora-Sektor. Ihr Mann Juan betreibt einen kleinen Autozubehör-Handel. In der Erntesaison geht er von Zeit zu Zeit über die Grenze nach Kalifornien, um illegal auf Farmen zu arbeiten. Seit sie die Landwirtschaft verlassen haben, ist der Lebensstandard von Maria, Juan und ihrem Sohn gestiegen. Marias Lohn ist jedoch seit Jahren unverändert: Noch immer verdient sie etwa 10 Dollar am Tag, und voraussichtlich wird ihr Lohn aufgrund der jüngsten Kapitalabflüsse sinken.*

• • •

*Xiao Zhi ist ein Fabrikarbeiter in Shenzhen, einer Sonderwirtschaftszone im Süden Chinas. Auf der Flucht vor der Armut in der benachbarten Provinz Szetschuan verbrachte er als Teil von Chinas Wanderungsbevölkerung drei schwere Jahre auf der Straße, bevor er schließlich in eine neue Firma aus Hongkong eintrat, die Bekleidung für den amerikanischen Markt herstellt. Er kann sich heute mehr als eine Schale Reis für die tägliche Mahlzeit leisten; sein Verdienst liegt bei zwei Dollar pro Tag, und die Zukunft schätzt er optimistisch ein.*

• • •

Das Leben der Arbeitnehmer in aller Welt ist zunehmend vernetzt. Die Mehrheit der Weltbevölkerung lebt heute in Ländern, die entweder bereits in die internationalen Güter- und Finanzmärkte integriert sind oder es bald sein werden. Vor nicht allzu langer Zeit, in den späten siebziger Jahren, hatten nur wenige Entwicklungsländer, angeführt von einigen Ländern Ostasiens, ihre Grenzen für Handelsbeziehungen und Kapitalströme geöffnet. Über ein Drittel des Arbeitskräftepotentials in aller Welt lebte in planwirtschaftlich organisierten Ländern, und mindestens ein weiteres Drittel lebte in Ländern, die durch prohibitive Handelsbarrieren und Kapitalkontrollen von den internationalen Märkten isoliert waren. Derzeit drängen drei riesige Bevölkerungsblöcke – China, die Länder der ehemaligen Sowjetunion und Indien – mit fast der Hälfte des weltweiten Arbeitskräftepotentials auf die Weltmärkte, und viele andere Länder – von Mexiko bis Indonesien – haben bereits feste Beziehungen geknüpft. Im Jahr 2000 werden voraussichtlich weniger als 10 Prozent der Arbeitskräfte noch von den wirtschaftlichen Hauptströmungen abgeschnitten sein.

Profitieren die Arbeitskräfte aber tatsächlich von diesen globalen Trends? Berichte über Verlierer der Integration machen oft Schlagzeilen: wie Joe seinen Arbeitsplatz aufgrund der Konkurrenz durch arme Mexikaner wie Maria verlor, und wie deren Lohn durch billigere Importe aus China gedrückt wird. Joe hat jedoch eine besser bezahlte Arbeit gefunden, und die U.S.-amerikanische Wirtschaft hat von den vermehrten Exporten nach Mexiko profitiert. Marias Lebensstandard ist gestiegen, und ihr Sohn kann auf eine bessere Zukunft hoffen. Die Produktivität beider Arbeitnehmer steigt mit den expandierenden Investitionen, die teilweise durch die Ersparnisse von Arbeitskräften anderer Länder finanziert werden. Joes Pensionsfonds wirft aufgrund von Diversifikation und neuen Investitionsmöglichkeiten höhere Erträge ab. Juan wartet auf den Tag, an dem er nicht mehr nach Norden gehen muß, während Xiao Zhi sogleich zugreifen würde, wenn er den gleichen Lohn verdienen könnte wie Juan in Kalifornien.

Eine derartige Komplexität der wirtschaftlichen Beziehungen wäre noch vor zehn oder zwanzig Jahren undenkbar gewesen. In dem Ausmaß, wie die Möglichkeiten für Handel und wechselseitige Beziehungen gestiegen sind, haben sich auch die Einstellungen gegenüber internationalen Kontakten verschoben. In den fünfziger und sechziger Jahren betrachteten die meisten Entwicklungsländer die von den Weltmärkten ausgehenden Einflüsse als Bedrohung ihrer Industrialisierung und Entwicklung. Heute sehen sie darin eine Quelle neuer Möglichkeiten. Die Erkenntnis wächst, daß Exporte gute Arbeitsplätze schaffen, daß internationale Kapitalströme Kapitalbildung und Wachstum ankurbeln, und daß Wanderungsbewegungen gegenseitige Vorteile haben.

Doch von diesen Veränderungen haben nicht alle profitiert. Das Weltwirtschaftssystem wurde in einigen Industrieländern angegriffen, wo steigende Arbeitslosigkeit und

Lohndifferenzierung die Menschen hinsichtlich der zukünftigen Entwicklung verunsichern. Ein Teil der Arbeitskräfte in den Industrieländern fürchtet den Verlust ihrer Arbeitsplätze aufgrund der billigen Exporte aus Ländern, die mit niedrigeren Kosten produzieren. Andere sind verunsichert, wenn Unternehmen auf der Suche nach Standorten mit niedrigen Löhnen und Standards ihre Produktion ins Ausland verlagern, oder sie fürchten, daß bald arme Zuwanderer in Massen ins Land strömen und Arbeit zu niedrigeren Löhnen anbieten werden. Als Reaktion darauf breiten sich protektionistische Bestrebungen aus, die häufig hinter Forderungen nach fairem Handel und gleichen Wettbewerbsbedingungen versteckt werden.

## Antriebskräfte der globalen Integration

Technologischer Wandel und die anhaltend sinkenden Kommunikations- und Transportkosten waren Haupttriebkräfte der globalen Integration. Grenzüberschreitende Transporte und Handel sind heutzutage auch aufgrund der erzielten Fortschritte bei der Lösung vieler politischer Konflikte erleichtert worden, die die Weltwirtschaft für Jahrzehnte geteilt hatten, wie etwa der Kalte Krieg, das Apartheidsystem in Südafrika und die instabile Situation im Nahen Osten. Am wichtigsten waren jedoch die Aktivitäten der Entwicklungsländer selbst. Durch die Abkehr von den fehlgeschlagenen, auf einer Isolation von der weltwirtschaftlichen Entwicklung basierenden, Entwicklungsstrategien der Vergangenheit haben sich mehr Länder als je zuvor den ökonomischen Hauptströmungen angeschlossen.

Überall auf der Welt ändern sich Entwicklungsstrategien in raschem Tempo. Die zentrale Planwirtschaft in der früheren Sowjetunion und in Osteuropa wurde abgeschafft, und überall in Lateinamerika, Südasien und dem Nahen Osten geben Länder die Politik der Importsubstitution auf, die jeglichem Handel vorbeugen sollte. Diese Revolution in der Entwicklungspolitik tritt auf dem Gebiet der Handelspolitik am augenfälligsten zutage. Seit 1986 haben mehr als sechzig Länder einseitige Liberalisierungsmaßnahmen an das GATT (General Agreement on Tariffs and Trade) gemeldet, vierundzwanzig Länder sind dem GATT beigetreten, und zwanzig sind im Begriff, dessen Nachfolgeorganisation WTO (World Trade Organization) beizutreten. Mit dem Abschluß der Uruguay-Runde sowie der Erweiterung der NAFTA (North American Free Trade Agreement) und der Europäischen Union kann mit einem weiteren Wegfall von Handelsbarrieren gerechnet werden.

In zunehmendem Maß versuchen Regierungen, die internationale Wettbewerbsfähigkeit ihrer Wirtschaft zu verbessern, anstatt sie hinter Schutzwällen abzuschirmen. Entwicklungsländer haben enorme Fortschritte im Bereich der Ausbildung erzielt sowie stetige Verbesserungen ihres Kapitalstocks und der Infrastruktur vorgenommen. Dies steigerte ihre Produktionskapazitäten und versetzte sie in die Lage, auf den Weltmärkten zu konkurrieren. Zwischen 1970 und 1992 stieg der Anteil der Länder mit niedrigem und mittlerem Einkommen an dem weltweiten Arbeitskräftepotential von 79 auf 83 Prozent, doch ihr Anteil an qualifizierten Arbeitskräften (Arbeiter, die mindestens eine weiterführende Schulbildung aufweisen) schnellte von einem Drittel auf fast die Hälfte hoch. Auch ihr Anteil am gesamten Kapitalstock der Welt, obwohl weiterhin gering, ist von 9 auf 13 Prozent gestiegen.

Dieser Wechsel der Entwicklungsstrategie wurde vom technologischen Wandel begünstigt, der die Steuerung weltweiter Operationen erleichterte – Güter, Kapital, Menschen und Ideen bewegen sich heute schneller und billiger als je zuvor. Diesen Veränderungen liegen enorme Verminderungen der Transport- und Kommunikationskosten zugrunde. Die Kosten für Seetransporte betrugen im Jahr 1960 weniger als ein Drittel ihres Niveaus von 1920, und sie sind seitdem weiter gefallen. (Schaubild 7.1). Die Kommunikationskosten fielen noch dramatischer – die Gebühren für ein internationales Telefongespräch sanken von 1940 bis 1970 um das Sechsfache und in den Jahren von 1970 bis 1990 nochmals um das Zehnfache.

## Die Kanäle globaler Interdependenz

Der Einfluß globaler Integration wird für die meisten Länder zuerst im Bereich des internationalen Handels spürbar. Das Volumen des grenzüberschreitenden Waren- und Dienstleistungsverkehrs ist in den letzten Jahren stark angestiegen: ihm waren 1990 etwa 45 Prozent des Welt-BIP zuzurechnen, während es 1970 erst 25 Prozent waren (Schaubild 7.2). Im Jahr 1990 waren 17 Prozent aller Arbeitskräfte in Entwicklungsländern und ehemaligen Planwirtschaften direkt oder indirekt im Exportsektor beschäftigt, wobei zwei Drittel der Beschäftigung dem Export in die reicheren Länder zu verdanken sind. Außerdem fand eine rasche Verschiebung zu Tätigkeiten mit einer höheren Wertschöpfung statt: der Anteil der Fertigerzeugnisse an den Exporten der Entwicklungsländer verdreifachte sich in den Jahren 1970 bis 1990 von 20 auf 60 Prozent. Dieser Anstieg markiert eine radikale Veränderung in der internationalen Arbeitsteilung seit den sechziger Jahren, als Entwicklungsländer fast ausschließlich Rohstoffe exportierten. Mit der Ausweitung der Exporte arbeitsintensiver Industriewaren bestand der Außenhandel seine „Reifeprüfung".

Der internationale Handel floriert – aber nicht alle Regionen profitieren hiervon in gleichem Maße. Die ostasiatischen Länder haben als erste demonstriert, welche dynamischen Effekte auf das wirtschaftliche Wachstum ausgehen, wenn freier Handelsverkehr mit Staatsausgaben für Humankapital und Infrastruktur sowie umfangreichen Kapital- und Technologieimporten einhergeht. Verschiedene Volkswirtschaften mit mittlerem Einkommen, von Chile bis zur Türkei, folgten diesem Beispiel und verstanden es, aus dem exportinduzierten Wachstum Nutzen zu ziehen. In dem Maße, wie die erfolgreichen neuen Industrieländer die

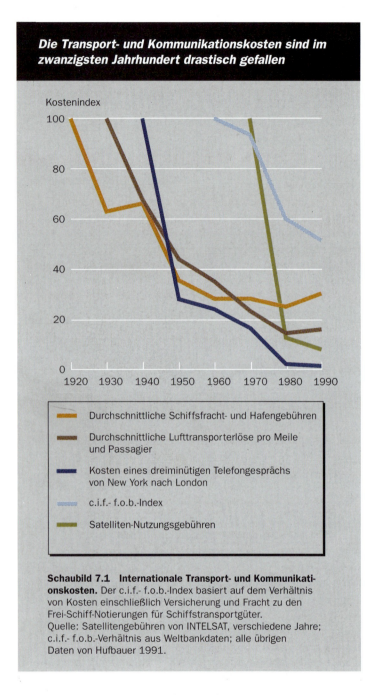

**Die Transport- und Kommunikationskosten sind im zwanzigsten Jahrhundert drastisch gefallen**

- Durchschnittliche Schiffsfracht- und Hafengebühren
- Durchschnittliche Lufttransporterlöse pro Meile und Passagier
- Kosten eines dreiminütigen Telefongesprächs von New York nach London
- c.i.f.- f.o.b.-Index
- Satelliten-Nutzungsgebühren

**Schaubild 7.1 Internationale Transport- und Kommunikationskosten.** Der c.i.f.- f.o.b.-Index basiert auf dem Verhältnis von Kosten einschließlich Versicherung und Fracht zu den Frei-Schiff-Notierungen für Schiffstransportgüter.
Quelle: Satellitengebühren von INTELSAT, verschiedene Jahre; c.i.f.- f.o.b.-Verhältnis aus Weltbankdaten; alle übrigen Daten von Hufbauer 1991.

Qualität ihrer Erzeugnisse steigerten und sich aus der Produktion mit ungelernten Arbeitskräften zurückzogen, übernahmen ärmere Länder wie China und Indien dieses Feld. Afrika südlich der Sahara und der Nahe Osten, die den Export von Fertigerzeugnissen nicht ausweiteten, hinken den anderen Regionen noch hinterher. Beide Regionen produzieren weiterhin Rohstoffe, und ihre terms of trade haben sich ständig verschlechtert.

Die Mobilität des Kapitals, das stets nach höchsten Erträgen strebt, hat sich ständig erhöht. Die Brutto-Kapitalströme (Zuflüsse und Abflüsse), ein sehr grobes Maß für Kapitalmobilität, stiegen während der letzten zwei Jahrzehnte in Entwicklungs- und Übergangsländern von 7 auf 9 Prozent des BIP (Schaubild 7.2). Die Kapitalkontrollen, die ohnehin leicht umgangen werden können, wurden gelockert. Heutzutage fließt Kapital rasch in erfolgreiche Länder und zieht sich ebenso schnell aus Ländern zurück, wenn die Renditen durch hohe Risiken aufgewogen werden.

Doch das Kapital fließt nicht immer in die ärmeren Länder. Obwohl die gesamten Kapitalströme stetig gewachsen sind, blieben die Nettoströme (gesamte Zuflüsse abzüglich der gesamten Abflüsse) gering und instabil. Die Nettokapitalbewegungen stiegen in den siebziger Jahren, gingen in den achtziger Jahren stark zurück, als die Schuldenkrise einen hohen Tribut in Form von steigenden Belastungen durch den Schuldendienst forderte und eine beträchtliche Kapitalflucht auslöste, und sie begannen am Ende des Jahrzehnts wieder zu steigen. Im Jahr 1992 hatten die Nettokapitalströme in Entwicklungsländer wieder ihr früheres Niveau erreicht. Alles in allem spielte der Ressourcentransfer aus reichen in arme Länder bei der Ergänzung der inländischen Ersparnisse in den Entwicklungsländern eine eher bescheidene Rolle: Unter der extremen Annahme, daß die inländischen Sparquoten durch den Kapitalverkehr nicht beeinflußt wurden, können etwa 11 Prozent der Kapitalbildung in den Entwicklungsländern zwischen 1970 und 1990 dem kumulativen Effekt der Kapitalmobilität zugerechnet werden (dies entspricht nur etwa 2 Prozent des gesamten Kapitalstocks der Industrieländer).

Die Regionen waren auch unterschiedlich erfolgreich darin, Kapital anzuziehen. Lateinamerika ist seit langem ein wichtiger Teilnehmer auf den internationalen Kapitalmärkten. Die lateinamerikanischen Länder wurden zwar von der Schuldenkrise der achtziger Jahre hart getroffen, hatten aber nach den Schuldenreduzierungen am Ende des Jahrzehnts Rückflüsse in beträchtlichem Umfang zu verzeichnen. Die Mexiko-Krise von 1994 und 1995 zeigt, wie unbeständig diese Ströme sein können, wenn das Vertrauen in die Wirtschaftspolitik schwindet. In der Vergangenheit spielte der Kapitalverkehr in Asien eine weniger wichtige Rolle, aber diese Asymmetrie ist mit dem wachsenden Engagement ausländischen Kapitals in China und der fortschreitenden Liberalisierung der Kapitalmärkte in Indien und Ostasien im Schwinden begriffen. Der größte Teil des nach Afrika südlich der Sahara und in den Nahen Osten fließenden Kapitals stammt aus offiziellen Quellen, doch die Kapitalflucht aus diesen Regionen war beträchtlich.

Internationale Wanderungsbewegungen von Menschen auf Arbeitssuche treten in dieser Geschichte zuletzt in Erscheinung – die jährlichen Wanderungsströme (gesamte Zu- und Abflüsse) aus Entwicklungsländern sind im Verhältnis zur Gesamtbevölkerung derzeit nicht größer als in den frühen siebziger Jahren, etwa ein Migrant pro 1.000 Einwohner (Schaubild 7.2). Der Gesamteffekt der internationalen Wanderungsbewegungen ist wesentlich geringer als der des Kapital- oder Handelsverkehrs: lediglich etwa 2 Prozent der in Ländern mit niedrigem und mittlerem Einkommen geborenen Menschen leben nicht in ihrem Heimatland. Emigranten senden etwa 75 Milliarden Dollar im Jahr nach Hause, was rund einem Drittel der Nettokapitalströme entspricht. Etwa 2 bis 3 Millionen neuer Emigranten wandern derzeit jährlich (legal und illegal) aus Entwicklungsländern aus, von denen etwa die Hälfte in Industrieländer geht. Für die Industrieländer bedeutet dies jährlich 1,5 Einwanderer aus Entwicklungsländern pro 1.000 Einwohner, genausoviel wie 1970. Die Wanderungen innerhalb der Industrieländer haben sich seit 1970 von 2,5 Migranten pro 1.000 Einwohner auf 1,5 Migranten im Jahr 1990 vermindert. Der Anteil von im Ausland geborenen Menschen an der Gesamtbevölkerung in den Industrieländern – derzeit etwa 5 Prozent – ist jedoch gestiegen, und zwar bedingt durch die langsamere Zunahme der einheimischen Bevölkerung.

Noch sind die internationalen Wanderungsbewegungen keine globale Angelegenheit. Die meisten Migranten bleiben innerhalb ihrer Regionen: Afrikanische Migranten ziehen größtenteils in andere afrikanische Länder, während Arbeitskräfte aus Asien und dem Nahen Osten überwiegend in die arabischen Golfstaaten gehen. Seit kurzem ist eine Zunahme der Wanderungsbewegungen innerhalb Asiens zu verzeichnen. In Europa kommen die Einwanderer gewöhnlich aus ehemaligen Kolonien oder aus Nachbarstaaten. Die Migration in die Vereinigten Staaten Amerikas weicht von diesem Muster ab: Die Einwanderer kommen nicht nur aus dem nahen Mexiko, sondern aus einer Vielzahl weit entfernter Länder, wie z.B. den Philippinen, der Republik Korea, Vietnam, Indien und China.

### Führt ein neues goldenes Zeitalter zur Konvergenz?

Die meisten Arbeitskräfte in ärmeren Ländern beginnen erst jetzt den Nutzen – und die Kosten – der globalen Integration zu spüren. Die Beteiligung der Entwicklungsländer an dem früheren Globalisierungsprozeß von 1850 bis 1900 war nur oberflächlich und erfolgte häufig zu unvorteilhaften Bedingungen, besonders in Asien oder Afrika. Sie exportierten ausschließlich Rohstoffe; das Kapital floß vornehmlich zu den damit befaßten Unternehmen und diente der Kapazitätserweiterung zur Gewinnung natürlicher Ressourcen sowie der Unterstützung wohlgesonnener Regierungen. Gegenwärtig sind die Entwicklungsländer in der Lage, eine weit aktivere Rolle zu spielen. Das Potential für große Gewinne ist enorm. Ob es realisiert wird, hängt von politischen Grundsatzentscheidungen der Regierungen der Entwicklungsländer und den Reaktionen der Industrieländer ab.

Die Kombination von durchschlagenden, kostensenkenden technologischen Fortschritten, grundlegenden Politikänderungen und politischen Entwicklungen verknüpft den

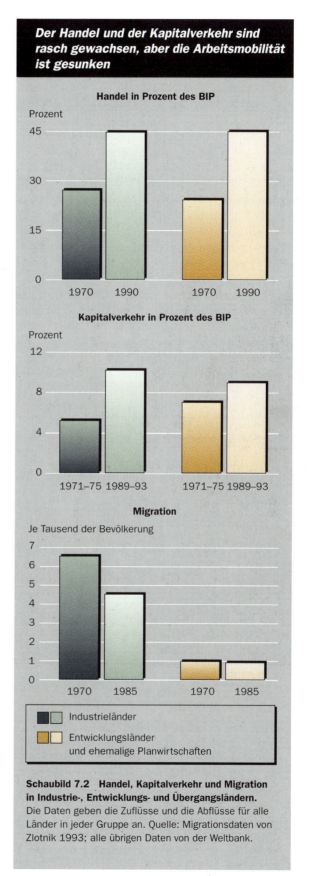

Schaubild 7.2 Handel, Kapitalverkehr und Migration in Industrie-, Entwicklungs- und Übergangsländern. Die Daten geben die Zuflüsse und die Abflüsse für alle Länder in jeder Gruppe an. Quelle: Migrationsdaten von Zlotnik 1993; alle übrigen Daten von der Weltbank.

internationalen Arbeitsmarkt immer stärker. Aber es wäre voreilig, aus dieser Konvergenz ein rasches Verschwinden der Unterschiede zwischen armen und reichen Ländern abzuleiten – entweder, daß die ärmeren Länder bald das Lohnniveau und den Lebensstandard von reichen Ländern erreichen, oder daß reichere Länder auf das Niveau ärmerer Länder zurückfallen. Konvergenz ist ein Begriff, der den Ökonomen wegen seiner engen Übereinstimmung mit der ökonomischen Theorie gefällt, von den Populisten der reichen Länder wird er gefürchtet, da sie darin eine Bedrohung ihrer Einkommen sehen. Die Erfahrungen der Vergangenheit stützen jedoch weder die Hoffnungen der einen noch die Ängste der anderen (Sonderbeitrag 7.1). Die Löhne konvergierten innerhalb Europas und der USA, doch selbst hier, wo die Integration tief und die Ausgangsbedingungen ähnlich waren, erfolgte die Annäherung sehr langsam und unvollständig.

Während jedoch einige der ärmeren Länder – vornehmlich die ostasiatischen „Stars" – im Begriff sind, die reicheren Länder einzuholen, ist es ebenso vielen Ländern nicht gelungen, diesen Abstand zu verringern, und einige verlieren sogar weiter an Boden. Divergenz, nicht Konvergenz ist in der Geschichte die Regel gewesen: Das Verhältnis des Pro-Kopf-Einkommens der reichsten Länder zu dem der ärmsten Länder erhöhte sich in der Zeit von 1870 bis 1985 um das Fünffache. In den Jahren 1960 bis 1986 nahmen die Unterschiede weltweit leicht zu (der Produktionsanteil der ärmsten 50 Prozent der Weltbevölkerung sank von 7,3 auf 6,3 Prozent, während die reichsten 20 Prozent eine Zunahme von 71,3 auf 74,1 Prozent zu verzeichnen hatten), bevor sie sich in jüngster Zeit aufgrund des beschleunigten Wachstums in den armen Ländern Asiens wieder verminderten.

• • •

Die Globalisierung ist unvermeidbar – die Wohlfahrt von Joe, Maria und Xiao Zhi ist heute enger miteinander verknüpft denn je. Die Wachstumsaussichten hängen jedoch weiterhin vor allem von den Auswirkungen der nationalen Wirtschaftspolitik in den einzelnen Ländern ab. Die Globalisierungskräfte erhöhen sowohl den Nutzen guter Politik als auch die Kosten von Fehlschlägen. So wie keine Gruppe von Arbeitskräften darauf bauen kann, daß die Konvergenzkräfte ihre Löhne automatisch steigen lassen, muß andererseits auch niemand befürchten, daß sie durch derartige Tendenzen unvermeidlich sinken müßten. Ob nun ein neues goldenes Zeitalter für alle anbricht, hängt im wesentlichen davon ab, wie die einzelnen Länder mit den neuartigen Möglichkeiten umgehen, die die zunehmend global orientierte Weltwirtschaftsordnung bietet.

## Sonderbeitrag 7.1 Sind die ärmeren Länder im Begriff, die reicheren einzuholen?

Hat „Rückständigkeit" auch Vorteile? Oder werden reichere Länder immer reicher, während die armen Länder ärmer werden? Und wie kann durch internationale Integration den ärmeren Ländern das Aufholen ermöglicht werden? Die Konvergenzdiskussion basiert auf der Suche nach solchen historischen Gesetzmäßigkeiten. Fundierte empirische Untersuchungen vermitteln den Eindruck, daß absolute Divergenz der Pro-Kopf-Produktion ein dominierendes Merkmal des Weltwirtschaftsgefüges ist, daß aber auch Kräfte am Werk sind, die zu einer bedingten Konvergenz führen.

Divergenzen in den Pro-Kopf-Einkommen sind ein dominantes Merkmal der modernen Wirtschaftsgeschichte. Nach einer Schätzung ist das Verhältnis des Pro-Kopf-Einkommens des reichsten zu dem des ärmsten Landes von elf im Jahr 1870, über achtunddreißig im Jahr 1960, auf zweiundfünfzig im Jahr 1985 angestiegen. Dieses divergente Verhältnis zwischen dem Wachstum und dem Ausgangsniveau der Pro-Kopf-Einkommen trifft nicht nur auf solche extremen Fälle zu, sondern ist empirisch auch für den Durchschnitt einer Stichprobe von 117 Ländern nachgewiesen. Statistische Analysen des Wachstums der Pro-Kopf-Einkommen bestätigen die Bedeutung des Ausgangsniveaus: Im Durchschnitt wiesen die schon zu Beginn reicheren Länder auch ein schnelleres Wachstum auf.

Obwohl absolute Divergenz die Regel zu sein scheint, deuten ökonometrische Querschnittsanalysen über verschiedene Länder hinweg aber auch darauf hin, daß eine „bedingte Konvergenz" stattfindet. Wenn in einer Regression zur Erklärung des Pro-Kopf-Wachstums nicht nur das Ausgangsniveau des Einkommens verwendet wird, sondern auch die wichtigsten Wachstumsdeterminanten – Investitionsquoten und der Bestand an Humankapital – dann zeigt ein niedrigeres Ausgangsniveau ein schnelleres Wachstum an. Das heißt, wenn alle Länder ähnliche Investitionsquoten und ein ähnliches Niveau des Humankapitals aufwiesen, würden arme Länder (geringfügig) schneller wachsen als reiche, dadurch würden sich die Unterschiede in den Pro-Kopf-Einkommen mit der Zeit vermindern. Diese schwächere Form der Annäherung wird im allgemeinen einem Vorteil zugeschrieben, den „Rückständigkeit" bietet: Ärmere Länder profitieren von den technischen Innovationen der reichen Länder.

Wie aber können Divergenz und bedingte Konvergenz in Einklang gebracht werden? In ursprünglich armen Ländern wird weniger investiert, und das Ausbildungsniveau der Bevölkerung ist niedriger. Damit schließt sich der Kreis. Arme Länder wachsen langsamer als reiche Länder, trotz der (kleinen) Vorteile, die ihnen Rückständigkeit in bezug auf Innovationen bringt, weil sie aufgrund ihrer Armut nicht in der Lage sind, soviel in physisches Kapital und Humankapital zu investieren, wie die reichen Länder.

# KAPITEL 8

# Der Wandel der internationalen Arbeitsteilung

SPIELZEUG AUS CHINA, KUPFER AUS CHILE, Reis aus Thailand – der Handel mit Gütern und in zunehmendem Maß auch mit Dienstleistungen stellt für Joe, Maria und Xiao Zhi die wichtigste und beständigste Form wirtschaftlicher Kontakte mit der übrigen Welt dar. Der Handel bietet auch vielerlei Möglichkeiten, die Kosten von Konsum- und Investitionsgütern zu senken und das Wachstum von Produktion und Löhnen zu beschleunigen. Um von diesen Vorteilen profitieren zu können, muß ein Land sich jedoch beträchtlichen und oft auch schmerzhaften Anpassungsprozessen unterziehen. Das gilt vor allem dann, wenn seine Wirtschaft durch ausgeprägten Protektionismus bestimmt war. Veränderungen in den Handelsstrukturen bringen soziale Umbrüche mit sich, die vor allem diejenigen Arbeitskräfte hart treffen, die nicht fähig oder flexibel genug sind, rechtzeitig einen schrumpfenden Sektor zu verlassen, der vorher lediglich durch Handelsbarrieren gestützt wurde.

So gibt es auch Gründe zur Besorgnis – trotz der verbesserten Aussichten durch den Abschluß der Uruguay-Runde und die Ausbreitung von regionalen Freihandelsabkommen. Um in den Genuß der Vorteile eines freieren Handels zu kommen, müssen die nationalen wie auch die internationalen politischen Rahmenbedingungen den Wandel unterstützen. In diesem Kapitel wird untersucht, welchen Einfluß die sich verändernde internationale Arbeitsteilung auf verschiedene Gruppen von Arbeitskräften hat, wie die Zukunftsaussichten für den internationalen Handel und die Handelsbeziehungen sind und wie die Politik Veränderungen fördern kann, die das Los der Arbeitskräfte verbessern.

## Der Handel erhöht die Wohlfahrt der meisten Arbeitskräfte

Durch den internationalen Handel profitieren die meisten Arbeitskräfte: Da Arbeiter auch Konsumenten sind, erzielen sie aufgrund der billigeren Importe unmittelbare Vorteile, und da die von ihnen produzierten Güter im Wert steigen, erhöht sich ihre Produktivität. Eine Statistik spricht deutlich für den Nutzen einer exportorientierten Strategie: In jenen Entwicklungsländern mit einer Zunahme der Exportquote (Exporte bezogen auf das Bruttosozialprodukt) oberhalb des Medians stiegen während der letzten zwei Jahrzehnte die Reallöhne mit einer durchschnittlichen jährlichen Rate von 3 Prozent, während sie jedoch in den Ländern stagnierten, in denen der Exportsektor schwächer expandierte (Schaubild 8.1). Dieser Zusammenhang bedeutet nicht unbedingt, daß zunehmende Exporte eine hinreichende Bedingung für schnelleres Wirtschaftswachstum sind, aber er legt doch nahe, daß sie dabei eine wichtige Rolle spielen. Der Außenhandel hilft den Arbeitskräften auf zweierlei Weise:

- Er ermöglicht den Arbeitskräften, ihre Konsumgüter dort einzukaufen, wo sie am billigsten sind, und er versetzt die Arbeitgeber in die Lage, sich die Ausrüstungen und Technologien zu beschaffen, die den Fähigkeiten ihrer Arbeiter am besten entsprechen. Die rasche Industrialisierung in Ostasien beruht zu einem großen Teil auf massiven Importen der besten Maschinen und Technologien des Westens. In Industrieländern konnten durch Importe von billigeren Produzenten die Preise für arbeitsintensive Konsumgüter gesenkt werden.
- Wichtiger ist jedoch, daß der Weltmarkt die Arbeitskräfte von den Beschränkungen befreit, die ihnen die Nachfrage im eigenen Land auferlegt. Dies ist von besonderer Bedeutung für jene Länder, die höherwertige Güter produzieren wollen, die der Schlüssel für Entwicklung sind. Das arbeitsintensive Verarbeitende Gewerbe in den ostasiatischen Volkswirtschaften nahm seinen Aufschwung nicht mit dem Absatz auf einheimischen Märkten, die vorwiegend landwirtschaftlich strukturiert blieben, sondern indem es die internationalen Märkte betrat. Im geschützten Südasien zauderte die Fertigwarenindustrie, wenigstens bis vor kurzem. Globale Märkte sind nicht nur größer als jeder einzelne Inlandsmarkt, sondern im allgemeinen auch stabiler – und sie können immer noch Neuzugänge aufnehmen. Obwohl die Exporte von Rohstoffen und Fertigwaren der Entwicklungsländer in den letzten Jahren um mehr als 5 Prozent pro Jahr gewachsen sind und jetzt bei 900 Milliarden Dollar jährlich liegen, machen sie immer noch lediglich 3,5 Prozent des gesamten BIP der reichen Länder aus.

Der Außenhandel bringt allen Ländern wechselseitige Gewinne, er kann aber auch wichtige Verteilungseffekte innerhalb der nationalen Grenzen bewirken, wobei Arbeitskräfte wie Maria und Xiao Zhi, deren Produkte vermehrt nachgefragt werden, begünstigt werden, während andere durch das Auftreten neuer Konkurrenten ins Hintertreffen geraten. Der Handel mit ärmeren Ländern schadet ungelernten Arbeitern in Industrieländern wie Joe – wobei die meisten Ökonomen davon ausgehen, daß dies nur einen relativ kleinen Teil ihrer Arbeitsmarktprobleme erklärt (Sonderbeitrag 8.1). Er hat auch den Arbeitskräften in Entwicklungsländern und ehemaligen Planwirtschaften geschadet, die durch den wirtschaftlichen Niedergang von ganzen Sektoren hart getroffen wurden, die zuvor durch protektionistische Maßnahmen geschützt waren. Da aber die Gesellschaft als Ganzes profitiert, obliegt es den Politikern, den schwierigen Übergang zum Freihandelsverkehr durch Verbesserung der Qualifikation der Arbeitskräfte zu erleichtern, wie im Falle von Joe, und Kompensationen für die Benachteiligten zu schaffen (siehe Teil Vier) sowie Protektionismus zu vermeiden, der den nationalen „Kuchen" nur verkleinert.

Eine größere Offenheit in den Handelsbeziehungen stand in den meisten Entwicklungsländern in engem Zusammenhang mit einer Verminderung der Armut. In Marokko zum Beispiel sank der Armutsanteil innerhalb von nur fünf Jahren nach der Liberalisierung des Außenhandels in der Mitte der achtziger Jahre um die Hälfte, von 26 auf

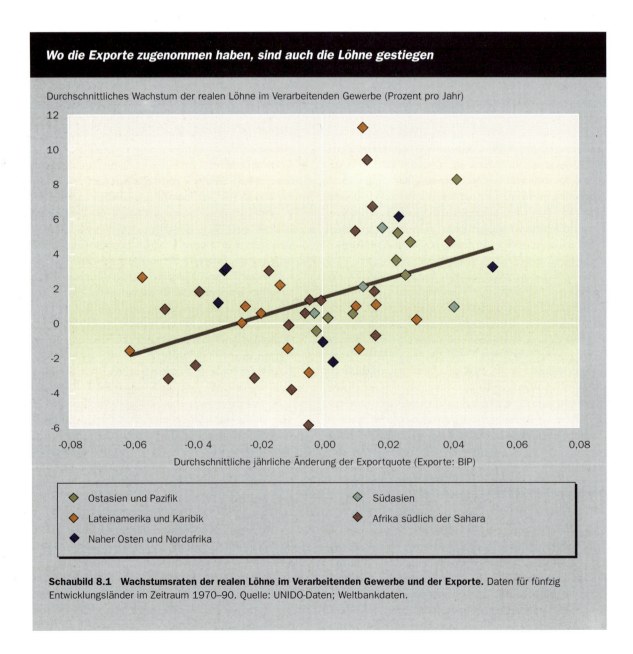

**Schaubild 8.1 Wachstumsraten der realen Löhne im Verarbeitenden Gewerbe und der Exporte.** Daten für fünfzig Entwicklungsländer im Zeitraum 1970–90. Quelle: UNIDO-Daten; Weltbankdaten.

13 Prozent der Bevölkerung. Neue Arbeitsplätze – vornehmlich in Verbindung mit der sich rasch entwickelnden, am europäischen Markt orientierten Bekleidungsindustrie – lockten ungelernte Arbeiter aus ländlichen Gebieten in die Städte. Auch in Ostasien, Chile, Mauritius und in der Türkei führte das auf den Export gegründete Wachstum zu einer Abnahme der Armut.

Auf die Einkommensverteilung in den Entwicklungsländern wirkte sich der expandierende Außenhandel sehr viel differenzierter aus als auf die Armut. In Marokko wirkte er ausgleichend. In Ostasien wurde die Einkommensverteilung mit der Ausweitung des Außenhandels ebenfalls gleichmäßiger. In einigen lateinamerikanischen Ländern, wie Chile und Mexiko, fiel jedoch die erst kürzlich stattgefundene Welle der Handelsliberalisierung mit einer zunehmenden Lohn- *und* Einkommensungleichheit zusammen. In Mexikos maquiladora-Unternehmen erhöhte sich in den Jahren 1985 bis 1988 das Verhältnis der Löhne im nicht-produzierenden Bereich (Angestellte) zu den Löhnen in der Produktion von 2 auf 2,5. Und in Chile stiegen zwischen 1980 und 1990 die Gehälter der Universitätsabsolventen im Verhältnis zu den Löhnen der Arbeitskräfte mit lediglich höherem Schulabschluß um 56 Prozent. Diese Trends, die die Ungleichheit in den Industrieländern vergrößert haben, können in Verbindung mit der Einführung neuer arbeitssparender Technologien stehen, insbesondere der Computer-Revolution. Aber eine Reihe anderer Faktoren könnte dieses Phänomen ebenfalls erklären: Gut ausgebildete

## Sonderbeitrag 8.1 Wie werden ungelernte Arbeitskräfte in Industrieländern vom Handel mit Entwicklungsländern beeinflußt?

In den Industrieländern sorgt man sich vielfach um den Rückgang von arbeitsintensiven Beschäftigungen, einschließlich ganzer Sektoren, wie der Bekleidungs- und Schuhindustrie, angesichts der zunehmenden Konkurrenz durch Niedriglohn-Produzenten und der parallel dazu verlaufenden Umschichtung von Arbeitsplätzen durch multinationale Konzerne. Seit dem Jahr 1970 haben die Industrienationen ausgeprägte Verschiebungen bei wichtigen Schlüsselgrößen ihrer Beschäftigungs- und Lohnstruktur durchlaufen. In einigen dieser Länder nahmen die Lohnunterschiede in den achtziger Jahren deutlich zu, vor allem in den Vereinigten Staaten: Die durchschnittlichen Reallöhne junger Männer mit Collegeabschluß stiegen zwischen 1979 und 1987 um 11 Prozent, während die Reallöhne junger Männer mit lediglich höherem Schulabschluß um 20 Prozent sanken. In Europa haben Lohnfindungs-Mechanismen, die die Ungleichheit reduzieren sollten, zu einer hohen Arbeitslosigkeit beigetragen: 1970 gab es in den Ländern der OECD (Organization for Economic Cooperation and Development) 8 Millionen Arbeitslose, heute sind es 35 Millionen, das sind 8 Prozent des Arbeitskräftepotentials – die meisten davon ungelernte Arbeiter.

Es besteht kein Zweifel daran, daß ein Teil dieser Entwicklung in Verbindung mit dem verstärkten Wettbewerb durch Importe aus Entwicklungsländern steht – die schwierige Frage ist, wieviel. Die meisten Analysen ziehen den Schluß, daß der Handel mit Entwicklungsländern die Arbeitsmarktprobleme der Industrieländer nur zu 10 bis 30 Prozent erklären kann, aber es gibt auch Studien, die mit extremeren Ergebnissen aufwarten – nach beiden Seiten hin. Importe von Fertigerzeugnissen aus Entwicklungsländern machten 1992 nur etwa 2 Prozent des BIP der Industrieländer aus. Selbst wenn man die ungewöhnlich arbeitsintensive Natur dieser Produkte in Rechnung stellt, müßten die direkten Auswirkungen dieses Handels auf die Arbeitskräfte in den Industrieländern doch begrenzt gewesen sein. Berechnungen von Faktoranteilen deuten darauf hin, daß der Handel mit Entwicklungsländern während der letzten beiden Jahrzehnte die Nachfrage nach ungelernten Arbeitskräften um 3 bis 9 Millionen reduzierte. Dies entspräche 1 bis 3 Prozent der gesamten Beschäftigung (2 bis 5 Prozent des ungelernten Arbeitskräftepotentials), je nachdem ob die in den Berechnungen verwendeten Faktorenanteile sich auf die Industrieländer oder die Entwicklungsländer beziehen.

Aber diese Schätzungen berücksichtigen weder die zusätzlichen Arbeitsplatzverluste aufgrund arbeitssparender Innovationen von Firmen noch die Freisetzung von ungelernten Arbeitskräften im Dienstleistungssektor und in Zuliefersektoren, die Zwischenprodukte für die Warenproduktion anbieten. Es ist nicht möglich, diese Effekte präzise zu quantifizieren. Aber um den Handel mit Entwicklungsländern für alle Arbeitsmarktentwicklungen in den Industrieländern verantwortlich machen zu können, müßte die geschätzte Obergrenze für die direkten Auswirkungen des Handels vervierfacht werden.

Der Einfluß des Außenhandels erscheint auch im Vergleich mit anderen Veränderungen auf den Arbeitsmärkten eher bescheiden. Allein in den Vereinigten Staaten nahm beispielsweise die Beschäftigung im Dienstleistungsbereich (Einzelhandel, Hotels und Gaststätten) in den Jahren 1970 bis 1990 um über 6 Millionen Arbeitskräfte zu. Wachsende Lohnungleichheiten innerhalb der Qualifikationsgruppen sowie die Zunahme des Verhältnisses von qualifizierter zu unqualifizierter Beschäftigung in allen Sektoren legen den Schluß nahe, daß hier noch andere Kräfte am Werk sind. Insbesondere scheint der technologische Wandel zunehmend arbeitssparend zu sein – vielleicht teilweise bedingt durch den wachsenden internationalen Wettbewerb.

### Die Kaufkraft der Löhne wird mit der vollständigen Inkraftsetzung der Uruguay-Runde zunehmen

**Tabelle 8.1  Schätzungen für die bis zum Jahr 2005 eintretenden Veränderungen von Löhnen und Preisen aufgrund des Abkommens der Uruguay-Runde**
(Prozent)

| Land oder Region | Lohn-änderungen | Veränderungen der Konsumenten-preise | um Preis-änderungen korrigierte Lohn-änderungen |
|---|---|---|---|
| *Industrieländer* | | | |
| Europäische Union | −1,8 | −2,1 | 0,3 |
| Japan | −0,1 | −0,8 | 0,7 |
| Nordamerika | −1,6 | −2,0 | 0,4 |
| *Entwicklungsländer* | | | |
| ASEAN | 5,0 | 1,1 | 3,8 |
| Asiatische neu-industrialisierte Länder | −0,1 | −1,3 | 1,2 |
| China | 5,6 | 2,8 | 2,9 |
| Lateinamerika | −0,7 | −0,9 | 0,2 |
| Südasien | 7,2 | 5,4 | 1,8 |
| Afrika südlich der Sahara | −1,5 | −1,5 | 0,0 |

**Quelle:** Hertel und andere, 1995.

Arbeitnehmer im nicht-produzierenden Bereich sind unmittelbar nach einer Liberalisierung oftmals knapp; einige der vorher durch protektionistische Maßnahmen geschützten Industriezweige waren selbst arbeitsintensiv; einige der Aktivitäten, die zusammen mit dem Kapital von Industrieländern hin zu Entwicklungsländern verlagert werden, erfordern, gemessen an den Standards der Entwicklungsländer, differenzierte Kenntnisse; und schließlich stehen die ungelernten Arbeitskräfte in einigen Ländern mit mittlerem Einkommen in schärferem Wettbewerb mit Arbeitskräften aus ärmeren Ländern.

## Die Zukunft des Handels

Diese Trends in der internationalen Arbeitsteilung werden sich in den kommenden Jahrzehnten beschleunigen. Der Wandel wird durch zwei politisch relevante Faktoren forciert, nämlich die Handelsliberalisierung und Veränderungen in der internationalen Verteilung qualifizierter Arbeit; außerdem wird er durch einen exogenen Einfluß bestimmt, und zwar den technologischen Wandel, insbesondere sinkende Kommunikationskosten. Wenn sie effektiv durchgeführt werden, dann sollten diese Veränderungen die Realeinkommen der meisten Arbeitskräfte erhöhen, wenngleich sie auch mit einem Auf und Ab der Beschäftigung in verschiedenen Branchen innerhalb der Länder verbunden sein werden. Die zunehmende Integration hat das Problem aufgeworfen, den Außenhandel mit der Durchsetzung nationaler Arbeitsstandards zu verknüpfen – was wir in Kapitel 11 diskutieren.

### Einmalige Gewinne der Liberalisierung

Die Vereinbarungen der Uruguay-Runde im Jahr 1994 sind das weitreichendste und ehrgeizigste multilaterale Handelsabkommen, das jemals abgeschlossen wurde. Ihr Kernstück ist die World Trade Organization (WTO), eine neue multilaterale Organisation, die die einzelnen in dieser Runde getroffenen Vereinbarungen unter einem Dach vereinigen wird. In früheren Übereinkommen zur Handelsliberalisierung war es bereits gelungen, die durchschnittlichen Zölle der Industrieländer für Industrieprodukte von mehr als 40 Prozent im Jahre 1947 auf 6,3 Prozent zu senken. In den aktuellen Verhandlungen wurden die Zölle weiter auf 3,9 Prozent reduziert. Die durchschnittlichen Zölle auf Importe aus Entwicklungsländern bleiben allerdings auf einem höheren Niveau, weil die Einfuhrzölle auf solche traditionellen Entwicklungsländerexporte wie Textilien, Bekleidung und Fischprodukte generell höher sind. Andere konkrete Fortschritte dieser Runde sind der stufenweise Abbau aller quantitativen Restriktionen sowie der Subventionen für die Landwirtschaft, für Textilien und Bekleidung, wenngleich der Abbau nur langsam vonstatten gehen wird.

Der Abbau von Handelsbarrieren verändert die einheimischen Preise und lockt Arbeitskräfte in Sektoren, mit deren Produkten das Land international am besten handeln kann. Da viele Länder ihre Handelsbeschränkungen gleichzeitig lockern, wird sich die Struktur des internationalen Angebots allmählich, aber gründlich, verändern. Schätzungen der Effekte einer vollständigen Umsetzung der Beschlüsse der Uruguay-Runde – unter statischen Bedingungen, bei denen die Faktorausstattungen jeder Region konstant gehalten werden – deuten auf bescheidene, aber nicht folgenlose, globale Wohlfahrtsgewinne hin. Wenn alle Voraussetzungen für den Marktzugang erst einmal gegeben sind, werden die globalen Gewinne insgesamt etwa 100 bis 200 Milliarden Dollar pro Jahr betragen. Davon wird etwa ein Drittel den Entwicklungsländern und Übergangsländern zufließen. Die Kaufkraft der Löhne wird in allen Regionen mit Ausnahme Afrikas steigen (Tabelle 8.1). Die Nominallohneinkommen werden in den Ländern steigen, die Vorteile bei der Produktion arbeitsintensiver Güter aufweisen – die ASEAN-Staaten, China und Südasien – während sie in allen anderen Ländern aufgrund des zunehmenden Wettbewerbs bei den Produkten, auf die diese sich nun spezialisieren, sinken werden. Diese Einkommenseinbußen werden jedoch durch Preissenkungen überkompensiert werden.

Die Abschaffung des Multifibre-Abkommens stellt einen eindeutigen Gewinn für die mit niedrig-qualifizierter Arbeit produzierenden Hersteller dar. Nach dem alten Abkommen konnten die Industrieländer für die Einfuhren von Bekleidung Quoten festlegen – Bekleidung ist aber die einzige Position, bei der Hersteller, die mit gering-qualifizierter Arbeit produzieren, eindeutige komparative Vorteile aufweisen und die, zusammen mit Textilien, mehr als die Hälfte ihrer Exporte von Fertigprodukten ausmacht. Durch den Markteintritt neuer Produzenten in diese Sektoren wird in den ASEAN-Ländern und in China und Südasien die Beschäftigung in der Textil- und Bekleidungsindustrie steigen. Ihr Markteintritt wird die Preise senken, so daß die Konsumenten weltweit profitieren; die etablierten Produzenten in den Industrieländern, in den neu-industrialisierten Volkswirtschaften Asiens und in Lateinamerika werden jedoch Nachteile erleiden. In den Industrieländern werden die Verluste in arbeitsintensiven Branchen durch eine Zunahme der Beschäftigung in Industrien wie Maschinenbau, Transportausrüstungen und Dienstleistungen kompensiert werden, in denen mit höher bezahlter, qualifizierter Arbeit produziert wird.

Die Vereinbarungen der Uruguay-Runde über die Landwirtschaft bedeuten eine zweifelhafte Wohltat für die armen Länder. Kurzfristig wird der Abbau der Exportsubventionen der Industrieländer die terms of trade der nahrungsmittel-importierenden Entwicklungsländer verschlechtern, vornehmlich in Afrika südlich der Sahara, den ASEAN-Ländern und den Ländern des Nahen Ostens. Für Nahrungsmittelexporteure werden sich jedoch neue Marktchancen auftun. Länder in Afrika südlich der Sahara und Lateinamerika mit großen landwirtschaftlichen Nutzflächen werden ermutigt, die Nahrungsmittelproduktion und -exporte zu steigern, wenn die Preiserhöhungen für Nahrungsmittel an die Bauern weitergegeben werden.

*Dynamische Gewinne der Liberalisierung*

Die dynamischen Effekte einer Handelsliberalisierung auf den Welthandel dürften die einmaligen Auswirkungen bei weitem übersteigen. Wie die Erfahrungen der neu-industrialisierten Länder Ostasiens zeigen, können Länder, die in der Lage sind, ihre einheimischen Kapazitäten durch Investitionen in physisches Kapital und Humankapital zu erweitern, wachsen, indem sie die Produktleiter emporsteigen, d.h. von Exporten geringwertiger Güter auf Exporte höherwertiger Produkte übergehen. Diese Strategie wäre stark eingeschränkt, wenn expandierende Exportmärkte fehlten und die Produktion auf die einheimische Nachfrage angewiesen wäre.

Exportorientierte Wachstumsstrategie heißt jedoch nicht, daß nun alle Entwicklungsländer eine ähnliche Produktpalette herstellen müßten. Der Wachstumspfad eines jeden Landes wird von dessen ursprünglicher Ausstattung und den strategischen Entscheidungen abhängen, die es trifft. Für viele Länder bedeutet das Emporklettern auf der Produktleiter eine Abkehr von landwirtschaftlicher Produktion und Rohstoffgewinnung hin zur Industriefertigung – zunächst zur Herstellung arbeitsintensiver Güter und dann zunehmend zu Produkten mit höherer Qualität (Sonderbeitrag 8.2). Länder, die reicher an natürlichen Ressourcen sind, werden jedoch länger Nettoexporteure von Rohstoffen bleiben: Sie müssen ihr Qualifikationsniveau erhöhen und mehr Kapital pro Arbeiter einsetzen, bevor sie beginnen, sich auf Fertigprodukte zu spezialisieren. Viele Länder in Südamerika sowie Neuseeland und die Vereinigten Staaten in ihrer Frühzeit sind gute Beispiele dafür. In vielen Ländern Afrikas südlich der Sahara könnte die Akkumulation von Fähigkeiten und Kapital zunächst zu einer effizienteren Rohstoffproduktion führen, bevor sie sich im Wachstum des Verarbeitenden Gewerbes niederschlägt. Im Gegensatz dazu werden in rohstoffarmen Ländern – die ostasiatischen neu-industrialisierten Volkswirtschaften in der Vergangenheit, Indien und China heute – das zunehmende Qualifikationsniveau und die Kapitalintensivierung zu einem raschen Wachstum der Industrie führen. Andere Länder mit geringen natürlichen Ressourcen könnten jedoch Nettoexporteure von Rohstoffen bleiben, wenn ihre Kapazitäten an qualifizierter Arbeit noch dürftiger sind, wie zum Beispiel Nepal. Schließlich werden einige Länder Nischen im Dienstleistungsbereich besetzen können, wie beispielsweise Singapur und Libanon, die ihren regionalen Nachbarn Finanzdienste anbieten, oder die vielen kleinen Inseln in aller Welt, die sich auf Tourismus spezialisiert haben.

## Wer wird geschädigt, und was ist zu tun?

Als Folge der internationalen Preisänderungen bringt ein freier Welthandel Verlierer und Gewinner hervor, und zwar sowohl innerhalb der Länder als auch zwischen ihnen. Die Globalisierung beeinflußt die relative Knappheit verschiedener Qualifikationsarten und die Löhne, die Arbeiter verlangen können. Wenn sich die Wirtschaft eines Landes öffnet, richten sich die heimischen Preise stärker nach den internationalen Preisen. Die Löhne derjenigen Arbeiter steigen, deren Fähigkeiten international knapper sind als im eigenen Land, während sie für jene Arbeiter fallen, die auf größere Konkurrenz treffen. Sobald sich auch andere Volkswirtschaften öffnen, verändern sich die relativen Knappheitsverhältnisse verschiedener Qualifikationen auf dem Weltmarkt weiter, was den Ländern schadet, die über einen Überschuß an Arbeitskräften mit den weniger knappen Fähigkeiten verfügen. Verstärkter Wettbewerb bedeutet auch, daß die Löhne der Arbeitskräfte eines Landes allmählich untergraben werden, sofern das Land nicht in der Lage ist, mit den Produktivitätsgewinnen seiner Konkurrenten Schritt zu halten. Folgende Gruppen werden im kommenden Jahrzehnt wahrscheinlich am stärksten gefährdet sein:

- ungelernte Arbeiter in Ländern mit mittlerem Einkommen und in reichen Ländern, wie Maria oder Joe, die auf verschärfte Konkurrenz von Anbietern treffen, die mit geringeren Kosten produzieren; und

## Sonderbeitrag 8.2  Heckscher-Ohlin, Qualifikationen und komparativer Vorteil

Das berühmte Heckscher-Ohlin-Außenhandelsmodell hebt die Beziehung zwischen Faktorausstattung und komparativem Vorteil hervor: Die Länder exportieren hauptsächlich jene Güter, deren Produktion überwiegend mit Hilfe der ihnen am reichlichsten zur Verfügung stehenden Faktoren erfolgt. Während das Modell in der üblichen Form die relative Ausstattung mit Kapital, Arbeit und natürlichen Ressourcen betont, konzentrieren sich aktuellere Versionen zunehmend auf die Bedeutung der Qualifikation in der Handelsgleichung, eine durch die empirische Evidenz überzeugend gestützte Sichtweise. Mit einem einfachen Außenhandelsmodell, basierend auf der Annahme, daß die relative Ausstattung mit qualifizierter Arbeit und Land eine wichtige Determinante des komparativen Vorteils eines Landes ist, läßt sich dies gut illustrieren.

In der nachstehenden Abbildung verknüpft die Regressionslinie das Verhältnis von Fertigwaren- zu Rohstoffexporten jedes Landes mit seinem Angebot an qualifizierter Arbeit und Land. Die regionalen Durchschnitte sind ebenfalls eingezeichnet. Der größte Gegensatz besteht zwischen Afrika und der industrialisierten Welt, die sich an entgegengesetzten Enden der Regressionslinie befinden; dazwischen liegen Lateinamerika, Südasien und Ostasien, in dieser Reihenfolge. Die Rangordnung von Lateinamerika und Südasien ist aufschlußreich: Die Schulbildung befindet sich sowohl in Südasien als auch in Afrika auf sehr niedrigem Niveau, während Lateinamerika und Ostasien mittlere Niveaus aufweisen. Die beiden asiatischen Regionen verfügen jedoch im Vergleich zu Afrika und Lateinamerika über wenig Land.

Die Akkumulation von Fertigkeiten wirkt wachstumssteigernd, weil die Natur der komparativen Vorteile verändert wird. Obwohl die Ergebnisse in der Abbildung auf der Basis von Querschnittsdaten für 1985 geschätzt wurden, kann damit auch die Entwicklungsdynamik beschrieben werden. Fortschritte sind in dem Diagramm anhand von Bewegungen nach oben und nach rechts ersichtlich, sie reflektieren ein höheres durchschnittliches Qualifikationsniveau des Arbeitskräftepotentials eines Landes und eine Zunahme seines komparativen Vorteils bei der Fertigwarenproduktion gegenüber Rohstoffen.

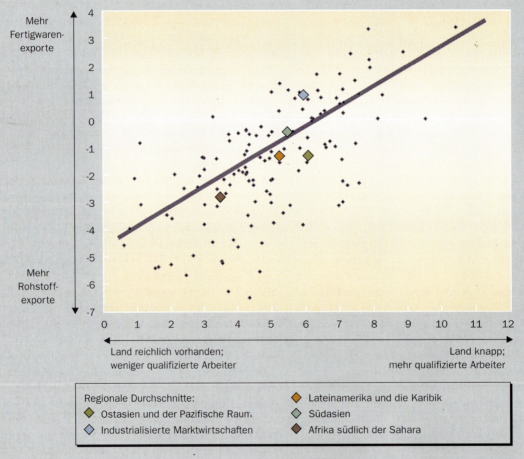

**Die Qualifikationsintensität der Exporte und die Ausstattung mit Humankapital.** Daten des Jahres 1990 für 126 Industrie- und Entwicklungsländer. Die Werte entlang der horizontalen Achse sind Logarithmen des Verhältnisses aus länderdurchschnittlichem Qualifikationsniveau zu dessen Landfläche; die Werte entlang der vertikalen Achse sind Logarithmen des Verhältnisses der Fertigwaren- zu den Rohstoffexporten. Quelle: Exportdaten vom Statistischen Amt der Vereinten Nationen, COMTRADE Datenbasis; Bildungsdaten von UNDP 1990; Landflächendaten von der Weltbank.

- manche Länder als ganzes (vor allem in Afrika südlich der Sahara), denen die Dynamik fehlt, dem zunehmenden Wettbewerb standzuhalten und mit den Effizienzgewinnen der Konkurrenten gleichzuziehen, oder die nicht flexibel genug sind, auf die Produktion anderer Güter umzusteigen.

*Umgang mit zunehmendem Wettbewerb*

Länder, die mit Veränderungen nicht Schritt halten, können durch die Effizienzverbesserungen ihrer Konkurrenten Schaden erleiden. Sobald China zum Beispiel ein effektiver Exporteur von Bekleidung wird und vermehrt andere Güter importiert, wird der Weltmarktpreis für Bekleidung, der auf dem Einsatz ungelernter Arbeit beruht, relativ zu den Preisen jener Produkte fallen, die China importiert, insbesondere Rohstoffe und Hochtechnologie-Produkte. Andere Länder, die auf die Bekleidungsproduktion spezialisiert sind, wie Mexiko und andere neu-industrialisierte Volkswirtschaften, werden dabei verlieren, es sei denn, sie schrauben ihr eigenes Produktionsniveau durch die Herstellung höherwertiger Erzeugnisse herauf. Der Eintritt der ehemaligen Planwirtschaften in den Weltmarkt kann ebenfalls die Preise und Löhne in Sektoren mit einer mittleren Technologie senken. Die Konsumenten profitieren dabei in allen Fällen, aber die Arbeitskräfte in den schrumpfenden Sektoren müssen Verluste hinnehmen, falls sie nicht auf höherwertige Tätigkeiten umsteigen oder in die Produktion nicht-handelbarer Güter abwandern können.

Andererseits ist Protektionismus aber eine Reaktion, die genau das Gegenteil bewirkt. Handels- oder Kapitalverkehrsbeschränkungen einzuführen, um den Verlierern zu helfen, würde den ökonomischen „Kuchen" des Landes nur verkleinern. Durch eine derartige Politik wird die Gesellschaft insgesamt am Fortschritt gehindert, und langfristig nimmt dadurch die Wohlfahrt der Arbeitskräfte ab. Bestenfalls können Handelsbeschränkungen den heimischen Markt abschirmen, mit hohen Kosten für die Konsumenten. Da aber solche Restriktionen die Wettbewerbsfähigkeit nicht verbessern, beschleunigen sie den Rückgang der Exporte und, mit der Zeit, auch der Reallöhne.

Ähnlich kontraproduktiv wäre eine Politik der Besteuerung multinationaler Unternehmen, um die Abwanderung von Arbeitsplätzen für gering-qualifizierte Arbeiter in Entwicklungsländer zu verhindern. Produktionsverlagerungen ins Ausland sind eine effiziente Strategie, um den Marktanteil einer Firma im weltweiten Wettbewerb zu vergrößern – oder ihre Verluste zu minimieren. Während zum Beispiel der Anteil der Vereinigten Staaten an den Weltexporten von Fertigprodukten innerhalb der letzten drei Jahrzehnte von 17 auf 12 Prozent fiel, sank der Anteil der multinationalen U.S.-Unternehmen und ihrer Tochtergesellschaften nur von 18 auf 16 Prozent. Dieser relative Erfolg war hauptsächlich den zunehmenden Auslandsaktivitäten zuzuschreiben (die Produktion ausländischer Tochtergesellschaften von multinationalen U.S.-Firmen stieg von 37 auf 54 Prozent). Diese Globalisierung der Aktivitäten verhinderte eine weitere Abnahme der Exporte dieser Firmen aufgrund des Wettbewerbsdrucks und ermöglichte es ihnen, zusätzliche Exporte und bessere heimische Arbeitsplätze zu schaffen (vor allem in hochqualifizierten Forschungs-, Entwicklungs- und Kontrollfunktionen).

Die größten Gewinne durch eine exportorientierte Entwicklungsstrategie konnten auf längere Sicht jene Länder verzeichnen, die flexibel auf veränderte Bedingungen reagierten. Die Flexibilität zeigt sich in stärkeren Reaktionen auf Preisänderungen. Die terms of trade der Entwicklungsländer wiesen starke Schwankungen auf, hatten aber für einige Jahrzehnte einen stetigen Abwärtstrend zu verzeichnen, insbesondere bei den Rohstoffen. Die bemerkenswerten Ergebnisse der Länder, deren Exportwachstum in Relation zum BIP in den Jahren 1970 bis 1990 über dem internationalen Durchschnitt lag, wurden trotz sinkender terms of trade in Höhe von 1 Prozent pro Jahr erzielt, einer Bremse für das Einkommenswachstum von etwa 0,3 Prozent pro Jahr. Die Lohnzuwächse von etwa 3 Prozent pro Jahr in diesen Ländern müssen das Resultat noch größerer Zuwächse der Arbeitsproduktivität gewesen sein, die sowohl innerhalb der Sektoren als auch durch sektorale Umschichtungen auftraten. Im Gegensatz dazu mußten Arbeitskräfte der handelsschwachen Gruppe – Länder auf jener Hälfte der Handelswachstums-Skala, wo die Löhne nicht stiegen – größere terms of trade-Verschlechterungen hinnehmen, und zwar durchschnittlich 2 Prozent pro Jahr; bedingt durch die niedrigere Exportbasis bedeutete dies ebenfalls eine 0,3prozentige Abnahme des Einkommenswachstums.

Damit der freie Außenhandel dauerhaft politisch akzeptiert wird, sind manchmal politische Maßnahmen zugunsten der Minderheiten erforderlich, die Verluste erleiden. Langfristig sollte allerdings vorzugsweise eine Politik verfolgt werden, die Qualifikationsverbesserungen der Arbeitskräfte fördert, die Ausbildung ihrer Kinder verbessert und die Mobilität der Arbeiter in neue Arbeitsplätze unterstützt. Demgegenüber sind Programme nachrangig, die eine Abhängigkeit von öffentlichen Wohlfahrtsleistungen schaffen (siehe Teil Vier).

*Zurückgebliebene Länder*

Die Notlage der Länder, die hinter der globalen Entwicklung zurückbleiben, steht zunehmend im Mittelpunkt der entwicklungspolitischen Tagesordnung. In den meisten Fällen wurden Länder mit schwachen politischen Strukturen durch ungünstige internationale Entwicklungen noch weiter geschwächt. In vielen Ländern Afrikas südlich der Sahara führte der starke Rückgang der Rohstoffpreise nicht nur zu niedrigeren Löhnen und Einkommen, sondern verminderte auch die Möglichkeiten der Politiker, die Lage zu ändern. Die Preise fielen aufgrund des metall- und energiesparenden technischen Fortschritts und der Subventionen der Industrieländer an die Landwirtschaft, aber auch bedingt durch Effizienzverbesserungen einiger Produzenten, vor allem in Asien. Die meisten Rohstoffexporteure in Afrika südlich der Sahara waren nicht in der Lage, dem Wettbewerb standzuhalten – zum Beispiel sind Kakao-, Gummi- und Kaffeeplantagen, von denen die meisten in den fünfziger Jahren gegründet wurden, unproduktiver geworden. Neue Sektoren sind durch die Veränderung der Preisstrukturen nicht entstanden: Tatsächlich sind die Exporte von Fertigwaren aus Ländern Afrikas südlich der Sahara in den letzten beiden Jahrzehnten gefallen. In vielen Ländern des Nahen Ostens ist die Situation ähnlich, wenn auch nicht ganz so dramatisch.

In Afrika südlich der Sahara und in vielen Ländern des Nahen Ostens ist dieses Scheitern mit einer tiefgreifenden Unsicherheit verknüpft, die sich durch weitere Mißerfolge selbst verstärkt. Trotz der von den herrschenden politischen Regimen gebotenen Profitmöglichkeiten nahmen die privaten Investitionen nicht deutlich zu, ein Fehlschlag, der das Risiko eines politischen Kurswechsels verstärkt. Der Zutritt zu den internationalen Märkten wird auch um so schwieriger, je mehr die Zahl neuer Konkurrenten steigt. In beiden Regionen werden jetzt Strategien benötigt, die einen Exportschub bewirken können. Länder mit kleinen formellen Sektoren dürften gut dabei fahren, die Körperschafts- und die Exportbesteuerung gänzlich abzuschaffen.

• • •

Durch den Außenhandel werden die meisten Arbeiter begünstigt, aber nicht alle. Von einer zunehmenden Öffnung des Handelsverkehrs profitieren die Armen in den Entwicklungsländern, weil die Nachfrage nach ihrer Arbeit steigt. Qualifizierte Arbeitskräfte in den Industrieländern gewinnen ebenfalls, da ihre Fertigkeiten vermehrt nachgefragt werden. Die Wohlfahrt der ungelernten Arbeiter in reichen Ländern und solchen mit mittlerem Einkommen kann jedoch sinken. Die Konkurrenz von Produzenten mit geringen Kosten sollte eigentlich wohlfahrtssteigernd wirken, indem in reichen Ländern eine Umschichtung der Arbeitsplätze von wenig produktiven Sektoren hin zu produktiveren Aktivitäten gefördert wird. Doch diese Gewinne können nicht realisiert werden, wenn Arbeitnehmer arbeitslos bleiben. Politische Maßnahmen, die die von den Veränderungen negativ Betroffenen entschädigen und ihnen den Wechsel in neue Beschäftigungsverhältnisse erleichtern, sind von grundlegender Bedeutung. Auf diese Weise läßt der Handel die Einkommen aller steigen, und der Protektionismus kann besiegt werden.

# KAPITEL 9

# Kapitalmobilität – Segen oder Fluch?

DIE GLOBALISIERUNG DER FINANZMÄRKTE bedeutet Gewinne für das private Kapital, das jetzt auf der Suche nach den höchsten Erträgen um die Welt zirkulieren kann. Wie aber wirkt sich das auf Arbeitskräfte wie Joe, Maria und Xiao Zhi aus? Optimisten betonen die Möglichkeiten beiderseitiger Gewinne – zur Produktion höherwertiger Güter und Dienstleistungen sind sowohl Arbeit als auch Kapital notwendig. Die Kapitalströme sollten in Länder fließen, in denen eine vernünftige Politik betrieben wird, und so die Effekte des offenen Handels verstärken, indem sie den Ländern ermöglichen, ihre Wettbewerbsvorteile auszunutzen. Pessimisten heben die Risiken und Gefahren hervor – die reichen Länder befürchten, daß eine Allianz von Kapital und billiger Arbeit in den Entwicklungsländern die Löhne und den Lebensstandard zu Hause beeinträchtigen könnten. Ärmere Länder fürchten demgegenüber eine Ausbeutung: Kapital fließt nur ins Land, wenn die Löhne niedrig sind, und verläßt es bei steigenden Löhnen wieder. In reichen wie in armen Ländern sorgt man sich wegen der begrenzten Fähigkeit von Regierungen, das Kapital zu besteuern, und über die Instabilitäten, die vagabundierendes Kapital erzeugen kann.

Sowohl die optimistische als auch die pessimistische

Sichtweise haben einen richtigen Kern. Eine Tatsache ist jedoch unstrittig: Kapital überquert die Grenzen leichter als Arbeit, und zwar ungeachtet größter Bemühungen nationaler Regierungen, seine Bewegungen zu kontrollieren. Eine zunehmende Kapitalmobilität intensiviert die Wirkungen der heimischen Politik auf die Arbeitsergebnisse: Erfolg zieht Erfolg nach sich, weil Kapital angelockt wird, doch bei Mißerfolgen flieht das Kapital, und die Arbeitskräfte werden um so härter getroffen.

In diesem Kapitel werden drei miteinander verbundene Fragestellungen angesprochen. Erstens, wie können Entwicklungs- und Übergangsländer mehr privates Kapital anziehen? Zweitens, was können Politiker tun, um die Vorteile für die Arbeiter zu maximieren und die Risiken zu minimieren? Und drittens, können Abflüsse privaten Kapitals aus den reichen Ländern den dortigen Arbeitskräften Nachteile bringen?

## Wie kann Kapital angelockt werden?

Die Industrieländer haben immer den Löwenanteil an der Weltersparnis genutzt. Der durchschnittliche Kapitalbestand pro Arbeiter liegt in Entwicklungsländern bei 13.000 Dollar, während er in Industrieländern 150.000 Dollar beträgt – fast zwölfmal soviel. In den siebziger Jahren war eine gewisse Konvergenz zu beobachten, aber in den achtziger Jahren vergrößerte sich der Abstand wieder. In den meisten Entwicklungsländern ist der Anteil ausländischer Kapitalzuflüsse an den Investitionen gering, im Durchschnitt der Entwicklungsländer sind es 11 Prozent des Kapitalstocks, wobei sich dieser Anteil zwischen 20 Prozent in den ärmeren Ländern (hauptsächlich in Form von offizieller Verschuldung) und 5 Prozent in Ländern mit mittlerem Einkommen (größtenteils private Kapitalzuflüsse) bewegt.

In jüngster Zeit hat sich das Bild jedoch gewandelt, der Zufluß privaten Kapitals in Länder mit niedrigem und mittlerem Einkommen ist auf einem Rekordniveau angelangt. Diese Kapitalströme werden für 1994 auf 175 Milliarden Dollar geschätzt, das ist mehr als viermal soviel wie der Betrag von 42 Milliarden im Jahr 1989, alles auf Nettobasis. Es gibt eine Anzahl von Gründen für die starke Zunahme dieser Kapitalströme: die in vielen Ländern durchgeführten ökonomischen Reformen, der Schuldenabbau in den frühen neunziger Jahren und der weltweite Rückgang der Zinssätze. Auch die Zusammensetzung der Ströme hat sich drastisch geändert: Etwa zwei Drittel der jüngsten langfristigen Kapitalimporte sind dem privaten Sektor zugeflossen, verglichen mit lediglich 44 Prozent im Jahr 1990. Mehr als ein Jahrzehnt nach dem Beginn der Schuldenkrise ist jedoch die Nettofinanzierung durch die Geschäftsbanken weiterhin negativ. Statt dessen sind die ausländischen Direktinvestitionen (ADI) 1993 sprunghaft auf etwa 67 Milliarden Dollar angestiegen (wovon allein 26 Milliarden Dollar nach China geflossen sind), gefolgt von erheblich höheren Portfolio-Investitionen (47 Milliarden Dollar) und einer rasanten Zunahme der Emissionen festverzinslicher Wertpapiere durch private Unternehmen und Regierungen (42 Milliarden Dollar).

*Politische Maßnahmen zur Gewinnung privaten Kapitals*

Arbeitnehmer sind daran interessiert, daß Kapital ins Land kommt, um ihren Arbeitseinsatz zu unterstützen sowie ihre Löhne und Produktivität zu steigern. Die jüngste Zunahme der Kapitalimporte in die Entwicklungsländer konzentrierte sich auf wenige erfolgreiche Länder. Wie können die anderen Länder ähnliche Gewinne erzielen? Müssen sie dem Kapital spezielle Vergünstigungen bieten, und ist es erforderlich, die Löhne niedrig zu halten oder die gewerkschaftlichen Aktivitäten einzuschränken? Tatsächlich haben manche Länder Steuervergünstigungen und andere Anreize geboten, und einige autoritäre Regimes haben die Arbeiter unterdrückt. Doch diese Formen des Entgegenkommens sind nicht der wichtigste Magnet für das Kapital, und langfristig werden sie die Nettokapitalimporte eher reduzieren.

Kapitalbesitzer sind zunächst und vor allem an guten Erträgen interessiert, und sie scheuen das Risiko. Die wichtigsten Anziehungskräfte sind eine gute Infrastruktur, eine zuverlässige und qualifizierte Arbeiterschaft, das garantierte Recht zur Rückführung von Einkommen und Kapital in das Heimatland sowie soziale und politische Stabilität. Eine Tradition vernünftiger Fiskalpolitik sowie enge Beziehungen zu den Weltmärkten, deren Abbruch sehr kostspielig wäre, haben größeren Einfluß auf die Investitionsentscheidungen von multinationalen Unternehmen und Wertpapieranlegern als spezielle Vereinbarungen. Werden die heimischen Märkte aus dem Gleichgewicht gebracht, um Kapital anzuziehen, so führt dies schließlich dazu, daß die Arbeitnehmer die Überschußprofite mit Ausländern teilen. Eine kleine Minderheit der Arbeiter mag dabei gewinnen, die meisten werden jedoch durch die Bildung eines gespaltenen Arbeitsmarktes Verluste erleiden. Länder wie Brasilien und Ägypten, die in der Vergangenheit Vergünstigungen und geschützte Märkte geboten hatten, litten unter solchen Folgeerscheinungen. In ähnlicher Weise kann auch eine Unterdrückung der Arbeit kaum von Dauer sein, da sie früher oder später zu sozialer Instabilität führt. Südafrika unter dem Apartheidsregime stellt ein extremes Beispiel für einen repressiven Staat dar, der zunächst mit Erfolg ausländisches Kapital anlocken konnte, es aber letztendlich auch wieder vergraulte.

Einige mögen aus der mexikanischen Währungskrise der Jahre 1994 bis 1995 den Schluß ziehen, daß eine tiefe Integration, nach Art der NAFTA, die Anfälligkeit eines Landes erhöht. Aber das wäre eine Mißdeutung dieser Episode. NAFTA lieferte den Anstoß für Investoren, nach Mexiko zu gehen, es gab jedoch auch große Kapitalströme in andere lateinamerikanische Länder während dieser Periode des Enthusiasmus für aufstrebende Märkte und niedriger U.S.-Zinsen. Mexiko schlitterte in eine Krise, Chile jedoch nicht, weil die Finanz- und Makropolitik in Mexiko anfällig, in Chile aber robust waren. Außerdem verbesserte die NAFTA-Einbindung Mexikos eindeutig die Situation, als die Krise erst einmal ausgebrochen war. Sie erleichterte es nämlich, ein Rettungspaket zu schnüren, und verhinderte einen größeren politischen Kurswechsel. Ein derartiger Umschwung hätte weit schlimmere Konsequenzen für den Faktor Arbeit zur Folge gehabt.

Das Risiko der Kapitalflucht besteht immer – sowohl für den Staat als auch für die Arbeitnehmer. Kapitalkontrollen können im allgemeinen die Kapitalmobilität nicht unterbinden. Die von den meisten Ländern in Lateinamerika, im Nahen Osten und in Afrika südlich der Sahara während der Schuldenkrise in den achtziger Jahren eingeführten Kapitalkontrollen haben es nicht vermocht, massive Kapitalflucht – die sich in einer Höhe von etwa 10 bis 20 Prozent des gesamten Kapitalstocks bewegte – zu verhindern, was zu einer tieferen heimischen Rezession und einem stärkeren Rückgang der Löhne führte, als es sonst der Fall gewesen wäre.

*Multinationale Unternehmen als Mittler von Veränderungen*

Multinationale Unternehmen waren der Hauptmotor für die Globalisierung des Verarbeitenden Gewerbes, wobei der relativ billige Faktor Arbeit in Entwicklungsländern mit Kapital und modernen Arbeitstechniken ausgestattet wurde – vor allem in den Bereichen Lagerhaltung und Telekommunikation, aber auch bei der Produktion. In letzter Zeit haben die multinationalen Unternehmen vor allem in den Entwicklungsländern expandiert: Von den 8 Millionen Arbeitsplätzen, die zwischen 1985 und 1992 von multinationalen Unternehmen geschaffen wurden, waren 5 Millionen in Entwicklungsländern angesiedelt. Die Anzahl der von multinationalen Unternehmen in Entwicklungsländern beschäftigten Arbeiter liegt jetzt bei 12 Millionen, kalkuliert man aber die weit verbreitete Praxis der Auftragsvergabe an Subunternehmen ein, so dürfte die tatsächliche Zahl derer, die ihr Auskommen multinationalen Unternehmen verdanken, etwa doppelt so hoch sein.

Ströme ausländischer Direktinvestitionen (ADI) reagieren heutzutage schnell auf neue Profitchancen, und die Produktion wird an Orte verlegt, wo die Löhne im Verhältnis zur potentiellen Produktivität niedrig sind. Für die Länder ist es wichtig, Kapital auf der Basis einer soliden wirtschaftlichen Grundlage anzuziehen, anstatt durch Protektion der heimischen Märkte, die von multinationalen Unternehmen ohnehin nur zu gerne genutzt werden. In der Vergangenheit erfolgten ADI hauptsächlich in Ländern mit großen und reichen Absatzmärkten, wie in den Vereinigten Staaten und Großbritannien, was aus der hohen Korrelation zwischen dem Anteil der Bestände an ADI und dem Pro-Kopf-Einkommen ersichtlich wird. In jüngster Zeit tendieren ADI aber eher dazu, billigere Exportplattformen zu suchen, und der Zusammenhang zwischen der Höhe der ausländischen Direktinvestitionen (als Anteil an den gesamten Investitionen) und den Pro-Kopf-Einkommen hat sich nahezu aufgelöst. Ein knappes Drittel des Welthandels kann derzeit dem grenzüberschreitenden Handelsverkehr innerhalb von Firmen zugerechnet werden, dies entspricht vielleicht 15 Prozent des BIP der ganzen Welt.

Multinationale Unternehmen beschäftigen in kleinen wie in großen Ländern einen beachtlichen Teil der Arbeitskräfte in modernen Sektoren des Verarbeitenden Gewerbes – mehr als ein Fünftel in Argentinien, Barbados, Botsuana, Indonesien, Malaysia, Mauritius, Mexiko, den Philippinen, Singapur und Sri Lanka. Viele Entwicklungsländer befürchten jedoch, daß der zunehmende Wettbewerb um Kapital durch andere Entwicklungsländer zu einer Zunahme vagabundierender Investitionen führt, die sich beim kleinsten Schock zurückziehen und wohl kaum enge Verbindungen mit dem Rest der Wirtschaft eingehen werden. Investitionen in Sonderwirtschaftszonen – bestimmte zollfreie Gebiete, in denen etwa 45 Prozent der gesamten Beschäftigten multinationaler Unternehmen in Entwicklungsländern arbeiten – sind ein einschlägiges Beispiel: Die Vorteile für das Empfängerland beschränken sich auf die Einkünfte der Arbeitskräfte. Dieses Problem ist besonders akut in Industrien, die mit gering-qualifizierter Arbeit produzieren, wie Bekleidung und Schuhe, wo die firmenspezifischen Kenntnisse gering und die Austrittskosten niedrig sind. Diese Ängste mögen legitim sein, aber die Alternative – keine Schaffung neuer Arbeitsplätze durch multinationale Unternehmen – ist noch unattraktiver. Arbeitsplätze für gering Qualifizierte müssen eben als eine Stufe in der Wachstumsdynamik angesehen werden. In einigen erfolgreichen Fällen, wie zum Beispiel Mauritius, den Philippinen und der Republik Korea, finden keine ADI in Sektoren mit niedriger Technologie mehr statt, seitdem die inländischen Löhne gestiegen sind und die einheimischen Firmen sich weiterentwickelt haben; die ausländischen Firmen in diesen Sektoren haben sich einer neuen Generation von Sonderwirtschaftszonen mit billigerer Arbeit zugewandt – China, Sri Lanka und Marokko.

## Wie können Arbeitnehmer von den Kapitalzuflüssen profitieren?

Arbeitskräfte können von Kapitalzuflüssen profitieren, aber fast immer werden sie von einer Kapitalflucht am härtesten getroffen. Während der Schuldenkrise der achtziger Jahre waren die Anpassungskosten hoch, und die Arbeiter trugen einen großen Teil der Anpassungslast (siehe Teil Vier). In Lateinamerika fielen die Löhne während dieser Zeit um durchschnittlich 25 Prozent, selbst als der regionale Aktienindex enorm anstieg (Tabelle 9.1). Finanzkrisen wirken sich aus mehreren Gründen nachteilig auf Arbeitskräfte aus:

- *Kapital ist mobiler als Arbeit* und damit schwieriger zu besteuern, so daß letztlich die Arbeiter die Rechnung bezahlen. Ein großer Teil der Belastung durch ein hohes Schuldendienstniveau wird auf dem Rücken der Arbeit ausgetragen, in Form verminderter Sozialleistungen, reduzierter öffentlicher Investitionen oder höherer Steuern. Die notwendige Verlagerung von Arbeit in Sektoren für handelbare Güter verursacht reale Kosten – in Form vorübergehender Arbeitslosigkeit und von Verlusten an Humankapital –, die nur teilweise durch Transferleistungen kompensiert werden können, die durch Besteuerung des Kapitals finanziert werden. Manchmal werden überschuldete Firmen durch den Einsatz öffentlicher Mittel gerettet. Zu solchen Schuldenübernahmen kam es zu Beginn der achtziger Jahre in den meisten Staaten Lateinamerikas. Sie erklären zum Teil die Schuldenkrise. In Chile bestand zum Beispiel der größte Teil der öffentlichen Schulden ursprünglich aus Verbindlichkeiten des privaten Sektors, vor allem von Banken. Als diese privaten Schuldner bankrott gingen, zahlten jedoch letztlich die Arbeitnehmer die Rechnung über ihre Steuern.

- *Kapital ist scheu.* Es kann sehr lange dauern, bis Kapital wieder in ein Land fließt, das eine Krise überstanden hat; zwischenzeitlich ist der Faktor Arbeit ungenügend mit Kapital ausgestattet. Es reicht nicht aus, daß Länder notwendige Anpassungen im binnen- und außenwirtschaftlichen Bereich vornehmen – die Investoren müssen auch an die Nachhaltigkeit solcher Änderungen glauben. Ein solches Vertrauen aufzubauen, kann eine ganze Weile dauern – fünf Jahre oder mehr – und selbst dann ist es anfällig. Bei steigenden Risiken können Erwartungen von Fehlschlägen selbsterfüllend wirken und eine Finanzkrise herbeiführen, besonders wenn das Verschuldungsniveau eine kritische Grenze erreicht. Die jüngste Abwertung in Mexiko macht deutlich, wie einschneidend der Einfluß von Erwartungen in einem Umfeld außerordentlich mobilen Kapitalverkehrs sein kann.

Politische Maßnahmen an verschiedenen Fronten sind notwendig, um sicherzustellen, daß die Arbeiter von den Kapitalzuflüssen profitieren und die Risiken einer Kapitalflucht minimiert werden: Dazu gehören die Art der internationalen Schuldenaufnahme, die Reichweite von Kapitalkontrollen und andere inländische Aktivitäten. Investitionen sind ein riskantes Geschäft, und deren Risiken sollten die öffentlichen Haushalte sowenig wie möglich belasten. Vielmehr sollten sie weitestgehend auf die Geldgeber, die privaten Kreditnehmer und Märkte verteilt werden. Vom Standpunkt des Faktors Arbeit aus gesehen sind öffentliche Auslandsschulden die ungünstigste Form der Finanzierung. Sie verdrängen tendenziell nützlichere und produktivere private Investitionen, von denen die Arbeiter mehr haben. Der Produktionsfaktor Arbeit trägt bei Fehlentwicklungen die Last der Schuldentilgung – was im allgemeinen dadurch erschwert wird, daß eine Abwertung erforderlich ist, um die

*Die Löhne der wichtigsten lateinamerikanischen Schuldner sind seit der Schuldenkrise gefallen, doch die Aktienkurse sind gestiegen*

**Tabelle 9.1 Verschuldung, Aktienkursentwicklung und Löhne in den fünf größten lateinamerikanischen Schuldnerländern**

| Land | Schulden-BIP-Verhältnis 1982 | Verhältnis des realen Aktienkursindex 1991 zu 1982 | Verhältnis der Reallöhne 1991 zu 1982[a] |
|---|---|---|---|
| Argentinien | 0,55 | 25 | 1,02 |
| Brasilien | 0,35 | 4 | 0,69 |
| Chile | 0,78 | 15 | 0,85 |
| Mexiko | 0,53 | 47 | 0,78 |
| Venezuela | 0,41 | 9 | 0,60 |

a. Im Verarbeitenden Gewerbe.
**Quelle:** UNIDO- und International Finance Corporation-Daten.

für den Schuldendienst notwendigen Devisen zu beschaffen. Eine marktmäßige Finanzierung über den heimischen Bankensektor und die Wertpapiermärkte ist ein besserer Weg, das Risiko vom Faktor Arbeit fernzuhalten – zumindest solange wie der Staat nicht die Schulden erfolgloser Unternehmen übernimmt. Aus der Perspektive einer Risikobeteiligung gesehen, stellen ADI das beste Instrument dar.

In jüngster Zeit betrachten einige Länder die großen Kapitalzuflüsse eher argwöhnisch, die infolge von Vereinbarungen über Schuldennachlässe oder finanzpolitischer Liberalisierungen zurückfließen. Aber obwohl die Kontrolle von Kapitalimporten, vor allem von kurzfristigen und liquiden Kapitalströmen, nützlich sein kann, ist dies immer weniger der Fall. Die Gefahr des Zustroms „heißer Gelder" ist um so größer, je ineffizienter die Finanzmärkte sind und je eher potentielle Verluste auf die Steuerzahler überwälzt werden können. Die Arbeitnehmer sind den Auswirkungen einer übermäßigen Risikobereitschaft und kostspieligen Schuldenübernahmen stärker ausgesetzt, wenn implizite oder explizite Einlagensicherungen existieren, wenn exzessive Kreditaufnahmen von Firmen stattfinden, die man schon aufgrund ihrer Größe nicht zusammenbrechen lassen kann, oder wenn Banken an schwache Schuldner Kredite vergeben. Eine gute Finanzintermediation erfordert qualifizierte Finanzexperten. Fehlen sie, wird das auf den Märkten zirkulierende Kapital Opfer von Finanzkrisen, wie es in der Vergangenheit schon mehrfach der Fall war.

Die Schwierigkeit, Niveau und Zusammensetzung der privaten Kapitalimporte zu kontrollieren, macht eine solide gesamtwirtschaftliche Politik nur noch wichtiger – insbesondere für die Arbeitskräfte. Dazu gehört die Aufrechterhaltung des richtigen Wechselkurses, der Zinssätze und des Niveaus der Devisenreserven zur Abschreckung plötzlicher Kapitalabflüsse.

Auch die Industrieländer können etwas tun, um die internationalen Zinssätze niedrig zu halten. Mittelfristig gibt es gute Gründe für die Annahme, daß das weltweite Angebot an Ersparnissen innerhalb des kommenden Jahrzehnts zunehmen wird, weil aufgrund demographischer Faktoren die Ersparnisse der reichen Länder zunächst ansteigen dürften, bevor sie dann mit dem Älterwerden der Bevölkerung wieder sinken. Es wird erwartet, daß bis zum Jahre 2010 der Anteil der Bevölkerung in Industrieländern im Alter von vierzig bis fünfundsechzig Jahren – die Netto-Sparer – von 40 auf 45 Prozent steigen wird, während der Anteil der Zwanzig- bis Dreißigjährigen – die Netto-Schuldner – von 42 auf 34 Prozent sinken wird. Entscheidend aber ist, was im nächsten Jahrzehnt mit den Budgetdefiziten der Industrieländer geschieht. Eine Zunahme der Defizite könnte leicht den erwarteten Anstieg der privaten Ersparnisse kompensieren und die Zinssätze in die Höhe treiben. Bevor sich der gegenwärtige Trend niedriger U.S.-Defizite nicht verfestigt hat, und bevor nicht die Defizite der anderen Industrieländer weiter fallen, wird sich der Anstieg der Zinssätze fortsetzen – auf Kosten der Arbeiter überall in den Entwicklungsländern. Die Arbeiter in Industrieländern, die über Pensionsfonds wenigstens 25 Prozent des Finanzkapitals besitzen, werden durch höhere Erträge ihrer Ersparnisse teilweise entschädigt, die Arbeiter in den Entwicklungsländern, die kaum Ersparnisse haben, erhalten keine Kompensation.

### Kapitalströme – ein Ausblick

Durch die Globalisierung des Kapitals kann eine lange und wechselseitig fruchtbare Periode großer Kapitalströme aus den Industrieländern in die Entwicklungsländer eingeleitet werden. Die Ausrüstung der zunehmend qualifizierteren Arbeitskräfte in den Entwicklungsländern mit differenzierteren Kapitalgütern wird deren Produktivität steigern, während ertragreiche Langfristinvestitionen in diesen Ländern den älter werdenden Arbeitskräften in den Industrieländern zu einer hohen Rendite aus ihren Pensionsfonds verhelfen werden. Das Zusammentreffen von zunehmendem Handelsverkehr und Kapitalströmen ist selbstverstärkend und hilft den Entwicklungsländern auch, die Vorteile der neuen Handelsmöglichkeiten wahrzunehmen, und es verschafft ihnen Anreize für eine solide binnenwirtschaftliche Politik. Die Verlagerung des Kapitals wird jedoch nicht über Nacht erfolgen, und in den Industrieländern werden die Kapitalabflüsse nicht zu meßbaren sozialen Umschichtungen führen.

Kapitalströme sind immer durch das Länderrisiko begrenzt und können nur in dem Maß wachsen, wie die Kreditwürdigkeit der Entwicklungsländer zunimmt; dies sind ernsthafte Einschränkungen. In einem durchschnittlich kreditwürdigen Land liegt das Verhältnis von Auslandsverbindlichkeiten zu Exporten bei zwei zu eins, im besten Fall wurde ein Verhältnis von drei zu eins erreicht. Letzteres kann als Obergrenze für die Geschwindigkeit angesehen werden, mit der die Schulden von Entwicklungsländern gefahrlos wachsen können. Selbst wenn alle Entwicklungsländer so viel Kapital aufnähmen, daß sie diese Obergrenze innerhalb von 5 Jahren erreichen, lägen die maximalen Kapitalzuflüsse etwa bei 500 Milliarden Dollar jährlich. (Die aktuelle effektive Mittelnachfrage dürfte allerdings wesentlich kleiner sein, weil einige der kreditwürdigsten Länder wie Korea, Malaysia, Portugal und Thailand in ihrem Investitions- und Sparzyklus bereits an einem Punkt angelangt sind, an dem sie selbst zu Kapitalexporteuren werden.) Doch selbst dieser Betrag ist, gemessen am Standard der Industrieländer, gering. Während der letzten 25 Jahre erreichten die kumulierten (Netto-)Kapitalströme in Entwicklungsländern lediglich 2 Prozent des Kapitalstocks der Industrieländer. Nach diesen groben Schätzungen würde sich das durchschnittliche Niveau der historischen Zuflüsse höchstens verdoppeln.

Während diese Kapitalströme nur geringe Auswirkungen auf die Arbeitnehmer in den Industrieländern haben, können sie in Entwicklungsländern erheblich größere Effekte erzielen. Unter der Annahme normaler Reaktionen beinhalten diese Schätzungen eine Steigerung des BIP-Wachstums um 0,5 bis 1 Prozent im Jahr. Die Mobilität der Ersparnisse unterwirft zudem die gesamtwirtschaftliche Politik, die Regierungstätigkeit und die öffentlichen Institutionen einer besonderen Disziplin, die Arbeitern in den Entwicklungsländern größere Vorteile bringt als die direkt damit verbundenen Gewinne.

•••

Der internationale Kapitalmarkt vergrößert die Unterschiede zwischen Gewinnern und Verlierern. Die Zukunft wird für Maria und Xiao Zhi freundlicher aussehen, wenn es ihren Regierungen gelingt, die richtige Balance zwischen finanzpolitischer Vernunft, Vertrauen in die Märkte und stabilisierender Sozialpolitik zu finden. In den Ländern, die nicht in der Lage sind, einen solchen Ausgleich herzustellen, werden Kapitalabflüsse jedoch tendenziell investitions- und wachstumshemmend wirken – sie können sogar die gesamte Volkswirtschaft von den ökonomischen Hauptströmungen ausschließen.

# KAPITEL 10

# Internationale Wanderungsbewegungen

EBENSO WIE HANDELS- UND KAPITALSTRÖme haben auch die internationalen Arbeitskräftebewegungen einen hohen potentiellen Nutzen, und zwar sowohl für die Heimat- als auch für die Gastländer. Zuwanderer sind im Gastland oft produktiver und reduzieren die Arbeitskosten, außerdem schicken sie Geld an zurückgebliebene Verwandte und erhöhen so die Einkommen im (gewöhnlich ärmeren) Heimatland. Aber die Wanderungsbewegungen geben auch Anlaß zur Besorgnis. Nicht jeder kann dabei gewinnen: Die ungelernten Arbeiter in den Gastländern erleiden am ehesten Verluste, wenn ihre Arbeitsplätze von Zuwanderern besetzt werden oder die Löhne sinken; und ebenso wie beim Kapitalverkehr belohnt die größere Mobilität – in diesem Fall der hochqualifizierten Arbeiter – Erfolge und bestraft dafür politische Fehlentwicklungen im Inland um so härter.

In weit höherem Maß als Handels- und Kapitalströme wirft die internationale Migration politische Fragen auf. In den Gastländern hat die Opposition gegen ungelernte Zuwanderer zugenommen, verschärft wird diese Entwicklung noch durch inländische Beschäftigungsprobleme, die nicht notwendigerweise von den Gastarbeitern verursacht werden. In diesem Kapitel wird untersucht, ob die Zuwanderer den heimischen Arbeitern Arbeitsplätze wegnehmen und zu Lohnungleichheiten beitragen. Belasten sie per saldo die öffentlichen Budgets? Und kann etwas gegen den Exodus gelernter Arbeitskräfte aus ärmeren Ländern getan werden?

## Größenordnungen der Wanderungsbewegung

Im Laufe der Geschichte hat es immer Zeiten gegeben, in denen Wanderungsbewegungen ein wichtiges ökonomisches und soziales Sicherheitsventil waren, indem sie es dem Produktionsfaktor Arbeit ermöglichten, in Regionen zu ziehen, in denen das Angebot an Arbeitskräften knapper war. Gewöhnlich stellten die hohen Kosten und Schwierigkeiten einer Reise eine ernsthafte Beschränkung dar; im zwanzigsten Jahrhundert erfolgte aber ein Durchbruch, als niedrigere Transportkosten eine deutliche Zunahme der Mobilität des Faktors Arbeit ermöglichten, und zwar ungeachtet der mit dem Entstehen der Nationalstaaten zunehmenden Einwanderungskontrollen. Derzeit ist sowohl die Zahl der Abwanderungs- als auch die der Zuwanderungsländer gestiegen – mindestens 125 Millionen Menschen leben heute außerhalb ihres Heimatlandes. Die heutigen Migranten kommen zunehmend aus armen Ländern, und ihre Aufenthaltsdauer in den Gastländern wird kürzer. Auch hochqualifizierte Arbeitskräfte suchen vermehrt Arbeit in anderen Ländern. Schließlich ist als Konsequenz regionaler Konflikte und mit dem Auseinanderbrechen der alten Ost-West-Ordnung auch die Zahl der Flüchtlinge stark gestiegen.

Mehr als die Hälfte der weltweiten Migrationsströme findet derzeit zwischen Entwicklungsländern statt – zum Beispiel gehen Arbeitskräfte aus Südasien in die ölreichen Länder des Nahen Ostens und in die neu-industrialisierten Volkswirtschaften Ostasiens, und relativ erfolgreiche Länder Afrikas südlich der Sahara ziehen Arbeiter aus ihren ärmeren Nachbarländern an. Côte d'Ivoire, Nigeria und Südafrika haben fast die Hälfte von Afrikas riesigen Wanderungsströmen aufgenommen. Viele Migranten sind jedoch während der achtziger Jahre in ihre Heimatländer zurückgekehrt, als sich in einer Zeit ökonomischer Krisen die öffentliche Meinung gegen Gastarbeiter richtete. Während der siebziger und frühen achtziger Jahre stieg die Nachfrage nach Gastarbeitern auf Zeit in den Golfländern stark an, bevor sie mit dem Sinken der Ölpreise nach 1982 wieder nachließ. Der Golfkrieg im Jahr 1991 brachte eine drastische Veränderung in der Zusammensetzung der Gastarbeiterbevölkerung mit sich – eine Million Ägypter verließen den Irak, 800.000 jemenitische Arbeitskräfte gingen aus Saudi-Arabien fort, und in Kuwait wurden etwa 500.000 Palästinenser und Jordanier durch Asiaten und Ägypter ersetzt. Erst kürzlich war in den erfolgreichen asiatischen Volkswirtschaften, insbesondere Japan, der Republik Korea und Malaysia, eine steigende Nachfrage nach Zeit-Arbeitskräften zu beobachten. Die Befürchtung einer großen Völkerwanderung als Folge der Auflösung der Sowjetunion hat sich nicht bewahrheitet, weder innerhalb dieser Region noch von Ost nach West.

Der Strom von Migranten in die Industrieländer ist gewachsen (Tabelle 10.1) und hat dabei seine Zusammensetzung insoweit geändert, als vornehmlich Arbeitskräfte aus Entwicklungsländern zuwandern. In Australien, Kanada und den Vereinigten Staaten sind die Zuflüsse aus Entwicklungsländern langsam angestiegen und erreichten 1993 ein Niveau von 900.000 pro Jahr. In Westeuropa begann die Rekrutierung von Gastarbeitern im großen Stil während des Wirtschaftsbooms in den sechziger Jahren. Nach dem Ölpreisschock im Jahr 1973 und der anschließenden Rezes-

**Die meisten Migranten leben in Entwicklungsländern, doch ein weit größerer Teil der Bevölkerung in den Industrieländern wurde im Ausland geboren**

Tabelle 10.1  Die im Ausland geborene Weltbevölkerung nach Regionen

| Region | Millionen Personen | | Prozent der Gesamtbevölkerung | |
|---|---|---|---|---|
| | 1965 | 1985 | 1965 | 1985 |
| Welt insgesamt | 75,9 | 105,5 | 2,3 | 2,2 |
| *Industrieländer, Osteuropa und die ehemalige Sowjetunion* | 31,0 | 47,4 | 3,5 | 4,5 |
| Europa | 15,6 | 23,0 | 3,5 | 4,7 |
| Ehemalige Sowjetunion | 0,1 | 0,2 | 0,1 | 0,1 |
| Nordamerika | 12,7 | 20,4 | 6,0 | 7,8 |
| Ozeanien | 2,6 | 3,9 | 14,8 | 16,0 |
| *Länder mit niedrigem und mittlerem Einkommen* | 45,0 | 58,1 | 1,9 | 1,5 |
| Karibik und Mittelamerika | 0,5 | 0,9 | 2,0 | 2,7 |
| China | 0,3 | 0,3 | 0,0 | 0,0 |
| Ost- und Südostasien | 7,6 | 7,5 | 1,9 | 1,2 |
| Nordafrika und die westasiatischen Staaten | 5,5 | 13,4 | 4,0 | 5,7 |
| der Golf-Kooperation | 0,7 | 5,8 | 11,0 | 34,2 |
| Südamerika | 5,4 | 5,6 | 2,4 | 1,5 |
| Südasien | 18,7 | 19,2 | 2,8 | 1,8 |
| Afrika südlich der Sahara | 7,1 | 11,3 | 3,0 | 2,7 |

**Quelle:** Vereinte Nationen 1994b.

sion wurden die ausländischen Arbeitskräfte ermutigt, in ihre Heimatländer zurückzukehren. Einem Tiefpunkt in den frühen achtziger Jahren folgte bald ein neuerlicher Anstieg des Wachstums der ausländischen Bevölkerung auf etwa 180.000 pro Jahr. Anders als in den sechziger Jahren fällt dieser jüngste Wachstumsschub jedoch in ein Umfeld steigender Arbeitslosigkeit, wodurch soziale Spannungen und zunehmende Fremdenfeindlichkeit noch verschärft werden – sowohl in den Vereinigten Staaten als auch überall in Europa.

### Wer gewinnt, und wer verliert?

Migration erzeugt Effizienzgewinne, wenn die Arbeitskräfte dorthin gehen, wo sie produktiver sind. Diese Gewinne können breit gestreut sein: Für die Zuwanderer bedeuten sie höhere Einkommen, für ihre Heimatländer Geldüberweisungen und für das Gastland niedrigere Produktionskosten. Aber nicht jeder gewinnt notwendigerweise, insbesondere wenn ungelernte Zuwanderer einheimische Arbeiter mit ähnlichen Fähigkeiten ersetzen. Kurz- oder mittelfristig hängen diese Effekte jedoch davon ab, ob die Qualifikationen der Gastarbeiter diejenigen der inländischen Arbeitskräfte und der Zurückgebliebenen ergänzen oder ersetzen.

*Abwanderungsländer*

Migration bringt erhebliche Gewinne für das Heimatland der Arbeitskräfte, vor allem in Form von Geldtransfers. In einigen Ländern haben diese Überweisungen einen beachtlichen Anteil am BSP – zwischen 10 und 50 Prozent in Jordanien, Lesotho, Jemen, der West-Bank und dem Gazastreifen. Das Verhältnis von Geldüberweisungen zu Exporten kann von 25 bis 50 Prozent reichen – wie in Bangladesch, Burkina Faso, Ägypten, Griechenland, Jamaika, Malawi, Marokko, Pakistan, Portugal, Sri Lanka, dem Sudan und der Türkei. Aufgrund der großen internationalen Lohndifferenzen betragen die transferierten Geldbeträge oft ein Vielfaches von dem, was die Migranten zu Hause hätten verdienen können – zum Beispiel das Doppelte im Falle der philippinischen und koreanischen Emigranten. Sobald die Arbeitskräfte im Gastland integriert sind, sinken jedoch diese Geldüberweisungen tendenziell.

Auf der Haushaltsebene sind die Migrationsentscheidungen oft ein Teil der Strategien zur Risikostreuung. Im bürgerkriegsgeschüttelten Libanon ermöglichte der Wegzug qualifizierter Arbeitskräfte den Zurückgebliebenen zurechtzukommen: Geldüberweisungen aus dem Ausland machten im Jahr 1980 schätzungsweise 50 Prozent des nationalen Einkommens aus. In Ländern mit einer aktiven Wohlfahrtspolitik vermindert die Abwanderung von Arbeitskräften den Druck auf öffentliche Budgets. Das ägyptische Beschäftigungssicherungsprogramm hätte in den siebziger Jahren ohne die massiven Abwanderungen in die Golfländer nicht funktionieren können. In Puerto Rico hätte das U.S.-amerikanische Mindestlohngesetz ohne den Sogeffekt der ausländischen Märkte zu einer hohen Arbeitslosigkeit geführt (ein Drittel des Arbeitskräftepotentials wanderte in die Vereinigten Staaten ab).

Die Auswirkungen der Wanderungen auf die Einkommensverteilung sind komplex. Da Migration hohe Kosten verursacht, kommen die Migranten selten aus den ärmsten Haushalten. Durch die Geldtransfers werden die Einkommensunterschiede deshalb oft noch vergrößert, wie es zum Beispiel auf den Philippinen und in Ägypten der Fall war. Es gibt allerdings auch ausgleichende Effekte – in dem Maße, wie sich Netzwerke für Migranten entwickeln und die Kosten sinken, können es sich auch ärmere Arbeitskräfte leisten, in ein anderes Land zu gehen. In einer Studie über zwei mexikanische Dörfer stellte sich heraus, daß in dem einen Dorf mit besser etablierten auswärtigen Verbindungen die Geldüberweisungen ausgleichend wirkten, während sie in dem anderen Dorf die Ungleichheit vergrößerten. Wenn allerdings Sekundäreffekte berücksichtigt werden, wirken Geldtransfers im allgemeinen eher ausgleichend auf die Einkommensverteilung – in ländlichen Gegenden Pakistans kurbeln Geldtransfers die Investitionen an, was die Nachfrage nach ungelernten Arbeitern erhöhte.

Die Furcht vor einer Abwanderung der Intelligenz tritt in vielen Ländern, in denen das Angebot an Personen mit hoher Qualifikation nicht mehr durch den Mangel an hochgebildeten Inländern beschränkt ist, in den Hintergrund. Trotzdem bleibt die Abwanderung der Intelligenz dort ein ernstes Problem, wo Störungen im Ausbildungssystem oder auf dem Arbeitsmarkt bestehen. In einigen Ländern mit stagnierenden modernen Sektoren erlangen mehr Menschen mit großzügigen Stipendien einen höheren Bildungsabschluß, als die Wirtschaft überhaupt aufnehmen kann; so entstehen hohe Belastungen für den Staatshaushalt, und ein Abwanderungsdruck wird erzeugt. Die Abwanderung qualifizierter Arbeitskräfte ist auch oft einem Nachfragemangel zuzuschreiben, wenn zum Beispiel die staatliche Politik die Kapitalbildung behindert und die Nachfrage nach qualifizierten Arbeitskräften vermindert. Von beiden Problemen sind viele afrikanische Länder stark betroffen. Ähnlich wie bei Kapital, wird auch der Markt für qualifizierte Arbeit zunehmend globalisiert, damit steigen auch die mit politischen Mißerfolgen einhergehenden Kosten: In Malawi, Sambia, Sudan und Zaire war die Abwanderung der ohnehin zu knappen Zahl von Universitätsprofessoren, Ärzten und anderen hochqualifizierten Berufen beträchtlich. Migranten neigen jedoch zur Rückkehr, wenn sich die Bedingungen im Heimatland verbessern. Zum Beispiel waren indische Rückkehrer aus dem Silicon Valley und ähnlichen Gebieten in den Vereinigten Staaten nach der Liberalisierung in Indien die treibende Kraft hinter dem Wachstum der Software-Industrie.

*Zuwanderungsländer*

Die Zuwanderungsländer, insbesondere die industrialisierten Volkswirtschaften, profitieren gewöhnlich ebenfalls von der Migration. Tatsächlich wurden faktisch sämtliche in die Industrieländer fließenden Ströme von Arbeitskräften von diesen bewußt in die Wege geleitet. Qualifizierte Zuwanderer erzeugen Gewinne aufgrund von Agglomerationseffekten. Wanderungen ungelernter Arbeiter begünstigen die Kapitaleigner und die höherqualifizierten Segmente des Arbeitskräftepotentials, den ungelernten heimischen Arbeitern können sie jedoch schaden, indem sie ihre Löhne drücken.

Auf der anderen Seite sind die populistischen Ängste vor Zuwanderern, die den Einheimischen die Arbeitsplätze wegnehmen, zu einfach. Die sozialen Gewinne sind für die Arbeiter des Gastlandes am größten, wenn die Eigenschaften und Fähigkeiten der Zuwanderer die vorhandenen inländischen Qualifikationen ergänzen. Volkswirtschaft und Kultur der Vereinigten Staaten, Kanadas und Australiens gehen auf Einwanderer zurück. In anderen Ländern sind Migranten und deren Nachkommen eine wichtige Quelle wirtschaftlicher Dynamik; Beispiele hierfür sind die chinesischen Industriellen in Indonesien und Malaysia, Geschäftsleute aus Hongkong in Kanada, indische und libanesische Unternehmer in Afrika sowie jordanische und palästinensische Staatsbedienstete in den ölreichen Golfländern. In zunehmendem Maße wandern die Arbeiter aus, um Arbeitsplätze für ungelernte körperliche Tätigkeiten zu besetzen, die von einheimischen Arbeitskräften abgelehnt werden. Etwa 70 Prozent der jüngsten Wanderungsströme können dieser Art von Migration zugerechnet werden. In Frankreich und Deutschland stellen die unqualifizierten Migranten, vornehmlich aus Nordafrika und der Türkei, einen Anteil von 60 Prozent bzw. 80 Prozent an den gesamten Zuwanderungsströmen. Andere Beispiele sind Palästinenser in Israel, Pakistanis in der Golfregion, Indonesier in Malaysia und Bolivianer in Argentinien. Oft besetzen diese Gastarbeiter Arbeitsplätze, die sonst verschwinden würden, oder sie schaffen sogar neue Arbeitsplätze für Inländer. Die Produktion von Palmenöl und Gummi in Malaysia wäre ohne die indonesischen Arbeiter vermutlich längst eingestellt worden. Zuwanderer, die in Minen arbeiten, wie in Südafrika, oder auf Plantagen, wie in der Dominikanischen Republik, Malaysia und Spanien, bewahren diese Industrien angesichts der Konkurrenz durch Billigproduzenten vor dem Aussterben.

Unqualifizierte Zuwanderer können der ungelernten inländischen Bevölkerung schaden, wenn die durch sie indirekt ausgelöste Nachfrage nach ungelernter Arbeit – aufgrund ihrer Nachfrage nach Gütern und Dienstleistungen – unter ihrem eigenen Arbeitsangebot liegt. Dies würde nämlich einen Druck auf die Löhne der ungelernten Arbeiter auslösen. Der durch die Migranten ausgeübte Druck auf das Arbeitsmarktsegment für ungelernte Tätigkeiten in den Vereinigten Staaten und Europa ist vergleichbar mit dem Druck, der durch ihren Handel mit Entwicklungsländern entsteht, er erweitert das Arbeitskräftepotential um etwa

5 Prozent und betrifft vornehmlich ungelernte Arbeiter. In den Vereinigten Staaten wurde zum Beispiel jeder vierte Arbeiter mit weniger als zwölf Jahren Ausbildung außerhalb des Landes geboren: Einige Studien schätzen, daß etwa 30 Prozent der Zunahme der Lohndifferenzen in den Vereinigten Staaten während der letzten zwei Jahrzehnte durch Migrationseffekte erklärt werden können. Die Auswirkungen der Migration sind insofern schwerwiegender als die des Handels, als die Migranten auch in Sektoren für nicht-handelbare Güter gehen können, in denen durch den Handel verdrängte einheimische Arbeiter Zuflucht gefunden hätten.

*Organisation der Migration*

Viele Länder haben ihren Außenhandel liberalisiert, aber fast alle hängen an der Vorstellung, der Staat solle die Migration kontrollieren. Auf den ersten Blick erscheint die Idee einer freien Mobilität der Arbeit vom ökonomischen Standpunkt aus gesehen ebenso verlockend wie die Idee des offenen Handelsverkehrs. Beides führt zu gesamtwirtschaftlichen Gewinnen, beides kann jedoch auch zu sozialen Umschichtungen führen, die einen politischen Handlungsbedarf hervorrufen. Der wesentliche Unterschied scheint ein nichtökonomischer zu sein: Zuwanderungen in großem Stil wirken störend auf die Idee der gesamten Gesellschaft als einer kulturellen oder ethnischen Einheit. Zum Beispiel wird in Japan die Einwanderung von Brasilianern japanischer Abstammung begünstigt, und Deutschland zieht Deutschstämmige aus Osteuropa Gastarbeitern aus anderen ethnischen Gruppen vor.

Es gibt aber auch ökonomische Überlegungen, die zu einer Differenzierung zwischen Migration und Handel führen. Ein Unterschied besteht darin, daß einige Migranten ihr Einkommen durch einen Wegzug aus dem Heimatland aufbessern wollen, auch wenn sie im Gastland nicht produktiver sind als zu Hause. Ein extremes Beispiel bieten die Golfländer. Aufgrund ihrer Ölreserven neigen diese Länder zu restriktiven Eigentumsrechten, indem sie den Zuwanderern verwehren, Staatsbürger zu werden. In den Industrieländern herrscht die Befürchtung, daß die Zuwanderer von den Verlockungen des Wohlfahrtsstaates angezogen werden. Wohlfahrtsstaaten sind besonders gefährdet, wenn ihre Nachbarn arm sind: Die Vereinigten Staaten sehen sich einem Zuwanderungsdruck aus Mexiko und der Karibik ausgesetzt, Frankreich aus den maghrebinischen Ländern und Deutschland aus der Türkei. Obwohl die Umstände sich im einzelnen stark unterscheiden, gibt es doch nur wenige Hinweise darauf, daß die Migranten eine große finanzielle Belastung darstellen – vielleicht gerade deshalb, weil die meisten reichen Länder, insbesondere die mit einem hochentwickelten Wohlfahrtssystem, versuchen, die Merkmale der genehmigten Zuwanderer in gewisser Weise zu kontrollieren. Alle Industrieländer haben eine Auswahl unter den Zuwanderungswilligen getroffen und dabei eine Reihe von Instrumenten eingesetzt, die von Visumbeschränkungen und Grenzkontrollen bis zu gesetzlichen Kriterien für die Zuwanderer, wie Alter, Vermögensstatus, Ausbildung, Nationalität und familiäre Bindungen, reichen. Der deutlichste Hinweis darauf, daß Migranten die Staatsfinanzen stark belasten, ist in den Vereinigten Staaten zu finden, einem Land, das unlängst eine Zunahme der unqualifizierten Zuwanderer zu verzeichnen hatte. Pro Kopf gerechnet, scheint die letzte Welle von Migranten mehr Nutzen aus dem Wohlfahrtssystem zu ziehen als vorangegangene Gruppen und geringfügig mehr als die Bevölkerung insgesamt.

Während diese Argumente den Einsatz qualitativer Migrationskontrollen stützen, werden gewöhnlich andere Gründe angeführt, um quantitative Restriktionen zu begründen. Die weltweite Zunahme der Armut und sinkende Transport- und Kommunikationskosten können bei einer freien Arbeitsmobilität zu massiven Zuwanderungen in reiche Länder führen und dort ähnlich große soziale Umschichtungen nach sich ziehen. Die Effekte würden die des Freihandels weit übertreffen, und sie wären auch breiter gestreut, da sowohl der Dienstleistungssektor als auch der Sektor für handelbare Güter betroffen wären. Die zur Erhaltung der sozialen Stabilität erforderliche Umverteilung wäre weitreichend und kostspielig. Wenn lediglich bestimmte Industrien gezielt unterstützt würden, beispielsweise durch Einkommenssicherungsprogramme für die Landwirtschaft, würde das nur den Weg freimachen für mehr pauschal wirkende und weniger effiziente politische Maßnahmen. In diesem Fall erscheint die Alternative einer verlangsamten Migration in dem Ausmaß sinnvoll, wie das Arbeitsangebot bei Erhöhung des inländischen Qualifikationsniveaus knapp wird. In Europa wurde während des Wiederaufbau-Booms in den sechziger Jahren diese Art von Politik betrieben.

Politische Maßnahmen zur Begrenzung der Zuwanderung sind jedoch eine heikle Angelegenheit. Sie können unerwünschte Resultate hervorrufen, wenn damit Illegalität und Ausbeutung gefördert werden. Das wesentliche Problem besteht darin, die für Zuwanderungswillige attraktiven Alternativen zu rationieren, ohne dabei Anreize für illegale Aktivitäten zu schaffen. Die Vereinigten Staaten weisen wegen ihrer langen Grenze zu Mexiko die größte Zahl illegaler Einwanderer auf – sie liegt vermutlich bei etwa 4 Millionen. In Westeuropa sind es ungefähr 3 Millionen, hauptsächlich aus Afrika. Da ihnen jederzeit die Abschiebung droht, befinden sich illegale Zuwanderer in einer höchst unsicheren Position; dies schafft Anreize für eine Ausbeutung durch skrupellose Arbeitgeber. Wenn der Wettbewerb auf den Arbeitsmärkten funktioniert, wie in den Vereinigten Staaten, kann ein Teil der Knappheitsrente im voraus gezahlt werden: Zum Beispiel müssen illegal eingewanderte Chinesen oft drei Jahre unbezahlter Arbeit für den Mittelsmann leisten, der die Passage bezahlt hat.

## INTERNATIONALE INTEGRATION UND ARBEITNEHMER

Doch die enormen Lohnunterschiede bilden trotzdem noch genügend Anreize zur Abwanderung.

Migration ist kaum ein geeignetes Instrument zur Feinsteuerung des Konjunkturablaufs. Aus der Sicht des Gastlandes weisen zeitlich begrenzte Arbeitsverhältnisse eine gewisse Flexibilität auf, und sie sind auch für die Gastarbeiter erstrebenswert, wenn die Alternative Illegalität bedeutet. Um aber sicherzustellen, daß Zeit-Arbeiter auch nur eine begrenzte Zeit bleiben, ist eine schnelle Rotation erforderlich. Dies verursacht wiederum Kosten in Form von Verwaltungsaufwand und Verlusten von länder- oder arbeitsplatzspezifischen Qualifikationen. Einige erfolgreiche Programme vertrauen auf die Selbstverwaltung durch die Migranten. Seit einige Organisationen (teilweise auch mit staatlicher Unterstützung) begonnen haben, die temporäre Migration auf einer mehr formalen Basis zu organisieren, ist die Nachfrage nach philippinischen Krankenschwestern, Hausmädchen aus Sri Lanka und koreanischen Bauarbeitern gestiegen. Einigen Ländern – beispielsweise der Schweiz und den Golfländern – ist es gelungen, den temporären Status der Gastarbeiter zu erhalten, weitaus häufiger tendieren diese Arbeitsverhältnisse aber zu einer gewissen Permanenz, wie es in Frankreich und Deutschland der Fall ist. Um die Bindung der Zuwanderer an das Gastland zu verringern (und das Bedürfnis, Familienmitglieder nachkommen zu lassen), fördern einige Länder ein Rotationssystem für Gastarbeiter. In Saudi-Arabien ist zum Beispiel die Erneuerung der Arbeitserlaubnis mit hohen Kosten verbunden.

• • •

Migration ist im allgemeinen sowohl für das Abwanderungs- als auch für das Zuwanderungsland vorteilhaft. Es ist jedoch unwahrscheinlich, daß die Wanderungsbewegungen als Teil der wirtschaftlichen Wechselwirkungen zwischen Industrie- und Entwicklungsländern jemals eine so bedeutende Rolle wie die Handels- und Kapitalströme spielen werden. Bis zu einem bestimmten Niveau sind die Migrationsströme für beide Seiten von Vorteil, aber der ungehinderte Zustrom unqualifizierter Arbeiter dürfte eher kontraproduktiv wirken. Wegen möglicher Kosten für die ungelernten inländischen Arbeiter und wegen des kulturellen Widerstandes muß die Zuwanderung in bestimmte Bahnen gelenkt werden, wenn sie nachhaltig sein soll. Es ist jedoch schwierig, die Migrationsströme zu lenken, denn Restriktionen können die Knappheitsrenten erhöhen und die illegale Einwanderung fördern. Die Grundrechte der Zuwanderer sollten gewahrt werden, und die Gastarbeiter sollten denselben Arbeitsgesetzen und Regulierungen unterworfen sein wie die Staatsbürger. Aber in vielen Ländern haben Migranten keinen den Staatsbürgern vergleichbaren Anspruch auf Sozialleistungen und andere Rechte. Bis zu einem gewissen Grad können zeitlich begrenzte Programme nützlich sein, sowohl um den Arbeitsmarkt des Gastlandes zu stabilisieren als auch um den illegalen Zuwanderungsdruck zu vermindern.

# TEIL DREI

## Wie sollte der Staat in die Arbeitsmärkte eingreifen?

DER STAAT greift in die Gestaltung der Arbeitsplätze und in das Leben der Arbeitnehmer auf vielfältige Art und Weise ein. Es wird jedoch zunehmend diskutiert, ob derartige Interventionen wirklich im Interesse der Arbeitnehmer sind. Die einen rufen nach einem energischen Vorgehen des Staates zum Schutz der Arbeitnehmer mittels Regulierung der Mindestlöhne, restriktiver Regelungen für Entlassungen und ähnlicher Maßnahmen. Die anderen argumentieren gegen ein derartiges Sicheinmischen, weil es die Schaffung von Arbeitsplätzen behindere und nur einer privilegierten Gruppe von Arbeitnehmern helfe, dagegen den Schwächsten schade oder diese bestenfalls vernachlässige. Dieser Teil des Berichts analysiert die Rolle des Staates auf den Arbeitsmärkten. Kapitel 11 untersucht die Arbeitsstandards und deren Auswirkungen. Kapitel 12 befaßt sich mit der Rolle der Gewerkschaften und ihrem Verhältnis zur Regierung. Kapitel 13 untersucht Maßnahmen zur Verminderung der Einkommensunsicherheit. Und Kapitel 14 beschäftigt sich mit der Rolle des Staates als Arbeitgeber.

# KAPITEL 11

# Staatliche Politik und Arbeitsstandards

DIE ARBEITSMÄRKTE UNTERSCHEIDEN sich von den Gütermärkten. Die von den Arbeitsmärkten gesetzten Löhne und die Beschäftigungsbedingungen beeinflussen die Lebensqualität der Arbeitnehmer und ihrer Familien, oft auf eine Art und Weise, die hart und unfair erscheinen könnte. Es überrascht nicht, daß die Staaten und die sie repräsentierenden Regierungen in der ganzen Welt sich stark auf den Arbeitsmärkten engagieren. Nahezu alle Regierungen legen Arbeitsplatzstandards fest, wie Mindestlöhne und spezielle Schutzbestimmungen für arbeitende Frauen und Minderheiten. Die Standards unterscheiden sich in ihren Zielsetzungen (Tabelle 11.1). Einige zielen darauf ab, schwache Arbeitnehmer zu schützen und Ungleichheiten zu beseitigen, andere sollen zum besseren Funktionieren der Märkte beitragen. Nicht alle gesetzlichen Standards erreichen jedoch ihre Ziele. Einige schützen letztendlich eine Gruppe relativ bessergestellter Arbeitnehmer, wodurch die Beschäftigung im modernen Sektor eingeschränkt wird. In den Reformländern führen einige Standards zu Rigiditäten und behindern die Umschichtung von Arbeitsplätzen. In vielen Entwicklungsländern mit begrenzten Verwaltungskapazitäten werden die Standards oft nicht wirksam durchgesetzt.

Wie sollten die Staaten die Arbeitsplatzstandards festlegen? Und ist die Verknüpfung der Standards mit dem internationalen Handel ein wirksames Mittel, um deren Durchsetzbarkeit in Ländern mit niedrigem und mittlerem Einkommen zu verbessern? Dieses Kapitel analysiert die Grundprinzipien für staatliche Eingriffe auf dem Arbeitsmarkt, die Kosten und Nutzen verschiedener Formen gesetzlicher Standards und die Notwendigkeit internationaler Aktivitäten zur Verbesserung ihrer Durchsetzbarkeit.

## Warum intervenieren Staaten auf den Arbeitsmärkten?

Die Staaten intervenieren dann, wenn es freien Arbeitsmärkten nicht gelingt, die bestmöglichen Resultate zu erbringen oder wenn sie die auf den Märkten erzielten Ergebnisse mit ihren Präferenzen und Wertvorstellungen in Einklang bringen wollen. Vier Begründungen werden oft für Interventionen genannt: ungleiche Verteilung der Marktkräfte, Diskriminierung, unzureichende Informationen und ungenügende Absicherung gegenüber Risiken.

Alle vier Gründe werfen Fragen hinsichtlich Effizienz und Gerechtigkeit auf. Wenn die Marktkräfte ungleich verteilt sind, sind es in der Regel die Arbeitnehmer, die sich gegenüber den Firmen in einer schwachen Position befinden und nicht in der Lage sind, sich selbst gegen eine ungerechte Behandlung zu schützen. Dies führt auch zu Effizienzverlusten, weil die Arbeitnehmer weniger bereitwillig in eine unternehmensspezifische Ausbildung investieren werden. Zu einem noch größeren Problem wird eine ungleiche Verteilung der Marktkräfte für Arbeitnehmer, die traditionell in der Gesellschaft nur eine geringe Lobby haben – wie Kinder, Frauen sowie ethnische und religiöse Minderheiten. Diskriminierung führt zu Marktergebnissen, die nicht nur ungerecht, sondern auch ineffizient sind: Sie begrenzt den Beitrag von Frauen und Minderheiten an der wirtschaftlichen Entwicklung. Die Ineffizienz steigt, wenn Arbeitnehmer und Teile der Arbeitgeber über das Arbeitsumfeld schlecht informiert sind, insbesondere was Gesundheits- und Sicherheitsrisiken anbelangt. Schließlich sind Arbeitnehmer und ihre Familien in der Regel nicht in der Lage, sich angemessen gegen Einkommensverluste zu versichern, die auf Arbeitslosigkeit, Arbeitsunfähigkeit oder hohes Alter zurückzuführen sind.

Die Staaten reagieren auf solche Marktunzulänglichkeiten und -ungerechtigkeiten auf drei Arten: durch die Festlegung informeller Vereinbarungen, durch Ermächtigung der Gewerkschaften, im Interesse der Arbeitnehmer Lohnverhandlungen zu führen und durch direkte staatliche Gesetzgebungsmaßnahmen oder Interventionen. Informelle Arbeitsmarktvereinbarungen können sehr wirksam sein. Wenngleich Arbeitsverträge die grundlegenden Unterschiede hinsichtlich Wohlstand und Macht zwischen Arbeitgebern und Arbeitnehmern kaum aus der Welt schaffen können, respektieren die Arbeitgeber in traditionellen Gesellschaften in der Regel doch gewisse Rechtsnormen und vermeiden ausbeuterisches Verhalten, oder sie müssen mit sozialen Sanktionen rechnen. Die Mehrzahl der informellen Arbeitsverträge beinhaltet gewisse Formen der Risikoteilung. Beispielsweise ist das ländliche Pachtwesen, bei dem die landlosen Kleinbauern einen Teil ihrer Ernte mit dem Landbesitzer teilen, eine in Asien und Afrika geläufige Vereinbarung zur Risikoteilung. Informelle Vereinbarungen können auch zur Einkommenssicherung beitragen. Privates Sparen ist ein wichtiges Instrument, um mit Risiken umzugehen, gegen die man sich nicht so leicht versichern kann,

### STAATLICHE EINGRIFFE IN ARBEITSMÄRKTE

**Die Regierungen intervenieren auf den Arbeitsmärkten auf unterschiedliche Art und Weise**

Tabelle 11.1  Arten der staatlichen Intervention auf den Arbeitsmärkten

| Art der Intervention | Besondere Garantien und Maßnahmen | Beispiele |
|---|---|---|
| Einführung und Schutz von Arbeitnehmerrechten | Recht sich zusammenzuschließen und sich zu organisieren | Die Arbeitnehmer können Gewerkschaften gründen. |
| | Recht Tarifverhandlungen zu führen | Die Gewerkschaften können mit den Arbeitgebern über Löhne und Arbeitsbedingungen verhandeln. |
| | Recht auf Arbeitskampfmaßnahmen (Streiks) | Die Arbeitnehmer können streiken oder sonstige gewaltfreie Maßnahmen zur Erreichung ihrer Forderungen einsetzen. |
| Schutz der Hilfsbedürftigen | Mindestarbeitsalter | Kinder unter fünfzehn Jahren dürfen nicht beschäftigt werden; das Mindestarbeitsalter beläuft sich auf achtzehn Jahre, wenn die Arbeit für die Gesundheit, Sicherheit oder Moral gefährlich ist. |
| | Gleiche Lohn- und Beschäftigungschancen | Keinem Arbeiter kann ein niedrigerer Lohn als anderen gezahlt werden oder keiner darf von einer Beschäftigung ausgeschlossen werden aus Gründen des Geschlechts, der Rasse, der Religion, des ethnischen Herkommens, des nationalen Ursprungs oder der sexuellen Orientierung. Für benachteiligte Gruppen können besondere Fördermaßnahmen (affirmatives Handeln) ergriffen werden. |
| | Sonderbestimmungen für Frauen | Weiblichen Arbeitnehmern muß Mutterschaftsurlaub gewährt werden; sie dürfen nicht gezwungen werden, während der Nacht zu arbeiten. |
| Festlegung von Mindestvergütungen für Arbeit | Mindestlöhne Mindestregelungen für Nebenleistungen und Überstundenbezahlung | Arbeitnehmern soll ein Mindeststundenlohn gezahlt werden. Arbeitnehmern sollen Wohnbeihilfen oder Zuschüsse für ärztliche Behandlung gewährt werden, eine Mindestzahl von Urlaubstagen im Jahr und bestimmte Überstundenzuschläge bei Beschäftigung über die maximale Stundenzahl hinaus. |
| Sicherung erträglicher Arbeitsbedingungen | Mindestregelungen für Gesundheit und Sicherheit im Beruf | Die Arbeitsplätze müssen ordentlich beleuchtet und belüftet sein, die Arbeitnehmer müssen bei gefährlichen Beschäftigungen geschützt werden. |
| | Festlegung der maximalen Arbeitsstunden | Arbeitnehmer können normalerweise nicht gezwungen werden, mehr als eine bestimmte Stundenzahl pro Woche zu arbeiten; sie müssen mindestens einen freien Tag pro Woche haben. |
| Bereitstellung von Einkommenssicherheit | Sozialversicherung | Arbeitnehmer, die aufgrund von Arbeitsunfähigkeit, Entlassung oder wegen hohen Alters keine Arbeit haben, besitzen ein Anrecht auf Transferzahlungen auf Grundlage ihrer früheren Arbeitsqualifikation. |
| | Arbeitsplatzsicherheit und Abfindungszahlungen | Arbeitnehmer besitzen bestimmte Rechte, so daß sie nicht willkürlich entlassen werden können, und sie haben das Recht auf finanzielles Entgelt bei Entlassung. |
| | Öffentliche Arbeitsprogramme | In Zeiten schwacher Arbeitsnachfrage wird denen, die arbeiten wollen, eine vorübergehende Beschäftigung ermöglicht. |

wie beispielsweise die Arbeitslosigkeit. Für die Armen, die über wenig oder gar keine Ersparnisse verfügen, sind oft private Transferzahlungen – innerhalb großer Familienverbände oder Gemeinden – ein Rückhalt.

Informelle Vereinbarungen sind bei weitem die dominierende Form zur Lösung der Arbeitsmarktprobleme in Ländern mit niedrigem und mittlerem Einkommen. Wie Tabelle 11.2 zeigt, sind über 80 Prozent der Arbeitnehmer in den Ländern mit niedrigem Einkommen und mehr als 40 Prozent in denen mit mittlerem Einkommen Arbeiter ohne Lohneinkommen, die typischerweise auf informellen und ländlichen Arbeitsmärkten beschäftigt sind, wo sie in der Regel von Gewerkschaften oder direkten staatlichen Eingriffen nicht erreicht werden können. Diese Angaben dürften die Zahl der Arbeitnehmer, die von Arbeitsschutzmaßnahmen im formellen Sektor erfaßt werden, sogar noch zu günstig darstellen. In vielen Ländern bedeuten eine unzulängliche Verwaltungskapazität und Beschränkungen

> **Der Anteil der Lohnbeschäftigung ist in ärmeren Ländern weniger bedeutend**

**Tabelle 11.2  Lohnbeschäftigung als Anteil an der Gesamtbeschäftigung, nach Sektoren und Einkommensgruppen der Länder**
(Anteil in Prozent)

| Sektor | Länder mit niedrigem Einkommen | Länder mit mittlerem Einkommen | Länder mit hohem Einkommen |
|---|---|---|---|
| Landwirtschaft | 3,6 | 25,6 | 38,2 |
| Industrie | 29,8 | 76,7 | 89,1 |
| Dienstleistungssektor | 46,4 | 68,2 | 85,6 |
| Alle Sektoren | 17,1 | 57,4 | 84,4 |

**Anmerkung:** Die Daten sind geschätzt aufgrund einer Länderauswahl für jede Einkommensgruppe. Siehe Anhang, Tabellen für Länder und Jahre.
**Quelle:** ILO 1986 mit aktualisierten Daten der ILO.

der Gewerkschaftsfreiheit, daß Arbeitsschutzbestimmungen sogar in städtischen Großunternehmen nicht durchgesetzt werden. Informelle Vereinbarungen sind jedoch ihrem Wesen nach von begrenzter Dauer. Sie neigen dazu, mit dem Wachstum der Unternehmen und dem Nachlassen der sozialen und kommunalen Bindungen zwischen Arbeitnehmern und Arbeitgebern auseinanderzubrechen.

Ein Schlüsselproblem moderner Unternehmen besteht darin, die Lohnverhandlungen einer großen Zahl von Arbeitnehmern mit den Arbeitgebern zu koordinieren und die Qualität ihrer Arbeitsplätze zu verbessern. Die Antwort auf dieses Problem kollektiven Handelns ist die Organisierung der Arbeitskräfte, üblicherweise in Gewerkschaften. Gemeinsame Tarifverhandlungen durch Gewerkschaften können dazu beitragen, die Probleme der ungleichen Verteilung der Marktkräfte, der Diskriminierung und unzureichender Information zu lösen. Gewerkschaften bieten ihren Mitgliedern wichtige Dienste, verhandeln zu ihren Gunsten um bessere Arbeitsbedingungen, schützen sie vor unfairer Behandlung und verteilen die Kosten der Informationsgewinnung auf eine große Zahl von Arbeitnehmern.

Der Staat spielt auch dann eine wichtige Rolle, wenn es Arbeitnehmerorganisationen gibt. Er legt die Regelungen fest, innerhalb derer sich die ökonomischen Transaktionen vollziehen. Für die informelle Beschäftigung gelten diese Regelungen üblicherweise implizit, wobei sie sich aus den sozialen Gepflogenheiten und dem persönlichen Charakter der Beziehungen zwischen Arbeitgebern und Arbeitnehmern ergeben, während die Beschäftigung im formellen Sektor durch eindeutige gesetzliche Rahmenbedingungen bestimmt wird, die die Basis für individuelle oder kollektive Verträge bilden. Die Regelungen, die die formellen Arbeitsmärkte determinieren, bestimmen üblicherweise die Rechte der Arbeitnehmer, Gewerkschaften und Arbeitgeber sowie die Bedingungen für Tarifvertragsverhandlungen und für ein System zur Beilegung von Tarifstreitigkeiten (siehe Kapitel 12). Der Staat greift auch direkt in die Arbeitsmärkte ein, um bestimmte soziale Ziele zu erreichen. Zu den mehr allgemeinen Interventionen zählen Verbote der Kinderarbeit, der Schutz der arbeitenden Frauen und Minderheiten, die Festlegung von Mindestlöhnen sowie gesetzgeberische Maßnahmen auf dem Gebiet der Arbeitsplatzsicherheit und bei den Gesundheitsstandards.

### Kinderarbeit

Die meisten Länder verfügen über Gesetze gegen Kinderarbeit. Gleichwohl üben weltweit etwa 100 Millionen oder mehr Kinder unter fünfzehn Jahren für eine gewisse Zeit des Jahres eine umfangreiche wirtschaftliche Tätigkeit aus. Das Kinderhilfswerk der Vereinten Nationen (UNICEF) schätzt, daß im Jahr 1991 80 Millionen Kinder zwischen zehn und vierzehn Jahren so anstrengend und so lange am Tage arbeiteten, daß es ihre Entwicklung beeinträchtigte.

• • •

*Ein zehnjähriges Mädchen im landwirtschaftlich geprägten Bundesstaat Maharashtra (Indien) besucht die Grundschule. Jeden Nachmittag nach der Schule helfen sie und ihre zwei Brüder ihrem Vater bei der Farmarbeit. Die Arbeit stört ihre schulische Entwicklung, und ihr älterer Bruder mußte die siebte Klasse wiederholen. Ohne ihre Arbeit könnte es sich die Familie aber nicht leisten, die Kinder zur Schule zu schicken.*

• • •

*Ein dreizehnjähriger Junge, der in Bogotá in einem Steinbruch arbeitet, lebt mit seinen Eltern in einer Behelfssiedlung und hat nie eine Schule besucht. Seine Arbeit besteht darin, Felsbrocken nach der Größe zu sortieren, nachdem sie von Bulldozern und mit Hilfe von Sprengstoff herausgebrochen und durch mechanische Brechmaschinen zerkleinert worden sind. Seine Eltern sagen, daß ohne seinen Lohn die Familie Hunger leiden müßte und daß er besser im Steinbruch aufgehoben sei als auf der Straße, wo er ein Leben in Kriminalität und in Kontakt mit anderen gefährlichen Dingen führen würde.*

• • •

Einige Arten der Kinderarbeit werden als schädlicher angesehen als andere. Das Mädchen in Maharashtra und ihre Brüder sind Einzelbeispiele für die große Mehrzahl der arbeitenden Kinder auf der Welt. Sie sind unbezahlte Helfer auf dem landwirtschaftlichen Familienbetrieb. Die meisten Menschen würden eine solche Arbeit nicht verurteilen, vorausgesetzt, die Kinder gehen weiter zur Schule. Der Junge in Bogotá ist einer aus der Minderheit der arbeitenden Kinder, die in städtischen Regionen mit Gelegenheitsarbeiten beschäftigt sind. Die meisten Menschen haben aber ein Kind wie ihn vor Augen, wenn sie den Begriff „Kinderarbeit" hören, was beunruhigende Bilder erweckt, die an die „dunklen, satanischen Textilfabriken" der industriellen Revolution erinnern lassen.

*Ursachen der Kinderarbeit*

Die weite Verbreitung von Kinderarbeit ist verknüpft mit Armut und mit schlechter Qualität oder Verfügbarkeit schulischer Bildung. Kinder aus armen Familien arbeiten, weil die Familie das Zusatzeinkommen braucht, vor allem wenn die Haupteinkommensquelle der Eltern unsicher ist. Untersuchungen im ländlichen Indien zeigen, daß die armen Haushalte, die über keinerlei Ersparnisse oder Vermögenswerte verfügen und auch kein Geld leihen können, keine andere Wahl haben, als ihre Kinder arbeiten zu lassen, damit die möglichen Auswirkungen des Arbeitsplatzverlustes eines Elternteils oder einer schlechten Ernte vom landwirtschaftlichen Familienbetrieb minimiert werden. Mit steigendem Einkommen der Eltern sind diese in der Lage, ihre Kinder zur Schule statt zur Arbeit zu schicken. In Ägypten fand man heraus, daß ein Anstieg des Lohnes der Mutter um 10 Prozent einen Rückgang der Arbeit von Kindern im Alter von zwölf bis vierzehn Jahren um 15 Prozent zur Folge hatte und einen Rückgang um 27 Prozent bei sechs bis elf Jahre alten Kindern. In Indien würde der gleiche Lohnanstieg die Erwerbsquote der Mädchen um 9 bis 10 Prozent senken.

Eine preiswerte, qualitativ gute Schulausbildung kann die Kinderarbeit verringern. Der indische Bundesstaat Kerala bietet dafür ein gutes Beispiel. Rund 25 Prozent des Staatshaushalts sind für die Erziehung bestimmt – verglichen mit durchschnittlich 17 Prozent in den anderen indischen Bundesstaaten. Der Staat erzielte ausgezeichnete Ergebnisse. Einhundert Prozent der Schüler, die in die erste Klasse kamen, beendeten die fünfte Klasse, und der Anteil derjenigen, die des Lesens und Schreibens kundig sind, ist doppelt so hoch wie im nationalen Durchschnitt. Der Zugang zur schulischen Bildung in Kerala ist einmalig in Indien. Anthropologische Untersuchungen in einem Fischerdorf in Kerala weisen darauf hin, daß der Schulbesuch die Kinderarbeit nicht aus der Welt schafft, aber er verhindert deren schlimmste Formen, wie sie anderswo in Indien zu finden sind. Die Arbeit kann oft mit dem Schulbesuch koordiniert werden. Diese Untersuchung fand heraus, daß arme Kinder auf dem Dorf zwar die Schule besuchen, aber weiterhin einer Teilzeitarbeit nachgehen, um zur Unterstützung ihrer Familien beizutragen. Ihre nach der Schule ausgeübten bezahlten Tätigkeiten beinhalten üblicherweise Arbeiten wie Aufpassen auf kleinere Kinder, Nahrung suchen, kleine Geschäfte machen, häusliche Arbeiten durchführen und Fischen.

*Für die Abschaffung der Kinderarbeit*

Die nationale Gesetzgebung und internationale Konventionen zur Ächtung der Kinderarbeit haben symbolischen Wert als Ausdruck des gesellschaftlichen Wunsches, diese Praxis zu beseitigen. Sie können aber keine Resultate aufweisen, solange sie nicht von Maßnahmen begleitet werden, welche die Gewichtung der Anreize von der Kinderarbeit weg und hin zur Ausbildung verschieben. Die wichtigsten Ansätze des Staates zur Verlagerung der Gewichte bestehen darin, ein Sicherheitsnetz zum Schutz der Armen bereitzustellen, die Möglichkeiten für eine qualifizierte Ausbildung auszuweiten sowie die institutionellen Kapazitäten allmählich zu steigern, um gesetzlich erlassene Verbote durchzusetzen. Programme zur Einkommenssicherung für arme Haushalte, wie Essen-für-Arbeit-Programme oder sonstige öffentliche Arbeitsprogramme, werden günstige Auswirkungen auf die Kinderarbeit haben. Maßnahmen zur Reduzierung der Kosten des Schulbesuchs (Subventionen, Bau von Schulen in der Nähe der Wohnungen der Kinder) und zur Verbesserung der Ausbildungsqualität (Änderung der Lehrpläne, mehr und bessere Lehrer) können ebenso hilfreich sein. Mit dem Rückgang der Armut und der Verbesserung der Ausbildung wird die Kinderarbeit abnehmen. Dies wiederum wird die Durchsetzung gesetzlicher Verbote erleichtern, angefangen von generell verabscheuten Formen der Kinderarbeit wie der Prostitution und gefährlichen Arbeiten.

Auch die Zusammenarbeit zwischen örtlichen Kommunen, nichtstaatlichen Organisationen (NSO) und Regierungen kann hilfreich sein. Ein Beispiel für eine derartige Zusammenarbeit bietet die Tiefseefischindustrie auf der philippinischen Insel Cebu, wo eine große Zahl von Jungen als Taucher für eine äußerst gefährliche Tätigkeit, das sogenannte Muro-ami-Fischen, eingestellt worden ist. Die örtliche Gemeinde sah von Aktionen gegen diese Praxis ab, weil die Eltern keine andere Möglichkeit hatten, ihre Familien zu ernähren. Der Anstoß zur Veränderung ging von nationalen Bürgergruppen mit Sitz in Manila aus, die auf die Regierung Druck ausübten und die Gemeinde mobilisierten. Es wurde eine spezielle Muro-ami-Arbeitsgruppe gegründet, der Vertreter von Regierungsstellen und NSO angehörten. Unter diesem Druck sagten die Arbeitgeber zu, keine Jungen unter achtzehn Jahren mehr anzuwerben. Um die Unterstützung der Gemeinde und insbesondere der Eltern der Kinder zu gewinnen, wurde besonderes Gewicht auf die Erschließung alternativer Einkommensquellen gelegt, und zwar durch den Aufbau einer Seifensiederei, einer Weberei und von Projekten zur Schweinezucht sowie durch die Vergabe von Krediten zu günstigen Konditionen und durch die Ausbildung der Mütter der Jungen.

## Standards für arbeitende Frauen und Minderheiten

In vielen Ländern werden auch Frauen und ethnische Minderheiten durch spezielle Bestimmungen geschützt. Die Standards zum Schutz dieser Arbeitnehmer lassen sich in zwei Gruppen einteilen. Die der ersten Gruppe gewähren den Frauen aufgrund ihrer Rolle bei der Geburt und Erziehung von Kindern bestimmte Rechte und Schutzmaßnahmen. Ein Beispiel dafür sind Mutterschaftsbeihilfen. Standards der zweiten Gruppe wollen die Diskriminierung auf dem Arbeitsmarkt dadurch beenden, daß sie gleiche Bezahlung für gleichwertige Arbeit durchsetzen oder die Ausgrenzung von Frauen oder Minderheiten bei bestimmten Arbeitsplätzen verbieten. Die Anwendung von Antidiskriminierungs-Standards beschränkt sich nicht auf den Schutz arbeitender Frauen – in vielen Ländern gelten sie auch für ethnische und religiöse Minderheiten.

*Arbeitsplatzschutz für Frauen*

Fast alle Länder haben Gesetze, die Standardzeiten für Mutterschaftsurlaub und sonstige Vergünstigungen für Frauen festlegen. Üblicherweise sind durch derartige Gesetze die Arbeitgeber verpflichtet, diese Vergünstigungen Arbeitnehmerinnen zu gewähren, womit die Kosten ihrer Einstellung in der Tat erhöht werden. Es besteht daher das Risiko, daß eine Gesetzgebung zum Schutz der Frauen letztlich dazu führt, daß ihre Löhne gedrückt werden oder ihre Beschäftigung erschwert wird. Manchmal haben Standards dieser Art andere unwillkommene Auswirkungen. Beispielsweise stellte das Expertengremium der ILO fest, daß viele österreichische Firmen junge Frauen nur auf Basis von Verträgen mit fester Laufzeit beschäftigen, um die Zahlung von Mutterschaftsbeihilfen zu vermeiden. Einige Bekleidungshersteller in Bangladesch stellen aus den gleichen Gründen junge Frauen nur auf täglicher Basis als Gelegenheitsarbeiterinnen ein. Einige Firmen in Lateinamerika treffen noch extremere Vorsichtsmaßnahmen, indem sie von Frauen die Vorlage medizinischer Gutachten zum Nachweis ihrer Sterilisation verlangen, bevor sie sie einstellen.

**Weibliche Arbeitnehmer sind vor allem im informellen Sektor beschäftigt**

Tabelle 11.3   Anteile männlicher und weiblicher Arbeitnehmer an der Beschäftigung außerhalb des Lohnsektors
(Anteil in Prozent)

| Land | Jahr | Männer | Frauen |
|---|---|---|---|
| Ägypten | 1989 | 46 | 74 |
| Bolivien | 1991 | 42 | 70 |
| El Salvador | 1991 | 28 | 48 |
| Ghana | 1989 | 69 | 92 |
| Indonesien | 1989 | 70 | 79 |
| Kap Verde | 1990 | 42 | 54 |
| Korea, Republik | 1991 | 38 | 43 |
| Pakistan | 1992 | 66 | 77 |
| Peru | 1991 | 39 | 55 |
| Tansania | 1988 | 84 | 95 |
| Thailand | 1989 | 71 | 76 |
| Tunesien | 1989 | 36 | 51 |
| Türkei | 1991 | 55 | 80 |

**Quelle:** ILO, verschiedene Jahre; Daten der Weltbank.

Frauen sind in Entwicklungsländern oft überproportional im informellen Sektor vertreten (Tabelle 11.3) und so sehr auf einen Arbeitsplatz im modernen Sektor bedacht, daß sie freiwillig darüber hinwegsehen, wenn ein Arbeitgeber die staatlich erlassenen Standards nicht erfüllt. Viele wissen nicht einmal, daß die Standards existieren: Eine Untersuchung bei Bekleidungsarbeiterinnen in Bangladesch fand heraus, daß sehr wenige wußten, daß sie ein gesetzlich fixiertes Recht auf bezahlten Mutterschaftsurlaub hatten. Diesen Arbeiterinnen geht es jedoch auf den Arbeitsplätzen im modernen Sektor weitaus besser als es sonst der Fall wäre – ihre Löhne sind zwar nach Maßstäben des formellen Sektors niedrig, aber mehr als doppelt so hoch wie das, was sie im informellen Sektor oder in ländlichen Regionen verdienen könnten. Wichtiger ist vielleicht noch, daß der Besitz einer sicheren Einkommensquelle ihren Status im Haushalt verändern kann. Ländliche Arbeiterinnen arbeiten in Bangladesch 5 bis 30 Prozent mehr Stunden als Männer, weil sie zusätzlich zur Arbeit in den Feldern noch Verpflichtungen im Haushalt haben. Diese Frauen haben bei der Aufteilung der Haushaltsausgaben kaum ein Mitspracherecht. Untersuchungen zeigen aber, daß die Männer von Arbeiterinnen in der Bekleidungsindustrie 1,3 bis 3,7 Stunden täglich im Haushalt mitarbeiten und 57 Prozent der Arbeiterinnen bestimmen, wie ihre eigenen Einkommen ausgegeben werden. Es scheint deshalb, daß die Frauen insgesamt viel mehr von einem besseren Zugang zu Arbeitsplätzen im modernen Sektor profitieren als von speziellen Standards zum Schutz derjenigen, die schon eine gute Arbeit haben.

Eine Möglichkeit, um Arbeitnehmerinnen spezielle Vergünstigungen zukommen zu lassen, ohne dabei zu riskieren, ihre Löhne oder die Zahl der Beschäftigten zu reduzieren, besteht darin, daß die Gesellschaft als Ganzes die Kosten für diese Vergünstigungen zahlt, statt zu verlangen, daß die Arbeitgeber der Frauen die Kosten allein tragen. Dies ist der in vielen der ehemaligen Staatshandelsländer gewählte Ansatz. Bei einem derartigen System werden die Mutterschaftsbeihilfen üblicherweise durch eine Lohnsteuer finanziert – obwohl sie auch durch allgemeine Einkünfte finanziert werden könnten. Damit ist die Verbindung zwischen der Einstellung einer Arbeiterin und der Kostenbelastung für die Gewährung spezieller Vergünstigungen durchbrochen, wodurch ein wichtiger Hinderungsgrund für die Einstellung von Frauen beseitigt wird. Solange die Lohnsteuer für alle Arbeitnehmer gleich ist, führt diese Vereinbarung in der Tat zu Einkommenstransfers von Männern zu Frauen. Sie wird jedoch in der Praxis oft zu Schwierigkeiten führen, besonders in Ländern mit niedrigem Einkommen. Die administrativen Anforderungen sind hoch, und es gibt beträchtliche Mißbrauchsrisiken. Darüber hinaus würde ein System, das durch allgemeine Einnahmen finanziert wird, zum Teil die Vergünstigungen für weibliche Beschäftigte im formellen

Sektor auf Kosten der ärmeren Männer und Frauen im ländlichen und informellen Bereich finanzieren.

*Antidiskriminierungsmaßnahmen*

DISKRIMINIERUNG VON FRAUEN. Standards, die Frauen vor Diskriminierung am Arbeitsplatz schützen sollen, sind oft schwierig durchzusetzen. Die Durchsetzung eines Standards, der die gleiche Bezahlung für eine Arbeit von gleichem Wert und nicht bloß für eine Arbeit gleicher Art verlangt, erfordert ein gutentwickeltes System der Arbeitsplatzbewertung. Dies hat sich sogar in den Industrieländern als sehr schwierig erwiesen und ist praktisch unmöglich in Ländern mit niedrigem und mittlerem Einkommen, die über begrenztes Fachwissen und begrenzte Ressourcen verfügen. Jedenfalls ist es unwahrscheinlich, daß eine Gesetzgebung, die gleiche Entlohnung fordert, viel Wirkung haben wird, sofern sie nicht von einem Diskriminierungsverbot bei der Einstellung begleitet wird. Die Regierungen sollten ihre Bemühungen, die Diskriminierung am Arbeitsplatz zu beenden, nicht aufgeben. Aber der Schwerpunkt dieser Bemühungen müßte verlagert werden, wobei ein größeres Gewicht auf Maßnahmen gelegt werden sollte, die den Zugang der Frauen zu Arbeitsplätzen im modernen Sektor verbessern – beispielsweise durch eine leistungsbezogene vermehrte Einstellung von Frauen im öffentlichen Sektor.

Ägypten bietet ein Beispiel dafür, wie die staatliche Beschäftigungspolitik dazu beitragen kann, die Arbeitsmarktverhältnisse für Frauen zu verbessern. Obwohl die ägyptische Politik, den Absolventen höherer Schulen einen Arbeitsplatz zu garantieren, zu einer nicht tragbaren Ausweitung der Beschäftigung im Staatsdienst und zu personeller Überbesetzung geführt hat, könnte sie einen positiven Einfluß auf die Rolle der Frauen auf dem Arbeitsmarkt gehabt haben. Wie ihre Kolleginnen in vielen anderen Ländern, haben Frauen in Ägypten nur einen sehr beschränkten Zugang zu Arbeitsplätzen im modernen Sektor: Die Arbeitslosenquote für Frauen mit höherer oder noch weitergehender Schulausbildung wurde im Jahr 1988 auf 31 Prozent geschätzt, verglichen mit 10 Prozent bei den Männern. Darüber hinaus liegen ihre Löhne im privaten Sektor nur bei etwa der Hälfte der vergleichbaren Löhne für Männer. Die staatliche Beschäftigungspolitik hilft auf zwei Arten, die Wirkung dieser Diskriminierung zu beseitigen. Erstens bietet der Staat mehr Beschäftigungsmöglichkeiten für Frauen an als der nichtlandwirtschaftliche private Sektor. Im Jahr 1986 waren 26 Prozent aller Staatsbediensteten Frauen, gegenüber nur 8 Prozent im privaten Sektor. Außerdem haben fast 95 Prozent der weiblichen Beschäftigten im öffentlichen Sektor zumindest eine abgeschlossene höhere Schulausbildung. Zweitens erhalten Frauen in staatlichen Beschäftigungsverhältnissen die gleiche Entlohnung wie Männer.

ANDERE ARTEN DER DISKRIMINIERUNG. Die Regierungen setzen auch Standards zur Beseitigung ethnischer und religiöser Diskriminierung fest. So verschiedene Länder wie die Vereinigten Staaten und Indien versuchen, die Diskriminierung auf ihren Arbeitsmärkten auszumerzen. Der Civil Rights Act der USA von 1964 ächtet alle Formen der Diskriminierung bei der Beschäftigung, einschließlich der Diskriminierung aufgrund des Geschlechts oder der ethnischen Herkunft. Die Durchsetzbarkeit hängt von der Möglichkeit einer Klage gegen den Diskriminierenden ab, was ziemlich schwierig sein kann angesichts der hohen Prozeßkosten und aufgrund der Tatsache, daß Frauen oder Angehörige von Minderheiten, die von bestimmten Arbeitsplätzen ausgeschlossen werden, kaum in einer Position sind, um eine Klage einzureichen oder nicht einmal wissen, daß sie diskriminiert worden sind. Diese Schwierigkeiten führten zu Plänen für ein affirmatives Handeln, das sich auf die Fakten konzentriert und versucht, den Anteil der Minderheiten und Frauen in bestimmten Positionen zu steigern. In der Regel ist ein affirmatives Handeln jedoch zu kostspielig und im privaten Sektor schwierig umzusetzen. In den Vereinigten Staaten werden Pläne für affirmatives Handeln – die im allgemeinen für Einstellungen genaue zahlenmäßige Vorgaben und Zeitpläne festlegen – von Firmen gefordert, die mit Regierungsstellen des Bundes Verträge abschließen. Die indische Regierung hat im öffentlichen Sektor ein Programm für affirmatives Handeln zugunsten der niederen Kasten. Die Wirkung eines affirmativen Handelns ist noch umstritten. Gegner argumentieren, daß es sich eher negativ für Minderheiten auswirkt und Feindseligkeit zwischen den sozialen Gruppen schürt. Befürworter hingegen halten es für nützlich, um damit den Staat und seine privaten Vertragspartner zu veranlassen, mehr Frauen und Arbeitskräfte aus Minderheiten einzustellen.

## Mindestlöhne

Ob ein Mindestlohn festgelegt werden soll oder nicht, das bleibt eines der am meisten kontrovers diskutierten Arbeitsmarktprobleme, mit denen sich die Regierungen konfrontiert sehen. Befürworter glauben, daß eine richtig angewandte gesetzliche Mindestlohn-Regelung die Einkommen der am stärksten von Armut betroffenen Arbeiter erhöhen kann, und zwar kaum oder überhaupt nicht zu Lasten der allgemeinen Beschäftigung. Gegner argumentieren, daß Mindestlöhne die Situation für die armen Arbeitnehmer noch verschlimmern, da sie die Produktionskosten im formellen Sektor erhöhen und die Beschäftigung reduzieren. Dadurch sind dann mehr Arbeiter gezwungen, im unregulierten informellen Sektor einen Arbeitsplatz zu suchen, was die Löhne der Arbeitnehmer weiter drückt.

Beide Seiten haben zum Teil recht. Ob Mindestlöhne einen insgesamt positiven oder negativen Effekt haben, hängt von ihren Auswirkungen auf die Beschäftigung ab, die wiederum von der Marktstruktur und der fixierten Höhe des Mindestlohnes abhängen sowie von der Fähigkeit der Regierung, diese durchzusetzen. Auf einem unter wettbewerblichen Bedingungen funktionierenden Arbeitsmarkt wird ein verbindlicher Mindestlohn immer die Beschäftigung reduzieren. Wenn aber die Arbeitgeber über eine gewisse Marktmacht verfügen, könnte ein geringer Anstieg der Mindestlöhne tatsächlich die Beschäftigung steigern. Wenn natürlich der Mindestlohn zu hoch ist, werden Arbeitgeber mit Marktmacht es vorziehen, weniger Arbeiter einzustellen. In Ländern mit niedrigem und mittlerem Einkommen verstärkt eine Erhöhung der Mindestlöhne oft die Neigung der Arbeitgeber und Arbeitnehmer, diese zu umgehen, so daß es nur geringe Auswirkungen auf die Beschäftigung gibt – oder auf die Löhne.

*Empirische Evidenz und Erfahrungen der Länder*

Es gibt Belege, die für beide Standpunkte sprechen. Hohe Mindestlöhne für männliche Arbeitnehmer in der Sonderwirtschaftszone von Mauritius dürften vor 1984 die Beschäftigung ungünstig beeinflußt haben. Die Regierung hob die Mindestlöhne für männliche Arbeitnehmer im Dezember 1984 auf, nachdem man festgestellt hatte, daß in der Sonderwirtschaftszone die Nachfrage nach weiblichen Beschäftigten (für die der Mindestlohn niedriger war) das Angebot übertraf, während die Arbeitslosigkeit der Männer hoch war. Die Einstellung von Männern stieg stark, und über 95 Prozent der im Januar 1985 angeworbenen Arbeiter bekamen weniger als den früheren Mindestlohn. Andererseits stützen neuere Hinweise aus den Vereinigten Staaten die Ansicht, daß leichte Erhöhungen der Mindestlöhne die Beschäftigung nicht beeinträchtigen. Der Anstieg der Mindestlöhne im Jahr 1992 im Staat New Jersey hat die Beschäftigung in der Fast-Food-Industrie nicht reduziert. Ebenso zeigte eine Analyse über die Staatsgrenzen hinweg, daß die Erhöhungen der Mindestlöhne der Bundesregierung in den Jahren 1990 und 1991 die Beschäftigung von Jugendlichen nicht ungünstig beeinflußten.

Es ist unwahrscheinlich, daß Erhöhungen der Mindestlöhne in Ländern mit niedrigem und mittlerem Einkommen den gleichen Effekt aufweisen wie in den Vereinigten Staaten. In vielen Ländern ist der Mindestlohn in Relation zum Volkseinkommen und zu anderen Löhnen in der Wirtschaft bereits zu hoch, so daß sogar ein kleiner Anstieg die Beschäftigung senken würde. Das Niveau des Mindestlohnes in Relation zum Durchschnittseinkommen ist in ärmeren Ländern tendenziell höher und sinkt mit steigendem Volkseinkommen (Schaubild 11.1). In einigen Sektoren in Bangladesch sind die Mindestlöhne mehr als doppelt so hoch wie das BSP pro Kopf, während beispielsweise in Kanada der Mindestlohn nur ein Viertel des BSP pro Kopf beträgt. In Rußland fiel das Verhältnis des Mindestlohnes zum Durchschnittslohn von über 40 Prozent im Jahr 1990 auf rund 20 Prozent im Jahr 1993. In Kasachstan ging das Verhältnis im gleichen Zeitraum von fast 50 Prozent auf etwa 20 Prozent zurück.

*Verteilungswirkungen*

Mindestlöhne können in Industrieländern dazu beitragen, die ärmsten Arbeitnehmer zu schützen, sie tun dies aber eindeutig nicht in Entwicklungsländern. Die in Ländern mit niedrigem und mittlerem Einkommen von Mindestlohn-Vereinbarungen Begünstigten sind kaum diejenigen, die am meisten Not leiden. Die Mehrzahl der wirklich Armen in diesen Ländern agiert auf ländlichen und informellen Märkten und ist nicht durch Mindestlöhne geschützt. Diejenigen Arbeiter, welche die Mindestlohn-Gesetze zu schützen versuchen – die städtischen Arbeiter im formellen Sektor –, verdienen bereits viel mehr als die weniger begünstigte Mehrheit. Manchmal sind die Unterschiede extrem – ein städtischer Bauarbeiter in Côte d'Ivoire verdient das 8,8fache des ländlichen Lohnsatzes, und ein Stahlarbeiter in Indien verdient das 8,4fache des ländlichen Lohnes (Tabelle 11.4). Und insoweit Mindestlöhne und andere Regulierungen durch Erhöhung der Lohn- und sonstigen Kosten die formelle Beschäftigung ungünstig beeinflussen, schaden sie den Armen, die auf eine Beschäftigung im formellen Sektor hoffen. Es ist daher kaum möglich, aus Gerechtigkeitserwägungen für Mindestlöhne in Ländern mit niedrigem und mittlerem Einkommen zu plädieren.

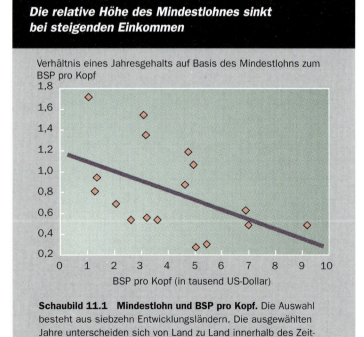

**Schaubild 11.1 Mindestlohn und BSP pro Kopf.** Die Auswahl besteht aus siebzehn Entwicklungsländern. Die ausgewählten Jahre unterscheiden sich von Land zu Land innerhalb des Zeitraums 1988 bis 1992. Die Angaben erfolgen in internationalen Preisen. Quelle: Daten der Weltbank.

*Durchsetzbarkeit*

Ungeachtet ihrer möglichen Wirkungen werden die Mindestlöhne in vielen Ländern oft nicht durchgesetzt (Schaubild 11.2). Haushaltsbefragungen zeigen, daß in Mexiko 16 Prozent der vollbeschäftigten männlichen Arbeitnehmer und 66 Prozent der Arbeitnehmerinnen im Jahr 1988 weniger als den Mindestlohn erhielten. In Marokko zahlte die Hälfte der befragten Firmen im Jahr 1986 ihren ungelernten Arbeitern weniger als den Mindestlohn. Nur wenige Länder mit niedrigem und mittlerem Einkommen haben die Verwaltungskapazitäten, um die Mindestlohnbestimmungen überwachen zu können, vor allem wenn der Mindestlohn so hoch festgelegt ist, daß er Neueinstellungen behindert – was für Arbeitgeber und Arbeitnehmer gleichermaßen einen starken Anreiz bietet, die Regulierungen zu ignorieren. Die Arbeitgeber profitieren eindeutig von einem niedrigeren Mindestlohn, der die Kosten senkt. Auch die Arbeitnehmer werden solange gewinnen, wie der gebotene Lohn über dem liegt, den sie bei Aktivitäten im informellen Sektor verdienen könnten.

Als die Entwicklungsländer in den achtziger Jahren von ökonomischen und finanziellen Krisen getroffen wurden, ließen die meisten Staaten die realen Mindestlöhne drastisch sinken. Zwischen 1980 und 1987 schrumpften die realen Mindestlöhne in Mexiko um 43,2 Prozent, und die durchschnittlichen Reallöhne fielen um 43,3 Prozent; während in Chile der reale Mindestlohn um 42,4 Prozent sank, der reale Durchschnittslohn jedoch nur um 6 Prozent. In Kenia fielen zwischen 1980 und 1986 die realen Mindestlöhne um 41,2 Prozent und der reale Durchschnittslohn um 22,8 Prozent. Sinkende Reallöhne bedeuten Wohlfahrtskosten, da aber Arbeitgeber und Arbeitnehmer die Mindestlohnregelungen ignorieren, wenn Arbeitsplätze auf dem Spiel stehen, wäre es erfolglos gewesen zu versuchen, die Mindestlöhne zu verteidigen. Ähnlich sind in den meisten Reformländern die Mindestlöhne stärker gesunken als die Durchschnittslöhne und dürften wahrscheinlich die Reallokation der Arbeitskräfte nicht behindert haben. In den Reformländern konzentrieren sich die Diskussionen über Mindestlöhne auf ihren Einfluß auf den wirtschaftlichen Umstrukturierungsprozeß und auf die Reallokation der Arbeitskräfte von den schrumpfenden zu den dynamischen Sektoren. Mindestlohnbestimmungen können die Anpassung der relativen Löhne verlangsamen und die Marktsignale während des Übergangsprozesses verzerren. In der Praxis behinderten diese Bestimmungen jedoch nicht den Anpassungsprozeß, insbesondere nicht in der ehemaligen Sowjetunion, weil alle Reformländer die realen Mindestlöhne beträchtlich senkten.

## Sicherheits- und Gesundheitsstandards

Die Arbeitnehmer sind am Arbeitsplatz häufig Gesundheitsrisiken ausgesetzt. Die Weltgesundheitsorganisation schätz-

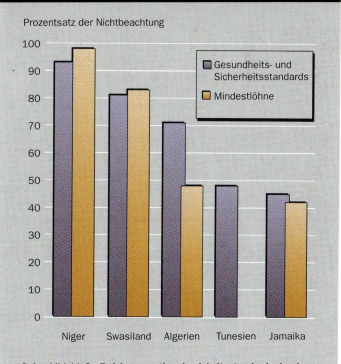

**In vielen Entwicklungsländern sind die städtischen Löhne viel höher als die Löhne auf dem Lande**

**Tabelle 11.4   Verhältnis der Löhne ausgewählter Industrieberufe in der Stadt zu den Löhnen auf dem Lande**

| Land | Arbeiter in der Eisen- und Stahlindustrie | Bauarbeiter |
|---|---|---|
| Costa Rica | 1,09 | 1,10 |
| Côte d'Ivoire | 3,95 | 8,80 |
| Fidschi | 1,46 | 1,17 |
| Indien | 8,43 | 1,70 |
| Indonesien | 1,50 | 1,34 |
| Jordanien | 1,32 | 1,23 |
| Kamerun | 1,52 | 1,52 |
| Kenia | 1,37 | 1,87 |
| Peru | 1,63 | 1,43 |
| Philippinen | 1,96 | 1,67 |
| Trinidad und Tobago | 2,19 | 1,54 |
| Tunesien | 1,79 | 1,56 |

**Quelle:** Daten der ILO und der Weltbank.

**Schaubild 11.2  Befolgung nationaler Arbeitsstandards durch Kleinbetriebe.** Daten über die Befolgung von Mindestlohnvorschriften für Tunesien sind nicht verfügbar. Quelle: Morrisson, Lecomte und Oudin 1994.

te, daß jedes Jahr fast 3 Prozent der weltweiten Krankheitsbelastung durch vermeidbare Verletzungen und Todesfälle in hochgefährlichen Arbeitsbereichen verursacht werden sowie durch chronische Krankheiten infolge des Kontakts mit giftigen Substanzen, durch Lärm und gefährliche Arbeitsabläufe. Der ILO zufolge liegen die Kosten von Berufsunfällen und berufsbedingten Todesfällen in den Industrieländern zwischen 1 und 4 Prozent des BSP. In Ländern mit niedrigem und mittlerem Einkommen sind diese Kosten sicherlich noch höher, weil die berufsbedingten Unfallquoten höher sind. Die Quote der tödlichen Berufsunfälle ist bei Bauarbeitern in Guatemala sechsmal höher als in der Schweiz. Unter Arbeitern in Verkehrsunternehmen gibt es in Kenia neunmal mehr Todesfälle als in Dänemark. Und für einen Industriearbeiter in Pakistan ist die Wahrscheinlichkeit, durch einen Unfall am Arbeitsplatz zu sterben, achtmal so hoch wie für einen Arbeiter in Frankreich.

• • •

*Im Jahr 1994 wurde in Texas im Namen von 16.000 Landarbeitern Klage erhoben, in der sie geltend machten, daß der Kontakt mit einem Schädlingsbekämpfungsmittel, das nachweislich Fortpflanzungsprobleme verursacht, sie unfruchtbar gemacht habe. In Costa Rica leiden Bananenarbeiter und ihre Familien an zahlreichen Gesundheitsproblemen, die von Krebs bis hin zu überdurchschnittlich hohen Raten von Geburtsanomalien reichen; Gesundheitsexperten vertreten die Ansicht, daß diese Probleme durch die auf den Plantagen eingesetzten starken Schädlingsbekämpfungsmittel verursacht werden. Die Weltgesundheitsorganisation schätzt, daß über eine Million Landarbeiter in Lateinamerika jedes Jahr an Vergiftungen erkranken und daß zehntausend durch Kontakte mit Chemikalien sterben.*

• • •

*Am 25. März 1911 fegte ein Feuersturm durch die Triangle Hemdenfabrik im Stadtteil Greenwich Village in New York City. Einhundertsechsundvierzig Arbeitskräfte, größtenteils Frauen, starben in einem brennenden Gebäude, dessen Türen verschlossen worden waren, um die Beschäftigten an ihrem Arbeitsplatz festzuhalten. Ein ähnlicher Unfall ereignete sich zweiundachtzig Jahre später, am 11. Mai 1993 in einer Spielzeugfabrik westlich von Bangkok. Einhundertundzwei Beschäftigte starben, siebenundachtzig davon waren Frauen.*

### Arbeitnehmer in der Landwirtschaft und in sonstigen informellen Sektoren

Die meisten Arbeitnehmer in Ländern mit niedrigem und mittlerem Einkommen agieren auf landwirtschaftlichen und informellen Märkten, wo die gesetzlichen Arbeitsstandards in der Regel zur Lösung ihrer Gesundheits- und Sicherheitsprobleme unbrauchbar sind. Die Gesellschaft versucht, die Gesundheits- und Sicherheitsbedingungen für landwirtschaftliche und informelle Arbeitnehmer durch allgemeine Maßnahmen zu verbessern, die das gesamte Umfeld, innerhalb dessen sie arbeiten, günstiger gestalten, statt auf die Arbeitsgesetzgebung zurückzugreifen. Die Verwendung gefährlicher Chemikalien in der Landwirtschaft beispielsweise wird am besten durch Regulierungen kontrolliert, die bei deren Einfuhr oder Produktion ansetzen. In ähnlicher Weise kann die Bereitstellung von sauberem Trinkwasser in ländlichen Regionen und die Verbesserung der sanitären Verhältnisse in den Dörfern und städtischen Slums einen nachhaltigen Einfluß auf die Wohlfahrt der meisten Arbeitnehmer in Ländern mit niedrigem und mittlerem Einkommen haben.

Das Programm zur Bekämpfung der Onchozerkose in Westafrika ist eines der erfolgreichsten Programme, die je zur Verbesserung des Gesundheitsstandards der Landarbeiter durchgeführt worden sind. Die Onchozerkose (oder Flußblindheit) ist wegen ihres verheerenden Einflusses auf Gesundheit und Wohlbefinden der Landarbeiter als eine „Geißel des Landes" beschrieben worden. Vor zwanzig Jahren bedeutete der Anblick aufgegebener Dörfer in Westafrika oft, daß die Flußblindheit zugeschlagen hatte und die Bauern in nicht befallene Gebiete geflohen waren. Die Ausrottung der Onchozerkose wurde als die beste Möglichkeit angesehen, den Gesundheitsstandard der ländlichen Arbeiter zu verbessern.

Im Jahr 1974 von sieben afrikanischen Ländern in Angriff genommen – später auf elf Länder ausgeweitet – und mit Unterstützung von über zwanzig bilateralen und multilateralen Gebern, gelang es nun dem Onchozerkose-Programm, die die Krankheit auslösenden Parasiten in der menschlichen Bevölkerung auf mehr als 60 Prozent des Territoriums der elf Länder auszurotten. Das Programm bewahrt mehr als 30 Millionen Menschen davor, von der Krankheit befallen zu werden. Rund eineinhalb Millionen Menschen, die infiziert, aber noch nicht erblindet waren, haben die Krankheit vollständig überwunden. Man schätzt, daß das Programm bis 1995 über 250.000 weitere Fälle von Erblindung verhindert hat, daß es 25 Mio Hektar Land von der Krankheit befreite und es für die Wiederansiedlung und Bebauung nutzbar machte und daß dadurch eine Million Arbeitsjahre an zusätzlicher produktiver Arbeit verfügbar wurden.

### Arbeitnehmer im formellen Sektor

Nahezu alle Länder erlassen Mindeststandards für Sicherheit und Gesundheit, die die Arbeitnehmer im formellen Sektor schützen sollen. Sie sind in der Regel berechtigt, weil sich die Arbeitgeber der Gefahren am Arbeitsplatz bewußt sind, die Arbeiter aber vielleicht nicht, und selbst wenn sich die Arbeiter der beruflichen Risiken bewußt sind, könnten sie gefährliche Arbeitsplätze akzeptieren, weil sie keine oder nur wenige Beschäftigungsalternativen haben. Einige Argumente zugunsten von Standards wollen also die Arbeitnehmer davor bewahren, durch das Akzeptieren einer gefährlichen Arbeit sich wissentlich selbst zu schädigen. Gesetzliche Standards werden auch durch die mit den Risiken, die

Arbeitnehmer auf sich nehmen, verbundenen externen Effekte gerechtfertigt – beispielsweise, wenn die Kosten der medizinischen Behandlung für Verunglückte oder Erkrankte vom Steuerzahler subventioniert werden.

Die Schwierigkeit bei der Festlegung der Standards besteht darin, deren Niveaus oder deren Stringenz zu bestimmen. Die Reduzierung der Gefahren am Arbeitsplatz ist kostspielig, und in der Regel kostet es um so mehr, je größer diese Reduzierung ausfällt. Darüber hinaus fallen die Kosten der Durchführung oft großenteils auf die Arbeitnehmer zurück, in Form von niedrigeren Löhnen oder verringerter Beschäftigung. Die Standards zu hoch anzusetzen, kann daher im Ergebnis die Wohlfahrt der Arbeiter tatsächlich verringern, aber sie zu niedrig anzusetzen könnte bedeuten, daß mit den Risiken, denen die Arbeiter ausgesetzt sind, nicht angemessen umgegangen wird. Das adäquate Niveau ist deshalb dasjenige, bei dem die Kosten im richtigen Verhältnis zu dem Wert stehen, den informierte Arbeiter den verbesserten Arbeitsbedingungen und niedrigeren Risiken beimessen. Eine Zauberformel dafür gibt es nicht. In vielen Ländern wird dieses Niveau durch Beratungen zwischen Regierung, Arbeitgebern und Arbeitnehmern festgelegt.

Die Gesundheits- und Sicherheitsstandards durchzusetzen ist oft problematisch, besonders bei kleinen Unternehmen in Ländern mit niedrigem und mittlerem Einkommen (Schaubild 11.2). Die Arbeitgeber versuchen manchmal, Gesundheits- und Sicherheitsbestimmungen zu umgehen, und die Arbeitnehmer, die einen Arbeitsplatz brauchen, könnten das Risiko akzeptieren und mit stillschweigendem Einverständnis die Bestimmungen ignorieren. In einer Untersuchung über die Gesundheits- und Sicherheitsbestimmungen auf den Philippinen kam heraus, daß 81 Prozent der inspizierten Betriebe eine oder mehrere Bestimmungen verletzten. In vielen Ländern ist die Durchsetzbarkeit so gering, daß die Arbeitgeber nur wenig Anreiz verspüren, sich an die Bestimmungen zu halten. Den Arbeitsministerien in Ländern mit niedrigem und mittlerem Einkommen fehlen oft die personellen und sachlichen Kapazitäten für regelmäßige Inspektionen, und wenn Inspektionen stattfinden, bieten sie eher eine Gelegenheit zum Eintreiben von Bestechungsgeldern als zur Durchsetzung des Gesetzes. Im Jahr 1984 gab es für den gesamten Stadtbezirk von Manila, der fast 30.000 Unternehmen umfaßt, nur fünfzig Mitarbeiter, die befugt waren, Inspektionen durchzuführen und Arbeitsbestimmungen durchzusetzen.

*Für eine bessere Durchsetzbarkeit*

Mit steigendem Einkommen kann ein Land mehr Mittel zum Aufbau seiner Verwaltungskapazitäten einsetzen und somit die Beachtung der Arbeitsplatzstandards sichern. Ärmere Länder werden nicht in der Lage sein, die Arbeitsstandards auf dem gleichen Niveau durchzusetzen wie reichere Länder, so müssen sie in der Regel ihre begrenzten Verwaltungskapazitäten dort konzentrieren, wo sie am besten wirken. Beispielsweise sind Standards hinsichtlich der Zugänglichkeit von Feuerleitern einfach aufzustellen und zu überwachen. Tragische Unfälle in jüngster Zeit hätten in Thailand und China möglicherweise vermieden werden können, wenn diese Standards durchgesetzt worden wären. Die Bereitstellung von Informationen für die Arbeiter – und für Arbeitnehmerorganisationen – hinsichtlich der Risiken von bestimmten giftigen Chemikalien und anderen Arbeitsplatzgefahren ist ebenfalls relativ billig und kann den Arbeitern beim Aushandeln besserer Arbeitsbedingungen sehr effizient helfen.

Gewerkschaften und andere Bürgervereinigungen können bei der Durchsetzung der Gesundheits- und Sicherheitsstandards eine wichtige Rolle spielen. Für die einzelnen Arbeitnehmer könnte es zu kostspielig sein, sich Informationen über Gesundheits- und Sicherheitsrisiken selbst zu beschaffen, und sie wollen üblicherweise eine Konfrontation mit dem Arbeitgeber durch das Beharren auf der Respektierung der Standards vermeiden. Die Vorteile der Befolgung der Standards sind nicht auf den einzelnen beschränkt, sondern sie werden von allen Arbeitnehmern wahrgenommen. Eine Gewerkschaft kann die Kosten der Informationsgewinnung über Gesundheits- und Sicherheitsprobleme auf alle Arbeitnehmer umlegen, sie kann mit den Arbeitgebern über die zu beachtenden Bestimmungen verhandeln, und sie kann deren Durchsetzung überwachen, ohne den einzelnen Arbeitnehmer oder die Arbeitnehmerin dem Risiko auszusetzen, den Arbeitsplatz zu verlieren.

Untersuchungen in Industrieländern zeigen, daß die Rolle der Gewerkschaften bei der Durchsetzung der Gesundheits- und Sicherheitsstandards oft sehr wichtig ist. Wenn die Kontrolle der Gewerkschaften einen positiven Effekt auf die Befolgung der Bestimmungen in den Industrieländern hat, wo die staatlichen Kapazitäten zur Durchsetzung bereits hoch sind, dann könnte ihr Beitrag in Ländern mit niedrigem und mittlerem Einkommen und mit unzulänglicher Verwaltung sogar noch größer sein. Eine Untersuchung aus dem Jahr 1991, auf Basis von US-Daten, kam zu dem Ergebnis, daß die Gewerkschaften die Durchsetzung des Arbeitssicherheits- und Gesundheitsgesetzes in der Industrie (Occupational Safety and Health Act) beträchtlich verstärkten. Unternehmen mit gewerkschaftlicher Organisation wurden mit größerer Wahrscheinlichkeit einer Gesundheits- und Sicherheitsinspektion unterzogen, und die dortigen Inspektionen waren tendenziell viel intensiver, weil die Arbeitnehmer ihre „Mitgeh-Rechte" ausübten – das Recht, einen Regierungsinspektor bei der Arbeitsplatzkontrolle zu begleiten (Tabelle 11.5).

## Arbeitsstandards und internationaler Handel

Einige Mitgliedsländer der internationalen Gemeinschaft argumentieren, daß das gegenwärtige System der Aufstellung und Kontrolle der Arbeitsstandards unzureichend sei und durch eine Verknüpfung der Arbeitsstandards mit dem

**Die Gewerkschaften der Vereinigten Staaten spielen bei der Durchsetzung der Gesundheits- und Sicherheitsstandards eine wichtige Rolle**

Tabelle 11.5 Durchsetzung von Gesundheits- und Sicherheitsstandards bei US-Firmen mit beziehungsweise ohne gewerkschaftliche Organisation, nach Unternehmensgröße

| Unternehmensgröße (Zahl der Beschäftigten) | Wahrscheinlichkeit einer Inspektion (in Prozent) | | Prozentsatz der Inspektionen mit Arbeitnehmer-Begleitung[a] | |
|---|---|---|---|---|
| | gewerkschaftlich organisiert | nicht gewerkschaftlich organisiert | gewerkschaftlich organisiert | nicht gewerkschaftlich organisiert |
| 1–99 | 6 | 14 | 47,8 | 2,7 |
| 100–249 | 37 | 22 | 59,3 | 2,6 |
| 250–499 | 51 | 19 | 63,7 | 2,6 |
| 500+ | 95 | 16 | 69,8 | 3,7 |

**Anmerkung:** Die Daten beziehen sich auf 1985.
a. Bei der Arbeitsplatzkontrolle werden staatliche Inspektoren von Arbeitnehmern begleitet.
**Quelle:** Weil 1991.

multilateralen Handel oder mit Kreditvereinbarungen ergänzt werden müßte. Länder, denen es nicht gelingt, eine Reihe von Mindeststandards zu erfüllen, würden früher oder später mit Sanktionen in Form von Handelsbeschränkungen oder einem erschwerten Zugang zu Kapital konfrontiert. Dieses Kapitel hat ausgeführt, daß eine Reihe von Standards innerhalb der Länder Sinn machen. Diese aber mit internationalen Transaktionen zu verknüpfen – seien sie handelspolitischer oder finanzieller Art – wirft zwei Fragenkomplexe auf: Welche Standards sind grundlegender Natur und welche sind eine Funktion der erreichten Entwicklungsstufe? Und was sind die Kosten solcher Verknüpfungen, sowohl für die wirtschaftliche Entwicklung der Länder, auf welche die Sanktionen abzielen, als auch für die Arbeitnehmer, denen die Sanktionen eigentlich helfen sollen? Dies sind wichtige Fragen, insbesondere deshalb, weil ein Teil des Drucks in Richtung auf Sanktionen von protektionistischen Gruppierungen ausgeht.

Die Arbeitsbedingungen sind ebenso wie die Reduzierung der Armut und die allgemeine Entwicklung immer ein wichtiger Bereich des internationalen Interesses gewesen. Bis auf den heutigen Tag hat sich die internationale Politik zur Verbesserung der Arbeitsstandards in den Entwicklungsländern darauf konzentriert, die nationalen Anstrengungen zu unterstützen, vor allem durch die Arbeit der ILO. Die Länder haben verschiedene ILO-Konventionen übernommen und eine Vielzahl von Arbeitsplatzstandards erlassen, deren Einführung die ILO kontrolliert hat. Die meisten Länder mit niedrigem und mittlerem Einkommen sind jedoch nicht in der Lage, alle Standards durchzusetzen, die sie in ihren Rechtssystemen übernommen haben. In vielen Fällen sind die Standards auch so hoch angesetzt – auf Niveaus, die mehr einem reichen Land angemessen sind –, daß sie bei ihrer Durchführung ungünstige Auswirkungen auf Beschäftigung und Wirtschaftswachstum haben könnten.

Da die Einführung einer Mindestzahl von Arbeitsstandards in ärmeren Nationen nicht durchgesetzt wurde, sahen sich verschiedene Gruppierungen veranlaßt, nach internationalen Sanktionen zu rufen, um die Länder mit niedrigem und mittlerem Einkommen zu zwingen, die Befolgung ihrer eigenen Arbeitsbestimmungen zu überwachen. Der Abschluß des NAFTA-Abkommens hing von der Zustimmung Mexikos ab, seine eigenen Standards (hinsichtlich Umwelt und Arbeit) besser durchzusetzen. Die internationalen Gewerkschaftsverbände, viele nichtstaatliche Organisationen, Frankreich und die Vereinigten Staaten plädierten alle dafür, die Arbeitsstandards mit dem Uruguay-Abkommen zu verknüpfen und sie in die neue Welthandelsorganisation einzubringen.

Befürworter einer Verknüpfung von Arbeitsstandards mit internationalen Transaktionen unterscheiden zwischen Kern-Standards, die ihrer Meinung nach Grundrechte darstellen und einer Verknüpfung unterliegen sollten, und solchen Standards, die mit der wirtschaftlichen Entwicklung Hand in Hand gehen und nicht mit internationalen Transaktionen verknüpft werden sollten. Zu den Kern-Standards gehören üblicherweise die Koalitionsfreiheit und das Recht auf Lohnverhandlungen, die Abschaffung von Zwangsarbeit (der einzige bereits im GATT angesprochene Bereich), ausbeuterischer Kinderarbeit und Diskriminierung. Es wird argumentiert, daß diese grundlegenden Menschenrechte absolut moralische Belange betreffen und daß die internationale Gemeinschaft auf Länder, die diese verletzen, mit Hilfe des Handels Druck ausüben sollte, weil solche Verletzungen die Legitimität der Welthandelsordnung verringern. Zu den Standards, deren Niveaus üblicherweise mit der Entwicklung Hand in Hand gehen, gehören die Mindestlöhne und die Gesundheitsstandards. Viele Befürworter von Verknüpfungen gestehen ein, daß die Anwendung von Handelssanktionen zur Förderung dieser zweiten Gruppe von Arbeitsstandards den Welthandel gravierend reduzieren könnte und gerade den Menschen Schaden zufügen dürfte, denen sie helfen sollten.

Länder, die Kern-Standards nicht beachten, stellen die internationale Gemeinschaft vor ein ernstes Dilemma. Aus moralischen Gründen könnten Handelssanktionen gegen sie gerechtfertigt sein – und auch aus ökonomischen Gründen, weil beispielsweise freie Gewerkschaften, die mit den Arbeitgebern Tarifverträge abschließen, dazu beitragen könnten, daß die Arbeitsbedingungen dem Einkommensniveau des jeweiligen Landes entsprechen. Derartige Sanktionen werden jedoch der gesamten Weltwirtschaft Schaden zufügen und nicht nur dem betreffenden Land, und die Kosten für die übrigen Länder werden entsprechend der Größe und Bedeutung des zuwiderhandelnden Landes steigen. Es besteht das Risiko, daß Sanktionen nur bei kleinen Ländern angewendet werden, während die großen Verletzer der Grundrechte ungestraft bleiben.

Die wirkliche Gefahr bei der Anwendung von Handelssanktionen als Instrument zur Förderung der Grundrechte besteht darin, daß die Außenhandels-/Arbeitsstandards-Verknüpfung von protektionistischen Interessen in Beschlag genommen werden könnte, um Wirtschaftsbereiche zu erhalten, die aufgrund billigerer Importe nicht mehr wettbewerbsfähig sind. Die Geschichte des Antidumpings – die Praxis von Vergeltungsmaßnahmen gegen Länder, die ihre Waren auf dem Markt eines anderen Landes zu Preisen verkaufen, die unter ihren Produktionskosten oder unter dem Preis auf anderen Märkten liegen – zeigt, daß selbst ein vernünftiger wie auch gutgemeinter diskretionärer Außenhandelsschutz schnell Gefahr läuft, mißbraucht zu werden. Billige ungelernte Arbeitskräfte sind der wichtigste komparative Vorteil der armen Länder. Unterschiede in der Ausstattung mit Produktionsfaktoren sind die Grundlage des internationalen Handels und, wie im Teil Zwei dieses Berichts erörtert wurde, nicht die Quelle eines generellen Beschäftigungsrückgangs in reicheren Ländern – auch wenn sie zu Änderungen in der Beschäftigungsstruktur und zur Schrumpfung der Beschäftigung in bestimmten Bereichen beitragen mögen. Wo Arbeitsplätze verlorengehen, ist staatliches Handeln gefragt; Handelsprotektionismus ist jedoch ein stumpfes Instrument, das andere Mitglieder der Gesellschaft belastet und den strukturellen Wandel, der das Fundament für zukünftiges Wachstum und zukünftige Arbeitsplätze ist, behindert.

• • •

Da der formelle Sektor in der Regel sehr klein und die Kapazität zur Durchsetzung der Arbeitsstandards unzureichend ist, gelten diese in vielen Länder mit niedrigem und mittlerem Einkommen nur für einen Teil der Beschäftigten oder überhaupt nicht. Betroffene Arbeiter werden in diesen Ländern oft durch die Arbeitsschutzgesetzgebung nicht erreicht. Sie profitieren von staatlichen Maßnahmen, die das Arbeitsumfeld in ländlichen und informellen Sektoren verbessern wollen – beispielsweise durch die Bereitstellung von Trinkwasser, verbesserte sanitäre Verhältnisse oder die Ausrottung von Infektionskrankheiten. Dies bedeutet nicht, daß die Regierungen nicht versuchen sollten, für Arbeitnehmer im formellen Sektor Standards zu erlassen. Aber Standards, welche die Schwachen oder die Diskriminierten schützen sollen – zum Beispiel Verbote der Kinderarbeit oder Gesetze für gleiche Bezahlung –, müssen durch andere Maßnahmen ergänzt werden, wie die Subventionierung der Ausbildung oder durch einen verbesserten Zugang von Frauen zu Arbeitsplätzen im modernen Sektor. Gesundheits- und Sicherheitsstandards können ebenfalls die Wohlfahrt der Arbeitnehmer erhöhen, aber die Befolgung der Standards steigt, wenn diese von Gewerkschaften oder anderen Bürgerorganisationen kontrolliert werden. Mindestlöhne können unter bestimmten Umständen in Industrieländern nützlich sein, sie sind jedoch in Ländern mit niedrigem und mittlerem Einkommen nur schwer zu rechtfertigen. Und nahezu sicher werden bei dem Versuch, die nationalen Arbeitsstandards mit den internationalen Handelsbeziehungen zu verknüpfen, die Kosten die möglichen Nutzen übertreffen.

KAPITEL 12

# Die Rolle der Gewerkschaften

FREIE GEWERKSCHAFTEN SIND DAS FUNdament eines effizienten Systems von Arbeitgeber-Arbeitnehmer-Beziehungen, das versucht, einen Ausgleich zu schaffen zwischen der Notwendigkeit, die Unternehmen wettbewerbsfähig zu erhalten, und der Hoffnung der Arbeitnehmer auf höhere Löhne und bessere Arbeitsbedingungen. Gewerkschaften handeln als Beauftragte der Arbeitskräfte; sie organisieren eine große Anzahl von Arbeitnehmern in einer einzelnen Institution, deren Stärke in Tarifverhandlungen derjenigen der Arbeitgeber entspricht. Gewerkschaften können auch die Befolgung staatlicher Regulierungsvorschriften durch die Arbeitgeber überwachen (Kapitel 11), und sie können dazu beitragen, die Produktivität am Arbeitsplatz zu steigern und die Diskriminierung am Arbeitsplatz zu verringern. Sie spielen auch eine nichtökonomische Rolle – einige Gewerkschaften haben beträchtlich zur politischen und sozialen Entwicklung ihrer Länder beigetragen. Nationen, die, in der Regel aus politischen Erwägungen, die Organisations- und Handlungsfreiheit der Gewerkschaften einschränken, berauben sich damit eines Mechanismus, der es Arbeitnehmern und Unternehmen erlaubt, die Löhne und Arbeitsbedingungen gerecht auszuhandeln. Das Ergebnis sind tendenziell überzogene Interventionen und Regulierungsvorschriften, da die Regierungen versuchen, die Arbeitnehmer zu beschwichtigen und Unterstützung für staatlich kontrollierte Gewerkschaften zu gewinnen. Von Gewerkschaften können allerdings auch negative wirtschaftliche Effekte ausgehen. In einigen Ländern verhalten sie sich wie Monopolisten, indem sie eine Minderheit relativ gutgestellter gewerkschaftlich organisierter Arbeitnehmer schützen, auf Kosten der Arbeitslosen und der auf ländlichen und informellen Märkten agierenden Arbeiter, deren Beschäftigungschancen in formellen Sektoren entsprechend reduziert werden.

Fördern oder behindern freie Gewerkschaften, alles in allem gesehen, das Funktionieren der Arbeitsmärkte? Dieses Kapitel untersucht die wirtschaftliche und politische Bedeutung der Gewerkschaften und arbeitet die gesetzlichen und umfassenden ökonomischen Rahmenbedingungen heraus, unter denen die Gewerkschaften am besten arbeiten.

## Die wirtschaftliche Bedeutung der Gewerkschaften

Es gibt zwei gänzlich verschiedene Ansichten hinsichtlich der wirtschaftlichen Bedeutung von Gewerkschaften. Befürworter sehen in ihnen diejenigen, die den Arbeitnehmern eine kollektive Stimme geben und Produktivität und Gleichheit fördern. Gegner sehen sie als Monopolisten, die die Beschäftigung einschränken, um die Löhne ihrer Mitglieder zu erhöhen. Erlauben ökonomische Analysen und Erfahrungen der Länder derartige Verallgemeinerungen? Die Antwort lautet: nein. Gewerkschaften können positive oder negative Effekte haben, was von den Anreizsystemen abhängt, mit denen sie konfrontiert sind, und von dem regulatorischen Umfeld, innerhalb dessen sie operieren.

*Positive Effekte*

ERHÖHTE PRODUKTIVITÄT. Die Aktivitäten der Gewerkschaften können eine höhere Effizienz und Produktivität fördern. Gewerkschaften bieten ihren Mitgliedern wichtige Leistungen. Auf Betriebsebene statten die Gewerkschaften die Arbeitnehmer mit einer kollektiven Stimme aus. Indem sie die Machtverhältnisse zwischen den Arbeitnehmern und Managern ausgleichen, begrenzen sie ein willkürliches, ausbeuterisches oder von Vergeltungsgefühlen geprägtes Arbeitgeberverhalten. Durch die Einführung von Beschwerde- und Schiedsgerichtsverfahren reduzieren die Gewerkschaften die Personalfluktuation und fördern die Stabilität der Beschäftigung – Bedingungen, die in Kombination mit einer generellen Verbesserung der Arbeitgeber-Arbeitnehmer-Beziehungen die Arbeitsproduktivität erhöhen.

Bei vielen Arbeitsplätzen wissen die Arbeiter besser als das Management, wie die Produktivität verbessert werden kann. Sie werden eher zur Preisgabe dieser Informationen bereit sein, wenn sie davon überzeugt sind, daß sie von möglichen Änderungen in der Arbeitsorganisation profitieren werden. Die Anwesenheit der Gewerkschaft als Vertreter der Arbeitnehmerinteressen läßt sie weniger argwöhnen, daß die von ihnen gegebenen Informationen nur dem Management zugute kommen. Wenn die Gewerkschaft die Arbeitnehmer an Aktivitäten zur Verbesserung der Effizienz beteiligt, dann kann das Gewerkschaftswesen zu einer produktiveren Arbeitsorganisation beitragen.

Die Arbeitsbedingungen in einigen Unternehmen weisen die Merkmale nichtkonkurrierender öffentlicher Güter auf: Ihr „Verbrauch" durch einen Arbeitnehmer verringert nicht deren Verfügbarkeit für andere. Sicherheit am Arbeitsplatz ist ein Beispiel dafür. Um das von ihnen gewünschte Sicherheitsniveau am Arbeitsplatz zu erlangen, könnten Arbeitnehmer die Arbeitsstelle so lange wechseln, bis sie einen Arbeitsplatz mit adäquaten Bedingungen gefunden haben, aber häufige Personalfluktuationen sind ineffizient und kostspielig für Arbeitgeber wie für Arbeitskräfte. Diese Kosten können durch eine Gewerkschaft, welche die Präferenzen der Arbeitnehmer wirkungsvoll vertritt, vermieden werden.

Es gibt nur sehr wenige Untersuchungen, die sich mit der Beziehung zwischen Gewerkschaften und Produktivität in Ländern mit niedrigem und mittlerem Einkommen befassen; eine neuere Analyse auf Grundlage von Daten in Malaysia stützt jedoch die Ansicht, daß die Gewerkschaften die Produktivität und Effizienz fördern können (Tabelle 12.1). Malaysische Firmen mit organisierter Arbeiterschaft bilden ihre Arbeitnehmer tendenziell besser aus und verstärken durch Arbeitsplatzrotation die Flexibilität und Effizienz. Sie übernehmen auch eher produktivitätssteigernde Innovationen, die sich auf den technologischen Wandel, die Veränderung des Produkt-Mix und die Reorganisation der Arbeitsverhältnisse bezogen.

ERHÖHTE GLEICHHEIT UND WENIGER DISKRIMINIERUNG. Gewerkschaften bewirken tendenziell eine höhere Lohndisparität zwischen gewerkschaftlich organisierten und nichtorganisierten Arbeitnehmern, sie verfolgen in der Regel aber für ihre eigenen Mitglieder eine Politik größerer Lohngleichheit. Wenn Frauen oder Angehörige ethnischer Minderheiten Gewerkschaftsmitglieder sind, kämpfen die Gewerkschaften auch gegen Diskriminierung. Obgleich manchmal wünschenswert, kann die Verringerung der Lohndifferenzen als Folge gewerkschaftlicher Aktivität eine Reduzierung der Effizienz bewirken, da in der Frage, welche beruflichen Qualifikationen am meisten benötigt werden und welche Industriezweige und Berufe die höchste Produktivität aufweisen, falsche Signale an die Arbeiter ausgesandt werden.

Die Verringerung der Lohnunterschiede in Unternehmen mit gewerkschaftlicher Organisation ist für Industrieländer gut dokumentiert, und es existieren Anzeichen dafür, daß der gleiche Effekt auch in Ländern mit niedrigem und mittlerem Einkommen auftritt. Eine Untersuchung in der Republik Korea in den Jahren 1988 bis 1990 kam zu dem Ergebnis, daß die Gewerkschaften dort großen Wert auf eine Lohnangleichung legten und daß der Grad der Lohnunterschiede im gewerkschaftlich organisierten Sektor um 5,2 Prozent niedriger war als in Sektoren ohne gewerkschaftliche Organisation. In Mexiko scheinen die gewerkschaftlichen Aktivitäten dazu beigetragen zu haben, die Diskriminierung zu verringern. Eine Untersuchung, die sich auf Lohndaten des Jahres 1989 stützte, kam zu dem Schluß, daß in Sektoren ohne gewerkschaftliche Organisation die Männer einen Lohnvorteil von 17,5 Prozent gegenüber Frauen mit identischer Berufsausbildung und -erfahrung besaßen, die Untersuchung fand dagegen in Sektoren mit gewerkschaftlicher Organisation keinen signifikanten Lohnunterschied zwischen Männern und Frauen. In ähnlicher Weise entdeckte die Studie einen beträchtlichen Lohnnachteil für die eingeborene Bevölkerung in Sektoren ohne gewerkschaftliche Organisation, aber keine Diskriminierung bei Unternehmen mit gewerkschaftlicher Organisation.

## Negative Effekte

MONOPOLISTISCHES VERHALTEN. Gewerkschaften handeln oft wie Monopolisten, indem sie die Löhne und Arbeitsbedingungen für ihre Mitglieder zu Lasten der Kapitaleigentümer, Verbraucher und nicht gewerkschaftlich organisierten Arbeitskräfte verbessern. Die höheren Löhne, die die Gewerkschaften für ihre Mitglieder erreichen, senken entweder die Unternehmenserträge oder werden in Form höherer Preise auf die Verbraucher weitergewälzt. Beides führt dazu, daß Firmen mit gewerkschaftlicher Organisation weniger Arbeitnehmer einstellen, wodurch das Arbeitskräfteangebot im gewerkschaftlich nichtorganisierten Sektor steigt und dort die Löhne gedrückt werden. Die Größe des gewerkschaftlichen Lohneffekts – die Differenz der Entgelte

---

**Unternehmen in Malaysia mit gewerkschaftlich organisierter Belegschaft legen Gewicht auf steigende Produktivität**

### Tabelle 12.1 Wirkung der gewerkschaftlichen Organisierung auf produktivitätssteigernde Maßnahmen von Unternehmen in Malaysia
(Prozentsatz der Firmen, die die genannten Maßnahmen durchführen)

| Unternehmenstyp | Einführung des Arbeitsplatztausches[a] | Reorganisation der Arbeitsabläufe | Verbesserung der Technik | Ausweitung der Produktpalette |
|---|---|---|---|---|
| Betriebsgewerkschaft | 30 | 29 | 40 | 20 |
| Industriegewerkschaft | 31 | 32 | 37 | 26 |
| Keine Gewerkschaft | 22 | 18 | 26 | 20 |

a. Nur Unternehmen mit über 1.000 Arbeitnehmern.
**Quelle:** Standing 1992.

> **Die Gewerkschaften können in der Regel die Löhne ihrer Mitglieder über das übliche Lohnniveau am gesamten Arbeitsmarkt anheben**

**Tabelle 12.2  Gewerkschaftliche Lohnzuschläge in ausgewählten Ländern**

| Land | Jahr | Geschätzte Differenz zwischen Löhnen für Gewerkschaftsmitglieder und Nichtmitglieder (Prozent) |
|---|---|---|
| Südafrika[a] | 1985 | 10–24 |
| Mexiko | 1989 | 10 |
| Malaysia | 1988 | 15–20 |
| Ghana | 1992–93 | 31 |
| Vereinigte Staaten | 1985–87 | 20 |
| Großbritannien | 1985–87 | 10 |
| Deutschland | 1985–87 | 5 |

a. Nur Gewerkschaften der Schwarzen.
**Quelle:** Blanchflower und Freeman 1990; Moll 1993; Panagides und Patrinos 1994; Standing 1992; Teal 1994.

bei sonst gleichqualifizierten Arbeitnehmern, die auf die Mitgliedschaft in der Gewerkschaft zurückzuführen ist – wurde in mehreren Ländern untersucht. Die Ergebnisse deuten darauf hin, daß in Entwicklungsländern die Differenz bis zu 31 Prozent betragen kann, bis zu 10 Prozent in Europa und rund 20 Prozent in Nordamerika (Tabelle 12.2).

Wo die Löhne für die relativ wenigen gewerkschaftlich organisierten Arbeitnehmer hochgetrieben werden, können die gewerkschaftlichen Aktivitäten die Einkommensverteilung ungünstig beeinflussen. In den meisten Entwicklungsländern gehört nur ein kleiner Teil der arbeitenden Bevölkerung der Gewerkschaftsbewegung an. Beispielsweise beläuft sich der gewerkschaftliche Organisationsgrad in Pakistan auf weniger als 4 Prozent der Erwerbsbevölkerung, auf 5 Prozent in Kenia und 10 Prozent in Malaysia (Schaubild 12.1). Vor einem solchen Hintergrund können die Gewerkschaften bei der Bestimmung der Lohndifferenz zwischen Arbeitern im kleinen formellen Bereich der Wirtschaft und der großen Masse der Beschäftigten im informellen und ländlichen Bereich eine wichtige Rolle spielen. Wenn der formelle Bereich der Wirtschaft gewerkschaftlich organisiert ist, ist der Verteilungseffekt wahrscheinlich regressiv. Dort, wo die Produktion des formellen Sektors auch noch protektioniert wird, teilen sich die Gewerkschaften wahrscheinlich den Profit mit den Kapitaleignern zu Lasten der Verbraucher und der Masse der Arbeitnehmer in den nicht gewerkschaftlich organisierten Sektoren.

Das Vorhandensein gewerkschaftlicher Lohnprämien ist jedoch nicht immer ein Zeichen für negative Verteilungseffekte, auch nicht in Entwicklungsländern. Die Aktivitäten der Gewerkschaften von Schwarzen in Südafrika hatten 1985 eine gewerkschaftliche Lohnprämie von 10 bis 24 Prozent zur Folge. Durch die Erhöhung der Löhne für organisierte schwarze Arbeiter und die Annäherung an die Löhne der weißen Arbeiter kann die Politik der Gewerkschaft zur Verbesserung der Einkommensverteilung beigetragen haben. Es gibt Situationen, wo die gewerkschaftliche Lohnprämie sehr klein oder gar nicht vorhanden ist. Eine Untersuchung aus dem Jahr 1991 in Korea schätzte, daß die Löhne der gewerkschaftlich organisierten Arbeiter im Produktionsbereich nur 2 bis 4 Prozent höher waren als die der nichtorganisierten Arbeiter. Das Fehlen einer stark positiven gewerkschaftlichen Lohndifferenz ist manchmal auf einen Gewerkschaftseinfluß zurückzuführen, der sich über den Sektor mit gewerkschaftlicher Organisation hinaus erstreckt – oft wird ein anderer Sektor der Wirtschaft mit relativ hohen Löhnen durch die gewerkschaftliche Lohnfindungspraxis beeinflußt. Augenfällige Beispiele dafür finden sich in einigen Industrieländern, wo die Ergebnisse gewerkschaftlicher Vereinbarungen per Gesetz automatisch auch für die nichtorganisierten Arbeitnehmer gelten – in Spanien werden 75 Prozent der Arbeitnehmer durch kollektive Tarifvereinbarungen erfaßt, obwohl nur 10 bis 15 Prozent Gewerkschaftsmitglieder sind. Wo solche Gesetze nicht existieren, stehen Firmen ohne Gewerkschaftsmitglieder oft unter politischem Druck, die von Gewerkschaften ausgehandelten Löhne zu zahlen, oder sie dürften es vorziehen, höhere Löhne zu zahlen, um eine gewerkschaftliche Organisierung ihrer Belegschaft zu verhindern.

WIDERSTAND GEGEN REFORMEN. Gewerkschaften haben manchmal ihre politische Macht gegen strukturelle Anpassungen ausgespielt. Indiens Gewerkschaften kritisieren weiterhin die jüngsten Liberalisierungsanstrengungen der Regierung, trotz der offensichtlichen Erfolge vieler solcher Initiativen seit 1991. Die Gewerkschaften haben landesweite Generalstreiks organisiert, um sich den einleitenden Maßnahmen einer industriellen Umstrukturierung zu widersetzen, die zum Teil dazu bestimmt sind, Indiens Orientierung nach außen und die Reform der Staatsbetriebe voranzutreiben. Indiens Gewerkschaften stützen den Teil der Wirtschaft, der am stärksten reformbedürftig ist. Auch Lateinamerika hat seit langem Erfahrung mit gewerkschaftlicher Opposition gegen Anpassungsmaßnahmen. In den achtziger Jahren widersetzte sich die organisierte Arbeiterschaft umfassenden Reformprogrammen wie dem Cruzado-Plan in Brasilien oder dem Austral-Plan in Argentinien.

## Verbesserung des wirtschaftlichen Einflusses der Gewerkschaften

Wie können die politisch Verantwortlichen ein Umfeld schaffen, das die möglicherweise von den Gewerkschaften ausgehenden negativen Effekte minimiert, und diese gleichzeitig ermutigen, einen positiven Beitrag zu wirtschaftlichem Wachstum und Gerechtigkeit zu leisten? Die Erfahrung zeigt, daß zu einem derartigen Umfeld in der Regel wettbewerbsfähige Produktmärkte gehören, sowie regulative und institutionelle Rahmenbedingungen, welche die Koalitions- und Organisationsfreiheit der Arbeitnehmer schützen sollen, einschließlich ihres Rechts, der Gewerkschaft ihrer Wahl beizutreten oder keiner Gewerkschaft angehören zu wollen. Die Regulierungsvorschriften vieler Länder wollen auch den Prozeß der kollektiven Lohntarifverhandlungen im privaten und staatlichen Sektor fördern.

*Unterstützung der positiven Beiträge der Gewerkschaften*

WETTBEWERB AUF DER PRODUKTIONSSEITE. Der Konkurrenz ausgesetzte Produktmärkte begrenzen die Fähigkeit der Gewerkschaften, höhere Löhne für ihre Mitglieder durchzusetzen. Lohnerhöhungen würden Betriebe mit gewerkschaftlich organisierten Beschäftigten aus dem Markt drängen, es sei denn, die höheren Löhne könnten durch gestiegene Produktivität gerechtfertigt werden. In einem weniger wettbewerbsbestimmten Umfeld werden die Gewerkschaften versuchen, ökonomische Renten zu erlangen, und sie werden sich politisch mit den Arbeitgebern und solchen Politikern verbünden, die ihnen eine Sicherung dieser Renten versprechen. Diese Art des Verhaltens ist in Industrieländern sichtbar, wo die gewerkschaftlichen Lohnprämien in regulierten Sektoren und in Industriezweigen mit hohem Konzentrationsgrad am größten sind. In vielen Ländern ist der gewerkschaftliche Widerstand gegen eine Handelsliberalisierung und Privatisierung eine rationale Strategie, um kurzfristig für gewerkschaftlich organisierte Arbeitnehmer auf Kosten der Nichtorganisierten höhere Löhne zu erhalten. Die Förderung des Wettbewerbs im Inland und die Öffnung gegenüber internationalen Märkten wird deshalb dazu beitragen, diese negativen Wirkungen in Grenzen zu halten.

ARBEITSREGULIERUNGEN UND DAS SYSTEM DER ARBEITGEBER-ARBEITNEHMER-BEZIEHUNGEN. Die Struktur der Gewerkschaftsorganisationen und der Geltungsbereich der Lohntarifverträge bestimmen das gewerkschaftliche Verhalten. Ein Grundprinzip der Arbeitgeber-Arbeitnehmer-Beziehungen besteht darin, sicherzustellen, daß die in den Tarifverhandlungen engagierten Parteien die Kosten ihres Handelns selbst tragen, statt sie auf Dritte weiterzuwälzen. In einigen Ländern fordert die Rechtsprechung jedoch, daß Arbeiter auch dann bezahlt werden, wenn sie streiken – eine deutlich abträgliche Regelung für einen Kompromiß. Im Gegensatz dazu lehnen es viele Regierungen ab, Firmen während eines Streiks oder einer Aussperrung Kredite zu gewähren oder Steuern zu stunden. An Verhandlungen zwischen Gewerkschaften und öffentlichen Unternehmen wird deutlich sichtbar, wie die Gewerkschaften verzerrte Ergebnisse erzielen können, wenn die Kosten der ausgehan-

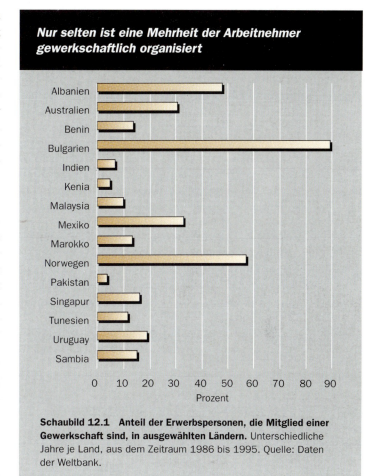

**Schaubild 12.1 Anteil der Erwerbspersonen, die Mitglied einer Gewerkschaft sind, in ausgewählten Ländern.** Unterschiedliche Jahre je Land, aus dem Zeitraum 1986 bis 1995. Quelle: Daten der Weltbank.

delten Vereinbarungen von Dritten getragen werden. Wenn ein öffentliches Unternehmen bei finanziellen Schwierigkeiten Subventionen oder günstigere Kredite vom Staat bekommen kann, oder wenn es aufgrund eines monopolistischen Status die Preise nach Belieben erhöhen kann, dann tragen diejenigen die Last hoher Tarifabschlüsse, die die höheren Preise oder höheren Steuern zahlen, nicht aber die Arbeitnehmer oder die Unternehmensführung, welche die Steigerung aushandelten.

Die Gesetzgebung vieler Länder betont das Recht des Beitritts zu einer Gewerkschaft eigener Wahl als ein grundlegendes menschliches Freiheitsrecht. Dies ist die gesetzliche Grundlage für die Bildung freier und unabhängiger Gewerkschaften. Derartige Gewerkschaften können als die wahren Vertreter der Arbeitnehmer auftreten und mit den Arbeitgebern Lohnverhandlungen führen, soweit es die Konkurrenzlage erlaubt. Eine solche Gesetzgebung gestattet es in der Regel, daß mehr als eine Gewerkschaft zur Interessenvertretung einer bestimmten Gruppe von Arbeitnehmern gegründet wird; dies ist für die bestehenden Gewerkschaften ein starker Anreiz, die Qualität ihrer Leistungen hochzuhalten. Eine Gesetzgebung, welche die Zahl der Gewerkschaften pro Unternehmen begrenzt, wird als Verletzung von Arbeitnehmerrechten angesehen. Gewerkschaftliche Zersplitterungen und Rivalitäten unter den Gewerkschaften führen jedoch manchmal zur Spaltung, und die Verhandlungskosten steigen, wenn die Arbeiter zu viele Interessenvertreter haben. Diese Probleme werden oft durch Kooperation überwunden, wobei die Arbeitgeber den Gewerkschaften Anreize für gemeinsame Lohnverhandlungen bieten. Koalitionsfreiheit beinhaltet auch das Recht, nicht in eine Gewerkschaft gezwungen zu werden. Ökonomisch gesehen könnte ein nicht gewerkschaftlich organisierter Arbeitsmarkt unter Konkurrenzbedingungen auf die monopolistischen Lohnpraktiken des Gewerkschaftssystems disziplinierenden Druck ausüben. Wenn aber der Staat den nicht gewerkschaftlich organisierten Sektor durch Regulierungen über Mindestlöhne und Einstellungs- und Entlassungsvorschriften behindert, dann wird dieser Sektor als Bremse gewerkschaftlicher Lohnforderungen viel weniger effizient sein.

Die Bedeutung der Konkurrenz auf Produktmärkten und des Prinzips der Binnenwirkung von Verhandlungsergebnissen läßt sich anhand von zwei gegensätzlichen Beispielen illustrieren. Eine Untersuchung von zwanzig Industrieunternehmen in Brasilien kam zu dem Ergebnis, daß verstärkte Konkurrenz auf den Produktmärkten diese Firmen veranlaßte, produktionssteigernde Techniken und Methoden wie Qualitätskontrollen und Qualitätskreisläufe einzuführen. Die Arbeitskräfte wollten eine dauerhafte Wettbewerbsfähigkeit sichern und beharrten nicht auf Privilegien der Vergangenheit, sondern arbeiteten statt dessen bei diesem Prozeß mit der Unternehmensführung zusammen. Dies zeigt, daß zu Arbeitgeber-Arbeitnehmer-Beziehungen mehr gehört, als Verhandlungen über Löhne und andere Konditionen. In vielen Ländern finden Belegschaft und Management sich zusammen, um gemeinsam Wege zur Verbesserung der Wettbewerbsfähigkeit zu suchen. Im Gegensatz dazu sind die Arbeiter im Kohlenbergbau Indiens seit der Verstaatlichung des Industriezweigs im Jahr 1973 immer vor Konkurrenz abgeschirmt worden. Die stark gewerkschaftlich organisierten Bergleute üben politischen Druck aus, um Lohnerhöhungen durchzusetzen, die mit den Marktrealitäten nicht vereinbar sind. Als Ergebnis basierten ihre Löhne hauptsächlich auf politischen Überlegungen, ohne Berücksichtigung der wirtschaftlichen Interessen des Landes und der entwicklungspolitischen Ziele: Die Reallöhne der Bergleute sind in den Jahren unmittelbar vor Nationalwahlen besonders kräftig gestiegen (Schaubild 12.2).

*Lohnverhandlungen im privaten Sektor*

DAS NIVEAU, AUF DEM DIE VERHANDLUNGEN STATTFINDEN. Die Erfahrungen zahlreicher Länder zeigen, daß Verhandlungen auf Unternehmensebene ein angemessener Rahmen sind, um positive ökonomische Effekte zu erzielen. Das andere Extrem sind Lohnverhandlungen auf nationaler Ebene, wie sie in Nord- und Westeuropa üblich sind. Obwohl dieses Vorgehen in Ungnade gefallen ist, seit sich Europa mit steigender Arbeitslosigkeit und unflexiblen Arbeitsmärkten auseinandersetzen muß, ist es doch seit Jahrzehnten mit positiven Arbeitgeber-Arbeitnehmer-Beziehungen und guten Lohn- und Beschäftigungsresultaten für die europäischen Arbeitnehmer verbunden. Lohntarifverhandlungen auf nationaler Ebene erfordern jedoch, daß die Mehrzahl der Arbeitnehmer von gewerkschaftlichen Vereinbarungen erfaßt wird. Sind sie es nicht, wie es in den meisten Ländern der Fall ist, dann werden nationale Vereinbarungen den gewerkschaftlich organisierten Sektor zu Lasten der Nichtorganisierten und ärmeren Gruppierungen der Gesellschaft begünstigen. Dies war das Ergebnis in Lateinamerika, wo zentral organisierte Arbeitgeber-Arbeitnehmer-Beziehungen schlecht funktionierten.

Wenn Lohnverhandlungen auf Unternehmens- oder Betriebsebene stattfinden, wird die Fähigkeit der Gewerkschaft zur Durchsetzung monopolistischer Lohnsteigerungen durch den starken Konkurrenzdruck in Grenzen gehalten, dem die Firma auf den Produktmärkten ausgesetzt ist. In Malaysia wurde errechnet, daß die Lohnprämie für Gewerkschaften auf Betriebsebene rund 15 Prozent ausmacht, während sektoral oder industrieweit operierende Gewerk-

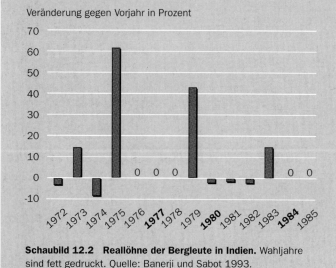

**Schaubild 12.2 Reallöhne der Bergleute in Indien.** Wahljahre sind fett gedruckt. Quelle: Banerji und Sabot 1993.

schaften mit einer Lohnprämie von fast 20 Prozent in Verbindung gebracht werden.

Beispiele für gute Ergebnisse bei dezentralisierten Verhandlungen bieten einige Industrieländer (Kanada, die Vereinigten Staaten und Japan) und einige der Schwellenländer Ostasiens (Hongkong und Korea nach 1987). Das System kollektiver Tarifverhandlungen in den Reformländern ist noch in der Entwicklung begriffen. In Kanada und in den Vereinigten Staaten finden die Lohnverhandlungen meistens auf Unternehmensebene statt, obwohl es auch einige Vereinbarungen mit mehreren Arbeitgebern zugleich gibt. In den meisten Sektoren gibt es keine Tradition für ein Engagement zentraler Organisationen bei Lohnverhandlungen, und es existieren keine zentralen Arbeitgeberverbände. Gewerkschaften auf Unternehmensebene sind als eine der Säulen der Arbeitgeber-Arbeitnehmer-Beziehungen bezeichnet worden, die Japans wirtschaftliche Leistungen unterstützten. In Japan finden Lohnverhandlungen auf Unternehmensebene statt, doch spielen Gewerkschaftsverbände während der jährlichen Lohnverhandlungen eine wichtige koordinierende Rolle. In Hongkong sind die Gewerkschaften ebenfalls auf Unternehmensebene organisiert, obwohl es wie in Japan auch eine gewisse Koordinierung durch Gewerkschaftsverbände gibt. Hongkongs Gewerkschaften operieren in einem Umfeld, das von starker Konkurrenz sowohl auf den Produktmärkten als auch, bedingt durch die Einwanderung aus China, auf den Arbeitsmärkten geprägt ist. Dies schwächt ihre Verhandlungsposition, und die meisten Gewerkschaften engagieren sich mehr auf dem Gebiet des Versicherungsschutzes und der Sozialhilfe als beim Kampf um höhere Löhne.

Die jüngsten Entwicklungen im System der Arbeitgeber-Arbeitnehmer-Beziehungen von Korea bieten anderen Ländern nützlichen Lehrstoff. Als Teil des Prozesses der politischen Liberalisierung, der im Jahr 1987 begann, erhöhte sich die Freiheit für die Gewerkschaften. Die Zahl der Gewerkschaften und ihrer Mitglieder stieg rapide (Tabelle 12.3). Im Jahr 1992 gab es in Korea 7.676 Gewerkschaften auf Unternehmensebene und 21 Industrieverbände. Nach einem chaotischen Beginn in den Jahren 1987 bis 1989 mit konfliktgeladenen Beziehungen zwischen Arbeitnehmerschaft und Management sind die Tarifverhandlungen jetzt zu einer etablierten institutionellen Regelung geworden. Die Verhandlungen finden dezentralisiert und auf Unternehmensebene statt, ausgenommen einige wenige Fälle, wie die Textilindustrie und das Bankgewerbe, wo die Verhandlungen auf der Ebene des Industrieverbandes oder mit einer Gruppe von mehreren Arbeitgebern durchgeführt werden. Die Arbeitgeber-Arbeitnehmer-Beziehungen in Korea befinden sich noch im Stadium der Entwicklung, doch die Tradition des Verhandelns auf Unternehmensebene ist während der neuen Experimentierphase der Tarifverhandlungen seit 1987 noch nicht signifikant geändert worden, und für die nahe Zukunft dürfte eine strukturelle Änderung der Verhandlungsmuster unwahrscheinlich sein.

Das System der Arbeitgeber-Arbeitnehmer-Beziehungen in den Ländern Osteuropas und der ehemaligen Sowjetunion befindet sich ebenfalls noch im Stadium der Entwicklung. Die Reformländer erbten stark gewerkschaftlich organisierte Arbeitsmärkte, wo mehr als 90 Prozent der Arbeiter Gewerkschaften angehörten, die vom Staat und der kommunistischen Partei gefördert und unterstützt wurden. Der wirtschaftliche und politische Transformationsprozeß führte zu einem Rückgang der Mitgliederzahlen, auch nachdem die Gewerkschaften unabhängig wurden. Der gewerkschaftliche Organisationsgrad – der für 1990 auf rund 80 Prozent in Rußland und 60 Prozent in Polen geschätzt wurde – ist jedoch weiterhin viel höher als in den meisten Industrieländern mit hohem Einkommen oder Entwicklungsländern. Die Gewerkschaften in den Reformländern versuchen noch, sich an die neuen Realitäten anzupassen und ihre eigene Verhandlungsstrategie zu entwickeln. Die Erfahrungen waren unterschiedlich. Landesweite Verhandlungen zwischen Gewerkschaften und Arbeitgebern scheinen in der Tschechischen Republik – einem relativ kleinen Land mit traditioneller Koordinierung auf nationaler Ebene – gute Ergebnisse zu erzielen. Dies war jedoch in der Ukraine nicht der Fall, wo im Jahr 1993 zentrale Verhandlungen zu einer unhaltbaren Vereinbarung führten, durch welche die Löhne schneller zunahmen als die Inflation.

Lohnverhandlungen auf Betriebsebene dürften den Verhältnissen in vielen Ländern besser entsprechen, was jedoch nicht bedeutet, daß Konsultationen auf sektoraler oder nationaler Ebene nicht stattfinden sollten oder daß nationale Gewerkschaftsverbände keine Bedeutung haben. In fast

*Die Zahl der koreanischen Gewerkschaften ist seit 1987 stark gestiegen, wobei die meisten auf Unternehmensebene operieren*

**Tabelle 12.3   Arten der Arbeitsorganisationen in der Republik Korea**

| Jahr | Insgesamt | Industrie-gewerkschaften | Orts-verbände[a] | Gewerkschaften auf Unternehmens-ebene |
|---|---|---|---|---|
| 1965 | 2.634 | 16 | 362 | 2.255 |
| 1975 | 4.091 | 17 | 488 | 3.585 |
| 1986 | 2.635 | 16 | 0 | 2.618 |
| 1988 | 2.742 | 16 | 0 | 2.725 |
| 1990 | 6.164 | 21 | 0 | 6.142 |
| 1992 | 7.698 | 21 | 0 | 7.676 |

a. Ortsverbände wurden mit Änderung der Arbeitsgesetzgebung von 1980 in Einzelgewerkschaften umgewandelt.
**Quelle:** Krause und Park 1993. Abdruck mit Genehmigung der Verfasser.

allen hier angeführten Länderbeispielen wird die Verhandlung auf Unternehmensebene durch eine sektorale oder nationale Koordinierung ergänzt. Und Vereinbarungen mit mehreren Arbeitgebern können unter bestimmten Umständen effizienter sein als Verhandlungen auf Unternehmensebene; dies ist in einigen Gebieten der Vereinigten Staaten im Bausektor der Fall, wo die Arbeiter, bedingt durch die Natur ihrer Arbeit, sehr oft den Arbeitgeber wechseln. Gewerkschaftsverbände können dann wichtig sein, wenn umfassende Strukturanpassungen und ein schneller Inflationsabbau notwendig sind. In Israel und Mexiko scharten sich die organisierten Arbeitskräfte hinter einer zu Anpassungsprogrammen entschlossenen Regierung und stimmten Sozialpakten zu, welche die Stabilisierung erleichterten; Beispiele für eine solche konstruktive Rolle der Gewerkschaftsverbände waren allerdings selten. Es ist schwer, eine mächtige Interessengruppierung zur Mithilfe bei der Planung und Durchführung eines Stabilisierungsplans sowie zum Verzicht auf Generalstreiks gegen Umstrukturierungsmaßnahmen, die eine wachsende Außenorientierung und Privatisierung der Industrie zum Ziel haben, zu bewegen, wenn das Ergebnis wahrscheinlich eine Verringerung der relativen Löhne der Mitglieder ist.

UNTERSTÜTZENDE GESETZGEBUNG UND DIE ROLLE DER ARBEITGEBER. Dezentralisierte Verhandlungen erfordern starke Garantien für die Gewerkschaftsrechte. Ein System der Arbeitgeber-Arbeitnehmer-Beziehungen, das auf Gewerkschaften auf Unternehmensebene basiert, kann dem Mißbrauch durch die Arbeitgeberseite ausgesetzt sein. Einige Arbeitgeber versuchen, ihre relative Marktmacht zu nutzen, um die Gründung von Gewerkschaften in ihren Unternehmen zu verhindern. Mißbrauch durch die Arbeitgeber kann zur Verschlechterung der Arbeitgeber-Arbeitnehmer-Beziehungen und zu Unfrieden führen, was Investitionen und Wachstum kaum förderlich ist. Die Arbeitsgesetzgebung muß versuchen, hier ein Gleichgewicht zu erzielen, nämlich einerseits die Gewerkschaftsrechte zu schützen und andererseits ihre potentielle Monopolmacht zu begrenzen.

Der Inhalt der Lohnverhandlungen auf Unternehmensebene wird üblicherweise durch die Vertragsparteien selbst bestimmt, hierdurch wird gesetzlicher Handlungsbedarf, der im einzelnen festlegt, was die Verträge regeln dürfen und was nicht, vermieden. Wenn die Arbeitgeberseite bereit ist, über Kapitalintensität, Lehrlingsprogramme und die Bedingungen der Anwerbung von Arbeitskräften auf Zeit zu verhandeln, sollte das Gesetz dies nicht untersagen. Auf einem der Konkurrenz ausgesetzten Produktmarkt fallen die Kosten solcher Vereinbarungen hauptsächlich auf das Unternehmen und die Gewerkschaft zurück, was sie davon abhalten sollte, unrealistische Vereinbarungen abzuschließen.

Es besteht in der Regel auch keine Notwendigkeit, per Gesetz nur eine Gewerkschaft pro Unternehmen zuzulassen. Wenn die Arbeitgeberseite die Verhandlungskosten zu minimieren wünscht, indem sie nur mit einer Gewerkschaft verhandelt, dann müssen die Arbeitgeber die Gewerkschaften dazu bewegen, sich für Tarifverhandlungen zusammenzuschließen. Die Erlaubnis zur Gründung anderer Gewerkschaften bietet Vergleichsmöglichkeiten gegenüber einer etablierten Gewerkschaft, die nur die Interessen einer kleinen Gruppe von Arbeitnehmern wahrnimmt. Als Alternative bestimmen einige Arbeitsregulierungen – so beispielsweise in Bangladesch –, daß nur eine Gewerkschaft als „Lohnverhandlungspartner" auftreten darf, und verlangen, daß in regelmäßigen Zeitabständen dieser Verhandlungspartner unter allen Gewerkschaften des Unternehmens ausgewählt wird.

*Gewerkschaften im öffentlichen Sektor und bei natürlichen Monopolen*

Es ist schwieriger, eine positive Rolle der Gewerkschaften zu gewährleisten, wenn diese auf Märkten operieren, die keiner Konkurrenz ausgesetzt sind, wie es im öffentlichen Sektor und bei natürlichen Monopolen der Fall ist (Versorgungsunternehmen der Elektrizitätswirtschaft, Telefongesellschaften und dergleichen). Die Kosten für die Gesellschaft aufgrund einer Arbeitsniederlegung von Feuerwehrmännern, Polizisten, Lehrern, Krankenschwestern, Arbeitern in Versorgungsbetrieben oder Bediensteten des öffentlichen Verkehrswesens können sehr hoch sein. Die Verbraucher können diese Dienstleistungen nur in begrenztem Ausmaß woanders erhalten. Deshalb wird ein Großteil der Kosten eines Streiks oder einer Aussperrung von Dritten getragen, die an den Verhandlungen nicht teilnehmen.

Der spezielle Charakter der gewerkschaftlichen Verhandlungen im öffentlichen Sektor schafft eine schwierige Situation. Sollen Gesetze das Recht der Arbeiter im öffentlichen Sektor auf Koalitionsfreiheit und Organisationsfreiheit sowie ihr Streikrecht schützen? Oder sollen sie das Recht der Öffentlichkeit auf eine stetige Versorgung mit grundlegenden Dienstleistungen gewährleisten und die Gesellschaft davor bewahren, von einer kleinen Gruppe von Staatsbediensteten als Geisel gehalten zu werden?

Die Antworten der Staaten auf diese Fragen fallen unterschiedlich aus. Den Arbeitnehmern des öffentlichen Sektors in Bangladesch ist es erlaubt, Gewerkschaften zu bilden, sie dürfen aber keine Lohntarifverhandlungen führen. Die Löhne und Gehälter der Staatsbediensteten und der Arbeiter in öffentlichen Unternehmen werden durch vom Staat eingesetzte Kommissionen festgelegt. Diese Vereinbarung hat jedoch die öffentlichen Arbeitnehmer nicht davon abgehalten, illegale landesweite Streiks durchzuführen, um auf die Regierung politischen Druck im Hinblick auf eine Lohnerhöhung auszuüben. In Malaysia sind Lohntarifverhandlungen im öffentlichen Sektor gestattet, aber die Zentralregierung hat die Befugnis, das Schlußergebnis zu akzeptieren oder zurückzuweisen; außerdem sind die Gewerkschaften im öffentlichen Sektor von Malaysia tendenziell weniger unabhängig von staatlichem Druck als die Gewerkschaften in Südasien. Den Bundesbediensteten in den Vereinigten Staaten wurde bis 1962 das Recht zur Bildung von Gewerkschaften verweigert, und auch jetzt haben sie kein Streikrecht. In vielen Einzelstaaten der USA ist es den staatlichen Arbeitnehmern ebenfalls verboten, in den Ausstand zu treten. Im Gegensatz dazu ist es spanischen öffentlichen Arbeitnehmern erlaubt, Gewerkschaften zu bilden, Tarifverhandlungen zu führen und zu streiken, vorausgesetzt, sie stellen weiterhin ein Mindestniveau an „grundlegenden Dienstleistungen" bereit, das gesetzlich festgelegt ist.

Die erfolgreiche Handhabung des Problems der Gewerkschaften im öffentlichen Sektor hängt von der Qualität der Arbeitsgesetzgebung und von den Methoden zur Beilegung von Arbeitsstreitigkeiten ab. Eine effiziente Arbeitsgesetzgebung für den öffentlichen Sektor versucht, zur Beilegung von Konflikten Alternativen für Streiks und Aussperrungen aufzustellen – Schlichtungsverfahren durch Dritte sind dafür ein naheliegendes Beispiel. Chiles Arbeitsrecht sorgt für eine spezielle Art der Schlichtung, um Konflikte mit öffentlichen Arbeitnehmern in den Griff zu bekommen. Eine sogenannte „Letztes-Angebot-Schlichtung" fordert vom Schlichter, entweder das letzte Angebot der Arbeitgeberseite oder das letzte Angebot der Gewerkschaft zu wählen. Dies bestärkt die beiden Tarifparteien darin, vernünftige Forderungen zu präsentieren und damit ihren Vertrag selbst zu entwerfen.

## Gewerkschaften und Politik

Alle pluralistischen Gesellschaften sehen die Koalitions- und Organisationsfreiheit als ein grundlegendes Menschenrecht an, und eine gewerkschaftliche Organisierung bildet oft die Vorhut einer Bewegung in Richtung auf größere politische Öffnung und Demokratie. Viele Länder beschränken aber immer noch die Aktivität der Gewerkschaften. Wie haben Einschränkungen der Koalitions- und Organisationsfreiheit die Ergebnisse der Arbeitsmärkte beeinflußt? In Ländern ohne freie Gewerkschaften gibt es keine Tarifverhandlungen zur Festlegung der Löhne und zur Bestimmung sonstiger Arbeitsbedingungen; die Regierungen sehen deshalb eine Notwendigkeit zur Intervention und administrativen Festlegung dieser Bedingungen. Als Ergebnis weisen viele Länder mit unterdrückten Gewerkschaften stark verzerrende arbeitspolitische Maßnahmen auf.

Der Freiheitskampf der polnischen Arbeiter in den achtziger Jahren war eine dramatische Mahnung, daß freie Gewerkschaften höchst demokratische Institutionen sind. Die Führer der Solidarität glaubten, daß pluralistische Gewerkschaften der Katalysator für ein pluralistisches politisches System sein könnten und daß freie Gewerkschaften eine Voraussetzung für eine freie Gesellschaft seien. Verhandlungen in Danzig im August 1980, die sich auf Arbeiterfragen konzentrierten, führten zur Gründung der ersten freien Gewerkschaft in einem kommunistischen Land. Es wurde jedoch schnell klar, daß ein autoritäres Regime und eine freie Gewerkschaft nicht nebeneinander Bestand haben könnten: Die kommunistische Führung erklärte die Solidarität im Jahr 1982 für ungesetzlich.

Die südafrikanischen Gewerkschaften der Schwarzen boten, wie auch die Solidarität, der machtlosen Bevölkerung eine Möglichkeit der Meinungsäußerung. Obwohl sich die Gewerkschaften hauptsächlich damit befaßten, die Arbeiter zu organisieren, um über Arbeitsplatzprobleme zu verhandeln, erregten ihre politischen Aktivitäten weitaus mehr Aufmerksamkeit. Die ursprüngliche Absicht der südafrikanischen Regierung lief darauf hinaus, ein pluralistisches System der Arbeitgeber-Arbeitnehmer-Beziehungen zu entwickeln, das die Aktivität der Gewerkschaften auf Arbeitsplatzprobleme beschränkte und die politischen Probleme den politischen Parteien überließ. Südafrikas Erfahrung zeigte aber auch, daß freie Gewerkschaften mit undemokratischen Praktiken unvereinbar sind – die Gewerkschaftsbewegung der Schwarzen wurde zu einem Anführer im Kampf gegen die Apartheid.

Viele Regierungen unterwerfen aus politischen Gründen auch weiterhin die Gewerkschaftsbewegungen strikten Kontrollen. Obwohl eine große Anzahl von Staaten die Konvention 87 der ILO, welche die Koalitions- und Organisationsfreiheit garantiert, ratifiziert hat, stellte sich heraus, daß deren vollständige Anwendung nur schwer erfaßbar war. Viele Länder verweigern den Arbeitnehmern das Recht, sich außerhalb der offiziell zugelassenen und kontrollierten Strukturen gewerkschaftlich zu organisieren. Auf Nachfragen der ILO gaben die Regierungen unterschiedliche Erklärungen für diese Situation an, wovon nicht alle überzeugten. Eine nigerianische Regierung argumentierte, daß die von ihr angeordnete Errichtung eines einzigen Gewerkschaftszentrums „den Wünschen der Arbeiter entsprach, die zahlreichen Gewerkschaften und die vier Zentralorganisationen, die vorher bestanden hatten, zu verschmelzen". Die Regierung Ägyptens versuchte, das durch Gesetz auf die ägyptische Gewerkschaftsföderation übertragene Gewerkschaftsmonopol damit zu rechtfertigen, daß sie erklärte, „es entspricht dem Wunsch der Arbeitnehmer und steht in Übereinstimmung mit den Bedürfnissen vieler Länder, einschließlich der Entwicklungsländer". Und die Regierung der Seychellen teilte der ILO mit, daß das gesetzliche Monopol der Nationalen Gewerkschaft „nach der freiwilligen Auflösung aller Gewerkschaften" errichtet wurde.

Bei Fehlen freier Gewerkschaften und kollektiver Lohnverhandlungen fühlen sich viele Regierungen verpflichtet, die Arbeitnehmer des formellen Sektors durch Arbeitsregulierungen und spezielle Privilegien zu binden. Dies trifft vor allem dann zu, wenn die Regierung die politische Unterstützung starker städtischer Gruppierungen braucht, um an der

Macht zu bleiben. Als Ergebnis hiervon sind die Verzerrungen des Arbeitsmarktes in vielen Ländern, die die Gewerkschaften unterdrücken, besonders schwer. Eine Überausstattung mit Personal im öffentlichen Sektor, hohe Mindestlöhne und Einschränkungen bei Entlassungen – Maßnahmen, die in Kenia, dem Kongo, Sambia, dem Sudan und Tansania in den sechziger Jahren eingeführt wurden – spiegelten die politischen Realitäten für die Regierungen wider, die nach der Unabhängigkeit an die Macht kamen und die Gewerkschaften unterdrückten. In den fünfziger und sechziger Jahren versprach in Ägypten Präsident Gamal Abdel Nasser, der die Unterstützung der städtischen Mittelklasse brauchte, deren Kindern nach einem College-Abschluß einen Arbeitsplatz im öffentlichen Dienst. In Bangladesch verhandelte in den achtziger Jahren General Hussain Mohammad Ershad, der ebenfalls die Unterstützung der städtischen Arbeiterschaft brauchte, mit dem Gewerkschaftsbund des Landes und stimmte zu, die Löhne im öffentlichen Sektor, die Entlassungsabfindungen, die Zulagen und die nichtfinanziellen Vorteile zu erhöhen.

Nicht alle Länder, welche die Gewerkschaften unterdrückten, ergriffen ineffiziente arbeitsmarktpolitische Maßnahmen – Korea vor 1987 ist hier eine erwähnenswerte Ausnahme –, und nicht alle Länder, die den Gewerkschaften die freie Betätigung erlaubten, wiesen gute Arbeitsmarktergebnisse auf. Aber die Wahrscheinlichkeit, daß Regierungen eine ineffiziente Arbeitsgesetzgebung verabschieden, dürfte größer sein, wenn das Recht des Arbeitnehmers auf gewerkschaftliche Vertretung nicht geschützt wird. Empirische Untersuchungen kommen zu dem Ergebnis, daß politische Freiheiten, die fast immer mit der Organisationsfreiheit für Gewerkschaften Hand in Hand gehen, mit weniger Dualismus auf den Arbeitsmärkten und einem größeren formellen Sektor verbunden sind. Einige ostasiatische Länder haben sowohl die Gewerkschaftsaktivität eingeschränkt als auch ein schnelles Wachstum der Beschäftigung im formellen Sektor erreicht, bei einer nur moderaten Tendenz zum Dualismus. Sie scheinen jedoch Ausnahme zu sein.

• • •

Eine Verweigerung der Arbeiterrechte ist nicht erforderlich, um Einkommenssteigerungen zu erzielen. Es ist möglich, die Bedingungen und Politiken festzulegen, unter denen freie Gewerkschaften die Entwicklung eher beschleunigen als behindern können. Gewerkschaften haben wahrscheinlich dann positive Auswirkungen bezüglich Effizienz und Gerechtigkeit und ihre möglichen negativen Effekte können voraussichtlich dann minimiert werden, wenn sie in einem Umfeld operieren, in dem die Produktmärkte der Konkurrenz ausgesetzt sind, die Lohnverhandlungen auf der Unternehmens- oder Betriebsebene stattfinden und die Arbeitsgesetze das Recht des einzelnen Arbeitnehmers gewährleisten, der Gewerkschaft seiner Wahl beizutreten oder gar keiner.

# KAPITEL 13

# Der Umgang mit der Einkommensunsicherheit

SCHARFE RÜCKGÄNGE DER ARBEITSEINKOMmen können auf den Lebensstandard der Arbeitnehmer und ihrer Familien tiefgreifende Auswirkungen haben. Arbeitslosigkeit, Erwerbsunfähigkeit und Alter sind wichtige Ursachen für Armut sowohl in Industrieländern als auch in Entwicklungsländern; die bereits arm sind, rutschen noch tiefer in die Armut ab. Mit diesen Risiken umzugehen, ist vor allem in Reformländern wichtig. Die meisten Länder haben Methoden entwickelt, um die Bedrohung des Lebensstandards durch erwartete oder unerwartete Einkommenseinbrüche in den Griff zu bekommen. Häufig ist dies eine Kombination aus privater Ersparnis, informellen Unterstützungsmechanismen und Verpflichtungen seitens der Arbeitgeber. Der Staat greift dann ein, wenn diese informellen oder privaten Lösungen sich als nicht ausreichend erweisen. Für Haushalte kann es schwierig sein, sich zu verschulden, um einen vorübergehenden Rückgang der Arbeitseinkommen auszugleichen. Unterstützungseinrichtungen auf kommunaler Basis brechen bei Schocks zusammen, welche die ganze Gemeinde oder Volkswirtschaft betreffen, und sie verlieren mit wachsender Verstädterung und geringerer Bedeutung der Großfamilie tendenziell an Gewicht. Private Märkte für Versicherungen gegen Arbeitslosigkeit und Erwerbsunfähigkeit sowie Altersversorgungen haben nur begrenzten Einfluß oder fehlen völlig, zum Teil deshalb, weil sie unter falschen Anreizeffekten leiden, wie eine schlechte RisikoAuswahl (nur diejenigen erwerben einen Versicherungsschutz, die ihn wahrscheinlich auch brauchen) und das Risiko unehrlichen oder fahrlässigen Verhaltens (moral hazard, das heißt, bei Bestehen einer Versicherung vermeiden die Versicherten weniger wahrscheinlich ein risikoreiches Verhalten).

Wie kann der Staat am besten die Lücke füllen, die traditionelle und marktmäßige Vereinbarungen offenlassen? Dieses Kapitel untersucht, mit welchen Methoden die Regierungen der Länder mit niedrigem und mittlerem Einkommen den Haushalten helfen können, mit den Arbeitsmarktrisiken im informellen und formellen Sektor fertig zu werden. Es zeigt auch die Fallstricke, mit denen die Regierungen dabei rechnen müssen.

## Einkommenssicherheit für Arbeitnehmer im informellen Sektor

Arbeitnehmer des informellen Sektors in ländlichen und städtischen Regionen sind einem größeren Risiko im Hinblick auf Einkommensverluste ausgesetzt als Arbeitnehmer im modernen Sektor. Es ist aber auch außerordentlich schwierig, dieser Gruppe mittels staatlicher Intervention eine größere Sicherheit zu bieten. Einkommensverlust ist meistens mit einem Beschäftigungsverlust verbunden, der entweder eintreten kann, weil keine Arbeitsplätze vorhanden sind – wegen saisonaler oder auch dauerhafter Veränderungen der Arbeitskräftenachfrage – oder wegen Arbeitsunfähigkeit als Folge von körperlicher Erwerbsunfähigkeit, Krankheit oder Alter. Die große Mehrheit der Arbeitnehmer in Ländern mit niedrigem und mittlerem Einkommen ist von informellen Vereinbarungen zur Versicherung gegen diese Risiken abhängig; oft intervenieren die Regierungen aber und ergänzen diese Vereinbarungen. Öffentliche Arbeitsprogramme, sofern sie gut geplant sind, verhindern die Verdrängung privater Transferzahlungen und sind oft dazu benutzt worden, die Risiken für die Arbeiter im informellen Sektor zu reduzieren.

### Unterstützung durch die Gemeinschaft und private Transfers

Die Arbeitgeber-Arbeitnehmer-Beziehungen im informellen Sektor werden durch soziale Konventionen und Traditionen bestimmt. Für Lohnempfänger enthält die informelle Beschäftigungsvereinbarung oft Elemente eines Versicherungsschutzes und einer Risikoaufteilung, wobei die Arbeitgeber den Arbeitern für die Dauer ihrer Beschäftigung die Bezahlung eines Festlohns garantieren, unabhängig von Nachfrageschwankungen aus saisonalen oder anderen Gründen. Es ist für die Arbeitgeber auch üblich, den Arbeitnehmern für unvorhergesehene Ausgaben Kredite zu gewähren sowie ältere Arbeitnehmer oder solche, die aus gesundheitlichen Gründen arbeitsunfähig sind, zu unterstützen. Diese Art der Unterstützung wird nie im vorhinein formell vereinbart. Aber in vielen Ländern sind informelle Verpflichtungen der Arbeitgeber ein wichtiger Teil eines sozial akzeptablen Verhaltenskodex, besonders in ländlichen Regionen.

Finanzielle Hilfe von Verwandten bleibt in den Entwicklungsländern die Hauptform der Einkommensunterstützung und -umverteilung. Das System der Großfamilie ist eine wichtige Institution, um dem einzelnen Arbeitnehmer und seinen unmittelbaren Haushaltsangehörigen ein zusätzliches Einkommen und Sicherheit zu bieten. Beispielsweise berichteten bei einer Stichprobenauswahl unter städtischen Armen in El Salvador 33 Prozent, daß sie private Transferzahlungen erhielten, die im Durchschnitt 39 Prozent ihrer Gesamteinkommen ausmachten (Tabelle 13.1). In Malaysia beliefen sich die privaten Transfers auf fast die Hälfte des Einkommens des ärmsten Fünftels der Haushalte. Nahezu drei Viertel der ländlichen Haushalte auf Java (Indonesien) leisteten an andere Haushalte private Transferzahlungen.

Private Transferzahlungen haben eine wichtige Versicherungsfunktion, zusätzlich zu ihrer Funktion, die Einkommensungleichheit zu verringern: Sie bieten Unterstützung für alte Menschen und lindern die Auswirkungen von Erwerbsunfähigkeit, Krankheit und Arbeitslosigkeit. In den meisten Entwicklungsländern, besonders in ländlichen Regionen, verläßt sich die ältere Generation auf die junge, bezüglich einer Ergänzung ihres Einkommens. In der Tat ist die Sicherung der Unterstützung im Alter einer der Gründe, Kinder zu haben. Untersuchungen in Kenia und Peru fanden heraus, daß mehr als ein Viertel der privaten Transferzahlungen von den Kindern an die Eltern geleistet wurde. Es gibt auch Hinweise dafür, daß von Erwerbsunfähigkeit, Krankheit und Arbeitslosigkeit heimgesuchte Haushalte erhöhte Transfers erhalten. Eine Untersuchung in Peru wies nach, daß Kranke umfangreichere Transferzahlungen erhalten, und Untersuchungen in Peru und Indonesien zeigten, daß bei Arbeitslosigkeit die Wahrscheinlichkeit für den Erhalt von Transferzahlungen ebenso deutlich steigt wie der erhaltene Betrag.

### Öffentliche Arbeitsprogramme

Öffentliche Arbeitsprogramme können private Anstrengungen, den Arbeitslosen zu helfen, ergänzen, vorausge-

**In vielen Ländern sind private Transferzahlungen umfangreich**

Tabelle 13.1 Verbreitung und Höhe privater Transferzahlungen in ausgewählten Ländern

| Land | Jahr | BSP pro Kopf (US-Dollar von 1986) | Prozentsatz der Haushalte, die Transfers empfangen oder geben | | Durchschnittstransfer in Prozent des Durchschnittseinkommens[a] | |
|---|---|---|---|---|---|---|
| | | | Empfängerhaushalte | Geberhaushalte | Empfängerhaushalte | Geberhaushalte |
| El Salvador (Städtische Arme) | 1976 | 820 | 33 | .. | 11 | .. |
| Indien | 1975–83 | 290 | 93 | .. | 8 | .. |
| Indonesien (Java) | 1982 | 490 | | | | |
|   Land | | | 31 | 72 | 10 | 8 |
|   Stadt | | | 44 | 45 | 20 | 3 |
| Kenia | | 300 | | | | |
|   Stadt (Neu Zugewanderte) | 1968 | | .. | 59 | .. | 13 |
|   Nairobi (Städtische Arme) | 1971 | | .. | 89 | .. | 21 |
|   Landesweit | 1974 | | .. | 27 | 3 | 4 |
|     Land | | | .. | 19 | 2 | 3 |
|     Stadt | | | .. | 62 | 4 | 6 |
| Malaysia | 1977–78 | 1.830 | 19–30[b] | 33–47[b] | 11[c] | .. |
| Mexiko (2 Dörfer) | 1982 | 1.860 | .. | .. | 16–21[b] | .. |
| Peru[a] | 1985 | 1.090 | 22 | 23 | 2 | 1 |
| Philippinen[d] | 1978 | 560 | 47 | .. | 9 | .. |
| Vereinigte Staaten | 1979 | 17.480 | 15 | .. | 1 | .. |

.. Nicht verfügbar.
a. Die Durchschnittseinkommen umfassen auch die Einkommen derjenigen, die keine Transfers empfangen oder geben. Der Durchschnittstransfer als Prozent des Einkommens des Empfängers ist viel größer: 39 Prozent in El Salvador und 9 Prozent in Peru. Entsprechend ist der Durchschnittstransfer als Prozentsatz der gesamten Verbrauchsausgaben berechnet.
b. Durchschnitte nicht verfügbar; die Zahlen geben die Ober- und Untergrenzen an.
c. Der Durchschnittstransfer belief sich auf 46 Prozent des Haushaltseinkommens im untersten Einkommensfünftel.
d. Bargeldgeschenke im Bereich eines großen informellen Wohnbezirks.
**Quelle:** Cox und Jimenez 1990.

setzt, die Empfänger sind bereit, für niedrige Löhne zu arbeiten. Die niedrigen Löhne wirken wie ein Mechanismus zur selbständigen Zielorientierung, weil nur die wirklich Bedürftigen sie akzeptieren werden. Diese Programme sind besonders in Rezessionsphasen angemessen, wenn andere Arbeitsmöglichkeiten nicht vorhanden sind. Sie sind auch für ländliche Regionen in der Nebensaison gut geeignet und können Sekundäreffekte in Form von Errichtung und Unterhalt wichtiger Infrastrukturobjekte beinhalten. In Äthiopien wurden zum Beispiel die Teilnehmer an den Programmen damit beschäftigt, Straßen zu bauen und die Bodenerosion zu verhindern. In den Vereinigten Staaten bot die Works Progress Administration während der Großen Depression in den dreißiger Jahren bis zu einem Fünftel aller US-Arbeitnehmer Beschäftigung, was vielleicht bis heute in den Industrieländern der bedeutsamste Einsatz öffentlicher Arbeitsprogramme zur Arbeitslosenunterstützung war.

Auch viele Entwicklungsländer haben von öffentlichen Arbeitsprogrammen regen Gebrauch gemacht. Das Programm „Nahrung für Arbeit" in Simbabwe und der soziale Hilfsfonds für Notfälle in Bolivien bieten einigen Armen ein Mindestmaß an Beschäftigung und Konsummöglichkeit. Das Beschäftigungsgarantie-Modell im indischen Bundesstaat Maharashtra verteilt mit Hilfe von Steuern Einkommen von den wohlhabenderen städtischen Regionen, insbesondere Bombay, zu den Armen in ländlichen Regionen um. Chile führte während der Rezessionen Mitte der siebziger und Anfang der achtziger Jahre umfassende staatlich finanzierte, öffentliche Arbeitsprogramme in den Städten durch. Wie im indischen Modell bestand das Hauptziel der chilenischen Programme in der Erhöhung der Beschäftigung: Auf dem Tiefpunkt der Rezession zu Anfang der achtziger Jahre absorbierten sie mehr als 10 Prozent der Erwerbspersonen. Bis Dezember 1988, ein Jahr nach Chiles kräftiger wirtschaftlicher Erholung, war der Anteil auf weniger als 0,1 Prozent gefallen.

Öffentliche Arbeitsprogramme haben tendenziell dort eine größere Erfolgschance, wo die Arbeitskräfte mobiler sind und wo es eine Tradition der gemeinschaftlichen Arbeit gibt. Wenn die Arbeiter mobil sind, kann der Standort des Programms in erster Linie von der Qualität der Projekte abhängig gemacht werden. Arme Arbeiter, die auf der Suche nach Arbeit im öffentlichen Sektor sind, sind in der Regel bereit, zumindest vorübergehend den Ort zu wechseln, um Arbeit zu bekommen. Geringe Arbeitsmobilität macht diese Programme jedoch weniger effektiv – einige Untersuchungen haben gezeigt, daß in China aufgrund von Mobilitätshindernissen die öffentlichen Arbeitsprogramme des Landes Schwierigkeiten hatten, die Armen zu erreichen. Eine Teilnahme der Gemeinden erhöht die Wahrscheinlichkeit des Erfolgs beträchtlich. Untersuchungen aus Niger und Senegal deuten darauf hin, daß Gemeinwesen mit traditionell starker kollektiver Beschäftigung bei der Mobilisierung der Arbeitskräfte helfen und die Produktion öffentlicher Güter erleichtern können, beispielsweise durch eine lokale Produktion auf Feldern in Gemeineigentum oder einfach durch Methoden der Nachbarschaftshilfe.

Das Lohnniveau ist bei derartigen Programmen wichtig, um erfolgreich die Bedürftigen erreichen zu können. Hohe Löhne könnten bessergestellte Arbeiter anziehen und angesichts begrenzter Mittel dazu führen, daß weniger Arbeitsplätze für die wirklich Notleidenden bereitgestellt werden. Die Bedeutung der Lohnfestsetzung für den Erfolg der öffentlichen Arbeitsprogramme zeigt sich am Maharashtra-Programm in Indien, das versucht, auf Verlangen eine Arbeitsstelle zu garantieren. In den ersten fünfzehn Jahren hielt das Programm die Löhne auf dem Stand der Löhne für ungelernte Gelegenheitsarbeiter in der Landwirtschaft. Im Jahr 1988 wurden jedoch die Löhne kräftig erhöht, in Verbindung mit einer Verdoppelung des gesetzlichen Mindestlohnes. Zusammen mit budgetären Zwängen ließ der höhere Lohn die Beschäftigungsgarantie im Jahr nach der Lohnsteigerung effektiv zusammenbrechen.

Die meisten öffentlichen Arbeitsprogramme verfolgen zwei Ziele: Arbeitern in Not Unterstützung zu bieten und öffentliche Vermögenswerte zu erstellen. Zur Erreichung beider Ziele müssen die Programme flexibel gehandhabt werden, um auf Veränderungen auf dem Arbeitsmarkt zu reagieren, und sie müssen vor allem über die Fähigkeit verfügen, in Krisenzeiten die Beschäftigung schnell ausweiten zu können. Dies setzt die Existenz einer umfangreichen Liste an Schubladenprogrammen mit gut abgestufter Priorität voraus. In normalen Zeiten sollte nur ein Kernprogramm von Investitionen mit hoher Rendite in Angriff genommen werden. In Krisenzeiten kann dann die Beschäftigung dadurch ausgeweitet werden, daß man einige der Objekte geringerer Priorität aus den Schubladenprogrammen auf den Weg bringt.

## Einkommenssicherheit für den formellen Sektor

In formellen Arbeitsverträgen sind Vereinbarungen über eine Risikoteilung weit verbreitet. Doch sind private Lösungen oft unzureichend, einmal weil sie nicht gegen landesweite wirtschaftliche Schocks versichern können, zum anderen wegen Mängeln auf dem Versicherungsmarkt; deshalb haben sich die meisten Regierungen bei der Bereitstellung von Einkommenssicherheitsleistungen für Arbeitnehmer im formellen Sektor engagiert. Die richtige Struktur für diese Programme zu finden ist sehr wichtig. Das Risiko ist groß, daß die ursprünglich Begünstigten der Sozialversicherung – in der Regel die relativ Bessergestellten – auf Kosten der anderen Arbeitnehmer Vorteile erringen.

### *Arbeitslosenunterstützungen*

Nahezu alle marktwirtschaftlichen Industrieländer sowie die Länder Osteuropas und der ehemaligen Sowjetunion haben Systeme der Arbeitslosenunterstützung. Diese Länder sehen sich mit zwei wichtigen Fragen konfrontiert: Wie sollten die Systeme finanziert werden? Und welche Schritte können unternommen werden, um sicherzustellen, daß sie nicht zu einer Verzerrung der Leistungsanreize führen und die Arbeitslosen von der Suche nach einem Arbeitsplatz abhalten?

Aus Effizienzgründen sollte ein System der Arbeitslosenunterstützung idealerweise verlangen, daß alle Arbeitnehmer für ihre eigene Versicherung bezahlen, indem sie – oder ihre Arbeitgeber, die dann die Belastung auf die Arbeitnehmer in Form niedrigerer Löhne abwälzen würden – mit unterschiedlichen Sätzen besteuert werden, in Abhängigkeit von der Wahrscheinlichkeit ihres Arbeitsplatzverlustes. In der Praxis finanzieren die meisten Länder die Arbeitslosenunterstützungen jedoch durch eine einheitliche Lohnsteuer, was bedeutet, daß wirtschaftlich stabile Arbeitgeber und ihre Arbeiter die Unterstützungen für die wirtschaftlich instabileren Arbeitgeber finanzieren. Die Vereinigten Staaten versuchen, dieses Problem dadurch in den Griff zu bekommen, daß sie ein auf Erfahrungswerten fußendes Bewertungssystem verwenden: Die Arbeitslosenversicherung wird finanziert durch einen Lohnsteuersatz, der analog zur Wahrscheinlichkeit schwankt, daß der Arbeitgeber die Unterstützungen in Anspruch nehmen muß, wobei es eine untere und eine obere Grenze gibt. Indem man die Kosten der Arbeitslosenversicherung für wirtschaftliche Aktivitäten erhöht, die mehr Arbeitslosigkeit mit sich bringen, bietet ein auf Erfahrungswerten fußendes Bewertungssystem eine automatische Verknüpfung zwischen der Ausgaben- und Einnahmenseite und fördert stabile Beschäftigungsstrukturen. Solche Systeme sind jedoch administrativ kompliziert zu handhaben.

Großzügige Arbeitslosenunterstützungen können manche Arbeitnehmer dazu veranlassen, nicht ernsthaft einen Arbeitsplatz zu suchen oder Stellenangebote nicht zu akzeptieren, die ihren Erwartungen nicht gerecht werden. Die Länder nehmen dieses Problem in Angriff, indem sie die Dauer der Leistung und die Höhe der Arbeitslosengelder variieren. Der Teil des Gehalts, den die Unterstützungszahlung abdeckt, nimmt oft während der Dauer der Unterstützungsperiode ab, wodurch der Anreiz für den Arbeitnehmer, einen Arbeitsplatz zu finden, allmählich steigt. Die Ämter der Arbeitslosenversicherung können fordern, daß die Unterstützungsempfänger Stellenangebote annehmen, Ausbildungskurse besuchen oder die Unterstützungsgelder persönlich abholen, und einige schließen die freiwillig Ausgeschiedenen von den Unterstützungsleistungen aus.

Zwei Prinzipien haben sich als Folge der Erfahrungen der Industrieländer mit der Arbeitslosenunterstützung herausgebildet: Die Unterstützungen sollten soweit wie möglich mit der Arbeitsplatzsuche verknüpft werden, und eine dauerhafte Abhängigkeit von der Arbeitslosenunterstützung sollte vermieden werden. Die meisten Länder begrenzen die Dauer der Unterstützungsleistungen, in der Hoffnung, damit die Dauer der Arbeitslosigkeit zu verkürzen und die Abhängigkeit von den Leistungen zu verringern. Sie gewähren den Menschen in der Regel weiterhin ein Mindestmaß an Sozialhilfe, wenn sie keinen Anspruch mehr auf Unterstützungszahlungen haben, um so sicherzustellen, daß sie nicht einfach in Armut versinken. Diese Art der Beihilfe ist manchmal mit bestimmten Formen der Schulung verknüpft, um zu erreichen, daß gleichzeitig mit der Gewährung der Unterstützung für die Arbeitslosen auch die Wahrscheinlichkeit ihrer Wiederbeschäftigung steigt.

*Regulierungen zur Arbeitsplatzsicherung*

Systeme der Arbeitslosenunterstützung finden in Entwicklungsländern kaum Anwendung, weil sie kompliziert und kostspielig zu handhaben sind. Statt dessen haben viele Entwicklungsländer Regulierungen zur Arbeitsplatzsicherung eingeführt, die es Firmen erschweren sollen, Arbeiter zu entlassen. Einige Regulierungen mögen erforderlich sein, um unfaire Verhaltensweisen in Grenzen zu halten, zu viele können jedoch die Schaffung von Arbeitsplätzen behindern. Manche Beobachter meinen, daß Regulierungen zur Arbeitsplatzsicherung in Brasilien, Indien, Peru und Simbabwe die Arbeitgeber im formellen Sektor bei der Einstellung von Dauerarbeitnehmern zurückhaltender werden ließen, was den Zuwachs bei der Schaffung von Arbeitsplätzen im formalen Sektor verlangsamte. Indem man der Schaffung von formellen Arbeitsplätzen Hindernisse in den Weg legt, kann eine überzogene Regulierung zur Arbeitsplatzsicherung diejenigen schützen, die bereits eine lohnabhängige Beschäftigung haben, zu Lasten der Außenstehenden – der Arbeitslosen und der Beschäftigten in informellen und ländlichen Gebieten.

Regulierungen zur Arbeitsplatzsicherung versuchen oft, willkürliche Entlassungen dadurch zu erschweren, daß Arbeitgeber, die Arbeiter ohne berechtigten Grund entlassen, eine Verpflichtung auf sich nehmen müssen. Nach dem mexikanischen Gesetz müssen Arbeitnehmer, die entlassen werden sollen, einen Monat zuvor eine Kündigung erhalten und als Mindestabfindung einen Dreimonatslohn ausgezahlt bekommen. Bei Fehlen eines berechtigten Grundes erhöht sich die Abfindung um den Lohn für zwanzig Tage für jedes am Arbeitsplatz verbrachte Jahr. Eine solche Formel kann problematisch sein, wenn nämlich, wie in vielen Ländern üblich, der berechtigte Grund so interpretiert wird, daß er nur gravierendes Fehlverhalten, nicht jedoch ökonomische Ursachen abdeckt. In diesen Ländern führt eine Umstrukturierung der Firmen in der Regel zu scharfen Auseinandersetzungen zwischen Arbeitnehmern und Unternehmensleitung und zu einer beträchtlichen Verschwendung von Ressourcen. Die Auseinandersetzungen enden oft vor Gericht, wodurch Unsicherheit darüber aufkommt, welche Unterstützungen die entlassenen Arbeiter tatsächlich erhalten werden.

Sri Lanka bietet ein anderes Beispiel für Regulierungen zur Arbeitsplatzsicherung, die das effiziente Funktionieren der Arbeitsmärkte untergraben können. Zusätzlich zu der Forderung, daß Arbeitgeber Abfindungszahlungen und Beiträge an Unterstützungskassen zahlen müssen, wird durch die Gesetze Sri Lankas die Fähigkeit der Firmen zur Entlassung von Arbeitskräften stark eingeschränkt. Unternehmen mit mehr als fünfzehn Arbeitnehmern dürfen keine Arbeitskräfte aus nichtdisziplinarischen Gründen entlassen ohne das schriftliche Einverständnis der betreffenden Arbeiter. Die Firmen müssen in der Regel höhere als die gesetzlich festgelegten Abfindungen zahlen, um dieses Einverständnis zu bekommen. Unter diesen Umständen ist es nicht überraschend, daß viele Firmen die Arbeitskräfte als Gelegenheitsarbeiter oder auf täglicher Basis einstellen oder sich auf Subunternehmen stützen.

*Abfindungszahlungen*

Anstatt restriktive Regulierungen zur Einkommenssicherung zu treffen, kommen viele Länder den wirklichen Interessen der Arbeitnehmer im formellen Sektor entgegen und verlangen, daß die Unternehmen pauschale Abfindungen an entlassene Arbeitskräfte zahlen. Im Idealfall sollte der genaue Betrag zwischen Arbeitnehmern und Arbeitgebern ausgehandelt werden, und zwar unter einer gewissen staatlichen Aufsicht, um gerechte Ergebnisse zu garantieren. Die von dieser Versicherung profitierenden Arbeitnehmer würden normalerweise zumindest einen Teil der Kosten übernehmen, sei es direkt oder indirekt in Form von niedrigeren Löhnen. Solche Vereinbarungen sind jedoch selten; statt dessen gibt es in den meisten Ländern administrativ festgelegte Abfindungszahlungen, die häufig zu hoch sind. Bei völlig flexiblen Löhnen dürften diese hohen Zahlungen kein Problem darstellen, weil die Arbeitgeber die hohen Entlassungskosten durch Senkung der Löhne kompensieren werden. Wenn die Löhne jedoch unelastisch sind, können diese zusätzlichen Kosten die Beschäftigung gefährden. In einigen Ländern versuchen Arbeitgeber und Arbeitnehmer, die Vorschriften durch zeitlich fixierte oder tägliche Verträge zu umgehen, die den Zweck der Gesetzgebung zunichte machen.

Das Problem der Abfindungen liegt darin, die Höhe der Zahlungen festzulegen, die den Arbeitnehmern angemessenen Schutz bieten, ohne die Firmen im Fall einer notwendigen Entlassung von Arbeitskräften übermäßig zu belasten. Es gibt keine magische Formel, um dieses Gleichgewicht zu finden, doch dürften Lohnverhandlungen zwischen Arbeitgebern und freien Gewerkschaften zu einem wünschenswerteren Ergebnis führen als staatliche Anordnung. Arbeitgeber und Vertreter der Arbeiterschaft sollten über das gesamte Vergütungspaket verhandeln dürfen und in der Lage sein, höhere Abfindungszahlungen gegen niedrigere Löhne oder weniger angenehme Arbeitsbedingungen auszutauschen. Unter diesen Rahmenbedingungen würden die Arbeitsgesetze das Prinzip der Einkommenssicherheit durch Abfindungszahlungen postulieren und vielleicht ein Höchstniveau festlegen, wobei die tatsächlichen Beträge von Firma zu Firma variieren können. Die Rolle des Staates bestände darin, das Recht der Arbeitnehmer auf Lohnverhandlungen zu gewährleisten und zur Beilegung von Streitigkeiten beizutragen. Auf diese Weise erzielte Vereinbarungen hätten eine größere Chance, den Wunsch der Arbeitnehmer nach Sicherheit in Übereinstimmung mit den Marktrealitäten zu bringen, und sie wären leichter durchzusetzen als gesetzlich vorgeschriebene Abfindungszahlungen.

Alternativ könnte der Staat beschließen, die Abfindungszahlungen selbst vorzunehmen und sie durch allgemeine Einkünfte zu finanzieren. Das festgelegte Niveau der Abfindungszahlungen hat dann keine Auswirkungen auf die Beschäftigung und die Lohnhöhe in den Unternehmen – statt dessen subventionieren die Steuerzahler die betroffenen Arbeitnehmer. Dieser Ansatz wirft jedoch große Probleme auf. Er bietet Firmen und Arbeitnehmern einen Anreiz zu hoher Personalfluktuation. Die Unternehmen könnten beispielsweise dadurch ermutigt werden, Arbeiter während der flauen Saison zu entlassen und sie wieder einzustellen, wenn sich die Wirtschaftstätigkeit belebt, wobei sie den Staat die Entlassungskosten zahlen lassen.

*Empirische Evidenz*

Viele Beobachter glauben, daß die in zahlreichen europäischen Ländern und in Ländern mit niedrigem und mittlerem Einkommen eingeführten Regulierungen zur Arbeitsplatzsicherung und die Abfindungszahlungen die Schaffung von Arbeitsplätzen reduziert haben. Es gibt jedoch nur sehr wenige empirische Untersuchungen, die diese Meinung bestätigen, und noch weniger haben versucht, die Größe dieses Effektes zu schätzen. Die Evidenz in den Industrieländern, wo diese Bestimmungen strikt durchgesetzt werden, ist nicht schlüssig. Eine 1991 durchgeführte Analyse über die schrumpfende europäische Stahlindustrie kam zu dem Ergebnis, daß bindende Arbeitsplatzgarantien auf dem europäischen Kontinent zu weniger Arbeitsplatzverlusten führten als in Großbritannien, wo man mehr eine Laissez-faire-Politik verfolgte. Andererseits bieten die Erfahrungen Spaniens mit Regulierungen zur Arbeitsplatzsicherung ein gutes Beispiel dafür, daß deren Lockerung zu einer Ausweitung der Beschäftigung führte. Die Einführung einer Option für zeitlich begrenzte Arbeitsverträge im Jahr 1980 und deren Ausweitung im Jahr 1984 waren mit einem schnelleren Wachstum der Gesamtbeschäftigung verbunden, und zwar nahezu ausschließlich von Beschäftigten mit Zeitverträgen, als auf Basis der Produktivitätstrends und des Produktionswachstums in der Vergangenheit erwartet worden war.

Verbindliche Regulierungen zur Arbeitsplatzsicherung, die die Unternehmen verpflichten, vor der Entlassung von Arbeitnehmern das Einverständnis der Regierung einzuholen, sind in Indien und Simbabwe untersucht worden. Diese Analyse kam zu dem Ergebnis, daß Unternehmen im formellen Sektor die Kosten der Arbeitsplatzsicherung wegen bestehender Lohnrigiditäten nicht auf ihre Arbeiter abwälzen konnten. Statt dessen paßten sie sich an die Kosten dieser Regulierungen an, indem sie weniger Arbeiter beschäftigten. Die Untersuchung schätzte, daß diese Regulierungen die formelle Beschäftigung in fünfunddreißig indischen Industriezweigen durchschnittlich um 18 Prozent und in neunundzwanzig Industriezweigen in Simbabwe um 25 Prozent senkten.

Eine Untersuchung über ländliche Arbeitsmärkte im Nordosten Brasiliens liefert weitere Anhaltspunkte über mögliche negative Auswirkungen der Gesetzgebung zur Arbeitsplatzsicherung. Das brasilianische Landarbeiterstatut von 1963 forderte, daß Arbeitsverträge bestimmte Mindeststandards, darunter Abfindungszahlungen, erfüllen müssen. Dies dürfte die Firma dazu verleitet haben, Zeitarbeitskräfte (Gelegenheitsarbeiter) statt Dauerarbeitskräfte einzustellen. Obwohl in den sechziger Jahren die Beschäftigung in der Region insgesamt gestiegen war, sank die Beschäftigung von Dauerarbeitskräften von 45 Prozent auf 39 Prozent des saisonalen Höchststandes. Der Rückgang kehrte sich in den siebziger Jahren wieder um, und das Verhältnis erhöhte sich bis 1980 auf 65 Prozent. Die Studie legte jedoch dar, daß ohne die Bestimmungen über Abfindungszahlungen die Beschäftigung von Dauerarbeitskräften über die ganze Periode hinweg gestiegen wäre. Sie kam zu dem Schluß, daß die brasilianische Gesetzgebung kontraproduktiv wirkte, weil sie zu einer beträchtlichen Verringerung von Dauerarbeitsverträgen geführt hatte.

Nicht alle Untersuchungen entdecken einen negativen Einfluß von Regulierungen hinsichtlich Arbeitsplatzsicherung und Abfindungszahlungen auf die formelle Beschäftigung in Entwicklungsländern. Beispielsweise gaben nahezu alle Firmen aus Malaysia in einer ILO-Befragung an, daß Arbeitsplatzsicherungsgesetze keinen Einfluß auf ihre Beschäftigung hatten. Die Möglichkeit negativer Effekte auf die Beschäftigung im formellen Sektor durch hohe Kosten für einen Arbeitskräfteabbau veranlaßte jedoch viele Länder, ihre Gesetze über Arbeitsplatzsicherung und Abfindungszahlungen einer kritischen Überprüfung zu unterziehen. Senegal hat seine Arbeitsgesetze überarbeitet und die Kosten eines Arbeitskräfteabbaus gesenkt. Argentinien fügte in seiner Arbeitssicherungsgesetzgebung zur Liste erlaubter Entlassungsgründe die „ökonomischen Ursachen" hinzu. In einer Reihe von Reformen, die 1978 begonnen wurden, hat Chile konsequent die Zahlungen begrenzt, die Arbeitnehmer aufgrund von Gerichtsurteilen erhalten können.

### Hilfsprogramme für die Nichtarbeitsfähigen

Beschäftigung durch öffentliche Arbeiten sowie Arbeitslosenversicherung sind für diejenigen irrelevant, die wegen Erwerbsunfähigkeit oder Alter nicht arbeiten können. Erwerbsunfähige und ältere Personen, die keine Beschäftigung im formellen Sektor ausgeübt haben, sind in den meisten Staaten in erster Linie auf familiäre und kommunale Hilfsleistungen angewiesen. Allerdings waren einige mehr formelle Programme erfolgreich, die Transferleistungen für die nichtarbeitenden Armen bereitstellten. Das Entwicklungsprogramm für notleidende Gruppen (Vulnerable Groups Development program) in Bangladesch versorgt etwa eine halbe Million Frauen und Kinder auf dem Lande mit Getreide, wobei man sich auf besonders gefährdete Regionen konzentriert und auf örtliche Führungskräfte stützt, um die Bedürftigen auszuwählen. Ein auf Prüfung der Vermögensverhältnisse basierender Plan gewährt landwirtschaftlichen Arbeitern im indischen Bundesstaat Kerala eine bescheidene Rente, die die Kosten der häuslichen Fürsorge für die Älteren deckt, ohne damit bedeutsame informelle Unterstützungsmechanismen zu verdrängen.

Für Arbeitnehmer im formellen Sektor sowie in reicheren Ländern, einschließlich vieler Reformländer, bilden häufig offizielle Sozialhilfepläne und Zahlungen bei Erwerbsunfähigkeit sowie Altersversorgungen die Hauptquelle der Unterstützung für die Nichtarbeitsfähigen. Erwerbsunfähigkeits- und Altersversorgungssysteme bestehen teilweise in Form von Versicherungsprogrammen, die durch Zahlungen von seiten der Arbeitgeber oder Arbeitnehmer an den Arbeitsvertrag gebunden sind. Diese Verknüpfung der Unterstützungszahlungen mit Beitragszahlungen, die durch oder im Namen des einzelnen erfolgen, ist wichtig; andernfalls bestehen Anreize dafür, die Zahlungen zu vermeiden, beispielsweise durch informelle Arbeit oder Gelegenheitsarbeit. Dies kann zur Zahlungsunfähigkeit der Systeme und zu Umverteilungsmaßnahmen führen. Großzügige Altersversorgungs- und Erwerbsunfähigkeitssysteme können für den einzelnen auch einen Anreiz darstellen, sich früher aus dem Arbeitsleben zurückzuziehen, als man es sonst getan hätte. Eine neuere Studie der Weltbank bewertete am Beispiel der Altersversorgungen die Fragen, die sich durch das Problem der Verknüpfung und durch verzerrte Anreize ergeben. Sie kam zu dem Ergebnis, daß viele Systeme nicht lebensfähig sind und daß die Umgehung der Bestimmungen in Ländern wie Jamaika, Ruanda, Uruguay und der Türkei ein Hauptproblem darstellt. Zahlreiche Länder in Osteuropa und der ehemaligen Sowjetunion könnten am Anfang einer solchen Krise stehen. Ein anderes Problem stellt die Zielorientierung der Leistungen auf die wirklich Bedürftigen dar. Auf Prüfung der Vermögensverhältnisse basierende Unterstützungszahlungen werden in reichen Ländern oft benutzt, doch verursachen sie große administrative Belastungen. Praktikabler sind für die meisten Länder mit niedrigem und mittlerem Einkommen solche Systeme, die sich auf ein Merkmal konzentrieren, das mit Bedürftigkeit eng assoziiert ist, wie Witwenschaft, alleinerziehende Elternschaft oder das Vorhandensein einer Behinderung oder Invalidität.

•••

Die meisten Staaten haben sich bei der Bereitstellung von Einkommenssicherheit stark engagiert, ungeachtet des Risikos, dabei die Expansion der formellen Beschäftigung zu behindern. Viele waren recht erfolgreich. Öffentliche Arbeitsprogramme sind häufig ein wirkungsvolles Instrument, um Arbeitslosen des informellen Sektors und ländlichen Arbeitnehmern ein gesichertes Einkommen zu gewähren und um Vereinbarungen auf kommunaler Ebene und andere grundlegende Sicherheitsnetze für die Armen zu ergänzen. Länder mit niedrigem und mittlerem Einkommen und begrenzten Verwaltungskapazitäten fahren am besten mit Systemen, die auf – vorzugsweise durch kollektive Lohnverhandlungen erreichte – Abfindungszahlungen für Arbeitnehmer des formellen Sektors basieren, statt sich auf Arbeitslosenversicherungssysteme zu stützen. Die Erfahrung zeigt, daß diese verschiedenen Systemvarianten, ebenso wie Altersversorgungssysteme, dann erfolgreich arbeiten, wenn sie sich weitgehend selbst finanzieren und dabei eine enge Verknüpfung zwischen den Zahlern und den Begünstigten hergestellt wird; außerdem sollten sie so gestaltet sein, daß sie die Anreize zum Ausscheiden aus dem Arbeitskräftepotential oder zum Überwechseln in informelle Arbeitsverträge oder in den Gelegenheitsarbeiterstatus minimieren.

# KAPITEL 14

# Der Staat als Arbeitgeber

DER GROSSE STAAT IST AUS DER MODE. Während überall auf der Welt die Länder offene Märkte und weniger Regulierungen anstreben, überprüfen viele auch kritisch die Rolle des Staates im Wirtschaftsleben. Obwohl ein aktiv handelnder Staat notwendig ist, um eine marktwirtschaftlich orientierte und Arbeitsnachfrage fördernde Entwicklung zu unterstützen, bedeutet dies doch oft weniger Staat, und es heißt, die Dinge anders und besser zu handhaben als in der Vergangenheit. Die Höhe der Beschäftigten im öffentlichen Dienst schwankt beträchtlich von Land zu Land (Schaubild 14.1). Während aber jedes Land bestimmte Lehrer, Polizisten, Verwaltungsbeamte und Regierungsangestellte hat, die engagiert und effizient sind, wird der Staatsdienst als Ganzes oft als wenig motiviert und unproduktiv angesehen. Inspiriert durch die Länder Ostasiens, wo ein effizienter Staatsdienst zur wirtschaftlichen Entwicklung beigetragen hat, versuchen die Entwicklungsländer in Afrika und Lateinamerika ebenso wie die ehemaligen Staatshandelsländer, die Qualität ihres öffentlichen Sektors zu verbessern, um ihn stärker rechenschaftspflichtig, transparent und aufgeschlossen für die Bedürfnisse der Gesellschaft zu machen.

Wie kann der öffentliche Dienst verbessert werden? Um diese Frage zu beantworten, untersucht dieses Kapitel die staatliche Besoldungs- und Beschäftigungspolitik sowie die Anreizstrukturen. Es erörtert dann die Art der Reformen, welche die Effizienz und Verantwortlichkeit der Beschäftigten des öffentlichen Sektors verbessern können, und fragt, warum ökonomische und politische Hindernisse ihre Durchführung erschweren.

## Warum arbeiten staatliche Stellen schlecht?

Eine unzulängliche Bereitstellung essentieller öffentlicher Güter und Dienstleistungen ist weit verbreitet. Warum sind staatlich Bedienstete, insbesondere in Ländern mit niedrigem und mittlerem Einkommen, häufig so unproduktiv? Die Antworten finden sich hauptsächlich in der bestehenden Beziehung zwischen dem speziellen Charakter des öffentlichen Dienstes einerseits, wo eine Kontrolle mühsam und die Resultate nur schwer meßbar sind, und der Entwicklung schlecht gewählter und kurzsichtiger personalpolitischer Maßnahmen durch den Staat andererseits. Demoralisierte Schullehrer bieten keine Qualitätsausbildung. Ärzte müssen oft ihre unzureichenden staatlichen Gehälter aufbessern und stehen dann den armen Patienten nicht zur Verfügung. Und einige Verwaltungsbeamte sind mehr daran interessiert, Provisionen für Beschaffungsverträge einzustreichen, als die effiziente Durchführung notwendiger Infrastrukturprojekte sicherzustellen.

Die Qualität und Quantität der Bereitstellung staatlicher Leistungen zu messen ist schwierig, gleiches gilt für die Bewertung von Arbeitskräften anhand ihrer persönlichen Leistungen. In Bereichen wie dem Gesundheits- und Erziehungswesen werden die Anbieter staatlicher Dienstleistungen durch vielfältige Zielsetzungen behindert – wie Gerechtigkeitserwägungen, Bekämpfung der Armut –, mit denen sich ihre privaten Gegenüber nicht konfrontiert sehen. Und

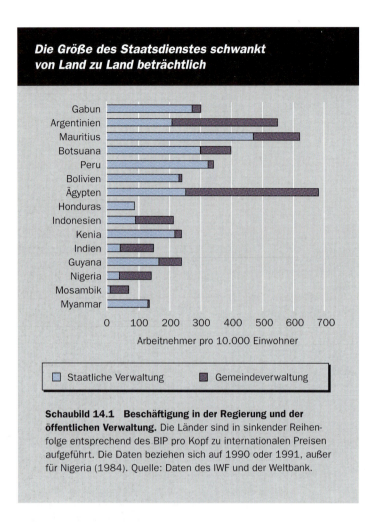

**Schaubild 14.1 Beschäftigung in der Regierung und der öffentlichen Verwaltung.** Die Länder sind in sinkender Reihenfolge entsprechend des BIP pro Kopf zu internationalen Preisen aufgeführt. Die Daten beziehen sich auf 1990 oder 1991, außer für Nigeria (1984). Quelle: Daten des IWF und der Weltbank.

wie bei anderen Verwaltungen mit direktem „Kundenkontakt" – der Polizei, dem Gerichtswesen, den landwirtschaftlichen Beratungsstellen und dem Bewässerungswesen – ist eine direkte, kontinuierliche Überwachung nicht möglich, weil diese Bediensteten mit dem Publikum täglich, in persönlichem Kontakt unter vier Augen, zusammenarbeiten. Es ist deshalb schwierig, den Beitrag jedes Arbeitnehmers zu messen und zu entlohnen. Das Problem wird dadurch noch komplizierter, daß staatlich Bedienstete enorme Möglichkeiten der Vorteilsnahme haben und sich vor der Verantwortlichkeit drücken können (Sonderbeitrag 14.1).

Diese Probleme verschärften sich in den Wirtschaftskrisen der siebziger und achtziger Jahre durch schlechte staatliche Lohn- und Beschäftigungspolitiken. Viele Länder verwendeten ihre begrenzten Mittel, um mehr Leute einzustellen, statt eine angemessene Bezahlung und sonstige Ressourcen für diejenigen sicherzustellen, die bereits im öffentlichen Dienst beschäftigt sind. Häufig brach das grundlegende Besoldungssystem zusammen, und die Bediensteten des öffentlichen Sektors waren gezwungen, ihren Lebensunterhalt aus undurchsichtigen Finanzierungsquellen zu bestreiten, durch Entgelte in Naturalien und durch Nebeneinkünfte aus Schwarzarbeit und Korruption. In einigen Fällen verschärften ausländische Geber, die das Personal für bestimmte Projekte unterstützten, das Problem dadurch, daß sie die Bestimmungen des öffentlichen Dienstes umgingen und spezielle Besoldungsvorteile anboten. Die niedrige Bezahlung lockerte die Loyalität und verringerte das Engagement vieler Angehöriger des öffentlichen Dienstes, und sie senkte die Bereitschaft talentierter und rechtschaffener Arbeitnehmer, sich um einen Arbeitsplatz im staatlichen Sektor zu bewerben oder diesen zu behalten. Die niedrige Bezahlung verleitete viele öffentlich Bedienstete auch dazu, ihre Stellung um finanzieller Vorteile willen zu mißbrauchen, während die Überbesetzung eine Leistungskontrolle noch schwieriger machte. Der Mangel an komplementären Arbeitsmitteln und Ausstattungen diente als Entschuldigung für schlechte Resultate. Die Probleme des staatlichen Sektors vieler Länder wurden 1982 in dem Bericht einer ugandischen Regierungskommission so zusammengefaßt: „Der staatlich Bedienstete mußte entweder überleben, indem er seine Normen hinsichtlich Ethik, Leistung und Pflichterfüllung senkte, oder er blieb ehrenwert und ging zugrunde. Er entschied sich zu überleben."

Niedrige Löhne im staatlichen Sektor sind eine relativ neue Erscheinung. Staatliche Arbeitnehmer in vielen Ländern verdienten früher mehr als ihre Kollegen im privaten städtischen Sektor. In Tansania verdiente ein staatlicher Arbeitnehmer im Jahr 1971 rund 14 Prozent mehr als ein Beschäftigter im privaten Sektor mit gleicher Schulbildung und Berufserfahrung, während in Kenia die geschätzte Differenz im Jahr 1970 zwischen 11 und 16 Prozent lag. Der Rückgang der Reallöhne von Staatsbediensteten wurde durch die Finanzkrise ausgelöst, die Ende der siebziger und in den achtziger Jahren die meisten Länder mit niedrigem und mittlerem Einkommen heimsuchte. Konfrontiert mit zunehmender Mittelverknappung, hätten die Regierungen das Niveau der staatlichen Beschäftigung reduzieren oder einfrieren müssen. Viele machten das Gegenteil. Aus Sorge, daß die steigende städtische Arbeitslosigkeit zu ernsten ökonomischen und politischen Problemen führen könnte, reagierten sie auf die wirtschaftliche Abwärtsbewegung mit dem Versuch, eine größere Zahl von Arbeitnehmern in den staatlichen Sektor aufzunehmen. Das BIP pro Kopf von Somalia ging zwischen 1975 und 1990 zurück, aber die Zahl der staatlich Bediensteten stieg in der gleichen Zeit von 20.000 auf 44.000. Obwohl die Staatseinnahmen von Ghana von 15 Prozent des BIP im Jahr 1970 auf 6 Prozent im Jahr 1983 sanken, hat sich die staatliche Beschäftigtenzahl mehr als verdoppelt. Das Problem wurde in verschiedenen Ländern noch dadurch verschlimmert, daß den Universitätsabsolventen, aus dem Militärdienst Ausgeschiedenen oder Graduierten bestimmter Ausbildungsanstalten die Übernahme in den öffentlichen Dienst garantiert wurde.

Diese Kombination aus sinkenden Staatseinnahmen und steigender Beschäftigung im staatlichen Sektor bedeutete,

## Sonderbeitrag 14.1 Inwieweit trifft das „Chef/Untergebenen-Problem" auf den öffentlichen Dienst zu?

Warum sind öffentlich Bedienstete mit größerer Wahrscheinlichkeit Drückeberger oder ineffizient als die Arbeitnehmer im privaten Sektor? Einige Erklärungen lassen sich unter die allgemeine Rubrik „Chef/Untergebenen-Problem" subsumieren. Wenn ein wirtschaftlich Handelnder (Vorgesetzter) andere beschäftigt (Untergebene), damit sie in seinem Namen Aufgaben ausführen, dann sieht sich der Vorgesetzte vor dem Problem, sicherzustellen, daß die Untergebenen ihre Arbeit so erledigen, daß nicht nur ihre eigenen persönlichen Ziele erfüllt werden, sondern auch die des Chefs. Private Organisationen lösen das Chef/Untergebenen-Problem, indem sie sich im großen und ganzen auf vier Methoden stützen: Identifikation, Autorität, Gruppendynamik und Belohnungen. Viele Regierungen halten es jedoch für schwierig, diese Methoden zu übernehmen und entsprechend anzupassen.

Die Identifikationsmethode, die bei Organisationen in Japan und in anderen ostasiatischen Ländern eine wichtige Rolle spielt, fußt darauf, den einzelnen davon zu überzeugen, daß die Ziele der Firma seine eigenen sind – daß er sich mit der Firma identifiziert. Um sich aber mit der Arbeit des öffentlichen Dienstes identifizieren zu können, ist ein gewisser Grad an sozialem Zusammenhalt und der Glaube an den Wert des öffentlichen Dienstes notwendig. Die Autoritätsmethode zählt auf Arbeitnehmer, die bereit sind, das zu tun, was man ihnen befiehlt. Da dies nur funktioniert, wenn die gewünschten Ergebnisse genau spezifiziert sind und dem Management die dabei angewandten Methoden gleichgültig sind, kann diese Methode bei den meisten staatlichen Aktivitäten nicht zur Anwendung kommen. Gruppendynamik fußt darauf, die Verantwortung für Kontrollfunktionen vom Management auf Arbeitergruppen zu übertragen, indem man die Bezahlung eines jeden Gruppenmitglieds teilweise vom Erfolg der ganzen Gruppe abhängig macht. Die Belohnungsmethode schließlich, die in westlichen Ländern weit verbreitet ist, gründet sich darauf, daß das Management die Arbeitnehmer durch persönliche Anreizsysteme wie Lohnaufbesserungen, Bonuszahlungen und Beförderungen dazu bringt, die Zielsetzungen der Organisation zu unterstützen.

Die gruppendynamische Methode und – in gewissem Umfang – auch die Belohnungsmethode machen es beide erforderlich, daß der Chef die Leistung der Gruppe bewerten kann und den individuellen Beitrag des einzelnen zu identifizieren in der Lage ist. Das ist sogar in Privatunternehmen eine kaum zu bewältigende Aufgabe. Für den öffentlichen Dienst vergrößert sich dieses Problem durch die Schwierigkeit, die Produktivität zu messen; sicherzustellen, daß der einzelne Richter angemessen Recht spricht oder der Polizist gute Sicherheit bietet, das wirft außergewöhnliche Probleme auf.

Wie die Beispiele erfolgreicher öffentlicher Dienste in Ostasien und in vielen Industriestaaten zeigten, sind die Chef/Untergebenen-Probleme nicht unüberwindbar. Die meisten der erfolgreichen öffentlichen Sektoren stützen sich auf eine Kombination von Identifikations- und Belohnungsmethoden. Wenn jedoch das Ethos des öffentlichen Dienstes am Boden liegt, wird es oft schwierig sein, die Identifikation kurzfristig wiederherzustellen, vielmehr wird dies wahrscheinlich Teil einer langfristigen Problemlösung sein. Die Probleme der Belohnung in Angriff zu nehmen, ist aus kurz- wie mittelfristigen Nutzenerwägungen notwendig.

---

daß die Realeinkommen sinken mußten. Das Schrumpfen der Realverdienste staatlicher Arbeitnehmer wurde in Ländern mit makroökonomischen Problemen zu einem weitverbreiteten Phänomen (Schaubild 14.2). In Sambia erreichte das Gehalt eines Unterstaatssekretärs im Jahr 1986 gerade 22 Prozent seiner Kaufkraft von 1976. In El Salvador gingen in den achtziger Jahren die Realeinkommen der staatlich Bediensteten je nach Dienststufe um 48 bis 89 Prozent zurück. Obwohl eine gewisse Reduzierung der staatlichen Bezahlung berechtigt war, um die Gehälter an die Märkte anzugleichen und mit den makroökonomischen Anpassungen in Einklang zu bringen, haben derart enorme Rückgänge ohne Zweifel die Qualität des öffentlichen Dienstes verschlechtert.

Die Qualität des öffentlichen Dienstes verschlechterte sich außerdem aufgrund von Nivellierungstendenzen bei den Gehältern, weil man es zuließ, daß die Gehälter der höheren und ausgebildeten Staatsbediensteten real gesehen schneller sanken als die Verdienste der niedrigeren Gehaltsgruppen. Tansania bietet dafür ein Beispiel. Im Jahr 1969 war das Spitzengehalt im öffentlichen Sektor dreißigmal so hoch wie der niedrigste staatliche Lohn. Bis Mitte der achtziger Jahre war dieses Verhältnis auf sechs zu eins zurückgegangen. In ähnlicher Weise verdiente ein stellvertretender Direktor in Sambia im Jahr 1971 siebzehnmal soviel wie der am niedrigsten bezahlte öffentlich Bedienstete, aber im Jahr 1986 nur 3,7mal so viel. Dies war nicht das Ergebnis irgendeiner marktmäßigen Bewertung von Erfahrung oder Ausbildung. Es war eher ein Reflex des Gefühls für Fairneß bei den politisch Verantwortlichen und des Gespürs für die politischen Realitäten, die höhere Gehälter leichter kürzen ließen. Drastische Veränderungen bei der relativen Bezahlung hatten beträchtliche Konsequenzen für die Neueinstellung, das Verbleiben und die Leistung der leitenden Staats-

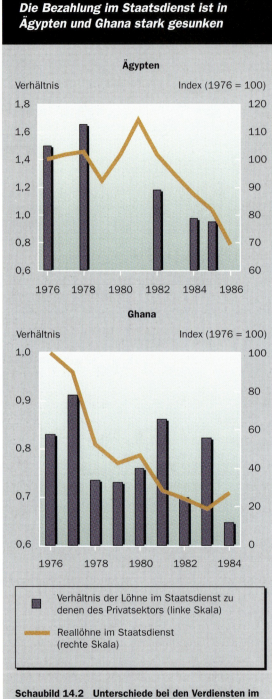

**Schaubild 14.2 Unterschiede bei den Verdiensten im staatlichen und privaten Sektor von Ägypten und Ghana.** Die Daten für die ägyptischen Lohndifferenzen waren für die Jahre 1977, 1979 bis 1981, 1983 und 1986 nicht verfügbar. Quelle: Banerji und Sabot (erscheint demnächst); Zaytoun 1991.

bediensteten sowie der bestausgebildeten Angestellten und damit für die Produktivität derjenigen, die von ihnen beaufsichtigt wurden.

Kürzungen der Ausgaben für Material und Betriebsstoffe führten zu einer weiteren Verschlechterung der Qualität des öffentlichen Dienstes. Staatlich Bedienstete wurden nicht mit den Mitteln ausgestattet, die sie zur Erledigung ihrer Arbeit brauchten. Viele staatliche Krankenhäuser in Ländern mit niedrigem und mittlerem Einkommen haben exzellente Ärzte, doch fehlende Medikamente und chirurgische Hilfsmittel schränken die Möglichkeiten, den Patienten zu helfen, drastisch ein. Die Lehrer in öffentlichen Schulen werden nicht mit Büchern, Wandtafeln oder Kreide ausgestattet, und Mitarbeiter landwirtschaftlicher Beratungsstellen erhalten zwar Gehälter, doch fehlen ihnen die benötigten Fahrzeuge und der Treibstoff, um die Bauernhöfe zu besuchen. Konfrontiert mit der Wahl zwischen einer Kürzung der Löhne im öffentlichen Sektor und der Reduzierung der Ausgaben für Betrieb und Wartung, wählten die Regierungen den politisch leichten Weg.

Schlechte Arbeitsbedingungen im öffentlichen Sektor führten in vielen Ländern – in Afrika, Osteuropa und Südasien – dazu, daß die Besten und Fähigsten der Beschäftigten sich nach Arbeitsplätzen im privaten Sektor umsahen oder sogar ihr Land verließen. In jüngster Zeit ist die Beschäftigung im öffentlichen Dienst zurückgegangen – um 36 Prozent von 1982 bis 1988 in Jamaika und um etwa 23 Prozent von 1985 bis 1989 in Guinea. Aber die Qualität der staatlich Bediensteten dürfte ebenso sinken. Eine entscheidende Ursache ist die Unfähigkeit staatlicher Beschäftigungsstrukturen, eine angemessene Entlohnung für die bestausgebildeten Arbeitnehmer zu gewährleisten. Auch Beschäftigungskürzungen versäumen es oft, die Befähigsten zu schützen, indem allgemeine Kürzungen vorgenommen werden.

### Steigerung der Qualität und Verantwortlichkeit der öffentlichen Arbeitnehmer

Die Leistungen der staatlichen Arbeitnehmer zu verbessern ist zwar schwierig, aber nicht unmöglich, wie gutfunktionierende Verwaltungen einiger ostasiatischer Staaten und Industrieländer zeigen. Einige der Probleme und der unterschiedlichen Methoden, mit denen man sie bewältigte, werden deutlich sichtbar, wenn man staatliche Bewässerungsarbeiter in Indien und der Republik Korea betrachtet.

• • •

*Ein Kontrolleur der Bewässerungsanlagen hat in Indien einen Ganztagsarbeitsplatz. Ausgewählt durch den verantwortlichen Ingenieur des Projekts, überwacht der Kontrolleur die Kanalschleusen weit außerhalb seines Dorfes und weiß, daß er nicht ohne weiteres entlassen werden kann, auch wenn er innerhalb von sechs Jahren auf einen anderen Posten versetzt werden wird. Da er argwöhnt, daß der Kontrolleur seine Pflichten nicht erfüllt, nutzt der Überwacher jede*

## STAATLICHE EINGRIFFE IN ARBEITSMÄRKTE

*Gelegenheit, um ihn und die fünf anderen Kontrolleure unter seiner Aufsicht auszuschimpfen.*

• • •

*Der koreanische Kontrolleur ist ein Bauer aus einem der Dörfer, die vom Bewässerungskanal versorgt werden. Er überwacht in einer Teilzeitarbeit die Kanalschleusen für sechs Monate während des Jahres. Ausgewählt durch seinen Dorfvorsteher, weiß der Kontrolleur, daß sein täglicher Lohn davon abhängt, ob er von seinem Vorsteher wieder nominiert wird. Er hat einen Überwacher, der aus demselben Dorf ist, aber in einer anderen Abteilung der Organisation zur Verbesserung des Agrarlands arbeitet. Der Überwacher kommt unangemeldet ein- oder zweimal in der Woche zum Mittagessen vorbei, um nachzusehen, ob der Kontrolleur irgendwelche Probleme hat.*

• • •

Kontrolleure für die Bewässerungsanlagen sind in beiden Ländern von ausschlaggebender Bedeutung für das Funktionieren der Bewässerungskanäle. Sie patrouillieren entlang der Kanalufer, öffnen und schließen die Wasserschleusen und verteilen das Wasser auf die Flächen, die es am dringendsten brauchen. Die Art der Arbeit macht es praktisch unmöglich, die Arbeitsleistung auf irgendeine direkte, objektive Weise zu kontrollieren. Nachlässigkeit bei der Arbeit oder Korruption von seiten des Kontrolleurs können jedoch ernsthafte Konsequenzen für die örtliche Ernte haben. Das koreanische und das indische Vorgehen der Kontrolle zeitigen sehr unterschiedliche Ergebnisse. Der koreanische Staatsbedienstete arbeitet unter einer Anzahl von Kontroll- und Ausgleichsmechanismen, die im Falle seines indischen Kollegen fehlen, und die jeden Wunsch, sich der Verantwortung zu entziehen, in engen Grenzen halten. Als Teil des örtlichen landwirtschaftlichen Systems ist der koreanische Kontrolleur direkt seinem Vorgesetzten und seinen Kollegen verantwortlich – wenn er einen Fehler macht, werden seine eigene Familie und Freunde darunter leiden, und er wird seinen Arbeitsplatz verlieren. Er wird außerdem vom Drückebergertum durch die zufälligen Kontrollen abgehalten sowie durch den Wunsch, die Erwartungen seiner Kollegen zu erfüllen. Der indische Arbeiter wird dagegen nicht wirklich davon abgeschreckt, sich seinen Pflichten zu entziehen. Da er nicht selbst ein Bauer ist, arbeitet er für eine Gemeinschaft, der er nicht angehört, und er kann nur bei gravierenden Verstößen entlassen werden. Darüber hinaus wird er durch seine feindselige Beziehung zu seinem Überwacher ermutigt, sich vor der Arbeit zu drücken.

Die Zahl und die Bezahlung der Staatsbediensteten sind daher nicht die einzigen Variablen, die die Qualität des öffentlichen Dienstes beeinflussen. Die Regierungen müssen auch sicherstellen, daß sie die richtigen Leute auswählen, harte Arbeit gut entlohnen und sie für ihr Handeln voll verantwortlich machen, und daß die Qualität der Arbeit der staatlich Bediensteten, wann immer es möglich ist, der disziplinierenden Kraft der Marktgesetze unterworfen wird.

Ein Weg, um sicherzustellen, daß der Staatsdienst die besten Beschäftigten an sich zieht, besteht in der Verbindung guter Gehälter mit objektiven, auf persönlichem Verdienst beruhenden Auswahlmethoden, wie ein System von Einstellungsprüfungen und persönlichen Gesprächen. In dieser Beziehung weist Indien gute Erfolge auf. Universitätsabsolventen werden für leitende Positionen durch nationale und bundesstaatliche Kommissionen für den öffentlichen Dienst angeworben, welche die Kandidaten interviewen und die Prüfungen für verschiedene staatliche Ministerien ausarbeiten. Obwohl die große Zahl der Bewerber bedeutet, daß manche persönlichen Gespräche weniger als fünf Minuten dauern, bilden die Prüfung und das Gespräch zusammengenommen ein auf persönlichem Verdienst basierendes Auswahlkriterium.

Arbeitnehmer des öffentlichen Sektors müssen auch für ihre Leistungen belohnt und für ihre Fehler verantwortlich gemacht werden. Ein vielversprechender Weg zur Motivierung der Arbeitnehmer des öffentlichen Sektors besteht darin, die Beförderung an die Leistung zu binden – dies läuft direkt der Tradition des öffentlichen Dienstes entgegen, die Beförderungen unabhängig vom persönlichen Verdienst vorzunehmen. Der indische öffentliche Dienst ist dafür typisch. Die Beförderung innerhalb des öffentlichen Dienstes gründet sich allein auf das Dienstalter. Die leitenden Beamten werden in Gruppen ausgewählt, und innerhalb jeder Gruppe wird das Dienstalter durch den Rang bestimmt, der von der Kommission für den öffentlichen Dienst auf der Grundlage der Eingangsprüfung und des persönlichen Gesprächs festgelegt worden ist. Dieser Dienstaltersrang wird von den Beamten für den Rest ihrer Berufslaufbahn beibehalten, und es ist schwierig, außerhalb der Regelliste befördert zu werden.

Die Verwaltungen in den erfolgreichen Ländern Ostasiens haben die Leistung als Kriterium für die Beförderung eingeführt, wobei man die Anreize für persönliche Leistung mit der Förderung der Teamarbeit verknüpfte. Die Beförderung von leitenden Beamten in Koreas öffentlichem Dienst beruht auf einer Formel, die sowohl auf die Dauer des Dienstes als auch auf persönliche Leistung Gewicht legt. Die Leistungsbeurteilung ist zum Teil subjektiv und zum Teil objektiv und stützt sich auf Testpunkte von Ausbildungskursen, Leistungsbeurteilungen von Vorgesetzten und Belobigungen für hervorragende Arbeitsleistungen oder sonstige Leistungen im öffentlichen Dienst. Zusätzlich werden Veranstaltungen, Gruppentreffen, Sportveranstaltungen und Wettbewerbe unter den Arbeitsgruppen dazu benutzt, die Teamarbeit zu verstärken. Derartige Aktionen erhöhen das Gemeinschaftsgefühl jeder Verwaltungseinheit.

Beförderungssysteme, die sich an der Leistung orientieren, waren im staatlichen Sektor traditionell nur schwer aufzubauen, weil die Vorgesetzten die Verdienste des einzelnen oder einer Gruppe, die öffentliche Dienstleistungen bereitstellt, für die kein vergleichbarer Marktwert besteht, nicht objektiv messen können. Eine Lösung besteht in der Dezentralisierung gewisser staatlicher Aktivitäten und in der Förderung des privaten Sektors bei der Bereitstellung öffentlicher Güter. Nicht alle öffentlichen Güter können auf diese Weise angeboten werden, es ist aber oft wichtig, die staatlich Bediensteten in irgendeiner Form den Marktzwängen auszusetzen. Ein Beispiel dafür bieten die Reformen im Ausbildungssystem Chiles. Die Trägerschaft der öffentlichen Schulen wurde zuerst an die Gemeinden delegiert, denen die volle Verantwortung für deren Leitung und für die Bezahlung der Lehrer übertragen wurde. Diese Dezentralisierung machte die Beamten direkter gegenüber den Bürgern verantwortlich, denen sie dienten. Als nächstes wurde die Unterstützung der Zentralregierung für die staatlichen Schulen und die subventionierten Privatschulen einer Reform unterzogen, wobei sich die gezahlten Beträge an der Zahl der registrierten Schüler orientierten. Indem man die Zahlungen pro Schüler um 10 Prozent gegenüber dem Stand vor der Reform erhöhte, ermöglichte es die Regierung, daß die privaten Schulen eine Gratisausbildung anbieten konnten und die staatlichen Schulen um die Finanzmittel der Zentralregierung in Wettbewerb treten mußten. Die Verwaltungsbeamten und Lehrer der Schulen, die öffentlich Bedienstete blieben, konnten jetzt leicht überwacht werden, und die besser gewordenen Schulen zogen mehr Schüler an und mehr staatliche Mittel auf sich. Allerdings wurde dieses Reformprogramm durch eine Militärregierung in die Wege geleitet, vor dem Hintergrund repressiver arbeitsmarktpolitischer Maßnahmen, so daß mit der Durchführung hohe soziale Kosten verbunden waren.

### Politik und staatliche Beschäftigungsreformen

Die Notwendigkeit einer staatlichen Beschäftigungsreform wird in vielen Ländern anerkannt. Die Staaten zögern aber oft, ernsthafte Veränderungen in Angriff zu nehmen. Die Regierungen widersetzen sich Reformen, die überzählige staatliche Arbeitnehmer freisetzen und die Lohnstrukturen wieder entzerren sollen, weil sie politisch nicht durchsetzbar sind; denn die unteren Arbeitnehmerschichten sind in der Regel die Hauptverlierer. Einige Regierungen argumentieren auch, daß die Benachteiligung der städtischen ungelernten Arbeiter große politische Kosten verursachen würde, weil diese Schichten einen wesentlichen Teil der Unterstützung der politischen Regime bilden. Es gibt mehrere Beispiele für starke politische Widerstände gegen Reformen des öffentlichen Dienstes. So trafen Bemühungen zu einer Reduzierung des brasilianischen öffentlichen Dienstes auf eine erhebliche Opposition und wurden durch verfassungsrechtlich garantierte Beschäftigungsrechte in Grenzen gehalten. Jamaikas mächtige Gewerkschaft des öffentlichen Dienstes widersetzte sich erfolgreich deutlichen Umstrukturierungen des Lohngefüges, welche die oberen Ränge zu Lasten der unteren belohnt hätte.

In vielen Fällen werden jedoch die politischen Risiken überschätzt, die Regierungen auf sich nehmen, wenn sie Reformen der Bezahlung und Beschäftigung im öffentlichen Dienst in Angriff nehmen. Argentinien, Ghana und Guinea haben die staatliche Beschäftigung um 16 bis 23 Prozent reduziert, und zwar ohne große politische Widerstände, Destabilisierung der Regime oder soziale Unruhen. Warum gibt es oft nur überraschend geringe Widerstände gegen eine Reform? Ein Grund ist, daß die Löhne und Vorteile im öffentlichen Dienst in besonders reformbedürftigen Ländern schon drastisch gefallen sind. Je weniger der Arbeitsplatz wert ist, desto geringer ist der Widerstand gegen dessen Abbau – die Anpassungskosten sind, im ganzen gesehen, bereits erbracht worden. So können sogar bescheidene Abfindungszahlungen ausreichen, um einen Abbau in großem Umfang zu kompensieren. Außerdem zeigt die Erfahrung, daß die Zielgruppe einer Reform des öffentlichen Dienstes üblicherweise die große Zahl der ungelernten Arbeiter ist, die in den niederen Rängen des öffentlichen Dienstes tätig und relativ einflußlos sind. In den meisten Ländern sind die Arbeitnehmer im staatlichen Sektor nicht ausreichend organisiert, um gegen die vorgesehenen Kürzungen einen wirkungsvollen Protest erheben zu können.

Einige Regierungen vermeiden eine Reform des öffentlichen Dienstes aus Furcht, damit ihr System der Ämterpatronage zu zerstören, das manchmal für ihr politisches Überleben erforderlich ist. Die Organisation und Funktionsweise von Bürokratien ist in der Regel mit der Bildung und Verteilung wirtschaftlicher Privilegien eng verbunden, die Politiker brauchen, um an der Macht zu bleiben. Die Regierungen stützen sich oft auf die Ressourcen, über die sie im öffentlichen Dienst verfügen, um die Opposition zu spalten und Unterstützerbeziehungen zwischen Förderern und Anhängern aufzubauen. Von diesen Regierungen werden Reformen des öffentlichen Dienstes als ernste Bedrohung empfunden.

• • •

Viele Staaten haben realisiert, daß die wachsende internationale Konkurrenz eine gut funktionierende, flexible Verwaltung erforderlich macht. Um ein effizienter Arbeitgeber zu sein und um einen öffentlichen Dienst von hoher Qualität zu sichern, müssen die Staaten ihre Besoldungs-, Einstellungs- und Beförderungspolitik reformieren und für die Bereitstellung von Leistungen stärker auf den privaten Sektor zurückgreifen. Allerdings ist die Durchführung dieser Reformen, die oft einen Abbau der Beschäftigtenzahl im öffentlichen Dienst beinhalten, deshalb schwierig, weil politische und wirtschaftliche Notwendigkeiten häufig konkurrieren. Erfolge erfordern ein hohes Maß an politischem Engagement.

# TEIL VIER

## Wie kann die Wirtschaftspolitik den Arbeitskräften in Zeiten des Umbruchs helfen?

STRUKTURANPASSUNGEN und der Übergang von der zentralen Planung bringen für Arbeitnehmer und ihre Familien oft schmerzhafte Veränderungen mit sich. Sind diese Leiden aber nun auf eine fehlerhafte Gestaltung der Reformpolitik zurückzuführen oder auf eine verfehlte Entwicklungspolitik, deren Wurzeln die Reformen auszurotten versuchen? Tragen die Arbeitnehmer einen übermäßig großen Anteil der Anpassungskosten? Diesen Fragen gehen wir in diesem Teil des Berichts nach. Kapitel 15 untersucht die Ähnlichkeiten und die Unterschiede in den schwierigen Anpassungsprozessen, die viele Länder derzeit durchmachen, und fragt, wie es dabei den Arbeitnehmern ergeht. Kapitel 16 analysiert, wer in diesen Perioden tiefgreifender ökonomischer Umbrüche gewinnt und wer verliert. Kapitel 17 betrachtet eine Auswahl mikroökonomischer Maßnahmen, die sowohl das Übergangstempo beschleunigen, als auch die Auswirkungen auf die Arbeitnehmer verringern können.

# KAPITEL 15

# Strukturen der Reform

DIE KONTUREN DER WELTWIRTSCHAFT haben sich in den vergangenen Jahren radikal verändert, als eine ganze Reihe von Ländern sich dramatischen ökonomischen Transformationen unterzogen hat. Beinahe jede Region der Welt war betroffen: Lateinamerika und der Nahe Osten in Reaktion auf die Schuldenkrise und die Ölpreisschocks; China und Vietnam durch marktwirtschaftliche Reformen, Afrika südlich der Sahara im Bemühen, das Wachstum in diesem Kontinent wiederzubeleben, und schließlich Mittel- und Osteuropa sowie die ehemalige Sowjetunion, wo gewaltige Systemveränderungen zur Etablierung einer marktwirtschaftlichen Ordnung im Gange sind.

In den meisten Fällen bedeuten diese Transformationen einen Wechsel von einer verfehlten Entwicklungsstrategie hin zu einer neuen. Oft stehen sie im Zusammenhang mit einer Krise: als Reaktion auf externe Schocks, wie in Lateinamerika nach der Schuldenkrise, den Einbruch der Rohstoffpreise in Afrika südlich der Sahara, oder den allgemeinen Zusammenbruch des alten Systems, wie in den früheren zentralen Planwirtschaften. Doch internationale Schocks bringen häufig einfach nur die Probleme verfehlten Wachstums ans Tageslicht und decken die internen Widersprüche eines bestimmten Systems auf.

Was immer die Ursachen sein mögen, der Zusammenbruch einer Entwicklungsstrategie zwingt Länder zu Reformen. Einige Staaten wie Nordkorea leisten Widerstand und versuchen so lange wie möglich bei dem alten System zu bleiben. Andere Länder wie Nigeria und Venezuela bleiben eine Zeitlang zwischen zwei Strategieansätzen stecken. Doch mehr und mehr Länder, von Polen bis Chile, stellen sich der Notwendigkeit von Veränderungen, indem sie sich rasch der neuen Realität anpassen und auf einen anderen Entwicklungspfad einschwenken. Dieser Wechsel ist gewöhnlich mit Unruhen verbunden und beinhaltet potentiell hohe Anpassungskosten, doch wenn er erfolgreich ist, führt er die Wirtschaft auf einen Pfad rascheren Wachstums.

Das breite Spektrum von Ursachen der Veränderungen sowie die unterschiedlichen Ausgangspositionen von Ländern, die ähnlichen Schocks ausgesetzt sind, lassen Verallgemeinerungen über ihren Einfluß auf die Arbeitskräfte und die angemessenen Reaktionen der Politik kaum zu. Doch die Erfahrungen des letzten Jahrzehnts haben deutlich gemacht, daß die Arbeitskräfte mehr zu leiden haben, wenn Reformen hinausgezögert oder abgebrochen werden, daß nachhaltiges Wachstum der Schlüssel für erfolgreichen Wandel ist, und daß eine wichtige Aufgabe der Regierungspolitik darin besteht, den Wechsel für die Arbeitskräfte zu erleichtern und sie für ein erfolgreiches Bestehen unter den neuen Bedingungen auszurüsten.

Dieses Kapitel enthält eine Systematik der Transformationen und hebt die Implikationen jeder Kategorie für den Arbeitsmarkt hervor. Es konzentriert sich dann auf die Frage, wie unterschiedliche Ausgangsbedingungen die allgemeine Reformstrategie beeinflussen und welche Rolle die makroökonomische Politik dabei hat.

## Die wichtigsten Merkmale von Reformen

Keine Erfahrung eines Landes bei der Durchführung des Reformprozesses gleicht genau der eines anderen Landes. Doch in allen Fällen beinhaltet dieser eine Kombination aus makroökonomischer Stabilisierung, Liberalisierung des Handels und der Binnenmärkte sowie institutionellen Reformen. Die beiden zuletzt genannten Merkmale sind aufs engste mit dem strategischen Schritt zu verstärkter internationaler Integration und einer reduzierten Rolle des Staates verbunden. Alle drei haben einen Einfluß auf den Faktor Arbeit. Wir unterscheiden vier grobe Muster, die die Transformationen in den verschiedenen Ländern annehmen:

### Die Reformstrukturen unterscheiden sich in ihren Hauptmerkmalen

Tabelle 15.1 Merkmale der vier wichtigsten Reformstrukturen

| | Ziele der Reform | | |
|---|---|---|---|
| **Struktur** | **Stabilisierung** | **Liberalisierung** | **Institutionelle Reformen** |
| industriell-postsozialistisch | bedeutend | bedeutend | bedeutend |
| lateinamerikanisch | moderat bis bedeutend | moderat | moderat |
| afrikanisch, südlich der Sahara | kaum bis moderat | moderat bis bedeutend | moderat |
| asiatisch-agrarisch | kaum | moderat bis bedeutend | moderat bis bedeutend |

Tabelle 15.1 faßt zusammen, wie sich diese Muster hinsichtlich jeder der drei Dimensionen der Reformen unterscheiden:

- *Das industriell – post-sozialistische Muster.* Typisch für die industrialisierten früheren Planwirtschaften ist, daß die Übergänge durch radikale institutionelle Reformen, dramatische Einbrüche des Bruttoinlandsprodukts und bedeutsame Umschichtungen von Arbeit zwischen den Sektoren sowie vom staatlichen zum privaten Sektor charakterisiert sind. Fast 195 Millionen Arbeiter in diesen Volkswirtschaften haben mit solchen Übergängen zu kämpfen.
- *Das Lateinamerikanische Muster.* Diese Transformationen kombinieren Stabilisierung und substantielle Liberalisierung, insbesondere des Handels. Sie sind mit moderaten Umschichtungen der Arbeit und einem gewissen Rückgang des BIP verbunden. Dieses Muster entspricht den Erfahrungen der meisten lateinamerikanischen Länder, aber auch einiger Volkswirtschaften des Nahen Ostens und Nord-Afrikas sowie der Philippinen. Etwa 155 Millionen Arbeitskräfte in diesen Regionen sind betroffen.
- *Das Muster von Afrika südlich der Sahara.* Ein gesamtwirtschaftlicher Einbruch geht in diesen Anpassungsphasen gewöhnlich den Reformen voraus, die durch profunde Umstrukturierungen innerhalb eines kleinen modernen Sektors charakterisiert sind sowie durch eine relativ schwache Reaktion des ländlichen Angebots (bedingt durch eine unzulängliche Infrastruktur und eine anhaltende politische Benachteiligung). Ungefähr 70 Millionen Arbeiter in afrikanischen Ländern südlich der Sahara kämpfen mit Anpassungsproblemen.
- *Das asiatisch-agrarische Muster.* Die Übergangsprozesse in primär landwirtschaftlich orientierten Volkswirtschaften sind durch ein stetiges Wachstum des BIP, einige institutionelle Reformen und (im Zeitablauf) potentiell große Umschichtungen der Arbeit gekennzeichnet. Dies ist das Muster in China, Indien und Vietnam. Etwas mehr als eine Milliarde Arbeitskräfte, deutlich mehr als ein Drittel des Arbeitskräftepotentials der Welt, leben in den asiatischen Agrarökonomien.

## Der Einfluß der Reformen auf den Arbeitsmarkt

Dem Arbeitsmarkt fällt eine bedeutende Rolle zu bei der Bestimmung des Erfolgs von Anpassungen und Reformen, sowie bei deren Einfluß auf den Lebensstandard. Die Reaktion der Reallöhne auf den allgemeinen Rückgang der Nachfrage nach Arbeit und die Leichtigkeit, mit der Arbeit aus zusammenbrechenden Sektoren verlagert werden kann, haben zusammen einen großen Einfluß auf die Wohlfahrt der arbeitenden Bevölkerung während des Übergangsprozesses. Unterschiedliche Muster des Beschäftigungsabbaus, der Abnahme der Reallöhne und der Zunahme der Arbeitslosigkeit haben sehr verschiedene Auswirkungen auf die Einkommensverteilung und Wohlfahrt der Bevölkerung.

### Reallöhne und Arbeitslosigkeit

Meist sind die Anpassungsprozesse aufgrund einer schrumpfenden Wirtschaft und institutioneller Reformen mit einer Abnahme der gesamtwirtschaftlichen Arbeitsnach-

**In den Reformländern Lateinamerikas und Afrikas fielen die Reallöhne oft drastisch und erholten sich dann, während die Arbeitslosigkeit häufig moderat blieb**

Tabelle 15.2 Reallöhne und Arbeitslosigkeit in vier Reformländern in Lateinamerika und Afrika südlich der Sahara

| Land | 1978 | 1979 | 1980 | 1981 | 1982 | 1983 | 1984 | 1985 | 1986 | 1987 | 1988 | 1989 | 1990 |
|---|---|---|---|---|---|---|---|---|---|---|---|---|---|
| *Reallöhne (Index)*[a] | | | | | | | | | | | | | |
| Bolivien | 196,4 | 200,0 | 181,8 | 145,5 | 101,8 | 76,4 | 65,5 | 100,0 | 61,8 | 76,4 | .. | .. | .. |
| Chile | 82,0 | 94,3 | 100,9 | 105,6 | 116,1 | 97,3 | 100,0 | 94,2 | 94,5 | 93,9 | 99,3 | 104,0 | 105,2 |
| Mexiko | .. | .. | 129,4 | 135,5 | 133,5 | 93,6 | 100,0 | 94,4 | 66,5 | 66,2 | 81,2 | 93,7 | 103,3 |
| Ghana | 275,6 | 226,8 | 243,9 | 143,9 | 129,3 | 100,0 | 146,3 | 212,2 | 218,8 | 254,3 | 254,3 | 295,7 | 379,3 |
| *Arbeitslosenquote (Prozent)* | | | | | | | | | | | | | |
| Bolivien | .. | .. | 7,5 | 6,2 | 7,5 | 8,2 | 6,6 | 5,7 | 4,2 | 5,9 | 11,5 | 10,7 | .. |
| Chile | 14,0 | 14,0 | 10,0 | 11,0 | 20,0 | 15,0 | 14,0 | 12,0 | 9,0 | 8,0 | 6,0 | 5,0 | 6,0 |
| Mexiko | .. | .. | 4,7 | 4,2 | 4,2 | 6,1 | 5,6 | 4,4 | 4,3 | 3,9 | 3,5 | 2,9 | 2,8 |
| Ghana | .. | .. | .. | .. | .. | 0,5 | 0,4 | 0,5 | 0,5 | 1,8 | 1,2 | .. | .. |

.. nicht verfügbar.
a. Der Index wurde im ersten Jahr der Anpassung auf 100 gesetzt.
**Quelle:** Schätzungen der Weltbank.

frage verbunden. Die Anpassung an die reduzierte Arbeitsnachfrage erfordert gewöhnlich einen Rückgang der Reallöhne. Viele Länder in Lateinamerika und in Afrika südlich der Sahara, die harte gesamtwirtschaftliche Anpassungen durchgemacht haben, verzeichneten dramatische Schwankungen ihrer Reallöhne, die im Extremfall bis auf 30 Prozent ihres Höchststandes zurückfielen – und damit weit stärker abnahmen als das BIP (Tabelle 15.2). Die nominalen Lohnzuwächse blieben hinter den Preissteigerungen zurück, so daß die Reallöhne sanken. In allen erfolgreichen Anpassungsperioden erholten sich die Löhne jedoch wieder, wenn makroökonomische Anpassungen die Inflation dämpfen, manchmal erreichten sie aber nicht mehr ihr früheres Niveau. Diese Reaktionsmuster können unter anderem in Bolivien, Ghana und Mexiko beobachtet werden. Bei einem starken Rückgang der Reallöhne muß die Beschäftigung gewöhnlich nicht so drastisch abgebaut werden, so daß die Arbeitslosigkeit in diesen Ländern durchweg moderat blieb – mit Bolivien als möglicher Ausnahme. In einigen wenigen lateinamerikanischen und afrikanischen Ländern südlich der Sahara waren die Reallohnschwankungen weniger extrem; ein Beispiel ist Chile, wo die Löhne aufgrund institutioneller Mechanismen, wie der Preisindexierung der Löhne, nur moderat fielen, jedoch auf Kosten einer viel höheren Arbeitslosigkeit.

Das Muster der Lohn- und Beschäftigungsanpassungen in den früheren Planwirtschaften fügt sich in zwei unterschiedliche Gruppen ein. China und Vietnam, die den Übergang zum Markt ohne gesamtwirtschaftliche Einbrüche bewältigten, wiesen ein relativ stetiges Wachstum der Reallöhne und eine vernachlässigbare Arbeitslosigkeit auf.

Industrialisierte post-sozialistische Volkswirtschaften wie Lettland, Polen und Rußland litten andererseits alle an einer Kombination von scharfen Reallohn- und Beschäftigungseinbrüchen (Tabelle 15.3). In Polen fielen die Löhne weniger stark, und die Arbeitslosigkeit nahm mehr zu, während in Rußland die Reallöhne stärker gefallen sind, die offene Arbeitslosigkeit aber niedrig blieb. In diesen Unterschieden spiegeln sich sowohl der Einfluß institutioneller Faktoren wider, wie das Niveau des Arbeitslosengeldes, als auch die Entscheidungen von Firmen und Arbeitern über den Einsatz von Entlassungen versus Reduktion der Arbeitszeit je Beschäftigten.

*Relative Löhne und die Umschichtung von Arbeit*

Alle Transformationen beinhalten eine Reallokation der Arbeit von unrentablen Arbeitsplätzen hin zu produktiveren Sektoren und Tätigkeiten. Was hier zählt, ist nicht die Reaktion des gesamtwirtschaftlichen Lohnniveaus, sondern die Frage, ob vom Arbeitsmarkt die richtigen Signale ausgehen, um Arbeitskräfte in Märkte mit hoher Nachfrage zu lenken. Der Arbeitsmarkt erfüllt diese Aufgabe gewöhnlich durch Veränderungen der relativen Löhne, indem die Löhne in den expandierenden Sektoren relativ zu jenen in den schrumpfenden Sektoren steigen. Eine vorübergehende Zunahme der Lohnunterschiede veranlaßt Arbeitskräfte, unrentable Arbeitsplätze zu verlassen und Beschäftigung in den wachsenden Sektoren zu suchen. Je rascher die Arbeitskräfte in diese Sektoren strömen, desto schneller wird die gewünschte Anpassung des gesamtwirtschaftlichen Outputs eintreten. Wenn dieser Strom jedoch nur träge fließt – weil sich die relativen Löhne nicht ändern, weil die Anpassungs-

---

**Volkswirtschaften im Übergang weisen unterschiedliche Strukturen der Arbeitsmarktanpassung auf**

**Tabelle 15.3  Reallöhne und Arbeitslosigkeit in fünf ehemaligen Planwirtschaften**

| Volkswirtschaft | 1984 | 1985 | 1986 | 1987 | 1988 | 1989 | 1990 | 1991 | 1992 | 1993 |
|---|---|---|---|---|---|---|---|---|---|---|
| *Reallöhne (Index)[a]* | | | | | | | | | | |
| China[b] | 82,7 | 94,9 | 100,0 | 108,2 | 109,1 | 108,3 | 103,1 | 112,6 | 117,2 | .. |
| Ungarn | .. | .. | .. | .. | 99,3 | 100,0 | 98,7 | 96,6 | 97,9 | 96,8 |
| Lettland | .. | .. | .. | .. | 90,3 | 94,9 | 100,0 | 73,9 | 49,6 | 54,7 |
| Polen | .. | .. | .. | 81,4 | 93,6 | 100,0 | 75,7 | 75,5 | 73,4 | 71,2 |
| Rußland | .. | .. | .. | .. | 90,0 | 95,3 | 103,5 | 100,0 | 70,0 | 73,4 |
| *Arbeitslosenquote (Prozent)* | | | | | | | | | | |
| China | 1,9 | 1,8 | 2,0 | 2,0 | 2,0 | 2,6 | 2,5 | 3,0 | .. | .. |
| Ungarn | .. | .. | .. | .. | 0,3 | 0,4 | 1,9 | 7,8 | 13,2 | 12,6 |
| Lettland | .. | .. | .. | .. | 0,0 | 0,0 | 0,0 | 0,1 | 2,3 | 5,7 |
| Polen | .. | .. | .. | 0,1 | 0,1 | 0,1 | 6,3 | 11,8 | 13,6 | 15,7 |
| Rußland | .. | .. | .. | .. | 0,0 | 0,0 | 0,0 | 0,1 | 4,8 | 5,5 |

.. nicht verfügbar.
a. Der Index wurde im ersten Jahr der Anpassung auf 100 gesetzt.
b. 1986 wurden die ersten bedeutsamen Reformversuche im staatlichen Unternehmenssektor gemacht.
**Quelle:** Schätzungen der Weltbank.

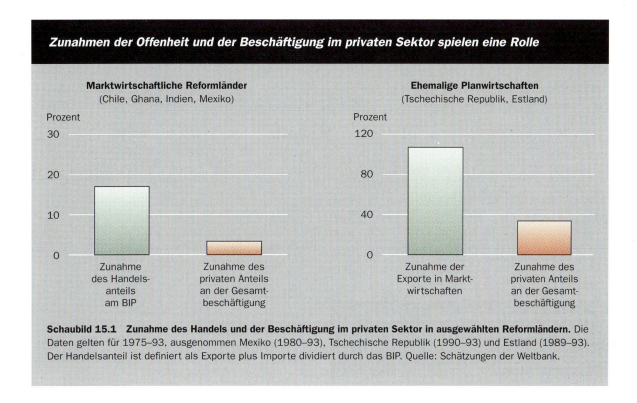

**Schaubild 15.1 Zunahme des Handels und der Beschäftigung im privaten Sektor in ausgewählten Reformländern.** Die Daten gelten für 1975–93, ausgenommen Mexiko (1980–93), Tschechische Republik (1990–93) und Estland (1989–93). Der Handelsanteil ist definiert als Exporte plus Importe dividiert durch das BIP. Quelle: Schätzungen der Weltbank.

kosten hoch sind oder weil die alten Arbeitsplätze unrentabel werden, bevor neue geschaffen sind –, dürfte die Wirtschaft einen großen temporären Abbau der Beschäftigung und parallel dazu eine Zunahme der Arbeitslosigkeit erfahren.

Zwei Indikatoren für den Einfluß auf den Faktor Arbeit sind die aggregierten Veränderungen im Offenheitsgrad der Wirtschaft (für die Planwirtschaften ist dies die Offenheit im Handel mit Marktwirtschaften) und die Zunahme des Anteils der privaten Beschäftigung. Für die bereits marktwirtschaftlich orientierten Entwicklungsländer scheint die Zunahme der Offenheit wichtiger zu sein; für einige industrialisierte post-sozialistische Länder können beide Veränderungen sehr groß sein (Schaubild 15.1).

In den meisten Reformländern zeigen sich deutliche Verschiebungen in den relativen Löhnen. In Ghana stiegen die relativen Löhne sowohl in der Landwirtschaft als auch im Bergbau, den beiden vom Reformprogramm begünstigten Sektoren. In Mexiko wurden die inter-sektorellen Lohndifferenzen zwar zunächst verringert, doch anschließend weiteten sie sich aus, als die Löhne in den wachsenden export-orientierten Industrien, wie im Transportfahrzeugbau, relativ zu jenen in den schrumpfenden import-substituierenden Sektoren stiegen. In Chile stiegen die Löhne des Verarbeitenden Gewerbes im Vergleich zu den Durchschnittslöhnen, und innerhalb des produzierenden Sektors weiteten sich die Lohnunterschiede zwischen den Sub-Sektoren und nach dem Qualifikationsniveau aus. Größere Veränderungen in den relativen Löhnen sind auch in den industrialisierten post-sozialistischen Ländern zu beobachten. Sektorale Lohndifferenzierungen sind in der Tschechischen Republik und in der Slowakei entstanden, eine ähnliche Zunahme der Varianz der Löhne zwischen den Industrien ist auch in Bulgarien eingetreten.

Die Beschäftigung verschiebt sich gewöhnlich parallel zu den Bewegungen der relativen Löhne. Bolivien, Côte d'Ivoire und Ghana mußten als Ergebnis von Veränderungen der relativen Preise und Löhne Verschiebungen zurück in die Landwirtschaft hinnehmen. In Costa Rica wanderten Beschäftigte in Industrien, die Güter für den Export produzieren. Und in der Tschechischen Republik, der Slowakei, Polen und Rußland strömten Arbeitskräfte aus der Industrie in den Dienstleistungssektor sowie aus dem öffentlichen in den privaten Bereich. In Rußland ging beispielsweise der Anteil staatlicher Beschäftigung von nahezu 83 Prozent im Jahr 1990 auf 67 Prozent im Jahr 1993 zurück.

## Die Beschränkungen durch Ausgangsbedingungen

Ein bedeutender Faktor für die Reichweite und das Tempo von Reformen sind die Ausgangsbedingungen. Die Geschwindigkeit, mit der beispielsweise Arbeitsplätze vernichtet werden, läßt sich nur kontrollieren, wenn der geschützte Sektor im Vergleich zum Rest der Wirtschaft klein ist. Ähnlich läßt sich ein schrittweiser Reformansatz in einer Volkswirtschaft im Gleichgewicht leichter realisieren als in einer von hoher Inflation und Devisenmangel geplagten Ökonomie. Ein Vergleich zwischen China und Rußland illustriert dies. China wählte einen zweigleisigen Reformansatz: Es behielt die staatliche Kontrolle über die bestehenden Unternehmen bei, ließ aber das Entstehen eines neuen, nicht-staatlichen Sektors weitgehend außerhalb staatlicher Kontrollen zu. Diese Strategie war durchführbar, weil der ineffiziente Staatssektor nur einen relativ kleinen Anteil an der Gesamtwirtschaft hatte. Außerdem war das Ausmaß von Fehlallokationen der Ressourcen in China geringer, da es einen weit größeren informellen Agrarsektor als das stärker industrialisierte Rußland hatte (Schaubild 15.2).

Diese unterschiedlichen Ausgangsbedingungen schränkten sowohl den Übergangspfad als auch die strategischen Alternativen ein, die den Politikern offenstanden. Chinas großes ländliches Angebotspotential lieferte eine kräftige Initialzündung, sowohl für das Wachstum als auch für die Schaffung von Arbeitsplätzen im nicht-staatlichen Sektor; es erlaubte dem Staat auch einen schrittweisen Ansatz zur Reform der ineffizienten Staatsbetriebe. Die Länder Mittel- und Osteuropas sowie der ehemaligen Sowjetunion, denen ein solches Angebotspotential fehlte, mußten ihren Staatssektor reformieren und die Vernichtung öffentlicher Arbeitsplätze hinnehmen; sie konnten die Reformen nicht hinauszögern, wie es China getan hat. Allgemein läßt sich feststellen, daß die Ausgangsbedingungen dort günstiger sind, wo Arbeit und Kapital sehr mobil sind und wo es gesunde Sektoren mit einem großen Potential für ein steigendes Angebot gibt. Länder mit einem entwickelten formellen Privatsektor und einem geringen Ausmaß an Protektion benötigten weniger sektorale Reallokation von Arbeit als die ehemaligen Planwirtschaften. Im Unterschied dazu sind in den Ländern Mittel- und Osteuropas sowie der ehemaligen Sowjetunion massive Reallokationen von Arbeitskräften erforderlich. In vielen Ländern Afrikas südlich der Sahara gab es kaum Fehlallokation von Arbeit, doch die Produktion nahm kurzfristig aufgrund unzureichender Infrastruktur und institutioneller Unterstützung sowie fortbestehender politischer Benachteiligung der Landwirtschaft nur wenig zu.

### Die Rolle der Politik

Die Auswahl und das Timing politischer Strategien können ebenfalls einen großen Einfluß auf das Tempo des Übergangsprozesses und die Wohlfahrt der Arbeiter haben. Die politische Schlüsselfrage beim Management struktureller Reformen besteht darin, wie der Übergang von Arbeitern aus unrentablen Stellen auf neue Arbeitsplätze erleichtert werden kann, ohne die kurzfristigen Anpassungskosten zu erhöhen. Die politischen Entscheidungen haben verschiedene Dimensionen.

Die erste politische Entscheidung besteht darin, den *Beginn des Anpassungsprozesses* festzulegen. Manchmal gibt es hier einen Ermessensspielraum: Peru hätte die Reformen in der Mitte der achtziger Jahre beginnen können, entschied sich aber für einen Aufschub – was mit hohen Kosten in Form einer Zunahme der Armut verbunden war. Doch es ist im allgemeinen besser, die Reformen anzupacken, sobald das Vertrauen in das Engagement der Regierung hergestellt ist. Wenn die Politiker warten, bis die Wirtschaft zusammenbricht, gibt es weniger Optionen, und der Übergangsprozeß dürfte schmerzhafter werden. Die Reformen zu beginnen, bevor die Regierung ihr Engagement und ihre Glaubwürdigkeit etabliert hat, kann jedoch „ins Auge gehen". Es kann die Reformen zurückwerfen, mit fatalen Konsequenzen für das Wachstum, wie die Erfahrungen von Côte d'Ivoire in den achtziger Jahren zeigen.

Zweitens haben die Politiker über das *Reformtempo* zu entscheiden. Sollen die Reformen schrittweise erfolgen, mit einem allmählichen Abbau unrentabler Arbeitsplätze? Oder soll es schnell gehen, selbst auf die Gefahr hin, daß zunächst

---

**Chinas informeller Landwirtschaftssektor, um ein Vielfaches größer als derjenige Rußlands, dürfte China beim Übergang geholfen haben**

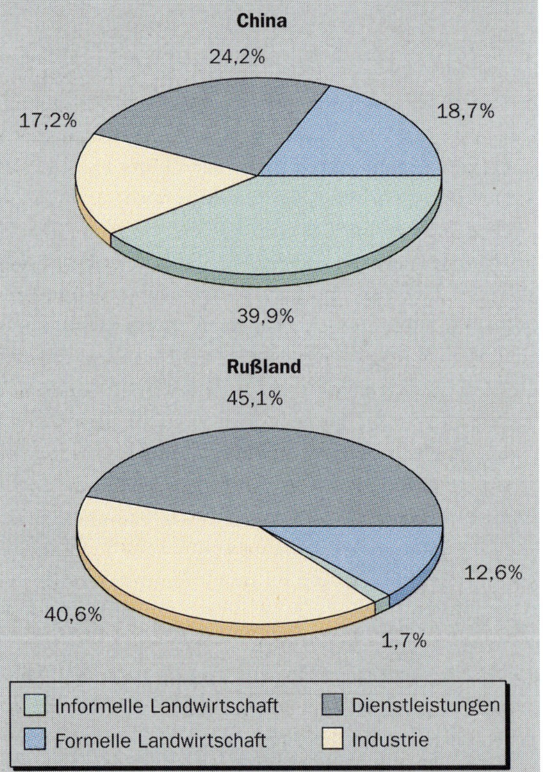

**China**
- 24,2%
- 18,7%
- 39,9%
- 17,2%

**Rußland**
- 45,1%
- 12,6%
- 1,7%
- 40,6%

Legende:
- Informelle Landwirtschaft
- Formelle Landwirtschaft
- Dienstleistungen
- Industrie

**Schaubild 15.2 Sektorale Verteilung der Beschäftigung in China und Rußland.** Daten des Jahres 1992. „Formell" bezieht sich hier primär auf die kollektivierte Landwirtschaft, „informell" auf landwirtschaftliche Familienbetriebe. Quelle: Schätzungen der Weltbank.

ein scharfer Beschäftigungseinbruch ausgelöst wird? Aus Sicht der Arbeitnehmer wäre es ideal, Stellen nur in dem Umfang abzubauen, wie neue Arbeitsplätze geschaffen werden, um so den Rückgang der Arbeitsnachfrage zu minimieren. Diese Strategie wurde von Ländern wie China und Indien verfolgt, die sich entschlossen hatten, unrentable Stellen zu schützen, um soziale und politische Schwierigkeiten zu vermeiden, auch wenn die Ineffizienz des geschützten Sektors zu einem späteren Zeitpunkt angegangen werden muß. Für die meisten Länder ist allerdings ein schrittweiser Ansatz kaum ein gangbarer Weg. Die meisten Volkswirtschaften beginnen die Reformen mitten in einer gesamtwirtschaftlichen Krise mit sich beschleunigender Inflation und einem auf Dauer untragbaren Leistungsbilanzdefizit. Stabilisierung und Liberalisierung gleichzeitig anzugehen, ist dann die einzige Option. Eine rasche Stabilisierung kann nur funktionieren, wenn die erklärte Absicht der Regierung, die Inflation zu bekämpfen, glaubwürdig ist. Häufig erfordert die Herstellung der Glaubwürdigkeit eine schnelle Deflationierung und läßt ein schrittweises Vorgehen nicht zu. Je offensiver und umfassender das Reformpaket ist, desto glaubwürdiger sind die Regierungsabsichten und desto deutlicher sind die Erwartungs- und Verhaltensänderungen der Menschen.

Die dritte Dimension des politischen Designs betrifft die *Abfolge der Reformen.* Eine wichtige Lektion bezüglich fehlgeschlagener wie auch erfolgreicher Reformversuche in Afrika südlich der Sahara und in Lateinamerika besteht darin, daß die Regierungen die Interdependenz der Märkte und ihre unterschiedlichen Anpassungsgeschwindigkeiten im Übergangsprozeß berücksichtigen müssen. Die Reformen dürfen nicht bei den Güter- und Kapitalmärkten haltmachen, insbesondere da sich die Anpassung des Arbeitsmarktes ohnehin fast immer langsamer vollzieht als die der Güter- und Kapitalmärkte. Arbeitsmarktreformen sind häufig das fehlende Glied, das den Prozeß hemmen kann, da eine zögerliche Reaktion des Arbeitsmarktes die partiell reformierte Wirtschaft während des Übergangs anfällig gegenüber Schocks macht. Der Zusammenbruch des chilenischen Programms im Jahre 1982 illustriert diesen Punkt. Bereits 1980 hatte Chile sowohl seine Außenhandels- als auch seine Finanzmärkte liberalisiert, doch der Arbeitsmarkt war nur teilweise reformiert worden, und der Lohnindexierungsmechanismus war noch intakt. Eine plötzliche Zunahme der Kapitalimporte in den Jahren 1979 bis 1981 führte zu einer Überbewertung des Peso, verstärkt durch die Verknüpfung der Löhne mit den vergangenen Inflationsraten. Der Peso wertete sich real weiter auf. Im Jahr 1982 kam es zu einem Zusammenbruch der Währung, sie wertete sich in nur einem Jahr um nahezu 90 Prozent ab; die Produktion ging um 14 Prozent zurück, und die Arbeitslosenquote stieg auf ein Viertel des Arbeitskräftepotentials.

Das *Niveau des realen Wechselkurses* ist das vierte wesentliche Element des politischen Designs, wie die Erfahrungen Chiles von 1982 zeigen. Eine starke reale Überbewertung der Währung eines Landes kann signifikant nachteilige Auswirkungen auf die Industrien handelbarer Güter haben, und sie kann die Reaktion der Exporte sowie die Schaffung von Arbeitsplätzen schwächen. Letztendlich kann die reale Überbewertung der Währung den gesamten Reformprozeß gefährden. Côte d'Ivoire versuchte Mitte der achtziger Jahre eine Liberalisierung bei gleichzeitiger Beibehaltung eines festen Wechselkurses sowie hoher Haushaltsdefizite: Das Ergebnis war eine reale Aufwertung der Währung, eine höhere Importrechnung und eine Zahlungsbilanzkrise. Die fehlgeschlagene Anpassung setzte sich für den größten Teil des Jahrzehnts in stagnierendes Wachstum und ein sinkendes Bruttoinlandsprodukt pro Kopf um. Im Gegensatz dazu war die Liberalisierung in Ghana von mehreren starken realen Abwertungen des cedi und von gesamtwirtschaftlichen politischen Maßnahmen zur Inflationsbekämpfung begleitet. Das Resultat war eine reale Abwertung, die dem Exportwachstum einen wichtigen Anschub gab und den Einfluß der verringerten Protektion auf den import-konkurrierenden Sektor abfederte.

Die fünfte Dimension des politischen Designs betrifft die *Politökonomie der Reform.* Die Erfahrung lehrt, daß der Schlüssel zu einer erfolgreichen Anpassung in einer glaubwürdigen Verpflichtung liegt, einen alten, unhaltbaren Entwicklungspfad zu verlassen und auf ein neues, wachstumsfreundliches Gleichgewicht einzuschwenken. Die Regierungen müssen diese Glaubwürdigkeit erwerben, nicht einfach durch Wiederholung des Sermons des IWF und der Weltbank, sondern indem sie ein konsistentes Reformkonzept verfolgen.

Für ein glaubwürdiges und nachhaltiges Reformprogramm ist es notwendig, daß Regierung, Kapital und Arbeit gemeinsame Interessen verfolgen. Die Unterstützung der organisierten Arbeiterschaft zu gewinnen, ist unumgänglich, insbesondere da die Gewerkschaften, wie es manchmal der Fall ist, nur jenen Teil des Arbeitskräftepotentials repräsentieren, der vor dem Übergang relativ privilegiert war und deshalb ein ureigenes Interesse daran haben könnte, die Reform zu behindern. Die Unterstützung für den Wechsel kann dadurch gewonnen werden, daß man die langfristigen Vorteile der Reform deutlich macht. Ebenso wichtig ist eine bindende Verpflichtung der Regierung, die Reformen fortzusetzen und gegebene Versprechen einzuhalten. In Israel und Mexiko halfen in den achtziger Jahren umfassende Sozialpakte, eine breite Unterstützung für die Reformen zu erhalten. Solche Pakte könnten auch in Südafrika in den neunziger Jahren eine wichtige Rolle spielen. Sozialpakte können ein Vehikel für Arbeitnehmer, Arbeitgeber und Regierungen sein, um einen Konsens über das Reformpaket als Ganzes und die damit verbundenen Vor- und Nachteile zu erzielen. Sie können auch dazu beitragen, die nominale Preis-Lohn-Dynamik zu brechen. Doch Sozialpakte haben auch wichtige Nachteile. Insbesondere besteht ein Konflikt zwischen den koordinierten Lohnanpassungen, die Sozialkontrakte mit sich bringen, und der strengen Notwendigkeit relativer Lohnflexibilität sowie einer Reallokation der Arbeit während der Umstrukturierung. Um diesen Konflikt zu lösen, dürften es Länder mit zentralisierten gewerkschaftlichen Tarifverhandlungen vorziehen, rasch zu einem dezentralisierten Verfahren überzugehen, sobald eine Stabilisierung erzielt ist. Anfang 1995 bewegte sich Mexiko in diese Richtung – vielleicht verspätet – und unterband zentralisierte Lohnabkommen zugunsten dezentralisierter Verhandlungen.

...

Während der letzten beiden Jahrzehnte haben viele Entwicklungsländer und ehemalige Planwirtschaften bedeutende Veränderungen ihrer Entwicklungsstrategien vollzogen. Zwei Merkmale bestimmten diesen Prozeß: Veränderungen hin zu exportorientierten Politiken und offenen Märkten sowie eine Neueinschätzung der Rolle des Staates. Diese langfristigen Veränderungen bedeuten einzigartige Herausforderungen für die Funktionsweise der Arbeitsmärkte. Sie erfordern eine beschleunigte Umschichtung von Arbeit aus unrentablen in expandierende Sektoren. Zudem muß man mit scharfen temporären Einbrüchen der gesamtwirtschaftlichen Arbeitsnachfrage fertig werden. Wie es den Arbeitskräften in diesen Zeiten bedeutsamen Wandels ergeht, hängt davon ab, wie erfolgreich die Länder diese beiden Aufgaben bewältigen. Wenngleich die Ausgangsbedingungen den Anpassungsprozeß deutlich erleichtern können, so gilt dies doch auch für das Timing, die Geschwindigkeit und die Abfolge der Reformen.

# KAPITEL 16

# Gewinner und Verlierer

DIE ARBEITNEHMER LEIDEN WÄHREND des harten Übergangs von einer verfehlten Entwicklungsstrategie, selbst wenn sie auf längere Sicht von dem Wandel profitieren. Die Armen haben es besonders schwer, mit dem Lohn- und Beschäftigungsrückgang in der Übergangsphase fertigzuwerden. Manchmal sind die Frauen überproportional betroffen. Und die Anpassungsprobleme sind noch tiefergehend, wenn der Transformationsprozeß mit einer Rezession zusammenfällt oder wenn die Wachstumsbelebung länger dauert als erwartet.

Sind die Lasten, die Stabilisierungs- und Reformprogramme den Arbeitnehmern aufbürden, unvermeidbar, oder sind sie ein Zeichen mangelhafter Strategien? Viele Beobachter – von Gewerkschaftssprechern bis hin zu einigen internationalen und nichtstaatlichen Organisationen – meinen, daß man sich im strukturellen Anpassungsprozeß in den sich entwickelnden Marktwirtschaften und früheren Planwirtschaften zu sehr mit der Inflation und dem Haushaltsausgleich sowie mit der Deregulierung und Liberalisierung der Märkte beschäftigt, während der unmittelbare Einfluß auf die Arbeitskräfte zu wenig beachtet wird. Die Evidenz spricht sicher dafür, daß die Arbeitnehmer während des Übergangs zu leiden haben, womöglich mehr als andere Gruppen. Doch gibt es effektive alternative Strategien, die den Interessen der Arbeiter besser gerecht würden? Dieses Kapitel untersucht die Lastenverteilung des Übergangs und geht der Behauptung nach, daß die politischen Anpassungsmaßnahmen nicht im Arbeitnehmerinteresse sind.

## Anpassung, Arbeit und die Armen

Transformationen beinhalten fundamentale Strukturreformen. Sie schaffen sowohl neue Möglichkeiten als auch neue Risiken, und damit unvermeidlich Gewinner und Verlierer. Durch den Wechsel der Arbeit in produktivere Verwendungen erhöhen strukturelle Veränderungen jedoch letztendlich die Produktion und die Entlohnung der Arbeit.

Arbeitskräfte leiden tendenziell in der Anfangsphase der Anpassung, wahrscheinlich mehr als das Kapital. In den meisten Fällen liegt das aber nicht daran, daß die Anpassungspolitik schlecht gestaltet ist, sondern weil die Anpassung mit einer gesamtwirtschaftlichen Krisensituation – gefolgt von einem scharfen Einbruch der Gesamtnachfrage – zusammenfällt, oder durch diese ausgelöst wurde. Arbeit ist international weniger mobil als Kapital und deshalb weniger in der Lage abzuwandern, wenn sich die heimische Wirtschaft im Niedergang befindet (siehe Kapitel 9). Wenn die Wirtschaft zusammenbricht, dann dürfte die volle Wucht des Schocks die Arbeitnehmer treffen, während das Kapital flieht. Gewöhnlich leiden die Arbeitnehmer aber unter dem gesamtwirtschaftlichen Nachfrageschock und nicht unter dem anschließenden Anpassungsprozeß.

Die Transformation kann sich für die Arbeitskräfte auszahlen, trotz vorübergehender Einbußen bei der Beschäftigung und den Reallöhnen, wie die Erfahrungen der sich anpassenden afrikanischen Länder während der achtziger Jahre gezeigt haben. Von den 29 Ländern Afrikas südlich der Sahara, die jüngst in einer Weltbankstudie untersucht wurden, erzielten die sechs Länder, die bei der Einführung und Durchsetzung nachhaltiger Politikreformen am weitesten gegangen waren, die stärkste Wiederbelebung des wirtschaftlichen Wachstums. In den Jahren 1981 bis 1986 und 1987 bis 1991 erlebten diese sechs Länder einen (am Median gemessenen) Zuwachs der Wachstumsrate des BIP pro Kopf von 2 Prozentpunkten jährlich. In den Ländern, die keine Anpassungen vorgenommen hatten, fiel der Median ihrer Wachstumsrate auf –2 Prozent pro Jahr. Auch wenn die Daten über Lohn- und Beschäftigungstrends in Afrika spärlich sind, zeigt doch die Evidenz von zwei Anpassungsländern – Ghana und Tansania –, daß sich sowohl die Beschäftigung als auch die Löhne im Gefolge der Strukturreform verbesserten. In den Jahren 1985 bis 1992 stiegen in Tansania die Beschäftigtenzahlen mit einer durchschnittlichen Jahresrate von 6,1 Prozent, nachdem sie in der ersten Hälfte des Jahrzehnts bei –1,5 Prozent gelegen hatten. In Ghana haben sich die Realverdienste im privaten Sektor nach den Reformen zwischen 1983 und 1988 nahezu verdreifacht.

In Lateinamerika haben die Armen während der wirtschaftlichen Krise sicherlich gelitten, doch hauptsächlich wegen vergangener politischer Fehler und nicht aufgrund der Anpassungsmaßnahmen selbst. Die zunehmende Armut in Brasilien und Peru während der achtziger Jahre hatte ihre Ursachen in fehlender Anpassung und ökonomischem Niedergang. In einigen lateinamerikanischen Ländern deuten die Daten darauf hin, daß die Ungleichheit in Rezessionen gestiegen und im Aufschwung gesunken ist (Schaubild 16.1). Dies scheint jedoch ein immanentes Merkmal von Konjunkturzyklen zu sein – wie es auch in einigen Industrieländern der Fall ist – und nicht das Ergebnis von Reformen. Für Chile gibt es bis zum Jahr 1992 einige Hinweise auf zunehmende Lohndifferenzierungen zwischen Arbeitern mit unterschiedlichem Bildungsniveau, doch vom raschen Wachstum der Löhne und der Beschäftigung profitierten alle chilenischen Arbeitnehmer beträchtlich.

In den ehemaligen Planwirtschaften war der Übergang mit zunehmender Ungleichheit verbunden. Die Ungleichheit war im Sozialismus sehr gering, doch Marktwirtschaften benötigen ein gewisses Maß an Ungleichheit, um effektiv zu funktionieren: Es muß Lohnunterschiede geben, wenn sich Investitionen in Qualifikation und Erfahrung lohnen sollen.

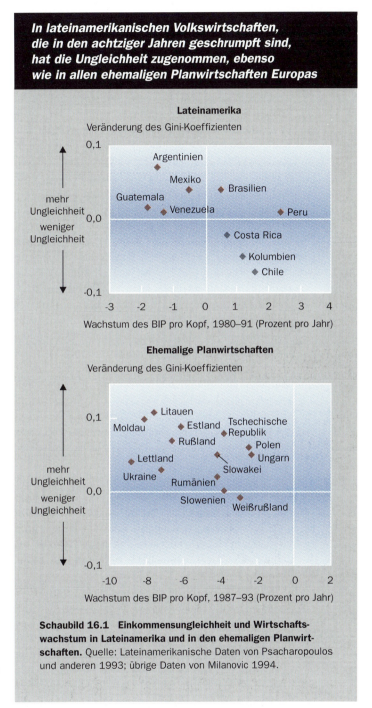

Schaubild 16.1 Einkommensungleichheit und Wirtschaftswachstum in Lateinamerika und in den ehemaligen Planwirtschaften. Quelle: Lateinamerikanische Daten von Psacharopoulos und anderen 1993; übrige Daten von Milanovic 1994.

Eine Zunahme der Ungleichheit war deshalb eine unvermeidbare – und sehr wohl eine erwünschte – Konsequenz des Übergangs von der zentralen Planung zur Marktwirtschaft. In der Tschechischen Republik, Polen, Slowenien und Ostdeutschland ergab sie sich vor allem aufgrund einer Zunahme der relativen Einkommen der Hochqualifizierten. Das Verhältnis der Löhne der 10-Prozent-Gruppe der am geringsten entlohnten Arbeitnehmer zum Median blieb konstant oder änderte sich nur wenig.

Der Übergang zum Markt führte in allen ehemaligen Planwirtschaften zu einer Zunahme der Schicht der Armen. In Weißrußland, Litauen, Moldau und Rußland stieg die Armut besonders stark. Die Verbreitung von Armut dürfte sich mit dem Wirtschaftswachstum verringern, das bereits in verschiedenen Übergangsökonomien eingesetzt hat. Die Armut, die in der Übergangsperiode auftritt, dürfte deshalb für die meisten Betroffenen nicht von Dauer sein. Lediglich jene mit geringer Ausbildung, die sich nicht an das neue System anpassen können, werden wohl arm bleiben.

Das schlimmste Szenario für arme Arbeiter ist eine beginnende Reform, die dann ins Stocken gerät. In Ländern, die die Reform auf halbem Wege aufgeben, oder die zwischen zwei Pfaden steckenbleiben, kommt es häufig zu einem dramatischen und dauerhaften Rückgang des Lebensstandards. In Côte d'Ivoire führte ein nachhaltiges Wachstum in den Jahren 1984 bis 1986 infolge struktureller Reformversuche und steigender Kakao- und Kaffeepreise zu einer beachtlichen Verringerung der Armut. Doch als die terms of trade des Landes im Jahre 1986 einen Einbruch erlitten und die Regierung die Reformen abbrach, fiel das Wachstum des BIP in sich zusammen, und die Armut erhöhte sich so stark, daß die früheren Verbesserungen aufgezehrt wurden. Zwischen 1985 und 1988 stieg der Anteil der Bevölkerung, der unterhalb der Armutsgrenze lebt, von 30 auf 46 Prozent. Ein anderes Beispiel sind die Philippinen in den frühen achtziger Jahren, wo Inflation und ein falscher Wechselkurs den Armen Schaden zufügten und verhindert haben, daß sie irgendwelche Vorteile erzielen konnten. In der Ukraine schließlich trommelten zu Beginn der neunziger Jahre eine Hyperinflation, fortgesetzte Außenhandelsrestriktionen und eine träge Reaktion des privaten Sektors auf die Armen ein, ohne jegliche Hoffnung auf rasche Besserung.

Rezession, Arbeitslosigkeit und sinkende Löhne treffen die Armen in der Frühphase des Übergangs hart. Strukturreformen, die reale Transformationen beinhalten, sind jedoch von Vorteil für die armen Arbeiter, selbst kurzfristig. Freihandel und die reale Abwertung der Währung fördern gemeinsam den Export, der in den Entwicklungsländern tendenziell in Gütern erfolgt, die vorrangig mit Hilfe ungelernter Arbeit produziert werden. Die Entwicklung des privaten Sektors führt häufig zu einem Wachstum neuer Unternehmen in arbeitsintensiven Bereichen. Da handelbare Güter nur einen kleineren Teil des Warenkorbes der meisten armen Menschen ausmachen, verglichen mit den Bessergestellten, sind sie von den steigenden relativen Preisen der Importe weniger betroffen.

In den ehemaligen Planwirtschaften können sich diese kurzfristigen Effekte jedoch gegen die Armen auswirken. Wohnungsmieten, die öffentlichen Versorgungsleistungen und die öffentlichen Verkehrsmittel waren in dem alten System nahezu kostenlos, und die Nahrungsmittel waren subventioniert, während die meisten importierten Güter entweder nicht zu bekommen waren oder nur zu sehr hohen Schwarzmarktpreisen. Mit der Handelsliberalisierung, den Wechselkursanpassungen und den Subventionskürzungen verbilligen sich die Importwaren oder sind überhaupt zum ersten Mal erhältlich, während die Preise für Versorgungsleistungen, Nahrung und Wohnung ansteigen.

### Wer trägt die Lasten großer Umwälzungen?

Die meisten Haushalte sind weitgehend von ihren Arbeitseinkommen abhängig. Deshalb ist der Lebensstandard der Haushalte während der Umwälzungsphase eng – wenngleich nicht ausschließlich – mit der Entwicklung auf dem Arbeitsmarkt verbunden. Doch der Blick auf die Löhne allein kann trügen, weil eine Reihe anderer Faktoren den gegenwärtigen Lebensstandard beeinflußt, zum Beispiel die Erwerbsquoten, die privaten Sparquoten, die Vielfalt und Qualität der konsumierten Güter sowie formelle und informelle Einkommenstransfers (Sonderbeitrag 16.1).

Die Arbeitsnachfrage ist in nahezu allen Übergangs- und Anpassungsphasen als Resultat einer bestimmten Kombination aus makroökonomischem Niedergang und Arbeitsverlagerungen gefallen (vielleicht mit Ausnahme Chinas und Vietnams). Der Rückgang ist in jenen Sektoren am ausgeprägtesten, die ökonomisch nicht länger lebensfähig sind. Praktisch keine Volkswirtschaft im Übergangsprozeß entgeht vorübergehend fallenden Reallöhnen und zunehmender Arbeitslosigkeit, doch Stärke und Dauer beider Effekte unterscheiden sich von Land zu Land. Was letztendlich den Unterschied ausmacht, sind die Anzahl neu geschaffener Arbeitsplätze sowie das Tempo, mit dem sie entstehen – beides ist von der Geschwindigkeit und der Glaubwürdigkeit der Reform abhängig.

Wie Arbeitnehmer und Haushalte auf Verschiebungen in der Struktur der Arbeitsnachfrage reagieren, hängt vom Alter, den Einkommensquellen sowie vom Beschäftigtenstatus des Arbeiters und von der Haushaltsgröße ab. Gibt es Unterstützungen für Arbeitnehmer in Phasen der Arbeitslosigkeit, sei es in Form von Einkommenstransfers durch den Staat, durch andere Haushaltsmitglieder oder andere Haushalte, so steigt der Anteil der arbeitsfähigen Bevölkerung ohne Beschäftigung gewöhnlich an. Die Zahl der Menschen ohne Arbeit kann durch höhere Arbeitslosigkeit, vorzeitigen Ruhestand oder durch Rückzug aus dem Erwerbsleben (zum Beispiel durch Abwanderung in die stille Reserve – der Resignationseffekt) steigen.

In den meisten Ländern Mittel- und Osteuropas hat die Arbeitslosigkeit ein Niveau von weit über 10 Prozent erreicht (in Bulgarien und Polen ist sie auf über 15 Prozent gestiegen). Auf den ersten Blick erscheinen diese Zahlen nicht viel höher als in zahlreichen westeuropäischen Ländern, von denen in den letzten Jahren keines ähnlichen Übergangsschocks ausgesetzt war. Die Arbeitslosigkeit in

## Sonderbeitrag 16.1  Wissen wir, wie stark sich die Wohlfahrt der Haushalte in Perioden starken Wandels verringert?

Die Haushalte in Reformländern können mit lähmenden Wohlfahrtsverlusten aufgrund abnehmender Reallöhne und zunehmender Arbeitslosigkeit konfrontiert sein. Doch die Haushalte lassen diese Schocks nicht passiv über sich ergehen, sie versuchen sich anzupassen. Die Haushalte schwenken von Lohn- auf Nicht-Lohneinkommen um, insbesondere durch eine zunehmende Partizipation im informellen Sektor. Mehr Frauen beteiligen sich am Erwerbsleben, und andere Haushaltsmitglieder leisten Überstunden, um ein zusätzliches Einkommen zu erzielen. In einigen Ländern treten weitere Verdiener dem Haushalt bei, um das Einkommen und die Risiken zu teilen. Zudem entstehen Meßprobleme bei der Schätzung der Lohneinbußen, da die Haushalte aufgrund von Schocks, die den Transformationsprozeß begleiten, ihre Konsumgüterstruktur ändern. Im Ergebnis können Schätzungen des aggregierten Lohn- und Beschäftigungsrückgangs ungenaue Indikatoren für die Wohlfahrt der Haushalte sein. Studien aus Ecuador, Mexiko, Polen und Sambia illustrieren, warum das so ist.

Sieht man sich an, wie sich der Konsum in Perioden bedeutender Umbrüche verändert, so erkennt man leicht den Unterschied zwischen Lohnänderungen und Wohlfahrtsänderungen. In Mexiko sanken die Reallöhne zwischen 1983 und 1988 um 8,6 Prozent pro Jahr, doch der private Verbrauch fiel nur moderat um 1,9 Prozent jährlich. Die 32prozentige Abnahme der Reallöhne in Polen im Jahr 1990 sollte im Zusammenhang mit dem nur 14prozentigen (nach offiziellen Schätzungen) bzw. 5prozentigen (nach Daten über Konsumentenausgaben) Rückgang des Konsums gesehen werden. Sowohl in Ecuador als auch in Sambia nahm die informelle Beschäftigung zu – in Ecuador von 3 Prozent im Jahr 1988 auf 21 Prozent in 1992, und in Sambia von 19 Prozent im Jahr 1978 auf 52 Prozent in 1992. Und in Ecuador, Mexiko und Sambia traten mehr Frauen in das Erwerbsleben ein: In Guayaquil, Ecuador, schnellte beispielsweise in den Übergangsjahren der Anteil der Frauen mit Beschäftigungen außerhalb des Haushalts von 45 Prozent 90 Prozent hoch. Die mittlere Haushaltsgröße stieg in Sambia von 4,3 auf 5,3 Personen, während in Ecuador der Anteil vergrößerter Haushalte von 33 Prozent auf 38 Prozent anstieg.

Wohlfahrt ist naturgemäß schwer zu messen. Die polnischen Daten berücksichtigen nicht die Verbesserungen der Produktvielfalt und -qualität während der Übergangsperiode und die Entlastung durch den Wegfall langer Warteschlangen. Andererseits lassen die Daten für Ecuador und Sambia den Anstieg von Kriminalität und Gewalt, sogar innerhalb der Haushalte, außer acht, der mit dem Fall des Lebensstandards einherging. Die Daten legen auch nicht das Ausmaß offen, in dem Haushaltsmitglieder, speziell Frauen, länger arbeiten müssen (innerhalb wie außerhalb des Hauses), um zurechtzukommen. Mit Sicherheit sind die formalen Lohn- und Beschäftigungsdaten nur ein kleiner Teil des Gesamtbildes.

Mittel- und Osteuropa wäre jedoch noch viel höher, gäbe es nicht die große Zahl von Arbeitern, die aus dem formellen Erwerbsleben ausgestiegen sind. Selbst in jenen Ländern, die die Subventionen an öffentliche Unternehmen gekürzt haben, um sie zur Entlassung von Arbeitern zu zwingen, veränderte sich die Arbeitslosigkeit kaum. Doch während die Arbeitslosenzahl zunehmend zu einem stagnierenden Pool wurde, nahmen die Zahl der Selbständigen und die Beschäftigung im informellen Sektor beachtlich zu.

Diese Verschiebungen in der Beschäftigung haben tiefgehende Auswirkungen auf die Haushalte. Die meisten im formellen Sektor beschäftigten Arbeitnehmer, die ihren Arbeitsplatz verlieren oder tiefe Einschnitte bei ihren Reallöhnen hinnehmen müssen, kommen nicht aus Haushalten, die vor den Veränderungen arm waren. Doch einige wurden als Folge dieser Veränderungen arm. Dort wo die Arbeitslosigkeit signifikant gestiegen ist, hat sie kräftig dazu beigetragen, die Haushalte unter die Armutsgrenze zu drücken. Im Jahr 1993 war ein polnischer Haushalt mit zwei oder drei Arbeitslosen dreimal mehr gefährdet, in die Armut abzugleiten als ein Durchschnittshaushalt. Arbeitslose städtische Arbeitnehmer in Mexiko waren 1992 mit einer 20 Prozent höheren Wahrscheinlichkeit arm als Menschen mit einer Beschäftigung. Und in den späten achtziger Jahren trat die Armut bei städtischen Haushalten in Peru am häufigsten auf, wenn sie arbeitslos waren. In den meisten Anpassungsländern, einschließlich Bolivien, Brasilien, Ghana und selbst Mexiko sowie Peru, nimmt jedoch die Armut bei den für sinkende Löhne arbeitenden Menschen am stärksten zu. Dies trifft auch für einige industrialisierte ehemalige Planwirtschaften wie Rußland zu, wo die Firmen auf Beurlaubungen, Arbeitszeitverkürzungen und Lohnkürzungen zurückgegriffen haben, um ihre Arbeiter nicht entlassen zu müssen.

Bei den Arbeitnehmern, die beschäftigt bleiben, können sich die Auswirkungen der Reformen stark unterscheiden. Die Tabelle 16.1 zeigt Gewinner und Verlierer der Transformation. Die Arbeitnehmer sind gruppiert nach ihrer Zugehörigkeit zum formellen oder zum informellen Arbeitsmarkt, nach ihrem Wohnsitz (Stadt oder Land), ihrem Geschlecht und ihrem Qualifikationsniveau. Die Auswirkungen der Transformation auf jede Gruppe werden

### *Ungelernte städtische Arbeiter verlieren in Perioden bedeutsamer Umbrüche tendenziell an Boden*

**Tabelle 16.1 Die Auswirkungen von Reformen auf die Arbeitnehmer in den vier Hauptreformstrukturen**

| Arbeitnehmertyp | industriell postsozialistisch | lateinamerikanisch | afrikanisch, südlich der Sahara | asiatisch-agrarisch |
|---|---|---|---|---|
| formeller Sektor | − | + | − | − |
| informeller Sektor | + | − | + | + |
| städtisch | + | − | − | + |
| ländlich | − | + | + | + |
| weiblich | +/− | − | − | + |
| gelernt, städtisch | + | + | + | + |
| ungelernt, städtisch | − | − | − | − |

**Bemerkung:** Die vier Reformstrukturen sind in Kapitel 15 beschrieben. Ein Pluszeichen bedeutet eine Verbesserung und ein Minuszeichen eine Verschlechterung im Vergleich zum durchschnittlichen Arbeitnehmer. Das Zeichen +/− weist auf ein nicht eindeutiges Ergebnis hin.

mit den Effekten auf einen durchschnittlichen Arbeitnehmer in den vier weit abgegrenzten Länderkategorien verglichen, die in Kapitel 15 unterschieden wurden.

*Formelle und informelle Sektoren*

Die Verschiebungen von formeller zu informeller Beschäftigung sind ein ebenso wichtiges Merkmal der Arbeitsmarktanpassung wie die Zunahme der Arbeitslosenquoten, insbesondere in Ländern ohne soziales Netz oder Arbeitslosenversicherung. Die informelle Beschäftigung steigt während des Anpassungsprozesses gewöhnlich an, da Arbeiter, die im formellen Sektor freigesetzt werden, sich nach einer neuen Beschäftigung umsehen, und Frauen sowie andere Haushaltsmitglieder auswärtige Tätigkeiten annehmen, um den Rückgang des Haushaltseinkommens auszugleichen. Dieser Anstieg der informellen Beschäftigung war sowohl für die ehemaligen Planwirtschaften charakteristisch, wo der informelle Sektor unterentwickelt war, als auch für die Marktwirtschaften Afrikas südlich der Sahara und Lateinamerikas, wo der informelle Sektor bereits weit entwickelt war, der formelle Sektor jedoch starke Einbrüche erlitten hatte. Befragungen im September 1994 ergaben, daß mehr als ein Drittel des polnischen Erwerbspersonenpotentials Voll- oder Teilzeitbeschäftigungen im informellen Sektor nachging, und daß 46 Prozent der Arbeitslosen tatsächlich im informellen Sektor voll- oder teilzeitbeschäftigt waren. Vorsichtige Schätzungen für Mexiko beziffern die Beschäftigung im informellen Sektor auf 25 bis 40 Prozent der Gesamtbeschäftigung, mit einer Wachstumsrate von 9,5 Prozent pro Jahr zwischen 1983 und 1988. Ähnlich in Brasilien, wo die Beschäftigung im informellen Sektor während der Rezession von 1981 bis 1983 um nahezu 30 Prozent anschwoll, während die Beschäftigung im privaten formellen Sektor zurückging.

Die Arbeitnehmer im informellen Sektor sind während größerer Transformationsprozesse im allgemeinen besser gefahren als jene mit formeller Beschäftigung. Die Evidenz der ehemaligen Planwirtschaften spricht dafür, daß es den im informellen Sektor Tätigen in der Anfangsphase des Übergangs besser erging. In Polen waren beispielsweise die Löhne im informellen Sektor anfangs um das Mehrfache höher als im formellen Sektor – zum Teil, weil die im informellen Sektor tätigen Arbeiter und Unternehmer hohe unversteuerte Profite machten, und zum Teil, weil diese Arbeiter in neue, profitable Sektoren wanderten, in denen die Nachfrage extrem hoch war. Der Unterschied ist seitdem zusammengeschrumpft, und die Löhne im informellen Sektor sinken nun unter diejenigen im formellen Sektor. Auch in Teilen Afrikas südlich der Sahara, beispielsweise in Côte d'Ivoire, traf die Anpassung die Arbeiter im formellen öffentlichen Sektor härter als diejenigen, die in der Landwirtschaft tätig waren oder einer informellen städtischen Arbeit nachgingen. Doch in weiten Teilen Lateinamerikas mußten selbständig Beschäftigte in den Städten – insbesondere jene im informellen Sektor – eine Erosion ihrer relativen Position auf das Niveau der formellen Beschäftigten hinnehmen. Während der Rezession von 1981 bis 1983 in Brasilien stieg zum Beispiel das Verhältnis der formellen zu den informellen Einkommen um 7 Prozent. In den asiatischen Agrarökonomien ist das Bild weniger einheitlich. Das eine Extrem ist China, das die Arbeiter im formellen Sektor abgesichert und Reformen der staatseigenen Unternehmen aufgeschoben hat. Vietnam, das andere Extrem, hat seit 1989 drastische Reformen der Staatsbetriebe durchgeführt und ein Drittel der 2,4 Millionen Beschäftigten dieses Sektors in den privaten Sektor umgesetzt. Obwohl die Arbeiter des formellen Sektors in den asiatischen Ländern gegenüber den Arbeitern des informellen Sektors an Boden verloren haben könnten, hat sich die Wohlfahrt beider Gruppen absolut gerechnet erhöht.

*Ländliche und städtische Regionen*

In beinahe allen Ländern sind die Armen in den ländlichen Regionen am zahlreichsten – und am ärmsten. Arme ländliche Haushalte haben jedoch oft von den Anpassungen profitiert. Obwohl die Arbeiter in der Landwirtschaft vom ökonomischen Verfall betroffen sind, sind sie gewöhnlich vor den Auswirkungen eines schrumpfenden öffentlichen Sektors besser geschützt als die Arbeitnehmer in den städtischen Regionen. In vielen Ländern haben sie von der Beseitigung der pro-städtischen Politik profitiert, die in den alten, protektionistischen, import-substituierenden Regimen vorherrschten. Wo Preisänderungen die Austauschrelationen für die Arbeitnehmer auf dem Lande verbessert haben, profitierten die ländlichen Haushalte, noch bevor die Wirtschaft insgesamt zu wachsen begann. In Ghana stieg der Reallohn in der Landwirtschaft um 27 Prozent, wohingegen die Löhne im Sektor nichthandelbarer Güter (hauptsächlich Handelsverkehr) infolge der Anpassung um 22 Prozent zurückgingen. In Lateinamerika und Asien erzielte die ländliche Bevölkerung in der Anpassungsphase ebenfalls relative Vorteile, auch wenn sich die Armut weiterhin auf ländliche Regionen konzentriert. Nur in den ehemaligen Planwirtschaften Europas scheinen die ländlichen Haushalte während der Transformation relativ stärker gelitten zu haben, da die Maßnahmen zur Protektion der Landwirtschaft aufgegeben wurden.

*Frauen*

Die Position der Frauen verdient in Perioden umfassender Umbrüche wegen der erhöhten Anforderungen, die an sie in Krisenzeiten gestellt werden, besondere Beachtung. Zusätzlich zu ihren üblichen Pflichten im Haushalt, müssen die Frauen bei einem Rückgang der Löhne der männlichen Haushaltsvorstände gewöhnlich helfen, das Haushaltseinkommen aufrechtzuerhalten. Wenn sie eine Beschäftigung haben, sind Frauen meist gefährdeter als Männer, da sie überdurchschnittlich in Niedriglohn-Sektoren oder -Beschäftigungen konzentriert sind und oft in den informellen Sektor abgedrängt werden. Es ist daher nicht überraschend, daß sich ihre relative Position in Perioden struktureller Anpassung häufig verschlechtert hat.

In lateinamerikanischen Anpassungsperioden gingen die Stundenlöhne der Frauen noch dramatischer zurück als die der Männer, zum Teil, weil die Frauen im informellen Sektor sowie in hart getroffenen Sektoren mit niedrigen Löhnen, wie der Bekleidungsindustrie, konzentriert waren. Doch bei Frauen in armen Haushalten zeigte sich auch ein kräftiger Anstieg der Erwerbsbeteiligung – dies wird häufig als Effekt der „zusätzlichen Arbeiter" bezeichnet. Auch in Ghana mußten die Frauen im informellen Sektor einen Lohnrückgang hinnehmen, als überschüssige Arbeitskräfte, die im formellen Sektor freigesetzt worden waren, in informelle Aktivitäten abwanderten. Die Frauen wurden darüber hinaus durch die Ressourcenverschiebung aus dem Getreideanbau für den Eigenbedarf – einer Domäne der Frauen – in die Getreideproduktion für den Verkauf betroffen. In Côte d'Ivoire benachteiligte der relative Bildungsrückstand die Frauen, und in Ägypten wurden die Frauen durch die länger werdenden Wartelisten für eine Beschäftigung im öffentlichen Dienst sowie durch ihre begrenzteren Alternativen im Privatsektor benachteiligt. Frauen spielten auch im asiatischen Anpassungsprozeß eine wichtige Rolle. Obwohl die vietnamesischen Frauen durch den Zusammenbruch der Kinderbetreuungsdienste in Kooperativen mit besonderen Schwierigkeiten zu kämpfen hatten, verbesserte sich ihre allgemeine Position im Zuge des wirtschaftlichen Wachstums, und Haushalte mit einem weiblichen Haushaltsvorstand sind heute nicht ärmer als solche, denen ein Mann vorsteht.

Die Evidenz über die Auswirkungen der Anpassung auf die Frauen in den ehemaligen Planwirtschaften ist nicht einheitlich, doch ihre Situation ist nicht so düster, wie sie gewöhnlich dargestellt wird. Einerseits ist ein größerer Anteil Frauen aus dem Erwerbspersonenpotential ausgeschieden als Männer, ausgehend von einem vergleichsweise sehr hohen Partizipationsniveau; sie weisen auch eine langsamere Übergangsrate aus der Arbeitslosigkeit auf. Andererseits deuten Studien für die Tschechische Republik und Slowenien darauf hin, daß die Frauen bei Berücksichtigung individueller Merkmale im Vergleich mit Männern gewonnen haben, sowohl hinsichtlich der Lohnhöhe als auch der Beschäftigung. Gründe dafür sind, daß die Frauen entweder besser ausgebildet sind (und die Erträge der Bildung sind gestiegen) oder daß sie überproportional in Sektoren beschäftigt sind, die von Arbeitsnachfrageschocks weniger betroffen wurden, insbesondere im Dienstleistungsgewerbe und in arbeitsintensiven Industrien.

*Qualifizierte und unqualifizierte Arbeitnehmer*

Die Hauptlast der Anpassung haben die Unqualifizierten und die Ungebildeten zu tragen, sowohl in den ehemaligen Planwirtschaften als auch in den marktwirtschaftlichen Übergangsökonomien. Diese Arbeitnehmer sind dem Strukturwandel stärker ausgesetzt, weil sie weniger in der Lage sind, sich einem wechselnden Umfeld anzupassen und von den neuen Arbeitsmöglichkeiten Gebrauch zu machen. In den ehemaligen Planwirtschaften gibt es einen ausgeprägten inversen Zusammenhang zwischen dem Qualifikationsniveau und der Wahrscheinlichkeit, in die Armut abzugleiten. Die relative Position der Arbeiter, die körperliche Tätigkeiten verrichten, und der Angestellten mit geringer Qualifikation, die häufig nur – wenn überhaupt – ein berufliches Training genossen haben, hat sich in der Anpassungsphase stärker verschlechtert als die jeder anderen Gruppe. Dagegen sind die Bildungserträge in Slowenien und Polen kräftig gestiegen. In einigen Marktwirtschaften wie Chile und Mexiko hat sich die relative Lohnstruktur ebenfalls zugunsten der höher Qualifizierten verändert, vermutlich als Konsequenz der Handelsliberalisierung. In Vietnam und in der Mongolei hat der stärkste Lohnzuwachs im boomenden Dienstleistungssektor stattgefunden, der eine wachsende Zahl qualifizierter Arbeitnehmer beschäftigt, die im schrumpfenden Industriesektor freigesetzt wurden.

• • •

Schwere volkswirtschaftliche Schocks können einigen Arbeitnehmern Chancen eröffnen, während sie für andere mit schmerzhaften Folgen verbunden sind. Der Transformationsprozeß nimmt in den verschiedenen Ländern unterschiedliche Formen an, doch er beinhaltet stets einen deutlich beschleunigten Abbau unrentabler Arbeitsplätze und die Schaffung neuer Arbeitsplätze. Dieser Prozeß ist in beinahe allen Fällen von einem gesamtwirtschaftlichen Einbruch begleitet, der einen Rückgang der Arbeitsnachfrage und der Reallöhne erfordert. Per saldo ergeben sich oft kräftige Einbußen der Arbeitseinkommen, steigende Arbeitslosigkeit sowie eine Verlagerung aus dem formellen in den informellen Sektor. Selbst die bestgestaltete Reform erzeugt auf kurze Sicht Gewinner und Verlierer, wobei die Verlierer insbesondere unter den gering Qualifizierten und den Arbeitnehmern im formellen Sektor städtischer Regionen zu finden sind. Die Wirtschaft so schnell wie möglich auf einen neuen Wachstumspfad zu steuern, ist der Schlüssel zur Begrenzung der Wohlfahrtsverluste. Gibt man jedoch auf halbem Wege auf, so trifft es die armen Arbeitnehmer am härtesten.

# KAPITEL 17

# Veränderung der Beschäftigungsstrukturen

BEDEUTENDE TRANSFORMATIONEN GEHEN mit massiven Strukturveränderungen bei der Beschäftigung einher – viele Arbeitsplätze müssen vernichtet und neue geschaffen werden. Die Zahl der Einstellungen wie auch der Entlassungen erhöht sich in Perioden großer Veränderungen beträchtlich, was Unruhe auf dem Arbeitsmarkt und Unsicherheit für die Arbeitnehmer schafft. In den ehemaligen zentralen Planwirtschaften, aber auch in vielen in der Anpassung befindlichen Ländern Lateinamerikas und des Nahen Ostens, ist die formelle Beschäftigung um 5 bis 15 Prozent gefallen, und die Reallöhne sanken in extremen Fällen um mehr als 40 Prozent, bevor sie sich wieder erholten. Einige Arbeitnehmer können unmittelbare Vorteile erzielen, wenn sie rasch in expandierende Sektoren wechseln. Doch viele müssen Einbußen hinnehmen, die mit sinkenden Löhnen, Übergang in den informellen Sektor mit geringerer Entlohnung oder Arbeitslosigkeit einhergehen. Der Schock ist für jene nur von kurzer Dauer, die beim Aufschwung wieder Beschäftigung und Lohn finden. Doch andere Arbeitnehmer müssen dauerhafte Einbußen hinnehmen, entweder weil sie nicht ausreichend qualifiziert sind, oder weil sie vor der Reform hohe Löhne in geschützten Sektoren bezogen hatten.

Aus Arbeitnehmersicht ist die Rückkehr zu nachhaltigem Wachstum der Schlüssel für eine erfolgreiche Transformation. Auch wenn Timing und Design gesamtwirtschaftlicher Reformen einen wichtigen Einfluß auf die Geschwindigkeit haben, mit der sich die Arbeitsnachfrage erholt, können arbeitsmarktpolitische Maßnahmen ebenfalls von großer Bedeutung sein. Was kann der Staat tun, um das Tempo des Übergangsprozesses zu beschleunigen und die Misere der freigesetzten Arbeiter zu lindern, die entweder nach Beschäftigung in den neuen Sektoren suchen oder die dem Risiko permanenter Einbußen ausgesetzt sind? Dieses Kapitel untersucht die Effektivität von vier Arten politischer Reaktionen: Maßnahmen zur Verringerung von Arbeitsmarktrigiditäten, die einen Aufschwung abwürgen können; Maßnahmen, die den Arbeitnehmern helfen, sich den Veränderungen anzupassen; Maßnahmen zur Verringerung der Einkommensverluste durch Transferzahlungen; und schließlich Maßnahmen zum Umgang mit Massenentlassungen.

## Die Anpassungsfähigkeit des Arbeitsmarktes erhöhen

Anpassungsfähige Arbeitsmärkte sind von grundlegender Bedeutung, wenn die Arbeitskräfte von einem Wirtschaftsaufschwung rasch profitieren sollen (Tabelle 17.1). Die Zunahme der Arbeitsmarktflexibilität ist – trotz des schlechten Rufes, den dieser Ausdruck zur Beschönigung von Lohnsenkungen und Entlassungen erworben hat – in allen Regionen der Welt notwendig, die umfassende Reformen durchführen. In den ehemaligen Planwirtschaften gibt es noch immer große Gruppen von Arbeitnehmern, die unrentable Arbeitsplätze besetzt halten – Schätzungen beziffern diese Hortung von Arbeitskräften auf 20 Prozent des Arbeitskräftepotentials oder mehr. China und die südasiatischen Länder haben rigide und hoch protektionierte öffentliche Sektoren, wenngleich diese im Vergleich zur Gesamtwirtschaft klein sind. In Lateinamerika, im Nahen Osten und in Nordafrika behindern zahlreiche regulatorische Restriktionen die Arbeitsmarktanpassung. Die meisten Länder in Afrika südlich der Sahara haben übermäßig mit Personal ausgestattete, unterbezahlte und unproduktive öffentliche Sektoren. Viele der notwendigen Reformen beinhalten umfangreiche, einmalige Entlassungen oder Liberalisierungen komplementärer Märkte, insbesondere des Häuser- und Wohnungsmarktes. Doch die wichtigsten Reformen bestehen in der Lockerung der Restriktionen, die die Arbeitskräftemobilität und die Lohnflexibilität behindern, sowie in der Lösung der Verknüpfungen zwischen sozialen Leistungen und Arbeitsverträgen.

*Erleichterung der Mobilität von Arbeit*

Beträchtliche Einschränkungen der Arbeitskräftemobilität behindern die Arbeitsmärkte in vielen Reformländern. Die meisten dieser Restriktionen haben ihren Ursprung außerhalb des Arbeitsmarktes: in rechtlichen Beschränkungen, die in vielen Teilen der ehemaligen Sowjetunion noch in Kraft sind, in wohlgefestigten Verhaltensweisen, in schlecht funktionierenden Wohnungs- und Immobilienmärkten oder in den Eigenarten von Pachtverträgen für Land, wie zum Beispiel in Mexiko. Die Aufhebung dieser Restriktionen und die Reform anderer Märkte kann die Arbeitsmobilität ankurbeln. Chinas jüngstes Wirtschaftswachstum wurde durch Millionen ländlicher Arbeiter angeheizt, die ihren Arbeitsplatz wechselten, um neue Beschäftigungsmöglichkeiten wahrzunehmen. Die Liberalisierung der Praktiken bei der Erstellung und Entlassung in Peru in den frühen neunziger Jahren bewirkte eine beschleunigte Schaffung von Arbeitsplätzen.

Die Überwindung geographischer Ungleichgewichte erfordert ebenfalls eine größere Arbeitsmobilität. Die Arbeitsmärkte sind gewöhnlich geographisch getrennt, und den verschiedenen Regionen geht es unterschiedlich gut. In Ungarn bewegte sich die regionale Arbeitslosigkeit im Jahre 1993 zwischen 7 und 46 Prozent, und selbst im kleinen Lettland lag sie zwischen 3 und 22 Prozent. In Mexiko war die Arbeitslosenquote 1992 in der Stadt Matamoros zweimal so hoch wie im nationalen Durchschnitt und nahezu fünfmal so hoch wie in Orizaba. In Extremfällen, wenn die langanhaltenden regionalen Disparitäten durch einen großen regionalen Schock verstärkt werden, dürfte selbst eine hohe Mobilität nicht ausreichen, und öffentliche Investitionen können zur Stützung der regionalen Wirtschaft nötig sein, besonders in Gebieten mit großem Entwicklungspotential aber schwacher Infrastruktur.

*Flexibilisierung der relativen Löhne*

Inflexible relative Löhne können die Umstrukturierung der Beschäftigung unterminieren, selbst wenn andere Märkte gut funktionieren. Wenn die Löhne in verschiedenen Industrien, für unterschiedliche Tätigkeiten und von Region zu Region nicht variieren können, dann können von den Lohnstrukturen nicht die richtigen Anreize für die Arbeitnehmer ausgehen, um von weniger produktiven in produktivere Tätigkeiten zu wandern. Vor den Reformen wiesen die ehemaligen Planwirtschaften eine sehr rigide Lohnstruktur auf. Hier verändert sich einiges, doch selbst in einem liberalisierten Umfeld gibt es oft Beschränkungen der Lohnflexibilität, die die Umstrukturierung der Beschäftigung ernsthaft bremsen können. Diese Beschränkungen können das Ergebnis tarifvertraglicher Vereinbarungen mit den Gewerkschaften sein, wie in Mexiko in den frühen achtziger Jahren, oder das Resultat einer auf Strafsteuern basierenden Einkommenspolitik zur Begrenzung des Nominallohnwachstums in einer Stabilisierungsphase, wie in einigen mittel- und osteuropäischen Ländern (zum Beispiel in der früheren Tschechoslowakei, in Lettland und in Polen). In Mexiko dürfte die Inflexibilität der relativen Löhne die Umstrukturierung der Beschäftigung im Vergleich mit Chile verzögert haben; Chile besitzt seit der Abschaffung der allgemeinen Lohnindexierung im Jahre 1982 einen flexibleren Lohnfindungs-Mechanismus. In Mittel- und Osteuropa gab es in den Jahren 1990 bis 1992 einen Konflikt zwischen Lohnflexibilität und Stabilisierungszielen, der zu Recht zugunsten letzterer gelöst wurde. Seitdem haben jedoch die meisten mittel- und osteuropäischen Länder die Strafsteuer für ein übermäßiges Wachstum des Lohnfonds durch andere, flexiblere Mechanismen ersetzt, wie ausgehandelte durchschnittliche Lohnerhöhungen, oder sie haben die einkommenspolitischen Maßnahmen insgesamt abgeschafft. Die Tschechische Republik war besonders erfolgreich darin, in einem System mit zentralisierten Verhandlungen die relative Lohnflexibilität beizubehalten. Dies hat dazu beigetragen, die Arbeitslosigkeit auf einem niedrigen Niveau zu halten.

Die Mindestlohnpolitik spielt auch eine wichtige Rolle. Zu hohe Mindestlöhne begrenzen die Verteilung der Löhne nach unten und verhindern eine Lohnbildung auf markträumendem Niveau. Dies kann gering qualifizierte oder junge Arbeitnehmer aus dem formellen Sektor herausdrängen. In der Praxis haben jedoch die meisten Regierungen, besonders

---

**Regierungen können die Umstrukturierung des Arbeitsmarktes erleichtern und die Anpassungskosten für die Arbeitnehmer dämpfen**

Tabelle 17.1 Wirtschaftspolitische Maßnahmen zur Erleichterung der Beschäftigungsumstrukturierung

| Maßnahmen | Effektivität und Empfehlungen |
|---|---|
| *Die Anpassungsfähigkeit des Arbeitsmarktes erhöhen* | |
| Förderung der Arbeitsmobilität | Aufenthaltserlaubnis-Regelungen und restriktive Bestimmungen zur Arbeitsplatzsicherheit sollten gelockert werden. |
| Lohnflexibilität | Erhöhte relative Lohnflexibilität ist der Schlüssel zu sektoraler Beschäftigungsanpassung und kann die Abnahme der Gesamtbeschäftigung vermindern. |
| Verminderung hemmender Faktoren beim Arbeitsplatzwechsel | Die Lösung der Verknüpfungen zwischen Sozialleistungen und Beschäftigung ist für die ehemaligen Planwirtschaften wichtig. Die Reform anderer Märkte, insbesondere des Wohnungsmarkts, ist unbedingt erforderlich. |
| *Arbeitnehmer für den Wechsel rüsten (aktive Maßnahmen)* | |
| Umschulung | Selbst in den Industrieländern gibt es nur wenige fundierte Auswertungen ihrer Effektivität. Staatliche Finanzierung (aber nur selten Bereitstellung) für die durch die Veränderungen Geschädigten ist wünschenswert, zumindest aus Wohlfahrts- und anderen politischen Gründen. |
| Unterstützung bei der Arbeitsplatzsuche | In den Industrieländern billig und oft effizient bei der Erhöhung der Zahl der Einstellungen, ist jedoch nur für einen Teil der Arbeitssuchenden von Bedeutung. Kann für ehemalige Planwirtschaften hilfreich sein. |
| Lohnsubventionen | Teuer und oft riskant, mit nur geringen Nettoeffekten in Industrieländern. Es besteht das Risiko einer Unterminierung von Reformen. Kann sinnvoll sein bei einem genau ausgerichteten Ziel, etwa in einer Stadt mit nur einem Unternehmen. |
| Zuwendungen (Zuschüsse, Darlehen, Vorauszahlungen für Leistungen) zur Förderung von Geschäftsgründungen | Verwaltungsaufwendig. Netto-Beschäftigungseffekte wurden selten richtig evaluiert. Erreicht nur eine kleine Minderheit der Arbeiter. |
| Staatliche Beschäftigungsprogramme für benachteiligte Jugendliche und staatliche Förderung von Lehrstellen | Ergebnisse unterschiedlich. Programme wurden selten richtig analysiert. Einige Programme, die genau auf Aussteiger-Minderheiten zugeschnitten waren, zeigten positive Effekte, wenn sie mit einem On-the-Job-Training verknüpft waren. Verwaltungsintensiv und außerhalb der Industrieländer schwierig zu implementieren. |
| *Bereitstellen von Transferleistungen (passive Maßnahmen)* | |
| Arbeitslosenunterstützung | Sinnvoll in den ersten Stadien des Übergangs von der zentralen Planung. In Industrieländern traten bei längerfristigen Unterstützungszahlungen leistungshemmende Effekte auf. Die Verwaltung sollte unkompliziert sein. |
| Abfindungszahlungen | Oft Bestandteil von Arbeitsverträgen im formellen Sektor; kann der Schlüssel zu einem Abbau der Beschäftigung im öffentlichen Sektor sein. |
| Alters- und Erwerbsunfähigkeits-Renten | Bilden ein umfangreiches System von Barleistungen in den ehemaligen Planwirtschaften. Treten häufig an die Stelle von Arbeitslosenunterstützung. Erfordern oft eine sofortige Kosteneindämmung aus fiskalischen Gründen. Eine langfristige Reform in Richtung einer Bildung von Fonds ist wünschenswert. |
| Sozialhilfe und Beihilfen für Familien | Kann die Armut der durch den Übergang Betroffenen lindern. Einkommensprüfung kann schwierig sein. In ehemaligen Planwirtschaften sind die Familienbeihilfen großzügig bemessen und müssen aus finanziellen Gründen möglicherweise reduziert werden. |
| Öffentliche Arbeiten | Effektive Maßnahmen zur Armutsverringerung und Unterstützung, wenn die Löhne niedrig gehalten werden. |

in der ehemaligen Sowjetunion, zugelassen, daß die Mindestlöhne rascher sinken als die Durchschnittslöhne (Schaubild 17.1).

*Aufbrechen des Zusammenhangs zwischen Sozialleistungen und Löhnen*

Unternehmen in den früheren Planwirtschaften, sowie große öffentliche Betriebe anderswo, versorgen ihre Mitarbeiter mit umfassenden sozialen Leistungen, die nicht Lohnbestandteile sind, wie Wohnung, eine gewisse Bildung und Krankenversorgung. Einige Unternehmen, insbesondere in der ehemaligen Sowjetunion und in China, stellen auch Versorgungs- und Infrastrukturdienste bereit, wie Kanalisation und Krankenhausbauten für die gesamte Gemeinde. In extremen Fällen können sich die nicht in Form von Löhnen geleisteten Vorteile und Dienste auf 35 Prozent der gesamten Lohnkosten des Unternehmens belaufen. Diese Nicht-Lohn-Bestandteile des Arbeitseinkommens können die Mobilität hemmen, weil ein Arbeitsplatzwechsel mit dem – zumindest vorübergehenden – Verlust der Vorteile verbunden ist, und weil die Unternehmen zögern, Arbeitskräfte aus bestimmten Gruppen, wie Frauen mit Kindern, einzustellen. Der Wettbewerb wird verzerrt, weil die Nettobelastung der Leistungen für die verschiedenen Unternehmen unterschiedlich hoch ist.

Der Staat kann dabei helfen, die Bereitstellung von sozialen Leistungen und Vorteilen von den Unternehmen auf lokale öffentliche Stellen zu verlagern. Die Gewinne an Arbeitsmarkteffizienz infolge einer solchen Verlagerung hängen stark von den Reformen in den komplementären Märkten ab, insbesondere dem Wohnungs- und Immobilienmarkt. Ohne sie werden die Unternehmen soviel an lokalen Steuern abführen müssen, wie sie vorher an direkten Kosten aufzubringen hatten.

Maßnahmen zur Erhöhung der Flexibilität können Bahn und Geschwindigkeit des Aufschwungs beeinflussen. Sie sind deshalb besonders für jene Arbeitskräfte hilfreich, die mit einer neuen Beschäftigung rechnen können und die kaum unter anhaltenden langfristigen Verlusten zu leiden haben werden. Diese Maßnahmen dürften aber für Arbeiter unzureichend sein, die für einen Wechsel nicht vorbereitet sind, entweder aufgrund nicht adäquater Qualifikationen oder etablierter Gewohnheiten, oder einfach, weil das Tempo, mit dem sich Qualifikationen oder Gewohnheiten ändern, hinter den sich wandelnden Strukturen der Arbeitsnachfrage herhinkt.

### Arbeitnehmer für den Wechsel rüsten

Die Arbeitsmärkte effizient und anpassungsfähig zu gestalten, bedeutet mehr als einfach die systembedingten Mobilitätsbarrieren abzubauen und sicherzustellen, daß sich die Löhne rasch anpassen. Die Arbeitnehmer müssen auch die Ressourcen besitzen – die adäquaten Befähigungen und Arbeitsgewohnheiten –, um von den neuen Möglichkeiten

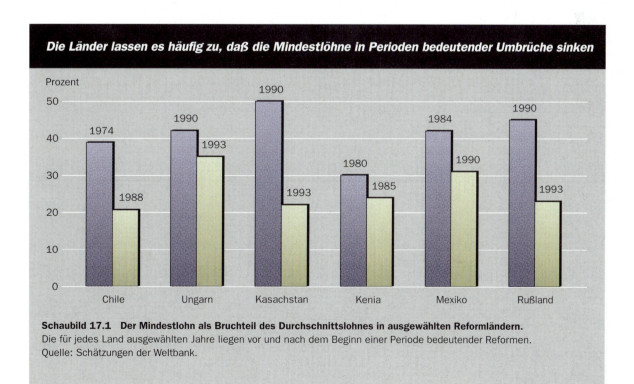

**Schaubild 17.1** Der Mindestlohn als Bruchteil des Durchschnittslohnes in ausgewählten Reformländern.
Die für jedes Land ausgewählten Jahre liegen vor und nach dem Beginn einer Periode bedeutender Reformen.
Quelle: Schätzungen der Weltbank.

Gebrauch zu machen, die sich in den rasch ändernden Arbeitsmärkten auftun.

*Qualifikations-Ungleichgewichte*

Arbeitsplätze unterscheiden sich stark hinsichtlich der erforderlichen Qualifikationen, und es kommt häufig vor, daß Arbeiter, die ihren Arbeitsplatz verlieren, feststellen, daß sie für die neuen Tätigkeiten nicht die richtigen Qualifikationen besitzen, oder daß ihnen die nötige Bildung fehlt, um sich die neuen Anforderungen rasch anzueignen. Unzureichend gebildete Arbeitnehmer bleiben häufig arbeitslos, oder sie müssen um einen schrumpfenden Anteil von Arbeitsplätzen mit einem geringen Qualifikationsanspruch konkurrieren, selbst wenn es in anderen Bereichen offene Stellen gibt.

Der säkulare weltweite Trend in der Arbeitsnachfrage hin zu Arbeitnehmern mit größeren allgemeinen Fähigkeiten und einer höheren Ausbildung beschleunigt sich während umfassender Transformationen. Das bedeutet, daß wenig Qualifizierte kaum Chancen haben, der Arbeitslosigkeit zu entrinnen. Für einige – zum Beispiel freigesetzte mexikanische Landarbeiter, die nach Mexiko Stadt abwandern – ist es einfach notwendig, grundlegende Kenntnisse des Schreibens und Rechnens zu besitzen. Ohne diese Fähigkeiten stehen den Migranten nur wenige Beschäftigungsmöglichkeiten außerhalb des informellen Sektors offen. Diese Strukturen herrschen in weiten Bereichen Lateinamerikas vor, wo die gering Qualifizierten den Löwenanteil der Arbeitslosen stellen. In den ehemaligen Planwirtschaften liegen die Wurzeln des Problems in der vorzeitigen und engen Spezialisierung und in der Unfähigkeit der überkommenen Berufsausbildung, sich an die rasch ändernden Arbeitsmärkte anzupassen. Die Arbeitslosigkeit unter den „halbqualifizierten" Arbeitern ist bereits höher als unter den Fach- und Führungskräften.

Die meisten Industrieländer besitzen öffentliche Umschulungsprogramme, wie auch viele ehemalige Planwirtschaften. Die Evidenz über deren Effektivität sollte jedoch mit Vorsicht betrachtet werden, da bisher nur wenige gründliche Untersuchungen – basierend auf kontrollierten Experimenten mit zufällig ausgewählten Teilnehmern oder auf sorgfältig zusammengestellten Vergleichsgruppen – durchgeführt wurden (Sonderbeitrag 17.1). Insgesamt ist die Evidenz über öffentliche Umschulung gemischt. Die Ergebnisse sind in jedem Fall sehr länderspezifisch zu interpretie-

---

**Sonderbeitrag 17.1   Wie effektiv sind öffentliche Umschulungsprogramme?**

Viele Länder besitzen öffentliche Umschulungsprogramme, doch nur wenige Programme wurden gründlich evaluiert. Die Ergebnisse sind gemischt. Überwiegend deutet die Evidenz aus Industrieländern, insbesondere aus Kanada und den USA, darauf hin, daß Umschulungen für einige Gruppen moderat effizient sein können, zum Beispiel für benachteiligte erwachsene Frauen in den USA, für andere hingegen vollständig ineffektiv, wie im Fall von männlichen Jugendlichen. Neueste Untersuchungen von Umschulungsprogrammen für freigesetzte Arbeiter in Mexiko und Ungarn kommen ebenfalls zu zweideutigen Ergebnissen.

Das mexikanische Programm PROBECAT bietet seit 1984 ein kurzfristiges Qualifikationstraining für arbeitslose Arbeitnehmer. Obwohl zunächst für freigesetzte Arbeiter geplant, hat das Programm auch eine große Anzahl von Menschen angezogen, die zum ersten Mal einen Arbeitsplatz suchen. Eine kürzlich durchgeführte Untersuchung hat festgestellt, daß das Programm effektiv dazu beigetragen hat, die Dauer von Arbeitslosigkeit für Umschüler mit früheren Arbeitserfahrungen zu reduzieren. Mit Hilfe des Programms konnten auch die Einkommen der erwachsenen männlichen Umschüler verbessert werden, besonders jener mit sechs bis zwölf Jahren Schulbildung. Im Fall von Trainees ohne frühere Arbeitserfahrungen und für Frauen, die erneut ins Arbeitsleben eingestiegen waren, hat es sich jedoch als völlig ineffektiv erwiesen.

Das ungarische Umschulungsprogramm scheint keinen signifikanten Einfluß gehabt zu haben, weder auf die Wahrscheinlichkeit einer Wiederbeschäftigung noch auf die Verdienste des durchschnittlichen Trainees, wenn Unterschiede in den beobachtbaren Merkmalen von Umschülern und Nicht-Umschülern berücksichtigt werden. Das Programm scheint jedoch effektiver darin gewesen zu sein, bestimmten Problemgruppen wie älteren und weniger gebildeten Arbeitnehmern einen dauerhaften Arbeitsplatz zu verschaffen. Eine mögliche Schlußfolgerung aus diesen Erfahrungen ist, daß staatliche Programme auf benachteiligte Gruppen ausgerichtet werden sollten, während dem privaten Sektor die Umschulung jener freigesetzten Arbeitnehmer überlassen werden sollte, deren potentielle Umschulungserträge höher sind.

Alles in allem zeigen diese Auswertungen, daß staatliche Umschulungsprogramme bestimmten Arbeitnehmergruppen in einigen Ländern geholfen haben, der Arbeitslosigkeit zu entrinnen. Für die Mehrheit der Arbeitnehmer dürften sie jedoch kaum von Nutzen sein. Eine sorgfältige Wahl der Zielgruppen, Kontrolle und Evaluierung der Umschulungsprogramme sind der Schlüssel, um ihre Effektivität sicherzustellen und der Verschwendung knapper öffentlicher Mittel vorzubeugen.

ren, da die Umschulungsprogramme in verschiedenen Ländern und für verschiedene Arbeitnehmergruppen offenbar unterschiedlich wirken. Eine kontinuierliche Auswertung dieser Programme – vorzugsweise durch kontrollierte Experimente – ist unabdingbar, um deren Kosteneffektivität sicherzustellen. Die Programme sollten zum einen hinsichtlich ihrer relativen Effizienz ausgewertet werden, d. h. inwieweit sie die Verdienste oder die Beschäftigungswahrscheinlichkeiten erhöhen. Zum anderen muß ihre allgemeine Effizienz analysiert werden, das heißt, ob die erzielten Nutzen die Kosten übersteigen.

Die Stärkung des privaten Sektors als Anbieter von Trainingsprogrammen kann die Effektivität der Umschulung verbessern. Wie die chilenische Erfahrung zeigt, können Systeme gut funktionieren, die auf der Verteilung von Gutscheinen an bestimmte Zielgruppen beruhen, mit denen diese die Trainingsangebote in einem Wettbewerbsmarkt nachfragen können. Doch dieses System dürfte in den ehemaligen Planwirtschaften zunächst wenig nützlich sein, da diese über keine aktuellen Erfahrungen mit einem privaten Schulungssektor verfügen. Eine staatliche Beteiligung dürfte auf jeden Fall wünschenswert sein, um die Unterstützung für Reformen und soziale Stabilität aufrechtzuerhalten. Wo Umschulungen aufgrund eines einmaligen gesamtwirtschaftlichen Schocks notwendig werden, dürfte es für den Staat angemessen sein, einen Teil der Kosten zu tragen. Wo das Bankwesen und die Kapitalmärkte ineffizient sind, dürften Haushalte und Produzenten nicht in der Lage sein, die Umschulung zu finanzieren, so daß auch hier eine staatliche Unterstützung angezeigt ist.

Bei der Umschulung von benachteiligten Arbeitnehmern dürften privates Angebot und private Finanzierung kaum ausreichen. Die ökonomischen Erträge eines solchen Trainings mögen gering sein, wenngleich der Nutzen für die Gesellschaft durch die Stärkung des sozialen Zusammenhalts hoch sein kann. Der Staat sollte sich auf die Unterstützung und Regulierung des privaten Marktes konzentrieren, der Umschulungen für freigesetzte Arbeitnehmer anbietet, denn für diese sind die potentiellen Erträge hoch; seine direkte Beteiligung (und die größten Subventionen) sollte der Staat für benachteiligte Gruppen wie alleinstehende Frauen mit Kindern und behinderte Personen reservieren.

*Informationsmängel*

Die Arbeitnehmer können von den Möglichkeiten neuer Arbeitsplätze nicht Gebrauch machen, solange sie nicht wissen, welche Stellen und zu welchen Löhnen diese angeboten werden. In Entwicklungsländern sind die Arbeitnehmer nahezu ausschließlich auf informellen Informationsaustausch angewiesen, um neue Stellen zu finden. In Industrieländern sowie in den ehemaligen Planwirtschaften wird Unterstützung bei der Arbeitsplatzsuche häufig im Rahmen eines formalen Netzwerks von öffentlichen oder gelegentlich privaten Büros angeboten. Eine begrenzte Zahl von Auswertungen legt den Schluß nahe, daß die Arbeitsplatzvermittlung in Industrieländern recht effektiv ist. In den USA hat sich die Arbeitsplatzvermittlung beispielsweise als ebenso effektiv erwiesen wie Umschulungen, um für freigesetzte Arbeiter neue Stellen zu finden, ist dabei jedoch weit billiger.

Die Arbeitsplatzvermittlung ist eine verwaltungsintensive Angelegenheit und dürfte kaum eine geeignete Lösung für Länder mit geringem Einkommen und für viele Länder mit mittlerem Einkommen sein. Selbst in den Industrieländern findet nur ein kleiner Teil der Stellensuchenden einen Arbeitsplatz durch die Vermittlung staatlicher Arbeitsämter, gewöhnlich nicht mehr als 10 bis 15 Prozent. In Polen liegt der Anteil nur bei 3 bis 5 Prozent. Doch selbst wenn es sich herausstellen sollte, daß *staatliche* Arbeitsämter nur in den Industrieländern relevant sein sollten, ist es auf alle Fälle sinnvoll, privaten Vermittlungsbüros die Tätigkeit zu ermöglichen.

*Förderung von Selbständigkeit*

Häufig haben Länder versucht, Menschen nach dem Verlust ihres Arbeitsplatzes dadurch zu helfen, daß sie sie beim Aufbau eines eigenen Geschäfts unterstützen. Viele Länder haben mit speziellen Krediten und anderen Programmen experimentiert, um die Gründung von Kleinunternehmen zu fördern. Solche Programme wurden selten gründlich untersucht, doch die Erfahrungen mit speziellen staatlichen Kreditprogrammen in den Ländern Afrikas südlich der Sahara und Lateinamerika deuten darauf hin, daß sie kaum Nutzen gestiftet haben. Privat geführte Kleinkreditprogramme haben sich als effektiver erwiesen, besonders in ländlichen Gemeinden. In Polen scheint ein jüngst gestarteter Versuch mit Gründungsdarlehen gut zu funktionieren. Gleichwohl hat sich gezeigt, daß solche Programme nur für einen verschwindend kleinen Teil der Arbeitslosen (etwa 3 Prozent in Industrieländern und 1 Prozent in Polen) relevant sind.

*Lohnsubventionen*

Lohnsubventionen müssen begrenzt sein und streng kontrolliert werden, wenn sie eine positive Rolle spielen sollen. In den Industrieländern haben sie sich für eine Beschleunigung der Anpassung als ineffektiv erwiesen, wenngleich sie für die Langzeitarbeitslosen hilfreich sein können. Es existieren Substitutionseffekte, das heißt, Arbeitnehmer mit subventionierten Löhnen ersetzen diejenigen, deren Löhne nicht subventioniert werden. Darüber hinaus können Lohnsubventionen den Reformprozeß unterminieren, da sie unrentable Firmen am Leben erhalten. Lohnsubventionen sollten nur in speziellen Fällen mit eindeutiger Ausrichtung in Erwägung gezogen werden, zum Beispiel in Städten mit einem einzigen Unternehmen (siehe unten). Eine gute Kontrolle vorausgesetzt, können Lohnsubventionen eine kostengünstigere Alternative zu Transferzahlungen darstellen und ein besseres Ergebnis im Hinblick auf das Sozialgefüge in abgegrenzten Gebieten erzielen.

## Abbau der Unsicherheit durch Transferprogramme

Während umfassender Transformationsprozesse sind Arbeitnehmer beträchtlichen Risiken ausgesetzt. Das größte Risiko ist der Verlust von Arbeitsplatz und Einkommen. Selbst in stabilen Industrieländern ist es sehr schwer, sich vollständig gegen das Arbeitsplatzrisiko zu versichern (siehe Kapitel 13). In Perioden mit bedeutenden Veränderungen ist es für ein privates Versicherungssystem um so schwieriger zu operieren, weil durch den allgemeinen Rückgang der Arbeitsnachfrage in der gesamten Volkswirtschaft die Wahrscheinlichkeit des Arbeitsplatzverlustes für alle gleichzeitig steigt. Es gibt somit einen guten Grund für das öffentliche Angebot einer Versicherung mit dem Ziel einer gewissen Absicherung des Einkommens.

Permanente Einkommenssicherungs-Mechanismen wie die in Kapitel 13 diskutierten, können sich in der Transformationsphase rasch als unzureichend erweisen, und zwar aufgrund der großen – wenngleich temporären – Zunahme der Zahl der Arbeitslosen oder der in Armut lebenden Haushalte. Die Regierungen könnten auch befürchten, daß sie die politische Unterstützung für die Reformen verlieren, wenn die Einkommen zu stark fallen, besonders wenn es sich um politisch einflußreiche Kreise handelt. Beide Besorgnisse können zu erhöhten Transferzahlungen führen. In den ehemaligen Planwirtschaften, die die Unternehmenssubventionen drastisch gekürzt haben, sollen steigende Transfers diese Kürzungen zum Teil wieder ausgleichen. In extremen Fällen – Bulgarien und Polen beispielsweise – wurden die Subventionen von 12 bis 15 Prozent des BIP auf 1 bis 2 Prozent reduziert. Die Transferzahlungen stiegen hingegen um 5 bis 8 Prozent des BIP.

Es liegt nahe, daß unterschiedliche Länder auch verschiedene Strategien einsetzen, denn sie beginnen mit riesigen Unterschieden in der Bedeutung von Familienhilfsprogrammen und der Größe des informellen Sektors sowie in den Erwartungen über die staatlichen Interventionen. Im allgemeinen gilt: Je höher der Industrialisierungsgrad eines Landes, desto stärker das Argument für den Einsatz staatlicher Leistungen; denn zum einen ist die Verfügbarkeit von Mitteln größer und zum anderen sind die informellen Unterstützungsmechanismen schwächer. Es überrascht daher nicht, daß die Transfers in Slowenien höher sind als in Usbekistan und in Argentinien höher als in Bolivien.

Armutshilfen werden am besten durch einfache Mechanismen umgesetzt, um jene zu erreichen, die auf der Strecke geblieben sind. Da Arbeitslosigkeit und Familienstand höchstwahrscheinlich mit dem Status der Armut zusammenhängen, orientieren sich die ehemaligen Planwirtschaften intensiv an beiden Merkmalen, um die nachteiligen Effekte der Arbeitslosigkeit zu lindern.

Mehr industrialisierte Übergangsländer versuchen, diese Zielgruppenidentifikation durch ein formales Sozialhilfesystem zu ergänzen, das auf dem Nachweis vorhandener Mittel basiert. Doch die Überprüfung der vorhandenen Mittel ist schwierig und erfordert einen hohen Verwaltungsaufwand, so daß diese Methode außerhalb der Industrieländer kaum zufriedenstellend funktionieren dürfte. Einige Länder benutzen verschiedene Formen der Selbstauswahl – zum Beispiel durch Verknüpfung der Leistungen mit der Beteiligung an staatlichen Beschäftigungsprogrammen. Solche Systeme verbessern zwar die langfristigen Aussichten der Begünstigten auf einen Arbeitsplatz nicht, sie können während des Übergangs jedoch nützlich sein: nicht nur als effizientes Instrument der Selbstauswahl – um die Ärmsten herauszufinden –, sondern auch als Verbindung zwischen Arbeitsplätzen. So verbesserte sich beispielsweise die Vergabe von Arbeitslosengeld in Estland wesentlich, als dieses mit der Teilnahme an staatlichen Teilzeitarbeitsprogrammen verknüpft wurde. Nur die wirklich Armen kamen, um die Leistungen zu beanspruchen. In Albanien werden staatliche Beschäftigungsprogramme im großen Stil eingesetzt, um den Übergang zwischen zwei Arbeitsplätzen abzufedern. Wie in Kapitel 13 erläutert ist, gibt es zahlreiche andere Beispiele für staatliche Beschäftigungsprogramme, die in Entwicklungsländern gut funktionieren.

Ein zweiter Grund für erhöhte Transfers besteht darin, die Unterstützung der Bevölkerung für die Reformen nicht zu verlieren – was gewöhnlich darauf hinausläuft, sich der Unterstützung der einflußreichsten Gruppen zu versichern. In vielen Ländern, und insbesondere in den industrialisierten ehemaligen Planwirtschaften, sind die Altersrentner und Pensionäre wesentlich einflußreicher als die Arbeitslosen. Deshalb spielten Sozialversicherungssysteme als Transfermechanismen in Mittel- und Osteuropa eine wichtige Rolle. Die meisten Reformstrategien in diesen Ländern mußten einen Kompromiß finden zwischen dem kurzfristigen Ziel der Armutslinderung während des Übergangs, was Abfindungszahlungen und Arbeitslosengeld erfordert, und längerfristigen Zielen sowie permanenten Transfers wie Renten und Pensionen.

Einkommenstransfers zur Abfederung von Einkommensverlusten, insbesondere die Arbeitslosenunterstützung, werden häufig als „passive" arbeitsmarktpolitische Maßnahmen bezeichnet, während Maßnahmen, die darauf abzielen, die Arbeitnehmer für den Wechsel zu rüsten, als „aktive" Politik bezeichnet werden. In den Industrieländern werden diese beiden Arten von Maßnahmen oft als Substitute betrachtet, wobei einige Studien behaupten, daß höhere Ausgaben für aktive Maßnahmen effizienter sind, weil die Rückkehr von Arbeitnehmern an einen Arbeitsplatz weitere Transferzahlungen einspart. Aktive und passive Maßnahmen dürften jedoch in Übergangsvolkswirtschaften kaum Substitute sein, da die meisten Menschen wohl eher aufgrund einer geringen Arbeitsnachfrage als aufgrund eines ineffektiven Angebots arbeitslos sind.

**Massenentlassungen**

Massive Verkleinerungen und Umstrukturierungen des öffentlichen Sektors sind während umfassender Transformationen die Regel. Entlassungen in großem Umfang sind kurzfristig teuer. Wenn die Unternehmen potentiell rentabel sind und früher oder später privatisiert werden können, sind Reformen relativ einfach. In den meisten Fällen müssen aber große staatliche Betriebe, ja selbst ganze Industrien, abgebaut oder gar geschlossen werden. Beispiele sind die Verkleinerung des öffentlichen Sektors in Chile, die graduelle Rückführung der Arbeiterzahl in Spaniens staatlicher Stahlindustrie, sowie der Abbau der Beschäftigung in Mexikos Staatsbetrieben vor der Privatisierung. Ein Beispiel aus der Gegenwart ist die Umstrukturierung von Rußlands Kohlesektor, wo nach Schätzungen eine lebensfähige Industrie nur 50 Prozent der beinahe 800.000 Bergarbeiter beschäftigen würde. Der gemeinsame Nenner dieser Beispiele besteht darin, daß eine große Zahl von Arbeitnehmern davon betroffen ist, oft in einer Stadt oder Region, was den freigesetzten Arbeitern einen Wechsel in neue Beschäftigungsverhältnisse erschwert.

Die richtige Strategie bei Massenentlassungen variiert mit dem Entwicklungsniveau eines Landes, der Art des Unternehmens und seiner Beschäftigten. In einigen Fällen sollten die Regierungen die überzähligen Arbeiter vor der Privatisierung entlassen, wie in Spanien, um für die neuen Eigentümer die größtmögliche Flexibilität bei der Umstrukturierung des Unternehmens zu gewährleisten. In anderen Fällen kann die Privatisierung zuerst erfolgen, die Reorganisation bleibt dann den neuen Eigentümern überlassen. Häufig werden Restriktionen in bezug auf Entlassungen oder das Lohnniveau bestehen bleiben, wie es im allgemeinen in Mittel- und Osteuropa der Fall ist. In Ländern mit niedrigem und mittlerem Einkommen sind Gewerkschaften selten einbezogen, Ausnahmen bilden der öffentliche Omnibusbetrieb in Ghana und die Vorbereitung von Programmen für den Verkehrssektor in Mauritius und Jugoslawien, wo eine Gewerkschaftsbeteiligung maßgeblich für den Erfolg war. Im Unterschied dazu wurden in Industrieländern wie Kanada und Schweden zahlreiche Kürzungen in enger Kooperation mit den Gewerkschaften, den Arbeitnehmern und den lokalen Gemeinden durchgeführt. Dieser Weg scheint in stärker industrialisierten Ländern mit einer stabilen und gut ausgebildeten Arbeitnehmerschaft am besten zu funktionieren.

Rechtzeitige Bekanntgabe, Wahlmöglichkeiten für die Arbeiter, die ihre Stelle verlieren, sowie eine Umstrukturierung des Entlohnungssystems für jene, die ihre Stelle behalten, haben sich für die Effizienz im Zuge von Freisetzungen als essentiell erwiesen. Wenn das Programm Teil umfassender Bemühungen um Strukturreformen ist, kann dadurch der Widerstand verringert werden. In den ehemaligen Planwirtschaften, die bereits Erfahrungen mit Massenentlassungen hatten, bestand die größere Anstrengung in dem umfassenden Wandel von einem sozialistischen Plansystem zu einer Marktwirtschaft. Im Transportsektor von Ghana war das Programm Teil eines ausgedehnten Abbaus überzähliger Stellen im öffentlichen Dienst, im Bildungswesen sowie in einigen Staatsbetrieben. Im Bussektor von Sri Lanka war es Bestandteil einer allgemeinen Verringerung der Größe des öffentlichen Sektors.

Es gibt keine definitive Evidenz dafür, ob die optimale Abfindung in Form einer Einmalzahlung erfolgen sollte, die von freigesetzten Arbeitern zur Gründung eines eigenen Unternehmens benutzt werden kann, oder ob sie in Form langfristiger periodischer Zahlungen erfolgen sollte, so daß das Auskommen über einen längeren Zeitraum gewährleistet ist. Die erste Form ist besser für unternehmerische Persönlichkeiten geeignet, während die zweite für risikoscheue Personen angemessener ist. Generell dürfte es am besten sein, den Arbeitnehmern die Wahl einer der beiden Formen selbst zu überlassen.

Die folgenden Grundprinzipien sollten Freisetzungsprogrammen zugrunde liegen. Je geringer der Entwicklungsstand der Volkswirtschaft ist, desto einfacher und transparenter sollten die Mechanismen sein. Ein spezielles Abfindungssystem, das zu den bestehenden nationalen Abfindungsprogrammen hinzukommt, ist besser als die Ausweitung der Zahlungen von Arbeitslosengeld, weil es einfacher zu verwalten ist. Um Verzerrungen der Arbeitsnachfrage zu vermeiden, sollten solche speziellen Programme nicht über die Lohnsteuer finanziert werden. Aus Gründen der Fairneß und Effizienz sollte freizusetzenden Arbeitnehmern die Wahl zwischen mehreren Ausstiegsoptionen angeboten werden. Um die Gefahr zu mindern, daß die besten Arbeitskräfte gehen, sollte eine Reformierung der Lohnstrukturen mit den Freisetzungen koordiniert werden, um den Zusammenhang zwischen Leistung und Lohn zu erhöhen. Schließlich dürften Regeln, die eine Vorankündigung von Freisetzungen erfordern, den Arbeitnehmern die Anpassung erleichtern – doch da vorzeitige Bekanntmachungen den freiwilligen Abgang bremsen und Arbeiter ermutigen könnten, auf die Abfindungszahlungen zu warten, kann es angebracht sein, die Vorankündigung mit einer Lohnsenkung für die bleibenden Arbeitnehmer zu verbinden. Andere Komponenten dieser Programme, die in Industrieländern populär sind, wie Arbeitsvermittlungen vor Ort, können nur funktionieren, wenn die administrativen Kapazitäten vorhanden sind. Sie dürften in den meisten Entwicklungsländern kaum von Nutzen sein, könnten sich aber für einige ehemalige Planwirtschaften als relevant erweisen.

Städte mit nur einem einzigen Unternehmen werfen wegen fehlender Alternativen besondere Probleme auf. Im russischen Kohlesektor befindet sich beispielsweise eine

Reihe von Gruben in abgelegenen Gebieten und beschäftigt dort den Löwenanteil der Arbeitskräfte. Idealerweise sollten die Regierungen zum Wechsel ermutigen – Migration, Schaffung neuer Arbeitsplätze und neuer Firmen – kurzfristig ist dies jedoch selten eine Lösung. Wenn die Aussichten auf Veränderungen begrenzt sind, oder wenn die Anpassung langsam vonstatten geht, dann sind unter bestimmten Bedingungen temporäre Maßnahmen zur Stützung bestehender Unternehmen sinnvoll. Erstens, wenn die sozialen oder politischen Kosten der Arbeitsplatzvernichtung hoch sind, dürfte die Beibehaltung von Subventionen umfassendere Transformationen eher beschleunigen als behindern. Zweitens, wenn der wertmäßige Output eines Unternehmens größer ist als der wertmäßige Input, können weitergezahlte Subventionen kostensparend sein, wenn ansonsten Arbeitslosengeld oder Sozialhilfe geleistet werden müßte. Das größte Problem bei der Gestaltung von Programmen zur Stützung von Unternehmen in abgelegenen Regionen besteht darin, Anreize zu vermeiden, die noch mehr Arbeiter oder Unternehmen dorthin locken. Jedes industrielle Hilfsprogramm darf nur für eine begrenzte Zeit gelten, um sicherzustellen, daß die Unternehmen die Unterstützung zur Umstrukturierung ihrer Aktivitäten nutzen und nicht zur Fortsetzung ihrer Ineffizienz.

• • •

Anpassungsfähige Arbeitsmärkte sind für eine erfolgreiche Transformation unabdingbar. Reformen zur Förderung der Arbeitskräftemobilität, Transferprogramme und Maßnahmen, die die Arbeitnehmer für den Wechsel rüsten, sind allesamt notwendig, um die Anpassungsfähigkeit zu erhöhen. Die Unterstützung der Arbeitskräftemobilität ist der Schlüssel, während Transferzahlungen eine Doppelfunktion haben, indem sie den Rückgang des Konsums abfedern und das mit dem Arbeitsplatzabbau einhergehende Risiko reduzieren. Aktive Arbeitsmarktpolitik in Form von Maßnahmen zur Erleichterung der Arbeitsplatzsuche sind in der Frühphase des Übergangs weniger sinnvoll. Doch sobald der Hauptschock überwunden ist, dürfte eine Substitution von Transfermitteln durch aktive Maßnahmen angebracht sein, insbesondere in Ländern mit einem höheren Niveau der für die erfolgreiche Umsetzung solcher Programme nötigen administrativen Kapazitäten.

# TEIL FÜNF

# Die Perspektiven für Arbeitnehmer im einundzwanzigsten Jahrhundert

DAS VERGANGENE JAHRHUNDERT war Zeuge, wie sich die ökonomischen Verhältnisse der Arbeitnehmer in den verschiedenen Teilen der Welt mehr auseinanderentwickelten als einander annäherten. Kann es im einundzwanzigsten Jahrhundert anders sein? Wird eine Ära des Zusammengehens eingeläutet, in der die wirtschaftliche Integration voranschreitet und an Breite und Tiefe gewinnt, so daß sich die Einkommen der Arbeitnehmer in allen Regionen erhöhen – und besonders die Einkommen der Ärmsten? Kapitel 18 setzt die in den vorangegangenen Kapiteln erörterten Themen in Beziehung zu den Perspektiven der Arbeitnehmer in den wichtigsten Regionen der Welt. Es wird zum einen ein pessimistisches Szenario für die Zukunft entwickelt, in dem sich die Lebensstandards der Arbeitnehmer in den verschiedenen Regionen weiter auseinanderentwickeln, und zum anderen ein optimistisches, in dem die Länder die Chancen nutzen, die der weltweite Integrationsprozeß bietet, um die Lebensverhältnisse der arbeitenden Bevölkerung zu verbessern.

# KAPITEL 18

# Wirtschaftspolitische Optionen und die Perspektiven für die Arbeitnehmer

IN DEN LETZTEN HUNDERT JAHREN WAR DIE wachsende Einkommensungleichheit ein dominierender Trend in der Weltwirtschaft. Die wohlhabendste Arbeitergruppe in der Welt – die Facharbeiter in den Industrieländern – verdienen jetzt im Durchschnitt sechzigmal mehr als die ärmste Gruppe – die Bauern in Afrika südlich der Sahara. In den letzten fünfzehn bis zwanzig Jahren gab es für eine große Zahl von Arbeitnehmern in Asien bedeutende Fortschritte; viele Arbeitnehmer im Nahen Osten, in Lateinamerika, Afrika südlich der Sahara und, in jüngster Zeit, in den ehemaligen Staatshandelsländern Europas und Zentralasiens erlebten dagegen Stagnation oder Rückgang. Kann das einundzwanzigste Jahrhundert eine Ära konvergierender Einkommen einleiten? Es steht viel auf dem Spiel. Das Potential für beträchtliche Fortschritte an allen Fronten ist vorhanden: für die Schaffung dauerhafter Arbeitsplätze, steigende Produktivität und bessere Qualität der Arbeitsplätze. Es besteht aber auch das Risiko, daß der Fortschritt an einigen vorübergeht, von den arbeitslosen Arbeitnehmern in den Industrieländern angefangen bis hin zum Großteil der Bevölkerung in Afrika südlich der Sahara, und daß er die gravierenden Ungleichheiten in Lateinamerika und anderswo nicht verringern wird.

Für das erreichbare Ergebnis sind sowohl die Verhältnisse in der Binnenwirtschaft der einzelnen Länder als auch im internationalen wirtschaftlichen Umfeld von Bedeutung. Das Potential für eine Vertiefung der weltweiten Integration erhöht die Chancen für diejenigen Länder und Arbeitnehmergruppen, die über die Fähigkeit verfügen, darauf zu reagieren. Die Politik der reichen Länder – vor allem hinsichtlich der Handelspolitik und der Fiskaldefizite – wird eine große Bedeutung haben. Wenn die Staatsdefizite nicht sinken, werden alle den Preis in Form niedrigerer Produktivität und langsameren Wachstums zahlen. Internationale Unterstützung ist ebenfalls entscheidend, um die Einbeziehung aller Arbeitnehmergruppen der Weltwirtschaft zu fördern. Von größter Bedeutung sind wahrscheinlich aber die in den Entwicklungs- und Reformländern vorherrschenden Bedingungen, vor allem in den vier Bereichen, die in den vorangegangenen Teilen dieses Berichts erörtert worden sind, nämlich:

- ob es den Ländern gelingt, marktwirtschaftlich orientierte Wachstumspfade einzuschlagen, die sowohl eine schnell wachsende Nachfrage nach Arbeit schaffen als auch die Produktivität der Arbeitskräfte erhöhen;
- ob es ihnen gelingt, die Veränderungen auf internationaler Ebene zu nutzen, sei es, daß sie auf neue Marktchancen reagieren oder Kapital an sich ziehen, sei es, daß sie die Verschiebungen, die sich ändernde Außenhandelsstrukturen mit sich bringen, zu nutzen verstehen;
- ob die Regierungen erfolgreich die Rahmenbedingungen für eine Arbeitsmarktpolitik schaffen, die die informellen und ländlichen Arbeitsmärkte ergänzt, ein effizientes System der Arbeitgeber-Arbeitnehmer-Beziehungen im formellen Sektor unterstützt, den Schwachen Schutz bietet und Verzerrungen zugunsten der relativ Bessergestellten verhindert, und
- ob es schließlich den Ländern, die mit dem Übergang zu stärker marktwirtschaftlich orientierten und international integrierten Entwicklungsstrukturen kämpfen, gelingt, diesen Prozeß ohne große oder dauerhafte Kosten für die Arbeitskräfte zu bewerkstelligen.

## Zwei internationale Szenarien

Zwei globale Szenarien, die für diesen Bericht entworfen worden sind, illustrieren das Ausmaß dessen, was möglich ist, und zeigen die Größenordnung der Gefahren auf, die vor den Arbeitnehmern in jeder der weltweit wichtigen Regionen liegen. Das erste Szenario ist das des Sich-Durchwurstelns und basiert weitgehend auf der Fortsetzung vergangener Trends. Weil eine ausgeprägte Wahrscheinlichkeit besteht, daß dieser Weg zur Ausweitung der Unterschiede zwischen einigen Regionen und zu erhöhter Ungleichheit bei den Arbeitseinkommen zwischen einigen Ländern führen würde, wird dies als Szenario des langsamen Wachstums und der Divergenz – als „Divergenz"-Szenario – bezeichnet. Das zweite Szenario erläutert die möglichen Auswirkungen energischen wirtschaftspolitischen Handelns auf nationaler Ebene in allen Teilen der Welt, verbunden mit vertiefter internationaler Integration. Dies wird als Szenario des Zusammengehens und der Konvergenz – als „Konvergenz"-Szenario – bezeichnet. Beide Szenarien dienen nur der Veranschaulichung – die Zahlen sind Projektionen, die auf zahlreichen Annahmen beruhen, und sie stellen gewiß keine Prognose dar. Sie bieten jedoch plausible Hinweise auf die Konsequenzen von Erfolg oder Mißerfolg und berücksichtigen die voraussichtlichen zukünftigen Trends, sowohl der binnenwirtschaftlichen Ergebnisse als auch des weltweiten Integrationsprozesses.

Die wichtigste Bestimmungsgröße für die Perspektive der Arbeitnehmer sind die inländischen Investitionen – in Kapital, Ausbildung, Infrastruktur und Technologie. Das Divergenz-Szenario unterstellt, daß sich die jüngsten Investitionstrends fortsetzen oder verschlechtern, daß ein beträchtlicher Teil der derzeitigen Schüler die Schulen vorzeitig verläßt, und daß die allgemeine Arbeitsproduktivität nicht rasch steigt (Tabelle 18.1). Das Konvergenz-Szenario unterstellt, daß die Investitionsquoten steigen, daß die Rate der Schulbesucher sich auf den gegenwärtigen Niveaus stabilisiert und die Rate der Schulabbrecher sinkt, und daß die Investitionen in die Infrastruktur, der Technologietransfer sowie eine bessere Qualität der Regierungstätigkeit zu steigender Arbeitsproduktivität beitragen werden. Das Konvergenz-Szenario muß durch zumindest leicht höhere Sparquoten, geringere Haushaltsdefizite in den reicheren Ländern und eine angemessene Höhe der Zuflüsse von Auslandskapital, Entwicklungshilfe eingeschlossen, gestützt werden. Die Anstrengungen in Afrika südlich der Sahara müssen besonders stark sein.

Das internationale Umfeld ist ebenfalls von großer Bedeutung. Im Divergenz-Szenario wird angenommen, daß der Protektionismus nicht verschwinden wird, und daß die Länder entweder bei der Durchführung der Vereinbarungen der Uruguay-Runde absichtlich langsam arbeiten oder die in einem Bereich erzielten Vorteile durch einen anders gearteten Protektionismus wieder kompensieren. Im Konvergenz-Szenario wird die Uruguay-Runde vollständig umgesetzt, bei der Handelsliberalisierung gibt es weitere Fortschritte – auch in der Landwirtschaft –, und zwar auf regionaler wie auf multilateraler Ebene. Im Divergenz-Szenario ist das Exportwachstum niedrig, und auf dem Gebiet der internationalen Arbeitsteilung ändert sich wenig. Im Gegensatz dazu beeinflussen sich die weltweite Integration und die nationalen Investitionen in Sach- und Humankapital gegenseitig, um im Konvergenz-Szenario hohe Nettogewinne zu erbringen (Tabelle 18.2). Die Entwicklungsregionen nutzen die verbesserte berufliche Ausbildung ihrer Arbeiter auf

**Das Konvergenz-Szenario erfordert hohe Investitionsquoten im Bereich Human- und Sachkapital sowie allgemeine Produktivitätsgewinne**

Tabelle 18.1 Den Projektionen zugrundeliegende Annahmen

| | Anteil der Investitionen am BIP (in Prozent) | | | Durchschnittliche Schuljahre | | | Jährliches Wachstum der gesamten Faktorproduktivität (in Prozent) | | |
|---|---|---|---|---|---|---|---|---|---|
| | | 1994–2010 | | | 2010 | | | 1994–2010 | |
| Region | Aktuell 1992 | Divergenz-Szenario | Konvergenz-Szenario | Aktuell 1992 | Divergenz-Szenario | Konvergenz-Szenario | Aktuell 1960–87 | Divergenz-Szenario | Konvergenz-Szenario |
| China[a] | 30 | 22 | 26 | 5,0 | 5,4 | 6,1 | .. | 0,7 | 1,7 |
| Ostasien | 28 | 22 | 28 | 6,5 | 7,3 | 7,9 | 1,9 | 1,0 | 1,8 |
| Ehemalige RGW-Länder | 19 | 18 | 22 | 8,2 | 9,1 | 10,5 | .. | 0,5 | 2,1 |
| Lateinamerika | 20 | 22 | 15 | 4,9 | 5,5 | 6,1 | 0,0 | 0,6 | 1,6 |
| Naher Osten und Nordafrika | 23 | 20 | 25 | 3,6 | 4,5 | 5,5 | 1,4 | 0,5 | 1,5 |
| Südasien | 23 | 23 | 26 | 3,4 | 4,2 | 5,1 | 0,6 | 0,7 | 1,5 |
| Afrika südlich der Sahara | 17 | 16 | 25 | 2,3 | 2,6 | 2,8 | 0,0 | 0,5 | 1,4 |
| OECD[b] | 20 | 20 | 22 | 9,6 | 10,5 | 11,1 | 1,1 | 0,9 | 1,3 |

.. Nicht verfügbar.
a. Einschließlich Hongkong.
b. Umfaßt nur Australien, Europäische Union, Japan, Kanada, Neuseeland und die Vereinigten Staaten.
**Quelle:** Schätzungen der Weltbank.

einem expandierenden globalen Markt, und alle steigen sie die technologische Stufenleiter hinauf: Die Arbeiter in den marktwirtschaftlichen Industrieländern werden zunehmend weniger Erzeugnisse mittlerer Technologie und vermehrt hochtechnologische Güter und Dienste produzieren; die Schwellenländer Asiens und die ehemaligen Staatshandelsländer beherrschen die Produktion von Erzeugnissen mittlerer Technologie und beginnen mit der Herstellung hochtechnologischer Güter; Lateinamerika und der Nahe Osten weiten ihren Vorsprung im Bergbau und in der Landwirtschaft aus und beginnen mit der Produktion technologisch anspruchsvoller Produkte; China und Indien werden zu

**Sowohl das Pro-Kopf-Einkommen als auch die Exporte steigen beim Szenario der Konvergenz und des Zusammengehens viel schneller**

Tabelle 18.2  Projektionen des Wachstums des BIP pro Kopf und der Exporte, nach Regionen
(Prozent)

| Region | Jahresdurchschnittliches Wachstum des BIP pro Kopf | | | Jahresdurchschnittliches Exportwachstum | | |
|---|---|---|---|---|---|---|
| | Aktuell 1970–90 | Divergenz-Szenario 1994–2010 | Konvergenz-Szenario 1994–2010 | Aktuell 1980–90 | Divergenz-Szenario 1994–2010 | Konvergenz-Szenario 1994–2010 |
| China[a] | 4,6 | 2,3 | 3,9 | 11,3 | 4,7 | 6,6 |
| Ostasien | 5,5 | 3,0 | 4,4 | 10,2 | 5,3 | 6,5 |
| Ehemalige RGW-Länder | –3,0 | 0,9 | 3,5 | 2,1 | 2,2 | 5,6 |
| Lateinamerika | 1,7 | 1,4 | 3,3 | 2,4 | 3,8 | 7,0 |
| Naher Osten und Nordafrika | 0,8 | 1,4 | 3,4 | 4,2 | 3,3 | 5,5 |
| Südasien | 2,0 | 2,4 | 4,0 | 6,3 | 6,6 | 8,9 |
| Afrika südlich der Sahara | –0,3 | –0,3 | 1,7 | 3,1 | 3,6 | 6,7 |
| OECD[b] | 1,9 | 1,6 | 2,3 | 1,5 | 2,9 | 3,7 |

a. Einschließlich Hongkong.
b. Umfaßt nur Australien, Europäische Union, Japan, Kanada, Neuseeland und die Vereinigten Staaten.
**Quelle:** Schätzungen der Weltbank.

**Die Lohnsteigerungen für ungelernte Arbeiter sind im Konvergenz-Szenario dramatisch höher und führen zur Verringerung der Ungleichheit**

Tabelle 18.3  Lohnprojektionen für ungelernte Arbeiter und Facharbeiter, nach Regionen
(Prozentuale Veränderung von 1994 bis 2010)

| Region | Divergenz-Szenario | | Konvergenz-Szenario | |
|---|---|---|---|---|
| | Ungelernte Arbeiter | Facharbeiter | Ungelernte Arbeiter | Facharbeiter |
| China[a] | 19 | 35 | 65 | 72 |
| Ostasien | 41 | 54 | 63 | 81 |
| Ehemalige RGW-Länder | 3 | 29 | 61 | 74 |
| Lateinamerika | –3 | 45 | 58 | 62 |
| Naher Osten und Nordafrika | –2 | 27 | 63 | 39 |
| Südasien | 15 | 49 | 81 | 56 |
| Afrika südlich der Sahara | 6 | 9 | 44 | 49 |
| OECD[b] | 15 | 47 | 47 | 45 |

a. Einschließlich Hongkong.
b. Umfaßt nur Australien, Europäische Union, Japan, Kanada, Neuseeland und die Vereinigten Staaten.
**Quelle:** Schätzungen der Weltbank.

stetig bedeutenderen Exporteuren arbeitsintensiver Erzeugnisse, und Afrika südlich der Sahara gewinnt seinen komparativen Vorteil bei Bodenschätzen zurück und wird zu einem wichtigen Exporteur landwirtschaftlicher Güter.

Wie ergeht es den Arbeitskräften? In beiden Szenarien wird angenommen, daß die technologische Entwicklung zugunsten der Facharbeiter, die die letzten zwei Jahrzehnte charakterisierte, weitergehen wird. Beim Divergenz-Szenario beeinflussen sich diese Begünstigung der Facharbeiter, langsamere Kapitalbildung und stagnierender Welthandel gegenseitig. Das Ergebnis ist in den meisten Regionen ein langsames BIP-Wachstum und eine zunehmende Ungleichheit innerhalb und zwischen den Regionen. Im Gegensatz dazu steigen im Konvergenz-Szenario in den meisten Ländern und innerhalb der meisten Regionen die Einkommen, und die Ungleichheit geht zurück (Tabelle 18.3). Für ärmere Entwicklungsländer ist die steigende Globalisierung der Märkte hilfreich, indem sie die Nachfrage nach Arbeitern mit geringerer Qualifikation erhöht. In den Ländern mit mittlerem Einkommen und in den wohlhabenderen Ländern werden die negativen Effekte der Globalisierung durch Verbesserungen der Qualifikation überkompensiert, was die Zahl der ungelernten Arbeiter verringert und so die relative Nachfrage nach ihren Arbeitsleistungen erhöht.

Die internationale Ungleichheit wird sich bei jedem realistischen Szenario nur langsam ändern. Mit dem Szenario der Konvergenz und des Zusammengehens könnte jedoch begonnen werden, die immensen Unterschiede zu verringern, die derzeit bestehen. Das Verhältnis der Löhne der reichsten zu den ärmsten Gruppen in der internationalen Lohnhierarchie – den Facharbeitern in den Industrieländern einerseits und afrikanischen Bauern andererseits – könnte von schätzungsweise sechzig zu eins im Jahr 1992 auf fünfzig zu eins bis zum Jahr 2010 sinken (Schaubild 18.1). Dies wäre der Anfang einer Verengung der Lücke, die sich im letzten Jahrhundert aufgetan hat, als die Arbeitnehmer in den Industrieländern die Vorteile des wirtschaftlichen Aufschwungs ernteten, diejenigen in Afrika südlich der Sahara aber nicht. Beim Divergenz-Szenario könnten die Verhältnisse sogar schlimmer werden – das Verhältnis der Arbeitseinkommen zwischen diesen beiden Gruppen könnte auf rund siebzig zu eins steigen. Im folgenden werden Region um Region die Haupthindernisse für Verbesserungen bei den Arbeitsverhältnissen dargelegt.

*Industrieländer*

Die Industrieländer kämpfen seit etwa fünfzehn Jahren mit ihrem Beschäftigungsproblem. Dessen Hauptcharakteristika sind steigende Ungleichheit in Nordamerika und in Großbritannien, eine hartnäckig hohe Arbeitslosigkeit in Kontinentaleuropa und hier wie dort eine größer werdende Unterschicht mit geringen Beschäftigungsaussichten. Obwohl dem Problem von seiten der Regierungen, internationalen Stellen und der Wissenschaftler beständig Aufmerksamkeit geschenkt wird, bleiben grundlegende Fragen offen, was getan werden kann. Es gab eindeutig eine Verlagerung in der Struktur der Arbeitskräftenachfrage zu Lasten der ungelernten und manuell tätigen Arbeiter und zugunsten der Arbeitnehmer mit höherer Schulbildung und der Angestellten sowie eine Verschiebung von der Ganztagsarbeit, wo die Männer dominieren, zu flexibleren oder zeitlich begrenzten Arbeitszeiten, bei wachsender Beteiligung der Frauen. Wie in Teil Zwei erörtert wurde, waren der internationale Handel, die Wanderungsbewegungen und der Kapitalverkehr von gewissem Einfluß. Die Bedeutung dieser Faktoren könnte zunehmen, da weitaus größere Bevölkerungsgruppen in die Weltmärkte integriert werden; doch war wahrscheinlich der technologische Wandel, vor allem im Zusammenhang mit den Umwälzungen im Informationswesen, von größerer Bedeutung.

Auf dem flexibleren Arbeitsmarkt der Vereinigten Staaten ist die entscheidende Frage, ob die Reaktion der Angebotsseite auf die Verlagerung der Nachfrage in Richtung auf höhere Qualifikationen, die bereits im Gange ist – wie man an dem jüngsten Anstieg der Zahl der Erwachsenen an kommunalen Akademien sieht – ausreichend stark sein wird, um den Trend zu steigender Ungleichheit umzukehren und um denjenigen zu helfen, die in den achtziger Jahren zurückgeblieben sind. In Europa besteht das Problem mehr darin, wie der Wettbewerb im Dienstleistungsgewerbe intensiviert werden kann, um ein stärkeres Wachstum der Arbeitskräftenachfrage zu ermöglichen, und in einigen Ländern, besonders in Spanien, ist die Frage, wie man die Lohnverhandlungsmuster ändern kann, welche die Arbeitsplatzbesitzer zu Lasten der Außenseiter begünstigen. Eine größere Flexibilität der Lohnstrukturen wird jedoch die Arbeitslosigkeit nur im Kontext eines starken allgemeinen Wachstums der Arbeitskräftenachfrage beträchtlich verringern können.

Die Erfahrungen aus den vergangenen zehn oder mehr Jahren lassen nur wenig Optimismus aufkommen, daß es eine schnelle Lösung der Beschäftigungsprobleme in den Industrieländern geben wird. Eine entscheidende Frage ist, was wirtschaftspolitisches Handeln in den Industrieländern für die übrige Welt bedeuten kann. Beim Divergenz-Szenario ist mit hoher Wahrscheinlichkeit damit zu rechnen, daß aus Sorge um die Beschäftigung und aus Wettbewerbsangst die potentiellen Gewinne aus der größeren Öffnung nach außen abgewürgt werden. Wie in Kapitel 8 erwähnt wurde, ist das Abkommen der Uruguay-Runde zu eng gefaßt, um für sich genommen große Gewinne erbringen zu können, und die erzielbaren Gewinne unterliegen der Gefahr, durch mögliche protektionistische Maßnahmen aufgewogen zu werden – sei es durch Antidumping-Maßnahmen oder dadurch, daß Arbeits- und Umweltschutzbestimmungen durch Protektionisten in Beschlag genommen werden. Beim Konvergenz-Szenario tragen dagegen die Fortschritte in der nationalen Politik zur

Förderung eines schnelleren Integrationstempos bei, trotz anhaltender Steuerung der Wanderungsbewegungen, um den Druck der Einwanderer auf den nationalen Arbeitsmarkt für ungelernte Arbeiter zu begrenzen.

*Südasien, China und Vietnam*

Stehen China, Vietnam und die Länder Südasiens vor einem Aufschwung ostasiatischen Musters, und sind sie bereit zum Engagement in der Weltwirtschaft, oder wird ihr Reformprozeß zum Stillstand kommen? Ihr Erfolg ist entscheidend für die größten Einzelgruppen unter den bedürftigen Arbeitern in der Welt – den Bauern und Landarbeitern des indischen Subkontinents und in China. Gegenwärtig sind die Länder dieser Region nur schwach in den internationalen Handel eingebunden, der sich entfaltende Exportboom mit arbeitsintensiven Produkten läßt auf einen Anstieg der

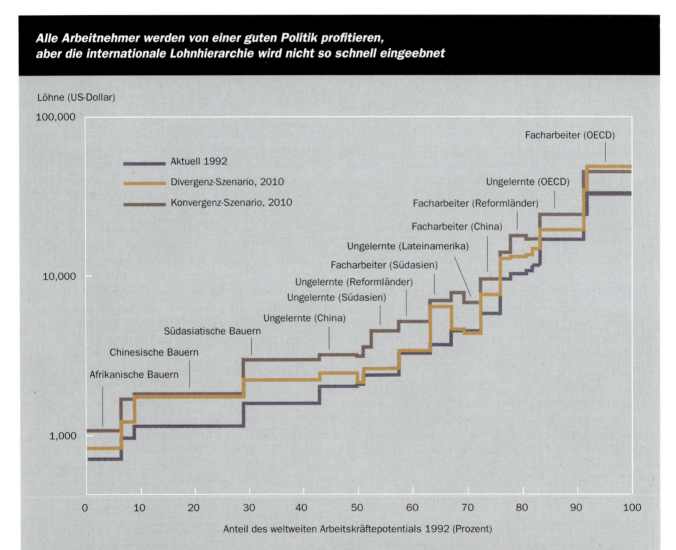

Schaubild 18.1 **Aktuelle und projektierte Löhne und Beschäftigungsanteile, nach Region und Ausbildungsstand.** Die Löhne sind in internationalen Preisen gerechnet; logarithmischer Maßstab. Der Anteil jeder Gruppe am weltweiten Arbeitskräftepotential wird durch die Länge der horizontalen Linie angegeben. Unbeschriftete Linienstücke kennzeichnen Gruppen, die einzeln weniger als 2,5 Prozent des weltweiten Arbeitskräftepotentials repräsentieren (insgesamt 10 Prozent). Die abgebildeten Szenarios benutzen die Anteile am Arbeitskräftepotential von 1992, nicht die für 2010 projektierten. „Reformländer" bezieht sich auf die ehemaligen zentralen Planwirtschaften in Europa und Asien. Quelle: Lewis, Robinson und Wang, Hintergrundpapier; Schätzungen der Weltbank.

Einkommen dieser Arbeiter hoffen. Das steigende Engagement dieser Länder wird positive Wachstumseffekte in der ganzen Welt auslösen, und zwar in Gestalt höherer Nachfrage von den internationalen Märkten, es wird aber auch für ungelernte Arbeitskräfte in anderen Regionen einen wachsenden Konkurrenzdruck bedeuten, mit dem Folgerisiko eines protektionistischen Rückschlags.

Diese Länder registrierten stetig steigende Durchschnittseinkommen bei gleichzeitig zunehmender Arbeitsproduktivität. Die Bildung von Sachkapital und der Erwerb beruflicher Qualifikation verlief ebenfalls kontinuierlich, allerdings außerhalb Chinas ziemlich langsam. Es besteht ein großes Potential für eine rasche Kapitalakkumulation in der Zukunft. Die Landwirtschaft hat sich gut entwickelt und erklärt einen Großteil des Erfolges in der Vergangenheit. Auf dem indischen Subkontinent war jedoch die Absorption der industriellen Arbeitskräfte gering, und die Landwirtschaft bleibt stark geschützt. Die Liberalisierung der Landwirtschaft und der Aufschwung in der Industrie müssen in Zukunft Hand in Hand gehen. Wenn es nicht zu starken Impulsen auf die Arbeitskräftenachfrage von seiten der Industrie kommt, besteht das konkrete Risiko, daß die Ungleichheit zunimmt und die Reformen steckenbleiben. Im Konvergenz-Szenario gibt es ein stetiges Einkommenswachstum und sinkende Armut. Der Rückgang der Ungleichheit bleibt jedoch wahrscheinlich begrenzt, besonders in China und Vietnam, wo steigende Löhne in der Landwirtschaft durch eine Zunahme der Ungleichheit an anderer Stelle kompensiert werden könnten – was zum Teil, wegen der Entzerrung der Lohnstrukturen in Staatsbetrieben, wünschenswert ist, zum Teil jedoch nicht, und zwar dort, wo die Bevölkerung in stagnierenden Regionen ausharrt.

Die Arbeitsmarktpolitik bedarf sowohl in Südasien als auch in China weiterhin der Reform. Jede Region besitzt eine kleine Gruppe von Arbeitnehmern, die relativ gut bezahlt wird und eine hohe Arbeitsplatzsicherheit genießt sowie, vor allem in China, großzügige Nebenleistungen bekommt, jedoch auf Wirtschaftsaktivitäten konzentriert ist, die umstrukturiert werden müssen. Die Regulierungen sind exzessiv, und die Arbeitnehmer verfügen über eine beträchtliche wirtschaftliche Macht – dies manifestiert sich in Südasien in unabhängigen und stark politisierten Gewerkschaften, in China in der Macht, Arbeitskämpfe durchführen zu können. Der Widerstand gegen Veränderungen könnte den Übergang zu einer offenen Wirtschaft und die Integration des nationalen Arbeitsmarktes gefährden. Die traditionell starke Unterstützung für einkommensstabilisierende Maßnahmen auf informellen und ländlichen Arbeitsmärkten sollte bewahrt und gefördert werden, besonders mittels öffentlicher Arbeitsprogramme und grundlegender Sicherheitsnetze.

Obwohl der Übergang zu neuen Regierungsformen schnell voranschreitet, sehen sich China und Indien, die zwei Giganten der Region, mit internen Schwierigkeiten konfrontiert. Das entscheidende Problem des Übergangsprozesses ist die Handhabung der schrumpfenden Staatsbetriebe und des geschützten privaten Sektors. In China müssen letztendlich soziale Verpflichtungen aus dem staatlichen Unternehmenssektor ausgelagert werden. In Indien bestehen die Herausforderungen darin, die ländlichen Einkommen zu erhöhen, um die Armut zu verringern, sowie die ineffizienten Unternehmen mit mächtigen Gewerkschaften umzustrukturieren. Beim Divergenz-Szenario schwächt sich die Rückführung des staatlichen Sektors ab und verstärkt damit das Risiko eines langsamen Wachstums, nur partieller internationaler Integration, weiter bestehender deutlich gespaltener Märkte und einer schwachen Expansion der Nachfrage nach ungelernten Arbeitskräften; die Ungleichheit steigt, besonders auf dem Subkontinent. Beim Konvergenz-Szenario ergibt sich ein starkes, die Gleichheit förderndes Wachstum, das durch eine Land-Stadt-Wanderungsbewegung, erhöhte Qualifikation und steigende Produktivität auf dem Lande gefördert wird.

*Afrika südlich der Sahara*

Die mißliche Lage auf dem afrikanischen Kontinent bleibt die schwerwiegendste Herausforderung für die neu entstehende Weltordnung. Die internationalen Perspektiven sind gemischt. Das Abkommen der Uruguay-Runde wird zur Steigerung der Nahrungsmittelpreise führen, was die arme Stadtbevölkerung kurzfristig belastet, den Kleinbauern auf dem flachen Land aber wichtige Möglichkeiten bietet. Das Abkommen wird auch die Handelspräferenzen der Region auf den Märkten einiger europäischer Staaten aushöhlen, und größerer weltweiter Wettbewerb wird die Erträge für industrielle Tätigkeiten niedriger Qualifikation verringern. Sogar bei Grundstoffen, einem Bereich mit komparativen Kostenvorteilen, muß Afrika südlich der Sahara die Produktivität erhöhen, um mit den an Bodenschätzen reichen Ländern Südostasiens und Lateinamerikas konkurrieren zu können.

Zu den Bestandteilen einer Vorwärtsstrategie gehören zuallererst eine größere Kapitalbildung und Verbesserungen der Effizienz. Die Investitionsquoten sind auf weniger als 16 Prozent des BIP gefallen. Angesichts des hohen Bevölkerungswachstums kann der Lebensstandard nur verbessert werden, wenn die Investitionen drastisch steigen. Solange dies nicht der Fall ist, wird die Ausbildung quantitativ gesehen wahrscheinlich kein wichtiges Hemmnis darstellen, obgleich dessen qualitative Steigerung unabdingbar ist; im Divergenz-Szenario wird in der Tat unterstellt, daß die Rate der Schulbesucher weiterhin sinkt, wie es in vielen Ländern in den achtziger Jahren der Fall war. Solange die langfristigen Risiken, denen sich die Investoren vor allem im Hinblick auf mögliche politische Kursänderungen ausgesetzt sehen, nicht verringert werden, dürften die Investitionen nicht hinreichend steigen. Um die erforderliche drastische Kehrtwende bei der gesamtwirtschaftlichen Effizienz zu erreichen, müssen an vielen Fronten große Anstrengungen unternommen werden, von einer Beschleunigung der noch unvollendet gebliebenen Reformvorhaben angefangen bis zu Verbesserungen bei der grundlegenden Infrastruktur und besserer Regierungstätigkeit. Für die große Mehrheit der armen Bauern sind landwirtschaftliche Reformen die dringendste Aufgabe. Um die potentiellen Gewinne aufgrund der höheren internationalen Nahrungsmittelpreise nutzen zu können, muß dieses Wachstumspotential an die Kleinbauern weitergegeben werden; dies kann für einige Länder sinnvoll strukturierte Bodenreformen erforderlich machen, wie in Südafrika und Simbabwe, sowie einen besseren Zugang der Bauern zu Finanzquellen.

Die Eingriffe auf den Arbeitsmärkten müssen vor allem die Verzerrungen zu Lasten der kleinen und informellen Unternehmen und der Landwirtschaft verringern. Reformen im öffentlichen Sektor sind entscheidend für die Verbesserung der Qualität der angebotenen Leistungen. Diese Reformen sollten gleichzeitig eine Verringerung der Beschäftigung im öffentlichen Sektor und eine mehr wettbewerbsorientierte Lohnstruktur vorsehen.

Die Risiken sind groß, und sie werden durch die Globalisierung der Märkte verschärft. Im Divergenz-Szenario fällt Afrika noch tiefer in die Armutsfalle und wird zunehmend an den Rand der Weltwirtschaft gedrückt. Eine glaubwürdige Strategie erfordert eine steigende weltweite Nachfrage nach Agrarprodukten und Bergbauerzeugnissen, außerdem mutige internationale Schritte, die im richtigen Verhältnis zur gegenwärtigen Herausforderung stehen. Verschiedene Maßnahmen müssen ernsthaft erwogen werden, wie die umfassendere und schnellere Öffnung der Agrarmärkte in den Industrieländern, Schuldennachlässe mit strikter Konditionalität und eine stärkere Bindung an die übrige Welt – vielleicht im Kontext mit Freihandelsvereinbarungen mit Europa. Das Ziel sollte zum Teil darin bestehen, die Märkte durch ein gewisses Maß an zeitlich begrenzten Präferenzen zu sichern, um so die Verluste durch die Uruguay-Runde zu kompensieren. Viel wichtiger aber ist, daß derartige Vereinbarungen besonderes Gewicht auf interne Reformen und einen eindeutigen zeitlichen Rahmen legen müssen. Dies könnte dazu beitragen, die Glaubwürdigkeit des Reformplans zu verstärken und dessen Unsicherheiten zu verringern, indem die Regierungen in einen Prozeß eingebunden werden, den zu verfälschen sie sich nicht leisten können. Wenn eine derartige Strategie verfolgt wird, könnten sich Südafrika, das französischsprachige Westafrika und sogar Nigeria zu wichtigen regionalen Wachstumszentren entwickeln.

*Ostasien*

Die ostasiatische Region war, mit wenigen Ausnahmen, ein Paradebeispiel für Investitionstätigkeit und internationales Engagement, was für die Arbeitnehmer hohe Vorteile, zumindest gemessen an den Lohneinkommen, mit sich brachte. Das exportgestützte Wachstum wird bei zunehmender Einbindung in die Weltwirtschaft voraussichtlich anhalten, und zwar auf höheren beruflichen Qualifikationsniveaus und bei sich vertiefenden Bindungen der Regionen untereinander. Es besteht jedoch das Risiko eines von den Industrieländern ausgehenden Rückschlags, der möglicherweise mit der Sorge über Arbeitsstandards zusammenhängt, sowie das Risiko einer wachsenden Konkurrenz – für die ärmeren Länder der Gruppe ausgehend von China, Vietnam und den Ländern Südasiens und für die reicheren von den Ländern Mittel- und Osteuropas. Diese Risiken werden durch die zu erwartende Öffnung des Agrarmarkts, einem hochgeschützten Sektor, verstärkt: Dies dürfte die landwirtschaftlichen Arbeitskräfte treffen und zu steigender Ungleichheit führen.

Es besteht eine hohe Wahrscheinlichkeit für anhaltend robuste Sachinvestitionen, doch in den Ländern der Region mit mittlerem Einkommen macht sich zunehmend der Mangel an beruflicher Qualifikation bemerkbar. In einigen Ländern, vor allem in Thailand, hinken die Ausbildungssysteme hinter dem Nachfragewachstum hinterher. Als Reaktion auf diese entstehenden Entwicklungsbremsen bieten sich ein schnellerer Ausbau der höheren Ausbildungssysteme, die Rückkehr gut ausgebildeter Auswanderer aus den Industrieländern und der Rückgriff auf qualifizierte Arbeitskräfte aus anderen Ländern an. Dies alles geschieht bereits in unterschiedlichem Ausmaß; es sind wichtige Bausteine einer Strategie, die ein schnelles Ansteigen der Ungleichheiten aufgrund des gesunkenen Protektionismus in der Landwirtschaft verhindern will.

Die Arbeitsmarktpolitik ist im Umbruch. In der Vergangenheit haben viele Länder der Region unabhängige Gewerkschaften unterdrückt. Statt auf Lösungen durch Tarifverhandlungen zu setzen, haben sie obligatorisch angeordnete Normen vorgezogen, wenngleich zu relativ moderaten, marktorientierten Niveaus. Wenn die Einkommen jedoch weiter steigen und diese Staaten zu Ländern mit mittleren Einkommen werden, kommen in zunehmendem Maße wichtige Fragen über modernere Methoden des Managements und die Entwicklung demokratischer Systeme auf die Tagesordnung. Der Entwicklungserfolg in der Vergangenheit ließ einen Bedarf an höheren Arbeitsstandards entstehen, insbesondere zur Entwicklung rationaler Formen der Arbeitsplatzsicherheit im formellen Bereich. Korea ist auf diesem Weg schon vorangegangen, indem es 1995 eine umfassende Revision seiner Arbeitsgesetzgebung und des Arbeitslosengesetzes auf den Weg brachte.

*Mittel- und Osteuropa und die ehemalige Sowjetunion*

Der Entwicklungspfad der Vergangenheit hinterließ dieser Region einen reichen Bestand an Humankapital und eine entwickelte, allerdings veralternde Infrastruktur. Der Übergang zur Marktwirtschaft begann jedoch mit einem Produktionszusammenbruch, der eine hohe Arbeitslosigkeit zur

Folge hatte. Der Schlüssel für ein erneutes Wachstum liegt in einer erfolgreichen Umorganisation der Arbeit, und zwar müssen die Arbeitskräfte vom öffentlichen Sektor in Aktivitäten höherer Produktivität umgelenkt werden. Dies beinhaltet Privatisierungen in großem Umfang, geringere Protektion des Außenhandels und ein funktionsfähigeres Finanzsystem. Der damit verbundene Strukturwandel wird einen Teil der Arbeitnehmer benachteiligen, entweder vorübergehend, wenn es zu Reallokationen kommt, oder auf Dauer, wenn die Arbeitsproduktivität unter den alten Löhnen liegt. Die Hauptherausforderung besteht darin, den Transformationsprozeß zur Privatwirtschaft fortzusetzen und zugleich die sozialen Störungen und die Übergangskosten in Form von Arbeitslosigkeit zu minimieren.

Die Löhne zeigten ein erhebliches Maß an Flexibilität nach unten; die Herausforderung besteht darin, die Mobilität zwischen den Sektoren zu steigern. Die Lohnnebenkosten sind hoch und sollten im Zusammenhang mit einer umfassenden Reform der Sozialversicherungssysteme reduziert werden. Die Gewerkschaften werden voraussichtlich auch künftig eine positive Rolle auf Unternehmensebene spielen. Sie dürften sich jedoch weiterhin schnellen Reformen widersetzen, sofern nicht die Arbeitnehmer, die den kürzeren ziehen werden, angemessene Unterstützung und Entschädigung erhalten.

Die außenwirtschaftlichen Verhältnisse erscheinen günstig; dies gilt besonders für die Länder Mittel- und Osteuropas und die baltischen Staaten, die in jüngster Zeit einen bevorrechtigten Zugang zu den Märkten der Europäischen Union erhalten haben. Dies bietet sowohl neue Chancen als auch eine glaubwürdige Verankerung für makroökonomische Maßnahmen und Reformen. Der Zufluß zusätzlichen Kapitals wird für die Förderung des Wachstums wichtig sein und es ermöglichen, den zweiseitigen Prozeß der Arbeitsplatzbeschaffung und -vernichtung sanft ablaufen zu lassen und das vorhandene Humankapital umzuschulen.

Es besteht jedoch das ernsthafte Risiko eines Stillstands oder eines unvollständigen Übergangs zur Marktwirtschaft, wenn die sozialen Spannungen nicht bekämpft werden. Die Hauptrisiken sind eine langsame Einbindung in die Weltwirtschaft, ausgelöst durch Schwierigkeiten bei den internen Strukturanpassungen, steigende makroökonomische Ungleichgewichte aufgrund hoher Transfers und Subventionen sowie die Entstehung einer neuen Unterschicht von 10 bis 20 Prozent der Bevölkerung, die von langfristiger Arbeitslosigkeit und wachsenden regionalen Ungleichheiten betroffen wird. Die Handhabung der sozialen Dimension des Übergangsprozesses, die Aufrechterhaltung der Qualität der sozialen Leistungen, die Schaffung der Bedingungen für ein schnelles Arbeitsplatzwachstum und die Verhinderung des Aufkommens neuer Armut; alles dies sind entscheidende Ziele, doch müssen sie auch mit finanzpolitischer Redlichkeit in Übereinstimmung gebracht werden, um die soziale und makroökonomische Stabilität zu gewährleisten. Der Erfolg wird wahrscheinlich durch den Zufluß von Auslandskapital weiteren Erfolg nach sich ziehen. Versagt man jedoch darin, diese ökonomischen und sozialen Probleme gemeinsam anzugehen, dann besteht die Gefahr, den Übergangsprozeß zu verlängern, und zwar zu hohen Kosten in Form von menschlichem Leid und vergebenen Chancen.

*Naher Osten und Nordafrika*

Die sich ändernden internationalen Verhältnisse in dieser Region lassen den Wechsel von einer staatlich gelenkten zu einer marktwirtschaftlichen und von einer geschlossenen zu einer weltweit sich öffnenden Wirtschaft nur noch dringender erscheinen. Da die früheren Quellen der Devisenbeschaffung – Auslandshilfe und Überweisungen der Gastarbeiter – kaum steigen dürfen, ist das Exportwachstum der Schlüssel zur Zukunft. Die Globalisierung der Märkte bietet Chancen, sie erhöht aber auch die Risiken. Mehr denn je zuvor ist eine glaubwürdige und realistische Strategie erforderlich, um die Region mit der Weltwirtschaft zu verknüpfen. Die Aussichten geringerer regionaler Spannungen und das Potential für intensivere Verbindungen zur Europäischen Union eröffnen wichtige Möglichkeiten. Der Anfang könnte jedoch angesichts der geringen industriellen Erfahrungen in der Region schwierig werden und wird ernsthafte Programme zur internen Liberalisierung erfordern.

Die Länder des Nahen Ostens und Nordafrikas befanden sich auf einer Berg- und Talfahrt von Boom und Depression, stimuliert von Erdöl und einem starken Staatssektor. Die Kombination von sinkenden Einnahmen des Staatssektors sowie steigender Verstädterung und Ausbildung haben nunmehr die früheren Sozialleistungen unbezahlbar werden lassen; es müssen die Voraussetzungen geschaffen werden, damit der private Sektor zum Wachstumsmotor werden kann. Die Unternehmer werden aber kaum die Chancen nutzen, solange die grundlegenden Risiken nicht vermindert worden sind, und dies erfordert Schritte in Richtung auf Frieden in der Region und die Lösung der internen Konflikte sowie entschiedenes Handeln auf dem Gebiet der Wirtschaftspolitik.

Die Beschäftigungslage im öffentlichen Sektor bleibt eine Hauptursache für die Verwerfungen, sie führt zur makroökonomischen Anfälligkeit und reduziert die Glaubwürdigkeit der anderen Reformen. In Verbindung mit einem umfassenden Netz von Regulierungen im modernen Sektor führte dies zu einer wachsenden Spaltung zwischen einem regulierten Sektor im Niedergang und einer expandierenden informellen Wirtschaft mit niedriger Produktivität, wobei eine kleine Elite von Arbeitskräften an ihren relativen Vorteilen zu Lasten der Mehrheit festhält. Dies könnte die soziale Instabilität fördern. Es besteht eine dringende Notwendigkeit zur Überprüfung der Sozialbeziehungen und zur Neubestimmung der Rolle des Staates, der sich von einem Wachstumsmotor zu einem Ordnungsfaktor wandeln muß, welcher den Märkten ermöglicht, ordentlich zu funktionieren und sozial akzeptable Ergebnisse hervorzubringen. Auch die Arbeitsmarktpolitik braucht grundlegende Reformen: Die Gewerkschaften werden unterdrückt und erfüllen nur unzureichend ihre Rolle, oder sie arbeiten in einer stark politisierten Art und Weise. Es ist nötig, ihre Aufgaben wirtschaftlicher zu gestalten.

Das Divergenz-Szenario könnte düster sein. Der Mangel an energischen Reformen wird zu wachsender Armut und sozialer Polarisation führen. Die Wechselhaftigkeit der privaten Kapitalströme und der holperige Friedensprozeß erhöhen die Risiken, und das schnelle Wachstum des Arbeitskräfteangebots kompliziert den Übergangsprozeß. Das Konvergenz-Szenario bietet jedoch rosigere Aussichten, wobei die Kapitalzuflüsse eine bessere Ausnutzung der vorhandenen beruflichen Qualifikation ermöglichen. Die entscheidenden Punkte sind das Glaubwürdigkeitsproblem und die inländische Wirtschaftspolitik. Wichtige Bestandteile eines erfolgreichen Übergangsprozesses sind Mechanismen zur Erleichterung des Überwechselns entlassener Arbeiter auf neue Arbeitsplätze, Entschädigungen für die Benachteiligten und ein generelles politisches Umfeld, das die Verringerung der Armut fördert.

*Lateinamerika und die Karibik*

Die Integration dieser Region in die Weltwirtschaft schreitet schnell voran, besonders auf den Gebieten des Handels und der Kapitalmärkte, in Zentralamerika auch durch die internationalen Wanderungsbewegungen. Das internationale Umfeld ist vielversprechend, weil die Region durch ihre Rohstoffbasis weniger dem internationalen Wettbewerb mit arbeitsintensiven Produkten ausgesetzt ist. Ein schnelles Wachstum ist möglich. Es besteht die Hoffnung auf eine Diversifizierung der Exporte, weg von den Rohstoffen und hin zu Produkten, die mittlere Arbeitsqualität erfordern. Ein wichtiges Problem für die Zukunft ist die Frage, ob die NAFTA auf das übrige Lateinamerika ausgeweitet oder durch die Debatte über die Arbeitsstandards gelähmt wird.

Die meisten lateinamerikanischen Länder haben sich erholt, begleitet von einem leichten Lohnanstieg. Obwohl es falsch wäre, auf die jüngsten finanziellen Probleme Mexikos überzogen zu reagieren, ist doch ein erhöhtes Risiko vorhanden, daß der Aufschwung die Probleme der Ungleichheit nicht lösen wird und die Länder im Wettbewerb mit Niedriglöhnen aus Asien gefangen bleiben und es versäumen, die Akkumulation des Humankapitals zu erreichen, die für das Einkommensniveau der Region angemessen ist. Die Akkumulation steigt bereits schnell in solchen Ländern, die, wie Chile, robuste Reformen durchgeführt haben. Die Hauptprobleme, die in Angriff genommen werden müssen, sind die Schwächen in der beruflichen Ausbildung und die verbleibende Verzerrung zu Lasten der Arbeitskräfte in Ländern, wo die Landverteilung ungerecht ist, wie in Kolumbien und Brasilien. Eine Bodenreform und die Beseitigung politischer Verzerrungen zu Lasten des Einsatzes von Arbeitskräften in der Landwirtschaft werden erforderlich sein.

Arbeitsmarktpolitik ist ein wichtiger Punkt auf der noch nicht abgeschlossenen Agenda. Obwohl bei der Deregulierung der Arbeitsmärkte einige Fortschritte erzielt werden konnten, führen verzerrte Arbeitsmärkte weiterhin zu überzogen großen informellen Sektoren in Ländern wie Ecuador und Peru. Die Gewerkschaften sind schwächer geworden, mit Ausnahme des öffentlichen Sektors, aber unabhängige Gewerkschaften spielen eine wichtige Rolle und müssen in einigen Ländern gestärkt werden, besonders in ihrer Rolle bei dezentralisierten Lohnverhandlungen. Es besteht auch Bedarf an einer Reform der Einstellungs- und Entlassungsregelungen, an der Behandlung von Problemen des öffentlichen Sektors und an der Vertiefung der Reform der Sozialversicherungssysteme.

Es verbleiben weitere Übergangsprobleme: Fragen der Entlassungsregelungen bei Staatsunternehmen in Argentinien, der relativen Lohnflexibilität in Mexiko und spezieller sozialer Sicherheitsnetze. Beim Divergenz-Szenario besteht eine hohe Wahrscheinlichkeit für ein lediglich bescheidenes Wachstum bei sich vergrößernder Ungleichheit. Dies würde letztlich das soziale Gefüge bedrohen. Ein konzertiertes Handeln könnte aber zu einer Belebung der Arbeitskräftenachfrage in der Landwirtschaft führen, damit die Trennung zwischen den formellen und informellen Aktivitäten mildern und verhindern, daß die Ungleichheit weiter steigt.

## Langsames Wachstum oder Zusammengehen?

Die Arbeit der Regierungen muß auf dem politischen Erbe und den Entwicklungsstrukturen der Vergangenheit aufbauen. Die Arbeitnehmer müssen mit den Chancen leben, die aktuell vorhanden sind. Diese sind geprägt durch die Strukturen der Volkswirtschaften und Gesellschaften, in denen sie leben, sowie durch die Fähigkeiten, die sie während ihres persönlichen Werdegangs entwickelt haben – was sie ihren Eltern und ihrer Schulausbildung verdanken. Aber sowohl für die Regierungen als auch für die Arbeitnehmer ist dies nur der Ausgangspunkt. Beide sind fähig zum Wandel. Gute Entscheidungen der Regierungen, auf nationalem und internationalem Gebiet, können zu Fortschritten im Lebensstandard aller Arbeitnehmergruppen der Welt führen und dazu beitragen, diejenigen wieder ins Spiel zu bringen, die nicht mithalten können oder sich aus eigener Kraft anzupassen nicht in der Lage sind. Wenn die internationalen Bedingungen günstig sind und die Regierungen ihren Teil dazu beitragen, das richtige Umfeld zu schaffen, dann werden die Arbeitnehmer in der Lage sein, ihren Arbeitsplatz zu wählen, die Arbeitsbedingungen auszuhandeln und die schulischen Entscheidungen für ihre Kinder zu treffen, so daß sich die Wohlfahrt aller Arbeitnehmergruppen verbessern wird. Das könnte der Anfang einer Umkehr des langfristigen Trends zur Ausweitung der internationalen Ungleichheit unter den Arbeitnehmern sein, der ein so ausgeprägtes Merkmal des vergangenen Jahrhunderts war.

Dies würde neue Hoffnung und neue Chancen für Millionen bedeuten, die gegenwärtig in Armut gefangen sind. Und es würde die Bühne für ein wirklich weltweit goldenes Zeitalter im einundzwanzigsten Jahrhundert bilden.

# Anmerkungen zu den verwendeten Quellen

DIESER BERICHT STÜTZT SICH AUF EINE Vielzahl von Weltbankberichten und auf zahlreiche externe Quellen. Zu den Quellen der Weltbank gehören laufende Forschungsarbeiten sowie wirtschaftliche Länder- und Sektorenstudien und Projektarbeiten. Diese und andere Quellen werden unten aufgeführt und sind alphabetisch nach Autor oder Organisation in zwei Gruppen aufgelistet: Hintergrundpapiere, die für diesen Bericht in Auftrag gegeben wurden, sowie ausgewählte Literatur. Die Hintergrundpapiere fassen die relevante Literatur und die Arbeit der Bank zusammen. Einige von ihnen erscheinen in der „Policy Research Working Paper Series" und der Rest ist vom „*World Development Report Office*" erhältlich. Die in ihnen zum Ausdruck gebrachten Auffassungen stimmen nicht notwendigerweise mit denen der Weltbank oder den in diesem Bericht enthaltenen Ansichten überein.

Zusätzlich zu den aufgeführten Hauptquellen haben viele Personen innerhalb und außerhalb der Weltbank zum Entstehen dieses Berichts beigetragen. Die Kern-Arbeitsgruppe möchte sich für ihre umfassende Unterstützung vor allem bedanken bei Paul Collier, Richard Freeman, John Pencavel, Christopher Pissarides, Lyn Squire, David Turnham und Adrian Wood.

Zu denen, die substantielle Beiträge und Kommentare abgaben, gehören Arvil V. Adams, Nisha Agrawal, Jane Armitage, Jere Behrman, Hans Binswanger, Peter Fallon, Keith Griffin, Stephan Haggard, James Harrison, Shigeru Ishikawa, Ravi Kanbur, Homi Kharas, Dipak Mazumdar, Guy Pfefferman, Lant Pritchett, Martin Rama, Richard Sabot und Paulo Vieira da Cunha. Bruce Ross-Larson und Meta de Coquereaumont gaben in verschiedenen Punkten wertvolle redaktionelle Ratschläge und Hilfen. Weiter unten sind diejenigen Personen aufgeführt, die bestimmte Teile des Berichts kommentierten.

Spezieller Dank gebührt Katherine Hagen sowie anderen Personen der Internationalen Arbeitsorganisation (ILO) für ihre Kommentare zu verschiedenen Stufen des Berichts. Besonderer Dank gilt auch Stephen Pursey vom Internationalen Bund Freier Gewerkschaften sowie Eddy Peeters vom Weltgewerkschaftsbund für ihre Kommentare während der Erstellung des Berichts und die Organisation eines Beratungstreffens mit Vertretern der Gewerkschaften.

Zu den Mitarbeitern und Teilnehmern am Beratungstreffen mit Gewerkschaftsvertretern gehörten Alan Abrahart, Gemma Adaba, Victor Baez-Mosqueira, Ching Chabo, Jorgen Eckeroth, Hans Engelberts, Seyhan Erdogdu, John Evans, David Fowler, Reynaldo Geronimo, Ronald Hansen, Robert Harris, Craig Hill, Anne Knipper, David Lambert, Janusz Michalski, Agnes Mukupa, Eddy Peeters, Stephen Pursey, Markley Roberts, Michael Sebastian, Alione Sow, Peter Unterweger, Dirk Uyttenhove, Nazaryo Vivero und Mike Waghorne.

Zu den Mitarbeitern und Teilnehmern an Beratungstreffen mit Regierungsvertretern sowie mit Repräsentanten multilateraler und nichtstaatlicher Organisationen (NSO) gehörten Rolf Alter, Philip Barry, Joan Boer, Jacques Bugnicourt, Marion Crawshaw, Rudy Delarue, Walter Dhondt, Georg Fischer, Jean-Baptiste de Foucault, Sakiko Fukuda-Parr, Katherine Hagen, Anne Kristin Hermansen, Roy Jones, Nicholas Karavitis, Martin Khor, Horst Kleinschmidt, Marc de Lamotte, Anna Lekwall, John Martin, Ruth Mayne, Merje Mikkola, Christopher Moir, Guy de Monchy, John Morley, Jorgen Ohlsson, David Ould, Anders Serup Rasmussen, Anne Richards, Fabrice Ritchie, John Roberts, Gregory Schoepfle, Takemichi Shirai, Rudiger Sielaff, Matti Sihto, Naresh C. Singh, James F. Steel, Arne Strom, Stanley Taylor, Christine Toetzke, Kazuto Tsuji, David Turnham, Roberto Urmenenta, Jan Vandemoortle, Laurent Vernière, Philip R. Wall, Thomas Weiss, Dominique Welcomme und Peter Whitney.

Informelle Schwerpunktgruppen, die Kommentare zu dem Bericht abgaben, wurden in den folgenden Ländern gebildet: Bangladesch, Ghana, Indonesien, Polen, Südafrika, Ungarn, Venezuela und Weißrußland.

Die Daten, auf denen dieser Bericht basiert, stammen von einer Vielzahl von Quellen. Insbesondere wurden die folgenden Quellen genutzt: die Datenbasis der Internationalen Arbeitsorganisation (ILO), eine in der Weltbank vorgenommene Zusammenstellung von Daten über Arbeitsmärkte (siehe Topel, Levy und Rama 1994), Daten von Haushaltsbefragungen, insbesondere von der Projektstudie zur Messung von Lebensstandards, sowie Länderquellen.

Die in den kurzen biographischen Skizzen im Überblick sowie an anderen Stellen des Berichts beschriebenen Personen und Ereignisse sind erfunden. Die Zusammensetzung der Charaktere basiert auf Informationen von Haushaltsbefragungen sowie veröffentlichten und unveröffentlichten Fallstudien, sie können daher als typisch für die Personen in ihren jeweiligen Lebenslagen angesehen werden.

# VERWENDETE QUELLEN

Teil Eins profitierte von wertvollen Kommentaren von Arvil V. Adams, Harold Alderman, Jere Behrman, Alan Berg, Hans Binswanger, William Easterly, Alison Evans, Richard Freeman, David Fretwell, James Harrison, Stephen Heyneman, Keith Hinchcliffe, Emmanuel Jimenez, Robert Lalonde, Matthew McMahan, Tom Merrick, John Middleton, Minh Chau Nguyen, Harry Anthony Patrinos, Guy Pfefferman, Lant Pritchett, George Psacharopoulos, Martin Ravallion, David Turnham und Zafiris Tzannatos.

Teil Zwei profitierte von Beiträgen von Jean Baneth, Barry Chiswick, Stijn Claessens, Daniel Cohen, Paul Collier, Richard Freeman, Will Martin, Guy Pfefferman, Christopher Pissarides, Lant Pritchett, Dani Rodrik, Sharon Russell, Frances Stewart, David Turnham und Adrian Wood.

Teil Drei stützt sich auf Hintergrundpapiere und eine Reihe akademischer Quellen. Die Hauptverfasser waren Richard Freeman und John Pencavel. Nützliches Material und Kommentare wurden bereitgestellt von Arvil V. Adams, Mark Blackden, Daniel Cohen, Paul Collier, Alison Evans, Peter Fallon, Homi Kharas, Elizabeth Morris-Hughes, Stephen Pursey, Martin Ravallion, Martin Rama und Dominique Van de Walle.

Wertvolle Beiträge zu Teil Vier lieferten viele Personen innerhalb und außerhalb der Weltbank, einschließlich Christine Allison, Nicholas Barr, Maurice Boissiere, Jeanine Braithwaite, Mary Cannings, Carlos Cavalcanti, Simon Commander, Saul Estrin, Monica Fong, David Fretwell, Alan Gelb, Marek Góra, Ralph W. Harbison, Christine Kessides, Timothy King, Kathie Krumm, Robert Liebenthal, Dipak Mazumdar, Michael Mertaugh, Branko Milanovic, Michael Mills, Caroline Moser, Kyle Peters, Martin Rama, Paolo Roberti, Jan Rutkowski, Martin Schrenk, Mark Sundberg und Milan Vodopivec.

*Kapitel 1*

Das empirische Profil der Resultate des globalen Arbeitsmarktes wurde aus vielen Quellen zusammengetragen. Die Schätzung über die Zunahme der Einkommensunterschiede seit dem neunzehnten Jahrhundert stammt von Pritchett 1994. Die Verteilung der Bevölkerung im erwerbsfähigen Alter nach wirtschaftlichen Aktivitäten basiert auf Schätzungen der Erwerbsquoten, über die die ILO 1986 und aktualisierte Daten der ILO berichten. Sie wurden auf aktuelle Schätzungen der altersabhängigen Bevölkerungsstruktur durch die UN angewendet. Diese Angaben wurden kombiniert mit ILO-Daten verschiedener Jahre über die Beschäftigung in einzelnen Wirtschaftssektoren und danach um weitere Daten aus Länderquellen ergänzt. Details finden sich im Hintergrundpapier von Filmer.

Die internationale Hierarchie der Löhne stammt von Daten, die der Schweizerische Bankverein 1994 veröffentlicht hat. Wachstumsraten des BIP für verschiedene Regionen wurden abgeleitet aus Schätzungen der Weltbank über das BIP-Wachstum zu laufenden Marktpreisen abzüglich Schätzungen der ILO (1986 und Aktualisierungen) über das Wachstum des Arbeitskräftepotentials. Regionale Wachstumsraten ergeben sich aus länderspezifischen Wachstumsraten, gewichtet nach ILO-Schätzungen der Erwerbsbevölkerung im Jahre 1995. Daten der ehemaligen Sowjetunion und anderer Staaten in dieser Region wurden von der Europäischen Bank für Wiederaufbau und Entwicklung (EBRD) 1994 und Kornai 1992 übernommen.

Der Überblick über alternative Entwicklungsstrategien und ihre Folgen für die Arbeit bezieht sich auf viele Quellen, wie Easterly und Fischer 1994, Lindauer und Roemer 1994 und Weltbank 1993.

*Kapitel 2*

Der Abschnitt über Wachstumsmuster und Arbeitsresultate stützt sich auf Daten der Ghanaischen Studie zur Messung des Lebensstandards von 1989 und die Untersuchung des Arbeitskräftepotentials Malaysias von 1989 sowie auf Daten von verschiedenen offiziellen Publikationen.

Über die Bestimmungsgründe des Wirtschaftswachstums existiert eine sehr umfangreiche Literatur. Dieses Kapitel stützt sich auf das Hintergrundpapier von Spiegel sowie ausführliche ökonometrische Arbeiten von Barro 1991, Levine und Renelt 1992 sowie Mankiw, Romer und Weil 1992.

Die Literatur über Bevölkerungswachstum und wirtschaftliche Entwicklung ist ebenso umfangreich. Hier sind die Diskussionsgrundlagen Kelley 1994, Pritchett 1994 und Weltbank 1994 d.

*Kapitel 3*

Der Abschnitt über die Entscheidungen der Haushalte wurde angeregt von dem Zeitallokationsmodell von Becker 1965. Die Diskussion über die Teilnahme am Erwerbsleben nach Alter und Geschlecht stützt sich auf das Hintergrundpapier von Behrman und Zhang sowie Goldin 1990, Horton 1994b, Horton, Kanbur und Mazumdar 1994a und 1994b, Psacharopoulos und Tzannatos 1992 und Schultz 1990. Informationen über die geleisteten Arbeitsstunden stammen von der Untersuchung des Arbeitskräftepotentials Malaysias 1989 und der Ghanaischen Studie zur Messung des Lebensstandards von 1988–89. Über Trends in der Entwicklung der geleisteten Arbeitsstunden in OECD-Ländern mit hohem Einkommen wird bei Maddison 1989 berichtet.

Der Abschnitt über Arbeitslosigkeit stützt sich auf Commander und Coricelli 1994, OECD 1994a und Turnham 1993. Daten über Arbeitslosigkeit stammen aus einer Vielzahl von Quellen, einschließlich EBRD 1994, ILO 1994b, OECD 1994a und Topel, Levy und Rama 1994 sowie aus Länderquellen.

*Kapitel 4*

Der Abschnitt über Veränderungen der Beschäftigungsstruktur nach Sektoren stützt sich auf Krueger 1983, Schiff und Valdes 1992 sowie Syrquin und Chenery 1989. Der Abschnitt über die Beschäftigung auf dem Land außerhalb von landwirtschaftlichen Betrieben basiert auf dem Hintergrundpapier von Lanjouw und Lanjouw sowie auf Turnham 1993. Die Diskussion über den informellen Sektor stützt sich auf Hintergrundpapiere von Banerji sowie auf Banerji, Campos und Sabot. Sonderbeitrag 4.1 wurde von Hans Binswanger erstellt.

*Kapitel 5*

Literaturüberblicke über Ernährung und Produktivität liefern Behrman 1993 sowie Pinstrup-Andersen und andere 1993. Die spezifischen Anhaltspunkte über Ernährungsstatus und Ertrag landwirtschaftlicher Betriebe stammen für Südindien von Deolalikar 1988 und für die Philippinen von Haddad und Bouis 1991.

Anhaltspunkte für den Zusammenhang zwischen Ausbildung und der Verwendung von hoch-ertragreichen Reissorten werden von Lin 1994 für China und von Foster und anderen 1994 für Indien erbracht.

Anhaltspunkte über die Ausbildung in Taiwan, China, stammen von Aw und Tan 1993. Die Auswirkungen einer verbesserten Ernährung auf die Ausbildung in Guatemala sind von Pollitt und anderen 1995 übernommen. Der wechselseitige Zusammenhang zwischen Ausbildung und Berufsausbildung in Peru basiert auf Arriagada 1989. Daten für Slowenien stammen von Orazem und Vodopivec 1994. In der Diskussion über Ausbildung und Humankapital wurden die Daten über weltweite Trends für die Teilnahme am Schulunterricht von Barro und Lee 1993 sowie von Tilak 1989 verwendet. Wertvolle Überblicke über die Bedeutung der Ausbildung als Investition finden sich bei Becker 1995, Schultz 1994 und der Weltbank 1995 a.

Alida Castillo-Freeman lieferte die Ergebnisse für die Vereinigten Staaten für das Schaubild in Sonderbeitrag 5.1. Vorsicht wurde angewendet, um die Vergleichbarkeit der in dem Schaubild genannten Studien sicherzustellen. Da jedoch jede Studie die Einkommensfunktion unterschiedlich spezifiziert, ist die Vergleichbarkeit nicht garantiert. Zunächst wurden logarithmierte Lohngleichungen aufgestellt, die sich zum größten Teil mit der Auswahl von Lohnbeschäftigung und individuellen Charakteristika beschäftigten. Die Prämien für jedes Ausbildungsniveau ergeben sich entweder aus (i) dem impliziten Ertrag eines Niveaus, das man durch Multiplikation des Ertrags eines Jahres auf diesem Niveau mit der Anzahl der Schuljahre auf diesem Niveau in dem Schulsystem des betreffenden Landes erhält, oder durch (ii) den impliziten Ertrag eines Niveaus durch Umwandlung einer Dummy-Variablen für das Schulniveau in ihrem prozentualen Einfluß auf die Verdienste.

Die Berufsausbildung als eine Investition in das Humankapital wird beschrieben in Middleton, Adams und Ziderman 1993 sowie bei der Weltbank 1991. Die Daten über die Berufsausbildung für Mexiko stammen von internen Dokumenten der Weltbank, ebenso wie die Diskussion über das mexikanische CIMO-Programm. Die Daten über die Berufsausbildung für Japan werden von Lynch 1994 genannt. Die Umschlags-Kennzahlen im Verarbeitenden Gewerbe Koreas stammen von der Republik Korea 1987. Eine Analyse von Lehrlingsausbildungsprogrammen in Ghana erscheint demnächst bei Velenchik. Das chilenische System der Berufsausbildung ist in King und Hill 1993 beschrieben.

*Kapitel 6*

Die Diskussion über Wachstum und Einkommensunterschiede basiert auf Dickens und Katz 1987, Freeman 1993 b, Krueger und Summers 1987, Rutkowski 1993 und 1994 und Weltbank 1990. Der Abschnitt über Ungleichheit und Schulbildung basiert auf Gindling und Robbins 1994, Park, Ross und Sabot 1992, Psacharopoulos und anderen 1993, Robbins 1994 und den Hintergrundpapieren von Robbins. Die Diskussion über Mexiko stützt sich auf das Hintergrundpapier von Hanson und Harrison sowie Revenga 1994.

Die Ausführungen über die Unterschiede von Stadt zu Land profitierten sehr von den Kommentaren von Hans Binswanger und stützten sich auch auf einen Teil des im vierten Kapitel präsentierten Materials. Die Diskussion über die ausgleichende Rolle des formellen Arbeitsmarktes verwendet Zahlen von Bell 1994. Der Abschnitt über Unterschiede zwischen ethnischen Gruppen basiert auf Psacharopoulos und Patrinos 1994 und auf dem Hintergrundpapier von Banerji. Die Erörterung der bevorzugten Politikmaßnahmen in Malaysia stützt sich stark auf Tzannatos 1994.

Daten über die regionalen Einkommensunterschiede in Mexiko stammen von der Weltbank 1994 c, dagegen beziehen sich die Ausführungen über Gansu, China, auf die Weltbank 1992 b. Der Bezug zu den Menschen in den nördlichen gebirgigen Regionen Thailands stammt von Oomen 1992. Die Diskussion über die regionalen Unterschiede in Argentinien basiert auf der Arbeit von Estache und Fay 1995.

Die Analyse über die Lohnunterschiede zwischen Männern und Frauen basiert auf Horton 1994 b, Newell und Reilly 1995 und Tzannatos 1995. Sonderbeitrag 6.1 stützt sich auch auf Oaxaca 1973 sowie Psacharopoulos und Tzannatos 1992. Einige der Länderhinweise stammen von Birdsall und Sabot 1991.

*Kapitel 7*

Die Diskussion über die Globalisierung fußt auf Rodrik 1994 und der Weltbank 1992 a. Die Ausführungen über die Konvergenz beziehen sich auf Berry, Bourguignon und Morrisson 1989 sowie auf eine neuere Arbeit von Ben-David 1994, das Hintergrundpapier von Pritchett sowie auf Quah 1994. Weitere Kommentare über das goldene Zeitalter des Kapitalismus finden sich in Maddison 1982, Neal 1985 und

Zevin 1989; zur Geschichte der Wanderungsbewegungen siehe Hatton und Williamson 1994 und Stalker 1994.

*Kapitel 8*

Die Analyse der Uruguay-Runde stützt sich auf Goldin und van der Mensbrugghe 1995, Harrison, Rutherford und Tarr 1995, Hathaway und Ingco 1995, Hertel und andere 1995 sowie Rodrik 1994. Die Diskussion über Handel und Löhne in Industrieländern folgt Bhagwati und Kosters 1994, Cooper 1994, Freeman 1995, Krugman und Lawrence 1993, Lawrence und Slaughter 1993, Neven und Wyplosz 1994, Sachs und Shatz 1994, Stolper und Samuelson 1941, Wood 1994 a sowie Wood und Berge 1994. Die Ausführungen über die Effekte in Entwicklungsländern beruhen auf Ergebnissen von Davis 1992, Feenstra und Hanson 1994, Krueger 1978, die Hintergrundpapiere von Robbins sowie Wood 1994 a. Die Bevölkerungsprojektionen für die reichen Länder stammen vom McKinsey Global Institute 1994. Das Schaubild im Sonderbeitrag 8.2 folgt der Methode von Wood 1994 b.

*Kapitel 9*

Das Material über die Korrelationen zwischen Ersparnis und Investitionen bezieht sich auf Montiel 1993 sowie Schmidt-Hebbel, Servén und Solimano 1994. Das Material über multinationale Unternehmungen und ausländische Direktinvestitionen basiert auf Feldstein 1994, Lawrence 1994, Lipsey 1994 und Vereinte Nationen 1994 a. Die Auswirkungen von privaten Kapitalströmen und Instabilität beziehen sich auf Calvo, Leiderman und Reinhart 1992, Chuhan, Claessens und Mamingi 1993, Claessens, Dooley und Warner 1995, Dadush, Phareshwan und Johannes 1994 sowie Schadler und andere 1993.

*Kapitel 10*

Die Theorie der Wanderungsbewegungen ist ausführlicher erörtert bei Bhagwati 1991, Massey 1990, Massey und andere 1993, Razin und Sadka 1994 sowie Stark 1991. Komplexe Fragen über Wanderungsbewegungen werden bei Russell und Teitelbaum 1992, Stalker 1994 und Zlotnik 1993 erörtert. Die Behandlung der Auswirkungen der Migration auf die Länder, die Arbeiter entsenden, basiert auf Arbeiten von Abella und Mori 1994, Adams 1989 und 1992, Findley 1994 sowie Rodriguez und Horton 1994. Die Ausführungen über die Auswirkungen auf die Aufnahmeländer basieren auf Borjas 1994, Borjas und Freeman 1993, Overbeek 1994 und Zimmermann 1995. Kwong 1994 berichtet über illegale Praktiken von chinesischen Immigranten in den Vereinigten Staaten.

*Kapitel 11*

Solow 1980 diskutiert, warum sich Arbeitsmärkte von anderen Märkten unterscheiden und warum der Staat am Arbeitsmarkt interveniert. Eine Untersuchung über die Gründe für staatliche Interventionen auf den Arbeitsmärkten findet sich bei Kaufman 1991. Mazumdar 1989 liefert eine Studie über Arbeitsmarktprobleme in Entwicklungsländern und Politikmaßnahmen zum Umgang mit diesen Problemen.

Einen Überblick über die wichtigsten Arbeitsschutzbestimmungen sowie deren Nutzen und Ziele findet man bei der ILO 1994 a und in den Hintergrundpapieren von Robinson. Den Rahmen für den Aufbau des Abschnitts über Kinderarbeit und viele der darin enthaltenen empirischen Argumente lieferte das Hintergrundpapier von Grootaert und Kanbur. Eine Klassifikation von Kinderarbeit findet sich bei Rodgers und Standing 1981. Galbi 1994 untersucht das Problem der Kinderarbeit in einer historischen Perspektive; Nichols 1993 gibt einige reale Lebensbeispiele von Südasien und über das Dilemma, vor dem ausländische Firmen stehen; und Boyden 1988 beschreibt die Situation in Lima, Peru. Die Diskussion über die Erfahrungen im indischen Bundesstaat Kerala und auf der philippinischen Insel Cebu findet sich bei Boyden und Myers 1994. Die Untersuchung bei Patrinos und Psacharopoulos 1995 zeigt, daß die Familiengröße ein wichtiger Bestimmungsfaktor für Kinderarbeit ist, und Siddiqi und Patrinos 1994 argumentieren, daß Schulprobleme zur Kinderarbeit beitragen. Der Zusammenhang zwischen dem Scheitern des Ausbildungssystems in Afrika und der Kinderarbeit wird in Bonnet 1993 erforscht. Weitere Beweise für den negativen Zusammenhang zwischen Kinderarbeit und Ausbildung werden von Rivera-Batiz 1985 präsentiert. Die Daten über Ägypten stammen von Levy 1985, und die Diskussion über Indien basiert auf Rosenzweig 1981 sowie Rosenzweig und Evenson 1977. Eine Diskussion über den Zusammenhang zwischen der Unsicherheit über das Haushaltseinkommen und der Kinderarbeit wird von Jacoby und Skoufias 1994 geführt. Eine Beschreibung von Kinderarbeit in den Steinbrüchen von Bogotá gibt Salazar 1988.

Eine länderübergreifende Beschreibung von Mustern der Beschäftigung von Frauen findet sich in dem Hintergrundpapier von Behrman und Zhang. Eine historische Sicht der Stellung der Frauen am Arbeitsmarkt in Amerika zeigt Goldin 1990, für Frauen in Asien siehe Horton 1994 b. Die Diskussion über den Mutterschaftsurlaub wurde aus dem Hintergrundpapier von Robinson übernommen. Argumente dafür, daß Beihilfen nicht vom Arbeitgeber finanziert werden sollten, finden sich bei Tzannatos 1995. Hinweise auf die Beschäftigung von Frauen in Bangladesch stammen von Chaudhuri und Paul-Majumder 1991 sowie dem Hintergrundpapier von Rahman. Die Ausführungen über den Einfluß der öffentlichen Beschäftigungspolitik Ägyptens auf die weiblichen Arbeitnehmer basieren auf dem Hintergrundpapier von Assaad. Patrinos 1994 liefert Argumente dafür, daß Investitionen in die Ausbildung für Mitglieder eingeborener, ethnischer, rassischer und sprachlicher Minderheiten den größten Teil der beobachteten Lohnunterschiede beseitigen. Der Überblick über die Diskriminierung und die positiven Maßnahmen in den Industrieländern stützen sich auf Becker 1957, Beller 1979, Bergmann 1989, Brown 1982, Edwards 1994, Gold 1983, Goldstein und Smith 1976, Hill 1984, Leonard 1984a, 1984b und 1989 sowie Smith und Welch 1984.

Das Hintergrundpapier von Azam gibt einen Überblick über die Argumente bezüglich des Einflusses von Mindestlöhnen und lieferte einige empirische Beweise. Argumente und empirische Anhaltspunkte für die Industrieländer, daß Mindestlöhne keinen besonders großen Einfluß auf die Beschäftigung haben dürften, stammen von Card und Krueger 1995 sowie Krueger 1994. Rama und Tabellini 1995 stellen ein Modell vor, bei dem Mindestlöhne dazu dienen, für bestimmte Gruppen von Arbeitnehmern Renteneinkommen zu schaffen. Freeman 1993c beschreibt, wie man Mindestlöhne als ein budgetneutrales Instrument zur Umverteilung von Einkommen ansehen kann. Das Beispiel aus Mauritius stammt von dem Hintergrundpapier von Robinson. Erklärungen dafür, warum in Entwicklungsländern nur wenig Zustimmung zu Mindestlöhnen vorhanden ist, sowie einige Beweise dafür, findet man in dem Hintergrundpapier von Squire und Suthiwart-Narueput. Beweise für Widerstände gegen Arbeitsregulierungen in kleinen Betrieben in Entwicklungsländern stammen von Morrisson, Solignac Lecomte und Oudin 1994. Die Daten für Mexiko kommen von Bell 1994; Zahlen für Marokko stammen von Harrison 1993 und für Kenia von Freeman 1993b.

Die Diskussion über Sicherheits- und Gesundheitsstandards basiert auf mehreren Quellen. Vergleichbare Daten über Gesundheitsgefährdungen und Verletzungen am Arbeitsplatz stammen vom Internationalen Arbeitsamt und der Weltgesundheitsorganisation. Die Beschreibung des Einflusses von Pestiziden auf die Gesundheit von Landarbeitern findet sich im *Boston Globe* 1994. Die Beschreibung bestimmter Fabrikbrände stammt von Foner und Garraty 1991 und aus Zeitungsartikeln. Die Diskussion über die Durchsetzung von Sicherheitsstandards auf den Philippinen basiert auf Laboj 1988. Die Beschreibung des Einflusses des Programms zur Bekämpfung der Flußblindheit auf den Arbeitsmarkt stammt von Cooley und Benton 1995. Ein Überblick über Studien zu Gesundheits- und Sicherheitsvorschriften kann man sowohl bei Currington 1988 als auch bei Viscusi 1986 finden. Belege dafür, daß die Existenz von Gewerkschaften dieses Ergebnis verändern kann, stammen von Weil 1991.

Die Frage, ob Arbeitsnormen mit Handelsvereinbarungen verknüpft werden sollten, wird allgemein erörtert. Das U.S. Department of Labor 1994 präsentiert die unterschiedlichen Ansichten und ihre unterstützenden Argumente.

*Kapitel 12*

Dieses Kapitel basiert auf Hintergrundpapieren, die den analytischen Rahmen definieren und einige empirische Beweise liefern: Banerji und Ghanem, Ghanem, Devarajan und Thierfelder sowie Pencavel. Die Untersuchung in diesem Kapitel profitierte außerdem von folgenden Arbeiten: Freeman 1992, Freeman und Medoff 1984, Katz, Kuruvilla und Turner 1993, Pencavel 1991 und Rees 1989. Eine Beschreibung der Funktionen von Gewerkschaften findet sich bei Sugeno 1994.

Die Daten und Länderbeispiele stammen aus vielen Quellen. Anhaltspunkte über Gewerkschaftsprämien finden sich bei Blanchflower und Freeman 1990, Moll 1993, Panagides und Patrinos 1994, Park 1991, Standing 1992 und Teal 1994. Daten über die Gewerkschaftsbewegung in Indien stammen von Joshi und Little 1994, für Ostasien von Frenkel 1993 und für Spanien von der ILO 1985 sowie von Jimeno und Toharia 1993. Argumente und Zahlenmaterial über den positiven Einfluß von Gewerkschaften auf die Einkommensverteilung sind übernommen von Freeman 1980, Lee und Nam 1994 sowie Panagides und Patrinos 1994. Die Daten über den positiven Einfluß von Gewerkschaften in Malaysia wurden von Standing 1992 übernommen. Das Beispiel der Industriegewerkschaften in Brasilien bezieht sich auf Fleury und Humphrey 1993, und das Beispiel der indianischen Arbeiter im Kohlenbergbau stammt von Banerji und Sabot 1993. Ausführungen über die Niveaus, auf denen Tarifverhandlungen stattfinden, finden sich bei Calmfors und Driffil 1988 und Freeman 1988. Freeman 1993a beschreibt und analysiert die Arbeitgeber-Arbeitnehmer-Beziehungen in Ostasien, und Krause und Park bieten eine ausführliche Analyse für Korea. Die Untersuchung der Gewerkschaften im öffentlichen Sektor basiert auf dem Hintergrundpapier von Pencavel und profitierte stark von Diskussionen mit Gewerkschaftsvertretern. Die Wiedergabe von Länderantworten auf Umfragen der ILO über die Koalitionsfreiheit stammen vom Gewerkschaftsbund Botsuanas (Botswana Federation of Trade Unions) und dem Internationalen Gewerkschaftsbund 1991 (International Federation of Trade Unions).

Das Kapitel profitierte von anderen Fallstudien über die Rolle der Gewerkschaften in Entwicklungsländern, wie Bhattacherjee 1987 und Bhattacherjee und Chaudhuri 1994 für Indien, Manning 1993 für Indonesien, McCoy 1989 für Venezuela und Mondal 1992 für Bangladesch.

*Kapitel 13*

Die Diskussion über Einkommenssicherheit für Arbeitnehmer im informellen Sektor beschäftigt sich mit der Unterstützung durch die Kommunen und durch private Transfers, öffentliche Arbeitsprogramme und Sicherheitsnetze für die Armen auf dem Land. Ein Literaturüberblick über die kommunale Unterstützung und private Transfers wird von Cox und Jimenez 1990 gegeben. Das spezifische Beispiel von Peru stammt von Cox und Jimenez 1989. Eine Untersuchung über Fragen im Zusammenhang mit öffentlichen Arbeitsprogrammen findet sich in dem Hintergrundpapier von Mukherjee. Von Braun 1994 liefert viele Fallstudien, faßt die Lehren verschiedener Erfahrungen zusammen und ist die Quelle für Literaturhinweise zu den Programmen in Äthiopien, Bolivien, China, Niger, Senegal, Simbabwe und Maharashtra, Indien. Datt und Ravallion 1994 haben den Einfluß des Programms des indischen Bundesstaates Maharashtra ausführlich empirisch untersucht. Eine Beschreibung der chilenischen öffentlichen Arbeitsprogramme findet sich bei Edwards und Cox Edwards 1991 sowie bei Hudson 1994.

Eine Beschreibung der Erfahrung mit einem Bewertungssystem für die Arbeitslosenunterstützung in den Vereinigten Staaten findet sich bei Hamermesh 1991 oder Topel und Welch 1980. Zur Analyse des Zusammenhangs zwischen der Dauer der Arbeitslosigkeit und der Arbeitslosenunterstützung siehe Pujol 1994. Die Diskussion über den Zusammenhang zwischen der Sicherheit des Arbeitsplatzes und der Beschäftigung stützt sich stark auf Freeman 1993b. Daneben wird auf Arbeiten von Bertola 1990, Blank und Freeman 1993 und Lazear 1990 zurückgegriffen. Die Erörterungen über die europäische Stahlindustrie beziehen sich auf Houseman 1991, und der Hinweis auf Spanien stammt von Alba-Ramirez 1991. Schaffner 1993 liefert eine Analyse über Vorschriften zur Einkommenssicherheit im Nordosten Brasiliens, und Marshall 1991 Studien über Peru. Alle anderen Hinweise auf Fälle in Lateinamerika beziehen sich auf Cox Edwards 1993 und 1994. Der Hinweis auf Sri Lanka basiert auf der Arbeit von Rama 1994, und das Beispiel von Malaysia ist von Standing 1989. Die Untersuchung über die Vorschriften zur Arbeitsplatzsicherheit in Indien und Simbabwe stammen von Fallon und Lucas 1991. Die Diskussion über soziale Unterstützungsprogramme fußt auf Milanovic 1995.

*Kapitel 14*

Die ökonomischen Argumente dieses Kapitels stützen sich stark auf die Arbeit von Lindauer und Nunberg 1994 sowie Wade 1994. Letzterer ist die Quelle für das Argument, das das Vorgesetzten-Untergebenen-Beispiel verwendet. Darüber hinaus beruht der Sonderbeitrag 14.1 und der Vergleich zwischen den Bewässerungsleistungen in Indien und Korea auf dieser Quelle. Eine Übersicht über Fragen, die von den Politikern beim Start von Reformprogrammen des öffentlichen Dienstes gelöst werden müssen, findet sich bei Dia 1993, Gregory und Perlman 1994, Lindauer und Nunberg 1994, Nunberg 1993, Reid 1992 sowie Reid und Scott 1994. Kraay und van Rijckeghem 1994 untersuchen in einer länderübergreifenden empirischen Analyse die Bestimmungsgründe für Löhne und Beschäftigung im öffentlichen Dienst.

Die Beschreibung der Einstellungs- und Vergütungspolitik des öffentlichen Sektors in Ägypten findet sich in dem Hintergrundpapier von Assaad, und die Daten für die Vergleiche zwischen Ägypten und Ghana stammen von der demnächst erscheinenden Arbeit von Banerji und Sabot. Einige der Daten für Ghana stammen von Lindauer, Meesook und Suebsaeng 1988. Die Anmerkungen über den öffentlichen Dienst in Uganda wurden von der Republik Uganda 1992 bereitgestellt. Die Diskussion über Tansania basiert teilweise auf Lindauer und Sabot 1983, und einige der Daten für Kenia sind von Johnson 1971. Ein Teil der Ausführungen über Sambia beruht auf der Arbeit von Colclough 1989, und die Daten für El Salvador sind von Gregory 1991. Knight und Sabot 1987, Terrell 1993 sowie van der Gaag, Stelcner und Vijverberg 1989 enthalten Schätzungen über die Lohnunterschiede zwischen dem privaten und öffentlichen Sektor. Die Beschreibung der Reformen im Ausbildungssektor von Chile stützen sich auf Castaneda 1992.

Der Abschnitt über die politische Ökonomie von Reformen des öffentlichen Dienstes verwendete die Untersuchung über Kenia von Cohen 1993 sowie einige neuere Arbeiten über die Frage der Regierungsführung und der politischen Ökonomie der Entwicklung, wie Boeninger 1991, Landell-Mills und Serageldin 1992, Martin 1991, Nelson 1994 und Rodrik 1992.

*Kapitel 15*

Die Diskussion über das Scheitern verschiedener Entwicklungsstrategien und den Übergang zu einem neuen Wachstumspfad stützt sich auf Estrin 1994, Hierro und Sanginés 1991, Lustig 1992, Weltbank 1994a und interne Dokumente der Weltbank. Die Untersuchung der Hauptmerkmale der Reform beruht auf einer Kombination von internen Dokumenten der Weltbank und von externen Quellen, einschließlich Bosworth, Dornbusch und Laban 1994, Chamley und Ghanem 1994, Cooper 1994, Gelb und Gray 1991, Husain und Faruqee 1994, Larraín und Selowsky 1991 sowie der Weltbank 1994a. Die Ausführungen über Teilreformen in Zentralplanwirtschaften basieren auf Kornai 1992.

Schätzungen über das Muster des gesamtwirtschaftlichen Niedergangs und Indizes über Beschäftigungsturbulenzen stammen von Schätzungen des Weltbankstabes, aus staatlichen Quellen und internen Dokumenten der Weltbank; außerdem beziehen sie sich auf das Hintergrundpapier von Jackman. Schätzungen über die Anzahl der Arbeitnehmer in Verbindung mit dem jeweiligen regionalen Muster struktureller Reformen basieren auf den ILO-Daten (verschiedene Jahre) über das Arbeitskräftepotential (für bestimmte Länder siehe Anhang).

Die Diskussion über Reallöhne und Arbeitslosigkeit stützt sich stark auf Horton, Kanbur und Mazumdar 1994a und 1994b. Das Material über die Anpassung in Afrika südlich der Sahara beruht auf dem Hintergrundpapier von Mazumdar und auf der Weltbank 1994a.

Der Abschnitt über relative Löhne und Umsetzungen von Arbeitskräften fußt auf Beaudry und Sowa 1994, Gindling und Berry 1994, Horton 1994a, Horton, Kanbur und Mazumdar 1994b, Mazumdar 1994, Riveros 1994, sowie Revenga und Montenegro 1995 für die Diskussion über die Erfahrungen sich entwickelnder Marktwirtschaften. Für die Ausführungen über ehemalige Zentralplanwirtschaften siehe Beleva, Jackman und Nenova-Amar 1994, Commander, McHale und Yemtsov 1994, Ham, Svejnar und Terrell 1994 sowie Rutkowski 1994.

Die Ausführungen darüber, inwieweit die anfänglichen Bedingungen den Reformpfad in Rußland und China beeinflußt haben, beziehen sich auf Sachs und Woo 1994, dabei werden Argumente berücksichtigt, die von McKinnon 1994 entwickelt wurden.

Der Abschnitt über die makroökonomische Politik beruht auf Bruno 1988, Chamley und Ghanem 1994, Easterly und Schmidt-Hebbel 1994 und Weltbank 1994a. Die Diskussion über die Bedeutung der Geschwindigkeit und der Glaubwürdigkeit im Reformprozeß der Zentralplanwirtschaften basiert auf Balcerowicz und Gelb 1995 sowie Kornai 1995.

*Kapitel 16*

Dieses Kapitel bezieht sich stark auf verschiedene Einschätzungen über Anpassungsprogramme in der ganzen Welt. Die Analyse der Ergebnisse von Anpassungsprogrammen in Afrika südlich der Sahara, Lateinamerika und im Nahen Osten und Nordafrika lehnt sich eng an folgende Autoren an: Horton, Kanbur und Mazumdar 1994a und 1994b, Mazumdar 1994 und Weltbank 1994a. Die Daten über Einkommensunterschiede für Lateinamerika stammen von Psacharopoulos und anderen 1993, während die Zahlen für Afrika und Asien von Sen 1994 kommen. Dieser Abschnitt stützt sich auch auf Fox und Morley 1990, Weltbank 1990 und die Einschätzungen über die Armut in Indonesien, Mexiko, Peru und Vietnam.

Die Daten über Einkommensunterschiede für Reformländer sind Atkinson und Micklewright 1992 sowie Kornai 1992 entnommen, die die Ausgangsbedingungen beschreiben, sowie Milanovic 1994 und 1995, wo die Auswirkungen des Übergangs untersucht werden. Zahlenmaterial über die Lohndifferenzen für Polen basieren auf Rutkowski 1994, für Ostdeutschland auf dem Hintergrundpapier von Lehmann, und für die Tschechische Republik auf Chase 1994. Veränderungen in der Häufigkeit der Armut werden in der demnächst erscheinenden Arbeit von Milanovic beschrieben.

Sonderbeitrag 16.1 beruht auf Lustig 1992, Moser 1994 sowie Moser und anderen 1994 und auch auf Berg und Sachs 1992, die Probleme der Messung des Wohlstands in Reformländern analysieren. Informationen über Arbeitnehmer, die in die stille Reserve eintreten, sind Flanagan 1995 entnommen. Der Abschnitt über die Wahrscheinlichkeiten, mit denen verschiedene Bevölkerungsgruppen der Armut anheimfallen, bezieht sich besonders auf interne Dokumente der Weltbank, vor allem die Einschätzung der Armut sowie die Studien über Frauen im Entwicklungsprozeß, sowie auf Milanovic (erscheint demnächst). Dieser Abschnitt nutzt auch die Arbeiten von Fox und Morley 1990, Horton, Kanbur und Mazumdar 1994a und 1994b sowie der Weltbank 1990. Daten über die relative Größe des informellen Arbeitsmarktes wurden dem Hintergrundpapier von Banerji, Braithwaite 1994, Dallago 1995 und nationalen Quellen entnommen.

Der Abschnitt über berufliche Qualifikation stützt sich besonders auf Studien über den Ertrag der Ausbildung: auf Robbins 1994 für die Diskussion über Chile; auf Hintergrundpapiere von Hanson und Harrison sowie Revenga 1994 für die Ausführungen über Mexiko; und auf Chase 1994, Orazem und Vodopivec 1994 und die Weltbank 1994e für die Erörterungen über osteuropäische Länder sowie auf wirtschaftliche Länder-Memoranden für Vietnam und die Mongolei.

*Kapitel 17*

Die Diskussion über Einstellungen und Entlassungen von Arbeitskräften beruht auf Roberts (erscheint demnächst) sowie auf dem Hintergrundpapier von Rutkowski und Sinha. Die Untersuchung über die Abnahme der Reallöhne basiert auf nationalen statistischen Jahrbüchern, dem Hintergrundpapier von Commander und McHale sowie Horton, Kanbur und Mazumdar 1994a und 1994b. Die Einschätzung der Ausgangsbedingungen der Arbeitnehmer und ihre Reaktion auf Schocks beruht auf Jackman und Rutkowski 1994.

Der Abschnitt über die Anpassungsfähigkeit des Arbeitsmarktes und die Mobilität der Arbeitskräfte bezieht sich auf das Hintergrundpapier von Knight und Song. Die Diskussion über Peru basiert auf der Einschätzung der Armut durch die Weltbank und Gesprächen mit Edgardo Favaro. Die Analyse der regionalen Arbeitslosenquoten beruht auf Zahlen, die internen Dokumenten der Weltbank entnommen wurden, und sie bezieht sich auf Boeri und Scarpetta 1994, Commander und Coricelli 1994, Erbenova 1994, Góra und Lehmann 1995 sowie Scarpetta 1994. Daten über die Lohnunterschiede stammen von Rutkowski 1993 und 1994. Die Kommentare über die Hortung von Arbeitskräften stützen sich auf das Hintergrundpapier von Commander und McHale sowie Rutkowski 1990. Informationen über übermäßige Lohnsteuern sind zahlreichen Dokumenten der Weltbank und der Analyse von Commander, Coricelli und Staehr 1991, Coricelli und Revenga 1992 sowie Rostowski 1994 entnommen. Daten über Mindestlöhne wurden vom CIS 1994 und statistischen Jahrbüchern über Chile und Mexiko entnommen. Die Analyse von Sozialleistungen, die von öffentlichen Unternehmen bereitgestellt werden, profitiert von Beobachtungen vieler Mitglieder des Weltbankstabes und bezieht sich auf Ergebnisse empirischer Untersuchungen von Commander und Jackman 1993 und Estrin, Schaffer und Singh 1994 sowie auf interne Dokumente der Weltbank über China.

# VERWENDETE QUELLEN

Der Abschnitt darüber, wie man die Arbeitnehmer für den Wandel vorbereitet, einschließlich Sonderbeitrag 17.1, basiert auf einer Vielzahl von Quellen, insbesondere Burda 1993, Fretwell und Goldberg 1993, Fretwell und Jackman 1994, Ham, Svejnar und Terrell 1993 und 1994, Jacobson 1994, Johnson, Dickinson und West 1985, dem Hintergrundpapier von Lehmann, Leigh 1992, Micklewright und Nagy 1995, OECD 1993 und 1994b, O'Leary 1995, Orr und anderen 1994, Revenga, Riboud und Tan 1994, Sohlman und Turnham 1994 sowie Wilson und Adams 1994. Sonderbeitrag 17.1 basiert auf Fretwell und Jackman 1994 und auf der Analyse der OECD 1993.

Der größte Teil der Diskussion über die Verringerung der Unsicherheit durch Transferprogramme beruht auf Barr 1994 sowie Krumm, Milanovic und Walton 1994. Daten über die Anteile der Sozialausgaben am BIP stammen von internen Dokumenten der Bank. Die Diskussion über Schwierigkeiten beim Test von Mittelwerten und den Entwurf von Zielmechanismen basiert auf Einsichten von Barr (erscheint demnächst) und Sipós 1994. Die Erörterungen über die Rolle älterer Arbeiter stützen sich auf Jimeno und Toharia 1994 sowie Revenga und Riboud 1993.

Die meisten Beispiele über Massenentlassungs-Programme stammen von Chaudhry, Reid und Malik 1994, Hess 1994 sowie Svejnar und Terrell 1991. Konzeptionelle Einsichten in die Diskussion über grundlegende Prinzipien bei der Steuerung des Personalabbaus und über Politiken für Städte mit nur einem Unternehmen wurden gewonnen von Diwan 1994, Jackman und Rutkowski 1994 sowie durch interne Dokumente der Weltbank über Sri Lanka und die russischen Kohleprojekte.

*Kapitel 18*

Die dargestellten Projektionen basieren auf einem Simulationsmodell, das von Sherman Robinson und Jeff Lewis mit Hilfe von Zhi Wang entwickelt wurde. Adrian Wood machte nützliche Vorschläge.

## Hintergrundpapiere

Agrawal, Nisha. "Indonesia—Labor Market Policies and International Competitiveness."

Ahuja, Vinod, and Deon Filmer. "Educational Attainment in Developing Countries: New Estimates and Projections Disaggregated by Gender."

Appleton, Simon, John Hoddinott, Pramila Krishnan, and Kerry Max. "Gender Differences in the Returns to Schooling in Three African Countries."

Assaad, Ragui. "The Effects of Public Sector Hiring and Compensation Policies on the Egyptian Labor Market."

Azam, Jean-Paul. "Effects of Minimum Wages in Developing Countries: An Exploration."

Banerji, Arup. "Workers in the 'Informal Sector' in Developing Countries."

Banerji, Arup, J. Edgardo Campos, and Richard Sabot. "The Political Economy of Formal Sector Pay and Employment in Developing Countries."

Banerji, Arup, and Hafez Ghanem. "Political Regimes and Labor Policies in Developing Countries."

Behrman, Jere, and Zheng Zhang. "Women's Employment: Patterns Across Countries and Over Time."

Collier, Paul, John Hoddinott, and Francis Teal. "African Labor Markets."

Commander, Simon, and John McHale. "Labor Markets in the Transition in East Europe and Russia: A Review of Experience."

Filmer, Deon. "Estimating the World at Work."

Ghanem, Hafez, Shantayanan Devarajan, and Karen Thierfelder. "Trade Reform and Labor Unions: A General-Equilibrium Analysis Applied to Bangladesh and Indonesia."

Grootaert, Christian, and Ravi Kanbur. "Child Labor."

Hanson, Gordon, and Ann Harrison. "Trade, Technology, and Wage Inequality: Evidence from Mexico."

Jackman, Richard. "Coping with Job Destruction in Economies in Transition."

Knight, John, and Lina Song. "Towards a Labor Market in China."

Lanjouw, Peter, and Jean O. Lanjouw. "Rural Nonfarm Employment: A Survey."

Lehmann, Hartmut. "Active Labour Market Policies in the OECD and in Selected Transition Economies."

Lewis, Jeffrey, Sherman Robinson, and Zhi Wang. "General Equilibrium Analysis of Effects of Human Capital and Trade on the International Distribution of Labor."

Mazumdar, Dipak. "The Structure of Wages in African Manufacturing."

Mukherjee, Anindita. "Public Work Programs: A Review."

Pencavel, John. "The Role of Labor Unions in Fostering Economic Development."

Pissarides, Christopher. "Trade and the Returns to Human Capital in Developing Economies."

Pritchett, Lant. "Divergence, Big Time."

Rahman, Rushidan Islam. "Formal Sector Employment Among Women in Bangladesh and Gender Composition of Industrial Workers."

Ravallion, Martin, and Gaurav Datt. "Growth and Poverty in Rural India."

Revenga, Ana, and Adrian Wood. "International Trade, Inequality, and Human Capital: A Review and Synthesis of Theoretical and Empirical Work."

Robbins, Donald. "Earnings Inequality, Structural Adjustment, and Trade Liberalization in Costa Rica."

_____. "Summary of Preliminary Analysis of Malaysia Wage Structure 1973–1989."

_____. "Wage Dispersion in Argentina 1986–1993."

_____. "Wage Dispersion and Trade in Colombia—An Analysis of Greater Bogotá 1976–1989."

Robinson, Derek. "Do Standards for the Workplace Help or Hurt?"

Rutkowski, Michal, and Sarbajit Sinha. "Employment Flows and Sectoral Shifts during the Transition Shock in Post-Socialist Countries."

Spiegel, Mark. "Determinants of Long-Run Labor Productivity Growth: Selective Survey with Some New Empirical Results."

Squire, Lyn, and Sethaput Suthiwart-Narueput. "The Impact of Labor Market Regulations."

Tan, Hong, and Geeta Batra. "Technology and Industry Wage Differentials: Evidence from Three Developing Countries."

Turnham, David. "What Can We Learn from Past Efforts to Encourage Employment-Intensive Development?"

Vashishtha, Prem. "Informal Sector Workers in India."

## Ausgewählte Literatur

Abella, Manolo, and Hiromi Mori. 1994. "Structural Change and Labor Migration in East Asia." Paper presented at the OECD Conference on Development Systems, Employment, and International Migration, Paris, July 11–13.

Adams, Richard, Jr. 1989. "Worker Remittances and Inequality in Rural Egypt." *Economic Development and Cultural Change* 38 (October): 45–71.

———. 1992. "The Effects of Migration and Remittances on Inequality in Rural Pakistan." *The Pakistan Development Review* 31 (Winter): 1189–1203.

Alba-Ramirez, Alfonso. 1991. "Fixed-Term Employment Contracts in Spain: Labor Market Flexibility or Segmentation?" Paper presented at EALE Conference, Spain, September.

Appleton, Simon, Paul Collier, and Paul Horsnell. 1990. *Gender, Education, and Employment in Côte d'Ivoire*. SDA Working Paper No. 8. Washington, D.C.: World Bank.

Arriagada, Ana-Maria. 1989. "Occupational Training Among Peruvian Men: Does It Make a Difference?" Policy Research Working Paper No. 207. World Bank, Washington, D.C.

Atkinson, Anthony B., and John Micklewright. 1992. *Economic Transformation in Eastern Europe and the Distribution of Income*. Cambridge, U.K.: Cambridge University Press.

Aw, Bee-Yan, and Hong Tan. 1993. "Training, Technology, and Firm-Level Productivity." PSD Working Paper. World Bank, Private Sector Development Department, Washington, D.C.

Balcerowicz, Leszek, and Alan Gelb. 1995. "Macropolicies in Transition to a Market Economy: A Three-Year Perspective." *Proceedings of the World Bank Annual Conference on Development Economics 1994*. Washington, D.C.

Banerji, Arup, and Richard H. Sabot. 1993. "Wage Distortions, Overmanning, and Reform in Developing Country Public Enterprises." World Bank, Policy Research Department, Washington, D.C.

———. Forthcoming. "Barriers to Labor Reform in Developing Country Public Enterprises." *World Development*.

Barr, Nicholas. 1994. "Income Transfers: Social Insurance." In Nicholas Barr, ed., *Labor Markets and Social Policy in Central and Eastern Europe: The Transition and Beyond*. New York: Oxford University Press.

———. Forthcoming. "On the Design of Social Safety Nets." HRO Discussion Paper. World Bank, Human Resources Development and Operations Policy, Washington, D.C.

Barro, Robert J. 1991. "Economic Growth in a Cross Section of Countries." *The Quarterly Journal of Economics* 106 (2): 407–43.

Barro, Robert J., and Jong-Wha Lee. 1993. "International Comparisons of Educational Attainment." *Journal of Monetary Economics* 32 (3): 363–94.

Beaudry, P., and N. K. Sowa. 1994. "Ghana." In Susan Horton, Ravi Kanbur, and Dipak Mazumdar, eds., *Labor Markets in an Era of Adjustment*. Volume 2: Case Studies. EDI Development Study. World Bank, Washington, D.C.

Becker, Gary S. 1957. *The Economics of Discrimination*. Chicago, Ill.: University of Chicago Press.

———. 1965. "A Theory of the Allocation of Time." *Economic Journal* 75 (299): 493–517.

———. 1995. "Human Capital and Poverty Alleviation." HRO Working Paper No. 52. World Bank, Human Resources Development and Operations Policy, Washington, D.C.

Behrman, Jere R. 1993. "The Economic Rationale for Investing in Nutrition in Developing Countries." *World Development* 21 (11): 1749–71.

Behrman, Jere R., and Anil B. Deolalikar. 1994. "Are There Differential Returns to Schooling by Gender? The Case of Indonesian Labor Markets." University of Pennsylvania, Philadelphia.

Beleva, Iskra, Richard Jackman, and Mariela Nenova-Amar. 1994. "Bulgaria." In Simon Commander and Fabrizio Coricelli, eds., *Unemployment, Restructuring, and the Labor Market in Eastern Europe and Russia*. EDI Development Studies. Washington, D.C.: World Bank.

Bell, Linda A. 1994. "The Impact of Minimum Wages in Mexico and Colombia." Paper presented at World Bank Labor Markets in Developing Countries Workshop, Washington, D.C., July 6–8.

Beller, Andrea H. 1979. "The Economics of Enforcement of an Antidiscrimination Law: Title VII of the Civil Rights Act of 1964." *Journal of Law and Economics*.

Ben-David, Dan. 1994. "Convergence Clubs and Diverging Economies." University of Houston, Department of Economics, Houston, Tex.

Berg, Andrew, and Jeffrey Sachs. 1992. "Structural Adjustment and International Trade in Eastern Europe: The Case of Poland." *Economic Policy: A European Forum* 14 (April): 117–73.

Bergmann, Barbara. 1989. "Does the Market for Women's Labor Need Fixing?" *Journal of Economic Perspectives* 3 (Winter) 43–60.

Berry, Albert, François Bourguignon, and Christian Morrisson. 1989. "The World Distribution of Income: Evolution over the Recent Period and Effects of Population Growth." Paper prepared for the Conference on the Consequences of Rapid Population Growth, United Nations, New York, August 23–25.

Bertola, Giuseppe. 1990. "Job Security, Employment and Wages." *European Economic Review* 34 (June): 851–86.

Bhagwati, Jagdish. 1991. "Free Traders and Free Immigrationists: Strangers or Friends?" Russell Sage Foundation Working Paper No. 20. New York.

Bhagwati, Jagdish, and Marvin Kosters. 1994. *Trade and Wages*. Washington, D.C.: American Enterprise Institute.

Bhattacherjee, Debashish. 1987. "Union-Type Effects on Bargaining Outcomes in Indian Manufacturing." *British Journal of Industrial Relations*.

Bhattacherjee, Debashish, and Tamal Datta Chaudhuri. 1994. "Unions, Wages and Labour Markets in Indian Industry, 1960–86." *Journal of Development Studies* 30 (2): 443–65.

Birdsall, Nancy, and Richard Sabot, eds. 1991. *Unfair Advantage: Labor Market Discrimination in Developing Countries*. World Bank Regional and Sectoral Studies. Washington, D.C.

Blanchflower, David G., and Richard B. Freeman. 1990. "Going Different Ways: Unionism in the U.S. and Other Advanced OECD Countries." NBER Working Paper No. 3342. National Bureau of Economic Research, Cambridge, Mass.

Blank, Rebecca M., and Richard B. Freeman. 1993. "Evaluating the Connection Between Social Protection and Economic Flexibility." NBER Working Paper No. 4338. National Bureau of Economic Research, Cambridge, Mass.

Boeninger, Edgardo. 1991. "Governance and Development: Issues, Challenges, Opportunities, and Constraints." *Proceedings of the World Bank Annual Conference on Development Economics 1991.* Washington, D.C.

Boeri, Tito, and Stefano Scarpetta. 1994. "Convergence and Divergence of Regional Labour Market Dynamics in Central and Eastern Europe." Paper presented at the Technical Workshop on Regional Unemployment in Central and Eastern Europe. Organization for Economic Cooperation and Development, Institute for Advanced Studies, Vienna, Austria, November 3–5.

Bonnet, M. 1993. "Child Labor in Africa." *International Labour Review* 132 (3): 371–89.

Borjas, George J. 1994. "The Economics of Immigration." *Journal of Economic Literature* 32 (December): 1667–1717.

Borjas, George J., and Richard B. Freeman. 1993. *Immigration and the Work Force: Economic Consequences for the United States and Source Areas.* Chicago, Ill.: University of Chicago Press.

*Boston Globe.* 1994. "Harvesting Bananas, and Poison, from the Rain Forest." July 11 (p. 7).

Bosworth, Barry, Rudiger Dornbusch, and Raul Laban. 1994. *The Chilean Economy: Policy Lessons and Challenges.* Washington, D.C.: Brookings Institution.

Botswana Federation of Trade Unions and International Confederation of Free Trade Unions. 1991. *Democracy Development and the Defence of Human and Trade Union Rights in Africa.* Brussels: ICFTU.

Boyden, Jocelyn. 1988. "Working Children in Lima, Peru." In Assefa Bekele and Jo Boyden, eds., *Combating Child Labor.* Geneva: International Labour Office.

Boyden, Jo, and William Myers. 1994. "Exploring Alternative Approaches to Combating Child Labour: Case Studies from Developing Countries." Innocenti Occasional Papers, Child Rights Series No. 8. International Labour Office, Geneva, and the UNICEF International Child Development Centre, Florence.

Braithwaite, Jeanine. 1994. "From Second Economy to Informal Sector: The Russian Labor Market in Transition." World Bank, Education and Social Policy Department, Washington, D.C.

Brown, Charles. 1982. "The Federal Attack on Labor Market Discrimination: The Mouse that Roared?" In R. G. Ehrenberg, ed., *Research in Labor Economics* 5. Greenwich, Conn.: JAI Press.

Bruno, Michael. 1988. "Opening Up: Liberalization and Stabilization." In Rudiger Dornbusch, F. Leslie, and C. H. Helmers, eds., *The Open Economy: Tools for Policymakers in Developing Countries.* New York: Oxford University Press.

Burda, Michael. 1993. "Unemployment, Labour Market Institutions and Structural Change in Eastern Europe." *Economic Policy: A European Forum* 8 (April): 101–37.

Calmfors, Lars, and John Driffil. 1988. "Centralization of Wage Bargaining and Macroeconomic Performance." *Economic Policy* April.

Calvo, Guillermo A., Leonardo Leiderman, and Carmen M. Reinhart. 1992. "Capital Inflows and Exchange Rate Appreciation in Latin America: The Role of External Factors." *International Monetary Fund Staff Papers* 40 (March): 108–51.

Card, David, and Alan Krueger. 1995. *Myth and Measurement: The New Economics of the Minimum Wage.* Princeton, N.J.: Princeton University Press.

Castaneda, Tarsicio. 1992. *Combating Poverty: Innovative Social Reforms in Chile during the 1980s.* San Francisco, Calif.: ICS Press.

Chamley, Christophe, and Hafez Ghanem. 1994. "Côte d'Ivoire: Fiscal Policy with Fixed Nominal Exchange Rates." In William Easterly, Carlos Alfredo Rodríguez, and Klaus Schmidt-Hebbel, eds., *Public Sector Deficits and Macroeconomic Performance.* New York: Oxford University Press.

Chase, Robert S. 1994. "Returns to Education and Experience in Transition Czech Republic and Slovakia: Research in Progress." Yale University, Department of Economics, New Haven, Conn.

Chaudhry, Shahid Amjad, Gary James Reid, and Waleed Haider Malik, eds. 1994. *Civil Service Reform in Latin America and the Caribbean: Proceedings of a Conference.* Technical Paper No. 259. World Bank, Washington, D.C.

Chaudhuri, Salma, and Pratima Paul-Majumder. 1991. "The Conditions of Garment Workers in Bangladesh—An Appraisal." Bangladesh Institute of Development Studies, Dhaka.

Chuhan, Punam, Stijn Claessens, and Nlandes Mamingi. 1993. "Equity and Bond Flows to Latin American and Asia: The Role of Global and Country Factors." Policy Research Working Paper No. 1160. World Bank, Washington, D.C.

CIS (Commonwealth of Independent States). 1994. *Statistical Yearbook.* Moscow: Statistical Committee of the CIS.

Claessens, Stijn, Michael Dooley, and Andrew Warner. 1995. "Portfolio Capital Flows: Hot or Cold." *World Bank Economic Review* 9 (1): 153–74.

Cohen, John M. 1993. "Importance of Public Service Reform: the Case of Kenya." *Journal of Modern African Studies* 31 (3; September): 449–76.

Colclough, Christopher. 1989. "The Labor Market and Economic Stabilization in Zambia." Working Paper Series No. 222. World Bank, Country Economics Department, Washington, D.C.

Commander, Simon, and Fabrizio Coricelli, eds. 1994. *Unemployment, Restructuring, and the Labor Market in Eastern Europe and Russia.* EDI Development Studies. Washington, D.C.: World Bank.

Commander, Simon, Fabrizio Coricelli, and Karsten Staehr. 1991. "Wages and Employment in the Transition to a Market Economy." Policy Research Working Paper No. 736. World Bank, Washington, D.C.

Commander, Simon, and Richard Jackman. 1993. "Providing Social Benefits in Russia: Redefining the Roles of Firms and Government." Policy Research Working Paper No. 1184. World Bank, Washington, D.C.

Commander, Simon, John McHale, and Ruslan Yemtsov. 1994. "Russia." In Simon Commander and Fabrizio Coricelli, eds. *Unemployment, Restructuring, and the Labor Market in Eastern Europe and Russia.* EDI Development Studies. Washington, D.C.: World Bank.

Cooley, Laura, and Bruce Benton. 1995. "Controlling Riverblindness in West Africa." In *Investing in People: The World Bank in Action.* Directions in Development. Washington, D.C.: World Bank.

Cooper, Richard N. 1994. "Foreign Trade, Wages, and Unemployment." Harvard University, Department of Economics, Cambridge, Mass.

Coricelli, Fabrizio, and Ana Revenga, eds. 1992. "Wage Policy during the Transition to a Market Economy: Poland

1990–91." Discussion Paper No. 158. World Bank, Washington, D.C.

Cox, Donald, and Emmanuel Jimenez. 1989. "Private Transfers and Public Policy in Developing Countries: A Case Study for Peru." Policy, Planning and Research Working Paper No. 345. World Bank, Washington, D.C.

———. 1990. "Achieving Social Objectives Through Private Transfers: A Review." *The World Bank Research Observer* 5 (2): 205–18.

Cox Edwards, Alejandra. 1993. "Labor Market Legislation in Latin America and the Caribbean." World Bank Regional Studies Program, Washington, D.C.

———. 1994. "Poverty Alleviation and the Labor Market in Ecuador." World Bank, Washington, D.C.

Currington, W. P. 1988. "Federal vs. State Regulation: The Early Years of OSHA." *Social Science Quarterly* 69 (2).

Dadush, Uri, Ashok Phareshwan, and Ronald Johannes. 1994. "Are Private Capital Flows to Developing Countries Sustainable?" Policy Research Working Paper No. 1397. World Bank, Washington, D.C.

Dallago, Bruno. 1995. "The Irregular Economy in Transition: Features, Measurement and Scope." In Robert Holzman, Janos Gacs, and Georg Windkler, eds., *Output Decline in Eastern Europe: Unavoidable, External Influence, or Homemade.* International Studies in Economics and Econometrics 34: 31–60.

Datt, Gaurav, and Martin Ravallion. 1994. "Transfer Benefits from Public-Works Employment: Evidence for Rural India." *Economic Journal: The Journal of the Royal Economic Society* 104 (November): 1346–69

Davis, Steven J. 1992. "Cross-Country Patterns of Change in Relative Wages." In *NBER Macroeconomics Annual 1992.* London: MIT Press.

Deolalikar, Anil B. 1988. "Nutrition and Labor Productivity in Agriculture: Estimates for Rural South India." *The Review of Economics and Statistics* 70 (3): 406–13.

Dia, Mamadou. 1993. *A Governance Approach to Civil Service Reform in Sub-Saharan Africa.* World Bank Technical Paper No. 225. Washington, D.C.

Dickens, William T., and Lawrence F. Katz. 1987. "Inter-Industry Wage Differences and Industry Characteristics." NBER Working Paper Reprint No. 894. National Bureau of Economic Research, Cambridge, Mass.

Diwan, Ishac. 1994. "Public Sector Retrenchment and Severance Pay: Nine Propositions." In World Bank Technical Paper No. 259. Washington, D.C.

Easterly, William, and Stanley Fischer. 1994. "The Soviet Economic Decline: Historical and Republican Data." NBER Working Paper Series No. 4735. National Bureau of Economic Research, Cambridge, Mass. Forthcoming in *World Bank Economic Review.*

Easterly, William, and Klaus Schmidt-Hebbel. 1994. "Fiscal Adjustment and Macroeconomic Performance: A Synthesis." In William Easterly, Carlos Alfredo Rodríguez, and Klaus Schmidt-Hebbel, eds., *Public Sector Deficits and Macroeconomic Performance.* New York: Oxford University Press.

EBRD (European Bank for Reconstruction and Development). 1994. "Economic Transition in Eastern Europe and the Former Soviet Union." *Transition Report* (October). London.

Edwards, Linda N. 1994. "The Status of Women in Japan: Has the Equal Employment Opportunity Law Made a Difference?" *Journal of Asian Economics* 5 (2; Summer): 217–40.

Edwards, Sebastian, and Alejandra Cox Edwards. 1991. *Monetarism and Liberalization: The Chilean Experience.* Chicago, Ill.: The University of Chicago Press.

Ehrenberg, Ronald G., and Robert S. Smith. 1994. *Modern Labor Economics: Theory and Public Policy,* 5th ed. New York: Harper Collins College Publishers.

Erbenova, Michaela. 1994. "Regional Unemployment and Geographical Labour Mobility: A Case Study of the Czech Republic." Paper presented at the Technical Workshop "Regional Unemployment in Central and Eastern Europe." Organization for Economic Cooperation and Development, Institute for Advanced Studies, Vienna, Austria, November 3–5.

Estache, Antonio, and Marianne Fay. 1995. "What Should Regional Policy in Argentina Focus On?" World Bank, Latin America and Caribbean Country Department I, Washington, D.C.

Estrin, Saul. 1994. "The Inheritance." In Nicholas Barr, ed., *Labor Markets and Social Policy in Central and Eastern Europe: The Transition and Beyond.* New York: Oxford University Press.

Estrin, Saul, Mark Schaffer, and Inderjit Singh. 1994. "The Provision of Social Benefits in State-Owned, Privatized and Private Firms in Poland." Paper presented at the Workshop on Enterprise Adjustment in Eastern Europe, World Bank, Policy Research Department, Washington, D.C., Sept. 22–23.

Fallon, Peter R., and Robert E. B. Lucas. 1991. "The Impact of Changes in Job Security Regulations in India and Zimbabwe." *World Bank Economic Review* 5 (3): 395–413.

Feenstra, Robert C., and Gordon H. Hanson. 1994. "Foreign Direct Investment and Relative Wages: Evidence from Mexico's *Maquiladoras.*" University of Texas, Department of Economics, Austin.

Feldstein, Martin. 1994. "The Effects of Outbound Foreign Direct Investment on the Domestic Capital Stock." NBER Working Paper No. 4668. National Bureau of Economic Research, Cambridge, Mass.

Fields, Gary S. 1994. "Changing Labor Market Conditions and Economic Development." Cornell University, Economics Department, Ithaca, N.Y.

Findley, Sally E. 1994. *To Go But Not to Go: Migration and Family Interactions in Africa.* New York: Columbia University.

Flanagan, Robert J. 1995. "Labor Market Responses to a Change in Economic System." *Proceedings of the World Bank Annual Bank Conference on Development Economics 1994.* Washington, D.C.

Fleury, Alfonso, and John Humphrey. 1993. "Human Resources and the Diffusion and Adaptation of New Quality: Methods in Brazilian Manufacturing." Institute of Development Studies, Research Report 24. Sussex, U.K.

Foner, Eric, and John A. Garraty, eds. 1991. *The Reader's Companion to American History.* Boston: Houghton-Mifflin.

Foster, Andrew D., Mark R. Rosenzweig, and the Rural Indian Economic Growth Research Group. 1994. "Technical Change and Human Capital Returns and Investments: Consequences of the Green Revolution." University of Pennsylvania, Philadelphia, and National Council of Applied Economic Research, Washington, D.C.

Fox, M. Louise, and Samuel A. Morley. 1990. "Who Paid the Bill? Adjustment and Poverty in Brazil, 1980–90." Policy Research Working Paper No. 648. World Bank, Washington, D.C.

Freeman, Richard B. 1980. "Unionism and the Dispersion of Wages." *Industrial and Labor Relations Review.*

———. 1988. "Labour Market Institutions and Economic Performance." *Economic Policy: A European Forum* 3 (April): 63–80.

———. 1992. "Is Declining Unionization of the U.S. Good, Bad, or Irrelevant?" In Lawrence Mishel and Paula B. Voos, eds., *Unions and Economics Competitiveness.* Armonk, N.Y.: M. E. Sharpe.

———. 1993a. "Does Suppression of Labor Contribute to Economic Success? Labor Relations and Markets in East Asia." Harvard University, Department of Economics, Cambridge, Mass.

———. 1993b. "Labor Market Institutions and Policies: Help or Hindrance to Economic Development?" *Proceedings of the World Bank Annual Conference on Development Economics 1992.* Washington, D.C.

———. 1993c. "Minimum Wages—Again?" Paper presented at the Conference on *Analyse Economique des bas Salaires et des Effets du Salaire Minimum,* CER/GRIFE, University of Aix-en-Provence, Arles, France.

———. 1995. "Will Globalization Dominate U.S. Labor Market Outcomes?" Paper prepared for the conference on "Imports, Exports, and the American Worker." Brookings Institution, Washington, D.C., February 2–3.

Freeman, Richard B., and James L. Medoff. 1984. *What Do Unions Do?* New York: Basic Books.

Frenkel, Stephen, ed. 1993. *Organized Labor in the Asia-Pacific Regions: A Comparative Study of Unionism in Nine Countries.* Cornell International Industrial and Labor Relations Report No. 24. Ithaca, N.Y.: ILR Press.

Fretwell, David, and Susan Goldberg. 1993. "Developing Effective Employment Services." World Bank Discussion Paper No. 208. Washington, D.C.

Fretwell, David, and Richard Jackman. 1994. "Labor Markets: Unemployment." In Nicholas Barr, ed., *Labor Markets and Social Policy in Central and Eastern Europe: The Transition and Beyond.* New York: Oxford University Press.

Galbi, Douglas. 1994. "Child Labor and the Division of Labor." King's College Centre for History and Economics, Cambridge, U.K.

Gelb, Alan H., and Cheryl W. Gray. 1991. "The Transformation of Economies in Central and Eastern Europe: Issues, Progress, and Prospects." Policy, Research and External Affairs Paper No. 17. World Bank, Washington, D.C.

Ghana Statistical Service. Various years. *Ghana Quarterly Digest of Statistics.* Accra.

Gindling, T. H., and Albert Berry. 1994. "Costa Rica." In Susan Horton, Ravi Kanbur, and Dipak Mazumdar, eds., *Labor Markets in an Era of Adjustment.* Volume 2: Case Studies. EDI Development Studies. Washington, D.C.: World Bank.

Gindling, T. H., and Donald Robbins. 1994. "Earnings Inequality, Structural Adjustment, and Trade Liberalization in Costa Rica." Harvard Institute for International Development, Cambridge, Mass.

Gold, Michael Evans. 1983. *A Debate on Comparable Worth.* Ithaca, N.Y.: Industrial and Labor Relations Press.

Goldin, Claudia. 1990. *Understanding the Gender Gap: An Economic History of American Women.* New York: Oxford University Press.

Goldin, Ian, and Dominique van der Mensbrugghe. 1995. "The Uruguay Round: An Assessment of Economywide and Agricultural Reforms." Paper presented at the Conference on the Uruguay Round and the Developing Economies. World Bank, Washington, D.C., January 26–27.

Goldstein, Morris, and Robert S. Smith. 1976. "The Estimated Impact of the Antidiscrimination Program Aimed at Federal Contractors." *Industrial and Labor Relations Review* July (24).

Góra, Marek, and Hartmut Lehmann. 1995. "How Divergent is Regional Labour Market Adjustment in Poland?" Working Paper No. 1. IFO Institute for Economic Research, Munich, Germany.

Gregory, Peter. 1991. "Increasing the Efficiency of the Public Sector." A report prepared for USAID/El Salvador. U.S. Agency for International Development, Washington, D.C.

Gregory, Peter, and Bruce J. Perlman. 1994. "Civil Service Diagnostic Review: Nicaragua." World Bank, Latin American and the Caribbean Country Department II, Washington, D.C.

Haddad, Lawrence, and Howarth Bouis. 1991. "The Impact of Nutritional Status on Agricultural Productivity: Wage Evidence from the Philippines." *Oxford Bulletin of Economics and Statistics* 53 (1): 45–68.

Ham, John, Jan Svejnar, and Katherine Terrell. 1993. "The Emergence of Unemployment in the Czech and Slovak Republics." *Comparative Economic Studies* 35 (4): 121–34.

———. 1994. "Czech Republic and Slovakia." In Simon Commander and Fabrizio Coricelli, eds., *Unemployment, Restructuring, and the Labor Market in Eastern Europe and Russia.* EDI Development Studies. Washington, D.C.: World Bank.

Hamermesh, Daniel. 1991. "Unemployment Insurance: Goals, Structure, Economic Impacts, and Transferability to Developing Countries." World Bank, Population and Human Resouces Department, Washington, D.C.

Harrison, Ann. 1993. "Morocco Private Sector Assessment: The Labor Market, 1993." World Bank, Washington, D.C.

Harrison, Glenn, Thomas Rutherford, and David Tarr. 1995. "Quantifying the Uruguay Round." Paper presented at the Conference on the Uruguay Round and the Developing Economies, World Bank, Washington, D.C., January 26–27.

Hathaway, Dale E., and Merlinda D. Ingco. 1995. "Agricultural Liberalization and the Uruguay Round." Paper presented at the Conference on the Uruguay Round and the Developing Economies, World Bank, Washington, D.C., January 26–27.

Hatton, Timothy J., and Jeffrey G. Williamson, eds. 1994. *Migration and the International Labor Market, 1850–1939: An Economic Survey.* London and New York: Rutledge Press.

Hertel, Thomas, Will Martin, Koji Yanagishima, and Betina Dimaranan. 1995. "Liberalizing Manufactures Trade in a Changing World Economy." Paper presented at the Conference on the Uruguay Round and the Developing Economies, World Bank, Washington, D.C., January 26–27.

Hess, Jolanta. 1994. "Managing Large Scale Labor Restructuring." World Bank, Washington, D.C.

Hierro, Jorge, and Allen Sanginés. 1991. "Public Sector Behavior in Mexico." In Felipe Larraín and Marcelo Selowsky, eds., *The Public Sector and the Latin American Crisis.* San Francisco, Calif.: Institute for Contemporary Studies Press.

Hill, Herbert. 1984. "Race and Ethnicity in Organized Labor: The Historical Sources of Resistance to Affirmative Action." *The Journal of Intergroup Relations* Winter: 12.

Horton, Susan. 1994a. "Bolivia." In Susan Horton, Ravi Kanbur, and Dipak Mazumdar, eds., *Labor Markets in an Era of Adjustment*. Volume 2: Case Studies. EDI Development Studies. Washington, D.C.: World Bank.

———, ed. 1994b. "Women and Industrialization in Asia." Institute for Policy Analysis, University of Toronto.

Horton, Susan, Ravi Kanbur, and Dipak Mazumdar. 1994a. *Labor Markets in an Era of Adjustment*. Volume 1: Issues Papers. EDI Development Studies. Washington, D.C.: World Bank.

———. 1994b. *Labor Markets in an Era of Adjustment*. Volume 2: Case Studies. EDI Development Studies. Washington, D.C.: World Bank.

Houseman, Susan. 1991. *Industrial Restructuring with Job Security*. Cambridge, Mass.: Harvard University Press.

Hudson, Rex. 1994. "Chile: A Country Study." Library of Congress, Federal Research Division, Washington, D.C.

Hufbauer, Gary. 1991. "World Economic Integration: The Long View." *International Economic Insights* May/June: 26–27.

Husain, Ishrat, and Rashid Faruqee, eds. 1994. *Adjustment in Africa: Lessons from Country Case Studies*. A World Bank Regional and Sectoral Study. Washington, D.C.

IFC (International Finance Corporation). 1992. *Emerging Stock Markets Factbook 1992*. Washington, D.C.

ILO (International Labour Office). 1985. *The Trade Union Situation and Industrial Relations in Spain*. Geneva.

———. 1986. *Economically Active Population Estimates and Projections: 1950–2025*. Geneva.

———. 1994a. *Defending Values, Promoting Change: Social Justice in a Global Economy: An ILO Agenda*. Report of the Director-General (Part I), International Labour Conference, 81st Session. Geneva.

———. 1994b. *World Labour Report 1994*. Geneva.

———. 1995a. *World Employment 1995*. Geneva.

———. 1995b. *World Labour Report 1995*. Geneva.

———. Various years. *Yearbook of Labor Statistics*. Geneva.

INTELSAT. Various years. *International Telecommunications Satellite Report*. Washington, D.C.

Jackman, Richard, and Michal Rutkowski. 1994. "Labor Markets: Wages and Employment." In Nicholas Barr, ed., *Labor Markets and Social Policy in Central and Eastern Europe: The Transition and Beyond*. New York: Oxford University Press.

Jacobson, Louis. 1994. Evaluating Policy Resources Aimed at Reducing the Costs to Workers of Increased Import Competition." Paper presented at the conference on "Imports, Exports and the American Worker," Brookings Institution, Washington, D.C., February 2–3.

Jacoby, H., and E. Skoufias. 1994. "Risk, Financial Markets and Human Capital in a Developing Country." World Bank, Policy Research Department, Washington, D.C.

Jimeno, Juan F., and Luis Toharia. 1994. "Unemployment and Labour Market Flexibility: The Case of Spain." Geneva: International Labour Office.

———. 1993. "Spanish Labor Markets: Institutions and Outcomes." In J. Hartog and J. Theemuwes, eds., *Labor Market Contracts and Institutions: A Cross-National Comparison*. Amsterdam: North-Holland.

Johnson, G. E. 1971. "The Determination of Individual Hourly Earnings in Urban Kenya." Intitute for Development Studies, Discussion Paper No. 115. University of Nairobi.

Johnson, Terry R., Katherine P. Dickinson, and Richard W. West. 1985. "An Evaluation of the Impact of ES Referrals on Applicant Earnings." *Journal of Human Resources* 20 (Winter): 117–37.

Joshi, Vijay, and I. M. D. Little. 1994. *India: Macroeconomics and Political Economy 1964–91*. A World Bank Comparative Macroeconomic Study. Washington, D.C.

Katz, Harry C., Sarosh Kuruvilla, and Lowell Turner. 1993. "Trade Unions and Collective Bargaining." Policy Research Working Paper No. 1099. World Bank, Education and Social Policy Department, Washington, D.C.

Kaufman, Bruce E. 1991. *The Economics of Labor Markets*, 3d ed. Chicago, Ill.: Dryden Press.

Kelley, Allen C. 1994 "The Consequences of Rapid Population Growth on Human Resource Development: The Case of Education." In Dennis A. Ahlburg, Allen C. Kelley, and Karen Oppenheim Mason, eds., *The Impacts of Population Growth in Developing Countries*. Berlin: Springer-Verlag.

Khandker, Shahidur R. 1991. "Labor Market Participation, Returns to Education, and Male-Female Wage Differences in Peru." In Barbara Herz and Shahidur R. Khandker, eds., *Women's Work, Education, and Family Welfare in Peru*. World Bank Discussion Paper No. 116. Washington, D.C.

King, Elizabeth M., and M. Anne Hill. 1993. *Women's Education in Developing Countries: Barriers, Benefits, and Policies*. Baltimore, Md.: Johns Hopkins University Press.

Knight, J. B., and Richard H. Sabot. 1987. "Educational Expasion, Government Policy and Wage Compression." *Journal of Development Economics* 26 (August): 201–21.

Kornai, János. 1992. *The Socialist System: The Political Economy of Communism*. Princeton, N.J.: Princeton University Press.

———. 1995. *Highways and Byways: Studies on Reform and Postcommunist Transition*. Cambridge, Mass.: MIT Press.

Kraay, Aart, and Caroline van Rijckeghem. 1994. "Employment and Wages in the Public Sector—A Cross-Country Study." International Monetary Fund, Fiscal Affairs Department, Washington, D.C.

Krause, Lawrence B., and Fun-Koo Park, eds. 1993. *Social Issues in Korea: Korean and American Perspectives*. Seoul: Korea Development Institute.

Krueger, Alan B. 1994. "The Effect of the Minimum Wage When It Really Bites: A Reexamination of the Evidence from Puerto Rico." NBER Working Paper No. 4757. National Bureau of Economic Research, Cambridge, Mass.

Krueger, Alan B., and Lawrence H. Summers. 1987. "Reflections on the Inter-Industry Wage Structure." In Kevin Lang and Jonathan S. Leonard, eds., *Unemployment and the Structure of Labor Markets*. New York: Basil Blackwell.

Krueger, Anne O. 1978. "Foreign Trade Regimes and Economic Development: Liberalization Attempts and Consequences." NBER Working Paper. National Bureau of Economic Research, Cambridge, Mass.

———. 1983. *Trade and Employment in Developing Countries*. Volume 3: Synthesis. Chicago, Ill.: University of Chicago Press.

Krugman, Paul, and Robert Lawrence. 1993. "Trade, Jobs and Wages." NBER Working Paper No. 4478. National Bureau of Economic Research, Cambridge, Mass.

Krumm, Kathie, Branko Milanovic, and Michael Walton. 1994. "Transfers and the Transition from Socialism: Key Tradeoffs." Policy Research Working Paper No. 1380. World Bank, Europe and Central Asia Regional Office, Washington, D.C.

Kwong, Peter. 1994. "China's Human Traffickers." *The Nation*. October 17: 422–25.

Laboj, Elmer. 1988. "Occupational Health and Hazards in the Philippines." *Labour, Capital, and Society* (Special issue on health and safety) 21 (November): 294–306.

Lalonde, Robert S. 1992. "The Earnings Impact of U.S. Employment and Training Programs." University of Chicago, Department of Economics, Chicago, Ill.

Landell-Mills, Pierre, and Ismaïl Serageldin. 1992. "Governance and the External Factor." *Proceedings of the World Bank Annual Bank Conference on Development Economics 1991*. Washington, D.C.

Larraín, Felipe, and Marcelo Selowsky, eds. 1991. *The Public Sector and the Latin American Crisis*. San Francisco, Calif.: Institute for Contemporary Studies Press.

Lawrence, Robert Z. 1994. "Trade, Multinationals, and Labor." NBER Working Paper No. 4836. National Bureau of Economic Research, Cambridge, Mass.

Lawrence, Robert, and Mathew Slaughter. 1993. "International Trade and American Wages in the 1980s: Giant Sucking Sound or Small Hiccup?" *Brookings Papers on Economic Activity: Microeconomics* 2: 161–226.

Lazear, Edward. 1990. "Job Security Provisions and Employment." *Quarterly Journal of Economics* 105 (August): 699–726.

Lee, Joung-Woo, and Sang-Sup Nam. 1994. "The Effect of Labor Unions on the Wage Dispersion in Korea." *Korean Economic Journal* 41 (3): 251–77 (in Korean).

Leigh, Duane E. 1992. "Retraining Displaced Workers: What Can Developing Countries Learn from OECD Nations?" Policy Research Working Paper No. 946. World Bank, Population and Human Resources Department, Washington, D.C.

Leonard, Jonathan S. 1984a. "The Impact of Affirmative Action on Employment." *Journal of Labor Economics* 2 (October): 439–63.

———. 1984b. "Employment and Occupational Advances Under Affirmative Action." *Review of Economics and Statistics* 66 (August): 377–85.

———. 1989. "Women and Affirmative Action." *Journal of Economic Perspectives* 3 (1).

Levine, Ross, and David Renelt. 1992. "A Sensitivity Analysis of Cross-Country Growth Regressions." *American Economic Review* 82 (September): 942–63.

Levy, Victor. 1985. "Cropping Pattern, Mechanization, Child Labor, and Fertility Behavior in a Farming Economy: Rural Egypt." *Economic Development and Cultural Change* 33 (July): 777–91.

Lin, Justin Y. 1994. "The Nature and Impact of Hybrid Rice in China." In Cristina C. David and Keijiro Otsuka, eds., *Modern Rice Technology and Income Distribution in Asia*. Boulder, Colo.: Lynne Rienner Publishers.

Lindauer, David L., O. A. Meesook, and Parita Suebsaeng. 1988. "Government Wage Policy in Africa: Some Findings and Policy Issues." *World Bank Research Observer* 3 (1; January): 1–25.

Lindauer, David L., and Barbara Nunberg, eds. 1994. *Rehabilitation Government: Pay and Employment Reform in Africa*. A World Bank Regional and Sectoral Study. Washington, D.C.

Lindauer, David L., and Michael Roemer, eds. 1994. *Asia and Africa: Legacies and Opportunities in Development*. San Francisco, Calif.: Institute for Contemporary Studies Press.

Lindauer, David L., and Richard Sabot. 1983. "The Public/Private Wage Differential in a Poor Urban Economy." *Journal of Development Economics* 12 (Feb./Apr.): 137–52.

Lipsey, Robert. 1994. "Outward Direct Investment and the U.S. Economy." NBER Working Paper No. 4691. National Bureau of Economic Research, Cambridge, Mass.

Lustig, Nora. 1992. *Mexico: The Remaking of an Economy*. Washington, D.C.: Brookings Institution.

Lynch, Lisa M., ed. 1994. *Training and The Private Sector*. Chicago, Ill.: University of Chicago Press.

Maddison, Angus. 1982. *Phases of Capitalist Development*. New York: Oxford University Press.

———. 1989. *The World Economy in the 20th Century*. Development Centre Studies. Paris: OECD.

Malaysia (Jabatan Perangkaan). Various years. *Rubber Statistics Handbook*. Kuala Lumpur.

Mankiw, N. Gregory, David Romer, and David N. Weil. 1992. "A Contribution to the Empirics of Economic Growth." *Quarterly Journal of Economics* 107 (May): 407–37.

Manning, Chris. 1993. "Structural Change and Industrial Relations during the Soeharto Period: An Approaching Crisis." *Bulletin of Indonesian Economic Studies* 29 (2): 59–95.

Marshall, Adrian. 1991. "The Impact of Labor Law on Employment Practices: Temporary and Part-Time Employment in Argentina and Peru." ILO DP/38. Labor Market Program, International Labour Office, Geneva.

Martin, Denis-Constant. 1991. "The Cultural Dimensions of Governance." *Proceedings of the World Bank Annual Conference on Development Economics 1991*. Washington, D.C.

Massey, Douglas S. 1990. "The Social and Economic Origins of Immigration." *Annals of the American Academy of Political and Social Science* 510 (July): 60–72.

Massey, Douglas S., Joaquin Arango, Graeme Hugo, Ali Kouaouci, Adela Pellegrino, and J. Edward Taylor. 1993. "Theories of International Migration: A Review and Appraisal." *Population and Development Review* 19 (3): 431–66.

Mazumdar, Dipak. 1989. "Microeconomic Issues of Labor Markets in Developing Countries: Analysis and Policy Implications." EDI Seminar Paper No. 40. World Bank, Washington, D.C.

———. 1994. "Wages in Africa." World Bank, Office of the Chief Economist, Africa Regional Office, Washington, D.C.

McCoy, Jennifer. 1989. "Labor and the State in a Party-Mediated Democracy: Institutional Change in Venezuela." *Latin American Research Review* 24 (2): 35–67.

McKinnon, Ronald I. 1994. *Gradual versus Rapid Liberalization in Socialist Economies: Financial Policies in China and Russia Compared*. San Francisco, Calif.: Institute for Contemporary Studies Press.

McKinsey Global Institute. 1994. *The Global Capital Market: Supply, Demand, Pricing, and Allocation*. Washington, D.C.

Micklewright, John, and Gyula Nagy. 1995. "Unemployment Insurance and Incentives in Hungary." *Centre for Economic Policy Research Discussion Paper Series* 1118 (January): 1–42.

Middleton, John, Arvil Van Adams, and Adrian Ziderman. 1993. *Skills for Productivity: Vocational Education and Training in Developing Countries*. New York: Oxford University Press.

Milanovic, Branko. 1994. "Poverty in Transition." World Bank, Policy Research Department, Washington, D.C.

———. 1995. "Poverty, Inequality and Social Policy in Transition Economies." World Bank, Policy Research Department, Washington, D.C.

Moll, P. G. 1993. "Black South African Unions: Relative Wage Effects in International Perspective." *Industrial and Labor Relations Review* 46 (2).

Mondal, Abdul Hye. 1992. "Trade Unionism, Wages and Labour Productivity in the Manufacturing Sector of Bangladesh." Research Report No. 133. Bangladesh Institute of Development Studies, Dhaka.

Montiel, Peter J. 1993. "Capital Mobility in Developing Countries: Some Measurement Issues and Empirical Estimates." Policy Research Working Paper No. 1103. World Bank, International Economics Department, Washington, D.C. Reprinted in *World Bank Economic Review* 8(3): 311–50.

Morrisson, Christian, Henri-Bernard Solignac Lecomte, and Xavier Oudin. 1994. *Micro-Enterprises and the Institutional Framework in Developing Countries*. Paris: OECD Development Centre.

Moser, Caroline. 1994."Poverty and Vulnerability in Chawama, Lusaka, Zambia 1978–1992." World Bank, Transportation, Water, and Urban Development Department, Washington, D.C.

Moser, Caroline, Cathy McIlwaine, Helen Garcia, and Cecilia Zanetta. 1994. "Poverty and Vulnerability in Guayaquil, Ecuador." World Bank, Transportation, Water, and Urban Development Department, Washington, D.C.

Neal, Larry. 1985. "Integration of International Capital Markets: Quantitative Evidence from the Eighteenth to Twentieth Centuries." *Journal of Economic History* 45 (2): 219–26.

Nehru, Vikram, and Ashok Dhareshwar. 1991. "A New Database on Physical Capital Stock: Sources, Methodology and Results." *Revista de Analisis Económico* 8 (1): 37–59.

Nehru, Vikram, Eric Swanson, and Ashutosh Dubey. 1993. "A New Database on Human Capital Stock: Sources, Methodology and Results." Policy Research Working Paper No. 1124. World Bank, Washington, D.C.

Nelson, Joan M. 1994. "Organized Labor, Politics, and Labor Market Flexibility in Developing Countries." In Susan Horton, Ravi Kanbur, and Dipak Mazumdar, eds., *Labor Markets in an Era of Adjustment*. Volume 1: Issues Papers. EDI Development Studies, Washington, D.C.: World Bank.

Neven, Damien, and Charles Wyplosz. 1994. "Trade and European Labor Markets." University of Lausanne, Department of Economics, Lausanne, Switzerland.

Newell, Andrew, and Barry Reilly. 1995. "The Gender Wage Gap in Russia." Paper presented at seminar on "Gender in Transition." Bucharest, Romania.

*New York Times*. 1993. "102 Dead in Thai Factory Fire: Higher Toll Seen." May 11, p. 3.

Nichols, Martha. 1993. "Third-World Families at Work: Child Labor or Child Care?" *Harvard Business Review*.

Nunberg, Barbara. 1993. "Public Sector Pay and Employment Reform: A Review of World Bank Experience." World Bank Discussion Paper 68. Washington, D.C.

Oaxaca, R. L. 1973. "Male-Female Wage Differences in Urban Labor Markets." *International Economic Review* 14 (1): 693–701.

OECD (Organization for Economic Cooperation and Development). 1993. "Active Labour Market Policies: Assessing Macroeconomic and Microeconomic Effects." Paris.

———. 1994a. *The Jobs Study—Facts, Analysis, Strategies*. Paris.

———. 1994b. "Review of the Labour Market in the Czech Republic." Paris.

O'Leary, Christopher J. 1995. "An Impact Analysis of Employment Programs in Hungary." Staff Working Paper No. 95-30. W. E. Upjohn Institute for Employment Research, Kalamazoo, Mich.

Oomen, Joep. 1992. "Hill Tribes in Thailand: Victims of Development?" *International Work Group for Indigenous Affairs Newsletter* 4 (Oct.–Dec.): 38–40.

Orazem, Peter F., and Milan Vodopivec. 1994. "Winners and Losers in Transition: Returns to Education, Experience, and Gender in Slovenia." Policy Research Working Paper No. 1342. World Bank, Washington, D.C. Reprinted in *World Bank Economic Review* 9(2): 201–30.

Orr, Larry L., Howard S. Bloom, Stephen H. Bell, Winston Lin, George Cave, and Fred Doolitle. 1994. "The National JTPA Study: Impacts, Benefits, and Costs of Title II-A." A Report to the U.S. Department of Labor. ABT Associates, Inc., Bethesda, Md.

Overbeek, Henk. 1994. "Globalisation and the Restructuring of the European Labor Market: The Role of Migration." Department of International Relations, University of Amsterdam.

Panagides, Alexis, and Harry Anthony Patrinos. 1994. "Union-Nonunion Wage Differentials in the Developing World: A Case Study of Mexico." Policy Research Working Paper No. 1269. World Bank, Education and Social Policy Department, Washington, D.C.

Park, Young-Bum. 1991. "Union/Minimum Wage Differentials in the Korean Manufacturing Sector." *International Economic Journal* 5(4).

Park, Young-Bum, David R. Ross, and Richard Sabot. 1992. "Educational Expansion and the Inequality of Pay in Brazil and Korea." International Food Policy Research Institute, Washington, D.C.

Patrinos, Harry Anthony. 1994. "The Costs of Discrimination in Latin America." World Bank, Education and Social Policy Department, Washington, D.C.

Patrinos, Harry Anthony, and George Psacharopoulos. 1995. "Schooling and Non-Schooling Activities of Peruvian Youth: Indigenous Background, Family Composition and Child Labor." World Bank, Education and Social Policy Department, Washington, D.C.

Pencavel, John. 1991. *Labor Markets under Trade Unionism: Employment, Wages, and Hours*. Cambridge, Mass.: Basil Blackwell.

Pinstrup-Andersen, Per, Susan Burger, Jean-Pierre Habicht, and Karen Peterson. 1993. "Protein-Energy Malnutrition." In Dean Jamison and others, eds., *Disease Control Priorities in Developing Countries*. New York: Oxford University Press.

Pollitt, Ernesto, Kathleen S. Gorman, Patrice L. Engle, Juan A. Rivera, and Reynaldo Martorell. 1995. "Nutrition in Early Life and the Fulfillment of Intellectual Potential." *Journal of Nutrition* 125 (4S): 1111S–1118S.

Pritchett, Lant. 1994. "Population, Factor Accumulation, and Productivity." World Bank, Policy Research Department, Washington, D.C.

Psacharopoulos, George, Samuel Morley, Ariel Fiszbein, Haeduck Lee, and Bill Wood. 1993. "Poverty and Income Distribution in Latin America: The Story of the 1980s." Regional Studies Program, Report No. 27. World Bank, Latin America and the Caribbean Technical Department, Washington, D.C.

Psacharopoulos, George, and Harry Anthony Patrinos, eds. 1994. *Indigenous People and Poverty in Latin America: An Empirical Analysis*. A World Bank Regional and Sectoral Study. Washington, D.C.

Psacharopoulos, George, and P. Zafiris Tzannatos, eds. 1992. *Women's Employment and Pay in Latin America: Overview and Methodology*. A World Bank Regional and Sectoral Study. Washington, D.C.

Pujol, Thierry. 1994. "Unemployment Duration and the Welfare Impact of Unemployment Benefits." International Monetary Fund, Washington, D.C.

Quah, Danny. 1994. "Empirics for Economic Growth and Convergence." *Centre for Economic Policy Research Discussion Paper Series* 954 (May): 1–50.

Rama, Martin. 1994. "Flexibility in Sri Lanka's Labor Market." Policy Research Working Paper No. 1262. World Bank, Policy Research Department, Washington, D.C.

Rama, Martin, and Guido Tabellini. 1995. "Endogenous Distortions in Product and Labor Markets." World Bank, Poverty and Human Resources Division, Washington, D.C.

Razin, Assaf, and Efraim Sadka. 1994. *Population Economics.* Cambridge, Mass.: MIT Press.

Rees, Albert. 1989. *The Economics of Trade Unions*, 3d ed. Chicago, Ill.: University of Chicago Press.

Reid, Gary. 1992. "Civil Service Reform in Latin America: Lessons from Experience." LATPS Occasional Paper Series. World Bank, Latin America and the Caribbean Region Technical Department, Washington, D.C.

Reid, Gary J., and Graham Scott. 1994. "Public Sector Human Resource Management: Experience in Latin America and the Caribbean and Strategies for Reform." Report No. 12839. World Bank, Latin America and the Caribbean Region Technical Department, Washington, D.C.

Republic of Korea. 1987. *Yearbook of Labor Statistics.* Seoul: Ministry of Labor.

———. Various years. *Report on Mining and Manufacturing Survey.* Seoul: National Statistical Office.

Republic of Uganda. 1982. *Report of the Public Service Salaries Review Commission 1980–82.* Kampala.

Revenga, Ana. 1994. "Employment and Wage Effects of Trade Liberalization: The Case of Mexican Manufacturing." Paper presented at the World Bank Labor Markets Workshop, Washington, D.C., July 6–8.

Revenga, Ana, and Claudio Montenegro. 1995. "North American Integration and Factor Price Equalization: Is There Evidence of Wage Convergence between Mexico and the U.S.?" Paper prepared for the conference on "Imports, Exports, and the American Worker," Brookings Institution, Washington, D.C., February 2–3.

Revenga, Ana, and Michelle Riboud. 1993. "Unemployment in Mexico: Its Characteristics and Determinants." Policy Research Working Paper No. 1230. World Bank, Latin America and Caribbean Country Department II, Washington, D.C.

Revenga, Ana, Michelle Riboud, and Hong Tan. 1994. "The Impact of Mexico's Retraining Program on Employment and Wages." *World Bank Economic Review* 8 (2): 247–77.

Rivera-Batiz, T. L. 1985. "Child Pattern and Legislation in Relation to Fertility." Indiana University, Department of Economics, Bloomington, Ind.

Riveros, Luis A. 1994. "Chile." In Susan Horton, Ravi Kanbur, and Dipak Mazumdar, eds., *Labor Markets in an Era of Adjustment.* Volume 2: Case Studies. EDI Development Studies. Washington, D.C.: World Bank.

Robbins, Donald J. 1994. "Worsening Relative Wage Dispersion in Chile During Trade Liberalization, and Its Causes: Is Supply at Fault?" *Harvard Institute for International Development Discussion Papers* 1 (April): 60.

Roberts, Mark J. Forthcoming. "Employment Flows and Producer Turnover in Three Developing Countries." In Mark J. Roberts and James R. Tybout, eds., *Producer Heterogeneity and Performance in Semi-Industrialized Countries.*

Rodgers, Gerry, and Guy Standing, eds. 1981. *Child Work, Poverty and Underdevelopment.* Geneva: International Labour Office.

Rodriguez, Edgar, and Susan Horton. 1994. "International Return Migration and Remittances in the Philippines." University of Toronto, Department of Economics, Toronto.

Rodrik, Dani. 1992. "Political Economy and Development Policy." *European Economic Review* 36 (April): 329–36.

———. 1994. "Developing Countries After the Uruguay Round." Columbia University, Department of Economics, New York.

Rosenzweig, Mark R. 1981. "Household and Nonhousehold Activities of Youths: Issues of Modeling, Data and Estimation Strategies." In Gerry Rodgers and Guy Standing, eds., *Child Work, Poverty and Underdevelopment."* Geneva: International Labour Office.

Rosenzweig, Mark R., and R. Evenson. 1977. "Fertility, Schooling, and the Economic Contribution of Children in Rural India: An Economic Analysis." *Econometrica* 45 (5).

Rostowski, Jacek. 1994. "Labour Markets and Wages Policies During Economic Transition." Center for Social and Economic Research, Warsaw.

Russell, Sharon Stanton, and Michael S. Teitelbaum. 1992. "International Migration and International Trade." World Bank Discussion Paper No. 160. Washington, D.C.

Rutkowski, Jan. 1993. "Wage Determination in Historically Planned Economies: The Case of Poland." Centre for Economic Performance Discussion Paper No. 164. London School of Economics, London.

———. 1994. "Labor Market Transition and Changes in the Wage Structure: The Case of Poland." Polish Policy Research Group Discussion Paper No. 32. Warsaw University, Warsaw.

Rutkowski, Michal. 1990. "Labour Hoarding and Future Open Unemployment in Eastern Europe: The Case of Polish Industry." Centre for Economic Performance Discussion Paper No. 6. London School of Economics, London.

Sachs, Jeffrey D., and Howard J. Shatz. 1994. "Trade and Jobs in U.S. Manufacturing." *Brookings Papers on Economic Activity* 1: 1–84.

Sachs, Jeffrey D., and Wing Thye Woo. 1994. "Experiences in the Transition to a Market Economy." *Journal of Comparative Economics* 18 (June): 271–75.

Salazar, M. C. 1988. "Child Labor in Colombia: Bogotá's Quarries and Brickyards." In Assefa Bekele and Jo Boyden, eds., *Combating Child Labor.* Geneva: International Labour Office.

Scarpetta, Stefano. 1994. "Spatial Variations in Unemployment in Central and Eastern Europe: Underlying Reasons and Labour Market Policy Options." Paper presented at the technical workshop on "Regional Unemployment in Central and Eastern Europe," Organization for Economic Cooperation and Development, Institute for Advanced Studies, Vienna, Austria, November 3–5.

Schadler, Susan, Maria Carkovic, Adam Bennet, and Robert Kahn. 1993. "Recent Experiences with Surges in Capital Inflows." International Monetary Fund Occasional Paper No. 108. Washington, D.C.

Schaffner, Julie Anderson. 1993. "Rural Labor Legislation and Permanent Agricultural Employment in Northeastern Brazil." *World Development* 21(5): 705–19.

Schiff, Maurice, and Alberto Valdes. 1992. *The Plundering of Agriculture in Developing Countries.* Washington, D.C.: World Bank.

Schmidt-Hebbel, Klaus, Luis Servén, and Andrés Solimano. 1994. "Saving, Investment and Growth in Developing Countries: An Overview." Policy Research Working Paper No. 1382. World Bank, Policy Research Department, Washington, D.C. Forthcoming in *World Bank Research Observer.*

Schultz, T. Paul. 1990. "Women's Changing Participation in the Labor Force: A World Perspective." *Economic Development and Cultural Change* 38 (April): 457–88.

———. 1993. "Investments in the Schooling and Health of Women and Men." *Journal of Human Resources* 28 (4): 694–734.

———. 1994. "Integrated Approaches to Human Resources Development." Human Resources Development and Operation Policy Working Paper No. 44. World Bank, Washington, D.C.

Sen, Binayak. 1994. "Adjustment, Poverty and Inequality: Insights from a Cross-Country Analysis with Household Expenditure Survey Data." World Bank, Operations Evaluation Department, Washington, D.C.

Siddiqi, Faraaz, and Harry Anthony Patrinos. 1994. "Child Labor: Issues, Causes and Interventions." World Bank, Washington, D.C.

Sipós, Sándor. 1994. "Income Transfer: Family Support and Poverty Relief." In Nicholas Barr, ed., *Labor Markets and Social Policy in Central and Eastern Europe.* New York: Oxford University Press.

Smith, James, and Finnis Welch. 1984. "Affirmative Action and Labor Markets." *Journal of Labor Economics* April (2).

Sohlman, Asa, and David Turnham. 1994. "What Can Developing Countries Learn from OECD Labour Market Programmes and Policies?" OECD Technical Paper No. 9. Organization for Economic Cooperation and Development, Paris.

Solow, R. M. 1980. "On Theories of Unemployment." *American Economic Review* 70 (1).

Stalker, Peter. 1994. *The Work of Strangers: A Survey of International Labour Migration.* Geneva: International Labour Office.

Standing, Guy. 1989. "The Growth of External Labor Flexibility in a Nascent NIC: A Malaysian Labor Flexibility Survey." ILO Working Paper 35. International Labour Office, Geneva.

———. 1992. "Do Unions Impede or Accelerate Structural Adjustment? Industrial Versus Company Unions in an Industrialising Labour Market." *Cambridge Journal of Economics* 16 (Sept.): 327–54.

Stark, Oded. 1991. *The Migration of Labor.* Cambridge, Mass.: Basil Blackwell.

*Statistical Yearbook for Poland.* 1993. Warsaw: Central Statistical Office (in Polish).

Stolper, Wolfgang, and Paul A. Samuelson. 1941. "Protection and Real Wages." *Review of Economic Studies* 9: 58–73.

Sugeno, Kazuo. 1994. "Unions as Social Institutions in Democratic Market Economies." *International Labour Review* 133 (4): 511–22.

Summers, Robert, and Alan Heston. 1991. "The Penn World Table (Mark 5): An Expanded Set of International Comparisons, 1950–1988." *Quarterly Journal of Economics* 106 (May): 327–68.

Svejnar, Jan, and Katherine Terrell. 1991. "Reducing Labor Redundancy in State-Owned Enterprises." Policy Research Working Paper No. 792. World Bank, Insfrastructure and Urban Development Department, Washington, D.C.

Syrquin, Moshe, and Hollis B. Chenery. 1989. *Patterns of Development, 1950 to 1983.* World Bank Discussion Paper No. 41. Washington, D.C.

Teal, Francis. 1994. "The Size and Sources of Economic Rents in a Developing Country Manufacturing Labor Market." St. John's College, Oxford, Center for the Study of African Economics, Oxford, U.K.

Terrell, Katherine. 1993. "Public-Private Wage Differentials in Haiti: Do Public Servants Earn a Rent?" *Journal of Development Economics* 42.

Tilak, Jandhyala B. G. 1989. *Education and Its Relation to Economic Growth, Poverty, and Income Distribution: Past Evidence and Further Analysis.* World Bank Discussion Paper No. 46. Washington, D.C.

Topel, Robert, and Finnis Welch. 1980. "Unemployment Insurance: Survey and Extensions." *Economica* 47: 351–79.

Topel, Robert, Anat Levy, and Martin Rama. 1994. "A Labor Market Cross-Country Database." Paper presented at the Labor Markets in Developing Countries Workshop, World Bank, Washington, D.C., July 6–8.

Turnham, David. 1993. *Employment and Development: A New Review of Evidence.* Paris: OECD.

Tzannatos, P. Zafiris. 1994. "Reverse Discrimination in Higher Education: A Framework of Analysis and Country Experience." World Bank, Education and Social Policy Department, Washington, D.C.

———. 1995. "Economic Growth and Gender Equity in the Labor Market." World Bank, Education and Social Policy Department, Washington, D.C.

UNDP (United Nations Development Programme). 1990. *Human Development Report 1990.* New York: Oxford University Press.

UNIDO (United Nations Industrial Development Organization). Various years. *Industrial Statistics Yearbook.* New York: United Nations.

Union Bank of Switzerland. 1994. *Prices and Earnings Around the Globe.* Zurich.

United Nations. 1994a. "Transnational Corporations, Employment and the Workplace." *World Investment Report.* New York and Geneva.

———. 1994b. "Trends in Total Migrant Stock." Department of Economic and Social Information and Policy Analysis, New York.

U.S. Department of Labor. 1994. *Proceedings of the Labor Department Symposium on International Labor Standards*, Yale University, April 25, New Haven, Conn.

van der Gaag, Jacob, Morton Stelcner, and Wim Vijverberg. 1989. "Wage Differentials and Moonlighting by Civil Servants: Evidence from Côte d'Ivoire and Peru." *World Bank Economic Review* 3 (1; January): 67–95.

Velenchik, Ann D. Forthcoming. "Apprenticeship Contracts, Small Enterprises and Credit Markets in Africa." *World Bank Economic Review.*

Viscusi, W. K. 1986. "The Impact of Occupational Safety and Health Regulation 1973–83." *Journal of Economics* 17 (4).

Von Braun, Joachim. 1994. "Employment for Poverty Reduction and Food Security." International Food Policy Research Institute, Washington, D.C.

Wade, Robert. 1994. "Organizational Determinants of a 'High-Quality Civil Service': Bureaucratic and Technological Incentives in Canal Irrigation in India and Korea." Sussex University, Institute of Development Studies, Brighton, U.K.

Weil, David. 1991. "Enforcing OSHA: The Role of Labor Unions." *Industrial Relations* 30 (1; Winter): 20–36.

Wilson, Sandra, and Arvil V. Adams. 1994. "Promotion of Self-Employment for the Unemployed: Experience in OECD and Transitional Economies." World Bank, Education and Social Policy Department, Washington, D.C.

Wood, Adrian. 1994a. *North-South Trade, Employment and Inequality: Changing Fortunes in a Skill-Driven World.* Oxford, U.K.: Clarendon Press.

———. 1994b. "Skill, Land, and Trade: A Simple Analytical Framework." Working Paper No. 1. Institute of Development Studies, University of Sussex, Brighton, U.K.

Wood, Adrian, and Kersti Berge. 1994. "Export Manufactures: Trade Policy or Human Resources?" Institute of Development Studies Working Paper No. 4. University of Sussex, Brighton, U.K.

World Bank. 1990. *World Development Report 1990: Poverty.* New York: Oxford University Press.

———. 1991. *Vocational and Technical Education and Training.* A World Bank Policy Paper. Washington, D.C.

———. 1992a. *Global Economic Prospects and the Developing Countries.* Washington, D.C.

———. 1992b. *Poverty Reduction Handbook.* Washington, D.C.

———. 1992c. *World Development Report.* New York: Oxford University Press.

———. 1993. *The East Asian Miracle: Economic Growth and Public Policy.* A World Bank Policy Research Report. New York: Oxford University Press.

———. 1994a. *Adjustment in Africa: Reforms, Results, and the Road Ahead.* A World Bank Policy Research Report. New York: Oxford University Press.

———. 1994b. *Averting the Old Age Crisis: Policies to Protect the Old and Promote Growth.* A World Bank Policy Research Report. New York: Oxford University Press.

———. 1994c. "Mexico: Second Decentralization and Regional Development Report." Staff Appraisal Report No. 13032-ME. World Bank, Latin America and Caribbean Regional Office, Washington, D.C.

———. 1994d. *Population and Development: Implications for the World Bank.* Development in Practice Series. Washington, D.C.

———. 1994e. "Poverty in Poland." World Bank, Central Europe Department, Washington, D.C.

———. 1995a. "Priorities and Strategies for Education." A World Bank Sector Review. Education and Social Policy Department, Washington, D.C.

———. 1995b. *Social Indicators of Development 1995.* Baltimore, Md.: Johns Hopkins University Press.

———. Various years. *World Debt Tables.* Washington, D.C.

———. Various years. *World Tables.* Baltimore, Md.: Johns Hopkins University Press.

Zaytoun, Mohaya A. 1991. "Earnings and the Cost of Living: An Analysis of Recent Developments in the Egyptian Economy." In Heba Jandouss and Gillian Potters, eds., *Employment and Structural Adjustment: Egypt in the 1990s.* Cairo: American University in Cairo Press.

Zevin, Robert B. 1989. "Are World Financial Markets More Open? If So, Why and with What Effects?" WIDER Working Paper No. 75. World Institute for Development Economics Research, United Nations University, Helsinki.

Zimmermann, Klaus F. 1995. "European Migration: Push and Pull." *Proceedings of the World Bank Annual Bank Conference on Development Economics 1994.* Washington, D.C.

Zlotnik, Hania. 1993. "International Migration: Causes and Effects." In Laurie Ann Mazur, ed., *Beyond the Numbers: A Reader on Population, Consumption, and the Environment.* Covelo, Calif.: Island Press.

# ANHANG

# Internationale Arbeitsstatistiken

### Tabelle A-1  Arbeitskräfteangebot

Tabelle A-1 zeigt Angaben zum Arbeitskräfteangebot für Länder mit einer geschätzten Erwerbspersonenzahl von über 400.000 Personen. Die Angaben stammen von ILO 1986 und von ILO-Daten, die bis 1994 aktualisiert worden sind. Das Arbeitskräftepotential entspricht der von ILO ausgewiesenen wirtschaftlich aktiven Bevölkerung, abzüglich derjenigen, die zwischen zehn und vierzehn Jahre alt sind, sowie derjenigen, die über fünfundsechzig Jahre alt sind. ILO 1986 rechnet zur wirtschaftlich aktiven Bevölkerung alle Personen, die eine Beschäftigung ausüben (Arbeitgeber, Selbständige, Gehaltsempfänger, Lohnempfänger, unbezahlte mithelfende Familienangehörige, Mitglieder von Produktionsgenossenschaften und Mitglieder der Streitkräfte) sowie alle Arbeitslosen (sowohl diejenigen, die früher bereits einen Arbeitsplatz besaßen als auch diejenigen, die zum ersten Mal eine Arbeit suchen). Die Erwerbsquoten der Erwachsenen im erwerbsfähigen Alter (fünfzehn bis vierundsechzig Jahre alt) und der Jugendlichen (zehn bis neunzehn Jahre alt) sind der Prozentsatz der betreffenden Altersgruppe, der wirtschaftlich aktiv ist.

### Tabelle A-2  Struktur der Beschäftigten

Tabelle A-2 zeigt Angaben zur Struktur der Beschäftigten nach sechs Kategorien: Lohn- und nichtlohnabhängige Beschäftigung in jedem der drei Sektoren Landwirtschaft, Industrie und Dienstleistungen. Die Daten stammen hauptsächlich von der ILO (verschiedene Veröffentlichungen). Für China, Indien und Indonesien stammen die Angaben aus nationalen Quellen (staatliche statistische Ämter). Berücksichtigt sind alle Länder, für die Daten aus jedem Jahr seit 1980 vorliegen. Die ILO-Daten sind nach folgenden Sektoren zusammengefaßt worden: Landwirtschaft, Industrie (Bergbau sowie Steine und Erden, Verarbeitendes Gewerbe, Gaswirtschaft, Elektrizitäts- und Wasserwirtschaft sowie Bauwirtschaft), Dienstleistungen (Handel, Verkehrswesen, Bankwesen, kommerzielle Dienstleistungen und „nicht näher definierte" Dienste). Innerhalb eines jeden Sektors ist der Anteil, der von der ILO als Beschäftigte klassifiziert wird, der lohnabhängigen Beschäftigung zugerechnet worden. Die nichtlohnabhängige Beschäftigung umfaßt diejenigen, die als Arbeitgeber oder Selbständige, unbezahlte mithelfende Familienangehörige und als „nicht nach ihrem Status klassifizierbar" definiert sind.

### Tabelle A-3  Wachstum des BIP pro Kopf und Löhne

Tabelle A-3 zeigt die Daten, die dem Schaubild 2.2 zugrunde liegen. Da die Jahre, für welche die Löhne registriert sind, sich von Land zu Land und Industrie zu Industrie unterscheiden, ist jeder Lohnsteigerungsrate die Wachstumsrate des realen BIP pro Kopf in der entsprechenden Periode zugeordnet worden, und zwar auf der Grundlage einer von Nehru und Dhareshwar zusammengestellten Datenbasis (Nehru und Dhareshwar 1991). Die Löhne in der Landwirtschaft stammen generell aus nationalen Quellen. Die Löhne im Verarbeitenden Gewerbe entsprechen den Durchschnittsverdiensten im Verarbeitenden Gewerbe laut UNIDO (verschiedene Jahresveröffentlichungen). Die Lohndaten sind preisbereinigte Angaben, wobei IWF-Daten für den Verbraucherpreisindex verwendet worden sind (verschiedene Jahresveröffentlichungen).

### Tabelle A-4  Ratifizierung grundlegender ILO-Konventionen

Tabelle A-4 listet die Länder auf, die grundlegende ILO-Konventionen ratifiziert haben, und zwar bezüglich der Koalitionsfreiheit, Zwangsarbeit, Diskriminierung, Kinderarbeit und Beschäftigungspolitik. Der Abdruck der Angaben erfolgt mit Genehmigung der ILO.

## Tabelle A-1  Arbeitskräfteangebot

| | Erwerbspersonen im Jahr 1995 | | | | Erwerbsquote im Jahr 1995 (in %) | | | |
| | Tausend Arbeitnehmer im Alter von 15–64 Jahren | | Durchschnittliche jährliche Wachstumsrate (in %) | | 15–64 Jahre | | 10–19 Jahre | |
| Land | Männlich | Weiblich | 1965–1995 | 1995–2025 | Männlich | Weiblich | Männlich | Weiblich |
| --- | --- | --- | --- | --- | --- | --- | --- | --- |
| **Ostasien und der Pazifik** | | | | | | | | |
| China | 406.660 | 316.623 | 2,60 | 0,41 | 96 | 80 | 45 | 43 |
| Hongkong | 1.905 | 995 | 2,55 | –0,17 | 86 | 50 | 24 | 23 |
| Indonesien | 52.766 | 24.161 | 2,48 | 1,50 | 85 | 38 | 29 | 16 |
| Kambodscha | 2.319 | 1.395 | 1,32 | 2,28 | 95 | 50 | 31 | 36 |
| Korea, Demokr. Volksrep. | 5.945 | 5.140 | 2,61 | 1,65 | 75 | 65 | 21 | 21 |
| Korea, Republik | 12.413 | 6.505 | 2,48 | 0,55 | 76 | 41 | 14 | 16 |
| Laos | 1.228 | 981 | 2,00 | 2,54 | 98 | 76 | 41 | 37 |
| Malaysia | 5.365 | 3.004 | 3,49 | 2,01 | 91 | 52 | 20 | 13 |
| Mongolei | 630 | 526 | 2,81 | 2,63 | 89 | 75 | 31 | 26 |
| Myanmar | 12.529 | 6.983 | 2,33 | 1,90 | 93 | 51 | 38 | 32 |
| Papua-Neuguinea | 1.156 | 691 | 2,08 | 2,22 | 89 | 58 | 44 | 36 |
| Philippinen | 17.426 | 7.644 | 2,85 | 1,91 | 85 | 38 | 25 | 16 |
| * Singapur | 812 | 500 | 1,82 | .. | 84 | 53 | 15 | 15 |
| Thailand | 16.542 | 13.084 | 2,66 | 0,63 | 86 | 67 | 39 | 37 |
| Vietnam | 19.299 | 16.996 | 2,53 | 2,05 | 92 | 77 | 37 | 33 |
| **Europa und Zentralasien** | | | | | | | | |
| * Albanien | 908 | 623 | 2,78 | .. | 86 | 63 | 27 | 15 |
| * Armenien | 837 | 754 | 2,71 | .. | 79 | 69 | 13 | 12 |
| * Aserbaidschan | 1.670 | 1.278 | 2,23 | .. | 78 | 56 | 15 | 14 |
| * Bosnien-Herzegowina | 1.183 | 717 | 0,83 | .. | 79 | 47 | 12 | 9 |
| Bulgarien | 2.225 | 2.007 | 0,00 | –0,07 | 76 | 68 | 11 | 14 |
| Estland | 394 | 372 | 0,76 | 0,09 | 78 | 71 | 17 | 15 |
| * Georgien | 1.381 | 1.179 | 1,13 | .. | 80 | 64 | 14 | 13 |
| Griechenland | 2.711 | 1.021 | 0,56 | –0,03 | 79 | 30 | 21 | 11 |
| * Jugoslawien, Bundesrep. | 2.625 | 1.868 | 0,88 | .. | 77 | 55 | 12 | 9 |
| * Kasachstan | 4.192 | 3.608 | 2,30 | .. | 82 | 68 | 16 | 12 |
| * Kirgisistan | 962 | 827 | 2,41 | .. | 78 | 65 | 13 | 12 |
| * Kroatien | 1.177 | 874 | 0,54 | .. | 77 | 56 | 11 | 9 |
| Lettland | 660 | 631 | 0,62 | 0,02 | 79 | 71 | 17 | 15 |
| Litauen | 953 | 888 | 0,87 | 0,20 | 79 | 70 | 18 | 15 |
| * Mazedonien | 535 | 357 | 1,64 | .. | 78 | 53 | 11 | 9 |
| * Moldau | 1.081 | 1.025 | 1,13 | .. | 81 | 70 | 13 | 14 |
| Polen | 10.583 | 9.081 | 0,88 | 0,34 | 84 | 71 | 21 | 14 |
| Portugal | 2.736 | 1.616 | 1,03 | 0,08 | 84 | 48 | 38 | 21 |
| Rumänien | 6.112 | 5.373 | 0,43 | 0,42 | 78 | 69 | 20 | 18 |
| * Russische Föderation | 39.212 | 36.613 | 1,04 | .. | 82 | 72 | 15 | 12 |
| * Slowakei | 1.372 | 1.208 | 1,13 | .. | 82 | 71 | 17 | 16 |
| * Slowenien | 500 | 424 | 1,06 | .. | 77 | 65 | 13 | 10 |
| * Tadschikistan | 1.082 | 792 | 2,70 | .. | 78 | 56 | 14 | 15 |
| * Tschechische Republik | 2.784 | 2.530 | 0,54 | .. | 82 | 74 | 17 | 17 |
| Türkei | 17.067 | 8.856 | 2,36 | 1,65 | 87 | 48 | 37 | 26 |
| * Turkmenistan | 816 | 663 | 2,95 | .. | 81 | 64 | 17 | 16 |
| * Ukraine | 13.060 | 12.496 | 0,66 | .. | 80 | 70 | 14 | 13 |
| Ungarn | 2.878 | 2.398 | 0,34 | –0,15 | 82 | 67 | 31 | 24 |
| * Usbekistan | 4.240 | 3.644 | 2,83 | .. | 76 | 64 | 14 | 15 |
| * Weißrußland | 2.671 | 2.551 | 1,42 | .. | 82 | 73 | 13 | 12 |
| **Lateinamerika und die Karibik** | | | | | | | | |
| Argentinien | 8.472 | 3.442 | 1,25 | 1,28 | 80 | 32 | 25 | 13 |
| Bolivien | 1.734 | 589 | 2,37 | 2,36 | 78 | 25 | 26 | 12 |
| Brasilien | 41.470 | 16.551 | 2,90 | 1,31 | 82 | 33 | 31 | 14 |
| Chile | 3.682 | 1.508 | 2,37 | 1,11 | 83 | 33 | 13 | 6 |
| Costa Rica | 908 | 263 | 3,59 | 1,99 | 87 | 26 | 28 | 8 |
| Dominikanische Republik | 2.113 | 411 | 3,24 | 1,93 | 87 | 18 | 27 | 5 |
| Ecuador | 2.774 | 686 | 2,96 | 1,99 | 79 | 20 | 24 | 7 |
| El Salvador | 1.322 | 486 | 2,44 | 2,29 | 87 | 29 | 33 | 13 |
| Guatemala | 2.359 | 525 | 2,83 | 3,46 | 85 | 19 | 34 | 8 |

|  | Erwerbspersonen im Jahr 1995 | | | | Erwerbsquote im Jahr 1995 (in %) | | | |
|---|---|---|---|---|---|---|---|---|
|  | Tausend Arbeitnehmer im Alter von 15–64 Jahren | | Durchschnittliche jährliche Wachstumsrate (in %) | | 15–64 Jahre | | 10–19 Jahre | |
| Land | Männlich | Weiblich | 1965–1995 | 1995–2025 | Männlich | Weiblich | Männlich | Weiblich |
| Haiti | 1.536 | 1.059 | 1,12 | 2,07 | 79 | 51 | 33 | 29 |
| Honduras | 1.400 | 385 | 3,52 | 3,07 | 87 | 24 | 41 | 8 |
| Jamaika | 682 | 596 | 2,19 | 1,45 | 86 | 75 | 23 | 17 |
| Kolumbien | 8.788 | 2.553 | 2,72 | 1,52 | 81 | 23 | 18 | 9 |
| Kuba | 3.153 | 1.591 | 2,32 | 0,40 | 84 | 42 | 15 | 7 |
| Mexiko | 23.132 | 8.937 | 3,58 | 1,83 | 83 | 32 | 26 | 12 |
| Nicaragua | 942 | 384 | 3,48 | 3,33 | 88 | 32 | 32 | 12 |
| Panama | 691 | 276 | 2,90 | 1,62 | 83 | 34 | 22 | 8 |
| Paraguay | 1.257 | 328 | 3,27 | 2,49 | 89 | 24 | 36 | 10 |
| Peru | 5.656 | 1.833 | 2,80 | 2,16 | 78 | 26 | 17 | 9 |
| Puerto Rico | 867 | 365 | 1,75 | 0,93 | 75 | 29 | 13 | 4 |
| Trinidad und Tobago | 358 | 157 | 1,90 | 1,21 | 92 | 39 | 22 | 8 |
| Uruguay | 826 | 397 | 0,59 | 0,74 | 83 | 39 | 28 | 12 |
| Venezuela | 5.351 | 2.154 | 3,73 | 1,75 | 81 | 33 | 21 | 6 |
| **Naher Osten und Nordafrika** | | | | | | | | |
| Ägypten | 14.430 | 1.687 | 2,70 | 2,35 | 84 | 10 | 22 | 4 |
| Algerien | 5.926 | 676 | 3,06 | 3,32 | 76 | 8 | 15 | 3 |
| Iran, Islamische Rep. | 15.765 | 3.737 | 3,86 | 3,74 | 93 | 23 | 24 | 11 |
| Irak | 4.495 | 1.327 | 3,84 | 3,61 | 78 | 24 | 17 | 8 |
| Israel | 1.503 | 799 | 3,23 | 1,28 | 84 | 44 | 17 | 9 |
| Jemen | 2.877 | 419 | 2,52 | 4,25 | 90 | 12 | 36 | 8 |
| Jordanien | 954 | 123 | 2,82 | 3,90 | 72 | 10 | 18 | 2 |
| Kuwait | 439 | 114 | 4,03 | 1,90 | 94 | 25 | 16 | 3 |
| Libanon | 676 | 256 | 1,88 | 1,81 | 77 | 27 | 17 | 10 |
| Libyen | 1.177 | 132 | 3,95 | 3,88 | 79 | 10 | 15 | 3 |
| Marokko | 7.100 | 1.893 | 3,39 | 2,52 | 88 | 23 | 28 | 15 |
| Oman | 434 | 44 | 4,02 | 3,99 | 87 | 10 | 23 | 3 |
| Saudi-Arabien | 4.625 | 385 | 4,78 | 3,25 | 81 | 10 | 23 | 4 |
| Syrien | 2.911 | 634 | 3,69 | 4,46 | 79 | 17 | 18 | 10 |
| Tunesien | 2.237 | 747 | 3,26 | 1,90 | 83 | 28 | 25 | 14 |
| Vereinigte Arabische Emirate | 799 | 64 | 9,89 | 0,45 | 90 | 19 | 23 | 4 |
| **OECD-Länder mit hohem Einkommen** | | | | | | | | |
| Australien | 5.333 | 3.318 | 2,15 | 0,94 | 86 | 55 | 28 | 25 |
| Belgien | 2.760 | 1.393 | 0,59 | −0,44 | 82 | 42 | 12 | 11 |
| Dänemark | 1.589 | 1.294 | 0,99 | −0,36 | 89 | 75 | 34 | 26 |
| Deutschland | 24.381 | 15.493 | 0,52 | −0,31 | 87 | 57 | 27 | 24 |
| Finnland | 1.359 | 1.219 | 0,71 | −0,31 | 80 | 73 | 17 | 13 |
| Frankreich | 15.641 | 10.721 | 0,95 | −0,07 | 83 | 57 | 19 | 14 |
| Großbritannien | 17.290 | 10.941 | 0,45 | −0,04 | 91 | 59 | 28 | 25 |
| Irland | 920 | 397 | 0,90 | 0,36 | 82 | 36 | 22 | 17 |
| Italien | 15.653 | 7.469 | 0,45 | −0,41 | 79 | 37 | 26 | 20 |
| Japan | 36.799 | 23.025 | 0,83 | −0,35 | 84 | 53 | 10 | 10 |
| Kanada | 8.353 | 5.607 | 2,24 | 0,65 | 87 | 58 | 27 | 21 |
| Neuseeland | 1.040 | 571 | 1,67 | 0,49 | 89 | 49 | 27 | 23 |
| Niederlande | 4.497 | 1.976 | 1,38 | −0,06 | 83 | 38 | 11 | 13 |
| Norwegen | 1.280 | 930 | 1,48 | 0,19 | 90 | 68 | 20 | 17 |
| Österreich | 2.108 | 1.436 | 0,55 | .. | 80 | 55 | 28 | 24 |
| Spanien | 10.741 | 3.527 | 0,84 | 0,08 | 80 | 26 | 23 | 15 |
| Schweden | 2.538 | 2.066 | 1,04 | 0,02 | 89 | 75 | 19 | 18 |
| Schweiz | 2.176 | 1.233 | 0,92 | −0,06 | 91 | 53 | 27 | 25 |
| Vereinigte Staaten | 73.443 | 52.242 | 1,70 | 0,44 | 86 | 60 | 24 | 20 |
| **Südasien** | | | | | | | | |
| Afghanistan | 5.791 | 612 | 2,15 | 3,07 | 85 | 9 | 39 | 6 |
| Bangladesch | 31.458 | 2.723 | 2,57 | 2,75 | 84 | 8 | 45 | 4 |
| Bhutan | 468 | 207 | 1,96 | 2,64 | 96 | 43 | 54 | 38 |
| Indien | 260.802 | 83.502 | 2,09 | 1,61 | 90 | 31 | 30 | 16 |

*(Fortsetzung nächste Seite)*

## Tabelle A-1 *(Fortsetzung)*

| Land | Erwerbspersonen im Jahr 1995 | | | | Erwerbsquote im Jahr 1995 (in %) | | | |
|---|---|---|---|---|---|---|---|---|
| | Tausend Arbeitnehmer im Alter von 15–64 Jahren | | Durchschnittliche jährliche Wachstumsrate (in %) | | 15–64 Jahre | | 10–19 Jahre | |
| | Männlich | Weiblich | 1965–1995 | 1995–2025 | Männlich | Weiblich | Männlich | Weiblich |
| Nepal | 5.532 | 2.516 | 2,18 | 2,52 | 91 | 43 | 46 | 37 |
| Pakistan | 34.008 | 5.344 | 3,29 | 3,21 | 90 | 16 | 34 | 5 |
| Sri Lanka | 4.763 | 1.806 | 1,93 | 1,35 | 82 | 30 | 20 | 10 |
| **Afrika südlich der Sahara** | | | | | | | | |
| Äthiopien | 13.425 | 7.777 | 2,17 | 2,86 | 91 | 53 | 53 | 35 |
| Angola | 2.466 | 1.512 | 2,06 | 3,32 | 91 | 54 | 41 | 28 |
| Benin | 1.166 | 1.051 | 2,21 | 3,24 | 88 | 77 | 44 | 40 |
| Botsuana | 274 | 156 | 2,68 | 2,97 | 79 | 39 | 37 | 19 |
| Burkina Faso | 2.504 | 2.107 | 2,05 | 2,63 | 94 | 77 | 60 | 53 |
| Burundi | 1.487 | 1.316 | 1,81 | 2,93 | 96 | 79 | 62 | 54 |
| Côte d'Ivoire | 3.314 | 1.718 | 2,98 | 3,91 | 93 | 51 | 40 | 25 |
| Gabun | 310 | 181 | 2,71 | 2,72 | 78 | 45 | 30 | 23 |
| Ghana | 3.491 | 2.254 | 2,15 | 3,18 | 78 | 49 | 21 | 16 |
| Guinea | 1.616 | 991 | 1,77 | 2,84 | 96 | 59 | 51 | 34 |
| Guinea-Bissau | 259 | 169 | 1,87 | 2,10 | 91 | 57 | 51 | 35 |
| Kamerun | 2.999 | 1.431 | 2,09 | 3,10 | 87 | 41 | 43 | 20 |
| Kenia | 5.631 | 3.546 | 3,16 | 3,45 | 82 | 51 | 53 | 36 |
| Kongo | 560 | 364 | 2,53 | 3,32 | 88 | 53 | 29 | 18 |
| Lesotho | 468 | 339 | 1,96 | 2,27 | 89 | 60 | 47 | 15 |
| Liberia | 660 | 273 | 2,58 | 3,30 | 85 | 36 | 46 | 19 |
| Madagaskar | 3.242 | 2.023 | 2,34 | 3,27 | 90 | 55 | 48 | 33 |
| Malawi | 2.479 | 1.604 | 3,05 | 3,00 | 94 | 57 | 45 | 34 |
| Mali | 2.417 | 434 | 2,28 | 3,56 | 92 | 16 | 65 | 14 |
| Mauretanien | 506 | 158 | 4,68 | 3,16 | 85 | 26 | 39 | 13 |
| Mauritius | 322 | 120 | 2,46 | 0,74 | 85 | 31 | 28 | 8 |
| Mosambik | 3.877 | 3.381 | 1,79 | 2,92 | 93 | 78 | 51 | 47 |
| Namibia | 369 | 114 | 2,61 | 3,35 | 85 | 26 | 24 | 11 |
| Niger | 2.096 | 1.825 | 2,54 | 3,02 | 95 | 80 | 62 | 55 |
| Nigeria | 26.686 | 13.993 | 2,73 | 3,19 | 85 | 43 | 44 | 22 |
| Ruanda | 1.879 | 1.623 | 2,81 | 3,34 | 96 | 80 | 56 | 54 |
| Sambia | 1.997 | 867 | 3,11 | 3,45 | 89 | 36 | 36 | 22 |
| Senegal | 1.901 | 1.157 | 2,45 | 2,56 | 87 | 52 | 54 | 35 |
| Sierra Leone | 1.075 | 503 | 1,80 | 2,87 | 89 | 40 | 29 | 16 |
| Simbabwe | 2.464 | 1.257 | 2,74 | 2,66 | 82 | 41 | 45 | 28 |
| Somalia | 2.302 | 1.407 | 2,47 | 3,10 | 92 | 55 | 43 | 29 |
| Sudan | 6.630 | 2.045 | 2,87 | 3,42 | 87 | 27 | 38 | 9 |
| Südafrika | 9.275 | 5.250 | 2,56 | 2,40 | 75 | 42 | 16 | 12 |
| Tansania | 6.430 | 5.680 | 2,65 | 3,21 | 86 | 73 | 49 | 46 |
| Togo | 922 | 495 | 2,72 | 3,17 | 88 | 46 | 48 | 31 |
| Tschad | 1.500 | 399 | 1,81 | 2,98 | 90 | 23 | 51 | 13 |
| Uganda | 4.553 | 3.029 | 2,75 | 2,97 | 92 | 60 | 58 | 40 |
| Zaire | 9.530 | 5.128 | 2,45 | 3,54 | 90 | 47 | 36 | 21 |
| Zentralafrikanische Republik | 771 | 635 | 1,69 | 2,76 | 92 | 70 | 46 | 42 |

.. Nicht verfügbar.

**Anmerkung:** Ein Stern vor dem Ländernamen bedeutet, daß die Erwerbspersonenzahlen und die Erwerbsquoten sich auf das Jahr 1990 und die Wachstumsraten sich auf die Jahre 1960 bis 1990 beziehen. Vergleichbare Daten sind für den Zeitraum 1995 bis 2025 nicht vorhanden, sie wurden jedoch für die ehemalige Tschechoslowakei auf 0,28, für die ehemalige Sowjetunion auf 0,48 und für das ehemalige Jugoslawien auf 0,18 geschätzt.

**Quelle:** ILO 1986, mit aktualisierten ILO-Daten.

## Tabelle A-2  Struktur der Beschäftigten
(Prozent)

| Land | Jahr | Landwirtschaft Lohn- abhängig | Landwirtschaft Nicht- lohn- abhängig | Industrie Lohn- abhängig | Industrie Nicht- lohn- abhängig | Dienstleistungen Lohn- abhängig | Dienstleistungen Nicht- lohn- abhängig | Ein- kommens- gruppe |
|---|---|---|---|---|---|---|---|---|
| **Ostasien und der Pazifik** | | | | | | | | |
| Brunei | 1981 | 2,5 | 2,5 | 29,9 | 1,3 | 59,3 | 4,5 | Hoch |
| China | 1993 | 1,0 | 60,0 | 4,0 | 14,0 | 11,0 | 10,0 | Niedrig |
| Französisch-Polynesien | 1988 | 1,3 | 11,5 | 8,8 | 1,4 | 56,1 | 21,0 | Hoch |
| Guam | 1980 | 0,8 | 0,1 | 14,7 | 0,3 | 81,3 | 2,9 | Mittel |
| Hongkong | 1991 | 0,3 | 0,5 | 32,1 | 2,8 | 55,8 | 8,5 | Hoch |
| Indonesien | 1993 | 6,5 | 43,9 | 10,0 | 5,8 | 14,3 | 19,5 | Mittel |
| Korea, Republik | 1991 | 1,2 | 15,5 | 30,5 | 5,1 | 29,0 | 18,7 | Mittel |
| Macau | 1990 | 0,0 | 0,2 | 39,9 | 2,5 | 47,3 | 10,0 | Mittel |
| Malaysia | 1988 | 8,8 | 21,8 | 19,0 | 3,6 | 34,0 | 12,7 | Mittel |
| Philippinen | 1991 | 9,6 | 35,7 | 12,3 | 3,7 | 23,6 | 15,1 | Mittel |
| Singapur | 1991 | 0,2 | 0,1 | 32,6 | 2,6 | 53,9 | 10,7 | Hoch |
| Thailand | 1989 | 6,6 | 59,7 | 8,7 | 3,2 | 11,6 | 10,2 | Mittel |
| **Europa und Zentralasien** | | | | | | | | |
| Bulgarien | 1985 | 26,4 | 0,2 | 13,9 | 0,0 | 59,2 | 0,3 | Mittel |
| Griechenland | 1990 | 1,0 | 22,2 | 19,6 | 8,1 | 32,0 | 17,0 | Mittel |
| Jugoslawien[a] | 1981 | 4,8 | 36,1 | 9,9 | 0,6 | 45,5 | 3,2 | Mittel |
| Malta | 1983 | 0,8 | 4,1 | 34,8 | 3,5 | 49,0 | 7,8 | Mittel |
| Polen | 1988 | 6,0 | 21,9 | 34,5 | 1,8 | 34,7 | 1,2 | Mittel |
| Portugal | 1990 | 3,4 | 14,5 | 30,0 | 4,5 | 37,3 | 10,4 | Mittel |
| Rumänien | 1990 | 5,2 | 23,3 | 41,1 | 2,0 | 26,6 | 1,8 | Mittel |
| Tschechoslowakei (ehemalig) | 1980 | 9,5 | 12,1 | 15,4 | 0,2 | 62,2 | 0,6 | Mittel |
| Türkei | 1991 | 1,4 | 47,4 | 15,3 | 4,8 | 19,5 | 11,5 | Mittel |
| Ungarn | 1991 | 17,1 | 21,4 | 11,6 | 3,9 | 37,3 | 8,6 | Mittel |
| Zypern | 1989 | 2,2 | 11,8 | 24,1 | 3,9 | 47,7 | 10,2 | Hoch |
| **Lateinamerika und die Karibik** | | | | | | | | |
| Argentinien | 1980 | 6,4 | 5,7 | 23,6 | 7,9 | 41,6 | 14,9 | Mittel |
| Bahamas | 1980 | 3,3 | 2,4 | 13,2 | 3,3 | 71,3 | 6,6 | Hoch |
| Barbados | 1982 | 8,6 | 1,5 | 9,1 | 1,8 | 71,1 | 8,0 | Mittel |
| Bolivien | 1991 | 0,5 | 0,7 | 15,2 | 9,6 | 34,1 | 39,9 | Mittel |
| Brasilien | 1988 | 9,4 | 14,8 | 19,4 | 4,0 | 37,3 | 15,1 | Mittel |
| Chile | 1991 | 10,5 | 8,6 | 20,5 | 5,8 | 38,0 | 16,6 | Mittel |
| Costa Rica | 1991 | 14,5 | 10,5 | 20,0 | 6,9 | 36,3 | 11,7 | Mittel |
| Dominikanische Republik | 1981 | 4,6 | 19,0 | 14,1 | 4,0 | 36,4 | 21,9 | Mittel |
| Ecuador | 1990 | 8,2 | 23,0 | 8,4 | 9,7 | 26,4 | 24,4 | Mittel |
| El Salvador | 1991 | 7,0 | 3,7 | 19,6 | 9,6 | 38,0 | 22,2 | Mittel |
| Falklandinseln | 1986 | 14,3 | 5,6 | 17,2 | 1,2 | 58,9 | 2,8 | Mittel |
| Guatemala | 1989 | 17,2 | 32,7 | 11,1 | 7,2 | 20,3 | 11,5 | Mittel |
| Haiti | 1990 | 4,1 | 61,6 | 4,7 | 4,1 | 10,2 | 15,4 | Niedrig |
| Honduras | 1991 | 11,9 | 25,0 | 13,5 | 7,4 | 21,0 | 21,3 | Niedrig |
| Kuba | 1981 | 25,2 | 7,0 | 39,6 | 0,4 | 27,0 | 0,9 | Mittel |
| Mexiko | 1990 | 9,3 | 13,3 | 23,2 | 4,6 | 35,6 | 14,0 | Mittel |
| Panama | 1989 | 7,9 | 19,1 | 11,3 | 4,7 | 44,8 | 12,3 | Mittel |
| Puerto Rico | 1992 | 2,1 | 1,5 | 24,6 | 1,7 | 58,4 | 11,8 | Mittel |
| Surinam | 1980 | 5,8 | 3,5 | 19,1 | 2,7 | 58,1 | 10,9 | Mittel |
| Trinidad und Tobago | 1991 | 5,5 | 4,9 | 29,9 | 2,6 | 43,8 | 13,3 | Mittel |
| Uruguay | 1985 | 8,3 | 6,3 | 20,1 | 5,7 | 43,5 | 16,1 | Mittel |
| Venezuela | 1991 | 4,7 | 6,7 | 18,7 | 9,0 | 38,4 | 22,6 | Mittel |
| **Naher Osten und Nordafrika** | | | | | | | | |
| Ägypten | 1989 | 6,3 | 36,2 | 15,6 | 5,1 | 27,2 | 9,6 | Niedrig |
| Algerien | 1987 | 6,2 | 11,1 | 27,2 | 4,0 | 40,4 | 11,1 | Mittel |
| Bahrain | 1981 | 1,2 | 1,5 | 32,7 | 2,2 | 54,6 | 7,8 | Mittel |
| Iran, Islamische Rep. | 1986 | 3,0 | 26,1 | 15,0 | 10,3 | 30,3 | 15,3 | Mittel |
| Israel | 1990 | 1,5 | 3,8 | 6,1 | 2,2 | 67,1 | 19,3 | Hoch |
| Katar | 1986 | 3,1 | 0,1 | 31,8 | 0,4 | 63,3 | 1,4 | Hoch |
| Kuwait | 1985 | 1,7 | 0,2 | 26,2 | 2,4 | 65,6 | 3,9 | Hoch |

*(Fortsetzung nächste Seite)*

## Tabelle A-2 (Fortsetzung)

| Land | Jahr | Landwirtschaft Lohnabhängig | Landwirtschaft Nichtlohnabhängig | Industrie Lohnabhängig | Industrie Nichtlohnabhängig | Dienstleistungen Lohnabhängig | Dienstleistungen Nichtlohnabhängig | Einkommensgruppe |
|---|---|---|---|---|---|---|---|---|
| Syrien | 1989 | 3,5 | 19,3 | 20,6 | 8,3 | 32,2 | 16,1 | Mittel |
| Tunesien | 1989 | 9,2 | 16,6 | 26,0 | 7,7 | 30,7 | 9,9 | Mittel |
| Vereinigte Arabische Emirate | 1980 | 3,9 | 0,7 | 37,3 | 0,9 | 51,9 | 5,4 | Hoch |
| **OECD-Länder mit hohem Einkommen** | | | | | | | | |
| Australien | 1991 | 1,8 | 3,5 | 18,6 | 5,8 | 57,0 | 13,4 | Hoch |
| Belgien | 1990 | 0,5 | 2,2 | 25,1 | 2,6 | 55,4 | 14,3 | Hoch |
| Dänemark | 1990 | 2,0 | 3,4 | 25,5 | 2,2 | 61,6 | 5,3 | Hoch |
| Finnland | 1991 | 2,3 | 5,9 | 27,7 | 2,5 | 56,2 | 5,5 | Hoch |
| Frankreich | 1991 | 1,2 | 4,5 | 26,4 | 2,4 | 57,5 | 8,0 | Hoch |
| Großbritannien | 1990 | 1,1 | 1,0 | 24,9 | 3,8 | 60,2 | 9,1 | Hoch |
| Irland | 1990 | 2,1 | 12,8 | 25,2 | 3,2 | 48,2 | 8,6 | Hoch |
| Italien | 1991 | 3,4 | 5,0 | 26,5 | 5,5 | 41,7 | 17,8 | Hoch |
| Japan | 1991 | 0,7 | 6,0 | 29,5 | 5,0 | 48,4 | 10,4 | Hoch |
| Kanada | 1991 | 1,5 | 2,0 | 22,9 | 1,5 | 66,2 | 5,9 | Hoch |
| Luxemburg | 1991 | 0,5 | 3,0 | 27,5 | 1,5 | 61,2 | 6,4 | Hoch |
| Neuseeland | 1991 | 4,1 | 6,0 | 19,1 | 4,6 | 55,1 | 11,1 | Hoch |
| Niederlande | 1991 | 1,6 | 2,9 | 24,2 | 1,1 | 63,1 | 7,2 | Hoch |
| Norwegen | 1991 | 1,4 | 4,3 | 21,0 | 2,7 | 64,0 | 6,6 | Hoch |
| Österreich | 1990 | 1,0 | 6,7 | 35,2 | 1,9 | 49,7 | 5,5 | Hoch |
| Spanien | 1991 | 4,5 | 6,2 | 28,3 | 4,4 | 41,9 | 14,7 | Hoch |
| Schweden | 1991 | 1,3 | 1,9 | 26,3 | 1,9 | 63,5 | 5,0 | Hoch |
| Schweiz | 1980 | 3,5 | 2,8 | 36,8 | 2,2 | 50,0 | 4,8 | Hoch |
| Vereinigte Staaten | 1991 | 1,6 | 1,3 | 24,2 | 1,6 | 65,5 | 5,8 | Hoch |
| **Südasien** | | | | | | | | |
| Bangladesch | 1989 | 0,6 | 64,9 | 2,0 | 13,5 | 7,0 | 12,6 | Niedrig |
| Indien | 1991 | 1,5 | 61,7 | 3,7 | 10,5 | 9,4 | 13,2 | Niedrig |
| Malediven | 1990 | 3,6 | 21,6 | 7,3 | 15,1 | 38,8 | 13,5 | Mittel |
| Pakistan | 1992 | 4,5 | 42,9 | 13,8 | 6,1 | 16,2 | 16,5 | Niedrig |
| Sri Lanka | 1986 | 21,5 | 27,6 | 13,2 | 4,9 | 23,8 | 9,1 | Niedrig |
| **Afrika südlich der Sahara** | | | | | | | | |
| Botsuana | 1981 | 2,9 | 51,1 | 12,0 | 0,4 | 30,7 | 2,9 | Mittel |
| Ghana | 1984 | 3,2 | 57,8 | 3,2 | 9,6 | 9,7 | 16,5 | Niedrig |
| Kamerun | 1982 | 2,5 | 74,2 | 2,6 | 4,2 | 10,3 | 6,3 | Mittel |
| Kap Verde | 1990 | 9,1 | 15,7 | 21,7 | 2,8 | 22,9 | 27,8 | Mittel |
| Komoren | 1980 | 9,4 | 43,9 | 3,5 | 3,9 | 12,7 | 26,5 | Niedrig |
| Liberia | 1984 | 6,7 | 72,7 | 3,7 | 2,1 | 5,0 | 9,8 | Niedrig |
| Malawi | 1987 | 5,3 | 81,2 | 3,6 | 1,4 | 5,2 | 3,3 | Niedrig |
| Nigeria | 1986 | 1,1 | 43,9 | 1,4 | 5,2 | 17,0 | 31,4 | Niedrig |
| Réunion | 1982 | 6,5 | 9,1 | 9,5 | 1,1 | 65,7 | 8,0 | Mittel |
| Sambia | 1980 | 22,5 | 29,8 | 11,9 | 1,6 | 24,2 | 10,0 | Niedrig |
| São Tomé und Príncipe | 1981 | 52,7 | 7,1 | 6,4 | 1,2 | 25,8 | 6,8 | Niedrig |
| Seychellen | 1981 | 7,2 | 2,8 | 17,1 | 3,4 | 54,6 | 14,8 | Mittel |
| Togo | 1981 | 0,7 | 65,8 | 1,9 | 7,3 | 8,2 | 16,1 | Niedrig |
| Zentralafrikanische Republik | 1988 | 0,7 | 79,5 | 1,2 | 2,1 | 6,8 | 9,7 | Niedrig |

**Anmerkung:** Einkommensgruppen laut Weltbank, 1995.
a. Die Angaben beziehen sich auf die Bundesrepublik Jugoslawien vor 1991.
**Quellen:** ILO, verschiedene Jahrgänge; Länderangaben.

## Tabelle A-3 Wachstum der Produktion pro Kopf und der Löhne
(in Prozent pro Jahr)

| Land | Periode | BIP pro Kopf | Löhne in der Landwirtschaft | Periode | BIP pro Kopf | Löhne im Verarbeitenden Gewerbe |
|---|---|---|---|---|---|---|
| Ägypten | 1970–88 | 4,45 | 5,20 | 1970–87 | 4,62 | 0,85 |
| Bangladesch | 1960–91 | 0,81 | –0,73 | 1967–89 | 0,74 | –1,05 |
| Brasilien | .. | .. | .. | 1963–91 | 3,19 | 1,64 |
| Chile | .. | .. | .. | 1963–92 | 1,17 | 2,10 |
| Côte d'Ivoire | .. | .. | .. | 1966–82 | 2,27 | 0,66 |
| Ghana | 1969–88 | –1,20 | –4,03 | 1964–87 | –1,27 | –3,55 |
| Indien | 1960–90 | 1,93 | 1,82 | 1963–90 | 1,94 | 1,74 |
| Indonesien | 1976–88 | 3,96 | 3,74 | 1970–91 | 4,21 | 5,52 |
| Jordanien | .. | .. | .. | 1983–91 | –1,64 | –4,34 |
| Kenia | 1964–92 | 2,13 | –0,92 | 1963–91 | 2,11 | –0,98 |
| Kolumbien | 1960–88 | 2,32 | 2,17 | 1968–92 | 2,45 | 0,35 |
| Korea, Republik | 1960–78 | 6,90 | 7,06 | 1966–91 | 7,44 | 9,09 |
| Malaysia | 1971–92 | 4,35 | 3,96 | 1968–92 | 4,14 | 2,18 |
| Malawi | 1968–89 | 0,98 | –3,68 | 1968–86 | 1,18 | 0,20 |
| Mexiko | 1962–85 | 2,93 | 1,25 | 1970–91 | 1,56 | –1,20 |
| Nigeria | .. | .. | .. | 1963–85 | –0,04 | –1,40 |
| Pakistan | 1970–92 | 2,32 | 2,94 | 1963–88 | 3,00 | 4,89 |
| Peru | 1960–86 | 1,00 | –2,03 | 1963–86 | 0,68 | –0,97 |
| Philippinen | 1960–77 | 2,37 | –1,10 | 1963–91 | 1,20 | 0,89 |
| Sri Lanka | 1980–90 | 2,76 | –1,06 | 1966–90 | 2,91 | 1,03 |
| Thailand | .. | .. | .. | 1970–90 | 4,89 | 3,00 |
| Türkei | .. | .. | .. | 1960–85 | 2,75 | 2,64 |

.. Nicht verfügbar.

**Anmerkung:** Die Zahlen sind Durchschnitte für die betreffende Periode.

**Quelle:** Daten der UNIDO; Länderangaben; Nehru und Dhareshwar 1991.

## Tabelle A-4  Ratifizierung grundlegender ILO-Konventionen

| Land | Gesamtzahl der Ratifizierungen | Koalitionsfreiheit | | Zwangsarbeit | | Diskriminierung | | Beschäftigungspolitik (Nr. 122) | Mindestalter (Nr. 138) | Dreiseitige Konsultation (Stand.) (Nr. 144) |
| | | Organisationsrecht (Nr. 87) | Tarifvertragsfreiheit (Nr. 98) | Zwangsarbeit (Nr. 29) | Abschaffung der Sklaverei (Nr. 105) | Beschäftigung und Beruf (Nr. 111) | Gleiche Bezahlung (Nr. 100) | | | |
|---|---|---|---|---|---|---|---|---|---|---|
| **Ostasien und der Pazifik** | | | | | | | | | | |
| China | 17 | | | | | x | | | | x |
| Indonesien | 10 | | x | x | | x | | | | x |
| Kambodscha | 5 | | | x | | | | x | | |
| Korea, Republik | 4 | | | | | | | x | | |
| Laos | 4 | | | x | | | | | | |
| Malaysia | 11 | | x | x | x | | | | | |
| Mongolei | 8 | x | x | | | x | x | x | | |
| Myanmar | 21 | x | | x | | | | | | |
| Papua-Neuguinea | 19 | | x | x | x | | | x | | |
| Philippinen | 26 | x | x | | x | x | x | x | | x |
| Singapur | 21 | | x | x | x | | | | | |
| Thailand | 11 | | | x | x | | | x | | |
| Vietnam | 22 | | x | x | | x | | x | | |
| **Europa und Zentralasien** | | | | | | | | | | |
| Albanien | 17 | x | x | x | | | x | x | | |
| Armenien | 5 | | | | | x | x | x | | |
| Aserbaidschan | 50 | x | x | x | | x | x | x | x | x |
| Bosnien-Herzegowina | 66 | x | x | x | | x | x | x | x | |
| Bulgarien | 80 | x | x | x | | x | x | | x | |
| Estland | 24 | x | x | | | | | | | x |
| Griechenland | 66 | x | x | x | x | x | x | x | x | x |
| Jugoslawien, Bundesrep. | 76 | x | x | x | | x | x | x | x | |
| Kirgisistan | 42 | x | x | x | | x | x | x | x | |
| Kroatien | 34 | x | x | x | | | | x | x | |
| Lettland | 43 | x | x | | x | x | x | x | | |
| Litauen | 30 | x | x | | x | x | x | | | x |
| Moldau, Republik | 1 | | | | x | | | | | |
| Polen | 78 | x | x | x | x | x | x | x | x | x |
| Portugal | 68 | x | x | x | x | x | x | x | | x |
| Rumänien | 42 | x | x | x | | x | x | x | x | x |
| Russische Föderation | 50 | x | x | x | | x | x | x | x | |
| Slowakei | 57 | x | x | x | | x | x | x | | |
| Slowenien | 66 | x | x | x | | x | x | x | x | |
| Tadschikistan | 42 | x | x | x | | x | x | x | x | |
| Tschechische Republik | 57 | x | x | x | | x | x | x | | |
| Türkei | 35 | x | x | | x | x | x | | | x |
| Ukraine | 50 | x | x | x | | x | x | x | x | x |
| Ungarn | 63 | x | x | x | x | x | x | x | | x |
| Weißrußland | 40 | x | x | x | | x | x | x | x | x |
| **Lateinamerika und die Karibik** | | | | | | | | | | |
| Argentinien | 67 | x | x | x | x | x | x | | | x |
| Bolivien | 43 | x | | | x | x | x | x | | |
| Brasilien | 76 | | x | x | | x | x | x | | x |
| Chile | 41 | | | x | | x | x | | | x |
| Costa Rica | 48 | x | x | x | x | x | x | x | x | x |
| Dominikanische Republik | 28 | x | x | x | x | x | x | | | |
| Ecuador | 56 | x | x | x | x | x | x | x | | x |
| El Salvador | 6 | | | | x | | | | | |
| Guatemala | 67 | x | x | x | x | x | x | x | x | x |
| Haiti | 23 | x | x | x | | x | x | | | |
| Honduras | 20 | x | x | x | | x | x | x | x | |
| Jamaika | 25 | x | x | x | | x | x | x | | |
| Kolumbien | 52 | x | x | x | | x | x | x | x | |
| Kuba | 86 | x | x | x | x | x | x | x | x | |
| Mexiko | 76 | x | | x | x | x | x | | | x |

# ANHANG

| Land | Gesamtzahl der Ratifizierungen | Koalitionsfreiheit | | Zwangsarbeit | | Diskriminierung | | Beschäftigungspolitik (Nr. 122) | Mindestalter (Nr. 138) | Dreiseitige Konsultation (Stand.) (Nr. 144) |
|---|---|---|---|---|---|---|---|---|---|---|
| | | Organisationsrecht (Nr. 87) | Tarifvertragsfreiheit (Nr. 98) | Zwangsarbeit (Nr. 29) | Abschaffung der Sklaverei (Nr. 105) | Beschäftigung und Beruf (Nr. 111) | Gleiche Bezahlung (Nr. 100) | | | |
| Nicaragua | 58 | x | x | x | x | x | x | x | x | x |
| Panama | 70 | x | x | x | x | x | x | x | | |
| Paraguay | 35 | x | x | x | x | x | x | x | | |
| Peru | 67 | x | x | x | x | x | x | x | | |
| Trinidad und Tobago | 12 | x | x | x | x | x | | | | |
| Uruguay | 97 | x | x | | x | | x | x | x | x |
| Venezuela | 52 | x | x | x | x | x | x | x | x | x |
| **Naher Osten und Nordafrika** | | | | | | | | | | |
| Ägypten | 60 | x | x | x | x | x | x | | | x |
| Algerien | 53 | x | x | x | x | x | x | x | x | x |
| Iran, Islamische Rep. | 11 | | | x | x | x | x | x | | |
| Irak | 64 | | x | x | x | x | x | x | x | x |
| Israel | 44 | x | x | x | x | x | x | x | x | |
| Jemen | 26 | x | x | x | x | x | x | x | | |
| Jordanien | 17 | | x | x | x | x | x | x | | |
| Kuwait | 14 | x | | x | x | x | | | | |
| Libanon | 37 | | x | x | x | x | x | x | | |
| Libyen | 27 | | x | x | x | x | x | x | x | |
| Marokko | 41 | | x | x | x | x | x | x | | |
| Saudi-Arabien | 13 | | | x | x | x | x | | | |
| Syrien | 46 | x | x | x | x | x | x | | | x |
| Tunesien | 55 | x | x | x | x | x | x | x | | |
| Vereinigte Arabische Emirate | 4 | | | x | | | | | | |
| **OECD-Länder mit hohem Einkommen** | | | | | | | | | | |
| Australien | 54 | x | x | x | x | x | x | x | | x |
| Belgien | 85 | x | x | x | x | x | x | x | x | x |
| Dänemark | 62 | x | x | x | x | x | x | x | | x |
| Deutschland | 75 | x | x | x | x | x | x | x | x | x |
| Finnland | 86 | x | x | x | x | x | x | x | x | x |
| Frankreich | 115 | x | x | x | x | x | x | x | x | x |
| Großbritannien | 80 | x | x | x | x | | x | x | | x |
| Irland | 60 | x | x | x | x | | x | x | x | x |
| Italien | 102 | x | x | x | x | x | x | x | x | x |
| Japan | 41 | x | x | x | | | x | x | | |
| Kanada | 28 | x | | | x | x | x | x | | |
| Neuseeland | 56 | | | x | x | x | x | x | | x |
| Niederlande | 94 | x | x | x | x | x | x | x | x | x |
| Norwegen | 99 | x | x | x | x | x | x | x | x | x |
| Österreich | 48 | x | x | x | x | x | x | x | | x |
| Spanien | 124 | x | x | x | x | x | x | x | x | x |
| Schweden | 84 | x | x | x | x | x | x | x | x | x |
| Schweiz | 51 | x | | x | x | x | x | | | |
| Vereinigte Staaten | 11 | | | | x | | | | | x |
| **Südasien** | | | | | | | | | | |
| Afghanistan | 15 | | | | x | x | x | | | |
| Bangladesch | 31 | x | x | x | x | x | | | | x |
| Indien | 36 | | | x | x | x | x | | | x |
| Nepal | 4 | | | | | x | x | | | |
| Pakistan | 31 | x | x | x | x | x | | | | x |
| Sri Lanka | 33 | | x | x | | | x | | | x |
| **Afrika südlich der Sahara** | | | | | | | | | | |
| Äthiopien | 15 | x | x | | | x | | | | |
| Angola | 30 | | x | x | x | x | x | | | |
| Benin | 18 | x | x | x | x | x | x | | | |
| Botsuana | 2 | | | | | | | | | |

*(Fortsetzung nächste Seite)*

## Tabelle A-4 (Fortsetzung)

| Land | Gesamtzahl der Ratifizierungen | Koalitionsfreiheit | | Zwangsarbeit | | Diskriminierung | | | | Dreiseitige Konsultation (Stand.) (Nr. 144) |
| | | Organisationsrecht (Nr. 87) | Tarifvertragsfreiheit (Nr. 98) | Zwangsarbeit (Nr. 29) | Abschaffung der Sklaverei (Nr. 105) | Beschäftigung und Beruf (Nr. 111) | Gleiche Bezahlung (Nr. 100) | Beschäftigungspolitik (Nr. 122) | Mindestalter (Nr. 138) | |
|---|---|---|---|---|---|---|---|---|---|---|
| Burkina Faso | 31 | x | x | x | | x | x | | | |
| Burundi | 26 | x | | x | x | x | x | | | |
| Côte d'Ivoire | 31 | x | x | x | x | x | x | | | x |
| Gabun | 34 | x | x | x | x | x | x | | | x |
| Ghana | 45 | x | x | x | x | x | x | | | |
| Guinea | 53 | x | x | x | x | x | x | x | | |
| Kamerun | 47 | x | x | x | x | x | x | x | | |
| Kenia | 46 | | x | x | x | | | | x | x |
| Kongo | 17 | x | | x | | | | | | |
| Lesotho | 11 | x | x | x | | | | | | |
| Liberia | 20 | x | x | x | x | x | | | | |
| Madagaskar | 30 | x | | x | | x | x | x | | |
| Malawi | 23 | | x | | | x | x | | | x |
| Mali | 21 | x | x | x | x | x | x | | | |
| Mauretanien | 37 | x | | x | | x | | x | | |
| Mauritius | 34 | | x | x | x | | | x | | x |
| Mosambik | 11 | | | | x | x | x | | | |
| Niger | 32 | x | x | x | x | x | x | | x | |
| Nigeria | 30 | x | x | x | x | | x | | | x |
| Ruanda | 25 | x | x | | x | x | x | | x | |
| Sambia | 38 | | | x | x | x | x | x | x | x |
| Senegal | 34 | x | x | x | x | x | x | x | | |
| Sierra Leone | 33 | x | x | x | x | x | x | | | x |
| Simbabwe | 9 | | | | | | | | | x |
| Somalia | 14 | | | x | x | x | | | | |
| Sudan | 12 | | x | x | x | x | x | x | | |
| Südafrika | 12 | | | | | | | | | |
| Tansania | 28 | | x | x | x | / | | | | x |
| Togo | 18 | x | x | x | | x | x | | x | x |
| Tschad | 19 | x | x | | x | x | x | | | |
| Uganda | 26 | | x | x | x | | | x | | x |
| Zaire | 30 | | x | x | | | x | | | |
| Zentralafrikanische Republik | 35 | x | x | x | x | x | x | | | |

**Anmerkung:** Ratifizierungen bis zum Stand vom 31. Oktober 1994.
**Quelle:** *World Labour Report 1995* (ILO 1995 b), S. 108/109. Copyright © 1995, Internationale Arbeitsorganisation, Genf.

# Kennzahlen der Welt-Entwicklung

# Inhaltsverzeichnis

Länderschlüssel 182
**Einführung zu den Kennzahlen der Weltentwicklung** 183
Tabellen
 1 Grundlegende Kennzahlen 188
   **Produktion**
 2 Wachstum der Produktion 190
 3 Produktionsstruktur 192
 4 Landwirtschaft und Nahrungsmittel 194
 5 Kommerzielle Energie 196
 6 Struktur des Verarbeitenden Gewerbes 198
 7 Einkommen und Produktion im Verarbeitenden Gewerbe 200
   **Inländische Absorption**
 8 Wachstum von Verbrauch und Investitionen 202
 9 Struktur der Nachfrage 204
   **Finanzwirtschaft und monetäre Statistiken**
 10 Ausgaben der Zentralregierung 206
 11 Laufende Einnahmen der Zentralregierung 208
 12 Geldbestände und Zinssätze 210
   **Wichtigste internationale Transaktionen**
 13 Wachstum des Warenhandels 212
 14 Struktur der Wareneinfuhr 214
 15 Struktur der Warenausfuhr 216
 16 OECD-Importe von Industrieprodukten 218
 17 Zahlungsbilanzen und Währungsreserven 220
   **Auslandsfinanzierung**
 18 Öffentliche Entwicklungshilfe von OECD- und OPEC-Ländern 222
 19 Einnahmen aus öffentlicher Entwicklungshilfe 224
 20 Gesamte Auslandsschulden 226
 21 Zufluß von öffentlichem und privatem Auslandskapital 228
 22 Gesamte Nettomittelzuflüsse und Nettotransfers 230
 23 Kennziffern der gesamten Auslandsschulden 232
 24 Konditionen der öffentlichen Auslandskreditaufnahme 234
   **Entwicklung menschlicher Ressourcen**
 25 Bevölkerung und Erwerbstätige 236
 26 Demographie und Fruchtbarkeit 238
 27 Gesundheit und Ernährung 240
 28 Erziehungswesen 242
 29 Vergleiche nach Geschlechtern 244
 30 Einkommensverteilung und KKP-Schätzungen des BSP 246
   **Ökologisch tragfähige Entwicklung**
 31 Verstädterung 248
 32 Infrastruktur 250
 33 Natürliche Ressourcen 252
**Tabelle 1a** Grundlegende Kennzahlen für Übrige Länder 254
**Technische Erläuterungen** 255
**Datenquellen** 279
**Klassifikation der Länder** 280

# Länderschlüssel

In jeder Tabelle sind die Länder innerhalb ihrer Gruppen in steigender Rangfolge nach der Höhe ihres BSP pro Kopf aufgeführt, ausgenommen jene Länder, für die sich ein BSP pro Kopf nicht berechnen läßt und die am Ende ihrer Gruppe kursiv in alphabetischer Reihenfolge aufgeführt sind. Die unten ausgewiesenen Ordnungsnummern entsprechen der Reihenfolge in den Tabellen.

Die Zahlen in den farbigen Zwischenzeilen der Tabellen sind zusammenfassende Kennzahlen für Ländergruppen. Der Buchstabe *w* bedeutet gewogener Durchschnitt, *m* Medianwert und *s* Summe.

Alle Wachstumsraten sind reale Größen.

Abschlußdatum ist der 30. April 1995.

Das Zeichen .. bedeutet nicht verfügbar.

Die Zahlen 0 und 0,0 bedeuten Null oder weniger als die Hälfte der angegebenen Einheit.

Ein Leerfeld bedeutet „nicht anwendbar".

Kursive Zahlen gelten für andere als die angegebenen Jahre oder Zeiträume.

Das Zeichen † gibt an, daß Länder von den Vereinten Nationen als Entwicklungsländer eingestuft oder von ihren nationalen Behörden als solche betrachtet werden.

| Land | Länderrangfolge in den Tabellen | Land | Länderrangfolge in den Tabellen | Land | Länderrangfolge in den Tabellen |
|---|---|---|---|---|---|
| Ägypten, Arab. Republik | 43 | †Israel | 112 | Papua-Neuguinea | 59 |
| *Albanien* | 22 | Italien | 118 | Paraguay | 70 |
| Algerien | 73 | Jamaika | 68 | Peru | 69 |
| Argentinien | 103 | Japan | 131 | Philippinen | 53 |
| Armenien | 42 | *Jemen, Republik* | 45 | Polen | 80 |
| Aserbaidschan | 46 | Jordanien | 62 | Portugal | 106 |
| Äthiopien[a] | 3 | Kamerun | 50 | Puerto Rico | 102 |
| Australien | 113 | Kanada | 120 | Ruanda | 11 |
| Bangladesch | 12 | Kasachstan | 71 | Rumänien | 61 |
| Belgien | 123 | Kenia | 15 | Russische Föderation | 81 |
| Benin | 29 | *Kirgisistan* | 52 | Sambia | 26 |
| Bolivien | 49 | Kolumbien | 67 | *Saudi-Arabien* | 107 |
| Botsuana | 84 | Kongo | 54 | Schweden | 127 |
| Brasilien | 89 | Korea, Republik | 105 | Schweiz | 132 |
| Bulgarien | 60 | †Kuwait | 117 | Senegal | 48 |
| Burkina Faso | 19 | Laos, Demokr. Volksrepublik | 18 | Sierra Leone | 4 |
| Burundi | 6 | Lesotho | 41 | Simbabwe | 33 |
| Chile | 94 | Lettland | 76 | †Singapur | 119 |
| China | 33 | Litauen | 66 | Slowakei | 75 |
| Costa Rica | 78 | Madagaskar | 13 | Slowenien | 101 |
| Côte d'Ivoire | 40 | Malawi | 9 | Spanien | 111 |
| Dänemark | 130 | Malaysia | 93 | Sri Lanka | 39 |
| Deutschland[b] | 126 | Mali | 16 | Südafrika | 90 |
| Dominikanische Republik | 64 | Marokko | 56 | Tadschikistan | 32 |
| Ecuador | 63 | Mauretanien | 35 | Tansania | 2 |
| El Salvador | 65 | Mauritius | 91 | Thailand | 77 |
| Estland | 92 | Mazedonien | 51 | Togo | 24 |
| Finnland | 116 | Mexiko | 96 | Trinidad und Tobago | 97 |
| Frankreich | 124 | Moldau | 57 | Tschad | 10 |
| Gabun | 100 | Mongolei | 27 | Tschechische Republik | 83 |
| Gambia | 25 | Mosambik | 1 | Tunesien | 72 |
| Georgien | 37 | *Myanmar* | 44 | Türkei | 85 |
| Ghana | 30 | Namibia | 74 | *Turkmenistan*[c] | 108 |
| Griechenland | 104 | Nepal | 8 | Uganda | 7 |
| Großbritannien | 115 | Neuseeland | 109 | Ukraine | 79 |
| Guatemala | 58 | Nicaragua | 23 | Ungarn | 95 |
| Guinea | 34 | Niederlande | 121 | Uruguay | 98 |
| Guinea-Bissau | 14 | Niger | 17 | Usbekistan | 55 |
| Honduras | 38 | Nigeria | 21 | Venezuela | 87 |
| †Hongkong | 114 | Norwegen | 129 | †Vereinigte Arab. Emirate | 122 |
| Indien | 20 | Oman | 99 | Vereinigte Staaten | 128 |
| Indonesien | 47 | Österreich | 125 | Vietnam | 5 |
| *Iran, Islamische Republik* | 86 | Pakistan | 31 | Weißrußland | 88 |
| Irland | 110 | Panama | 82 | Zentralafrikanische Republik | 28 |

*Anmerkung:* Länder mit unzureichenden Daten oder mit einer Bevölkerung von mehr als 30.000 und weniger als 1 Million werden in Tabelle 1a gezeigt; die Haupttabellen enthalten jedoch für diese Länder Daten in den Ländergruppen – Berechnungen der Summen und gewogenen Durchschnitte. Zur Vergleichbarkeit der Daten und ihrer Abgrenzung in den Tabellen vgl. Technische Erläuterungen.

a. Die Daten schließen in sämtlichen Tabellen Eritrea aus, sofern nichts anderes angegeben ist.

b. Die Daten beziehen sich in sämtlichen Tabellen auf das vereinigte Deutschland, sofern nichts anderes angegeben ist.

c. Turkmenistan ist in sämtlichen Tabellen als Land mit mittlerem Einkommen, untere Kategorie, zu klassifizieren.

# Einführung zu den Kennzahlen der Weltentwicklung

Diese achtzehnte Ausgabe der Kennzahlen der Weltentwicklung enthält wirtschaftliche und soziale Kennzahlen sowie solche über natürliche Ressourcen für ausgewählte Zeiträume oder Jahre für 209 Länder und verschiedene analytische und geografische Ländergruppen. Obwohl die von der Weltbank gesammelten Daten überwiegend Länder mit niedrigem und mittlerem Einkommen betreffen, enthalten die Tabellen aber auch vergleichbare Angaben für Länder mit hohem Einkommen, die ohne weiteres verfügbar sind. Zusätzliche Informationen finden sich im *World Bank Atlas*, den *World Tables*, den *World Debt Tables* und den *Social Indicators of Development*. Diese Daten sind nun auch auf Diskette verfügbar, und zwar im Socioeconomic Time-series Access and Retrieval-System ☆STARS☆ der Weltbank.

## Veränderungen in dieser Ausgabe

Anders als in vorhergehenden Jahren stammen die demographischen Daten dieser Ausgabe von der Abteilung für Bevölkerungsfragen der VN, wenn auch in einigen wenigen Fällen aus nationalen Quellen ergänzt. Da diese Angaben nicht die *hypothetisch stationäre Bevölkerung* sowie das *projizierte Jahr mit einer Nettoreproduktionsziffer (NRZ) von 1* enthalten, wurden diese Spalten in den Tabellen 25 und 26 weggelassen. In Tabelle 32 wurde die Spalte *Anteil der Haushalte mit Elektrizität* ersetzt durch *Elektrizitätserzeugung pro Kopf in Kilowattstunden*. Die Außenhandelsdaten in den Tabellen 13 bis 15 stammen von der Konferenz der VN für Handel und Entwicklung (UNCTAD); daher unterscheiden sie sich in Abgrenzung, Wachstumsraten, Anteilsdaten etc. von früheren Ausgaben.

## Länderklassifikation

Wie im Bericht selbst ist das zur Ländereinteilung und zur allgemeinen Unterscheidung unterschiedlicher ökonomischer Entwicklungsstadien angewandte Hauptkriterium das BSP pro Kopf. Dieses Jahr werden folgende Pro-Kopf-Einkommensgruppen verwendet: Länder mit niedrigem Einkommen, bis zu 695 Dollar im Jahr 1993 (45 Länder); mit mittlerem Einkommen, 696 bis 8.625 Dollar (63 Länder); mit hohem Einkommen, 8.626 Dollar und mehr (24 Länder). Volkswirtschaften mit einer Bevölkerung von weniger als einer Million Einwohnern und solche mit unzureichenden Daten werden in den Haupttabellen nicht gesondert gezeigt, sind aber in den Gruppenkennzahlen enthalten. Grundlegende Kennzahlen für diese Länder sind auch in Tabelle 1a enthalten.

Eine weitere Einteilung der Länder erfolgt nach der geographischen Lage. Die Länderlisten für jede Gruppe finden sich in den Tabellen über die Länderklassifikation am Ende des Berichts. Aggregierte Angaben über Länder mit mittlerem Einkommen und gravierenden Schuldenproblemen werden ebenfalls dort gezeigt.

## Verfahren

In dem Bemühen, die internationale Vergleichbarkeit und die analytische Bedeutung der Kennzahlen zu verbessern, überprüft die Weltbank laufend ihre Verfahren. Die Abweichungen zwischen den hier ausgewiesenen Daten und den letztjährigen Angaben beruhen nicht nur auf der Revision vorläufiger Daten für die betreffenden Länder, sondern auch auf der Revision historischer Zeitreihen und auf methodischen Änderungen.

Alle Dollar-Angaben beziehen sich auf laufende US-Dollar, soweit nicht anders angegeben. Die verschiedenen Verfahren, die bei der Umrechnung von Angaben in nationaler Währung angewandt wurden, werden in den Technischen Erläuterungen beschrieben.

## Zusammenfassende Kennzahlen

Die zusammenfassenden Kennzahlen in den farbigen Zwischenzeilen jeder Tabelle sind für Ländergruppen errechnete Summen (angezeigt durch *s*), gewogene Durchschnitte *(w)* oder Medianwerte *(m)*. Länder, für die wegen geringer Größe, fehlender Berichterstattung oder zu kurzer Geschichte Einzelschätzungen nicht gezeigt werden, sind unter der Annahme berücksichtigt worden, daß sie dem Trend der berichtenden Länder während des betreffenden Zeitabschnitts folgen. Dies führt zu einer konsistenteren Gesamtkennzahl, da der Kreis der erfaßten Länder für jeden gezeigten Zeitraum einheitlich ist. Gruppenkennzahlen schließen Länder ein, für die keine länderspezifischen Angaben in den Tabellen erscheinen. Wenn aufgrund fehlender Informationen jedoch ein Drittel oder mehr des Gruppenschätzwertes nicht belegt ist, wird das Gruppenmaß als nicht verfügbar ausgewiesen. Die zur Berechnung der zusammenfassenden Kennzahlen verwendeten Gewichtungen werden in der jeweiligen technischen Erläuterung angegeben.

### Terminologie und Datenumfang

In diesen Anmerkungen bedeutet der Begriff „Land" nicht immer ein politisch unabhängiges Gebiet, sondern er kann sich auf jedes Territorium beziehen, dessen Behörden gesonderte soziale oder ökonomische Statistiken vorlegen.

Das vereinigte Deutschland verfügt noch nicht über ein vollständig integriertes statistisches System. In den Tabellen wird der Geltungsbereich der Angaben für Deutschland in den Fußnoten erklärt; die meisten Wirtschaftsdaten vor 1990 beziehen sich auf die Bundesrepublik Deutschland vor der Vereinigung, während demographische und soziale Daten sich im allgemeinen auf das vereinigte Deutschland beziehen.

Die Angaben über China enthalten nicht Taiwan (China), aber die Fußnoten zu den Tabellen 13, 14, 15 und 17 bieten Schätzungen der außenwirtschaftlichen Transaktionen von Taiwan (China). Die Angaben für Äthiopien sind ohne Eritrea, sofern nichts anderes angegeben ist.

### Tabelleninhalt

Die Kennzahlen in den Tabellen 1 und 1a geben eine zusammenfassende Übersicht über die einzelnen Volkswirtschaften. Die Angaben in den übrigen Tabellen betreffen die folgenden allgemeinen Bereiche: Produktion, inländische Absorption, finanzwirtschaftliche und monetäre Größen, wichtigste internationale Transaktionen, Auslandsfinanzierung, Entwicklung menschlicher Ressourcen sowie ökologisch tragfähige Entwicklung. Das Tabellenformat dieser Ausgabe entspricht dem der vorangegangenen Jahre. In jeder Gruppe werden die Volkswirtschaften nach der Höhe des Pro-Kopf-Einkommens in steigender Reihenfolge erfaßt – mit Ausnahme jener, für die solche Angaben nicht berechnet werden können und

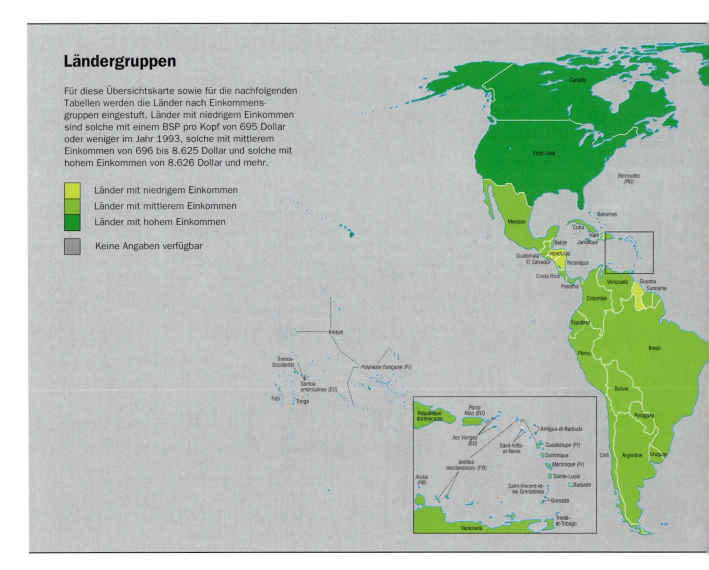

die jeweils am Ende der Gruppe, der sie vermutlich zuzurechnen sind, in alphabetischer Reihenfolge und kursiver Schreibweise aufgeführt werden. Diese Anordnung wird in allen Tabellen angewendet, ausgenommen Tabelle 18, die nur OPEC-Länder und OECD-Länder mit hohem Einkommen enthält. Die entsprechenden Ordnungsnummern der einzelnen Volkswirtschaften sind in der alphabetischen Übersicht im Länderschlüssel ausgewiesen; auch hier sind Länder ohne aktuelle Schätzungen des BSP pro Kopf kursiv gedruckt. Bei den Volkswirtschaften in der Gruppe mit hohem Einkommen, die durch das Zeichen † gekennzeichnet sind, handelt es sich um Länder, die von den Vereinten Nationen als Entwicklungsländer klassifiziert oder von ihren Regierungen als in der Entwicklung begriffen betrachtet werden.

## Technische Erläuterungen

Bei der Verwendung der Daten sollten in jedem Fall die Technischen Erläuterungen und die Fußnoten der Tabellen zu Rate gezogen werden. Die Erläuterungen skizzieren die bei der Aufstellung der Tabellen verwendeten Methoden, Begriffe, Definitionen und Datenquellen. Eine Bibliographie am Ende der Erläuterungen führt die Datenquellen auf, die einige umfassende Definitionen und Beschreibungen der angewandten Konzepte enthalten. Die Länder-Anmerkungen in den *World Tables* enthalten zusätzliche Erläuterungen der verwendeten Quellen, der statistischen Brüche, die die Vergleichbarkeit einschränken, sowie andere Abweichungen von üblichen statistischen Praktiken, die vom Weltbankstab in den Volkswirtschaftlichen Gesamtrechnungen und den Zahlungsbilanzen ausgemacht wurden.

Kommentare und Fragen zu den Kennzahlen der Weltentwicklung sollten an folgende Adresse gerichtet werden:
Development Data Group
International Economics Department
The World Bank
1818 H Street, N.W.
Washington, D.C. 20433/USA

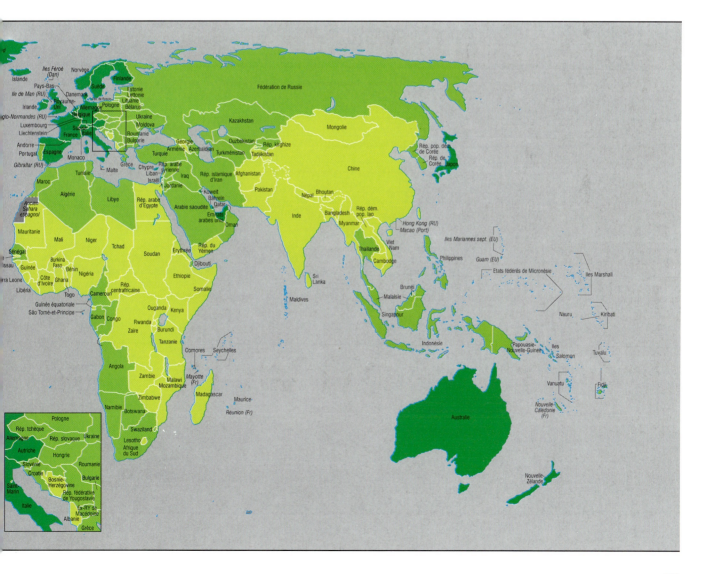

# Bevölkerungsdichte

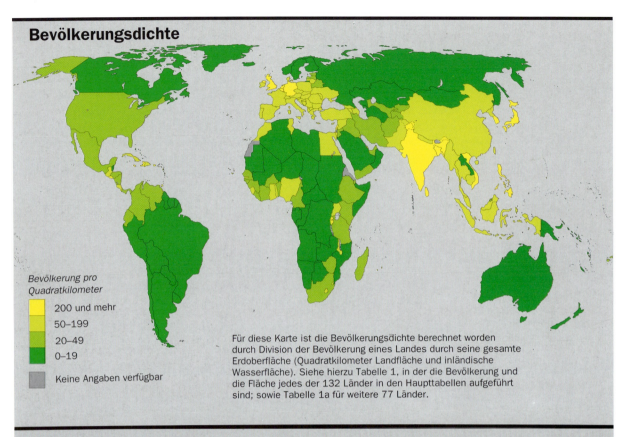

*Bevölkerung pro Quadratkilometer*
- 200 und mehr
- 50–199
- 20–49
- 0–19
- Keine Angaben verfügbar

Für diese Karte ist die Bevölkerungsdichte berechnet worden durch Division der Bevölkerung eines Landes durch seine gesamte Erdoberfläche (Quadratkilometer Landfläche und inländische Wasserfläche). Siehe hierzu Tabelle 1, in der die Bevölkerung und die Fläche jedes der 132 Länder in den Haupttabellen aufgeführt sind; sowie Tabelle 1a für weitere 77 Länder.

# Fruchtbarkeit, Sterblichkeit und Lebenserwartung

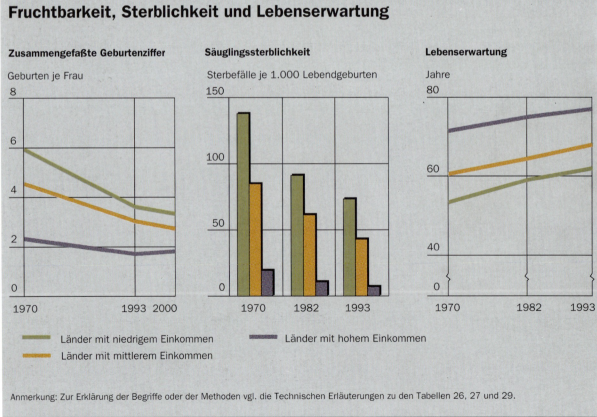

— Länder mit niedrigem Einkommen
— Länder mit mittlerem Einkommen
— Länder mit hohem Einkommen

Anmerkung: Zur Erklärung der Begriffe oder der Methoden vgl. die Technischen Erläuterungen zu den Tabellen 26, 27 und 29.

## Anteil von Frauen an den Erwerbstätigen

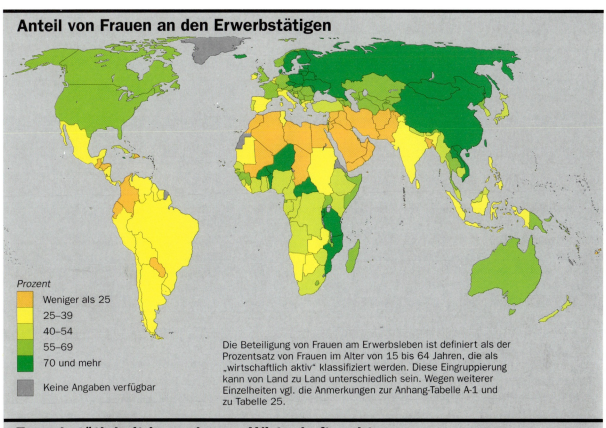

*Prozent*
- Weniger als 25
- 25–39
- 40–54
- 55–69
- 70 und mehr
- Keine Angaben verfügbar

Die Beteiligung von Frauen am Erwerbsleben ist definiert als der Prozentsatz von Frauen im Alter von 15 bis 64 Jahren, die als „wirtschaftlich aktiv" klassifiziert werden. Diese Eingruppierung kann von Land zu Land unterschiedlich sein. Wegen weiterer Einzelheiten vgl. die Anmerkungen zur Anhang-Tabelle A-1 und zu Tabelle 25.

## Erwerbstätigkeit in modernen Wirtschaftssektoren

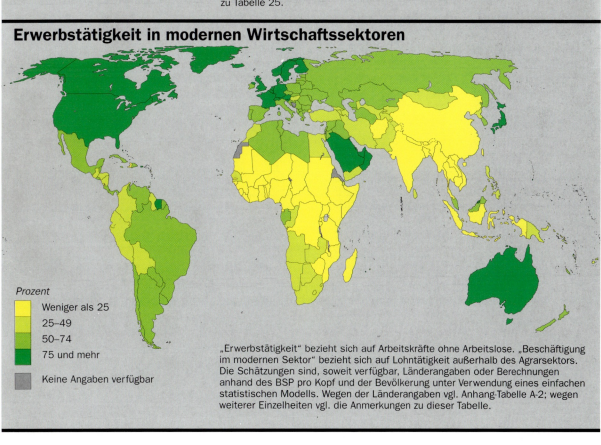

*Prozent*
- Weniger als 25
- 25–49
- 50–74
- 75 und mehr
- Keine Angaben verfügbar

„Erwerbstätigkeit" bezieht sich auf Arbeitskräfte ohne Arbeitslose. „Beschäftigung im modernen Sektor" bezieht sich auf Lohntätigkeit außerhalb des Agrarsektors. Die Schätzungen sind, soweit verfügbar, Länderangaben oder Berechnungen anhand des BSP pro Kopf und der Bevölkerung unter Verwendung eines einfachen statistischen Modells. Wegen der Länderangaben vgl. Anhang-Tabelle A-2; wegen weiterer Einzelheiten vgl. die Anmerkungen zu dieser Tabelle.

# Tabelle 1  Grundlegende Kennzahlen

| | | Bevölkerung (in Mio) Mitte 1993 | Fläche (in Tsd. Quadrat- kilometern) | BSP pro Kopf[a] In $ 1993 | Durchschnittl. jährliche Wachstumsrate (in %) 1980–93 | Durchschnittliche jährliche Inflationsrate (in %) 1970–80 | 1980–93 | Lebens- erwartung bei der Geburt (in Jahren) 1993 | Analphabetenquote der Erwachsenen (in %) Frauen 1990 | Insgesamt 1990 |
|---|---|---|---|---|---|---|---|---|---|---|
| | **Länder mit niedrigem Einkommen** | 3.092,7s | 39.093s | 380w | 3,7w | 7,3w | 14,1w | 62w | 53w | 41w |
| | **Ohne China und Indien** | 1.016,1s | 26.244s | 300w | 0,1w | 13,4w | 27,1w | 56w | 61w | 49w |
| 1 | Mosambik | 15,1 | 802 | 90 | –1,5 | .. | 42,3 | 46 | 79 | 67 |
| 2 | Tansania[b] | 28,0 | 945 | 90 | 0,1 | 14,1 | 24,3 | 52 | .. | .. |
| 3 | Äthiopien | 51,9 | 1.097 | 100 | .. | .. | .. | 48 | .. | .. |
| 4 | Sierra Leone | 4,5 | 72 | 150 | –1,5 | 12,5 | 61,6 | 39 | 89 | 79 |
| 5 | Vietnam | 71,3 | 332 | 170 | .. | .. | .. | 66 | 16 | 12 |
| 6 | Burundi | 6,0 | 28 | 180 | 0,9 | 11,8 | 4,6 | 50 | 60 | 50 |
| 7 | Uganda | 18,0 | 236 | 180 | .. | .. | .. | 45 | 65 | 52 |
| 8 | Nepal | 20,8 | 141 | 190 | 2,0 | 8,5 | 11,5 | 54 | 87 | 74 |
| 9 | Malawi | 10,5 | 118 | 200 | –1,2 | 8,8 | 15,5 | 45 | .. | .. |
| 10 | Tschad | 6,0 | 1.284 | 210 | 3,2 | 7,7 | 0,7 | 48 | 82 | 70 |
| 11 | Ruanda | 7,6 | 26 | 210 | –1,2 | 14,3 | 3,4 | .. | 63 | 50 |
| 12 | Bangladesch | 115,2 | 144 | 220 | 2,1 | 20,8 | 8,6 | 56 | 78 | 65 |
| 13 | Madagaskar | 13,9 | 587 | 220 | –2,6 | 9,9 | 16,1 | 57 | 27 | 20 |
| 14 | Guinea-Bissau | 1,0 | 36 | 240 | 2,8 | 5,7 | 58,7 | 44 | 76 | 64 |
| 15 | Kenia | 25,3 | 580 | 270 | 0,3 | 10,1 | 9,9 | 58 | 42 | 31 |
| 16 | Mali | 10,1 | 1.240 | 270 | –1,0 | 9,9 | 4,4 | 46 | 76 | 68 |
| 17 | Niger | 8,6 | 1.267 | 270 | –4,1 | 10,9 | 1,3 | 47 | 83 | 72 |
| 18 | Laos, Dem. VR | 4,6 | 237 | 280 | .. | .. | .. | 52 | .. | .. |
| 19 | Burkina Faso | 9,8 | 274 | 300 | 0,8 | 8,6 | 3,3 | 47 | 91 | 82 |
| 20 | Indien | 898,2 | 3.288 | 300 | 3,0 | 8,4 | 8,7 | 61 | 66 | 52 |
| 21 | Nigeria | 105,3 | 924 | 300 | –0,1 | 15,2 | 20,6 | 51 | 61 | 49 |
| 22 | Albanien | 3,4 | 29 | 340 | –3,2 | .. | 5,6 | 72 | .. | .. |
| 23 | Nicaragua | 4,1 | 130 | 340 | –5,7 | 12,6 | 664,6 | 67 | .. | .. |
| 24 | Togo | 3,9 | 57 | 340 | –2,1 | 8,9 | 3,7 | 55 | 69 | 57 |
| 25 | Gambia | 1,0 | 11 | 350 | –0,2 | 10,6 | 16,2 | 45 | 84 | 73 |
| 26 | Sambia | 8,9 | 753 | 380 | –3,1 | 7,6 | 58,9 | 48 | 35 | 27 |
| 27 | Mongolei | 2,3 | 1.567 | 390 | 0,2 | .. | 13,8 | 64 | .. | .. |
| 28 | Zentralafrik. Rep. | 3,2 | 623 | 400 | –1,6 | 12,1 | 4,2 | 50 | 75 | 62 |
| 29 | Benin | 5,1 | 113 | 430 | –0,4 | 10,3 | 1,4 | 48 | 84 | 77 |
| 30 | Ghana | 16,4 | 239 | 430 | 0,1 | 35,2 | 37,0 | 56 | 49 | 40 |
| 31 | Pakistan | 122,8 | 796 | 430 | 3,1 | 13,4 | 7,4 | 62 | 79 | 65 |
| 32 | Tadschikistan[c] | 5,8 | 143 | 470 | –3,6 | 1,4 | 26,0 | 70 | .. | *2* |
| 33 | China | 1.178,4 | 9.561 | 490[d] | 8,2 | 0,6 | 7,0 | 69 | 38 | 27 |
| 34 | Guinea | 6,3 | 246 | 500 | .. | .. | .. | 45 | 87 | 76 |
| 35 | Mauretanien | 2,2 | 1.026 | 500 | –0,8 | 9,9 | 8,2 | 52 | 79 | 66 |
| 36 | Simbabwe | 10,7 | 391 | 520 | –0,3 | 9,4 | 14,4 | 53 | 40 | 33 |
| 37 | Georgien[c] | 5,4 | 70 | 580 | –6,6 | .. | 40,7 | 73 | .. | *1* |
| 38 | Honduras | 5,3 | 112 | 600 | –0,3 | 8,1 | 8,2 | 68 | 29 | 27 |
| 39 | Sri Lanka | 17,9 | 66 | 600 | 2,7 | 12,3 | 11,1 | 72 | 17 | 12 |
| 40 | Côte d'Ivoire | 13,3 | 322 | 630 | –4,6 | 13,0 | 1,5 | 51 | 60 | 46 |
| 41 | Lesotho | 1,9 | 30 | 650 | –0,5 | 9,7 | 13,8 | 61 | .. | .. |
| 42 | Armenien[c] | 3,7 | 30 | 660 | –4,2 | 0,7 | 26,9 | 73 | .. | *1* |
| 43 | Ägypten, Arab. Rep. | 56,4 | 1.001 | 660 | 2,8 | 9,6 | 13,6 | 64 | 66 | 52 |
| 44 | *Myanmar* | 44,6 | 677 | .. | .. | 11,4 | 16,5 | 58 | 28 | 19 |
| 45 | *Jemen, Rep.* | 13,2 | 528 | .. | .. | .. | .. | 51 | 74 | 62 |
| | **Länder mit mittlerem Einkommen** | 1.596,3s | 62.452s | 2.480w | 0,2w | 22,1w | 90,1w | 68w | .. | 17w |
| | **Untere Einkommenskategorie** | 1.095,8s | 40.604s | 1.590w | –0,5w | 8,3w | 35,2w | 67w | .. | 19w |
| 46 | Aserbaidschan | 7,4 | 87 | 730 | –3,5 | 1,7 | 28,2 | 71 | .. | *3* |
| 47 | Indonesien | 187,2 | 1.905 | 740 | 4,2 | 21,5 | 8,5 | 63 | 32 | 23 |
| 48 | Senegal | 7,9 | 197 | 750 | 0,0 | 8,5 | 4,9 | 50 | 75 | 62 |
| 49 | Bolivien | 7,1 | 1.099 | 760 | –0,7 | 21,0 | 187,1 | 60 | 29 | 23 |
| 50 | Kamerun | 12,5 | 475 | 820 | –2,2 | 9,0 | 4,0 | 57 | 57 | 46 |
| 51 | Mazedonien | 2,1 | 26 | 820 | .. | .. | .. | 72 | .. | .. |
| 52 | Kirgisistan[c] | 4,6 | 199 | 850 | 0,1 | 0,8 | 28,6 | 69 | .. | *3* |
| 53 | Philippinen | 64,8 | 300 | 850 | –0,6 | 13,3 | 13,6 | 67 | 11 | 10 |
| 54 | Kongo | 2,4 | 342 | 950 | –0,3 | 8,4 | –0,6 | 51 | 56 | 43 |
| 55 | Usbekistan[c] | 21,9 | 447 | 970 | –0,2 | 1,0 | 24,5 | 69 | .. | *3* |
| 56 | Marokko | 25,9 | 447 | 1.040 | 1,2 | 8,3 | 6,6 | 64 | 62 | 51 |
| 57 | Moldau[c] | 4,4 | 34 | 1.060 | –2,0 | 0,9 | 32,4 | 68 | .. | *4* |
| 58 | Guatemala | 10,0 | 109 | 1.100 | –1,2 | 10,5 | 16,8 | 65 | 53 | 45 |
| 59 | Papua-Neuguinea | 4,1 | 463 | 1.130 | 0,6 | 9,1 | 4,8 | 56 | 62 | 48 |
| 60 | Bulgarien | 8,9 | 111 | 1.140 | 0,5 | .. | 15,9 | 71 | .. | .. |
| 61 | Rumänien | 22,8 | 238 | 1.140 | –2,4 | .. | 22,4 | 70 | .. | .. |
| 62 | Jordanien[e] | 4,1 | 89 | 1.190 | .. | .. | .. | 70 | 30 | 20 |
| 63 | Ecuador | 11,0 | 284 | 1.200 | 0,0 | 13,8 | 40,4 | 69 | 16 | 14 |
| 64 | Dominikanische Rep. | 7,5 | 49 | 1.230 | 0,7 | 9,1 | 25,0 | 70 | 18 | 17 |
| 65 | El Salvador | 5,5 | 21 | 1.320 | 0,2 | 10,7 | 17,0 | 67 | 30 | 27 |
| 66 | Litauen[c] | 3,7 | 65 | 1.320 | –2,8 | .. | 35,2 | 70 | .. | .. |
| 67 | Kolumbien | 35,7 | 1.139 | 1.400 | 1,5 | 22,3 | 24,9 | 70 | 14 | 13 |
| 68 | Jamaika | 2,4 | 11 | 1.440 | –0,3 | 17,0 | 22,4 | 74 | *1* | *2* |
| 69 | Peru | 22,9 | 1.285 | 1.490 | –2,7 | 30,1 | 316,1 | 66 | 21 | 15 |
| 70 | Paraguay | 4,7 | 407 | 1.510 | –0,7 | 12,7 | 25,0 | 70 | 12 | 10 |
| 71 | Kasachstan[c] | 17,0 | 2.717 | 1.560 | –1,6 | 0,7 | 35,2 | 70 | .. | *3* |
| 72 | Tunesien | 8,7 | 164 | 1.720 | 1,2 | 8,7 | 7,1 | 68 | 44 | 35 |

*Anmerkung:* Wegen Übrige Länder vgl. Tabelle 1a.   Zur Vergleichbarkeit der Daten und ihrer Abgrenzung in den Tabellen vgl. Technische Erläuterungen.   Kursive Zahlen gelten für andere als die angegebenen Jahre.

|  |  | Bevölkerung (in Mio) Mitte 1993 | Fläche (in Tsd. Quadrat-kilometern) | BSP pro Kopf[a] | | Durchschnittliche jährliche Inflationsrate (in %) | | Lebens-erwartung bei der Geburt (in Jahren) 1993 | Analphabetenquote der Erwachsenen (in %) | |
|---|---|---|---|---|---|---|---|---|---|---|
|  |  |  |  | In $ 1993 | Durchschnittl. jährliche Wachstumsrate (in %) 1980–93 | 1970–80 | 1980–93 |  | Frauen 1990 | Insgesamt 1990 |
| 73 | Algerien | 26,7 | 2.382 | 1.780 | −0,8 | 14,5 | 13,2 | 67 | 55 | 43 |
| 74 | Namibia | 1,5 | 824 | 1.820 | 0,7 | .. | 11,9 | 59 | .. | .. |
| 75 | Slowakei | 5,3 | 49 | 1.950 | .. | .. | .. | 71 | .. | .. |
| 76 | Lettland[c] | 2,6 | 65 | 2.010 | −0,6 | .. | 23,8 | 69 | .. | .. |
| 77 | Thailand | 58,1 | 513 | 2.110 | 6,4 | 9,2 | 4,3 | 69 | 10 | 7 |
| 78 | Costa Rica | 3,3 | 51 | 2.150 | 1,1 | 15,3 | 22,1 | 76 | 7 | 7 |
| 79 | Ukraine[c] | 51,6 | 604 | 2.210 | 0,2 | 0,1 | 37,2 | 69 | .. | 2 |
| 80 | Polen | 38,3 | 313 | 2.260 | 0,4 | .. | 69,3 | 71 | .. | .. |
| 81 | Russische Föderation[c] | 148,7 | 17.075 | 2.340 | −1,0 | −0,1 | 35,4 | 65 | .. | 2 |
| 82 | Panama | 2,5 | 76 | 2.600 | −0,7 | 7,7 | 2,1 | 73 | 12 | 12 |
| 83 | Tschechische Rep. | 10,3 | 79 | 2.710 | .. | .. | .. | 71 | .. | .. |
| 84 | Botsuana | 1,4 | 582 | 2.790[f] | 6,2 | 11,6 | 12,3 | 65 | 35 | 26 |
| 85 | Türkei | 59,6 | 779 | 2.970[f] | 2,4 | 29,6 | 53,5 | 67 | 29 | 19 |
| 86 | *Iran, Islam. Rep.* | 64,2 | 1.648 | .. | .. | .. | 17,1 | 68 | 57 | 46 |
| **Obere Einkommenskategorie** | | 500,5s | 21.848s | 4.370w | 0,9w | 36,3w | 158,7w | 69w | 17w | 14w |
| 87 | Venezuela | 20,9 | 912 | 2.840 | −0,7 | 14,0 | 23,9 | 72 | 17 | 8 |
| 88 | Weißrußland[c] | 10,2 | 208 | 2.870 | 2,4 | 0,0 | 30,9 | 70 | .. | 2 |
| 89 | Brasilien | 156,5 | 8.512 | 2.930 | 0,3 | 38,6 | 423,9 | 67 | 20 | 19 |
| 90 | Südafrika | 39,7 | 1.221 | 2.980 | −0,2 | 13,0 | 14,7 | 63 | .. | .. |
| 91 | Mauritius | 1,1 | 2 | 3.030 | 5,5 | 15,3 | 8,8 | 70 | .. | .. |
| 92 | Estland[c] | 1,6 | 45 | 3.080 | −2,2 | .. | 29,8 | 69 | .. | .. |
| 93 | Malaysia | 19,0 | 330 | 3.140 | 3,5 | 7,3 | 2,2 | 71 | 30 | 22 |
| 94 | Chile | 13,8 | 757 | 3.170 | 3,6 | 186,2 | 20,1 | 74 | 7 | 7 |
| 95 | Ungarn | 10,2 | 93 | 3.350 | 1,2 | 3,4 | 12,8 | 69 | .. | .. |
| 96 | Mexiko | 90,0 | 1.958 | 3.610 | −0,5 | 18,1 | 57,9 | 71 | 15 | 13 |
| 97 | Trinidad und Tobago | 1,3 | 5 | 3.830 | −2,8 | 18,5 | 4,8 | 72 | .. | .. |
| 98 | Uruguay | 3,1 | 177 | 3.830 | −0,1 | 63,7 | 66,7 | 73 | 4 | 4 |
| 99 | Oman | 2,0 | 212 | 4.850 | 3,4 | 28,0 | −2,3 | 70 | .. | .. |
| 100 | Gabun | 1,0 | 268 | 4.960 | −1,6 | 17,5 | 1,5 | 54 | 52 | 39 |
| 101 | Slowenien | 1,9 | 20 | 6.490 | .. | .. | .. | 73 | .. | .. |
| 102 | Puerto Rico | 3,6 | 9 | 7.000 | 1,0 | 6,5 | 3,2 | 75 | .. | .. |
| 103 | Argentinien | 33,8 | 2.767 | 7.220 | −0,5 | 134,2 | 374,3 | 72 | 5 | 5 |
| 104 | Griechenland | 10,4 | 132 | 7.390 | 0,9 | 14,3 | 17,3 | 78 | 11 | 7 |
| 105 | Korea, Rep. | 44,1 | 99 | 7.660 | 8,2 | 19,5 | 6,3 | 71 | 7 | g |
| 106 | Portugal | 9,8 | 92 | 9.130[f] | 3,3 | 16,9 | 16,4 | 75 | 19 | 15 |
| 107 | Saudi-Arabien | 17,4 | 2.150 | .. | −3,6 | 24,5 | −2,1 | 70 | 52 | 38 |
| 108 | *Turkmenistan[c]* | 3,9 | 488 | .. | .. | .. | 2,4 | 65 | .. | 2 |
| **Länder mit niedr. u. mittl. Eink.** | | 4.688,0s | 101.544s | 1.090w | 0,9w | 18,5w | 72,8w | 64w | .. | 33w |
| Afrika südlich der Sahara | | 559,0s | 24.274s | 520w | −0,8w | 13,8w | 16,1w | 52w | 62w | 50w |
| Ostasien u. Pazifik | | 1.713,9s | 16.369s | 820w | 6,4w | 9,7w | 7,1w | 68w | 34w | 24w |
| Südasien | | 1.194,4s | 5.133s | 310w | 3,0w | 9,7w | 8,6w | 60w | 69w | 54w |
| Europa u. Zentralasien | | 494,6s | 24.242s | 2.450w | −0,3w | 4,6w | 35,3w | 69w | .. | 5w |
| Naher Osten u. Nordafrika | | 262,5s | 11.015s | .. | −2,4w | 16,9w | 10,7w | 66w | 57w | .. |
| Lateinamerika u. Karibik | | 466,3s | 20.507s | 2.950w | −0,1w | 46,7w | 245,0w | 69w | 18w | 15w |
| **Länder mit gravierenden Schuldenproblemen** | | 385,8s | 17.968s | 2.640w | −1,1w | 52,4w | 302,7w | 67w | 27w | 23w |
| **Länder mit hohem Einkommen** | | 812,4s | 32.145s | 23.090w | 2,2w | 9,5w | 4,3w | 77w | .. | .. |
| 109 | Neuseeland | 3,5 | 271 | 12.600 | 0,7 | 12,5 | 8,5 | 76 | g | g |
| 110 | Irland | 3,5 | 70 | 13.000 | 3,6 | 14,2 | 4,8 | 75 | g | g |
| 111 | Spanien | 39,5 | 505 | 13.590 | 2,7 | 16,1 | 8,4 | 78 | 7 | 5 |
| 112 | †Israel | 5,2 | 21 | 13.920 | 2,0 | 39,6 | 70,4 | 77 | .. | .. |
| 113 | Australien | 17,6 | 7.713 | 17.500 | 1,6 | 11,8 | 6,1 | 78 | g | g |
| 114 | †Hongkong | 5,8 | 1 | 18.060[h] | 5,4[h] | 9,2 | 7,9 | 79 | .. | .. |
| 115 | Großbritannien | 57,9 | 245 | 18.060 | 2,3 | 14,5 | 5,6 | 76 | g | g |
| 116 | Finnland | 5,1 | 338 | 19.300 | 1,5 | 12,3 | 5,8 | 76 | g | g |
| 117 | †Kuwait | 1,8 | 18 | 19.360 | −4,3 | 21,9 | .. | 75 | 33 | 27 |
| 118 | Italien | 57,1 | 301 | 19.840 | 2,1 | 15,6 | 8,8 | 78 | g | g |
| 119 | †Singapur | 2,8 | 1 | 19.850 | 6,1 | 5,9 | 2,5 | 75 | g | g |
| 120 | Kanada | 28,8 | 9.976 | 19.970 | 1,4 | 8,7 | 3,9 | 78 | g | g |
| 121 | Niederlande | 15,3 | 37 | 20.950 | 1,7 | 7,9 | 1,7 | 78 | g | g |
| 122 | †Vereinigte Arab. Emirate | 1,8 | 84 | 21.430 | −4,4 | .. | .. | 74 | .. | .. |
| 123 | Belgien | 10,0 | 31 | 21.650 | 1,9 | 7,8 | 4,0 | 77 | g | g |
| 124 | Frankreich | 57,5 | 552 | 22.490 | 1,6 | 10,2 | 5,1 | 77 | g | g |
| 125 | Österreich | 7,9 | 84 | 23.510 | 2,0 | 6,5 | 3,6 | 76 | g | g |
| 126 | Deutschland | 80,7 | 357 | 23.560 | 2,1[i] | 5,1[i] | 2,8[i] | 76 | g | g |
| 127 | Schweden | 8,7 | 450 | 24.740 | 1,3 | 10,0 | 6,9 | 78 | g | g |
| 128 | Vereinigte Staaten | 257,8 | 9.809 | 24.740 | 1,7 | 7,5 | 3,8 | 76 | g | g |
| 129 | Norwegen | 4,3 | 324 | 25.970 | 2,2 | 8,4 | 4,6 | 77 | g | g |
| 130 | Dänemark | 5,2 | 43 | 26.730 | 2,0 | 10,1 | 4,6 | 75 | g | g |
| 131 | Japan | 124,5 | 378 | 31.490 | 3,4 | 8,5 | 1,5 | 80 | g | g |
| 132 | Schweiz | 7,1 | 41 | 35.760 | 1,1 | 5,0 | 3,8 | 78 | g | g |
| **Gesamte Welt** | | 5.501,5s | 133.690s | 4.420w | 1,2w | 11,4w | 19,6w | 66w | .. | 33w |

† Von den Vereinten Nationen als Entwicklungsländer eingestufte oder von den nationalen Behörden als solche betrachtete Länder. [a] Vgl. Technische Erläuterungen. [b] In allen Tabellen betreffen die BIP- und BSP-Angaben nur das Festland von Tansania. [c] Schätzungen für Länder der ehem. Sowjetunion sind vorläufig, und ihre Klassifikation wird überprüft. Es sei angemerkt, daß in allen Tabellen Turkmenistan als Land mit mittlerem Einkommen, untere Kategorie, zu klassifizieren ist. [d] Vorläufige Schätzungen, vgl. technische Erläuterungen zu Tabelle 1, Absatz 8. [e] In allen Tabellen betreffen die Angaben nur Jordanien ohne West-Bank. [f] Die Angaben spiegeln die jüngste Revision des BSP pro Kopf für 1993 wider: von 2.590 auf 2.790 Dollar für Botsuana, von 2.120 auf 2.970 Dollar für die Türkei und von 7.890 auf 9.130 Dollar für Portugal. [g] Nach Angaben der UNESCO liegt die Analphabetenquote unter 5 Prozent. [h] Die Angaben beziehen sich auf das BIP. [i] Die Angaben beziehen sich auf die Bundesrepublik Deutschland vor der Vereinigung.

# Tabelle 2  Wachstum der Produktion

Durchschnittliche jährliche Wachstumsrate (%)

| | BIP | | Landwirtschaft | | Industrie | | Verarbeitendes Gewerbe[a] | | Dienstleistungssektor usw.[b] | |
|---|---|---|---|---|---|---|---|---|---|---|
| | 1970–80 | 1980–93 | 1970–80 | 1980–93 | 1970–80 | 1980–93 | 1970–80 | 1980–93 | 1970–80 | 1980–93 |
| **Länder mit niedrigem Einkommen** | **4,3**w | **5,7**w | **2,0**w | **3,4**w | **6,3**w | **7,6**w | **7,3**w | **8,6**w | **5,5**w | **6,3**w |
| Ohne China und Indien | 4,4w | 2,9w | .. | 2,2w | 5,3w | 2,2w | .. | .. | 6,5w | 3,8w |
| 1  Mosambik | .. | 1,0 | .. | 1,4 | .. | –4,4 | .. | .. | .. | 3,4 |
| 2  Tansania | 3,0 | 3,6 | 0,7 | 4,9 | 2,6 | 2,5 | 3,7 | 0,9 | 9,0 | 1,6 |
| 3  Äthiopien | .. | 1,8 | .. | .. | .. | .. | .. | .. | .. | .. |
| 4  Sierra Leone | 1,6 | 1,1 | 6,0 | 2,8 | –3,2 | –1,5 | –2,1 | –4,2 | 2,3 | 1,8 |
| 5  Vietnam[c] | .. | .. | .. | .. | .. | .. | .. | .. | .. | .. |
| 6  Burundi | 3,1 | *3,6* | 2,2 | *2,7* | 10,5 | *4,4* | 2,7 | *0,5* | 2,5 | *4,9* |
| 7  Uganda | .. | 3,8 | .. | .. | .. | .. | .. | .. | .. | .. |
| 8  Nepal | 2,0 | 5,0 | 0,5 | 3,6 | .. | .. | .. | .. | .. | .. |
| 9  Malawi | 5,8 | 3,0 | 4,4 | 2,1 | 6,3 | 3,3 | .. | 3,6 | *7,1* | 3,5 |
| 10  Tschad[c] | 0,1 | 4,8 | –0,4 | 4,0 | –2,1 | 5,0 | .. | .. | *2,2* | 5,8 |
| 11  Ruanda | .. | 1,1 | .. | –0,2 | .. | 0,6 | .. | 1,7 | .. | 3,5 |
| 12  Bangladesch[c] | 2,3 | 4,2 | 0,6 | 2,6 | 5,2 | 5,2 | 5,1 | 3,4 | 3,8 | 5,4 |
| 13  Madagaskar | 0,5 | 0,9 | *0,4* | 2,4 | *0,6* | 1,0 | .. | .. | *0,6* | 0,3 |
| 14  Guinea-Bissau | *2,4* | 4,8 | –1,2 | 6,1 | *2,1* | 0,0 | .. | .. | *11,8* | 4,9 |
| 15  Kenia | 6,4 | 3,8 | 4,8 | 2,6 | 8,6 | 3,8 | 9,9 | 4,7 | 6,8 | 4,7 |
| 16  Mali[c] | 4,7 | *1,9* | 4,2 | 4,2 | 2,0 | *2,8* | .. | .. | 5,9 | *–0,3* |
| 17  Niger[c] | 0,6 | –0,6 | 3,7 | .. | 11,3 | .. | .. | .. | 1,4 | .. |
| 18  Laos, Dem. VR[c] | .. | 4,8 | .. | .. | .. | .. | .. | .. | .. | .. |
| 19  Burkina Faso | 4,4 | 3,7 | *1,0* | 2,8 | *2,5* | 3,8 | *4,1* | 3,1 | *19,7* | 4,8 |
| 20  Indien | 3,4 | 5,2 | 1,8 | 3,0 | 4,5 | 6,2 | 4,6 | 6,3 | 4,6 | 6,4 |
| 21  Nigeria | 4,6 | 2,7 | –0,1 | 3,6 | 7,3 | 0,8 | 5,2 | .. | 9,6 | 4,2 |
| 22  Albanien | .. | *–1,8* | .. | *–0,2* | .. | *–4,0* | .. | .. | .. | *–0,4* |
| 23  Nicaragua[c] | 1,2 | –1,8 | 1,9 | –1,8 | 1,1 | –2,9 | 2,8 | –3,1 | 0,6 | –1,4 |
| 24  Togo[c] | 4,0 | 0,7 | 1,9 | 4,9 | 7,7 | 0,0 | .. | 1,2 | 3,6 | –2,2 |
| 25  Gambia | 4,5 | 2,4 | 1,6 | 0,8 | 6,7 | 5,5 | .. | .. | 6,4 | 3,0 |
| 26  Sambia[c] | 1,4 | *0,9* | 2,1 | *2,5* | 1,5 | *1,3* | 2,4 | *4,2* | 1,2 | *0,0* |
| 27  Mongolei[c] | .. | 3,8 | .. | .. | .. | .. | .. | .. | .. | .. |
| 28  Zentralafrik. Rep. | 2,4 | 1,0 | 1,9 | 2,0 | 4,1 | 2,4 | .. | .. | 2,4 | –0,5 |
| 29  Benin[c] | 2,2 | *2,7* | 1,8 | 4,9 | 1,4 | 1,7 | .. | *5,1* | 2,8 | *1,5* |
| 30  Ghana[c] | –0,1 | 3,5 | –0,3 | 1,3 | –1,0 | 4,2 | –0,5 | 4,1 | 1,1 | 6,8 |
| 31  Pakistan | 4,9 | 6,0 | 2,3 | 4,4 | 6,1 | 7,2 | 5,4 | 7,3 | 6,3 | 6,3 |
| 32  Tadschikistan | –5,1 | –0,8 | .. | .. | .. | .. | .. | .. | .. | .. |
| 33  China[c] | 5,5 | 9,6 | 2,6 | 5,3 | 8,9 | 11,5 | 10,8 | 11,1 | 5,3 | 11,1 |
| 34  Guinea[c] | .. | 3,7 | .. | .. | .. | .. | .. | 0,4 | .. | .. |
| 35  Mauretanien | 1,3 | 2,0 | –1,0 | 1,7 | 0,5 | 3,6 | .. | .. | 3,6 | 1,3 |
| 36  Simbabwe | 1,6 | 2,7 | *0,6* | 1,5 | *1,1* | 2,8 | *2,8* | 2,2 | 2,5 | 3,0 |
| 37  Georgien[c] | 6,5 | –6,1 | .. | 0,8 | .. | –1,8 | .. | –2,2 | .. | –2,3 |
| 38  Honduras | 5,8 | 2,9 | 2,2 | 3,1 | 6,7 | 3,6 | 6,9 | 3,6 | 7,1 | 2,5 |
| 39  Sri Lanka | 4,1 | 4,0 | 2,8 | 2,1 | 3,4 | 5,0 | 1,9 | 6,7 | 5,7 | 4,6 |
| 40  Côte d'Ivoire | 6,8 | 0,1 | 2,7 | –0,1 | 9,1 | 2,5 | .. | .. | 10,3 | –1,3 |
| 41  Lesotho | 8,6 | 5,5 | 0,2 | –0,5 | 27,8 | 9,3 | 18,0 | 12,2 | 13,6 | 5,0 |
| 42  Armenien[c] | 7,3 | –2,8 | .. | –5,2 | .. | 3,0 | .. | .. | .. | 5,4 |
| 43  Ägypten, Arab. Rep. | 9,5 | 4,3 | 2,8 | 1,3 | 9,4 | 1,6 | .. | .. | 17,5 | 6,9 |
| 44  *Myanmar* | 4,7 | *0,8* | 4,3 | *0,6* | 4,7 | *1,4* | 4,2 | *0,1* | 5,4 | *0,9* |
| 45  *Jemen, Rep.* | .. | .. | .. | .. | .. | .. | .. | .. | .. | .. |
| **Länder mit mittlerem Einkommen** | **5,5**w | **2,1**w | .. | **1,6**w | .. | **2,0**w | .. | .. | .. | **2,8**w |
| Untere Einkommenskategorie | 5,1w | 1,6w | .. | 1,4w | .. | 1,8w | .. | .. | .. | 2,9w |
| 46  Aserbaidschan | 6,9 | –2,2 | .. | .. | .. | .. | .. | .. | .. | .. |
| 47  Indonesien[c] | 7,2 | 5,8 | 4,1 | 3,2 | 9,6 | 6,3 | 14,0 | 11,8 | 7,7 | 6,9 |
| 48  Senegal[c] | 2,3 | 2,8 | 1,3 | 2,1 | 5,3 | 3,6 | 2,4 | 4,2 | 2,0 | 2,7 |
| 49  Bolivien[c] | 4,5 | 1,1 | 3,9 | .. | 2,6 | .. | 6,0 | .. | 7,6 | .. |
| 50  Kamerun[c] | 8,0 | 0,0 | 4,0 | –1,1 | 10,9 | –0,3 | 7,0 | 9,0 | 9,9 | 1,0 |
| 51  Mazedonien | .. | .. | .. | .. | .. | .. | .. | .. | .. | .. |
| 52  Kirgisistan[c] | 4,4 | 1,9 | .. | .. | .. | .. | .. | .. | .. | .. |
| 53  Philippinen[c] | 6,0 | 1,4 | 4,0 | 1,2 | 8,2 | –0,1 | 6,1 | 0,8 | 5,1 | 2,9 |
| 54  Kongo[c] | 5,8 | 2,7 | 2,5 | 2,6 | 10,3 | 4,3 | .. | 5,1 | 4,5 | 1,6 |
| 55  Usbekistan[c] | 6,3 | 2,2 | .. | 0,2 | .. | 4,3 | .. | 5,6 | .. | 5,1 |
| 56  Marokko[c] | 5,6 | 3,7 | 1,1 | 4,1 | 6,5 | 2,8 | .. | 3,9 | 7,0 | 4,1 |
| 57  Moldau[c] | 5,1 | –1,3 | .. | –5,1 | .. | –1,3 | .. | .. | .. | 3,9 |
| 58  Guatemala[c] | 5,8 | 1,7 | 4,6 | 1,8 | 7,7 | 1,0 | 6,2 | –1,1 | 5,6 | 1,9 |
| 59  Papua-Neuguinea[c] | 2,2 | 3,1 | 2,8 | 1,9 | .. | 5,1 | .. | 0,7 | .. | 2,1 |
| 60  Bulgarien | .. | 0,9 | .. | –2,0 | .. | 1,1 | .. | .. | .. | 2,4 |
| 61  Rumänien | .. | –2,5 | .. | 0,6 | .. | –4,4 | .. | .. | .. | *1,1* |
| 62  Jordanien | .. | *1,2* | .. | .. | .. | .. | .. | .. | .. | .. |
| 63  Ecuador[c] | 9,5 | 2,4 | 2,8 | 4,5 | 13,9 | 1,4 | 10,5 | 0,3 | 9,4 | 2,4 |
| 64  Dominikanische Rep.[c] | 6,5 | 2,8 | 3,1 | 0,4 | 8,3 | 1,6 | 6,5 | 1,0 | 7,2 | 4,1 |
| 65  El Salvador[c] | 4,2 | 1,6 | 3,4 | 0,4 | 5,2 | 1,9 | 4,1 | *2,1* | 4,0 | 1,7 |
| 66  Litauen[c] | 4,9 | –2,2 | .. | .. | .. | .. | .. | .. | .. | .. |
| 67  Kolumbien | 5,4 | 3,7 | 4,6 | 3,2 | 5,1 | 4,5 | 5,8 | 3,5 | 5,9 | 3,4 |
| 68  Jamaika[c] | –1,3 | 2,3 | 0,3 | 1,5 | –3,4 | 2,7 | –2,1 | 2,0 | 1,2 | 2,1 |
| 69  Peru[c] | 3,5 | –0,5 | .. | .. | .. | .. | .. | .. | .. | .. |
| 70  Paraguay[c] | 8,5 | 2,8 | 6,2 | 3,4 | 11,2 | 0,7 | 7,9 | 2,3 | 8,6 | 3,6 |
| 71  Kasachstan[c] | 4,6 | –0,6 | .. | 0,7 | .. | 1,2 | .. | 0,1 | .. | 5,5 |
| 72  Tunesien | 6,8 | 3,7 | 4,1 | 4,8 | 8,7 | 3,4 | 10,4 | 7,3 | 6,6 | 3,5 |

*Anmerkung:* Zur Vergleichbarkeit der Daten und ihrer Abgrenzung vgl. Technische Erläuterungen. Kursive Zahlen gelten für andere als die angegebenen Jahre.

| | | Durchschnittliche jährliche Wachstumsrate (%) | | | | | | | | |
|---|---|---|---|---|---|---|---|---|---|---|
| | | BIP | | Landwirtschaft | | Industrie | | Verarbeitendes Gewerbe[a] | | Dienstleistungssektor usw.[b] | |
| | | 1970–80 | 1980–93 | 1970–80 | 1980–93 | 1970–80 | 1980–93 | 1970–80 | 1980–93 | 1970–80 | 1980–93 |
| 73 | Algerien | 4,6 | 2,1 | 7,5 | 4,5 | 3,8 | 0,8 | 7,6 | −2,2 | 4,8 | 2,7 |
| 74 | Namibia | .. | 1,3 | .. | −0,1 | .. | −0,5 | .. | 5,4 | 2,6 | 3,5 |
| 75 | Slowakei[c] | .. | .. | .. | .. | .. | .. | .. | .. | .. | .. |
| 76 | Lettland | .. | −0,3 | .. | −0,9 | .. | −1,7 | .. | −2,4 | .. | 0,9 |
| 77 | Thailand[c] | 7,1 | 8,2 | 4,4 | 3,8 | 9,7 | 11,0 | 10,5 | 10,8 | 7,0 | 7,7 |
| 78 | Costa Rica[c] | 5,7 | 3,6 | 2,5 | 3,6 | 8,2 | 3,3 | .. | 3,6 | 5,8 | 3,7 |
| 79 | Ukraine[c] | 4,5 | 0,5 | .. | −0,9 | .. | 0,5 | .. | 3,4 | .. | 1,3 |
| 80 | Polen | .. | 0,7 | .. | −0,5 | .. | −3,2 | .. | .. | .. | 2,7 |
| 81 | Russische Föderation[c] | 5,6 | −0,5 | .. | −0,9 | .. | −0,9 | .. | .. | .. | 2,0 |
| 82 | Panama[c] | 4,4 | 1,3 | 1,8 | 2,6 | 3,9 | 0,3 | 2,8 | 0,7 | 5,0 | 1,5 |
| 83 | Tschechische Rep.[c] | .. | .. | .. | .. | .. | .. | .. | .. | .. | .. |
| 84 | Botsuana[c] | 14,5 | 9,6 | 8,3 | 3,5 | 17,6 | 9,2 | 22,9 | 8,6 | 14,8 | 11,6 |
| 85 | Türkei | 5,7 | 4,6 | 3,4 | 2,6 | 6,6 | 5,9 | 6,1 | 7,0 | 6,3 | 4,6 |
| 86 | *Iran, Islam. Rep.* | .. | 2,6 | .. | 4,6 | .. | 4,6 | .. | 6,0 | .. | 0,9 |
| | **Obere Einkommenskategorie** | **5,9**w | **2,7**w | **3,2**w | **1,8**w | **6,1**w | **2,3**w | **6,6**w | **2,5**w | **6,3**w | **2,9**w |
| 87 | Venezuela[c] | 3,5 | 2,1 | 3,4 | 2,3 | 0,5 | 2,5 | 5,7 | 1,3 | 6,3 | 1,6 |
| 88 | Weißrußland[c] | 6,9 | 2,9 | .. | −0,8 | .. | 4,7 | .. | 5,0 | .. | 2,7 |
| 89 | Brasilien | 8,1 | 2,1 | 4,2 | 2,5 | 9,4 | 0,7 | 9,0 | 0,2 | 7,8 | 3,3 |
| 90 | Südafrika | 3,2 | 0,9 | 3,2 | 1,8 | 2,7 | −0,2 | 4,7 | −0,4 | 3,7 | 1,9 |
| 91 | Mauritius | 6,8 | 6,0 | −3,3 | 1,9 | 10,4 | 8,8 | 7,1 | 9,8 | 10,9 | 5,5 |
| 92 | Estland[c] | .. | −2,6 | .. | −2,9 | .. | −0,6 | .. | .. | .. | −2,6 |
| 93 | Malaysia[c] | 7,9 | 6,2 | 5,0 | 3,5 | 8,7 | 8,2 | 11,7 | 10,3 | 9,1 | 5,5 |
| 94 | Chile[c] | 1,8 | 5,1 | 3,1 | 5,5 | 0,2 | 4,5 | −0,8 | 4,4 | 2,9 | 5,4 |
| 95 | Ungarn[c] | 4,6 | −0,1 | 2,8 | −0,8 | 4,5 | −1,6 | .. | .. | 5,3 | 1,5 |
| 96 | Mexiko[c] | 6,3 | 1,6 | 3,2 | 0,6 | 7,2 | 1,7 | 7,0 | 2,1 | 6,3 | 1,6 |
| 97 | Trinidad und Tobago | 5,9 | −3,6 | −1,4 | −3,0 | 5,6 | −4,1 | 1,7 | −6,7 | 7,3 | −3,3 |
| 98 | Uruguay[c] | 3,1 | 1,3 | 0,8 | 1,0 | 4,1 | 0,2 | .. | 0,3 | 3,0 | 2,1 |
| 99 | Oman[c] | 6,2 | 7,6 | .. | 6,9 | .. | 9,2 | .. | 17,2 | .. | 6,2 |
| 100 | Gabun[c] | 9,0 | 1,2 | .. | 1,3 | .. | 2,5 | .. | 8,7 | .. | 0,1 |
| 101 | Slowenien | .. | .. | .. | .. | .. | .. | .. | .. | .. | .. |
| 102 | Puerto Rico[c] | 3,9 | 4,1 | 2,3 | 2,2 | 5,0 | 3,6 | 7,9 | 1,0 | 3,2 | 4,7 |
| 103 | Argentinien | 2,5 | 0,8 | 2,5 | 1,4 | 1,9 | 0,4 | 1,3 | 0,4 | 2,9 | 1,0 |
| 104 | Griechenland | 4,9 | 1,3 | 1,9 | 0,2 | 5,0 | 1,2 | 6,0 | 0,3 | 6,4 | 2,0 |
| 105 | Korea, Rep.[c] | 10,1 | 9,1 | 2,7 | 2,0 | 16,4 | 12,1 | 17,7 | 12,3 | 10,4 | 8,3 |
| 106 | Portugal[c] | 4,3 | 3,0 | .. | .. | .. | .. | .. | .. | .. | .. |
| 107 | *Saudi-Arabien*[c] | 9,0 | 0,4 | 5,7 | .. | 8,6 | .. | 6,9 | .. | 9,7 | .. |
| 108 | *Turkmenistan* | 4,1 | 2,6 | .. | 1,0 | .. | .. | .. | .. | .. | 6,9 |
| | **Länder mit niedr. u. mittl. Eink.** | **5,2**w | **2,9**w | .. | **2,2**w | .. | **3,0**w | .. | **4,6**w | .. | **3,4**w |
| | Afrika südlich der Sahara | 3,8w | 1,6w | 1,7w | 1,7w | 3,8w | 0,9w | 4,3w | 0,9w | 4,9w | 2,2w |
| | Ostasien u. Pazifik | 6,9w | 7,8w | 3,1w | 4,0w | 10,1w | 10,0w | 11,3w | 10,6w | 7,5w | 8,2w |
| | Südasien | 3,5w | 5,2w | 1,8w | 3,1w | 4,6w | 6,3w | 4,6w | 6,3w | 4,7w | 6,3w |
| | Europa u. Zentralasien | 5,4w | 0,4w | .. | −0,2w | .. | 0,7w | .. | .. | .. | 2,5w |
| | Naher Osten u. Nordafrika | .. | 2,2w | .. | 4,4w | .. | .. | .. | .. | .. | .. |
| | Lateinamerika u. Karibik | 5,4w | 1,9w | 3,4w | 2,1w | 5,7w | 1,4w | 6,2w | 0,8w | 5,7w | 2,4w |
| | **Länder mit gravierenden Schuldenproblemen** | **5,8**w | **1,5**w | **3,6**w | **1,6**w | .. | **0,6**w | .. | **0,5**w | **5,9**w | **2,5**w |
| | **Länder mit hohem Einkommen** | **3,2**w | **2,9**w | .. | .. | .. | .. | .. | .. | .. | .. |
| 109 | Neuseeland[c] | 1,9 | 1,5 | .. | 3,9 | .. | 0,8 | .. | 0,3 | .. | 1,7 |
| 110 | Irland | 4,9 | 3,8 | .. | .. | .. | .. | .. | .. | .. | .. |
| 111 | Spanien[c] | 3,5 | 3,1 | .. | .. | .. | .. | .. | .. | .. | .. |
| 112 | †Israel | 4,8 | 4,1 | .. | .. | .. | .. | .. | .. | .. | .. |
| 113 | Australien[c] | 3,0 | 3,1 | .. | 2,9 | .. | 2,1 | .. | 1,4 | .. | 3,6 |
| 114 | †Hongkong | 9,2 | 6,5 | .. | .. | .. | .. | .. | .. | .. | .. |
| 115 | Großbritannien | 2,0 | 2,5 | .. | .. | .. | .. | .. | .. | .. | .. |
| 116 | Finnland | 3,0 | 2,0 | 0,0 | −0,7 | 2,6 | 2,2 | 3,0 | 2,3 | 3,7 | 2,4 |
| 117 | †Kuwait[c] | −0,2 | .. | 7,5 | .. | −2,4 | .. | .. | .. | 3,9 | .. |
| 118 | Italien[c] | 3,8 | 2,2 | 0,9 | 0,8 | 3,6 | 2,2 | 5,8 | 2,8 | 4,0 | 2,5 |
| 119 | †Singapur[c] | 8,3 | 6,9 | 1,4 | −6,4 | 8,6 | 6,2 | 9,7 | 7,2 | 8,3 | 7,4 |
| 120 | Kanada | 4,6 | 2,6 | 1,2 | 1,7 | 3,2 | 2,3 | 3,5 | 2,3 | 6,1 | 2,8 |
| 121 | Niederlande | 2,9 | 2,3 | .. | .. | .. | .. | .. | .. | .. | .. |
| 122 | †Vereinigte Arab. Emirate | .. | 0,3 | .. | 9,7 | .. | −1,5 | .. | 2,7 | .. | 3,6 |
| 123 | Belgien | 3,0 | 2,1 | .. | 2,0 | .. | .. | .. | .. | .. | .. |
| 124 | Frankreich[c] | 3,2 | 2,1 | .. | 1,8 | .. | 1,2 | .. | 0,9 | .. | 2,7 |
| 125 | Österreich[c] | 3,4 | 2,3 | 2,6 | 0,5 | 3,1 | 2,2 | 3,2 | 2,6 | 3,6 | 2,5 |
| 126 | Deutschland[c,d] | 2,6 | 2,6 | 1,1 | .. | 1,7 | .. | 2,0 | .. | 3,5 | .. |
| 127 | Schweden | 1,9 | 1,7 | .. | 1,0 | .. | 2,1 | .. | 1,8 | .. | 1,4 |
| 128 | Vereinigte Staaten[c] | 2,8 | 2,7 | .. | .. | .. | .. | .. | .. | .. | .. |
| 129 | Norwegen | 4,8 | 2,6 | 1,3 | 1,2 | 7,1 | 5,3 | 1,2 | 0,4 | 4,4 | 1,5 |
| 130 | Dänemark | 2,2 | 2,0 | 2,3 | 2,5 | 1,1 | 2,3 | 2,6 | 1,0 | 2,6 | 2,1 |
| 131 | Japan[c] | 4,3 | 4,0 | −0,2 | 0,6 | 4,0 | 5,0 | 4,7 | 5,6 | 4,8 | 3,7 |
| 132 | Schweiz[c] | 0,5 | 1,9 | .. | .. | .. | .. | .. | .. | .. | .. |
| | **Gesamte Welt** | **3,2**w | **2,9**w | .. | .. | .. | .. | .. | .. | .. | .. |

[a] Da das Verarbeitende Gewerbe im allgemeinen der dynamischste Bereich des Industriesektors ist, wird seine Wachstumsrate gesondert ausgewiesen. [b] Dienstleistungssektor usw. einschließlich nicht aufgeschlüsselter Positionen. [c] BIP und seine Komponenten zu Käuferpreisen. [d] Die Angaben beziehen sich auf die Bundesrepublik Deutschland vor der Vereinigung.

# Tabelle 3  Produktionsstruktur

| | | | | Verteilung des Bruttoinlandsprodukts (%) | | | | | | |
|---|---|---|---|---|---|---|---|---|---|---|
| | | BIP (in Mio $) | | Landwirtschaft | | Industrie | | Verarbeitendes Gewerbe[a] | | Dienstleistungssektor usw.[b] | |
| | | 1970 | 1993 | 1970 | 1993 | 1970 | 1993 | 1970 | 1993 | 1970 | 1993 |
| | **Länder mit niedrigem Einkommen** | 246.551s | 990.262s | 37w | 28w | 28w | 35w | 19w | 25w | 33w | 38w |
| | Ohne China und Indien | 96.886s | 339.816s | 31w | 37w | 35w | 22w | .. | 13w | 34w | 42w |
| 1 | Mosambik | .. | 1.367 | .. | 33 | .. | 12 | .. | .. | .. | 55 |
| 2 | Tansania | 1.174 | 2.086 | 41 | 56 | 17 | 14 | 10 | 5 | 42 | 30 |
| 3 | Äthiopien | .. | 5.750 | .. | 60 | .. | 10 | .. | 4 | .. | 29 |
| 4 | Sierra Leone | 383 | 660 | 28 | *38* | 30 | 16 | 6 | *5* | 42 | 46 |
| 5 | Vietnam[c] | .. | 12.834 | .. | 29 | .. | 28 | .. | 22 | .. | 42 |
| 6 | Burundi | 225 | 855 | 71 | 52 | 10 | 21 | 7 | *11* | 19 | 27 |
| 7 | Uganda | .. | 3.037 | .. | 53 | .. | 12 | .. | 5 | .. | 35 |
| 8 | Nepal | 861 | 3.551 | 67 | 43 | 12 | 21 | 4 | 9 | 21 | 36 |
| 9 | Malawi | 271 | 1.810 | 44 | 39 | 17 | 18 | .. | 12 | 39 | 43 |
| 10 | Tschad[c] | 302 | 1.133 | 47 | 44 | 18 | 22 | 17 | 16 | 35 | 35 |
| 11 | Ruanda | .. | 1.359 | .. | 41 | .. | 21 | .. | 14 | .. | 38 |
| 12 | Bangladesch[c] | 6.664 | 23.977 | 55 | 30 | 9 | 18 | 6 | 10 | 37 | 52 |
| 13 | Madagaskar | 995 | 3.126 | 24 | 34 | 16 | 14 | .. | .. | 59 | 52 |
| 14 | Guinea-Bissau | 79 | 241 | 47 | 45 | 21 | 19 | 21 | 8 | 31 | 36 |
| 15 | Kenia | 1.453 | 4.691 | 33 | 29 | 20 | 18 | 12 | 10 | 47 | 54 |
| 16 | Mali[c] | 338 | 2.662 | 61 | 42 | 11 | 15 | 7 | 9 | 28 | 42 |
| 17 | Niger[c] | 647 | 2.220 | 65 | 39 | 7 | 18 | 5 | 7 | 28 | 44 |
| 18 | Laos, Dem. VR[c] | .. | 1.334 | .. | 51 | .. | 18 | .. | 13 | .. | 31 |
| 19 | Burkina Faso | 335 | 2.698 | 42 | .. | 21 | .. | 14 | .. | 37 | .. |
| 20 | Indien | 52.949 | 225.431 | 45 | 31 | 22 | 27 | 15 | 17 | 33 | 41 |
| 21 | Nigeria | 11.594 | 31.344 | 41 | 34 | 14 | 43 | 4 | 7 | 45 | 24 |
| 22 | Albanien | .. | *692* | .. | *40* | .. | *13* | .. | .. | .. | *47* |
| 23 | Nicaragua[c] | 786 | 1.800 | 25 | 30 | 26 | 20 | 20 | 17 | 49 | 50 |
| 24 | Togo[c] | 253 | 1.249 | 34 | 49 | 21 | 18 | 10 | 7 | 45 | 33 |
| 25 | Gambia | 49 | 303 | 33 | 28 | 9 | 15 | 3 | 7 | 58 | 58 |
| 26 | Sambia[c] | 1.789 | 3.685 | 11 | 34 | 55 | 36 | 10 | 23 | 35 | 30 |
| 27 | Mongolei[c] | .. | 539 | .. | 21 | .. | 46 | .. | .. | .. | 33 |
| 28 | Zentralafrik. Rep. | 169 | 1.172 | 35 | 50 | 26 | 14 | 7 | .. | 38 | 36 |
| 29 | Benin[c] | 332 | 2.125 | 36 | 36 | 12 | 13 | .. | 8 | 52 | 51 |
| 30 | Ghana[c] | 2.214 | 6.084 | 47 | 48 | 18 | 16 | 11 | 8 | 35 | 36 |
| 31 | Pakistan | 9.102 | 46.360 | 37 | 25 | 22 | 25 | 16 | 17 | 41 | 50 |
| 32 | Tadschikistan | .. | 2.520 | .. | *33* | .. | *35* | .. | .. | .. | *32* |
| 33 | China[c] | 93.244 | 425.611 | 34 | 19 | 38 | 48 | 30 | 38 | 28 | 33 |
| 34 | Guinea[c] | .. | 3.172 | .. | 24 | .. | 31 | .. | 5 | .. | 45 |
| 35 | Mauretanien | 197 | 859 | 29 | 28 | 38 | 30 | 5 | 12 | 32 | 42 |
| 36 | Simbabwe | 1.415 | 4.986 | 15 | 15 | 36 | 36 | 21 | 30 | 49 | 48 |
| 37 | Georgien[c] | .. | 2.994 | .. | 58 | .. | 22 | .. | 21 | .. | 20 |
| 38 | Honduras | 654 | 2.867 | 32 | 20 | 22 | 30 | 14 | 18 | 45 | 50 |
| 39 | Sri Lanka | 2.215 | 9.377 | 28 | 25 | 24 | 26 | 17 | 15 | 48 | 50 |
| 40 | Côte d'Ivoire | 1.147 | 8.087 | 40 | 37 | 23 | 24 | 13 | .. | 36 | 39 |
| 41 | Lesotho | 67 | 609 | 35 | 10 | 9 | 47 | 4 | 16 | 56 | 43 |
| 42 | Armenien[c] | .. | 2.190 | .. | 48 | .. | 30 | .. | .. | .. | 22 |
| 43 | Ägypten, Arab. Rep. | 6.598 | 35.784 | 29 | 18 | 28 | 22 | .. | 16 | 42 | 60 |
| 44 | *Myanmar* | .. | .. | 38 | 63 | 14 | 9 | 10 | 7 | 48 | 28 |
| 45 | *Jemen, Rep.* | .. | *11.958* | .. | *21* | .. | *24* | .. | *11* | .. | *55* |
| | **Länder mit mittlerem Einkommen** | .. | 3.884.168s | .. | .. | .. | .. | .. | .. | .. | .. |
| | Untere Einkommenskategorie | .. | 1.697.910s | .. | .. | .. | .. | .. | .. | .. | .. |
| 46 | Aserbaidschan[c] | .. | 4.992 | .. | *22* | .. | *52* | .. | .. | .. | *26* |
| 47 | Indonesien[c] | 9.657 | 144.707 | 45 | 19 | 19 | 39 | 10 | 22 | 36 | 42 |
| 48 | Senegal[c] | 865 | 5.770 | 24 | 20 | 20 | 19 | 16 | 13 | 56 | 61 |
| 49 | Bolivien[c] | 1.020 | 5.382 | 20 | .. | 32 | .. | 13 | .. | 48 | .. |
| 50 | Kamerun[c] | 1.160 | 11.082 | 31 | 29 | 19 | 25 | 10 | 11 | 50 | 47 |
| 51 | Mazedonien | .. | 1.704 | .. | .. | .. | .. | .. | .. | .. | .. |
| 52 | Kirgisistan[c] | .. | 3.915 | .. | *43* | .. | *35* | .. | .. | .. | *22* |
| 53 | Philippinen[c] | 6.691 | 54.068 | 30 | 22 | 32 | 33 | 25 | 24 | 39 | 45 |
| 54 | Kongo[c] | 274 | 2.385 | 18 | 11 | 24 | 35 | .. | 8 | 58 | 53 |
| 55 | Usbekistan[c] | .. | 20.425 | .. | 23 | .. | 36 | .. | .. | .. | 41 |
| 56 | Marokko[c] | 3.956 | 26.635 | 20 | 14 | 27 | 32 | 16 | 18 | 53 | 53 |
| 57 | Moldau | .. | 4.292 | .. | 35 | .. | 48 | .. | .. | .. | 18 |
| 58 | Guatemala[c] | 1.904 | 11.309 | .. | 25 | .. | 19 | .. | .. | .. | 55 |
| 59 | Papua-Neuguinea[c] | 646 | 5.091 | 37 | 26 | 22 | 43 | 5 | 9 | 41 | 31 |
| 60 | Bulgarien | .. | 10.369 | .. | 13 | .. | 38 | .. | .. | .. | 49 |
| 61 | Rumänien | .. | 25.969 | .. | 21 | .. | 40 | .. | 36 | .. | 40 |
| 62 | Jordanien | .. | 4.441 | .. | 8 | .. | 26 | .. | 15 | .. | 66 |
| 63 | Ecuador | 1.674 | 14.421 | 24 | 12 | 25 | 38 | 18 | 22 | 51 | 50 |
| 64 | Dominikanische Rep.[c] | 1.485 | 9.510 | 23 | 15 | 26 | 23 | 19 | *12* | 51 | 62 |
| 65 | El Salvador[c] | 1.029 | 7.625 | 28 | 9 | 23 | 25 | 19 | 19 | 48 | 66 |
| 66 | Litauen[c] | .. | 4.335 | .. | 21 | .. | 41 | .. | .. | .. | 38 |
| 67 | Kolumbien | 7.199 | 54.076 | 25 | *16* | 28 | *35* | 21 | *18* | 47 | *50* |
| 68 | Jamaika[c] | 1.405 | 3.825 | 7 | 8 | 43 | 41 | 16 | 18 | 51 | 51 |
| 69 | Peru | 7.234 | 41.061 | 19 | 11 | 32 | 43 | 20 | 21 | 50 | 46 |
| 70 | Paraguay[c] | 595 | 6.825 | 32 | 26 | 21 | 21 | 17 | 15 | 47 | 53 |
| 71 | Kasachstan[c] | .. | 24.728 | .. | *29* | .. | *42* | .. | .. | .. | *30* |
| 72 | Tunesien | 1.244 | 12.784 | 20 | 18 | 24 | 31 | 10 | 19 | 56 | 51 |

*Anmerkung:* Zur Vergleichbarkeit der Daten und ihrer Abgrenzung vgl. Technische Erläuterungen. Kursive Zahlen gelten für andere als die angegebenen Jahre.

|  |  | BIP (in Mio $) | | Verteilung des Bruttoinlandsprodukts (%) | | | | | | | |
|---|---|---|---|---|---|---|---|---|---|---|---|
|  |  | | | Landwirtschaft | | Industrie | | Verarbeitendes Gewerbe[a] | | Dienstleistungssektor usw.[b] | |
|  |  | 1970 | 1993 | 1970 | 1993 | 1970 | 1993 | 1970 | 1993 | 1970 | 1993 |
| 73 | Algerien | 4.541 | 39.836 | 11 | 13 | 41 | 43 | 15 | 11 | 48 | 43 |
| 74 | Namibia | .. | 2.109 | .. | 10 | .. | 27 | .. | 9 | .. | 63 |
| 75 | Slowakei[c] | .. | 11.076 | .. | 7 | .. | 44 | .. | .. | .. | 49 |
| 76 | Lettland | .. | 4.601 | .. | 15 | .. | 32 | .. | 22 | .. | 53 |
| 77 | Thailand[c] | 7.087 | 124.862 | 26 | 10 | 25 | 39 | 16 | 28 | 49 | 51 |
| 78 | Costa Rica[c] | 985 | 7.577 | 23 | 15 | 24 | 26 | .. | 19 | 53 | 59 |
| 79 | Ukraine[c] | .. | 109.078 | .. | 35 | .. | 47 | .. | 45 | .. | 18 |
| 80 | Polen | .. | 85.853 | .. | 6 | .. | 39 | .. | .. | .. | 55 |
| 81 | Russische Föderation[c] | .. | 329.432 | .. | 9 | .. | 51 | .. | .. | .. | 39 |
| 82 | Panama[c] | 1.016 | 6.565 | 14 | 10 | 22 | 18 | 13 | 8 | 64 | 72 |
| 83 | Tschechische Rep.[c] | .. | 31.613 | .. | 6 | .. | 40 | .. | .. | .. | 54 |
| 84 | Botsuana[c] | 84 | 3.813 | 33 | 6 | 28 | 47 | 6 | 4 | 39 | 47 |
| 85 | Türkei | 11.400 | 156.413 | 30 | 15 | 27 | 30 | 17 | 19 | 43 | 55 |
| 86 | *Iran, Islam. Rep.* | .. | *107.335* | .. | *24* | .. | *29* | .. | *14* | .. | *47* |
| **Obere Einkommenskategorie** | | **205.283** s | **2.161.066** s | **12** w | .. | **38** w | .. | **25** w | .. | **49** w | .. |
| 87 | Venezuela[c] | 13.432 | 59.995 | 6 | 5 | 39 | 42 | 16 | 14 | 54 | 53 |
| 88 | Weißrußland[c] | .. | 27.545 | .. | 17 | .. | 54 | .. | 44 | .. | 29 |
| 89 | Brasilien | 35.550 | 444.205 | 12 | *11* | 38 | *37* | 29 | *20* | 49 | *52* |
| 90 | Südafrika | 16.293 | 105.636 | 8 | 5 | 40 | 39 | 24 | 23 | 52 | 56 |
| 91 | Mauritius | 184 | 2.780 | 16 | 10 | 22 | 33 | 14 | 23 | 62 | 57 |
| 92 | Estland[c] | .. | 5.092 | .. | 8 | .. | 29 | .. | 19 | .. | 63 |
| 93 | Malaysia[c] | 4.200 | 64.450 | 29 | .. | 25 | .. | 12 | .. | 46 | .. |
| 94 | Chile[c] | 8.426 | 43.684 | 7 | .. | 40 | .. | 25 | .. | 53 | .. |
| 95 | Ungarn[c] | 5.543 | 38.099 | 18 | 6 | 45 | 28 | .. | 19 | 37 | 66 |
| 96 | Mexiko[c] | 38.318 | 343.472 | 12 | 8 | 29 | 28 | 22 | 20 | 59 | 63 |
| 97 | Trinidad und Tobago | 775 | 4.487 | 5 | 3 | 44 | 43 | 26 | 9 | 51 | 55 |
| 98 | Uruguay[c] | 2.313 | 13.144 | 16 | 9 | 31 | 27 | .. | 19 | 53 | 64 |
| 99 | Oman[c] | 256 | 11.686 | 16 | *3* | 77 | 53 | 0 | 4 | 7 | 44 |
| 100 | Gabun[c] | 322 | 5.420 | 19 | 8 | 48 | 45 | 7 | 12 | 34 | 47 |
| 101 | Slowenien | .. | 10.337 | .. | 6 | .. | 36 | .. | 30 | .. | 58 |
| 102 | Puerto Rico[c] | 5.035 | 35.834 | 3 | 1 | 34 | 42 | 24 | 39 | 62 | 57 |
| 103 | Argentinien | 30.660 | 255.595 | 10 | 6 | 44 | 31 | 32 | 20 | 47 | 63 |
| 104 | Griechenland | 8.600 | 63.240 | 22 | *18* | 37 | *32* | 23 | *20* | 41 | *50* |
| 105 | Korea, Rep.[c] | 9.025 | 330.831 | 25 | 7 | 29 | 43 | 21 | 29 | 46 | 50 |
| 106 | Portugal[c] | 7.031 | 85.665 | .. | .. | .. | .. | .. | .. | .. | .. |
| 107 | *Saudi-Arabien*[c] | 5.094 | *121.530* | 4 | .. | 69 | .. | 9 | .. | 26 | .. |
| 108 | *Turkmenistan* | .. | *5.156* | .. | *32* | .. | *31* | .. | .. | .. | *37* |
| **Länder mit niedr. u. mittl. Eink.** | | .. | **4.865.030** s | .. | .. | .. | .. | .. | .. | .. | .. |
| Afrika südlich der Sahara | | 57.268 s | 269.414 s | 27 w | 20 w | 28 w | 33 w | 13 w | 16 w | 46 w | 47 w |
| Ostasien u. Pazifik | | 158.653 s | 1.285.142 s | 34 w | 17 w | 35 w | 41 w | 24 w | 30 w | 31 w | 41 w |
| Südasien | | 73.654 s | 313.869 s | 44 w | 30 w | 21 w | 26 w | 14 w | 17 w | 34 w | 44 w |
| Europa u. Zentralasien | | .. | 1.094.235 s | .. | .. | .. | .. | .. | .. | .. | .. |
| Naher Osten u. Nordafrika | | .. | .. | .. | .. | .. | .. | .. | .. | .. | .. |
| Lateinamerika u. Karibik | | 165.819 s | 1.406.254 s | 12 w | .. | 35 w | .. | 25 w | .. | 53 w | .. |
| **Länder mit gravierenden Schuldenproblemen** | | **119.492** s | **1.054.063** s | **14** w | .. | **41** w | .. | **28** w | .. | **47** w | .. |
| **Länder mit hohem Einkommen** | | **2.083.094** s | **18.247.536** s | **4** w | .. | **38** w | .. | **28** w | .. | **60** w | .. |
| 109 | Neuseeland[c] | 6.415 | 43.699 | *12* | .. | *33* | .. | *24* | .. | *55* | .. |
| 110 | Irland | 3.501 | 42.962 | .. | *8* | .. | *10* | .. | *3* | .. | *82* |
| 111 | Spanien[c] | 37.569 | 478.582 | .. | .. | .. | .. | .. | .. | .. | .. |
| 112 | †Israel | 5.603 | 69.739 | .. | .. | .. | .. | .. | .. | .. | .. |
| 113 | Australien[c] | 39.324 | 289.390 | 6 | *3* | 39 | *29* | 24 | *15* | 55 | *67* |
| 114 | †Hongkong | 3.463 | 89.997 | 2 | *0* | 36 | *21* | 29 | *13* | 62 | *79* |
| 115 | Großbritannien | 106.502 | 819.038 | 3 | *2* | 45 | *33* | 33 | *25* | 52 | *65* |
| 116 | Finnland | 9.762 | 74.124 | 12 | *5* | 40 | *31* | 27 | *28* | 48 | *64* |
| 117 | †Kuwait | 2.874 | 22.402 | 0 | *0* | 67 | *55* | 4 | *9* | 33 | *45* |
| 118 | Italien[c] | 107.485 | 991.386 | 8 | *3* | 41 | *32* | 27 | *25* | 51 | *65* |
| 119 | †Singapur[c] | 1.896 | 55.153 | 2 | *0* | 30 | *37* | 20 | *28* | 68 | *63* |
| 120 | Kanada | 73.847 | 477.468 | 4 | .. | 36 | .. | 23 | .. | 59 | .. |
| 121 | Niederlande[c] | 34.049 | 309.227 | .. | *4* | .. | *28* | .. | *19* | .. | *68* |
| 122 | †Vereinigte Arab. Emirate | .. | 34.935 | .. | *2* | .. | *57* | .. | *8* | .. | *40* |
| 123 | Belgien[c] | 25.242 | 210.576 | .. | .. | .. | .. | .. | .. | .. | .. |
| 124 | Frankreich[c] | 142.869 | 1.251.689 | .. | *3* | .. | *29* | .. | *22* | .. | *69* |
| 125 | Österreich[c] | 14.457 | 182.067 | 7 | *2* | 45 | *35* | 34 | *26* | 48 | *62* |
| 126 | Deutschland[c] | 184.508[d] | 1.910.760 | 3[d] | *1* | 49[d] | *38* | 38[d] | *27* | 47[d] | *61* |
| 127 | Schweden | 30.013 | 166.745 | .. | *2* | .. | *31* | .. | *26* | .. | *67* |
| 128 | Vereinigte Staaten[c] | 1.011.563 | 6.259.899 | 3 | .. | 34 | .. | 25 | .. | 63 | .. |
| 129 | Norwegen | 11.183 | 103.419 | 6 | *3* | 32 | *35* | 22 | *14* | 62 | *62* |
| 130 | Dänemark | 13.511 | 117.587 | 7 | *4* | 35 | *27* | 22 | *20* | 59 | *69* |
| 131 | Japan | 203.736 | 4.214.204 | 6 | *2* | 47 | *41* | 36 | *24* | 47 | *57* |
| 132 | Schweiz[c] | 20.733 | 232.161 | .. | .. | .. | .. | .. | .. | .. | .. |
| **Gesamte Welt** | | .. | **23.112.566** | .. | .. | .. | .. | .. | .. | .. | .. |

[a] Da das Verarbeitende Gewerbe im allgemeinen der dynamischste Bereich des Industriesektors ist, wird sein Anteil am BIP gesondert ausgewiesen. [b] Dienstleistungssektor usw. einschließlich nicht aufgeschlüsselter Positionen. [c] BIP und seine Komponenten zu Käuferpreisen. [d] Die Angaben beziehen sich auf die Bundesrepublik Deutschland vor der Vereinigung.

# Tabelle 4  Landwirtschaft und Nahrungsmittel

| | Wertschöpfung in der Landwirtschaft (in Mio $) | | Getreideeinfuhr (in Tsd. t) | | Nahrungsmittelhilfe in Form von Getreide (in Tsd. t) | | Düngemittelverbrauch (in 100 g je ha Anbaufläche) | | Nahrungsmittelproduktion pro Kopf (durchschnittl. jährl. Wachstumsrate in %) | Fischprodukte (in % des gesamten täglichen Proteinangebots) | |
|---|---|---|---|---|---|---|---|---|---|---|---|
| | 1980 | 1993 | 1980 | 1993 | 1979/80 | 1992/93 | 1979/80 | 1992/93 | 1979–93 | 1980 | 1990 |
| **Länder mit niedrigem Einkommen** | 86.936 s | 245.475 s | 32.801 s | 34.420 s | 6.101 s | 8.334 s | 528 w | 1.028 w | | 4,5 w | 4,6 w |
| **Ohne China und Indien** | 30.083 s | 124.490 s | 19.425 s | 26.394 s | 5.745 s | 7.951 s | 196 w | 352 w | | 4,6 w | 4,7 w |
| 1 Mosambik | *722* | 453 | 368 | 507 | 151 | 958 | 90 | 15 | −2,1 | 3,9 | 3,0 |
| 2 Tansania | 2.030 | 1.168 | 399 | 215 | 89 | 35 | 125 | 137 | −1,3 | 6,3 | 7,8 |
| 3 Äthiopien | *2.617* | 3.476 | 397ᵃ | .. | 111ᵃ | .. | 31ᵃ | 95ᵃ | −1,2ᵃ | 0,0ᵃ | 0,0ᵃ |
| 4 Sierra Leone | 334 | .. | 83 | 136 | 36 | 29 | 36 | 26 | −1,2 | 15,2 | 10,8 |
| 5 Vietnam | .. | 3.759 | 1.160 | 289 | 184 | 84 | 236 | 1.347 | 2,2 | .. | 6,6 |
| 6 Burundi | 530 | 443 | 18 | 22 | 8 | 4 | 8 | 34 | −0,3 | 1,6 | 1,3 |
| 7 Uganda | 893 | 1.599 | 52 | 76 | 17 | 59 | 1 | 1 | 0,3 | 7,6 | 7,2 |
| 8 Nepal | 1.127 | 1.532 | 56 | 27 | 21 | 15 | 97 | 391 | 1,2 | 0,2 | 0,3 |
| 9 Malawi | 413 | 709 | 36 | 514 | 5 | 635 | 250 | 434 | −4,2 | 4,3 | 5,1 |
| 10 Tschad | 388 | 494 | 16 | 59 | 16 | 3 | 3 | 26 | 0,3 | 9,4 | 9,9 |
| 11 Ruanda | *533* | 551 | 16 | 115 | 14 | 82 | 1 | 6 | −2,5 | 0,2 | 0,2 |
| 12 Bangladesch[b] | 6.429 | 7.306 | 2.194 | 1.175 | 1.480 | 719 | 455 | 1.032 | −0,1 | 5,0 | 4,8 |
| 13 Madagaskar | 1.078 | 1.062 | 110 | 111 | 14 | 58 | 29 | 25 | −1,5 | 2,9 | 4,4 |
| 14 Guinea-Bissau | 47 | 108 | 21 | 70 | 18 | 9 | 7 | 10 | 0,9 | 3,1 | 2,1 |
| 15 Kenia | 2.019 | 1.357 | 387 | 569 | 86 | 287 | 271 | 410 | −0,4 | 1,4 | 2,9 |
| 16 Mali[b] | 951 | 1.128 | 87 | 83 | 22 | 34 | 69 | 103 | −0,9 | 6,0 | 3,5 |
| 17 Niger | 1.080 | 855 | 90 | 136 | 9 | 26 | 8 | 4 | −1,8 | 0,9 | 0,2 |
| 18 Laos, Dem. VR[b] | .. | 685 | 121 | 8 | 3 | 8 | 58 | 42 | −0,2 | 2,9 | 2,1 |
| 19 Burkina Faso | 548 | .. | 77 | 121 | 37 | 30 | 15 | 60 | 2,5 | 0,7 | 0,9 |
| 20 Indien | 59.102 | 70.702 | 424 | 694 | 344 | 276 | 329 | 720 | 1,5 | 1,7 | 1,6 |
| 21 Nigeria | 24.673 | 10.505 | 1.828 | 1.584 | .. | .. | 57 | 175 | 2,1 | 7,5 | 3,5 |
| 22 Albanien | *455* | 277 | 44 | 647 | .. | 513 | 1.335 | 338 | −2,3 | 1,2 | 1,1 |
| 23 Nicaragua[b] | 497 | 545 | 149 | 125 | 70 | 85 | 435 | 246 | −2,7 | 0,5 | 0,4 |
| 24 Togo | 312 | 607 | 41 | 63 | 7 | 3 | 43 | 183 | −0,6 | 6,9 | 8,4 |
| 25 Gambia | 64 | 83 | 47 | 87 | 7 | 6 | 130 | 44 | −4,0 | 6,3 | 8,9 |
| 26 Sambia[b] | 552 | 1.242 | 498 | 353 | 167 | 535 | 154 | 160 | −0,3 | 5,0 | 4,3 |
| 27 Mongolei[b] | *231* | 112 | 70 | 182 | .. | 9 | 69 | 108 | −2,5 | 0,4 | 0,5 |
| 28 Zentralafrik. Rep. | 300 | 584 | 12 | 32 | 3 | 5 | 7 | 5 | −1,0 | 4,0 | 3,0 |
| 29 Benin[b] | 498 | 760 | 61 | 134 | 5 | 19 | 5 | 82 | 1,9 | 7,5 | 4,8 |
| 30 Ghana[b] | 2.575 | 2.893 | 247 | 396 | 110 | 75 | 43 | 38 | 0,3 | 17,4 | 18,7 |
| 31 Pakistan | 6.279 | 11.500 | 613 | 2.893 | 146 | 188 | 532 | 1.015 | 1,2 | 0,9 | 0,8 |
| 32 Tadschikistan | .. | .. | .. | 450 | .. | 72 | .. | 1.618 | .. | .. | .. |
| 33 China[b] | 60.670 | 82.918 | 12.952 | 7.332 | 12 | 107 | 1.497 | 3.005 | 3,0 | 2,2 | 3,9 |
| 34 Guinea[b] | .. | 759 | 171 | 335 | 24 | 30 | 4 | 47 | 0,3 | 4,2 | 4,5 |
| 35 Mauretanien | 202 | 238 | 166 | 286 | 26 | 42 | 67 | 82 | −1,6 | 3,6 | 3,3 |
| 36 Simbabwe | 702 | 757 | 156 | 538 | .. | 900 | 683 | 481 | −3,0 | 1,4 | 1,1 |
| 37 Georgien[b] | .. | 1.738 | .. | 500 | .. | 170 | .. | 680 | .. | .. | .. |
| 38 Honduras | 544 | 566 | 139 | 197 | 27 | 64 | 162 | 210 | −1,3 | 0,8 | 1,8 |
| 39 Sri Lanka | 1.037 | 2.311 | 884 | 1.149 | 170 | 248 | 882 | 964 | −1,8 | 11,6 | 9,9 |
| 40 Côte d'Ivoire | 2.633 | 3.026 | 469 | 590 | 2 | 41 | 172 | 132 | −0,1 | 9,1 | 8,7 |
| 41 Lesotho | 75 | 61 | 107 | 131 | 29 | 45 | 154 | 178 | −2,2 | 0,9 | 0,8 |
| 42 Armenien[b] | .. | 1.051 | .. | 350 | .. | 143 | .. | 436 | .. | .. | .. |
| 43 Ägypten, Arab. Rep. | 3.993 | 6.396 | 6.028 | 7.206 | 1.758 | 482 | 2.714 | 3.392 | 1,3 | 2,0 | 2,4 |
| 44 Myanmar | .. | .. | 16 | .. | 11 | .. | 100 | 69 | −1,3 | 6,7 | 6,2 |
| 45 Jemen, Rep. | .. | 2.511 | 596 | 1.843 | 19 | 21 | 77 | 99 | −0,5 | .. | .. |
| **Länder mit mittlerem Einkommen** | .. | .. | .. | 115.228 s | .. | 6.021 s | 682 w | 603 w | | 8,6 w | 7,8 w |
| **Untere Einkommenskategorie** | .. | .. | .. | 66.281 s | .. | 5.477 s | 650 w | 554 w | | 8,0 w | 7,5 w |
| 46 Aserbaidschan[b] | .. | *1.304* | .. | 480 | .. | 12 | .. | 395 | .. | .. | .. |
| 47 Indonesien[b] | 18.701 | 27.189 | 3.534 | 3.105 | 831 | 40 | 600 | 1.147 | 2,2 | 8,1 | 8,7 |
| 48 Senegal[b] | 568 | 1.126 | 452 | 579 | 61 | 71 | 83 | 72 | 0,0 | 9,7 | 9,8 |
| 49 Bolivien[b] | 564 | .. | 263 | 298 | 150 | 227 | 14 | 58 | 0,7 | 1,9 | 0,6 |
| 50 Kamerun[b] | 2.089 | 3.170 | 140 | 281 | 4 | 1 | 46 | 30 | −1,9 | 6,4 | 6,7 |
| 51 Mazedonien | .. | .. | .. | 117 | .. | .. | .. | 248 | .. | .. | .. |
| 52 Kirgisistan[b] | .. | .. | .. | 120 | .. | .. | 91 | 242 | .. | .. | .. |
| 53 Philippinen[b] | 8.150 | 11.723 | 1.053 | 2.036 | 95 | 53 | 383 | 540 | −1,3 | 21,6 | 20,9 |
| 54 Kongo[b] | 199 | 273 | 88 | 148 | 4 | 7 | 35 | 118 | −1,5 | 21,1 | 22,8 |
| 55 Usbekistan[b] | .. | 4.693 | .. | 4.151 | .. | .. | .. | 1.566 | .. | .. | .. |
| 56 Marokko[b] | 3.468 | 3.809 | 1.821 | 3.653 | 119 | 234 | 258 | 326 | 2,3 | 2,8 | 2,8 |
| 57 Moldau[b] | .. | 1.485 | .. | 200 | .. | 72 | .. | 612 | .. | .. | .. |
| 58 Guatemala | .. | 2.845 | 204 | 486 | 10 | 109 | 489 | 833 | −0,5 | 0,4 | 0,4 |
| 59 Papua-Neuguinea[b] | 844 | 1.321 | 152 | 227 | .. | 0 | 148 | 308 | −0,2 | 13,1 | 11,8 |
| 60 Bulgarien | *2.889* | 1.346 | 693 | 241 | .. | .. | 1.986 | 663 | −1,9 | 2,0 | 1,7 |
| 61 Rumänien | .. | 5.327 | 2.369 | 2.649 | .. | 180 | 1.165 | 423 | −2,4 | 2,7 | 3,3 |
| 62 Jordanien | .. | 353 | 505 | 1.596 | 72 | 254 | 427 | 398 | 0,2 | 1,5 | 1,2 |
| 63 Ecuador | 1.423 | 1.746 | 387 | 428 | 8 | 14 | 295 | 380 | 0,6 | 7,6 | 6,8 |
| 64 Dominikanische Rep.[b] | 1.336 | 1.473 | 365 | 961 | 120 | 7 | 363 | 694 | −0,9 | 5,4 | 2,8 |
| 65 El Salvador[b] | 992 | 654 | 144 | 286 | 3 | 131 | 832 | 1.073 | 0,7 | 1,1 | 0,7 |
| 66 Litauen[b] | .. | 890 | .. | .. | .. | 407 | .. | 545 | .. | .. | .. |
| 67 Kolumbien | 6.466 | *7.607* | 1.068 | 1.702 | 3 | 17 | 601 | 1.032 | 1,0 | 2,5 | 1,4 |
| 68 Jamaika[b] | 220 | 321 | 469 | 429 | 117 | 206 | 729 | 973 | 1,0 | 8,1 | 8,9 |
| 69 Peru[b] | 2.113 | 4.518 | 1.309 | 1.920 | 109 | 378 | 336 | 216 | −0,4 | 8,9 | 10,6 |
| 70 Paraguay[b] | 1.311 | 1.802 | 75 | 82 | 11 | .. | 36 | 96 | 1,3 | 0,4 | 1,0 |
| 71 Kasachstan[b] | .. | .. | .. | 100 | .. | 3 | .. | 134 | .. | .. | .. |
| 72 Tunesien | 1.235 | 2.287 | 817 | 1.044 | 165 | 100 | 132 | 223 | 1,5 | 3,1 | 3,7 |

*Anmerkung:* Zur Vergleichbarkeit der Daten und ihrer Abgrenzung vgl. Technische Erläuterungen. Kursive Zahlen gelten für andere als die angegebenen Jahre.

|  |  | Wertschöpfung in der Landwirtschaft (in Mio $) | | Getreideeinfuhr (in Tsd. t) | | Nahrungsmittelhilfe in Form von Getreide (in Tsd. t) | | Düngemittel-verbrauch (in 100 g je ha Anbaufläche) | | Nahrungsmittel-produktion pro Kopf (durchschnittl. jährl. Wachstumsrate in %) | Fischprodukte (in % des gesamten täglichen Proteinangebots) | |
|---|---|---|---|---|---|---|---|---|---|---|---|---|
|  |  | 1980 | 1993 | 1980 | 1993 | 1979/80 | 1992/93 | 1979/80 | 1992/93 | 1979–93 | 1980 | 1990 |
| 73 | Algerien | 3.453 | 5.366 | 3.414 | 5.821 | 19 | 15 | 314 | 123 | 1,2 | 1,2 | 2,1 |
| 74 | Namibia | *237* | *207* | 54 | 141 | .. | 26 | .. | .. | −2,0 | 3,4 | 3,5 |
| 75 | Slowakei[b] | *813* | *741* | .. | .. | .. | .. | .. | .. | .. | .. | .. |
| 76 | Lettland | .. | *685* | .. | 11 | .. | 390 | .. | 982 | .. | .. | .. |
| 77 | Thailand[b] | 7.519 | 12.441 | 213 | 638 | 3 | 60 | 150 | 544 | 0,0 | 11,1 | 12,0 |
| 78 | Costa Rica[b] | 860 | 1.158 | 180 | 535 | 1 | 95 | 1.453 | 2.354 | 0,7 | 4,6 | 2,2 |
| 79 | Ukraine[b] | .. | *37.873* | .. | 1.500 | .. | 197 | .. | 841 | .. | .. | .. |
| 80 | Polen | .. | 5.434 | 7.811 | 3.142 | .. | 200 | 2.339 | 811 | 0,7 | 4,8 | 4,8 |
| 81 | Russische Föderation[b] | .. | *35.553* | .. | 11.238 | .. | 1.124 | .. | 417 | .. | .. | .. |
| 82 | Panama | 354 | 667 | 87 | 159 | 2 | 3 | 551 | 476 | −1,2 | 8,4 | 7,4 |
| 83 | Tschechische Rep.[b] | *2.104* | *1.952* | .. | 519 | .. | .. | .. | .. | .. | .. | .. |
| 84 | Botsuana[b] | 126 | 216 | 68 | 133 | 20 | 10 | 14 | 9 | −2,1 | 1,6 | 1,3 |
| 85 | Türkei | 12.165 | 23.609 | 6 | 2.107 | 16 | 2 | 511 | 702 | 0,3 | 2,9 | 2,3 |
| 86 | Iran, Islam. Rep. | *16.268* | *25.653* | 2.779 | 4.840 | .. | 31 | 447 | 755 | 1,0 | 0,5 | 1,6 |
| | **Obere Einkommenskategorie** | 23.940s | .. | 34.308s | 48.947s | .. | .. | 722w | 728w | | 9,4w | 8,2w |
| 87 | Venezuela[b] | 3.363 | 3.024 | 2.484 | 2.314 | .. | .. | 642 | 874 | 0,2 | .. | 6,7 |
| 88 | Weißrußland[b] | .. | *4.643* | .. | 1.250 | .. | 246 | .. | 2.228 | .. | .. | .. |
| 89 | Brasilien | 23.373 | .. | 6.740 | 7.848 | 3 | 11 | 855 | 608 | 1,2 | 3,1 | 2,6 |
| 90 | Südafrika | 5.027 | 4.815 | 159 | 2.275 | .. | .. | 803 | 596 | −2,0 | 3,6 | 3,8 |
| 91 | Mauritius | 119 | 274 | 181 | 240 | 22 | 5 | 2.492 | 2.512 | 0,0 | 9,7 | 8,5 |
| 92 | Estland[b] | .. | *411* | .. | 46 | .. | 231 | .. | 1.229 | .. | .. | .. |
| 93 | Malaysia[b] | 5.365 | .. | 1.336 | 3.288 | .. | 4 | 944 | 1.977 | 4,3 | 18,4 | 13,8 |
| 94 | Chile[b] | 1.992 | .. | 1.264 | 983 | 22 | 3 | 314 | 849 | 1,9 | 6,0 | 7,8 |
| 95 | Ungarn[b] | 3.796 | 2.135 | 155 | 137 | .. | .. | 2.624 | 292 | −0,7 | 1,1 | 1,3 |
| 96 | Mexiko[b] | 16.036 | 29.037 | 7.226 | 6.223 | .. | 45 | 505 | 653 | −0,9 | 3,3 | 3,3 |
| 97 | Trinidad und Tobago | 140 | 114 | 252 | 232 | .. | .. | 688 | 801 | −0,6 | 4,8 | 3,6 |
| 98 | Uruguay[b] | 1.371 | 1.187 | 45 | 110 | 7 | .. | 558 | 608 | 0,3 | 1,9 | 1,1 |
| 99 | Oman[b] | 152 | *374* | 120 | 369 | .. | .. | 259 | 1.270 | .. | .. | .. |
| 100 | Gabun[b] | 289 | 447 | 27 | 77 | .. | .. | 2 | 11 | −1,4 | 19,2 | 12,9 |
| 101 | Slowenien | .. | 583 | .. | 549 | .. | .. | .. | 2.306 | .. | .. | .. |
| 102 | Puerto Rico[b] | 380 | 410 | .. | .. | .. | .. | .. | .. | −0,3 | .. | .. |
| 103 | Argentinien | 4.890 | 15.312 | 8 | 8 | .. | .. | 42 | 78 | −0,3 | 1,5 | 1,7 |
| 104 | Griechenland | 7.224 | 12.014 | 1.199 | 708 | .. | .. | 1.342 | 1.309 | 0,0 | 4,5 | 4,8 |
| 105 | Korea, Rep.[b] | 9.250 | 23.403 | 5.143 | 11.271 | 184 | .. | 3.657 | 4.656 | 0,5 | 12,4 | 15,8 |
| 106 | Portugal[b] | *2.950* | .. | 3.372 | 2.147 | 267 | .. | 824 | 813 | 2,6 | 10,4 | 15,0 |
| 107 | Saudi-Arabien[b] | *1.675* | .. | 3.061 | 5.186 | .. | .. | 209 | 1.438 | 9,1 | 3,1 | 2,3 |
| 108 | Turkmenistan | .. | .. | .. | 940 | .. | 2 | .. | 1.204 | .. | .. | .. |
| | **Länder mit niedr. u. mittl. Eink.** | .. | .. | 105.595s | 149.648s | .. | .. | 594w | 790w | | 7,2w | 6,7w |
| | Afrika südlich der Sahara | 14.945s | 54.381s | 8.647s | 13.157s | 1.601s | 5.079s | 138w | 149w | | 6,7w | 6,1w |
| | Ostasien u. Pazifik | 50.344s | 219.191s | 26.646s | 30.036s | 1.535s | 447s | 1.079w | 2.055w | | 12,6w | 11,4w |
| | Südasien | 32.720s | 94.968s | 4.211s | 6.211s | 2.339s | 1.624s | 346w | 737w | | 11,5w | 14,4w |
| | Europa u. Zentralasien | .. | .. | 15.752s | 34.452s | .. | 4.392s | 1.304w | 570w | | 4,0w | 4,1w |
| | Naher Osten u. Nordafrika | .. | .. | 24.557s | 38.092s | .. | .. | 400w | 641w | | 1,9w | 1,7w |
| | Lateinamerika u. Karibik | 20.444s | .. | 25.782s | 27.700s | .. | 1.565s | 542w | 524w | | 7,5w | 6,7w |
| | **Länder mit gravierenden Schuldenproblemen** | 17.265s | .. | 26.690s | 24.753s | 681s | 1.747s | 719w | 446w | | 4,7w | 4,9w |
| | **Länder mit hohem Einkommen** | 88.458s | .. | 79.799s | 77.530s | .. | .. | 1.294w | 1.115w | | 8,4w | 8,6w |
| 109 | Neuseeland[b] | *2.425* | .. | 63 | 282 | .. | .. | 10.247 | 12.745 | 0,0 | 5,5 | 8,5 |
| 110 | Irland | 2.036 | .. | 553 | 409 | .. | .. | 5.414 | 7.021 | 1,9 | 4,0 | 3,9 |
| 111 | Spanien[b] | .. | *20.295* | 6.073 | 4.955 | .. | .. | 811 | 769 | 1,1 | 9,1 | 9,8 |
| 112 | †Israel | 976 | .. | 1.601 | 2.293 | 31 | .. | 1.919 | 2.253 | −1,8 | 4,5 | 5,0 |
| 113 | Australien[b] | 8.454 | *9.404* | 5 | 32 | .. | .. | 263 | 265 | 0,3 | 3,7 | 4,1 |
| 114 | †Hongkong | 223 | *190* | 812 | 640 | .. | .. | .. | .. | 1,4 | 16,0 | 16,9 |
| 115 | Großbritannien | 10.106 | *16.383* | 5.498 | 3.534 | .. | .. | 2.936 | 3.205 | 0,0 | 4,0 | 5,1 |
| 116 | Finnland | 4.523 | *4.717* | 367 | 108 | .. | .. | 1.908 | 1.363 | −0,3 | 8,9 | 8,7 |
| 117 | †Kuwait | 52 | *110* | 340 | 251 | .. | .. | 4.400 | 1.600 | .. | 3,6 | 4,5 |
| 118 | Italien[b] | 26.044 | *38.380* | 7.629 | 6.249 | .. | .. | 1.698 | 1.560 | −0,3 | 4,1 | 5,6 |
| 119 | †Singapur[b] | 150 | *103* | 1.324 | 798 | .. | .. | 5.500 | 56.000 | −6,4 | 9,5 | 9,2 |
| 120 | Kanada | 10.005 | .. | 1.383 | 1.095 | .. | .. | 424 | 479 | 0,6 | 4,6 | 6,6 |
| 121 | Niederlande[b] | .. | *11.636* | 5.246 | 4.431 | .. | .. | 8.262 | 5.889 | 0,4 | 3,1 | 2,9 |
| 122 | †Vereinigte Arab. Emirate | *223* | *773* | 426 | 583 | .. | .. | 1.328 | 4.436 | .. | 5,2 | 6,4 |
| 123 | Belgien[b] | 2.500 | *3.644* | 5.599[c] | 5.291[c] | .. | .. | 5.773[c] | 4.246[c] | 2,2[c] | 4,7[c] | 5,0[c] |
| 124 | Frankreich[b] | *28.168* | *37.337* | 1.570 | 1.188 | .. | .. | 2.969 | 2.354 | 0,1 | 5,0 | 5,8 |
| 125 | Österreich[b] | 3.423 | *4.491* | 131 | 184 | .. | .. | 2.491 | 1.773 | 0,2 | 2,0 | 2,7 |
| 126 | Deutschland[b] | 16.791[d] | *23.267* | 9.500[d] | 3.533 | .. | .. | 4.126[d] | 2.387 | 0,5[d] | 4,0[d] | |
| 127 | Schweden | *4.238* | *5.208* | 124 | 202 | .. | .. | 1.624 | 1.077 | −1,4 | 9,6 | 9,3 |
| 128 | Vereinigte Staaten[b] | 70.320 | .. | 199 | 4.684 | .. | .. | 1.127 | 1.011 | −0,3 | 3,5 | 4,3 |
| 129 | Norwegen | 2.221 | .. | 725 | 302 | .. | .. | 3.174 | 2.276 | 0,2 | 14,7 | 15,2 |
| 130 | Dänemark | 3.161 | *4.360* | 355 | 579 | .. | .. | 2.364 | 2.088 | 2,0 | 8,3 | 10,5 |
| 131 | Japan[b] | 39.022 | *80.528* | 24.473 | 28.035 | .. | .. | 3.721 | 3.951 | −0,3 | 26,6 | 28,0 |
| 132 | Schweiz[b] | .. | .. | 1.247 | 455 | .. | .. | 4.409 | 3.340 | −0,3 | 3,0 | 3,7 |
| | **Gesamte Welt** | .. | .. | 185.394s | 227.178s | .. | .. | 817w | 874w | | 7,5w | 7,2w |

[a] Einschl. Eritrea. [b] Wertschöpfung in der Landwirtschaft zu Käuferpreisen. [c] Einschließlich Luxemburg. [d] Die Angaben beziehen sich auf die Bundesrepublik Deutschland vor der Vereinigung.

## Tabelle 5  Kommerzielle Energie

| | | Durchschnittliche jährliche Wachstumsrate (%) | | | | Energieverbrauch (in Öleinheiten) | | | | Energieeinfuhr in % der Warenausfuhr | |
|---|---|---|---|---|---|---|---|---|---|---|---|
| | | Energieproduktion | | Energieverbrauch | | Pro Kopf (kg) | | BIP je kg Energie ($) | | | |
| | | 1971–80 | 1980–93 | 1971–80 | 1980–93 | 1971 | 1993 | 1971 | 1993 | 1970 | 1993 |
| | **Länder mit niedrigem Einkommen** | **6,6** w | **4,9** w | **6,6** w | **5,4** w | **174** w | **353** w | **0,7** w | **0,9** w | | |
| | Ohne China und Indien | **4,6** w | **3,9** w | **5,0** w | **5,2** w | **83** w | **136** w | **2,1** w | **2,5** w | | |
| 1 | Mosambik | 22,9 | –15,6 | –1,7 | –3,0 | 103 | 43 | .. | 2,2 | 17 | .. |
| 2 | Tansania | 4,5 | 5,1 | 2,2 | 0,6 | 53 | 35 | 1,9 | 2,4 | 11 | .. |
| 3 | Äthiopien[a] | 6,4 | 6,5 | 0,8 | 6,0 | 19 | 23 | .. | .. | 11 | .. |
| 4 | Sierra Leone | .. | .. | 0,4 | 0,4 | 133 | 74 | 1,2 | 2,3 | 5 | .. |
| 5 | Vietnam | 10,9 | 9,7 | –9,2 | 2,6 | 165 | 77 | .. | 2,4 | .. | .. |
| 6 | Burundi | .. | 6,9 | 7,6 | 7,0 | 8 | 24 | 9,4 | 6,7 | 10 | .. |
| 7 | Uganda | –4,0 | 2,1 | –7,0 | 3,3 | 58 | 21 | 0,0 | 7,7 | 1 | .. |
| 8 | Nepal | 11,9 | 14,1 | 7,3 | 8,1 | 6 | 22 | 12,6 | 6,5 | .. | .. |
| 9 | Malawi | 11,4 | 3,6 | 7,6 | 1,5 | 37 | 35 | 2,1 | 5,4 | 8 | .. |
| 10 | Tschad | .. | .. | 4,1 | 0,5 | 18 | 16 | 5,2 | 12,1 | 32 | .. |
| 11 | Ruanda | 3,3 | 3,4 | 18,2 | –0,1 | 11 | 27 | 5,2 | 7,2 | 6 | .. |
| 12 | Bangladesch | 11,4 | 12,2 | 9,0 | 7,9 | 18 | 59 | 5,2 | 3,5 | .. | 26 |
| 13 | Madagaskar | –0,8 | 5,7 | –3,7 | 1,7 | 64 | 34 | 2,7 | 7,1 | 9 | .. |
| 14 | Guinea-Bissau | .. | .. | 4,1 | 2,1 | 35 | 37 | 4,1 | 6,4 | 47 | .. |
| 15 | Kenia | 15,9 | 15,6 | 4,2 | 2,9 | 114 | 99 | 1,3 | 2,2 | 15 | .. |
| 16 | Mali | 8,4 | 5,2 | 7,9 | 1,9 | 16 | 20 | 4,2 | 13,1 | 13 | .. |
| 17 | Niger | .. | 8,5 | 11,9 | 2,2 | 17 | 38 | 9,6 | 6,8 | 7 | .. |
| 18 | Laos, Dem. VR | 40,0 | –1,2 | –3,4 | 2,6 | 55 | 39 | .. | 7,4 | .. | .. |
| 19 | Burkina Faso | .. | .. | 12,7 | 1,1 | 9 | 16 | 7,4 | 17,7 | 22 | .. |
| 20 | Indien | 5,3 | 6,6 | 4,7 | 6,7 | 111 | 242 | 1,0 | 1,2 | 8 | 36 |
| 21 | Nigeria | 2,5 | 2,4 | 18,7 | 3,5 | 39 | 141 | 6,6 | 2,1 | 3 | .. |
| 22 | Albanien | 5,0 | –5,4 | 10,1 | –3,1 | 604 | 455 | .. | .. | .. | .. |
| 23 | Nicaragua | 2,8 | 2,7 | 3,5 | 2,4 | 248 | 241 | 1,6 | 1,8 | 7 | 61 |
| 24 | Togo | 8,4 | .. | 9,0 | 0,9 | 51 | 47 | 2,7 | 6,9 | 5 | .. |
| 25 | Gambia | .. | .. | 14,5 | 0,8 | 35 | 57 | 3,4 | 6,1 | 4 | .. |
| 26 | Sambia | 6,5 | –3,0 | 0,9 | –2,5 | 335 | 146 | 1,1 | 2,8 | 5 | .. |
| 27 | Mongolei | 10,3 | 4,6 | 10,4 | 2,2 | 632 | 1.089 | .. | 0,2 | .. | .. |
| 28 | Zentralafrik. Rep. | 4,8 | 2,5 | –0,5 | 2,9 | 40 | 29 | 2,5 | 13,4 | 2 | .. |
| 29 | Benin | .. | 11,2 | 1,6 | –3,3 | 39 | 20 | 3,1 | 20,4 | 7 | .. |
| 30 | Ghana | 7,1 | 2,1 | 3,3 | 2,7 | 107 | 96 | 2,6 | 3,8 | 5 | .. |
| 31 | Pakistan | 6,9 | 7,3 | 5,8 | 6,8 | 103 | 209 | 1,5 | 1,9 | 11 | 24 |
| 32 | Tadschikistan | .. | .. | .. | .. | .. | 634 | .. | 0,7 | .. | *31* |
| 33 | China | 7,8 | 4,9 | 7,4 | 5,1 | 278 | 623 | 0,4 | 0,6 | .. | 6 |
| 34 | Guinea | 14,1 | 3,8 | 2,3 | 1,4 | 69 | 66 | .. | 7,7 | .. | .. |
| 35 | Mauretanien | .. | .. | 5,0 | 0,4 | 105 | 105 | 1,7 | 4,2 | 5 | .. |
| 36 | Simbabwe | 0,2 | 7,1 | 1,1 | 5,5 | 442 | 471 | 0,7 | 1,1 | .. | *15* |
| 37 | Georgien | .. | .. | .. | .. | .. | 891 | .. | 0,6 | .. | .. |
| 38 | Honduras | 13,1 | 3,3 | 6,3 | 1,7 | 185 | 180 | 1,5 | 3,5 | 8 | *16* |
| 39 | Sri Lanka | 8,1 | 6,/ | 2,1 | 1,9 | 80 | 110 | 2,3 | 5,3 | .. | *13* |
| 40 | Côte d'Ivoire | 21,8 | –6,1 | 6,3 | 0,3 | 152 | 109 | 1,8 | 6,4 | 4 | .. |
| 41 | Lesotho | .. | .. | .. | .. | .. | .. | .. | .. | .. | .. |
| 42 | Armenien | .. | .. | .. | .. | .. | 958 | .. | 0,7 | .. | .. |
| 43 | Ägypten, Arab. Rep. | 14,2 | 4,1 | 8,9 | 5,8 | 200 | 539 | 1,2 | 1,2 | 10 | 6 |
| 44 | *Myanmar* | 8,0 | –1,5 | 2,7 | –0,8 | 56 | 39 | 1,4 | .. | 9 | .. |
| 45 | *Jemen, Rep.* | .. | .. | 7,6 | 7,8 | 111 | 285 | .. | 3,4 | 9 | .. |
| | **Länder mit mittlerem Einkommen** | .. | .. | .. | .. | .. | **1.563** w | .. | **1,6** w | | |
| | Untere Einkommenskategorie | .. | .. | .. | .. | .. | **1.531** w | .. | **1,0** w | | |
| 46 | Aserbaidschan | .. | .. | .. | .. | .. | 2.470 | .. | 0,3 | .. | *3* |
| 47 | Indonesien | 7,7 | 3,7 | 12,5 | 7,5 | 71 | 321 | 1,1 | 2,3 | 30 | 6 |
| 48 | Senegal | .. | .. | 5,3 | 0,4 | 121 | 115 | 1,7 | 6,3 | 6 | .. |
| 49 | Bolivien | 3,6 | 0,8 | 10,4 | 0,9 | 173 | 310 | 1,5 | 2,5 | 1 | 8 |
| 50 | Kamerun | 46,6 | 5,3 | 8,3 | 1,6 | 59 | 87 | 3,1 | 10,2 | 6 | .. |
| 51 | Mazedonien | .. | .. | .. | .. | .. | .. | .. | .. | .. | .. |
| 52 | Kirgisistan | .. | .. | .. | .. | .. | 965 | .. | 0,9 | .. | *41* |
| 53 | Philippinen | 30,9 | 5,6 | 5,3 | 3,5 | 222 | 328 | 0,9 | 2,5 | 14 | 19 |
| 54 | Kongo | 33,2 | 6,9 | 1,4 | 1,5 | 176 | 165 | 1,4 | 5,9 | 4 | .. |
| 55 | Usbekistan | .. | .. | .. | .. | .. | 2.033 | .. | 0,5 | .. | *30* |
| 56 | Marokko | 2,9 | –2,7 | 8,3 | 3,8 | 155 | 299 | 1,8 | 3,4 | 8 | 24 |
| 57 | Moldau | .. | .. | .. | .. | .. | 1.345 | .. | 0,7 | .. | .. |
| 58 | Guatemala | 21,4 | 3,8 | 6,6 | 1,8 | 155 | 159 | 2,4 | 7,1 | 2 | *26* |
| 59 | Papua-Neuguinea | 12,0 | 20,1 | 6,7 | 2,4 | 136 | 238 | 2,1 | 5,2 | 9 | .. |
| 60 | Bulgarien | 4,2 | 0,4 | 5,2 | –3,0 | 2.223 | 1.954 | .. | 0,6 | .. | .. |
| 61 | Rumänien | 2,7 | –4,6 | 5,7 | –2,7 | 1.955 | 1.765 | .. | 0,6 | .. | 34 |
| 62 | Jordanien | .. | .. | 14,2 | 5,0 | 228 | 766 | .. | 1,4 | 31 | 37 |
| 63 | Ecuador | 28,6 | 3,9 | 16,0 | 2,8 | 202 | 561 | 1,3 | 2,3 | 9 | 1 |
| 64 | Dominikanische Rep. | 22,3 | 3,7 | 5,0 | 1,3 | 235 | 340 | 1,6 | 3,7 | 9 | .. |
| 65 | El Salvador | 16,7 | 3,5 | 7,8 | 2,3 | 160 | 222 | 1,8 | 6,2 | 2 | 39 |
| 66 | Litauen | .. | .. | .. | .. | .. | 2.596 | .. | 0,4 | .. | *43* |
| 67 | Kolumbien | –1,7 | 11,9 | 4,0 | 4,0 | 444 | 694 | 0,8 | 2,3 | 1 | 5 |
| 68 | Jamaika | 0,0 | –5,6 | –0,2 | 1,9 | 996 | 1.096 | 0,8 | 1,4 | 10 | .. |
| 69 | Peru | 12,9 | –3,9 | 3,6 | –0,6 | 429 | 332 | 1,4 | 5,4 | 1 | 8 |
| 70 | Paraguay | 14,1 | 45,5 | 10,3 | 5,9 | 94 | 214 | 2,9 | 6,8 | 15 | 30 |
| 71 | Kasachstan | .. | .. | .. | .. | .. | 4.435 | .. | 0,3 | .. | .. |
| 72 | Tunesien | 4,5 | –0,8 | 9,5 | 4,0 | 262 | 582 | 1,2 | 2,9 | 8 | 13 |

*Anmerkung:* Zur Vergleichbarkeit der Daten und ihrer Abgrenzung vgl. Technische Erläuterungen. Kursive Zahlen gelten für andere als die angegebenen Jahre.

|  |  | Durchschnittliche jährliche Wachstumsrate (%) | | | | Energieverbrauch (in Öleinheiten) | | | | Energieeinfuhr in % der Warenausfuhr | |
|  |  | Energieproduktion | | Energieverbrauch | | Pro Kopf (kg) | | BIP je kg Energie ($) | | | |
|  |  | 1971–80 | 1980–93 | 1971–80 | 1980–93 | 1971 | 1993 | 1971 | 1993 | 1970 | 1993 |
|---|---|---|---|---|---|---|---|---|---|---|---|
| 73 | Algerien | 5,0 | 4,6 | 14,9 | 5,0 | 255 | 955 | 1,4 | 1,9 | 3 | 1 |
| 74 | Namibia | .. | .. | .. | .. | .. | .. | .. | .. | .. | .. |
| 75 | Slowakei | .. | .. | .. | .. | .. | .. | .. | .. | .. | .. |
| 76 | Lettland | .. | .. | .. | .. | .. | 1.717 | .. | 1,0 | .. | .. |
| 77 | Thailand | 10,1 | 26,0 | 6,8 | 10,5 | 178 | 678 | 1,1 | 3,2 | 16 | 9 |
| 78 | Costa Rica | 6,8 | 5,8 | 5,8 | 3,6 | 443 | 558 | 1,4 | 4,2 | 5 | 12 |
| 79 | Ukraine | .. | .. | .. | .. | .. | 3.960 | .. | 0,5 | .. | .. |
| 80 | Polen | 3,5 | −2,2 | 5,1 | −2,0 | 2.493 | 2.390 | .. | 0,9 | .. | 20 |
| 81 | Russische Föderation | .. | .. | .. | .. | .. | 4.438 | .. | 0,5 | .. | .. |
| 82 | Panama | 17,2 | 10,4 | −0,3 | 0,3 | 834 | 599 | 0,9 | 4,3 | 63 | 51 |
| 83 | Tschechische Rep. | .. | .. | .. | .. | .. | .. | .. | .. | .. | .. |
| 84 | Botsuana | 9,2 | −0,2 | 10,6 | 2,7 | 243 | 388 | 0,7 | 7,0 | .. | .. |
| 85 | Türkei | 5,8 | 3,5 | 7,7 | 5,1 | 377 | 983 | 0,9 | 3,0 | 11 | 26 |
| 86 | *Iran, Islam. Rep.* | −7,7 | 6,8 | 8,3 | 6,7 | 714 | 1.235 | .. | .. | .. | .. |
| | **Obere Einkommenskategorie** | 4,1w | 2,1w | 6,6w | 4,4w | 831w | 1.632w | 0,9w | 2,8w | | |
| 87 | Venezuela | −4,7 | 1,8 | 4,8 | 2,3 | 2.072 | 2.369 | 0,6 | 1,2 | 1 | 1 |
| 88 | Weißrußland | .. | .. | .. | .. | .. | 3.427 | .. | 0,8 | .. | 11 |
| 89 | Brasilien | 6,1 | 7,5 | 8,4 | 3,7 | 361 | 666 | 1,4 | 4,9 | 13 | 11 |
| 90 | Südafrika | 8,1 | 3,1 | 3,5 | 3,0 | 1.993 | 2.399 | 0,4 | 1,2 | 9 | 0 |
| 91 | Mauritius | 1,8 | 7,1 | 4,6 | 3,0 | 225 | 391 | 1,3 | 7,7 | 8 | 11 |
| 92 | Estland | .. | .. | .. | .. | .. | .. | .. | .. | .. | .. |
| 93 | Malaysia | 19,2 | 11,6 | 8,4 | 9,8 | 436 | 1.529 | 0,9 | 2,2 | 10 | 4 |
| 94 | Chile | 0,3 | 1,5 | 0,8 | 4,7 | 709 | 911 | 1,5 | 3,5 | 5 | 11 |
| 95 | Ungarn | 2,4 | −0,3 | 4,6 | −0,6 | 1.872 | 2.385 | 0,3 | 1,6 | 10 | 19 |
| 96 | Mexiko | 16,6 | 1,8 | 10,3 | 3,1 | 653 | 1.439 | 1,2 | 2,7 | 6 | 4 |
| 97 | Trinidad und Tobago | 5,8 | −0,3 | 4,4 | 3,4 | 2.735 | 4.696 | 0,3 | 0,8 | 60 | 14 |
| 98 | Uruguay | 0,8 | 6,5 | 0,8 | 1,0 | 749 | 715 | 1,3 | 5,8 | 15 | 12 |
| 99 | Oman | 1,0 | 8,3 | 41,2 | 9,7 | 119 | 2.408 | 3,4 | 2,4 | 0 | 1 |
| 100 | Gabun | 5,7 | 5,7 | 4,8 | 1,8 | 805 | 769 | 0,9 | 5,6 | 1 | .. |
| 101 | Slowenien | .. | .. | .. | .. | .. | 1.531 | .. | 4,0 | .. | .. |
| 102 | Puerto Rico | −3,9 | 1,9 | −2,6 | 0,7 | 3.862 | 2.018 | 0,5 | 4,9 | .. | .. |
| 103 | Argentinien | 2,7 | 2,5 | 2,6 | 1,1 | 1.282 | 1.351 | 1,1 | 5,6 | 4 | 3 |
| 104 | Griechenland | 7,8 | 6,2 | 6,0 | 3,4 | 1.034 | 2.160 | 1,2 | 3,3 | 21 | 24 |
| 105 | Korea, Rep. | 5,2 | 7,5 | 11,1 | 9,5 | 507 | 2.863 | 0,6 | 2,6 | 16 | 18 |
| 106 | Portugal | 2,3 | 2,4 | 5,2 | 4,8 | 721 | 1.781 | 1,2 | 4,9 | 15 | 13 |
| 107 | *Saudi-Arabien* | 7,5 | 0,7 | 21,0 | 5,3 | 1.061 | 4.552 | 1,0 | .. | 0 | 69 |
| 108 | *Turkmenistan* | .. | .. | .. | .. | .. | 2.268 | .. | .. | .. | .. |
| | **Länder mit niedr. u. mittl. Eink.** | .. | .. | .. | .. | .. | 760w | .. | 1,4w | | |
| | Afrika südlich der Sahara | 4,5w | 3,6w | 4,1w | 2,7w | 224w | 250w | 1,0w | 1,9w | | |
| | Ostasien u. Pazifik | 7,6w | 5,0w | 7,2w | 5,6w | 268w | 620w | 0,5w | 1,2w | | |
| | Südasien | 5,3w | 6,6w | 4,9w | 6,7w | 98w | 213w | 1,2w | 1,3w | | |
| | Europa u. Zentralasien | .. | .. | .. | .. | .. | 2.934w | .. | 0,8w | | |
| | Naher Osten u. Nordafrika | 2,7w | 2,3w | 11,6w | 5,4w | 404w | 1.098w | 1,3w | 1,9w | | |
| | Lateinamerika u. Karibik | 2,0w | 2,8w | 5,8w | 2,6w | 640w | 915w | 1,1w | 3,5w | | |
| | **Länder mit gravierenden Schuldenproblemen** | 5,6w | 1,3w | 5,7w | 0,7w | 791w | 871w | 1,2w | 3,4w | | |
| | **Länder mit hohem Einkommen** | 1,7w | 1,8w | 2,0w | 1,6w | 4.495w | 5.245w | 0,8w | 4,4w | | |
| 109 | Neuseeland | 5,4 | 7,5 | 2,5 | 4,6 | 2.434 | 4.299 | 1,1 | 2,9 | 7 | 6 |
| 110 | Irland | 1,8 | 2,7 | 2,2 | 2,1 | 2.357 | 3.016 | 0,7 | 4,5 | 12 | 4 |
| 111 | Spanien | 4,5 | 5,1 | 5,2 | 2,9 | 1.264 | 2.373 | 1,0 | 5,1 | 26 | 13 |
| 112 | †Israel | −46,1 | −10,4 | 2,7 | 4,4 | 2.073 | 2.607 | 1,0 | 5,1 | 9 | 11 |
| 113 | Australien | 5,0 | 5,6 | 3,4 | 2,3 | 4.079 | 5.316 | 0,9 | 3,1 | 5 | 6 |
| 114 | †Hongkong | .. | .. | 6,6 | 6,6 | 850 | 2.278 | 1,2 | 8,3 | 3 | 2 |
| 115 | Großbritannien | 8,4 | 0,1 | −0,3 | 1,0 | 3.790 | 3.718 | 0,7 | 4,4 | 12 | 6 |
| 116 | Finnland | 3,2 | 2,7 | 2,8 | 1,7 | 3.982 | 5.635 | 0,7 | 2,9 | 13 | 10 |
| 117 | †Kuwait | −5,8 | −2,3 | 6,6 | −4,2 | 7.264 | 4.217 | 0,7 | 3,0 | 0 | 1 |
| 118 | Italien | −0,5 | 2,4 | 1,8 | 1,5 | 2.141 | 2.697 | 1,0 | 6,4 | 16 | 9 |
| 119 | †Singapur | .. | .. | 7,7 | 7,7 | 1.396 | 5.563 | 0,8 | 3,6 | 21 | 13 |
| 120 | Kanada | 2,8 | 3,7 | 4,0 | 1,5 | 6.233 | 7.821 | 0,7 | 2,4 | 5 | 4 |
| 121 | Niederlande | 6,4 | −0,1 | 2,3 | 0,9 | 3.900 | 4.533 | 0,8 | 4,5 | 12 | 8 |
| 122 | †Vereinigte Arab. Emirate | 6,7 | 5,9 | 27,3 | 10,5 | 4.151 | 16.878 | .. | 1,2 | 2 | .. |
| 123 | Belgien | 2,9 | 3,0 | 1,3 | 1,6 | 4.127 | 4.989 | 0,7 | 4,2 | .. | .. |
| 124 | Frankreich | 1,4 | 6,7 | 1,9 | 2,0 | 3.025 | 4.031 | 1,0 | 5,4 | 13 | 9 |
| 125 | Österreich | 0,2 | 1,4 | 2,0 | 1,4 | 2.557 | 3.277 | 0,9 | 7,1 | 10 | 6 |
| 126 | Deutschland[b] | 0,6 | −1,3 | 1,7 | 0,0 | 3.953 | 4.170 | .. | 5,7 | 8 | 7 |
| 127 | Schweden | 9,5 | 4,5 | 1,8 | 1,3 | 4.521 | 5.385 | 1,0 | 4,0 | 11 | 8 |
| 128 | Vereinigte Staaten | 0,7 | 0,7 | 1,7 | 1,4 | 7.633 | 7.918 | 0,7 | 3,1 | 7 | 13 |
| 129 | Norwegen | 30,1 | 9,0 | 3,7 | 1,5 | 3.565 | 5.096 | 0,9 | 4,7 | 12 | 2 |
| 130 | Dänemark | 14,3 | 24,1 | 0,7 | 0,7 | 3.866 | 3.861 | 0,9 | 6,8 | 14 | 5 |
| 131 | Japan | 2,6 | 4,6 | 2,5 | 2,7 | 2.553 | 3.642 | 0,9 | 9,3 | 20 | 14 |
| 132 | Schweiz | 8,8 | 2,6 | 1,7 | 1,8 | 2.742 | 3.491 | 1,5 | 9,4 | 7 | 4 |
| | **Gesamte Welt** | .. | .. | .. | .. | .. | 1.421w | .. | 3,1w | | |

[a] Einschl. Eritrea.  [b] Die Angaben beziehen sich auf die Bundesrepublik Deutschland vor der Vereinigung.

# Tabelle 6  Struktur des Verarbeitenden Gewerbes

| | | Wertschöpfung im Verarbeitenden Gewerbe (in Mio $) | | Verteilung der Wertschöpfung im Verarbeitenden Gewerbe (in %) | | | | | | | | |
|---|---|---|---|---|---|---|---|---|---|---|---|---|
| | | | | Nahrungsmittel, Getränke und Tabak | | Textilien und Bekleidung | | Maschinenbau, Elektrotechnik, Fahrzeuge | | Chemische Erzeugnisse | | Übriges Verarbeitendes Gewerbe[a] |
| | | 1970 | 1992 | 1970 | 1992 | 1970 | 1992 | 1970 | 1992 | 1970 | 1992 | 1970 | 1992 |
| | **Länder mit niedrigem Einkommen** | 47.123 s | 237.098 s | | | | | | | | | | |
| | **Ohne China und Indien** | .. | 41.279 s | | | | | | | | | | |
| 1 | Mosambik | .. | .. | 51 | .. | 13 | .. | 5 | .. | 3 | .. | 28 | .. |
| 2 | Tansania | 118 | 121 | 36 | .. | 28 | .. | 5 | .. | 4 | .. | 26 | .. |
| 3 | Äthiopien | .. | 210 | .. | 62[b] | .. | 21[b] | .. | 1[b] | .. | 2[b] | .. | 14[b] |
| 4 | Sierra Leone | 22 | 34 | .. | .. | .. | .. | .. | .. | .. | .. | .. | .. |
| 5 | Vietnam[c] | .. | 2.139 | .. | .. | .. | .. | .. | .. | .. | .. | .. | .. |
| 6 | Burundi | 16 | 93 | 53 | 83 | 25 | 9 | 0 | 0 | 6 | 2 | 16 | 7 |
| 7 | Uganda | .. | 155 | 40 | .. | 20 | .. | 2 | .. | 4 | .. | 34 | .. |
| 8 | Nepal | 32 | 322 | .. | 31 | .. | 39 | .. | 1 | .. | 4 | .. | 25 |
| 9 | Malawi | .. | 244 | 51 | .. | 17 | .. | 3 | .. | 10 | .. | 20 | .. |
| 10 | Tschad[c] | 51 | 198 | .. | .. | .. | .. | .. | .. | .. | .. | .. | .. |
| 11 | Ruanda | .. | 180 | 86 | .. | 0 | .. | 3 | .. | 2 | .. | 8 | .. |
| 12 | Bangladesch[c] | 387 | 2.164 | 30 | 24 | 47 | 38 | 3 | 7 | 11 | 17 | 10 | 15 |
| 13 | Madagaskar | .. | .. | 36 | .. | 28 | .. | 6 | .. | 7 | .. | 23 | .. |
| 14 | Guinea-Bissau | 17 | 19 | .. | .. | .. | .. | .. | .. | .. | .. | .. | .. |
| 15 | Kenia | 174 | 764 | 33 | 39 | 9 | 9 | 16 | 10 | 9 | 9 | 33 | 33 |
| 16 | Mali[c] | 25 | 234 | 36 | .. | 40 | .. | 4 | .. | 5 | .. | 14 | .. |
| 17 | Niger[c] | 30 | 151 | .. | .. | .. | .. | .. | .. | .. | .. | .. | .. |
| 18 | Laos, Dem. VR[c] | .. | 149 | .. | .. | .. | .. | .. | .. | .. | .. | .. | .. |
| 19 | Burkina Faso | 47 | .. | 69 | .. | 9 | .. | 2 | .. | 1 | .. | 19 | .. |
| 20 | Indien | 7.928 | 41.558 | 13 | 12 | 21 | 15 | 20 | 25 | 14 | 14 | 32 | 35 |
| 21 | Nigeria | 426 | 2.012 | 36 | .. | 26 | .. | 1 | .. | 6 | .. | 31 | .. |
| 22 | Albanien | .. | .. | .. | 24 | .. | 33 | .. | .. | .. | 8 | .. | 36 |
| 23 | Nicaragua[c] | 159 | 306 | 53 | .. | 14 | .. | 2 | .. | 8 | .. | 23 | .. |
| 24 | Togo[c] | 25 | 161 | .. | .. | .. | .. | .. | .. | .. | .. | .. | .. |
| 25 | Gambia | 2 | 21 | .. | .. | .. | .. | .. | .. | .. | .. | .. | .. |
| 26 | Sambia[c] | 181 | 1.057 | 49 | 45 | 9 | 12 | 5 | 7 | 10 | 11 | 27 | 26 |
| 27 | Mongolei[c] | .. | .. | .. | .. | .. | .. | .. | .. | .. | .. | .. | .. |
| 28 | Zentralafrik. Rep. | 12 | .. | .. | 75 | .. | 3 | .. | 2 | .. | 8 | .. | 12 |
| 29 | Benin[c] | 38 | 170 | .. | .. | .. | .. | .. | .. | .. | .. | .. | .. |
| 30 | Ghana[c] | 252 | 598 | 34 | .. | 16 | .. | 4 | .. | 4 | .. | 41 | .. |
| 31 | Pakistan | 1.462 | 7.538 | 24 | .. | 38 | .. | 6 | .. | 9 | .. | 23 | .. |
| 32 | Tadschikistan | .. | .. | .. | .. | .. | .. | .. | .. | .. | .. | .. | .. |
| 33 | China[c] | 27.555 | 147.302 | .. | 13 | .. | 13 | .. | 27 | .. | 12 | .. | 35 |
| 34 | Guinea[c] | .. | 135 | .. | .. | .. | .. | .. | .. | .. | .. | .. | .. |
| 35 | Mauretanien | 10 | 115 | .. | .. | .. | .. | .. | .. | .. | .. | .. | .. |
| 36 | Simbabwe | 293 | 1.379 | 24 | 34 | 16 | 14 | 9 | 11 | 11 | 5 | 40 | 36 |
| 37 | Georgien[c] | .. | 861 | .. | .. | .. | .. | .. | .. | .. | .. | .. | .. |
| 38 | Honduras | 91 | 510 | 58 | 49 | 10 | 9 | 1 | 3 | 4 | 6 | 28 | 32 |
| 39 | Sri Lanka | 369 | 1.354 | 26 | 40 | 19 | 29 | 10 | 4 | 11 | 5 | 33 | 22 |
| 40 | Côte d'Ivoire | 149 | .. | 27 | .. | 16 | .. | 10 | .. | 5 | .. | 42 | .. |
| 41 | Lesotho | 3 | 97 | .. | .. | .. | .. | .. | .. | .. | .. | .. | .. |
| 42 | Armenien | .. | .. | .. | 29 | .. | 46 | .. | 16 | .. | −1 | .. | 10 |
| 43 | Ägypten, Arab. Rep. | .. | 5.747 | 17 | 15 | 35 | 23 | 9 | 6 | 12 | 9 | 27 | 48 |
| 44 | *Myanmar* | .. | .. | .. | .. | .. | .. | .. | .. | .. | .. | .. | .. |
| 45 | *Jemen, Rep.* | .. | 977 | .. | .. | .. | .. | .. | .. | .. | .. | .. | .. |
| | **Länder mit mittlerem Einkommen** | .. | .. | | | | | | | | | | |
| | **Untere Einkommenskategorie** | .. | .. | | | | | | | | | | |
| 46 | Aserbaidschan[c] | .. | 2.557 | .. | 23 | .. | 16 | .. | 14 | .. | 7 | .. | 40 |
| 47 | Indonesien[c] | 994 | 27.854 | 65 | .. | 14 | .. | 2 | .. | 6 | .. | 13 | .. |
| 48 | Senegal[c] | 141 | 809 | 51 | .. | 19 | .. | 2 | .. | 6 | .. | 22 | .. |
| 49 | Bolivien[c] | 135 | .. | 47 | 21 | 28 | 3 | 1 | 0 | 6 | 2 | 19 | 73 |
| 50 | Kamerun[c] | 119 | 1.384 | 50 | 61 | 15 | −13 | 4 | 5 | 3 | 5 | 27 | 42 |
| 51 | Mazedonien | .. | .. | .. | 25 | .. | 28 | .. | 15 | .. | 9 | .. | 24 |
| 52 | Kirgisistan[c] | .. | .. | .. | .. | .. | .. | .. | .. | .. | .. | .. | .. |
| 53 | Philippinen[c] | 1.665 | 12.811 | 39 | 37 | 8 | 13 | 8 | 11 | 13 | 12 | 32 | 27 |
| 54 | Kongo[c] | .. | 228 | 65 | .. | 4 | .. | 1 | .. | 8 | .. | 22 | .. |
| 55 | Usbekistan[c] | .. | 5.494 | .. | .. | .. | .. | .. | .. | .. | .. | .. | .. |
| 56 | Marokko[c] | 641 | 5.118 | .. | 25 | .. | 18 | .. | 6 | .. | 15 | .. | 35 |
| 57 | Moldau[c] | .. | .. | .. | .. | .. | .. | .. | .. | .. | .. | .. | .. |
| 58 | Guatemala[c] | .. | .. | 42 | 42 | 14 | 9 | 4 | 3 | 12 | 16 | 27 | 28 |
| 59 | Papua-Neuguinea[c] | 35 | 404 | 23 | .. | 1 | .. | 35 | .. | 4 | .. | 37 | .. |
| 60 | Bulgarien | .. | .. | .. | .. | .. | .. | .. | .. | .. | .. | .. | .. |
| 61 | Rumänien | .. | 10.623 | .. | 19 | .. | 15 | .. | 12 | .. | 6 | .. | 47 |
| 62 | Jordanien | .. | 598 | 21 | 20 | 14 | 6 | 7 | 4 | 6 | 20 | 52 | 50 |
| 63 | Ecuador[c] | 305 | 2.790 | 43 | 29 | 14 | 10 | 3 | 7 | 8 | 12 | 32 | 42 |
| 64 | Dominikanische Rep.[c] | 275 | 1.094 | 74 | .. | 5 | .. | 1 | .. | 6 | .. | 14 | .. |
| 65 | El Salvador[c] | 194 | 1.238 | 40 | 36 | 30 | 14 | 3 | 4 | 8 | 24 | 18 | 23 |
| 66 | Litauen[c] | .. | .. | .. | .. | .. | .. | .. | .. | .. | .. | .. | .. |
| 67 | Kolumbien | 1.487 | 9.618 | 31 | 29 | 20 | 14 | 8 | 10 | 11 | 16 | 29 | 31 |
| 68 | Jamaika[c] | 221 | 620 | 46 | 44 | 7 | 6 | 11 | 9 | 5 | 7 | 30 | 34 |
| 69 | Peru[c] | 1.430 | .. | 25 | .. | 14 | .. | 7 | .. | 7 | .. | 47 | .. |
| 70 | Paraguay[c] | 99 | 1.103 | 56 | 55 | 16 | 16 | 1 | .. | 5 | 12 | 21 | 17 |
| 71 | Kasachstan[c] | .. | 10.571 | .. | .. | .. | .. | .. | .. | .. | .. | .. | .. |
| 72 | Tunesien | 121 | 2.576 | 29 | .. | 18 | .. | 4 | .. | 13 | .. | 36 | .. |

*Anmerkung:* Zur Vergleichbarkeit der Daten und ihrer Abgrenzung vgl. Technische Erläuterungen. Kursive Zahlen gelten für andere als die angegebenen Jahre.

|  |  | Wertschöpfung im Verarbeitenden Gewerbe (in Mio $) | | Verteilung der Wertschöpfung im Verarbeitenden Gewerbe (in %) | | | | | | | | | |
|---|---|---|---|---|---|---|---|---|---|---|---|---|---|
|  |  | | | Nahrungsmittel, Getränke und Tabak | | Textilien und Bekleidung | | Maschinenbau, Elektrotechnik, Fahrzeuge | | Chemische Erzeugnisse | | Übriges Verarbeitendes Gewerbe[a] | |
|  |  | 1970 | 1992 | 1970 | 1992 | 1970 | 1992 | 1970 | 1992 | 1970 | 1992 | 1970 | 1992 |
| 73 | Algerien | 682 | 4.010 | 32 | *22* | 20 | *19* | 9 | *11* | 4 | *3* | 35 | *45* |
| 74 | Namibia | .. | 173 | .. | .. | .. | .. | .. | .. | .. | .. | .. | .. |
| 75 | Slowakei[c] | .. | .. | .. | .. | .. | .. | .. | .. | .. | .. | .. | .. |
| 76 | Lettland | .. | 1.738 | .. | .. | .. | .. | .. | .. | .. | .. | .. | .. |
| 77 | Thailand[c] | 1.130 | 31.185 | 23 | *16* | 14 | *16* | 4 | *40* | 25 | *5* | 34 | *23* |
| 78 | Costa Rica[c] | *203* | 1.380 | 48 | *47* | 12 | *8* | 6 | *8* | 7 | *10* | 28 | *27* |
| 79 | Ukraine[c] | .. | 48.872 | .. | .. | .. | .. | .. | .. | .. | .. | .. | .. |
| 80 | Polen | .. | .. | 20 | *21* | 19 | *9* | 24 | *26* | 8 | *7* | 28 | *37* |
| 81 | Russische Föderation[c] | .. | 200.237 | .. | .. | .. | .. | .. | .. | .. | .. | .. | .. |
| 82 | Panama[c] | 127 | 502 | 41 | *51* | 9 | *5* | 1 | *3* | 5 | *9* | 44 | *32* |
| 83 | Tschechische Rep.[c] | .. | .. | .. | .. | .. | .. | .. | .. | .. | .. | .. | .. |
| 84 | Botsuana[c] | 5 | 161 | .. | .. | .. | .. | .. | .. | .. | .. | .. | .. |
| 85 | Türkei | 1.930 | 27.465 | 26 | *18* | 15 | *14* | 8 | *19* | 7 | *9* | 45 | *40* |
| 86 | *Iran, Islam. Rep.* | .. | 15.363 | 30 | *14* | 20 | *17* | 18 | *26* | 6 | *6* | 26 | *37* |
| **Obere Einkommenskategorie** | | 50.427 | .. | | | | | | | | | | |
| 87 | Venezuela[c] | 2.163 | 8.838 | 30 | *22* | 13 | *5* | 9 | *9* | 8 | *12* | 39 | *52* |
| 88 | Weißrußland[c] | .. | 12.179 | .. | .. | .. | .. | .. | .. | .. | .. | .. | .. |
| 89 | Brasilien | 10.422 | *90.062* | 16 | *15* | 13 | *11* | 22 | *22* | 10 | *14* | 39 | *38* |
| 90 | Südafrika | 3.892 | 26.050 | 15 | *17* | 13 | *8* | 17 | *19* | 10 | *10* | 45 | *47* |
| 91 | Mauritius | 26 | 602 | 75 | *23* | 6 | *51* | 5 | *3* | 3 | *5* | 12 | *19* |
| 92 | Estland[c] | .. | 1.265 | .. | .. | .. | .. | .. | .. | .. | .. | .. | .. |
| 93 | Malaysia[c] | 500 | .. | 26 | *10* | 3 | *6* | 8 | *34* | 9 | *11* | 54 | *39* |
| 94 | Chile[c] | 2.088 | .. | 17 | *29* | 12 | *7* | 11 | *5* | 5 | *11* | 55 | *49* |
| 95 | Ungarn[c] | .. | 7.381 | 12 | *11* | 13 | *9* | 28 | *27* | 8 | *14* | 39 | *40* |
| 96 | Mexiko[c] | 8.449 | 67.157 | .. | *24* | .. | *5* | .. | *25* | .. | *17* | .. | *30* |
| 97 | Trinidad und Tobago | 198 | 496 | 18 | .. | 3 | .. | 7 | .. | 2 | .. | 70 | .. |
| 98 | Uruguay[c] | 619 | 2.476 | 34 | *33* | 21 | *18* | 7 | *8* | 6 | *9* | 32 | *32* |
| 99 | Oman[c] | 0 | 495 | .. | .. | .. | .. | .. | .. | .. | .. | .. | .. |
| 100 | Gabun[c] | 22 | 653 | 37 | .. | 7 | .. | 6 | .. | 6 | .. | 44 | .. |
| 101 | Slowenien | .. | 3.670 | .. | *16* | .. | *16* | .. | *23* | .. | *10* | .. | *35* |
| 102 | Puerto Rico[c] | 1.190 | 13.392 | .. | *16* | .. | *5* | .. | *13* | .. | *50* | .. | *16* |
| 103 | Argentinien | 9.963 | 50.009 | 18 | *21* | 17 | *10* | 17 | *13* | 8 | *12* | 40 | *44* |
| 104 | Griechenland | 1.952 | 12.398 | 19 | *26* | 19 | *17* | 13 | *12* | 9 | *9* | 41 | *35* |
| 105 | Korea, Rep.[c] | 1.880 | 85.454 | 26 | *10* | 17 | *12* | 11 | *30* | 11 | *10* | 36 | *37* |
| 106 | Portugal[b] | .. | .. | 18 | *20* | 19 | *23* | 13 | *12* | 10 | *10* | 39 | *35* |
| 107 | *Saudi-Arabien[c]* | 435 | .. | .. | .. | .. | .. | .. | .. | .. | .. | .. | .. |
| 108 | *Turkmenistan* | .. | .. | .. | .. | .. | .. | .. | .. | .. | .. | .. | .. |
| **Länder mit niedr. u. mittl. Eink.** | | .. | .. | | | | | | | | | | |
| | Afrika südlich der Sahara | 7.233 s | 45.698 s | | | | | | | | | | |
| | Ostasien u. Pazifik | 37.886 s | 343.419 s | | | | | | | | | | |
| | Südasien | 10.362 s | 53.889 s | | | | | | | | | | |
| | Europa u. Zentralasien | .. | .. | | | | | | | | | | |
| | Naher Osten u. Nordafrika | .. | .. | | | | | | | | | | |
| | Lateinamerika u. Karibik | 41.601 s | .. | | | | | | | | | | |
| **Länder mit gravierenden Schuldenproblemen** | | 33.568 s | .. | | | | | | | | | | |
| **Länder mit hohem Einkommen** | | 568.236 s | .. | | | | | | | | | | |
| 109 | Neuseeland[c] | *1.809* | .. | 24 | *27* | 13 | *8* | 15 | *14* | 4 | *6* | 43 | *45* |
| 110 | Irland | 786 | 1.511 | 31 | *19* | 19 | *3* | 13 | *27* | 7 | *21* | 30 | *22* |
| 111 | Spanien[c] | .. | 100.672 | 13 | *18* | 15 | *8* | 16 | *26* | 11 | *10* | 45 | *38* |
| 112 | †Israel | .. | .. | 15 | *13* | 14 | *9* | 23 | *32* | 7 | *8* | 41 | *38* |
| 113 | Australien[c] | 9.551 | 43.679 | 16 | *18* | 9 | *6* | 24 | *20* | 7 | *8* | 43 | *48* |
| 114 | †Hongkong | 1.013 | 12.020 | 4 | *11* | 41 | *35* | 16 | *21* | 2 | *2* | 36 | *32* |
| 115 | Großbritannien | 35.540 | 201.859 | 13 | *15* | 9 | *5* | 31 | *30* | 10 | *13* | 37 | *37* |
| 116 | Finnland | 2.588 | 20.785 | 13 | *14* | 10 | *3* | 20 | *23* | 6 | *8* | 51 | *51* |
| 117 | †Kuwait | 120 | 1.731 | 5 | *4* | 4 | *3* | 1 | *2* | 4 | *3* | 86 | *88* |
| 118 | Italien[c] | 29.093 | 250.345 | 10 | *10* | 13 | *14* | 24 | *33* | 13 | *6* | 40 | *38* |
| 119 | †Singapur[c] | 379 | 13.568 | 12 | *4* | 5 | *3* | 28 | *54* | 4 | *9* | 51 | *30* |
| 120 | Kanada | 16.782 | .. | 16 | *17* | 8 | *5* | 23 | *26* | 7 | *10* | 46 | *41* |
| 121 | Niederlande[c] | .. | 58.476 | 17 | *21* | 8 | *3* | 27 | *24* | 13 | *16* | 36 | *36* |
| 122 | †Vereinigte Arab. Emirate | .. | 2.708 | .. | .. | .. | .. | .. | .. | .. | .. | .. | .. |
| 123 | Belgien[c] | 1.425 | .. | 17 | *17* | 13 | *8* | 25 | *22* | 9 | *14* | 37 | *39* |
| 124 | Frankreich[c] | .. | 271.133 | 12 | *14* | 10 | *6* | 26 | *30* | 8 | *9* | 44 | *42* |
| 125 | Österreich[c] | 4.873 | .. | 16 | *15* | 13 | *6* | 20 | *28* | 7 | *8* | 45 | *43* |
| 126 | Deutschland[c] | 70.888[d] | 565.603 | 13[d] | .. | 8[d] | .. | 31[d] | .. | 10[d] | .. | 39[d] | .. |
| 127 | Schweden | .. | 43.605 | 10 | *11* | 6 | *2* | 30 | *33* | 5 | *10* | 49 | *44* |
| 128 | Vereinigte Staaten[c] | 254.115 | .. | 12 | *13* | 8 | *5* | 31 | *31* | 10 | *12* | 39 | *38* |
| 129 | Norwegen | 2.416 | *14.282* | 15 | *23* | 7 | *2* | 23 | *27* | 7 | *8* | 49 | *40* |
| 130 | Dänemark | 2.929 | 23.478 | 20 | *23* | 8 | *4* | 24 | *23* | 8 | *12* | 40 | *38* |
| 131 | Japan[c] | 73.342 | 1.023.048 | 8 | *10* | 8 | *5* | 34 | *38* | 11 | *10* | 40 | *38* |
| 132 | Schweiz[c] | .. | .. | .. | *10* | .. | *4* | .. | *14* | .. | .. | .. | *72* |
| **Gesamte Welt** | | .. | .. | | | | | | | | | | |

[a] Einschließlich nichtzurechenbarer Daten; vgl. Technische Erläuterungen. [b] Einschl. Eritrea. [c] Wertschöpfung im Verarbeitenden Gewerbe zu Käuferpreisen. [d] Die Angaben beziehen sich auf die Bundesrepublik Deutschland vor der Vereinigung.

## Tabelle 7  Einkommen und Produktion im Verarbeitenden Gewerbe

| | | Einkommen je Beschäftigten | | | | | | | | Bruttoproduktion je Beschäftigten (1980=100) | | |
|---|---|---|---|---|---|---|---|---|---|---|---|---|
| | | Durchschnittl. jährl. Wachstumsrate (%) | | Index (1980=100) | | | Gesamteinkommen in % der Wertschöpfung | | | | | |
| | | 1970–80 | 1980–92 | 1990 | 1991 | 1992 | 1970 | 1990 | 1991 | 1992 | 1970 | 1990 | 1991 | 1992 |

| | | 1970–80 | 1980–92 | 1990 | 1991 | 1992 | 1970 | 1990 | 1991 | 1992 | 1970 | 1990 | 1991 | 1992 |
|---|---|---|---|---|---|---|---|---|---|---|---|---|---|---|
| **Länder mit niedrigem Einkommen** <br> **Ohne China und Indien** | | | | | | | | | | | | | | |
| 1 | Mosambik | .. | .. | .. | .. | .. | 29 | .. | .. | .. | .. | .. | .. | .. |
| 2 | Tansania | .. | .. | .. | .. | .. | 42 | .. | .. | .. | 122 | .. | .. | .. |
| 3 | Äthiopien[a] | .. | .. | .. | .. | .. | .. | 22 | .. | .. | .. | .. | .. | .. |
| 4 | Sierra Leone | .. | .. | .. | .. | .. | .. | .. | .. | .. | .. | .. | .. | .. |
| 5 | Vietnam | .. | .. | .. | .. | .. | .. | .. | .. | .. | .. | .. | .. | .. |
| 6 | Burundi | −7,5 | .. | 129 | 123 | .. | .. | 21 | 19 | .. | .. | 75 | 71 | .. |
| 7 | Uganda | .. | .. | .. | .. | .. | .. | .. | .. | .. | .. | .. | .. | .. |
| 8 | Nepal | .. | .. | .. | .. | .. | .. | 23 | 25 | .. | .. | .. | .. | .. |
| 9 | Malawi | .. | .. | .. | .. | .. | 36 | .. | .. | .. | 126 | .. | .. | .. |
| 10 | Tschad | .. | .. | .. | .. | .. | .. | .. | .. | .. | .. | .. | .. | .. |
| 11 | Ruanda | .. | .. | .. | .. | .. | 22 | .. | .. | .. | .. | .. | .. | .. |
| 12 | Bangladesch | −3,0 | −0,7 | 86 | .. | .. | 26 | 39 | .. | .. | .. | .. | .. | .. |
| 13 | Madagaskar | −0,8 | .. | .. | .. | .. | 36 | .. | .. | .. | 106 | .. | .. | .. |
| 14 | Guinea-Bissau | .. | .. | .. | .. | .. | .. | .. | .. | .. | .. | .. | .. | .. |
| 15 | Kenia | −3,4 | −2,1 | 91 | 83 | 69 | 50 | 43 | 40 | 42 | 43 | 233 | 247 | 235 |
| 16 | Mali | .. | .. | .. | .. | .. | 46 | .. | .. | .. | 139 | .. | .. | .. |
| 17 | Niger | .. | .. | .. | .. | .. | .. | .. | .. | .. | .. | .. | .. | .. |
| 18 | Laos, Dem. VR | .. | .. | .. | .. | .. | .. | .. | .. | .. | .. | .. | .. | .. |
| 19 | Burkina Faso | .. | .. | .. | .. | .. | .. | .. | .. | .. | .. | .. | .. | .. |
| 20 | Indien | 0,4 | 2,5 | 134 | 130 | 129 | 46 | 39 | 38 | 38 | 83 | 212 | 214 | 217 |
| 21 | Nigeria | −0,8 | .. | .. | .. | .. | 18 | .. | .. | .. | 182 | .. | .. | .. |
| 22 | Albanien | .. | .. | .. | .. | .. | .. | 36 | .. | .. | .. | .. | .. | .. |
| 23 | Nicaragua | −2,0 | .. | .. | .. | .. | 16 | .. | .. | .. | 210 | .. | .. | .. |
| 24 | Togo | .. | .. | .. | .. | .. | .. | .. | .. | .. | .. | .. | .. | .. |
| 25 | Gambia | .. | .. | .. | .. | .. | .. | .. | .. | .. | .. | .. | .. | .. |
| 26 | Sambia | −3,2 | 3,8 | 122 | 130 | .. | 34 | 26 | 26 | .. | 109 | 129 | 132 | .. |
| 27 | Mongolei | .. | .. | .. | .. | .. | .. | .. | .. | .. | .. | .. | .. | .. |
| 28 | Zentralafrik. Rep. | .. | .. | .. | .. | .. | .. | 41 | .. | 36 | .. | 142 | .. | 122 |
| 29 | Benin | .. | .. | .. | .. | .. | .. | .. | .. | .. | .. | .. | .. | .. |
| 30 | Ghana | −14,8 | .. | .. | .. | .. | 23 | .. | .. | .. | 193 | .. | .. | .. |
| 31 | Pakistan | 3,4 | .. | .. | .. | .. | 21 | .. | .. | .. | 50 | .. | .. | .. |
| 32 | Tadschikistan | .. | .. | .. | .. | .. | .. | .. | .. | .. | .. | .. | .. | .. |
| 33 | China | .. | .. | .. | .. | .. | .. | .. | .. | .. | .. | 243 | 269 | 318 |
| 34 | Guinea | .. | .. | .. | .. | .. | .. | .. | .. | .. | .. | .. | .. | .. |
| 35 | Mauretanien | .. | .. | .. | .. | .. | .. | .. | .. | .. | .. | .. | .. | .. |
| 36 | Simbabwe | 1,6 | 0,1 | 106 | 108 | 106 | 43 | 33 | 29 | 27 | 98 | 127 | 132 | 132 |
| 37 | Georgien | .. | .. | .. | .. | .. | .. | .. | .. | .. | .. | .. | .. | .. |
| 38 | Honduras | .. | .. | .. | .. | .. | .. | 37 | 35 | 36 | .. | .. | .. | .. |
| 39 | Sri Lanka | .. | 1,4 | 95 | .. | .. | .. | 18 | .. | .. | 70 | 138 | .. | .. |
| 40 | Côte d'Ivoire | −0,9 | .. | .. | .. | .. | 27 | .. | .. | .. | 71 | .. | .. | .. |
| 41 | Lesotho | .. | .. | .. | .. | .. | .. | .. | .. | .. | .. | .. | .. | .. |
| 42 | Armenien | .. | .. | .. | .. | .. | .. | .. | .. | .. | .. | .. | .. | .. |
| 43 | Ägypten, Arab. Rep. | 4,1 | −3,6 | 82 | 80 | 73 | 54 | 33 | 30 | 29 | 89 | 215 | 234 | 209 |
| 44 | *Myanmar* | .. | .. | .. | .. | .. | .. | .. | .. | .. | .. | .. | .. | .. |
| 45 | *Jemen, Rep.* | .. | .. | .. | .. | .. | .. | .. | .. | .. | .. | .. | .. | .. |
| **Länder mit mittlerem Einkommen** <br> **Untere Einkommenskategorie** | | | | | | | | | | | | | | |
| 46 | Aserbaidschan | .. | .. | .. | .. | .. | .. | .. | .. | .. | .. | .. | .. | .. |
| 47 | Indonesien | 5,2 | 4,3 | 164 | 171 | 172 | 26 | 20 | 20 | 19 | 42 | 206 | 214 | 214 |
| 48 | Senegal | .. | .. | .. | .. | .. | .. | .. | .. | .. | .. | .. | .. | .. |
| 49 | Bolivien | 1,7 | −0,8 | 74 | 78 | .. | 37 | 9 | 8 | .. | 50 | .. | .. | .. |
| 50 | Kamerun | .. | .. | 88 | .. | .. | 29 | 45 | .. | .. | 80 | 189 | .. | .. |
| 51 | Mazedonien | .. | .. | .. | .. | .. | .. | 48 | 49 | 28 | .. | .. | .. | .. |
| 52 | Kirgisistan | .. | .. | .. | .. | .. | .. | .. | .. | .. | .. | .. | .. | .. |
| 53 | Philippinen | −3,7 | 5,2 | 161 | 180 | 181 | 21 | 27 | 27 | 26 | 104 | 111 | 122 | 128 |
| 54 | Kongo | .. | .. | .. | .. | .. | 34 | .. | .. | .. | .. | .. | .. | .. |
| 55 | Usbekistan | .. | .. | .. | .. | .. | .. | .. | .. | .. | .. | .. | .. | .. |
| 56 | Marokko | .. | −2,5 | 76 | 78 | 78 | .. | 37 | 37 | 37 | .. | 91 | 90 | 89 |
| 57 | Moldau | .. | .. | .. | .. | .. | .. | .. | .. | .. | .. | .. | .. | .. |
| 58 | Guatemala | −3,2 | −1,6 | 97 | .. | .. | .. | 20 | .. | .. | .. | .. | .. | .. |
| 59 | Papua-Neuguinea | 2,9 | .. | .. | .. | .. | 40 | .. | .. | .. | .. | .. | .. | .. |
| 60 | Bulgarien | .. | .. | .. | .. | .. | .. | .. | .. | .. | .. | 128 | 138 | 132 |
| 61 | Rumänien | .. | .. | .. | .. | .. | .. | 42 | 39 | .. | .. | .. | .. | .. |
| 62 | Jordanien | .. | −3,3 | 79 | 73 | 70 | 37 | 24 | 26 | 29 | .. | .. | .. | .. |
| 63 | Ecuador | 3,3 | −0,7 | 91 | 98 | 105 | 27 | 39 | 38 | 38 | 83 | 116 | 123 | 124 |
| 64 | Dominikanische Rep. | −1,1 | .. | .. | .. | .. | 35 | .. | .. | .. | 63 | .. | .. | .. |
| 65 | El Salvador | 2,4 | .. | .. | .. | .. | 28 | .. | 20 | .. | 71 | .. | .. | .. |
| 66 | Litauen | .. | .. | .. | .. | .. | .. | .. | .. | .. | .. | .. | .. | .. |
| 67 | Kolumbien | −0,2 | 1,0 | 116 | 115 | 111 | 25 | 15 | 15 | 15 | 86 | 168 | 160 | 167 |
| 68 | Jamaika | −0,2 | −1,5 | 90 | 89 | 87 | 43 | 32 | 33 | 34 | 99 | 76 | 72 | 75 |
| 69 | Peru | .. | .. | .. | .. | .. | .. | .. | .. | .. | 80 | .. | .. | .. |
| 70 | Paraguay | .. | .. | .. | .. | .. | .. | .. | 22 | .. | .. | .. | .. | .. |
| 71 | Kasachstan | .. | .. | .. | .. | .. | .. | .. | .. | .. | .. | .. | .. | .. |
| 72 | Tunesien | .. | .. | .. | .. | .. | 44 | .. | .. | .. | 94 | .. | .. | .. |

*Anmerkung:* Zur Vergleichbarkeit der Daten und ihrer Abgrenzung vgl. Technische Erläuterungen. Kursive Zahlen gelten für andere als die angegebenen Jahre.

|  |  | Einkommen je Beschäftigten ||| Gesamteinkommen in % der Wertschöpfung |||| Bruttoproduktion je Beschäftigten (1980=100) ||||
|---|---|---|---|---|---|---|---|---|---|---|---|---|
|  |  | Durchschnittl. jährl. Wachstumsrate (%) || Index (1980=100) ||| | | | | | | | |
|  |  | 1970–80 | 1980–92 | 1990 | 1991 | 1992 | 1970 | 1990 | 1991 | 1992 | 1970 | 1990 | 1991 | 1992 |
| 73 | Algerien | –1,3 | .. | .. | .. | .. | 45 | .. | .. | .. | 121 | .. | .. | .. |
| 74 | Namibia | .. | .. | .. | .. | .. | .. | .. | .. | .. | .. | .. | .. | .. |
| 75 | Slowakei | .. | .. | .. | .. | .. | .. | .. | .. | .. | .. | .. | .. | .. |
| 76 | Lettland | .. | .. | .. | .. | .. | .. | .. | .. | .. | .. | .. | .. | .. |
| 77 | Thailand | .. | .. | .. | .. | .. | 26 | 16 | 12 | .. | .. | .. | .. | .. |
| 78 | Costa Rica | .. | .. | .. | .. | .. | 41 | 38 | 36 | .. | .. | .. | .. | .. |
| 79 | Ukraine | .. | .. | .. | .. | .. | .. | .. | .. | .. | .. | .. | .. | .. |
| 80 | Polen | 5,6 | –0,8 | 83 | 78 | 74 | 24 | 16 | .. | .. | .. | .. | .. | .. |
| 81 | Russische Föderation | .. | .. | .. | .. | .. | .. | .. | .. | .. | .. | .. | .. | .. |
| 82 | Panama | 0,2 | 2,0 | 129 | 134 | 139 | 32 | 36 | 36 | 37 | 67 | 91 | 93 | 95 |
| 83 | Tschechische Rep. | .. | .. | .. | .. | .. | .. | .. | .. | .. | .. | .. | .. | .. |
| 84 | Botsuana | .. | .. | .. | .. | .. | .. | .. | .. | .. | .. | .. | .. | .. |
| 85 | Türkei | 6,1 | 3,0 | 122 | 158 | 154 | 26 | 22 | 25 | 25 | 108 | 173 | 200 | 204 |
| 86 | *Iran, Islam. Rep.* | .. | –6,8 | 45 | 59 | .. | 25 | 32 | 35 | .. | .. | 110 | 118 | .. |
| **Obere Einkommenskategorie** | | | | | | | | | | | | | | |
| 87 | Venezuela | 4,9 | –5,4 | 58 | 61 | 57 | 31 | 16 | 21 | 19 | 102 | 121 | 118 | 122 |
| 88 | *Weißrußland* | .. | .. | .. | .. | .. | .. | .. | .. | .. | .. | .. | .. | .. |
| 89 | Brasilien | 5,0 | –2,4 | 81 | 80 | .. | 22 | 23 | 23 | .. | 82 | 95 | 97 | .. |
| 90 | Südafrika | 2,7 | 0,2 | 107 | 105 | 107 | 46 | 51 | 51 | 51 | 64 | 81 | 78 | 75 |
| 91 | Mauritius | 1,8 | 0,4 | 101 | 107 | .. | 34 | 46 | 48 | .. | 139 | 76 | 76 | .. |
| 92 | Estland | .. | .. | .. | .. | .. | .. | .. | .. | .. | .. | .. | .. | .. |
| 93 | Malaysia | 2,0 | 2,3 | 129 | 135 | 138 | 28 | 27 | 27 | 27 | 96 | .. | .. | .. |
| 94 | Chile | 8,1 | –0,3 | 105 | 111 | 116 | 19 | 17 | 18 | 18 | 60 | .. | .. | .. |
| 95 | Ungarn | 3,6 | 1,7 | 122 | 115 | 118 | 28 | 41 | 43 | .. | 46 | 94 | 106 | 85 |
| 96 | Mexiko | .. | .. | .. | .. | .. | .. | 21 | 22 | .. | .. | .. | .. | .. |
| 97 | Trinidad und Tobago | .. | .. | .. | .. | .. | .. | .. | .. | .. | .. | .. | .. | .. |
| 98 | Uruguay | .. | –2,3 | 84 | 81 | 74 | .. | 23 | 23 | 23 | .. | 109 | 110 | 112 |
| 99 | Oman | .. | .. | .. | .. | .. | .. | 2 | .. | .. | .. | .. | .. | .. |
| 100 | Gabun | .. | .. | .. | .. | .. | .. | .. | .. | .. | .. | .. | .. | .. |
| 101 | Slowenien | .. | .. | .. | .. | .. | .. | 76 | 80 | 74 | .. | .. | .. | .. |
| 102 | Puerto Rico | .. | .. | .. | .. | .. | .. | .. | .. | .. | .. | .. | .. | .. |
| 103 | Argentinien | –2,1 | –2,2 | 82 | 69 | .. | 28 | 20 | 19 | .. | 75 | 113 | 120 | .. |
| 104 | Griechenland | 4,9 | 0,8 | 114 | 114 | 111 | 32 | 43 | 41 | 39 | 55 | 113 | 114 | 110 |
| 105 | Korea, Rep. | 10,0 | 8,4 | 209 | 231 | 237 | 25 | 28 | 26 | 26 | 34 | 223 | 249 | 270 |
| 106 | Portugal | 1,8 | 0,5 | 103 | .. | .. | 34 | 36 | .. | .. | .. | 125 | .. | .. |
| 107 | *Saudi-Arabien* | .. | .. | .. | .. | .. | .. | .. | .. | .. | .. | .. | .. | .. |
| 108 | *Turkmenistan* | .. | .. | .. | .. | .. | .. | .. | .. | .. | .. | .. | .. | .. |

Länder mit niedr. u. mittl. Eink.
  Afrika südlich der Sahara
  Ostasien u. Pazifik
  Südasien
  Europa u. Zentralasien
  Naher Osten u. Nordafrika
  Lateinamerika u. Karibik
Länder mit gravierenden Schuldenproblemen

**Länder mit hohem Einkommen**

| 109 | Neuseeland | 1,2 | 0,1 | 95 | 102 | 108 | 62 | 57 | 56 | 56 | .. | 144 | .. | .. |
|---|---|---|---|---|---|---|---|---|---|---|---|---|---|---|
| 110 | Irland | 4,1 | 2,0 | 112 | 116 | 123 | 49 | 27 | 27 | 26 | .. | .. | .. | .. |
| 111 | Spanien | 4,1 | 1,2 | 111 | 115 | .. | 52 | 41 | 42 | .. | .. | .. | .. | .. |
| 112 | †Israel | 8,8 | –1,6 | 94 | 91 | 86 | 36 | 60 | 59 | .. | .. | .. | .. | .. |
| 113 | Australien | 2,9 | 0,5 | 104 | 110 | 112 | 52 | 39 | 39 | 35 | .. | 149 | 164 | 163 |
| 114 | †Hongkong | .. | 4,8 | 153 | 157 | 158 | .. | 55 | 52 | 52 | .. | .. | .. | .. |
| 115 | Großbritannien | 1,7 | 2,5 | 125 | 128 | 131 | 52 | 42 | 44 | 44 | .. | .. | .. | .. |
| 116 | Finnland | 2,6 | 2,6 | 130 | 129 | 130 | 47 | 47 | 52 | 48 | 74 | 143 | 144 | 160 |
| 117 | †Kuwait | 7,0 | –1,6 | 64 | .. | .. | 12 | 19 | .. | .. | .. | .. | .. | .. |
| 118 | Italien | 4,1 | 5,8 | 177 | 179 | 173 | 41 | 67 | 69 | 69 | 50 | 151 | 152 | 152 |
| 119 | †Singapur | 3,0 | 5,1 | 176 | 187 | 200 | 36 | 32 | 33 | 34 | 72 | 130 | 128 | 132 |
| 120 | Kanada | 1,8 | 0,1 | 101 | 99 | 102 | 53 | 46 | 48 | 47 | 68 | 113 | .. | .. |
| 121 | Niederlande | 2,5 | 1,7 | 137 | 138 | .. | 52 | 61 | 60 | .. | .. | .. | .. | .. |
| 122 | †Vereinigte Arab. Emirate | .. | .. | .. | .. | .. | .. | .. | .. | .. | .. | .. | .. | .. |
| 123 | Belgien | 4,7 | 0,5 | 104 | 105 | 108 | 46 | 39 | 42 | 42 | .. | 166 | .. | .. |
| 124 | Frankreich | .. | .. | .. | .. | .. | .. | .. | .. | .. | .. | 122 | 122 | 124 |
| 125 | Österreich | 3,5 | 2,0 | 120 | 126 | 127 | 47 | 53 | 54 | 54 | 62 | 134 | 138 | 139 |
| 126 | Deutschland | .. | .. | .. | .. | .. | .. | .. | .. | .. | .. | .. | .. | .. |
| 127 | Schweden | 0,4 | 1,2 | 106 | 108 | 113 | 52 | 35 | 52 | 53 | .. | 134 | 150 | 159 |
| 128 | Vereinigte Staaten | 0,1 | 0,4 | 103 | 103 | 105 | 47 | 36 | 36 | 35 | .. | .. | .. | .. |
| 129 | Norwegen | 2,6 | 2,3 | 112 | 115 | 142 | 50 | 59 | 60 | 71 | 74 | 135 | 133 | .. |
| 130 | Dänemark | 2,5 | –0,3 | 90 | 92 | 97 | 56 | 61 | 59 | 58 | 69 | 81 | 82 | 85 |
| 131 | Japan | 3,1 | 1,9 | 120 | 122 | 123 | 32 | 33 | 33 | 35 | 48 | 136 | 141 | 138 |
| 132 | Schweiz | .. | .. | .. | .. | .. | .. | .. | .. | .. | .. | .. | .. | .. |
| **Gesamte Welt** | | | | | | | | | | | | | | |

a Einschl. Eritrea.

# Tabelle 8  Wachstum von Verbrauch und Investitionen

Durchschnittliche jährliche Wachstumsrate (%)

| | Öffentlicher Verbrauch | | Privater Verbrauch usw. | | Bruttoinlandsinvestitionen | |
|---|---|---|---|---|---|---|
| | 1970–80 | 1980–93 | 1970–80 | 1980–93 | 1970–80 | 1980–93 |
| **Länder mit niedrigem Einkommen** | 5,1 w | 6,0 w | 4,1 w | 4,7 w | 6,4 w | 6,1 w |
| Ohne China und Indien | .. | 2,7 w | .. | 2,1 w | 7,4 w | –0,2 w |
| 1  Mosambik | .. | –1,5 | .. | 3,5 | .. | 3,3 |
| 2  Tansania | .. | .. | .. | .. | 3,1 | 5,6 |
| 3  Äthiopien | .. | .. | .. | .. | .. | .. |
| 4  Sierra Leone | a | –2,4 | 5,3 | –0,1 | –1,2 | –1,9 |
| 5  Vietnam | .. | .. | .. | .. | .. | .. |
| 6  Burundi | 2,0 | 3,3 | 3,7 | 4,1 | 16,1 | 3,2 |
| 7  Uganda | .. | *3,9* | .. | *3,2* | .. | *7,1* |
| 8  Nepal | .. | .. | .. | .. | .. | .. |
| 9  Malawi | 7,9 | 5,0 | 3,4 | 3,0 | 4,2 | –2,3 |
| 10  Tschad | .. | .. | .. | .. | .. | .. |
| 11  Ruanda | 7,5 | 7,3 | 5,3 | 0,9 | 10,4 | 0,0 |
| 12  Bangladesch | a | a | 2,3 | 2,7 | 4,8 | 1,6 |
| 13  Madagaskar | 1,5 | –0,1 | –0,2 | –0,7 | 0,4 | 2,5 |
| 14  Guinea-Bissau | 1,3 | 5,0 | –3,2 | 2,9 | –1,7 | 9,1 |
| 15  Kenia | 9,2 | 3,4 | 6,4 | 4,7 | 2,4 | –0,7 |
| 16  Mali | 4,0 | 5,4 | 5,2 | 1,0 | 4,9 | 5,1 |
| 17  Niger | 3,0 | 1,7 | –1,7 | –0,2 | 7,6 | –6,8 |
| 18  Laos, Dem. VR | .. | .. | .. | .. | .. | .. |
| 19  Burkina Faso | 6,6 | 5,5 | 4,7 | 2,5 | 4,4 | 7,9 |
| 20  Indien | 4,1 | 6,2 | 2,8 | 4,7 | 4,5 | 5,7 |
| 21  Nigeria | 11,4 | 0,3 | 7,8 | –0,9 | 11,4 | –5,5 |
| 22  Albanien | .. | a | .. | 4,1 | .. | –11,8 |
| 23  Nicaragua | 10,7 | –3,0 | 1,1 | –1,2 | .. | –5,5 |
| 24  Togo | 10,2 | –1,9 | 2,6 | 2,5 | 11,9 | –1,4 |
| 25  Gambia | 8,5 | 2,4 | 6,3 | 5,6 | 31,4 | 2,5 |
| 26  Sambia | 1,4 | –0,1 | 0,2 | 0,8 | –10,9 | 2,5 |
| 27  Mongolei | .. | .. | .. | .. | .. | .. |
| 28  Zentralafrik. Rep. | –2,4 | –6,0 | 5,2 | 2,0 | –9,7 | 0,6 |
| 29  Benin | –1,9 | 0,6 | 3,1 | 1,5 | 11,4 | –3,0 |
| 30  Ghana | 5,1 | 1,1 | 1,7 | 3,1 | –2,5 | 9,8 |
| 31  Pakistan | 4,1 | 8,0 | 4,2 | 4,8 | 3,7 | 5,6 |
| 32  Tadschikistan | .. | *1,2* | .. | *3,8* | .. | *4,2* |
| 33  China | 6,3 | 10,8 | 5,3 | 7,9 | 7,6 | 11,1 |
| 34  Guinea | .. | .. | .. | .. | .. | .. |
| 35  Mauretanien | 11,4 | –2,6 | 2,7 | 3,2 | 8,3 | –2,8 |
| 36  Simbabwe | 12,1 | 3,4 | 2,6 | 2,7 | –4,2 | 3,0 |
| 37  Georgien | .. | *–1,3* | .. | *3,0* | .. | *–9,2* |
| 38  Honduras | 6,5 | 2,1 | 5,9 | 2,5 | 9,1 | 5,5 |
| 39  Sri Lanka | 0,3 | 5,6 | 5,0 | 3,5 | 13,8 | 2,4 |
| 40  Côte d'Ivoire | 9,6 | –1,2 | 6,6 | 0,3 | 10,1 | –9,5 |
| 41  Lesotho | 17,8 | 2,9 | 10,6 | 0,3 | 23,4 | 9,4 |
| 42  Armenien | .. | *4,0* | .. | *2,3* | .. | *4,5* |
| 43  Ägypten, Arab. Rep. | a | 2,8 | 7,4 | 2,3 | 18,7 | 1,2 |
| 44  *Myanmar* | a | a | 4,1 | 0,5 | 8,0 | –0,7 |
| 45  *Jemen, Rep.* | .. | .. | .. | .. | .. | .. |
| **Länder mit mittlerem Einkommen** | .. | 1,4 w | .. | 2,2 w | .. | 1,3 w |
| Untere Einkommenskategorie | .. | 0,2 w | .. | 1,6 w | .. | 0,8 w |
| 46  Aserbaidschan | .. | *1,5* | .. | *2,9* | .. | *0,4* |
| 47  Indonesien | 13,1 | 4,8 | 6,5 | 4,4 | 14,1 | 7,1 |
| 48  Senegal | 5,9 | 1,9 | 3,0 | 2,6 | 0,3 | 3,4 |
| 49  Bolivien | 7,9 | –1,7 | 4,5 | 2,8 | 2,3 | –4,3 |
| 50  Kamerun | 5,2 | 5,1 | 7,4 | –1,6 | 11,2 | –4,0 |
| 51  Mazedonien | .. | .. | .. | .. | .. | .. |
| 52  Kirgisistan | .. | *1,7* | .. | *1,9* | .. | *4,5* |
| 53  Philippinen | 6,8 | 1,0 | 4,3 | 2,4 | 11,3 | –0,1 |
| 54  Kongo | 4,1 | 2,2 | 1,5 | 1,8 | 1,5 | –11,1 |
| 55  Usbekistan | .. | *3,5* | .. | *1,7* | .. | *0,9* |
| 56  Marokko | 14,0 | 5,0 | 5,5 | 3,7 | 9,9 | 2,6 |
| 57  Moldau | .. | *3,9* | .. | *6,2* | .. | *3,6* |
| 58  Guatemala | 6,5 | 3,4 | 5,3 | 2,1 | 7,9 | 1,7 |
| 59  Papua-Neuguinea | –1,3 | 0,6 | 4,5 | 0,9 | –5,4 | 0,3 |
| 60  Bulgarien | .. | 9,9 | .. | 0,3 | .. | –2,3 |
| 61  Rumänien | .. | .. | .. | .. | .. | –3,8 |
| 62  Jordanien | .. | .. | .. | .. | .. | .. |
| 63  Ecuador | 14,5 | –1,3 | 8,1 | 2,1 | 11,0 | –1,7 |
| 64  Dominikanische Rep. | 2,7 | 2,0 | 5,6 | 0,5 | 9,4 | 3,5 |
| 65  El Salvador | 6,8 | 2,5 | 4,2 | 1,0 | 7,3 | 3,9 |
| 66  Litauen | .. | .. | .. | .. | .. | .. |
| 67  Kolumbien | 5,4 | 4,5 | 5,3 | 3,1 | 5,0 | 2,1 |
| 68  Jamaika | 6,5 | 5,0 | 7,5 | 4,6 | –9,6 | 0,7 |
| 69  Peru | 4,0 | –0,9 | 2,2 | 0,3 | 6,5 | –2,3 |
| 70  Paraguay | 4,8 | 4,0 | 8,7 | 2,3 | 18,6 | 0,8 |
| 71  Kasachstan | .. | *2,2* | .. | *2,4* | .. | *1,9* |
| 72  Tunesien | 7,8 | 3,7 | 8,9 | 3,2 | 6,1 | 1,2 |

*Anmerkung:* Zur Vergleichbarkeit der Daten und ihrer Abgrenzung vgl. Technische Erläuterungen. Kursive Zahlen gelten für andere als die angegebenen Jahre.

|  |  | Durchschnittliche jährliche Wachstumsrate (%) | | | | | |
|---|---|---|---|---|---|---|---|
|  |  | Öffentlicher Verbrauch | | Privater Verbrauch usw. | | Bruttoinlands-investitionen | |
|  |  | 1970–80 | 1980–93 | 1970–80 | 1980–93 | 1970–80 | 1980–93 |
| 73 | Algerien | 11,5 | 4,9 | 3,6 | 2,1 | 13,6 | –3,6 |
| 74 | Namibia | .. | 4,5 | .. | 2,6 | .. | –6,5 |
| 75 | Slowakei | .. | .. | .. | .. | .. | .. |
| 76 | Lettland | .. | .. | .. | .. | .. | .. |
| 77 | Thailand | 9,8 | 4,6 | 6,4 | 7,0 | 7,2 | 11,4 |
| 78 | Costa Rica | 6,6 | 1,5 | 4,8 | 3,7 | 9,2 | 5,5 |
| 79 | Ukraine | .. | –0,2 | .. | 1,5 | .. | –4,4 |
| 80 | Polen | .. | –0,1 | .. | 1,6 | .. | –1,1 |
| 81 | Russische Föderation | .. | –2,0 | .. | –3,5 | .. | –0,1 |
| 82 | Panama | 5,8 | –0,4 | 3,9 | 1,3 | 0,3 | –1,5 |
| 83 | Tschechische Rep. | .. | .. | .. | .. | .. | .. |
| 84 | Botsuana | .. | .. | .. | .. | .. | .. |
| 85 | Türkei | 6,3 | 3,3 | 4,7 | 5,1 | 6,9 | 5,6 |
| 86 | *Iran, Islam. Rep.* | .. | –2,5 | .. | 4,5 | .. | 0,4 |
| **Obere Einkommenskategorie** | | **6,4w** | **3,8w** | **6,2w** | **3,1w** | **6,4w** | **2,1w** |
| 87 | Venezuela | .. | 2,8 | .. | 2,2 | 7,1 | –1,1 |
| 88 | Weißrußland | .. | 1,9 | .. | 1,1 | .. | 3,3 |
| 89 | Brasilien | 6,0 | 5,2 | 8,0 | 1,8 | 8,9 | –0,3 |
| 90 | Südafrika | 5,5 | 3,1 | 3,4 | 1,5 | 0,9 | –4,7 |
| 91 | Mauritius | 9,8 | 3,5 | 9,2 | 5,5 | 10,0 | 11,1 |
| 92 | Estland | .. | 4,1 | .. | 0,4 | .. | –6,9 |
| 93 | Malaysia | 9,3 | 3,9 | 7,5 | 5,5 | 10,8 | 6,3 |
| 94 | Chile | 2,4 | 0,9 | 0,7 | 3,2 | –2,1 | 9,6 |
| 95 | Ungarn | 2,5 | 1,8 | 3,0 | 0,0 | 6,7 | –1,6 |
| 96 | Mexiko | 8,3 | 1,9 | 5,9 | 2,6 | 8,3 | 0,1 |
| 97 | Trinidad und Tobago | 9,0 | –4,5 | 6,4 | –0,7 | 14,2 | –8,9 |
| 98 | Uruguay | 4,0 | 2,1 | 0,1 | *1,7* | 10,7 | –3,4 |
| 99 | Oman | .. | .. | .. | .. | .. | .. |
| 100 | Gabun | 10,2 | –0,4 | 7,3 | 0,5 | 13,6 | –5,3 |
| 101 | Slowenien | .. | .. | .. | .. | .. | .. |
| 102 | Puerto Rico | .. | 4,5 | .. | 3,1 | .. | 6,8 |
| 103 | Argentinien | a | a | 2,3 | 1,1 | 3,1 | –1,3 |
| 104 | Griechenland | 6,9 | 2,4 | 4,5 | 3,3 | 2,1 | 0,4 |
| 105 | Korea, Rep. | 7,4 | 6,1 | 8,2 | 8,6 | 14,1 | 11,8 |
| 106 | Portugal | 8,7 | 4,5 | 4,4 | 2,9 | 2,7 | 4,1 |
| 107 | *Saudi-Arabien* | .. | .. | .. | .. | .. | .. |
| 108 | *Turkmenistan* | .. | 5,7 | .. | 3,6 | .. | –0,9 |
| **Länder mit niedr. u. mittl. Eink.** | | .. | **2,4w** | .. | **2,8w** | .. | **2,4w** |
| Afrika südlich der Sahara | | 5,8w | 1,9w | 4,5w | 1,2w | 4,3w | –2,8w |
| Ostasien u. Pazifik | | 7,7w | 6,8w | 6,2w | 6,9w | 9,8w | 9,6w |
| Südasien | | 4,0w | 7,0w | 3,0w | 4,6w | 4,6w | 5,5w |
| Europa u. Zentralasien | | .. | –0,2w | .. | 0,3w | .. | –0,1w |
| Naher Osten u. Nordafrika | | .. | .. | .. | .. | .. | .. |
| Lateinamerika u. Karibik | | 6,2w | 3,3w | 6,3w | 2,1w | 6,6w | 0,1w |
| **Länder mit gravierenden Schuldenproblemen** | | .. | **3,6w** | .. | **1,7w** | **6,7w** | **–1,0w** |
| **Länder mit hohem Einkommen** | | **2,6w** | **2,1w** | **3,5w** | **3,0w** | **2,3w** | **3,4w** |
| 109 | Neuseeland | 3,6 | 1,0 | 1,6 | 1,5 | –1,0 | 2,4 |
| 110 | Irland | 6,0 | 0,2 | 4,3 | 3,3 | 5,2 | –0,3 |
| 111 | Spanien | 5,8 | 5,4 | 3,8 | 2,7 | 1,5 | 5,1 |
| 112 | †Israel | 3,9 | 0,9 | 5,8 | 5,4 | 0,6 | 5,8 |
| 113 | Australien | 5,1 | 3,4 | 3,2 | 3,2 | 1,9 | 1,2 |
| 114 | †Hongkong | 8,3 | 5,7 | 9,0 | 7,1 | 12,1 | 5,0 |
| 115 | Großbritannien | 2,4 | 1,2 | 2,0 | 3,3 | 0,2 | 4,0 |
| 116 | Finnland | 5,2 | 2,7 | 2,8 | 3,3 | 0,6 | –1,0 |
| 117 | †Kuwait | 10,7 | .. | 8,7 | .. | 19,4 | .. |
| 118 | Italien | 3,0 | 2,3 | 4,1 | 2,7 | 1,6 | 1,5 |
| 119 | †Singapur | 6,2 | 6,3 | 5,9 | 6,3 | 7,8 | 5,7 |
| 120 | Kanada | 3,8 | 2,5 | 5,1 | 2,8 | 5,7 | 3,6 |
| 121 | Niederlande | 2,9 | 1,5 | 3,9 | 2,0 | 0,1 | 2,7 |
| 122 | †Vereinigte Arab. Emirate | .. | .. | .. | .. | .. | .. |
| 123 | Belgien | 4,1 | 0,7 | 3,5 | 1,9 | 2,1 | 3,7 |
| 124 | Frankreich | 3,4 | 2,2 | 3,3 | 2,2 | 1,4 | 2,1 |
| 125 | Österreich | 3,8 | 1,4 | 3,7 | 2,5 | 2,7 | 3,0 |
| 126 | Deutschland[b] | 3,3 | 1,3 | 3,2 | 2,6 | 0,5 | 2,4 |
| 127 | Schweden | 3,3 | 1,6 | 1,9 | 1,5 | –0,6 | 1,8 |
| 128 | Vereinigte Staaten | 1,1 | 2,4 | 3,1 | 2,9 | 2,8 | 2,5 |
| 129 | Norwegen | 5,4 | 2,8 | 4,1 | 1,6 | 3,3 | –1,0 |
| 130 | Dänemark | 4,1 | 0,9 | 2,0 | 1,7 | –0,8 | 1,2 |
| 131 | Japan | 4,9 | 2,3 | 4,7 | 3,5 | 2,5 | 5,5 |
| 132 | Schweiz | 1,8 | 2,7 | 1,0 | 1,4 | –1,8 | 3,1 |
| **Gesamte Welt** | | .. | **2,3w** | .. | **3,1** | .. | **3,2w** |

[a] Gesonderte Angaben für den öffentlichen Verbrauch liegen nicht vor; er wird deshalb unter dem privaten Verbrauch usw. erfaßt.   [b] Die Angaben beziehen sich auf die Bundesrepublik Deutschland vor der Vereinigung.

# Tabelle 9  Struktur der Nachfrage

Verteilung des Bruttoinlandsprodukts (%)

| | | Öffentlicher Verbrauch | | Privater Verbrauch usw. | | Bruttoinlandsinvestitionen | | Bruttoinlandsersparnis | | Ausfuhr von Gütern und Dienstl. (ohne Faktoreink.) | | Ressourcensaldo | |
|---|---|---|---|---|---|---|---|---|---|---|---|---|---|
| | | 1970 | 1993 | 1970 | 1993 | 1970 | 1993 | 1970 | 1993 | 1970 | 1993 | 1970 | 1993 |
| | **Länder mit niedrigem Einkommen** | 9w | 10w | 74w | 63w | 20w | 30w | 19w | 27w | 7w | 20w | −1w | −3w |
| | **Ohne China und Indien** | 11w | 12w | 76w | 81w | 14w | 17w | 12w | 10w | 13w | 19w | −3w | −8 |
| 1 | Mosambik | .. | 17 | .. | 94 | .. | 41 | .. | −11 | .. | 21 | .. | −53 |
| 2 | Tansania | 11 | 9 | 69 | 82 | 23 | 51 | 20 | 10 | 26 | 31 | −2 | −41 |
| 3 | Äthiopien | .. | 11 | .. | 86 | .. | 12 | .. | 3 | .. | .. | .. | −9 |
| 4 | Sierra Leone | 12 | 11 | 74 | 84 | 17 | 9 | 15 | 5 | 30 | 22 | −2 | −4 |
| 5 | Vietnam | .. | a | .. | 84 | .. | 21 | .. | .. | .. | 28 | .. | −4 |
| 6 | Burundi | 10 | 13 | 87 | 90 | 5 | 18 | 4 | −3 | 11 | 9 | −1 | −21 |
| 7 | Uganda | a | 14 | 84 | 89 | 13 | 15 | .. | −2 | 22 | 5 | 3 | −18 |
| 8 | Nepal | a | 9 | 97 | 80 | 6 | 21 | 3 | 11 | 5 | 18 | −3 | −10 |
| 9 | Malawi | 16 | 17 | 73 | 81 | 26 | 12 | 11 | 2 | 24 | 17 | −15 | −10 |
| 10 | Tschad | 27 | 17 | 64 | 93 | 18 | 9 | 10 | −10 | 23 | 13 | −8 | −19 |
| 11 | Ruanda | 9 | 22 | 88 | 87 | 7 | 15 | 3 | −10 | 12 | 7 | −4 | −25 |
| 12 | Bangladesch | 13 | 14 | 79 | 79 | 11 | 14 | 7 | 8 | 8 | 12 | −4 | −6 |
| 13 | Madagaskar | 13 | 7 | 77 | 91 | 10 | 12 | 7 | 2 | 19 | 14 | −2 | −10 |
| 14 | Guinea-Bissau | 20 | 7 | 77 | 93 | 30 | 26 | 3 | 0 | 4 | 11 | −26 | −26 |
| 15 | Kenia | 16 | 13 | 60 | 66 | 24 | 16 | 24 | 21 | 30 | 42 | −1 | 5 |
| 16 | Mali | 10 | 13 | 80 | 81 | 16 | 22 | 10 | 7 | 13 | 16 | −6 | −15 |
| 17 | Niger | 9 | 17 | 89 | 82 | 10 | 6 | 3 | 1 | 11 | 13 | −7 | −4 |
| 18 | Laos, Dem. VR | .. | .. | .. | .. | .. | .. | .. | .. | .. | 21 | .. | −10 |
| 19 | Burkina Faso | 9 | 17 | 92 | 81 | 12 | 22 | −1 | 2 | 7 | 12 | −12 | −20 |
| 20 | Indien | 9 | 11 | 75 | 66 | 17 | 24 | 16 | 24 | 4 | 11 | −1 | 0 |
| 21 | Nigeria | 8 | 18 | 80 | 63 | 15 | 15 | 12 | 19 | 8 | 36 | −3 | 3 |
| 22 | Albanien | .. | a | .. | 170 | .. | 10 | .. | −70 | .. | 12 | .. | −81 |
| 23 | Nicaragua | 9 | 17 | 75 | 91 | 18 | 17 | 16 | −8 | 26 | 20 | −2 | −25 |
| 24 | Togo | 16 | 17 | 58 | 86 | 15 | 6 | 26 | −2 | 50 | 23 | 11 | −8 |
| 25 | Gambia | 11 | 18 | 84 | 74 | 5 | 20 | 5 | 8 | 33 | 53 | 0 | −12 |
| 26 | Sambia | 16 | 11 | 39 | 75 | 28 | 15 | 45 | 14 | 54 | 35 | 17 | −1 |
| 27 | Mongolei | .. | 18 | .. | 66 | .. | 19 | .. | 16 | .. | 63 | .. | −3 |
| 28 | Zentralafrik. Rep. | 21 | 10 | 75 | 89 | 19 | 9 | 4 | 1 | 28 | 15 | −15 | −7 |
| 29 | Benin | 10 | 11 | 85 | 85 | 12 | 15 | 5 | 3 | 22 | 22 | −6 | −12 |
| 30 | Ghana | 13 | 12 | 74 | 90 | 14 | 15 | 13 | −1 | 21 | 20 | −1 | −16 |
| 31 | Pakistan | 10 | 14 | 81 | 74 | 16 | 21 | 9 | 12 | 8 | 16 | −7 | −9 |
| 32 | Tadschikistan | .. | .. | .. | .. | .. | .. | .. | .. | .. | .. | .. | .. |
| 33 | China | 8 | 9 | 64 | 51 | 28 | 41 | 29 | 40 | 3 | 24 | 0 | −1 |
| 34 | Guinea | .. | 7 | .. | 84 | .. | 16 | .. | 9 | .. | 21 | .. | −7 |
| 35 | Mauretanien | 14 | 10 | 56 | 79 | 22 | 24 | 30 | 11 | 41 | 46 | 8 | −14 |
| 36 | Simbabwe | 12 | 19 | 67 | 64 | 20 | 22 | 21 | 17 | .. | 34 | .. | −6 |
| 37 | Georgien | .. | 9 | .. | 89 | .. | 32 | .. | 2 | .. | 36 | .. | −30 |
| 38 | Honduras | 11 | 12 | 74 | 70 | 21 | 27 | 15 | 19 | 28 | 32 | −6 | −8 |
| 39 | Sri Lanka | 12 | 9 | 72 | 75 | 19 | 25 | 16 | 16 | 25 | 33 | −3 | −9 |
| 40 | Côte d'Ivoire | 14 | 20 | 57 | 63 | 22 | 9 | 29 | 16 | 36 | 34 | 7 | 7 |
| 41 | Lesotho | 12 | 30 | 120 | 112 | 12 | 76 | −32 | −42 | 11 | 15 | −44 | −118 |
| 42 | Armenien | .. | 22 | .. | 91 | .. | 14 | .. | −14 | .. | .. | .. | −28 |
| 43 | Ägypten, Arab. Rep. | 25 | 14 | 66 | 80 | 14 | 17 | 9 | 6 | 14 | 25 | −5 | −11 |
| 44 | *Myanmar* | a | a | 89 | 89 | 14 | 12 | 11 | 11 | 5 | 2 | −4 | −1 |
| 45 | *Jemen, Rep.* | .. | 29 | .. | 68 | .. | 20 | .. | 3 | .. | 15 | .. | −17 |
| | **Länder mit mittlerem Einkommen** | .. | .. | .. | .. | .. | 23w | .. | 22w | .. | 22w | .. | −1w |
| | **Untere Einkommenskategorie** | .. | 14w | .. | 64w | .. | 23w | .. | 22w | .. | 28w | .. | −1w |
| 46 | Aserbaidschan | .. | 20 | .. | 54 | .. | 14 | .. | 26 | .. | 28 | .. | 12 |
| 47 | Indonesien | 8 | 10 | 78 | 60 | 16 | 28 | 14 | 31 | 13 | 28 | −2 | 2 |
| 48 | Senegal | 15 | 12 | 74 | 80 | 16 | 14 | 11 | 7 | 27 | 22 | −5 | −7 |
| 49 | Bolivien | 10 | 13 | 66 | 81 | 24 | 15 | 24 | 6 | 25 | 17 | 0 | −9 |
| 50 | Kamerun | 12 | 12 | 70 | 73 | 16 | 15 | 18 | 15 | 26 | 19 | 2 | 0 |
| 51 | Mazedonien | .. | .. | .. | .. | .. | .. | .. | .. | .. | .. | .. | .. |
| 52 | Kirgisistan | .. | 16 | .. | 52 | .. | 25 | .. | 32 | .. | .. | .. | 7 |
| 53 | Philippinen | 9 | 9 | 69 | 76 | 21 | 24 | 22 | 16 | 22 | 32 | 1 | −9 |
| 54 | Kongo | 17 | 22 | 82 | 70 | 24 | 14 | 1 | 8 | 35 | 44 | −23 | −7 |
| 55 | Usbekistan | .. | 22 | .. | 44 | .. | 29 | .. | 34 | .. | .. | .. | 5 |
| 56 | Marokko | 12 | 18 | 73 | 65 | 18 | 23 | 15 | 17 | 18 | 23 | −4 | −6 |
| 57 | Moldau | .. | a | .. | 104 | .. | 7 | .. | −4 | .. | 31 | .. | −11 |
| 58 | Guatemala | 8 | 6 | 78 | 85 | 13 | 17 | 14 | 9 | 19 | 18 | 1 | −8 |
| 59 | Papua-Neuguinea | 30 | 21 | 64 | 51 | 42 | 20 | 6 | 29 | 18 | 49 | −35 | 9 |
| 60 | Bulgarien | .. | 17 | .. | 66 | .. | 20 | .. | 17 | .. | 50 | .. | −3 |
| 61 | Rumänien | .. | 12 | .. | 66 | .. | 27 | .. | 22 | .. | 23 | .. | −5 |
| 62 | Jordanien | .. | 24 | .. | 90 | .. | 30 | .. | −13 | .. | 38 | .. | −43 |
| 63 | Ecuador | 11 | 8 | 75 | 71 | 18 | 21 | 14 | 22 | 14 | 26 | −5 | 1 |
| 64 | Dominikanische Rep. | 12 | 5 | 77 | 77 | 19 | 22 | 12 | 18 | 17 | 24 | −7 | −4 |
| 65 | El Salvador | 11 | 10 | 76 | 88 | 13 | 17 | 13 | 2 | 25 | 14 | 0 | −14 |
| 66 | Litauen | .. | 13 | .. | 76 | .. | 18 | .. | 11 | .. | 71 | .. | −7 |
| 67 | Kolumbien | 9 | 12 | 72 | 70 | 20 | 22 | 18 | 18 | 14 | 17 | −2 | −4 |
| 68 | Jamaika | 12 | 13 | 61 | 61 | 32 | 35 | 27 | 26 | 33 | 60 | −4 | −8 |
| 69 | Peru | 12 | 8 | 70 | 76 | 16 | 19 | 17 | 16 | 18 | 10 | 2 | −2 |
| 70 | Paraguay | 9 | 9 | 77 | 77 | 15 | 22 | 14 | 14 | 15 | 27 | −1 | 9 |
| 71 | Kasachstan | .. | 28 | .. | 62 | .. | 31 | .. | 10 | .. | .. | .. | −21 |
| 72 | Tunesien | 17 | 16 | 66 | 63 | 21 | 29 | 17 | 20 | 22 | 40 | −4 | −9 |

*Anmerkung:* Zur Vergleichbarkeit der Daten und ihrer Abgrenzung vgl. Technische Erläuterungen. Kursive Zahlen gelten für andere als die angegebenen Jahre.

| | | | | | Verteilung des Bruttoinlandsprodukts (%) | | | | | | |
|---|---|---|---|---|---|---|---|---|---|---|---|
| | Öffentlicher Verbrauch | | Privater Verbrauch usw. | | Bruttoinlands- investitionen | | Bruttoinlands- ersparnis | | Ausfuhr von Gütern und Dienstl. (ohne Faktoreink.) | | Ressourcen- saldo | |
| | 1970 | 1993 | 1970 | 1993 | 1970 | 1993 | 1970 | 1993 | 1970 | 1993 | 1970 | 1993 |
| 73 Algerien | 15 | 17 | 56 | 54 | 36 | 29 | 29 | 28 | 22 | 22 | −7 | −1 |
| 74 Namibia | .. | 33 | .. | 63 | .. | 10 | .. | 4 | .. | 59 | .. | 6 |
| 75 Slowakei | .. | 23 | .. | 54 | .. | 25 | .. | 22 | .. | 67 | .. | −2 |
| 76 Lettland | .. | 19 | .. | 57 | .. | 11 | .. | 24 | .. | 67 | .. | 14 |
| 77 Thailand | 11 | 10 | 68 | 54 | 26 | 40 | 21 | 36 | 15 | 37 | −4 | −4 |
| 78 Costa Rica | 13 | 17 | 74 | 59 | 21 | 30 | 14 | 25 | 28 | 40 | −7 | −6 |
| 79 Ukraine | .. | 13 | .. | 80 | .. | 8 | .. | 7 | .. | 17 | .. | −1 |
| 80 Polen | .. | 22 | .. | 65 | .. | 16 | .. | 13 | .. | 19 | .. | −3 |
| 81 Russische Föderation | .. | 15 | .. | 52 | .. | 26 | .. | 32 | .. | 39 | .. | 7 |
| 82 Panama | 15 | 17 | 61 | 59 | 28 | 25 | 24 | 24 | 38 | 37 | −4 | −1 |
| 83 Tschechische Rep. | .. | 26 | .. | 54 | .. | 17 | .. | 20 | .. | 55 | .. | 3 |
| 84 Botsuana | 20 | .. | 78 | .. | 42 | .. | 2 | .. | 23 | 61 | −41 | −3 |
| 85 Türkei | 13 | 13 | 70 | 65 | 20 | 27 | 17 | 22 | 6 | 14 | −2 | −5 |
| 86 Iran, Islam. Rep. | .. | 15 | .. | 55 | .. | 29 | .. | 30 | .. | 24 | .. | 1 |
| **Obere Einkommenskategorie** | 11w | .. | 65w | .. | 24w | 23w | 23w | 21w | 15w | 21w | −1w | −2w |
| 87 Venezuela | 11 | 9 | 52 | 73 | 33 | 19 | 37 | 18 | 21 | 26 | 4 | −1 |
| 88 Weißrußland | .. | 22 | .. | 51 | .. | 35 | .. | 27 | .. | 46 | .. | −8 |
| 89 Brasilien | 11 | a | 69 | 79 | 21 | 19 | 20 | 21 | 7 | 8 | 0 | 2 |
| 90 Südafrika | 12 | 21 | 61 | 60 | 30 | 15 | 27 | 19 | 22 | 23 | −4 | 4 |
| 91 Mauritius | 14 | 11 | 75 | 65 | 10 | 29 | 11 | 24 | 43 | 63 | 1 | −5 |
| 92 Estland | .. | 19 | .. | 57 | .. | 26 | .. | 23 | .. | 57 | .. | −3 |
| 93 Malaysia | 16 | 13 | 58 | 49 | 22 | 33 | 27 | 38 | 42 | 80 | 4 | 5 |
| 94 Chile | 12 | 10 | 68 | 66 | 19 | 26 | 20 | 24 | 15 | 28 | 1 | −2 |
| 95 Ungarn | 10 | 27 | 58 | 62 | 34 | 20 | 31 | 11 | 30 | 30 | −2 | −9 |
| 96 Mexiko | 7 | 9 | 75 | 75 | 21 | 22 | 19 | 16 | 6 | 13 | −3 | −6 |
| 97 Trinidad und Tobago | 13 | 12 | 60 | 66 | 26 | 13 | 27 | 22 | 43 | 38 | 1 | 9 |
| 98 Uruguay | 15 | 14 | 74 | 72 | 11 | 16 | 10 | 14 | 13 | 20 | −1 | −1 |
| 99 Oman | 13 | 39 | 19 | 34 | 14 | 17 | 68 | 27 | 74 | .. | 54 | 10 |
| 100 Gabun | 20 | 16 | 37 | 48 | 32 | 22 | 44 | 36 | 50 | 47 | 12 | 15 |
| 101 Slowenien | .. | 23 | .. | 56 | .. | 20 | .. | 21 | .. | 63 | .. | 1 |
| 102 Puerto Rico | 15 | 14 | 74 | 63 | 29 | 17 | 10 | 23 | 44 | .. | −18 | 6 |
| 103 Argentinien | 10 | a | 67 | 84 | 25 | 18 | 23 | 7 | .. | 6 | a | −2 |
| 104 Griechenland | 13 | 19 | 68 | 71 | 28 | 20 | 20 | 10 | 10 | 22 | −8 | −10 |
| 105 Korea, Rep. | 10 | 11 | 76 | 54 | 24 | 34 | 15 | 35 | 14 | 29 | −10 | 0 |
| 106 Portugal | 13 | 17 | 64 | 65 | 28 | 27 | 23 | 18 | 21 | 24 | −6 | −9 |
| 107 Saudi-Arabien | 17 | 33 | 28 | 40 | 12 | 24 | 55 | 27 | 66 | 43 | 44 | 3 |
| 108 Turkmenistan | .. | 23 | .. | 44 | .. | 46 | .. | 33 | .. | .. | .. | −13 |
| **Länder mit niedr. u. mittl. Eink.** | .. | .. | .. | .. | .. | 24w | .. | 23w | .. | 22w | .. | −1w |
| Afrika südlich der Sahara | 13w | 18w | 69w | 67w | 21w | 16w | 18w | 15w | 20w | 27w | −3w | −1w |
| Ostasien u. Pazifik | 8w | 10w | 64w | 55w | 27w | 36w | 28w | 35w | 6w | 30w | 1w | −1w |
| Südasien | 9w | 11w | 76w | 68w | 16w | 23w | 15w | 21w | 5w | 13w | −1w | −2w |
| Europa u. Zentralasien | .. | 20w | .. | 63w | .. | 21w | .. | 17w | .. | 30w | .. | −4w |
| Naher Osten u. Nordafrika | .. | 22w | .. | 51w | .. | 28w | .. | 27w | .. | 32w | .. | −1w |
| Lateinamerika u. Karibik | 10w | .. | 69w | .. | 22w | 20w | 20w | 19w | 13w | 14w | −2w | −1w |
| **Länder mit gravierenden Schuldenproblemen** | 12w | .. | 72w | .. | 23w | 18w | 16w | 19w | .. | 15w | −7w | 1w |
| **Länder mit hohem Einkommen** | 16w | 17w | 60w | 63w | 23w | 19w | 24w | 20w | 14w | 20w | 1w | 1w |
| 109 Neuseeland | 13 | 15 | 65 | 60 | 25 | 21 | 22 | 24 | 23 | 31 | −3 | 3 |
| 110 Irland | 14 | 16 | 70 | 56 | 24 | 14 | 16 | 28 | 35 | 68 | −8 | 14 |
| 111 Spanien | 9 | 18 | 65 | 63 | 27 | 20 | 26 | 19 | 13 | 19 | −1 | −1 |
| 112 †Israel | 34 | 27 | 58 | 59 | 27 | 22 | 8 | 14 | 25 | 31 | −20 | −9 |
| 113 Australien | 14 | 18 | 59 | 63 | 27 | 20 | 27 | 19 | 14 | 19 | 0 | 0 |
| 114 †Hongkong | 7 | 9 | 68 | 60 | 21 | 27 | 25 | 31 | 92 | 143 | 4 | 4 |
| 115 Großbritannien | 18 | 22 | 62 | 64 | 20 | 15 | 21 | 14 | 23 | 25 | 1 | −1 |
| 116 Finnland | 14 | 23 | 57 | 57 | 30 | 14 | 29 | 20 | 26 | 33 | −1 | 6 |
| 117 †Kuwait | 14 | 32 | 39 | 37 | 12 | 23 | 48 | 30 | 60 | 53 | 36 | 7 |
| 118 Italien | 13 | 18 | 60 | 62 | 27 | 17 | 28 | 20 | 16 | 23 | 0 | 4 |
| 119 †Singapur | 12 | 9 | 70 | 43 | 39 | 44 | 18 | 47 | 102 | 169 | −20 | 4 |
| 120 Kanada | 19 | 22 | 57 | 61 | 22 | 18 | 24 | 18 | 23 | 30 | 3 | −1 |
| 121 Niederlande | 15 | 15 | 58 | 61 | 28 | 19 | 27 | 24 | 43 | 51 | −2 | 5 |
| 122 †Vereinigte Arab. Emirate | .. | 18 | .. | 49 | .. | 25 | .. | 33 | .. | 68 | .. | 9 |
| 123 Belgien | 13 | 15 | 60 | 62 | 24 | 18 | 27 | 23 | 52 | 69 | 2 | 5 |
| 124 Frankreich | 15 | 19 | 58 | 61 | 27 | 18 | 27 | 20 | 16 | 23 | 1 | 2 |
| 125 Österreich | 15 | 19 | 55 | 55 | 30 | 25 | 31 | 26 | 31 | 38 | 1 | 1 |
| 126 Deutschland | 16[b] | 20 | 55[b] | 58 | 28[b] | 22 | 30[b] | 22 | 21[b] | 22 | 2[b] | 0 |
| 127 Schweden | 22 | 28 | 53 | 55 | 25 | 13 | 25 | 17 | 24 | 33 | −1 | 4 |
| 128 Vereinigte Staaten | 19 | 17 | 63 | 68 | 18 | 16 | 18 | 15 | 6 | 10 | 0 | −1 |
| 129 Norwegen | 17 | 22 | 54 | 52 | 30 | 20 | 29 | 26 | 42 | 43 | −1 | 7 |
| 130 Dänemark | 20 | 26 | 57 | 52 | 26 | 14 | 23 | 21 | 28 | 35 | −3 | 8 |
| 131 Japan | 7 | 10 | 52 | 58 | 39 | 30 | 40 | 33 | 11 | 9 | 1 | 2 |
| 132 Schweiz | 10 | 14 | 59 | 59 | 32 | 22 | 31 | 27 | 33 | 36 | −2 | 5 |
| **Gesamte Welt** | .. | .. | .. | .. | .. | 22w | .. | 22w | .. | 21w | .. | 1w |

[a] Gesonderte Angaben für den öffentlichen Verbrauch liegen nicht vor; er wird deshalb unter dem privaten Verbrauch usw. erfaßt. [b] Die Angaben beziehen sich auf die Bundesrepublik Deutschland vor der Vereinigung.

## Tabelle 10 Ausgaben der Zentralregierung

| | Prozentualer Anteil an den Gesamtausgaben | | | | | | | | | | | | Gesamt-ausgaben (in % des BSP) | | Gesamt-überschuß/ -defizit (in % des BSP) | |
|---|---|---|---|---|---|---|---|---|---|---|---|---|---|---|---|---|
| | Verteidi-gung | | Erziehung | | Gesundheit | | Wohnung usw., Sozial-versicherung u. Wohlfahrt | | Wirtschafts-förderung | | Sonstiges[a] | | | | | |
| | 1980 | 1993 | 1980 | 1993 | 1980 | 1993 | 1980 | 1993 | 1980 | 1993 | 1980 | 1993 | 1980 | 1993 | 1980 | 1993 |
| **Länder mit niedrigem Einkommen** | | | | | | | | | | | | | | | | |
| **Ohne China und Indien** | | | | | | | | | | | | | | | | |
| 1 Mosambik | .. | .. | .. | .. | .. | .. | .. | .. | .. | .. | .. | .. | .. | .. | .. | .. |
| 2 Tansania | 9,2 | .. | 13,3 | .. | 6,0 | .. | 2,5 | .. | 42,9 | .. | 26,1 | .. | 28,8 | .. | −8,4 | .. |
| 3 Äthiopien[b] | 34,0 | .. | 10,7 | .. | 4,0 | .. | 6,5 | .. | 24,7 | .. | 20,1 | .. | .. | .. | .. | .. |
| 4 Sierra Leone[c] | 4,1 | .. | 14,9 | .. | 9,1 | .. | 3,6 | .. | .. | .. | 68,3 | .. | 29,8 | 23,0 | −13,2 | −5,0 |
| 5 Vietnam | .. | .. | .. | .. | .. | .. | .. | .. | .. | .. | .. | .. | .. | .. | .. | .. |
| 6 Burundi | .. | .. | .. | .. | .. | .. | .. | .. | .. | .. | .. | .. | 21,7 | .. | −3,9 | .. |
| 7 Uganda | 25,2 | .. | 14,9 | .. | 5,1 | .. | 4,2 | .. | 11,1 | .. | 39,5 | .. | 6,1 | .. | −3,1 | .. |
| 8 Nepal | 6,7 | 5,9 | 9,9 | 10,9 | 3,9 | 4,7 | 1,7 | 6,8 | 58,8 | 43,0 | 19,1 | 28,8 | 14,2 | 18,7 | −3,0 | −6,3 |
| 9 Malawi[c] | 12,8 | .. | 9,0 | .. | 5,5 | .. | 1,6 | .. | 43,7 | .. | 27,3 | .. | 37,6 | .. | −17,3 | .. |
| 10 Tschad | .. | .. | .. | .. | .. | .. | .. | .. | .. | .. | .. | .. | .. | 32,0 | .. | −7,5 |
| 11 Ruanda | .. | .. | .. | .. | .. | .. | .. | .. | .. | .. | .. | .. | 14,3 | 31,9 | −1,7 | −9,1 |
| 12 Bangladesch[c] | 9,4 | .. | 11,5 | .. | 6,4 | .. | 5,3 | .. | 46,9 | .. | 20,4 | .. | 10,0 | .. | 2,5 | .. |
| 13 Madagaskar | .. | 7,5 | .. | 17,2 | .. | 6,6 | .. | 1,5 | .. | 36,0 | .. | 31,2 | .. | 16,1 | .. | −5,9 |
| 14 Guinea-Bissau | .. | .. | .. | .. | .. | .. | .. | .. | .. | .. | .. | .. | .. | .. | .. | .. |
| 15 Kenia[c] | 16,4 | 6,2 | 19,6 | 18,8 | 7,8 | 5,4 | 5,1 | 1,9 | 22,7 | 14,9 | 28,2 | 52,8 | 26,1 | 28,9 | −4,6 | −3,8 |
| 16 Mali | 11,0 | .. | 15,7 | .. | 3,1 | .. | 3,0 | .. | 11,2 | .. | 56,0 | .. | 21,6 | .. | −4,7 | .. |
| 17 Niger | 3,8 | .. | 18,0 | .. | 4,1 | .. | 3,8 | .. | 32,4 | .. | 38,0 | .. | 18,7 | .. | −4,8 | .. |
| 18 Laos, Dem. VR | .. | .. | .. | .. | .. | .. | .. | .. | .. | .. | .. | .. | .. | .. | .. | .. |
| 19 Burkina Faso | 17,0 | .. | 15,5 | .. | 5,8 | .. | 7,6 | .. | 19,3 | .. | 34,8 | .. | 14,1 | .. | 0,3 | .. |
| 20 Indien | 19,8 | 14,5 | 1,9 | 2,2 | 1,6 | 1,9 | 4,3 | 7,1 | 24,2 | 16,2 | 48,3 | 58,0 | 13,2 | 16,9 | −6,5 | −4,8 |
| 21 Nigeria[c] | .. | .. | .. | .. | .. | .. | .. | .. | .. | .. | .. | .. | .. | .. | .. | .. |
| 22 Albanien | .. | .. | .. | .. | .. | .. | .. | .. | .. | .. | .. | .. | .. | .. | .. | .. |
| 23 Nicaragua | 11,0 | 6,8 | 11,6 | 14,2 | 14,6 | 13,0 | 7,4 | 15,8 | 20,6 | 18,0 | 34,9 | 32,2 | 32,3 | 39,5 | −7,3 | 0,5 |
| 24 Togo | 7,1 | .. | 22,9 | .. | 6,1 | .. | 11,0 | .. | 22,2 | .. | 30,8 | .. | 31,9 | .. | −2,0 | .. |
| 25 Gambia | 0,0 | .. | 12,3 | .. | 7,4 | .. | 3,3 | .. | 44,9 | .. | 32,2 | .. | 33,7 | .. | −4,7 | .. |
| 26 Sambia | 0,0 | .. | 11,4 | .. | 6,1 | .. | 3,4 | .. | 32,6 | .. | 46,6 | .. | 40,0 | .. | −20,0 | .. |
| 27 Mongolei | .. | 10,7 | .. | 2,7 | .. | 2,3 | .. | 19,1 | .. | 23,8 | .. | 41,3 | .. | 25,3 | .. | −2,0 |
| 28 Zentralafrik. Rep. | 9,7 | .. | 17,6 | .. | 5,1 | .. | 6,3 | .. | 19,6 | .. | 41,7 | .. | 21,9 | .. | −3,5 | .. |
| 29 Benin | .. | .. | .. | .. | .. | .. | .. | .. | .. | .. | .. | .. | .. | .. | .. | .. |
| 30 Ghana[c] | 3,7 | 4,9 | 22,0 | 22,0 | 7,0 | 7,0 | 6,8 | 9,9 | 20,7 | 15,9 | 39,8 | 40,3 | 10,9 | 21,0 | −4,2 | −2,5 |
| 31 Pakistan | 30,6 | 26,9 | 2,7 | 1,1 | 1,5 | 0,4 | 4,1 | 2,8 | 37,2 | 6,5 | 23,9 | 62,4 | 17,7 | 24,0 | −5,8 | −7,4 |
| 32 Tadschikistan | .. | .. | .. | .. | .. | .. | .. | .. | .. | .. | .. | .. | .. | .. | .. | .. |
| 33 China[c] | .. | 16,4 | .. | 2,2 | .. | 0,4 | .. | 0,2 | .. | 39,5 | .. | 41,3 | .. | 9,2 | .. | −2,3 |
| 34 Guinea | .. | .. | .. | .. | .. | .. | .. | .. | .. | .. | .. | .. | .. | 21,9 | .. | −3,3 |
| 35 Mauretanien | .. | .. | .. | .. | .. | .. | .. | .. | .. | .. | .. | .. | .. | .. | .. | .. |
| 36 Simbabwe[c] | 25,0 | .. | 15,5 | .. | 5,4 | .. | 7,8 | .. | 18,1 | .. | 28,2 | .. | 35,3 | 36,2 | −11,1 | −7,0 |
| 37 Georgien | .. | .. | .. | .. | .. | .. | .. | .. | .. | .. | .. | .. | .. | .. | .. | .. |
| 38 Honduras | .. | .. | .. | .. | .. | .. | .. | .. | .. | .. | .. | .. | .. | .. | .. | .. |
| 39 Sri Lanka | 1,7 | 11,4 | 6,7 | 10,4 | 4,9 | 5,2 | 12,7 | 16,6 | 15,9 | 20,8 | 58,2 | 35,5 | 41,6 | 26,9 | −18,4 | −6,4 |
| 40 Côte d'Ivoire | 3,9 | .. | 16,3 | .. | 3,9 | .. | 4,3 | .. | 13,4 | .. | 58,1 | .. | 33,3 | .. | −11,4 | .. |
| 41 Lesotho | 0,0 | 6,5 | 15,3 | 21,9 | 6,2 | 11,5 | 1,3 | 5,5 | 35,9 | 31,6 | 41,2 | 23,1 | 22,7 | 32,1 | −3,7 | −0,3 |
| 42 Armenien | .. | .. | .. | .. | .. | .. | .. | .. | .. | .. | .. | .. | .. | .. | .. | .. |
| 43 Ägypten, Arab. Rep. | 11,4 | 8,2 | 8,1 | 10,3 | 2,4 | 2,1 | 13,1 | 14,7 | 7,2 | 6,7 | 57,7 | 57,9 | 53,7 | 46,6 | −12,5 | −4,1 |
| 44 *Myanmar* | 21,9 | 32,7 | 10,6 | 17,0 | 5,3 | 7,4 | 10,6 | 5,5 | 33,7 | 18,7 | 17,9 | 18,8 | 15,9 | 12,1 | 1,2 | −3,1 |
| 45 *Jemen, Rep.* | 33,2[d] | 30,7 | 12,6[d] | 19,2 | 4,0[d] | 4,1 | 0,0[d] | 2,4 | 13,0[d] | 6,0 | 37,2[d] | 37,6 | .. | 50,7 | .. | −20,6 |
| **Länder mit mittlerem Einkommen** | | | | | | | | | | | | | | | | |
| **Untere Einkommenskategorie** | | | | | | | | | | | | | | | | |
| 46 Aserbaidschan | .. | .. | .. | .. | .. | .. | .. | .. | .. | .. | .. | .. | .. | .. | .. | .. |
| 47 Indonesien | 13,5 | 6,2 | 8,3 | 10,0 | 2,5 | 2,7 | 1,8 | 1,6 | 40,2 | 27,3 | 33,7 | 52,2 | 23,1 | 18,9 | −2,3 | 0,7 |
| 48 Senegal | 16,8 | .. | 23,0 | .. | 4,7 | .. | 9,5 | .. | 14,4 | .. | 31,6 | .. | 23,9 | .. | 0,9 | .. |
| 49 Bolivien | .. | 8,2 | .. | 11,0 | .. | 6,6 | .. | 13,5 | .. | 32,7 | .. | 28,0 | .. | 26,6 | .. | −2,1 |
| 50 Kamerun | 9,1 | 9,4 | 12,4 | 18,0 | 5,1 | 4,8 | 8,0 | 2,8 | 24,0 | 10,2 | 41,4 | 54,8 | 15,5 | 18,3 | 0,5 | −2,0 |
| 51 Mazedonien | .. | .. | .. | .. | .. | .. | .. | .. | .. | .. | .. | .. | .. | .. | .. | .. |
| 52 Kirgisistan | .. | .. | .. | .. | .. | .. | .. | .. | .. | .. | .. | .. | .. | .. | .. | .. |
| 53 Philippinen[c] | 15,7 | 10,6 | 13,0 | 15,9 | 4,5 | 3,0 | 6,6 | 5,0 | 56,9 | 27,8 | 3,4 | 37,7 | 13,4 | 18,1 | −1,4 | −1,5 |
| 54 Kongo | 9,7 | .. | 11,0 | .. | 5,1 | .. | 7,0 | .. | 34,2 | .. | 33,0 | .. | 54,6 | .. | −5,8 | .. |
| 55 Usbekistan | .. | .. | .. | .. | .. | .. | .. | .. | .. | .. | .. | .. | .. | .. | .. | .. |
| 56 Marokko | 17,9 | .. | 17,3 | .. | 3,4 | .. | 6,5 | .. | 27,8 | .. | 27,1 | .. | 34,2 | .. | −10,0 | .. |
| 57 Moldau | .. | .. | .. | .. | .. | .. | .. | .. | .. | .. | .. | .. | .. | .. | .. | .. |
| 58 Guatemala | .. | .. | .. | .. | .. | .. | .. | .. | .. | .. | .. | .. | 14,4 | .. | −3,9 | .. |
| 59 Papua-Neuguinea[c] | 4,4 | 4,2 | 16,5 | 15,0 | 8,6 | 7,9 | 2,6 | 1,4 | 22,7 | 21,6 | 45,1 | 49,9 | 35,2 | 35,8 | −2,0 | −6,4 |
| 60 Bulgarien | .. | 6,3 | .. | 3,4 | .. | 3,3 | .. | 34,2 | .. | 10,2 | .. | 42,5 | .. | 47,8 | .. | −12,9 |
| 61 Rumänien | .. | 8,1 | .. | 9,0 | .. | 7,9 | .. | 24,5 | .. | 31,9 | .. | 18,6 | .. | 40,4 | .. | −4,7 |
| 62 Jordanien[c] | 25,3 | 22,1 | 7,6 | 14,3 | 3,7 | 6,3 | 14,5 | 16,3 | 28,3 | 12,8 | 20,6 | 28,2 | .. | 36,0 | .. | 6,0 |
| 63 Ecuador[c] | 12,5 | .. | 34,7 | .. | 7,8 | .. | 1,3 | .. | 21,1 | .. | 22,6 | .. | 15,0 | 15,4 | −1,5 | 0,5 |
| 64 Dominikanische Rep. | 7,8 | .. | 12,6 | .. | 9,3 | .. | 13,8 | .. | 37,1 | .. | 19,3 | .. | 17,5 | .. | −2,7 | .. |
| 65 El Salvador[c] | 8,8 | 16,0 | 19,8 | 12,8 | 9,0 | 7,3 | 5,5 | 4,7 | 21,0 | 19,4 | 36,0 | 39,7 | 17,6 | 11,2 | −5,9 | −0,8 |
| 66 Litauen | .. | 3,5 | .. | 7,2 | .. | 5,0 | .. | 37,0 | .. | 18,2 | .. | 29,2 | .. | 20,4 | .. | 0,6 |
| 67 Kolumbien | 6,7 | .. | 19,1 | .. | 3,9 | .. | 21,4 | .. | 27,1 | .. | 21,8 | .. | 13,5 | .. | −1,8 | .. |
| 68 Jamaika | .. | .. | .. | .. | .. | .. | .. | .. | .. | .. | .. | .. | 45,7 | .. | −17,1 | .. |
| 69 Peru[c] | 21,0 | .. | 15,6 | .. | 5,6 | .. | 0,0 | .. | 22,1 | .. | 35,7 | .. | 20,4 | 14,0 | −2,5 | −1,8 |
| 70 Paraguay | 12,4 | 10,7 | 12,9 | 22,1 | 3,6 | 7,3 | 19,2 | 16,7 | 18,9 | 16,5 | 33,0 | 26,7 | 9,8 | 13,0 | 0,3 | 1,2 |
| 71 Kasachstan | .. | .. | .. | .. | .. | .. | .. | .. | .. | .. | .. | .. | .. | .. | .. | .. |
| 72 Tunesien | 12,2 | 5,4 | 17,0 | 17,5 | 7,2 | 6,6 | 13,4 | 18,6 | 27,8 | 22,5 | 22,4 | 29,3 | 32,5 | 33,2 | −2,9 | −2,6 |

*Anmerkung:* Zur Vergleichbarkeit der Daten und ihrer Abgrenzung vgl. Technische Erläuterungen. Kursive Zahlen gelten für andere als die angegebenen Jahre.

|  |  | Prozentualer Anteil an den Gesamtausgaben | | | | | | | | | | | | Gesamt-ausgaben (in % des BSP) | | Gesamt-überschuß/-defizit (in % des BSP) | |
|---|---|---|---|---|---|---|---|---|---|---|---|---|---|---|---|---|---|
|  |  | Verteidi-gung | | Erziehung | | Gesundheit | | Wohnung usw., Sozial-versicherung u. Wohlfahrt | | Wirtschafts-förderung | | Sonstiges[a] | | | | | |
|  |  | 1980 | 1993 | 1980 | 1993 | 1980 | 1993 | 1980 | 1993 | 1980 | 1993 | 1980 | 1993 | 1980 | 1993 | 1980 | 1993 |
| 73 | Algerien | .. | .. | .. | .. | .. | .. | .. | .. | .. | .. | .. | .. | .. | .. | .. | .. |
| 74 | Namibia | .. | 6,6 | .. | 22,6 | .. | 9,9 | .. | 15,1 | .. | 17,7 | .. | 28,1 | .. | 40,2 | .. | −4,8 |
| 75 | Slowakei | .. | .. | .. | .. | .. | .. | .. | .. | .. | .. | .. | .. | .. | .. | .. | .. |
| 76 | Lettland | .. | .. | .. | .. | .. | .. | .. | .. | .. | .. | .. | .. | .. | .. | .. | .. |
| 77 | Thailand | 21,7 | 17,2 | 19,8 | 21,1 | 4,1 | 8,2 | 5,1 | 6,7 | 24,2 | 26,2 | 25,1 | 20,7 | 19,0 | 16,3 | −4,9 | 2,1 |
| 78 | Costa Rica | 2,6 | .. | 24,6 | 22,3 | 28,7 | 28,5 | 9,5 | 10,8 | 18,2 | 9,7 | 16,4 | 28,7 | 26,3 | 26,7 | −7,8 | −0,2 |
| 79 | Ukraine | .. | .. | .. | .. | .. | .. | .. | .. | .. | .. | .. | .. | .. | .. | .. | .. |
| 80 | Polen | .. | .. | .. | .. | .. | .. | .. | .. | .. | .. | .. | .. | .. | .. | .. | .. |
| 81 | Russische Föderation | .. | .. | .. | .. | .. | .. | .. | .. | .. | .. | .. | .. | .. | .. | .. | .. |
| 82 | Panama | 0,0 | 4,2 | 13,4 | 15,9 | 12,7 | 24,5 | 13,5 | 23,3 | 21,9 | 6,4 | 38,4 | 25,7 | 33,4 | 32,1 | −5,7 | 4,4 |
| 83 | Tschechische Rep. | .. | 6,3 | .. | 11,0 | .. | 18,1 | .. | 28,3 | .. | 12,5 | .. | 23,8 | .. | 41,7 | .. | 2,6 |
| 84 | Botsuana[c] | 9,8 | 11,9 | 22,2 | 20,4 | 5,4 | 4,9 | 7,9 | 16,2 | 26,9 | 15,5 | 27,9 | 31,2 | 36,5 | 40,2 | −0,2 | 11,2 |
| 85 | Türkei | 15,2 | 8,9 | 14,2 | 16,8 | 3,6 | 3,0 | 6,1 | 6,0 | 34,0 | 18,5 | 26,9 | 46,7 | 26,3 | 25,9 | −3,8 | −7,0 |
| 86 | *Iran, Islam. Rep.* | 15,9 | .. | 21,3 | .. | 6,4 | .. | 8,6 | .. | 24,0 | .. | 23,7 | .. | 35,3 | 20,1 | −13,7 | −1,4 |
| | **Obere Einkommenskategorie** | | | | | | | | | | | | | | | | |
| 87 | Venezuela | 5,8 | .. | 19,9 | .. | 8,8 | .. | 9,5 | .. | 20,2 | .. | 35,7 | .. | 18,7 | 19,2 | 0,0 | −3,0 |
| 88 | Weißrußland | .. | 6,2 | .. | 10,1 | .. | 5,6 | .. | 37,2 | .. | 23,7 | .. | 17,3 | .. | 33,1 | .. | −2,9 |
| 89 | Brasilien | 4,0 | 2,6 | 4,0 | 3,6 | 4,0 | 5,2 | 32,0 | 30,0 | 20,0 | 7,5 | 36,0 | 51,1 | 20,9 | 25,6 | −2,6 | −1,0 |
| 90 | Südafrika | .. | .. | .. | .. | .. | .. | .. | .. | .. | .. | .. | .. | 23,1 | 32,6 | −2,5 | −4,4 |
| 91 | Mauritius | 0,8 | 1,5 | 17,6 | 15,0 | 7,5 | 9,4 | 21,4 | 22,3 | 11,7 | 15,5 | 41,0 | 36,3 | 27,4 | 22,2 | −10,4 | .. |
| 92 | Estland | .. | 2,7 | .. | 9,1 | .. | 18,1 | .. | 35,0 | .. | 11,3 | .. | 23,9 | .. | 26,7 | .. | −2,0 |
| 93 | Malaysia | 14,8 | 11,8 | 18,3 | 20,3 | 5,1 | 5,7 | 7,0 | 11,4 | 30,0 | 18,5 | 24,7 | 32,4 | 29,6 | 26,7 | −6,2 | 1,7 |
| 94 | Chile | 12,4 | 9,1 | 14,5 | 13,4 | 7,4 | 11,5 | 37,1 | 39,3 | 13,8 | 14,6 | 14,8 | 12,2 | 29,1 | 22,6 | 5,6 | 2,1 |
| 95 | *Ungarn* | *4,4* | .. | *1,8* | .. | *2,7* | .. | *22,3* | .. | *44,0* | .. | *24,7* | .. | *58,3* | .. | *−2,9* | .. |
| 96 | Mexiko | 2,3 | .. | 18,0 | .. | 2,4 | .. | 18,5 | .. | 31,2 | .. | 27,6 | .. | 17,4 | .. | −3,1 | .. |
| 97 | Trinidad und Tobago | 1,7 | .. | 11,6 | .. | 5,8 | .. | 15,9 | .. | 43,5 | .. | 21,5 | .. | 32,0 | .. | 7,6 | .. |
| 98 | Uruguay | 13,4 | *8,0* | 8,8 | *6,6* | 4,9 | *5,6* | 48,5 | *56,0* | 11,4 | *8,2* | 13,0 | *15,6* | 22,7 | *29,2* | 0,0 | *0,6* |
| 99 | Oman | 51,2 | 34,7 | 4,8 | 12,6 | 2,9 | 6,3 | 2,0 | 11,5 | 18,4 | 11,8 | 20,8 | 23,1 | 43,1 | 63,9 | 0,5 | −17,4 |
| 100 | *Gabun[c]* | .. | .. | .. | .. | .. | .. | .. | .. | .. | .. | .. | .. | *40,5* | *33,8* | *6,8* | *−1,8* |
| 101 | Slowenien | .. | .. | .. | .. | .. | .. | .. | .. | .. | .. | .. | .. | .. | .. | .. | .. |
| 102 | Puerto Rico | .. | .. | .. | .. | .. | .. | .. | .. | .. | .. | .. | .. | .. | .. | .. | .. |
| 103 | Argentinien | .. | .. | .. | .. | .. | .. | .. | .. | .. | .. | .. | .. | 18,4 | .. | −2,6 | .. |
| 104 | Griechenland | 12,6 | 8,9 | 10,0 | 8,5 | 10,3 | 7,4 | 31,3 | 14,7 | 16,6 | 9,4 | 19,2 | 51,0 | 34,4 | 43,1 | −4,8 | −15,6 |
| 105 | Korea, Rep. | 34,3 | 20,1 | 17,1 | 16,8 | 1,2 | 1,0 | 7,5 | 11,2 | 15,6 | 18,8 | 24,3 | 32,1 | 17,6 | 17,1 | −2,3 | 0,6 |
| 106 | Portugal | 7,4 | .. | 11,2 | .. | 10,3 | .. | 27,0 | .. | 19,9 | .. | 24,2 | .. | 34,1 | 42,3 | −8,7 | −2,2 |
| 107 | *Saudi-Arabien* | .. | .. | .. | .. | .. | .. | .. | .. | .. | .. | .. | .. | .. | .. | .. | .. |
| 108 | *Turkmenistan* | .. | .. | .. | .. | .. | .. | .. | .. | .. | .. | .. | .. | .. | .. | .. | .. |
| | **Länder mit niedr. u. mittl. Eink.** | | | | | | | | | | | | | | | | |
| | Afrika südlich der Sahara | | | | | | | | | | | | | | | | |
| | Ostasien u. Pazifik | | | | | | | | | | | | | | | | |
| | Südasien | | | | | | | | | | | | | | | | |
| | Europa u. Zentralasien | | | | | | | | | | | | | | | | |
| | Naher Osten u. Nordafrika | | | | | | | | | | | | | | | | |
| | Lateinamerika u. Karibik | | | | | | | | | | | | | | | | |
| | **Länder mit gravierenden Schuldenproblemen** | | | | | | | | | | | | | | | | |
| | **Länder mit hohem Einkommen** | | | | | | | | | | | | | | | | |
| 109 | Neuseeland | 5,1 | 3,8 | 14,7 | 14,1 | 15,2 | 12,3 | 31,1 | 39,7 | 15,0 | 5,8 | 18,9 | 24,4 | 39,0 | 36,6 | −6,8 | 0,1 |
| 110 | *Irland* | *3,4* | *3,2* | *11,4* | *12,8* | *13,7* | *14,0* | *27,7* | *30,3* | *18,4* | *12,8* | *25,4* | *26,9* | *46,5* | *47,0* | *−12,9* | *−2,3* |
| 111 | Spanien | 4,3 | 4,2 | 8,0 | 4,7 | 0,7 | 6,1 | 60,3 | 38,8 | 11,9 | 8,9 | 14,8 | 37,4 | 27,0 | 35,1 | −4,2 | −3,7 |
| 112 | †Israel | 39,8 | 20,3 | 9,9 | 11,9 | 3,6 | 4,1 | 14,4 | 31,3 | 13,4 | 10,6 | 19,0 | 21,8 | 72,4 | 44,2 | −16,1 | −1,7 |
| 113 | Australien | 9,4 | 7,9 | 8,2 | 7,2 | 10,0 | 12,6 | 28,5 | 33,7 | 8,2 | 8,0 | 35,8 | 30,5 | 23,1 | 28,2 | −1,5 | −2,3 |
| 114 | †Hongkong | .. | .. | .. | .. | .. | .. | .. | .. | .. | .. | .. | .. | .. | .. | .. | .. |
| 115 | Großbritannien | 13,8 | 9,9 | 2,4 | 3,3 | 13,5 | 14,0 | 30,0 | 32,5 | 7,5 | 6,6 | 32,9 | 33,7 | 38,2 | 43,4 | −4,6 | −5,1 |
| 116 | Finnland | 5,6 | 4,4 | 14,7 | 13,2 | 10,5 | 0,1 | 28,2 | 51,9 | 27,0 | 17,6 | 14,0 | 12,8 | 26,2 | 44,5 | −2,2 | −15,4 |
| 117 | †Kuwait | 12,2 | 20,2 | 9,2 | 10,4 | 5,1 | 5,7 | 12,2 | 25,8 | 20,3 | 8,6 | 40,9 | 29,3 | 23,7 | 54,6 | 50,2 | −26,1 |
| 118 | Italien | 3,4 | .. | 8,4 | .. | 12,6 | .. | 29,6 | .. | 7,2 | .. | 38,7 | .. | 41,0 | 53,4 | −10,7 | −10,1 |
| 119 | †Singapur | 25,2 | 24,5 | 14,6 | 22,3 | 7,0 | 6,1 | 7,6 | 9,0 | 17,7 | 11,5 | 27,9 | 26,6 | 20,8 | 19,7 | 2,2 | 12,6 |
| 120 | Kanada | 7,7 | 6,8 | 3,8 | 2,7 | 6,7 | 4,6 | 35,1 | 41,9 | 19,4 | 8,7 | 27,3 | 35,3 | 21,8 | 25,8 | −3,6 | −3,8 |
| 121 | Niederlande | 5,6 | 4,2 | 13,1 | 10,2 | 11,7 | 13,7 | 39,5 | 41,5 | 10,9 | 5,6 | 19,2 | 24,7 | 52,7 | 53,9 | −4,5 | −0,9 |
| 122 | †Vereinigte Arab. Emirate[c] | 47,5 | 37,8 | 11,7 | 16,7 | 7,9 | 7,4 | 3,9 | 5,3 | 6,1 | 4,5 | 22,9 | 28,3 | 11,6 | 11,4 | 2,0 | −0,2 |
| 123 | Belgien | 5,7 | .. | 15,0 | .. | 1,6 | .. | 44,7 | .. | 16,0 | .. | 17,0 | .. | 51,3 | 50,9 | −8,2 | −7,0 |
| 124 | Frankreich | 7,4 | 6,0 | 8,6 | 7,0 | 14,8 | 16,1 | 46,8 | 45,5 | 6,8 | 5,0 | 15,6 | 20,4 | 39,3 | 45,5 | −0,1 | −3,8 |
| 125 | Österreich | 3,0 | 2,3 | 9,7 | 9,4 | 13,3 | 13,4 | 48,7 | 47,5 | 11,7 | 8,9 | 13,5 | 18,4 | 37,7 | 39,7 | −3,4 | −3,9 |
| 126 | Deutschland[e] | 9,1 | 6,4 | 0,9 | 0,8 | 19,0 | 16,8 | 49,6 | 45,9 | 8,7 | 9,7 | 12,6 | 20,4 | .. | 33,6 | .. | −2,4 |
| 127 | Schweden | 7,7 | 5,3 | 10,4 | 7,3 | 2,2 | 0,4 | 51,5 | 53,3 | 10,9 | 16,2 | 17,3 | 17,4 | 39,5 | 53,9 | −8,1 | −12,2 |
| 128 | Vereinigte Staaten | 21,2 | 19,3 | 2,6 | 2,0 | 10,4 | 17,1 | 37,8 | 31,7 | 9,7 | 6,2 | 18,2 | 23,7 | 21,7 | 23,8 | −2,8 | −4,0 |
| 129 | Norwegen | 7,7 | .. | 8,7 | .. | 10,6 | .. | 34,7 | .. | 22,7 | .. | 15,6 | .. | 39,2 | .. | −2,0 | .. |
| 130 | Dänemark | 6,5 | 5,0 | 10,4 | 9,8 | 1,8 | 1,1 | 44,7 | 41,3 | 6,5 | 7,2 | 30,0 | 35,7 | 40,4 | 45,5 | −2,7 | −2,4 |
| 131 | *Japan[c]* | .. | .. | .. | .. | .. | .. | .. | .. | .. | .. | .. | .. | *18,4* | .. | *−7,0* | .. |
| 132 | Schweiz | 10,2 | .. | 3,4 | .. | 11,7 | .. | 49,3 | .. | 14,2 | .. | 11,2 | .. | 19,5 | .. | −0,2 | .. |
| | **Gesamte Welt** | | | | | | | | | | | | | | | | |

[a] Vgl. Technische Erläuterungen.  [b] Einschl. Eritrea.  [c] Die Daten beziehen sich nur auf Haushaltsansätze.  [d] Die Daten beziehen sich nur auf die ehemalige Arabische Republik Jemen.  [e] Die Angaben vor 1991 beziehen sich auf die Bundesrepublik Deutschland vor der Vereinigung.

## Tabelle 11  Laufende Einnahmen der Zentralregierung

| | Prozentualer Anteil an den laufenden Gesamteinnahmen | | | | | | | | | | | | Laufende Gesamt- einnahmen (in % des BSP) | |
|---|---|---|---|---|---|---|---|---|---|---|---|---|---|---|
| | Steuereinnahmen | | | | | | | | | | | | | |
| | Einkommen, Gewinne u. Kapital- gewinne | | Sozialver- sicherung | | Güter und Dienst- leistungen | | Außenhandel u. internatio- nale Trans- aktionen | | Sonstige[a] | | Nicht- steuerliche Einnahmen | | | |
| | 1980 | 1993 | 1980 | 1993 | 1980 | 1993 | 1980 | 1993 | 1980 | 1993 | 1980 | 1993 | 1980 | 1993 |
| **Länder mit niedrigem Einkommen** | | | | | | | | | | | | | | |
| **Ohne China und Indien** | | | | | | | | | | | | | | |
| 1  Mosambik | .. | .. | .. | .. | .. | .. | .. | .. | .. | .. | .. | .. | .. | .. |
| 2  Tansania | 32,5 | .. | 0,0 | .. | 40,8 | .. | 17,3 | .. | 1,6 | .. | 7,8 | .. | 17,6 | .. |
| 3  Äthiopien[b] | 24,6 | 21,7 | 0,0 | .. | 22,5 | .. | 28,4 | .. | 3,5 | 47,4 | 20,9 | 30,9 | .. | .. |
| 4  Sierra Leone[c] | 22,4 | 24,3 | 0,0 | 0,0 | 16,3 | 36,2 | 49,6 | 34,6 | 1,5 | 0,0 | 10,1 | 4,9 | 16,9 | 15,8 |
| 5  Vietnam | .. | .. | .. | .. | .. | .. | .. | .. | .. | .. | .. | .. | .. | .. |
| 6  Burundi | 19,3 | .. | 1,0 | .. | 25,3 | .. | 40,4 | .. | 8,4 | .. | 5,6 | .. | 14,0 | .. |
| 7  Uganda | 11,5 | .. | 0,0 | .. | 41,0 | .. | 44,3 | .. | 0,2 | .. | 3,1 | .. | 3,1 | .. |
| 8  Nepal | 5,5 | 9,9 | 0,0 | 0,0 | 36,8 | 36,7 | 33,2 | 30,8 | 8,2 | 5,5 | 16,2 | 17,1 | 7,8 | 9,6 |
| 9  Malawi[c] | 33,9 | .. | 0,0 | .. | 30,9 | .. | 22,0 | .. | 0,3 | .. | 12,9 | .. | 20,7 | .. |
| 10  Tschad | .. | 22,6 | .. | 0,0 | .. | 33,7 | .. | 15,3 | .. | 6,6 | .. | 21,8 | .. | 9,1 |
| 11  Ruanda | 17,8 | 15,6 | 4,1 | 2,4 | 19,3 | 34,7 | 42,4 | 31,1 | 2,4 | 4,2 | 14,0 | 12,0 | 12,8 | 13,2 |
| 12  Bangladesch[c] | 10,1 | .. | 0,0 | .. | 25,5 | .. | 28,6 | .. | 3,9 | .. | 31,9 | .. | 11,3 | .. |
| 13  Madagaskar | 16,6 | 15,3 | 11,3 | 0,0 | 39,3 | 19,5 | 27,6 | 44,5 | 2,7 | 1,1 | 2,4 | 19,5 | 13,4 | 9,1 |
| 14  Guinea-Bissau | .. | .. | .. | .. | .. | .. | .. | .. | .. | .. | .. | .. | .. | .. |
| 15  Kenia[c] | 29,1 | 29,6 | 0,0 | 0,0 | 38,8 | 47,5 | 18,5 | 10,6 | 1,0 | 1,1 | 12,6 | 11,2 | 22,6 | 22,5 |
| 16  Mali | 17,9 | .. | 0,0 | .. | 36,8 | .. | 17,9 | .. | 19,5 | .. | 8,0 | .. | 11,0 | .. |
| 17  Niger | 23,8 | .. | 4,0 | .. | 18,0 | .. | 36,4 | .. | 2,6 | .. | 15,3 | .. | 14,7 | .. |
| 18  Laos, Dem. VR | .. | .. | .. | .. | .. | .. | .. | .. | .. | .. | .. | .. | .. | .. |
| 19  Burkina Faso | 17,8 | .. | 7,8 | .. | 15,9 | .. | 43,7 | .. | 4,3 | .. | 10,5 | .. | 13,6 | .. |
| 20  Indien | 18,3 | 18,7 | 0,0 | 0,0 | 42,5 | 32,1 | 22,0 | 24,9 | 0,6 | 0,4 | 16,6 | 23,9 | 11,7 | 14,4 |
| 21  Nigeria[c] | .. | .. | .. | .. | .. | .. | .. | .. | .. | .. | .. | .. | .. | .. |
| 22  Albanien | .. | .. | .. | .. | .. | .. | .. | .. | .. | .. | .. | .. | .. | .. |
| 23  Nicaragua | 7,8 | 11,3 | 8,9 | 10,9 | 37,3 | 44,3 | 25,2 | 21,1 | 10,7 | 5,8 | 10,1 | 6,5 | 24,7 | 29,8 |
| 24  Togo | 34,4 | .. | 5,8 | .. | 15,3 | .. | 32,0 | .. | −1,7 | .. | 14,2 | .. | 31,4 | .. |
| 25  Gambia | 15,5 | .. | 0,0 | .. | 3,2 | .. | 65,3 | .. | 1,5 | .. | 14,5 | .. | 24,5 | .. |
| 26  Sambia | 38,1 | .. | 0,0 | .. | 43,1 | .. | 8,3 | .. | 3,1 | .. | 7,3 | .. | 27,0 | .. |
| 27  Mongolei | .. | 48,4 | .. | 5,7 | .. | 24,9 | .. | 14,5 | .. | 0,0 | .. | 6,4 | .. | 25,7 |
| 28  Zentralafrik. Rep. | 16,1 | .. | 6,4 | .. | 20,8 | .. | 39,8 | .. | 7,8 | .. | 9,1 | .. | 16,4 | .. |
| 29  Benin | .. | .. | .. | .. | .. | .. | .. | .. | .. | .. | .. | .. | .. | .. |
| 30  Ghana[c] | 20,5 | 16,8 | 0,0 | 0,0 | 28,2 | 33,9 | 44,2 | 26,8 | 0,2 | 0,0 | 6,9 | 22,6 | 6,9 | 16,9 |
| 31  Pakistan | 13,8 | 13,9 | 0,0 | 0,0 | 33,6 | 29,1 | 34,4 | 26,3 | 0,2 | 0,5 | 17,9 | 30,2 | 16,4 | 18,4 |
| 32  Tadschikistan | .. | .. | .. | .. | .. | .. | .. | .. | .. | .. | .. | .. | .. | .. |
| 33  China[c] | .. | 36,9 | .. | 0,0 | .. | 15,3 | .. | 16,9 | .. | 0,0 | .. | 30,9 | .. | 5,2 |
| 34  Guinea | 28,1 | 14,6 | 1,0 | 0,0 | 6,4 | 27,2 | 27,9 | 47,5 | 0,7 | 0,6 | 35,8 | 10,0 | .. | 14,0 |
| 35  Mauretanien | .. | .. | .. | .. | .. | .. | .. | .. | .. | .. | .. | .. | .. | .. |
| 36  Simbabwe | 46,2 | 44,4 | 0,0 | 0,0 | 27,9 | 26,3 | 4,4 | 19,0 | 1,2 | 1,0 | 20,2 | 9,3 | 24,4 | 31,8 |
| 37  Georgien | .. | .. | .. | .. | .. | .. | .. | .. | .. | .. | .. | .. | .. | .. |
| 38  Honduras | 30,8 | .. | 0,0 | .. | 23,8 | .. | 37,2 | .. | 1,8 | .. | 6,5 | .. | 15,4 | .. |
| 39  Sri Lanka | 15,5 | 13,9 | 0,0 | 0,0 | 26,8 | 50,3 | 50,5 | 21,0 | 1,9 | 3,5 | 5,3 | 11,3 | 20,3 | 19,7 |
| 40  Côte d'Ivoire | 13,0 | .. | 5,8 | .. | 24,8 | .. | 42,8 | .. | 6,1 | .. | 7,5 | .. | 24,0 | .. |
| 41  Lesotho | 13,4 | 16,9 | 0,0 | 0,0 | 10,2 | 16,7 | 61,3 | 51,8 | 1,2 | 0,1 | 13,9 | 14,5 | 17,1 | 27,1 |
| 42  Armenien | .. | .. | .. | .. | .. | .. | .. | .. | .. | .. | .. | .. | .. | .. |
| 43  Ägypten, Arab. Rep. | 16,2 | 22,0 | 9,1 | 9,8 | 15,1 | 14,2 | 17,3 | 10,9 | 7,7 | 9,5 | 34,6 | 33,6 | 47,1 | 38,7 |
| 44  *Myanmar* | 2,9 | 16,4 | 0,0 | 0,0 | 42,3 | 33,3 | 14,9 | 15,0 | 0,0 | 0,0 | 39,9 | 35,3 | 16,1 | 8,4 |
| 45  *Jemen, Rep.* | 6,8[d] | 19,3 | 0,0[d] | 0,0 | 7,5[d] | 12,4 | 58,8[d] | 20,5 | 4,4[d] | 5,1 | 22,5[d] | 42,7 | .. | 29,9 |
| **Länder mit mittlerem Einkommen** | | | | | | | | | | | | | | |
| **Untere Einkommenskategorie** | | | | | | | | | | | | | | |
| 46  Aserbaidschan | .. | .. | .. | .. | .. | .. | .. | .. | .. | .. | .. | .. | .. | .. |
| 47  Indonesien | 78,0 | 49,3 | 0,0 | 0,0 | 8,6 | 26,4 | 7,2 | 5,2 | 1,2 | 3,2 | 4,9 | 15,9 | 22,2 | 19,4 |
| 48  Senegal | 18,4 | .. | 3,7 | .. | 26,0 | .. | 34,2 | .. | 11,4 | .. | 6,3 | .. | 24,9 | .. |
| 49  Bolivien | .. | 6,0 | .. | 8,3 | .. | 38,5 | .. | 7,1 | .. | 10,1 | .. | 30,1 | .. | 15,6 |
| 50  Kamerun | 21,7 | 19,9 | 8,0 | 0,0 | 18,0 | 19,9 | 38,4 | 19,6 | 5,9 | 10,5 | 7,9 | 30,2 | 16,2 | 16,3 |
| 51  Mazedonien | .. | .. | .. | .. | .. | .. | .. | .. | .. | .. | .. | .. | .. | .. |
| 52  Kirgisistan | .. | .. | .. | .. | .. | .. | .. | .. | .. | .. | .. | .. | .. | .. |
| 53  Philippinen[c] | 21,1 | 29,1 | 0,0 | 0,0 | 41,9 | 27,5 | 24,2 | 30,1 | 2,2 | 2,8 | 10,6 | 10,5 | 14,0 | 17,1 |
| 54  Kongo | 48,8 | .. | 4,4 | .. | 7,6 | .. | 13,0 | .. | 2,7 | .. | 23,5 | .. | 39,1 | .. |
| 55  Usbekistan | .. | .. | .. | .. | .. | .. | .. | .. | .. | .. | .. | .. | .. | .. |
| 56  Marokko | 19,2 | .. | 5,4 | .. | 34,7 | .. | 20,8 | .. | 7,4 | .. | 12,5 | .. | 24,0 | .. |
| 57  Moldau | .. | .. | .. | .. | .. | .. | .. | .. | .. | .. | .. | .. | .. | .. |
| 58  Guatemala | 11,2 | .. | 11,2 | .. | 26,4 | .. | 30,2 | .. | 11,1 | .. | 9,9 | .. | 11,3 | .. |
| 59  Papua-Neuguinea[c] | 60,5 | 49,6 | 0,0 | .. | 12,1 | 10,0 | 16,4 | 24,1 | 0,6 | 1,9 | 10,5 | 14,3 | 23,5 | 25,4 |
| 60  Bulgarien | .. | 12,7 | .. | 29,8 | .. | 18,3 | .. | 9,1 | .. | 5,5 | .. | 24,6 | .. | 35,6 |
| 61  Rumänien | .. | 35,6 | .. | 29,5 | .. | 19,2 | .. | 3,6 | .. | 3,7 | .. | 8,4 | .. | 36,5 |
| 62  Jordanien[c] | 13,2 | 9,7 | 0,0 | 0,0 | 7,3 | 18,6 | 47,8 | 35,9 | 9,5 | 9,5 | 22,2 | 26,2 | .. | 37,4 |
| 63  Ecuador[c] | 44,6 | .. | 0,0 | .. | 17,4 | .. | 30,8 | .. | 3,0 | .. | 4,3 | .. | 13,5 | 15,9 |
| 64  Dominikanische Rep. | 19,3 | .. | 3,9 | .. | 21,6 | .. | 31,2 | .. | 1,7 | .. | 22,4 | .. | 14,7 | .. |
| 65  El Salvador[c] | 23,2 | 20,4 | 0,0 | 0,0 | 29,8 | 49,5 | 37,0 | 17,0 | 5,6 | 6,7 | 4,5 | 6,5 | 11,7 | 9,7 |
| 66  Litauen | .. | 27,2 | .. | 27,6 | .. | 31,2 | .. | 3,9 | .. | 0,4 | .. | 9,7 | .. | 21,4 |
| 67  Kolumbien | 24,9 | .. | 11,3 | .. | 22,6 | .. | 20,6 | .. | 6,8 | .. | 13,9 | .. | 12,1 | .. |
| 68  Jamaika | 33,7 | .. | 3,7 | .. | 49,3 | .. | 3,1 | .. | 6,3 | .. | 4,0 | .. | 31,9 | .. |
| 69  Peru[c] | 25,9 | 18,3 | 0,0 | 0,0 | 37,2 | 52,3 | 27,1 | 11,0 | 2,2 | 4,6 | 7,7 | 13,8 | 17,9 | 10,8 |
| 70  Paraguay | 15,2 | 10,3 | 13,1 | 0,0 | 17,7 | 35,8 | 24,8 | 12,5 | 20,5 | 5,9 | 8,8 | 35,5 | 10,6 | 14,1 |
| 71  Kasachstan | .. | .. | .. | .. | .. | .. | .. | .. | .. | .. | .. | .. | .. | .. |
| 72  Tunesien | 14,6 | 12,6 | 9,3 | 12,4 | 23,9 | 23,7 | 24,7 | 28,5 | 5,6 | 4,5 | 22,0 | 18,3 | 32,3 | 29,9 |

*Anmerkung:* Zur Vergleichbarkeit der Daten und ihrer Abgrenzung vgl. Technische Erläuterungen. Kursive Zahlen gelten für andere als die angegebenen Jahre.

|  |  | Prozentualer Anteil an den laufenden Gesamteinnahmen ||||||||||||
|  |  | Steuereinnahmen |||||||||| Nicht-steuerliche Einnahmen || Laufende Gesamt-einnahmen (in % des BSP) ||
|  |  | Einkommen, Gewinne u. Kapital-gewinne || Sozialver-sicherung || Güter und Dienst-leistungen || Außenhandel u. internatio-nale Trans-aktionen || Sonstige[a] || | | | |
|  |  | 1980 | 1993 | 1980 | 1993 | 1980 | 1993 | 1980 | 1993 | 1980 | 1993 | 1980 | 1993 | 1980 | 1993 |
|---|---|---|---|---|---|---|---|---|---|---|---|---|---|---|---|
| 73 | Algerien | .. | .. | .. | .. | .. | .. | .. | .. | .. | .. | .. | .. | .. | .. |
| 74 | Namibia | .. | 28,6 | .. | 0,0 | .. | 28,7 | .. | 30,5 | .. | 1,3 | .. | 10,9 | .. | 34,9 |
| 75 | Slowakei | .. | .. | .. | .. | .. | .. | .. | .. | .. | .. | .. | .. | .. | .. |
| 76 | Lettland | .. | .. | .. | .. | .. | .. | .. | .. | .. | .. | .. | .. | .. | .. |
| 77 | Thailand | 17,7 | 27,9 | 0,2 | 1,1 | 46,0 | 39,8 | 26,2 | 18,2 | 1,8 | 3,0 | 8,1 | 9,9 | 14,4 | 18,3 |
| 78 | Costa Rica | 13,7 | 9,7 | 28,9 | 27,7 | 30,4 | 33,2 | 18,9 | 15,0 | 2,3 | 1,2 | 5,8 | 13,2 | 18,7 | 26,5 |
| 79 | Ukraine | .. | .. | .. | .. | .. | .. | .. | .. | .. | .. | .. | .. | .. | .. |
| 80 | Polen | .. | .. | .. | .. | .. | .. | .. | .. | .. | .. | .. | .. | .. | .. |
| 81 | Russische Föderation | .. | .. | .. | .. | .. | .. | .. | .. | .. | .. | .. | .. | .. | .. |
| 82 | Panama | 21,2 | 16,9 | 21,2 | 19,0 | 16,7 | 15,7 | 10,3 | 9,8 | 3,8 | 2,9 | 26,7 | 35,7 | 27,7 | 32,7 |
| 83 | Tschechische Rep. | .. | 18,8 | .. | 34,9 | .. | 31,6 | .. | 3,9 | .. | 3,7 | .. | 7,0 | .. | 41,9 |
| 84 | Botsuana[c] | 33,3 | 29,0 | 0,0 | 0,0 | 0,7 | 3,0 | 39,1 | 22,3 | 0,1 | 0,1 | 26,7 | 45,6 | 36,6 | 56,1 |
| 85 | Türkei | 49,1 | 35,6 | 0,0 | 0,0 | 19,7 | 32,4 | 6,0 | 4,3 | 4,6 | 2,5 | 20,7 | 25,3 | 22,3 | 18,7 |
| 86 | *Iran, Islam. Rep.* | 3,9 | 12,4 | 7,4 | 6,0 | 3,6 | 5,4 | 11,7 | 15,0 | 5,3 | 4,0 | 68,2 | 57,2 | 21,4 | 18,3 |
| | **Obere Einkommenskategorie** | | | | | | | | | | | | | | |
| 87 | Venezuela | 67,4 | 51,8 | 4,6 | 6,6 | 4,2 | 12,5 | 6,8 | 10,5 | 1,8 | 0,7 | 15,2 | 17,8 | 22,2 | 18,0 |
| 88 | Weißrußland | .. | 12,4 | .. | 27,7 | .. | 31,6 | .. | 17,1 | .. | 8,2 | .. | 3,0 | .. | 30,0 |
| 89 | Brasilien | 10,7 | 16,5 | 25,0 | 28,6 | 32,1 | 17,6 | 7,1 | 1,7 | 3,6 | 5,5 | 21,4 | 30,0 | 23,2 | 26,6 |
| 90 | Südafrika | 55,8 | 52,7 | 1,1 | 1,7 | 23,8 | 33,2 | 3,3 | 3,8 | 3,2 | 2,5 | 12,7 | 6,0 | 24,6 | 28,3 |
| 91 | Mauritius | 15,3 | 11,8 | 0,0 | 5,4 | 17,2 | 23,8 | 51,6 | 41,4 | 4,3 | 6,5 | 11,6 | 11,1 | 21,0 | 22,6 |
| 92 | Estland | .. | 16,5 | .. | 37,7 | .. | 39,1 | .. | 1,9 | .. | 0,5 | .. | 4,3 | .. | 27,6 |
| 93 | Malaysia | 37,5 | 34,5 | 0,4 | 0,8 | 16,8 | 22,0 | 33,0 | 13,8 | 1,8 | 3,5 | 10,5 | 25,4 | 27,3 | 28,7 |
| 94 | Chile | 17,6 | 19,3 | 17,4 | 6,6 | 35,8 | 45,8 | 4,3 | 9,9 | 4,9 | 5,9 | 19,9 | 12,4 | 33,2 | 24,4 |
| 95 | Ungarn | *18,5* | .. | *15,3* | .. | *38,3* | .. | *6,9* | .. | *4,8* | .. | *16,1* | .. | *55,5* | .. |
| 96 | Mexiko | 36,7 | .. | 14,1 | .. | 28,9 | .. | 27,6 | .. | −12,6 | .. | 5,3 | .. | 15,6 | .. |
| 97 | Trinidad und Tobago | 72,5 | .. | 0,0 | .. | 3,9 | .. | 6,7 | .. | 0,6 | .. | 16,1 | .. | 44,7 | .. |
| 98 | Uruguay | 10,9 | *6,9* | 23,4 | *30,2* | 43,3 | *35,8* | 14,2 | *7,1* | 2,7 | *14,8* | 5,5 | *5,2* | 23,1 | *29,9* |
| 99 | Oman | 26,0 | 16,8 | 0,0 | 0,0 | 0,5 | 1,0 | 1,4 | 3,2 | 0,3 | 0,8 | 71,8 | 78,1 | 42,9 | 46,1 |
| 100 | Gabun[c] | 39,9 | *27,6* | 0,0 | *0,8* | 4,8 | *23,7* | 19,7 | *17,4* | 2,0 | *1,2* | 33,7 | *29,3* | 39,4 | *32,0* |
| 101 | Slowenien | .. | .. | .. | .. | .. | .. | .. | .. | .. | .. | .. | .. | .. | .. |
| 102 | Puerto Rico | .. | .. | .. | .. | .. | .. | .. | .. | .. | .. | .. | .. | .. | .. |
| 103 | Argentinien | .. | .. | .. | .. | .. | .. | .. | .. | .. | .. | .. | .. | 15,8 | .. |
| 104 | Griechenland | 17,4 | *29,8* | 25,8 | *1,5* | 31,6 | *68,3* | 5,0 | *0,1* | 9,6 | *−5,9* | 10,6 | *6,2* | 29,7 | *24,3* |
| 105 | Korea, Rep. | 22,3 | 31,4 | 1,1 | 8,3 | 45,9 | 34,2 | 15,0 | 5,8 | 3,2 | 7,6 | 12,5 | 12,6 | 18,0 | 18,9 |
| 106 | Portugal | 19,4 | *26,2* | 26,0 | *24,3* | 33,7 | *34,3* | 5,1 | *0,3* | 8,7 | *2,8* | 7,1 | *12,2* | 26,8 | *34,3* |
| 107 | *Saudi-Arabien* | .. | .. | .. | .. | .. | .. | .. | .. | .. | .. | .. | .. | .. | .. |
| 108 | *Turkmenistan* | .. | .. | .. | .. | .. | .. | .. | .. | .. | .. | .. | .. | .. | .. |
| | **Länder mit niedr. u. mittl. Eink.** | | | | | | | | | | | | | | |
| | Afrika südlich der Sahara | | | | | | | | | | | | | | |
| | Ostasien u. Pazifik | | | | | | | | | | | | | | |
| | Südasien | | | | | | | | | | | | | | |
| | Europa u. Zentralasien | | | | | | | | | | | | | | |
| | Naher Osten u. Nordafrika | | | | | | | | | | | | | | |
| | Lateinamerika u. Karibik | | | | | | | | | | | | | | |
| | **Länder mit gravierenden Schuldenproblemen** | | | | | | | | | | | | | | |
| | **Länder mit hohem Einkommen** | | | | | | | | | | | | | | |
| 109 | Neuseeland | 67,3 | 59,1 | 0,0 | 0,0 | 18,0 | 27,6 | 3,2 | 2,2 | 1,3 | 2,3 | 10,3 | 8,9 | 34,9 | 34,2 |
| 110 | Irland | 34,3 | *37,9* | 13,4 | *14,8* | 30,1 | *30,5* | 9,2 | *6,9* | 1,9 | *3,1* | 11,1 | *6,7* | 35,8 | *42,0* |
| 111 | Spanien | 23,2 | *32,2* | 48,0 | *37,9* | 12,6 | *21,7* | 3,8 | *1,1* | 4,4 | *0,4* | 8,0 | *6,8* | 24,4 | *31,4* |
| 112 | †Israel | 40,7 | 37,2 | 10,1 | 6,7 | 24,5 | 43,5 | 3,6 | 1,0 | 7,0 | 4,1 | 14,1 | 15,7 | 52,0 | 38,3 |
| 113 | Australien | 60,8 | *63,8* | 0,0 | 0,0 | 23,4 | *19,7* | 5,4 | *3,5* | 0,3 | *1,4* | 10,1 | *11,6* | 22,1 | *25,3* |
| 114 | †Hongkong | .. | .. | .. | .. | .. | .. | .. | .. | .. | .. | .. | .. | .. | .. |
| 115 | Großbritannien | 37,7 | 35,3 | 15,6 | 16,4 | 27,8 | 32,1 | 0,1 | 0,1 | 5,7 | 7,6 | 13,1 | 8,5 | 35,2 | *36,2* |
| 116 | Finnland | 28,5 | 32,1 | 9,7 | 9,4 | 49,1 | 44,3 | 2,0 | 0,9 | 3,0 | 3,0 | 7,7 | 10,2 | 27,6 | 34,1 |
| 117 | †Kuwait | 1,9 | 0,7 | 0,0 | 0,0 | 0,2 | 0,0 | 0,8 | 2,7 | 0,1 | 0,1 | 97,0 | 96,5 | 76,4 | 28,3 |
| 118 | Italien | 30,0 | 37,6 | 34,7 | 30,5 | 24,7 | 27,1 | 0,1 | 0,0 | 2,5 | 2,6 | 8,1 | 2,2 | 31,2 | 41,8 |
| 119 | †Singapur | 32,5 | *30,0* | 0,0 | 0,0 | 15,8 | *16,7* | 6,9 | *2,0* | 13,9 | *15,1* | 30,9 | *36,1* | 26,3 | *26,6* |
| 120 | Kanada | 52,6 | *52,7* | 10,4 | *16,7* | 16,6 | *14,3* | 7,0 | *2,9* | −0,2 | *0,0* | 13,6 | *10,0* | 19,2 | *22,1* |
| 121 | Niederlande | 29,6 | 30,7 | 36,3 | 36,8 | 20,8 | 21,0 | 0,0 | 0,0 | 2,7 | 3,2 | 10,6 | 8,3 | 49,3 | 50,7 |
| 122 | †Vereinigte Arab. Emirate[c] | .. | .. | .. | .. | .. | .. | .. | .. | .. | .. | .. | .. | .. | .. |
| 123 | Belgien | 38,5 | *33,1* | 30,6 | *36,8* | 24,2 | *23,9* | 0,0 | 0,0 | 2,5 | *2,6* | 4,3 | *3,6* | 44,0 | *43,9* |
| 124 | Frankreich | 17,7 | *17,3* | 41,2 | *44,5* | 30,9 | *27,0* | 0,1 | *0,0* | 2,7 | *4,1* | 7,4 | *7,1* | 39,4 | *40,7* |
| 125 | Österreich | 21,1 | *20,1* | 35,0 | *36,7* | 25,6 | *24,5* | 1,6 | *1,4* | 9,1 | *8,5* | 7,7 | *8,8* | 34,9 | *36,6* |
| 126 | Deutschland[e] | 18,7 | 15,0 | 54,2 | 46,2 | 23,1 | 24,5 | 0,0 | 0,0 | 0,1 | 7,9 | 3,9 | 6,4 | .. | 31,6 |
| 127 | Schweden | 18,2 | 5,8 | 33,2 | 36,7 | 29,1 | 32,7 | 1,2 | 0,9 | 4,3 | 6,7 | 14,1 | 17,2 | 35,2 | 40,1 |
| 128 | Vereinigte Staaten | 56,6 | 50,7 | 28,2 | 34,2 | 4,4 | 3,8 | 1,4 | 1,6 | 1,2 | 1,0 | 8,2 | 8,7 | 19,9 | 19,7 |
| 129 | Norwegen | 27,4 | .. | 22,3 | .. | 39,6 | .. | 0,6 | .. | 1,1 | .. | 8,9 | .. | 42,4 | .. |
| 130 | Dänemark | 35,9 | 37,8 | 2,3 | 3,8 | 46,9 | 38,3 | 0,1 | 0,1 | 3,3 | 4,1 | 11,6 | 16,0 | 36,4 | 42,1 |
| 131 | *Japan*[c] | 70,8 | .. | 0,0 | .. | 20,8 | .. | 2,4 | .. | 0,8 | .. | 5,2 | .. | 11,6 | .. |
| 132 | Schweiz | 14,0 | .. | 48,0 | .. | 19,3 | .. | 9,5 | .. | 2,0 | .. | 7,3 | .. | 18,9 | .. |
| | **Gesamte Welt** | | | | | | | | | | | | | | |

[a] Vgl. Technische Erläuterungen. [b] Einschl. Eritrea. [c] Die Daten beziehen sich nur auf Haushaltsansätze. [d] Die Daten beziehen sich nur auf die ehemalige Arabische Republik Jemen. [e] Die Angaben vor 1991 beziehen sich auf die Bundesrepublik Deutschland vor der Vereinigung.

## Tabelle 12  Geldbestände und Zinssätze

| | | Geldbestände in weiter Abgrenzung | | | | Durchschnittliche jährliche Inflationsrate (BIP-Deflator) | Nominale Zinssätze der Banken (Jahresdurchschnitte in %) | | | |
|---|---|---|---|---|---|---|---|---|---|---|
| | | Durchschnittliche jährliche nominale Wachstumsrate (in %) | | Durchschnittliche Bestände in % des BIP | | | | Einlagenzins | | Kreditzins |
| | | 1970–80 | 1980–93 | 1970 | 1980 | 1993 | 1980–93 | 1980 | 1993 | 1980 | 1993 |
| **Länder mit niedrigem Einkommen** | | | | | | | | | | | |
| **Ohne China und Indien** | | | | | | | | | | | |
| 1 | Mosambik | .. | .. | .. | .. | .. | 42,3 | .. | .. | .. | .. |
| 2 | Tansania | 22,6 | .. | 22,9 | 37,2 | 33,2 | 24,3 | 4,0 | .. | 11,5 | 31,0 |
| 3 | Äthiopien a | 14,4 | 13,0 | .. | .. | .. | 2,8 | .. | 11,5 | .. | 14,0 |
| 4 | Sierra Leone | 19,9 | 57,2 | 12,6 | 20,6 | 11,7 | 61,6 | 9,2 | 27,0 | 11,0 | 62,8 |
| 5 | Vietnam | .. | .. | .. | .. | .. | .. | .. | .. | .. | .. |
| 6 | Burundi | 20,1 | .. | 9,1 | 13,5 | .. | 4,6 | 2,5 | .. | 12,0 | .. |
| 7 | Uganda | 28,1 | .. | 16,2 | 12,7 | 8,3 | .. | 6,8 | 16,3 | 10,8 | .. |
| 8 | Nepal | 19,9 | 19,9 | 10,6 | 21,9 | .. | 11,5 | 4,0 | .. | 14,0 | .. |
| 9 | Malawi | 14,7 | 18,6 | 21,7 | 20,5 | 21,8 | 15,5 | 7,9 | 21,8 | 16,7 | 29,5 |
| 10 | Tschad | 15,2 | 5,6 | 9,4 | 20,0 | 16,8 | 0,7 | 5,5 | 7,5 | 11,0 | 16,3 |
| 11 | Ruanda | 21,5 | 8,1 | 10,7 | 13,6 | 17,8 | 3,4 | 6,3 | 5,0 | 13,5 | 15,0 |
| 12 | Bangladesch | .. | 18,0 | .. | 18,4 | 33,1 | 8,6 | 8,3 | 8,2 | 11,3 | 15,0 |
| 13 | Madagaskar | 13,8 | 16,4 | 17,3 | 22,3 | 22,5 | 16,1 | 5,6 | .. | 9,5 | .. |
| 14 | Guinea-Bissau | .. | 59,8 | .. | .. | 12,5 | 58,7 | .. | 53,9 | .. | 63,6 |
| 15 | Kenia | 19,8 | 16,4 | 31,2 | 36,8 | 45,7 | 9,9 | 5,8 | 13,7 | 10,6 | 18,8 |
| 16 | Mali | 18,5 | 7,7 | 13,8 | 17,9 | 21,7 | 4,4 | 6,2 | 7,8 | 14,5 | 16,8 |
| 17 | Niger | 23,9 | 3,9 | 5,2 | 13,3 | 19,2 | 1,3 | 6,2 | 7,8 | 14,5 | 16,8 |
| 18 | Laos, Dem. VR | .. | .. | .. | .. | .. | .. | 7,2 | 14,0 | 4,8 | 15,0 |
| 19 | Burkina Faso | 21,5 | 9,8 | 9,3 | 15,9 | 21,8 | 3,3 | 6,2 | 7,8 | 14,5 | 16,8 |
| 20 | Indien | 17,5 | 16,7 | 23,6 | 36,2 | 44,1 | 8,7 | .. | .. | 16,5 | 16,3 |
| 21 | Nigeria | 34,3 | 18,0 | 9,2 | 23,8 | .. | 20,6 | 5,3 | 23,2 | 8,4 | 31,7 |
| 22 | Albanien | .. | .. | .. | .. | .. | 5,6 | 2,0 | .. | 2,0 | .. |
| 23 | Nicaragua | 19,3 | .. | 14,1 | 24,5 | .. | 664,6 | 7,5 | .. | .. | .. |
| 24 | Togo | 22,2 | 3,2 | 17,2 | 29,0 | 34,9 | 3,7 | 6,2 | 7,8 | 14,5 | 17,5 |
| 25 | Gambia | 18,3 | 19,0 | 15,6 | 21,1 | 23,0 | 16,2 | 5,0 | 13,0 | 15,0 | 26,1 |
| 26 | Sambia | 10,7 | .. | 29,9 | 32,6 | .. | 58,9 | 7,0 | 48,5 | 9,5 | 113,3 |
| 27 | Mongolei | .. | .. | .. | .. | .. | 13,8 | .. | .. | .. | .. |
| 28 | Zentralafrik. Rep. | 15,8 | 3,5 | 16,3 | 18,9 | 17,4 | 4,2 | 5,5 | 7,5 | 10,5 | 16,3 |
| 29 | Benin | 19,0 | 6,3 | 10,1 | 17,1 | 28,8 | 1,4 | 6,2 | 7,8 | 14,5 | 16,8 |
| 30 | Ghana | 36,4 | 42,0 | 18,0 | 16,2 | 15,1 | 37,0 | 11,5 | 23,6 | 19,0 | .. |
| 31 | Pakistan | 17,1 | 14,2 | 41,2 | 38,7 | 41,9 | 7,4 | .. | .. | .. | .. |
| 32 | Tadschikistan | .. | .. | .. | .. | .. | 26,0 | .. | .. | .. | .. |
| 33 | China | .. | 25,7 | .. | 33,5 | 79,7 | 7,0 | 5,4 | .. | 5,0 | .. |
| 34 | Guinea | .. | .. | .. | .. | .. | .. | .. | 19,8 | .. | 24,5 |
| 35 | Mauretanien | 21,5 | 10,9 | 9,5 | 21,3 | 24,0 | 8,2 | 5,5 | 5,0 | 12,0 | 10,0 |
| 36 | Simbabwe | .. | .. | .. | .. | 35,5 | 14,4 | 3,5 | 29,5 | 17,5 | 36,3 |
| 37 | Georgien | .. | .. | .. | .. | .. | 40,7 | .. | .. | .. | .. |
| 38 | Honduras | 16,0 | 14,3 | 19,5 | 22,6 | 31,2 | 8,2 | 7,0 | 11,6 | 18,5 | 22,1 |
| 39 | Sri Lanka | 23,1 | 15,6 | 22,0 | 35,3 | 36,3 | 11,1 | 14,5 | 18,4 | 19,0 | 16,4 |
| 40 | Côte d'Ivoire | 22,6 | 2,5 | 24,7 | 26,7 | 31,5 | 1,5 | 6,2 | 7,8 | 14,5 | 16,8 |
| 41 | Lesotho | .. | 16,3 | .. | .. | 33,5 | 13,8 | .. | 8,1 | 11,0 | 15,8 |
| 42 | Armenien | .. | .. | .. | .. | .. | 26,9 | .. | .. | .. | .. |
| 43 | Ägypten, Arab. Rep. | 26,0 | 21,4 | 33,5 | 52,2 | 95,6 | 13,6 | 8,3 | .. | 13,3 | .. |
| 44 | *Myanmar* | 15,1 | 15,8 | 23,9 | 23,9 | 27,9 | 16,5 | 1,5 | .. | 8,0 | .. |
| 45 | *Jemen, Rep.* | .. | 18,7 | .. | .. | .. | .. | 9,3 | .. | .. | .. |
| **Länder mit mittlerem Einkommen** | | | | | | | | | | | |
| **Untere Einkommenskategorie** | | | | | | | | | | | |
| 46 | Aserbaidschan | .. | .. | .. | .. | .. | 28,2 | .. | .. | .. | .. |
| 47 | Indonesien | 35,9 | 26,3 | 7,8 | 13,2 | 48,2 | 8,5 | 6,0 | 20,4 | .. | 20,2 |
| 48 | Senegal | 19,6 | 4,7 | 14,0 | 26,6 | 22,1 | 4,9 | 6,2 | 7,8 | 14,5 | 16,8 |
| 49 | Bolivien | 29,4 | 207,1 | 14,8 | 16,2 | 39,0 | 187,1 | 18,0 | 22,2 | 28,0 | 53,9 |
| 50 | Kamerun | 22,5 | 3,1 | 14,2 | 19,2 | 19,5 | 4,0 | 7,5 | 8,0 | 13,0 | 16,3 |
| 51 | Mazedonien | .. | .. | .. | .. | .. | .. | .. | .. | .. | .. |
| 52 | Kirgisistan | .. | .. | .. | .. | .. | 28,6 | .. | .. | .. | .. |
| 53 | Philippinen | 19,2 | 17,4 | 29,9 | 26,4 | 37,9 | 13,6 | 12,3 | 9,6 | 14,0 | 14,7 |
| 54 | Kongo | 15,4 | 4,9 | 17,1 | 14,8 | 21,7 | −0,6 | 6,5 | .. | 11,0 | .. |
| 55 | Usbekistan | .. | .. | .. | .. | .. | 24,5 | .. | .. | .. | .. |
| 56 | Marokko | 18,7 | 13,7 | 31,1 | 42,4 | 64,5 | 6,6 | 4,9 | 8,5 | 7,0 | 9,0 |
| 57 | Moldau | .. | .. | .. | .. | .. | 32,4 | .. | .. | .. | .. |
| 58 | Guatemala | 18,6 | 19,3 | 17,1 | 20,5 | 24,0 | 16,8 | 9,0 | 12,6 | 11,0 | 24,7 |
| 59 | Papua-Neuguinea | .. | 8,7 | .. | 32,9 | 31,3 | 4,8 | 6,9 | 5,0 | 11,2 | 11,3 |
| 60 | Bulgarien | .. | .. | .. | .. | .. | 15,9 | .. | 54,5 | .. | 64,1 |
| 61 | Rumänien | .. | 18,8 | .. | 33,4 | 16,0 | 22,4 | .. | 3,3 | .. | 9,0 |
| 62 | Jordanien | 24,2 | 12,4 | .. | .. | 122,1 | .. | .. | 3,3 | .. | 9,0 |
| 63 | Ecuador | 24,2 | 38,8 | 20,0 | 20,2 | .. | 40,4 | .. | 33,8 | 9,0 | 47,0 |
| 64 | Dominikanische Rep. | 18,3 | 29,3 | 17,9 | 22,0 | 25,5 | 25,0 | .. | .. | .. | .. |
| 65 | El Salvador | 17,3 | 18,5 | 22,5 | 28,1 | 32,2 | 17,0 | .. | 15,3 | .. | 19,4 |
| 66 | Litauen | .. | .. | .. | .. | .. | 35,2 | .. | .. | .. | .. |
| 67 | Kolumbien | 32,7 | .. | 20,0 | 23,7 | 30,1 | 24,9 | .. | 25,8 | .. | 35,8 |
| 68 | Jamaika | 15,7 | 27,3 | 31,4 | 35,4 | 48,3 | 22,4 | 10,3 | 36,2 | 13,0 | 50,1 |
| 69 | Peru | 33,6 | 296,6 | 17,8 | 16,4 | .. | 316,1 | .. | 44,1 | .. | 97,4 |
| 70 | Paraguay | 27,0 | 36,9 | 7,7 | 10,1 | 24,7 | 25,0 | .. | 22,1 | .. | 30,8 |
| 71 | Kasachstan | .. | .. | .. | .. | .. | 35,2 | .. | .. | .. | .. |
| 72 | Tunesien | 20,3 | 15,5 | 33,0 | 42,1 | .. | 7,1 | 2,5 | 7,4 | 7,3 | 9,9 |

*Anmerkung:* Zur Vergleichbarkeit der Daten und ihrer Abgrenzung vgl. Technische Erläuterungen. Kursive Zahlen gelten für andere als die angegebenen Jahre.

|  |  | Geldbestände in weiter Abgrenzung ||| Durchschnittliche jährliche Inflationsrate (BIP-Deflator) | Nominale Zinssätze der Banken (Jahresdurchschnitte in %) ||||
|---|---|---|---|---|---|---|---|---|---|
|  |  | Durchschnittliche jährliche nominale Wachstumsrate (in %) || Durchschnittliche Bestände in % des BIP ||| Einlagenzins || Kreditzins ||
|  |  | 1970–80 | 1980–93 | 1970 | 1980 | 1993 | 1980–93 | 1980 | 1993 | 1980 | 1993 |
| 73 | Algerien | 24,1 | .. | 52,6 | 58,5 | .. | 13,2 | .. | .. | .. | .. |
| 74 | Namibia | .. | .. | .. | .. | .. | 11,9 | .. | 9,6 | .. | 18,0 |
| 75 | Slowakei | .. | .. | .. | .. | .. | .. | .. | 8,0 | .. | 14,4 |
| 76 | Lettland | .. | .. | .. | .. | .. | 23,8 | .. | .. | .. | .. |
| 77 | Thailand | 19,1 | 19,2 | 29,7 | 37,1 | 77,3 | 4,3 | 12,0 | .. | 18,0 | .. |
| 78 | Costa Rica | 30,6 | 25,5 | 18,9 | 38,8 | 37,1 | 22,1 | .. | 16,9 | .. | 30,0 |
| 79 | Ukraine | .. | .. | .. | .. | .. | 37,2 | .. | .. | .. | .. |
| 80 | Polen | .. | 64,1 | .. | 57,0 | 31,1 | 69,3 | .. | 34,0 | 8,0 | 35,3 |
| 81 | Russische Föderation | .. | .. | .. | .. | .. | 35,4 | .. | .. | .. | .. |
| 82 | Panama | .. | .. | .. | .. | .. | 2,1 | .. | 5,9 | .. | 10,1 |
| 83 | Tschechische Rep. | .. | .. | .. | .. | .. | .. | .. | 7,0 | .. | 14,1 |
| 84 | Botsuana | .. | 25,2 | .. | 28,2 | 34,2 | 12,3 | 5,0 | 13,5 | 8,5 | 14,9 |
| 85 | Türkei | 32,9 | 60,6 | 27,9 | 17,2 | 21,2 | 53,5 | 8,0 | 64,6 | 25,7 | .. |
| 86 | *Iran, Islam. Rep.* | 33,2 | 18,4 | 26,1 | 54,4 | 39,1 | 17,1 | .. | .. | .. | .. |
| **Obere Einkommenskategorie** ||||||||||||
| 87 | Venezuela | 26,4 | 22,7 | 24,1 | 43,0 | 32,7 | 23,9 | .. | 53,7 | .. | 48,9 |
| 88 | Weißrußland | .. | .. | .. | .. | .. | 30,9 | .. | .. | .. | .. |
| 89 | Brasilien | 52,7 | .. | 23,0 | 18,4 | .. | 423,4 | 115,0 | 3.293,5 | .. | .. |
| 90 | Südafrika | 15,6 | *16,6* | 59,9 | 50,1 | *56,2* | 14,7 | 5,5 | *13,8* | 9,5 | 16,2 |
| 91 | Mauritius | 25,9 | 21,6 | 32,5 | 41,1 | 69,3 | 8,8 | .. | 8,4 | .. | 16,6 |
| 92 | Estland | .. | .. | .. | .. | .. | 29,8 | .. | .. | .. | .. |
| 93 | Malaysia | 25,2 | *12,6* | 34,4 | 69,8 | 107,2 | 2,2 | 6,2 | *7,2* | 7,8 | *8,1* |
| 94 | Chile | 194,2 | 29,1 | 12,1 | 21,0 | 36,9 | 20,1 | 37,7 | 18,2 | 47,1 | 24,3 |
| 95 | Ungarn | .. | .. | .. | .. | .. | 12,8 | 3,0 | 13,4 | 9,0 | 25,4 |
| 96 | Mexiko | 26,6 | 57,8 | 26,9 | 27,5 | 31,9 | 57,9 | 20,6 | 15,5 | 28,1 | .. |
| 97 | Trinidad und Tobago | 27,1 | 5,5 | 28,2 | 30,5 | 49,7 | 4,8 | .. | 7,1 | 10,0 | 15,5 |
| 98 | Uruguay | 80,8 | 70,1 | 18,5 | 31,2 | 37,2 | 66,7 | 50,3 | 39,4 | 66,6 | 97,3 |
| 99 | Oman | *29,4* | 9,6 | .. | 13,8 | 28,8 | −2,3 | .. | 4,2 | .. | 8,5 |
| 100 | Gabun | 31,3 | 3,1 | 14,8 | 15,3 | 15,6 | 1,5 | 7,5 | *8,8* | 12,5 | *12,5* |
| 101 | Slowenien | .. | .. | .. | .. | .. | .. | .. | .. | .. | .. |
| 102 | Puerto Rico | .. | .. | .. | .. | .. | 3,2 | .. | .. | .. | .. |
| 103 | Argentinien | 143,4 | 356,7 | 21,6 | 19,0 | 15,0 | 374,3 | 79,6 | 11,3 | 86,9 | 6,3 |
| 104 | Griechenland | 23,9 | *22,3* | 42,9 | 61,6 | .. | 17,3 | 14,5 | 19,3 | 21,3 | 28,6 |
| 105 | Korea, Rep. | 30,4 | 21,9 | 31,6 | 31,2 | 62,7 | 6,3 | 19,5 | 8,6 | 18,0 | 8,6 |
| 106 | Portugal | 20,2 | 18,5 | 77,0 | 69,9 | 73,6 | 16,4 | 19,0 | 11,1 | 18,8 | 16,5 |
| 107 | *Saudi-Arabien* | 43,7 | 7,1 | 13,3 | 13,8 | .. | −2,1 | .. | .. | .. | .. |
| 108 | *Turkmenistan* | .. | .. | .. | .. | .. | 16,5 | .. | .. | .. | .. |
| **Länder mit niedr. u. mittl. Eink.** ||||||||||||
|   Afrika südlich der Sahara ||||||||||||
|   Ostasien u. Pazifik ||||||||||||
|   Südasien ||||||||||||
|   Europa u. Zentralasien ||||||||||||
|   Naher Osten u. Nordafrika ||||||||||||
|   Lateinamerika u. Karibik ||||||||||||
| **Länder mit gravierenden Schuldenproblemen** ||||||||||||
| **Länder mit hohem Einkommen** ||||||||||||
| 109 | Neuseeland | 15,1 | .. | 51,4 | 51,0 | .. | 8,5 | .. | 6,2 | 12,6 | 10,3 |
| 110 | Irland | 19,1 | 7,4 | 60,9 | 55,2 | 48,3 | 4,8 | 12,0 | 2,3 | 16,0 | *10,6* |
| 111 | Spanien | 20,1 | 11,6 | 69,5 | 75,4 | 77,7 | 8,4 | 13,1 | 9,3 | 16,9 | 12,8 |
| 112 | †Israel | 35,2 | 78,6 | 45,1 | 14,7 | 62,2 | 70,4 | .. | 10,4 | 176,9 | 16,4 |
| 113 | Australien | 16,8 | *11,5* | 43,6 | 46,5 | .. | 6,1 | 8,6 | .. | 10,6 | *12,0* |
| 114 | †Hongkong | .. | .. | .. | 69,5 | .. | 7,9 | .. | .. | .. | .. |
| 115 | Großbritannien | 15,2 | .. | 49,2 | 46,0 | .. | 5,6 | 14,1 | 3,8 | 16,2 | 5,9 |
| 116 | Finnland | 15,4 | 11,4 | 39,8 | 39,8 | 61,7 | 5,8 | .. | 4,8 | 9,8 | 9,9 |
| 117 | †Kuwait | 24,3 | .. | 36,1 | 33,1 | 80,8 | .. | 4,5 | 7,1 | 6,8 | 7,9 |
| 118 | Italien | 20,4 | *10,5* | 79,3 | 83,1 | *72,9* | 8,8 | 12,7 | 6,1 | 19,0 | 13,9 |
| 119 | †Singapur | 17,1 | 13,5 | 66,2 | 74,4 | 119,3 | 2,5 | 9,4 | 2,3 | 11,7 | 5,4 |
| 120 | Kanada | 17,5 | 8,1 | 48,4 | 65,0 | 78,6 | 3,9 | 12,9 | 4,9 | 14,3 | 5,9 |
| 121 | Niederlande | 14,6 | .. | 54,3 | 77,7 | .. | 1,7 | 6,0 | 3,1 | 13,5 | 10,4 |
| 122 | †Vereinigte Arab. Emirate | .. | 8,0 | .. | 19,0 | 53,1 | .. | 9,5 | .. | 12,1 | .. |
| 123 | Belgien | 10,8 | .. | 56,7 | 57,0 | .. | 4,0 | 7,7 | 7,1 | .. | 11,8 |
| 124 | Frankreich | 15,6 | .. | 57,8 | 69,7 | .. | 5,1 | 6,3 | .. | 18,7 | .. |
| 125 | Österreich | 13,7 | 7,3 | 54,0 | 72,6 | 89,8 | 3,6 | 5,0 | 3,0 | .. | .. |
| 126 | Deutschland | 9,4[b] | 6,8[b] | *52,8*[b] | 60,7[b] | 66,1 | 2,7[b] | 8,0[b] | 6,3 | 12,0[b] | 12,9 |
| 127 | Schweden | 11,5 | 6,9 | 55,2 | 53,9 | 48,7 | 6,9 | 11,3 | 5,1 | 15,2 | 11,4 |
| 128 | Vereinigte Staaten | 9,9 | 7,2 | 61,1 | 58,7 | 63,7 | 3,8 | .. | .. | 15,3 | 6,0 |
| 129 | Norwegen | 12,8 | 9,5 | 54,6 | 51,6 | 65,7 | 4,6 | 5,0 | 5,5 | 12,6 | 9,2 |
| 130 | Dänemark | 12,4 | 9,8 | 44,8 | 42,6 | 62,6 | 4,6 | 10,8 | 6,5 | 17,2 | 10,5 |
| 131 | Japan | 16,0 | 8,2 | 94,7 | 134,1 | 188,7 | 1,5 | 5,5 | 2,1 | 8,4 | 4,4 |
| 132 | Schweiz | 5,4 | 6,2 | 109,8 | 107,4 | 117,7 | 3,8 | .. | 3,5 | .. | 6,4 |
| **Gesamte Welt** ||||||||||||

[a] Einschl. Eritrea.  [b] Die Angaben vor 1991 beziehen sich auf die Bundesrepublik Deutschland vor der Vereinigung.

## Tabelle 13  Wachstum des Warenhandels

| | | Warenhandel (in Mio $) | | Durchschnittliche jährliche Wachstumsrate (in %) | | | | Terms of Trade (1987 = 100) | |
|---|---|---|---|---|---|---|---|---|---|
| | | Ausfuhr | Einfuhr | Ausfuhr | | Einfuhr | | | |
| | | 1993 | 1993 | 1970-80 | 1980-93 | 1970-80 | 1980-93 | 1985 | 1993 |
| | **Länder mit niedrigem Einkommen** | **156.474**s | **188.764**s | **2,7**w | **6,4**w | **6,5**w | **2,4**w | **111**m | **94**m |
| | Ohne China und Indien | **43.177**s | **62.914**s | **0,4**w | **1,4**w | **5,7**w | **-2,6**w | **112**m | **93**m |
| 1 | Mosambik | 132 | 955 | -10,6 | -6,9 | -7,3 | 0,0 | 113 | 122 |
| 2 | Tansania | 420 | 1.523 | -6,8 | -0,4 | 0,4 | -1,1 | 126 | 85 |
| 3 | Äthiopien[a] | 199 | 787 | -0,7 | -2,2 | 1,2 | -1,3 | 119 | 67 |
| 4 | Sierra Leone | 118 | 147 | -5,2 | -0,1 | -1,3 | -7,4 | 109 | 76 |
| 5 | Vietnam | .. | .. | .. | .. | .. | .. | .. | .. |
| 6 | Burundi | 68 | 212 | 0,1 | 5,6 | 5,1 | -0,4 | 133 | 52 |
| 7 | Uganda | 179 | 516 | -10,5 | -1,4 | -9,1 | -2,3 | 149 | 49 |
| 8 | Nepal | 390 | 880 | .. | .. | .. | .. | .. | .. |
| 9 | Malawi | 320 | 546 | 5,5 | 2,1 | 3,9 | 4,0 | 99 | 86 |
| 10 | Tschad | 176 | 300 | -1,6 | 5,5 | -4,4 | 8,6 | 99 | 101 |
| 11 | Ruanda | 68 | 288 | 2,6 | 2,5 | 12,1 | -0,4 | 136 | 73 |
| 12 | Bangladesch | 2.272 | 4.001 | -2,4 | 9,8 | 2,9 | 4,8 | 126 | 94 |
| 13 | Madagaskar | 267 | 452 | -2,5 | 0,4 | -0,9 | -3,3 | 124 | 68 |
| 14 | Guinea-Bissau | 16 | 62 | 11,1 | -5,7 | -5,8 | -0,4 | 91 | 92 |
| 15 | Kenia | 1.374 | 1.711 | -2,2 | 3,3 | 1,2 | -0,8 | 124 | 81 |
| 16 | Mali | 342 | 477 | 8,2 | 4,2 | 8,9 | 0,5 | 100 | 102 |
| 17 | Niger | 283 | 331 | 23,3 | -5,5 | 13,3 | -4,3 | 91 | 105 |
| 18 | Laos, Dem. VR | 80 | 353 | .. | .. | .. | .. | .. | .. |
| 19 | Burkina Faso | 145 | 642 | 7,2 | 4,1 | 8,2 | 3,4 | 103 | 106 |
| 20 | Indien | 21.553 | 22.761 | 5,9 | 7,0 | 4,5 | 4,2 | 92 | 96 |
| 21 | Nigeria | 11.886 | 8.276 | 1,4 | -0,6 | 18,8 | -11,2 | 167 | 99 |
| 22 | Albanien | .. | .. | .. | .. | .. | .. | .. | .. |
| 23 | Nicaragua | 266 | 727 | 2,0 | -4,7 | -0,5 | -3,3 | 111 | 94 |
| 24 | Togo | 322 | 418 | 1,5 | 5,2 | 11,8 | 0,3 | 139 | 97 |
| 25 | Gambia | 80 | 234 | 1,2 | 3,9 | 10,5 | 3,4 | 137 | 95 |
| 26 | Sambia | 1.168 | 870 | -0,5 | -2,6 | -6,4 | -3,2 | 89 | 98 |
| 27 | Mongolei | .. | .. | .. | .. | .. | .. | .. | .. |
| 28 | Zentralafrik. Rep. | 124 | 165 | -1,6 | -1,1 | -2,9 | 2,1 | 109 | 91 |
| 29 | Benin | 115 | 360 | -5,3 | 4,8 | 5,5 | -4,8 | 111 | 133 |
| 30 | Ghana | 1.051 | 1.728 | -8,0 | 5,3 | -1,1 | 2,7 | 93 | 65 |
| 31 | Pakistan | 6.636 | 9.500 | 3,1 | 10,1 | 5,4 | 3,0 | 112 | 100 |
| 32 | Tadschikistan[b] | 263 | 374 | .. | .. | .. | .. | .. | .. |
| 33 | China* | 91.744 | 103.088 | 8,7 | 11,5 | 11,1 | 9,7 | 109 | 101 |
| 34 | Guinea | 440 | 600 | 12,2 | -4,5 | 4,1 | -3,2 | 120 | 84 |
| 35 | Mauretanien | 450 | 670 | -5,3 | 5,1 | 4,6 | 5,1 | 110 | 115 |
| 36 | Simbabwe | 1.180 | 1.500 | 2,8 | -1,1 | -4,1 | 0,2 | 100 | 89 |
| 37 | Georgien[b] | 222 | 460 | .. | .. | .. | .. | .. | .. |
| 38 | Honduras | 814 | 1.059 | 3,4 | 1,4 | 3,6 | -1,5 | 118 | 73 |
| 39 | Sri Lanka | 2.896 | 4.227 | -1,4 | 7,3 | 2,6 | 4,0 | 106 | 86 |
| 40 | Côte d'Ivoire | 2.880 | 1.663 | 3,2 | 2,7 | 9,8 | -4,2 | 109 | 79 |
| 41 | Lesotho | 109 | 933 | .. | .. | .. | .. | .. | .. |
| 42 | Armenien[b] | 29 | 188 | .. | .. | .. | .. | .. | .. |
| 43 | Ägypten, Arab. Rep. | 2.244 | 8.175 | -1,7 | 0,8 | 9,6 | -1,5 | 147 | 99 |
| 44 | Myanmar | 583 | 814 | 0,2 | -2,5 | -4,2 | -1,0 | 128 | 111 |
| 45 | Jemen, Rep. | 650 | 2.400 | 5,7 | 1,2 | 16,0 | -5,3 | 131 | 88 |
| | **Länder mit mittlerem Einkommen** | **648.218**s | **724.625**s | .. | .. | .. | .. | .. | .. |
| | Untere Einkommenskategorie | **280.438**s | **333.510**s | .. | .. | .. | .. | .. | .. |
| 46 | Aserbaidschan[b] | 351 | 241 | .. | .. | .. | .. | .. | .. |
| 47 | Indonesien | 33.612 | 28.086 | 6,5 | 6,7 | 12,1 | 4,5 | 145 | 90 |
| 48 | Senegal | 740 | 1.262 | -1,3 | 2,9 | 4,5 | 1,8 | 107 | 106 |
| 49 | Bolivien | 728 | 1.206 | -4,0 | 1,7 | 7,1 | -0,1 | 130 | 78 |
| 50 | Kamerun | 1.815 | 1.108 | 2,0 | 6,8 | 7,3 | -2,5 | 113 | 77 |
| 51 | Mazedonien | .. | .. | .. | .. | .. | .. | .. | .. |
| 52 | Kirgisistan[b] | 112 | 112 | .. | .. | .. | .. | .. | .. |
| 53 | Philippinen | 11.089 | 18.757 | 7,2 | 3,4 | 5,3 | 4,5 | 99 | 117 |
| 54 | Kongo | 1.116 | 541 | -1,6 | 3,0 | 7,0 | -4,4 | 150 | 98 |
| 55 | Usbekistan[b] | 1.466 | 1.280 | .. | .. | .. | .. | .. | .. |
| 56 | Marokko | 3.991 | 6.760 | -0,6 | 3,9 | 7,4 | 4,0 | 99 | 114 |
| 57 | Moldau[b] | 174 | 210 | .. | .. | .. | .. | .. | .. |
| 58 | Guatemala | 1.340 | 2.599 | 6,0 | -0,1 | 6,2 | 1,4 | 114 | 93 |
| 59 | Papua-Neuguinea | 1.790 | 1.299 | 8,8 | 6,0 | 0,1 | 1,2 | 111 | 91 |
| 60 | Bulgarien | 4.071 | 4.239 | .. | .. | .. | .. | 95 | .. |
| 61 | Rumänien | 4.892 | 6.404 | 6,3 | -10,8 | 7,5 | -3,0 | 66 | 111 |
| 62 | Jordanien | 1.232 | 3.539 | 18,0 | 5,8 | 15,2 | -2,4 | 127 | 123 |
| 63 | Ecuador | 2.904 | 2.562 | 0,1 | 3,4 | 10,3 | -2,2 | 143 | 90 |
| 64 | Dominikanische Rep. | 555 | 2.125 | 6,2 | -3,5 | 3,9 | 2,4 | 115 | 130 |
| 65 | El Salvador | 555 | 1.919 | 6,0 | -2,8 | 4,6 | 2,0 | 122 | 88 |
| 66 | Litauen[b] | 696 | 486 | .. | .. | .. | .. | .. | .. |
| 67 | Kolumbien | 7.052 | 9.841 | 2,6 | 11,0 | 5,2 | -0,9 | 124 | 68 |
| 68 | Jamaika | 1.047 | 2.097 | -3,9 | 2,1 | -6,2 | 2,6 | 89 | 109 |
| 69 | Peru | 3.463 | 3.389 | 5,0 | -0,3 | 1,6 | -1,6 | 111 | 90 |
| 70 | Paraguay | 695 | 1.689 | 6,2 | 8,6 | 8,8 | 7,5 | 110 | 112 |
| 71 | Kasachstan[b] | 1.529 | 1.269 | .. | .. | 11,2 | 3,0 | 123 | 100 |
| 72 | Tunesien | 3.802 | 6.214 | 0,2 | 7,2 | 12,4 | 13,2 | 85 | 112 |
| * | Angaben für Taiwan (China) | 84.678 | 77.099 | 16,5 | 10,0 | 12,4 | 13,2 | 85 | 112 |

*Anmerkung:* Zur Vergleichbarkeit der Daten und ihrer Abgrenzung vgl. Technische Erläuterungen. Kursive Zahlen gelten für andere als die angegebenen Jahre.

|  |  | Warenhandel (in Mio $) | | Durchschnittliche jährliche Wachstumsrate (in %) | | | | Terms of Trade (1987 = 100) | |
|---|---|---|---|---|---|---|---|---|---|
|  |  | Ausfuhr 1993 | Einfuhr 1993 | Ausfuhr 1970–80 | Ausfuhr 1980–93 | Einfuhr 1970–80 | Einfuhr 1980–93 | 1985 | 1993 |
| 73 | Algerien | 10.230 | 7.770 | 1,1 | 3,0 | 13,1 | −5,1 | 173 | 95 |
| 74 | Namibia | .. | .. | .. | .. | .. | .. | .. | .. |
| 75 | Slowakei | 5.451 | 6.345 | .. | .. | .. | .. | .. | .. |
| 76 | Lettland [b] | 460 | 339 | .. | .. | .. | .. | .. | .. |
| 77 | Thailand | 36.800 | 46.058 | 8,9 | 15,5 | 6,8 | 13,8 | 103 | 103 |
| 78 | Costa Rica | 1.999 | 2.907 | 5,3 | 5,6 | 4,2 | 4,9 | 111 | 94 |
| 79 | Ukraine [b] | 6.300 | 4.700 | .. | .. | .. | .. | .. | .. |
| 80 | Polen | 13.997 | 18.834 | .. | 2,8 | .. | 2,8 | 95 | 95 |
| 81 | Russische Föderation [b] | 43.900 | 33.100 | .. | .. | .. | .. | .. | .. |
| 82 | Panama | 553 | 2.188 | −7,1 [c] | 4,0 | −3,3 [c] | −0,4 | 104 | 87 |
| 83 | Tschechische Rep. | 12.929 | 13.487 | .. | .. | .. | .. | .. | .. |
| 84 | Botsuana | 1.725 | 2.390 | 22,2 | 6,7 | 9,4 | 10,2 | 97 | 152 |
| 85 | Türkei | 15.343 | 29.174 | 4,1 | 9,1 | 5,6 | 11,0 | 82 | 109 |
| 86 | *Iran, Islam. Rep.* | 16.700 | 30.662 | −10,5 | 4,2 | 12,5 | 1,2 | 176 | 96 |
|  | **Obere Einkommenskategorie** | 367.781s | 391.116s | 2,7w | 4,2w | 7,4w | 3,0w | 104m | 102m |
| 87 | Venezuela | 13.239 | 10.979 | −6,8 | 1,7 | 10,8 | −3,6 | 166 | 93 |
| 88 | Weißrußland [b] | 737 | 777 | .. | .. | .. | .. | .. | .. |
| 89 | Brasilien | 38.597 | 25.439 | 8,6 | 5,2 | 5,8 | −0,8 | 101 | 97 |
| 90 | Südafrika | 22.873 | 18.591 | 7,9 | 5,4 | −1,8 | −0,1 | 101 | 105 |
| 91 | Mauritius | 1.299 | 1.715 | 6,0 | 7,6 | 9,6 | 10,3 | 77 | 108 |
| 92 | Estland [b] | 461 | 618 | .. | .. | .. | .. | .. | .. |
| 93 | Malaysia | 47.122 | 45.657 | 3,3 | 12,6 | 7,7 | 9,7 | 114 | 99 |
| 94 | Chile | 9.328 | 10.596 | 9,6 | 6,6 | 3,6 | 4,3 | 91 | 104 |
| 95 | Ungarn | 8.886 | 12.597 | 3,9 | 2,3 | 2,0 | 0,8 | 103 | .. |
| 96 | Mexiko | 30.241 | 50.147 | 5,5 | 5,4 | 7,9 | 6,7 | 145 | 99 |
| 97 | Trinidad und Tobago | 1.612 | 1.448 | −5,0 | −2,1 | −3,7 | −8,0 | 138 | 92 |
| 98 | Uruguay | 1.645 | 2.300 | 5,2 | 2,6 | 5,7 | 1,2 | 91 | 114 |
| 99 | Oman | *5.428* | 4.114 | −1,9 | 8,4 | 28,3 | 1,2 | 182 | 84 |
| 100 | Gabun | *2.297* | 835 | 0,1 | 1,7 | 11,9 | −1,6 | 154 | 106 |
| 101 | Slowenien | 6.088 | 6.498 | .. | .. | .. | .. | .. | .. |
| 102 | Puerto Rico | .. | .. | .. | .. | .. | .. | .. | .. |
| 103 | Argentinien | 13.118 | 16.784 | 8,9 | 3,2 | 3,1 | −2,1 | 123 | 116 |
| 104 | Griechenland | 7.960 | 20.542 | 11,7 | 5,3 | 5,7 | 6,7 | 96 | 101 |
| 105 | Korea, Rep. | 82.236 | 83.800 | 22,7 | 12,3 | 13,2 | 11,4 | 94 | 100 |
| 106 | Portugal | 15.429 | 24.598 | 1,5 | 10,6 | 5,5 | 10,0 | 87 | 104 |
| 107 | *Saudi-Arabien* | 40.858 | 28.198 | 4,4 | −4,2 | 35,3 | −5,5 | 175 | 98 |
| 108 | *Turkmenistan* [b] | 1.156 | 749 | .. | .. | .. | .. | .. | .. |
|  | **Länder mit niedr. u. mittl. Eink.** | 804.692s | 913.389s | .. | .. | .. | .. | .. | .. |
|  | Afrika südlich der Sahara | 61.743s | 59.567s | 1,0w | 2,5w | 3,2w | −2,2w | 110m | 95m |
|  | Ostasien u. Pazifik | 308.126s | 332.733s | 9,0w | 10,8w | 9,7w | 9,2w | 111m | 101m |
|  | Südasien | 33.980s | 42.253s | 4,2w | 7,3w | 4,3w | 3,7w | 112m | 96m |
|  | Europa u. Zentralasien | 160.818s | 195.195s | .. | .. | .. | .. | .. | .. |
|  | Naher Osten u. Nordafrika | 105.058s | 118.999s | −0,8w | −1,0w | 16,6w | −3,9w | 147m | 98m |
|  | Lateinamerika u. Karibik | 134.967s | 163.842s | 0,9w | 3,4w | 4,7w | 0,3w | 111m | 97m |
|  | **Länder mit gravierenden Schuldenproblemen** | 101.188s | 104.466s | 2,0w | 2,4w | 6,4w | −2,3w | 112m | 98m |
|  | **Länder mit hohem Einkommen** | 2.896.774s | 2.865.337s | 6,0w | 5,1w | 5,2w | 5,8w | 94m | 99m |
| 109 | Neuseeland | 10.537 | 9.636 | 3,5 | 4,0 | 1,9 | 4,1 | 90 | 109 |
| 110 | Irland | 28.611 | 21.386 | 9,2 | 9,0 | 6,9 | 4,9 | 96 | 95 |
| 111 | Spanien | 62.872 | 78.626 | 12,6 | 7,4 | 7,0 | 10,5 | 82 | 114 |
| 112 | †Israel | 14.779 | 22.621 | 9,3 | 7,9 | 4,3 | 6,4 | 101 | 99 |
| 113 | Australien | 42.723 | 42.259 | 3,7 | 6,2 | 1,3 | 4,7 | 110 | 98 |
| 114 | †Hongkong | 135.248 | 138.658 | 9,9 | 15,8 | 7,9 | 11,9 | 118 | 87 |
| 115 | Großbritannien | 180.579 | 206.321 | 4,3 | 4,0 | 3,3 | 5,2 | 104 | 106 |
| 116 | Finnland | 23.446 | 18.032 | 4,5 | 2,2 | 2,5 | 2,2 | 88 | 91 |
| 117 | †Kuwait | 10.248 | 7.036 | −8,3 | −6,0 | 16,0 | −4,4 | 165 | 86 |
| 118 | Italien | 168.460 | 146.789 | 6,9 | 4,3 | 3,8 | 5,0 | 84 | 104 |
| 119 | †Singapur | 74.012 | 85.234 | .. | 12,7 | .. | 9,7 | 108 | 94 |
| 120 | Kanada | 145.178 | 131.675 | 4,5 | 5,6 | 5,1 | 5,5 | 99 | 97 |
| 121 | Niederlande | 139.075 | 126.557 | 5,2 | 4,7 | 3,9 | 4,6 | 101 | 101 |
| 122 | †Vereinigte Arab. Emirate | 20.500 | 19.520 | 6,3 | 6,0 | 28,2 | 1,9 | 181 | 98 |
| 123 | Belgien [d] | 112.512 | 125.058 | 5,6 | 4,5 | 6,2 | 4,3 | 93 | 100 |
| 124 | Frankreich | 206.259 | 202.271 | 6,8 | 4,5 | 6,9 | 4,8 | 89 | 103 |
| 125 | Österreich | 40.174 | 48.578 | 7,3 | 6,7 | 7,2 | 6,0 | 92 | 93 |
| 126 | Deutschland | 380.154 | 348.631 | 5,6 [e] | 4,2 [e] | 4,9 [e] | 5,8 [e] | 84 [e] | 100 |
| 127 | Schweden | 49.857 | 42.681 | 3,1 | 3,5 | 3,3 | 3,6 | 92 | 103 |
| 128 | Vereinigte Staaten | 464.773 | 603.438 | 7,0 | 5,1 | 5,8 | 6,0 | 101 | 101 |
| 129 | Norwegen | 31.853 | 23.956 | 6,5 | 7,2 | 3,5 | 3,3 | 141 | 97 |
| 130 | Dänemark | 35.914 | 29.521 | 4,4 | 4,4 | 2,8 | 3,2 | 91 | 104 |
| 131 | Japan | 362.244 | 241.624 | 9,2 | 4,2 | 5,1 | 6,3 | 73 | 119 |
| 132 | Schweiz | 61.403 | 56.716 | 4,6 | .. | 3,5 | .. | 85 | .. |
|  | **Gesamte Welt** | 3.701.466s | 3.778.726s | .. | .. | .. | .. | .. | .. |

[a] Einschl. Eritrea. [b] Ohne Handel zwischen den ehemaligen Sowjetrepubliken. [c] Ohne Kanalzone. [d] Einschließlich Luxemburg. [e] Die Angaben beziehen sich auf die Bundesrepublik Deutschland vor der Vereinigung.

# Tabelle 14  Struktur der Wareneinfuhr

| | | Prozentualer Anteil an der Wareneinfuhr | | | | | | | | |
|---|---|---|---|---|---|---|---|---|---|---|
| | | Nahrungs-mittel | | Brennstoffe | | Sonstige Rohstoffe | | Maschinen, Elektrotechnik, Fahrzeuge | | Übrige Industrie-produkte | |
| | | 1970 | 1993 | 1970 | 1993 | 1970 | 1993 | 1970 | 1993 | 1970 | 1993 |
| **Länder mit niedrigem Einkommen** | | | | | | | | | | | |
| **Ohne China und Indien** | | | | | | | | | | | |
| 1 | Mosambik | .. | .. | .. | .. | .. | .. | .. | .. | .. | .. |
| 2 | Tansania | 7 | .. | 9 | .. | 2 | .. | 40 | .. | 42 | .. |
| 3 | Äthiopien[a] | 9 | 6 | 8 | 11 | 3 | 1 | 35 | 44 | 45 | 38 |
| 4 | Sierra Leone | 26 | .. | 5 | .. | 1 | .. | 26 | .. | 43 | .. |
| 5 | Vietnam | .. | .. | .. | .. | .. | .. | .. | .. | .. | .. |
| 6 | Burundi | 21 | .. | 11 | .. | 11 | .. | 19 | .. | 37 | .. |
| 7 | Uganda | 7 | .. | 2 | .. | 3 | .. | 34 | .. | 55 | .. |
| 8 | Nepal | .. | .. | .. | .. | .. | .. | .. | .. | .. | .. |
| 9 | Malawi | 18 | .. | 6 | .. | 2 | .. | 30 | .. | 44 | .. |
| 10 | Tschad | 21 | .. | 16 | .. | 3 | .. | 23 | .. | 38 | .. |
| 11 | Ruanda | 19 | .. | 6 | .. | 9 | .. | 18 | .. | 49 | .. |
| 12 | Bangladesch | .. | 15 | .. | 14 | .. | 30 | .. | 13 | .. | 28 |
| 13 | Madagaskar | 12 | 11 | 7 | 12 | 3 | 2 | 30 | 41 | 48 | 34 |
| 14 | Guinea-Bissau | 31 | .. | 7 | .. | 1 | .. | 16 | .. | 45 | .. |
| 15 | Kenia | 6 | 8 | 10 | 33 | 4 | 5 | 34 | 25 | 46 | 29 |
| 16 | Mali | 29 | .. | 9 | .. | 6 | .. | 21 | .. | 36 | .. |
| 17 | Niger | 14 | .. | 4 | .. | 4 | .. | 27 | .. | 51 | .. |
| 18 | Laos, Dem. VR | .. | .. | .. | .. | .. | .. | .. | .. | .. | .. |
| 19 | Burkina Faso | 20 | .. | 8 | .. | 7 | .. | 27 | .. | 37 | .. |
| 20 | Indien | 21 | 4 | 8 | 30 | 19 | 10 | 23 | 14 | 29 | 42 |
| 21 | Nigeria | 8 | .. | 3 | .. | 3 | .. | 37 | .. | 48 | .. |
| 22 | Albanien | .. | .. | .. | .. | .. | .. | .. | .. | .. | .. |
| 23 | Nicaragua | 10 | 23 | 6 | 15 | 3 | 1 | 28 | 26 | 54 | 34 |
| 24 | Togo | 23 | 23 | 4 | 10 | 3 | 3 | 22 | 28 | 47 | 36 |
| 25 | Gambia | 32 | .. | 4 | .. | 2 | .. | 15 | .. | 48 | .. |
| 26 | Sambia | 11 | .. | 10 | .. | 2 | .. | 39 | .. | 38 | .. |
| 27 | Mongolei | .. | .. | .. | .. | .. | .. | .. | .. | .. | .. |
| 28 | Zentralafrik. Rep. | 17 | .. | 1 | .. | 2 | .. | 36 | .. | 44 | .. |
| 29 | Benin | 18 | .. | 4 | .. | 3 | .. | 21 | .. | 55 | .. |
| 30 | Ghana | 21 | .. | 6 | .. | 4 | .. | 26 | .. | 44 | .. |
| 31 | Pakistan | 21 | 14 | 7 | 17 | 7 | 6 | 31 | 35 | 35 | 27 |
| 32 | Tadschikistan[b] | .. | 1 | .. | 0 | .. | 96 | .. | 0 | .. | 2 |
| 33 | China* | .. | 3 | .. | 6 | .. | 7 | .. | 42 | .. | 43 |
| 34 | Guinea | .. | .. | .. | .. | .. | .. | .. | .. | .. | .. |
| 35 | Mauretanien | 23 | .. | 8 | .. | 2 | .. | 38 | .. | 30 | .. |
| 36 | Simbabwe | .. | 18 | .. | 12 | .. | 4 | .. | 36 | .. | 31 |
| 37 | Georgien[b] | .. | 17 | .. | 42 | .. | 15 | .. | 0 | .. | 26 |
| 38 | Honduras | 12 | 11 | 7 | 13 | 1 | 3 | 29 | 26 | 51 | 47 |
| 39 | Sri Lanka | 47 | 16 | 3 | 9 | 4 | 3 | 18 | 21 | 29 | 51 |
| 40 | Côte d'Ivoire | 16 | .. | 5 | .. | 2 | .. | 33 | .. | 44 | .. |
| 41 | Lesotho | .. | .. | .. | .. | .. | .. | .. | .. | .. | .. |
| 42 | Armenien[b] | .. | 0 | .. | 0 | .. | 2 | .. | 0 | .. | 98 |
| 43 | Ägypten, Arab. Rep. | 23 | 24 | 9 | 2 | 12 | 10 | 27 | 31 | 29 | 34 |
| 44 | *Myanmar* | 7 | .. | 6 | .. | 3 | .. | 29 | .. | 55 | .. |
| 45 | *Jemen, Rep.* | 63 | .. | 5 | .. | 3 | .. | 9 | .. | 20 | .. |
| **Länder mit mittlerem Einkommen** | | | | | | | | | | | |
| **Untere Einkommenskategorie** | | | | | | | | | | | |
| 46 | Aserbaidschan[b] | .. | 48 | .. | 0 | .. | 14 | .. | 0 | .. | 38 |
| 47 | Indonesien | 9 | 7 | 3 | 8 | 4 | 9 | 40 | 42 | 45 | 34 |
| 48 | Senegal | 29 | 29 | 5 | 11 | 4 | 3 | 25 | 23 | 38 | 34 |
| 49 | Bolivien | 20 | 9 | 1 | 5 | 2 | 4 | 37 | 48 | 40 | 34 |
| 50 | Kamerun | .. | .. | .. | .. | .. | .. | .. | .. | .. | .. |
| 51 | Mazedonien | 12 | 16 | 5 | 3 | 1 | 2 | 32 | 27 | 49 | 51 |
| 52 | Kirgisistan[b] | .. | 38 | .. | 0 | .. | 15 | .. | 0 | .. | 47 |
| 53 | Philippinen | 11 | 8 | 12 | 12 | 8 | 5 | 35 | 32 | 33 | 43 |
| 54 | Kongo | 20 | .. | 2 | .. | 1 | .. | 33 | .. | 44 | .. |
| 55 | Usbekistan[b] | .. | 42 | .. | 0 | .. | 38 | .. | 0 | .. | 20 |
| 56 | Marokko | 21 | 17 | 6 | 14 | 10 | 9 | 32 | 29 | 32 | 31 |
| 57 | Moldau[b] | .. | 7 | .. | 0 | .. | 33 | .. | 1 | .. | 60 |
| 58 | Guatemala | 11 | 11 | 2 | 14 | 3 | 3 | 27 | 32 | 57 | 41 |
| 59 | Papua-Neuguinea | 20 | .. | 3 | .. | 1 | .. | 38 | .. | 38 | .. |
| 60 | Bulgarien | .. | .. | .. | .. | .. | .. | .. | .. | .. | .. |
| 61 | Rumänien | .. | 14 | .. | 26 | .. | 7 | .. | 22 | .. | 31 |
| 62 | Jordanien | 31 | 20 | 6 | 13 | 4 | 3 | 17 | 27 | 42 | 37 |
| 63 | Ecuador | 8 | 5 | 6 | 2 | 2 | 4 | 35 | 49 | 49 | 41 |
| 64 | Dominikanische Rep. | 14 | .. | 7 | .. | 6 | .. | 34 | .. | 40 | .. |
| 65 | El Salvador | 14 | 15 | 3 | 14 | 4 | 5 | 23 | 26 | 56 | 41 |
| 66 | Litauen[b] | .. | 6 | .. | 2 | .. | 27 | .. | 0 | .. | 65 |
| 67 | Kolumbien | 8 | 8 | 1 | 4 | 8 | 5 | 47 | 39 | 37 | 44 |
| 68 | Jamaika | 18 | 14 | 6 | 19 | 3 | 3 | 33 | 23 | 40 | 41 |
| 69 | Peru | 20 | 20 | 2 | 8 | 5 | 3 | 35 | 36 | 38 | 34 |
| 70 | Paraguay | 19 | 11 | 15 | 12 | 1 | 1 | 32 | 40 | 33 | 35 |
| 71 | Kasachstan[b] | .. | .. | .. | .. | .. | .. | .. | .. | .. | .. |
| 72 | Tunesien | 28 | 8 | 5 | 8 | 9 | 6 | 26 | 32 | 32 | 46 |
| * | Angaben für Taiwan (China) | 15 | 6 | 5 | 8 | 18 | 10 | 35 | 40 | 28 | 36 |

*Anmerkung:* Zur Vergleichbarkeit der Daten und ihrer Abgrenzung vgl. Technische Erläuterungen. Kursive Zahlen gelten für andere als die angegebenen Jahre.

|  |  | Prozentualer Anteil an der Wareneinfuhr | | | | | | | | | |
|---|---|---|---|---|---|---|---|---|---|---|---|
|  |  | Nahrungs-mittel | | Brennstoffe | | Sonstige Rohstoffe | | Maschinen, Elektrotechnik, Fahrzeuge | | Übrige Industrie-produkte | |
|  |  | 1970 | 1993 | 1970 | 1993 | 1970 | 1993 | 1970 | 1993 | 1970 | 1993 |
| 73 | Algerien | 13 | 29 | 2 | 1 | 6 | 5 | 37 | 31 | 42 | 34 |
| 74 | Namibia | .. | .. | .. | .. | .. | .. | .. | .. | .. | .. |
| 75 | Slowakei | .. | .. | .. | .. | .. | .. | .. | .. | .. | .. |
| 76 | Lettland [b] | .. | .. | .. | .. | .. | .. | .. | .. | .. | .. |
| 77 | Thailand | 5 | 5 | 9 | 8 | 7 | 7 | 36 | 45 | 43 | 36 |
| 78 | Costa Rica | 11 | 8 | 4 | 9 | 3 | 3 | 29 | 26 | 53 | 55 |
| 79 | Ukraine [b] | .. | .. | .. | .. | .. | .. | .. | .. | .. | .. |
| 80 | Polen | .. | 11 | .. | 17 | .. | 6 | .. | 29 | .. | 36 |
| 81 | Russische Föderation [b] | .. | .. | .. | .. | .. | .. | .. | .. | .. | .. |
| 82 | Panama | 10[c] | 10 | 19[c] | 13 | 2[c] | 2 | 27[c] | 31 | 43[c] | 45 |
| 83 | Tschechische Rep. | .. | .. | .. | .. | .. | .. | .. | .. | .. | .. |
| 84 | Botsuana | .. | .. | .. | .. | .. | .. | .. | .. | .. | .. |
| 85 | Türkei | 8 | 6 | 8 | 14 | 8 | 10 | 41 | 38 | 36 | 33 |
| 86 | *Iran, Islam. Rep.* | 7 | .. | 0 | .. | 8 | .. | 41 | .. | 45 | .. |
| | **Obere Einkommenskategorie** | | | | | | | | | | |
| 87 | Venezuela | 10 | 11 | 1 | 1 | 5 | 5 | 45 | 50 | 38 | 32 |
| 88 | Weißrußland [b] | .. | 24 | .. | 10 | .. | 9 | .. | 28 | .. | 29 |
| 89 | Brasilien | 11 | 10 | 12 | 16 | 8 | 7 | 35 | 33 | 34 | 33 |
| 90 | Südafrika | 6 | 6 | 5 | 1 | 6 | 4 | 46 | 44 | 37 | 46 |
| 91 | Mauritius | 36 | 13 | 7 | 9 | 2 | 3 | 13 | 25 | 41 | 50 |
| 92 | Estland [b] | .. | .. | .. | .. | .. | .. | .. | .. | .. | .. |
| 93 | Malaysia | 22 | 7 | 12 | 4 | 8 | 4 | 28 | 54 | 31 | 30 |
| 94 | Chile | 15 | 6 | 6 | 10 | 7 | 3 | 43 | 43 | 30 | 38 |
| 95 | Ungarn | 11 | 6 | 9 | 13 | 19 | 5 | 31 | 37 | 31 | 39 |
| 96 | Mexiko | 7 | 8 | 3 | 2 | 9 | 4 | 50 | 48 | 31 | 38 |
| 97 | Trinidad und Tobago | 11 | 15 | 53 | 16 | 1 | 3 | 13 | 33 | 22 | 32 |
| 98 | Uruguay | 13 | 8 | 15 | 9 | 12 | 4 | 31 | 40 | 29 | 39 |
| 99 | Oman | 2 | 19 | 5 | 3 | 1 | 2 | 17 | 44 | 75 | 32 |
| 100 | Gabun | 14 | .. | 1 | .. | 1 | .. | 39 | .. | 45 | .. |
| 101 | Slowenien | .. | .. | .. | .. | .. | .. | .. | .. | .. | .. |
| 102 | Puerto Rico | .. | .. | .. | .. | .. | .. | .. | .. | .. | .. |
| 103 | Argentinien | 6 | 5 | 5 | 2 | 16 | 4 | 31 | 49 | 42 | 39 |
| 104 | Griechenland | 11 | 15 | 7 | 10 | 10 | 4 | 48 | 34 | 25 | 38 |
| 105 | Korea, Rep. | 17 | 6 | 7 | 18 | 21 | 13 | 30 | 34 | 25 | 29 |
| 106 | Portugal | 14 | 12 | 9 | 8 | 13 | 5 | 30 | 38 | 34 | 37 |
| 107 | *Saudi-Arabien* | 33 | .. | 1 | .. | 3 | .. | 33 | .. | 31 | .. |
| 108 | *Turkmenistan* [b] | .. | 27 | .. | 0 | .. | 10 | .. | 0 | .. | 63 |
| | **Länder mit niedr. u. mittl. Eink.** | | | | | | | | | | |
| | Afrika südlich der Sahara | | | | | | | | | | |
| | Ostasien u. Pazifik | | | | | | | | | | |
| | Südasien | | | | | | | | | | |
| | Europa u. Zentralasien | | | | | | | | | | |
| | Naher Osten u. Nordafrika | | | | | | | | | | |
| | Lateinamerika u. Karibik | | | | | | | | | | |
| | **Länder mit gravierenden Schuldenproblemen** | | | | | | | | | | |
| | **Länder mit hohem Einkommen** | | | | | | | | | | |
| 109 | Neuseeland | 7 | 8 | 7 | 6 | 10 | 4 | 34 | 38 | 43 | 44 |
| 110 | Irland | 14 | 10 | 8 | 5 | 8 | 3 | 27 | 37 | 43 | 45 |
| 111 | Spanien | 16 | 14 | 13 | 11 | 17 | 5 | 26 | 35 | 28 | 35 |
| 112 | †Israel | 14 | 7 | 5 | 7 | 8 | 4 | 30 | 33 | 42 | 49 |
| 113 | Australien | 6 | 5 | 6 | 6 | 7 | 3 | 41 | 43 | 42 | 43 |
| 114 | †Hongkong | 20 | 6 | 3 | 2 | 9 | 3 | 17 | 33 | 52 | 56 |
| 115 | Großbritannien | 24 | 11 | 10 | 5 | 20 | 6 | 17 | 39 | 29 | 39 |
| 116 | Finnland | 10 | 7 | 12 | 13 | 9 | 8 | 33 | 34 | 37 | 39 |
| 117 | †Kuwait | 20 | 13 | 1 | 0 | 2 | 3 | 36 | 42 | 42 | 41 |
| 118 | Italien | 19 | 13 | 14 | 9 | 21 | 9 | 20 | 29 | 26 | 39 |
| 119 | †Singapur | 16 | 6 | 14 | 11 | 12 | 3 | 23 | 49 | 35 | 31 |
| 120 | Kanada | 9 | 6 | 6 | 4 | 6 | 4 | 49 | 50 | 31 | 35 |
| 121 | Niederlande | 15 | 15 | 11 | 9 | 10 | 5 | 26 | 30 | 39 | 41 |
| 122 | †Vereinigte Arab. Emirate | 16 | .. | 3 | .. | 3 | .. | 26 | .. | 52 | .. |
| 123 | Belgien [d] | 13 | 11 | 9 | 8 | 19 | 7 | 26 | 25 | 33 | 49 |
| 124 | Frankreich | 15 | 11 | 12 | 9 | 15 | 5 | 25 | 34 | 33 | 41 |
| 125 | Österreich | 10 | 5 | 8 | 5 | 12 | 6 | 31 | 37 | 39 | 47 |
| 126 | Deutschland | 19[e] | 10 | 9[e] | 8 | 18[e] | 6 | 19[e] | 33 | 36[e] | 44 |
| 127 | Schweden | 11 | 8 | 11 | 9 | 10 | 5 | 30 | 36 | 39 | 42 |
| 128 | Vereinigte Staaten | 16 | 5 | 8 | 10 | 12 | 4 | 28 | 43 | 36 | 38 |
| 129 | Norwegen | 9 | 7 | 8 | 3 | 13 | 7 | 36 | 39 | 36 | 45 |
| 130 | Dänemark | 11 | 13 | 11 | 6 | 9 | 5 | 28 | 29 | 42 | 46 |
| 131 | Japan | 17 | 18 | 21 | 21 | 37 | 13 | 11 | 17 | 14 | 32 |
| 132 | Schweiz | 13 | 7 | 5 | 4 | 9 | 5 | 27 | 29 | 46 | 55 |
| | **Gesamte Welt** | | | | | | | | | | |

[a] Einschl. Eritrea.  [b] Ohne Handel zwischen den ehemaligen Sowjetrepubliken.  [c] Ohne Kanalzone.  [d] Einschließlich Luxemburg.  [e] Die Angaben beziehen sich auf die Bundesrepublik Deutschland vor der Vereinigung.

# Tabelle 15  Struktur der Warenausfuhr

Prozentualer Anteil an der Warenausfuhr

| | | Brennstoffe, Mineralien und Metalle | | Sonstige Rohstoffe | | Maschinen, Elektrotechnik, Fahrzeuge | | Übrige Industrieprodukte | | Textilfasern, Textilien und Bekleidung[a] | |
|---|---|---|---|---|---|---|---|---|---|---|---|
| | | 1970 | 1993 | 1970 | 1993 | 1970 | 1993 | 1970 | 1993 | 1970 | 1993 |
| **Länder mit niedrigem Einkommen** | | | | | | | | | | | |
| **Ohne China und Indien** | | | | | | | | | | | |
| 1 | Mosambik | 10 | *14* | 80 | *66* | 5 | *3* | 5 | *18* | 21 | .. |
| 2 | Tansania | 7 | .. | 80 | .. | 0 | .. | 13 | .. | 27 | .. |
| 3 | Äthiopien[b] | 2 | *1* | 97 | *95* | 0 | *0* | 2 | *4* | 1 | *3* |
| 4 | Sierra Leone | 21 | *45* | 17 | *28* | 0 | *0* | 61 | *27* | 0 | .. |
| 5 | Vietnam | .. | .. | .. | .. | .. | .. | .. | .. | .. | .. |
| 6 | Burundi | 4 | *0* | 95 | *70* | 0 | *3* | 1 | *27* | 6 | .. |
| 7 | Uganda | 9 | *0* | 91 | *100* | 0 | *1* | 0 | *0* | 20 | .. |
| 8 | Nepal | .. | *0* | .. | *16* | .. | *0* | .. | *84* | .. | .. |
| 9 | Malawi | 1 | *0* | 96 | *94* | 0 | *0* | 3 | *6* | 8 | .. |
| 10 | Tschad | 0 | .. | 95 | .. | 1 | .. | 4 | .. | 69 | .. |
| 11 | Ruanda | 35 | .. | 64 | .. | 0 | .. | 1 | .. | 0 | .. |
| 12 | Bangladesch | .. | *0* | .. | *18* | .. | *0* | .. | *81* | .. | *78* |
| 13 | Madagaskar | 9 | *8* | 84 | *73* | 2 | *2* | 5 | *18* | 3 | *13* |
| 14 | Guinea-Bissau | .. | .. | .. | .. | .. | .. | .. | .. | .. | .. |
| 15 | Kenia | 13 | .. | 75 | .. | 0 | .. | 12 | .. | 6 | .. |
| 16 | Mali | 1 | .. | 89 | .. | 0 | .. | 10 | .. | 29 | .. |
| 17 | Niger | 0 | .. | 96 | .. | 1 | .. | 2 | .. | 2 | .. |
| 18 | Laos, Dem. VR | 36 | .. | 33 | .. | 30 | .. | 1 | .. | 3 | .. |
| 19 | Burkina Faso | 0 | .. | 96 | .. | 1 | .. | 3 | .. | 26 | .. |
| 20 | Indien | 13 | *7* | 35 | *18* | 5 | *7* | 47 | *68* | 27 | *30* |
| 21 | Nigeria | 62 | *94* | 36 | *4* | 0 | *0* | 1 | *2* | 2 | .. |
| 22 | Albanien | .. | .. | .. | .. | .. | .. | .. | .. | .. | .. |
| 23 | Nicaragua | 3 | *3* | 81 | *90* | 0 | *0* | 16 | *7* | 23 | *12* |
| 24 | Togo | 25 | *52* | 69 | *42* | 2 | *1* | 4 | *5* | 3 | *25* |
| 25 | Gambia | .. | *0* | .. | *63* | .. | *0* | .. | *37* | .. | .. |
| 26 | Sambia | 99 | .. | 1 | .. | 0 | .. | 0 | .. | .. | .. |
| 27 | Mongolei | .. | .. | .. | .. | .. | .. | .. | .. | .. | .. |
| 28 | Zentralafrik. Rep. | 0 | .. | 56 | .. | 1 | .. | 44 | .. | 23 | .. |
| 29 | Benin | 0 | .. | 89 | .. | 3 | .. | 8 | .. | 23 | .. |
| 30 | Ghana | 13 | *25* | 86 | *52* | 0 | *0* | 1 | *23* | .. | .. |
| 31 | Pakistan | 2 | *1* | 41 | *14* | 0 | *0* | 57 | *85* | 75 | *78* |
| 32 | Tadschikistan[c] | .. | *99* | .. | *0* | .. | *0* | .. | *1* | .. | .. |
| 33 | China* | .. | *6* | .. | *13* | .. | *16* | .. | *65* | .. | *31* |
| 34 | Guinea | .. | .. | .. | .. | .. | .. | .. | .. | .. | .. |
| 35 | Mauretanien | 88 | *52* | 11 | *47* | 0 | *0* | 1 | *1* | .. | .. |
| 36 | Simbabwe | .. | *16* | .. | *48* | .. | *3* | .. | *33* | .. | *11* |
| 37 | Georgien[c] | .. | *4* | .. | *46* | .. | *0* | .. | *50* | .. | .. |
| 38 | Honduras | 10 | *3* | 83 | *83* | 0 | *0* | 8 | *13* | 3 | *3* |
| 39 | Sri Lanka | 1 | *1* | 98 | *27* | 0 | *2* | 1 | *71* | 3 | *52* |
| 40 | Côte d'Ivoire | 2 | *15* | 92 | *68* | 1 | *2* | 5 | *15* | 3 | .. |
| 41 | Lesotho | .. | .. | .. | .. | .. | .. | .. | .. | .. | .. |
| 42 | Armenien[c] | .. | *35* | .. | *11* | .. | *0* | .. | *34* | .. | .. |
| 43 | Ägypten, Arab. Rep. | 5 | *55* | 68 | *12* | 1 | *1* | 26 | *32* | 65 | *20* |
| 44 | *Myanmar* | 7 | *7* | 92 | *82* | 0 | *2* | 2 | *9* | 1 | .. |
| 45 | *Jemen, Rep.* | 10 | .. | 90 | .. | 0 | .. | 0 | .. | 0 | .. |
| **Länder mit mittlerem Einkommen** | | | | | | | | | | | |
| **Untere Einkommenskategorie** | | | | | | | | | | | |
| 46 | Aserbaidschan[c] | .. | *19* | .. | *1* | .. | *0* | .. | *80* | .. | .. |
| 47 | Indonesien | 44 | *32* | 54 | *15* | 0 | *5* | 1 | *48* | 0 | *17* |
| 48 | Senegal | 12 | *25* | 69 | *54* | 4 | *2* | 15 | *19* | 7 | *4* |
| 49 | Bolivien | 93 | *56* | 4 | *25* | 0 | *2* | 3 | *17* | 1 | *3* |
| 50 | Kamerun | 10 | *51* | 82 | *35* | 3 | *8* | 6 | *6* | 9 | *4* |
| 51 | Mazedonien | .. | .. | .. | .. | .. | .. | .. | .. | .. | .. |
| 52 | Kirgisistan[c] | .. | *59* | .. | *3* | .. | *1* | .. | *38* | .. | .. |
| 53 | Philippinen | 23 | *7* | 70 | *17* | 0 | *19* | 8 | *58* | 2 | *9* |
| 54 | Kongo | 1 | .. | 70 | .. | 1 | .. | 28 | .. | 0 | .. |
| 55 | Usbekistan[c] | .. | *10* | .. | *0* | .. | *0* | .. | *90* | .. | .. |
| 56 | Marokko | 33 | *14* | 57 | *29* | 1 | *6* | 9 | *51* | 5 | *25* |
| 57 | Moldau[c] | .. | *12* | .. | *45* | .. | *1* | .. | *42* | .. | .. |
| 58 | Guatemala | 0 | *2* | 72 | *68* | 2 | *2* | 26 | *28* | 18 | *6* |
| 59 | Papua-Neuguinea | *1* | *52* | *94* | *37* | *0* | *10* | *6* | *2* | .. | *0* |
| 60 | Bulgarien | .. | .. | .. | .. | .. | .. | .. | .. | .. | .. |
| 61 | Rumänien | .. | .. | .. | .. | .. | .. | .. | .. | .. | .. |
| 62 | Jordanien | 24 | *27* | 60 | *22* | 3 | *3* | 13 | *48* | 3 | *5* |
| 63 | Ecuador | 1 | *42* | 97 | *50* | 0 | *2* | 2 | *5* | 1 | *2* |
| 64 | Dominikanische Rep. | 8 | *6* | 88 | *41* | 0 | *2* | 5 | *50* | 0 | .. |
| 65 | El Salvador | 2 | *3* | 70 | *49* | 3 | *3* | 26 | *45* | 22 | *16* |
| 66 | Litauen[c] | .. | *3* | .. | *36* | .. | *1* | .. | *60* | .. | .. |
| 67 | Kolumbien | 11 | *26* | 81 | *34* | 1 | *6* | 7 | *34* | 7 | *10* |
| 68 | Jamaika | 31 | *12* | 23 | *22* | 0 | *0* | 46 | *65* | 2 | *9* |
| 69 | Peru | 49 | *50* | 49 | *33* | 0 | *1* | 1 | *16* | 6 | *11* |
| 70 | Paraguay | 0 | *0* | 91 | *83* | 0 | *1* | 9 | *16* | 7 | *23* |
| 71 | Kasachstan[c] | .. | .. | .. | .. | .. | .. | .. | .. | .. | .. |
| 72 | Tunesien | 46 | *13* | 35 | *12* | 0 | *10* | 19 | *66* | 2 | *43* |
| * | Angaben für Taiwan (China) | 2 | 2 | 22 | 5 | 17 | 40 | 59 | 53 | 29 | 15 |

*Anmerkung:* Zur Vergleichbarkeit der Daten und ihrer Abgrenzung vgl. Technische Erläuterungen. Kursive Zahlen gelten für andere als die angegebenen Jahre.

| | | Prozentualer Anteil an der Warenausfuhr | | | | | | | | |
|---|---|---|---|---|---|---|---|---|---|---|
| | | Brennstoffe, Mineralien und Metalle | | Sonstige Rohstoffe | | Maschinen, Elektrotechnik, Fahrzeuge | | Übrige Industrieprodukte | | Textilfasern, Textilien und Bekleidung[a] |
| | | 1970 | 1993 | 1970 | 1993 | 1970 | 1993 | 1970 | 1993 | 1970 | 1993 |
| 73 | Algerien | 73 | 96 | 21 | 1 | 2 | 1 | 5 | 2 | 1 | 0 |
| 74 | Namibia | .. | .. | .. | .. | .. | .. | .. | .. | .. | .. |
| 75 | Slowakei | .. | .. | .. | .. | .. | .. | .. | .. | .. | .. |
| 76 | Lettland[c] | .. | .. | .. | .. | .. | .. | .. | .. | .. | .. |
| 77 | Thailand | 15 | 2 | 77 | 26 | 0 | 28 | 8 | 45 | 8 | 15 |
| 78 | Costa Rica | 1 | 1 | 80 | 66 | 3 | 4 | 17 | 29 | 4 | 5 |
| 79 | Ukraine[c] | .. | .. | .. | .. | .. | .. | .. | .. | .. | .. |
| 80 | Polen | .. | 22 | .. | 18 | .. | 19 | .. | 41 | .. | 7 |
| 81 | Russische Föderation[c] | .. | .. | .. | .. | .. | .. | .. | .. | .. | .. |
| 82 | Panama | 21[d] | 3 | 75[d] | 81 | 2[d] | 0 | 2[d] | 16 | 0[d] | 5 |
| 83 | Tschechische Rep. | .. | .. | .. | .. | .. | .. | .. | .. | .. | .. |
| 84 | Botsuana | .. | .. | .. | .. | .. | .. | .. | .. | .. | .. |
| 85 | Türkei | 8 | 4 | 83 | 25 | 0 | 8 | 9 | 64 | 35 | 40 |
| 86 | *Iran, Islam. Rep.* | 90 | 93 | 6 | 3 | 0 | 0 | 4 | 4 | 5 | .. |
| **Obere Einkommenskategorie** | | | | | | | | | | | |
| 87 | Venezuela | 97 | 83 | 2 | 3 | 0 | 3 | 1 | 11 | .. | 0 |
| 88 | Weißrußland[c] | .. | 19 | .. | 4 | .. | 8 | .. | 69 | .. | .. |
| 89 | Brasilien | 11 | 12 | 75 | 28 | 4 | 21 | 11 | 39 | 9 | 4 |
| 90 | Südafrika | 27 | 16 | 32 | 11 | 7 | 8 | 34 | 66 | 6 | 3 |
| 91 | Mauritius | 0 | 2 | 98 | 32 | 0 | 2 | 2 | 65 | 1 | 54 |
| 92 | Estland[c] | .. | .. | .. | .. | .. | .. | .. | .. | .. | .. |
| 93 | Malaysia | 30 | 14 | 63 | 21 | 2 | 41 | 6 | 24 | 1 | 6 |
| 94 | Chile | 88 | 43 | 7 | 38 | 1 | 3 | 4 | 16 | 1 | 2 |
| 95 | Ungarn | 7 | 8 | 26 | 24 | 32 | 24 | 35 | 44 | 9 | 12 |
| 96 | Mexiko | 19 | 34 | 49 | 13 | 11 | 31 | 22 | 21 | 11 | 3 |
| 97 | Trinidad und Tobago | 78 | 58 | 9 | 8 | 1 | 3 | 12 | 32 | 1 | 1 |
| 98 | Uruguay | 1 | 0 | 79 | 57 | 1 | 8 | 20 | 35 | 34 | 28 |
| 99 | Oman | 100 | 90 | 0 | 2 | 0 | 6 | 0 | 3 | .. | 1 |
| 100 | Gabun | 56 | 85 | 35 | 12 | 1 | 0 | 8 | 3 | .. | .. |
| 101 | Slowenien | .. | .. | .. | .. | .. | .. | .. | .. | .. | .. |
| 102 | Puerto Rico | .. | .. | .. | .. | .. | .. | .. | .. | .. | .. |
| 103 | Argentinien | 1 | 11 | 85 | 57 | 4 | 11 | 10 | 21 | 8 | 3 |
| 104 | Griechenland | 15 | 11 | 51 | 36 | 2 | 5 | 33 | 49 | 14 | 28 |
| 105 | Korea, Rep. | 7 | 3 | 17 | 4 | 7 | 43 | 69 | 51 | 41 | 19 |
| 106 | Portugal | 5 | 5 | 31 | 12 | 8 | 21 | 56 | 62 | 26 | 30 |
| 107 | *Saudi-Arabien* | 100 | 90 | 0 | 1 | 0 | 2 | 0 | 7 | .. | .. |
| 108 | *Turkmenistan*[c] | .. | 40 | .. | 5 | .. | 0 | .. | 55 | .. | .. |
| **Länder mit niedr. u. mittl. Eink.** | | | | | | | | | | | |
|   Afrika südlich der Sahara | | | | | | | | | | | |
|   Ostasien u. Pazifik | | | | | | | | | | | |
|   Südasien | | | | | | | | | | | |
|   Europa u. Zentralasien | | | | | | | | | | | |
|   Naher Osten u. Nordafrika | | | | | | | | | | | |
|   Lateinamerika u. Karibik | | | | | | | | | | | |
| **Länder mit gravierenden Schuldenproblemen** | | | | | | | | | | | |
| **Länder mit hohem Einkommen** | | | | | | | | | | | |
| 109 | Neuseeland | 1 | 7 | 88 | 66 | 2 | 6 | 10 | 22 | 19 | 7 |
| 110 | Irland | 8 | 2 | 52 | 23 | 7 | 29 | 34 | 46 | 11 | 4 |
| 111 | Spanien | 10 | 5 | 37 | 17 | 20 | 41 | 34 | 36 | 6 | 4 |
| 112 | †Israel | 4 | 2 | 26 | 7 | 5 | 31 | 66 | 60 | 14 | 6 |
| 113 | Australien | 28 | 36 | 53 | 29 | 6 | 8 | 13 | 28 | 17 | 9 |
| 114 | †Hongkong | 2 | 2 | 3 | 5 | 12 | 26 | 84 | 67 | 44 | .. |
| 115 | Großbritannien | 8 | 10 | 9 | 9 | 41 | 41 | 42 | 40 | 8 | 5 |
| 116 | Finnland | 4 | 6 | 29 | 11 | 17 | 32 | 50 | 51 | 6 | 2 |
| 117 | †Kuwait | 94 | .. | 1 | .. | 1 | .. | 4 | .. | 0 | .. |
| 118 | Italien | 7 | 3 | 10 | 7 | 37 | 37 | 46 | 52 | 14 | 12 |
| 119 | †Singapur | 25 | 14 | 45 | 6 | 11 | 55 | 20 | 25 | 6 | 4 |
| 120 | Kanada | 26 | 17 | 22 | 17 | 32 | 40 | 19 | 26 | 1 | 1 |
| 121 | Niederlande | 14 | 11 | 29 | 25 | 20 | 24 | 37 | 40 | 8 | 4 |
| 122 | †Vereinigte Arab. Emirate | .. | .. | .. | .. | .. | .. | .. | .. | .. | .. |
| 123 | Belgien[e] | 13 | 7 | 11 | 12 | 21 | 27 | 55 | 54 | 12 | 8 |
| 124 | Frankreich | 6 | 5 | 19 | 17 | 33 | 38 | 42 | 40 | 9 | 5 |
| 125 | Österreich | 6 | 4 | 14 | 7 | 24 | 38 | 56 | 52 | 12 | 8 |
| 126 | Deutschland | 6[f] | 4 | 5[f] | 6 | 47[f] | 48 | 43[f] | 42 | 6[f] | 5 |
| 127 | Schweden | 8 | 7 | 18 | 8 | 40 | 44 | 35 | 42 | 3 | 2 |
| 128 | Vereinigte Staaten | 9 | 4 | 21 | 14 | 42 | 49 | 28 | 33 | 3 | 3 |
| 129 | Norwegen | 25 | 59 | 20 | 10 | 23 | 13 | 32 | 18 | 3 | 1 |
| 130 | Dänemark | 4 | 4 | 42 | 29 | 27 | 27 | 27 | 40 | 6 | 5 |
| 131 | Japan | 2 | 2 | 5 | 1 | 41 | 68 | 53 | 29 | 13 | 2 |
| 132 | Schweiz | 3 | 2 | 8 | 4 | 32 | 30 | 58 | 65 | 9 | 4 |
| **Gesamte Welt** | | | | | | | | | | | |

[a] Textilfasern sind in Sonstigen Rohstoffen enthalten, Textilien und Bekleidung in Übrigen Industrieprodukten. [b] Einschl. Eritrea. [c] Ohne Handel zwischen den ehemaligen Sowjetrepubliken. [d] Ohne Kanalzone. [e] Einschließlich Luxemburg. [f] Die Angaben beziehen sich auf die Bundesrepublik Deutschland vor der Vereinigung.

# Tabelle 16  OECD-Importe von Industrieprodukten

| | | Importwert von Industrieprodukten nach Herkunftsländern (in Mio $) | | Zusammensetzung der Importe von Industrieprodukten im Jahr 1993 (in %) | | | | |
|---|---|---|---|---|---|---|---|---|
| | | 1970 | 1993 | Textilien und Bekleidung | Chemische Erzeugnisse | Elektrotechnische und elektronische Erzeugnisse | Fahrzeuge | Übrige Erzeugnisse |
| | **Länder mit niedrigem Einkommen** | 1.257 s | 97.400 s | 38,5 w | 3,8 w | 9,0 w | 1,1 w | 47,7 w |
| | **Ohne China und Indien** | 480 s | 13.071 s | 65,8 w | 2,9 w | 0,9 w | 2,6 w | 27,8 w |
| 1 | Mosambik | 7 | 11 | 65,7 | 1,0 | 3,8 | 0,0 | 29,5 |
| 2 | Tansania | 9 | 51 | 55,5 | 0,8 | 0,8 | 5,5 | 37,4 |
| 3 | Äthiopien[a] | 4 | 2 | 8,3 | 4,2 | 0,0 | 0,0 | 87,5 |
| 4 | Sierra Leone | 2 | 104 | 1,1 | 1,5 | 1,1 | 0,1 | 96,3 |
| 5 | Vietnam | 1 | .. | .. | .. | .. | .. | .. |
| 6 | Burundi | 0 | 2 | 35,0 | 5,0 | 10,0 | 0,0 | 50,0 |
| 7 | Uganda | 1 | 3 | 10,3 | 0,0 | 48,3 | 3,4 | 37,9 |
| 8 | Nepal | 1 | 367 | 94,2 | 0,1 | 0,1 | 0,1 | 5,4 |
| 9 | Malawi | 1 | 14 | 93,0 | 0,0 | 0,7 | 0,0 | 6,3 |
| 10 | Tschad | 0 | 3 | 0,0 | .. | 3,6 | .. | 96,4 |
| 11 | Ruanda | 0 | 1 | 0,0 | 0,0 | 23,1 | 0,0 | 76,9 |
| 12 | Bangladesch | .. | 2.017 | 90,8 | 0,0 | 0,3 | 3,2 | 5,7 |
| 13 | Madagaskar | 7 | 77 | 76,9 | 6,7 | 0,0 | 0,1 | 16,3 |
| 14 | Guinea-Bissau | .. | .. | .. | .. | .. | .. | .. |
| 15 | Kenia | 16 | 133 | 32,7 | 5,9 | 7,6 | 1,9 | 51,8 |
| 16 | Mali | 2 | 45 | 2,0 | 0,7 | 56,6 | 0,4 | 40,3 |
| 17 | Niger | 0 | 158 | 0,4 | 97,5 | 0,2 | 0,1 | 1,9 |
| 18 | Laos, Dem. VR | 0 | 60 | 92,8 | 0,0 | 1,2 | 0,0 | 6,0 |
| 19 | Burkina Faso | 0 | 7 | 1,4 | 4,3 | 5,7 | 1,4 | 87,1 |
| 20 | Indien | 534 | 12.214 | 46,3 | 5,4 | 1,1 | 1,2 | 46,0 |
| 21 | Nigeria | 13 | 199 | 4,5 | 20,8 | 2,3 | 3,4 | 69,0 |
| 22 | Albanien | 1 | 71 | 25,5 | 1,4 | 1,1 | 0,7 | 71,3 |
| 23 | Nicaragua | 6 | 32 | 39,1 | 3,2 | 0,3 | 1,6 | 55,8 |
| 24 | Togo | 0 | 12 | 17,5 | 2,5 | 7,5 | 0,8 | 71,7 |
| 25 | Gambia | 0 | 69 | 0,4 | 0,0 | 0,1 | 0,3 | 99,1 |
| 26 | Sambia | 4 | 31 | 47,3 | 0,6 | 0,6 | 1,0 | 50,5 |
| 27 | Mongolei | 0 | 37 | 68,8 | 27,2 | 0,0 | 0,0 | 4,1 |
| 28 | Zentralafrik. Rep. | 12 | 85 | 0,0 | 0,1 | 0,0 | .. | 99,9 |
| 29 | Benin | 0 | 8 | 18,4 | 64,5 | 1,3 | 0,0 | 15,8 |
| 30 | Ghana | 8 | 183 | 0,7 | 0,9 | 1,1 | 0,6 | 96,7 |
| 31 | Pakistan | 207 | 3.588 | 86,8 | 0,3 | 0,2 | 0,1 | 12,5 |
| 32 | Tadschikistan[b] | .. | 2 | 10,0 | 10,0 | 5,0 | 0,0 | 75,0 |
| 33 | China | 243 | 72.115 | 32,2 | 3,6 | 11,8 | 0,8 | 51,6 |
| 34 | Guinea | 38 | 215 | 0,0 | 8,8 | 0,6 | 0,3 | 90,3 |
| 35 | Mauretanien | 0 | 4 | 18,6 | 2,3 | 9,3 | 23,3 | 46,5 |
| 36 | Simbabwe | 0 | 271 | 32,7 | 0,2 | 0,8 | 6,9 | 59,4 |
| 37 | Georgien[b] | .. | 9 | 15,4 | 38,5 | 1,1 | 2,2 | 42,9 |
| 38 | Honduras | 3 | 611 | 88,0 | 0,6 | 0,0 | 0,1 | 11,3 |
| 39 | Sri Lanka | 9 | 2.057 | 73,7 | 1,0 | 1,6 | 0,1 | 23,6 |
| 40 | Côte d'Ivoire | 7 | 235 | 20,4 | 1,5 | 0,8 | 3,0 | 74,3 |
| 41 | Lesotho[c] | .. | .. | .. | .. | .. | .. | .. |
| 42 | Armenien[b] | .. | 15 | 7,1 | 3,2 | 0,0 | 0,0 | 89,6 |
| 43 | Ägypten, Arab. Rep. | 33 | 991 | 59,5 | 4,7 | 0,7 | 12,7 | 22,4 |
| 44 | *Myanmar* | 4 | 64 | 68,7 | 0,8 | 2,7 | 0,3 | 27,6 |
| 45 | *Jemen, Rep.* | .. | 21 | 1,9 | 1,0 | 6,3 | 24,3 | 66,5 |
| | **Länder mit mittlerem Einkommen** | .. | 230.097 s | 22,7 w | 6,2 w | 19,2 w | 7,1 w | 44,8 w |
| | **Untere Einkommenskategorie** | .. | 86.935 s | 33,1 w | 7,0 w | 10,7 w | 3,2 w | 46,0 w |
| 46 | Aserbaidschan[b] | .. | 6 | 47,5 | 13,1 | 4,9 | 1,6 | 32,8 |
| 47 | Indonesien | 15 | 12.060 | 32,6 | 2,2 | 5,6 | 0,7 | 59,0 |
| 48 | Senegal | 4 | 19 | 21,6 | 3,8 | 7,6 | 1,1 | 65,9 |
| 49 | Bolivien | 1 | 88 | 14,5 | 6,9 | 0,3 | 0,5 | 77,8 |
| 50 | Kamerun | 4 | 38 | 18,5 | 3,4 | 2,6 | 2,6 | 72,8 |
| 51 | Mazedonien | .. | .. | .. | .. | .. | .. | .. |
| 52 | Kirgisistan | .. | 4 | 30,2 | 34,9 | 4,7 | 2,3 | 27,9 |
| 53 | Philippinen | 108 | 7.614 | 28,4 | 1,4 | 35,8 | 0,7 | 33,7 |
| 54 | Kongo | 4 | 357 | 0,0 | 0,1 | 0,1 | 0,0 | 99,8 |
| 55 | Usbekistan[b] | .. | 13 | 20,5 | 71,2 | 0,0 | 0,0 | 8,3 |
| 56 | Marokko | 32 | 2.684 | 67,3 | 12,9 | 9,3 | 1,1 | 9,5 |
| 57 | Moldau[b] | .. | 22 | 70,1 | 1,3 | 0,4 | 0,4 | 27,7 |
| 58 | Guatemala | 5 | 679 | 88,8 | 2,8 | 0,1 | 0,1 | 8,3 |
| 59 | Papua-Neuguinea | 4 | 21 | 7,2 | 1,0 | 1,0 | 8,7 | 82,1 |
| 60 | Bulgarien | 68 | 786 | 38,6 | 16,6 | 6,8 | 0,7 | 37,3 |
| 61 | Rumänien | 188 | 2.037 | 42,3 | 4,1 | 3,4 | 2,0 | 48,2 |
| 62 | Jordanien | 1 | 85 | 27,6 | 26,3 | 5,4 | 20,2 | 20,5 |
| 63 | Ecuador | 3 | 117 | 19,8 | 3,1 | 5,1 | 15,3 | 56,6 |
| 64 | Dominikanische Rep. | 10 | 2.547 | 59,5 | 0,6 | 7,8 | 0,0 | 32,1 |
| 65 | El Salvador | 2 | 370 | 76,5 | 3,1 | 12,6 | 0,0 | 7,7 |
| 66 | Litauen[b] | .. | 249 | 32,5 | 34,1 | 2,4 | 3,4 | 27,6 |
| 67 | Kolumbien | 52 | 1.253 | 34,6 | 5,4 | 0,4 | 0,3 | 59,3 |
| 68 | Jamaika | 117 | 962 | 48,2 | 45,9 | 0,4 | 0,1 | 5,5 |
| 69 | Peru | 12 | 430 | 54,8 | 7,5 | 0,7 | 0,3 | 36,7 |
| 70 | Paraguay | 5 | 87 | 5,4 | 12,6 | 11,0 | 0,1 | 70,9 |
| 71 | Kasachstan[b] | .. | 140 | 0,4 | 37,0 | 0,1 | 0,1 | 62,3 |
| 72 | Tunesien | 19 | 2.582 | 70,3 | 5,2 | 8,6 | 4,7 | 11,3 |

*Anmerkung:* Zur Vergleichbarkeit der Daten und ihrer Abgrenzung vgl. Technische Erläuterungen. Kursive Zahlen gelten für andere als die angegebenen Jahre.

|  |  | Importwert von Industrieprodukten nach Herkunftsländern (in Mio $) | | Zusammensetzung der Importe von Industrieprodukten im Jahr 1993 (in %) | | | | |
|---|---|---|---|---|---|---|---|---|
|  |  | 1970 | 1993 | Textilien und Bekleidung | Chemische Erzeugnisse | Elektrotechnische und elektronische Erzeugnisse | Fahrzeuge | Übrige Erzeugnisse |
| 73 | Algerien | 39 | 1.435 | 0,3 | 3,6 | 0,2 | 0,2 | 95,7 |
| 74 | Namibia c | .. | .. | .. | .. | .. | .. | .. |
| 75 | Slowakei |  | 1.452 | 21,5 | 11,1 | 4,4 | 6,6 | 56,3 |
| 76 | Lettland b | .. | 202 | 22,7 | 27,1 | 3,0 | 1,8 | 45,3 |
| 77 | Thailand | 32 | 16.882 | 18,5 | 1,8 | 19,0 | 1,0 | 59,6 |
| 78 | Costa Rica | 5 | 1.023 | 69,5 | 1,9 | 9,2 | 0,1 | 19,3 |
| 79 | Ukraine b | .. | 803 | 14,0 | 32,3 | 2,2 | 1,8 | 49,7 |
| 80 | Polen | 287 | 7.066 | 25,0 | 8,4 | 6,9 | 13,3 | 46,4 |
| 81 | Russische Föderation b | .. | 5.600 | 3,9 | 27,5 | 1,4 | 5,0 | 62,2 |
| 82 | Panama | 18 d | 365 | 15,1 | 3,4 | 2,6 | 21,7 | 57,1 |
| 83 | Tschechische Rep. | .. | 5.800 | 15,0 | 9,2 | 7,8 | 9,1 | 59,0 |
| 84 | Botsuana c | .. | .. | .. | .. | .. | .. | .. |
| 85 | Türkei | 47 | 7.255 | 72,3 | 2,8 | 5,4 | 2,9 | 16,6 |
| 86 | *Iran, Islam. Rep.* | 133 | 723 | 84,9 | 1,0 | 1,8 | 0,6 | 11,7 |
| | **Obere Einkommenskategorie** | **2.798** s | **143.162** s | **16,4** w | **5,8** w | **24,4** w | **9,4** w | **44,0** w |
| 87 | Venezuela | 24 | 865 | 1,7 | 23,8 | 1,7 | 9,8 | 63,0 |
| 88 | Weißrußland b | .. | 223 | 17,8 | 38,5 | 5,9 | 2,2 | 35,6 |
| 89 | Brasilien | 197 | 10.126 | 7,5 | 10,5 | 4,7 | 8,3 | 68,9 |
| 90 | Südafrika c | 325 | 3.620 | 8,2 | 10,5 | 2,8 | 4,4 | 74,2 |
| 91 | Mauritius | 1 | 868 | 86,4 | 0,2 | 0,6 | 0,1 | 12,6 |
| 92 | Estland b | .. | 237 | 42,2 | 11,9 | 5,4 | 2,0 | 38,5 |
| 93 | Malaysia | 39 | 20.571 | 10,7 | 2,2 | 47,1 | 1,3 | 38,7 |
| 94 | Chile | 15 | 774 | 7,3 | 27,1 | 0,7 | 1,2 | 63,6 |
| 95 | Ungarn | 210 | 4.710 | 23,3 | 13,4 | 14,2 | 5,0 | 44,1 |
| 96 | Mexiko | 508 | 35.317 | 5,6 | 3,3 | 32,3 | 21,4 | 37,5 |
| 97 | Trinidad und Tobago | 39 | 347 | 1,0 | 66,9 | 0,6 | 0,8 | 30,8 |
| 98 | Uruguay | 23 | 241 | 43,6 | 3,3 | 0,1 | 1,3 | 51,7 |
| 99 | Oman | 0 | 236 | 37,4 | 0,8 | 10,8 | 13,4 | 37,6 |
| 100 | Gabun | 8 | 48 | 0,0 | 51,9 | 1,1 | 0,6 | 46,4 |
| 101 | Slowenien | .. | 3.721 | 21,3 | 3,6 | 12,7 | 12,4 | 50,0 |
| 102 | Puerto Rico | .. | .. | .. | .. | .. | .. | .. |
| 103 | Argentinien | 104 | 1.285 | 4,8 | 18,7 | 1,3 | 11,8 | 63,4 |
| 104 | Griechenland | 185 | 3.160 | 57,5 | 4,9 | 4,8 | 0,8 | 32,0 |
| 105 | Korea, Rep. | 524 | 39.473 | 19,8 | 4,0 | 24,8 | 6,2 | 45,2 |
| 106 | Portugal | 396 | 11.888 | 34,5 | 4,8 | 11,1 | 7,8 | 41,7 |
| 107 | *Saudi-Arabien* | 16 | 2.060 | 0,5 | 40,5 | 9,0 | 9,4 | 40,6 |
| 108 | *Turkmenistan* b | .. | 6 | 69,0 | 0,0 | 1,7 | 0,0 | 29,3 |
| | **Länder mit niedr. u. mittl. Eink.** | .. | **327.497** s | **27,4** w | **5,5** w | **16,2** w | **5,3** w | **45,6** w |
| | Afrika südlich der Sahara | 515 s | 7.879 s | 17,5 w | 8,5 w | 2,1 w | 3,8 w | 68,2 w |
| | Ostasien u. Pazifik | 1.086 s | 171.044 s | 25,7 w | 3,1 w | 20,3 w | 2,1 w | 48,8 w |
| | Südasien | 760 s | 20.299 s | 61,6 w | 3,4 w | 0,9 w | 1,1 w | 33,0 w |
| | Europa u. Zentralasien | .. | 58.464 s | 31,9 w | 9,6 w | 8,4 w | 6,7 w | 43,5 w |
| | Naher Osten u. Nordafrika | 304 s | 11.535 s | 44,2 w | 14,3 w | 6,3 w | 4,9 w | 30,3 w |
| | Lateinamerika u. Karibik | 1.294 s | 58.275 s | 13,8 w | 6,9 w | 21,2 w | 15,1 w | 43,0 w |
| | **Länder mit gravierenden Schuldenproblemen** | **889** s | **24.890** s | **22,9** w | **11,7** w | **5,3** w | **8,4** w | **51,7** w |
| | **Länder mit hohem Einkommen** | **120.190** s | **120.190** s | **5,5** w | **13,1** w | **11,8** w | **19,0** w | **50,6** w |
| 109 | Neuseeland | 121 | 2.191 | 9,5 | 22,2 | 6,4 | 4,2 | 57,7 |
| 110 | Irland | 439 | 18.112 | 5,0 | 33,3 | 10,4 | 1,3 | 50,0 |
| 111 | Spanien | 773 | 31.153 | 4,4 | 9,6 | 7,8 | 38,0 | 40,2 |
| 112 | †Israel | 308 | 9.234 | 9,6 | 13,4 | 11,0 | 2,2 | 63,8 |
| 113 | Australien | 471 | 6.261 | 4,3 | 28,4 | 5,0 | 11,2 | 51,1 |
| 114 | †Hongkong | 1.861 | 25.524 | 40,1 | 0,6 | 13,8 | 0,4 | 44,9 |
| 115 | Großbritannien | 10.457 | 103.259 | 4,8 | 18,8 | 10,0 | 14,6 | 51,8 |
| 116 | Finnland | 1.170 | 14.880 | 2,2 | 8,5 | 10,6 | 3,6 | 75,2 |
| 117 | †Kuwait | 6 | 215 | 24,3 | 0,7 | 12,4 | 19,3 | 43,3 |
| 118 | Italien | 7.726 | 96.742 | 15,5 | 8,9 | 7,8 | 10,2 | 57,6 |
| 119 | †Singapur | 112 | 26.022 | 3,6 | 4,3 | 23,0 | 1,7 | 67,4 |
| 120 | Kanada | 8.088 | 88.067 | 1,7 | 7,6 | 6,8 | 41,4 | 42,5 |
| 121 | Niederlande | 5.678 | 60.312 | 6,7 | 26,2 | 8,5 | 8,2 | 50,3 |
| 122 | †Vereinigte Arab. Emirate | 1 | 990 | 50,0 | 2,8 | 4,2 | 6,3 | 36,7 |
| 123 | Belgien e | 7.660 | 68.771 | 7,9 | 21,7 | 5,5 | 23,0 | 41,9 |
| 124 | Frankreich | 9.240 | 123.610 | 5,3 | 17,0 | 9,0 | 24,9 | 43,9 |
| 125 | Österreich | 1.637 | 28.206 | 8,2 | 8,8 | 11,2 | 7,9 | 63,9 |
| 126 | Deutschland | 23.342 f | 229.187 | 4,8 | 15,7 | 10,6 | 21,0 | 48,0 |
| 127 | Schweden | 4.143 | 32.918 | 1,4 | 12,4 | 11,3 | 17,5 | 57,4 |
| 128 | Vereinigte Staaten | 21.215 | 220.129 | 2,4 | 12,7 | 14,4 | 18,6 | 51,8 |
| 129 | Norwegen | 1.059 | 7.157 | 1,5 | 22,8 | 7,9 | 6,5 | 61,4 |
| 130 | Dänemark | 1.413 | 16.317 | 6,7 | 16,6 | 10,5 | 3,2 | 63,0 |
| 131 | Japan | 8.851 | 195.574 | 1,0 | 4,1 | 19,5 | 28,9 | 46,5 |
| 132 | Schweiz | 3.568 | 48.238 | 4,5 | 24,2 | 9,3 | 2,7 | 59,3 |
| | **Gesamte Welt** | .. | **1.832.379** s | **9,4** w | **11,8** w | **12,6** w | **16,5** w | **49,7** w |

*Anmerkung:* Nur Importe der OECD-Länder mit hohem Einkommen. Für 1970 basieren sie auf SITC, Revision 1 und für 1993 auf Revision 2. a Einschl. Eritrea. b Ohne Handel zwischen den ehemaligen Sowjetrepubliken. c Die Angaben beziehen sich auf die Südafrikanische Zollunion, der Südafrika, Namibia, Lesotho, Botsuana und Swasiland angehören; der Handel zwischen diesen Teilgebieten ist nicht in den Angaben enthalten. d Ohne Kanalzone. e Einschließlich Luxemburg. f Die Angaben beziehen sich auf die Bundesrepublik Deutschland vor der Vereinigung.

# Tabelle 17  Zahlungsbilanzen und Währungsreserven

| | | Leistungsbilanzsaldo (in Mio $) | | | Netto-Gastarbeiter-überweisungen (in Mio $) | | Bruttowährungsreserven | | |
|---|---|---|---|---|---|---|---|---|---|
| | | Einschl. öffentlicher Übertragungen | | Ohne öffentliche Übertragungen | | | | In Mio $ | | Einfuhr-deckung in Monaten |
| | | 1970 | 1993 | 1970 | 1993 | 1970 | 1993 | 1970 | 1993 | 1993 |
| **Länder mit niedrigem Einkommen** | | | | | | | | .. | 70.632s | 3,8w |
| **Ohne China und Indien** | | | | | | | | 9.722s | 28.609s | 4,2w |
| 1 | Mosambik | .. | −317 | .. | −820 | .. | 60 | .. | .. | 2,2 |
| 2 | Tansania | −36 | −408 | −37 | −935 | .. | .. | 65 | 203 | 2,1 |
| 3 | Äthiopien[a] | −32 | −183 | −43 | −433 | .. | 248 | 72 | 500 | 2,8 |
| 4 | Sierra Leone | −16 | −89 | −20 | −128 | .. | .. | 39 | 33 | 0,9 |
| 5 | Vietnam | .. | −869 | .. | −1.063 | .. | .. | 48 | 7 | 0,0 |
| 6 | Burundi | 2 | −26 | −2 | −190 | .. | .. | 15 | 170 | 6,3 |
| 7 | Uganda | 20 | −107 | 19 | −369 | −5 | .. | 57 | 146 | 1,5 |
| 8 | Nepal | −1 | −195 | −25 | −263 | .. | .. | 94 | 518 | 6,8 |
| 9 | Malawi | −35 | −143 | −46 | −221 | −4 | .. | 29 | 62 | 0,7 |
| 10 | Tschad | 2 | −84 | −33 | −264 | −6 | −35 | 2 | 43 | 2,0 |
| 11 | Ruanda | 7 | −112 | −12 | −360 | −4 | 4 | 8 | 47 | 2,5 |
| 12 | Bangladesch | −114 | 243 | −234 | −535 | .. | 942 | .. | 2.447 | 5,5 |
| 13 | Madagaskar | 10 | −167 | −42 | −326 | −26 | .. | 37 | .. | *1,2* |
| 14 | Guinea-Bissau | .. | −25 | .. | −80 | .. | −2 | .. | 14 | 1,7 |
| 15 | Kenia | −49 | 153 | −86 | 59 | .. | −3 | 220 | 437 | 0,4 |
| 16 | Mali | −2 | −103 | −22 | −374 | −1 | 87 | 1 | 340 | 4,0 |
| 17 | Niger | 0 | −29 | −32 | −165 | −3 | −34 | 19 | 196 | 6,1 |
| 18 | Laos, Dem. VR | .. | −13 | .. | −117 | .. | .. | 6 | 154 | 3,4 |
| 19 | Burkina Faso | 9 | −117 | −21 | −493 | 16 | 71 | 36 | 387 | 4,4 |
| 20 | Indien | −385 | −315 | −591 | −685 | 80 | 3.050 | 1.023 | 14.675 | 3,6 |
| 21 | Nigeria | −368 | *2.268* | −412 | *1.537* | .. | 22 | 223 | 1.640 | *1,2* |
| 22 | Albanien | .. | −7 | .. | −304 | .. | 278 | 7.075 | .. | .. |
| 23 | Nicaragua | −40 | −457 | −43 | −853 | .. | 25 | 49 | 93 | 2,1 |
| 24 | Togo | 3 | −98 | −14 | −129 | −3 | 2 | 35 | 161 | 4,9 |
| 25 | Gambia | 0 | 7 | 0 | −35 | .. | .. | 8 | *94* | *4,5* |
| 26 | Sambia | 108 | −471 | 107 | −471 | −48 | .. | 515 | 192 | 1,3 |
| 27 | Mongolei | .. | 31 | .. | −40 | .. | .. | .. | 66 | 0,6 |
| 28 | Zentralafrik. Rep. | −12 | −21 | −24 | −139 | −4 | .. | 1 | 116 | 3,7 |
| 29 | Benin | −3 | −52 | −23 | −212 | .. | 87 | 16 | 248 | 3,8 |
| 30 | Ghana | −68 | −572 | −76 | −828 | −9 | 8 | 43 | 517 | 2,5 |
| 31 | Pakistan | −667 | −3.327 | −705 | −3.688 | 86 | 1.562 | 195 | 1.995 | 1,4 |
| 32 | Tadschikistan | .. | .. | .. | .. | .. | .. | .. | .. | .. |
| 33 | China* | −81 | −11.609 | −81 | −11.898 | .. | 93 | .. | 27.348 | 3,8 |
| 34 | Guinea | .. | 79 | .. | −67 | .. | −20 | .. | .. | .. |
| 35 | Mauretanien | −5 | −94 | −13 | −177 | −6 | 23 | 3 | 49 | 1,2 |
| 36 | Simbabwe | −14 | −116 | −26 | −295 | .. | .. | 59 | 628 | 1,8 |
| 37 | Georgien | .. | −191 | .. | −191 | .. | .. | .. | .. | .. |
| 38 | Honduras | −64 | −393 | −68 | −496 | .. | .. | 20 | 106 | 1,6 |
| 39 | Sri Lanka | −59 | −381 | −71 | −541 | 3 | 632 | 43 | 1.686 | 2,9 |
| 40 | Côte d'Ivoire | −38 | −1.229 | −73 | −1.402 | −56 | −394 | 119 | 20 | 0,1 |
| 41 | Lesotho | 18 | 22 | −1 | −376 | 29 | .. | .. | 253 | 1,8 |
| 42 | Armenien | .. | −40 | .. | −184 | .. | .. | .. | .. | .. |
| 43 | Ägypten, Arab. Rep. | −148 | 1.566 | −452 | 208 | 29 | 4.960 | 165 | 13.854 | 9,3 |
| 44 | *Myanmar* | −63 | .. | −81 | .. | .. | .. | 98 | 401 | 3,5 |
| 45 | Jemen, Rep. | .. | −1.344 | .. | −1.441 | .. | 347 | .. | *337* | *1,3* |
| **Länder mit mittlerem Einkommen** | | | | | | | | | | |
| **Untere Einkommenskategorie** | | | | | | | | | | |
| 46 | Aserbaidschan | .. | *503* | .. | *503* | .. | .. | .. | .. | .. |
| 47 | Indonesien | −310 | −2.016 | −376 | −2.298 | .. | 346 | 160 | 12.474 | 3,3 |
| 48 | Senegal | −16 | −305 | −66 | −545 | −16 | 40 | 22 | 15 | 0,1 |
| 49 | Bolivien | 4 | −495 | 2 | −693 | .. | .. | 46 | 572 | 3,7 |
| 50 | Kamerun | −30 | −638 | −47 | −794 | −11 | .. | 81 | 120 | 0,5 |
| 51 | Mazedonien | .. | .. | .. | .. | .. | .. | .. | .. | .. |
| 52 | Kirgisistan | .. | *−101* | .. | *−123* | .. | .. | .. | .. | .. |
| 53 | Philippinen | −48 | −3.289 | −138 | −3.590 | .. | 279 | 255 | 5.934 | 3,3 |
| 54 | Kongo | −45 | −507 | −53 | −532 | −3 | −78 | 9 | 6 | 0,1 |
| 55 | Usbekistan | .. | −405 | .. | −405 | .. | .. | .. | .. | .. |
| 56 | Marokko | −124 | −525 | −161 | −679 | 27 | 1.945 | 142 | 3.930 | 4,8 |
| 57 | Moldau | .. | −149 | .. | −164 | .. | .. | .. | .. | .. |
| 58 | Guatemala | −8 | −687 | −8 | −689 | .. | 199 | 79 | 950 | 3,2 |
| 59 | Papua-Neuguinea | −89 | 495 | −239 | 323 | .. | 69 | .. | 166 | 1,3 |
| 60 | Bulgarien | .. | −523 | .. | −523 | .. | .. | .. | 2.376 | 6,1 |
| 61 | Rumänien | *−23* | −1.162 | *−23* | −1.281 | .. | .. | .. | 1.921 | 2,9 |
| 62 | Jordanien | −20 | −472 | −130 | −472 | .. | 1.040 | 258 | 1.946 | 2,7 |
| 63 | Ecuador | −113 | −360 | −122 | −490 | .. | .. | 76 | 1.542 | 3,2 |
| 64 | Dominikanische Rep. | −102 | 161 | −103 | −241 | 25 | 362 | 32 | 658 | 2,0 |
| 65 | El Salvador | 9 | −77 | 7 | −299 | .. | 789 | 64 | 720 | 3,4 |
| 66 | Litauen | .. | −69 | .. | −81 | .. | .. | .. | .. | .. |
| 67 | Kolumbien | −293 | −2.220 | −333 | −2.220 | 6 | 455 | 207 | 7.670 | 8,6 |
| 68 | Jamaika | −153 | −182 | −149 | −247 | 29 | .. | 139 | *324* | *1,5* |
| 69 | Peru | 202 | −1.768 | 146 | −2.217 | .. | 220 | 339 | 3.918 | 6,3 |
| 70 | Paraguay | −16 | −492 | −19 | −492 | .. | .. | 18 | 645 | 2,7 |
| 71 | Kasachstan | .. | *−1.479* | .. | *−1.479* | .. | .. | .. | 938 | .. |
| 72 | Tunesien | −53 | −912 | −88 | −1.023 | 20 | 590 | 60 | .. | 1,4 |
| * Angaben für Taiwan (China) | | 1 | 6.714 | 2 | 6.741 | .. | .. | 627 | 88.869 | 11,0 |

*Anmerkung:* Zur Vergleichbarkeit der Daten und ihrer Abgrenzung vgl. Technische Erläuterungen. Kursive Zahlen gelten für andere als die angegebenen Jahre.

|  |  | Leistungsbilanzsaldo (in Mio $) | | | | Netto-Gastarbeiter-überweisungen (in Mio $) | | Bruttowährungsreserven | | |
|---|---|---|---|---|---|---|---|---|---|---|
|  |  | Einschl. öffentlicher Übertragungen | | Ohne öffentliche Übertragungen | | | | In Mio $ | | Einfuhr-deckung in Monaten |
|  |  | 1970 | 1993 | 1970 | 1993 | 1970 | 1993 | 1970 | 1993 | 1993 |
| 73 | Algerien | −125 | 361 | −163 | 361 | 178 | 993 | 352 | 3.656 | 3,2 |
| 74 | Namibia | .. | 201 | .. | 179 | .. | .. | .. | 134 | 0,3 |
| 75 | Slowakei | .. | −435 | .. | −532 | .. | .. | .. | 920 | .. |
| 76 | Lettland | .. | .. | .. | .. | .. | .. | .. | .. | .. |
| 77 | Thailand | −250 | −6.928 | −296 | −6.959 | .. | .. | 911 | 25.439 | 5,1 |
| 78 | Costa Rica | −74 | −470 | −77 | −537 | .. | .. | 16 | 1.038 | 3,8 |
| 79 | Ukraine | .. | −863 | .. | −970 | .. | .. | .. | .. | .. |
| 80 | Polen | .. | −3.698 | .. | −5.927 | .. | .. | .. | 4.277 | 2,2 |
| 81 | Russische Föderation | .. | 5.300 | .. | 2.700 | .. | .. | .. | .. | .. |
| 82 | Panama | −64 | 70 | −79 | −136 | .. | .. | 16 | 597 | 0,8 |
| 83 | Tschechische Rep. | .. | −228 | .. | 369 | .. | .. | .. | 4.551 | .. |
| 84 | Botsuana | −30 | .. | −35 | .. | −9 | .. | .. | 4.153 | 0,0 |
| 85 | Türkei | −44 | −6.380 | −57 | −7.113 | 273 | 2.919 | 440 | 7.846 | 3,0 |
| 86 | *Iran, Islam. Rep.* | −507 | −3.765 | −511 | −3.765 | .. | .. | 217 | .. | .. |
| **Obere Einkommenskategorie** | | | | | | | | **11.144**s | **211.138**s | **4,7**w |
| 87 | Venezuela | −104 | −2.223 | −98 | −2.216 | −87 | −746 | 1.047 | 13.693 | 7,8 |
| 88 | Weißrußland | .. | −404 | .. | −404 | .. | .. | .. | .. | .. |
| 89 | Brasilien | −837 | −637 | −861 | −608 | .. | .. | 1.190 | 31.747 | 7,6 |
| 90 | Südafrika | −1.215 | 1.805 | −1.253 | 1.743 | .. | .. | 1.057 | 2.879 | 1,4 |
| 91 | Mauritius | 8 | −92 | 5 | −96 | .. | .. | 46 | 781 | 4,8 |
| 92 | Estland | .. | −62 | .. | −60 | .. | .. | .. | .. | .. |
| 93 | Malaysia | 8 | −2.103 | 2 | −2.100 | .. | .. | 667 | 28.183 | 4,5 |
| 94 | Chile | −91 | −2.093 | −95 | −2.418 | .. | .. | 392 | 10.369 | 8,4 |
| 95 | Ungarn | .. | −4.262 | .. | −4.282 | .. | .. | .. | 6.816 | 3,7 |
| 96 | Mexiko | −1.068 | −23.393 | −1.098 | −23.393 | .. | .. | 756 | 25.299 | 2,7 |
| 97 | Trinidad und Tobago | −109 | *122* | −104 | *123* | 3 | 6 | 43 | 228 | *1,1* |
| 98 | Uruguay | −45 | −227 | −55 | −252 | .. | .. | 186 | 1.423 | 4,9 |
| 99 | Oman | .. | −1.069 | .. | −1.087 | .. | −1.329 | 13 | 1.021 | 4,8 |
| 100 | Gabun | −3 | −269 | −15 | −284 | −8 | −141 | 15 | 6 | 0,3 |
| 101 | Slowenien | .. | *932* | .. | *885* | .. | .. | .. | 141 | .. |
| 102 | Puerto Rico | .. | .. | .. | .. | .. | .. | .. | .. | .. |
| 103 | Argentinien | −163 | −7.452 | −160 | −7.363 | .. | .. | 682 | 15.499 | 5,9 |
| 104 | Griechenland | −422 | −747 | −424 | −4.832 | 333 | 2.360 | 318 | 9.135 | 3,0 |
| 105 | Korea, Rep. | −623 | 384 | −706 | 526 | .. | .. | 610 | 21.455 | 2,2 |
| 106 | Portugal | −158 | 947 | −158 | −1.926 | 504 | 3.844 | 1.565 | 22.115 | 8,7 |
| 107 | *Saudi-Arabien* | 71 | −14.218 | 152 | −13.278 | −183 | −15.717 | 670 | 9.224 | 1,4 |
| 108 | *Turkmenistan* | .. | *927* | .. | *927* | .. | .. | .. | .. | .. |
| **Länder mit niedr. u. mittl. Eink.** | | | | | | | | | | |
| Afrika südlich der Sahara | | | | | | | | 3.085s | 15.164s | 2,4w |
| Ostasien u. Pazifik | | | | | | | | .. | 122.053s | 3,7w |
| Südasien | | | | | | | | 1.404s | 21.425s | 4,3w |
| Europa u. Zentralasien | | | | | | | | .. | .. | .. |
| Naher Osten u. Nordafrika | | | | | | | | 4.477s | 49.511s | 4,3w |
| Lateinamerika u. Karibik | | | | | | | | 5.527s | 118.421s | 5,6w |
| **Länder mit gravierenden Schuldenproblemen** | | | | | | | | 3.691s | 68.277s | 5,7w |
| **Länder mit hohem Einkommen** | | | | | | | | 72.544s | 974.281s | 2,7w |
| 109 | Neuseeland | −232 | −932 | −222 | −885 | 16 | 256 | 258 | 3.337 | 2,7 |
| 110 | Irland | −198 | 3.848 | −228 | 979 | .. | .. | 698 | 6.066 | 1,2 |
| 111 | Spanien | 79 | −6.258 | 79 | −9.112 | 469 | 1.495 | 1.851 | 47.146 | 4,5 |
| 112 | †Israel | −562 | −1.373 | −766 | −5.268 | .. | .. | 452 | 6.386 | 2,2 |
| 113 | Australien | −785 | −10.369 | −691 | −9.955 | .. | .. | 1.709 | 14.189 | 2,4 |
| 114 | †Hongkong | 225 | .. | 225 | .. | .. | .. | .. | .. | .. |
| 115 | Großbritannien | 1.970 | −16.391 | 2.376 | −9.145 | .. | .. | 2.918 | 43.982 | 1,4 |
| 116 | Finnland | −240 | −980 | −233 | −527 | .. | .. | 455 | 6.193 | 2,1 |
| 117 | †Kuwait | 853 | 6.344 | 853 | 6.474 | .. | −1.229 | 209 | 5.206 | 6,1 |
| 118 | Italien | 821 | 11.176 | 1.155 | 17.008 | 555 | 432 | 5.547 | 53.590 | 2,1 |
| 119 | †Singapur | −572 | 2.039 | −585 | 2.253 | .. | .. | 1.012 | 48.361 | 5,6 |
| 120 | Kanada | 1.008 | −23.869 | 960 | −23.506 | .. | .. | 4.733 | 14.846 | 1,0 |
| 121 | Niederlande | −485 | 9.775 | −509 | 13.243 | −51 | −353 | 3.362 | 45.036 | 2,4 |
| 122 | †Vereinigte Arab. Emirate | 90 | .. | 100 | .. | .. | .. | .. | 6.415 | .. |
| 123 | Belgienb | 716 | 12.588 | 904 | 14.574 | 38 | −365 | .. | .. | .. |
| 124 | Frankreich | −204 | 10.201 | 18 | 15.613 | −641 | −1.530 | 5.199 | 54.624 | 1,7 |
| 125 | Österreich | −79 | −875 | −77 | −639 | −7 | 44 | 1.806 | 21.878 | 2,8 |
| 126 | Deutschlandc | 837 | −25.563 | 1.839 | *−1.222* | −1.366 | −4.375 | 13.879 | 114.822 | *2,6* |
| 127 | Schweden | −265 | −1.835 | −160 | −244 | .. | 90 | 775 | 21.421 | 3,4 |
| 128 | Vereinigte Staaten | 2.330 | −103.925 | 4.680 | −85.525 | −650 | −7.660 | 15.237 | 164.620 | 2,3 |
| 129 | Norwegen | −242 | 2.453 | −200 | 3.534 | .. | −234 | 813 | 20.085 | 3,1 |
| 130 | Dänemark | −544 | 4.711 | −510 | 5.086 | .. | .. | 488 | 10.941 | 2,1 |
| 131 | Japan | 1.990 | 131.510 | 2.170 | 135.350 | .. | .. | 4.876 | 107.989 | 2,4 |
| 132 | Schweiz | 161 | 16.697 | 203 | 17.329 | −313 | −2.007 | 5.317 | 65.167 | 6,7 |
| **Gesamte Welt** | | | | | | | | .. | .. | .. |

a Einschl. Eritrea. b Einschließlich Luxemburg. c Die Angaben für die Zeit vor Juli 1990 beziehen sich auf die Bundesrepublik Deutschland vor der Vereinigung.

## Tabelle 18  Öffentliche Entwicklungshilfe von OECD- und OPEC-Ländern

| OECD: Gesamte Nettoabflüsse[a] | 1970 | 1975 | 1980 | 1985 | 1989 | 1990 | 1991 | 1992 | 1993 |
|---|---|---|---|---|---|---|---|---|---|
| | | | | | In Mio US-Dollar | | | | |
| 109 Neuseeland | 14 | 66 | 72 | 54 | 87 | 95 | 100 | 97 | 98 |
| 110 Irland | 0 | 8 | 30 | 39 | 49 | 57 | 72 | 70 | 81 |
| 113 Australien | 212 | 552 | 667 | 749 | 1.020 | 955 | 1.050 | 1.015 | 953 |
| 115 Großbritannien | 500 | 904 | 1.854 | 1.530 | 2.587 | 2.638 | 3.201 | 3.243 | 2.908 |
| 116 Finnland | 7 | 48 | 110 | 211 | 706 | 846 | 930 | 644 | 355 |
| 118 Italien | 147 | 182 | 683 | 1.098 | 3.613 | 3.395 | 3.347 | 4.122 | 3.043 |
| 120 Kanada | 337 | 880 | 1.075 | 1.631 | 2.320 | 2.470 | 2.604 | 2.515 | 2.373 |
| 121 Niederlande | 196 | 608 | 1.630 | 1.136 | 2.094 | 2.538 | 2.517 | 2.753 | 2.525 |
| 123 Belgien | 120 | 378 | 595 | 440 | 703 | 889 | 831 | 870 | 808 |
| 124 Frankreich | 971 | 2.093 | 4.162 | 3.995 | 5.802 | 7.163 | 7.386 | 8.270 | 7.915 |
| 125 Österreich | 11 | 79 | 178 | 248 | 282 | 394 | 548 | 556 | 544 |
| 126 Deutschland[b] | 599 | 1.689 | 3.567 | 2.942 | 4.948 | 6.320 | 6.890 | 7.583 | 6.954 |
| 127 Schweden | 117 | 566 | 962 | 840 | 1.799 | 2.007 | 2.116 | 2.460 | 1.769 |
| 128 Vereinigte Staaten | 3.153 | 4.161 | 7.138 | 9.403 | 7.677 | 11.394 | 11.262 | 11.709 | 9.721 |
| 129 Norwegen | 37 | 184 | 486 | 574 | 917 | 1.205 | 1.178 | 1.273 | 1.014 |
| 130 Dänemark | 59 | 205 | 481 | 440 | 937 | 1.171 | 1.200 | 1.392 | 1.340 |
| 131 Japan | 458 | 1.148 | 3.353 | 3.797 | 8.965 | 9.069 | 10.952 | 11.151 | 11.259 |
| 132 Schweiz | 30 | 104 | 253 | 302 | 558 | 750 | 863 | 1.139 | 793 |
| Insgesamt | 6.986 | 13.855 | 27.296 | 29.429 | 45.064 | 53.356 | 57.047 | 60.862 | 54.453 |
| | | | | | In % des BSP der Geberländer | | | | |
| 109 Neuseeland | 0,23 | 0,52 | 0,33 | 0,25 | 0,22 | 0,23 | 0,25 | 0,26 | 0,25 |
| 110 Irland | 0,00 | 0,09 | 0,16 | 0,24 | 0,17 | 0,16 | 0,19 | 0,16 | 0,20 |
| 113 Australien | 0,59 | 0,65 | 0,48 | 0,48 | 0,38 | 0,34 | 0,38 | 0,37 | 0,35 |
| 115 Großbritannien | 0,41 | 0,39 | 0,35 | 0,33 | 0,31 | 0,27 | 0,32 | 0,31 | 0,31 |
| 116 Finnland | 0,06 | 0,18 | 0,22 | 0,40 | 0,62 | 0,63 | 0,80 | 0,64 | 0,46 |
| 118 Italien | 0,16 | 0,11 | 0,15 | 0,26 | 0,42 | 0,31 | 0,30 | 0,34 | 0,31 |
| 120 Kanada | 0,41 | 0,54 | 0,43 | 0,49 | 0,44 | 0,44 | 0,45 | 0,46 | 0,45 |
| 121 Niederlande | 0,61 | 0,75 | 0,97 | 0,91 | 0,94 | 0,92 | 0,88 | 0,86 | 0,82 |
| 123 Belgien | 0,46 | 0,59 | 0,50 | 0,55 | 0,46 | 0,46 | 0,41 | 0,39 | 0,39 |
| 124 Frankreich | 0,66 | 0,62 | 0,63 | 0,78 | 0,61 | 0,60 | 0,62 | 0,63 | 0,63 |
| 125 Österreich | 0,07 | 0,21 | 0,23 | 0,38 | 0,22 | 0,25 | 0,34 | 0,30 | 0,30 |
| 126 Deutschland[b] | 0,32 | 0,40 | 0,44 | 0,47 | 0,41 | 0,42 | 0,40 | 0,39 | 0,37 |
| 127 Schweden | 0,38 | 0,82 | 0,78 | 0,86 | 0,96 | 0,91 | 0,90 | 1,03 | 0,98 |
| 128 Vereinigte Staaten | 0,32 | 0,27 | 0,27 | 0,24 | 0,15 | 0,21 | 0,20 | 0,20 | 0,15 |
| 129 Norwegen | 0,32 | 0,66 | 0,87 | 1,01 | 1,05 | 1,17 | 1,13 | 1,16 | 1,01 |
| 130 Dänemark | 0,38 | 0,58 | 0,74 | 0,80 | 0,93 | 0,94 | 0,96 | 1,02 | 1,03 |
| 131 Japan | 0,23 | 0,23 | 0,32 | 0,29 | 0,31 | 0,31 | 0,32 | 0,30 | 0,26 |
| 132 Schweiz | 0,15 | 0,19 | 0,24 | 0,31 | 0,30 | 0,32 | 0,36 | 0,45 | 0,33 |
| | | | | | In nationalen Währungen | | | | |
| 109 Neuseeland (Mio Dollar) | 13 | 55 | 74 | 109 | 145 | 159 | 173 | 180 | 181 |
| 110 Irland (Mio Pfund) | 0 | 4 | 15 | 37 | 35 | 34 | 45 | 41 | 55 |
| 113 Australien (Mio Dollar) | 189 | 402 | 591 | 966 | 1.287 | 1.222 | 1.348 | 1.380 | 1.401 |
| 115 Großbritannien (Mio Pfund) | 208 | 409 | 798 | 1.180 | 1.578 | 1.478 | 1.809 | 1.837 | 1.936 |
| 116 Finnland (Mio Finnmark) | 29 | 177 | 414 | 1.308 | 3.025 | 3.228 | 3.749 | 2.873 | 2.026 |
| 118 Italien (Mrd Lire) | 92 | 119 | 585 | 2.097 | 4.954 | 4.060 | 4.138 | 5.056 | 4.780 |
| 120 Kanada (Mio Dollar) | 353 | 895 | 1.257 | 2.227 | 2.747 | 2.881 | 2.983 | 3.037 | 3.060 |
| 121 Niederlande (Mio Gulden) | 710 | 1.538 | 3.241 | 3.773 | 4.435 | 4.610 | 4.688 | 4.830 | 4.687 |
| 123 Belgien (Mio Francs) | 6.000 | 13.902 | 17.399 | 26.145 | 27.665 | 29.625 | 28.267 | 27.902 | 27.914 |
| 124 Frankreich (Mio Francs) | 5.393 | 8.971 | 17.589 | 35.894 | 36.973 | 38.901 | 41.517 | 43.673 | 44.774 |
| 125 Österreich (Mio Schilling) | 286 | 1.376 | 2.303 | 5.132 | 3.726 | 4.468 | 6.374 | 6.095 | 6.32 |
| 126 Deutschland (Mio DM)[b] | 2.192 | 4.155 | 6.484 | 8.661 | 9.290 | 10.186 | 11.390 | 11.812 | 11.490 |
| 127 Schweden (Mio Kronen) | 605 | 2.350 | 4.069 | 7.226 | 11.592 | 11.862 | 12.764 | 14.248 | 13.737 |
| 128 Vereinigte Staaten (Mio Dollar) | 3.153 | 4.161 | 7.138 | 9.403 | 7.677 | 11.394 | 11.262 | 11.709 | 9.721 |
| 129 Norwegen (Mio Kronen) | 264 | 962 | 2.400 | 4.946 | 6.327 | 7.527 | 7.609 | 7.787 | 7.203 |
| 130 Dänemark (Mio Kronen) | 443 | 1.178 | 2.711 | 4.657 | 6.840 | 7.228 | 7.646 | 8.380 | 8.675 |
| 131 Japan (Mrd Yen) | 165 | 341 | 760 | 749 | 1.234 | 1.307 | 1.472 | 1.411 | 1.248 |
| 132 Schweiz (Mio Franken) | 131 | 268 | 424 | 743 | 912 | 1.037 | 1.232 | 1.596 | 1.171 |
| Zusammenfassung | | | | | In Mrd US-Dollar | | | | |
| Öffentliche Entwicklungshilfe (jeweilige Preise) | 7,0 | 13,9 | 27,3 | 29,4 | 45,7 | 54,5 | 58,6 | 62,7 | 56,0 |
| Öffentliche Entwicklungshilfe (Preise von 1992) | 35,0 | 41,0 | 47,2 | 55,0 | 55,9 | 59,8 | 62,1 | 62,7 | 57,1 |
| BSP (jeweilige Preise) | 2.079,0 | 4.001,0 | 7.488,0 | 8.550,0 | 14.349,2 | 16.073,1 | 17.073,8 | 18.294,4 | 18.604,8 |
| | | | | | Prozent | | | | |
| Öffentliche Entwicklungshilfe in Prozent des BSP | 0,34 | 0,35 | 0,35 | 0,34 | 0,32 | 0,34 | 0,35 | 0,35 | 0,30 |
| | | | | | Index (1992 = 100) | | | | |
| BIP-Deflator[c] | | 19,9 | 33,8 | 57,9 | 53,5 | 81,8 | 91,2 | 94,3 | 100,0 | 98,0 |

| OECD: Bilaterale Nettoabflüsse in Länder mit niedrigem Einkommen[a] | 1980 | 1988 | 1989 | 1990 | 1991 | 1992 | 1993 |
|---|---|---|---|---|---|---|---|
| | In % des BSP der Geberländer | | | | | | |
| 109 Neuseeland | 0,01 | 0,00 | 0,00 | 0,01 | 0,00 | 0,00 | 0,01 |
| 110 Irland | .. | 0,00 | 0,05 | 0,06 | 0,07 | 0,07 | 0,08 |
| 113 Australien | 0,05 | 0,04 | 0,06 | 0,06 | 0,05 | 0,06 | 0,06 |
| 115 Großbritannien | 0,15 | 0,11 | 0,11 | 0,09 | 0,11 | 0,10 | 0,07 |
| 116 Finnland | 0,10 | 0,28 | 0,28 | 0,24 | 0,29 | 0,24 | 0,15 |
| 118 Italien | 0,01 | 0,20 | 0,13 | 0,11 | 0,09 | 0,09 | 0,09 |
| 120 Kanada | 0,14 | 0,15 | 0,11 | 0,11 | 0,12 | 0,12 | 0,09 |
| 121 Niederlande | 0,42 | 0,38 | 0,34 | 0,35 | 0,23 | 0,28 | 0,23 |
| 123 Belgien | 0,26 | 0,17 | 0,12 | 0,15 | 0,10 | 0,12 | 0,11 |
| 124 Frankreich | 0,11 | 0,17 | 0,19 | 0,20 | 0,18 | 0,19 | 0,19 |
| 125 Österreich | 0,03 | 0,04 | 0,07 | 0,11 | 0,13 | 0,04 | 0,04 |
| 126 Deutschland[b] | 0,12 | 0,13 | 0,14 | 0,15 | 0,13 | 0,14 | 0,11 |
| 127 Schweden | 0,41 | 0,36 | 0,41 | 0,34 | 0,36 | 0,34 | 0,37 |
| 128 Vereinigte Staaten | 0,07 | 0,05 | 0,05 | 0,07 | 0,09 | 0,06 | 0,04 |
| 129 Norwegen | 0,34 | 0,47 | 0,42 | 0,49 | 0,46 | 0,48 | 0,38 |
| 130 Dänemark | 0,33 | 0,37 | 0,39 | 0,35 | 0,36 | 0,33 | 0,36 |
| 131 Japan | 0,09 | 0,11 | 0,11 | 0,09 | 0,12 | 0,09 | 0,09 |
| 132 Schweiz | 0,09 | 0,12 | 0,12 | 0,12 | 0,16 | 0,13 | 0,12 |
| Insgesamt | 0,11 | 0,11 | 0,11 | 0,12 | 0,12 | 0,11 | 0,09 |

| OPEC: Gesamte Nettoabflüsse[d] | 1980 | 1988 | 1989 | 1990 | 1991 | 1992 | 1993 |
|---|---|---|---|---|---|---|---|
| | In Mio US-Dollar | | | | | | |
| 21 Nigeria | 35 | 14 | 70 | 13 | .. | .. | .. |
| Katar | 277 | 4 | −3 | −2 | 1 | 1 | 1 |
| 73 Algerien | 81 | 13 | 42 | 7 | 3 | 7 | 7 |
| 86 Iran, Islam. Rep. | −72 | 39 | −94 | 2 | .. | .. | .. |
| 87 Venezuela | 135 | 55 | 52 | 15 | .. | .. | .. |
| Irak | 864 | −21 | 36 | 78 | −3 | −28 | .. |
| Libyen | 376 | 129 | 174 | 37 | 15 | 40 | 27 |
| 107 Saudi-Arabien[e] | 5.943 | 2.223 | 1.441 | 4.556 | 1.873 | 962 | 811 |
| 117 †Kuwait | 1.140 | 108 | 170 | 1.295 | 389 | 202 | 381 |
| 122 †Vereinigte Arab. Emirate | 1.118 | −17 | 65 | 888 | 558 | 169 | 236 |
| OPEC insgesamt[d] | 9.897 | 2.547 | 1.953 | 6.889 | .. | .. | .. |
| OAPEC insgesamt[f] | 9.799 | 2.439 | 1.925 | 6.859 | .. | .. | .. |
| | In % des BSP der Geberländer | | | | | | |
| 21 Nigeria | .. | 0,04 | 0,25 | 0,04 | .. | .. | .. |
| Katar | 4,16 | 0,06 | −0,04 | −0,03 | 0,01 | 0,01 | 0,02 |
| 73 Algerien | 0,20 | 0,02 | 0,07 | 0,01 | 0,01 | 0,01 | 0,01 |
| 86 Iran, Islam. Rep. | .. | .. | −0,02 | .. | .. | .. | .. |
| 87 Venezuela | .. | 0,11 | 0,13 | 0,03 | .. | .. | .. |
| Irak | 2,36 | −0,04 | 0,05 | 0,11 | 0,00 | −0,04 | .. |
| Libyen | 1,16 | 0,62 | 0,80 | 0,14 | 0,05 | 0,15 | 0,12 |
| 107 Saudi-Arabien[e] | 4,15 | 2,73 | 1,64 | 3,42 | 1,60 | 0,80 | 0,70 |
| 117 †Kuwait | 3,52 | 0,39 | 0,53 | 5,13 | 2,45 | 0,87 | 1,30 |
| 122 †Vereinigte Arab. Emirate | 4,06 | −0,07 | 0,23 | 2,64 | 1,64 | 0,48 | 0,66 |
| OPEC insgesamt[d] | .. | .. | 0,19 | .. | .. | .. | .. |
| OAPEC insgesamt[f] | 3,26 | 0,85 | 0,56 | 1,80 | .. | .. | .. |

[a] Länder mit hohem Einkommen der Organisation für wirtschaftliche Zusammenarbeit und Entwicklung. [b] Die Angaben beziehen sich auf die Bundesrepublik Deutschland vor der Vereinigung. [c] Vgl. Technische Erläuterungen. [d] Organisation erdölexportierender Länder. [e] Die Daten stammen aus nationalen Quellen. [f] Organisation arabischer erdölexportierender Länder.

## Tabelle 19  Einnahmen aus öffentlicher Entwicklungshilfe

|  |  | Netto-Auszahlungen öffentlicher Entwicklungshilfe aus allen Quellen | | | | | | | |
|---|---|---|---|---|---|---|---|---|---|
|  |  | In Mio $ | | | | | | Pro Kopf (in $) 1993 | In % des BSP 1993 |
|  |  | 1987 | 1988 | 1989 | 1990 | 1991 | 1992 | 1993 |  |  |
|  | Länder mit niedrigem Einkommen | 16.909 s | 18.904 s | 20.344 s | 23.274 s | 23.404 s | 29.897 s | 31.394 s | 9,2 w | 2,5 w |
|  | Ohne China und Indien | 14.377 s | 15.650 s | 17.044 s | 19.169 s | 19.335 s | 26.171 s | 26.603 s | 23,7 w | 6,4 w |
| 1 | Mosambik | 652 | 894 | 805 | 995 | 1.031 | 1.408 | 1.162 | 77,0 | 79,2 |
| 2 | Tansania | 879 | 979 | 921 | 1.143 | 1.080 | 1.250 | 949 | 33,9 | 40,0 |
| 3 | Äthiopien[a] | 633 | 970 | 753 | 1.020 | 1.096 | 1.143 | 1.087 | 21,0 | .. |
| 4 | Sierra Leone | 68 | 102 | 100 | 65 | 105 | 137 | 1.204 | 269,4 | 164,4 |
| 5 | Vietnam | 111 | 148 | 129 | 194 | 248 | 579 | 319 | 4,5 | 2,5 |
| 6 | Burundi | 202 | 189 | 199 | 266 | 254 | 294 | 244 | 40,6 | 25,8 |
| 7 | Uganda | 280 | 363 | 447 | 552 | 539 | 670 | 616 | 34,2 | 19,0 |
| 8 | Nepal | 347 | 399 | 493 | 430 | 453 | 427 | 364 | 17,5 | 9,7 |
| 9 | Malawi | 280 | 366 | 412 | 481 | 504 | 570 | 503 | 47,8 | 25,5 |
| 10 | Tschad | 198 | 264 | 244 | 308 | 265 | 241 | 229 | 38,1 | 19,1 |
| 11 | Ruanda | 245 | 252 | 232 | 294 | 352 | 353 | 361 | 47,7 | 24,1 |
| 12 | Bangladesch | 1.635 | 1.592 | 1.800 | 2.047 | 1.634 | 1.719 | 1.386 | 12,0 | 5,8 |
| 13 | Madagaskar | 321 | 304 | 321 | 386 | 439 | 362 | 370 | 26,7 | 11,0 |
| 14 | Guinea-Bissau | 111 | 103 | 115 | 132 | 118 | 107 | 97 | 94,6 | 40,3 |
| 15 | Kenia | 572 | 808 | 966 | 1.053 | 873 | 893 | 894 | 35,3 | 16,1 |
| 16 | Mali | 366 | 427 | 454 | 468 | 458 | 424 | 360 | 35,5 | 13,5 |
| 17 | Niger | 353 | 371 | 296 | 391 | 377 | 371 | 347 | 40,5 | 15,6 |
| 18 | Laos, Dem. VR | 58 | 77 | 140 | 152 | 131 | 157 | 199 | 43,2 | 14,9 |
| 19 | Burkina Faso | 281 | 298 | 272 | 336 | 415 | 440 | 457 | 46,8 | 16,2 |
| 20 | Indien | 1.839 | 2.097 | 1.913 | 1.550 | 2.750 | 2.437 | 1.503 | 1,7 | 0,6 |
| 21 | Nigeria | 69 | 120 | 346 | 250 | 262 | 258 | 284 | 2,7 | 0,9 |
| 22 | Albanien | 0 | 6 | 10 | 11 | 325 | 390 | 194 | 57,3 | .. |
| 23 | Nicaragua | 141 | 220 | 244 | 334 | 841 | 658 | 323 | 78,5 | 17,9 |
| 24 | Togo | 126 | 199 | 183 | 241 | 202 | 212 | 101 | 25,9 | 8,1 |
| 25 | Gambia | 100 | 82 | 93 | 91 | 98 | 112 | 92 | 88,0 | 25,5 |
| 26 | Sambia | 426 | 475 | 389 | 482 | 880 | 1.031 | 870 | 97,3 | 23,6 |
| 27 | Mongolei | 3 | 3 | 6 | 13 | 70 | 123 | 113 | 48,6 | 10,3 |
| 28 | Zentralafrik. Rep. | 176 | 196 | 192 | 244 | 175 | 177 | 174 | 55,0 | 14,1 |
| 29 | Benin | 138 | 162 | 263 | 271 | 255 | 269 | 267 | 52,4 | 12,5 |
| 30 | Ghana | 373 | 474 | 552 | 502 | 723 | 616 | 633 | 38,5 | 10,4 |
| 31 | Pakistan | 879 | 1.408 | 1.129 | 1.149 | 1.223 | 1.072 | 1.065 | 8,7 | 2,1 |
| 32 | Tadschikistan | .. | .. | .. | .. | .. | .. | .. | .. | .. |
| 33 | China | 1.462 | 2.008 | 2.156 | 2.176 | 2.041 | 3.058 | 3.273 | 2,8 | 0,8 |
| 34 | Guinea | 213 | 262 | 346 | 296 | 370 | 441 | 414 | 65,6 | 13,0 |
| 35 | Mauretanien | 185 | 187 | 244 | 229 | 220 | 183 | 331 | 153,2 | 34,9 |
| 36 | Simbabwe | 293 | 272 | 264 | 340 | 393 | 715 | 460 | 42,8 | 8,1 |
| 37 | Georgien | .. | .. | .. | .. | .. | .. | .. | .. | .. |
| 38 | Honduras | 258 | 325 | 253 | 456 | 303 | 349 | 324 | 60,7 | 9,7 |
| 39 | Sri Lanka | 502 | 598 | 547 | 6/4 | 815 | 483 | 551 | 30,8 | 5,3 |
| 40 | Côte d'Ivoire | 254 | 439 | 403 | 694 | 633 | 757 | 766 | 57,5 | 8,2 |
| 41 | Lesotho | 103 | 105 | 129 | 136 | 120 | 133 | 128 | 65,7 | 16,8 |
| 42 | Armenien | .. | .. | .. | .. | .. | .. | .. | .. | .. |
| 43 | Ägypten, Arab. Rep. | 1.773 | 1.540 | 1.569 | 5.446 | 5.021 | 3.602 | 2.304 | 40,8 | 5,9 |
| 44 | *Myanmar* | 367 | 451 | 184 | 166 | 179 | 115 | 102 | 2,3 | .. |
| 45 | *Jemen, Rep.* | 422 | 304 | 370 | 407 | 300 | 248 | 309 | 23,4 | .. |
|  | Länder mit mittlerem Einkommen | .. | .. | .. | .. | .. | .. | .. | .. | .. |
|  | Untere Einkommenskategorie | .. | .. | .. | .. | .. | .. | .. | .. | .. |
| 46 | Aserbaidschan | .. | .. | .. | .. | .. | .. | .. | .. | .. |
| 47 | Indonesien | 1.245 | 1.632 | 1.840 | 1.747 | 1.874 | 2.095 | 2.026 | 10,8 | 1,4 |
| 48 | Senegal | 641 | 570 | 650 | 795 | 581 | 680 | 508 | 64,3 | 8,8 |
| 49 | Bolivien | 318 | 399 | 445 | 526 | 481 | 628 | 570 | 80,6 | 10,6 |
| 50 | Kamerun | 213 | 284 | 458 | 449 | 519 | 715 | 547 | 43,7 | 4,9 |
| 51 | Mazedonien | .. | .. | .. | .. | .. | .. | .. | .. | .. |
| 52 | Kirgisistan | .. | .. | .. | .. | .. | .. | .. | .. | .. |
| 53 | Philippinen | 770 | 855 | 845 | 1.284 | 1.054 | 1.717 | 1.490 | 23,0 | 2,8 |
| 54 | Kongo | 152 | 90 | 93 | 219 | 134 | 113 | 129 | 52,9 | 5,2 |
| 55 | Usbekistan | .. | .. | .. | .. | .. | .. | .. | .. | .. |
| 56 | Marokko | 448 | 482 | 464 | 1.055 | 1.233 | 962 | 751 | 29,0 | 2,8 |
| 57 | Moldau | .. | .. | .. | .. | .. | .. | .. | .. | .. |
| 58 | Guatemala | 241 | 235 | 262 | 203 | 199 | 198 | 212 | 21,1 | 1,9 |
| 59 | Papua-Neuguinea | 322 | 380 | 339 | 416 | 397 | 442 | 303 | 73,7 | 6,0 |
| 60 | Bulgarien | .. | .. | .. | .. | .. | .. | .. | .. | .. |
| 61 | Rumänien | .. | .. | .. | .. | .. | .. | .. | .. | .. |
| 62 | Jordanien | 577 | 417 | 276 | 888 | 921 | 355 | 245 | 59,7 | 4,4 |
| 63 | Ecuador | 228 | 172 | 161 | 163 | 238 | 244 | 240 | 21,9 | 1,7 |
| 64 | Dominikanische Rep. | 130 | 118 | 143 | 101 | 67 | 64 | 2 | 0,2 | 0,0 |
| 65 | El Salvador | 426 | 420 | 446 | 352 | 294 | 409 | 405 | 73,4 | 5,3 |
| 66 | Litauen | .. | .. | .. | .. | .. | .. | .. | .. | .. |
| 67 | Kolumbien | 78 | 63 | 68 | 96 | 122 | 246 | 109 | 3,0 | 0,2 |
| 68 | Jamaika | 168 | 193 | 262 | 273 | 165 | 126 | 109 | 45,0 | 2,8 |
| 69 | Peru | 294 | 276 | 310 | 401 | 614 | 409 | 560 | 24,5 | 1,4 |
| 70 | Paraguay | 81 | 76 | 93 | 57 | 146 | 102 | 137 | 29,1 | 2,0 |
| 71 | Kasachstan | .. | .. | .. | .. | .. | .. | .. | .. | .. |
| 72 | Tunesien | 277 | 318 | 283 | 393 | 357 | 437 | 250 | 28,9 | 1,7 |

*Anmerkung:* Zur Vergleichbarkeit der Daten und ihrer Abgrenzung vgl. Technische Erläuterungen. Kursive Zahlen gelten für andere als die angegebenen Jahre.

|  |  | Netto-Auszahlungen öffentlicher Entwicklungshilfe aus allen Quellen | | | | | | | Pro Kopf (in $) 1993 | In % des BSP 1993 |
|---|---|---|---|---|---|---|---|---|---|---|
|  |  | In Mio $ | | | | | | | | |
|  |  | 1987 | 1988 | 1989 | 1990 | 1991 | 1992 | 1993 | | |
| 73 | Algerien | 214 | 172 | 158 | 263 | 340 | 406 | 359 | 13,4 | 0,7 |
| 74 | Namibia | 17 | 22 | 59 | 123 | 184 | 143 | 154 | 105,6 | 6,2 |
| 75 | Slowakei | .. | .. | .. | .. | .. | .. | .. | | |
| 76 | Lettland | .. | .. | .. | .. | .. | .. | .. | | |
| 77 | Thailand | 504 | 563 | 739 | 802 | 722 | 776 | 614 | 10,6 | 0,5 |
| 78 | Costa Rica | 228 | 188 | 227 | 230 | 174 | 140 | 99 | 30,1 | 1,3 |
| 79 | Ukraine | .. | .. | .. | .. | .. | .. | .. | .. | .. |
| 80 | Polen | .. | .. | .. | .. | .. | .. | .. | .. | .. |
| 81 | Russische Föderation | .. | .. | .. | .. | .. | .. | .. | | |
| 82 | Panama | 40 | 22 | 19 | 98 | 102 | 162 | 79 | 31,3 | 1,2 |
| 83 | Tschechische Rep. | .. | .. | .. | .. | .. | .. | .. | .. | .. |
| 84 | Botsuana | 156 | 151 | 160 | 149 | 136 | 115 | 127 | 90,4 | 3,3 |
| 85 | Türkei | 376 | 268 | 141 | 1.219 | 1.622 | 326 | 461 | 7,7 | 0,3 |
| 86 | *Iran, Islam. Rep.* | 71 | 82 | 96 | 105 | 194 | 107 | 141 | 2,2 | .. |
| | **Obere Einkommenskategorie** | **2.173**s | **1.474**s | **1.652**s | **1.382**s | **1.562**s | **2.245**s | **2.170**s | **10,2**w | **0,2**w |
| 87 | Venezuela | 19 | 23 | 60 | 80 | 31 | 41 | 50 | 2,4 | 0,1 |
| 88 | Weißrußland | .. | .. | .. | .. | .. | .. | .. | .. | .. |
| 89 | Brasilien | 289 | 210 | 206 | 167 | 183 | −235 | 238 | 1,5 | 0,0 |
| 90 | Südafrika | .. | .. | .. | .. | .. | .. | .. | | |
| 91 | Mauritius | 65 | 59 | 60 | 89 | 67 | 46 | 27 | 24,3 | 0,8 |
| 92 | Estland | .. | .. | .. | .. | .. | .. | .. | .. | .. |
| 93 | Malaysia | 363 | 104 | 140 | 469 | 289 | 209 | 100 | 5,2 | 0,2 |
| 94 | Chile | 21 | 45 | 62 | 108 | 126 | 136 | 184 | 13,3 | 0,4 |
| 95 | Ungarn | .. | .. | .. | .. | .. | .. | .. | .. | .. |
| 96 | Mexiko | 156 | 174 | 99 | 160 | 278 | 316 | 402 | 4,5 | 0,1 |
| 97 | Trinidad und Tobago | 34 | 9 | 6 | 18 | −2 | 9 | 3 | 2,0 | 0,1 |
| 98 | Uruguay | 18 | 41 | 39 | 54 | 51 | 73 | 121 | 38,5 | 0,9 |
| 99 | Oman | 16 | 1 | 18 | 66 | 15 | 54 | 1.071 | 538,8 | 9,2 |
| 100 | Gabun | 82 | 106 | 133 | 132 | 143 | 69 | 102 | 100,9 | 1,9 |
| 101 | Slowenien | .. | .. | .. | .. | .. | .. | .. | .. | .. |
| 102 | Puerto Rico | .. | .. | .. | .. | .. | .. | .. | .. | .. |
| 103 | Argentinien | 100 | 153 | 212 | 184 | 299 | 292 | 283 | 8,4 | 0,1 |
| 104 | Griechenland | 35 | 35 | 30 | 37 | 39 | 47 | 44 | 4,2 | 0,1 |
| 105 | Korea, Rep. | 11 | 10 | 52 | 52 | 55 | 3 | 965 | 21,9 | 0,3 |
| 106 | Portugal | .. | .. | .. | .. | .. | .. | .. | | |
| 107 | *Saudi-Arabien* | 22 | 19 | 36 | 44 | 45 | 55 | 35 | 2,0 | .. |
| 108 | *Turkmenistan* | .. | .. | .. | .. | .. | .. | .. | .. | .. |
| | **Länder mit niedr. u. mittl. Eink.** | .. | .. | .. | .. | .. | .. | .. | .. | .. |
| | Afrika südlich der Sahara | 9.511s | 10.574s | 11.924s | 13.473s | 13.973s | 16.784s | 16.441s | 35,7w | 11,5w |
| | Ostasien u. Pazifik | 4.722s | 4.722s | 5.749s | 6.736s | 7.095s | 8.068s | 7.700s | 6,1w | 0,8w |
| | Südasien | 4.244s | 5.474s | 5.307s | 6.236s | 6.119s | 6.055s | 7.485s | 4,3w | 1,5w |
| | Europa u. Zentralasien | .. | .. | .. | .. | .. | .. | .. | .. | .. |
| | Naher Osten u. Nordafrika | 4.710s | 4.474s | 4.704s | .. | .. | 9.831s | 9.560s | 22,9w | 3,2w |
| | Lateinamerika u. Karibik | 3.024s | 3.262s | 3.732s | 3.751s | 4.149s | 4.640s | 5.273s | 8,6w | 0,3w |
| | **Länder mit gravierenden Schuldenproblemen** | 3.324s | 3.473s | 3.788s | 3.118s | 3.310s | 5.543s | 6.189s | 13,4w | 0,4w |
| | **Länder mit hohem Einkommen** | .. | .. | .. | .. | .. | .. | .. | .. | .. |
| 109 | Neuseeland | .. | .. | .. | .. | .. | .. | .. | .. | .. |
| 110 | Irland | .. | .. | .. | .. | .. | .. | .. | .. | .. |
| 111 | Spanien | .. | .. | .. | .. | .. | .. | .. | .. | .. |
| 112 | †Israel | 1.251 | 1.241 | 1.192 | 1.372 | 1.749 | 2.066 | 1.266 | 242,5 | 1,8 |
| 113 | Australien | .. | .. | .. | .. | .. | .. | .. | | |
| 114 | †Hongkong | 19 | 22 | 40 | 38 | 36 | −39 | 30 | 5,2 | 0,0 |
| 115 | Großbritannien | .. | .. | .. | .. | .. | .. | .. | .. | .. |
| 116 | Finnland | .. | .. | .. | .. | .. | .. | .. | | |
| 117 | †Kuwait | 3 | 6 | 4 | 7 | 5 | 2 | 3 | 1,5 | 0,0 |
| 118 | Italien | .. | .. | .. | .. | .. | .. | .. | .. | .. |
| 119 | †Singapur | 23 | 22 | 95 | −3 | 8 | 20 | 24 | 8,5 | 0,0 |
| 120 | Kanada | .. | .. | .. | .. | .. | .. | .. | .. | .. |
| 121 | Niederlande | .. | .. | .. | .. | .. | .. | .. | .. | .. |
| 122 | †Vereinigte Arab. Emirate | 115 | −12 | −6 | 5 | −6 | −8 | −9 | −4,8 | 0,0 |
| 123 | Belgien | .. | .. | .. | .. | .. | .. | .. | .. | .. |
| 124 | Frankreich | .. | .. | .. | .. | .. | .. | .. | .. | .. |
| 125 | Österreich | .. | .. | .. | .. | .. | .. | .. | .. | .. |
| 126 | Deutschland | .. | .. | .. | .. | .. | .. | .. | .. | .. |
| 127 | Schweden | .. | .. | .. | .. | .. | .. | .. | .. | .. |
| 128 | Vereinigte Staaten | .. | .. | .. | .. | .. | .. | .. | .. | .. |
| 129 | Norwegen | .. | .. | .. | .. | .. | .. | .. | .. | .. |
| 130 | Dänemark | .. | .. | .. | .. | .. | .. | .. | .. | .. |
| 131 | Japan | .. | .. | .. | .. | .. | .. | .. | .. | .. |
| 132 | Schweiz | .. | .. | .. | .. | .. | .. | .. | .. | .. |
| | **Gesamte Welt** | .. | .. | .. | .. | .. | .. | .. | .. | .. |

[a] Einschl. Eritrea.

## Tabelle 20  Gesamte Auslandsschulden

| | | Langfristige Auslandsschulden (in Mio $) | | Ausstehende IWF-Kredite (in Mio $) | | Kurzfristige Auslandsschulden (in Mio $) | | Gesamte Auslandsschulden (in Mio $) | | Gesamte Rückstände auf die langfr. Schulden (in Mio $) | | Verhältnis des Gegenwarts- zum Nominalwert der Schulden |
|---|---|---|---|---|---|---|---|---|---|---|---|---|
| | | 1980 | 1993 | 1980 | 1993 | 1980 | 1993 | 1980 | 1993 | 1980 | 1993 | 1993 |
| **Länder mit niedrigem Einkommen** | | | | | | | | | | | | |
| **Ohne China und Indien** | | | | | | | | | | | | |
| 1 | Mosambik | .. | 4.668 | .. | 189 | .. | 407 | .. | 5.264 | .. | 1.549 | 81 |
| 2 | Tansania | 2.490 | 6.746 | 171 | 215 | 311 | 562 | 2.972 | 7.522 | 42 | 1.535 | 73 |
| 3 | Äthiopien[a] | 688 | 4.530 | 79 | 49 | 57 | 150 | 824 | 4.729 | 1 | 735 | 65 |
| 4 | Sierra Leone | 323 | 728 | 59 | 84 | 53 | 576 | 435 | 1.388 | 25 | 248 | 81 |
| 5 | Vietnam | 40 | 21.554 | 0 | 100 | 0 | 2.570 | 40 | 24.224 | 0 | 7.610 | 86 |
| 6 | Burundi | 118 | 999 | 36 | 58 | 12 | 5 | 166 | 1.063 | 0 | 13 | 44 |
| 7 | Uganda | 549 | 2.617 | 89 | 334 | 64 | 105 | 702 | 3.056 | 103 | 283 | 58 |
| 8 | Nepal | 156 | 1.938 | 42 | 49 | 7 | 23 | 205 | 2.009 | 0 | 13 | 49 |
| 9 | Malawi | 625 | 1.724 | 80 | 86 | 116 | 12 | 821 | 1.821 | 4 | 8 | 45 |
| 10 | Tschad | 204 | 705 | 14 | 28 | 11 | 25 | 229 | 757 | 35 | 36 | 49 |
| 11 | Ruanda | 150 | 836 | 14 | 12 | 26 | 62 | 190 | 910 | 0 | 50 | 47 |
| 12 | Bangladesch | 3.417 | 13.048 | 424 | 682 | 212 | 149 | 4.053 | 13.879 | 0 | 0 | 54 |
| 13 | Madagaskar | 892 | 3.920 | 87 | 92 | 244 | 582 | 1.223 | 4.594 | 20 | 1.534 | 76 |
| 14 | Guinea-Bissau | 128 | 634 | 1 | 5 | 5 | 53 | 134 | 692 | 6 | 152 | 66 |
| 15 | Kenia | 2.499 | 5.721 | 254 | 363 | 640 | 909 | 3.394 | 6.994 | 6 | 690 | 76 |
| 16 | Mali | 669 | 2.506 | 39 | 71 | 24 | 73 | 732 | 2.650 | 76 | 345 | 58 |
| 17 | Niger | 687 | 1.535 | 16 | 52 | 159 | 118 | 863 | 1.704 | 2 | 223 | 67 |
| 18 | Laos, Dem. VR | 333 | 1.948 | 16 | 36 | 1 | 1 | 350 | 1.986 | 6 | 0 | 31 |
| 19 | Burkina Faso | 281 | 1.093 | 15 | 21 | 35 | 31 | 330 | 1.144 | 0 | 52 | 52 |
| 20 | Indien | 18.334 | 83.254 | 977 | 4.901 | 1.271 | 3.626 | 20.582 | 91.781 | 0 | 0 | 78 |
| 21 | Nigeria | 5.381 | 28.558 | 0 | 0 | 3.553 | 3.973 | 8.934 | 32.531 | 0 | 6.784 | 98 |
| 22 | Albanien | .. | 174 | .. | 30 | .. | 552 | .. | 755 | .. | 49 | 93 |
| 23 | Nicaragua | 1.671 | 8.773 | 49 | 23 | 472 | 1.648 | 2.192 | 10.445 | 44 | 4.335 | 91 |
| 24 | Togo | 899 | 1.128 | 33 | 69 | 120 | 95 | 1.052 | 1.292 | 49 | 85 | 62 |
| 25 | Gambia | 97 | 349 | 16 | 33 | 23 | 4 | 137 | 386 | 0 | 6 | 49 |
| 26 | Sambia | 2.227 | 4.679 | 447 | 777 | 586 | 1.332 | 3.261 | 6.788 | 39 | 2.073 | 81 |
| 27 | Mongolei | .. | 344 | .. | 32 | .. | 15 | .. | 391 | .. | 36 | 72 |
| 28 | Zentralafrik. Rep. | 147 | 797 | 24 | 29 | 25 | 78 | 195 | 904 | 54 | 117 | 55 |
| 29 | Benin | 334 | 1.409 | 16 | 43 | 73 | 35 | 424 | 1.487 | 19 | 38 | 56 |
| 30 | Ghana | 1.162 | 3.378 | 105 | 738 | 131 | 474 | 1.398 | 4.590 | 9 | 155 | 62 |
| 31 | Pakistan | 8.515 | 20.429 | 674 | 1.122 | 737 | 4.500 | 9.926 | 26.050 | 0 | 0 | 79 |
| 32 | Tadschikistan | .. | 41 | .. | 0 | .. | 0 | .. | 42 | .. | 0 | 68 |
| 33 | China | 4.504 | 70.254 | 0 | 0 | 0 | 13.546 | 4.504 | 83.800 | 0 | 0 | 91 |
| 34 | Guinea | 1.004 | 2.675 | 35 | 60 | 78 | 128 | 1.117 | 2.864 | 129 | 412 | 65 |
| 35 | Mauretanien | 717 | 1.960 | 62 | 63 | 65 | 180 | 843 | 2.203 | 54 | 379 | 71 |
| 36 | Simbabwe | 696 | 3.287 | 0 | 282 | 90 | 600 | 786 | 4.168 | 0 | 2 | 84 |
| 37 | Georgien | .. | 568 | .. | 0 | .. | 0 | .. | 568 | .. | 0 | 95 |
| 38 | Honduras | 1.167 | 3.568 | 33 | 118 | 272 | 179 | 1.472 | 3.865 | 3 | 173 | 81 |
| 39 | Sri Lanka | 1.231 | 6.026 | 391 | 516 | 220 | 241 | 1.841 | 6.783 | 0 | 0 | 64 |
| 40 | Côte d'Ivoire | 6.321 | 13.167 | 65 | 219 | 1.059 | 5.760 | 7.445 | 19.146 | 0 | 4.125 | 92 |
| 41 | Lesotho | 58 | 472 | 6 | 34 | 8 | 6 | 72 | 512 | 0 | 13 | 53 |
| 42 | Armenien | .. | .. | .. | .. | .. | .. | .. | .. | .. | .. | .. |
| 43 | Ägypten, Arab. Rep. | 16.477 | 37.204 | 411 | 202 | 4.027 | 3.220 | 20.915 | 40.626 | 457 | 1.995 | 68 |
| 44 | *Myanmar* | 1.390 | 5.135 | 106 | 0 | 4 | 343 | 1.499 | 5.478 | 0 | 1.298 | 76 |
| 45 | *Jemen, Rep.* | 1.453 | 5.341 | 48 | 0 | 183 | 582 | 1.684 | 5.923 | 8 | 2.309 | 80 |
| **Länder mit mittlerem Einkommen** | | | | | | | | | | | | |
| **Untere Einkommenskategorie** | | | | | | | | | | | | |
| 46 | Aserbaidschan | .. | 36 | .. | 0 | .. | 0 | .. | 36 | .. | 0 | 96 |
| 47 | Indonesien | 18.169 | 68.865 | 0 | 0 | 2.775 | 20.674 | 20.944 | 89.539 | 0 | 1 | 91 |
| 48 | Senegal | 1.114 | 3.060 | 140 | 244 | 219 | 464 | 1.473 | 3.768 | 0 | 375 | 69 |
| 49 | Bolivien | 2.274 | 3.784 | 126 | 221 | 303 | 208 | 2.702 | 4.213 | 24 | 54 | 76 |
| 50 | Kamerun | 2.183 | 5.683 | 59 | 16 | 271 | 902 | 2.513 | 6.601 | 6 | 977 | 90 |
| 51 | Mazedonien | .. | 738 | .. | 4 | .. | 124 | .. | 866 | .. | 321 | 101 |
| 52 | Kirgisistan | .. | 248 | .. | 60 | .. | 0 | .. | 308 | .. | 0 | 90 |
| 53 | Philippinen | 8.817 | 29.025 | 1.044 | 1.210 | 7.556 | 5.035 | 17.417 | 35.269 | 1 | 0 | 94 |
| 54 | Kongo | 1.257 | 4.097 | 22 | 5 | 247 | 969 | 1.526 | 5.071 | 14 | 1.907 | 91 |
| 55 | Usbekistan | .. | 736 | .. | 0 | .. | 3 | .. | 739 | .. | 3 | 93 |
| 56 | Marokko | 8.475 | 20.660 | 457 | 285 | 778 | 486 | 9.710 | 21.430 | 6 | 434 | 89 |
| 57 | Moldau | .. | 202 | .. | 87 | .. | 1 | .. | 289 | .. | 6 | 90 |
| 58 | Guatemala | 831 | 2.484 | 0 | 0 | 335 | 471 | 1.166 | 2.954 | 0 | 335 | 85 |
| 59 | Papua-Neuguinea | 624 | 2.860 | 31 | 44 | 64 | 264 | 719 | 3.168 | 0 | 0 | 86 |
| 60 | Bulgarien | 392 | 9.746 | 0 | 632 | 0 | 1.872 | 392 | 12.250 | 0 | 7.818 | 99 |
| 61 | Rumänien | 7.131 | 2.326 | 328 | 1.031 | 2.303 | 1.099 | 9.762 | 4.456 | 0 | 0 | 95 |
| 62 | Jordanien | 1.490 | 6.825 | 0 | 81 | 486 | 66 | 1.975 | 6.972 | 30 | 301 | 89 |
| 63 | Ecuador | 4.422 | 10.176 | 0 | 71 | 1.575 | 3.863 | 5.997 | 14.110 | 1 | 5.199 | 96 |
| 64 | Dominikanische Rep. | 1.473 | 3.813 | 49 | 186 | 480 | 634 | 2.002 | 4.633 | 20 | 929 | 91 |
| 65 | El Salvador | 659 | 1.905 | 32 | 0 | 220 | 107 | 911 | 2.012 | 0 | 9 | 79 |
| 66 | Litauen | .. | 164 | .. | 121 | .. | 7 | .. | 291 | .. | 0 | 87 |
| 67 | Kolumbien | 4.604 | 13.940 | 0 | 0 | 2.337 | 3.233 | 6.941 | 17.173 | 0 | 207 | 96 |
| 68 | Jamaika | 1.496 | 3.632 | 309 | 335 | 98 | 311 | 1.904 | 4.279 | 27 | 474 | 86 |
| 69 | Peru | 6.828 | 16.363 | 474 | 883 | 2.084 | 3.082 | 9.386 | 20.328 | 0 | 6.246 | 89 |
| 70 | Paraguay | 780 | 1.309 | 0 | 0 | 174 | 290 | 955 | 1.599 | 2 | 124 | 88 |
| 71 | Kasachstan | .. | 1.552 | .. | 85 | .. | 2 | .. | 1.640 | .. | 2 | 97 |
| 72 | Tunesien | 3.390 | 7.627 | 0 | 285 | 136 | 789 | 3.526 | 8.701 | 6 | 3 | 88 |

*Anmerkung:* Zur Vergleichbarkeit der Daten und ihrer Abgrenzung vgl. Technische Erläuterungen. Kursive Zahlen gelten für andere als die angegebenen Jahre.

| | | Langfristige Auslandsschulden (in Mio $) | | Ausstehende IWF-Kredite (in Mio $) | | Kurzfristige Auslandsschulden (in Mio $) | | Gesamte Auslandsschulden (in Mio $) | | Gesamte Rückstände auf die langfr. Schulden (in Mio $) | | Verhältnis des Gegenwarts- zum Nominalwert der Schulden |
|---|---|---|---|---|---|---|---|---|---|---|---|---|
| | | 1980 | 1993 | 1980 | 1993 | 1980 | 1993 | 1980 | 1993 | 1980 | 1993 | 1993 |
| 73 | Algerien | 17.040 | 24.587 | 0 | 471 | 2.325 | 700 | 19.365 | 25.757 | 2 | 1 | 95 |
| 74 | Namibia | .. | .. | .. | .. | .. | .. | .. | .. | .. | .. | .. |
| 75 | Slowakei | .. | 2.059 | .. | 557 | .. | 715 | .. | 3.330 | .. | 0 | 94 |
| 76 | Lettland | .. | 119 | .. | 107 | .. | 5 | .. | 231 | .. | 2 | 89 |
| 77 | Thailand | 5.646 | 26.079 | 348 | 0 | 2.303 | 19.740 | 8.297 | 45.819 | 0 | 0 | 98 |
| 78 | Costa Rica | 2.112 | 3.419 | 57 | 81 | 575 | 372 | 2.744 | 3.872 | 2 | 130 | 92 |
| 79 | Ukraine | .. | 3.462 | .. | 0 | .. | 122 | .. | 3.584 | .. | 29 | 96 |
| 80 | Polen | 6.594 | 41.966 | 0 | 684 | 2.300 | 2.656 | 8.894 | 45.306 | 334 | 2.094 | 93 |
| 81 | Russische Föderation | .. | 72.769 | .. | 2.469 | .. | 7.851 | .. | 83.089 | .. | 7.729 | 98 |
| 82 | Panama | 2.271 | 3.709 | 23 | 113 | 681 | 2.980 | 2.975 | 6.802 | 1 | 3.607 | 97 |
| 83 | Tschechische Rep. | 0 | 5.509 | 0 | 1.072 | 3.318 | 2.079 | 3.318 | 8.660 | 0 | 4 | 97 |
| 84 | Botsuana | 143 | 666 | 0 | 0 | 4 | 8 | 147 | 674 | 0 | 15 | 76 |
| 85 | Türkei | 15.575 | 49.329 | 1.054 | 0 | 2.502 | 18.533 | 19.131 | 67.862 | 34 | 0 | 97 |
| 86 | *Iran, Islam. Rep.* | 4.500 | 11.666 | 0 | 0 | 0 | 8.884 | 4.500 | 20.550 | 1 | 40 | 109 |
| **Obere Einkommenskategorie** | | | | | | | | | | | | |
| 87 | Venezuela | 13.795 | 30.103 | 0 | 2.680 | 15.550 | 4.682 | 29.345 | 37.465 | 51 | 1.023 | 97 |
| 88 | Weißrußland | .. | 864 | .. | 96 | .. | 0 | .. | 961 | .. | 0 | 75 |
| 89 | Brasilien | 57.466 | 105.283 | 0 | 304 | 13.546 | 27.162 | 71.012 | 132.749 | 469 | 15.370 | 98 |
| 90 | Südafrika | .. | .. | .. | .. | .. | .. | .. | .. | .. | .. | .. |
| 91 | Mauritius | 318 | 884 | 102 | 0 | 47 | 115 | 467 | 999 | 2 | 34 | 87 |
| 92 | Estland | .. | 97 | .. | 58 | .. | 0 | .. | 155 | .. | 0 | 91 |
| 93 | Malaysia | 5.256 | 16.384 | 0 | 0 | 1.355 | 6.951 | 6.611 | 23.335 | 0 | 0 | 97 |
| 94 | Chile | 9.399 | 16.031 | 123 | 476 | 2.560 | 4.130 | 12.081 | 20.637 | 0 | 0 | 95 |
| 95 | Ungarn | 6.416 | 21.535 | 0 | 1.231 | 3.347 | 2.005 | 9.764 | 24.771 | 0 | 0 | 100 |
| 96 | Mexiko | 41.215 | 85.960 | 0 | 4.787 | 16.163 | 27.281 | 57.378 | 118.028 | 0 | 0 | 99 |
| 97 | Trinidad und Tobago | 713 | 1.854 | 0 | 155 | 116 | 129 | 829 | 2.137 | 0 | 4 | 97 |
| 98 | Uruguay | 1.338 | 4.992 | 0 | 38 | 322 | 2.229 | 1.660 | 7.259 | 0 | 0 | 97 |
| 99 | Oman | 436 | 2.319 | 0 | 0 | 163 | 342 | 599 | 2.661 | 0 | 0 | 95 |
| 100 | Gabun | 1.272 | 2.889 | 15 | 45 | 228 | 883 | 1.514 | 3.818 | 0 | 1.105 | 96 |
| 101 | Slowenien | .. | 1.794 | .. | 12 | .. | 117 | .. | 1.923 | .. | 125 | .. |
| 102 | Puerto Rico | .. | .. | .. | .. | .. | .. | .. | .. | .. | .. | .. |
| 103 | Argentinien | 16.774 | 61.534 | 0 | 3.520 | 10.383 | 9.419 | 27.157 | 74.473 | 0 | 2.872 | 97 |
| 104 | Griechenland | .. | .. | .. | .. | .. | .. | .. | .. | .. | .. | .. |
| 105 | Korea, Rep. | 18.236 | 35.003 | 683 | 0 | 10.561 | 12.200 | 29.480 | 47.203 | 0 | 0 | 97 |
| 106 | Portugal | 7.215 | 26.546 | 119 | 0 | 2.395 | 10.396 | 9.729 | 36.942 | 0 | 0 | 97 |
| 107 | *Saudi-Arabien* | .. | .. | .. | .. | .. | .. | .. | .. | .. | .. | .. |
| 108 | *Turkmenistan* | .. | 9 | .. | 0 | .. | 0 | .. | 9 | .. | 0 | 56 |

**Länder mit niedr. u. mittl. Eink.**
 Afrika südlich der Sahara
 Ostasien u. Pazifik
 Südasien
 Europa u. Zentralasien
 Naher Osten u. Nordafrika
 Lateinamerika u. Karibik

**Länder mit gravierenden Schuldenproblemen**

**Länder mit hohem Einkommen**

109 Neuseeland
110 Irland
111 Spanien
112 †Israel
113 Australien

114 †Hongkong
115 Großbritannien
116 Finnland
117 †Kuwait
118 Italien

119 †Singapur
120 Kanada
121 Niederlande
122 †Vereinigte Arab. Emirate
123 Belgien

124 Frankreich
125 Österreich
126 Deutschland
127 Schweden
128 Vereinigte Staaten

129 Norwegen
130 Dänemark
131 Japan
132 Schweiz

**Gesamte Welt**

a Einschl. Eritrea.

# Tabelle 21 Zufluß von öffentlichem und privatem Auslandskapital

| | | Auszahlungen (in Mio $) | | | Tilgung (in Mio $) | | | Zinszahlungen (in Mio $) | | | |
|---|---|---|---|---|---|---|---|---|---|---|---|
| | | Langfristige öffentliche und öffentlich garantierte Mittel | | Private nicht garantierte Mittel | | Langfristige öffentliche und öffentlich garantierte Mittel | | Private nicht garantierte Mittel | | Langfristige öffentliche und öffentlich garantierte Mittel | | Private nicht garantierte Mittel |
| | | 1980 | 1993 | 1980 | 1993 | 1980 | 1993 | 1980 | 1993 | 1980 | 1993 | 1980 | 1993 |

**Länder mit niedrigem Einkommen**
**Ohne China und Indien**

| # | Land | 1980 | 1993 | 1980 | 1993 | 1980 | 1993 | 1980 | 1993 | 1980 | 1993 | 1980 | 1993 |
|---|---|---|---|---|---|---|---|---|---|---|---|---|---|
| 1 | Mosambik | .. | 156 | .. | 4 | .. | 23 | .. | 3 | .. | 41 | .. | 0 |
| 2 | Tansania | 403 | 234 | 31 | 0 | 53 | 78 | 16 | 0 | 59 | 66 | 7 | 0 |
| 3 | Äthiopien[a] | 110 | 379 | 0 | 0 | 17 | 35 | 0 | 0 | 17 | 28 | 0 | 0 |
| 4 | Sierra Leone | 86 | 64 | 0 | 0 | 32 | 3 | 0 | 0 | 8 | 2 | 0 | 0 |
| 5 | Vietnam | 8 | 80 | 0 | 0 | 0 | 264 | 0 | 0 | 1 | 77 | 0 | 0 |
| 6 | Burundi | 39 | 78 | 0 | 0 | 4 | 19 | 0 | 0 | 2 | 12 | 0 | 0 |
| 7 | Uganda | 93 | 342 | 0 | 0 | 32 | 238 | 0 | 0 | 4 | 49 | 0 | 0 |
| 8 | Nepal | 50 | 187 | 0 | 0 | 2 | 39 | 0 | 0 | 2 | 27 | 0 | 0 |
| 9 | Malawi | 153 | 190 | 0 | 0 | 33 | 40 | 0 | 0 | 35 | 27 | 0 | 0 |
| 10 | Tschad | 6 | 56 | 0 | 0 | 3 | 2 | 0 | 0 | 0 | 8 | 0 | 0 |
| 11 | Ruanda | 27 | 39 | 0 | 0 | 3 | 3 | 0 | 0 | 2 | 3 | 0 | 0 |
| 12 | Bangladesch | 657 | 618 | 0 | 0 | 63 | 274 | 0 | 0 | 47 | 153 | 0 | 0 |
| 13 | Madagaskar | 350 | 120 | 0 | 0 | 30 | 28 | 0 | 0 | 26 | 23 | 0 | 0 |
| 14 | Guinea-Bissau | 69 | 19 | 0 | 0 | 3 | 1 | 0 | 0 | 1 | 2 | 0 | 0 |
| 15 | Kenia | 539 | 425 | 87 | 65 | 108 | 276 | 88 | 50 | 124 | 153 | 39 | 54 |
| 16 | Mali | 95 | 56 | 0 | 0 | 6 | 7 | 0 | 0 | 3 | 7 | 0 | 0 |
| 17 | Niger | 167 | 107 | 113 | 0 | 23 | 35 | 35 | 24 | 16 | 15 | 49 | 7 |
| 18 | Laos, Dem. VR | 55 | 78 | 0 | 0 | 1 | 24 | 0 | 0 | 1 | 5 | 0 | 0 |
| 19 | Burkina Faso | 65 | 145 | 0 | 0 | 11 | 17 | 0 | 0 | 6 | 16 | 0 | 0 |
| 20 | Indien | 2.166 | 6.849 | 285 | 1.120 | 664 | 3.822 | 91 | 253 | 473 | 3.956 | 30 | 139 |
| 21 | Nigeria | 1.187 | 514 | 565 | 0 | 65 | 499 | 177 | 10 | 440 | 1.269 | 91 | 2 |
| 22 | Albanien | .. | 63 | .. | 0 | .. | 0 | .. | 0 | .. | 0 | .. | 0 |
| 23 | Nicaragua | 276 | 104 | 0 | 0 | 45 | 53 | 0 | 0 | 42 | 58 | 0 | 0 |
| 24 | Togo | 100 | 16 | 0 | 0 | 19 | 6 | 0 | 0 | 19 | 8 | 0 | 0 |
| 25 | Gambia | 51 | 26 | 0 | 0 | 0 | 19 | 0 | 0 | 0 | 6 | 0 | 0 |
| 26 | Sambia | 597 | 281 | 6 | 1 | 181 | 120 | 31 | 2 | 106 | 96 | 10 | 0 |
| 27 | Mongolei | .. | 56 | .. | 0 | .. | 8 | .. | 0 | .. | 6 | .. | 0 |
| 28 | Zentralafrik. Rep. | 25 | 54 | 0 | 0 | 1 | 2 | 0 | 0 | 0 | 4 | 0 | 0 |
| 29 | Benin | 62 | 78 | 0 | 0 | 6 | 18 | 0 | 0 | 3 | 14 | 0 | 0 |
| 30 | Ghana | 220 | 315 | 0 | 7 | 77 | 96 | 0 | 5 | 31 | 71 | 0 | 3 |
| 31 | Pakistan | 1.054 | 2.720 | 9 | 44 | 345 | 1.229 | 7 | 42 | 246 | 683 | 2 | 7 |
| 32 | Tadschikistan | .. | 14 | .. | 0 | .. | 0 | .. | 0 | .. | 0 | .. | 0 |
| 33 | China | 2.539 | 19.250 | 0 | 230 | 613 | 6.683 | 0 | 0 | 318 | 2.614 | 0 | 0 |
| 34 | Guinea | 121 | 291 | 0 | 0 | 75 | 41 | 0 | 0 | 23 | 37 | 0 | 0 |
| 35 | Mauretanien | 126 | 178 | 0 | 0 | 17 | 73 | 0 | 0 | 13 | 42 | 0 | 0 |
| 36 | Simbabwe | 132 | 623 | 0 | 50 | 40 | 335 | 0 | 80 | 10 | 148 | 0 | 22 |
| 37 | Georgien | .. | 141 | .. | 0 | .. | 5 | .. | 0 | .. | 8 | .. | 0 |
| 38 | Honduras | 264 | 402 | 81 | 16 | 39 | 189 | 48 | 18 | 58 | 140 | 25 | 0 |
| 39 | Sri Lanka | 269 | 417 | 2 | 0 | 51 | 235 | 0 | 4 | 33 | 137 | 0 | 1 |
| 40 | Côte d'Ivoire | 1.413 | 458 | 325 | 190 | 517 | 227 | 205 | 189 | 353 | 214 | 237 | 157 |
| 41 | Lesotho | 13 | 62 | 0 | 0 | 3 | 20 | 0 | 0 | 2 | 12 | 0 | 0 |
| 42 | Armenien | .. | 130 | .. | 0 | .. | 1 | .. | 0 | .. | 1 | .. | 0 |
| 43 | Ägypten, Arab. Rep. | 2.803 | 1.437 | 126 | 40 | 368 | 931 | 46 | 140 | 378 | 1.126 | 23 | 34 |
| 44 | *Myanmar* | 268 | 79 | 0 | 0 | 66 | 25 | 0 | 0 | 45 | 90 | 0 | 0 |
| 45 | *Jemen, Rep.* | 566 | 136 | 0 | 0 | 25 | 78 | 0 | 0 | 10 | 21 | 0 | 0 |

**Länder mit mittlerem Einkommen**
**Untere Einkommenskategorie**

| # | Land | 1980 | 1993 | 1980 | 1993 | 1980 | 1993 | 1980 | 1993 | 1980 | 1993 | 1980 | 1993 |
|---|---|---|---|---|---|---|---|---|---|---|---|---|---|
| 46 | Aserbaidschan | .. | 0 | .. | 0 | .. | 0 | .. | 0 | .. | 0 | .. | 0 |
| 47 | Indonesien | 2.551 | 5.935 | 695 | 3.573 | 940 | 5.256 | 693 | 3.440 | 824 | 2.883 | 358 | 879 |
| 48 | Senegal | 327 | 147 | 0 | 1 | 152 | 48 | 4 | 2 | 67 | 20 | 0 | 2 |
| 49 | Bolivien | 441 | 307 | 16 | 0 | 126 | 301 | 19 | 27 | 164 | 112 | 9 | 8 |
| 50 | Kamerun | 562 | 390 | 50 | 65 | 82 | 149 | 32 | 72 | 104 | 129 | 15 | 15 |
| 51 | Mazedonien | .. | 1 | .. | 0 | .. | 5 | .. | 0 | .. | 3 | .. | 0 |
| 52 | Kirgisistan | .. | 99 | .. | 0 | .. | 0 | .. | 0 | .. | 0 | .. | 0 |
| 53 | Philippinen | 1.382 | 3.288 | 472 | 668 | 221 | 2.582 | 320 | 121 | 375 | 1.661 | 204 | 98 |
| 54 | Kongo | 522 | 459 | 0 | 0 | 34 | 75 | 0 | 0 | 37 | 20 | 0 | 0 |
| 55 | Usbekistan | .. | 512 | .. | 0 | .. | 27 | .. | 0 | .. | 7 | .. | 0 |
| 56 | Marokko | 1.703 | 1.439 | 75 | 133 | 565 | 1.358 | 25 | 31 | 607 | 1.018 | 11 | 2 |
| 57 | Moldau | .. | 95 | .. | 0 | .. | 1 | .. | 0 | .. | 0 | .. | 0 |
| 58 | Guatemala | 138 | 84 | 32 | 62 | 15 | 138 | 62 | 20 | 30 | 86 | 30 | 7 |
| 59 | Papua-Neuguinea | 120 | 103 | 15 | 116 | 32 | 185 | 40 | 497 | 30 | 81 | 22 | 59 |
| 60 | Bulgarien | 364 | 3 | 0 | 0 | 25 | 42 | 0 | 0 | 20 | 197 | 0 | 0 |
| 61 | Rumänien | 2.797 | 932 | 0 | 104 | 824 | 128 | 0 | 20 | 332 | 75 | 0 | 12 |
| 62 | Jordanien | 369 | 189 | 0 | 0 | 102 | 309 | 0 | 0 | 79 | 208 | 0 | 0 |
| 63 | Ecuador | 968 | 497 | 315 | 166 | 272 | 463 | 263 | 25 | 288 | 299 | 78 | 2 |
| 64 | Dominikanische Rep. | 415 | 112 | 67 | 0 | 62 | 160 | 74 | 16 | 92 | 114 | 29 | 5 |
| 65 | El Salvador | 110 | 467 | 0 | 0 | 17 | 167 | 18 | 4 | 25 | 117 | 11 | 0 |
| 66 | Litauen | .. | 157 | .. | 0 | .. | 0 | .. | 0 | .. | 1 | .. | 0 |
| 67 | Kolumbien | 1.016 | 1.547 | 55 | 150 | 250 | 1.890 | 13 | 193 | 279 | 871 | 31 | 63 |
| 68 | Jamaika | 328 | 199 | 25 | 6 | 91 | 208 | 10 | 6 | 114 | 169 | 7 | 2 |
| 69 | Peru | 1.248 | 1.492 | 60 | 59 | 959 | 960 | 60 | 47 | 547 | 751 | 124 | 16 |
| 70 | Paraguay | 158 | 87 | 48 | 12 | 44 | 191 | 36 | 6 | 35 | 79 | 9 | 1 |
| 71 | Kasachstan | .. | 290 | .. | 0 | .. | 0 | .. | 0 | .. | 8 | .. | 0 |
| 72 | Tunesien | 558 | 1.088 | 53 | 30 | 216 | 807 | 43 | 35 | 212 | 412 | 16 | 7 |

*Anmerkung:* Zur Vergleichbarkeit der Daten und ihrer Abgrenzung vgl. Technische Erläuterungen. Kursive Zahlen gelten für andere als die angegebenen Jahre.

|  |  | Auszahlungen (in Mio $) | | | | Tilgung (in Mio $) | | | | Zinszahlungen (in Mio $) | | | |
|---|---|---|---|---|---|---|---|---|---|---|---|---|---|
|  |  | Langfristige öffentliche und öffentlich garantierte Mittel | | Private nicht garantierte Mittel | | Langfristige öffentliche und öffentlich garantierte Mittel | | Private nicht garantierte Mittel | | Langfristige öffentliche und öffentlich garantierte Mittel | | Private nicht garantierte Mittel | |
|  |  | 1980 | 1993 | 1980 | 1993 | 1980 | 1993 | 1980 | 1993 | 1980 | 1993 | 1980 | 1993 |
| 73 | Algerien | 3.398 | 6.555 | 0 | 0 | 2.529 | 7.034 | 0 | 0 | 1.440 | 1.706 | 0 | 0 |
| 74 | Namibia | .. | .. | .. | .. | .. | .. | .. | .. | .. | .. | .. | 0 |
| 75 | Slowakei | .. | 701 | .. | 0 | .. | 424 | .. | 0 | .. | 127 | .. | 0 |
| 76 | Lettland | .. | 101 | .. | 0 | .. | 4 | .. | 0 | .. | 4 | .. | 0 |
| 77 | Thailand | 1.315 | 1.832 | 1.288 | 4.607 | 172 | 1.445 | 610 | 4.858 | 269 | 721 | 204 | 1.100 |
| 78 | Costa Rica | 435 | 197 | 102 | 2 | 76 | 292 | 88 | 56 | 130 | 159 | 41 | 26 |
| 79 | Ukraine | .. | 611 | .. | 34 | .. | 108 | .. | 33 | .. | 53 | .. | 2 |
| 80 | Polen | 5.058 | 497 | 0 | 185 | 2.054 | 492 | 0 | 46 | 704 | 823 | 0 | 37 |
| 81 | Russische Föderation | .. | 4.936 | .. | 0 | .. | 1.558 | .. | 0 | .. | 642 | .. | 0 |
| 82 | Panama | 404 | 25 | 0 | 0 | 215 | 136 | 0 | 0 | 252 | 82 | 0 | 0 |
| 83 | Tschechische Rep. | .. | 2.224 | .. | 99 | .. | 837 | .. | 4 | .. | 243 | .. | 1 |
| 84 | Botsuana | 28 | 104 | 0 | 0 | 6 | 55 | 0 | 0 | 8 | 33 | 0 | 0 |
| 85 | Türkei | 2.400 | 6.920 | 75 | 3.239 | 566 | 3.950 | 29 | 662 | 487 | 2.959 | 20 | 179 |
| 86 | *Iran, Islam. Rep.* | 264 | 1.577 | 0 | 300 | 527 | 390 | 0 | 0 | 431 | 172 | 0 | 53 |
| **Obere Einkommenskategorie** | | | | | | | | | | | | | |
| 87 | Venezuela | 2.870 | 1.877 | 1.891 | 260 | 1.737 | 779 | 1.235 | 736 | 1.218 | 1.521 | 257 | 239 |
| 88 | Weißrußland | .. | 330 | .. | 0 | .. | 2 | .. | 0 | .. | 11 | .. | 0 |
| 89 | Brasilien | 8.335 | 3.265 | 3.192 | 8.930 | 3.861 | 3.006 | 2.970 | 3.206 | 4.200 | 1.973 | 2.132 | 1.047 |
| 90 | Südafrika | .. | .. | .. | .. | .. | .. | .. | .. | .. | .. | .. | .. |
| 91 | Mauritius | 93 | 58 | 4 | 28 | 15 | 64 | 4 | 14 | 20 | 41 | 3 | 4 |
| 92 | Estland | .. | 64 | .. | 0 | .. | 10 | .. | 3 | .. | 4 | .. | 1 |
| 93 | Malaysia | 1.015 | 2.465 | 441 | 110 | 127 | 2.500 | 218 | 440 | 250 | 831 | 88 | 173 |
| 94 | Chile | 857 | 293 | 2.694 | 1.889 | 891 | 881 | 571 | 592 | 483 | 693 | 435 | 280 |
| 95 | Ungarn | 1.552 | 5.036 | 0 | 821 | 824 | 2.584 | 0 | 285 | 636 | 1.311 | 0 | 32 |
| 96 | Mexiko | 9.131 | 7.874 | 2.450 | 7.910 | 4.010 | 5.653 | 750 | 7.075 | 3.880 | 4.708 | 700 | 827 |
| 97 | Trinidad und Tobago | 363 | 277 | 0 | 0 | 176 | 319 | 0 | 36 | 50 | 100 | 0 | 9 |
| 98 | Uruguay | 293 | 530 | 63 | 27 | 93 | 310 | 37 | 0 | 105 | 311 | 17 | 25 |
| 99 | Oman | 98 | 371 | 0 | 0 | 179 | 425 | 0 | 0 | 44 | 158 | 0 | 0 |
| 100 | Gabun | 171 | 92 | 0 | 0 | 279 | 29 | 0 | 0 | 119 | 32 | 0 | 0 |
| 101 | Slowenien | .. | 137 | .. | 187 | .. | 104 | .. | 153 | .. | 83 | .. | 46 |
| 102 | Puerto Rico | .. | .. | .. | .. | .. | .. | .. | .. | .. | .. | .. | .. |
| 103 | Argentinien | 2.839 | 8.018 | 1.869 | 3.355 | 1.146 | 3.150 | 707 | 50 | 841 | 3.371 | 496 | 217 |
| 104 | Griechenland | .. | .. | .. | .. | .. | .. | .. | .. | .. | .. | .. | .. |
| 105 | Korea, Rep. | 3.429 | 4.354 | 551 | 3.898 | 1.490 | 4.620 | 64 | 1.650 | 1.293 | 1.594 | 343 | 521 |
| 106 | Portugal | 1.950 | 6.955 | 149 | 200 | 538 | 3.174 | 126 | 125 | 486 | 1.625 | 43 | 39 |
| 107 | *Saudi-Arabien* | .. | .. | .. | .. | .. | .. | .. | .. | .. | .. | .. | .. |
| 108 | *Turkmenistan* | .. | 9 | .. | 0 | .. | 0 | .. | 0 | .. | 0 | .. | 0 |

**Länder mit niedr. u. mittl. Eink.**
   Afrika südlich der Sahara
   Ostasien u. Pazifik
   Südasien
   Europa u. Zentralasien
   Naher Osten u. Nordafrika
   Lateinamerika u. Karibik

**Länder mit gravierenden Schuldenproblemen**

**Länder mit hohem Einkommen**

109 Neuseeland
110 Irland
111 Spanien
112 †Israel
113 Australien

114 †Hongkong
115 Großbritannien
116 Finnland
117 †Kuwait
118 Italien

119 †Singapur
120 Kanada
121 Niederlande
122 †Vereinigte Arab. Emirate
123 Belgien

124 Frankreich
125 Österreich
126 Deutschland
127 Schweden
128 Vereinigte Staaten

129 Norwegen
130 Dänemark
131 Japan
132 Schweiz

**Gesamte Welt**

a Einschl. Eritrea.

# Tabelle 22 Gesamte Nettomittelzuflüsse und Nettotransfers

| | | Gesamte Nettozugänge an langfristigen Auslandsschulden (in Mio $) | | Öffentliche Zuschüsse (in Mio $) | | Ausländische Netto-Direktinvestitionen im Berichtsland (in Mio $) | | Portfoliokapital-Zuflüsse (in Mio $) | | Gesamte Nettomittelzuflüsse (in Mio $) | | Gesamte Nettotransfers (in Mio $) | |
|---|---|---|---|---|---|---|---|---|---|---|---|---|---|
| | | 1980 | 1993 | 1980 | 1993 | 1980 | 1993 | 1980 | 1993 | 1980 | 1993 | 1980 | 1993 |
| **Länder mit niedrigem Einkommen** | | | | | | | | | | | | | |
| **Ohne China und Indien** | | | | | | | | | | | | | |
| 1 | Mosambik | .. | 134 | 76 | 700 | 0 | 30 | .. | 0 | .. | 864 | 76 | 823 |
| 2 | Tansania | 365 | 156 | 485 | 749 | 0 | 20 | 0 | 0 | 850 | 924 | 785 | 823 |
| 3 | Äthiopien[a] | 93 | 343 | 125 | 700 | 0 | 6 | 0 | 0 | 218 | 1.049 | 201 | 1.021 |
| 4 | Sierra Leone | 54 | 62 | 24 | 100 | −19 | 35 | 0 | 0 | 59 | 197 | 46 | 193 |
| 5 | Vietnam | 8 | −184 | 131 | 177 | 0 | 300[b] | 0 | 65 | 139 | 82 | 138 | 6 |
| 6 | Burundi | 35 | 59 | 39 | 142 | 0 | 1 | 0 | 0 | 74 | 201 | 72 | 187 |
| 7 | Uganda | 61 | 104 | 62 | 300 | 0 | 3 | 0 | 0 | 123 | 407 | 119 | 345 |
| 8 | Nepal | 48 | 149 | 79 | 150 | 0 | 6 | 0 | 0 | 127 | 305 | 125 | 278 |
| 9 | Malawi | 120 | 150 | 49 | 217 | 10 | 0 | 0 | 0 | 178 | 366 | 135 | 339 |
| 10 | Tschad | 3 | 54 | 22 | 100 | 0 | 6 | 0 | 0 | 25 | 160 | 25 | 153 |
| 11 | Ruanda | 25 | 37 | 68 | 236 | 16 | 3 | 0 | 0 | 109 | 276 | 98 | 269 |
| 12 | Bangladesch | 594 | 344 | 1.001 | 720 | 0 | 14 | 0 | 0 | 1.595 | 1.078 | 1.548 | 925 |
| 13 | Madagaskar | 319 | 92 | 30 | 220 | −1 | 30 | 0 | 0 | 348 | 342 | 321 | 318 |
| 14 | Guinea-Bissau | 66 | 18 | 37 | 53 | 0 | 0 | 0 | 0 | 103 | 71 | 102 | 69 |
| 15 | Kenia | 430 | 164 | 121 | 300 | 79 | 2 | 0 | 0 | 630 | 465 | 316 | 141 |
| 16 | Mali | 89 | 49 | 104 | 205 | 2 | 1 | 0 | 0 | 195 | 255 | 192 | 235 |
| 17 | Niger | 223 | 49 | 51 | 200 | 49 | 1 | 0 | 0 | 324 | 250 | 248 | 227 |
| 18 | Laos, Dem. VR | 54 | 54 | 16 | 75 | 0 | 48 | 0 | 0 | 70 | 177 | 69 | 172 |
| 19 | Burkina Faso | 55 | 128 | 88 | 200 | 0 | 0 | 0 | 0 | 142 | 328 | 128 | 313 |
| 20 | Indien | 1.696 | 3.894 | 649 | 560 | 79 | 273 | 0 | 1.840 | 2.423 | 6.567 | 1.920 | 2.472 |
| 21 | Nigeria | 1.510 | 5 | 3 | 100 | −740 | 900 | 0 | 0 | 773 | 1.005 | −1.357 | −416 |
| 22 | Albanien | .. | 63 | .. | 229 | .. | 0 | .. | 0 | .. | 292 | .. | 292 |
| 23 | Nicaragua | 231 | 52 | 48 | 200 | 0 | 39 | 0 | 0 | 279 | 290 | 217 | 223 |
| 24 | Togo | 82 | 9 | 15 | 75 | 42 | 0 | 0 | 0 | 139 | 84 | 119 | 68 |
| 25 | Gambia | 51 | 7 | 27 | 49 | 0 | 10 | 0 | 0 | 78 | 66 | 76 | 60 |
| 26 | Sambia | 391 | 160 | 71 | 500 | 62 | 55 | 0 | 0 | 524 | 715 | 324 | 573 |
| 27 | Mongolei | .. | 48 | .. | 45 | .. | 8 | .. | 0 | .. | 101 | .. | 96 |
| 28 | Zentralafrik. Rep. | 24 | 53 | 56 | 93 | 5 | 1 | 0 | 0 | 85 | 147 | 85 | 143 |
| 29 | Benin | 56 | 60 | 41 | 139 | 4 | 10 | 0 | 0 | 101 | 209 | 96 | 195 |
| 30 | Ghana | 143 | 221 | 23 | 222 | 16 | 25 | 0 | 0 | 181 | 468 | 135 | 385 |
| 31 | Pakistan | 711 | 1.493 | 482 | 250 | 63 | 347 | 0 | 185 | 1.256 | 2.275 | 1.002 | 1.523 |
| 32 | Tadschikistan | .. | 14 | .. | 9 | .. | 0 | .. | 0 | .. | 22 | .. | 22 |
| 33 | China | 1.927 | 12.797 | 7 | 360 | 0 | 25.800 | 0 | 2.278 | 1.934 | 41.235 | 1.616 | 38.271 |
| 34 | Guinea | 47 | 250 | 25 | 180 | 34 | 25 | 0 | 0 | 106 | 455 | 43 | 392 |
| 35 | Mauretanien | 109 | 106 | 61 | 145 | 27 | 1 | 0 | 0 | 198 | 252 | 162 | 206 |
| 36 | Simbabwe | 93 | 258 | 127 | 200 | 2 | 28 | 0 | 0 | 221 | 486 | 133 | 256 |
| 37 | Georgien | .. | 136 | .. | 28 | .. | 0 | .. | 0 | .. | 164 | .. | 156 |
| 38 | Honduras | 258 | 211 | 20 | 81 | 6 | 65 | 0 | 0 | 283 | 357 | 123 | 127 |
| 39 | Sri Lanka | 221 | 178 | 161 | 141 | 43 | 195 | 0 | 0 | 425 | 513 | 377 | 342 |
| 40 | Côte d'Ivoire | 1.016 | 232 | 27 | 248 | 95 | 30 | 0 | 0 | 1.138 | 510 | 360 | 78 |
| 41 | Lesotho | 10 | 42 | 52 | 74 | 5 | 15 | 0 | 0 | 66 | 131 | 59 | 103 |
| 42 | Armenien | .. | 129 | .. | 25 | .. | 0 | .. | 0 | .. | 154 | .. | 153 |
| 43 | Ägypten, Arab. Rep. | 2.515 | 405 | 165 | 1.192 | 548 | 493 | 0 | 0 | 3.229 | 2.090 | 2.813 | 917 |
| 44 | *Myanmar* | 202 | 54 | 66 | 40 | 0 | 4 | 0 | 0 | 268 | 98 | 223 | 8 |
| 45 | *Jemen, Rep.* | 542 | 58 | 368 | 100 | 34 | 0 | 0 | 0 | 944 | 158 | 934 | 138 |
| **Länder mit mittlerem Einkommen** | | | | | | | | | | | | | |
| **Untere Einkommenskategorie** | | | | | | | | | | | | | |
| 46 | Aserbaidschan | .. | 0 | .. | 14 | .. | 0 | .. | 0 | .. | 14 | .. | 14 |
| 47 | Indonesien | 1.613 | 812 | 109 | 280 | 180 | 2.004 | 0 | 1.836 | 1.902 | 4.932 | −2.514 | −1.407 |
| 48 | Senegal | 171 | 98 | 78 | 340 | 15 | 0 | 0 | 0 | 263 | 438 | 161 | 378 |
| 49 | Bolivien | 312 | −21 | 48 | 195 | 47 | 150 | 0 | 0 | 407 | 324 | 214 | 178 |
| 50 | Kamerun | 498 | 234 | 29 | 200 | 130 | −81 | 0 | 0 | 656 | 353 | 422 | 210 |
| 51 | Mazedonien | .. | −5 | .. | 0 | .. | 0 | .. | 0 | .. | −5 | .. | −7 |
| 52 | Kirgisistan | .. | 99 | .. | 25 | .. | 0 | .. | 0 | .. | 124 | .. | 124 |
| 53 | Philippinen | 1.313 | 1.253 | 59 | 249 | −106 | 763 | 0 | 1.082 | 1.266 | 3.347 | 488 | 1.219 |
| 54 | Kongo | 488 | 384 | 20 | 60 | 40 | 0 | 0 | 0 | 548 | 444 | 505 | 419 |
| 55 | Usbekistan | .. | 485 | .. | 5 | .. | 45 | .. | 0 | .. | 535 | .. | 528 |
| 56 | Marokko | 1.188 | 182 | 75 | 179 | 89 | 522 | 0 | 0 | 1.353 | 884 | 685 | −239 |
| 57 | Moldau | .. | 94 | .. | 22 | .. | 14 | .. | 0 | .. | 130 | .. | 130 |
| 58 | Guatemala | 93 | −13 | 14 | 82 | 111 | 149 | 0 | 0 | 217 | 218 | 114 | 81 |
| 59 | Papua-Neuguinea | 64 | −463 | 279 | 290 | 76 | 450 | 0 | 0 | 418 | 277 | 163 | 22 |
| 60 | Bulgarien | 339 | −39 | 0 | 39 | 0 | 55 | 0 | 0 | 339 | 55 | 319 | −141 |
| 61 | Rumänien | 1.973 | 888 | 0 | 84 | 0 | 94 | 0 | 0 | 1.973 | 1.066 | 1.641 | 975 |
| 62 | Jordanien | 267 | −120 | 1.127 | 155 | 34 | −34 | 0 | 0 | 1.428 | 2 | 1.349 | −206 |
| 63 | Ecuador | 748 | 174 | 7 | 51 | 70 | 115 | 0 | 0 | 825 | 340 | 349 | −108 |
| 64 | Dominikanische Rep. | 347 | −64 | 14 | 45 | 93 | 183 | 0 | 0 | 454 | 163 | 267 | −64 |
| 65 | El Salvador | 74 | 296 | 31 | 570 | 6 | 16 | 0 | 0 | 111 | 883 | 34 | 740 |
| 66 | Litauen | .. | 157 | .. | 120 | .. | 12 | .. | 0 | .. | 289 | .. | 289 |
| 67 | Kolumbien | 808 | −386 | 8 | 78 | 157 | 850 | 0 | 128 | 974 | 670 | 553 | −1.463 |
| 68 | Jamaika | 251 | −9 | 13 | 237 | 28 | 139 | 0 | 0 | 292 | 368 | 57 | 192 |
| 69 | Peru | 289 | 544 | 31 | 250 | 27 | 349 | 0 | 1.226 | 347 | 2.369 | −580 | 1.541 |
| 70 | Paraguay | 127 | −98 | 10 | 36 | 32 | 150 | 0 | 0 | 168 | 88 | 70 | −17 |
| 71 | Kasachstan | .. | 290 | .. | 10 | .. | 150 | .. | 0 | .. | 450 | .. | 443 |
| 72 | Tunesien | 352 | 276 | 26 | 135 | 235 | 239 | 0 | 0 | 612 | 650 | 232 | −6 |

*Anmerkung:* Zur Vergleichbarkeit der Daten und ihrer Abgrenzung vgl. Technische Erläuterungen. Kursive Zahlen gelten für andere als die angegebenen Jahre.

|  |  | Gesamte Nettozugänge an langfristigen Auslandsschulden (in Mio $) | | Öffentliche Zuschüsse (in Mio $) | | Ausländische Netto-Direkt- investitionen im Berichtsland (in Mio $) | | Portfoliokapital- Zuflüsse (in Mio $) | | Gesamte Netto- mittelzuflüsse (in Mio $) | | Gesamte Nettotransfers (in Mio $) | |
|---|---|---|---|---|---|---|---|---|---|---|---|---|---|
|  |  | 1980 | 1993 | 1980 | 1993 | 1980 | 1993 | 1980 | 1993 | 1980 | 1993 | 1980 | 1993 |
| 73 | Algerien | 869 | −479 | 77 | 82 | 349 | 15 | 0 | 0 | 1.295 | −382 | −831 | −2.237 |
| 74 | Namibia | .. | .. | .. | .. | .. | .. | .. | .. | .. | .. | .. | .. |
| 75 | Slowakei | .. | 277 | .. | 24 | .. | 0 | .. | 0 | .. | 301 | .. | 174 |
| 76 | Lettland | .. | 96 | .. | 50 | .. | 20 | .. | 0 | .. | 166 | .. | 163 |
| 77 | Thailand | 1.822 | 137 | 75 | 200 | 190 | 2.400 | 0 | 3.117 | 2.087 | 5.854 | 1.576 | 3.613 |
| 78 | Costa Rica | 373 | −149 | 0 | 22 | 53 | 280 | 0 | 0 | 425 | 153 | 234 | −98 |
| 79 | Ukraine | .. | 504 | .. | 200 | .. | 200 | .. | 0 | .. | 904 | .. | 849 |
| 80 | Polen | 3.005 | 144 | 128 | 0 | 10 | 1.715 | 0 | 0 | 3.143 | 1.859 | 2.439 | 801 |
| 81 | Russische Föderation | .. | 3.378 | .. | 2.800 | .. | 700 | .. | 0 | .. | 6.878 | .. | 6.236 |
| 82 | Panama | 189 | −111 | 6 | 70 | −47 | −41 | 0 | 0 | 149 | −82 | −174 | −196 |
| 83 | Tschechische Rep. | .. | 1.483 | .. | 10 | .. | 950 | .. | 0 | .. | 2.443 | .. | 2.098 |
| 84 | Botsuana | 21 | 49 | 51 | 53 | 112 | 55 | 0 | 0 | 184 | 157 | 68 | −126 |
| 85 | Türkei | 1.880 | 5.546 | 185 | 400 | 18 | 636 | 0 | 178 | 2.083 | 6.761 | 1.545 | 3.203 |
| 86 | *Iran, Islam. Rep.* | −263 | 1.487 | 1 | 57 | 0 | −50 | 0 | 0 | −262 | 1.494 | −1.091 | 1.269 |
|  | **Obere Einkommenskategorie** | | | | | | | | | | | | |
| 87 | Venezuela | 1.789 | 622 | 0 | 18 | 55 | 372 | 0 | 45 | 1.844 | 1.056 | 47 | −1.279 |
| 88 | Weißrußland | .. | 328 | .. | 100 | .. | 10 | .. | 0 | .. | 438 | .. | 427 |
| 89 | Brasilien | 4.696 | 5.983 | 14 | 60 | 1.911 | 802 | 0 | 5.500 | 6.621 | 12.345 | −665 | 7.186 |
| 90 | Südafrika | .. | .. | .. | .. | .. | .. | .. | .. | .. | .. | .. | .. |
| 91 | Mauritius | 79 | 8 | 13 | 20 | 1 | 8 | 0 | 17 | 93 | 53 | 69 | −12 |
| 92 | Estland | .. | 51 | .. | 120 | .. | 160 | .. | 0 | .. | 331 | .. | 327 |
| 93 | Malaysia | 1.111 | −366 | 6 | 60 | 934 | 4.351 | 0 | 3.700 | 2.052 | 7.746 | 524 | 3.757 |
| 94 | Chile | 2.089 | 710 | 9 | 75 | 213 | 841 | 0 | 349 | 2.312 | 1.975 | 1.307 | 203 |
| 95 | Ungarn | 728 | 2.989 | 0 | 71 | 0 | 2.349 | 0 | 13 | 728 | 5.422 | 92 | 4.013 |
| 96 | Mexiko | 6.821 | 3.056 | 14 | 29 | 2.156 | 4.901 | 0 | 14.297 | 8.991 | 22.283 | 3.043 | 14.403 |
| 97 | Trinidad und Tobago | 187 | −78 | 1 | 10 | 185 | 185 | 0 | 0 | 372 | 118 | −157 | −232 |
| 98 | Uruguay | 226 | 247 | 1 | 26 | 290 | 76 | 0 | 0 | 516 | 348 | 395 | 13 |
| 99 | Oman | −81 | −54 | 157 | 10 | 98 | 99 | 0 | 0 | 174 | 55 | −156 | −561 |
| 100 | Gabun | −109 | 63 | 4 | 64 | 32 | 97 | 0 | 0 | −73 | 224 | −465 | −8 |
| 101 | Slowenien | .. | 67 | .. | 0 | .. | 112 | .. | 0 | .. | 179 | .. | 51 |
| 102 | Puerto Rico | .. | .. | .. | .. | .. | .. | .. | .. | .. | .. | .. | .. |
| 103 | Argentinien | 2.855 | 8.173 | 2 | 45 | 678 | 6.305 | 0 | 3.604 | 3.535 | 18.127 | 1.593 | 13.592 |
| 104 | Griechenland | .. | .. | .. | .. | .. | .. | .. | .. | .. | .. | .. | .. |
| 105 | Korea, Rep. | 2.426 | 1.982 | 8 | 7 | 6 | 516 | 0 | 6.029 | 2.440 | 8.534 | 740 | 6.166 |
| 106 | Portugal | 1.434 | 3.856 | 28 | 10 | 157 | 1.301 | 0 | 1.111 | 1.620 | 6.278 | 1.074 | 4.431 |
| 107 | *Saudi-Arabien* | .. | .. | .. | .. | .. | .. | .. | .. | .. | .. | .. | .. |
| 108 | *Turkmenistan* | .. | 9 | .. | 1 | .. | 0 | .. | 0 | .. | 10 | .. | 10 |

**Länder mit niedr. u. mittl. Eink.**
  Afrika südlich der Sahara
  Ostasien u. Pazifik
  Südasien
  Europa u. Zentralasien
  Naher Osten u. Nordafrika
  Lateinamerika u. Karibik

**Länder mit gravierenden Schuldenproblemen**

**Länder mit hohem Einkommen**

109 Neuseeland
110 Irland
111 Spanien
112 †Israel
113 Australien

114 †Hongkong
115 Großbritannien
116 Finnland
117 †Kuwait
118 Italien

119 †Singapur
120 Kanada
121 Niederlande
122 †Vereinigte Arab. Emirate
123 Belgien

124 Frankreich
125 Österreich
126 Deutschland
127 Schweden
128 Vereinigte Staaten

129 Norwegen
130 Dänemark
131 Japan
132 Schweiz

**Gesamte Welt**

a Einschl. Eritrea.  b Unlängst revidiert.

## Tabelle 23  Kennziffern der gesamten Auslandsschulden

| | Netto-Gegenwartswert der Auslandsschulden in % von | | | | Gesamter Schuldendienst in % der Ausfuhr[a] | | Zinszahlungen in % der Ausfuhr[a] | | Konzessionäre Schulden in % der gesamten Auslandsschulden | | Multilaterale Schulden in % der gesamten Auslandsschulden | |
| | Ausfuhr[a] | | BSP | | | | | | | | | |
| | 1990 | 1993 | 1990 | 1993 | 1980 | 1993 | 1980 | 1993 | 1980 | 1993 | 1980 | 1993 |
|---|---|---|---|---|---|---|---|---|---|---|---|---|
| **Länder mit niedrigem Einkommen** | 183,9w | 170,9w | 30,0w | 37,1w | 10,4w | 16,4w | 5,2w | 7,1w | 45,2w | 41,9w | 16,5w | 23,4w |
| Ohne China und Indien | 269,1w | 270,4w | 63,9w | 75,6w | 12,4w | 18,2w | 6,6w | 7,9w | 40,8w | 47,6w | 14,5w | 24,3w |
| 1 Mosambik | 975,9 | 1.146,7 | 288,4 | 339,4 | .. | 20,6 | .. | 12,0 | .. | 60,2 | .. | 14,8 |
| 2 Tansania | 759,9 | 726,5 | 175,0 | 248,7 | 25,9 | 20,6 | 12,7 | 9,5 | 59,7 | 65,4 | 18,1 | 31,6 |
| 3 Äthiopien[b] | 285,0 | 401,1 | .. | .. | 7,3 | 9,0 | 4,5 | 4,4 | 71,3 | 78,7 | 41,2 | 38,4 |
| 4 Sierra Leone | 450,1 | 680,6 | 122,5 | 177,3 | 23,2 | 11,9 | 5,7 | 5,4 | 32,8 | 37,7 | 14,2 | 18,9 |
| 5 Vietnam | .. | 568,5 | .. | 161,8 | .. | 13,6 | .. | 3,7 | 26,4 | 80,9 | 22,1 | 0,4 |
| 6 Burundi | 388,9 | 463,5 | 34,0 | 49,6 | 9,5 | 36,0 | 4,8 | 12,9 | 62,6 | 90,4 | 35,7 | 77,0 |
| 7 Uganda | 650,0 | 844,5 | 37,2 | 55,7 | 17,3 | 143,6 | 3,7 | 25,6 | 36,3 | 68,9 | 11,6 | 56,9 |
| 8 Nepal | 183,2 | 128,7 | 20,0 | 25,6 | 3,2 | 9,0 | 2,1 | 3,6 | 75,7 | 92,5 | 62,0 | 79,2 |
| 9 Malawi | 180,1 | 246,9 | 46,7 | 42,6 | 27,7 | 22,3 | 16,7 | 8,4 | 33,8 | 85,2 | 26,7 | 78,8 |
| 10 Tschad | 83,9 | 215,6 | 19,7 | 31,7 | 8,3 | 7,2 | 0,7 | 5,0 | 50,9 | 77,1 | 32,6 | 72,2 |
| 11 Ruanda | 208,8 | 362,6 | 13,6 | 28,8 | 4,2 | 5,0 | 2,8 | 2,8 | 74,4 | 91,5 | 47,8 | 74,9 |
| 12 Bangladesch | 202,9 | 188,9 | 24,9 | 31,1 | 23,2 | 13,5 | 6,4 | 4,3 | 82,4 | 92,8 | 30,3 | 57,6 |
| 13 Madagaskar | 562,3 | 723,6 | 102,4 | 108,7 | 17,1 | 14,3 | 10,9 | 5,7 | 39,3 | 48,8 | 14,9 | 31,9 |
| 14 Guinea-Bissau | 1.785,8 | 2.850,9 | 145,5 | 192,1 | .. | 22,6 | .. | 13,2 | 64,3 | 73,8 | 21,3 | 47,8 |
| 15 Kenia | 234,6 | 228,7 | 64,8 | 103,0 | 21,0 | 28,0 | 11,1 | 11,3 | 20,8 | 43,7 | 18,6 | 38,0 |
| 16 Mali | 224,3 | 266,8 | 51,6 | 58,8 | 5,1 | 4,5 | 2,3 | 1,8 | 84,7 | 92,3 | 23,7 | 41,9 |
| 17 Niger | 279,8 | 379,3 | 44,6 | 52,1 | 21,7 | 31,0 | 12,9 | 8,4 | 18,0 | 55,3 | 16,5 | 44,0 |
| 18 Laos, Dem. VR | 444,1 | 207,4 | 53,5 | 46,0 | .. | 9,6 | .. | 1,7 | 93,3 | 97,9 | 5,9 | 22,5 |
| 19 Burkina Faso | 94,0 | 120,7 | 18,4 | 21,4 | 5,9 | 7,0 | 3,1 | 3,6 | 66,9 | 84,3 | 42,9 | 70,6 |
| 20 Indien | 195,4 | 225,0 | 17,4 | 29,1 | 9,3 | 28,0 | 4,2 | 14,8 | 75,1 | 46,7 | 29,5 | 30,3 |
| 21 Nigeria | 222,0 | .. | 112,5 | 110,0 | 4,2 | .. | 3,3 | .. | 6,1 | 3,5 | 6,4 | 13,3 |
| 22 Albanien | 9,5 | 143,5 | .. | .. | .. | 0,2 | .. | 0,2 | .. | 10,7 | .. | 3,7 |
| 23 Nicaragua | 2.429,5 | 2.397,4 | 741,6 | 695,4 | 22,3 | 29,1 | 13,4 | 15,9 | 21,8 | 32,9 | 19,2 | 11,1 |
| 24 Togo | 126,4 | 251,5 | 46,7 | 66,2 | 9,0 | 8,5 | 5,8 | 4,0 | 24,2 | 65,4 | 11,3 | 48,3 |
| 25 Gambia | 104,3 | 91,9 | 59,6 | 53,2 | 6,3 | 5,4 | 5,7 | 3,2 | 49,9 | 83,0 | 29,9 | 70,3 |
| 26 Sambia | 430,7 | 518,5 | 195,0 | 160,8 | 25,3 | 32,8 | 8,7 | 14,8 | 25,4 | 42,0 | 12,2 | 25,9 |
| 27 Mongolei | 4,1 | 71,6 | 1,0 | 26,6 | .. | 4,4 | .. | 2,3 | .. | 50,3 | .. | 18,3 |
| 28 Zentralafrik. Rep. | 167,8 | 259,9 | 28,9 | 41,4 | 4,9 | 4,8 | 1,6 | 3,1 | 30,1 | 77,2 | 27,4 | 59,6 |
| 29 Benin | 118,2 | 146,9 | 32,7 | 40,0 | 6,3 | 5,9 | 4,5 | 2,8 | 39,2 | 80,0 | 24,5 | 45,9 |
| 30 Ghana | 217,6 | 234,4 | 35,2 | 47,6 | 13,1 | 22,8 | 4,4 | 9,0 | 58,3 | 61,1 | 19,9 | 52,0 |
| 31 Pakistan | 173,1 | 205,1 | 34,3 | 39,1 | 17,9 | 24,7 | 7,6 | 10,6 | 73,0 | 51,4 | 15,4 | 38,0 |
| 32 Tadschikistan | .. | .. | .. | 1,0 | .. | .. | .. | .. | .. | 56,6 | .. | 0,0 |
| 33 China | 78,8 | 83,8 | 13,4 | 18,0 | 4,3 | 11,1 | 1,5 | 3,7 | 0,5 | 16,1 | 0,0 | 12,8 |
| 34 Guinea | 193,0 | 211,2 | 62,3 | 60,9 | 19,8 | 9,5 | 6,0 | 4,5 | 59,4 | 78,1 | 11,6 | 39,2 |
| 35 Mauretanien | 311,4 | 342,3 | 158,3 | 177,9 | 17,3 | 27,4 | 7,9 | 10,2 | 60,9 | 73,0 | 14,8 | 34,1 |
| 36 Simbabwe | 131,5 | 172,6 | 41,4 | 64,6 | 3,8 | 31,1 | 1,5 | 10,5 | 2,3 | 29,3 | 0,4 | 31,4 |
| 37 Georgien | .. | 113,1 | .. | 16,4 | .. | 2,7 | .. | 1,8 | .. | 0,0 | .. | 15,8 |
| 38 Honduras | 272,4 | 272,2 | 104,7 | 101,2 | 21,4 | 31,5 | 12,4 | 13,1 | 23,4 | 42,6 | 31,2 | 50,5 |
| 39 Sri Lanka | 121,2 | 104,1 | 42,3 | 41,9 | 12,0 | 10,1 | 5,7 | 3,7 | 56,2 | 78,2 | 11,7 | 34,8 |
| 40 Côte d'Ivoire | 390,4 | 533,3 | 166,1 | 224,0 | 38,7 | 29,2 | 18,8 | 15,1 | 6,0 | 15,1 | 7,0 | 14,8 |
| 41 Lesotho | 32,8 | 42,9 | 17,6 | 21,9 | 1,5 | 5,1 | 0,6 | 1,9 | 61,6 | 71,5 | 56,1 | 71,0 |
| 42 Armenien | .. | 62,3 | .. | 5,6 | .. | 0,9 | .. | 0,7 | .. | 3,7 | .. | 44,0 |
| 43 Ägypten, Arab. Rep. | 235,5 | 170,8 | 93,8 | 70,5 | 14,7 | 14,9 | 9,1 | 8,3 | 46,1 | 37,5 | 12,6 | 8,5 |
| 44 *Myanmar* | 455,1 | .. | 11,5 | .. | 25,4 | .. | 9,4 | .. | 72,7 | 86,4 | 18,6 | 24,7 |
| 45 Jemen, Rep. | 186,9 | 295,0 | 71,6 | .. | .. | 7,5 | .. | 2,6 | 72,0 | 57,0 | 14,9 | 18,7 |
| **Länder mit mittlerem Einkommen** | .. | 128,7w | .. | 30,8w | .. | 18,8w | .. | 7,1w | .. | 11,2w | .. | 12,0w |
| Untere Einkommenskategorie | .. | 151,2w | .. | 36,8w | .. | 18,3w | .. | 6,7w | .. | 18,1w | .. | 13,5w |
| 46 Aserbaidschan | .. | .. | .. | 0,7 | .. | .. | .. | .. | .. | 0,0 | .. | 0,0 |
| 47 Indonesien | 192,6 | 194,6 | 56,9 | 58,5 | 13,9 | 31,8 | 6,5 | 11,0 | 36,4 | 27,9 | 8,8 | 19,9 |
| 48 Senegal | 154,8 | 185,9 | 44,8 | 46,7 | 28,7 | 8,4 | 10,5 | 2,9 | 27,9 | 56,5 | 17,8 | 44,0 |
| 49 Bolivien | 288,6 | 389,0 | 67,8 | 61,9 | 35,0 | 59,4 | 21,1 | 16,0 | 24,7 | 51,2 | 16,5 | 47,2 |
| 50 Kamerun | 219,0 | 273,2 | 47,9 | 57,7 | 15,2 | 20,3 | 8,1 | 8,1 | 33,9 | 34,7 | 16,8 | 21,0 |
| 51 Mazedonien | .. | .. | .. | 52,5 | .. | .. | .. | .. | .. | 4,4 | .. | 26,1 |
| 52 Kirgisistan | .. | .. | .. | 7,2 | .. | .. | .. | .. | .. | 9,9 | .. | 18,0 |
| 53 Philippinen | 204,0 | 172,9 | 60,9 | 59,8 | 26,6 | 24,9 | 18,2 | 10,5 | 6,7 | 29,5 | 7,5 | 21,7 |
| 54 Kongo | 253,2 | 392,8 | 155,8 | 215,0 | 10,6 | 10,8 | 6,6 | 4,3 | 26,5 | 33,1 | 7,7 | 10,5 |
| 55 Usbekistan | .. | .. | .. | 3,1 | .. | .. | .. | .. | .. | 6,2 | .. | 0,0 |
| 56 Marokko | 241,1 | 231,5 | 80,4 | 72,8 | 32,7 | 31,7 | 17,0 | 13,0 | 37,6 | 27,2 | 7,4 | 26,2 |
| 57 Moldau | .. | 57,6 | .. | 5,6 | .. | 0,5 | .. | 0,3 | .. | 9,3 | .. | 19,4 |
| 58 Guatemala | 154,6 | 109,3 | 35,2 | 22,4 | 7,7 | 13,2 | 3,6 | 4,9 | 21,6 | 41,2 | 30,0 | 28,3 |
| 59 Papua-Neuguinea | 145,8 | 95,6 | 73,4 | 60,0 | 13,8 | 30,2 | 6,6 | 5,8 | 12,2 | 22,9 | 21,2 | 26,7 |
| 60 Bulgarien | 149,3 | 231,1 | 55,3 | 119,4 | 0,5 | 5,6 | 0,2 | 4,8 | .. | 0,0 | .. | 9,1 |
| 61 Rumänien | 19,1 | 73,9 | 3,3 | 16,4 | 12,6 | 6,2 | 4,9 | 3,6 | 1,8 | 5,3 | 8,3 | 20,5 |
| 62 Jordanien | 240,3 | 156,5 | 204,6 | 117,1 | 8,4 | 14,4 | 4,3 | 5,4 | 41,6 | 45,0 | 8,0 | 13,0 |
| 63 Ecuador | 356,2 | 378,2 | 118,3 | 98,8 | 33,9 | 25,7 | 15,9 | 11,3 | 5,0 | 9,7 | 5,4 | 16,6 |
| 64 Dominikanische Rep. | 163,6 | 153,5 | 53,7 | 45,1 | 25,3 | 12,1 | 12,0 | 5,3 | 20,5 | 42,2 | 10,2 | 19,2 |
| 65 El Salvador | 123,1 | 81,1 | 28,4 | 21,0 | 7,5 | 14,9 | 4,7 | 6,2 | 25,9 | 47,7 | 28,3 | 52,4 |
| 66 Litauen | .. | 11,9 | .. | 5,5 | .. | 0,2 | .. | 0,2 | .. | 11,5 | .. | 34,3 |
| 67 Kolumbien | 177,0 | 153,5 | 44,4 | 32,3 | 16,0 | 29,4 | 11,6 | 10,1 | 16,3 | 4,5 | 19,5 | 33,1 |
| 68 Jamaika | 161,5 | 150,4 | 104,4 | 103,5 | 19,0 | 20,1 | 10,8 | 8,4 | 20,9 | 28,8 | 15,0 | 27,2 |
| 69 Peru | 454,0 | 384,5 | 64,0 | 46,1 | 44,5 | 58,7 | 19,9 | 23,4 | 15,1 | 18,1 | 5,5 | 13,5 |
| 70 Paraguay | 96,9 | 73,0 | 36,8 | 20,4 | 18,6 | 14,9 | 8,5 | 4,6 | 31,9 | 44,2 | 20,2 | 43,0 |
| 71 Kasachstan | .. | .. | .. | 6,2 | .. | .. | .. | .. | .. | 0,0 | .. | 1,6 |
| 72 Tunesien | 110,0 | 116,5 | 55,0 | 54,3 | 14,8 | 20,6 | 6,9 | 7,7 | 39,9 | 34,0 | 12,3 | 35,8 |

*Anmerkung:* Zur Vergleichbarkeit der Daten und ihrer Abgrenzung vgl. Technische Erläuterungen. Kursive Zahlen gelten für andere als die angegebenen Jahre.

|  |  | Netto-Gegenwartswert der Auslandsschulden in % von | | | | Gesamter Schuldendienst in % der Ausfuhr[a] | | Zinszahlungen in % der Ausfuhr[a] | | Konzessionäre Schulden in % der gesamten Auslandsschulden | | Multilaterale Schulden in % der gesamten Auslandsschulden | |
|  |  | Ausfuhr[a] | | BSP | | | | | | | | | |
|  |  | 1990 | 1993 | 1990 | 1993 | 1980 | 1993 | 1980 | 1993 | 1980 | 1993 | 1980 | 1993 |
|---|---|---|---|---|---|---|---|---|---|---|---|---|---|
| 73 | Algerien | 184,7 | 206,2 | 44,4 | 51,3 | 27,4 | 76,9 | 10,4 | 15,0 | 6,5 | 4,8 | 1,5 | 11,1 |
| 74 | Namibia | .. | .. | .. | .. | .. | .. | .. | .. | .. | .. | .. | .. |
| 75 | Slowakei | .. | 41,6 | 0,0 | 28,5 | .. | 8,1 | .. | 2,5 | .. | 0,6 | .. | 10,9 |
| 76 | Lettland | .. | .. | .. | 4,3 | .. | .. | .. | .. | .. | 34,3 | .. | 28,9 |
| 77 | Thailand | 81,3 | 91,7 | 30,1 | 36,5 | 18,9 | 18,7 | 9,5 | 5,8 | 10,9 | 13,0 | 12,0 | 6,6 |
| 78 | Costa Rica | 156,3 | 114,9 | 59,9 | 48,1 | 29,1 | 18,1 | 14,6 | 6,8 | 9,5 | 24,5 | 16,4 | 31,5 |
| 79 | Ukraine | .. | 21,6 | .. | 3,1 | .. | 1,3 | .. | 0,4 | .. | 0,5 | .. | 3,9 |
| 80 | Polen | 245,7 | 228,9 | 81,9 | 49,7 | 17,9 | 9,2 | 5,2 | 5,5 | 9,1 | 17,4 | 0,0 | 3,2 |
| 81 | Russische Föderation | .. | 162,1 | .. | 25,4 | .. | 4,6 | .. | 1,5 | .. | 4,5 | .. | 1,5 |
| 82 | Panama | 117,9 | 86,5 | 136,9 | 101,6 | 6,3 | 3,1 | 3,3 | 1,2 | 9,0 | 6,6 | 11,0 | 9,2 |
| 83 | Tschechische Rep. | .. | 46,4 | 0,0 | 26,7 | .. | 7,0 | .. | 2,4 | 0,0 | 0,7 | 0,0 | 8,9 |
| 84 | Botsuana | 19,0 | .. | 14,3 | 13,6 | 2,1 | .. | 1,2 | .. | 42,3 | 42,5 | 57,5 | 71,8 |
| 85 | Türkei | 178,2 | 216,4 | 30,2 | 38,2 | 28,0 | 28,3 | 14,9 | 13,1 | 23,0 | 10,3 | 11,2 | 13,7 |
| 86 | *Iran, Islam. Rep.* | 44,6 | 106,0 | 7,5 | .. | 6,8 | 6,7 | 3,1 | 4,7 | 7,4 | 0,2 | 13,8 | 1,1 |
| | **Obere Einkommenskategorie** | **96,8**w | **110,3**w | **24,9**w | **26,3**w | **32,1**w | **19,4**w | **17,4**w | **7,4**w | **3,4**w | **3,0**w | **4,7**w | **10,2**w |
| 87 | Venezuela | 137,8 | 210,8 | 62,7 | 62,6 | 27,2 | 22,8 | 13,8 | 12,5 | 0,4 | 0,9 | 0,7 | 7,7 |
| 88 | Weißrußland | .. | 35,1 | .. | 2,6 | .. | 0,7 | .. | 0,6 | .. | 48,9 | .. | 11,2 |
| 89 | Brasilien | 304,9 | 296,0 | 23,7 | 26,3 | 63,1 | 24,4 | 33,7 | 9,2 | 2,5 | 1,9 | 4,4 | 7,1 |
| 90 | Südafrika | .. | .. | .. | .. | .. | .. | .. | .. | .. | .. | .. | .. |
| 91 | Mauritius | 44,1 | 43,7 | 30,9 | 26,5 | 9,1 | 6,4 | 5,9 | 2,5 | 15,6 | 38,4 | 16,6 | 26,3 |
| 92 | Estland | .. | 12,2 | .. | 2,6 | .. | 1,6 | .. | 0,5 | .. | 23,5 | .. | 29,3 |
| 93 | Malaysia | 43,6 | 42,6 | 36,7 | 37,0 | 6,3 | 7,9 | 4,0 | 2,4 | 10,1 | 12,3 | 11,3 | 7,0 |
| 94 | Chile | 172,9 | 159,7 | 64,1 | 44,7 | 43,1 | 23,4 | 19,0 | 9,4 | 6,2 | 1,5 | 2,9 | 21,0 |
| 95 | Ungarn | 169,1 | 216,2 | 65,8 | 66,9 | .. | 38,8 | .. | 13,3 | 5,6 | 0,8 | 0,0 | 13,0 |
| 96 | Mexiko | 175,4 | 175,6 | 40,0 | 32,8 | 48,1 | 31,5 | 26,6 | 10,5 | 0,9 | 1,2 | 5,6 | 13,6 |
| 97 | Trinidad und Tobago | 88,0 | .. | 44,3 | 47,6 | 6,8 | .. | 1,6 | .. | 4,7 | 2,4 | 8,6 | 14,0 |
| 98 | Uruguay | 180,1 | 243,7 | 54,2 | 54,3 | 18,8 | 27,7 | 10,6 | 16,5 | 5,2 | 2,3 | 11,0 | 15,0 |
| 99 | Oman | 43,6 | 43,5 | 27,6 | 33,3 | 6,4 | 10,4 | 1,8 | 3,1 | 43,6 | 18,4 | 5,8 | 6,1 |
| 100 | Gabun | 131,9 | 148,8 | 74,7 | 77,7 | 17,7 | 6,0 | 6,3 | 3,3 | 8,3 | 10,6 | 2,7 | 10,5 |
| 101 | Slowenien | .. | .. | .. | 15,7 | .. | .. | .. | .. | .. | 1,1 | .. | 24,1 |
| 102 | Puerto Rico | .. | .. | .. | .. | .. | .. | .. | .. | .. | .. | .. | .. |
| 103 | Argentinien | 369,7 | 417,3 | 45,6 | 28,6 | 37,3 | 46,0 | 20,8 | 25,3 | 1,8 | 0,7 | 4,0 | 9,6 |
| 104 | Griechenland | .. | .. | .. | .. | .. | .. | .. | .. | .. | .. | .. | .. |
| 105 | Korea, Rep. | 41,2 | 46,2 | 12,7 | 13,9 | 19,7 | 9,2 | 12,7 | 2,9 | 9,7 | 10,0 | 8,0 | 6,8 |
| 106 | Portugal | 83,4 | 124,2 | 34,0 | 41,5 | 18,3 | 19,3 | 10,5 | 7,8 | 4,4 | 3,0 | 5,5 | 9,9 |
| 107 | *Saudi-Arabien* | .. | .. | .. | .. | .. | .. | .. | .. | .. | .. | .. | .. |
| 108 | *Turkmenistan* | .. | .. | .. | .. | .. | .. | .. | .. | .. | .. | .. | .. |
| | **Länder mit niedr. u. mittl. Eink.** | .. | **136,2**w | .. | **32,1**w | .. | **18,3**w | .. | **7,1**w | .. | **20,1**w | .. | **15,3**w |
| | Afrika südlich der Sahara | 162,2w | 151,4w | 50,0w | 47,4w | 11,6w | 17,1w | 6,1w | 7,1w | 27,0w | 36,4w | 13,0w | 24,5w |
| | Ostasien u. Pazifik | 84,0w | 91,0w | 23,1w | 28,5w | 13,4w | 14,4w | 7,6w | 4,8w | 16,6w | 25,0w | 8,6w | 13,1w |
| | Südasien | 185,0w | 206,2w | 20,3w | 31,1w | 11,9w | 24,4w | 5,1w | 12,1w | 74,4w | 54,3w | 25,1w | 35,4w |
| | Europa u. Zentralasien | .. | 128,1w | .. | 26,5w | .. | 12,4w | .. | 5,2w | .. | 6,9w | .. | 8,2w |
| | Naher Osten u. Nordafrika | 78,0w | 97,1w | 26,7w | 57,7w | 16,5w | 23,1w | 7,4w | 7,9w | 30,9w | 30,9w | 8,3w | 12,1w |
| | Lateinamerika u. Karibik | 221,5w | 227,6w | 38,8w | 34,0w | 36,9w | 28,1w | 19,5w | 11,3w | 4,4w | 5,7w | 5,8w | 13,2w |
| | **Länder mit gravierenden Schuldenproblemen** | **270,5**w | **283,3**w | **39,0**w | **35,6**w | **31,0**w | **23,4**w | **15,6**w | **10,6**w | **9,1**w | **12,7**w | **5,3**w | **9,8**w |
| | **Länder mit hohem Einkommen** | | | | | | | | | | | | |
| 109 | Neuseeland | | | | | | | | | | | | |
| 110 | Irland | | | | | | | | | | | | |
| 111 | Spanien | | | | | | | | | | | | |
| 112 | †Israel | | | | | | | | | | | | |
| 113 | Australien | | | | | | | | | | | | |
| 114 | †Hongkong | | | | | | | | | | | | |
| 115 | Großbritannien | | | | | | | | | | | | |
| 116 | Finnland | | | | | | | | | | | | |
| 117 | †Kuwait | | | | | | | | | | | | |
| 118 | Italien | | | | | | | | | | | | |
| 119 | †Singapur | | | | | | | | | | | | |
| 120 | Kanada | | | | | | | | | | | | |
| 121 | Niederlande | | | | | | | | | | | | |
| 122 | †Vereinigte Arab. Emirate | | | | | | | | | | | | |
| 123 | Belgien | | | | | | | | | | | | |
| 124 | Frankreich | | | | | | | | | | | | |
| 125 | Österreich | | | | | | | | | | | | |
| 126 | Deutschland | | | | | | | | | | | | |
| 127 | Schweden | | | | | | | | | | | | |
| 128 | Vereinigte Staaten | | | | | | | | | | | | |
| 129 | Norwegen | | | | | | | | | | | | |
| 130 | Dänemark | | | | | | | | | | | | |
| 131 | Japan | | | | | | | | | | | | |
| 132 | Schweiz | | | | | | | | | | | | |
| | **Gesamte Welt** | | | | | | | | | | | | |

[a] Bezieht sich auf die Ausfuhren von Waren und Dienstleistungen.  [b] Einschl. Eritrea.

# Tabelle 24  Konditionen der öffentlichen Auslandskreditaufnahme

| | | Zusagen (in Mio $) | | Durchschnittlicher Zinssatz (in %) | | Durchschnittliche Laufzeit (in Jahren) | | Durchschnittlicher tilgungsfreier Zeitraum (in Jahren) | | Öffentliche Darlehen mit variablen Zinsen in % der öffentlichen Schulden | |
|---|---|---|---|---|---|---|---|---|---|---|---|
| | | 1980 | 1993 | 1980 | 1993 | 1980 | 1993 | 1980 | 1993 | 1980 | 1993 |
| | **Länder mit niedrigem Einkommen** | 29.273 s | 40.705 s | 6,2 w | 4,5 w | 23 w | 20 w | 6 w | 6 w | 16,5 w | 17,1 w |
| | **Ohne China und Indien** | 20.289 s | 13.058 s | 5,6 w | 2,6 w | 22 w | 28 w | 6 w | 7 w | 17,0 w | 13,1 w |
| 1 | Mosambik | 479 | 174 | 5,2 | 0,8 | 14 | 40 | 4 | 10 | 0,0 | 11,6 |
| 2 | Tansania | 718 | 446 | 4,1 | 1,3 | 24 | 38 | 8 | 9 | 3,6 | 6,9 |
| 3 | Äthiopien[a] | 194 | 935 | 3,6 | 2,0 | 19 | 41 | 4 | 9 | 1,5 | 1,8 |
| 4 | Sierra Leone | 70 | 137 | 5,2 | 0,7 | 26 | 39 | 7 | 10 | 0,0 | 0,6 |
| 5 | Vietnam | 1.460 | 522 | 3,5 | 1,9 | 18 | 32 | 1 | 8 | 1,2 | 3,0 |
| 6 | Burundi | 102 | 99 | 1,3 | 0,8 | 42 | 34 | 9 | 10 | 0,0 | 0,0 |
| 7 | Uganda | 209 | 357 | 4,6 | 1,7 | 25 | 28 | 6 | 8 | 1,3 | 3,7 |
| 8 | Nepal | 92 | 50 | 0,8 | 1,0 | 46 | 40 | 10 | 10 | 0,0 | 0,0 |
| 9 | Malawi | 130 | 146 | 6,0 | 1,3 | 24 | 38 | 6 | 9 | 23,2 | 1,7 |
| 10 | Tschad | 0 | 79 | 0,0 | 0,8 | 0 | 42 | 0 | 13 | 0,2 | 0,0 |
| 11 | Ruanda | 48 | 48 | 1,5 | 0,6 | 39 | 35 | 9 | 10 | 0,0 | 0,0 |
| 12 | Bangladesch | 1.034 | 707 | 1,7 | 1,1 | 36 | 35 | 9 | 10 | 0,1 | 0,3 |
| 13 | Madagaskar | 445 | 112 | 5,6 | 0,8 | 18 | 41 | 5 | 10 | 8,3 | 5,7 |
| 14 | Guinea-Bissau | 38 | 9 | 2,4 | 0,8 | 18 | 40 | 4 | 10 | 1,6 | 2,4 |
| 15 | Kenia | 518 | 92 | 3,5 | 0,8 | 31 | 39 | 8 | 9 | 27,6 | 13,2 |
| 16 | Mali | 145 | 63 | 2,2 | 0,9 | 23 | 41 | 5 | 10 | 0,0 | 0,1 |
| 17 | Niger | 341 | 94 | 7,4 | 2,3 | 18 | 28 | 5 | 7 | 56,4 | 12,2 |
| 18 | Laos, Dem. VR | 96 | 84 | 0,2 | 0,9 | 33 | 39 | 26 | 10 | 0,0 | 0,0 |
| 19 | Burkina Faso | 115 | 97 | 4,3 | 1,2 | 21 | 34 | 6 | 8 | 4,3 | 0,5 |
| 20 | Indien | 5.158 | 5.848 | 5,6 | 5,4 | 33 | 26 | 9 | 13 | 4,3 | 19,2 |
| 21 | Nigeria | 1.904 | 288 | 10,5 | 3,7 | 11 | 25 | 4 | 7 | 74,4 | 18,2 |
| 22 | Albanien | .. | 100 | .. | 1,1 | .. | 35 | .. | 9 | .. | 51,3 |
| 23 | Nicaragua | 434 | 255 | 4,0 | 5,4 | 25 | 25 | 7 | 6 | 47,6 | 27,1 |
| 24 | Togo | 97 | 0 | 4,0 | 0,0 | 24 | 0 | 7 | 0 | 12,0 | 3,3 |
| 25 | Gambia | 73 | 12 | 3,9 | 0,7 | 16 | 40 | 5 | 10 | 7,8 | 1,5 |
| 26 | Sambia | 645 | 235 | 6,7 | 1,3 | 19 | 41 | 4 | 10 | 12,6 | 9,7 |
| 27 | Mongolei | .. | 174 | .. | 1,1 | .. | 34 | .. | 10 | .. | 8,9 |
| 28 | Zentralafrik. Rep. | 38 | 25 | 0,6 | 0,7 | 13 | 50 | 4 | 11 | 1,9 | 0,0 |
| 29 | Benin | 448 | 22 | 8,3 | 0,1 | 12 | 29 | 4 | 9 | 0,4 | 9,4 |
| 30 | Ghana | 170 | 269 | 1,4 | 0,7 | 44 | 40 | 10 | 10 | 0,9 | 1,9 |
| 31 | Pakistan | 1.115 | 3.297 | 4,4 | 3,5 | 30 | 21 | 7 | 6 | 1,5 | 20,8 |
| 32 | Tadschikistan | .. | 16 | .. | 0,0 | .. | 38 | .. | 9 | .. | 43,0 |
| 33 | China | 3.826 | 21.799 | 10,3 | 5,5 | 11 | 14 | 3 | 4 | 58,8 | 28,9 |
| 34 | Guinea | 269 | 76 | 4,6 | 2,9 | 19 | 31 | 6 | 8 | 0,3 | 3,5 |
| 35 | Mauretanien | 211 | 197 | 3,6 | 1,8 | 20 | 30 | 7 | 9 | 2,4 | 8,4 |
| 36 | Simbabwe | 171 | 322 | 7,1 | 2,9 | 15 | 28 | 6 | 8 | 0,4 | 25,8 |
| 37 | Georgien | .. | 142 | .. | 5,0 | .. | 4 | .. | 3 | .. | 87,9 |
| 38 | Honduras | 495 | 582 | 6,8 | 3,1 | 24 | 24 | 7 | 5 | 34,2 | 20,9 |
| 39 | Sri Lanka | 752 | 583 | 3,9 | 2,2 | 31 | 32 | 8 | 9 | 6,9 | 4,9 |
| 40 | Côte d'Ivoire | 1.685 | 452 | 11,4 | 4,9 | 10 | 18 | 4 | 8 | 57,0 | 60,8 |
| 41 | Lesotho | 59 | 64 | 5,9 | 0,8 | 24 | 36 | 6 | 4 | 3,5 | 5,6 |
| 42 | Armenien | .. | 163 | .. | 4,5 | .. | 11 | .. | 4 | .. | 64,4 |
| 43 | Ägypten, Arab. Rep. | 2.558 | 934 | 5,0 | 3,5 | 28 | 20 | 9 | 4 | 4,5 | 8,0 |
| 44 | *Myanmar* | 605 | 43 | 3,5 | 2,3 | 29 | 6 | 7 | 1 | 5,0 | 0,0 |
| 45 | *Jemen, Rep.* | 553 | 49 | 2,7 | 0,9 | 27 | 32 | 6 | 9 | 0,0 | 1,5 |
| | **Länder mit mittlerem Einkommen** | .. | 92.953 s | .. | 6,3 w | .. | 13 w | .. | 5 w | .. | 50,6 w |
| | **Untere Einkommenskategorie** | .. | 48.213 s | .. | 6,0 w | .. | 14 w | .. | 5 w | .. | 48,7 w |
| 46 | Aserbaidschan | .. | .. | .. | .. | .. | .. | .. | .. | .. | .. |
| 47 | Indonesien | 4.277 | 7.415 | 8,1 | 5,2 | 19 | 19 | 6 | 5 | 30,7 | 43,6 |
| 48 | Senegal | 470 | 76 | 5,9 | 1,5 | 20 | 31 | 6 | 8 | 12,7 | 7,4 |
| 49 | Bolivien | 370 | 70 | 8,4 | 1,5 | 15 | 37 | 5 | 9 | 31,6 | 14,6 |
| 50 | Kamerun | 168 | 269 | 6,9 | 5,1 | 23 | 18 | 6 | 10 | 22,9 | 21,3 |
| 51 | Mazedonien | .. | .. | .. | .. | .. | .. | .. | .. | .. | 62,3 |
| 52 | Kirgisistan | .. | 222 | .. | 4,5 | .. | 22 | .. | 7 | .. | 86,2 |
| 53 | Philippinen | 2.143 | 2.928 | 9,9 | 5,5 | 17 | 17 | 5 | 6 | 49,9 | 31,7 |
| 54 | Kongo | 966 | 593 | 7,6 | 5,1 | 11 | 8 | 3 | 2 | 6,6 | 29,0 |
| 55 | Usbekistan | .. | 756 | .. | 4,8 | .. | 7 | .. | 2 | .. | 81,1 |
| 56 | Marokko | 1.686 | 2.063 | 8,0 | 7,0 | 15 | 18 | 5 | 6 | 31,0 | 53,8 |
| 57 | Moldau | .. | 182 | .. | 5,1 | .. | 13 | .. | 4 | .. | 84,1 |
| 58 | Guatemala | 247 | 71 | 7,9 | 7,0 | 15 | 15 | 4 | 4 | 35,6 | 18,9 |
| 59 | Papua-Neuguinea | 184 | 113 | 11,2 | 5,6 | 18 | 24 | 5 | 6 | 43,5 | 58,1 |
| 60 | Bulgarien | 738 | 178 | 13,6 | 6,3 | 12 | 17 | 6 | 4 | 96,8 | 77,4 |
| 61 | Rumänien | 1.886 | 673 | 14,1 | 5,7 | 8 | 12 | 4 | 4 | 59,2 | 65,0 |
| 62 | Jordanien | 768 | 218 | 7,3 | 6,4 | 16 | 18 | 4 | 5 | 13,4 | 28,0 |
| 63 | Ecuador | 1.148 | 312 | 10,7 | 5,7 | 14 | 14 | 4 | 4 | 62,5 | 60,9 |
| 64 | Dominikanische Rep. | 519 | 86 | 8,9 | 4,1 | 12 | 25 | 4 | 6 | 47,2 | 46,8 |
| 65 | El Salvador | 225 | 522 | 4,2 | 6,0 | 28 | 21 | 8 | 4 | 27,4 | 17,7 |
| 66 | Litauen | .. | 159 | .. | 5,1 | .. | 13 | .. | 6 | .. | 43,8 |
| 67 | Kolumbien | 1.566 | 1.625 | 12,9 | 6,1 | 15 | 12 | 4 | 4 | 40,8 | 53,7 |
| 68 | Jamaika | 220 | 292 | 7,6 | 6,8 | 14 | 18 | 5 | 4 | 23,0 | 25,5 |
| 69 | Peru | 1.614 | 714 | 9,4 | 5,7 | 12 | 21 | 4 | 5 | 31,2 | 47,7 |
| 70 | Paraguay | 99 | 123 | 7,0 | 5,1 | 24 | 28 | 7 | 7 | 27,3 | 9,6 |
| 71 | Kasachstan | .. | 904 | .. | 6,5 | .. | 10 | .. | 3 | .. | 99,9 |
| 72 | Tunesien | 777 | 1.538 | 6,7 | 6,2 | 18 | 18 | 5 | 5 | 20,0 | 26,0 |

*Anmerkung:* Zur Vergleichbarkeit der Daten und ihrer Abgrenzung vgl. Technische Erläuterungen. Kursive Zahlen gelten für andere als die angegebenen Jahre.

| | | Zusagen (in Mio $) | | Durchschnittlicher Zinssatz (in %) | | Durchschnittliche Laufzeit (in Jahren) | | Durchschnittlicher tilgungsfreier Zeitraum (in Jahren) | | Öffentliche Darlehen mit variablen Zinsen in % der öffentlichen Schulden | |
|---|---|---|---|---|---|---|---|---|---|---|---|
| | | 1980 | 1993 | 1980 | 1993 | 1980 | 1993 | 1980 | 1993 | 1980 | 1993 |
| 73 | Algerien | 3.538 | 5.813 | 8,1 | 5,7 | 12 | 9 | 4 | 4 | 25,0 | 51,0 |
| 74 | Namibia | .. | .. | .. | .. | .. | .. | .. | .. | .. | .. |
| 75 | Slowakei | .. | 789 | .. | 6,0 | 13 | 9 | 8 | 4 | .. | 42,1 |
| 76 | Lettland | .. | 119 | .. | 3,6 | .. | 7 | .. | 7 | .. | 89,5 |
| 77 | Thailand | 1.877 | 3.399 | 9,5 | 4,3 | 17 | 20 | 5 | 5 | 51,4 | 55,0 |
| 78 | Costa Rica | 621 | 269 | 11,2 | 6,0 | 13 | 12 | 5 | 3 | 57,0 | 28,8 |
| 79 | Ukraine | .. | 720 | .. | 6,6 | .. | 8 | .. | 3 | .. | 98,5 |
| 80 | Polen | 1.715 | 1.182 | 9,3 | 7,3 | 11 | 16 | 4 | 4 | 37,8 | 69,0 |
| 81 | Russische Föderation | .. | 2.800 | .. | 9,5 | .. | 14 | .. | 2 | .. | 65,9 |
| 82 | Panama | 534 | 238 | 11,3 | 7,9 | 11 | 21 | 5 | 5 | 52,7 | 64,3 |
| 83 | Tschechische Rep. | 8 | 1.794 | 8,2 | 6,9 | 12 | 9 | 4 | 3 | 0,0 | 48,0 |
| 84 | Botsuana | 69 | 41 | 6,0 | 2,7 | 18 | 26 | 4 | 8 | 0,0 | 15,8 |
| 85 | Türkei | 2.925 | 7.580 | 8,3 | 6,0 | 16 | 10 | 5 | 6 | 26,5 | 36,1 |
| 86 | *Iran, Islam. Rep.* | 0 | 226 | 0,0 | 6,6 | 0 | 14 | 0 | 4 | 37,9 | 88,2 |
| | **Obere Einkommenskategorie** | 34.898s | 44.739s | 11,8w | 6,7w | 11w | 11w | 4w | 5w | 66,1w | 52,8w |
| 87 | Venezuela | 2.769 | 2.317 | 12,1 | 6,8 | 8 | 11 | 3 | 5 | 81,4 | 59,5 |
| 88 | Weißrußland | .. | 361 | .. | 6,8 | .. | 13 | .. | 5 | .. | 52,1 |
| 89 | Brasilien | 9.638 | 3.126 | 12,5 | 4,7 | 10 | 5 | 4 | 3 | 72,2 | 74,2 |
| 90 | Südafrika | .. | .. | .. | .. | .. | .. | .. | .. | .. | .. |
| 91 | Mauritius | 121 | 67 | 10,4 | 4,5 | 14 | 17 | 4 | 5 | 47,0 | 36,5 |
| 92 | Estland | .. | 54 | .. | 4,3 | .. | 10 | .. | 6 | .. | 67,0 |
| 93 | Malaysia | 1.423 | 3.217 | 11,2 | 5,2 | 14 | 11 | 5 | 5 | 50,7 | 44,0 |
| 94 | Chile | 835 | 219 | 13,9 | 3,7 | 8 | 13 | 4 | 5 | 75,6 | 80,2 |
| 95 | Ungarn [b] | 1.225 | 5.609 | 9,8 | 7,6 | 13 | 9 | 3 | 8 | 39,8 | 42,5 |
| 96 | Mexiko | 7.632 | 9.986 | 11,3 | 6,6 | 10 | 8 | 4 | 5 | 75,9 | 46,9 |
| 97 | Trinidad und Tobago | 211 | 370 | 10,4 | 8,4 | 9 | 15 | 4 | 6 | 31,9 | 58,7 |
| 98 | Uruguay | 347 | 382 | 10,1 | 5,1 | 14 | 12 | 6 | 3 | 35,4 | 44,2 |
| 99 | Oman | 454 | 275 | 7,9 | 5,5 | 9 | 12 | 3 | 4 | 0,0 | 50,0 |
| 100 | Gabun | 196 | 394 | 11,2 | 7,8 | 11 | 20 | 3 | 6 | 39,3 | 14,7 |
| 101 | Slowenien | .. | 379 | .. | 7,3 | .. | 8 | .. | 2 | .. | 76,0 |
| 102 | Puerto Rico | .. | .. | .. | .. | .. | .. | .. | .. | .. | .. |
| 103 | Argentinien | 3.023 | 7.199 | 13,8 | 8,5 | 9 | 11 | 4 | 6 | 74,0 | 41,8 |
| 104 | Griechenland | .. | .. | .. | .. | .. | .. | .. | .. | .. | .. |
| 105 | Korea, Rep. | 4.928 | 4.432 | 11,3 | 5,7 | 15 | 10 | 4 | 5 | 36,4 | 43,2 |
| 106 | Portugal | 2.015 | 6.206 | 10,9 | 6,7 | 10 | 16 | 3 | 5 | 30,6 | 21,1 |
| 107 | *Saudi-Arabien* | .. | .. | .. | .. | .. | .. | .. | .. | .. | .. |
| 108 | *Turkmenistan* | .. | 10 | .. | 3,0 | .. | 37 | .. | 9 | .. | 0,0 |
| | **Länder mit niedr. u. mittl. Eink.** | .. | 133.657s | .. | 5,8w | .. | 15w | .. | 5w | .. | 40,3w |
| | Afrika südlich der Sahara | 13.255s | 6.837s | 7,1w | 2,9w | 17w | 29w | 5w | 8w | 26,2w | 16,5w |
| | Ostasien u. Pazifik | 20.932s | 44.317s | 9,3w | 5,3w | 16w | 16w | 5w | 5w | 39,8w | 35,5w |
| | Südasien | 8.181s | 10.514s | 4,7w | 4,3w | 33w | 25w | 8w | 10w | 3,2w | 16,5w |
| | Europa u. Zentralasien | .. | 31.166s | .. | 6,8w | .. | 12w | .. | 5w | .. | 55,2w |
| | Naher Osten u. Nordafrika | 11.594s | 11.793s | 6,4w | 5,8w | 18w | 14w | 5w | 5w | 18,2w | 28,3w |
| | Lateinamerika u. Karibik | 32.776s | 29.030s | 11,6w | 6,7w | 11w | 11w | 4w | 5w | 68,0w | 54,6w |
| | **Länder mit gravierenden Schuldenproblemen** | 24.316s | 17.319s | 10,8w | 6,9w | 12w | 12w | 4w | 5w | 58,4w | 54,6w |
| | **Länder mit hohem Einkommen** | | | | | | | | | | |
| 109 | Neuseeland | | | | | | | | | | |
| 110 | Irland | | | | | | | | | | |
| 111 | Spanien | | | | | | | | | | |
| 112 | †Israel | | | | | | | | | | |
| 113 | Australien | | | | | | | | | | |
| 114 | †Hongkong | | | | | | | | | | |
| 115 | Großbritannien | | | | | | | | | | |
| 116 | Finnland | | | | | | | | | | |
| 117 | †Kuwait | | | | | | | | | | |
| 118 | Italien | | | | | | | | | | |
| 119 | †Singapur | | | | | | | | | | |
| 120 | Kanada | | | | | | | | | | |
| 121 | Niederlande | | | | | | | | | | |
| 122 | †Vereinigte Arab. Emirate | | | | | | | | | | |
| 123 | Belgien | | | | | | | | | | |
| 124 | Frankreich | | | | | | | | | | |
| 125 | Österreich | | | | | | | | | | |
| 126 | Deutschland | | | | | | | | | | |
| 127 | Schweden | | | | | | | | | | |
| 128 | Vereinigte Staaten | | | | | | | | | | |
| 129 | Norwegen | | | | | | | | | | |
| 130 | Dänemark | | | | | | | | | | |
| 131 | Japan | | | | | | | | | | |
| 132 | Schweiz | | | | | | | | | | |
| | **Gesamte Welt** | | | | | | | | | | |

[a] Einschl. Eritrea.  [b] Berücksichtigt sind nur Schulden in konvertiblen Währungen.

## Tabelle 25 Bevölkerung und Erwerbstätige

| | | Bevölkerung | | | | | | Erwerbstätige | | | |
|---|---|---|---|---|---|---|---|---|---|---|---|
| | | Insgesamt (in Mio) | | | Durchschnittliches jährliches Wachstum (in %) | | | Altersgruppe 15–64 (in Mio) 1993 | Insgesamt (in Mio) 1993 | Durchschnittliches jährliches Wachstum (in %) | | |
| | | 1993 | 2000 | 2025 | 1970–80 | 1980–93 | 1993–2000 | | | 1970–80 | 1980–93 | 1993–2000 |
| | **Länder mit niedrigem Einkommen** | **3.092**s | **3.518**s | **4.987**s | **2,1**w | **2,0**w | **1,8**w | **1.738**s | **1.434**s | **2,3**w | **2,1**w | **1,6**w |
| | **Ohne China und Indien** | **1.015**s | **1.241**s | **2.123**s | **2,5**w | **2,5**w | **2,9**w | **459**s | **385**s | **2,5**w | **2,4**w | **2,6**w |
| 1 | Mosambik | 15 | 19 | 35 | 2,5 | 1,7 | 3,3 | 8 | 9 | 3,8 | 2,0 | 2,0 |
| 2 | Tansania | 28 | 34 | 63 | 3,1 | 3,2 | 2,8 | 14 | 14 | 2,8 | 2,8 | 3,0 |
| 3 | Äthiopien | 52 | 64 | 127 | 2,3 | 2,7 | 3,0 | 24 | 23 | 2,0 | 1,9 | 2,2 |
| 4 | Sierra Leone | 4 | .. | .. | 2,0 | 2,5 | .. | 2 | 2 | 1,0 | 1,2 | .. |
| 5 | Vietnam | 71 | 83 | 118 | 2,3 | 2,2 | 2,1 | 39 | 36 | 2,1 | 2,8 | 2,5 |
| 6 | Burundi | 6 | 7 | 13 | 1,6 | 2,9 | 2,8 | 3 | 3 | 1,3 | 2,2 | 2,5 |
| 7 | Uganda | 18 | .. | .. | 2,9 | 2,4 | .. | 9 | 9 | 2,6 | 2,8 | .. |
| 8 | Nepal | 21 | 25 | 41 | 2,6 | 2,6 | 2,5 | 11 | 8 | 1,8 | 2,3 | 2,2 |
| 9 | Malawi | 11 | .. | .. | 3,1 | .. | .. | 5 | 4 | 2,2 | .. | .. |
| 10 | Tschad | 6 | 7 | 13 | 2,0 | 2,3 | 2,8 | 3 | 2 | 1,7 | 1,9 | 2,1 |
| 11 | Ruanda | 8 | 9 | 16 | 3,3 | 2,9 | 2,6 | 4 | 4 | 3,1 | 2,8 | 3,0 |
| 12 | Bangladesch | 115 | .. | .. | 2,8 | 2,1 | .. | 60 | 37 | 2,0 | 2,9 | .. |
| 13 | Madagaskar | 14 | 17 | 34 | 2,8 | 3,3 | 3,1 | 7 | 5 | 2,2 | 2,1 | 2,3 |
| 14 | Guinea-Bissau | 1 | 1 | 2 | 4,1 | 2,0 | 2,1 | 1 | 0 | 3,8 | 1,3 | 1,6 |
| 15 | Kenia | 25 | 30 | 46 | 3,6 | 3,3 | 2,5 | 11 | 11 | 3,6 | 3,5 | 3,7 |
| 16 | Mali | 10 | 13 | 25 | 2,2 | 3,0 | 3,1 | 5 | 3 | 1,7 | 2,6 | 2,8 |
| 17 | Niger | 9 | 11 | 22 | 2,9 | 3,3 | 3,3 | 4 | 4 | 1,9 | 2,4 | 2,7 |
| 18 | Laos, Dem. VR | 5 | 6 | 10 | 1,7 | 2,8 | 2,8 | 2 | 2 | 1,3 | 2,0 | 2,1 |
| 19 | Burkina Faso | 10 | 12 | 22 | 2,3 | 2,6 | 2,6 | 5 | 4 | 1,7 | 2,0 | 2,3 |
| 20 | Indien | 898 | 1.022 | 1.392 | 2,2 | 2,0 | 1,8 | 506 | 341 | 1,7 | 1,9 | 1,7 |
| 21 | Nigeria | 105 | 129 | 238 | 2,7 | 2,9 | 2,9 | 50 | 46 | 3,1 | 2,7 | 2,9 |
| 22 | Albanien | 3 | 4 | 5 | 2,2 | 1,8 | 1,0 | 2 | 2 | 3,0 | 2,6 | 2,2 |
| 23 | Nicaragua | 4 | 5 | 9 | 3,1 | 3,0 | 3,3 | 2 | 1 | 2,9 | 3,8 | 3,9 |
| 24 | Togo | 4 | 5 | 9 | 2,6 | 3,0 | 3,1 | 2 | 2 | 2,0 | 2,3 | 2,5 |
| 25 | Gambia | 1 | 1 | 2 | 3,2 | 3,7 | 3,1 | 1 | 0 | 1,9 | 1,4 | 1,6 |
| 26 | Sambia | 9 | 11 | 19 | 3,1 | 3,4 | 2,6 | 4 | 3 | 2,7 | 3,3 | 3,5 |
| 27 | Mongolei | 2 | 3 | 4 | 2,8 | 2,6 | 2,0 | 1 | 1 | 2,8 | 2,9 | 2,8 |
| 28 | Zentralafrik. Rep. | 3 | 4 | 6 | 2,2 | 2,4 | 2,4 | 2 | 1 | 1,2 | 1,5 | 1,9 |
| 29 | Benin | 5 | 6 | 12 | 2,5 | 3,0 | 3,0 | 3 | 2 | 2,0 | 2,2 | 2,6 |
| 30 | Ghana | 16 | 20 | 38 | 2,2 | 3,3 | 2,9 | 8 | 6 | 2,4 | 2,7 | 3,0 |
| 31 | Pakistan | 123 | .. | .. | 2,6 | 2,8 | .. | 65 | 37 | 2,7 | 2,8 | .. |
| 32 | Tadschikistan | 6 | 7 | 12 | 3,0 | 2,9 | 2,7 | 3 | .. | .. | .. | .. |
| 33 | China | 1.178 | 1.255 | 1.471 | 1,8 | 1,4 | 0,9 | 773 | 707 | 2,4 | 2,0 | 1,0 |
| 34 | Guinea | 6 | 8 | 15 | 1,3 | 2,7 | 3,0 | 3 | 3 | 1,8 | 1,7 | 1,9 |
| 35 | Mauretanien | 2 | 3 | 4 | 2,4 | 2,6 | 2,5 | 1 | 1 | 1,8 | 2,8 | 3,2 |
| 36 | Simbabwe | 11 | 13 | 20 | 3,0 | 3,2 | 2,2 | 6 | 4 | 2,8 | 2,8 | 3,0 |
| 37 | Georgien | 5 | 6 | 6 | 0,7 | 0,6 | 0,2 | 4 | .. | .. | .. | .. |
| 38 | Honduras | 5 | 6 | 11 | 3,2 | 3,1 | 2,8 | 3 | 2 | 3,1 | 3,8 | 3,7 |
| 39 | Sri Lanka | 18 | 20 | 25 | 1,7 | 1,5 | 1,2 | 11 | 7 | 2,3 | 1,5 | 1,7 |
| 40 | Côte d'Ivoire | 13 | 17 | 37 | 4,0 | 3,7 | 3,3 | 6 | 5 | 2,5 | 2,6 | 2,5 |
| 41 | Lesotho | 2 | 2 | 4 | 2,3 | 2,9 | 2,6 | 1 | 1 | 2,0 | 1,8 | 2,2 |
| 42 | Armenien | 4 | 4 | 5 | 2,0 | 1,5 | 0,3 | 2 | 2 | .. | 1,3 | .. |
| 43 | Ägypten, Arab. Rep. | 56 | .. | .. | 2,2 | 2,0 | .. | 32 | 16 | 2,1 | 2,6 | .. |
| 44 | *Myanmar* | 45 | 52 | 76 | 2,2 | 2,1 | 2,1 | 24 | 19 | 2,2 | 1,9 | 1,7 |
| 45 | *Jemen, Rep.* | 13 | .. | .. | 2,6 | 3,6 | .. | 6 | 3 | 1,6 | 2,6 | .. |
| | **Länder mit mittlerem Einkommen** | **1.597**s | **1.761**s | **2.322**s | **1,9**w | **1,7**w | **1,4**w | **882**s | .. | .. | .. | .. |
| | **Untere Einkommenskategorie** | **1.097**s | **1.202**s | **1.574**s | **1,8**w | **1,7**w | **1,3**w | **586**s | .. | .. | .. | .. |
| 46 | Aserbaidschan | 7 | 8 | 10 | 1,7 | 1,4 | 1,1 | 4 | .. | .. | .. | .. |
| 47 | Indonesien | 187 | .. | .. | 2,3 | 1,7 | .. | 111 | 76 | 2,1 | 2,3 | .. |
| 48 | Senegal | 8 | 9 | 17 | 2,9 | 2,7 | 2,6 | 4 | 3 | 3,2 | 1,9 | 2,1 |
| 49 | Bolivien | 7 | 8 | 13 | 2,4 | 2,1 | 2,4 | 4 | 2 | 2,1 | 2,7 | 2,6 |
| 50 | Kamerun | 13 | 15 | 29 | 2,7 | 2,8 | 2,8 | 7 | 5 | 1,5 | 2,0 | 2,3 |
| 51 | Mazedonien | 2 | 2 | 3 | 1,4 | 1,1 | 1,1 | 1 | .. | .. | .. | .. |
| 52 | Kirgisistan | 5 | 5 | 7 | 2,0 | 1,8 | 1,6 | 3 | .. | .. | .. | .. |
| 53 | Philippinen | 65 | 75 | 105 | 2,5 | 2,3 | 2,0 | 35 | 24 | 2,4 | 2,5 | 2,4 |
| 54 | Kongo | 2 | 3 | 6 | 2,8 | 2,9 | 2,8 | 1 | 1 | 2,1 | 2,0 | 2,4 |
| 55 | Usbekistan | 22 | 25 | 38 | 2,9 | 2,4 | 2,1 | 11 | .. | .. | .. | .. |
| 56 | Marokko | 26 | 30 | 41 | 2,4 | 2,2 | 1,9 | 14 | 9 | 3,4 | 3,2 | 2,9 |
| 57 | Moldau | 4 | 5 | 5 | 1,1 | 0,7 | 0,3 | 3 | .. | .. | .. | .. |
| 58 | Guatemala | 10 | 12 | 22 | 2,8 | 2,9 | 2,8 | 5 | 3 | 2,1 | 3,0 | 3,3 |
| 59 | Papua-Neuguinea | 4 | 5 | 8 | 2,4 | 2,2 | 2,2 | 2 | 2 | 1,9 | 1,5 | 1,0 |
| 60 | Bulgarien | 9 | 9 | 8 | 0,4 | 0,0 | −0,5 | 6 | 4 | 0,1 | 0,0 | 0,3 |
| 61 | Rumänien | 23 | 23 | 22 | 0,9 | 0,2 | −0,1 | 15 | 12 | 0,0 | 0,7 | 0,7 |
| 62 | Jordanien | 4 | 5 | 9 | 3,7 | 4,9 | 3,3 | 2 | 1 | 1,0 | 4,3 | 4,0 |
| 63 | Ecuador | 11 | 13 | 18 | 2,9 | 2,5 | 2,0 | 6 | 4 | 2,6 | 3,0 | 2,8 |
| 64 | Dominikanische Rep. | 8 | 8 | 11 | 2,5 | 2,2 | 1,7 | 4 | 2 | 3,1 | 3,2 | 2,7 |
| 65 | El Salvador | 6 | 6 | 10 | 2,3 | 1,5 | 2,2 | 3 | 2 | 2,9 | 3,1 | 3,2 |
| 66 | Litauen | 4 | 4 | 4 | 0,9 | 0,6 | −0,1 | 3 | 2 | 1,5 | 0,1 | 0,6 |
| 67 | Kolumbien | 36 | .. | .. | 2,2 | 2,3 | .. | 20 | 11 | 2,5 | 2,5 | .. |
| 68 | Jamaika | 2 | 3 | 3 | 1,3 | 0,9 | 0,8 | 1 | 1 | 2,9 | 2,6 | 2,2 |
| 69 | Peru | 23 | 26 | 37 | 2,7 | 2,1 | 1,9 | 13 | 8 | 3,3 | 2,8 | 2,7 |
| 70 | Paraguay | 5 | 6 | 9 | 2,9 | 3,1 | 2,5 | 3 | 2 | 3,5 | 2,9 | 2,7 |
| 71 | Kasachstan | 17 | 18 | 22 | 1,3 | 1,0 | 0,6 | 11 | .. | .. | .. | .. |
| 72 | Tunesien | 9 | 10 | 13 | 2,2 | 2,3 | 1,6 | 5 | 3 | 3,6 | 3,0 | 2,6 |

*Anmerkung:* Zur Vergleichbarkeit der Daten und ihrer Abgrenzung vgl. Technische Erläuterungen. Kursive Zahlen gelten für andere als die angegebenen Jahre.

| | | Bevölkerung | | | | | | Erwerbstätige | | | |
|---|---|---|---|---|---|---|---|---|---|---|---|
| | | Insgesamt (in Mio) | | | Durchschnittliches jährliches Wachstum (in %) | | | Altersgruppe 15–64 (in Mio) 1993 | Insgesamt (in Mio) 1993 | Durchschnittliches jährliches Wachstum (in %) | | |
| | | 1993 | 2000 | 2025 | 1970–80 | 1980–93 | 1993–2000 | | | 1970–80 | 1980–93 | 1993–2000 |
| 73 | Algerien | 27 | 31 | 45 | 3,1 | 2,7 | 2,2 | 14 | 7 | 3,2 | 3,6 | 3,6 |
| 74 | Namibia | 1 | 2 | 3 | 2,6 | 2,7 | 2,6 | 1 | 1 | 1,8 | 2,4 | 2,8 |
| 75 | Slowakei | 5 | 5 | 6 | 0,9 | 0,5 | 0,4 | 3 | 2 | .. | .. | .. |
| 76 | Lettland | 3 | 2 | 2 | 0,7 | 0,2 | –0,8 | 2 | .. | 1,7 | .. | .. |
| 77 | Thailand | 58 | 62 | 74 | 2,7 | 1,7 | 0,9 | 36 | 31 | 2,8 | 2,1 | 1,5 |
| 78 | Costa Rica | 3 | .. | .. | 2,8 | .. | .. | 2 | 1 | 3,8 | .. | .. |
| 79 | Ukraine | 52 | 51 | 49 | 0,5 | 0,2 | –0,2 | 34 | .. | .. | .. | .. |
| 80 | Polen | 38 | 39 | 42 | 0,9 | 0,6 | 0,2 | 25 | 20 | 0,7 | 0,6 | 0,8 |
| 81 | Russische Föderation | 149 | 147 | 146 | 0,6 | 0,5 | –0,3 | 99 | .. | .. | .. | .. |
| 82 | Panama | 3 | 3 | 4 | 2,6 | 2,0 | 1,7 | 2 | 1 | 2,4 | 2,8 | 2,3 |
| 83 | Tschechische Rep. | 10 | 10 | 11 | 0,5 | 0,0 | 0,1 | 7 | 5 | 0,3 | –0,2 | 8,2 |
| 84 | Botsuana | 1 | 2 | 3 | 3,5 | 3,4 | 2,9 | 1 | 0 | 3,0 | 3,3 | 3,4 |
| 85 | Türkei | 60 | 68 | 91 | 2,3 | 2,3 | 1,8 | 34 | 25 | 1,7 | 2,1 | 1,9 |
| 86 | *Iran, Islam. Rep.* | 64 | .. | .. | 3,2 | .. | .. | 30 | 17 | 3,1 | .. | .. |
| | **Obere Einkommenskategorie** | **501**s | **559**s | **748**s | **2,2**w | **1,9**w | **1,6**w | **296**s | **188**s | **3,2**w | **2,1**w | **1,8**w |
| 87 | Venezuela | 21 | 24 | 35 | 3,4 | 2,5 | 2,1 | 12 | 7 | 4,8 | 3,2 | 2,8 |
| 88 | Weißrußland | 10 | 10 | 10 | 0,6 | 0,4 | –0,2 | 7 | 5 | .. | –0,2 | .. |
| 89 | Brasilien | 156 | 175 | 230 | 2,4 | 2,0 | 1,6 | 90 | 59 | 3,4 | 2,2 | 2,1 |
| 90 | Südafrika | 40 | 46 | 71 | 2,6 | 2,4 | 2,2 | 23 | 13 | 1,3 | 2,7 | 2,7 |
| 91 | Mauritius | 1 | 1 | 1 | 1,6 | 0,9 | 1,1 | 1 | 0 | 2,5 | 2,6 | 1,9 |
| 92 | Estland | 2 | 1 | 1 | 0,8 | 0,4 | –0,5 | 1 | .. | 1,7 | .. | .. |
| 93 | Malaysia | 19 | 22 | 32 | 2,4 | 2,5 | 2,3 | 10 | 8 | 3,7 | 2,8 | 2,5 |
| 94 | Chile | 14 | 15 | 20 | 1,6 | 1,7 | 1,5 | 9 | 5 | 2,4 | 2,2 | 1,4 |
| 95 | Ungarn | 10 | 10 | 9 | 0,4 | –0,4 | –0,4 | 7 | 5 | –0,5 | 0,0 | 0,3 |
| 96 | Mexiko | 90 | 102 | 137 | 2,8 | 2,3 | 1,8 | 50 | 33 | 4,3 | 3,1 | 2,7 |
| 97 | Trinidad und Tobago | 1 | 1 | 2 | 1,1 | 1,3 | 1,1 | 1 | 1 | 2,2 | 2,2 | 2,0 |
| 98 | Uruguay | 3 | 3 | 4 | 0,4 | 0,6 | 0,6 | 2 | 1 | 0,2 | 0,8 | 1,0 |
| 99 | Oman | 2 | 3 | 6 | 4,2 | 4,5 | 4,0 | 1 | 0 | 4,5 | 3,5 | 2,9 |
| 100 | Gabun | 1 | 2 | 3 | 4,7 | 1,7 | 5,9 | 1 | 1 | 0,8 | 0,7 | 1,1 |
| 101 | Slowenien | 2 | 2 | 2 | 0,9 | 0,4 | 0,1 | 1 | .. | .. | .. | .. |
| 102 | Puerto Rico | 4 | 4 | 5 | 1,7 | 0,9 | 0,8 | 2 | 1 | 2,4 | 2,0 | 0,4 |
| 103 | Argentinien | 34 | 37 | 46 | 1,6 | 1,4 | 1,2 | 21 | 12 | 1,0 | 1,2 | 1,6 |
| 104 | Griechenland | 10 | 11 | 10 | 0,9 | 0,6 | 0,3 | 7 | 4 | 0,7 | 0,4 | 0,2 |
| 105 | Korea, Rep. | 44 | 47 | 54 | 1,8 | 1,1 | 0,9 | 31 | 20 | 2,6 | 2,3 | 1,8 |
| 106 | Portugal | 10 | 10 | 10 | 0,8 | 0,1 | 0,0 | 7 | 5 | 2,5 | 0,9 | 0,8 |
| 107 | *Saudi-Arabien* | 17 | 21 | 43 | 5,1 | 4,4 | 3,1 | 10 | 5 | 5,5 | 3,8 | 3,3 |
| 108 | *Turkmenistan* | 4 | 5 | 7 | 2,7 | 2,4 | 2,1 | 2 | .. | .. | .. | .. |
| | **Länder mit niedr. u. mittl. Eink.** | **4.689**s | **5.279**s | **7.309**s | **2,1**w | **1,9**w | **1,7**w | **2.650**s | .. | .. | .. | .. |
| | Afrika südlich der Sahara | 559s | 683s | 683s | 2,7w | 2,9w | 2,9w | 290s | 228s | 2,4w | 2,5w | 2,7w |
| | Ostasien u. Pazifik | 1.714s | 1.861s | 2.283s | 1,9w | 1,5w | 1,2w | 1.093s | 942s | 2,4w | 2,1w | 1,3w |
| | Südasien | 1.194s | 1.391s | 1.988s | 2,3w | 2,1w | 2,2w | 669s | 437s | 1,8w | 2,1w | 2,0w |
| | Europa u. Zentralasien | 495s | 507s | 553s | 1,0w | 0,8w | 0,4w | 316s | .. | .. | .. | .. |
| | Naher Osten u. Nordafrika | 262s | 313s | 507s | 2,9w | 3,0w | 2,5w | 148s | 71s | 3,0w | 3,2w | 3,3w |
| | Lateinamerika u. Karibik | 465s | 523s | 709s | 2,4w | 2,0w | 1,6w | 274s | 169s | 3,1w | 2,5w | 2,3w |
| | **Länder mit gravierenden Schuldenproblemen** | **386**s | **433**s | **604**s | **2,1**w | **1,9**w | **1,7**w | **233**s | **146**s | **2,3**w | **2,0**w | **2,1**w |
| | **Länder mit hohem Einkommen** | **812**s | **844**s | **908**s | **0,8**w | **0,6**w | **0,5**w | **544**s | **385**s | **1,3**w | **0,7**w | **0,3**w |
| 109 | Neuseeland | 3 | 4 | 4 | 1,0 | 0,9 | 1,1 | 2 | 2 | 1,7 | 1,7 | 0,8 |
| 110 | Irland | 4 | 4 | 4 | 1,4 | 0,3 | 0,3 | 2 | 2 | 1,1 | 1,6 | 1,5 |
| 111 | Spanien | 39 | 40 | 38 | 1,1 | 0,4 | 0,1 | 27 | 15 | 0,8 | 1,1 | 0,7 |
| 112 | †Israel | 5 | 6 | 8 | 2,7 | 2,3 | 2,1 | 3 | 2 | 2,8 | 2,2 | 1,9 |
| 113 | Australien | 18 | 19 | 24 | 1,5 | 1,5 | 1,3 | 11 | 8 | 2,3 | 1,6 | 1,2 |
| 114 | †Hongkong | 6 | 6 | 6 | 2,5 | 1,1 | 0,4 | 4 | 3 | 4,3 | 1,9 | –0,4 |
| 115 | Großbritannien | 58 | 59 | 61 | 0,1 | 0,2 | 0,3 | 38 | 28 | 0,5 | 0,3 | 0,1 |
| 116 | Finnland | 5 | 5 | 5 | 0,4 | 0,4 | 0,4 | 3 | 3 | 0,8 | 0,6 | 0,2 |
| 117 | †Kuwait | 2 | 2 | 3 | 6,1 | 1,9 | 0,4 | 1 | 1 | 7,1 | 4,7 | 3,0 |
| 118 | Italien | 57 | 57 | 52 | 0,5 | 0,1 | 0,0 | 39 | 23 | 0,5 | 0,5 | –0,1 |
| 119 | †Singapur | 3 | 3 | 3 | 1,5 | 1,1 | 0,9 | 2 | 1 | 4,3 | 1,3 | 0,5 |
| 120 | Kanada | 29 | 31 | 38 | 1,4 | 1,2 | 1,1 | 19 | 14 | 3,1 | 1,1 | 0,8 |
| 121 | Niederlande | 15 | 16 | 16 | 0,8 | 0,6 | 0,6 | 10 | 6 | 1,5 | 1,0 | 0,2 |
| 122 | †Vereinigte Arab. Emirate | 2 | 2 | 3 | 15,2 | 4,4 | 2,2 | 1 | 1 | 17,2 | 3,5 | 1,7 |
| 123 | Belgien | 10 | 10 | 10 | 0,2 | 0,2 | 0,3 | 7 | 4 | 0,9 | 0,4 | 0,0 |
| 124 | Frankreich | 57 | 59 | 61 | 0,6 | 0,5 | 0,4 | 38 | 26 | 0,9 | 0,7 | 0,4 |
| 125 | Österreich | 8 | 8 | 8 | 0,1 | 0,3 | 0,5 | 5 | 4 | 0,8 | 0,5 | 0,0 |
| 126 | Deutschland | 81 | 82 | 76 | 0,1 | 0,2 | 0,2 | 55 | 42 | 0,6 | –0,8 | –1,8 |
| 127 | Schweden | 9 | 9 | 10 | 0,3 | 0,3 | 0,5 | 6 | 4 | 1,1 | 0,4 | 0,2 |
| 128 | Vereinigte Staaten | 258 | 275 | 331 | 1,1 | 1,0 | 0,9 | 165 | 125 | 2,3 | 1,0 | 0,8 |
| 129 | Norwegen | 4 | 4 | 5 | 0,5 | 0,4 | 0,4 | 3 | 2 | 2,0 | 0,8 | 0,5 |
| 130 | Dänemark | 5 | 5 | 5 | 0,4 | 0,1 | 0,1 | 4 | 3 | 1,3 | 0,5 | 0,0 |
| 131 | Japan | 124 | 126 | 122 | 1,1 | 0,5 | 0,2 | 86 | 63 | 0,7 | 0,8 | 0,2 |
| 132 | Schweiz | 7 | 7 | 8 | 0,2 | 0,8 | 0,9 | 5 | 3 | 0,3 | 0,3 | –0,2 |
| | **Gesamte Welt** | **5.501**s | **6.123**s | **8.217**s | **1,8**w | **1,7**w | **1,5**w | **3.178**s | .. | .. | .. | .. |

# Tabelle 26  Demographie und Fruchtbarkeit

| | | Unbereinigte Geburtenziffer (je 1.000 Einwohner) | | Unbereinigte Sterbeziffer (je 1.000 Einwohner) | | Zusammengefaßte Geburtenziffer | | | Prozentanteil der Geburten (1993) von Frauen im Alter von | | Verheiratete Frauen im gebärfähigen Alter, die Empfängnisverhütung praktizieren[a] (in %) |
|---|---|---|---|---|---|---|---|---|---|---|---|
| | | 1970 | 1993 | 1970 | 1993 | 1970 | 1993 | 2000 | unter 20 | über 35 | 1988–1993 |
| **Länder mit niedrigem Einkommen** | | 39 w | 28 w | 14 w | 10 w | 5,9 w | 3,6 w | 3,3 w | | | |
| **Ohne China und Indien** | | 45 w | 40 w | 19 w | 13 w | 6,5 w | 5,5 w | 4,9 w | | | |
| 1 | Mosambik | 46 | 45 | 22 | 18 | 6,5 | 6,4 | 5,8 | 15 | 20 | .. |
| 2 | Tansania | 50 | 43 | 19 | 14 | 6,8 | 5,8 | 5,2 | 17 | 14 | 10 |
| 3 | Äthiopien | 50 | 48 | 24 | 18 | 6,8 | 6,9 | 6,2 | 17 | 13 | 4 |
| 4 | Sierra Leone | 49 | 49 | 30 | 25 | 6,5 | 6,4 | .. | 22 | 13 | .. |
| 5 | Vietnam | 38 | 30 | 15 | 8 | 5,9 | 3,8 | 3,3 | 3 | 16 | 53 |
| 6 | Burundi | 44 | 45 | 20 | 15 | 6,8 | 6,7 | 6,0 | 7 | 24 | .. |
| 7 | Uganda | 50 | 51 | 19 | 19 | 6,9 | 7,2 | .. | 22 | 14 | 5 |
| 8 | Nepal | 45 | 39 | 22 | 13 | 6,1 | 5,3 | 4,7 | 14 | 14 | .. |
| 9 | Malawi | 56 | 50 | 24 | 20 | 7,3 | 7,1 | .. | 18 | 17 | 13 |
| 10 | Tschad | 45 | 43 | 26 | 18 | 6,0 | 5,8 | 5,3 | 22 | 13 | .. |
| 11 | Ruanda | 53 | 44 | 21 | 17 | 8,2 | 6,4 | 5,7 | 8 | 17 | 21 |
| 12 | Bangladesch | 48 | 35 | 21 | 11 | 7,0 | 4,3 | .. | 20 | 9 | 40 |
| 13 | Madagaskar | 48 | 43 | 20 | 11 | 6,6 | 6,0 | 5,4 | 18 | 15 | 17 |
| 14 | Guinea-Bissau | 41 | 42 | 27 | 21 | 5,3 | 5,7 | 5,2 | 22 | 14 | .. |
| 15 | Kenia | 53 | 36 | 18 | 9 | 8,1 | 5,2 | 4,0 | 18 | 12 | 33 |
| 16 | Mali | 51 | 50 | 26 | 19 | 7,1 | 7,0 | 6,3 | 20 | 15 | 25 |
| 17 | Niger | 59 | 52 | 26 | 19 | 8,0 | 7,3 | 6,8 | 22 | 14 | 4 |
| 18 | Laos, Dem. VR | 44 | 44 | 23 | 15 | 6,1 | 6,4 | 5,6 | 6 | 24 | .. |
| 19 | Burkina Faso | 48 | 46 | 25 | 18 | 6,4 | 6,4 | 5,8 | 18 | 14 | 8 |
| 20 | Indien | 39 | 29 | 16 | 10 | 5,5 | 3,7 | 3,2 | 11 | 10 | 43 |
| 21 | Nigeria | 46 | 45 | 21 | 15 | 6,4 | 6,4 | 5,7 | 17 | 17 | 6 |
| 22 | Albanien | 33 | 23 | 7 | 6 | 4,8 | 2,8 | 2,5 | 3 | 10 | .. |
| 23 | Nicaragua | 48 | 40 | 14 | 7 | 6,9 | 4,9 | 4,2 | 21 | 10 | 44 |
| 24 | Togo | 46 | 44 | 20 | 13 | 6,6 | 6,5 | 5,8 | 15 | 20 | 33 |
| 25 | Gambia | 49 | 43 | 28 | 19 | 6,5 | 5,5 | 5,0 | 19 | 14 | .. |
| 26 | Sambia | 49 | 44 | 19 | 15 | 6,8 | 5,9 | 5,2 | 18 | 13 | 15 |
| 27 | Mongolei | 42 | 27 | 14 | 7 | 5,8 | 3,5 | 3,1 | 7 | 13 | .. |
| 28 | Zentralafrik. Rep. | 43 | 41 | 22 | 17 | 5,7 | 5,6 | 5,1 | 20 | 17 | .. |
| 29 | Benin | 49 | 48 | 27 | 18 | 7,0 | 7,0 | 6,3 | 16 | 16 | .. |
| 30 | Ghana | 46 | 41 | 16 | 11 | 6,7 | 5,9 | 5,3 | 16 | 18 | 13 |
| 31 | Pakistan | 48 | 40 | 19 | 9 | 7,0 | 6,1 | .. | 7 | 21 | 14 |
| 32 | Tadschikistan | 40 | 36 | 10 | 6 | 6,8 | 4,8 | 4,3 | 5 | 13 | .. |
| 33 | China | 33 | 19 | 8 | 7 | 5,8 | 2,0 | 1,9 | 4 | 4 | 83 |
| 34 | Guinea | 52 | 50 | 27 | 20 | 7,0 | 6,9 | 6,2 | 24 | 12 | .. |
| 35 | Mauretanien | 45 | 40 | 22 | 14 | 6,5 | 5,3 | 4,8 | 18 | 15 | .. |
| 36 | Simbabwe | 49 | 38 | 16 | 12 | 7,3 | 4,9 | 4,2 | 14 | 13 | 43 |
| 37 | Georgien | 19 | 16 | 10 | 9 | 2,6 | 2,1 | 2,1 | 12 | 7 | .. |
| 38 | Honduras | 48 | 36 | 14 | 6 | 7,2 | 4,8 | 4,0 | 18 | 13 | 47 |
| 39 | Sri Lanka | 30 | 20 | 8 | 6 | 4,3 | 2,4 | 2,2 | 8 | 14 | .. |
| 40 | Côte d'Ivoire | 51 | 49 | 20 | 15 | 7,4 | 7,3 | 6,6 | 23 | 13 | .. |
| 41 | Lesotho | 43 | 37 | 20 | 10 | 5,7 | 5,1 | 4,6 | 12 | 17 | 23 |
| 42 | Armenien | 23 | 20 | 6 | 6 | 3,2 | 2,6 | 2,3 | 12 | 5 | .. |
| 43 | Ägypten, Arab. Rep. | 40 | 29 | 17 | 8 | 5,9 | 3,8 | .. | 12 | 13 | 47 |
| 44 | *Myanmar* | 40 | 32 | 17 | 11 | 5,9 | 4,1 | 3,6 | 5 | 16 | .. |
| 45 | *Jemen, Rep.* | 53 | 49 | 23 | 15 | 7,6 | 7,5 | .. | 11 | 23 | 10 |
| **Länder mit mittlerem Einkommen** | | 31 w | 23 w | 12 w | 8 w | 4,5 w | 3,0 w | 2,7 w | | | |
| **Untere Einkommenskategorie** | | 31 w | 23 w | 12 w | 9 w | 4,4 w | 3,0 w | 2,7 w | | | |
| 46 | Aserbaidschan | 29 | 22 | 7 | 6 | 4,6 | 2,5 | 2,2 | 4 | 7 | .. |
| 47 | Indonesien | 40 | 24 | 18 | 8 | 5,3 | 2,8 | .. | 14 | 12 | 50 |
| 48 | Senegal | 49 | 43 | 25 | 16 | 7,0 | 6,0 | 5,4 | 19 | 16 | 7 |
| 49 | Bolivien | 45 | 35 | 20 | 10 | 6,5 | 4,7 | 4,1 | 12 | 16 | 30 |
| 50 | Kamerun | 45 | 40 | 20 | 12 | 6,2 | 5,6 | 5,1 | 18 | 15 | 16 |
| 51 | Mazedonien | 25 | 15 | 8 | 7 | 3,1 | 2,0 | 2,0 | 10 | 6 | .. |
| 52 | Kirgisistan | 31 | 28 | 11 | 7 | 4,8 | 3,6 | 3,1 | 6 | 11 | .. |
| 53 | Philippinen | 39 | 30 | 10 | 6 | 5,7 | 3,9 | 3,3 | 5 | 16 | 40 |
| 54 | Kongo | 46 | 44 | 20 | 15 | 6,3 | 6,2 | 5,6 | 17 | 16 | .. |
| 55 | Usbekistan | 36 | 31 | 10 | 6 | 6,1 | 3,8 | 3,3 | 6 | 9 | .. |
| 56 | Marokko | 47 | 28 | 16 | 8 | 7,0 | 3,6 | 2,8 | 7 | 18 | 42 |
| 57 | Moldau | 19 | 16 | 10 | 11 | 2,6 | 2,1 | 2,1 | 10 | 9 | .. |
| 58 | Guatemala | 45 | 38 | 14 | 8 | 6,5 | 5,3 | 4,6 | 17 | 13 | .. |
| 59 | Papua-Neuguinea | 42 | 33 | 18 | 11 | 6,1 | 5,0 | 4,4 | 4 | 27 | .. |
| 60 | Bulgarien | 16 | 10 | 9 | 13 | 2,2 | 1,5 | 1,5 | 21 | 3 | .. |
| 61 | Rumänien | 20 | 11 | 9 | 11 | 2,8 | 1,5 | 1,5 | 15 | 7 | .. |
| 62 | Jordanien | .. | 37 | .. | 5 | .. | 5,1 | 4,3 | 7 | 14 | 40 |
| 63 | Ecuador | 41 | 28 | 12 | 6 | 6,2 | 3,4 | 2,9 | 15 | 14 | 58 |
| 64 | Dominikanische Rep. | 41 | 26 | 11 | 6 | 6,1 | 3,0 | 2,7 | 18 | 9 | 56 |
| 65 | El Salvador | 44 | 33 | 12 | 7 | 6,3 | 3,9 | 3,4 | 24 | 9 | 53 |
| 66 | Litauen | 17 | 13 | 9 | 11 | 2,3 | 1,8 | 1,9 | 8 | 7 | .. |
| 67 | Kolumbien | 36 | 24 | 9 | 6 | 5,3 | 2,6 | .. | 15 | 11 | 66 |
| 68 | Jamaika | 34 | 21 | 8 | 6 | 5,3 | 2,3 | 2,1 | 20 | 9 | 55 |
| 69 | Peru | 42 | 27 | 14 | 7 | 6,2 | 3,3 | 3,0 | 12 | 15 | 55 |
| 70 | Paraguay | 38 | 32 | 7 | 5 | 5,9 | 4,2 | 3,7 | 14 | 16 | 48 |
| 71 | Kasachstan | 26 | 20 | 9 | 9 | 3,5 | 2,5 | 2,3 | 8 | 9 | .. |
| 72 | Tunesien | 39 | 25 | 14 | 6 | 6,4 | 3,1 | 2,6 | 5 | 13 | 50 |

*Anmerkung:* Zur Vergleichbarkeit der Daten und ihrer Abgrenzung vgl. Technische Erläuterungen. Kursive Zahlen gelten für andere als die angegebenen Jahre.

| | | Unbereinigte Geburtenziffer (je 1.000 Einwohner) | | Unbereinigte Sterbeziffer (je 1.000 Einwohner) | | Zusammengefaßte Geburtenziffer | | | Prozentanteil der Geburten (1993) von Frauen im Alter von | | Verheiratete Frauen im gebärfähigen Alter, die Empfängnisverhütung praktizieren[a] (in %) |
|---|---|---|---|---|---|---|---|---|---|---|---|
| | | 1970 | 1993 | 1970 | 1993 | 1970 | 1993 | 2000 | unter 20 | über 35 | 1988–1993 |
| 73 | Algerien | 49 | 29 | 16 | 6 | 7,4 | 3,8 | 3,1 | 6 | 15 | .. |
| 74 | Namibia | 43 | 37 | 18 | 10 | 6,0 | 5,2 | 4,7 | 15 | 20 | 23 |
| 75 | Slowakei | 19 | 14 | 10 | 11 | 2,5 | 1,9 | 1,9 | 13 | 5 | .. |
| 76 | Lettland | 14 | 11 | 11 | 13 | 1,9 | 1,6 | 1,6 | 10 | 8 | .. |
| 77 | Thailand | 38 | 19 | 10 | 6 | 5,5 | 2,1 | 2,1 | 14 | 11 | .. |
| 78 | Costa Rica | 34 | 26 | 6 | 4 | 4,9 | 3,1 | .. | 17 | 11 | .. |
| 79 | Ukraine | 15 | 11 | 9 | 13 | 2,0 | 1,6 | 1,6 | 13 | 6 | .. |
| 80 | Polen | 17 | 13 | 8 | 11 | 2,3 | 1,9 | 1,9 | 8 | 9 | .. |
| 81 | Russische Föderation | 15 | 11 | 9 | 13 | 2,0 | 1,4 | 1,7 | 12 | 8 | .. |
| 82 | Panama | 37 | 25 | 8 | 5 | 5,2 | 2,8 | 2,5 | 19 | 9 | .. |
| 83 | Tschechische Rep. | 16 | 13 | 13 | 13 | 2,1 | 1,8 | 1,8 | 14 | 4 | 69 |
| 84 | Botsuana | 50 | 37 | 15 | 6 | 6,7 | 4,8 | 4,2 | 15 | 15 | 33 |
| 85 | Türkei | 36 | 27 | 12 | 7 | 5,3 | 3,3 | 2,8 | 8 | 10 | 63 |
| 86 | *Iran, Islam. Rep.* | 45 | 35 | 16 | 7 | 6,7 | 4,9 | .. | 13 | 15 | .. |
| | **Obere Einkommenskategorie** | **33w** | **24w** | **10w** | **7w** | **4,7w** | **3,0w** | **2,7w** | | | |
| 87 | Venezuela | 37 | 27 | 7 | 5 | 5,3 | 3,2 | 2,8 | 19 | 11 | .. |
| 88 | Weißrußland | 16 | 12 | 9 | 12 | 2,3 | 1,6 | 1,6 | 8 | 7 | .. |
| 89 | Brasilien | 35 | 24 | 10 | 7 | 4,9 | 2,8 | 2,5 | 16 | 12 | .. |
| 90 | Südafrika | 39 | 31 | 14 | 9 | 5,7 | 4,0 | 3,6 | 12 | 16 | .. |
| 91 | Mauritius | 29 | 21 | 7 | 7 | 3,6 | 2,3 | 2,2 | 11 | 10 | 75 |
| 92 | Estland | 15 | 11 | 11 | 13 | 2,1 | 1,6 | 1,6 | 11 | 8 | .. |
| 93 | Malaysia | 36 | 28 | 9 | 5 | 5,5 | 3,5 | 3,0 | 5 | 14 | 56 |
| 94 | Chile | 29 | 22 | 10 | 6 | 4,0 | 2,5 | 2,4 | 11 | 9 | .. |
| 95 | Ungarn | 15 | 12 | 11 | 15 | 2,0 | 1,7 | 1,7 | 14 | 5 | .. |
| 96 | Mexiko | 43 | 27 | 10 | 5 | 6,5 | 3,1 | 2,6 | 15 | 10 | .. |
| 97 | Trinidad und Tobago | 28 | 21 | 8 | 6 | 3,6 | 2,4 | 2,2 | 14 | 8 | .. |
| 98 | Uruguay | 21 | 17 | 10 | 10 | 2,9 | 2,3 | 2,2 | 15 | 12 | .. |
| 99 | Oman | 50 | 43 | 21 | 5 | 7,2 | 7,1 | 6,4 | 14 | 14 | 9 |
| 100 | Gabun | 31 | 38 | 21 | 15 | 4,2 | 5,4 | 5,5 | 18 | 17 | .. |
| 101 | Slowenien | 17 | 11 | 10 | 11 | 2,2 | 1,4 | 1,4 | 11 | 6 | .. |
| 102 | Puerto Rico | 25 | 18 | 7 | 7 | 3,2 | 2,2 | 2,1 | 17 | 7 | .. |
| 103 | Argentinien | 23 | 20 | 9 | 8 | 3,1 | 2,7 | 2,5 | 14 | 12 | .. |
| 104 | Griechenland | 17 | 10 | 8 | 10 | 2,3 | 1,4 | 1,4 | 8 | 8 | .. |
| 105 | Korea, Rep. | 30 | 16 | 10 | 6 | 4,3 | 1,7 | 1,8 | 2 | 2 | 77 |
| 106 | Portugal | 20 | 12 | 11 | 11 | 2,8 | 1,6 | 1,6 | 8 | 9 | .. |
| 107 | *Saudi-Arabien* | 48 | 35 | 18 | 5 | 7,3 | 6,3 | 5,7 | 17 | 25 | .. |
| 108 | *Turkmenistan* | 37 | 31 | 11 | 7 | 6,3 | 3,9 | 3,4 | 3 | 13 | .. |
| | **Länder mit niedr. u. mittl. Eink.** | **36w** | **27w** | **13w** | **9w** | **5,4w** | **3,4w** | **3,1w** | | | |
| | Afrika südlich der Sahara | 48w | 44w | 21w | 15w | 6,6w | 6,2w | 5,6w | | | |
| | Ostasien u. Pazifik | 35w | 21w | 10w | 8w | 5,7w | 2,3w | 2,2w | | | |
| | Südasien | 41w | 31w | 17w | 10w | 5,8w | 4,0w | 3,6w | | | |
| | Europa u. Zentralasien | 20w | 16w | 9w | 11w | 2,7w | 2,1w | 2,0w | | | |
| | Naher Osten u. Nordafrika | 45w | 33w | 16w | 7w | 6,7w | 4,7w | 4,1w | | | |
| | Lateinamerika u. Karibik | 36w | 26w | 10w | 7w | 5,2w | 3,1w | 2,7w | | | |
| | **Länder mit gravierenden Schuldenproblemen** | **33w** | **26w** | **11w** | **8w** | **4,7w** | **3,3w** | **3,0w** | | | |
| | **Länder mit hohem Einkommen** | **17w** | **13w** | **10w** | **9w** | **2,3w** | **1,7w** | **1,8w** | | | |
| 109 | Neuseeland | 22 | 17 | 9 | 8 | 3,0 | 2,2 | 2,1 | 8 | 9 | .. |
| 110 | Irland | 22 | 15 | 11 | 9 | 3,8 | 2,1 | 2,1 | 5 | 17 | 60 |
| 111 | Spanien | 20 | 10 | 8 | 9 | 2,9 | 1,2 | 1,2 | 5 | 11 | .. |
| 112 | †Israel | 27 | 21 | 7 | 7 | 3,8 | 2,8 | 2,5 | 4 | 15 | .. |
| 113 | Australien | 20 | 15 | 9 | 7 | 2,7 | 1,9 | 1,9 | 5 | 10 | .. |
| 114 | †Hongkong | 21 | 11 | 5 | 6 | 3,3 | 1,2 | 1,2 | 2 | 13 | .. |
| 115 | Großbritannien | 16 | 13 | 12 | 11 | 2,2 | 1,8 | 1,8 | 8 | 9 | .. |
| 116 | Finnland | 14 | 13 | 10 | 10 | 1,8 | 1,9 | 2,0 | 3 | 14 | .. |
| 117 | †Kuwait | 47 | 24 | 6 | 2 | 7,1 | 3,1 | 2,8 | 8 | 13 | .. |
| 118 | Italien | 17 | 10 | 10 | 10 | 2,4 | 1,3 | 1,3 | 3 | 11 | .. |
| 119 | †Singapur | 23 | 16 | 5 | 6 | 3,0 | 1,7 | 1,7 | 2 | 13 | .. |
| 120 | Kanada | 17 | 15 | 7 | 8 | 2,2 | 1,9 | 2,0 | 6 | 9 | .. |
| 121 | Niederlande | 17 | 13 | 8 | 9 | 2,3 | 1,6 | 1,6 | 2 | 12 | 76 |
| 122 | †Vereinigte Arab. Emirate | 35 | 23 | 11 | 3 | 6,5 | 4,2 | 3,7 | 12 | 18 | .. |
| 123 | Belgien | 14 | 12 | 12 | 11 | 2,1 | 1,7 | 1,8 | 3 | 8 | .. |
| 124 | Frankreich | 17 | 13 | 11 | 10 | 2,4 | 1,7 | 1,7 | 2 | 12 | 80 |
| 125 | Österreich | 15 | 12 | 13 | 11 | 2,2 | 1,5 | 1,6 | 6 | 8 | .. |
| 126 | Deutschland | 13 | 10 | 12 | 11 | 1,9 | 1,3 | 1,5 | 4 | 10 | .. |
| 127 | Schweden | 14 | 14 | 10 | 11 | 2,0 | 2,1 | 2,1 | 3 | 11 | .. |
| 128 | Vereinigte Staaten | 17 | 16 | 9 | 9 | 2,2 | 2,1 | 2,1 | 13 | 10 | 74 |
| 129 | Norwegen | 17 | 14 | 10 | 11 | 2,4 | 1,9 | 2,0 | 4 | 8 | 84 |
| 130 | Dänemark | 15 | 12 | 10 | 12 | 2,1 | 1,7 | 1,7 | 3 | 8 | .. |
| 131 | Japan | 19 | 10 | 7 | 8 | 2,0 | 1,5 | 1,5 | 1 | 8 | 56 |
| 132 | Schweiz | 16 | 13 | 9 | 9 | 2,0 | 1,6 | 1,7 | 1 | 12 | .. |
| | **Gesamte Welt** | **32w** | **25w** | **12w** | **9w** | **4,8w** | **3,2w** | **2,9w** | | | |

[a] Angaben einschließlich Frauen, deren Ehemänner Empfängnisverhütung praktizieren; vgl. Technische Erläuterungen.

## Tabelle 27  Gesundheit und Ernährung

| | | Einwohner je | | | Säuglinge mit Untergewicht bei der Geburt (in %) | Säuglingssterbeziffer (je 1.000 Lebendgeburten) | | Auftreten von Unterernährung (unter 5 Jahren) | Sterbeziffer bis zum 5. Lebensjahr (je 1.000 Lebendgeburten) |
| | | Arzt | | Beschäftigten in der Krankenpflege | | | | | | |
| | | 1970 | 1993 | 1970 | 1993 | 1991 | 1970 | 1993 | 1988–93 | 1993 |
|---|---|---|---|---|---|---|---|---|---|---|
| | **Länder mit niedrigem Einkommen** | 7.760w | .. | 5.630w | .. | | 108w | 64w | | 103w |
| | **Ohne China und Indien** | 20.640w | .. | 12.780w | .. | | 135w | 89w | | 144w |
| 1 | Mosambik | 18.870 | | 4.280 | | .. | 171 | 146 | .. | 282 |
| 2 | Tansania | 22.900 | | 3.400 | | .. | 129 | 84 | 28 | 167 |
| 3 | Äthiopien | 85.690 | | | | .. | 159 | 117 | 47 | 204 |
| 4 | Sierra Leone | 17.830 | | 2.700 | | 13 | 197 | 164 | .. | 284 |
| 5 | Vietnam | .. | 2.300 | 4.310 | 400 | .. | 111 | 41 | 42 | 48 |
| 6 | Burundi | 58.570 | 17.240 | 6.910 | 4.800 | .. | 138 | 101 | .. | 178 |
| 7 | Uganda | 9.210 | | | | .. | 117 | 114 | 23 | 185 |
| 8 | Nepal | 52.050 | 16.110 | 17.970 | 2.300 | 26 | 157 | 96 | 50 | 128 |
| 9 | Malawi | 76.580 | 50.360 | 5.330 | 1.980 | 11 | 193 | 142 | 27 | 223 |
| 10 | Tschad | 61.900 | 29.410 | 8.020 | .. | .. | 171 | 120 | .. | 206 |
| 11 | Ruanda | 60.130 | | 5.630 | .. | 16 | 142 | .. | 29 | .. |
| 12 | Bangladesch | 8.450 | 5.220 | 65.810 | 11.350 | 34 | 140 | 106 | 67 | 122 |
| 13 | Madagaskar | 10.310 | | 250 | | 10 | 181 | 93 | 39 | 164 |
| 14 | Guinea-Bissau | 17.500 | | 2.860 | | 12 | 185 | 138 | .. | 235 |
| 15 | Kenia | 8.000 | | 2.520 | | 15 | 102 | 61 | 22 | 94 |
| 16 | Mali | 45.320 | 21.180 | 2.670 | 2.050 | 10 | 204 | 157 | .. | 217 |
| 17 | Niger | 60.360 | 35.140 | 5.690 | 660 | .. | 171 | 122 | .. | 320 |
| 18 | Laos, Dem. VR | 15.160 | 4.450 | 1.380 | 490 | 30 | 146 | 95 | 41 | 141 |
| 19 | Burkina Faso | 95.690 | | | | 12 | 178 | 129 | .. | 175 |
| 20 | Indien | 4.950 | | 3.760 | | .. | 137 | 80 | 63 | 122 |
| 21 | Nigeria | 20.530 | | 4.370 | | 17 | 114 | 83 | 43 | 191 |
| 22 | Albanien | 1.070 | | 230 | | .. | 66 | 29 | .. | 41 |
| 23 | Nicaragua | 2.150 | 1.490 | | | .. | 106 | 51 | 12 | 72 |
| 24 | Togo | 28.860 | | 1.590 | | 32 | 134 | 83 | 24 | 135 |
| 25 | Gambia | 24.420 | | | | 10 | 185 | 130 | .. | .. |
| 26 | Sambia | 13.640 | 11.430 | 1.730 | 610 | .. | 106 | 103 | 27 | 203 |
| 27 | Mongolei | 580 | 360 | 250 | | 5 | 102 | 58 | .. | 78 |
| 28 | Zentralafrik. Rep. | 44.020 | | 2.480 | | 18 | 139 | 101 | .. | 177 |
| 29 | Benin | 28.960 | | 2.610 | | 10 | 146 | 85 | .. | 144 |
| 30 | Ghana | 12.910 | | 690 | | 5 | 111 | 79 | 36 | .. |
| 31 | Pakistan | 4.670 | | 7.020 | | 30 | 142 | 88 | 40 | 137 |
| 32 | Tadschikistan | 630 | 430 | 190 | 140 | .. | 77 | 47 | .. | 83 |
| 33 | China | *1.500* | 1.060 | 2.500 | 1.490 | 6 | 69 | 30 | 25 | 54 |
| 34 | Guinea | 50.650 | | 3.730 | | 11 | 181 | 132 | 18 | 226 |
| 35 | Mauretanien | 17.960 | | 3.750 | | .. | 148 | 99 | .. | 202 |
| 36 | Simbabwe | 6.310 | .. | 650 | .. | 6 | 96 | 67 | 10 | 83 |
| 37 | Georgien | 280 | 180 | 110 | 80 | .. | 35 | 19 | .. | 28 |
| 38 | Honduras | 3.770 | 2.330 | 1.450 | | 9 | 110 | 41 | .. | 56 |
| 39 | Sri Lanka | 5.900 | | 1.290 | | 22 | 58 | 17 | .. | 19 |
| 40 | Côte d'Ivoire | 15.540 | | 1.930 | | .. | 135 | 91 | .. | 120 |
| 41 | Lesotho | 30.400 | | 3.860 | | .. | 134 | 77 | .. | 156 |
| 42 | Armenien | 350 | 260 | 140 | 100 | .. | 24 | 21 | .. | 33 |
| 43 | Ägypten, Arab. Rep. | 2.030 | 1.340 | 2.480 | 500 | 12 | 158 | 64 | 10 | 86 |
| 44 | *Myanmar* | 8.820 | *12.900* | 3.050 | 1.240 | 13 | 128 | 82 | 32 | 111 |
| 45 | *Jemen, Rep.* | 34.790 | | | | .. | 192 | 117 | 30 | 137 |
| | **Länder mit mittlerem Einkommen** | 5.820w | .. | 1.730w | .. | | 74w | 39w | | 57w |
| | **Untere Einkommenskategorie** | 7.470w | .. | 1.600w | .. | | 75w | 40w | | 63w |
| 46 | Aserbaidschan | 390 | 260 | 130 | 110 | .. | 38 | 28 | .. | 52 |
| 47 | Indonesien | 27.440 | | 4.910 | | .. | 118 | 56 | 46 | 111 |
| 48 | Senegal | 15.810 | | 1.670 | | 10 | 135 | 67 | 20 | 120 |
| 49 | Bolivien | 1.970 | | 2.990 | | 9 | 153 | 73 | 11 | 114 |
| 50 | Kamerun | 29.390 | 12.000 | 2.610 | 2.000 | 13 | 126 | 61 | 14 | 113 |
| 51 | Mazedonien | .. | 430 | .. | .. | .. | 82 | 26 | .. | .. |
| 52 | Kirgisistan | 480 | 310 | 140 | 110 | .. | 62 | 34 | .. | 58 |
| 53 | Philippinen | 9.270 | | 2.680 | | .. | 71 | 42 | 34 | 59 |
| 54 | Kongo | 9.940 | | 810 | | .. | 101 | 84 | .. | 109 |
| 55 | Usbekistan | 490 | 280 | 150 | 90 | .. | 66 | 40 | .. | 66 |
| 56 | Marokko | 13.090 | | | | .. | 128 | 66 | 9 | 84 |
| 57 | Moldau | 490 | 250 | 130 | 90 | .. | 38 | 25 | .. | 36 |
| 58 | Guatemala | 3.660 | | | | .. | 100 | 46 | .. | 73 |
| 59 | Papua-Neuguinea | 11.640 | 12.750 | 1.710 | 1.160 | .. | 112 | 67 | .. | 95 |
| 60 | Bulgarien | 540 | | 240 | | .. | 28 | 14 | .. | 19 |
| 61 | Rumänien | 840 | 540 | 430 | .. | .. | 45 | 23 | .. | 29 |
| 62 | Jordanien | 2.480 | 770 | 870 | 500 | .. | .. | 27 | 6 | 42 |
| 63 | Ecuador | 2.870 | 960 | 2.640 | 600 | .. | 100 | 49 | .. | 57 |
| 64 | Dominikanische Rep. | | | 1.400 | | 14 | 98 | 40 | 10 | 48 |
| 65 | El Salvador | 4.100 | | 890 | | .. | 103 | 45 | 16 | 60 |
| 66 | Litauen | 360 | 230 | 130 | 90 | .. | 24 | 13 | .. | 20 |
| 67 | Kolumbien | 2.260 | | | | 17 | 77 | 36 | 10 | 44 |
| 68 | Jamaika | 2.630 | | 530 | | 11 | 43 | 14 | 7 | 17 |
| 69 | Peru | 1.920 | 940 | | | .. | 116 | 63 | 11 | 92 |
| 70 | Paraguay | 2.300 | 1.260 | 2.210 | | 5 | 57 | 37 | 4 | 46 |
| 71 | Kasachstan | 460 | 250 | 120 | 90 | .. | 52 | 29 | .. | 49 |
| 72 | Tunesien | 5.930 | 1.540 | 940 | 300 | 4 | 127 | 42 | 8 | 52 |

*Anmerkung:* Zur Vergleichbarkeit der Daten und ihrer Abgrenzung vgl. Technische Erläuterungen. Kursive Zahlen gelten für andere als die angegebenen Jahre.

| | | Einwohner je | | | Säuglinge mit Untergewicht bei der Geburt (in %) | Säuglingssterbeziffer (je 1.000 Lebendgeburten) | | Auftreten von Unterernährung (unter 5 Jahren) | Sterbeziffer bis zum 5. Lebensjahr (je 1.000 Lebendgeburten) |
| | | Arzt | | Beschäftigten in der Krankenpflege | | | | | |
| | | 1970 | 1993 | 1970 | 1993 | 1991 | 1970 | 1993 | 1988–93 | 1993 |
|---|---|---|---|---|---|---|---|---|---|---|
| 73 | Algerien | 8.100 | .. | .. | .. | .. | 139 | 53 | 9 | 68 |
| 74 | Namibia | .. | 4.320 | .. | .. | 14 | 118 | 59 | .. | 79 |
| 75 | Slowakei | .. | 290 | .. | 110 | .. | 25 | 12 | .. | 18 |
| 76 | Lettland | .. | 280 | .. | 120 | .. | 21 | 14 | .. | 26 |
| 77 | Thailand | 8.290 | 4.420 | 1.170 | 910 | 10 | 73 | 36 | 13 | 45 |
| 78 | Costa Rica | 1.620 | .. | 460 | .. | .. | 59 | 14 | 2 | 16 |
| 79 | Ukraine | 360 | 220 | 110 | 90 | .. | 22 | 16 | .. | 26 |
| 80 | Polen | 700 | 450 | 260 | 190 | 8 | 31 | 15 | .. | 17 |
| 81 | Russische Föderation | 340 | 220 | 110 | 90 | .. | 29 | 21 | .. | 31 |
| 82 | Panama | 1.630 | .. | 1.540 | .. | .. | 47 | 24 | 7 | 28 |
| 83 | Tschechische Rep. | .. | 270 | .. | .. | .. | 21 | 9 | .. | 10 |
| 84 | Botsuana | 15.540 | .. | 1.920 | .. | .. | 95 | 42 | .. | 56 |
| 85 | Türkei | 2.230 | 980 | 1.000 | 1.110 | .. | 144 | 62 | .. | 84 |
| 86 | *Iran, Islam. Rep.* | 3.270 | .. | 1.780 | .. | 12 | 131 | 35 | .. | 54 |
| | **Obere Einkommenskategorie** | **1.830**w | .. | **1.970**w | .. | | **70**w | **36**w | | **43**w |
| 87 | Venezuela | 1.130 | 640 | 450 | 330 | .. | 53 | 23 | 6 | 24 |
| 88 | Weißrußland | 390 | 230 | 120 | 90 | .. | 22 | 16 | .. | 22 |
| 89 | Brasilien | 2.030 | .. | 4.140 | .. | 15 | 95 | 57 | 7 | 63 |
| 90 | Südafrika | .. | .. | 300 | .. | .. | 79 | 52 | .. | 69 |
| 91 | Mauritius | 4.170 | .. | 610 | .. | 8 | 60 | 17 | .. | 22 |
| 92 | Estland | 300 | 260 | 110 | 130 | .. | 22 | 16 | .. | 23 |
| 93 | Malaysia | 4.310 | 2.410 | 1.270 | 470 | 8 | 45 | 13 | .. | 17 |
| 94 | Chile | 2.160 | 2.150 | 460 | 330 | 7 | 77 | 16 | .. | 17 |
| 95 | Ungarn | 510 | .. | 210 | .. | .. | 35 | 15 | .. | 17 |
| 96 | Mexiko | 1.480 | .. | 1.620 | .. | 5 | 72 | 35 | 14 | 43 |
| 97 | Trinidad und Tobago | 2.250 | .. | 190 | .. | 13 | 44 | 18 | .. | 21 |
| 98 | Uruguay | 910 | .. | .. | .. | .. | 46 | 19 | .. | 21 |
| 99 | Oman | 9.270 | .. | 3.820 | .. | 8 | 159 | 29 | .. | 38 |
| 100 | Gabun | 5.250 | .. | 570 | .. | 10 | 138 | 92 | 25 | 154 |
| 101 | Slowenien | .. | .. | .. | .. | .. | 24 | 8 | .. | .. |
| 102 | Puerto Rico | .. | .. | .. | .. | .. | 28 | 11 | .. | .. |
| 103 | Argentinien | 530 | .. | 960 | .. | .. | 52 | 24 | .. | 27 |
| 104 | Griechenland | 620 | .. | 990 | .. | 9 | 37 | 10 | .. | 11 |
| 105 | Korea, Rep. | 2.220 | 950 | 1.190 | 450 | .. | 46 | 11 | .. | 12 |
| 106 | Portugal | 1.110 | .. | 860 | .. | 5 | 51 | 10 | .. | 11 |
| 107 | *Saudi-Arabien* | 7.460 | 710 | 2.080 | 460 | .. | 119 | 28 | .. | 38 |
| 108 | *Turkmenistan* | 460 | 280 | 140 | 90 | .. | 81 | 56 | .. | 89 |
| | **Länder mit niedr. u. mittl. Eink.** | **7.100**w | .. | **4.340**w | .. | | **96**w | **55**w | | **87**w |
| | Afrika südlich der Sahara | 31.810w | 24.180w | 3.210w | 1.840w | | 132w | 93w | | 172w |
| | Ostasien u. Pazifik | 5.210w | 1.740w | 2.740w | 1.350w | | 77w | 36w | | 61w |
| | Südasien | 6.240w | .. | 10.180w | .. | | 138w | 84w | | 124w |
| | Europa u. Zentralasien | 630w | 370w | 270w | 250w | | 44w | 25w | | 37w |
| | Naher Osten u. Nordafrika | 6.370w | 1.260w | 2.010w | 400w | | 136w | 52w | | 70w |
| | Lateinamerika u. Karibik | 2.020w | .. | 2.640w | .. | | 82w | 43w | | 52w |
| | **Länder mit gravierenden Schuldenproblemen** | **3.350**w | **2.000**w | **2.560**w | **450**w | | **84**w | **49**w | | **63**w |
| | **Länder mit hohem Einkommen** | **710**w | .. | **20**w | .. | | **19**w | **7**w | | **9**w |
| 109 | Neuseeland | 870 | .. | 150 | .. | 6 | 17 | 9 | .. | 12 |
| 110 | Irland | 980 | .. | 160 | .. | .. | 20 | 7 | .. | 8 |
| 111 | Spanien | 750 | .. | .. | .. | .. | 26 | 7 | .. | 9 |
| 112 | †Israel | 410 | .. | .. | .. | 7 | 24 | 9 | .. | 12 |
| 113 | Australien | 840 | .. | .. | .. | .. | 17 | 7 | .. | 8 |
| 114 | †Hongkong | 1.510 | .. | 570 | .. | .. | 19 | 7 | .. | 8 |
| 115 | Großbritannien | 810 | .. | 240 | .. | .. | 18 | 7 | .. | 8 |
| 116 | Finnland | 960 | .. | 130 | .. | 5 | 13 | 5 | .. | 6 |
| 117 | †Kuwait | 1.050 | .. | 260 | .. | .. | 48 | 17 | .. | 21 |
| 118 | Italien | 550 | .. | .. | .. | .. | 29 | 8 | .. | 9 |
| 119 | †Singapur | 1.520 | .. | 280 | .. | 7 | 21 | 6 | .. | 7 |
| 120 | Kanada | 680 | .. | 140 | .. | 6 | 18 | 7 | .. | 8 |
| 121 | Niederlande | 800 | .. | 300 | .. | .. | 13 | 8 | .. | 8 |
| 122 | †Vereinigte Arab. Emirate | 1.120 | 1.100 | .. | 580 | .. | 68 | 18 | .. | 21 |
| 123 | Belgien | 650 | .. | .. | .. | .. | 21 | 6 | .. | 10 |
| 124 | Frankreich | 750 | .. | 270 | .. | .. | 18 | 7 | .. | 9 |
| 125 | Österreich | 550 | 230 | 300 | .. | 6 | 25 | 7 | .. | 8 |
| 126 | Deutschland | 580[a] | .. | .. | .. | .. | 22 | 6 | .. | 7 |
| 127 | Schweden | 730 | .. | 140 | .. | .. | 11 | 5 | .. | 6 |
| 128 | Vereinigte Staaten | 630 | .. | 160 | .. | 7 | 20 | 9 | .. | 10 |
| 129 | Norwegen | 720 | .. | 160 | .. | .. | 13 | 8 | .. | 9 |
| 130 | Dänemark | 690 | .. | .. | .. | 5 | 14 | 7 | .. | 8 |
| 131 | Japan | 890 | .. | 310 | .. | 6 | 14 | 4 | .. | 6 |
| 132 | Schweiz | 700 | .. | .. | .. | 5 | 15 | 6 | .. | 8 |
| | **Gesamte Welt** | **5.860**w | .. | **3.730**w | .. | | **81**w | **48**w | | **75**w |

[a] Die Angaben beziehen sich auf die Bundesrepublik Deutschland vor der Vereinigung.

# Tabelle 28  Erziehungswesen

| | | Prozentsatz der jeweiligen Altersgruppe | | | | | | | An höheren Schulen und Universitäten | | Netto-Einschulung an Grundschulen (in %) | | Schüler/Lehrer-Relation an Grundschulen | |
|---|---|---|---|---|---|---|---|---|---|---|---|---|---|---|
| | | An Grundschulen | | | | An weiterführenden Schulen | | | | | | | | |
| | | Insgesamt | | Weiblich | | Insgesamt | | Weiblich | | | | | | |
| | | 1970 | 1992 | 1970 | 1992 | 1970 | 1992 | 1970 | 1992 | 1980 | 1992 | 1975 | 1992 | 1970 | 1992 |
| | Länder mit niedrigem Einkommen | .. | 101w | .. | 93w | 22w | 42w | .. | 34w | .. | .. | .. | .. | .. | 40w |
| | Ohne China und Indien | 50w | 74w | 37w | 66w | 12w | 26w | 8w | 21w | 3w | 5w | .. | 57w | 42w | 41w |
| 1 | Mosambik | 47 | 60 | .. | 51 | 5 | 8 | .. | 5 | 0 | 0 | .. | 42 | .. | 53 |
| 2 | Tansania | 34 | 68 | 27 | 67 | 3 | 5 | 2 | 4 | 0 | .. | .. | 50 | 47 | 36 |
| 3 | Äthiopien | 16 | 22 | 10 | 18 | 2 | 11 | 2 | 11 | 0 | 1 | .. | .. | 48 | 27 |
| 4 | Sierra Leone | 34 | 48 | 27 | 39 | 8 | 16 | 5 | 12 | 1 | 1 | .. | .. | 32 | .. |
| 5 | Vietnam | .. | 108 | .. | 103 | .. | 33 | .. | .. | 2 | 2 | .. | .. | .. | .. |
| 6 | Burundi | 30 | 69 | 20 | 62 | 2 | 6 | 1 | 4 | 1 | 1 | .. | 51 | 37 | 63 |
| 7 | Uganda | 38 | 71 | 30 | 63 | 4 | 13 | 2 | .. | 1 | 1 | .. | .. | .. | .. |
| 8 | Nepal | 26 | 102 | 8 | 81 | 10 | 36 | 3 | 23 | 3 | 7 | .. | .. | .. | 39 |
| 9 | Malawi | .. | 66 | .. | 60 | .. | 4 | .. | 3 | 1 | .. | .. | 48 | 43 | 68 |
| 10 | Tschad | 35 | 65 | 17 | 41 | 2 | 7 | 0 | 3 | .. | .. | .. | .. | 65 | 64 |
| 11 | Ruanda | 68 | 71 | 60 | 70 | 2 | 8 | 1 | 7 | 0 | .. | .. | 67 | 60 | 58 |
| 12 | Bangladesch | 54 | 77 | 35 | 71 | .. | 19 | .. | 12 | 3 | 4 | .. | 69 | 46 | 63 |
| 13 | Madagaskar | 90 | 92 | 82 | 91 | 12 | .. | 9 | 18 | 3 | 3 | .. | .. | 65 | 38 |
| 14 | Guinea-Bissau | 39 | .. | 23 | .. | 8 | .. | 6 | .. | 0 | .. | 59 | .. | .. | .. |
| 15 | Kenia | 58 | 95 | 48 | 93 | 9 | 29 | 5 | 25 | 1 | 2 | .. | 88 | 34 | 31 |
| 16 | Mali | 22 | 25 | 15 | 19 | 5 | 7 | 2 | 5 | 0 | 1 | .. | 19 | 40 | 47 |
| 17 | Niger | 14 | 29 | 10 | 21 | 1 | 6 | 1 | 4 | 0 | .. | .. | 25 | 39 | 38 |
| 18 | Laos, Dem. VR | 53 | 98 | 40 | 84 | 3 | 22 | 2 | 17 | 1 | .. | .. | 59 | 36 | 29 |
| 19 | Burkina Faso | 13 | 31 | 10 | 24 | 1 | 8 | 1 | 5 | 0 | 1 | .. | 30 | 44 | 60 |
| 20 | Indien | 73 | 102 | 56 | 90 | 26 | 44 | 15 | 32 | .. | .. | .. | .. | 41 | 63 |
| 21 | Nigeria | 37 | 76 | 27 | 67 | 4 | 20 | 3 | 17 | 2 | .. | .. | .. | 34 | 39 |
| 22 | Albanien | 106 | 101 | 102 | 101 | 35 | 79 | 27 | 74 | 5 | 7 | .. | .. | .. | 19 |
| 23 | Nicaragua | 80 | 102 | 81 | 104 | 18 | 44 | 17 | 46 | 14 | 10 | 65 | 80 | 37 | 37 |
| 24 | Togo | 71 | 111 | 44 | 87 | 7 | 23 | 3 | 12 | 2 | .. | .. | 76 | 58 | 59 |
| 25 | Gambia | 24 | 69 | 15 | 56 | 7 | 18 | 4 | 12 | 0 | .. | 21 | 56 | 27 | 30 |
| 26 | Sambia | 90 | 97 | 80 | 92 | 13 | 31 | 8 | 26 | 2 | 2 | .. | .. | 47 | .. |
| 27 | Mongolei | 113 | 89 | .. | 100 | 87 | 77 | .. | .. | .. | 14 | .. | .. | 30 | .. |
| 28 | Zentralafrik. Rep. | 64 | .. | 41 | .. | 4 | .. | 2 | .. | 1 | 2 | .. | .. | 64 | .. |
| 29 | Benin | 36 | 66 | 22 | .. | 5 | 12 | 3 | 7 | 2 | 3 | .. | .. | 41 | .. |
| 30 | Ghana | 64 | 74 | 54 | 67 | 14 | 38 | 8 | 29 | 2 | 2 | .. | .. | 30 | 29 |
| 31 | Pakistan | 40 | 46 | 22 | 31 | 13 | 21 | 5 | 13 | 4 | .. | .. | .. | 41 | 41 |
| 32 | Tadschikistan | .. | 78 | .. | .. | .. | .. | .. | .. | .. | .. | .. | .. | .. | 21 |
| 33 | China | 89 | 121 | .. | 116 | 24 | 51 | .. | 45 | 1 | 2 | .. | 96 | .. | 22 |
| 34 | Guinea | 33 | 42 | 21 | 27 | 13 | 10 | 5 | 5 | 5 | .. | .. | .. | 24 | 49 |
| 35 | Mauretanien | 14 | 55 | 8 | 48 | 2 | 14 | 0 | 10 | .. | 3 | .. | .. | .. | 51 |
| 36 | Simbabwe | 74 | 119 | 66 | 118 | 7 | 48 | 6 | 42 | 1 | 6 | .. | .. | .. | 38 |
| 37 | Georgien | .. | .. | .. | .. | .. | .. | .. | .. | .. | .. | .. | .. | .. | .. |
| 38 | Honduras | 87 | 105 | 87 | 107 | 14 | 19 | 13 | 34 | 8 | 9 | .. | 93 | 35 | 38 |
| 39 | Sri Lanka | 99 | 107 | 94 | 105 | 47 | 74 | 48 | 77 | 3 | 6 | .. | .. | .. | 29 |
| 40 | Côte d'Ivoire | 58 | 69 | 45 | 58 | 9 | 24 | 4 | 16 | 3 | .. | .. | 52 | 45 | 37 |
| 41 | Lesotho | 87 | 106 | 101 | 113 | 7 | 25 | 7 | 30 | 2 | 1 | .. | 70 | 46 | 51 |
| 42 | Armenien | .. | .. | .. | .. | .. | .. | .. | .. | .. | .. | .. | .. | .. | .. |
| 43 | Ägypten, Arab. Rep. | 72 | 101 | 57 | 93 | 35 | 80 | 23 | 73 | 18 | 19 | .. | .. | 38 | 26 |
| 44 | *Myanmar* | 83 | 105 | 78 | 104 | 21 | .. | 16 | .. | 5 | .. | .. | .. | 47 | .. |
| 45 | *Jemen, Rep.* | 22 | 76 | 7 | 37 | 3 | 31 | 0 | .. | .. | .. | .. | .. | .. | .. |
| | Länder mit mittlerem Einkommen | .. | 104w | .. | .. | .. | .. | .. | .. | .. | .. | .. | .. | .. | .. |
| | Untere Einkommenskategorie | .. | 103w | .. | .. | .. | .. | .. | .. | .. | .. | .. | .. | .. | .. |
| 46 | Aserbaidschan | .. | 97 | .. | .. | .. | 83 | .. | .. | .. | .. | .. | .. | .. | .. |
| 47 | Indonesien | 80 | 115 | 73 | 113 | 16 | 38 | 11 | .. | 4 | 10 | 72 | 97 | .. | 23 |
| 48 | Senegal | 41 | 58 | 32 | 50 | 10 | 16 | 6 | .. | 3 | 3 | .. | 48 | 45 | 59 |
| 49 | Bolivien | 76 | 85 | 62 | 81 | 24 | 34 | 20 | 31 | 13 | 23 | 73 | 81 | 27 | 25 |
| 50 | Kamerun | 89 | 101 | 75 | 93 | 7 | 28 | 4 | 23 | 2 | 3 | 69 | .. | 48 | 51 |
| 51 | Mazedonien | .. | .. | .. | .. | .. | .. | .. | .. | .. | .. | .. | .. | .. | 20 |
| 52 | Kirgisistan | .. | .. | .. | .. | .. | .. | .. | .. | .. | .. | .. | .. | .. | .. |
| 53 | Philippinen | 108 | 109 | .. | .. | 46 | 74 | .. | .. | 28 | 28 | 95 | 96 | 29 | 36 |
| 54 | Kongo | .. | .. | .. | .. | .. | .. | .. | .. | 5 | 6 | .. | .. | 62 | 66 |
| 55 | Usbekistan | .. | .. | .. | .. | .. | .. | .. | .. | .. | .. | .. | .. | .. | .. |
| 56 | Marokko | 52 | 69 | 36 | 57 | 13 | 28 | 7 | 29 | 6 | 10 | 47 | 59 | 34 | 28 |
| 57 | Moldau | .. | 94 | .. | .. | .. | .. | .. | .. | .. | .. | .. | .. | .. | .. |
| 58 | Guatemala | 57 | 79 | 51 | 73 | 8 | 28 | 8 | .. | 8 | .. | 53 | .. | 36 | 34 |
| 59 | Papua-Neuguinea | 52 | 73 | 39 | 66 | 8 | 12 | 4 | 10 | 2 | .. | .. | .. | 30 | 31 |
| 60 | Bulgarien | 101 | 90 | 100 | 88 | 79 | 71 | .. | 73 | 16 | 30 | 96 | 80 | 22 | 14 |
| 61 | Rumänien | 112 | 88 | 113 | 87 | 44 | 80 | 38 | 80 | 11 | .. | .. | 78 | 21 | 21 |
| 62 | Jordanien | .. | 105 | .. | 105 | .. | .. | .. | .. | 27 | 19 | .. | 99 | .. | 22 |
| 63 | Ecuador | 97 | .. | 95 | .. | 22 | .. | 23 | .. | 37 | 20 | 78 | .. | 37 | .. |
| 64 | Dominikanische Rep. | 100 | .. | 100 | .. | 21 | .. | 21 | .. | .. | .. | .. | .. | 55 | .. |
| 65 | El Salvador | 85 | 78 | 83 | 79 | 22 | 25 | 21 | 27 | 4 | 16 | .. | 70 | 37 | 44 |
| 66 | Litauen | .. | 92 | .. | 91 | .. | .. | .. | .. | .. | .. | .. | 83 | .. | .. |
| 67 | Kolumbien | 108 | 117 | 110 | 117 | 25 | 55 | 24 | 60 | 10 | 15 | .. | .. | 38 | 28 |
| 68 | Jamaika | 119 | 106 | 119 | 108 | 46 | 62 | 45 | 66 | 7 | 9 | 90 | 100 | .. | 38 |
| 69 | Peru | 107 | 119 | 99 | .. | 31 | 30 | 27 | .. | 19 | 39 | .. | .. | 35 | .. |
| 70 | Paraguay | 109 | 110 | 103 | 109 | 17 | 30 | 17 | 31 | 9 | 8 | 83 | 98 | 32 | 23 |
| 71 | Kasachstan | .. | .. | .. | .. | .. | .. | .. | .. | .. | .. | .. | .. | .. | .. |
| 72 | Tunesien | 100 | 117 | 79 | 112 | 23 | 43 | 13 | 42 | 5 | 11 | .. | 99 | 47 | 26 |

*Anmerkung:* Zur Vergleichbarkeit der Daten und ihrer Abgrenzung vgl. Technische Erläuterungen. Kursive Zahlen gelten für andere als die angegebenen Jahre.

|  |  | Prozentsatz der jeweiligen Altersgruppe | | | | | | | | Netto-Einschulung an Grundschulen (in %) | | Schüler/Lehrer-Relation an Grundschulen | |
|  |  | An Grundschulen | | | | An weiterführenden Schulen | | | | An höheren Schulen und Universitäten | | | | | |
|  |  | Insgesamt | | Weiblich | | Insgesamt | | Weiblich | | | | | | | |
|  |  | 1970 | 1992 | 1970 | 1992 | 1970 | 1992 | 1970 | 1992 | 1980 | 1992 | 1975 | 1992 | 1970 | 1992 |
|---|---|---|---|---|---|---|---|---|---|---|---|---|---|---|---|
| 73 | Algerien | 76 | 99 | 58 | 92 | 11 | 60 | 6 | 53 | 6 | 12 | 77 | 90 | .. | 27 |
| 74 | Namibia | .. | 124 | .. | 127 | .. | 41 | .. | 47 | .. | 3 | .. | 81 | .. | 32 |
| 75 | Slowakei | .. | 100 | .. | .. | .. | 96 | .. | .. | .. | 28 | .. | .. | .. | 22 |
| 76 | Lettland | .. | .. | .. | .. | .. | .. | .. | .. | .. | 23 | .. | 82 | .. | .. |
| 77 | Thailand | 83 | 97 | 79 | 88 | 17 | 33 | 15 | 32 | 13 | 19 | .. | .. | 35 | 17 |
| 78 | Costa Rica | 110 | 105 | 109 | 104 | 28 | 43 | 29 | 45 | 23 | 28 | 92 | 90 | 30 | 32 |
| 79 | Ukraine | .. | .. | .. | .. | .. | .. | .. | .. | .. | .. | .. | .. | .. | .. |
| 80 | Polen | 101 | 98 | 99 | 97 | 62 | 83 | 65 | 86 | 18 | 23 | 96 | 96 | 23 | 17 |
| 81 | Russische Föderation | .. | 98 | .. | .. | .. | .. | .. | .. | .. | .. | .. | .. | .. | .. |
| 82 | Panama | 99 | 106 | 97 | 105 | 38 | 60 | 40 | .. | 22 | 24 | 87 | 92 | 27 | 23 |
| 83 | Tschechische Rep. | .. | 95 | .. | 96 | .. | 88 | .. | .. | .. | .. | .. | .. | .. | 18 |
| 84 | Botsuana | 65 | 116 | 67 | 118 | 7 | 54 | 6 | 57 | 1 | 5 | 58 | 96 | 36 | 29 |
| 85 | Türkei | 110 | 112 | 94 | 107 | 27 | 60 | 15 | 50 | 6 | 15 | .. | 100 | 38 | 29 |
| 86 | *Iran, Islam. Rep.* | 72 | 109 | 52 | 104 | 27 | 57 | 18 | 49 | 4 | 12 | .. | 98 | 32 | 32 |
| | **Obere Einkommenskategorie** | 94w | 104w | 93w | 104w | 33w | 54w | 30w | 63w | 14w | 19w | 81w | 91w | 35w | 24w |
| 87 | Venezuela | 94 | 99 | 94 | 100 | 33 | 34 | 34 | 40 | 21 | 30 | 81 | 91 | 35 | 23 |
| 88 | Weißrußland | .. | 87 | .. | .. | .. | 91 | .. | .. | .. | .. | .. | .. | .. | .. |
| 89 | Brasilien | 82 | 106 | 82 | .. | 26 | 39 | 26 | .. | 12 | 12 | 71 | 86 | 28 | 23 |
| 90 | Südafrika | 99 | .. | 99 | .. | 18 | .. | 17 | .. | .. | 14 | .. | .. | .. | .. |
| 91 | Mauritius | 94 | 106 | 93 | 108 | 30 | 54 | 25 | 56 | 1 | 2 | 82 | 89 | 32 | 21 |
| 92 | Estland | .. | 85 | .. | 85 | .. | .. | .. | .. | .. | 23 | .. | 81 | .. | 25 |
| 93 | Malaysia | 87 | 93 | 84 | 94 | 34 | 58 | 28 | 59 | 4 | 7 | .. | .. | .. | 20 |
| 94 | Chile | 107 | 96 | 107 | 95 | 39 | 72 | 42 | 75 | 13 | 23 | 94 | 83 | 50 | 25 |
| 95 | Ungarn | 97 | 89 | 97 | 89 | 63 | 81 | 55 | 81 | 13 | 15 | .. | 86 | 18 | 12 |
| 96 | Mexiko | 104 | 113 | 101 | 111 | 22 | 55 | 17 | 55 | 14 | 14 | .. | 100 | 46 | 30 |
| 97 | Trinidad und Tobago | 106 | 95 | 107 | 95 | 42 | 81 | 44 | 82 | 5 | 7 | 87 | 89 | 34 | 26 |
| 98 | Uruguay | 112 | 108 | 109 | 107 | 59 | 84 | 64 | .. | 18 | 32 | .. | 93 | 24 | 21 |
| 99 | Oman | 3 | 100 | 1 | 96 | .. | 57 | .. | 53 | 0 | 6 | 32 | 85 | 18 | 27 |
| 100 | Gabun | 85 | .. | 81 | .. | 8 | .. | 5 | .. | .. | 3 | .. | .. | 46 | 44 |
| 101 | Slowenien | .. | .. | .. | .. | .. | .. | .. | .. | .. | .. | .. | .. | .. | 18 |
| 102 | Puerto Rico | 117 | .. | .. | .. | 71 | .. | .. | .. | 48 | .. | .. | .. | 26 | .. |
| 103 | Argentinien | 105 | 107 | 106 | 114 | 44 | .. | 47 | .. | 22 | 43 | 96 | .. | 19 | .. |
| 104 | Griechenland | 107 | .. | 106 | .. | 63 | .. | 55 | .. | 17 | 25 | 97 | .. | 31 | 19 |
| 105 | Korea, Rep. | 103 | 105 | 103 | 106 | 42 | 90 | 32 | 91 | 16 | 42 | 99 | 100 | 57 | 33 |
| 106 | Portugal | 98 | 120 | 96 | 118 | 57 | 68 | 51 | 74 | 11 | 23 | 91 | 100 | 34 | 14 |
| 107 | *Saudi-Arabien* | 45 | 78 | 29 | 75 | 12 | 46 | 5 | 41 | 7 | 14 | 42 | 64 | 24 | 14 |
| 108 | *Turkmenistan* | .. | 94 | .. | .. | .. | .. | .. | .. | .. | .. | .. | .. | .. | .. |
| | **Länder mit niedr. u. mittl. Eink.** | .. | 102w | .. | .. | .. | .. | .. | .. | .. | .. | .. | .. | .. | .. |
| | Afrika südlich der Sahara | 50w | 67w | 41w | 60w | 7w | 18w | 5w | 16w | 1w | 4w | 67w | 47w | 42w | 40w |
| | Ostasien u. Pazifik | 88w | 117w | .. | 113w | 24w | 52w | .. | 46w | 4w | 5w | .. | 96w | .. | 23w |
| | Südasien | 67w | 94w | 50w | 82w | 24w | 39w | 14w | 29w | .. | .. | .. | .. | 42w | 59w |
| | Europa u. Zentralasien | .. | 99w | .. | .. | .. | .. | .. | .. | .. | .. | .. | .. | .. | .. |
| | Naher Osten u. Nordafrika | 68w | 97w | 50w | 89w | 24w | 56w | 15w | 51w | 10w | 15w | 65w | 86w | 34w | 26w |
| | Lateinamerika u. Karibik | 95w | 106w | 94w | 105w | 28w | 45w | 26w | 54w | 15w | 18w | 77w | 89w | 34w | 26w |
| | **Länder mit gravierenden Schuldenproblemen** | 89w | 101w | 84w | 92w | 34w | 46w | 31w | 56w | 14w | 19w | 78w | 85w | 28w | 24w |
| | **Länder mit hohem Einkommen** | .. | 103w | .. | 103w | .. | .. | .. | .. | 36w | 51w | 88w | 97w | 24w | .. |
| 109 | Neuseeland | 110 | 104 | 109 | 103 | 77 | 84 | 76 | 85 | 29 | 50 | 100 | 100 | 21 | 16 |
| 110 | Irland | 106 | 103 | 106 | 103 | 74 | 101 | 77 | 105 | 20 | 38 | 91 | 90 | .. | 25 |
| 111 | Spanien | 123 | 107 | 125 | 107 | 56 | .. | 48 | .. | 24 | 40 | 100 | 100 | 34 | 21 |
| 112 | †Israel | 96 | 94 | 95 | 94 | 57 | 85 | 60 | 89 | 29 | 34 | .. | .. | .. | 16 |
| 113 | Australien | 115 | 107 | 115 | 107 | 82 | 82 | 80 | 83 | 25 | 40 | 98 | 98 | .. | 17 |
| 114 | †Hongkong | 117 | 108 | 115 | .. | 36 | .. | 31 | .. | 11 | 20 | 92 | .. | 33 | .. |
| 115 | Großbritannien | 104 | 104 | 104 | 105 | 73 | 86 | 73 | 88 | 20 | 28 | 97 | 97 | .. | .. |
| 116 | Finnland | 82 | 100 | 79 | 99 | 102 | 121 | 106 | 133 | 32 | 57 | .. | .. | 22 | .. |
| 117 | †Kuwait | 89 | 61 | 76 | 60 | 63 | 51 | 57 | 51 | 11 | 14 | 68 | 45 | 16 | 16 |
| 118 | Italien | 110 | 95 | 109 | 97 | 61 | 76 | 55 | 76 | 28 | 34 | 97 | .. | 22 | 12 |
| 119 | †Singapur | 105 | 107 | 101 | .. | 46 | .. | 45 | .. | 8 | .. | 100 | .. | 30 | .. |
| 120 | Kanada | 101 | 107 | 100 | 106 | 65 | 104 | 65 | 104 | 42 | 99 | .. | 100 | 23 | 17 |
| 121 | Niederlande | 102 | 98 | 102 | 99 | 75 | 97 | 59 | 96 | 30 | 39 | 92 | 95 | 30 | .. |
| 122 | †Vereinigte Arab. Emirate | 93 | 118 | 71 | 117 | 22 | 69 | 9 | 73 | 2 | 10 | .. | 100 | .. | 17 |
| 123 | Belgien | 103 | 99 | 104 | 100 | 81 | 102 | 80 | 103 | 26 | 38 | .. | 95 | 20 | 10 |
| 124 | Frankreich | 117 | 106 | 117 | 105 | 74 | 101 | 77 | 104 | 26 | 46 | 98 | 100 | 26 | 12 |
| 125 | Österreich | 104 | 103 | 103 | 104 | 72 | 104 | 73 | 100 | 23 | 37 | 89 | 91 | 21 | 11 |
| 126 | Deutschland | .. | 107 | .. | 107 | .. | .. | .. | .. | 27 | 36 | .. | 89 | .. | 16 |
| 127 | Schweden | 94 | 101 | 95 | 101 | 86 | 91 | 85 | 93 | 31 | 34 | 100 | 100 | 20 | 10 |
| 128 | Vereinigte Staaten | .. | 104 | .. | 103 | .. | .. | .. | .. | 56 | 76 | 72 | 98 | 23 | .. |
| 129 | Norwegen | 89 | 99 | 94 | 99 | 83 | 103 | 83 | 104 | 26 | 49 | 100 | 99 | 20 | 6 |
| 130 | Dänemark | 96 | 95 | 97 | 95 | 78 | 108 | 75 | 110 | 29 | 38 | .. | 95 | 9 | 11 |
| 131 | Japan | 99 | 102 | 99 | 102 | 86 | .. | 86 | .. | 31 | 32 | 99 | 100 | 26 | 20 |
| 132 | Schweiz | .. | 105 | .. | 105 | .. | 91 | .. | 88 | 18 | 31 | .. | 96 | .. | .. |
| | **Gesamte Welt** | .. | 102w | .. | .. | .. | .. | .. | .. | .. | .. | .. | .. | .. | .. |

## Tabelle 29  Vergleiche nach Geschlechtern

| | | Gesundheit | | | | Erziehung | | | | | | | Beschäftigung | |
|---|---|---|---|---|---|---|---|---|---|---|---|---|---|---|
| | | Lebenserwartung bei der Geburt (Jahre) | | | | Mütter-sterblichkeit (je 100.000 Lebend-geburten) | Persistenz des Schulbesuchs bis Klasse 4 in % der Kohorte | | | | Schülerinnen je 100 Schüler | | | | Anteil der Frauen an den Erwerbstätigen (in %) | |
| | | Weiblich | | Männlich | | | Weiblich | | Männlich | | Grundschulen | | Weiterführende Schulen[a] | | | |
| | | 1970 | 1993 | 1970 | 1993 | 1988–93 | 1970 | 1988 | 1970 | 1988 | 1970 | 1992 | 1970 | 1992 | 1970 | 1993 |
| | **Länder mit niedrigem Einkommen** | **54**w | **63**w | **53**w | **61**w | | .. | **80**w | .. | **67**w | **36**w | **36**w | | | | |
| | Ohne China und Indien | **47**w | **57**w | **45**w | **54**w | | **65**w | **63**w | **71**w | **64**w | **57**w | **76**w | **40**w | **64**w | **32**w | **31**w |
| 1 | Mosambik | 44 | 48 | 40 | 45 | .. | .. | 54 | .. | 60 | .. | 75 | .. | 65 | 50 | 47 |
| 2 | Tansania | 47 | 53 | 44 | 50 | .. | 86 | 90 | 90 | 89 | 65 | 96 | 38 | 77 | 51 | 47 |
| 3 | Äthiopien | 42 | 50 | 39 | 46 | .. | 58 | 56 | 55 | 56 | 46 | 69 | 32 | 87 | 40 | 37 |
| 4 | Sierra Leone | 36 | 41 | 33 | 38 | .. | 62 | .. | 58 | .. | 67 | .. | 40 | 56 | 36 | 32 |
| 5 | Vietnam | 52 | 68 | 47 | 63 | 105 | .. | .. | .. | .. | .. | .. | .. | .. | 48 | 47 |
| 6 | Burundi | 45 | 52 | 42 | 49 | .. | 55 | 79 | 51 | 79 | 49 | 82 | 17 | 62 | 50 | 47 |
| 7 | Uganda | 48 | 46 | 45 | 43 | 550[b] | .. | .. | .. | .. | .. | 31 | .. | .. | 43 | 40 |
| 8 | Nepal | 42 | 54 | 43 | 55 | .. | .. | .. | .. | .. | .. | 62 | 16 | .. | 35 | 33 |
| 9 | Malawi | 41 | 46 | 40 | 45 | 380 | 55 | 68 | 60 | 73 | .. | 89 | 36 | 54 | 45 | 40 |
| 10 | Tschad | 40 | 50 | 37 | 46 | .. | 59 | 65 | 63 | 74 | .. | 46 | 9 | 19 | 23 | 21 |
| 11 | Ruanda | 46 | 49 | 43 | 46 | 300 | 67 | 76 | 66 | 73 | 79 | 98 | 44 | 61 | 50 | 47 |
| 12 | Bangladesch | 43 | 56 | 45 | 56 | 600 | .. | 46 | .. | 44 | 47 | 81 | .. | 49 | 5 | 8 |
| 13 | Madagaskar | 47 | 59 | 44 | 56 | 350 | 69 | 72 | 70 | 68 | 86 | 95 | 70 | 98 | 42 | 39 |
| 14 | Guinea-Bissau | 38 | 46 | 35 | 42 | .. | .. | .. | .. | .. | .. | .. | 62 | .. | 43 | 40 |
| 15 | Kenia | 52 | 60 | 48 | 57 | .. | 98 | 78 | 97 | 76 | 71 | 95 | 42 | 75 | 42 | 39 |
| 16 | Mali | 40 | 48 | 36 | 45 | .. | 53 | .. | 64 | .. | 55 | 69 | 29 | 50 | 17 | 16 |
| 17 | Niger | 40 | 49 | 37 | 45 | .. | 73 | .. | 72 | .. | 53 | 60 | 35 | 49 | 49 | 46 |
| 18 | Laos, Dem. VR | 42 | 53 | 39 | 50 | 660 | .. | .. | .. | .. | 59 | 77 | 36 | 62 | 46 | 44 |
| 19 | Burkina Faso | 42 | 49 | 39 | 46 | .. | 71 | 90 | 74 | 86 | 57 | 63 | 33 | 51 | 48 | 46 |
| 20 | Indien | 49 | 61 | 50 | 61 | 420 | 44 | .. | 49 | .. | 60 | 74 | 39 | 58 | 30 | 25 |
| 21 | Nigeria | 45 | 52 | 41 | 49 | 800 | .. | 76 | .. | 74 | 59 | 79 | 49 | .. | 37 | 34 |
| 22 | Albanien | 69 | 75 | 66 | 69 | .. | .. | .. | .. | .. | .. | 93 | 92 | 124 | 40 | 41 |
| 23 | Nicaragua | 55 | 69 | 52 | 65 | .. | 58 | 60 | 39 | 63 | 101 | 102 | 89 | 114 | 20 | 26 |
| 24 | Togo | 46 | 57 | 43 | 54 | .. | 84 | 82 | 89 | 87 | 45 | 65 | 26 | 34 | 39 | 36 |
| 25 | Gambia | 38 | 47 | 35 | 44 | .. | 97 | .. | 95 | .. | 44 | 71 | 33 | .. | 43 | 40 |
| 26 | Sambia | 48 | 49 | 45 | 47 | .. | .. | .. | .. | .. | 80 | .. | 49 | .. | 28 | 30 |
| 27 | Mongolei | 54 | 65 | 52 | 63 | 140 | .. | .. | .. | .. | .. | .. | .. | .. | 45 | 46 |
| 28 | Zentralafrik. Rep. | 45 | 52 | 40 | 47 | .. | 65 | 81 | 69 | 85 | 49 | .. | 20 | .. | 49 | 45 |
| 29 | Benin | 41 | 50 | 38 | 46 | .. | 75 | .. | 76 | .. | 45 | .. | 44 | 39 | 48 | 47 |
| 30 | Ghana | 51 | 58 | 48 | 55 | 1.000 | 75 | .. | 82 | .. | 75 | 84 | 35 | 64 | 42 | 39 |
| 31 | Pakistan | 49 | 63 | 50 | 61 | 270[c] | 50 | 45 | 62 | 55 | 36 | 52 | 25 | 41 | 9 | 13 |
| 32 | Tadschikistan | 65 | 73 | 60 | 68 | 39 | .. | .. | .. | .. | .. | 94 | .. | .. | .. | .. |
| 33 | China | 63 | 71 | 61 | 68 | 115[d] | .. | 78 | .. | 98 | .. | 87 | .. | 76 | 42 | 43 |
| 34 | Guinea | 37 | 45 | 36 | 44 | 559[e] | .. | 78 | .. | 81 | .. | 46 | 26 | 32 | 42 | 39 |
| 35 | Mauretanien | 44 | 54 | 41 | 50 | 800 | .. | 77 | .. | 81 | .. | 80 | 13 | 51 | 22 | 23 |
| 36 | Simbabwe | 52 | 54 | 49 | 52 | 80 | 82 | 77 | 88 | 77 | 82 | 98 | 63 | 79 | 38 | 34 |
| 37 | Georgien | 72 | 77 | 64 | 69 | 55 | .. | .. | .. | .. | .. | .. | .. | .. | .. | .. |
| 38 | Honduras | 55 | 71 | 51 | 66 | 221 | .. | .. | .. | .. | 99 | 101 | 79 | 113 | 14 | 20 |
| 39 | Sri Lanka | 66 | 74 | 64 | 70 | .. | .. | 99 | .. | 99 | 89 | 93 | 101 | 105 | 25 | 27 |
| 40 | Côte d'Ivoire | 46 | 52 | 43 | 49 | .. | 82 | 82 | 93 | 85 | 57 | 71 | 27 | 48 | 38 | 34 |
| 41 | Lesotho | 52 | 64 | 47 | 59 | 220 | 87 | 85 | 70 | 75 | 150 | 118 | 111 | 146 | 48 | 43 |
| 42 | Armenien | 75 | 76 | 69 | 70 | 35 | .. | .. | .. | .. | .. | .. | .. | .. | .. | .. |
| 43 | Ägypten, Arab. Rep. | 52 | 65 | 50 | 63 | .. | 86 | .. | 93 | .. | 61 | 81 | 48 | 81 | 7 | 11 |
| 44 | *Myanmar* | 50 | 60 | 47 | 57 | .. | .. | .. | .. | .. | 89 | .. | 65 | 96 | 39 | 36 |
| 45 | *Jemen, Rep.* | 39 | 51 | 41 | 50 | .. | .. | .. | .. | .. | .. | .. | .. | .. | 8 | 14 |
| | **Länder mit mittlerem Einkommen** | **63**w | **71**w | **58**w | **65**w | | .. | .. | .. | .. | .. | .. | .. | **102**w | .. | .. |
| | Untere Einkommenskategorie | **63**w | **70**w | **58**w | **64**w | | .. | .. | .. | .. | .. | .. | .. | **100**w | .. | .. |
| 46 | Aserbaidschan | 72 | 75[h] | 64 | 67 | 29 | .. | .. | .. | .. | .. | 94 | .. | 96 | .. | .. |
| 47 | Indonesien | 49 | 65 | 47 | 61 | 450 | 67 | 83 | 89 | 99 | .. | 94 | 59 | 81 | 30 | 31 |
| 48 | Senegal | 40 | 51 | 38 | 49 | 933[f] | .. | 90 | .. | 94 | 63 | 74 | 39 | 53 | 41 | 39 |
| 49 | Bolivien | 48 | 61 | 44 | 58 | 600 | 49 | .. | 57 | .. | 69 | 90 | 64 | .. | 21 | 26 |
| 50 | Kamerun | 46 | 58 | 43 | 55 | 430 | 78 | .. | 79 | .. | 74 | 85 | 36 | 71 | 37 | 33 |
| 51 | Mazedonien | 68 | 75 | 65 | 69 | .. | .. | .. | .. | .. | .. | 93 | .. | 160 | .. | .. |
| 52 | Kirgisistan | 67 | 73 | 58 | 65 | 43 | .. | .. | .. | .. | .. | .. | .. | .. | .. | .. |
| 53 | Philippinen | 59 | 69 | 56 | 65 | 76 | .. | 85 | .. | 84 | .. | .. | .. | .. | 33 | 31 |
| 54 | Kongo | 49 | 53 | 43 | 49 | .. | 86 | 87 | 89 | 88 | .. | 87 | 43 | 72 | 40 | 39 |
| 55 | Usbekistan | 67 | 72 | 60 | 66 | 43 | .. | .. | .. | .. | .. | .. | .. | .. | .. | .. |
| 56 | Marokko | 53 | 66 | 50 | 62 | .. | 82 | 81 | 81 | 83 | 51 | 68 | 40 | 70 | 14 | 21 |
| 57 | Moldau | 68 | 72 | 61 | 64 | 34 | .. | .. | .. | .. | .. | .. | .. | .. | .. | .. |
| 58 | Guatemala | 54 | 68 | 51 | 63 | .. | 33 | .. | 67 | .. | 79 | 84 | 65 | .. | 13 | 17 |
| 59 | Papua-Neuguinea | 47 | 57 | 47 | 56 | 700 | 82 | 70 | 90 | 72 | 57 | 80 | 37 | 66 | 29 | 35 |
| 60 | Bulgarien | 74 | 75 | 69 | 68 | .. | 92 | 92 | 100 | 89 | 94 | 92 | .. | 211 | 44 | 47 |
| 61 | Rumänien | 71 | 73 | 66 | 67 | .. | .. | .. | .. | .. | 97 | 95 | 151 | 108 | 44 | 47 |
| 62 | Jordanien | .. | 72 | .. | 68 | .. | .. | 97 | .. | 99 | .. | 96 | .. | 117 | 6 | 11 |
| 63 | Ecuador | 60 | 72 | 57 | 67 | 170 | 69 | .. | 69 | .. | 94 | .. | 76 | .. | 16 | 19 |
| 64 | Dominikanische Rep. | 61 | 72 | 57 | 68 | .. | .. | .. | .. | .. | 99 | .. | .. | .. | 11 | 16 |
| 65 | El Salvador | 60 | 69 | 56 | 64 | .. | 56 | .. | 56 | .. | 90 | 98 | 77 | 92 | 20 | 25 |
| 66 | Litauen | 75 | 76 | 67 | 65 | 29 | .. | .. | .. | .. | .. | .. | .. | 107 | 50 | .. |
| 67 | Kolumbien | 63 | 73 | 59 | 67 | 110 | 56 | 74 | 53 | 72 | 101 | 98 | 73 | 105 | 21 | 22 |
| 68 | Jamaika | 70 | 76 | 66 | 72 | .. | .. | 100 | .. | 98 | .. | 99 | 103 | .. | 42 | 46 |
| 69 | Peru | 56 | 68 | 52 | 64 | .. | .. | .. | .. | .. | 85 | .. | 74 | .. | 20 | 24 |
| 70 | Paraguay | 67 | 72 | 63 | 68 | 180 | 70 | 78 | 71 | 79 | 89 | 93 | 91 | 104 | 21 | 21 |
| 71 | Kasachstan | 69 | 74 | 59 | 65 | 53 | .. | .. | .. | .. | .. | .. | .. | .. | .. | .. |
| 72 | Tunesien | 55 | 69 | 54 | 67 | 127 | .. | 93 | .. | 95 | .. | 87 | 38 | 82 | 12 | 25 |

*Anmerkung:* Zur Vergleichbarkeit der Daten und ihrer Abgrenzung vgl. Technische Erläuterungen. Kursive Zahlen gelten für andere als die angegebenen Jahre.

|  |  | Gesundheit | | | | Erziehung | | | | | | | | Beschäftigung | |
|---|---|---|---|---|---|---|---|---|---|---|---|---|---|---|---|
|  |  | Lebenserwartung bei der Geburt (Jahre) | | | | Müttersterblichkeit (je 100.000 Lebendgeburten) | Persistenz des Schulbesuchs bis Klasse 4 in % der Kohorte | | | | Schülerinnen je 100 Schüler | | | | Anteil der Frauen an den Erwerbstätigen (in %) | |
|  |  | Weiblich | | Männlich | | | Weiblich | | Männlich | | Grundschulen | | Weiterführende Schulen[a] | | | |
|  |  | 1970 | 1993 | 1970 | 1993 | 1988–93 | 1970 | 1988 | 1970 | 1988 | 1970 | 1992 | 1970 | 1992 | 1970 | 1993 |
| 73 | Algerien | 54 | 69 | 52 | 66 | .. | 90 | 95 | 95 | 96 | .. | 83 | 40 | 81 | 6 | 10 |
| 74 | Namibia | 49 | 61 | 47 | 58 | .. | .. | .. | .. | .. | .. | 102 | .. | 124 | 24 | 24 |
| 75 | Slowakei | 73 | 75 | 67 | 67 | .. | .. | .. | .. | .. | .. | 95 | .. | 104 | .. | 46 |
| 76 | Lettland | 74 | 75 | 66 | 63 | .. | .. | .. | .. | .. | .. | .. | .. | .. | 51 | .. |
| 77 | Thailand | 61 | 72 | 56 | 66 | .. | 75 | .. | 75 | .. | 88 | 95 | 69 | 97 | 47 | 44 |
| 78 | Costa Rica | 69 | 79 | 65 | 74 | .. | 84 | 90 | 82 | 91 | 96 | 95 | 111 | 104 | 18 | 22 |
| 79 | Ukraine | 74 | 74 | 66 | 64 | 33 | .. | .. | .. | .. | .. | .. | 127 | 109 | .. | .. |
| 80 | Polen | 74 | 76 | 67 | 67 | .. | 99 | .. | 97 | .. | 93 | 94 | 251 | 259 | 45 | 46 |
| 81 | Russische Föderation | 74 | 74 | 63 | 62 | .. | .. | .. | .. | .. | .. | .. | .. | 112 | .. | .. |
| 82 | Panama | 67 | 75 | 64 | 71 | .. | 84 | 86 | 81 | 84 | 92 | *92* | 99 | *103* | 25 | 28 |
| 83 | Tschechische Rep. | 73 | 75 | 67 | 68 | .. | .. | .. | .. | .. | .. | 99 | .. | 134 | .. | 45 |
| 84 | Botsuana | 54 | 67 | 50 | 63 | .. | 94 | 94 | 99 | 90 | 113 | 105 | 88 | 116 | 44 | 34 |
| 85 | Türkei | 59 | 69 | 55 | 65 | 146[c] | 77 | 98 | 82 | 98 | 73 | *89* | 37 | 64 | 38 | 34 |
| 86 | *Iran, Islam. Rep.* | 54 | 68 | 55 | 67 | .. | 77 | 93 | 79 | 94 | 55 | 89 | 49 | 78 | 13 | 19 |
| | **Obere Einkommenskategorie** | 64w | 72w | 59w | 66w | .. | .. | .. | 71w | .. | .. | 95w | .. | 160w | 25w | 30w |
| 87 | Venezuela | 68 | 75 | 63 | 69 | 200 | 84 | *84* | 60 | *87* | 99 | 99 | 102 | 137 | 21 | 28 |
| 88 | Weißrußland | 75 | 75 | 66 | 65 | 25 | .. | .. | .. | .. | .. | .. | .. | 104 | .. | .. |
| 89 | Brasilien | 61 | 69 | 57 | 64 | .. | 56 | .. | 54 | .. | .. | .. | .. | 99 | 22 | 28 |
| 90 | Südafrika | 56 | 66 | 50 | 60 | .. | .. | .. | .. | .. | .. | 98 | 95 | 114 | 33 | 36 |
| 91 | Mauritius | 65 | 74 | 60 | 67 | .. | 98 | 99 | 98 | 99 | 94 | 98 | 66 | 103 | 20 | 27 |
| 92 | Estland | 74 | 75 | 66 | 64 | 41 | .. | .. | .. | .. | .. | 96 | .. | .. | 51 | .. |
| 93 | Malaysia | 63 | 73 | 60 | 69 | 34[g] | .. | 99 | .. | 98 | .. | 95 | 69 | 105 | 31 | 35 |
| 94 | Chile | 66 | 78 | 59 | 71 | 40 | 80 | .. | 82 | .. | 98 | 96 | 130 | 115 | 22 | 29 |
| 95 | Ungarn | 72 | 74 | 67 | 65 | .. | 91 | 99 | 99 | 98 | 93 | *96* | 202 | *194* | 40 | 45 |
| 96 | Mexiko | 64 | 74 | 60 | 68 | .. | .. | 74 | .. | 95 | .. | 94 | .. | 93 | 18 | 27 |
| 97 | Trinidad und Tobago | 68 | 74 | 63 | 70 | .. | 76 | 97 | 73 | 96 | 97 | *97* | 113 | *100* | 30 | 30 |
| 98 | Uruguay | 72 | 76 | 66 | 69 | 36 | .. | *98* | .. | *98* | .. | 95 | 129 | .. | 26 | 32 |
| 99 | Oman | 49 | 72 | 46 | 68 | .. | .. | *97* | .. | *100* | 16 | 90 | 0 | 89 | 6 | 9 |
| 100 | Gabun | 46 | 56 | 43 | 52 | .. | 78 | *80* | 78 | *82* | 91 | *98* | 43 | .. | 40 | 37 |
| 101 | Slowenien | 73 | 78 | 66 | 68 | .. | .. | .. | .. | .. | .. | 95 | .. | 108 | .. | .. |
| 102 | Puerto Rico | 75 | 79 | 69 | 72 | 21 | .. | .. | .. | .. | .. | .. | .. | .. | 27 | .. |
| 103 | Argentinien | 70 | 76 | 64 | 69 | 140 | .. | .. | .. | .. | 97 | .. | 156 | .. | 25 | 28 |
| 104 | Griechenland | 74 | 80 | 70 | 75 | .. | 97 | 99 | 97 | 98 | 91 | *94* | 98 | *104* | 26 | 27 |
| 105 | Korea, Rep. | 63 | 75 | 58 | 68 | 30 | 95 | 110 | 94 | 100 | 92 | 94 | 65 | 88 | 32 | 34 |
| 106 | Portugal | 71 | 78 | 64 | 71 | .. | 94 | .. | 93 | .. | 95 | *92* | 98 | *153* | 25 | 37 |
| 107 | *Saudi-Arabien* | 54 | 72 | 51 | 69 | .. | 93 | .. | 92 | .. | 46 | 88 | 16 | 79 | 5 | 8 |
| 108 | *Turkmenistan* | 64 | 69 | 57 | 62 | 55 | .. | .. | .. | .. | .. | .. | .. | .. | .. | .. |
| | **Länder mit niedr. u. mittl. Eink.** | 57w | 66w | 55w | 63w | .. | .. | .. | .. | .. | .. | .. | .. | 78w | .. | .. |
| | Afrika südlich der Sahara | 46w | 53w | 42w | 50w | .. | .. | 73w | .. | 73w | 61w | 81w | 44w | 72w | 40w | 37w |
| | Ostasien u. Pazifik | 60w | 70w | 58w | 66w | .. | .. | 80w | .. | 97w | .. | 89w | .. | 78w | 41w | 42w |
| | Südasien | 48w | 60w | 50w | 60w | .. | 45w | .. | 50w | .. | 56w | 73w | 37w | 56w | 26w | 22w |
| | Europa u. Zentralasien | 71w | 74w | 64w | 65w | .. | .. | .. | .. | .. | .. | .. | .. | 124w | .. | .. |
| | Naher Osten u. Nordafrika | 54w | 67w | 52w | 65w | .. | 85w | 91w | 88w | 93w | .. | 83w | .. | 79w | 10w | 16w |
| | Lateinamerika u. Karibik | 63w | 72w | 58w | 66w | .. | 60w | .. | 58w | .. | 94w | 95w | 101w | 104w | 22w | 27w |
| | **Länder mit gravierenden Schuldenproblemen** | 62w | 69w | 58w | 64w | .. | 71w | 83w | 71w | 86w | 81w | 87w | 113w | 138w | 28w | 30w |
| | **Länder mit hohem Einkommen** | 75w | 80w | 68w | 74w | .. | 95w | 99w | 95w | 98w | 96w | 95w | 97w | 98w | 36w | 38w |
| 109 | Neuseeland | 75 | 79 | 69 | 73 | .. | .. | 99 | .. | 98 | 94 | 94 | 94 | 97 | 29 | .. |
| 110 | Irland | 74 | 78 | 69 | 73 | .. | .. | 99 | .. | 98 | .. | 95 | 124 | 100 | 26 | 30 |
| 111 | Spanien | 75 | 81 | 70 | 75 | .. | 89 | 100 | 88 | 98 | 99 | *93* | 84 | *102* | 19 | 25 |
| 112 | †Israel | 73 | 79 | 70 | 75 | .. | 96 | 97 | 96 | 98 | .. | 95 | 131 | 118 | 30 | 34 |
| 113 | Australien | 75 | 81 | 68 | 75 | .. | 76 | *100* | 74 | *98* | .. | 95 | 91 | 98 | 31 | 38 |
| 114 | †Hongkong | 75 | 82 | 68 | 76 | .. | 96 | .. | 95 | .. | 90 | .. | 74 | .. | 35 | .. |
| 115 | Großbritannien | 75 | 79 | 69 | 74 | .. | .. | .. | .. | .. | .. | .. | 94 | *96* | 36 | 39 |
| 116 | Finnland | 74 | 80 | 66 | 72 | .. | .. | 98 | .. | 98 | .. | 95 | 112 | 114 | 44 | 47 |
| 117 | †Kuwait | 68 | 77 | 64 | 73 | .. | 96 | .. | 98 | .. | 79 | *96* | 74 | *97* | 8 | 16 |
| 118 | Italien | 75 | 81 | 69 | 74 | .. | .. | .. | .. | .. | 94 | *95* | 86 | *98* | 29 | 32 |
| 119 | †Singapur | 71 | 78 | 67 | 73 | 10 | 98 | *100* | 99 | *100* | 88 | .. | 103 | .. | 26 | 31 |
| 120 | Kanada | 76 | 81 | 69 | 74 | .. | 96 | 98 | 95 | 95 | 95 | 94 | 95 | 95 | 32 | 40 |
| 121 | Niederlande | 77 | 81 | 71 | 75 | .. | 99 | .. | 96 | .. | 96 | .. | 91 | 110 | 26 | 31 |
| 122 | †Vereinigte Arab. Emirate | 63 | 76 | 59 | 73 | .. | 97 | *98* | 93 | *97* | .. | 93 | 23 | 105 | 4 | 7 |
| 123 | Belgien | 75 | 80 | 68 | 73 | .. | *81* | .. | *79* | .. | 94 | 96 | 87 | .. | 30 | 34 |
| 124 | Frankreich | 76 | 81 | 68 | 73 | .. | *91* | .. | *98* | .. | 95 | 94 | 107 | 106 | 36 | 40 |
| 125 | Österreich | 74 | 79 | 67 | 73 | .. | 95 | 99 | 92 | 97 | 95 | 95 | 95 | 95 | 39 | 40 |
| 126 | Deutschland | 74 | 79 | 68 | 73 | .. | 97[h] | *99*[h] | 96[h] | *97*[h] | 96[h] | *96*[h] | 93[h] | *100*[h] | 40 | 40 |
| 127 | Schweden | 77 | 81 | 72 | 76 | .. | 98 | .. | 97 | .. | 96 | 95 | 92 | 110 | 36 | 45 |
| 128 | Vereinigte Staaten | 75 | 79 | 67 | 73 | .. | .. | .. | .. | .. | .. | *94* | 98 | *94* | 37 | 41 |
| 129 | Norwegen | 77 | 80 | 71 | 74 | .. | *99* | .. | *98* | .. | 105 | 95 | 97 | 106 | 29 | 41 |
| 130 | Dänemark | 76 | 78 | 71 | 73 | .. | 99 | 100 | 96 | 100 | 97 | 96 | 102 | 106 | 36 | 45 |
| 131 | Japan | 75 | 83 | 70 | 76 | .. | 100 | 100 | 100 | 100 | 96 | *95* | 101 | *99* | 39 | 38 |
| 132 | Schweiz | 76 | 81 | 70 | 75 | .. | *94* | .. | *93* | .. | .. | 97 | 93 | 101 | 33 | 36 |
| | **Gesamte Welt** | 61w | 68w | 58w | 64w | .. | .. | .. | .. | .. | .. | .. | .. | 81w | .. | .. |

[a] Vgl. Technische Erläuterungen. [b] Mittelwert der nationalen Streubreite. [c] Basiert auf indirekten Schätzungen unter Verwendung von Befragungs-Daten. [d] Basiert auf einer Untersuchung von 30 Provinzen. [e] Basiert auf einer kommunalen Untersuchung im Stadtzentrum von Conakry. [f] Schätzung der Regierung. [g] Basiert auf Angaben von Einwohnermeldeämtern. [h] Die Angaben beziehen sich auf die Bundesrepublik Deutschland vor der Vereinigung.

## Tabelle 30 Einkommensverteilung und KKP-Schätzungen des BSP

| | | | Prozentualer Anteil am Einkommen oder Verbrauch | | | | | KKP-Schätzungen des BSP pro Kopf Vereinigte Staaten = 100 | | Jeweilige internationale Dollar |
|---|---|---|---|---|---|---|---|---|---|---|
| | | Jahr | Unterste 20%-Gruppe | Zweite 20%-Gruppe | Dritte 20%-Gruppe | Vierte 20%-Gruppe | Höchste 20%-Gruppe | Höchste 10%-Gruppe | 1987 | 1993 | 1993 |
| **Länder mit niedrigem Einkommen** | | | | | | | | | | | |
| **Ohne China und Indien** | | | | | | | | | | | |
| 1 | Mosambik | .. | .. | .. | .. | .. | .. | .. | 2,6[a] | 2,2[a] | 550[a] |
| 2 | Tansania | 1991[b,c] | 2,4 | 5,7 | 10,4 | 18,7 | 62,7 | 46,5 | 2,4[d] | 2,3[d] | 580[d] |
| 3 | Äthiopien | 1981–82[b,e] | 8,6 | 12,7 | 16,4 | 21,1 | 41,3 | 27,5 | .. | .. | .. |
| 4 | Sierra Leone | | | | | | | | 3,5[d] | 3,0[d] | 750[d] |
| 5 | Vietnam | 1992[b,c] | 7,8 | 11,4 | 15,4 | 21,4 | 44,0 | 29,0 | .. | .. | .. |
| 6 | Burundi | | | | | | | | 3,4[a] | 3,0[a] | 740[a] |
| 7 | Uganda | 1989–90[b,c] | 8,5 | 12,1 | 16,0 | 21,5 | 41,9 | 27,2 | 3,2[a] | 3,6[a] | 900[a] |
| 8 | Nepal | 1984–85[f,g] | 9,1 | 12,9 | 16,7 | 21,8 | 39,5 | 25,0 | 4,0[a] | 4,1[a] | 1.020[a] |
| 9 | Malawi | | | | | | | | 3,1[d] | 2,8[d] | 690[d] |
| 10 | Tschad | | | | | | | | 2,8[a] | 2,9[a] | 720[a] |
| 11 | Ruanda | 1983–85[b,c] | 9,7 | 13,1 | 16,7 | 21,6 | 38,9 | 24,6 | 3,8[d] | 3,0[d] | 740[d] |
| 12 | Bangladesch | 1988–89[b,c] | 9,5 | 13,4 | 17,0 | 21,6 | 38,6 | 24,6 | 4,9[d] | 5,2[d] | 1.290[d] |
| 13 | Madagaskar | | | | | | | | 3,2[a] | 2,7[a] | 670[a] |
| 14 | Guinea-Bissau | 1991[b,c] | 2,1 | 6,5 | 12,0 | 20,6 | 58,9 | 42,4 | 3,1[a] | 3,4[a] | 840[a] |
| 15 | Kenia | 1992[b,c] | 3,4 | 6,7 | 10,7 | 17,3 | 61,8 | 47,9 | 5,8[d] | 5,2[d] | 1.290[d] |
| 16 | Mali | | | | | | | | 2,3[d] | 2,1[d] | 520[d] |
| 17 | Niger | | | | | | | | 3,9[a] | 3,2[a] | 780[a] |
| 18 | Laos, Dem. VR | | | | | | | | .. | .. | .. |
| 19 | Burkina Faso | | | | | | | | 3,4[a] | 3,1[a] | 770[a] |
| 20 | Indien | 1989–90[b,c] | 8,8 | 12,5 | 16,2 | 21,3 | 41,3 | 27,1 | 4,5[d] | 4,9[d] | 1.220[d] |
| 21 | Nigeria | 1992[b,c] | 5,1 | 10,1 | 14,8 | 21,0 | 49,0 | 34,2 | 5,0[d] | 5,7[d] | 1.400[d] |
| 22 | Albanien | | | | | | | | .. | .. | .. |
| 23 | Nicaragua | 1993[b,c] | 4,2 | 8,0 | 12,6 | 19,9 | 55,3 | 39,8 | 12,4[a] | 7,7[a] | 1.900[a] |
| 24 | Togo | | | | | | | | 5,9[a] | 4,0[a] | 1.000[a] |
| 25 | Gambia | | | | | | | | 4,7[a] | 4,7[a] | 1.170[a] |
| 26 | Sambia | 1991[b,c] | 5,6 | 9,6 | 14,2 | 21,0 | 49,7 | 34,2 | 4,6[d] | 4,2[d] | 1.040[d] |
| 27 | Mongolei | | | | | | | | 21,8[a] | 8,2[a] | 2.020[a] |
| 28 | Zentralafrik. Rep. | | | | | | | | 5,1[a] | 4,1[a] | 1.010[a] |
| 29 | Benin | | | | | | | | 7,1[d] | 6,5[d] | 1.620[d] |
| 30 | Ghana | 1988–89[b,c] | 7,0 | 11,3 | 15,8 | 21,8 | 44,1 | 29,0 | 7,8[a] | 8,0[a] | 1.970[a] |
| 31 | Pakistan | 1991[b,c] | 8,4 | 12,9 | 16,9 | 22,2 | 39,7 | 25,2 | 8,5[d] | 8,8[d] | 2.170[d] |
| 32 | Tadschikistan | | | | | | | | 12,3[h] | 5,6[h] | 1.380[h] |
| 33 | China | 1990[f,g] | 6,4 | 11,0 | 16,4 | 24,4 | 41,8 | 24,6 | 6,3[h] | 9,4[h] | 2.330[h] |
| 34 | Guinea | | | | | | | | .. | .. | .. |
| 35 | Mauretanien | 1987–88[b,c] | 3,5 | 10,7 | 16,2 | 23,3 | 46,3 | 30,2 | 6,5[a] | 6,0[a] | 1.490[a] |
| 36 | Simbabwe | 1990–91[b,c] | 4,0 | 6,3 | 10,0 | 17,4 | 62,3 | 46,9 | 8,7[d] | 8,1[d] | 2.000[d] |
| 37 | Georgien | | | | | | | | 28,5[h] | 7,1[h] | 1.750[h] |
| 38 | Honduras | 1989[f,g] | 2,7 | 6,0 | 10,2 | 17,6 | 63,5 | 47,9 | 8,2[i] | 7,7[i] | 1.910[i] |
| 39 | Sri Lanka | 1990[f,g] | 8,9 | 13,1 | 16,9 | 21,7 | 39,3 | 25,2 | 10,7[d] | 12,1[d] | 2.990[d] |
| 40 | Côte d'Ivoire | 1988[b,c] | 6,8 | 11,2 | 15,8 | 22,2 | 44,1 | 28,5 | 8,6[d] | 5,7[d] | 1.400[d] |
| 41 | Lesotho | 1986–87[b,c] | 2,9 | 6,4 | 11,3 | 19,5 | 60,0 | 43,6 | 6,5[a] | 6,5[a] | 1.620[a] |
| 42 | Armenien | | | | | | | | 26,4[h] | 8,2[h] | 2.040[h] |
| 43 | Ägypten, Arab. Rep. | | | | | | | | 14,7[d] | 15,3[d] | 3.780[d] |
| 44 | *Myanmar* | | | | | | | | .. | .. | .. |
| 45 | *Jemen, Rep.* | | | | | | | | .. | .. | .. |
| **Länder mit mittlerem Einkommen** | | | | | | | | | | | |
| **Untere Einkommenskategorie** | | | | | | | | | | | |
| 46 | Aserbaidschan | | | | | | | | 22,1[h] | 8,9[h] | 2.190[h] |
| 47 | Indonesien | 1990[b,c] | 8,7 | 12,1 | 15,9 | 21,1 | 42,3 | 27,9 | 10,1[i] | 12,7[i] | 3.150[i] |
| 48 | Senegal | 1991–92[b,c] | 3,5 | 7,0 | 11,6 | 19,3 | 58,6 | 42,8 | 7,5[d] | 6,7[d] | 1.650[d] |
| 49 | Bolivien | 1990–91[b,c] | 5,6 | 9,7 | 14,5 | 22,0 | 48,2 | 31,7 | 9,2[i] | 9,8[i] | 2.420[i] |
| 50 | Kamerun | | | | | | | | 15,3[d] | 8,5[d] | 2.100[d] |
| 51 | Mazedonien | | | | | | | | .. | .. | .. |
| 52 | Kirgisistan | 1992[b,c] | 2,5 | 7,1 | 12,5 | 20,9 | 57,0 | 40,3 | 13,7[h] | 9,4[h] | 2.320[h] |
| 53 | Philippinen | 1988[b,c] | 6,5 | 10,1 | 14,4 | 21,2 | 47,8 | 32,1 | 10,6[i] | 10,8[i] | 2.670[i] |
| 54 | Kongo | | | | | | | | 11,7[h] | 9,9[h] | 2.440[h] |
| 55 | Usbekistan | | | | | | | | 12,6[h] | 10,1[h] | 2.510[h] |
| 56 | Marokko | 1990–91[b,c] | 6,6 | 10,5 | 15,0 | 21,7 | 46,3 | 30,5 | 13,4[d] | 12,5[d] | 3.090[d] |
| 57 | Moldau | | | | | | | | 23,4[h] | 11,6[h] | 2.870[h] |
| 58 | Guatemala | 1989[f,g] | 2,1 | 5,8 | 10,5 | 18,6 | 63,0 | 46,6 | 13,5[i] | 13,5[i] | 3.350[i] |
| 59 | Papua-Neuguinea | | | | | | | | 8,8[a] | 9,5[a] | 2.350[a] |
| 60 | Bulgarien | 1992[f,g] | 8,4 | 13,0 | 17,0 | 22,3 | 39,3 | 24,7 | 28,5[a] | 16,6[a] | 4.100[a] |
| 61 | Rumänien | | | | | | | | 18,4[j] | 11,3[j] | 2.800[j] |
| 62 | Jordanien | 1991[b,c] | 6,5 | 10,3 | 14,6 | 20,9 | 47,7 | 32,6 | 21,4[a] | 16,6[a] | 4.100[a] |
| 63 | Ecuador | | | | | | | | 16,1[i] | 17,1[i] | 4.240[i] |
| 64 | Dominikanische Rep. | 1989[f,g] | 4,2 | 7,9 | 12,5 | 19,7 | 55,6 | 39,6 | 14,0[i] | 14,7[i] | 3.630[i] |
| 65 | El Salvador | | | | | | | | 9,1[i] | 9,5[i] | 2.350[i] |
| 66 | Litauen | | | | | | | | 27,9[h] | 12,6[h] | 3.110[h] |
| 67 | Kolumbien | 1991[f,g] | 3,6 | 7,6 | 12,6 | 20,4 | 55,8 | 39,5 | 21,0[i] | 22,2[i] | 5.490[i] |
| 68 | Jamaika | 1990[b,c] | 6,0 | 9,9 | 14,5 | 21,3 | 48,4 | 32,6 | 10,6[j] | 12,1[j] | 3.000[j] |
| 69 | Peru | 1985–86[b,c] | 4,9 | 9,2 | 13,7 | 21,0 | 51,4 | 35,4 | 18,7[j] | 13,0[j] | 3.220[j] |
| 70 | Paraguay | | | | | | | | 13,4[i] | 13,7[i] | 3.390[i] |
| 71 | Kasachstan | | | | | | | | 24,6[h] | 15,0[h] | 3.710[h] |
| 72 | Tunesien | 1990[b,c] | 5,9 | 10,4 | 15,3 | 22,1 | 46,3 | 30,7 | 18,7[d] | 19,3[d] | 4.780[d] |

*Anmerkung:* Die Daten zur Einkommensverteilung sollten mit Vorsicht verwendet werden. Zur Vergleichbarkeit der Daten und ihrer Abgrenzung vgl. Technische Erläuterungen. Kursive Zahlen gelten für andere als die angegebenen Jahre.

|  |  | Jahr | Prozentualer Anteil am Einkommen oder Verbrauch | | | | | | KKP-Schätzungen des BSP pro Kopf | | Jeweilige internationale Dollar 1993 |
|---|---|---|---|---|---|---|---|---|---|---|---|
|  |  |  | Unterste 20%-Gruppe | Zweite 20%-Gruppe | Dritte 20%-Gruppe | Vierte 20%-Gruppe | Höchste 20%-Gruppe | Höchste 10%-Gruppe | Vereinigte Staaten = 100 | | |
|  |  |  |  |  |  |  |  |  | 1987 | 1993 |  |
| 73 | Algerien | 1988 b,c | 6,9 | 11,0 | 14,9 | 20,7 | 46,5 | 31,7 | 27,0 a | 21,7 a | 5.380 a |
| 74 | Namibia |  | .. | .. | .. | .. | .. | .. | 14,9 a | 15,3 a | 3.790 a |
| 75 | Slowakei |  | .. | .. | .. | .. | .. | .. | 35,0 k | 25,4 k | 6.290 k |
| 76 | Lettland |  | .. | .. | .. | .. | .. | .. | 35,7 h | 20,3 h | 5.010 h |
| 77 | Thailand | 1988 b,g | 6,1 | 9,4 | 13,5 | 20,3 | 50,7 | 35,3 | 16,7 d | 25,3 d | 6.260 d |
| 78 | Costa Rica | 1989 f,g | 4,0 | 9,1 | 14,3 | 21,9 | 50,8 | 34,1 | 20,3 i | 22,3 i | 5.520 i |
| 79 | Ukraine |  | .. | .. | .. | .. | .. | .. | 26,6 h | 18,0 h | 4.450 h |
| 80 | Polen | 1989 f,g | 9,2 | 13,8 | 17,9 | 23,0 | 36,1 | 21,6 | 23,0 d | 20,2 d | 5.000 d |
| 81 | Russische Föderation | 1992 b,c | 4,2 | 9,8 | 15,3 | 22,8 | 48,0 | 31,5 | 35,8 d | 20,4 d | 5.050 d |
| 82 | Panama | 1989 f,g | 2,0 | 6,3 | 11,6 | 20,3 | 59,8 | 42,1 | 25,7 i | 23,6 i | 5.840 i |
| 83 | Tschechische Rep. |  | .. | .. | .. | .. | .. | .. | 39,2 k | 30,5 k | 7.550 k |
| 84 | Botsuana | 1985–86 l,e | 3,6 | 6,9 | 11,4 | 19,2 | 58,9 | 42,9 | 15,5 d | 20,9 d | 5.160 d |
| 85 | Türkei |  | .. | .. | .. | .. | .. | .. | 15,9 m | 15,8 m | 3.920 m |
| 86 | *Iran, Islam. Rep.* |  | .. | .. | .. | .. | .. | .. | 22,0 d | 21,7 d | 5.380 d |
| **Obere Einkommenskategorie** | | | | | | | | | | | | |
| 87 | Venezuela | 1989 f,g | 4,8 | 9,5 | 14,4 | 21,9 | 49,5 | 33,2 | 34,1 i | 32,9 i | 8.130 i |
| 88 | Weißrußland |  | .. | .. | .. | .. | .. | .. | 30,1 h | 25,2 h | 6.240 h |
| 89 | Brasilien | 1989 f,g | 2,1 | 4,9 | 8,9 | 16,8 | 67,5 | 51,3 | 24,8 i | 21,7 i | 5.370 i |
| 90 | Südafrika | 1993 b,c | 3,3 | 5,8 | 9,8 | 17,7 | 63,3 | 47,3 |  |  |  |
| 91 | Mauritius |  | .. | .. | .. | .. | .. | .. | 40,0 d | 50,2 d | 12.420 d |
| 92 | Estland |  | .. | .. | .. | .. | .. | .. | 45,0 h | .. | .. |
| 93 | Malaysia | 1989 f,g | 4,6 | 8,3 | 13,0 | 20,4 | 53,7 | 37,9 | 23,8 j | 32,1 j | 7.930 j |
| 94 | Chile | 1992 f,g | 3,3 | 6,9 | 11,2 | 18,3 | 60,4 | 45,8 | 25,3 i | 34,0 i | 8.400 i |
| 95 | Ungarn | 1989 f,g | 10,9 | 14,8 | 18,0 | 22,0 | 34,4 | 20,8 | 28,5 d | 24,5 d | 6.050 d |
| 96 | Mexiko | 1984 f,g | 4,1 | 7,8 | 12,3 | 19,9 | 55,9 | 39,5 | 28,2 j | 27,5 j | 6.810 j |
| 97 | Trinidad und Tobago |  | .. | .. | .. | .. | .. | .. | 39,5 a | 32,7 a | 8.080 a |
| 98 | Uruguay |  | .. | .. | .. | .. | .. | .. | 24,3 i | 25,8 i | 6.380 i |
| 99 | Oman |  | .. | .. | .. | .. | .. | .. | 35,7 a | 36,5 a | 9.020 a |
| 100 | Gabun |  | .. | .. | .. | .. | .. | .. | .. | .. | .. |
| 101 | Slowenien |  | .. | .. | .. | .. | .. | .. | .. | .. | .. |
| 102 | Puerto Rico |  | .. | .. | .. | .. | .. | .. | 42,1 a | 43,1 a | 10.670 a |
| 103 | Argentinien |  | .. | .. | .. | .. | .. | .. | 32,6 i | 33,3 i | 8.250 i |
| 104 | Griechenland |  | .. | .. | .. | .. | .. | .. | 35,8 m | 36,4 m | 9.000 m |
| 105 | Korea, Rep. | 1988 n,o | 7,4 | 12,3 | 16,3 | 21,8 | 42,2 | 27,6 | 27,7 d | 38,9 d | 9.630 d |
| 106 | Portugal |  | .. | .. | .. | .. | .. | .. | 37,6 m | 43,3 m | 10.710 m |
| 107 | *Saudi-Arabien* |  | .. | .. | .. | .. | .. | .. | 43,6 a | .. | .. |
| 108 | *Turkmenistan* |  | .. | .. | .. | .. | .. | .. | 17,2 h | .. | .. |

Länder mit niedr. u. mittl. Eink.
  Afrika südlich der Sahara
  Ostasien u. Pazifik
  Südasien
  Europa u. Zentralasien
  Naher Osten u. Nordafrika
  Lateinamerika u. Karibik

Länder mit gravierenden Schuldenproblemen

**Länder mit hohem Einkommen**

| 109 | Neuseeland | 1981–82 n,o | 5,1 | 10,8 | 16,2 | 23,2 | 44,7 | 28,7 | 67,6 m | 64,8 m | 16.040 m |
|---|---|---|---|---|---|---|---|---|---|---|---|
| 110 | Irland |  | .. | .. | .. | .. | .. | .. | 43,2 m | 54,5 m | 13.490 m |
| 111 | Spanien | 1988 n,o | 8,3 | 13,7 | 18,1 | 23,4 | 36,6 | 21,8 | 51,2 m | 54,6 m | 13.510 m |
| 112 | †Israel | 1979 n,o | 6,0 | 12,1 | 17,8 | 24,5 | 39,6 | 23,5 | 57,3 i | 60,4 i | 14.940 i |
| 113 | Australien | 1985 n,o | 4,4 | 11,1 | 17,5 | 24,8 | 42,2 | 25,8 | 73,3 m | 72,4 m | 17.910 m |
| 114 | †Hongkong | 1980 n,o | 5,4 | 10,8 | 15,2 | 21,6 | 47,0 | 31,3 | 73,2 d | 87,1 d | 21.560 d |
| 115 | Großbritannien | 1988 n,o | 4,6 | 10,0 | 16,8 | 24,3 | 44,3 | 27,8 | 70,6 m | 69,6 m | 17.210 m |
| 116 | Finnland | 1981 n,o | 6,3 | 12,1 | 18,4 | 25,5 | 37,6 | 21,7 | 72,8 m | 62,8 m | 15.530 m |
| 117 | †Kuwait |  | .. | .. | .. | .. | .. | .. | 85,1 a | 87,4 a | 21.630 a |
| 118 | Italien | 1986 n,o | 6,8 | 12,0 | 16,7 | 23,5 | 41,0 | 25,3 | 70,6 m | 72,1 m | 17.830 m |
| 119 | †Singapur | 1982–83 n,o | 5,1 | 9,9 | 14,6 | 21,4 | 48,9 | 33,5 | 54,8 a | 78,9 a | 19.510 a |
| 120 | Kanada | 1987 n,o | 3,7 | 11,8 | 17,7 | 24,6 | 40,2 | 24,1 | 87,6 m | 81,8 m | 20.230 m |
| 121 | Niederlande | 1988 n,o | 8,2 | 13,1 | 18,1 | 23,7 | 36,9 | 21,9 | 67,0 m | 70,0 m | 17.330 m |
| 122 | †Vereinigte Arab. Emirate |  | .. | .. | .. | .. | .. | .. | 84,6 a | 84,6 a | 20.940 a |
| 123 | Belgien | 1978–79 n,o | 7,9 | 13,7 | 18,6 | 23,8 | 36,0 | 21,5 | 74,1 m | 79,4 m | 19.640 m |
| 124 | Frankreich | 1989 n,o | 5,6 | 11,8 | 17,2 | 23,5 | 41,9 | 26,1 | 76,2 m | 76,8 m | 19.000 m |
| 125 | Österreich |  | .. | .. | .. | .. | .. | .. | 73,1 m | 78,5 m | 19.430 m |
| 126 | Deutschland p | 1988 n,o | 7,0 | 11,8 | 17,1 | 23,9 | 40,3 | 24,4 | 66,0 m | 68,1 m | 16.850 m |
| 127 | Schweden | 1981 n,o | 8,0 | 13,2 | 17,4 | 24,5 | 36,9 | 20,8 | 77,8 m | 69,5 m | 17.200 m |
| 128 | Vereinigte Staaten | 1985 n,o | 4,7 | 11,0 | 17,4 | 25,0 | 41,9 | 25,0 | 100,0 m | 100,0 m | 24.740 m |
| 129 | Norwegen | 1979 n,o | 6,2 | 12,8 | 18,9 | 25,3 | 36,7 | 21,2 | 80,5 m | 80,0 m | 19.780 m |
| 130 | Dänemark | 1981 n,o | 5,4 | 12,0 | 18,4 | 25,6 | 38,6 | 22,3 | 79,1 m | 79,1 m | 19.560 m |
| 131 | Japan | 1979 n,o | 8,7 | 13,2 | 17,5 | 23,1 | 37,5 | 22,4 | 74,6 m | 84,3 m | 20.850 m |
| 132 | Schweiz | 1982 n,o | 5,2 | 11,7 | 16,4 | 22,1 | 44,6 | 29,8 | 100,7 m | 95,6 m | 23.660 m |

**Gesamte Welt**

a Basieren auf Regressions-Schätzungen. b Die Angaben beziehen sich auf Ausgaben-Anteile, gegliedert nach Personen-Fraktilen. c Die Angaben sind nach Pro-Kopf-Ausgaben geordnet. d Extrapoliert von IVP-Schätzungen 1985. e Die Angaben sind nach Haushalts-Ausgaben geordnet. f Die Angaben beziehen sich auf Einkommens-Anteile, gegliedert nach Personen-Fraktilen. g Die Angaben sind nach Pro-Kopf-Einkommen geordnet. h Diese Werte sind mit größeren als den üblichen Irrtumsmargen behaftet (vgl. Technische Erläuterungen). i Extrapoliert von IVP-Schätzungen 1980. j Extrapoliert von IVP-Schätzungen 1975. k Extrapoliert von IVP-Schätzungen 1990. l Die Angaben beziehen sich auf Ausgabenanteile, gegliedert nach Haushalts-Fraktilen. m Extrapoliert von IVP-Schätzungen 1993. n Die Angaben beziehen sich auf Einkommens-Anteile, gegliedert nach Haushalts-Fraktilen. o Die Angaben sind nach Haushalts-Einkommen geordnet. p Die Angaben zur Verteilung beziehen sich auf die Bundesrepublik Deutschland.

# Tabelle 31  Verstädterung

| | Stadtbevölkerung | | | | Bevölkerung der Hauptstadt in % der | | Bevölkerung in städt. Agglomerationen mit 1 Million oder mehr Menschen im Jahr 1993 in % der | | | |
| | In % der Gesamtbevölkerung | | Durchschnittliche jährliche Wachstumsrate (in %) | | Stadtbevölkerung | Gesamtbevölkerung | Stadtbevölkerung | | Gesamtbevölkerung | |
|---|---|---|---|---|---|---|---|---|---|---|
| | 1970 | 1993 | 1970–80 | 1980–93 | 1990 | 1990 | 1970 | 1993 | 1970 | 1993 |
| **Länder mit niedrigem Einkommen** | 18 w | 28 w | 3,6 w | 3,9 w | 12 w | 3 w | 41 w | 38 w | 8 w | 11 w |
| **Ohne China und Indien** | 19 w | 27 w | 4,2 w | 4,2 w | 30 w | 7 w | 39 w | 40 w | 7 w | 12 w |
| 1  Mosambik | 6 | 31 | 10,8 | 8,4 | 42 | 11 | 69 | 41 | 4 | 13 |
| 2  Tansania | 7 | 23 | 11,0 | 6,5 | 31 | 6 | 43 | 25 | 3 | 6 |
| 3  Äthiopien | 9 | 13 | 4,3 | 4,3 | 32 | 4 | 29 | 30 | 3 | 4 |
| 4  Sierra Leone | 18 | 35 | 5,0 | 5,1 | 52 | 17 | 0 | 0 | 0 | 0 |
| 5  Vietnam | 18 | 20 | 2,8 | 2,7 | 24 | 5 | 35 | 32 | 6 | 6 |
| 6  Burundi | 2 | 7 | 7,4 | 6,7 | 71 | 4 | 0 | 0 | 0 | 0 |
| 7  Uganda | 8 | 12 | 3,9 | 4,8 | 37 | 4 | 0 | 0 | 0 | 0 |
| 8  Nepal | 4 | 13 | 7,7 | 7,7 | 17 | 2 | 0 | 0 | 0 | 0 |
| 9  Malawi | 6 | 13 | 7,3 | 6,7 | 28 | 3 | 0 | 0 | 0 | 0 |
| 10 Tschad | 12 | 21 | 6,6 | 3,2 | 64 | 13 | 0 | 0 | 0 | 0 |
| 11 Ruanda | 3 | 6 | 7,1 | 4,7 | 76 | 4 | 0 | 0 | 0 | 0 |
| 12 Bangladesch | 8 | 17 | 6,8 | 5,3 | 39 | 6 | 47 | 51 | 4 | 9 |
| 13 Madagaskar | 14 | 26 | 5,4 | 5,9 | 23 | 5 | 0 | 0 | 0 | 0 |
| 14 Guinea-Bissau | 15 | 21 | 5,2 | 3,8 | 37 | 7 | 0 | 0 | 0 | 0 |
| 15 Kenia | 10 | 26 | 8,1 | 7,0 | 27 | 6 | 45 | 28 | 5 | 7 |
| 16 Mali | 14 | 26 | 4,8 | 5,5 | 30 | 7 | 0 | 0 | 0 | 0 |
| 17 Niger | 9 | 16 | 6,8 | 5,3 | 50 | 8 | 0 | 0 | 0 | 0 |
| 18 Laos, Dem. VR | 10 | 20 | 5,0 | 6,0 | 52 | 10 | 0 | 0 | 0 | 0 |
| 19 Burkina Faso | 6 | 23 | 6,3 | 10,4 | 26 | 5 | 0 | 0 | 0 | 0 |
| 20 Indien | 20 | 26 | 3,7 | 3,0 | 4 | 1 | 32 | 37 | 6 | 10 |
| 21 Nigeria | 20 | 38 | 5,7 | 5,5 | 23 | 8 | 26 | 27 | 5 | 10 |
| 22 Albanien | 32 | 37 | 2,8 | 2,5 | 21 | 7 | 0 | 0 | 0 | 0 |
| 23 Nicaragua | 47 | 62 | 4,3 | 4,1 | 46 | 28 | 0 | 43 | 0 | 27 |
| 24 Togo | 13 | 30 | 8,2 | 5,1 | 51 | 15 | 0 | 0 | 0 | 0 |
| 25 Gambia | 15 | 24 | 5,2 | 6,0 | 96 | 22 | 0 | 0 | 0 | 0 |
| 26 Sambia | 30 | 42 | 5,9 | 3,8 | 29 | 12 | 0 | 31 | 0 | 13 |
| 27 Mongolei | 45 | 60 | 4,2 | 3,6 | 37 | 22 | 0 | 0 | 0 | 0 |
| 28 Zentralafrik. Rep. | 30 | 39 | 3,7 | 3,1 | 66 | 25 | 0 | 0 | 0 | 0 |
| 29 Benin | 16 | 30 | 7,0 | 4,5 | 16 | 5 | 0 | 0 | 0 | 0 |
| 30 Ghana | 29 | 35 | 2,9 | 4,2 | 22 | 7 | 29 | 27 | 8 | 10 |
| 31 Pakistan | 25 | 34 | 3,8 | 4,2 | 1 | 0 | 49 | 53 | 12 | 18 |
| 32 Tadschikistan | 37 | 32 | 2,2 | 2,4 | .. | .. | 0 | 0 | 0 | 0 |
| 33 China | 17 | 29 | 3,0 | 4,3 | 4 | 1 | 48 | 37 | 8 | 11 |
| 34 Guinea | 14 | 28 | 4,6 | 5,6 | 87 | 23 | 47 | 76 | 7 | 21 |
| 35 Mauretanien | 14 | 51 | 9,9 | 6,9 | 81 | 38 | 0 | 0 | 0 | 0 |
| 36 Simbabwe | 17 | 31 | 5,8 | 5,6 | 30 | 9 | 0 | 0 | 0 | 0 |
| 37 Georgien | 48 | 58 | 1,5 | 1,4 | .. | .. | 0 | 42 | 0 | 24 |
| 38 Honduras | 29 | 43 | 5,1 | 4,6 | 39 | 16 | 0 | 0 | 0 | 0 |
| 39 Sri Lanka | 22 | 22 | 1,6 | 1,6 | 17 | 4 | 0 | 0 | 0 | 0 |
| 40 Côte d'Ivoire | 27 | 42 | 6,4 | 5,2 | 45 | 18 | 37 | 45 | 10 | 19 |
| 41 Lesotho | 9 | 22 | 6,7 | 6,6 | 18 | 3 | 0 | 0 | 0 | 0 |
| 42 Armenien | 59 | 68 | 3,0 | 1,8 | .. | .. | 0 | 50 | 0 | 34 |
| 43 Ägypten, Arab. Rep. | 42 | 44 | 2,5 | 2,1 | 39 | 17 | 53 | 55 | 22 | 24 |
| 44 *Myanmar* | 23 | 26 | 2,7 | 2,6 | 32 | 8 | 23 | 32 | 5 | 8 |
| 45 *Jemen, Rep.* | 13 | 32 | 6,8 | 7,1 | 11 | 3 | 0 | 0 | 0 | 0 |
| **Länder mit mittlerem Einkommen** | 46 w | 60 w | 3,3 w | 2,8 w | .. | .. | 42 w | 37 w | 17 w | 22 w |
| **Untere Einkommenskategorie** | 42 w | 54 w | 3,0 w | 2,8 w | .. | .. | 39 w | 34 w | 13 w | 18 w |
| 46 Aserbaidschan | 50 | 55 | 2,3 | 1,7 | .. | .. | 0 | 44 | 0 | 25 |
| 47 Indonesien | 17 | 33 | 4,9 | 4,8 | 17 | 5 | 45 | 38 | 5 | 13 |
| 48 Senegal | 33 | 41 | 3,6 | 3,8 | 51 | 20 | 43 | 56 | 14 | 23 |
| 49 Bolivien | 41 | 59 | 3,5 | 4,1 | 33 | 19 | 29 | 28 | 12 | 16 |
| 50 Kamerun | 20 | 43 | 7,1 | 5,3 | 17 | 7 | 22 | 40 | 5 | 17 |
| 51 Mazedonien | 47 | 59 | 2,6 | 1,9 | .. | .. | 0 | 0 | 0 | 0 |
| 52 Kirgisistan | 37 | 39 | 2,2 | 1,9 | .. | .. | 0 | 0 | 0 | 0 |
| 53 Philippinen | 33 | 52 | 3,8 | 4,8 | 29 | 14 | 29 | 29 | 9 | 15 |
| 54 Kongo | 33 | 57 | 5,0 | 5,4 | 53 | 28 | 0 | 66 | 0 | 38 |
| 55 Usbekistan | 37 | 41 | 3,9 | 2,5 | .. | .. | 32 | 25 | 12 | 10 |
| 56 Marokko | 35 | 47 | 4,1 | 3,4 | 10 | 4 | 38 | 37 | 13 | 17 |
| 57 Moldau | 32 | 50 | 3,3 | 2,5 | .. | .. | 0 | 0 | 0 | 0 |
| 58 Guatemala | 36 | 41 | 3,3 | 3,5 | 23 | 9 | 0 | 0 | 0 | 0 |
| 59 Papua-Neuguinea | 10 | 16 | 5,2 | 3,6 | 35 | 5 | 0 | 0 | 0 | 0 |
| 60 Bulgarien | 52 | 70 | 2,1 | 1,0 | 20 | 13 | 0 | 22 | 10 | 15 |
| 61 Rumänien | 42 | 55 | 2,5 | 1,0 | 18 | 10 | 20 | 17 | 8 | 9 |
| 62 Jordanien | 51 | 70 | 5,4 | 6,1 | 46 | 31 | 0 | 31 | 0 | 22 |
| 63 Ecuador | 40 | 57 | 4,6 | 4,0 | 22 | 12 | 50 | 45 | 20 | 26 |
| 64 Dominikanische Rep. | 40 | 63 | 4,8 | 3,9 | 51 | 31 | 47 | 71 | 19 | 44 |
| 65 El Salvador | 39 | 45 | 2,8 | 2,1 | 26 | 11 | 0 | 0 | 0 | 0 |
| 66 Litauen | 50 | 71 | 3,0 | 1,7 | .. | .. | 0 | 0 | 0 | 0 |
| 67 Kolumbien | 57 | 72 | 3,3 | 3,2 | 21 | 15 | 40 | 38 | 23 | 27 |
| 68 Jamaika | 42 | 53 | 2,5 | 1,9 | 53 | 27 | 0 | 0 | 0 | 0 |
| 69 Peru | 57 | 71 | 3,9 | 2,9 | 41 | 29 | 39 | 43 | 22 | 31 |
| 70 Paraguay | 37 | 51 | 4,0 | 4,7 | 46 | 22 | 0 | 0 | 0 | 0 |
| 71 Kasachstan | 50 | 59 | 2,0 | 1,7 | .. | .. | 0 | 12 | 0 | 7 |
| 72 Tunesien | 45 | 56 | 3,6 | 3,0 | 37 | 20 | 33 | 39 | 14 | 22 |

*Anmerkung:* Zur Vergleichbarkeit der Daten und ihrer Abgrenzung vgl. Technische Erläuterungen. Kursive Zahlen gelten für andere als die angegebenen Jahre.

|  |  | Stadtbevölkerung | | | | Bevölkerung der Hauptstadt in % der | | Bevölkerung in städt. Agglomerationen mit 1 Million oder mehr Menschen im Jahr 1993 in % der | | | |
|  |  | In % der Gesamtbevölkerung | | Durchschnittliche jährliche Wachstumsrate (in %) | | Stadt-bevölkerung | Gesamt-bevölkerung | Stadtbevölkerung | | Gesamtbevölkerung | |
|  |  | 1970 | 1993 | 1970–80 | 1980–93 | 1990 | 1990 | 1970 | 1993 | 1970 | 1993 |
|---|---|---|---|---|---|---|---|---|---|---|---|
| 73 | Algerien | 40 | 54 | 4,0 | 4,4 | 24 | 12 | 24 | 24 | 10 | 13 |
| 74 | Namibia | 19 | 35 | 4,7 | 6,0 | 34 | 11 | 0 | 0 | 0 | 0 |
| 75 | Slowakei | 41 | 58 | 3,2 | 1,4 | .. | .. | 0 | 0 | 0 | 0 |
| 76 | Lettland | 62 | 72 | 1,6 | 0,7 | .. | .. | 0 | 0 | 0 | 0 |
| 77 | Thailand | 13 | 19 | 5,1 | 2,7 | 69 | 13 | 65 | 56 | 9 | 11 |
| 78 | Costa Rica | 40 | 49 | 3,6 | 3,7 | 71 | 33 | 0 | 0 | 0 | 0 |
| 79 | Ukraine | 55 | 69 | 1,8 | 1,1 | .. | .. | 0 | 27 | 0 | 19 |
| 80 | Polen | 52 | 64 | 2,0 | 1,3 | 9 | 6 | 32 | 35 | 17 | 22 |
| 81 | Russische Föderation | 63 | 75 | 1,7 | 1,1 | .. | .. | 0 | 27 | 16 | 20 |
| 82 | Panama | 48 | 53 | 3,0 | 2,5 | 38 | 20 | 0 | 0 | 0 | 0 |
| 83 | Tschechische Rep. | 52 | 65 | 2,5 | 0,2 | .. | .. | 25 | 18 | 11 | 12 |
| 84 | Botsuana | 8 | 26 | 9,4 | 7,6 | 44 | 10 | 0 | 0 | 0 | 0 |
| 85 | Türkei | 38 | 66 | 3,6 | 5,4 | 8 | 5 | 37 | 35 | 14 | 23 |
| 86 | *Iran, Islam. Rep.* | 42 | 58 | 4,9 | 5,0 | 20 | 11 | 43 | 34 | 18 | 20 |
| | **Obere Einkommenskategorie** | **55 w** | **71 w** | **3,7 w** | **2,7 w** | **22 w** | **16 w** | **47 w** | **44 w** | **26 w** | **32 w** |
| 87 | Venezuela | 72 | 92 | 4,8 | 3,3 | 23 | 21 | 28 | 33 | 20 | 30 |
| 88 | Weißrußland | 44 | 69 | 3,2 | 2,0 | .. | .. | 0 | 24 | 0 | 17 |
| 89 | Brasilien | 56 | 71 | 4,1 | 2,5 | 2 | 2 | 49 | 46 | 27 | 32 |
| 90 | Südafrika | 48 | 50 | 2,7 | 2,7 | 13 | 6 | 40 | 42 | 19 | 21 |
| 91 | Mauritius | 42 | 41 | 1,7 | 0,6 | 37 | 15 | 0 | 0 | 0 | 0 |
| 92 | Estland | 65 | 73 | 1,5 | 0,7 | .. | .. | 0 | 0 | 0 | 0 |
| 93 | Malaysia | 34 | 52 | 4,6 | 4,2 | 19 | 10 | 12 | 12 | 4 | 6 |
| 94 | Chile | 75 | 84 | 2,4 | 1,9 | 43 | 36 | 40 | 42 | 30 | 35 |
| 95 | Ungarn | 49 | 64 | 1,9 | 0,5 | 33 | 20 | 39 | 31 | 19 | 20 |
| 96 | Mexiko | 59 | 74 | 4,0 | 3,1 | 33 | 24 | 43 | 40 | 25 | 30 |
| 97 | Trinidad und Tobago | 63 | 71 | 1,1 | 2,2 | 12 | 8 | 0 | 0 | 0 | 0 |
| 98 | Uruguay | 82 | 90 | 0,7 | 1,0 | 44 | 39 | 51 | 46 | 42 | 42 |
| 99 | Oman | 5 | 12 | 8,0 | 8,3 | 35 | 4 | 0 | 0 | 0 | 0 |
| 100 | Gabun | 26 | 48 | 8,0 | 4,0 | 68 | 31 | 0 | 0 | 0 | 0 |
| 101 | Slowenien | 37 | 62 | 3,5 | 2,4 | .. | .. | 0 | 0 | 0 | 0 |
| 102 | Puerto Rico | 58 | 73 | 3,0 | 1,6 | 55 | 39 | 44 | 42 | 26 | 30 |
| 103 | Argentinien | 78 | 87 | 2,2 | 1,8 | 41 | 36 | 53 | 47 | 42 | 42 |
| 104 | Griechenland | 53 | 64 | 1,9 | 1,4 | 54 | 34 | 55 | 68 | 29 | 44 |
| 105 | Korea, Rep. | 41 | 78 | 5,1 | 3,6 | 35 | 26 | 75 | 64 | 30 | 50 |
| 106 | Portugal | 26 | 35 | 2,0 | 1,3 | 48 | 16 | 45 | 52 | 12 | 18 |
| 107 | *Saudi-Arabien* | 49 | 79 | 8,3 | 5,7 | 16 | 12 | 27 | 27 | 13 | 21 |
| 108 | *Turkmenistan* | 48 | 45 | 2,5 | 2,0 | .. | .. | 0 | 0 | 0 | 0 |
| | **Länder mit niedr. u. mittl. Eink.** | **28 w** | **38 w** | **3,4 w** | **3,3 w** | **..** | **..** | **41 w** | **38 w** | **11 w** | **15 w** |
| | Afrika südlich der Sahara | 19 w | 30 w | 4,8 w | 4,8 w | 33 w | 9 w | 34 w | 34 w | 7 w | 11 w |
| | Ostasien u. Pazifik | 19 w | 31 w | 3,4 w | 4,2 w | 12 w | 4 w | 46 w | 37 w | 9 w | 12 w |
| | Südasien | 19 w | 26 w | 3,8 w | 3,3 w | 8 w | 2 w | 35 w | 40 w | 7 w | 10 w |
| | Europa u. Zentralasien | 51 w | 65 w | 2,1 w | 1,7 w | .. | .. | 34 w | 29 w | 15 w | 19 w |
| | Naher Osten u. Nordafrika | 41 w | 55 w | 4,3 w | 4,1 w | 26 w | 13 w | 42 w | 40 w | 18 w | 22 w |
| | Lateinamerika u. Karibik | 57 w | 71 w | 3,6 w | 2,7 w | 24 w | 16 w | 45 w | 43 w | 26 w | 31 w |
| | **Länder mit gravierenden Schuldenproblemen** | **53 w** | **67 w** | **3,5 w** | **2,6 w** | **18 w** | **11 w** | **43 w** | **42 w** | **24 w** | **28 w** |
| | **Länder mit hohem Einkommen** | **74 w** | **78 w** | **1,1 w** | **0,8 w** | **11 w** | **9 w** | **43 w** | **46 w** | **32 w** | **36 w** |
| 109 | Neuseeland | 81 | 86 | 1,3 | 1,1 | 12 | 10 | 0 | 0 | 0 | 0 |
| 110 | Irland | 52 | 57 | 2,1 | 0,6 | 46 | 26 | 0 | 0 | 0 | 0 |
| 111 | Spanien | 66 | 76 | 2,0 | 0,7 | 18 | 13 | 27 | 31 | 18 | 23 |
| 112 | †Israel | 84 | 90 | 3,2 | 2,4 | 12 | 11 | 41 | 40 | 35 | 36 |
| 113 | Australien | 85 | 85 | 1,6 | 1,4 | 2 | 1 | 68 | 68 | 58 | 58 |
| 114 | †Hongkong | 88 | 95 | 2,9 | 1,3 | 100 | 95 | 100 | 100 | 90 | 95 |
| 115 | Großbritannien | 89 | 89 | 0,2 | 0,3 | 14 | 13 | 31 | 26 | 27 | 23 |
| 116 | Finnland | 50 | 62 | 2,1 | 0,8 | 33 | 20 | 22 | 31 | 11 | 19 |
| 117 | †Kuwait | 78 | 97 | 7,6 | 2,4 | 53 | 50 | 97 | 64 | 75 | 62 |
| 118 | Italien | 64 | 67 | 0,8 | 0,1 | 8 | 5 | 43 | 35 | 27 | 24 |
| 119 | †Singapur | 100 | 100 | 1,5 | 1,1 | 100 | 100 | 100 | 100 | 100 | 100 |
| 120 | Kanada | 76 | 77 | 1,4 | 1,3 | 4 | 3 | 39 | 50 | 29 | 38 |
| 121 | Niederlande | 86 | 89 | 1,1 | 0,6 | 8 | 7 | 19 | 16 | 16 | 14 |
| 122 | †Vereinigte Arab. Emirate | 57 | 83 | 17,4 | 5,6 | .. | .. | 0 | 0 | 0 | 0 |
| 123 | Belgien | 94 | 97 | 0,3 | 0,3 | 10 | 10 | 12 | 12 | 11 | 11 |
| 124 | Frankreich | 71 | 73 | 0,9 | 0,4 | 21 | 15 | 30 | 31 | 21 | 22 |
| 125 | Österreich | 52 | 55 | 0,7 | 0,4 | 49 | 27 | 51 | 47 | 26 | 26 |
| 126 | Deutschland | 80 | 86 | 0,4 | 0,5 | 1 | 1 | 50 | 51 | 40 | 44 |
| 127 | Schweden | 81 | 83 | 0,6 | 0,3 | 23 | 19 | 17 | 21 | 14 | 18 |
| 128 | Vereinigte Staaten | 74 | 76 | 1,1 | 1,2 | 2 | 1 | 51 | 55 | 38 | 42 |
| 129 | Norwegen | 65 | 73 | 1,3 | 0,6 | 22 | 16 | 0 | 0 | 0 | 0 |
| 130 | Dänemark | 80 | 85 | 0,9 | 0,2 | 32 | 27 | 35 | 30 | 28 | 26 |
| 131 | Japan | 71 | 77 | 1,8 | 0,6 | 19 | 15 | 43 | 49 | 30 | 38 |
| 132 | Schweiz | 55 | 60 | 0,7 | 1,3 | 7 | 4 | 0 | 0 | 0 | 0 |
| | **Gesamte Welt** | | | **37 w** | **44 w** | **2,6 w** | **2,6 w** | **..** | **..** | **42 w** | **39 w** | **15 w** | **18 w** |

## Tabelle 32  Infrastruktur

| | | Elektrische Energie | | Telekommunikation | | Befestigte Straßen | | Wasser | | Eisenbahnen | |
|---|---|---|---|---|---|---|---|---|---|---|---|
| | | Erzeugung (Kilowattstunden pro Person) 1992 | Systemverluste (in % der gesamten Erzeugung) 1992 | Telefon-Hauptanschlüsse (je 1.000 Personen) 1992 | Ausfälle (je 100 Hauptanschlüsse pro Jahr) 1992 | Straßendichte (km je 1 Mio Personen) 1992 | Straßen in gutem Zustand (in % der befestigten Straßen) 1988 | Bevölkerung mit Zugang zu Trinkwasser (in % der Gesamtbevölkerung) 1991 | Verluste (in % der gesamten Wasserversorgung) 1986 | Eisenbahnverkehrseinheiten (je 1.000 $ BIP) 1992 | Diesellokomotiven in Betrieb (in % des gesamten Bestandes) 1992 |
|---|---|---|---|---|---|---|---|---|---|---|---|
| | **Länder mit niedrigem Einkommen Ohne China und Indien** | | | | | | | | | | |
| 1 | Mosambik | 24 | 24 | 3 | 10 | *343* | 12 | 22 | .. | .. | .. |
| 2 | Tansania | 66 | 12 | 3 | .. | *142* | 25 | 52 | .. | .. | *50* |
| 3 | Äthiopien[a] | 25 | 3 | 3 | 74 | *77* | 48 | 18 | 46 | .. | *60* |
| 4 | Sierra Leone | .. | .. | 3 | 17 | *295* | 62 | 43 | .. | .. | .. |
| 5 | Vietnam | 139 | 24 | 2 | .. | .. | .. | *50* | .. | .. | *60* |
| 6 | Burundi | .. | .. | 2 | 81 | 177 | 58 | 38 | 46 | .. | .. |
| 7 | Uganda | .. | .. | 2 | 58 | *118* | 10 | *15* | .. | 20 | 67 |
| 8 | Nepal | 45 | 24 | 3 | 168 | *139* | 40 | 37 | 45 | .. | .. |
| 9 | Malawi | .. | .. | 3 | .. | *278* | 56 | *53* | .. | 26 | 70 |
| 10 | Tschad | .. | .. | 1 | 152 | *56* | .. | .. | .. | .. | .. |
| 11 | Ruanda | .. | .. | 2 | 38 | *162* | 41 | 64 | .. | .. | .. |
| 12 | Bangladesch | 79 | 32 | 2 | .. | *59* | 15 | 78 | 47 | 37 | 74 |
| 13 | Madagaskar | .. | .. | 3 | 78 | *433* | 56 | .. | .. | .. | .. |
| 14 | Guinea-Bissau | .. | .. | 6 | 4 | .. | .. | 25 | .. | .. | .. |
| 15 | Kenia | 130 | 16 | 8 | .. | *324* | 32 | .. | 18 | 105 | 52 |
| 16 | Mali | .. | .. | 1 | .. | *308* | 63 | 49 | .. | *104* | 48 |
| 17 | Niger | .. | .. | 1 | 79 | *400* | 60 | 59 | .. | .. | .. |
| 18 | Laos, Dem. VR | .. | .. | 2 | 12 | *516* | .. | 28 | .. | .. | .. |
| 19 | Burkina Faso | .. | .. | 2 | .. | *158* | 24 | 67 | .. | .. | .. |
| 20 | Indien | 373 | 23 | 8 | 218 | *893* | 20 | 75 | .. | 488 | 90 |
| 21 | Nigeria | 37 | 39 | 3 | 327 | *376* | 67 | 42 | .. | *17* | 18 |
| 22 | Albanien | 1.002 | 13 | 13 | 28 | *414* | .. | 100 | .. | .. | 78 |
| 23 | Nicaragua | .. | .. | 14 | .. | *414* | .. | 53 | 20 | .. | .. |
| 24 | Togo | .. | .. | 4 | 22 | *470* | 40 | 71 | .. | .. | .. |
| 25 | Gambia | .. | .. | 14 | 120 | *772* | .. | 77 | .. | .. | .. |
| 26 | Sambia | 900 | 11 | 9 | 33 | 795 | 40 | 59 | .. | 169 | 44 |
| 27 | Mongolei | .. | .. | 30 | 43 | .. | .. | 66 | .. | .. | 58 |
| 28 | Zentralafrik. Rep. | .. | .. | 2 | .. | 135 | 30 | 12 | .. | .. | .. |
| 29 | Benin | 44 | 1 | 3 | 150 | 241 | 26 | *50* | .. | .. | .. |
| 30 | Ghana | 386 | 2 | 3 | 159 | 474 | 28 | 56 | 47 | 28 | .. |
| 31 | Pakistan | 435 | 17 | 10 | 120 | 826 | 18 | *50* | 40 | 137 | 78 |
| 32 | Tadschikistan | 3.001 | 7 | 48 | 218 | .. | .. | b | .. | .. | .. |
| 33 | China | 647 | 7 | 10 | .. | .. | .. | 71 | .. | 847 | 82 |
| 34 | Guinea | .. | .. | 2 | .. | 229 | 27 | 33 | .. | .. | .. |
| 35 | Mauretanien | .. | .. | 3 | 165 | *804* | 58 | 66 | .. | .. | .. |
| 36 | Simbabwe | 790 | 7 | 12 | 215 | 1.406 | 27 | *36* | .. | 523 | 83 |
| 37 | Georgien | 2.120 | 23 | 105 | 43 | .. | .. | c | .. | .. | .. |
| 38 | Honduras | .. | .. | 21 | 40 | *443* | 50 | .. | .. | .. | .. |
| 39 | Sri Lanka | 200 | 17 | 8 | .. | *536* | 10 | 60 | .. | 65 | .. |
| 40 | Côte d'Ivoire | 144 | 4 | 7 | 80 | *357* | 75 | 83 | 16 | 32 | 44 |
| 41 | Lesotho | .. | .. | 6 | .. | 452 | 53 | 46 | .. | .. | .. |
| 42 | Armenien | 1.850 | 22 | 157 | .. | *2.024* | .. | c | .. | .. | .. |
| 43 | Ägypten, Arab. Rep. | 849 | *12* | 39 | .. | 633 | 39 | 41 | .. | 465 | 75 |
| 44 | *Myanmar* | 61 | 35 | 2 | .. | *210* | .. | 33 | .. | .. | 75 |
| 45 | *Jemen, Rep.* | 156 | 11 | 11 | 22 | 372 | 39 | .. | 45 | .. | .. |
| | **Länder mit mittlerem Einkommen Untere Einkommenskategorie** | | | | | | | | | | |
| 46 | Aserbaidschan | 2.699 | 13 | 89 | .. | .. | .. | d | .. | .. | .. |
| 47 | Indonesien | 233 | 17 | 8 | 49 | *160* | 30 | 42 | 29 | 27 | 75 |
| 48 | Senegal | 99 | 9 | *8* | *36* | *542* | 28 | *51* | .. | 75 | 68 |
| 49 | Bolivien | 349 | 14 | *33* | *28* | *258* | 21 | 46 | .. | 81 | 62 |
| 50 | Kamerun | 223 | 4 | 5 | 74 | *299* | 38 | *34* | .. | 96 | 72 |
| 51 | Mazedonien | 2.812 | 8 | *148* | *13* | 2.310 | .. | .. | .. | .. | .. |
| 52 | Kirgisistan | 2.636 | 10 | 75 | 30 | .. | .. | d | .. | .. | .. |
| 53 | Philippinen | 419 | 13 | 10 | 10 | *242* | 31 | 81 | 53 | .. | .. |
| 54 | Kongo | 181 | 0 | 7 | 54 | 509 | 50 | .. | .. | 140 | 31 |
| 55 | Usbekistan | 2.390 | 10 | 67 | .. | .. | .. | d | .. | .. | .. |
| 56 | Marokko | 383 | 3 | 25 | 84 | *179* | 20 | .. | 5 | 125 | 81 |
| 57 | Moldau | 2.562 | 11 | 117 | 45 | 2.832 | .. | c | .. | .. | .. |
| 58 | Guatemala | 290 | 15 | 22 | 58 | 320 | 7 | 60 | .. | .. | .. |
| 59 | Papua-Neuguinea | .. | .. | 9 | .. | *196* | 34 | 33 | .. | .. | .. |
| 60 | Bulgarien | 4.000 | 14 | 275 | .. | 3.986 | .. | 100 | .. | 297 | 78 |
| 61 | Rumänien | 2.386 | 10 | 113 | 116 | *3.431* | 30 | 100 | 28 | .. | *52* |
| 62 | Jordanien | 1.120 | 13 | 71 | 89 | *1.767* | .. | 99 | 41 | *74* | 76 |
| 63 | Ecuador | 675 | 24 | 48 | 197 | *476* | 53 | 58 | 47 | .. | .. |
| 64 | Dominikanische Rep. | .. | .. | 66 | 133 | *364* | 52 | 62 | .. | .. | .. |
| 65 | El Salvador | .. | .. | 31 | .. | 323 | .. | 41 | .. | .. | .. |
| 66 | Litauen | 5.050 | 9 | 222 | 46 | 9.529 | .. | c | .. | .. | 64 |
| 67 | Kolumbien | 1.032 | 18 | 85 | 83 | *383* | 42 | .. | 38 | *5* | 35 |
| 68 | Jamaika | 897 | 20 | 70 | 84 | *1.881* | 10 | 72 | 31 | .. | .. |
| 69 | Peru | 587 | 11 | 27 | 47 | *347* | 24 | 58 | .. | *16* | .. |
| 70 | Paraguay | 6.693 | 0 | 28 | .. | .. | .. | 33 | .. | .. | .. |
| 71 | Kasachstan | 4.826 | 9 | 88 | .. | 6.747 | .. | d | .. | .. | 54 |
| 72 | Tunesien | 731 | 6 | 45 | 113 | *2.080* | 55 | 67 | 30 | 119 | 57 |

*Anmerkung:* Zur Vergleichbarkeit der Daten und ihrer Abgrenzung vgl. Länderschlüssel und Technische Erläuterungen. Kursive Zahlen gelten für andere als die angegebenen Jahre.

|  |  | Elektrische Energie | | Telekommunikation | | Befestigte Straßen | | Wasser | | Eisenbahnen | |
|---|---|---|---|---|---|---|---|---|---|---|---|
|  |  | Erzeugung (Kilowattstunden pro Person) 1992 | System-verluste (in % der gesamten Erzeugung) 1992 | Telefon-Hauptanschlüsse (je 1.000 Personen) 1992 | Ausfälle (je 100 Hauptanschlüsse pro Jahr) 1992 | Straßendichte (km je 1 Mio Personen) 1992 | Straßen in gutem Zustand (in % der befestigten Straßen) 1988 | Bevölkerung mit Zugang zu Trinkwasser (in % der Gesamt-bevölkerung) 1991 | Verluste (in % der gesamten Wasser-versorgung) 1986 | Eisenbahn-verkehrs-einheiten (je 1.000 $ BIP) 1992 | Diesel-lokomotiven in Betrieb (in % des gesamten Bestandes) 1992 |
|---|---|---|---|---|---|---|---|---|---|---|---|
| 73 | Algerien | 701 | 15 | 37 | 82 | 2.403 | 40 | .. | .. | 76 | 88 |
| 74 | Namibia | .. | .. | 40 | 78 | *2.722* | .. | .. | .. | .. | .. |
| 75 | Slowakei | 4.251 | 8 | *167* | *23* | .. | .. | 77 | .. | .. | .. |
| 76 | Lettland | 1.460 | 26 | 247 | 26 | 4.437 | .. | e | .. | .. | 93 |
| 77 | Thailand | 1.000 | 10 | 31 | 32 | 841 | 50 | *72* | 48 | *75* | *72* |
| 78 | Costa Rica | .. | .. | 102 | .. | 1.756 | 22 | 94 | .. | .. | 46 |
| 79 | Ukraine | 4.900 | 9 | 145 | 49 | 3.085 | .. | c | .. | .. | 60 |
| 80 | Polen | 3.473 | 11 | 103 | .. | 6.132 | 69 | 100 | .. | 610 | 67 |
| 81 | Russische Föderation | 6.820 | 8 | 154 | .. | .. | .. | c | .. | .. | .. |
| 82 | Panama | 1.167 | 24 | 97 | 10 | *1.332* | 36 | 83 | .. | .. | .. |
| 83 | Tschechische Rep. | 5.740 | 7 | 176 | .. | .. | .. | .. | .. | .. | .. |
| 84 | Botsuana | .. | .. | 27 | 55 | *1.977* | 94 | .. | 25 | .. | .. |
| 85 | Türkei | 1.154 | 13 | 160 | 27 | 5.514 | .. | 91 | 44 | 65 | 76 |
| 86 | *Iran, Islam. Rep.* | 1.101 | 12 | 50 | .. | .. | .. | 89 | .. | 61 | *39* |
| **Obere Einkommenskategorie** | | | | | | | | | | | |
| 87 | Venezuela | 3.404 | 15 | 91 | 5 | *10.269* | 40 | 89 | .. | .. | .. |
| 88 | Weißrußland | 3.692 | 11 | 169 | .. | 4.707 | .. | c | .. | .. | 92 |
| 89 | Brasilien | 1.570 | 15 | 71 | 43 | 929 | 30 | 96 | 30 | 61 | 62 |
| 90 | Südafrika | 4.329 | 7 | 89 | .. | *1.394* | .. | d | .. | 804 | *82* |
| 91 | Mauritius | .. | .. | 72 | 67 | *1.549* | 95 | 100 | .. | .. | .. |
| 92 | Estland | 7.599 | 9 | 215 | 45 | 5.180 | .. | c | .. | .. | 77 |
| 93 | Malaysia | 1.612 | 9 | 112 | 78 | .. | .. | 78 | 29 | *30* | *76* |
| 94 | Chile | 1.646 | 11 | 94 | 82 | *808* | 42 | 86 | .. | *42* | *57* |
| 95 | Ungarn | 3.080 | 10 | 125 | 60 | 7.756 | .. | 100 | .. | 369 | 78 |
| 96 | Mexiko | 1.381 | 14 | 80 | .. | 1.019 | 85 | 78 | .. | 73 | 75 |
| 97 | Trinidad und Tobago | 3.122 | 13 | 142 | 6 | *1.724* | 72 | 96 | .. | .. | .. |
| 98 | Uruguay | 2.842 | 14 | *168* | *16* | *2.106* | 26 | .. | .. | 13 | 62 |
| 99 | Oman | 2.729 | 1 | *74* | *24* | 2.992 | 66 | 57 | .. | .. | .. |
| 100 | Gabun | 928 | 11 | 23 | 74 | 511 | 30 | 72 | 22 | 90 | .. |
| 101 | Slowenien | 6.238 | 5 | 247 | .. | 5.525 | .. | .. | .. | .. | 81 |
| 102 | Puerto Rico | .. | .. | 317 | 71 | .. | .. | .. | .. | .. | .. |
| 103 | Argentinien | 1.670 | 15 | *123* | *13* | 1.856 | 35 | 64 | .. | *120* | 68 |
| 104 | Griechenland | 3.624 | 7 | 487 | 80 | 10.341 | .. | 100 | .. | *37* | 47 |
| 105 | Korea, Rep. | 2.996 | 5 | 357 | 13 | 1.090 | 70 | 78 | .. | 146 | 88 |
| 106 | Portugal | 3.055 | 11 | 306 | 52 | *6.130* | 50 | 100 | .. | *97* | 86 |
| 107 | *Saudi-Arabien* | 4.417 | 9 | 93 | 24 | 3.601 | .. | 95 | .. | .. | 90 |
| 108 | *Turkmenistan* | 3.422 | 11 | 65 | 53 | .. | .. | d | .. | .. | .. |
| **Länder mit niedr. u. mittl. Eink.** | | | | | | | | | | | |
| Afrika südlich der Sahara | | | | | | | | | | | |
| Ostasien u. Pazifik | | | | | | | | | | | |
| Südasien | | | | | | | | | | | |
| Europa u. Zentralasien | | | | | | | | | | | |
| Naher Osten u. Nordafrika | | | | | | | | | | | |
| Lateinamerika u. Karibik | | | | | | | | | | | |
| **Länder mit gravierenden Schuldenproblemen** | | | | | | | | | | | |
| **Länder mit hohem Einkommen** | | | | | | | | | | | |
| 109 | Neuseeland | 9.086 | 8 | 449 | .. | 15.725 | .. | 97 | .. | 64 | *90* |
| 110 | Irland | 4.545 | 9 | 314 | 38 | 24.468 | .. | 100 | .. | 54 | 60 |
| 111 | Spanien | 4.022 | 9 | 353 | 6 | 8.540 | .. | 100 | .. | 67 | 87 |
| 112 | †Israel | 4.870 | 3 | 353 | 21 | 2.658 | .. | 100 | .. | 26 | *82* |
| 113 | Australien | 9.221 | 7 | 471 | .. | *16.221* | e | 100 | .. | *75* | *81* |
| 114 | †Hongkong | 6.051 | 11 | 485 | 22 | 268 | .. | 100 | .. | .. | .. |
| 115 | Großbritannien | 5.660 | 8 | 473 | 16 | 6.224 | e | 100 | .. | 64 | *74* |
| 116 | Finnland | 11.409 | 5 | 544 | 11 | 9.429 | .. | 100 | .. | 180 | *99* |
| 117 | †Kuwait | 8.924 | 9 | 245 | 30 | .. | .. | 100 | .. | .. | .. |
| 118 | Italien | 3.963 | 7 | 410 | 17 | *5.283* | e | 100 | .. | 96 | 79 |
| 119 | †Singapur | 6.353 | 5 | 415 | 11 | *993* | .. | 100 | 8 | .. | .. |
| 120 | Kanada | 18.309 | 7 | 592 | .. | 11.451 | .. | 100 | .. | 325 | *91* |
| 121 | Niederlande | 5.089 | 4 | 487 | 4 | 6.078 | e | 100 | .. | 90 | 85 |
| 122 | †Vereinigte Arab. Emirate | 9.917 | 6 | 321 | .. | 2.706 | .. | 100 | .. | .. | .. |
| 123 | Belgien | 7.215 | 5 | 425 | 8 | *12.909* | e | 100 | .. | 120 | 83 |
| 124 | Frankreich | 8.089 | 6 | 525 | 8 | 13.008 | e | 100 | .. | 140 | 93 |
| 125 | Österreich | 6.554 | 6 | 440 | 35 | 13.954 | .. | 100 | .. | 213 | 83 |
| 126 | Deutschland[f] | 6.693 | 2 | *457* | *14* | .. | .. | 100 | .. | 107 | 88 |
| 127 | Schweden | 16.913 | 6 | 682 | 10 | 11.747 | .. | 100 | .. | 201 | *88* |
| 128 | Vereinigte Staaten | 12.900 | 8 | 565 | .. | 14.453 | e | 100 | .. | 344 | *90* |
| 129 | Norwegen | 27.501 | 8 | 529 | 16 | 14.698 | .. | 100 | .. | .. | .. |
| 130 | Dänemark | 5.983 | 7 | 581 | .. | 13.741 | e | 100 | .. | 89 | .. |
| 131 | Japan | 7.211 | 4 | 464 | 2 | 6.426 | e | .. | .. | 147 | 88 |
| 132 | Schweiz | 8.471 | 6 | 606 | 21 | 10.299 | e | 100 | .. | .. | .. |
| **Gesamte Welt** | | | | | | | | | | | |

[a] Einschl. Eritrea. [b] Die Schätzungen liegen im Bereich von 25 bis 49 Prozent. [c] Die Schätzungen liegen im Bereich von 75 bis 94 Prozent. [d] Die Schätzungen liegen im Bereich von 50 bis 74 Prozent. [e] 85 Prozent oder mehr der Straßen sind in gutem Zustand; vgl. Technische Erläuterungen. [f] Die Angaben beziehen sich auf die Bundesrepublik Deutschland vor der Vereinigung.

## Tabelle 33  Natürliche Ressourcen

| | Waldgebiete Gesamtfläche (in 1.000 km²) | | Jährliche Waldvernichtung 1981–90[a] | | National geschützte Gebiete (1993) | | | Süßwasserressourcen: jährliche Entnahme (1970–1992)[b] | | Pro Kopf (m³) | | |
|---|---|---|---|---|---|---|---|---|---|---|---|---|
| | 1980 | 1990 | In 1.000 km² | In % der gesamten Fläche | In 1.000 km² | Anzahl | In % der gesamten Fläche | Insgesamt (1.000 m³) | In % des gesamten Wasseraufkommens | Insgesamt | Haushalte | Industrie und Landwirtschaft |
| **Länder mit niedrigem Einkommen Ohne China und Indien** | | | | | | | | | | | | |
| 1 Mosambik | 187 | 173 | 1,4 | 0,7 | 0,0 | 1 | 0,0 | 0,8 | 1,3 | 55 | 13 | 42 |
| 2 Tansania | 379 | 336 | 4,4 | 1,2 | 138,9 | 30 | 14,7 | 0,5 | 0,6 | 35 | 7 | 28 |
| 3 Äthiopien[c] | 146 | 142 | 0,4 | 0,3 | 60,2 | 23 | 4,9 | 2,2 | 2,0 | 49 | 5 | 43 |
| 4 Sierra Leone | 20 | 19 | 0,1 | 0,6 | 0,8 | 2 | 1,1 | 0,4 | 0,2 | 96 | 7 | 89 |
| 5 Vietnam | 97 | 83 | 1,4 | 1,5 | 13,3 | 59 | 4,0 | 28,9 | 7,7 | 416 | 54 | 362 |
| 6 Burundi | 2 | 2 | 0,0 | 0,6 | 0,9 | 3 | 3,2 | 0,1 | 2,8 | 20 | 7 | 13 |
| 7 Uganda | 70 | 63 | 0,6 | 1,0 | 19,1 | 31 | 8,1 | 0,2 | 0,3 | 20 | 7 | 14 |
| 8 Nepal | 56 | 50 | 0,5 | 1,0 | 11,1 | 12 | 7,9 | 2,7 | 1,6 | 148 | 6 | 142 |
| 9 Malawi | 40 | 35 | 0,5 | 1,4 | 10,6 | 9 | 8,9 | 0,2 | 1,8 | 20 | 7 | 13 |
| 10 Tschad | 123 | 114 | 0,9 | 0,7 | 114,9 | 9 | 9,0 | 0,2 | 0,5 | 34 | 6 | 29 |
| 11 Ruanda | 2 | 2 | 0,0 | 0,3 | 3,3 | 2 | 12,4 | 0,1 | 2,4 | 23 | 6 | 18 |
| 12 Bangladesch | 11 | 8 | 0,4 | 3,9 | 1,0 | 8 | 0,7 | 22,5 | 1,0[d] | 212 | 6 | 206 |
| 13 Madagaskar | 171 | 158 | 1,3 | 0,8 | 11,2 | 37 | 1,9 | 16,3 | 40,8 | 1.642 | 16 | 1.625 |
| 14 Guinea-Bissau | 22 | 20 | 0,2 | 0,8 | .. | .. | .. | 0,0 | 0,0 | 11 | 3 | 8 |
| 15 Kenia | 13 | 12 | 0,1 | 0,6 | 35,0 | 36 | 6,0 | 1,1 | 7,4 | 51 | 14 | 37 |
| 16 Mali | 132 | 121 | 1,1 | 0,8 | 40,1 | 11 | 3,2 | 1,4 | 2,2 | 162 | 3 | 159 |
| 17 Niger | 25 | 24 | 0,1 | 0,4 | 84,2 | 5 | 6,6 | 0,3 | 0,7[d] | 41 | 9 | 33 |
| 18 Laos, Dem. VR | 145 | 132 | 1,3 | 0,9 | 24,4 | 17 | 10,3 | 1,0 | 0,4 | 259 | 21 | 239 |
| 19 Burkina Faso | 47 | 44 | 0,3 | 0,7 | 26,6 | 12 | 9,7 | .. | .. | .. | .. | .. |
| 20 Indien | 551 | 517[e] | 3,4 | 0,6 | 143,5 | 374 | 4,4 | 380,0 | 18,2[d] | 612 | 18 | 594 |
| 21 Nigeria | 168 | 156 | 1,2 | 0,7 | 29,7 | 19 | 3,2 | 3,6 | 1,2[d] | 37 | 11 | 25 |
| 22 Albanien | 14 | 14 | 0,0 | 0,0 | 0,3 | 11 | 1,2 | 0,2 | 0,9[d] | 94 | 6 | 88 |
| 23 Nicaragua | 73 | 60 | 1,2 | 1,9 | 9,0 | 59 | 6,9 | 0,9 | 0,5 | 367 | 92 | 275 |
| 24 Togo | 16 | 14 | 0,2 | 1,5 | 6,5 | 11 | 11,4 | 0,1 | 0,8 | 28 | 17 | 11 |
| 25 Gambia | 1 | 1 | 0,0 | 0,8 | 0,2 | 5 | 2,0 | 0,0 | 0,1[d] | 29 | 2 | 27 |
| 26 Sambia | 359 | 323 | 3,6 | 1,1 | 63,6 | 21 | 8,5 | 0,4 | 0,4 | 86 | 54 | 32 |
| 27 Mongolei | 152 | 139 | 1,3 | 0,9 | 61,7 | 15 | 3,9 | 0,6 | 2,2 | 273 | 30 | 243 |
| 28 Zentralafrik. Rep. | 319 | 306 | 1,3 | 0,4 | 61,1 | 13 | 9,8 | 0,1 | 0,0 | 25 | 5 | 20 |
| 29 Benin | 56 | 49 | 0,7 | 1,3 | 7,8 | 2 | 6,9 | 0,1 | 0,4 | 26 | 7 | 19 |
| 30 Ghana | 109 | 96 | 1,4 | 1,3 | 11,0 | 9 | 4,6 | 0,3 | 0,6 | 35 | 12 | 23 |
| 31 Pakistan | 26 | 19 | 0,8 | 3,4 | 37,2 | 55 | 4,7 | 153,4 | 32,8[d] | 2.053 | 21 | 2.032 |
| 32 Tadschikistan | .. | .. | .. | .. | 0,9 | 3 | 0,6 | 12,6 | 13,2[d] | 2.376 | 119 | 2.257 |
| 33 China | 1.334 | 1.247 | 8,8 | 0,7 | 580,7 | 463 | 6,1 | 460,0 | 16,4 | 462 | 28 | 434 |
| 34 Guinea | 76 | 67 | 0,9 | 1,2 | 1,6 | 3 | 0,7 | 0,7 | 0,3 | 140 | 14 | 126 |
| 35 Mauretanien | 6 | 6 | 0,0 | 0,0 | 17,5 | 4 | 1,7 | 0,7 | 9,9[d] | 495 | 59 | 436 |
| 36 Simbabwe | 95 | 89 | 0,6 | 0,7 | 30,7 | 25 | 7,9 | 1,2 | 5,3 | 136 | 19 | 117 |
| 37 Georgien | .. | .. | .. | .. | 1,9 | 15 | 2,7 | 4,0 | 6,5[d] | *733* | 154 | 579 |
| 38 Honduras | 57 | 46 | 1,1 | 2,1 | 8,6 | 44 | 7,7 | 1,5 | 2,1[d] | 279 | 11 | 268 |
| 39 Sri Lanka | 20 | 17 | 0,3 | 1,4 | 8,0 | 56 | 12,1 | 6,3 | 14,6 | 503 | 10 | 493 |
| 40 Côte d'Ivoire | 121 | 109 | 1,2 | 1,0 | 19,9 | 12 | 6,2 | 0,7 | 1,0 | 66 | 15 | 52 |
| 41 Lesotho | .. | .. | .. | .. | 0,1 | 1 | 0,2 | 0,1 | 1,3 | 31 | 7 | 24 |
| 42 Armenien | .. | .. | .. | .. | 2,1 | 4 | 7,2 | 3,8 | 45,9[d] | 1.140 | 148 | 992 |
| 43 Ägypten, Arab. Rep. | .. | .. | .. | .. | 7,9 | 12 | 0,8 | 56,4 | 97,1[d] | 1.028 | 72 | 956 |
| 44 *Myanmar* | 329 | 289 | 4,0 | 1,3 | 1,7 | 2 | 0,3 | .. | .. | .. | .. | .. |
| 45 *Jemen, Rep.* | 41 | 41 | .. | .. | .. | .. | .. | 3,4 | 136,0 | 324 | 16 | 308 |
| **Länder mit mittlerem Einkommen Untere Einkommenskategorie** | | | | | | | | | | | | |
| 46 Aserbaidschan | .. | .. | .. | .. | 1,9 | 12 | 2,2 | 15,8 | 56,5[d] | 2.215 | 89 | 2.126 |
| 47 Indonesien | 1.217 | 1.095 | 12,1 | 1,0 | 185,7 | 175 | 9,7 | 16,6 | 0,7 | 95 | 12 | 83 |
| 48 Senegal | 81 | 75 | 0,5 | 0,7 | 21,8 | 10 | 11,1 | 1,4 | 3,9[d] | 202 | 10 | 192 |
| 49 Bolivien | 557 | 493 | 6,3 | 1,2 | 92,3 | 25 | 8,4 | 1,2 | 0,4 | 186 | 19 | 167 |
| 50 Kamerun | 216 | 204 | 1,2 | 0,6 | 20,5 | 14 | 4,3 | 0,4 | 0,2 | 38 | 17 | 20 |
| 51 Mazedonien | 9 | 9 | 0,0 | 0,1 | 2,2 | 16 | 8,4 | .. | .. | .. | .. | .. |
| 52 Kirgisistan | .. | .. | .. | .. | 2,8 | 5 | 1,4 | 11,7 | 24,0 | 2.663 | 80 | 2.583 |
| 53 Philippinen | 110 | 78 | 3,2 | 3,3 | 6,1 | 27 | 2,0 | 29,5 | 9,1 | 686 | 123 | 562 |
| 54 Kongo | 202 | 199 | 0,3 | 0,2 | 11,8 | 10 | 3,4 | 0,0 | 0,0[d] | 20 | 12 | 7 |
| 55 Usbekistan | .. | .. | .. | .. | 2,4 | 10 | 0,5 | 82,2 | 76,4[d] | 4.007 | 160 | 3.847 |
| 56 Marokko | 78 | 90 | −1,2 | −1,5 | 3,6 | 10 | 0,8 | 10,9 | 36,2 | 412 | 23 | 390 |
| 57 Moldau | .. | .. | .. | .. | 0,1 | 2 | 0,2 | 3,7 | 29,1[d] | 848 | 59 | 788 |
| 58 Guatemala | 50 | 42 | 0,8 | 1,7 | 8,3 | 17 | 7,6 | 0,7 | 0,6 | 139 | 13 | 127 |
| 59 Papua-Neuguinea | 371 | 360 | 1,1 | 0,3 | 0,8 | 5 | 0,2 | 0,1 | 0,0 | 28 | 8 | 20 |
| 60 Bulgarien | 36 | 37 | −0,1 | −0,2 | 3,7 | 46 | 3,3 | 13,9 | 6,8[d] | 1.545 | 43 | 1.502 |
| 61 Rumänien | 63 | 63 | 0,0 | 0,0 | 10,8 | 39 | 4,6 | 19,7 | 9,4[d] | 853 | 68 | 785 |
| 62 Jordanien[f] | 1 | 1 | 0,0 | −1,1 | 2,9 | 10 | 3,3 | 0,5 | 31,6[d] | 173 | 50 | 123 |
| 63 Ecuador | 143 | 120 | 2,4 | 1,8 | 111,1 | 15 | 39,2 | 5,6 | 1,8 | 567 | 40 | 528 |
| 64 Dominikanische Rep. | 14 | 11 | 0,4 | 2,8 | 10,5 | 17 | 21,5 | 3,0 | 14,9 | 442 | 22 | 420 |
| 65 El Salvador | 2 | 1 | 0,0 | 2,2[c] | 0,1 | 2 | 0,2 | 1,0 | 5,3 | 245 | 17 | 228 |
| 66 Litauen | .. | .. | .. | .. | 6,3 | 76 | 9,7 | 4,4 | 19,0[d] | 1.179 | 83 | 1.097 |
| 67 Kolumbien | 577 | 541 | 3,7 | 0,7 | 93,6 | 79 | 8,2 | 5,3 | 0,5 | 174 | 71 | 103 |
| 68 Jamaika | 5 | 2 | 0,3 | 7,2 | 0,0 | 1 | 0,1 | 0,3 | 3,9 | 159 | 11 | 148 |
| 69 Peru | 706 | 679 | 2,7 | 0,4 | 41,8 | 22 | 3,2 | 6,1 | 15,3 | 301 | 57 | 244 |
| 70 Paraguay | 169 | 129 | 4,0 | 2,7 | 14,8 | 19 | 3,6 | 0,4 | 0,1[d] | 110 | 16 | 93 |
| 71 Kasachstan | .. | .. | .. | .. | 8,9 | 9 | 0,3 | 37,9 | 30,2[d] | 2.264 | 91 | 2.173 |
| 72 Tunesien | 5 | 7 | −0,1 | −1,9 | 0,4 | 7 | 0,3 | 2,3 | 52,9[d] | 317 | 41 | 276 |

*Anmerkung:* Zur Vergleichbarkeit der Daten und ihrer Abgrenzung vgl. Technische Erläuterungen. Kursive Zahlen gelten für andere als die angegebenen Jahre.

| | | Waldgebiete | | | National geschützte Gebiete (1993) | | | Süßwasserressourcen: jährliche Entnahme (1970–1992)[b] | | | |
|---|---|---|---|---|---|---|---|---|---|---|---|---|
| | | Gesamtfläche (in 1.000 km²) | | Jährliche Waldvernichtung 1981–90[a] | | | | | | Pro Kopf (m³) | | |
| | | 1980 | 1990 | In 1.000 km² | In % der gesamten Fläche | In 1.000 km² | Anzahl | In % der gesamten Fläche | Insgesamt (1.000 m³) | In % des gesamten Wasseraufkommens | Insgesamt | Haushalte | Industrie und Landwirtschaft |
| 73 | Algerien | 44 | 41 | 0,3 | 0,8 | 119,2 | 19 | 5,0 | 3,0 | 15,7[d] | 160 | 35 | 125 |
| 74 | Namibia | 130 | 126 | 0,4 | 0,3 | 102,2 | 12 | 12,4 | 0,1 | 1,5 | 104 | 6 | 98 |
| 75 | Slowakei | 19 | 18 | 0,0 | 0,1 | 10,2 | 40 | 20,7 | .. | .. | .. | .. | .. |
| 76 | Lettland | .. | .. | .. | .. | 7,7 | 45 | 12,0 | 0,7 | 2,2[d] | 261 | 109 | 151 |
| 77 | Thailand | 179 | 127 | 5,2 | 3,3 | 70,2 | 111 | 13,7 | 31,9 | 17,8[d] | 606 | 24 | 582 |
| 78 | Costa Rica | 19 | 14 | 0,5 | 2,9 | 6,4 | 29 | 12,5 | 1,4 | 1,4 | 780 | 31 | 749 |
| 79 | Ukraine | 90 | 92 | −0,2 | −0,3 | 5,2 | 20 | 0,9 | 34,7 | 40,0[d] | 669 | 107 | 562 |
| 80 | Polen | 86 | 87 | −0,1 | −0,1 | 30,6 | 111 | 9,8 | 14,5 | 25,8[d] | 383 | 51 | 332 |
| 81 | Russische Föderation | .. | .. | .. | .. | 655,4 | 199 | 3,8 | 117,0 | 2,7[d] | 787 | 134 | 653 |
| 82 | Panama | 38 | 31 | 0,6 | 1,9 | 13,3 | 15 | 17,6 | 1,3 | 0,9 | 744 | 89 | 654 |
| 83 | Tschechische Rep. | 26 | 26 | 0,0 | 0,0 | 10,7 | 34 | 13,5 | .. | .. | .. | .. | .. |
| 84 | Botsuana | 150 | 143 | 0,8 | 0,5 | 106,6 | 9 | 18,3 | 0,1 | 0,5[d] | 100 | 5 | 95 |
| 85 | Türkei | 202 | 202 | 0,0 | 0,0 | 8,2 | 44 | 1,1 | 23,8 | 12,3[d] | 433 | 104 | 329 |
| 86 | *Iran, Islam. Rep.* | 180 | 180 | 0,0 | 0,0 | 83,0 | 68 | 5,0 | 45,4 | 38,6 | 1.362 | 54 | 1.307 |
| **Obere Einkommenskategorie** | | | | | | | | | | | | | |
| 87 | Venezuela | 517 | 457 | 6,0 | 1,2 | 263,2 | 100 | 28,9 | 4,1 | 0,3[d] | 387 | 166 | 220 |
| 88 | Weißrußland | 60 | 63 | −0,3 | −0,4 | 2,4 | 10 | 1,2 | 3,0 | 5,4[d] | 292 | 94 | 199 |
| 89 | Brasilien | 5.978 | 5.611 | 36,7[e] | 0,6 | 321,9 | 273 | 3,8 | 36,5 | 0,5[d] | 245 | 54 | 191 |
| 90 | Südafrika | 42 | 45 | −0,4 | −0,8 | 69,3 | 237 | 5,7 | 14,7 | 29,3 | 386 | 46 | 340 |
| 91 | Mauritius | 1 | 1 | 0,0 | 0,2 | 0,0 | 3 | 2,0 | 0,4 | 16,4 | 410 | 66 | 344 |
| 92 | Estland | .. | .. | .. | .. | 4,4 | 39 | 9,8 | 3,3 | 21,2[d] | 2.085 | 104 | 1.980 |
| 93 | Malaysia | 215 | 176 | 4,0 | 2,0 | 14,8 | 54 | 4,5 | 9,4 | 2,1 | 768 | 177 | 592 |
| 94 | Chile | 87 | 88 | −0,1 | −0,1 | 137,3 | 66 | 18,1 | 16,8 | 3,6 | 1.623 | 97 | 1.526 |
| 95 | Ungarn | 16 | 17 | −0,1 | −0,5 | 5,7 | 53 | 6,2 | 6,4 | 5,5[d] | 596 | 54 | 543 |
| 96 | Mexiko | 554 | 486[e] | 6,8[e] | 1,3 | 97,3 | 65 | 5,0 | 54,2 | 15,2 | 921 | 55 | 865 |
| 97 | Trinidad und Tobago | 2 | 2 | 0,0 | −2,2 | 0,2 | 6 | 3,1 | 0,2 | 2,9 | 148 | 40 | 108 |
| 98 | Uruguay | 6 | 7 | 0,0 | −0,7 | 0,3 | 8 | 0,2 | 0,7 | 0,5[d] | 241 | 14 | 227 |
| 99 | Oman | 41 | 41 | 0,0 | 0,0 | 37,4 | 29 | 17,6 | 0,5 | 23,9 | 623 | 19 | 604 |
| 100 | Gabun | 194 | 182 | 1,2 | 0,6 | 10,5 | 6 | 3,9 | 0,1 | 0,0 | 57 | 41 | 16 |
| 101 | Slowenien | 10 | 10 | 0,0 | 0,0 | 1,1 | 10 | 5,3 | .. | .. | .. | .. | .. |
| 102 | Puerto Rico | 3 | 3 | 0,0 | 0,0 | .. | .. | .. | .. | .. | .. | .. | .. |
| 103 | Argentinien | 601 | 592 | 0,9 | 0,1 | 43,7 | 86 | 1,6 | 27,6 | 2,8[d] | 1.042 | 94 | 948 |
| 104 | Griechenland | 60 | 60 | 0,0 | 0,0 | 2,2 | 24 | 1,7 | 7,0 | 11,8[d] | 721 | 58 | 663 |
| 105 | Korea, Rep. | 66 | 65 | 0,1 | 0,1 | 6,9 | 28 | 7,0 | 27,6 | 41,7 | 625 | 116 | 509 |
| 106 | Portugal | 30 | 31 | −0,1 | −0,5 | 5,8 | 25 | 6,3 | 10,5 | 16,0[d] | 1.075 | 161 | 914 |
| 107 | *Saudi-Arabien* | 12 | 12 | 0,0 | 0,0 | 62,0 | 10 | 2,9 | 3,6 | 163,8 | 497 | 224 | 273 |
| 108 | *Turkmenistan* | .. | .. | .. | .. | 11,1 | 8 | 2,3 | 22,8 | 32,6[d] | 6.216 | 62 | 6.154 |
| **Länder mit niedr. u. mittl. Eink.** | | | | | | | | | | | | | |
| Afrika südlich der Sahara | | | | | | | | | | | | | |
| Ostasien u. Pazifik | | | | | | | | | | | | | |
| Südasien | | | | | | | | | | | | | |
| Europa u. Zentralasien | | | | | | | | | | | | | |
| Naher Osten u. Nordafrika | | | | | | | | | | | | | |
| Lateinamerika u. Karibik | | | | | | | | | | | | | |
| **Länder mit gravierenden Schuldenproblemen** | | | | | | | | | | | | | |
| **Länder mit hohem Einkommen** | | | | | | | | | | | | | |
| 109 | Neuseeland | .. | 75 | .. | .. | 61,5 | 206 | 22,7 | 1,9 | 0,5 | 585 | 269 | 316 |
| 110 | Irland | 4 | 4 | 0,0 | −1,2 | 0,5 | 12 | 0,7 | 0,8 | 1,6 | 235 | 38 | 198 |
| 111 | Spanien | 256 | 256 | 0,0 | 0,0 | 42,5 | 215 | 8,4 | 45,8 | 41,2[d] | 1.188 | 143 | 1.045 |
| 112 | †Israel | 1 | 1 | 0,0 | −0,3 | 3,1 | 15 | 14,6 | 1,8 | 86,0[d] | 410 | 66 | 344 |
| 113 | Australien | 1.456 | 1.456 | 0,0 | 0,0 | 935,5 | 892 | 12,1 | 17,8 | 5,2 | 1.306 | 849 | 457 |
| 114 | †Hongkong | 0 | 0 | 0,0 | −0,5 | .. | .. | .. | .. | .. | .. | .. | .. |
| 115 | Großbritannien | 21 | 24 | −0,2 | −1,1 | 51,3 | 191 | 20,9 | 14,5 | 12,1 | 253 | 51 | 203 |
| 116 | Finnland | 233 | 234 | −0,1 | 0,0 | 27,3 | 82 | 8,1 | 3,0 | 2,7[d] | 604 | 72 | 532 |
| 117 | †Kuwait | 0 | 0 | 0,0 | 0,0 | 0,3 | 2 | 1,5 | 0,5 | .. | 525 | 336 | 189 |
| 118 | Italien | .. | 86 | .. | .. | 22,7 | 172 | 7,6 | 56,2 | 30,1[d] | 996 | 139 | 856 |
| 119 | †Singapur | 0 | 0 | 0,0 | 0,9 | 0,0 | 1 | 4,5 | 0,2 | 31,7 | 84 | 38 | 46 |
| 120 | Kanada | .. | 4.533 | .. | .. | 825,5 | 640 | 8,3 | 43,9 | 1,5 | 1.688 | 304 | 1.384 |
| 121 | Niederlande | 3 | 3 | 0,0 | −0,3 | 3,9 | 79 | 10,4 | 14,5 | 16,1[d] | 994 | 50 | 944 |
| 122 | †Vereinigte Arab. Emirate | 0 | 0 | 0,0 | 0,0 | .. | .. | .. | 0,9 | 299,0 | 884 | 97 | 787 |
| 123 | Belgien | 6 | 6 | 0,0 | −0,3 | 0,8 | 3 | 2,5 | 9,0 | 72,2[d] | 917 | 101 | 816 |
| 124 | Frankreich | 134 | 135 | −0,1 | −0,1 | 56,0 | 110 | 10,2 | 43,7 | 23,6[d] | 778 | 125 | 654 |
| 125 | Österreich | 37 | 39 | −0,1 | −0,4 | 20,1 | 170 | 23,9 | 2,1 | 2,3[d] | 276 | 52 | 224 |
| 126 | Deutschland | 103 | 107 | −0,5 | −0,4 | 92,0 | 504 | 25,8 | 53,7 | 31,4[d] | 687 | 73 | 614 |
| 127 | Schweden | 279 | 280 | −0,1 | 0,0 | 29,9 | 214 | 6,6 | 3,0 | 1,7[d] | 352 | 127 | 225 |
| 128 | Vereinigte Staaten | 2.992 | 2.960 | 3,2 | 0,1 | 1.042,4 | 1.494 | 10,6 | 467,0 | 18,8 | 1.868 | 244 | 1.624 |
| 129 | Norwegen | .. | 96 | .. | .. | 55,4 | 114 | 17,1 | 2,0 | 0,5[d] | 491 | 98 | 393 |
| 130 | Dänemark | 5 | 5 | 0,0 | 0,0 | 13,9 | 113 | 32,2 | 1,2 | 9,0[d] | 228 | 68 | 160 |
| 131 | Japan | 238 | 238 | 0,0 | 0,0 | 27,6 | 80 | 7,3 | 89,3 | 16,3 | 732 | 125 | 607 |
| 132 | Schweiz | 11 | 12 | −0,1 | −0,6 | 7,3 | 109 | 17,7 | 1,1 | 2,2[d] | 168 | 39 | 129 |
| **Gesamte Welt** | | | | | | | | | | | | | |

[a] Negative Werte bedeuten eine Zunahme des Waldgebietes. [b] Angaben über die Wasserentnahme beziehen sich auf irgendein Jahr im Zeitraum 1970 bis 1992. [c] Einschl. Eritrea. [d] Das gesamte Wasseraufkommen schließt zusätzlich zum heimischen Wasseraufkommen die Flußströme aus anderen Ländern ein. [e] Wegen alternativer Schätzungen vgl. die Technischen Erläuterungen. [f] Mit Ausnahme der Schätzungen über Wasserentnahme betreffen die Angaben für Jordanien nur die Ost-Bank.

# Tabelle 1a  Grundlegende Kennzahlen für Übrige Länder

| | | Bevölke-rung (in Tsd.) Mitte 1993 | Fläche (in Tsd. Quadrat-kilometer) | BSP pro Kopf[a] | | Durchschnittliche jährliche Inflationsrate (in %) | | Lebens-erwartung bei der Geburt (in Jahren) 1993 | Erwachsenen-Analphabeten-quote in % | |
|---|---|---|---|---|---|---|---|---|---|---|
| | | | | In $ von 1993 | Durchschnitt-liche jährliche Wachstumsrate (in %) 1980–93 | 1970–80 | 1980–93 | | Frauen 1990 | Insgesamt 1990 |
| 1 | Guayana | 816 | 215,00 | 350 | –3,0 | 9,6 | 34,5 | 66 | 5 | 4 |
| 2 | São Tomé und Príncipe | 122 | 1,00 | 350 | –3,6 | 4,0 | 24 | .. | .. | .. |
| 3 | Äquatorialguinea | 379 | 28,00 | 420 | 1,2 | .. | –0,6 | 48 | 63 | 50 |
| 4 | Komoren | 471 | 2,20 | 560 | –0,4 | .. | 5,2 | 55 | .. | .. |
| 5 | Afghanistan | 17.691 | 652,10 | b | .. | .. | .. | 44 | 86 | 71 |
| 6 | Bhutan | .. | 47,00 | b | .. | .. | 8,1 | .. | 75 | 62 |
| 7 | Bosnien-Herzegowina | 3.776 | 51,10 | b | .. | .. | .. | 72 | .. | .. |
| 8 | Kambodscha | 9.683 | 181,00 | b | .. | .. | .. | 52 | 78 | 65 |
| 9 | Eritrea | .. | 125,00 | b | .. | .. | .. | .. | .. | .. |
| 10 | Haiti | 6.893 | 27,70 | b | .. | 9,3 | 9,5 | 57 | 53 | 47 |
| 11 | Liberia | 2.845 | 97,70 | b | .. | 9,2 | .. | 56 | 71 | 61 |
| 12 | Somalia | 8.954 | 637,70 | b | .. | 15,2 | 49,7 | 47 | 86 | 76 |
| 13 | Sudan | 26.641 | 2.505,80 | b | .. | 14,5 | 42,8 | 53 | 88 | 73 |
| 14 | Zaire | 41.231 | 2.344,90 | b | .. | 31,4 | .. | 52 | 39 | 28 |
| 15 | Kiribati | 76 | 0,70 | 710 | 0,5 | 10,6 | 5,4 | .. | .. | 10 |
| 16 | Salomonen | 354 | 28,90 | 740 | 2,6 | 8,4 | 12,1 | 71 | .. | .. |
| 17 | Dschibuti | 557 | 23,20 | 780 | .. | .. | 3,6 | 49 | .. | .. |
| 18 | Malediven | 238 | 0,30 | 820 | 7,2 | .. | 10 | 63 | .. | .. |
| 19 | Kap Verde | 370 | 4,00 | 920 | 3,0 | 9,4 | 8,7 | 65 | .. | .. |
| 20 | Westsamoa | 167 | 2,80 | 950 | .. | .. | 11,2 | .. | .. | 30 |
| 21 | Surinam | 414 | 163,30 | 1.180 | –2,0 | 11,8 | 11,8 | 71 | 5 | 5 |
| 22 | Swasiland | 880 | 17,40 | 1.190 | 2,3 | 12,3 | 13,3 | 58 | .. | .. |
| 23 | Tonga | 98 | 0,70 | 1.530 | 0,6 | .. | 10,2 | .. | .. | .. |
| 24 | Vanuatu | 161 | 12,20 | 1.230 | 0,5 | .. | 5,3 | 66 | .. | 30 |
| 25 | St. Vincent und Grenadinen | 110 | 0,40 | 2.120 | 5,0 | 13,8 | 4,6 | .. | .. | .. |
| 26 | Fidschi | 762 | 18,30 | 2.130 | 0,5 | 12,8 | 5,6 | 72 | .. | .. |
| 27 | Grenada | 92 | 0,30 | 2.380 | 3,8 | .. | 4,6 | .. | .. | .. |
| 28 | Belize | 204 | 23,00 | 2.450 | 2,9 | 8,6 | 3,4 | 74 | .. | .. |
| 29 | Dominica | 71 | 0,70 | 2.720 | 4,6 | 16,8 | 5,5 | .. | .. | .. |
| 30 | Angola | 10.276 | 1.246,70 | c | .. | .. | .. | 47 | 72 | 58 |
| 31 | Kroatien | 4.511 | 56,50 | c | .. | .. | .. | 72 | .. | .. |
| 32 | Kuba | 10.862 | 110,90 | c | .. | .. | .. | 76 | 7 | 6 |
| 33 | Irak | 19.465 | 438,30 | c | .. | 17,9 | .. | 66 | 51 | 40 |
| 34 | Korea, Dem. Rep. | 23.036 | 120,50 | c | .. | .. | .. | 71 | .. | .. |
| 35 | Libanon | 3.855 | 10,40 | c | .. | .. | .. | 69 | 27 | 20 |
| 36 | Marshall-Inseln | 51 | 0,20 | c | .. | .. | .. | .. | .. | 9 |
| 37 | Mikronesien, Föd. Staat. | 105 | 0,70 | c | .. | .. | .. | .. | .. | .. |
| 38 | Nördl. Marianen-Ins. | 45 | 0,48 | c | .. | .. | .. | .. | .. | .. |
| 39 | Syrien | 13.696 | 185,20 | c | .. | 11,8 | 15,5 | 68 | 49 | 36 |
| 40 | Westbank und Gaza | .. | 6,10 | c | .. | .. | .. | .. | .. | .. |
| 41 | Jugoslawien, Bd. Rep. | 10.566 | 102,17 | c | .. | .. | .. | 72 | 12 | 7 |
| 42 | St. Lucia | 142 | 0,60 | 3.380 | 4,4 | .. | 3,5 | .. | .. | .. |
| 43 | St. Kitts und Nevis | 42 | 0,40 | 4.410 | 5,4 | .. | 6,3 | .. | .. | .. |
| 44 | Barbados | 260 | 0,40 | 6.230 | 0,5 | 13,5 | 4,3 | 76 | .. | .. |
| 45 | Seschellen | 72 | 0,45 | 6.280 | 3,4 | 16,7 | 3,2 | .. | .. | .. |
| 46 | Antigua und Barbuda | 65 | 0,40 | 6.540 | 5,2 | .. | 5,9 | .. | .. | .. |
| 47 | Malta | 361 | 0,30 | 7.970 | 3,2 | 4,2 | 2,3 | 76 | .. | .. |
| 48 | Bahrain | 533 | 0,70 | 8.030 | –2,9 | .. | –0,3 | 72 | 31 | 23 |
| 49 | Samoa, Am. Oz. | 51 | 0,20 | d | .. | .. | .. | .. | .. | .. |
| 50 | Aruba | 69 | 0,20 | d | .. | .. | .. | .. | .. | .. |
| 51 | Französisch-Guayana | 134 | 90,00 | d | .. | .. | .. | .. | .. | .. |
| 52 | Gibraltar | 28 | 0,01 | d | .. | .. | .. | .. | .. | .. |
| 53 | Guadeloupe | 413 | 1,70 | d | .. | .. | .. | 75 | .. | .. |
| 54 | Guam | 143 | 0,50 | d | .. | .. | .. | 76 | .. | .. |
| 55 | Insel Man | 72 | 0,57 | d | .. | .. | .. | .. | .. | .. |
| 56 | Libyen | 5.044 | 1.759,50 | d | .. | 18,4 | 0,2 | 64 | 50 | 36 |
| 57 | Macau | 381 | 0,02 | d | .. | .. | 8,5 | .. | .. | .. |
| 58 | Martinique | 371 | 1,10 | d | .. | .. | .. | 76 | .. | .. |
| 59 | Mayotte | 101 | 0,37 | d | .. | .. | .. | .. | .. | .. |
| 60 | Niederländ. Antillen | 195 | 0,80 | d | .. | .. | .. | 73 | .. | .. |
| 61 | Neukaledonien | 176 | 18,60 | d | .. | .. | .. | 72 | .. | .. |
| 62 | Réunion | 633 | 2,50 | d | .. | .. | .. | 74 | .. | .. |
| 63 | Zypern | 726 | 9,20 | 10.380 | 4,9 | .. | 5,2 | 77 | .. | .. |
| 64 | Bahamas | 268 | 13,90 | 11.420 | 1,4 | 6,4 | 4,2 | 73 | .. | .. |
| 65 | Katar | 524 | 11,00 | 15.030 | –7,2 | .. | .. | 72 | .. | .. |
| 66 | Island | 263 | 103,00 | 24.950 | 1,2 | 35,0 | 25,4 | 78 | .. | .. |
| 67 | Luxemburg | 396 | 3,00 | 37.320 | 2,8 | 6,9 | 5 | 76 | .. | .. |
| 68 | Andorra | 61 | 0,40 | e | .. | .. | .. | .. | .. | .. |
| 69 | Bermuda | 62 | 0,05 | e | .. | 8,4 | 9,1 | .. | .. | .. |
| 70 | Brunei | 274 | 5,80 | e | .. | 12,6 | –5,1 | 74 | .. | .. |
| 71 | Kaimaninseln | 29 | 0,30 | e | .. | .. | .. | .. | .. | .. |
| 72 | Kanal-Inseln, Brit. | 146 | 0,19 | e | .. | .. | .. | .. | .. | .. |
| 73 | Faröer | 47 | 0,40 | e | .. | .. | .. | .. | .. | .. |
| 74 | Französisch-Polynesien | 211 | 4,00 | e | .. | .. | .. | 70 | .. | .. |
| 75 | Grönland | 57 | 341,70 | e | .. | .. | .. | .. | .. | .. |
| 76 | San Marino | 24 | 0,10 | e | .. | .. | .. | .. | .. | .. |
| 77 | Jungfern-Inseln, Amerik. | 104 | 0,30 | e | .. | 6,9 | 3,9 | .. | .. | .. |

[a] Vgl. die Technischen Erläuterungen zu Tabelle 1.  [b] Geschätzt als Länder mit niedrigem Einkommen (695 $ oder weniger).  [c] Geschätzt als Länder mit mittlerem Einkommen, untere Kategorie (696–2.785 $).  [d] Geschätzt als Länder mit mittlerem Einkommen, obere Kategorie (2.786–8.625 $).  [e] Geschätzt als Länder mit hohem Einkommen (8.626 $ oder mehr).

# Technische Erläuterungen

DAS HAUPTKRITERIUM FÜR DIE KLASSIFIzierung der Länder ist das Bruttosozialprodukt (BSP) pro Kopf. Daher werden die 132 Länder, die in den Haupttabellen enthalten sind, in steigender Rangfolge nach der Höhe des BSP pro Kopf gezeigt. Die Sondertabelle 1a enthält grundlegende Kennzahlen für 77 Länder mit unzureichenden Daten oder mit einer Bevölkerung von unter 1 Million. Änderungen in dieser Ausgabe sind in der Einführung beschrieben.

*Verläßlichkeit der Daten*

Trotz beträchtlicher Bemühungen um die Standardisierung der Daten kann keine volle Vergleichbarkeit sichergestellt werden, und die Kennzahlen müssen vorsichtig interpretiert werden. Viele Faktoren beeinträchtigen die Verfügbarkeit und Verläßlichkeit der Daten; in vielen Entwicklungsländern ist die Statistik immer noch unzulänglich, die statistischen Verfahren, der Geltungsbereich sowie Praktiken und Definitionen weisen von Land zu Land große Unterschiede auf. Darüber hinaus bringen Länder- wie Zeitvergleiche komplexe technische Probleme mit sich, die nicht eindeutig gelöst werden können. Aus diesen Gründen sollten die Daten, obwohl sie aus als höchst kompetent angesehenen Quellen stammen, nur so aufgefaßt werden, daß sie Trends anzeigen und wichtige Unterschiede zwischen Volkswirtschaften charakterisieren, statt ein genaues quantitatives Maß der Unterschiede zu bieten. Insbesondere sind für die fünfzehn Länder der ehemaligen Sowjetunion noch die Datenprobleme zu lösen; der Geltungsbereich ist unzureichend, und der Unsicherheitsgrad ist größer als sonst üblich.

Die meisten sozialen Angaben aus nationalen Quellen werden aus regelmäßigen Datensammlungen der Behörden gewonnen, obwohl einige aus Sondererhebungen oder periodischen Volkszählungen stammen. Fragen im Zusammenhang mit der Verläßlichkeit demographischer Kennzahlen werden in der VN-Veröffentlichung *World Population Trends and Policies* erörtert. Den Lesern wird deshalb dringend empfohlen, diese Einschränkungen bei der Auswertung der Kennzahlen zu berücksichtigen, vor allem wenn Vergleiche zwischen den Volkswirtschaften vorgenommen werden.

*Basisjahre*

Um langfristige Trendanalysen zu ermöglichen, internationale Vergleiche zu erleichtern und die Auswirkungen von Veränderungen intersektoraler relativer Preise zu berücksichtigen, werden für die meisten Länder die Daten zu konstanten Preisen komponentenweise auf drei Basisjahre umbasiert und miteinander verknüpft. Das Jahr 1970 ist das Basisjahr für Daten von 1960 bis 1975, 1980 für solche von 1976 bis 1982 und 1987 für Daten von 1983 und später. Diese drei Zeiträume werden „verkettet", um für alle drei Perioden konstante Preise von 1987 zu erhalten.

Die Verkettung wird für jeden der drei Teilzeiträume durch eine Maßstabsänderung erreicht; sie verschiebt das Jahr, in dem die zu jeweiligen und die zu konstanten Preisen berechneten Versionen derselben Zeitreihen den gleichen Wert aufweisen, ohne den Trend der Zeitreihen zu ändern. Die Komponenten des Bruttoinlandsprodukts (BIP) werden individuell umbasiert und aufaddiert, um das BIP und seine Aggregate zu zeigen. Dabei kann zwischen dem BIP zu konstanten Preisen auf Grundlage der Entstehungsrechnung und dem BIP auf Grundlage der Ausgaben eine Umbasierungs-Abweichung auftreten. Solche Umbasierungs-Abweichungen werden vom *Privaten Verbrauch usw.* unter der Annahme absorbiert, daß das nach der Entstehungsseite ermittelte BIP eine verläßlichere Schätzung darstellt als das BIP auf Grundlage der Ausgaben.

Da der Private Verbrauch als Rest errechnet wird, bleiben die Identitäten der Volkswirtschaftlichen Gesamtrechnung erhalten. Durch die Umbasierung werden dem Privaten Verbrauch sämtliche statistischen Diskrepanzen zugerechnet, die bei den Ausgaben im Umbasierungsprozeß auftreten. Auch die Wertschöpfung im Dienstleistungssektor enthält eine statistische Diskrepanz, wenn eine solche in den Ursprungsquellen ausgewiesen ist.

*Zusammenfassende Kennzahlen*

Die zusammenfassenden Kennzahlen werden durch einfache Addition errechnet, sofern eine Variable in sinnvoll vergleichbaren Recheneinheiten ausgedrückt ist. Kennzahlen, die von vornherein nicht additiv zu ermitteln sind, werden üblicherweise durch eine Preisgewichtung zusammengefügt. Die zusammenfassenden Kennzahlen der sozialen Indikatoren sind mit der Bevölkerung gewichtet, ausgenommen die Säuglingssterbeziffer, die mit der Zahl der Geburten gewichtet ist.

Die Kennzahlen der Weltentwicklung enthalten Angaben für (üblicherweise) zwei Referenzjahre statt Jahreszeitreihen. Bei den zusammenfassenden Kennzahlen, die eine Reihe von Jahren betreffen, basieren die Berechnungen in zeitlicher und sachlicher Hinsicht auf der gleichen Länderzusammensetzung. Für die Kennzahlen können Gruppenkennzahlen nur dann zusammengestellt werden, wenn die für ein bestimmtes Jahr verfügbaren Länderangaben mindestens zwei Drittel der gesamten Gruppe ausmachen, und zwar bezogen auf die Referenzwerte des Jahres 1987. Solange dieses Kriterium erfüllt ist, wird angenommen, daß unregelmäßig berichtende Länder (und solche, die nicht den gesamten Zeitraum abdecken) sich in Jahren mit fehlenden Daten wie der Teil der Gruppe verhalten, für den Schätzwerte vorliegen. Die Leser sollten beachten, daß trotz zahlloser Probleme mit Länderangaben angestrebt wird, die zusammenfassenden Kennzahlen im Hinblick auf die betreffende Ländergruppe vergleichbar zu halten, und daß aus den Gruppenkennzahlen keine sinnvollen Schlüsse über die Entwicklung auf Länderebene abgeleitet werden können. Zudem kann der Gewichtungsprozeß zu Diskrepanzen zwischen aufsummierten Daten der Untergruppen und den Gesamtangaben führen. Wegen ausführlicherer Einzelheiten vergleiche die Einführung zu den *World Tables*.

*Datenquellen und Verfahren*

Angaben über die Auslandsschulden werden von der Weltbank direkt aufgrund der Meldungen der Entwicklungsländer zum Schuldenberichtssystem zusammengestellt. Andere Daten stammen hauptsächlich von den Vereinten Nationen (VN) und ihren Sonderorganisationen, vom Internationalen Währungsfonds (IWF) sowie aus Länderberichten an die Weltbank. Es werden auch Schätzungen des Weltbankstabes verwendet, um die Aktualität oder Konsistenz der Daten zu verbessern. Für die meisten Länder erhält der Stab der Weltbank im Zuge von Wirtschaftsmissionen von den Mitgliedsstaaten Schätzungen über die Volkswirtschaftlichen Gesamtrechnungen. In einigen Fällen sind diese Daten vom Weltbankstab angepaßt worden, um sie mit internationalen Definitionen und Konzepten in Übereinstimmung zu bringen und damit bessere Konsistenz und Aktualität zu gewährleisten.

*Wachstumsraten*

Um die Vergleichbarkeit zu erleichtern, werden üblicherweise nur Verhältniszahlen und Wachstumsraten ausgewiesen; absolute Zahlen sind im allgemeinen in anderen Veröffentlichungen der Weltbank verfügbar, namentlich in der Ausgabe 1995 der *World Tables*. Die meisten Wachstumsraten wurden für zwei Zeiträume ermittelt, 1970 bis 1980 und 1980 bis 1993, und mit Hilfe der Regressionsmethode der kleinsten Quadrate berechnet, soweit nicht anders angegeben. Da dieses Verfahren alle beobachteten Werte innerhalb eines Zeitraums berücksichtigt, reflektieren die so ermittelten Wachstumsraten Entwicklungstrends, die nicht über Gebühr durch außergewöhnliche Werte, insbesondere an den Endpunkten, beeinflußt werden. Um die Inflationseffekte auszuschalten, werden bei der Berechnung der Zuwachsraten Wirtschaftskennzahlen zu konstanten Preisen verwendet. Wegen Einzelheiten dieses Verfahrens vgl. den Anfang der Technischen Erläuterungen. Kursiv gedruckte Zahlen gelten für andere Jahre oder Zeiträume als die angegebenen, und zwar bis zu zwei Jahren früher bei den Wirtschaftszahlen und bis zu drei Jahren früher oder später bei den Sozialkennzahlen, da letztere weniger regelmäßig erhoben werden, sich aber auch kurzfristig weniger stark verändern.

Alle Wachstumsraten sind aus realen Größen abgeleitet und, soweit nichts Gegenteiliges angemerkt wird, mit Hilfe der Methode der kleinsten Quadrate berechnet. Bei diesem Verfahren erhält man die Wachstumsrate $r$ durch Anpassung eines linearen Trends an die Logarithmen der Jahreswerte der Variablen innerhalb des Untersuchungszeitraums. Genauer gesagt, hat die Regressionsgleichung die Form $\log X_t = a + bt + e_t$, dies ist das Äquivalent der logarithmischen Umformung der exponentiellen Wachstumsgleichung $X_t = X_o (1+r)^t$. In diesen Gleichungen bezeichnet $X$ die Variable, $t$ die Zeit, und $a = \log X_o$ sowie $b = \log (1+r)$ sind die zu schätzenden Parameter; $e$ ist die Fehlergröße. Wenn $b^*$ der nach der Methode der kleinsten Quadrate geschätzte Wert von $b$ ist, dann ergibt sich die durchschnittliche jährliche Wachstumsrate $r$ als [antilog ($b^*$)] −1; um sie in Prozent auszudrücken, wird mit 100 multipliziert.

## Tabelle 1: Grundlegende Kennzahlen

Wegen grundlegender Kennzahlen für Länder mit unzureichenden Daten oder mit einer Bevölkerung von weniger als einer Million siehe Tabelle 1a.

Die Schätzwerte für die *Bevölkerung* Mitte 1993 stammen aus verschiedenen Quellen, hauptsächlich aus der Abteilung für Bevölkerungsfragen der VN, aber auch von nationalen Statistischen Ämtern und den Länderabteilungen der Weltbank. Angemerkt sei, daß Flüchtlinge, die sich in dem asylgewährenden Land nicht auf Dauer niedergelassen haben, im allgemeinen als Teil der Bevölkerung des Herkunftslandes betrachtet werden.

Die Angaben zur *Fläche* stammen von der Organisation für Ernährung und Landwirtschaft (FAO). Die Fläche besteht aus der gesamten Oberfläche eines Landes, gemessen in Quadratkilometern, und umfaßt die Landfläche sowie inländische Wasserflächen.

Die Angaben zum *BSP pro Kopf* in US-Dollar wurden nach dem unten beschriebenen *Weltbank-Atlas*-Verfahren berechnet.

Das BSP pro Kopf als solches ist weder konstitutiv noch indikativ für den Wohlstand oder den Erfolg des Entwicklungsprozesses. Es unterscheidet weder zwischen der Zweckbestimmung und der Endverwendung eines bestimmten Produkts, noch besagt es etwas darüber, ob es lediglich einige natürliche oder sonstige Nachteile ausgleicht oder die Wohlfahrt beeinträchtigt oder steigert. So ist das

BSP höher in Ländern mit kälterem Klima, wo man Geld für Heizung und warme Kleidung ausgeben muß, als in Ländern mit mildem Klima, wo man im Freien leichte Kleidung tragen kann.

Allgemeiner betrachtet, werden Umweltaspekte vom BSP nicht adäquat erfaßt, insbesondere die Verwendung natürlicher Ressourcen. Die Weltbank versucht zusammen mit anderen Stellen herauszufinden, wie Volkswirtschaftliche Gesamtrechnungen über diese Fragen Aufschluß geben können. „Satelliten"-Rechnungen, die sich mit praktischen und konzeptionellen Problemen auseinandersetzen (wie der Bestimmung eines sinnvollen ökonomischen Wertes von Ressourcen, die die Märkte nicht als „knapp" empfinden, und der Zurechnung von Kosten, die innerhalb eines inhärent nationalen Rechenwerkes im wesentlichen globaler Natur sind), wurden in die Revision von 1993 der *Systematik für Volkswirtschaftliche Gesamtrechnungen der VN* (SVG) einbezogen. Dies bietet den nationalen Volkswirtschaftlichen Gesamtrechnern einen Rahmen, um Umweltfaktoren bei der Schätzung alternativer Kennziffern des Einkommens zu berücksichtigen.

Das BSP mißt die gesamte in- und ausländische Wertschöpfung, auf die die Bewohner eines Landes Anspruch haben. Es umfaßt das BIP (definiert in den Erläuterungen zu Tabelle 2) zuzüglich des Netto-Faktoreinkommens aus dem Ausland; letzteres besteht aus dem Einkommen, das Inländern aus dem Ausland für Faktorleistungen (Arbeit und Kapital) zufließt abzüglich ähnlicher Zahlungen an Ausländer, die zum Inlandsprodukt beigetragen haben.

Bei der Schätzung des BSP pro Kopf ist sich die Bank bewußt, daß eine volle internationale Vergleichbarkeit nicht erreichbar ist. Neben dem klassischen, streng genommen unlösbaren Indexzahlenproblem stehen einer angemessenen Vergleichbarkeit zwei Probleme im Weg. Eines betrifft die BSP- und Bevölkerungsschätzwerte selbst. Zwischen den einzelnen Ländern gibt es Unterschiede bei den Volkswirtschaftlichen Gesamtrechnungen und den Bevölkerungsstatistiken sowie im Umfang und der Verläßlichkeit der zugrundeliegenden statistischen Informationen. Das andere Problem ergibt sich aus der Verwendung amtlicher Wechselkurse bei der Umrechnung der in verschiedenen nationalen Währungen ausgedrückten BSP-Daten mittels eines gemeinsamen Denominators – üblicherweise des US-Dollars –, um sie international zu vergleichen.

Da diese Unzulänglichkeiten die Vergleichbarkeit der Schätzwerte des BSP pro Kopf beeinträchtigen, hat die Weltbank verschiedene Verbesserungen des Schätzverfahrens vorgenommen. Im Zuge der regelmäßigen Überprüfung der Volkswirtschaftlichen Gesamtrechnungen ihrer Mitgliedsländer berechnet die Bank systematisch BSP-Schätzwerte, wobei sie sich besonders auf die zugrundeliegende Abgrenzung und Konzeption konzentriert und erforderlichenfalls Anpassungen vornimmt, um die Vergleichbarkeit zu verbessern. Als Teil der Überprüfung konnten vom Stab der Bank für die aktuellsten Zeiträume Schätzungen des BSP (und gelegentlich der Bevölkerung) entwickelt werden. Beispielsweise ist der Dollar-Schätzwert für das Pro-Kopf-Einkommen in China eine vorläufige Zahl, die auf einer laufenden Untersuchung über das BIP Chinas basiert. Er wurde berechnet, um Ländervergleiche zu erleichtern. Als Basis aller anderen Wirtschaftsanalysen, die in diesem Dokument enthalten sind, wurden amtliche Statistiken verwandt.

Die Weltbank überprüft auch systematisch die Angemessenheit amtlicher Wechselkurse als Umrechnungsfaktoren. Ein alternativer Umrechnungsfaktor wird dann angewendet (und in den *World Tables* publiziert), wenn der amtliche Wechselkurs zu stark von dem Kurs abweicht, der den Auslandstransaktionen tatsächlich zugrunde liegt. Das gilt nur für eine kleine Zahl von Ländern. Für alle übrigen Länder berechnet die Bank das BSP pro Kopf unter Verwendung des *Weltbank-Atlas*-Verfahrens.

Der *Atlas*-Umrechnungsfaktor für jedes Jahr besteht aus dem Durchschnitt der Wechselkurse eines Landes für das jeweilige und die beiden vorhergehenden Jahre, die um das Verhältnis der Inflationsraten des betreffenden Landes und der G-5-Länder (Deutschland, Frankreich, Großbritannien, Japan und die Vereinigten Staaten) bereinigt worden sind. Die Inflationsrate der G-5-Länder wird durch Änderungen des SZR-Deflators dargestellt. Dieser Dreijahresdurchschnitt glättet die Preis- und Wechselkursfluktuationen für jedes Land. Das so ermittelte BSP in US-Dollar wird durch die Bevölkerungszahl Mitte des letzten der drei Jahre dividiert, um das BSP pro Kopf zu erhalten.

Ende der achtziger und Anfang der neunziger Jahren verzeichneten etwa sechzig Länder mit niedrigem und mittlerem Einkommen einen Rückgang des realen BSP pro Kopf. Außerdem haben starke Fluktuationen der Wechselkurse und der Terms of Trade das relative Einkommensniveau beeinflußt. Daher haben sich Niveau und Reihenfolge des BSP pro Kopf, das nach dem *Atlas*-Verfahren berechnet wurde, manchmal auf eine Weise geändert, die nicht notwendigerweise mit dem relativen Inlandswachstum der Volkswirtschaften zusammenhängt.

Die folgenden Formeln beschreiben das Verfahren zur Berechnung des Umrechnungsfaktors für das Jahr $t$:

$$(e^*_{t-2,t}) = \frac{1}{3}[e_{t-2}\left(\frac{P_t}{P_{t-2}}\bigg/\frac{P^s_t}{P^s_{t-2}}\right) + e_{t-1}\left(\frac{P_t}{P_{t-1}}\bigg/\frac{P^s_t}{P^s_{t-1}}\right) + e_t]$$

sowie für die Berechnung des BSP pro Kopf in US-Dollar für das Jahr $t$:

$$(Y^\$_t) = (Y_t / N_t) \div e^*_{t-2,t}$$

dabei ist:
$Y_t$ = laufendes BSP (in heimischer Währung) im Jahr $t$
$P_t$ = BSP-Deflator für das Jahr $t$
$e_t$ = jahresdurchschnittlicher Wechselkurs (heimische Währung/US-Dollar) im Jahr $t$
$N_t$ = Bevölkerung zur Mitte des Jahres $t$
$P_t^\$$ = BSP-Deflator der Vereinigten Staaten im Jahr $t$.

Wegen der mit der Verfügbarkeit vergleichbarer Daten und mit der Bestimmung von Umrechnungsfaktoren verbundenen Probleme werden für einige Länder keine Angaben über das BSP pro Kopf gemacht.

Die Verwendung amtlicher Wechselkurse zur Umrechnung von Angaben in nationaler Währung in US-Dollar spiegelt nicht die relative inländische Kaufkraft der Währungen wider. Das Internationale Vergleichsprojekt (IVP) der Vereinten Nationen hat Meßziffern des realen BIP auf international vergleichbarer Basis entwickelt, denen als Umrechnungsfaktoren die Kaufkraftparitäten (KKP) anstelle von Wechselkursen zugrunde liegen. Wegen der jüngsten Schätzungen des BSP pro Kopf auf KKP-Basis vgl. Tabelle 30. Wegen der Konsistenz zu den Schätzwerten in Tabelle 1 beziehen sich die IVP-Schätzungen auf das BSP statt auf das BIP. Informationen über das IVP sind in vier Untersuchungen und in einer Reihe anderer Berichte publiziert worden. Die jüngste Untersuchung wurde für das Jahr 1993 erstellt. Sie wurde zum Teil bereits von der Organisation für wirtschaftliche Zusammenarbeit und Entwicklung (OECD) veröffentlicht.

Die Vereinten Nationen und ihre regionalen Wirtschaftskommissionen, sowie andere internationale Organisationen wie die Europäische Union (EU), die OECD und die Weltbank, arbeiten an einer Verbesserung der Methoden und einer Ausdehnung der jährlichen Kaufkraftvergleiche auf alle Länder. Die Wechselkurse bleiben jedoch das einzige allgemein verfügbare Mittel, um das BSP von nationalen Währungen in US-Dollar umzurechnen.

Die *durchschnittliche jährliche Inflationsrate* wird gemessen an der Zuwachsrate des impliziten Deflators des Bruttoinlandsprodukts (BIP) für die jeweils ausgewiesenen Zeitabschnitte. Bei der Berechnung des BIP-Deflators wird zunächst der Wert des BIP zu laufenden Preisen für jedes Jahr der einzelnen Zeitabschnitte durch den Wert des BIP zu konstanten Preisen dividiert, wobei die Bewertung jeweils in nationaler Währung erfolgt. Anschließend wird die Zuwachsrate des BIP-Deflators für die einzelnen Zeiträume unter Verwendung der Methode der kleinsten Quadrate errechnet. Die Aussagefähigkeit dieser Kennzahl, wie jeder anderen Maßgröße der Inflation, ist begrenzt. Sie wird hier jedoch in einigen Fällen als Indikator der Inflation verwendet, da sie die am breitesten fundierte Kennzahl ist, die die jährlichen Preisänderungen für alle Güter und Dienstleistungen erfaßt, die in einer Volkswirtschaft produziert werden.

Die *Lebenserwartung bei der Geburt* gibt die Anzahl der Jahre an, die ein neugeborenes Kind leben würde, wenn die zum Zeitpunkt seiner Geburt vorherrschenden Sterblichkeitsrisiken während seines Lebens gleichbleiben würden. Die Angaben stammen von der Abteilung für Bevölkerungsfragen der VN: *World Population Prospects: The 1994 Edition*. Diese Zahlen sind lineare Interpolationen zwischen den projizierten Daten für 1990–94 und 1995–99.

Die *Analphabetenquote bei Erwachsenen* ist hier definiert als der Teil der über 15 Jahre alten Bevölkerung, der nicht in der Lage ist, eine kurze, einfache Aussage über sein tägliches Leben mit Verstand zu lesen und zu schreiben. Dies ist nur eine von drei weitgehend akzeptierten Definitionen, und sie wird in einer Reihe von Ländern in einer modifizierten Form angewendet. Die Angaben stammen aus Schätzungen und Projektionen der Analphabetenquoten, die 1989 durch die Organisation der Vereinten Nationen für Erziehung, Wissenschaft und Kultur (UNESCO) vorgenommen wurden.

Die zusammenfassenden Kennzahlen für das BSP pro Kopf, die Lebenserwartung und die Analphabetenquote bei Erwachsenen werden in dieser Tabelle mit der Bevölkerung gewichtet. Die Kennzahlen für die durchschnittlichen jährlichen Inflationsraten werden mit dem BIP-Anteil der Länder von 1987 gewichtet, bewertet zu jeweiligen Dollar.

### Tabellen 2 und 3: Wachstum und Produktionsstruktur

Die verwendeten Definitionen sind überwiegend identisch mit den Definitionen in der *Systematik für Volkswirtschaftliche Gesamtrechnungen* (SVG), Reihe F, Nr. 2, Revision 3 der VN. Die Revision 4 der SVG wurde erst 1993 abgeschlossen, und wahrscheinlich werden viele Länder in den nächsten Jahren noch die Empfehlungen der Revision 3 verwenden. Die Schätzungen stammen aus nationalen Quellen und erreichen die Weltbank gelegentlich über andere internationale Organisationen, häufiger werden sie durch den Stab der Weltbank bei Länderbesuchen zusammengetragen.

Der Stab der Weltbank überprüft die Qualität der Angaben zur Volkswirtschaftlichen Gesamtrechnung und trägt in einigen Fällen durch Länderbesuche und technische Hilfe zur Anpassung der nationalen Reihen bei. Wegen der gelegentlich begrenzten Fähigkeiten statistischer Stellen und Problemen mit Basisdaten kann eine strikte internationale Vergleichbarkeit nicht erreicht werden, insbesondere bei schwierig zu messenden wirtschaftlichen Aktivitäten, wie bei Transaktionen auf Parallelmärkten, beim informellen Sektor und der Subsistenzlandwirtschaft.

Das *BIP* mißt die gesamte zur Endverwendung bestimmte Erzeugung von Gütern und Dienstleistungen, die sowohl von Gebietsansässigen als auch von Ausländern produziert werden, ohne Rücksicht darauf, ob das Verfügungsrecht über diese Leistungen Inländern oder Ausländern zusteht. Bei der Berechnung des BIP werden keine Abzüge für den Verbrauch von „produzierten" Aktiva oder für Substanzverluste oder Verschlechterung natürlicher Ressourcen vorgenommen. Zwar sieht die SVG vor, daß die Beiträge der Sektoren zum BIP auf Basis von Erzeugerpreisen geschätzt werden, doch melden viele Länder solche Details noch zu Faktorkosten. Die internationale Vergleichbarkeit der Schätzungen wird durch die Anwendung unterschiedlicher Bewertungssysteme durch die Länder bei der Berichterstattung über die Wertschöpfung nach Wirtschaftsbereichen beeinträchtigt. Als Teillösung werden die BIP-Schätzungen zu Käuferpreisen angegeben, wenn die Komponenten hierauf basieren; in diesen Fällen zeigt dies eine Fußnote an. In den Tabellen 2 und 3 ist jedoch bei einigen wenigen Ländern das BIP zu Endverbraucherpreisen durch das BIP zu Faktorkosten ersetzt worden.

Die BIP-Angaben sind US-Dollar-Werte, die mittels amtlicher Wechselkurse des jeweiligen Jahres aus heimischer Währung umgerechnet wurden. Für einige Länder, bei denen der amtliche Wechselkurs die bei den Fremdwährungstransaktionen tatsächlich angewandten Kurse nicht widerspiegelt, wird ein alternativer Umrechnungsfaktor verwendet (und in den *World Tables* publiziert). Es sei angemerkt, daß in dieser Tabelle nicht die Dreijahres-Durchschnittsberechnung angewandt wird, die bei der Ermittlung des BSP pro Kopf in Tabelle 1 benutzt wurde.

Die *Landwirtschaft* umfaßt Forstwirtschaft, Jagd, Fischerei und Landwirtschaft im engeren Sinn. In Entwicklungsländern mit ausgeprägter Subsistenzlandwirtschaft wird ein Großteil der landwirtschaftlichen Erzeugung weder getauscht noch gegen Geld gehandelt. Dies vergrößert die Schwierigkeiten, den Beitrag der Landwirtschaft zum BIP zu messen, und mindert die Verläßlichkeit und Vergleichbarkeit solcher Daten.

Zur *Industrie* gehören die Wertschöpfung des Bergbaus, des *Verarbeitenden Gewerbes* (auch als separate Untergruppe gezeigt), der Bauwirtschaft, sowie der Strom-, Wasser- und Gasversorgung. Die Wertschöpfung aller übrigen Wirtschaftszweige, einschließlich der unterstellten Bankdienstleistungen, der Einfuhrabgaben und aller von nationalen Stellen angegebenen statistischen Diskrepanzen, wird unter *Dienstleistungen usw.* ausgewiesen.

Die komponentenweise umbasierten verketteten Zeitreihen auf Preisbasis 1987 in heimischen Währungen werden, wie zu Beginn der Technischen Erläuterungen erklärt, zur Errechnung der Wachstumsraten in Tabelle 2 verwendet. Die sektoralen Anteile des BIP in Tabelle 3 beruhen auf Zeitreihen in jeweiligen Preisen.

Bei der Berechnung der zusammenfassenden Kennzahlen in Tabelle 2 werden für jedes Land komponentenweise umbasierte Beträge in US-Dollar von 1987 für jedes Jahr der angegebenen Zeiträume berechnet, die Jahreswerte werden häufig nach Regionen aggregiert, und dann wird die Methode der kleinsten Quadrate zur Berechnung der Zuwachsraten angewendet. Die durchschnittlichen sektoralen Anteile der Tabelle 3 wurden aus den gruppenweise zusammengefaßten Werten des sektoralen BIP in jeweiligen US-Dollar berechnet.

### Tabelle 4:
### Landwirtschaft und Nahrungsmittel

Die Ausgangsdaten zur *Wertschöpfung in der Landwirtschaft* stammen aus Zeitreihen der Weltbank über nationale Volkswirtschaftliche Gesamtrechnungen zu jeweiligen Preisen in nationalen Währungen. Die Wertschöpfung in jeweiligen Preisen und nationaler Währung wird unter Anwendung des in den Technischen Erläuterungen für die Tabellen 2 und 3 beschriebenen Umrechnungsverfahrens in US-Dollar umgerechnet.

Die übrigen Angaben dieser Tabelle stammen von der FAO. Die *Getreideeinfuhr* ist in Getreideeinheiten ausgedrückt und so definiert, daß sie alle Getreidesorten in den Gruppen 041–046 des *Internationalen Warenverzeichnisses für den Außenhandel* (SITC – Standard International Trade Classification, Revision 2) umfaßt. Die *Nahrungsmittelhilfe in Form von Getreide* umfaßt Weizen und Mehl, Bulgur, Reis, Grobgetreide und den Getreideanteil von Lebensmittelzubereitungen. Die Angaben sind wegen Unterschieden im Berichtswesen und bei der zeitlichen Abgrenzung nicht ohne weiteres vergleichbar. Die Getreideimporte basieren auf Angaben der Empfängerländer nach Kalenderjahren, während die Angaben zur Nahrungsmittelhilfe in Getreide auf Daten von Geberländern und internationalen Organisationen (einschließlich des Weltweizenrates und des Welternährungsprogramms) über Erntejahre beruhen. Außerdem können die Angaben über Nahrungsmittelhilfe seitens der Geberländer von den tatsächlichen Eingängen bei den Empfängerländern in einem bestimmten Zeitraum abweichen, insbesondere wegen Verzögerungen beim Transport und der Erfassung oder weil die Hilfe gelegentlich der FAO oder anderen einschlägigen internationalen Organisationen nicht gemeldet wird. Importe von Nahrungsmittelhilfen können zudem nicht in den Zollstatistiken enthalten sein. Der Zeitraum für die Nahrungsmittelhilfe ist das Erntejahr Juli bis Juni.

Der *Düngemittelverbrauch* mißt die angewandten Pflanzennährstoffe im Verhältnis zu den vorhandenen Anbauflächen. Zu den Düngemitteln gehören Stickstoff-, Kali- und Phosphatdünger (einschließlich mineralischer Phosphate). Zu den anbaufähigen Flächen zählen Flächen mit permanentem und temporärem Anbau (Böden mit Mehrfachernten werden nur einmal gezählt) sowie zeitweilig angelegte Wiesen zum Mähen oder Weiden, Gärten für den Markt oder Eigenbedarf und vorübergehend brachliegendes oder ungenutztes Land. Der Zeitraum für den Düngemittelverbrauch ist das Erntejahr Juli bis Juni.

Die durchschnittliche Wachstumsrate der *Nahrungsmittelproduktion pro Kopf* wurde aus dem Index der Nahrungsmittelproduktion pro Kopf abgeleitet. Der Index bezieht sich auf die durchschnittliche jährliche Wachstumsrate der Nahrungsmittelmenge pro Kopf, die in den Jahren 1979 bis 1993 erzeugt wurde, bezogen auf die durchschnittliche Jahresproduktion im Zeitraum 1979 bis 1981 (1979 bis 81 = 100). Die Schätzwerte wurden mittels Division der mengenmäßigen Nahrungsmittelerzeugung durch die gesamte Bevölkerung ermittelt. Der Begriff Nahrungsmittel umfaßt Nüsse, Hülsenfrüchte, Früchte, Getreide, Gemüse, Zuckerrohr und -rüben, stärkehaltige Wurzeln und Knollen, Pflanzen zur Erzeugung von Speiseöl, Viehbestand und Tierprodukte. Unberücksichtigt bleiben Viehfutter, Saatgut für die Verwendung in der Landwirtschaft sowie Verluste bei Verarbeitung und Vertrieb.

*Fischprodukte* werden als Höhe des täglichen Proteinangebots gemessen, das vom Fischverbrauch stammt, im Verhältnis zum gesamten täglichen Proteinangebot aus sämtlichen Nahrungsmitteln. Die Schätzungen beleuchten indirekt die relative Bedeutung oder das Gewicht von Fisch im gesamten Agrarsektor, insbesondere da Fisch nicht im Index der Nahrungsmittelerzeugung enthalten ist.

Die zusammenfassenden Kennzahlen für den Düngemittelverbrauch sind gewogen mit den gesamten anbaufähigen Flächen; diejenigen der Nahrungsmittelproduktion pro Kopf sind mit der Bevölkerung gewogen.

## Tabelle 5:
## Kommerzielle Energie

Die Angaben zu *Erzeugung und Verbrauch von Energie* stammen hauptsächlich von der Internationalen Energieagentur (IEA) und aus Quellen der Vereinten Nationen. Sie umfassen die handelsüblichen primären Energieformen Erdöl (Rohöl, verflüssigtes Erdgas sowie Öl aus nichtkonventionellen Quellen), Erdgas, feste Brennstoffe (Stein- und Braunkohle sowie andere abgeleitete Brennstoffe) sowie Primärstrom (mit Wasser- und Kernkraft sowie geothermisch erzeugte Elektrizität), jeweils umgerechnet in Erdöleinheiten. Bei der Umrechnung von Primärstrom aus Kernkraft in Erdöleinheiten wurde ein fiktiver thermischer Wirkungsgrad von 33 Prozent unterstellt; die durch Wasserkraft erzeugte Energie ist mit einem Wirkungsgrad von 100 Prozent angesetzt.

Der *Energieverbrauch* bezieht sich auf das Angebot an inländischer Primärenergie vor der Umwandlung in andere Endverbrauchs-Brennstoffe (wie Elektrizität und raffinierte Erdölerzeugnisse) und wird berechnet als einheimische Erzeugung plus Importe und Lagerveränderungen minus Exporte und internationale Schiffslagerbestände. Der Energieverbrauch enthält auch Erzeugnisse für andere Nutzungen, die hauptsächlich vom Erdöl abgeleitet werden. Die Verwendung von Brennholz, getrockneten Tierexkrementen und anderen herkömmlichen Brennstoffen wurde, obwohl sie in einigen Entwicklungsländern von beträchtlicher Bedeutung ist, nicht berücksichtigt, da hierüber keine verläßlichen und umfassenden Angaben vorliegen.

Der *Energieaufwand* ist ausgedrückt in Kilogramm Öleinheiten pro Kopf. Die Produktionskennzahl ist das geschätzte BIP in US-Dollar je Kilogramm Öleinheiten.

Die *Energieeinfuhr* bezieht sich auf den Dollar-Wert der Energieimporte – Abschnitt 3 des SITC, Revision 1 – und ist ausgedrückt als Prozentsatz der Warenausfuhrerlöse. Da die verfügbaren Daten zur Energieeinfuhr keine Unterscheidung zwischen Rohöleinfuhren für den Brennstoffverbrauch und für den Einsatz in der Petrochemie erlauben, könnten diese Prozentzahlen die Abhängigkeit von der Energieeinfuhr überbewerten.

Die zusammenfassenden Kennzahlen von Energieproduktion und -verbrauch sind durch Aggregation der jeweiligen Mengen für jedes Jahr im betreffenden Zeitraum und durch Anwendung einer Trendschätzung nach der Methode der kleinsten Quadrate ermittelt worden. Für den Energieverbrauch pro Kopf wurden Bevölkerungsgewichte verwendet, um zusammenfassende Kennzahlen für die angegebenen Jahre zu errechnen.

Die zusammenfassenden Kennzahlen der Energieeinfuhren als Prozentsatz der Warenausfuhren wurden aus den gruppenweise zusammengefaßten Werten der Energieeinfuhren und Warenausfuhren in jeweiligen Dollar errechnet.

## Tabelle 6:
## Struktur des Verarbeitenden Gewerbes

Die Ausgangsdaten für die *Wertschöpfung im Verarbeitenden Gewerbe* stammen aus den Zeitreihen der Weltbank über Volkswirtschaftliche Gesamtrechnungen zu jeweiligen Preisen und in nationalen Währungen. Die Wertschöpfung in jeweiligen Preisen und nationalen Währungen wurde in US-Dollar umgerechnet, wobei das Umrechnungsverfahren nach einzelnen Jahren angewandt wurde, das in den Technischen Erläuterungen zu den Tabellen 2 und 3 beschrieben wird.

Die Daten über die prozentuale *Verteilung der Wertschöpfung* auf die Wirtschaftszweige stammen von der Organisation für Industrielle Entwicklung der Vereinten Nationen (UNIDO), und die Berechnungen der Verteilung gehen von heimischen Währungen zu jeweiligen Preisen aus.

Die Untergliederung des Verarbeitenden Gewerbes stimmt mit dem *Internationalen Verzeichnis der Wirtschaftszweige der Vereinten Nationen für alle wirtschaftlichen Aktivitäten* (ISIC – International Standard Industrial Classification of All Economic Activities), Revision 2, überein. *Nahrungsmittel, Getränke und Tabak* umfassen die ISIC-Abteilung 31; *Textilien und Bekleidung* die Abteilung 32; *Maschinen, Elektrotechnik und Fahrzeuge* die Hauptgruppen 382 bis 384 und *Chemische Erzeugnisse* die Hauptgruppen 351 und 352. *Übriges* umfaßt Holz und verwandte Erzeugnisse (Abteilung 33), Papier und verwandte Erzeugnisse (Abteilung 34), Erdöl und verwandte Erzeugnisse (Hauptgruppen 353 bis 356), Grundmetalle und mineralische Erzeugnisse (Abteilung 36 bis 37), verarbeitete Metallprodukte und Arbeitsgeräte (Hauptgruppen 381 und 385) sowie übrige Industriezweige (Hauptgruppe 390). Sofern Angaben für Textilien, Maschinen oder chemische Erzeugnisse als nicht verfügbar gekennzeichnet sind, sind sie in *Übriges* enthalten.

Die für die Wertschöpfung im Verarbeitenden Gewerbe angegebenen zusammenfassenden Kennzahlen sind Gesamtangaben, die mittels des zu Beginn der Technischen Erläuterungen erwähnten Aggregationsverfahrens berechnet wurden.

## Tabelle 7:
### Einkommen und Produktion im Verarbeitenden Gewerbe

In dieser Tabelle werden vier Kennzahlen gezeigt: zwei betreffen das Realeinkommen je Beschäftigten, eine den Anteil des Arbeitseinkommens an der gesamten Wertschöpfung und eine die Arbeitsproduktivität im Verarbeitenden Gewerbe. Die Kennzahlen basieren auf Daten der UNIDO, während die Deflatoren – wie unten dargelegt – aus anderen Quellen stammen.

Die *Einkommen je Beschäftigten* sind in konstanten Preisen ausgedrückt und abgeleitet durch Deflationierung nominaler Einkommen je Beschäftigten mit dem Verbraucherpreisindex (VPI) des Landes. Der VPI ist den *International Financial Statistics* (IFS) des IWF entnommen.

Die *Gesamteinkommen in Prozent der Wertschöpfung* wurden durch Division der gesamten Nominaleinkommen der Beschäftigten durch die Wertschöpfung in jeweiligen Preisen gewonnen und zeigen den Anteil des Faktors Arbeit an dem im Verarbeitenden Gewerbe geschaffenen Einkommen. Die *Bruttoproduktion je Beschäftigten* wird in konstanten Preisen und als Index der gesamten Arbeitsproduktivität im Verarbeitenden Gewerbe mit dem Basisjahr 1980 angegeben. Um diese Kennzahl abzuleiten, wurden die UNIDO-Daten über die Bruttoproduktion je Beschäftigten zu jeweiligen Preisen bereinigt, indem die impliziten Deflatoren der Wertschöpfung im Verarbeitenden Gewerbe oder in der Industrie, die aus den Datensammlungen der Weltbank stammen, angewandt wurden.

Zur besseren Vergleichbarkeit zwischen den Ländern hat die UNIDO, soweit möglich, den Kreis der erfaßten Unternehmen auf solche mit fünf oder mehr Beschäftigten standardisiert.

Die Begriffe und Definitionen stimmen überein mit den von den Vereinten Nationen veröffentlichten *Internationalen Empfehlungen für Industriestatistiken*. Einkommen (Löhne und Gehälter) sind alle vom Arbeitgeber an den Arbeitnehmer im Verlauf des Jahres geleisteten Vergütungen. Die Zahlungen schließen ein (a) alle regelmäßigen und Überstundenvergütungen sowie Zulagen und Kaufkraftausgleichszahlungen; (b) während Urlaub und Krankheit gezahlte Löhne und Gehälter; (c) Steuern, Sozialversicherungsbeiträge und dergleichen, die von den Beschäftigten zu entrichten sind und vom Arbeitgeber abgezogen werden, sowie (d) Zahlungen in Naturalien.

Die Bezeichnung „Beschäftigte" in dieser Tabelle faßt zwei von den Vereinten Nationen definierte Kategorien zusammen: regelmäßig Beschäftigte und mitwirkende Personen. Diese Gruppen enthalten die regelmäßig Beschäftigten, die mitarbeitenden Eigentümer, die aktiv tätigen Geschäftspartner und ohne Bezahlung tätige Familienmitglieder; Heimarbeiter sind dagegen ausgeschlossen. Die Angaben beziehen sich auf den Durchschnitt der Beschäftigtenzahl während eines Jahres.

Die „Wertschöpfung" ist definiert als der laufende Wert der Bruttoproduktion abzüglich der laufenden Kosten (a) von Materialien, Brennstoffen und sonstigen verbrauchten Gütern, (b) von Auftrags- und Kommissionsleistungen durch Dritte, (c) von Reparatur- und Instandhaltungsarbeiten durch Dritte und (d) von Gütern, die im gleichen Zustand verkauft wie bezogen wurden.

Der Wert der Bruttoproduktion wird entweder auf der Basis der Erzeugung oder der Lieferungen geschätzt. Auf der Basis der Erzeugung besteht er aus (a) dem Wert aller Erzeugnisse des Betriebes, (b) dem Wert der für andere erbrachten industriellen Dienstleistungen, (c) dem Wert der Güter, die im gleichen Zustand verkauft wie bezogen wurden, (d) dem Wert der abgegebenen Elektrizität und (e) der Nettoveränderung des wertmäßigen Bestandes an halbfertigen Produkten im Verlauf der Referenzperiode. Bei Schätzungen auf Lieferungsbasis wird die Nettoveränderung der Lagerbestände an Fertigerzeugnissen im Verlauf der Referenzperiode ebenfalls einbezogen.

## Tabellen 8 und 9:
### Zunahme von Verbrauch und Investitionen; Struktur der Nachfrage

Das BIP wird in den Erläuterungen zu den Tabellen 2 und 3 definiert; hier ist es aber für sämtliche Länder in Käuferpreisen angegeben.

Der *Allgemeine Staatsverbrauch* erfaßt alle laufenden Ausgaben auf allen öffentlichen Verwaltungsebenen für den Erwerb von Gütern und Dienstleistungen. Die Investitionsausgaben für nationale Verteidigung und Sicherheit werden als Verbrauchsausgaben behandelt.

Der *Private Verbrauch usw.* setzt sich zusammen aus dem Marktwert aller Güter und Dienstleistungen, einschließlich langlebiger Verbrauchsgüter (wie Autos, Waschmaschinen und Heimcomputer), die von privaten Haushalten und gemeinnützigen Institutionen gekauft oder als Sacheinkommen bezogen werden. Er schließt Wohnungskäufe aus, enthält aber die kalkulatorische Eigenmiete für

Wohnraum, der vom Eigentümer genutzt wird. In der Praxis schließt er sämtliche statistischen Diskrepanzen bei der Ressourcennutzung ein. Zu konstanten Preisen umfaßt er auch die Abweichung infolge der komponentenweisen Umbasierung, die zu Beginn der Technischen Erläuterungen erklärt wird.

Die *Bruttoinlandsinvestitionen* umfassen alle Ausgaben für die Aufstockung des Anlagevermögens in der Volkswirtschaft, zuzüglich des Nettowertes von Lagerbestandsveränderungen.

Die *Bruttoinlandsersparnis* wird errechnet durch Subtraktion des gesamten Verbrauchs vom BIP.

Die *Ausfuhr von Waren und Dienstleistungen (ohne Faktoreinkommen)* erfaßt den Wert aller Waren- und Dienstleistungsexporte in die übrige Welt; hierzu gehören Waren, Fracht, Versicherung, Reisen und sonstige Dienstleistungen. Der Wert von Faktoreinkommen wie Kapitalerträge, Zinsen und Arbeitseinkommen ist in dieser Summe nicht enthalten. Laufende Übertragungen sind ebenfalls ausgeschlossen.

Der *Ressourcensaldo* ist die Differenz zwischen der Ausfuhr und der Einfuhr von Waren und Dienstleistungen ohne Faktoreinkommen.

Zur Berechnung der Wachstumsraten in Tabelle 8 wurden komponentenweise umbasierte Zeitreihen auf Basis 1987 zu konstanten Preisen in Inlandswährung verwendet. Die Verteilung des BIP in Tabelle 9 ist aus den nationalen Volkswirtschaftlichen Gesamtrechnungen zu laufenden Preisen in Inlandswährung errechnet.

Die zusammenfassenden Kennzahlen sind nach der Methode errechnet, die in den Anmerkungen zu Tabelle 2 und 3 erklärt wird.

## Tabelle 10:
## Ausgaben der Zentralregierung

Die Angaben zur Finanzierung der Zentralregierung in den Tabellen 10 und 11 stammen aus dem *Government Finance Statistics Yearbook* (1994) des IWF sowie aus dessen Datensammlung. Die Haushaltspositionen werden für jedes Land unter Verwendung des Systems von einheitlichen Definitionen und Klassifikationen ausgewiesen, die das *Manual on Government Finance Statistics* (1986) des IWF enthält.

Wegen vollständiger und maßgeblicher Erklärungen der Konzepte, Definitionen und Datenquellen vergleiche diese IWF-Quellen. Mit den folgenden Kommentaren wird hauptsächlich beabsichtigt, diese Angaben in den Gesamtzusammenhang der in dieser Ausgabe berichteten Kennzahlen zu stellen.

Die Anteile der verschiedenen Positionen an den *Gesamtausgaben* und laufenden Einnahmen wurden auf der Grundlage nationaler Währungen berechnet. Bedingt durch die unterschiedliche Abgrenzung der verfügbaren Daten sind die einzelnen Bestandteile der Ausgaben und laufenden Einnahmen der Zentralregierungen, die in diesen Tabellen ausgewiesen werden, nicht ohne weiteres vergleichbar.

Darüber hinaus kann durch die unzulängliche statistische Erfassung der Behörden auf Landes-, Provinz- und Gemeindeebene, wie sie durch die Verwendung von Angaben der Zentralregierung zwangsläufig eintritt, das statistische Bild über die Verteilung der finanziellen Mittel auf die verschiedenen Ausgabenbereiche stark verzerrt werden. Dies gilt vor allem in Ländern, in denen die nachgeordneten Regierungsebenen erhebliche Autonomie besitzen und für eine Vielzahl wirtschaftlicher und sozialer Leistungen zuständig sind. Außerdem können die Ausgaben der „Zentralregierung" entweder in konsolidierter Rechnung oder nach Haushaltsrechnung erfaßt sein. In den meisten Ländern sind die Finanzdaten der Zentralregierung in einem Gesamtkonto konsolidiert worden, in anderen Ländern ist dagegen nur die Haushaltsrechnung der Zentralregierung verfügbar. Da die Haushaltsrechnung nicht immer sämtliche Regierungsstellen enthält, ergibt sie üblicherweise ein unvollständiges Bild der gesamten Aktivitäten der Zentralregierung. Länder, die Haushaltsdaten melden, werden in Fußnoten erwähnt.

Infolgedessen sind die angegebenen Daten, vor allem die für Erziehung und Gesundheit, zwischen den einzelnen Ländern nicht vergleichbar. Viele Länder verfügen im Gesundheits- und Erziehungswesen über ein beträchtliches Angebot an privaten Leistungen. In anderen Ländern hingegen sind die öffentlichen Leistungen zwar die wichtigste Ausgabenkomponente; sie werden jedoch unter Umständen von nachgeordneten Verwaltungsebenen finanziert. Aus diesen Gründen sollten die Angaben nur mit großer Vorsicht für Länderquervergleiche verwendet werden. Die Ausgaben der Zentralregierung umfassen die Ausgaben aller Ministerien, Ämter, staatlichen Einrichtungen und sonstigen Stellen, die ausführende Organe oder Instrumente der zentralen Verwaltungsbehörden eines Landes sind. Sie schließen sowohl laufende als auch Investitions-(Entwicklungs-)Ausgaben ein.

*Verteidigungsausgaben* sind, unabhängig davon, ob sie durch die Verteidigungsministerien oder andere Ämter erfolgen, alle Ausgaben für die Streitkräfte, einschließlich der Ausgaben für militärische Versorgung und Ausrüstung, Bauten, Rekrutierung und Ausbildung. Hierzu zählen außerdem verwandte Positionen wie militärische Hilfsprogramme. Zu den Verteidigungsausgaben zählen nicht die Ausgaben für die öffentliche Ordnung und Sicherheit, die gesondert klassifiziert werden.

Die Ausgaben für *Erziehung* umfassen Ausgaben für die Bereitstellung, Leitung, Überwachung und Unterhaltung von Vor-, Grund- und weiterführenden Schulen, Universitäten und Hochschulen sowie von berufsbezogenen, technischen und sonstigen Ausbildungseinrichtungen. Erfaßt werden außerdem Ausgaben für die allgemeine Administration und Lenkung des Erziehungswesens; für die Forschung im

Bereich von Zielen, Organisation, Verwaltung und Konzeption des Erziehungswesens sowie Ausgaben für ergänzende Leistungen wie Transport, Schulspeisung sowie allgemein- und zahnmedizinische Behandlung an den Schulen.

Die Ausgaben für *Gesundheit* erfassen die öffentlichen Ausgaben für Krankenhäuser, allgemein- und zahnmedizinische Behandlungszentren, für Kliniken, soweit die Versorgung mit medizinischen Leistungen wesentlicher Bestandteil ihrer Tätigkeit ist. Zudem enthalten sie Ausgaben für nationale gesundheitspolitische Maßnahmen und öffentliche Krankenversicherungen und schließlich auch für Familienplanung und medizinische Vorsorgeleistungen.

*Wohnungswesen, Gemeindeeinrichtungen, Sozialversicherungen und Wohlfahrt* umfassen Ausgaben für den Wohnungsbau (ohne Zinssubventionen, die gewöhnlich unter *Übriges* erfaßt werden), wie etwa einkommensabhängige Fördermaßnahmen; Ausgaben für Wohnraumbeschaffung, Mietzuschüsse und Sanierung von Elendsvierteln; für Gemeindeentwicklung und für sanitäre Einrichtungen. Dazu gehören auch Ausgleichszahlungen für Einkommenseinbußen an Kranke und vorübergehend Arbeitsunfähige; Zahlungen an alte, dauernd Arbeitsunfähige und Arbeitslose; Familien-, Mutterschafts- und Kindergeld sowie die Kosten von Wohlfahrtsleistungen, wie die Pflege von Alten, Invaliden und Kindern. Viele Ausgaben im Zusammenhang mit dem Umweltschutz, wie Eindämmung der Luftverschmutzung, Wasserversorgung, Abwasser- und Abfallbeseitigung, sind in dieser Kategorie untrennbar enthalten.

Die *Wirtschaftsförderung* umfaßt die Ausgaben, die mit der Lenkung, Unterstützung und Leistungsverbesserung der Wirtschaft in Verbindung stehen, außerdem Ausgaben für die wirtschaftliche Entwicklung, den Ausgleich regionaler Ungleichgewichte sowie für Arbeitsplatzbeschaffungsmaßnahmen. Zu den berücksichtigten Aktivitäten gehören Forschung, Handelsförderung, geologische Erhebungen sowie die Überwachung und Steuerung bestimmter Wirtschaftszweige.

Die Position *Sonstiges* umfaßt allgemeine öffentliche Dienstleistungen, Zinszahlungen und anderweitig nicht berücksichtigte Ausgaben; bei einigen Volkswirtschaften gehören hierzu auch Beträge, die anderen Positionen nicht zugerechnet werden konnten (oder Anpassungen von der Perioden- an die Kassenrechnung).

Die *Gesamtausgaben* sind enger abgegrenzt als der allgemeine Staatsverbrauch in den Tabellen 8 und 9, weil sie die Verbrauchsausgaben der Länder und Gemeinden nicht enthalten. Gleichzeitig sind die Ausgaben der Zentralregierung weiter abgegrenzt, weil sie deren Bruttoinlandsinvestitionen und Transferzahlungen einschließen.

Die Position *Gesamtüberschuß/-defizit* ist definiert als laufende Einnahmen, Vermögenserträge und empfangene unentgeltliche Leistungen abzüglich Gesamtausgaben und Nettokreditgewährung.

**Tabelle 11:**
**Laufende Einnahmen der Zentralregierung**

Herkunft und Vergleichbarkeit der verwendeten Daten sowie die Definition von Zentralregierung werden in den ersten vier Abschnitten der Anmerkungen zu Tabelle 10 beschrieben. Die laufenden Einnahmen aus den einzelnen Quellen sind als Prozentsatz der *gesamten laufenden Einnahmen* ausgedrückt, die sich aus dem Steueraufkommen und den nichtsteuerlichen Einnahmen zusammensetzen; die Berechnung erfolgt auf der Grundlage nationaler Währungen.

Die *Steuereinnahmen* umfassen die Einnahmen aus obligatorischen, unentgeltlichen und nicht rückzahlbaren Zahlungen für öffentliche Aufgaben. Sie schließen Zinseinnahmen auf rückständige Steuern sowie eingenommene Strafgebühren auf nicht oder zu spät entrichtete Steuern ein und werden abzüglich Rückerstattungen sowie bereinigt um andere korrigierende Transaktionen ausgewiesen. *Steuern auf Einkommen, Gewinne und Kapitalgewinne* sind Steuern, die auf das tatsächliche oder mutmaßliche Nettoeinkommen von Einzelpersonen, auf Unternehmensgewinne sowie auf Kapitalgewinne erhoben werden, im letzten Fall unabhängig davon, ob sie aus Verkäufen von Grundstücken, Wertpapieren oder anderen Vermögenswerten realisiert wurden. Zahlungen zwischen Regierungsstellen sind durch Konsolidierung ausgeschaltet. Beiträge zur *Sozialversicherung* umfassen die Sozialversicherungsbeiträge von Arbeitgebern und Arbeitnehmern wie auch der Selbständigen und Arbeitslosen. *Inländische Steuern auf Güter und Dienstleistungen* umfassen allgemeine Verkaufs-, Umsatz- oder Mehrwertsteuern, spezielle Verbrauchsteuern auf Güter, spezielle Verbrauchsteuern auf Dienstleistungen, Steuern auf die Nutzung von Gütern oder Eigentum sowie die Gewinne staatlicher Monopole. Zu den *Steuern auf Außenhandel und internationale Transaktionen* gehören Einfuhr- und Ausfuhrzölle, die Gewinne von Ausfuhr- oder Einfuhrmonopolen, Wechselkursgewinne und Devisensteuern. Die *sonstigen Steuern* umfassen die Lohnsummen- oder Beschäftigtensteuern der Arbeitgeber, Vermögenssteuern sowie andere Steuern, die sich den übrigen Positionen nicht zurechnen lassen. Diese Position kann negative Werte enthalten, die Berichtigungen darstellen, beispielsweise für im Auftrag von Länder- und Regionalregierungen eingezogene Steuern, die sich den einzelnen Steuerarten nicht zurechnen lassen.

Zu den *nichtsteuerlichen Einnahmen* gehören die Einnahmen, die keine obligatorischen nicht rückzahlbaren Zahlungen für öffentliche Zwecke sind, wie Bußgelder, Verwaltungsgebühren oder Unternehmereinkommen aus Staatseigentum. Nicht eingeschlossen sind Zahlungseingänge aus Übertragungen und Kreditaufnahmen, finanzielle Mittel, die aus der Rückzahlung früher gewährter Regierungskredite zurückfließen, das Eingehen von Verbindlichkeiten sowie Einnahmen aus dem Verkauf von Investitionsgütern.

## Tabelle 12: Geldbestände und Zinssätze

Die Daten über die *Geldbestände in weiter Abgrenzung* basieren auf Angaben der *International Financial Statistics* (IFS) des IWF. Die Geldbestände in weiter Abgrenzung umfassen die meisten Verbindlichkeiten des Finanzsektors eines Landes gegenüber Inländern, mit Ausnahme der Zentralregierung. Bei den meisten Ländern entsprechen die Geldbestände in weiter Abgrenzung der Summe aus Geld (IFS Zeile 34) und Quasigeld (IFS Zeile 35). Zum Geld gehören die Zahlungsmittel einer Volkswirtschaft: der Bargeldumlauf außerhalb der Banken und die Sichteinlagen. Das Quasigeld umfaßt Termin- und Spareinlagen sowie ähnliche Bankguthaben, die der Inhaber mit geringer Verzögerung oder unverzüglich und ohne Strafzins in Geld umwandeln kann. Wenn Quasigeld in größerem Umfang bei nichtmonetären Finanzinstituten gehalten wird, sind diese Beträge ebenfalls in den Geldbeständen in weiter Abgrenzung enthalten.

Die Zuwachsraten der Geldbestände in weiter Abgrenzung sind aus Jahresendständen abgeleitet, während die Verhältniszahlen der Geldbestände in weiter Abgrenzung zum BIP auf dem Mittelwert zwischen den Jahresendständen des angegebenen Jahres und des vorhergehenden Jahres basieren.

Die *nominalen Zinssätze der Banken*, die ebenfalls dem IFS entnommen sind, repräsentieren die Zinssätze, die von Geschäfts- oder ähnlichen Banken an die Halter ihrer quasimonetären Verbindlichkeiten gezahlt werden (Einlagenzins) bzw. von Banken erstklassigen Kunden berechnet werden (Kreditzins). Sie sind jedoch nur bedingt international vergleichbar, teilweise weil Geltungsbereich und Definitionen variieren.

Da die Zinssätze (und die Zuwachsraten der Geldbestände in weiter Abgrenzung) in nominalen Größen ausgedrückt sind, ist ein Großteil der Abweichung zwischen den Ländern durch Inflationsdifferenzen bedingt. Zum bequemeren Gebrauch werden die aktuellen Inflationsraten aus Tabelle 1 in dieser Tabelle wiederholt.

## Tabelle 13:
## Wachstum des Warenhandels

Die Hauptdatenquelle für die laufenden Außenhandelswerte ist die Handelsdatensammlung der Konferenz der VN für Handel und Entwicklung (UNCTAD), ergänzt um Angaben der *International Financial Statistics* (IFS) des IWF, die Datensammlung der Commodity Trade (COMTRADE) der VN sowie um Schätzungen der Weltbank.

Die *Warenausfuhr und -einfuhr* umfaßt mit wenigen Ausnahmen alle Warenbewegungen, die die Zollgrenzen überschreiten; der Handel in Dienstleistungen ist nicht enthalten. Die Exporte werden, soweit die vorgenannten Quellen nichts anderes besagen, auf fob (free on board)-Basis und die Importe auf cif (cost, insurance and freight)-Basis bewertet und in jeweiligen US-Dollar ausgedrückt.

Die Wachstumsraten der Warenausfuhr und -einfuhr werden zu konstanten Preisen angegeben, die aus Export- und Importwerten durch Deflationierung mit den entsprechenden Preisindizes errechnet werden. Die Weltbank verwendet für Länder mit niedrigem und mittlerem Einkommen die von der UNCTAD errechneten Preisindizes und für Länder mit hohem Einkommen die vom IWF im IFS publizierten Indizes. Diese Zuwachsraten können von den durch einzelne Länder ermittelten Raten abweichen, weil nationalen Preisindizes andere Basisjahre und Gewichtungsverfahren zugrunde liegen können, als sie von der UNCTAD verwendet werden.

Die *Terms of Trade* oder Nettoaustauschverhältnisse im Außenhandel messen die relative Veränderung der Ausfuhrpreise gegenüber derjenigen der Einfuhrpreise. Diese Kennzahl wird als Verhältnis des Durchschnittspreisindex der Ausfuhr eines Landes zu seinem Durchschnittspreisindex der Einfuhr berechnet und bringt damit Veränderungen des Exportpreisniveaus als Prozentsatz der Importpreise gegenüber einem Basisjahr zum Ausdruck. Die Terms of Trade-Indexwerte werden auf der Basis 1987 = 100 für die Jahre 1985 und 1993 ausgewiesen. Die Preisindizes stammen aus den obengenannten Quellen für die Zuwachsraten der Ausfuhr oder Einfuhr.

Die zusammenfassenden Kennzahlen der Wachstumsraten sind ermittelt durch Aggregation der Einzelwerte auf Grundlage konstanter Dollarpreise von 1987 für jedes Jahr und durch die Anwendung einer Trendschätzung nach der Methode der kleinsten Quadrate für die angegebenen Zeiträume.

## Tabellen 14 und 15:
## Struktur des Warenhandels

Die Anteile in diesen Tabellen wurden aus den in laufenden Dollar ausgedrückten Handelswerten des Handelsdatensystem aus der UNCTAD abgeleitet, ergänzt durch Angaben des COMTRADE-Systems der VN.

Der Begriff der *Warenausfuhr* und *-einfuhr* wird in den Technischen Erläuterungen zu Tabelle 13 definiert.

Die Untergliederung der Ausfuhren und Einfuhren entspricht dem *Internationalen Warenverzeichnis für den Außenhandel* (SITC), Serie M, Nr. 34, Revision 1. Für einige Länder sind Angaben für bestimmte Warengruppen nicht verfügbar, und eine vollständige Aufgliederung ist nicht möglich.

In Tabelle 14 umfaßt die Gruppe *Nahrungsmittel* die SITC-Abschnitte 0, 1 und 4 sowie Teil 22 (Nahrungsmittel und lebende Tiere, Getränke und Tabak, tierische und pflanzliche Öle und Fette, Ölsaaten, Ölnüsse und Ölsamen). Die Gruppe *Brennstoffe* bezieht sich auf die Güter in Abschnitt 3 des SITC (mineralische Brennstoffe, Schmiermittel und verwandte Produkte). *Sonstige Rohstoffe* umfassen SITC-Abschnitt 2 (unverzehrbare Rohmaterialien ohne Brennstoffe), abzüglich Teil 22 (Ölsaaten, Ölnüsse und

Ölsamen), zuzüglich Teil 68 des SITC (NE-Metalle). *Maschinen, Elektrotechnik und Fahrzeuge* entsprechen den in Abschnitt 7 des SITC aufgeführten Gütern. *Übrige Industrieprodukte*, als Restposten aus dem Gesamtwert der Importe von Industrieprodukten ermittelt, umfassen die SITC-Abschnitte 5 bis 9 ohne Abschnitt 7 und Teil 68.

In Tabelle 15 bezieht sich die Gruppe *Brennstoffe, Mineralien und Metalle* auf die Güter in Abschnitt 3 des SITC (mineralische Brennstoffe, Schmiermittel und ähnliche Produkte), Teile 27 und 28 (Rohdünger und Rohmineralien, ohne Kohle, Erdöl sowie Edelsteine und metallhaltige Erze sowie Metallschrott), sowie auf Teil 68 (NE-Metalle). Die Gruppe *Sonstige Rohstoffe* umfaßt die Abschnitte 0, 1, 2 und 4 des SITC (Nahrungsmittel und lebende Tiere, Getränke und Tabak, unverzehrbare Rohmaterialien, ohne Brennstoffe, tierische und pflanzliche Öle sowie Fette), abzüglich der SITC-Teile 27 und 28. *Maschinen, Elektrotechnik und Fahrzeuge* sind die in Abschnitt 7 des SITC aufgeführten Güter. *Übrige Industrieprodukte* umfassen die Abschnitte 5 bis 9, ohne Abschnitt 7 sowie Teil 68 des SITC. *Textilfasern, Textilien und Bekleidung,* die die Teile 26, 65 und 84 des SITC umfassen (Textilien, Textilfasern, Garne, Gewebe, Konfektionsware und ähnliche Produkte sowie Bekleidung), sind eine Untergruppe der *Sonstigen Rohstoffe* und der *Übrigen Industrieprodukte* und werden nachrichtlich gezeigt.

## Tabelle 16:
### OECD-Importe von Industrieprodukten

Die Angaben stammen von den Vereinten Nationen, denen die OECD-Länder mit hohem Einkommen berichten, wozu die OECD-Mitglieder ohne Griechenland, Mexiko, Portugal und die Türkei gehören.

Die Tabelle enthält die Werte der *Einfuhren von Industrieprodukten* der OECD-Länder mit hohem Einkommen nach Ursprungsländern und die Zusammensetzung dieser Einfuhren nach wichtigen Gruppen von Industrieprodukten. Diese Angaben basieren auf der Datensammlung COMTRADE der VN, Revision 1, des SITC für 1970 sowie Revision 2 des SITC für 1993.

Die Importe von Industrieprodukten der wichtigsten Märkte aus den einzelnen Ländern bilden die beste Schätzung für Umfang und Zusammensetzung der Exporte von Industrieprodukten dieser Länder nach sämtlichen Empfängerländern.

Industrieprodukte umfassen die Güter in den Abschnitten 5 bis 9 des SITC, Revision 1 (Chemikalien und verwandte Erzeugnisse, industrielle Grundstoffe und bearbeitete Waren, Maschinenbauerzeugnisse, elektrotechnische Erzeugnisse und Fahrzeuge sowie sonstige bearbeitete Waren und anderweitig nicht erfaßte Güter), ausgenommen Teil 68 (NE-Metalle). Diese Definition ist etwas weiter als die zur Abgrenzung der Exporteure von Industrieprodukten verwendete.

Die ausgewiesenen Hauptgruppen von Industrieprodukten sind wie folgt definiert: *Textilien und Bekleidung* (SITC, Abschnitte 65 und 84), *Chemikalien* (SITC, Abschnitt 5), *Elektrotechnische und Elektronische Erzeugnisse* (SITC, Abschnitt 72), *Fahrzeuge* (SITC, Abschnitt 73) und *Übriges,* definiert als Restgröße. Angaben des SITC, Revision 1 werden für das Jahr 1970, entsprechende Daten der Revision 2 für 1993 verwendet.

## Tabelle 17:
### Zahlungsbilanzen und Währungsreserven

Die Statistiken für diese Tabelle entsprechen normalerweise denen des IWF, enthalten jedoch Schätzungen der Weltbank und, in seltenen Fällen, einige Anpassungen der Weltbank hinsichtlich Geltungsbereich und Klassifikation, um die internationale Vergleichbarkeit zu verbessern. Die Wertangaben in dieser Tabelle lauten auf jeweilige US-Dollar, umgerechnet zu laufenden Wechselkursen.

Der *Leistungsbilanzsaldo einschließlich öffentlicher Übertragungen* ist die Differenz zwischen (a) den Exporten von Gütern und Dienstleistungen (Faktor- und Nichtfaktorleistungen) sowie den erhaltenen unentgeltlichen Übertragungen (öffentlichen und privaten) und (b) den Importen von Gütern und Dienstleistungen sowie den geleisteten unentgeltlichen Übertragungen.

Die *Leistungsbilanz ohne öffentliche Übertragungen* entspricht dem Leistungsbilanzsaldo, bei dem die öffentlichen unentgeltlichen Netto-Übertragungen wie öffentliche Kapitalbewegungen behandelt werden. Der Unterschied zwischen beiden Zahlungsbilanzgrößen besteht im wesentlichen aus ausländischer Entwicklungshilfe in Form von Zuschüssen, technischer Hilfe und Nahrungsmittelhilfe, die bei den meisten Entwicklungsländern das Leistungsbilanzdefizit tendenziell gegenüber dem Finanzierungsbedarf verringert.

Die *Netto-Gastarbeiterüberweisungen* beinhalten eingehende und ausgehende Einkommenstransfers von Wanderarbeitern, die tatsächlich oder voraussichtlich länger als ein Jahr in ihrer neuen wirtschaftlichen Umgebung beschäftigt sind, in der sie als Gebietsansässige gelten. Diese Überweisungen werden als private unentgeltliche Übertragungen klassifiziert und sind in der Leistungsbilanz enthalten, während diejenigen von kürzerfristigen Aufenthalten als Arbeitseinkommen in den Dienstleistungen enthalten sind. Diese Unterscheidung stimmt mit international vereinbarten Richtlinien überein; viele Entwicklungsländer klassifizieren Gastarbeiterüberweisungen aber als Faktoreinkommen (und daher als BSP-Komponente). Die Weltbank hält sich an die internationalen Richtlinien der BSP-Definition und kann daher von nationalen Praktiken abweichen.

Die *Bruttowährungsreserven* setzen sich zusammen aus Goldbeständen, Sonderziehungsrechten (SZR), Reservepositionen von IWF-Mitgliedsländern und Beständen an Devisenreserven, über die Währungsbehörden verfügen.

Die Angaben zu den Beständen an Währungsreserven stammen aus der Datensammlung des IWF. Die Goldkomponente dieser Reserven ist durchweg zum Londoner Goldpreis am Jahresende (31. Dezember) bewertet. Dieser entspricht 37,37 Dollar je Unze für 1970 und 390,6 Dollar je Unze für 1993. Aufgrund von Abweichungen bei der Bewertung der Währungsreserven und der Goldkomponente sowie unterschiedlicher Praktiken bei der Reservenverwaltung sind die in nationalen Quellen veröffentlichten Reservebestände nur bedingt vergleichbar. Die für die Jahre 1970 und 1993 angegebenen Reservebestände beziehen sich jeweils auf das Jahresende und sind in laufenden US-Dollar zu jeweiligen Wechselkursen ausgedrückt. Für die Reservebestände von Ende 1993 – *Einfuhrdeckung in Monaten* – wird auch angegeben, wie viele Monatsimporte von Gütern und Dienstleistungen mit ihnen bezahlt werden könnten.

Die zusammenfassenden Kennzahlen sind aus gruppenweise zusammengefaßten Werten der Bruttowährungsreserven und der gesamten Einfuhr von Waren und Dienstleistungen in jeweiligen Dollar errechnet.

### Tabelle 18:
### Öffentliche Entwicklungshilfe der Mitglieder von OECD und OPEC

Die *öffentliche Entwicklungshilfe* (ÖEH) setzt sich zusammen aus Nettoauszahlungen in Form von Zuschüssen und Krediten zu konzessionären finanziellen Bedingungen, die seitens öffentlicher Stellen der Mitglieder des Entwicklungshilfeausschusses (DAC), der Organisation für wirtschaftliche Zusammenarbeit und Entwicklung (OECD) sowie der Mitgliedsländer der Organisation ölexportierender Staaten (OPEC) gewährt werden, um die wirtschaftliche Entwicklung und den Wohlstand zu fördern. Wenngleich diese Definition dazu dient, rein militärische Hilfe auszuschalten, ist die Abgrenzung manchmal unscharf; in der Regel ist die vom Geberland gewählte Abgrenzung maßgebend. ÖEH schließt auch den Wert der technischen Zusammenarbeit und technischen Hilfe ein. Alle wiedergegebenen Daten stammen von der OECD, und sämtliche US-Dollar-Werte sind mit amtlichen Wechselkursen umgerechnet worden.

Die *gesamten Nettoabflüsse* sind Nettoauszahlungen an Entwicklungsländer und multilaterale Institutionen. Die Auszahlungen an multilaterale Institutionen werden inzwischen einheitlich für alle DAC-Mitglieder zum Stichtag der Begebung von Schuldscheinen erfaßt; bislang berichteten einige DAC-Mitglieder zum Stichtag des Zahlungstransfers.

Die Nominalwerte der öffentlichen Entwicklungshilfe, die in der Zusammenfassung für die OECD-Länder mit hohem Einkommen ausgewiesen werden, wurden mit Hilfe des Dollar-BIP-Deflators auf der Preisbasis von 1992 umgerechnet. Dieser Deflator basiert auf dem Preisanstieg in den OECD-Ländern (ohne Griechenland, Mexiko, Portugal und Türkei), jeweils gemessen in Dollar. Er berücksichtigt Paritätsänderungen zwischen dem Dollar und anderen nationalen Währungen. Wertet zum Beispiel der Dollar ab, so sind die in nationalen Währungen gemessenen Preissteigerungsraten um den Betrag der Dollarabwertung nach oben zu korrigieren, um die in Dollar ausgedrückte Preisveränderung zu erhalten.

Außer den Summenangaben für die OPEC enthält die Tabelle zusammenfassende Angaben für die Organisation arabischer ölexportierender Länder (OAPEC). Zu den Geberländern der OAPEC gehören Algerien, Irak, Katar, Kuwait, Libyen, Saudi-Arabien und die Vereinigten Arabischen Emirate. Die Angaben zur Entwicklungshilfe der OPEC und OAPEC stammen ebenfalls von der OECD.

### Tabelle 19:
### Einnahmen aus öffentlicher Entwicklungshilfe

Die *Netto-Auszahlungen von ÖEH aus sämtlichen Quellen* bestehen aus Krediten und Zuschüssen, die zu konzessionären Bedingungen von allen bilateralen öffentlichen Stellen und aus multilateralen Quellen gewährt werden, um Wirtschaftsentwicklung und Wohlfahrt zu fördern. Sie umfassen auch den Wert der technischen Zusammenarbeit und Hilfe. Die in dieser Tabelle enthaltenen Auszahlungen sind nicht genau vergleichbar mit denen in Tabelle 18, da die Einnahmen aus sämtlichen Quellen stammen; die Auszahlungen in Tabelle 18 beziehen sich nur auf diejenigen der OECD-Länder mit hohem Einkommen und der OPEC-Mitgliedsländer. Netto-Auszahlungen entsprechen den um Rückzahlungen von früher gewährter Entwicklungshilfe an Geberländer verminderten Brutto-Auszahlungen. Die Netto-Auszahlungen der ÖEH werden pro Kopf und in Prozent des BSP gezeigt.

Die zusammenfassenden Kennzahlen der ÖEH pro Kopf werden aus gruppenweise zusammengefaßten Angaben für die Bevölkerung und die ÖEH errechnet. Die zusammenfassenden Kennzahlen für die ÖEH als Prozentsatz des BSP werden aus den Gruppensummen für die ÖEH und für das BSP in jeweiligen US-Dollar berechnet.

### Tabelle 20:
### Gesamte Auslandsschulden

Die Angaben zur Verschuldung in dieser und den nachfolgenden Tabellen stammen aus dem Schuldenberichtssystem der Weltbank, ergänzt durch Schätzungen der Weltbank. Dieses Berichtssystem befaßt sich ausschließlich mit Entwicklungsländern und sammelt für andere Ländergruppen keine Angaben über die Auslandsverschuldung, auch nicht von Ländern, die keine Mitglieder der Weltbank sind. Die Dollarzahlen über die Schulden in den Tabellen 20 bis 24 beziehen sich auf US-Dollar, umgerechnet zu amtlichen Wechselkursen.

Die Angaben über die Schulden enthalten die privaten nichtgarantierten Schulden, die von dreißig Entwicklungsländern gemeldet werden, sowie vollständige oder teilweise

Schätzungen für weitere zwanzig Länder, die nicht berichten, für die aber diese Schuldenart signifikant ist.

Die *langfristigen Schulden* bestehen aus drei Komponenten: öffentliche, öffentlich garantierte und private nichtgarantierte Kredite. Öffentliche Kredite sind Auslandsverbindlichkeiten öffentlicher Schuldner, die die Regierung, ihre Behörden und autonome öffentliche Stellen einschließen. Öffentlich garantierte Darlehen sind Auslandsverbindlichkeiten privater Schuldner, deren Rückzahlung durch eine öffentliche Stelle garantiert ist. Diese beiden Kategorien sind in den Tabellen zusammengefaßt. Private nichtgarantierte Kredite sind Auslandsverbindlichkeiten privater Schuldner, deren Rückzahlung nicht durch eine öffentliche Stelle garantiert ist.

Als *Inanspruchnahme von IWF-Krediten* werden die Rückzahlungsverpflichtungen an den IWF aus sämtlichen Inanspruchnahmen von IWF-Mitteln bezeichnet, ohne Ziehungen in der Reservetranche. Sie bezieht sich auf das Ende des angegebenen Jahres und enthält ausstehende Käufe im Rahmen der Kredittranchen, einschließlich des Erweiterten Zugangs und aller Sonderfazilitäten (Ausgleichslager, kompensierende Finanzierung, erweiterte Fondsfazilität sowie Ölfazilitäten), Treuhandfonds-Kredite sowie Kredite im Rahmen der Erweiterten Strukturanpassungsfazilitäten. Die am Jahresende ausstehende Inanspruchnahme von IWF-Krediten (eine Bestandszahl) wird mit dem am Jahresende geltenden Dollar/SZR-Wechselkurs in US-Dollar umgerechnet.

*Kurzfristige Auslandsschulden* sind solche mit einer ursprünglichen Laufzeit von einem Jahr oder weniger. Dazu gehören die kumulativen Rückstände von Zinsen für langfristige Auslandsschulden, die fällig sind, aber nicht gezahlt wurden. Die verfügbaren Daten erlauben keine Unterscheidung zwischen öffentlichen und privaten nichtgarantierten kurzfristigen Schulden.

Die *gesamten Auslandsschulden* sind hier definiert als Summe der öffentlichen, der öffentlich garantierten und der privaten nichtgarantierten langfristigen Schulden, der Inanspruchnahme von IWF-Krediten und der kurzfristigen Schulden.

Die *gesamten Rückstände auf langfristige Auslandsschulden* umfassen Kapital und Zinsen, die fällig sind, aber nicht getilgt bzw. gezahlt wurden.

Das *Verhältnis des Gegenwarts- zum Nominalwert* der Schulden ist der abdiskontierte Wert zukünftiger Schuldendienstleistungen dividiert durch den Nennwert der Schulden.

### Tabelle 21: Zufluß von öffentlichem und privatem Auslandskapital

Die Angaben über die Auszahlungen, Tilgungen (Amortisation) und Zinszahlungen beziehen sich auf die öffentlichen, öffentlich garantierten und privaten nichtgarantierten langfristigen Kredite.

*Auszahlungen* sind Inanspruchnahmen langfristiger Kreditzusagen im angegebenen Jahr.

*Tilgungen* sind Kapitalbeträge (Amortisation), die in dem angegebenen Jahr in Devisen, Gütern oder Dienstleistungen effektiv zurückgezahlt wurden.

*Zinszahlungen* sind die Zinsbeträge, die in dem angegebenen Jahr in Devisen, Gütern oder Dienstleistungen effektiv gezahlt wurden.

### Tabelle 22: Gesamte Nettomittelzuflüsse und Nettotransfers

Die gesamten Nettozugänge an langfristigen Auslandsschulden sind Auszahlungen abzüglich Tilgungen von öffentlichen, öffentlich garantierten und privaten nichtgarantierten langfristigen Mitteln. *Öffentliche Zuschüsse* sind Übertragungen durch eine öffentliche Stelle, die in Geld oder auf eine Weise erfolgen, bei der für den Empfänger keine rechtliche Verbindlichkeit entsteht. Angaben über öffentliche Zuschüsse enthalten keine Zuschüsse für technische Hilfe.

*Ausländische Netto-Direktinvestitionen im Berichtsland* sind definiert als Investitionen, die zum Erwerb einer dauerhaften Beteiligung (üblicherweise mindestens 10 Prozent der Stimmrechte) bei einem Unternehmen vorgenommen werden, das in einem anderen Land als dem des Investors tätig ist (definiert nach der Gebietsansässigkeit), wobei der Investor eine tatsächliche Mitwirkung am Management des Unternehmens beabsichtigt.

*Portfoliokapital-Zuflüsse* setzen sich zusammen aus von einzelnen Ländern stammenden Mitteln (es sei angemerkt, daß die Summe der Zuflüsse nach Regionen oder Einkommensgruppen wegen der globalen Mittelzugänge nicht den Gesamtzufluß ergibt), Auslandseinlagen (amerikanischer oder anderer Einleger) und direkten Käufen von Dividendenpapieren durch ausländische Investoren.

*Die gesamten Nettomittelzuflüsse* sind die Summe aus Nettozugängen an langfristigen Schulden (ohne IWF-Mittel) plus öffentliche Zuschüsse (ohne technische Hilfe) und ausländische Netto-Direktinvestitionen sowie Portfoliozuflüsse in Dividendepapiere. Die *gesamten Nettotransfers* entsprechen den gesamten Nettomittelzuflüssen abzüglich Zinszahlungen auf langfristige Kredite und aller transferierten Gewinne.

### Tabelle 23: Kennziffern der gesamten Auslandsschulden

*Der Netto-Gegenwartswert der gesamten Auslandsschulden in Prozent der Ausfuhren von Waren und Dienstleistungen* ist der diskontierte Wert zukünftiger Schuldendienstleistungen im Verhältnis zu den Exporten von Waren und Dienstleistungen.

Der Gegenwartswert kann höher oder niedriger sein als der Nominalwert der Schulden. Es hängt von den Zinssätzen der Kredite und dem bei der Berechnung des Gegenwartswertes angewandten Diskontsatz ab, ob der Gegenwartswert ober- oder unterhalb des Nennwertes liegt. Ein Darlehen mit einem über dem Diskontsatz liegenden Zinssatz ergibt einen Gegenwartswert, der größer ist als der Nominalwert der Schulden; das Umgekehrte gilt für Darlehen mit einem Zinssatz, der niedriger als der Diskontsatz ist. In dieser Tabelle sind in den Gütern und Dienstleistungen die Gastarbeiterüberweisungen enthalten. Bei der Schätzung des *Netto-Gegenwartswertes der gesamten öffentlichen Auslandsschulden in Prozent des BSP* wurden die Angaben über die nicht auf Dollar lautenden Schulden mit amtlichen Wechselkursen vom Jahresende in Dollar umgerechnet. Das BSP wurde von nationalen Währungen in US-Dollar durch Anwendung des Verfahrens umgerechnet, das in den Technischen Erläuterungen zu den Tabellen 2 und 3 beschrieben wird.

Der *gesamte Schuldendienst in Prozent der Ausfuhren von Waren und Dienstleistungen* ist die Summe aus Tilgungen und Zinszahlungen auf die gesamten Auslandsschulden (definiert in den Erläuterungen zu Tabelle 20). Diese Relation ist eine von mehreren gebräuchlichen Kennziffern zur Einschätzung der Schuldendienstfähigkeit eines Landes.

*Zinszahlungen in Prozent der Ausfuhren von Waren und Dienstleistungen* sind die tatsächlichen Zahlungen auf die gesamten Auslandsschulden.

*Konzessionäre Schulden in Prozent der gesamten Auslandsschulden* bieten Informationen über den Zufluß von Entwicklungshilfemitteln offizieller Gläubiger zu Schuldnern unter konzessionären Bedingungen im Sinne der DAC, das sind Kredite mit einem ursprünglichen Zuschußelement von 25 Prozent und mehr.

*Multilaterale Schulden in Prozent der gesamten Auslandsschulden* geben Informationen über den Zufluß von Entwicklungshilfegeldern der Weltbank, regionaler Entwicklungsbanken sowie anderer multilateraler und zwischenstaatlicher Stellen. Ausgenommen sind Kredite aus Fonds, die von internationalen Organisationen im Auftrag eines einzelnen Geberlandes verwaltet werden.

Die zusammenfassenden Kennzahlen sind mit Exporten von Gütern und Dienstleistungen in jeweiligen Dollar bzw. dem BSP in jeweiligen Dollar gewichtet.

## Tabelle 24:
### Konditionen der öffentlichen Kreditaufnahme

Die *Zusagen* beziehen sich auf öffentliche und öffentlich garantierte Kredite, für die im jeweils angegebenen Jahr Darlehensverträge unterzeichnet wurden. Sie werden in Tilgungswährungen gemeldet und zu jahresdurchschnittlichen amtlichen Wechselkursen in US-Dollar umgerechnet.

Die Angaben über *Zinssätze, Laufzeiten* und *tilgungsfreie Zeiträume* sind Durchschnittswerte, die mit den Kreditbeträgen gewogen sind. Der Zins ist die größte Kreditkostenkomponente und wird gewöhnlich auf der Grundlage der bereits beanspruchten und noch ausstehenden Kreditbeträge berechnet. Die Kreditlaufzeit entspricht dem Intervall zwischen dem Zeitpunkt, zu dem ein Darlehensvertrag unterzeichnet oder eine Anleihe begeben wird, und dem Zeitpunkt der letzten Tilgungszahlung. Der tilgungsfreie Zeitraum ist identisch mit dem Intervall zwischen Kreditabschluß und erster Tilgungsrate.

*Öffentliche Kredite mit variablen Zinsen in Prozent der öffentlichen Schulden* beziehen sich auf Kredite, deren Zinssätze an einen wichtigen Marktsatz gebunden sind, wie den Londoner Interbanken-Angebotssatz (London interbank offered rate, LIBOR) oder den Kreditzins für erste Adressen in den USA (prime rate). Diese Spalte zeigt, in welchem Maße der Schuldner Veränderungen des internationalen Zinsniveaus ausgesetzt ist.

Die zusammenfassenden Kennzahlen in dieser Tabelle sind mit den Kreditbeträgen gewichtet.

## Tabelle 25:
### Bevölkerung und Erwerbstätige

Wegen der Änderungen der Quellen und des Inhalts der demographischen Daten vgl. die Einführung.

Die Schätzungen der *Bevölkerungszahlen* für Mitte 1993 stammen aus verschiedenen Quellen, wie der Abteilung für Bevölkerungsfragen der VN, nationalen statistischen Ämtern und den Länderabteilungen der Weltbank. Man beachte, daß Flüchtlinge, die sich in dem asylgewährenden Land nicht auf Dauer niedergelassen haben, im allgemeinen als ein Teil der Bevölkerung des Herkunftslandes betrachtet werden.

Die Bevölkerungsprojektionen für die Jahre 2000 und 2025 stammen von der Abteilung für Bevölkerungsfragen der VN.

Schätzungen der *gesamten Erwerbsbevölkerung* stammen von der Internationalen Arbeitsorganisation, und sie umfassen die „ökonomisch aktive" Bevölkerung; dies ist ein restriktives Konzept, bei dem die Streitkräfte und die Arbeitslosen eingeschlossen sind, aber nicht Hausfrauen und andere unbezahlte Pflegekräfte. In einigen Entwicklungsländern unterzeichnet die Zahl der Erwerbstätigen die Teilnahme von Frauen am Erwerbsleben.

Die Wachstumsraten der Bevölkerung und Erwerbstätigen sind exponentielle Periodendurchschnitte, berechnet aus Schätzungen der Bevölkerung zur Jahresmitte und der gesamten Erwerbsbevölkerung.

## Tabelle 26:
### Demographie und Fruchtbarkeit

Zu den Änderungen der Quellen und des Inhalts der demographischen Daten vgl. die Einführung.

Die unbereinigte *Geburtenrate* und *Sterbeziffer* geben die Zahl der Lebendgeburten und Todesfälle je 1.000 Menschen in der Bevölkerung in einem Jahr an. Die Daten stammen von der Abteilung für Bevölkerungsfragen der VN. Die Ziffern für 1970 und 1993 sind lineare Interpolationen zwischen den Raten für 1965–69 und 1970–74 sowie den projizierten Raten für 1990–94 und 1995–99.

Die *zusammengefaßte Geburtenziffer* mißt die Zahl der Kinder, die eine Frau bekommen würde, falls sie bis zum Ende ihres gebärfähigen Alters leben und in jeder Altersstufe in Übereinstimmung mit den vorherrschenden altersspezifischen Fruchtbarkeitsziffern Kinder zur Welt bringen würde. Die Datenquellen und das Verfahren sind die gleichen wie bei den unbereinigten Geburtenziffern. Die Ziffer für das Jahr 2000 ergibt sich als lineare Interpolation zwischen den projizierten Ziffern für 1995–99 und 2000–04.

*Geburten von Frauen unter 20 und über 35 Jahren* werden in Prozent aller Geburten gezeigt. Diese Geburten sind wegen des größeren Risikos von Komplikationen während der Schwangerschaft und Geburt häufig sehr riskant. Die von sehr jungen oder älteren Frauen geborenen Kinder sind auch anfälliger. Die Daten stammen von der Abteilung für Bevölkerungsfragen der VN.

Der Prozentsatz der *verheirateten Frauen im gebärfähigen Alter, die Empfängnisverhütung praktizieren*, bezieht sich auf die Frauen, die – oder deren Ehemänner – irgendeine Form der Empfängnisverhütung praktizieren. Die Verhütungspraxis wird allgemein für Frauen im Alter von 15 bis 49 Jahren erfaßt. In einigen Ländern wird die Verhütungspraxis für andere Altersgruppen erfaßt, insbesondere von 15 bis 44.

Die Daten stammen vorwiegend aus demographischen und Gesundheitserhebungen, Erhebungen über die Verbreitung von Empfängnisverhütung sowie aus Länderangaben der Weltbank. Für einige wenige Länder, für die keine Erhebungsdaten verfügbar sind, und für einige afrikanische Länder wurden Programmstatistiken verwendet. Die Programmstatistiken könnten allerdings die Verbreitung der Empfängnisverhütung zu niedrig ausweisen, da Verhütungsmethoden wie die Ausnutzung der unfruchtbaren Tage, Coitus interruptus oder Enthaltsamkeit ebensowenig erfaßt werden wie Empfängnisverhütungsmittel, die nicht über das offizielle Familienplanungsprogramm bezogen werden. Die Daten gelten für verschiedene Jahre, die jedoch in der Regel nicht mehr als drei Jahre vor dem und ein Jahr nach dem in den Tabellen angegebenen Jahr liegen.

Alle zusammenfassenden Kennzahlen sind Länderangaben, die mit der Bevölkerung gewichtet sind.

## Tabelle 27: Gesundheit und Ernährung

Wegen der Änderungen der Quellen und des Inhalts der demographischen Daten vgl. die Einführung.

Die Schätzungen über die *Einwohner je Arzt* und *je Beschäftigten in der Krankenpflege* stammen aus Unterlagen der Weltgesundheitsorganisation (WHO), ergänzt durch Angaben, die die Weltbank direkt von nationalen Quellen erhielt. Die Daten gelten für verschiedene Jahre, die jedoch in der Regel um nicht mehr als zwei Jahre von dem angegebenen abweichen. Die in der Krankenpflege Beschäftigten umfassen Hilfspersonal sowie halbprofessionelles Personal, wie Geburtshelfer herkömmlicher Art. Die Einbeziehung des Hilfs- und des halbprofessionellen Personals ermöglicht eine realistischere Einschätzung des Angebots an Krankenpflege. Die Angaben für die beiden Kennzahlen sind strenggenommen nicht zwischen den Ländern vergleichbar, da die Definitionen von Ärzten und in der Krankenpflege Beschäftigten von Land zu Land abweichen und sich die Daten auf die verschiedensten Jahre beziehen.

Die Angaben zum Prozentsatz der *Säuglinge mit Untergewicht bei der Geburt* beziehen sich auf Neugeborene mit einem Gewicht unter 2.500 Gramm. Untergewicht bei der Geburt hängt häufig mit mangelnder Ernährung der Mutter zusammen; es erhöht tendenziell das Risiko der Säuglingssterblichkeit und führt zu mangelndem Wachstum im Säuglings- und Kindesalter, wodurch wiederum das Auftreten anderer Formen von Entwicklungsstörungen zunimmt. Die Zahlen wurden von WHO- und UNICEF-Quellen entnommen und beruhen auf nationalen Angaben. Die Daten sind zwischen den Ländern nicht streng vergleichbar, weil sie aus einer Kombination von Befragungen und Unterlagen der Verwaltung zusammengestellt wurden, die für das gesamte Land nicht repräsentativ sein mag.

Die *Säuglingssterbeziffer* ist die Zahl der Säuglinge, die in einem bestimmten Jahr vor der Vollendung des ersten Lebensjahres sterben, bezogen auf tausend Lebendgeburten. Die Datenquellen und das Verfahren sind die gleichen wie bei den unbereinigten Geburtenziffern.

Die *Unterernährung von Kindern* mißt den prozentualen Anteil von Kindern unter fünf Jahren, die einen Mangel oder einen Überschuß an Nährstoffen aufweisen, wodurch ihre Gesundheit und ihr genetisches Wachstumspotential beeinträchtigt werden. Die Meß-Verfahren sind verschieden, aber die am meisten angewandten sind die folgenden: weniger als 80 Prozent des altersüblichen Standardgewichts; eine Standardabweichung von weniger als minus zwei vom fünfzigsten Percentil des Gewichtes der dem Alter entsprechenden Referenzbevölkerung sowie die Gomez-Skala der Unterernährung. Es sei angemerkt, daß sich die Zahlen in wenigen Ländern auf Kinder im Alter von drei oder vier Jahren und jünger beziehen.

Die *Sterblichkeit bis zum Ende des 5. Lebensjahres* gibt die Wahrscheinlichkeit an, daß ein Neugeborenes vor Vollendung des fünften Lebensjahres stirbt. Sie ist abhängig von den jeweiligen altersspezifischen Sterbeziffern. Die Angaben für diese Ausgabe stammen von *State of the World's Children 1995* der UNICEF, mit Ausnahme der Länder, für die die Schätzungen der Säuglingssterbeziffern durch die Abteilung für Bevölkerungsfragen der VN höher liegen. Für solche Länder wurde die Sterblichkeitsziffer bis zum Ende des 5. Lebensjahres mit Hilfe von Modellrechnungen angepaßt. Da die meisten Sterblichkeitsziffern bis zur Vollendung des 5. Lebensjahres nicht aus der gleichen Quelle stammen wie die Säuglingssterbeziffern und die Lebenserwartung bei der Geburt, sind die Sterbeziffern nicht immer konsistent.

Die zusammenfassenden Kennzahlen dieser Tabelle sind Länderangaben, die mit der Bevölkerung gewichtet wurden, ausgenommen die Säuglingssterbeziffer, die in dieser Ausgabe mit der Zahl der Geburten gewichtet wurde.

### Tabelle 28: Erziehungswesen

Die in dieser Tabelle ausgewiesenen Daten beziehen sich auf mehrere Jahre, die jedoch im allgemeinen um nicht mehr als zwei Jahre von den angegebenen abweichen. Zahlen für das weibliche Geschlecht beziehen sich jedoch gelegentlich auf ein früheres Jahr als die Gesamtangaben. Die Daten stammen überwiegend von der UNESCO.

Die Angaben über den Besuch von *Grundschulen* sind Schätzungen über die Anzahl der Kinder aller Altersstufen in Grundschulen im Verhältnis zur Bevölkerung eines Landes im schulfähigen Alter. Zwar sehen viele Länder das Alter von 6 bis 11 Jahren als Grundschulalter an, doch ist dies keine allgemeine Praxis. In einigen Ländern mit allgemeiner Grundschulerziehung können die Bruttorelationen für den Schulbesuch den Wert 100 übersteigen, weil einige Schüler jünger oder älter sind als das amtliche Grundschulalter eines Landes.

Die Angaben zum Besuch von *weiterführenden Schulen* sind entsprechend aufgebaut, aber auch hier ist die Abgrenzung der Altersjahrgänge an weiterführenden Schulen von Land zu Land verschieden. Ganz überwiegend wird ein Alter von 12 bis 17 Jahren angenommen. Der späte Eintritt von älteren Schülern sowie die Wiederholung und die sogenannte „Bündelung" in den letzten Klassen können diese Quoten beeinflussen.

Die Angaben zum Besuch von *höheren Schulen und Universitäten* wurden errechnet, indem die Zahl der Schüler und Studenten an jeder Art höherer Schulen und Universitäten durch die Bevölkerung im Alter von 20 bis 24 Jahre geteilt wurde. Hierin sind enthalten Berufsschüler, Teilnehmer an Programmen der Erwachsenenfortbildung, zweijährige Gemeindekollegs und Fernunterrichtszentren (hauptsächlich Korrespondenzkurse). Die Verteilung der Schüler auf die verschiedenen Arten von Institutionen variiert von Land zu Land. Die Jugend, das ist die Altersgruppe der 20- bis 24jährigen, ist von der UNESCO als Bezugsgröße verwendet worden, weil sie eine durchschnittliche Jahrgangskohorte in höheren Schulen und Universitäten repräsentiert, selbst wenn Personen oberhalb und unterhalb dieser Altersgruppe in solchen Einrichtungen eingeschrieben sein können.

Die *Netto-Einschulungsquote an Grundschulen* ist der Prozentsatz der schulpflichtigen Kinder, die die Grundschule besuchen. Anders als die Brutto-Einschulungsquote sind die Nettoquoten auf die Zahl der Kinder im Grundschulalter des jeweiligen Landes bezogen. Dieser Indikator macht viel deutlicher, wieviel Kinder in der Altersgruppe tatsächlich die Schule besuchen, ohne daß diese Zahl aufgebläht wird durch die Kinder, die älter (oder jünger) als die Altersgruppe sind.

Die *Schüler-Lehrer-Relation an Grundschulen* ist die Zahl der Schüler an den Schulen eines Landes, dividiert durch die Zahl der Lehrer im Erziehungswesen.

Die zusammenfassenden Kennzahlen dieser Tabellen sind Länderangaben, die mit dem Anteil jeden Landes an der gesamten Bevölkerung gewichtet sind.

### Tabelle 29: Vergleiche nach Geschlechtern

Wegen der Änderungen der Quellen und des Inhalts der demographischen Daten vgl. die Einführung.

Diese Tabelle enthält ausgewählte disaggregierte Grundkennzahlen, um die Unterschiede zwischen den Geschlechtern zu zeigen und so die Situation der Frauen in der Gesellschaft zu illustrieren. Die Kennzahlen zeigen ihre demographische Lage und ihren Zugang zu Leistungen des Gesundheits- und Erziehungswesens. Statistische Anomalien werden sogar noch deutlicher, wenn soziale Indikatoren nach Geschlechtern analysiert werden, weil die Erhebungssysteme häufig auf Gebieten unzureichend sind, die für Frauen eine besondere Rolle spielen. Aus Volkszählungen und Befragungen abgeleitete Kennzahlen, wie diejenigen über die Bevölkerung, sind tendenziell für Frauen und Männer gleichermaßen verläßlich; Kennzahlen, die hauptsächlich auf administrativen Unterlagen beruhen, wie diejenigen über die Mütter- und Säuglingssterblichkeit, sind dagegen weniger zuverlässig. Gegenwärtig werden vermehrt Mittel zur Entwicklung besserer Statistiken auf diesem Gebiet aufgewandt, aber die Verläßlichkeit selbst der in dieser Tabelle gezeigten Daten ist sehr unterschiedlich.

Die Statistiken zur Müttersterblichkeit lenken die Aufmerksamkeit insbesondere auf die Diskriminierung von Frauen und auf die mit der Niederkunft verbundenen Bedingungen. In den Entwicklungsländern ist die Geburt für Frauen im gebärfähigen Alter immer noch mit dem höchsten Sterberisiko verbunden. Die Kennzahlen spiegeln sowohl die den Frauen zur Verfügung stehenden Gesundheitsdienste als auch die allgemeine Wohlfahrts- und Ernährungslage von Müttern wider, ohne diese jedoch zu messen.

Die *Lebenserwartung bei der Geburt* ist in den Erläuterungen zu Tabelle 1 definiert. Die Datenquellen und das Verfahren sind die gleichen wie bei den unbereinigten Geburtenziffern (Tabelle 26).

Unter der *Müttersterblichkeit* versteht man die Zahl der Todesfälle von Frauen während der Entbindung, bezogen auf 100.000 Lebendgeburten. Da in einigen Ländern eine weitere Abgrenzung der Sterbefälle bei der Geburt verwendet wird als in anderen – um Komplikationen während der Schwangerschaft oder nach der Entbindung oder bei einer Abtreibung einzubeziehen – und da viele schwangere Frauen mangels angemessener Gesundheitsvorsorge sterben, ist es schwierig, die Müttersterblichkeit konsistent und verläßlich im Ländervergleich zu messen. Die Angaben stammen aus verschiedenen nationalen Quellen und wurden von der Weltgesundheitsorganisation (WHO) zusammengestellt, auch wenn viele nationale Verwaltungssysteme unzulänglich sind und demographische Tatbestände nicht systematisch erfassen. Die Daten sind zumeist aus amtlichen Berichten von Gemeinden und Unterlagen von Krankenhäusern abgeleitet worden, und einige enthalten nur die Todesfälle in Krankenhäusern und anderen medizinischen Einrichtungen. Manchmal sind kleinere private und ländliche Krankenhäuser nicht berücksichtigt, und manchmal sind sogar verhältnismäßig einfache örtliche Einrichtungen einbezogen. Der Geltungsbereich ist deshalb nicht immer umfassend, und die Angaben sollen mit äußerster Vorsicht verwendet werden.

Offensichtlich wird die Müttersterblichkeit in vielen Fällen untererfaßt, insbesondere in Ländern mit weit verstreut lebender ländlicher Bevölkerung. Dies erklärt einige der in der Tabelle enthaltenen sehr niedrigen Zahlen, vor allem bei verschiedenen afrikanischen Ländern. Darüber hinaus ist nicht klar, ob eine Zunahme der in Krankenhäusern betreuten Mütter eine umfassendere medizinische Versorgung von Frauen oder zahlreichere Komplikationen bei Schwangerschaft und Niederkunft, etwa infolge unzureichender Ernährung, widerspiegelt. (Tabelle 27 enthält Angaben zum Untergewicht bei der Geburt.)

Mit diesen Zeitreihen wird versucht, leicht verfügbare Informationen zusammenzutragen, die in internationalen Veröffentlichungen nicht immer gezeigt werden. Die WHO warnt vor unvermeidlichen Lücken in den Zeitreihen und hat die Länder gebeten, umfassendere Zahlen zur Verfügung zu stellen.

Die Kennzahlen zur *Erziehung*, basierend auf Angaben der UNESCO, zeigen, inwieweit Mädchen gleichen Zugang zur Schulbildung haben wie Jungen.

Die *Persistenz des Schulbesuchs bis zur vierten Klasse in Prozent der Kohorte* ist der Prozentsatz der Kinder, die die Grundschule im Jahr 1970 bzw. 1988 begannen und bis zur vierten Klasse im Jahr 1973 bzw. 1991 durchhielten. Kursive Zahlen repräsentieren frühere oder spätere Altersgruppen. Die Angaben beruhen auf Einschulungsunterlagen. Die etwas höhere Persistenz des Schulbesuchs bei Mädchen in einigen afrikanischen Ländern dürfte auf die Beschäftigung von Jungen, etwa als Viehhirten, hindeuten.

Unter sonst gleichen Verhältnissen und bei gleichen Chancen sollte die Relation für *Mädchen je 100 Jungen* nahe bei 100 liegen. Ungleichheiten könnten jedoch zu Abweichungen der Verhältniszahlen in unterschiedlicher Richtung führen. Beispielsweise wird die Zahl der Mädchen je 100 Jungen an weiterführenden Schulen steigen, wenn die Zahl der Jungen in den letzten Klassen wegen besserer Berufschancen für Jungen, der Einberufung zum Wehrdienst oder der Auswanderung zur Arbeitssuche rascher abnimmt. Da sich außerdem die Zahlen in diesen Spalten hauptsächlich auf die Erziehung in allgemeinbildenden weiterführenden Schulen beziehen, erfassen sie jene Jugendlichen (meistens Jungen) nicht, die technische Schulen und Berufsschulen besuchen oder eine ganztägige Lehre absolvieren, wie in Osteuropa.

*Frauen in Prozent der gesamten Erwerbsbevölkerung*, basierend auf Daten der ILO, zeigen das Ausmaß, in dem Frauen im formellen Sektor „erwerbstätig" sind. Diese Zahlen schließen Hausfrauen und andere unbezahlte Pflegekräfte aus, und sie reflektieren in einigen Entwicklungsländern eine beträchtliche Unterschätzung der Beteiligung von Frauen am Erwerbsleben.

Die zusammenfassenden Kennzahlen sind Länderangaben, die mit dem Anteil jeden Landes an der Gesamtbevölkerung oder an der Bevölkerungsuntergruppe gewichtet sind.

### Tabelle 30:
### Einkommensverteilung und KKP-Schätzungen des BSP

Die ersten Spalten zeigen die Verteilung von Einkommen oder Ausgaben auf prozentuale Bevölkerungsgruppen, die nach dem Pro-Kopf-Einkommen, den Ausgaben oder wie für Länder mit hohem Einkommen nach dem gesamten Haushaltseinkommen geordnet sind. Die letzten drei Spalten enthalten Schätzungen des BSP pro Kopf, die auf Kaufkraftparitäten (KKP) statt auf Wechselkursen basieren (zur Definition der KKP siehe unten).

Die Spalten 2 bis 7 zeigen die Anteile der Bevölkerung oder der Haushalte (20-Prozent-Gruppen und die höchste 10-Prozent-Gruppe) am gesamten Einkommen oder die Verbrauchsausgaben für 51 Länder mit niedrigem und mittlerem Einkommen und für 20 Länder mit hohem Einkommen. Die Datensammlungen für diese Länder betreffen verschiedene Jahre zwischen 1978 und 1993 und wurden hauptsächlich aus nationalen repräsentativen Haushaltsbefragungen gewonnen.

Die Datensammlungen für Länder mit niedrigem und mittlerem Einkommen wurden aus zwei Hauptquellen zusammengestellt: nationale statistische Ämter (häufig unter Verwendung veröffentlichter Berichte) und Weltbank (meist Daten, die aus der Untersuchung über die Messung des Lebensstandards stammen sowie aus der Studie „Soziale Dimensionen des Anpassungsprojektes für Afrika südlich der Sahara"). In Fällen, in denen Originaldaten der Haushaltsbefragungen verfügbar waren, wurden diese verwendet, um direkt die Einkommens- (oder Ausgaben)-anteile der verschiedenen Prozent-Gruppen zu berechnen; andernfalls wurden letztere auf der Basis der am besten verfügbaren Gruppendaten geschätzt. Wegen weiterer Einzelheiten hinsichtlich der Daten und Schätzverfahren für Länder mit niedrigem und mittlerem Einkommen siehe Chen, Datt und Ravallion „Is Poverty Increasing in the Developing

World?", Policy Research Working Papers WPS 1146, Weltbank 1993. Die Angaben für Australien, Israel, Italien, Kanada, Norwegen, Schweden, Schweiz und die Vereinigten Staaten stammen von der Datensammlung der Luxemburger Einkommensuntersuchung (1990); diejenigen für Deutschland, Frankreich, Großbritannien, Niederlande und Spanien vom Statistischen Amt der Europäischen Union. Die Angaben für Belgien, Dänemark, Finnland, Japan und Neuseeland stammen von *National Accounts Statistics: Compendium of Income Distribution Statistics, 1985*, der Vereinten Nationen. Angaben für andere Länder mit hohem Einkommen stammen aus nationalen Quellen.

Bei den hier gezeigten Daten über die Einkommensverteilung gibt es bei den Ländervergleichen beträchtliche Probleme. Die zugrundeliegenden Haushaltsbefragungen in den Ländern sind nicht vollständig vergleichbar, obwohl sich die Probleme im Zuge der Verbesserung und zunehmenden Standardisierung der Befragungsverfahren im Laufe der Zeit verringern, insbesondere im Zusammenhang mit den Initiativen der Vereinten Nationen (Household Survey Capability Program) und der Weltbank (Living Standard Measurement Study und Social Dimensions of Adjustment Project for Sub-Saharan Africa). Die Vergleichbarkeit wird vor allem aufgrund der folgenden drei Unterschiede beeinträchtigt. Erstens unterscheiden sich die Befragungen bei der Verwendung des Einkommens oder der Verbraucherausgaben als Indikator für den Lebensstandard. Bei 34 von 51 Ländern mit niedrigem und mittlerem Einkommen beziehen sich die Angaben auf die Verbraucherausgaben. Typischerweise ist das Einkommen ungleicher verteilt als der Verbrauch. Zweitens unterscheiden sich die Befragungen hinsichtlich der Praxis, Haushalte oder Einzelpersonen als Beobachtungseinheiten heranzuziehen. Ferner unterscheiden sich die Haushalte nach der Zahl der Haushaltsmitglieder und dem Ausmaß der Einkommensaufteilung auf die Mitglieder. Einzelpersonen differieren nach Alter und Konsumbedarf. Wo Haushalte als Beobachtungseinheiten verwendet werden, beziehen sich die 20-Prozent-Gruppen auf den prozentualen Anteil von Haushalten anstelle von Einzelpersonen. Drittens unterscheiden sich die Befragungen auch danach, ob die Beobachtungseinheiten nach dem Haushaltseinkommen (oder -verbrauch) oder nach dem Pro-Kopf-Einkommen (oder -Verbrauch) geordnet werden. Die Fußnoten zu den Tabellen verdeutlichen diese Unterschiede für jedes Land. Obwohl die gezeigten Schätzungen der Einkommensverteilung als die besten verfügbaren betrachtet werden können, spiegeln sie noch sämtliche oben erwähnten Probleme wider.

Die internationale Vergleichbarkeit der Daten der Länder mit hohem Einkommen ist besonders begrenzt, denn die Beobachtungseinheit bildet ein Haushalt, unabhängig von seiner Größe, und die Haushalte sind nach dem Gesamthaushaltseinkommen geordnet statt nach dem Einkommen pro Haushaltsmitglied. Diese Angaben finden sich in der bevorstehenden Veröffentlichung verbesserter Daten der *Luxembourg Income Study*, in der die Haushaltsmitglieder nach dem durchschnittlichen verfügbaren Einkommen pro Erwachsenen geordnet sind. Die Schätzwerte in der Tabelle sollten daher mit besonderer Vorsicht behandelt werden.

Die Indexzahlen für das BSP pro Kopf auf KKP-Basis im Jahr 1987 (USA = 100) werden in Spalte 8 gezeigt. Die KKP ist der üblicherweise verwendete Terminus für die für einen festen Warenkorb errechneten Paritäten, wenngleich diese theoretisch angemessener, mit Kaufkraft der Währungen bezeichnet werden müßten. Zu den Daten gehören (a) die Ergebnisse des Internationalen Vergleichprogramms (IVP) von 1993 für die OECD-Länder, die auf das Jahr 1987 zurückextrapoliert wurden; (b) Ergebnisse für 1985 für die Nicht-OECD-Länder, die auf das Jahr 1987 extrapoliert wurden; (c) die letztverfügbaren Ergebnisse entweder für 1980 oder für 1975, die für Länder, die nur an früheren Phasen teilnahmen auf das Jahr 1987 extrapoliert wurden; (d) Schätzungen der Weltbank für China und die Länder der ehemaligen Sowjetunion und (e) IVP-Schätzungen anhand von Regressionen für die verbleibenden Länder. Auf Volkswirtschaften, deren Schätzwerte für 1987 auf Regressionen basieren, wird in Fußnoten entsprechend hingewiesen. Die Werte sind ausgedrückt in „Internationalen Dollars", um sie von denen zu unterscheiden, die auf Wechselkursen basieren.

Die extrapolierten und auf Regressionen basierenden Zahlen für 1987, die Spalte 8 zugrunde liegen, wurden auf das Jahr 1993 unter Verwendung von Weltbankschätzungen des realen BSP-Wachstums pro Kopf extrapoliert und durch die Inflationsraten, gemessen an den SZR-Deflatoren, maßstabsgerecht vergrößert. Diese Schätzungen sind in Spalte 9 als Index ausgedrückt (USA = 100). Für Länder, die am IVP teilgenommen haben, sowie für China und die Volkswirtschaften der ehemaligen Sowjetunion, wurden die letztverfügbaren KKP-basierten Werte auf das Jahr 1993 extrapoliert. Die extrapolierten und auf Regressionen basierenden Schätzungen für 1993 werden in Spalte 10 gezeigt. Auf Länder, deren Zahl für 1987 aus anderen Jahren extrapoliert oder durch Regressionen ermittelt wurden, wird in Fußnoten entsprechend hingewiesen. Die Anpassungen berücksichtigen keine Änderungen der Terms of Trade.

Das IVP formt die herkömmliche Volkswirtschaftliche Gesamtrechnung auf der Ebene der einzelnen Länder um mit Hilfe einer Auswahl spezieller Preise und der Disaggregation des BIP nach Ausgabenkomponenten. Die Detailangaben des IVP werden von den nationalen statistischen Ämtern vorbereitet und die Ergebnisse von der Statistischen Abteilung der VN (UNSTAT) koordiniert, mit Unterstützung durch andere internationale Stellen, insbesondere durch das Statistische Amt der Europäischen Gemeinschaften (Eurostat) und die OECD. Die Weltbank, die Wirtschaftskommission der VN für Europa und die Wirtschafts- und Sozialkommission für Asien und den Pazifik (ESCAP) tragen ebenfalls zu diesem Programm bei. Für Nepal, das an dem Projekt für 1985 teilnahm, waren Gesamtausgaben zum BIP nicht verfügbar, so daß nur Vergleiche für den Verbrauch vorgenommen wurden. Luxemburg und Swasiland sind die einzigen Länder mit einer Bevölkerung unter 1 Million, die am IVP teilgenommen haben; ihre Ergebnisse für 1987, ausgedrückt in Prozent des US-Werts sind 121,0 bzw. 15,0. Die laufende Phase des IVP-Projekts in 1993 wird schätzungsweise mehr als achtzig Länder abdecken, einschließlich China und die Länder der ehemaligen Sowjetunion.

Der „internationale Dollar" (I$), der als gemeinsame Währung verwendet wird, ist die Rechnungseinheit, die die Preisniveaus in allen beteiligten Ländern ausgleicht. Er hat im angegebenen Jahr die gleiche Kaufkraft gegenüber dem gesamten BSP wie der US-Dollar, die Kaufkraft gegenüber Teilaggregaten ist aber nicht durch die relativen Preise in den USA, sondern durch durchschnittliche internationale Preise dieser Komponenten bestimmt. Diese Dollarwerte, die sich von den Dollarwerten des BSP oder BIP in Tabelle 1 und 3 unterscheiden (vgl. die Technischen Erläuterungen zu diesen Tabellen), erhält man durch spezielle Umrechnungsfaktoren, die so bestimmt werden, daß sie die Kaufkraft der Währungen in den jeweiligen Ländern ausgleichen. Dieser Umrechnungsfaktor, nämlich die Kaufkraftparitäten (KKP), ist definiert als die Zahl der Währungseinheiten eines Landes, die erforderlich sind, um die gleiche Menge an Gütern und Dienstleistungen am Inlandsmarkt zu kaufen, die mit einem Dollar in den Vereinigten Staaten gekauft werden kann. Zur Ermittlung der KKP werden implizite Mengen aus den Ausgabenbeträgen der Volkswirtschaftlichen Gesamtrechnung gesondert erhoben und speziell erhobene Preisangaben berechnet; diese impliziten Mengen werden dann für die einzelnen Länder mit einheitlichen Preisen neu bewertet. Der Durchschnittspreisindex gleicht somit die Dollarpreise aller Länder einander an, so daß der darauf basierende BSP-Vergleich zwischen den Ländern die unterschiedlichen Mengen von Gütern und Dienstleistungen frei von Preisniveauunterschieden widerspiegelt. Dieses Verfahren dient dazu, Länderquervergleiche in Übereinstimmung mit intertemporalen Realeinkommens-Vergleichen zu bringen, die auf Angaben zu konstanten Preisen basieren.

Die hier gezeigten Zahlen des IVP sind die Ergebnisse eines zweistufigen Verfahrens. Länder einer Region oder Gruppe, wie etwa der OECD, werden zuerst verglichen, indem die Durchschnittspreise ihrer eigenen Gruppe angewendet werden. Sodann werden die Gruppenpreise, die voneinander abweichen können, und dadurch die zu unterschiedlichen Gruppen gehörenden Länder nicht vergleichbar machen, angepaßt. Damit sind sie weltweit vergleichbar. Die von UNSTAT und Eurostat vorgenommenen Anpassungen beruhen auf Preisdifferentialen, die in einem Netzwerk von „Verknüpfungs"-Ländern beobachtet wurden, die jede Gruppe repräsentieren. Die Verknüpfung erfolgt jedoch derart, daß beim Weltvergleich die in den Gruppenvergleichen beobachteten relativen BIP-Niveaus erhalten bleiben (die sogenannte Fixierung).

Das zweistufige Verfahren wurde gewählt, weil sich die relativen BIP-Niveaus und die Rangfolge von zwei Ländern ändern können, wenn zusätzliche Länder in den Vergleich einbezogen werden. Man ging davon aus, daß dies nicht innerhalb einer geographischen Region geschehen sollte, also daß das Verhältnis etwa zwischen Ghana und Senegal nicht durch die Preise in den Vereinigten Staaten beeinflußt werden darf. Daher werden die Gesamtniveaus des BIP pro Kopf mit „regionalen" Preisen errechnet und dann verknüpft. Die Verknüpfung erfolgt durch Umbewertung des BIP aller Länder mit durchschnittlichen „Welt"-Preisen und länderweiser Zurechnung der neuen regionalen Gesamtbeträge auf Basis der Länderanteile im ursprünglichen Vergleich.

Ein solches Verfahren erlaubt keinen Vergleich von ins einzelne gehenden Mengenangaben (beispielsweise des Nahrungsmittelverbrauchs). Deshalb werden solche Teilaggregate und detailliertere Kategorien mit Hilfe der Welt-Preise errechnet. Diese Mengengrößen sind somit in der Tat international vergleichbar, doch lassen sie sich nicht zu den angegebenen BIP-Werten aufaddieren, weil sie mit unterschiedlichen Preisrelationen berechnet werden.

Einige Länder gehören verschiedenen Regionalgruppen an. Einige wenige Gruppen haben Vorrang, andere sind gleichwertig. So bleiben zwischen den Mitgliedsländern der Europäischen Gemeinschaften die Relationen durchweg erhalten, selbst innerhalb des OECD- und des Weltvergleichs. Für Finnland und Österreich wird jedoch die bilaterale Relation, die innerhalb des OECD-Vergleichs besteht, auch beim globalen Vergleich angewendet. Ein deutlich anderes Verhältnis (basierend auf zentraleuropäischen Preisen) gilt jedoch beim Vergleich innerhalb dieser Gruppe, und zwar dasjenige, welches in einer gesonderten Veröffentlichung über den europäischen Vergleich gezeigt wird.

Um für die Länder, die bisher noch nicht an einer IVP-Erhebung teilgenommen haben, IVP-basierte Zahlen für 1987 abzuleiten, wird zunächst durch Bestimmung der folgenden Regression für Daten von 1987 eine Schätzgleichung gewonnen:

$$\ln(r) = 0.605 \ln(\text{ATLAS}) + 0.239 \ln(\text{ENROL}) + 0.717;$$
$$(0.276) \qquad\qquad (0.052) \qquad\qquad (0.160)$$
$$\text{RMSE} = 0.223;\ \text{Adj.R-Sq} = 0.96;\ N = 81$$

wobei sämtliche Variablen und Schätzwerte ausgedrückt sind als Meßziffern mit der Basis USA = 100;

$r$ = IVP-Schätzungen des BIP pro Kopf, umgerechnet in US-Dollar mittels der KKP, wobei die Menge der $r$ aus Extrapolationen der allerjüngsten tatsächlichen IVP-Werte besteht, die für alle Länder verfügbar sind, die jemals am IVP teilgenommen haben;

*ATLAS* = BSP pro Kopf, geschätzt nach dem *Atlas*verfahren;
*ENROL* = Einschulungsquote an weiterführenden Schulen und
*RMSE* = Standardfehler der Residuen.

ATLAS und ENROL werden als grobe Näherungswerte der Lohnunterschiede zwischen ungelernten und qualifizierten Arbeitskräften in den Ländern verwendet. In Anlehnung an Isenman 1980 läßt sich diese Vorgehensweise damit begründen, daß sich die IVP- und konventionelle BSP-Schätzungen hauptsächlich wegen der Lohndifferenzen unterscheiden, die zwischen den Ländern infolge mangelnder internationaler Arbeitsmobilität bestehen. Eine methodische Ausarbeitung mit eingehenderen Erläuterungen (Ahmad 1992) ist auf Anfrage verfügbar. Weitere Einzelheiten des IVP-Verfahrens können Leser dem Bericht über das IVP, Phase IV, entnehmen: *World Comparisons of Purchasing Power and Real Product for 1980* (Vereinte Nationen, New York 1986). Leser, die an detaillierten ICP-Erhebungsdaten für 1975, 1980, 1985 und 1990 interessiert sind, seien verwiesen auf die Untersuchung *Purchasing Power of Currencies: Comparing National Incomes Using ICP Data* (Weltbank 1993).

### Tabelle 31: Verstädterung

Die Angaben über die Stadtbevölkerung und über die Bevölkerungsagglomeration in großen Städten stammen aus der VN-Publikation *World Urbanization Prospects*. Die Zuwachsraten für die Stadtbevölkerung werden aus den Bevölkerungsschätzungen der Weltbank berechnet (vgl. Tabelle 1); die Schätzwerte für die Anteile der Stadtbevölkerung werden aus beiden obengenannten Quellen abgeleitet.

Da die Schätzwerte in dieser Tabelle auf unterschiedlichen nationalen Definitionen des Begriffs „städtisch" beruhen, sollten Länderquervergleiche mit Vorsicht interpretiert werden.

Die zusammenfassenden Kennzahlen für den prozentualen Anteil der Stadtbevölkerung an der Gesamtbevölkerung werden aus den Anteilen für die einzelnen Länder berechnet, die mit dem Anteil jeden Landes an der gesamten Bevölkerung gewichtet werden; die anderen zusammenfassenden Kennzahlen in dieser Tabelle werden unter Verwendung der Zahlen über die Stadtbevölkerung auf die gleiche Weise gewichtet.

### Tabelle 32: Infrastruktur

Diese Tabelle enthält ausgewählte grundlegende Kennzahlen des Versorgungs- und Leistungsgrades der Infrastruktursektoren.

Kennzahlen des Versorgungsgrades basieren auf Infrastrukturdaten, die in den einzelnen Ländern am umfassendsten verfügbar sind und die Umfang, Art und manchmal den Zustand der physischen Anlagen in jedem Infrastruktursektor messen. Solche Angaben werden zur Gesamtbevölkerung der betreffenden Länder in Beziehung gesetzt, um Kennzahlen über Versorgungsgrad und Verfügbarkeit abzuleiten (etwa von Telefon-Hauptanschlüssen je tausend Einwohner oder Straßenkilometer je eine Million Einwohner). Direktere Kennzahlen des Versorgungsgrades basieren auf Haushaltsuntersuchungen über den tatsächlichen Zugang, angegeben als Prozentanteil von Haushalten mit Stromversorgung oder Zugang zu Trinkwasser.

Die Leistungsqualität kann aus der Sicht der Anbieter und Nutzer von Infrastruktur beurteilt werden. Kennzahlen aus der Sicht der Anbieter messen die Betriebseffizienz (wie etwa Verluste bei Stromnetzen, nicht-berechnete Wasserabgaben und die Verfügbarkeit von Lokomotiven), die Kapazitätsausnutzung oder die finanzielle Effizienz (wie etwa die Kostendeckung). Kennzahlen aus der Sicht der Nutzer messen die Wirksamkeit der letztlich zur Verfügung gestellten Dienstleistungen. Kennzahlen über die Dienstleistungsqualität (wie etwa die Ausfallquote je 100 Telefon-Hauptanschlüsse pro Jahr) sind auf vergleichbarer und zeitnaher Basis für einen großen Länderkreis am schwierigsten zu erhalten. Einige Kennzahlen repräsentieren sowohl Systemeffizienz als auch Dienstleistungsqualität, wie etwa der Anteil befestigter Straßen in gutem Zustand.

Obwohl die hier gezeigten Daten aus den zuverlässigsten verfügbaren Quellen stammen, dürfte ihre Vergleichbarkeit wegen der Unterschiede bei der Datenerhebung, den statistischen Methoden und den Definitionen begrenzt sein.

Der Versorgungsgrad mit *elektrischer Energie* wird gemessen als *Stromerzeugung (Kilowattstunden pro Person)*. Sie bezieht sich auf die Bruttoerzeugung und schließt den Verbrauch von Kraftwerks-Hilfseinrichtungen und Verluste in den Transformatoren ein, die als integraler Bestandteil des Kraftwerks betrachtet werden. Nicht enthalten ist die Stromerzeugung durch Entnahme aus Elektrospeichern. Die Angaben stammen aus dem „UN Energy Statistics Yearbook". Angaben über Verluste aus Stromnetzen, die aus Aufzeichnungen über Stromdaten herrühren, die von der Industrie- und Energie-Abteilung der Weltbank sowie den Energiestatistiken der IEA erstellt wurden, kombinieren technische und nichttechnische Verluste. Technische Verluste, die auf den physischen Eigenschaften der Energiesysteme beruhen, bestehen hauptsächlich aus Widerstandsverlusten bei der Übertragung und Verteilung von Strom. Nichttechnische Verluste bestehen hauptsächlich aus illegalen Stromanschlüssen und anderen Fällen von Diebstahl. Verluste aus Stromnetzen werden als Prozentsatz der gesamten Stromerzeugung (Netto-Erzeugung) ausgedrückt.

Der Versorgungsgrad mit *Telekommunikation* ist die Zahl der *Telefon-Hauptanschlüsse je tausend Personen*. Ein Telefon-Hauptanschluß verbindet die Anlage des Kunden mit dem Vermittlungssystem und stellt eine aktive Anlaufstelle im Telefonverkehr dar. Dieser Ausdruck ist ein Synonym für „Hauptanschluß" und wird in Telekommunikations-Unterlagen ebenfalls allgemein verwendet. *Ausfälle (je 100 Hauptanschlüsse pro Jahr)* beziehen sich auf die Zahl der gemeldeten Ausfälle je 100 Telefon-Hauptanschlüsse für das angegebene Jahr. Einige Vermittlungsstationen berücksichtigen auch die mangelhafte Funktionsweise der häuslichen Telefonanlage als Ausfälle, während andere nur technische Ausfälle einschließen. Die Angaben über Hauptanschlüsse und Ausfälle je 100 Hauptanschlüsse stammen aus der Datensammlung der Internationalen Telekommunikations-Union.

Die Kennzahl für den Versorgungsgrad mit *befestigten Straßen* in diesem Sektor ist die *Straßendichte (km je 1 Million Bevölkerung)*. Als Kennzahl des Leistungsgrades werden *befestigte Straßen in gutem Zustand* definiert als Straßen ohne substantielle Schäden, die nur der Routine-Instandhaltung bedürfen. Angaben für befestigte Straßen stammen von Queiroz und Gautam „Road Infrastructure and Economic Development", (Arbeitspapier 921, Weltbank 1992) und sind nur für 1988 verfügbar.

Das Maß des Versorgungsgrades mit *Wasser* ist der *Prozentsatz der Bevölkerung mit Zugang zu Trinkwasser* entweder aus Standrohren oder aus Hausanschlüssen; die Angaben entstammen hauptsächlich den Veröffentlichungen der Weltgesundheitsorganisation „*The International Drinking Water Supply and Sanitation Decade*" für verschiedene Jahre. Angaben über Wasserverluste stammen von Garn, „Patterns in the Data Reported on Completed Water Supply Projects", Weltbank 1987 und beziehen sich auf Großstadtflächen. Sofern Angaben für 1986 nicht verfügbar waren, wurde das nächstverfügbare Jahr herangezogen. Zu *Wasserverlusten* gehören physische Verluste (Rohrbrüche und Überflutungen) und kommerzielle Verluste (Untererfassung durch Wasserzähler, illegaler Verbrauch einschließlich betrügerischer oder nichtregistrierter Anschlüsse sowie legale, aber üblicherweise nicht registrierte Verwendungen wie etwa Brandbekämpfung).

Die Kennzahl für den Versorgungsgrad mit *Eisenbahnen* ist die Zahl der Eisenbahnverkehrseinheiten je 1.000 Dollar BIP. *Eisenbahnverkehrseinheiten* sind die Summe aus Passagier-Kilometern und Tonnen-Kilometern, und sie entstammen der von der Verkehrssektion der Abteilung Verkehr, Wasser und Städtische Entwicklung der Weltbank erstellten Datensammlung. Die Zahl der in *Betrieb befindlichen Diesellokomotiven* ist eine der besseren Kennzahlen für den technischen Leistungsstandard und die Managementqualitäten, da Lokomotiven das teuerste rollende Material sind, über das Eisenbahngesellschaften verfügen. Die Angaben stammen von der gleichen Datenbasis der Weltbank. Zahlen über das BIP entstammen der Arbeit von R. Summers und A. Heston „*The Penn World Tables (Mark 5.6)*", die demnächst erscheint.

### Tabelle 33: Natürliche Ressourcen

Diese Tabelle versucht, Umweltdaten in die Bewertung der Entwicklung und die Planung von Wirtschaftsstrategien zu integrieren. Sie vermittelt ein partielles Bild des Zustands der Wälder, des Umfangs der Landflächen, die aus Gründen der Erhaltung oder anderen Umwelterwägungen geschützt sind, sowie der Verfügbarkeit und Nutzung von Trinkwasser. Die hier wiedergegebenen Daten stammen aus den maßgeblichsten verfügbaren Quellen, die in den „*World Resources 1994–95*" des Weltressourceninstituts angegeben werden. Diese Daten sollten jedoch noch mehr als andere Angaben in diesem Bericht mit Vorsicht benutzt werden. Obwohl sie größere Diskrepanzen in der Verfügbarkeit und Nutzung von Ressourcen zwischen den Ländern zutreffend kennzeichnen, ist eine wirkliche Vergleichbarkeit wegen der Unterschiede in der Datenerfassung, der statistischen Methoden, der Definitionen und des staatlichen Mitteleinsatzes begrenzt.

Bisher hat man sich noch nicht auf einen konzeptionellen Rahmen geeinigt, der Daten über natürliche Ressourcen und herkömmliche ökonomische Daten integriert. Auch sind die in dieser Tabelle gezeigten Maßgrößen nicht als definitive Kennzahlen der Ausstattung mit natürlichen Ressourcen, der Gesundheit der Umwelt oder des Raubbaus an Ressourcen gedacht. Sie sind ausgewählt worden, weil sie für die meisten Länder verfügbar und überprüfbar sind und einige allgemeine Umweltbedingungen widerspiegeln.

Das *Waldgebiet* bezieht sich auf die gesamten naturwüchsigen Bestände von Waldvegetation, in der Bäume überwiegen. Diese Schätzungen sind von Länderstatistiken abgeleitet, die von der Organisation für Ernährung und Landwirtschaft (FAO) sowie der Wirtschaftskommission für Europa der Vereinten Nationen (UNECE) zusammengestellt wurden. Neue Erhebungen wurden 1993 für die tropischen Länder (FAO) sowie für die gemäßigten Zonen (UNECE/FAO) veröffentlicht. Die FAO und die UNECE/FAO benutzen in ihren Erhebungen unterschiedliche Definitionen. Die FAO definiert natürliche Wälder in tropischen Ländern entweder als geschlossenen Wald, wo Bäume einen großen Teil des Bodens bedecken und es keine zusammenhängende Grasdecke gibt oder als offenen Wald, definiert als gemischtes Wald-/Grasland mit mindestens 10 Prozent Baumbedeckung und einer zusammenhängenden Grasdecke auf dem Waldboden. Ein tropischer Wald umfaßt sämtliche Bestände mit Ausnahme von Anpflanzungen und schließt Bestände ein, die in gewissem Ausmaß durch Landwirtschaft, Brände, Abholzung oder sauren Regen degradiert wurden.

Die UNECE/FAO definieren einen Wald als Land, auf dem Baumkronen mehr als 20 Prozent der Fläche bedecken.

Dazu gehören auch offene Waldformationen, Waldwege und Feuerlichtungen, kleine zeitweilig geräumte Flächen, Jungbestände, die letztlich mindestens eine zwanzigprozentige Baumkronendecke erreichen, sowie Windbrüche und Schutzgürtel. Die Flächen von Waldschonungen sind bei den Schätzungen für gemäßigte Länder in der natürlichen Waldfläche enthalten. Einige Länder in dieser Tabelle schließen auch bewaldetes Land ein, definiert als offenes Waldland, Busch- und Strauchwerk sowie Gestrüpp.

*Waldvernichtung* bezieht sich auf die dauerhafte Umwandlung von Waldflächen in anders genutzte Flächen einschließlich Wanderfeldbau, permanente Landwirtschaft, Weidewirtschaft, Ansiedlungen oder zur Entwicklung von Infrastruktur genutzte Flächen. Entwaldete Gebiete umfassen weder abgeholzte Gebiete, deren Aufforstung vorgesehen ist, noch Flächen, die durch Sammeln von Brennholz, sauren Regen oder Waldbrände degradiert wurden. Ausmaß und Prozentanteil der gesamten Fläche beziehen sich auf die durchschnittliche jährliche Vernichtung natürlicher Waldflächen.

Einige Länder führen auch unabhängige Erhebungen durch, indem sie Satelliten-Daten oder extensive Boden-Angaben verwenden. Eine 1991 vorgenommene landesweite Erhebung, die Landsatelliten-Aufnahmen verwendete, schätzte die Waldfläche Indiens auf 639.000 Quadratkilometer. Eine Untersuchung, die auf LANDSAT-TM-Aufnahmen von 1990 basierte, schätzte die Waldfläche Mexikos auf 496.000 Quadratkilometer mit einer Waldvernichtungsrate von 4,06 Quadratkilometer pro Jahr im Zeitraum von 1980 bis 1990. In Brasilien ergaben zwei unlängst auf Satelliten Aufnahmen basierende Erhebungen über die Waldvernichtung im brasilianischen Amazonasgebiet unterschiedliche Schätzungen der Waldvernichtungsraten in diesem Gebiet. Eine Untersuchung der NASA aus den USA und der Universität New Hamphire schätzte für die Jahre 1978 bis 1988 den Waldverlust auf 15.000 Quadratkilometer pro Jahr. Das Nationale Institut für Weltraumforschung Brasiliens sowie das Nationale Institut für Erforschung des Amazonasgebiets schätzte die Waldvernichtung für die gleiche Periode auf 20.300 Quadratkilometer pro Jahr. Waldvernichtung in sekundären Waldgebieten und trockenen Buschgebieten sind in keiner der Untersuchungen enthalten. Die in dieser Tabelle gezeigten Daten der FAO umfassen die Bewaldung ganz Brasiliens einschließlich der sekundären Waldgebiete und anderer Waldflächen. Es sei ebenfalls angemerkt, daß der FAO zufolge Brasilien über schätzungsweise 70.000 Quadratkilometer an Waldschonungen verfügt, definiert als künstlich durch Aufforstung und durch Wiederbeforstung für industrielle und nichtindustrielle Nutzungen angelegte Waldbestände. Indien weist schätzungsweise 189.000 Quadratkilometer und Indonesien schätzungsweise 87.500 Quadratkilometer Waldschonungen auf.

*National geschützte Landflächen* sind Gebiete von mindestens 1.000 Hektar, die in eine der fünf folgenden Kategorien fallen: wissenschaftliche Reservate und Naturreservate, Nationalparks von nationaler oder internationaler Bedeutung (die nicht wesentlich durch menschliche Aktivitäten beeinflußt sind), Naturmonumente und Naturlandschaften mit einigen einzigartigen Erscheinungsformen, bewirtschaftete Naturparks und Wildschutzgebiete sowie geschützte Landschaften und Küstengebiete (die Kulturlandschaften einschließen können). In dieser Tabelle ist kein Gelände enthalten, das nur durch Vorschriften von örtlichen oder Provinzbehörden geschützt ist oder Gebiete, in denen eine konsumtive Nutzung der Flora und Fauna erlaubt ist. Diese Angaben werden beeinflußt von Unterschieden in den Definitionen und der Berichterstattung an Organisationen, wie das World Conservation Monitoring Centre, die solche Daten sammeln und verbreiten. Die gesamte Oberfläche wird herangezogen, um den prozentualen Anteil der gesamten geschätzten Gebiete zu errechnen.

Die Angaben über die *Süßwasserressourcen: jährliche Entnahme* beruhen auf unterschiedlichen Erhebungs- und Schätzmethoden, weisen aber die Größenordnung des gesamten und des Pro-Kopf-Verbrauchs an Wasser zutreffend aus. Diese Daten verbergen jedoch mögliche signifikante Veränderungen des gesamten Wasseraufkommens von einem Jahr zum anderen. Auch werden saisonale Schwankungen und regionale Unterschiede der Wasserverfügbarkeit innerhalb eines Landes nicht erkennbar. Da die Angaben über Süßwasserressourcen auf langfristigen Durchschnitten basieren, schließt ihre Schätzung jahrzehntelange Zyklen von trockenen und feuchten Perioden explizit aus. Das Département Hydrogéologie in Orléans, Frankreich, stellt aus veröffentlichten Dokumenten, wie nationalen Quellen, solche von den Vereinten Nationen oder Fachliteratur, Daten über Wasseraufkommen und -entnahme zusammen. Auch das Institut für Geographie an der Nationalakademie der Wissenschaften in Moskau trägt globale Daten über die Wasserwirtschaft zusammen, und zwar auf der Basis veröffentlichter Arbeiten und, soweit notwendig, mit Hilfe von Schätzungen über Wasserressourcen und -verbrauch anhand von Modellen, die andere Daten wie Bewässerungsgebiete, Viehbestand und Niederschlag heranziehen. Diese und andere Quellen wurden vom World Resources Institute für die Daten in dieser Tabelle ausgewertet. Angaben über Wasserentnahme beziehen sich auf einzelne Jahre und sind im Zeitraum 1970 bis 1992 von Land zu Land verschieden. Die Daten für kleine Länder sowie Länder in trockenen und halbtrockenen Zonen sind weniger verläßlich als diejenigen für große Länder und solche mit größeren Niederschlägen.

Das *gesamte Wasseraufkommen* umfaßt das heimische Aufkommen und – wo es angemerkt wurde – die aus anderen Ländern zuströmenden Flüsse. Die Schätzungen betreffen das Jahr 1992. Das jährliche heimische Wasseraufkommen bezieht sich auf den durchschnittlichen jährlichen Zufluß von Flußwasser und auf von Niederschlägen im Land gespeiste Wasserreservoire. In dieser Tabelle werden sowohl die gesamten Entnahmen als auch die prozentualen Entnahmen am gesamten Aufkommen gezeigt. Zu den Entnahmen gehören solche von nichterneuerbaren Reservoiren und Entsalzungsanlagen, aber nicht Verdunstungsverluste. Die Entnahmen können 100 Prozent des Wasseraufkommens übersteigen, wenn die Inanspruchnahmen nichterneuerbarer Reservoire oder aus Entsalzungsanlagen beträchtlich sind oder wenn eine signifikante Wiederverwendung stattfindet. Die gesamte Pro-Kopf-Wasserentnahme wird berechnet durch Division der Gesamtentnahme eines Landes durch die Bevölkerung in dem Jahr, für das Entnahmeschätzungen vorliegen. Für die meisten Länder werden Daten für die sektorale Pro-Kopf-Entnahme berechnet unter Verwendung der für 1987 geschätzten prozentualen sektoralen Entnahme. Der Verbrauch der Haushalte umfaßt Trinkwasser, städtische Nutzung oder Bereitstellung und Verwendung für öffentliche Dienstleistungen, Betriebsstätten und private Haushalte. Die direkten Entnahmen für die industrielle Verwendung, einschließlich der Entnahmen für die Kühlung von Wärmekraftwerken, sind in der letzten Spalte dieser Tabelle mit den Entnahmen für die Landwirtschaft (Bodenbewässerung und Viehproduktion) zusammengefaßt. Die Summen der Pro-Kopf-Zahlen können infolge von Rundungen Differenzen aufweisen.

# Verzeichnis der Datenquellen

| | |
|---|---|
| Produktion und inländische Absorption | UN Department of International Economic and Social Affairs, *Statistical Yearbook,* verschiedene Jahre, New York.<br>\_\_\_\_\_, *Energy Statistics Yearbook,* Statistical Papers, Reihe J, verschiedene Jahre, New York.<br>Internationales Vergleichsprogramm der VN, Berichte der Phasen IV (1980), V (1985) und VI (1990) sowie Daten von ECE, ESCAP, Eurostat, OECD und VN.<br>Daten von FAO, IWF, UNIDO und Weltbank sowie nationale Quellen. |
| Finanzwirtschaftliche und monetäre Statistiken | Internationaler Währungsfonds, *Government Finance Statistics Yearbook,* Bd. 11, Washington, D.C.<br>\_\_\_\_\_, *International Financial Statistics,* verschiedene Jahre, Washington, D.C.<br>Daten des IWF und der Weltbank. |
| Wichtigste internationale Transaktionen | Internationaler Währungsfonds, *International Financial Statistics,* verschiedene Jahre, Washington, D.C.<br>Konferenz der VN für Handel und Entwicklung, *Handbook of International Trade and Development Statistics,* verschiedene Jahre, Genf.<br>UN Department of International Economic and Social Affairs, *Monthly Bulletin of Statistics,* verschiedene Jahre, New York.<br>\_\_\_\_\_, *Yearbook of International Trade Statistics,* verschiedene Jahre, New York.<br>Daten von FAO, IWF, VN und Weltbank. |
| Auslandsfinanzierung | Organisation für Wirtschaftliche Zusammenarbeit und Entwicklung, *Development Co-operation,* verschiedene Jahre, Paris.<br>\_\_\_\_\_, *Geographical Distribution of Financial Flows to Developing Countries,* 1988, Paris.<br>Daten von IWF, OECD und Weltbank; Schuldenberichtssystem der Weltbank. |
| Menschliche Ressourcen und ökologisch tragfähige Entwicklung | Bos, Eduard, My T. Vu, Ernest Massiah und Rodolfo A. Bulatao, *World Population Projections, 1994–95 Edition,* 1994, Baltimore Md., Johns Hopkins University Press.<br>Garn, Harvey, „Patterns in the Data Reported on Completed Water Supply Projects", April 1987, Washington, D.C.: Weltbank.<br>Heiderian, J. und Wu, Gary, *Statistics of Developing Countries (1987–91),* 1993, Weltbank, Industry and Energy Department, Washington, D.C.<br>*Institute for Resource Development/Westinghouse, Child Survival: Risks and the Road to Health,* 1987, Columbia, Md.<br>International Energy Agency, *IEA Statistics: Energy Prices and Taxes,* 1993, Paris: OECD.<br>International Road Transport Union, 1990, World Transport Data.<br>International Telecommunication Union, *1994 World Telecommunications Development Report,* Genf.<br>Kurian, G. T., *The New Book of World Rankings,* 1991, New York: Facts on File.<br>Queiroz, Caesar, und Surhid Gautam, „Road Infrastrukture and Economic Development", Juni 1992, World Bank Working Paper 921, Weltbank, Washington, D.C.<br>Ross, John, und andere, *Family Planning and Population: A Compendium of International Statistics,* 1993, New York: The Population Council.<br>Sivard, Ruth, *Women – A World Survey,* 1985, Washington, D.C., World Priorities.<br>UN Department of Economic and Social Information and Policy Analysis (früher: UN Department of International Economic and Social Affairs), *Demographic Yearbook,* verschiedene Jahre, New York.<br>\_\_\_\_\_, *World Energy Supplies,* Statistical Papers, Reihe J, verschiedene Jahre, New York.<br>\_\_\_\_\_, *Statistical Yearbook,* verschiedene Jahre, New York.<br>\_\_\_\_\_, *Levels and Trends of Contraceptive Use as Assessed in 1988,* 1989, New York.<br>\_\_\_\_\_, *Mortality of Children under Age 5: Projections 1950–2025,* 1988, New York.<br>\_\_\_\_\_, *World Comparisons of Purchasing Power and Real Product for 1980,* 1986, New York.<br>\_\_\_\_\_, *World Population Prospects: The 1994 Edition (forthcoming),* New York.<br>\_\_\_\_\_, *World Urbanization Prospects: 1994 Revision (forthcoming),* New York.<br>U.N. Educational, Scientific, and Cultural Organization, *Statistical Yearbook,* verschiedene Jahre, Paris.<br>\_\_\_\_\_, *Compendium of Statistics on Illiteracy,* 1990, Paris.<br>UNICEF, *The State of the World's Children 1995,* Oxford, Oxford University Press.<br>Weltbank, *Purchasing Power of Currencies: Comparing National Incomes Using ICP Data,* 1993, Washington, D.C.<br>Weltgesundheitsorganisation, *World Health Statistics Annual,* verschiedene Jahre, Genf.<br>\_\_\_\_\_, *Maternal Mortality Rates: A Tabulation of Available Information,* zweite Auflage, 1986, Genf.<br>\_\_\_\_\_, *Maternal Mortality: A Global Factbook,* 1991, Genf.<br>\_\_\_\_\_, *World Health Statistics Report,* verschiedene Jahre, Genf.<br>\_\_\_\_\_, *The International Drinking Water Supply and Sanitation Decade,* verschiedene Jahre, Genf.<br>World Resources Institute, *World Resources 1994–95,* 1994, New York.<br>Daten von FAO, ILO, VN und Weltbank; nationale Quellen. |

## Teil 1  Klassifikation der Länder nach Einkommen und Regionen, 1995

| Einkommens-gruppe | Untergruppe | Afrika südlich der Sahara | | Asien | | Europa und Zentralasien | | Naher Osten und Nordafrika | | Amerikanischer Kontinent |
|---|---|---|---|---|---|---|---|---|---|---|
| | | Ost- und südliches Afrika | Westafrika | Ostasien und Pazifik | Südasien | Osteuropa und Zentralasien | Übriges Europa | Naher Osten | Nordafrika | |
| Niedriges Einkommen | | Äthiopien Burundi Eritrea Kenia Komoren Lesotho Madagaskar Malawi Mosambik Ruanda Sambia Simbabwe Somalia Sudan Tansania Uganda Zaire | Äquatorial-guinea Benin Burkina Faso Côte d'Ivoire Gambia Ghana Guinea Guinea-Bissau Liberia Mali Mauretanien Niger Nigeria São Tomé u. Príncipe Sierra Leone Togo Tschad Zentralafr. Republik | China Kambodscha Laos Mongolei Myanmar Vietnam | Afghanistan Bangladesch Bhutan Indien Nepal Pakistan Sri Lanka | Albanien Armenien Bosnien-Herzegowina Georgien Tadschikistan | | Jemen, Rep. | Ägypten, Arab. Rep. | Guayana Haiti Honduras Nicaragua |
| Mittleres Einkommen | Untere Kategorie | Angola Botsuana Dschibuti Namibia Swasiland | Kamerun Kap Verde Kongo Senegal | Fidschi Indonesien Kiribati Marshall-I. Mikronesien, Föd. Staat. Nördl. Marianen Nordkorea Papua-Neuguinea Philippinen Salomonen Thailand Tonga Vanuatu Westsamoa | Malediven | Aserbaidschan Bulgarien Jugoslawien Bd. Rep. Kasachstan Kirgisistan Kroatien Lettland Litauen Mazedonien a Moldau Polen Rumänien Russische Föderation Slowakei Tschechische Republik Turkmenistan Ukraine Usbekistan | Türkei | Iran Irak Jordanien Libanon Syrien, Arab. Rep. Gaza und Jericho | Algerien Marokko Tunesien | Belize Bolivien Costa Rica Dominica Dominikan. Republik Ecuador El Salvador Grenada Guatemala Jamaika Kolumbien Kuba Panama Paraguay Peru St. Vincent Surinam |
| | Obere Kategorie | Mauritius Mayotte Réunion Seschellen Südafrika | Gabun | Guam Macau Malaysia Neukaledonien Samoa (Am.-Oz.) Südkorea | | Estland Slowenien Ungarn Weißrussland | Gibraltar Griechenland Malta Man-Ins. Portugal | Bahrain Oman Saudi-Arabien | Libyen | Antigua und Barbuda Antillen, Niederl. Argentinien Aruba Barbados Brasilien Chile Guadeloupe Guayana, Franz. Martinique Mexiko Puerto Rico St. Kitts und Nevis St. Lucia Trinidad und Tobago Uruguay Venezuela |
| Zahl der Länder mit niedrigem und mittlerem Einkommen: 170 | | 27 | 23 | 26 | 8 | 27 | 6 | 10 | 5 | 38 |

## Teil 1

| Einkommens-gruppe | Untergruppe | Afrika südlich der Sahara | | Asien | | Europa und Zentralasien | | Naher Osten und Nordafrika | | Amerikanischer Kontinent |
|---|---|---|---|---|---|---|---|---|---|---|
| | | Ost- und südliches Afrika | Westafrika | Ostasien und Pazifik | Südasien | Osteuropa und Zentralasien | Übriges Europa | Naher Osten | Nordafrika | |
| *Hohes Einkommen* | *OECD-Länder* | | | Australien Japan Neuseeland | | | Belgien Dänemark Deutschland Finnland Frankreich Großbritannien Irland Island Italien Luxemburg Niederlande Norwegen Österreich Schweden Schweiz Spanien | | | Kanada Vereinigte Staaten |
| | *Nicht-OECD-Länder* | | | Brunei Hongkong Polynesien, Franz. Singapur OAE[b] | | | Andorra Faröer Grönland Kanal-I., Brit. San Marino Zypern | Israel Katar Kuwait Vereinigte Arab. Emirate | | Bahamas Bermuda Jungfern-Ins., Amerik. Kaimaninseln |
| *Gesamtzahl der Länder:* 210 | | 27 | 23 | 34 | 8 | 27 | 28 | 14 | 5 | 44 |

a. Ehemalige jugoslawische Republik Mazedonien.
b. Übrige asiatische Länder: Taiwan (China).

Für operationale und analytische Zwecke ist das Hauptkriterium der Weltbank für die Klassifizierung der Volkswirtschaften das Bruttosozialprodukt (BSP) pro Kopf. Jede Volkswirtschaft wird klassifiziert als Land mit niedrigem Einkommen, mittlerem Einkommen (unterteilt nach unterer und oberer Kategorie) oder hohem Einkommen. Andere analytische Gruppen, basierend auf geographischen Regionen, Exporten und der Verschuldungshöhe, werden ebenfalls gebildet.

Länder mit niedrigem und mittlerem Einkommen werden manchmal als Entwicklungsländer bezeichnet. Die Verwendung dieser Bezeichnung ist zweckdienlich; sie soll aber nicht bedeuten, daß alle Länder in der Gruppe einen ähnlichen Entwicklungsprozeß durchlaufen oder daß andere Länder ein erwünschtes oder endgültiges Entwicklungsstadium erreicht haben. Die Klassifizierung nach Einkommen spiegelt nicht notwendigerweise den Entwicklungsstatus wider.

### Definitionen der Gruppen

In diesen Tabellen werden sämtliche Mitgliedsländer der Weltbank sowie alle übrigen Länder mit einer Bevölkerung von über 30.000 Menschen klassifiziert.

*Einkommensgruppen:* Die Ländereinteilung erfolgt nach dem BSP pro Kopf von 1993, errechnet unter Anwendung des *World Bank Atlas*-Verfahrens. Die Gruppen sind: niedriges Einkommen (695 Dollar oder weniger), untere Kategorie des mittleren Einkommens (696 bis 2.785 Dollar), obere Kategorie des mittleren Einkommens (2.786 bis 8.625 Dollar), hohes Einkommen (8.626 Dollar und mehr).

Die Schätzungen für die Republiken der ehemaligen Sowjetunion sind vorläufig; ihre Klassifikation wird überprüft.

Teil 2  Klassifikation der Länder nach Exportschwerpunkten und Verschuldung, 1995

| | *Niedriges und mittleres Einkommen* | | | | | | | *Hohes Einkommen* | |
|---|---|---|---|---|---|---|---|---|---|
| | *Niedriges Einkommen* | | | *Mittleres Einkommen* | | | *Ohne Klassifikation nach der Verschuldung* | | *Nicht-* |
| *Exportschwerpunkt* | *gravierend verschuldet* | *mäßig verschuldet* | *wenig verschuldet* | *gravierend verschuldet* | *mäßig verschuldet* | *wenig verschuldet* | | *OECD-Länder* | *OECD-Länder* |
| *Exporteure von Industrieprodukten* | | | Armenien China Georgien | Bulgarien Polen | Ungarn Russische Föderation | Estland Kirgisistan Lettland Libanon Litauen Macau Moldau Nordkorea Rumänien Südkorea Ukraine Usbekistan Weißrußland | | Deutschland Finnland Irland Italien Japan Kanada Schweden Schweiz | Hongkong Israel Singapur OAE[a] |
| *Exporteure von Rohstoffen (ohne Brennstoffe)* | Äquatorial- guinea Äthiopien Afghanistan Burundi Côte d'Ivoire Ghana Guinea Guinea-Bissau Guayana Honduras Liberia Madagaskar Mali Mauretanien Myanmar Nicaragua Niger Ruanda São Tomé und Príncipe Sambia Somalia Sudan Tansania Uganda Vietnam Zaire | Albanien Malawi Simbabwe Togo Tschad | Mongolei | Argentinien Bolivien Kuba Peru | Chile Papua- Neuguinea | Botsuana Guatemala Namibia Paraguay Salomonen St. Vincent Surinam Swasiland | Guadeloupe Guayana, Franz. Réunion Samoa (Am.-Oz.) | Island Neuseeland | Faröer Grönland |
| *Exporteure von Brennstoffen (hauptsächlich Öl)* | Nigeria | | | Angola Irak Kongo | Algerien Gabun Venezuela | Bahrain Iran Libyen Oman Saudi-Arabien Trinidad und Tobago Turkmenistan | | | Brunei Katar Vereinigte Arab. Emirate |
| *Exporteure von Dienstleistungen* | Jemen, Rep. | Ägypten Benin Gambia Nepal | Bhutan Burkina Faso Haiti Kambodscha Lesotho | Jamaika Jordanien Panama | Antigua und Barbuda Dominik. Republik Griechenland Samoa (West-) | Barbados Belize Dschibuti El Salvador Fidschi Grenada Kap Verde Kiribati Malediven Malta St. Kitts und Nevis St. Lucia Seschellen Tonga Vanuatu | Aruba Kaiman- inseln Martinique | Großbritannien | Bahamas Bermudas Kuwait Polynesien, Franz. Zypern |

Teil 2

| Exportschwerpunkt | Niedriges und mittleres Einkommen ||||||| Hohes Einkommen ||
| --- | --- | --- | --- | --- | --- | --- | --- | --- | --- |
| | Niedriges Einkommen ||| Mittleres Einkommen ||| Ohne Klassifikation nach der Verschuldung | OECD-Länder | Nicht-OECD Länder |
| | gravierend verschuldet | mäßig verschuldet | wenig verschuldet | gravierend verschuldet | mäßig verschuldet | wenig verschuldet | | | |
| *Exporteure verschiedener Güter*[b] | Kenia Laos Mosambik Sierra Leone Zentralafrik. Republik | Bangladesch Indien Komoren Pakistan | Sri Lanka Tadschikistan | Brasilien Ecuador Kamerun Marokko Syrien Uruguay | Costa Rica Indonesien Kolumbien Mexiko Philippinen Senegal Tunesien Türkei | Antillen, Niederl. Aserbaidschan Dominica Jugoslawien, Bd. Rep. Kasachstan Malaysia Mauritius Portugal Südafrika Thailand | | Australien Belgien Dänemark Frankreich Luxemburg Niederlande Norwegen Österreich Spanien Vereinigte Staaten | |
| *Ohne Klassifikation nach Exporten* | | | | Gibraltar | Kroatien Mazedonien[c] Neukaledonien Slowakei Slowenien Tschechische Republik | Bosnien-Herzegowina Eritrea Guam Man-Ins. Marschall-Ins. Mayotte Mikronesien, Föd. Staat. Nördl. Marianen Puerto Rico Gaza und Jericho | | | Andorra Jungfern-Ins., Amerik. Kanal-Ins., Brit. San Marino |
| *Zahl der Länder:* 210 | 33 | 13 | 11 | 18 | 20 | 59 | 17 | 21 | 18 |

a. Übrige asiatische Länder: Taiwan (China).
b. Länder, in denen keine einzelne Export-Warengruppe mehr als 50 Prozent der Gesamtexporte ausmacht.
c. Ehemalige jugoslawische Republik Mazedonien.

## Definitionen der Gruppen

In diesen Tabellen werden sämtliche Mitgliedsländer der Weltbank sowie alle übrigen Länder mit einer Bevölkerung von über 30.000 Menschen klassifiziert.

*Exportschwerpunkte:* Wichtige Exporte sind solche, auf die 50 Prozent oder mehr der gesamten Ausfuhren von Gütern und Dienstleistungen einer Warengruppe im Zeitraum 1988–92 entfallen. Die Warengruppen sind: Rohstoffe ohne Brennstoffe (SITC 0, 1, 2, 4 sowie 68), Brennstoffe (SITC 3), Industrieprodukte (SITC 5–9, ohne 68) sowie Dienstleistungen (Faktor- und Nichtfaktor-Dienstleistungseinkommen plus Gastarbeiterüberweisungen). Wenn auf eine einzelne Warengruppe nicht mindestens 50 Prozent der gesamten Exporte entfallen, wird das Land unter „*Exporteure verschiedener Güter*" zugeordnet.

*Verschuldung:* Zur Klassifizierung der Länder in dieser Tabelle sind Standarddefinitionen der Weltbank für gravierende und mäßige Verschuldung im Durchschnitt der drei Jahre 1991–93 verwandt worden. *Gravierend verschuldet* bedeutet, daß sich jede der beiden Schlüsselrelationen oberhalb des kritischen Niveaus bewegt: der Gegenwartswert des Schuldendienstes im Verhältnis zum BSP (80 Prozent) und im Verhältnis zu den Exporten (220 Prozent). *Mäßig verschuldet* bedeutet, daß jede der beiden Schlüsselrelationen 60 Prozent übersteigt, aber nicht das kritische Niveau erreicht. Für Länder, die keine detaillierten Schuldendaten an das Schuldenberichtssystem (DRS) der Weltbank liefern, ist eine Berechnung des Gegenwartswertes nicht möglich. Statt dessen wird für die Klassifikation der nicht zum DRS berichtenden Länder folgendes Verfahren angewandt: *Gravierend verschuldet* bedeutet, daß drei von vier Schlüsselrelationen (im Durchschnitt von 1991–93) das kritische Niveau überschreiten: Schulden zu BSP (50 Prozent), Schulden zu Exporten (275 Prozent), Schuldendienst zu Exporten (30 Prozent) und Zinszahlungen zu Exporten (20 Prozent). *Mäßig verschuldet* bedeutet, daß drei von vier Schlüsselrelationen 60 Prozent des kritischen Niveaus überschreiten, es aber nicht erreichen. Alle übrigen klassifizierten Länder mit niedrigem oder mittlerem Einkommen werden als *wenig verschuldet* eingestuft.